CRIMINAL PROCEDURE LAW

CASE NOTE
형사소송법

심희기

박영사

서   문

본서는 4인(이승호·이인영·심희기·김정환) 공저 형사소송법강의(13장 26절)(이하 '강의'로 약칭함)의 장·절 순서에 맞추어 2018년 7월까지 선고된 중요판례의 요약과 해설을 편집한 판례교재이다. 본서에서는 과감하게 형사소송법의 중요판례들을 일정한 포맷과 서술분량으로 서술하고 글자 바이트 수를 조금이라도 줄이려는 목표에서 각종 약물(略物)까지 활용하는 전략을 관철시켰다. '강의'에서 상세히 다루지 못한 판례들을 일정한 포맷과 서술분량으로 서술한 것이다.

국내에서는 이런 포맷이 생소할지 모른다. 그러나 미국에서는 이런 포맷의 편집이 study aid의 일종으로 많은 사랑을 받고 있다. 최근 일본에서도 유사한 포맷의 study aid가 출현하고 있다. 본서에서 저자는 한 아이템당 200자 원고지 기준 20매 정도의 분량으로 요약하는 것을 기본으로 책정하였고 복잡한 판례의 경우 200자 원고지 기준 40매 정도의 분량으로 요약한 것도 있다. 말하자면 본서는 미국과 일본에서 출현한 study aid의 포맷을 벤치마킹하여 한국실정에 맞게 한국화한 것이다.

본서에서 저자가 심혈을 기울인 부분은 사안(사실관계)의 제시 부분이다. 시중에 나와 있는 교과서는 '사안 없는 추상적 루울의 집대성'이어서 초학자에게는 친절하지 않다. 저자가 이런 포맷의 교재를 만든 시초는 2000년(형사소송법 판례 70선, 홍문사)의 일이었다. 홍문사 임권규 사장님의 후원으로 시작하였는데 해마다 중요한 판결들이 속출하여 '형사소송법 판례 100선' 시대로 진화하였다. 몇 년 후에는 다시 '형사소송법 판례 150선'(2014~2015년 양동철 교수와 공저) 시대로 발전하였다. 70선, 100선, 150선 시대에도 판례들을 일정한 포맷으로 요약하는 방침은 견지되었다. 그러나 그 시절에 저자에게는 '일정한 서술분량'을 견지하여야 한다는 개념이 희박하였었다. 그래서 시간이 흐를수록 지면이 방대해진다는 단점이 드러났다. 이제는 서술분량을 합리적으로 제어하여야 하는 시대가 도래한 것이다. 형사소송법의 중요판례들을 일정한 포맷과 서술분량으로 서술한 효시는 '형사소송법 핵심판례 110선'(형사소송법학회편, 박영사)이었다. 박영사의 후원으로 110선은 초판, 개정판, 3판까지 출판되는 행운을 누렸다. 110선은 80명의 전문가(교수, 판사, 검사, 변호사)가 필자로 참여한 집단저술작업이었다. 이 자리를 빌어 이익이 많이 나지 않는 판례교재 출판을 후원하신 홍문사와 박영사에 감사의 뜻을 전하고 싶다.

2018년 8월 사암(俟菴)

일러두기

《인용문헌 약칭 방법》
- 저자의 이름만 있는 것은 그 저자의 대표적인 교과서의 논조를 지칭한다.
- 제요 : 법원실무제요 형사편(2014)
- 110선 : 형사소송법 핵심판례 110선(3판)(2017, 박영사)

I. 약어(略語)와 약물(略物)의 표시

F : 사안(사실관계 Facts)의 요약이다. 여기서는 가능한 한 특정 사건이 대법원에 상고될 때까지 전개된 절차과정(procedural history)까지 요약하였다.

I : 사안에서 쟁점(Issues)이 된 사항을 요약하였다. 쟁점의 설정에는 저자의 주관이 스며들어 있으므로 독자들이 더 정확한 쟁점을 찾아낼 수도 있다.

R : 각급법원(헌법재판소 포함)의 재판요지 중 '규범의 정립'【판례이론의 형성】부분이다.

A : 재판요지 중 '사안에의 적용(포섭)(apply=subsume)'부분을 담았다. 재판요지를 R과 A로 구분하기 어려울 때는 R A로 표시하였다.

C : 평석(comments) 부분이다. 분석(analysis)과 해설(explanation), 기타 유용한 관련사항(관련판례와 따름판례, 관련조문 등)을 담았다.

이 부분은 다시 다음과 같은 약물로 통일하여 서술하였다.

1, 2, 3, 4의 약물은 큰 항목, (1), (2), (3), (4)의 약물은 그 보다 작은 항목, ❶, ❷, ❸, ❹의 약물은 관련하여 알아두어야 할 관련판례들의 요지이다.

II. 서술 분량

한 꼭지(아이템) 당 원고 분량은 200자 원고지 기준 20매(출판본은 2페이지)를 주축으로 하되 때로 40매(출판본은 4페이지) 분량의 것도 있다. 이렇게 해야 새 항목의 시작이 항상 일정하게 유지(책을 폈을 때 왼쪽 페이지부터 시작)되어 찾아보기 용이하다.

III. 중요 키워드의 고딕체처리, 그리고 글자의 크기
1. 본문 중 키워드, 키 센턴스에 해당하는 부분은 고딕체로 표시하였다.
2. 본문 중 괄호 안 부분과 각주는 1포인트 작은 글자로 표시하였다.
3. 2단으로 편집하되 각주를 살렸다. 그러나 각주는 가급적 최소한으로 억제하였다.

IV. 조문표시
1. 해설 부분의 조문에서는 언어의 경제를 위하여 '제1조 제1항'을 '1조 1항'으로 간략히 표시하였다.
2. 그러나 판례원문에서는 '제'자를 빼지 않았다.
3. 판례원문이라 하더라도 단순히 조문의 내용을 반복 서술하는 부분은 '중략, 전략, 하략' 등으로 표시하여 지면을 절약하였다.

V. 피의자·피고인·검사·사법경찰관·공소외의 표시
원칙적으로 피의자는 S(suspect), 피고인은 D(defendant), 검사 혹은 사법경찰관은 P(prosecutor, police)로, 공소외는 O(outsider)로 약칭하였다.

-ii-

차   례

제 1 장   형사소송법의 기저원리와 법원

제 2 장   소송행위와 피의자의 방어권

제 3 장 수   사

제 4 장 강제수사와 강제처분

제 5 장 수사의 종결과 공소의 제기

제 6 장 공판심리의 범위와 공판준비

제 7 장   공판절차

제 8 장 증거와 증명

제 9 장 자백과 위법수집증거

제10장 전문법칙과 그 예외

제11장 재 판

제12장 상 소

제13장 비상구제절차와 특별절차

형사소송법의 기저원리와 법원

1.1 토지관할 병합심리 신청사건의 관할법원

대법원 2006. 12. 5.자 2006초기335 전원합의체 결정

F D는 2006. 7. 26. 무고죄 혐의로 서울 중앙지방법원(단독재판부)에 기소(이하 '1사건'으로 약칭함)되었는데 또 다른 무고죄로 2006. 7. 31. 수원지방법원 성남지원(단독재판부)에 기소되었다(이하 '2사건'으로 약칭함). 위 두 사건은 관련사건[1]이다. 토지관할을 달리하는 수개의 사건이 관련된 때에는 1개의 사건에 관하여 관할권 있는 법원은 다른 사건까지 관할할 수 있다[5조(토지관할의 병합)]. 서울 중앙지방법원과 수원지방법원 성남지원은 토지관할을 달리하는 동일 심급의 법원들이다. 2사건의 국선변호인은 2006. 9. 15. 대법원에, '1사건이 계류 중인 법원에서 2사건도 함께 재판받게 해 달라'는 취지로 '토지관할의 병합심리결정'을 신청하였다. 토지관할을 달리하는 수개의 관련사건이 각각 다른 법원에 계속된 때에는 '공통되는 직근 상급법원'이 검사 또는 피고인의 신청에 의하여 결정으로 1개 법원으로 하여금 병합심리하게 할 수 있다[6조(토지관할의 병합심리)]. D의 국선변호인은 대법원 1991. 2. 12.자 90초112 결정에 따라 이 사안에서 6조의 '공통되는 직근 상급법원'을 대법원으로 판단한 것이다.

I 이 조문의 상급법원을 심급관할에 따른 상급법원으로 본 대법원 1991. 2. 12.자 90초112 결정이 있었으므로 D의 국선변호인은 본 사안에서 6조의 '공통되는 직근 상급법원'을 대법원으로 판단한 것이다. 이를 심급법설이라고 부르기로 하자. 2006년도에도 이 견해가 관철될 것인가?

R 직권이송. 6조는 사물관할은 같지만 토지관할을 달리하는 수개의 제1심 법원(지원을 포함한다. 이하 같다)들에 관련 사건이 계속된 경우에, 위 조항에서 말하는 상급법원은 그 성질상 형사사건의 토지관할 구역을 정해 놓은 '각급 법원의 설치와 관할구역에 관한 법률' 4조에 기(초)한 [별표 3]의 관할구역 구분을 기준으로 정하여야 한다. 형사사건의 제1심 법원은 각각 일정한 토지관할 구역을 나누어 가지는 대등한 관계에 있으므로 그 상급법원은 위 표에서 정한 제1심 법원들의 토지관할 구역을 포괄하여 관할하는 고등법원이 된다. 따라서 토지관할을 달리하는 수개의 제1심 법원들에 관련 사건이 계속된 경우에 그 소속 고등법원이 같은 경우에는 그 고등법원이, 그 소속 고등법원이 다른 경우에는 대법원이 위 제1심 법원들의 공통되는 직근 상급법원으로서 위 조항에 의한 토지관할 병합심리 신청사건의 관할법원이 된다. 이와 달리 위 조항의 상급법원을 이른바 심급관할에 따른 상급법원으로 본 대법원 1991. 2. 12. 90초112 결정(심급법설) 등은 이와 배치되는 범위 내에서 모두 변경하기로 한다.

A 이 사건 토지관할 병합심리 신청의 대상사건들은 서울중앙지방법원 2006고단3591 무고피고사건과 수원지방법원 성남지원 2006고단1276 무고피고사건인바, 위 사건들의 제1심 법원들은 모두 서울고등법원 소속이므로 이 사건 신청의 관할법원은 서울고등법원이고, 대법원은 관할권이 없다. 따라서 대법원을 관할법원으로 하여 제기한 이 사건 신청은 관할을 위반한 잘못이 있으나, 이는 대법원의 종전 견해에 따른 것임을 고려하여 관할법원인 서울고등법원으로 이송하여 처리하도록 하기로 한다.

---

1) 11조(관련사건의 정의) 관련사건은 다음과 같다. 1. 1인이 범한 수죄 2. 수인이 공동으로 범한 죄 3. 수인이 동시에 동일장소에서 범한 죄 4. 범인은닉죄, 증거인멸죄, 위증죄, 허위감정통역죄 또는 장물에 관한 죄와 그 본범의 죄.

C

① 대법원 1991. 2. 12.자 90초112 결정의 문제점

1991년 결정은 6조의 '직근 상급법원'을 '심급관할에 따른 상급법원'으로 보았다. 이 해석은 자연스러운 문리해석이다. '직근 상급법원'이란 심급개념에 합치하는 용어이기 때문이다. 피고인 D의 국선변호인은 위 두 사건의 공통되는 직근 상급법원을 대법원으로 보고 병합심리할 법원의 결정을 대법원에 신청하였다.

서울중앙지방법원 단독사건의 항소심은 서울중앙지방법원 항소부이고 수원지방법원 성남지원 단독사건의 항소심은 수원지방법원 항소부[2]이다. 서울중앙지방법원 항소부(제2심)와 수원지방법원 항소부(제2심)의 공통되는 직근 상급법원은 서울고등법원이 아니라 대법원(제3심)이다. 3심제 발상에 따라 상고심은 언제나 대법원으로 설정하여야 하기 때문이다. 그러나 이 입장은 실무상 다음과 같은 불편을 초래한다: "이 입장에 서면 동일 고등법원 관내 지방법원 (제1심) 합의사건의 상급법원은 해당 고등법원인데 반하여 단독(제1심)→항소(제2심) 사건의 상급법원은 대법원이라는 결론에 이르게 되어[3] 상대적으로 중요도가 떨어지는 사건의 관할 문제를 오히려 대법원이 다루어야 하는 번거로움이 발생한다."[4] 정책법원이 되어야 할 대법원이 이런 사소한 문제까지 처리하도록 하는 것은 국가사법자원의 낭비가 아닐 수 없다. 이리하여 대법원은 종래의 판례를 변경하여 위 조문의 직근 상급법원을 토지관할에 따른 상급법원으로 변경한 것으로 보인다.

② 새로운 해석에 따른 해결방법

2006년 이후부터 서울중앙지방법원과 수원지방법원 성남지원의 "공통되는 직근 상급법원"은 서울고등법원이다. 결과적으로 피고인의 국선변호인의 토지관할 병합심리 신청은 관할권이 없는 법원에 한 것이지만, 그 신청은 종래의 대법원 판례에 따른 것이므로 대법원은 당사자의 신청을 기각하지 않고 그 신청사건을 관할권이 있는 서울고등법원에 이송하여, 서울고등법원으로 하여금 피고인의 신청에 대한 결정을 하도록 하였다.

③ 종래의 해석이 여전히 유효한 경우

토지관할을 달리하는 수개의 제1심법원들이 같은 고등법원 관내에 있을 때만 새 판례가 의미가 있다. 그러나 토지관할을 달리하는 수개의 제1심법원들이 서로 다른 고등법원 관내에 걸쳐 있을 때는 종래의 심급법설이 여전히 유효하다.[5]

④ 동일 피고인에 대하여 사물관할이 다른 수개의 사건이 각기 다른 법원에 계속된 때

본 사안은 '동일 피고인에 대하여 사물관할은 같지만 토지관할을 달리하는 수개의 관련 사건이 제1심법원(지원을 포함한다. 이하 같다)들에 계속'된 경우이다. 이와 달리 '동일 피고인에 대하여 사물관할이 다른 수개의 사건이 각기 다른 법원에 계속'된 때에는 합의부가 결정으로 단독판사에 속한 사건을 병합하여 심리할 수 있다[10조(사물관할의 병합심리)].

---

2) 법원조직법 32조(합의부의 심판권) ② 지방법원본원 합의부 및 다음 각 호의 지방법원지원 합의부는 지방법원 단독판사의 판결·결정·명령에 대한 항소 또는 항고사건 중 제28조 제2호에 해당하지 않는 사건을 제2심으로 심판한다. <개정 2001. 1. 29>

3) "심급설과 조직설에 따른 관할 법원의 차이는 동일 고등법원 관내 지방법원의 단독·항소사건의 경우에 나타난다. 예를 들어 서울중앙지방법원과 서울동부지방법원의 단독·항소사건의 경우 심급설을 취할 때의 직근 상급법원은 대법원이 되고, 조직설을 취할 때의 직근 상급법원은 서울고등법원이 된다."

4) 이재권, 형사소송법 제6조에 의한 토지관할 병합신청 사건의 관할법원, 정의로운 사법: 이용훈 대법원장재임기념(사법발전재단, 2011).

5) 제요(Ⅰ)(2014), 59; 110선 36번(이주원 집필 부분).

1.2 법관의 제척사유

대법원 1999. 4. 13. 선고 99도155 판결; 대법원 1999. 10. 22. 선고 99도3534 판결

F 【99도155】 D는 A정당의 지구당 위원상으로서 1998년에 지방선거에 대비하여 당원 등 450여 명을 참석시킨 가운데 당원단합대회를 개최할 때 당원집회의 표지를 게시하지 않아(당원집회를 개최하는 때에는 집회 장소에 관한 선거관리위원회의 검인을 받아 당원집회임을 표시하는 표지를 게시하여야 한다) 정당법과 공직선거 및 선거부정방지법 256조, 141조에 위반한 혐의로 기소되었다. 제1심과 항소심은 유죄를 선고하였다. D는 "항소심 재판에 관여한 법관 중 한 사람은 선거관리위원장으로서 D의 공직선거 및 선거부정방지법 위반 혐의사실에 대하여 수사기관에 수사의뢰를 한 법관이었으므로 항소심 판결은 17조 6호, 7호[1]에 위배한 위법이 있다."고 주장하며 상고하였다.

【99도3534】 D2는 폭력행위 등 처벌에 관한 법률위반 등의 혐의로 기소되었다. 제1심과 항소심은 유죄판결을 선고하였다. D2는 "항소심 재판에 관여한 판사 중 한 사람이 제1심 제1회 공판기일에 유죄증거로 제출된, D2에 대한 피의자신문조서, 참고인들에 대한 진술조서 등에 대하여 증거조사를 하였고, 이후 위 증거들은 모두 제1심판결에서 D2의 유죄증거로 사용되었으므로(다만 제1심판결은 이후 경질(更迭 바뀜)된 다른 판사가 선고하였다) 항소심판결이 위법하다."고 주장하며 상고하였다.

I 【99도155】 수사기관에 수사의뢰한 법관이 그 후 당해 형사피고사건의 항소심 재판에 관여하면 제척사유(17조 6호, 7호)에 해당하는가?

【99도3534】 제1심에서 유죄증거로 사용된 증거를 '조사'한 판사가 항소심 재판에 관여하는 것이 제척사유에 해당하는가?

R 【99도155】 ㉮ 그것이 적절하다고는 볼 수 없으나 ㉯ 17조 6호의 제척원인인 '법관이 사건에 관하여 사법경찰관의 직무를 행한 때'에 해당한다고 할 수 없다. 또 17조 7호의 제척원인인 '법관이 사건에 관하여 그 기초되는 조사에 관여한 때'라 함은 ㉰ '전심재판의 내용 형성에 사용될 자료'의 수집·조사에 관여하여 그 결과가 전심재판의 사실인정 자료로 쓰여진 경우를 말한다.

A 【99도155】 법관이 선거관리위원장으로서 공직선거 및 선거부정방지법위반 혐의사실에 대하여 수사기관에 수사의뢰를 하고, 그 후 당해 형사피고사건의 항소심 재판을 하는 경우 역시 적절하지는 않으나 위 제척원인인 법관이 사건에 관하여 그 기초되는 조사에 관여한 때에 해당한다고 볼 수는 없다.

R A 【99도3534】 파기환송. 사정이 그러하다면 동(同) 판사는 17조 7호 소정의 '전심재판의 기초가 되는 조사·심리에 관여'하였다.

---

1) 17조(제척의 원인) 법관은 다음 경우에는 직무집행에서 제척된다. 1. 법관이 피해자인 때 2. 법관이 피고인 또는 피해자의 친족, 호주, 가족 또는 이러한 관계가 있었던 자인 때 3. 법관이 피고인 또는 피해자의 법정대리인, 후견감독인인 때 4. 법관이 사건에 관하여 증인, 감정인, 피해자의 대리인으로 된 때 5. 법관이 사건에 관하여 피고인의 대리인, 변호인, 보조인으로 된 때 6. 법관이 사건에 관하여 검사 또는 사법경찰관의 직무를 행한 때 7. 법관이 사건에 관하여 전심재판 또는 그 기초되는 조사, 심리에 관여한 때.

C

① 선거관리위원회 위원장의 직책에서 수사기관에 수사의뢰한 법관

국내에서는 대법관이 중앙 선거관리위원회 위원장을 맡고 지방의 선거관리위원회 위원장을 판사가 맡는 수가 있다. 선거관리위원회 위원장의 지위에서 행한 수사의뢰는 재판의 일환이 아니므로 99도155 사안은 '법관이 사건에 관하여 사법경찰관의 직무를 행한 때'나 '법관이 사건에 관하여 전심재판의 기초되는 조사에 관여한 때'에 해당하지 않음이 명백하다. 99도3534 사안은 항소심 법관이 17조 7호 소정의 전심재판(이 사안에서는 제1심)의 기초가 되는 조사, 심리에 관여하였음이 명백하다.

② 법관 등의 제척·기피·회피 제도와 공정한 재판

헌법재판소는 헌법의 적법절차조항(헌법 12조 1항, 3항)과 재판청구권 조항(헌법 27조 1항, 3항)을 개인의 '적법절차에 의한 공정한 재판을 받을 권리'를 보장하는 조항으로 해석[2]하고 있다. 공정한 재판은 우선 '공정하게 구성된 법원'에 의하여 담보될 수 있다. 수소법원이 '공정하게 구성'되려면 다음과 같은 조건이 필요하다. 첫째, '편파적이거나 불공정할 우려가 없는 조직과 구성을 가진 법원'이어야 한다. 이런 측면은 헌법과 법원조직법 등에서 규율할 문제이다. 둘째, '구체적인 사건'에 대하여 불공정할 우려가 없는 조직과 구성을 갖는 법원이어야 한다. 이런 측면을 반영하는 형사소송법상의 제도적 장치가 제척, 기피, 회피 구상이다. 제척이란 불공정한 재판이 될 우려가 현저한 유형을 사전에 추상적으로 법정하고, 법관이 이에 해당할 때는 그 법관이 '법률상 당연히' 그 직무로부터 배제되도록 설계된 제도이다(17조). '제척사유에 해당하느냐 아니냐'는 점을 둘러싸고 논쟁이 벌어지므로 다른 장치도 필요하다. 기피란 제척사유가 존재함에도 불구하고 법관이 사건에 관여하려는 경우(유형적 사유), 기타 법관이 불공정한 재판을 할 우려가 있는 경우(비유형적 사유)에 당사자의 신청으로 당

해 법관을 직무로부터 배제할 수 있는 통로이다(18조 이하). 회피란 법관 스스로 공정한 재판을 하기 어렵다고 생각하거나 의심을 받을 우려가 있다고 생각할 때 자발적으로 그 직무로부터 물러날 수 있는 통로이다(24조). 법관 등의 제척·기피·회피사유 중 17조 7호(법관이 사건에 관하여 전심재판 또는 그 기초되는 조사, 심리에 관여한 때―이는 법 18조 1항 1호 사유이기도 하다)와 18조 1항 2호(법관이 불공평한 재판을 할 염려가 있는 때)가 특히 중요하다.

③ 총평

'제척사유로서의 전심재판 또는 그 기초되는 조사, 심리에 관여'의 의미해석에 관한 종래의 판례의 흐름은 '전심재판 관여'로 판단되는 범위를 가급적 최소화하려는 데 있었다. 법관의 수가 부족하고 판사의 순환보직제로 법관들이 자주 이동하고 있는데 제척, 기피, 회피 사유를 폭넓게 인정하면 재판을 진행하는 데 지장이 많았기 때문이다. 과거에는 법관의 수가 부족하여 그러한 해석이나 정책의 수행도 용납될 소지가 있었다. 그러나 현재에는 법관의 수도 늘어났고 시민들의 공정한 법원의 구성에 대한 관심이 고조되고 있으므로 종래의 판례를 수정하여 제척, 기피사유를 좀 더 폭넓게 인정할 필요가 있다. 실무상으로는 '사건의 재배당'으로 제척, 기피, 회피제도가 노리는 바를 우회적으로 달성하거나 혹은 그것만으로 충분하지 않은 부분까지 해결하는 통로로 활용하고 있다.

---

2) 헌재 1996. 12. 26. 선고 94헌바1 결정(형사소송법 221조의2 위헌소원).

1.3 '전심재판의 기초되는 조사심리에 관여'의 의미

대법원 1971. 7. 6. 선고 71도974 판결; 대법원 1989. 9. 12. 선고 89도612 판결

F I

【71도974】 상급심의 법관이 수사단계·하급심에서 수탁판사로서 증거조사를 행하였거나 증거보전절차(혹은 수사상의 증인신문절차)에 관여한 것이 전심재판의 기초되는 조사심리에 관여한 것인가?

【89도612】 항소심법관이 수사단계에서 피고인이 된 피의자에게 구속영장을 발부한 것이 전심재판의 기초되는 조사심리에 관여한 것인가?

R A

【71도974】 상고기각. 공소제기 전에 검사의 청구로 184조의 증인신문을 한 법관은 17조 7호의 이른바 '전심재판 또는 그 기초되는 조사, 심리에 관여한 법관'이라고 할 수 없으므로, 이 사건에서 184조에 의한 검사의 증거보전신청에 의하여 증인을 신문한 판사가 원심법관으로 관여하였다 하여 제척원인 있는 법관이 원판결에 관여하였다고 할 수 없다.

【89도612】 상고기각. 법관이 수사단계에서 피고인에게 구속영장을 발부한 경우는 17조 7호의 '법관이 사건에 관하여 전심재판 또는 그 기초되는 조사, 심리에 관여한 때'에 해당된다고 볼 수 없[다].

C

1 전심재판의 의미

(1) 첫째, '전심'(前審)이란 심급제도상의 용어이다. 예를 들어 제1심 종국재판이 선고되었다고 하자. 당사자가 불복하여 상소하면 그 사건은 차상위(次上位) 심급의 법원(항소심)으로 이심(移審)된다. 차상위(次上位) 심급의 법원(항소심)에서 제1심을 바라볼 때 제1심이 전심이다. 대법원에서 바라보면 제1심과 항소심이 전심이다. 그러나 다음과 같은 사항에 주의하여야

한다.

대법원의 통상적인 종국재판은 상고기각 아니면 파기환송이다. 대법원의 파기환송 전의 원심(항소심)에 관여한 법관이 환송 후의 재판에 관여하는 것, 재심청구의 대상인 확정판결에 관여한 법관이 재심개시사건에 관여하는 것은 각각 법이 인정하는 정상적인 제도이므로 위법하게 전심에 관여하는 것이 아니다. 판결정정신청(400조)을 받은 상고심도 전심이 아니다.

(2) **약식명령이나 즉결심판을 행한 판사가 정식재판을 담당하는 것이 전심재판에 관여한 때에 해당하는가?** : "약식명령을 발부한 판사가 그 제2심판결에 관여하면 제척, 기피의 원인이 된다."는 판례(대법원 1955. 10. 18. 선고 4288형상242 판결; 대법원 1985. 4. 23. 선고 85도281 판결)가 있다. 이 사안은 약식명령을 발부한 판사가 제1심판결이 아니라 항소심판결에 관여한 사안이므로 자연스러운 판결이다. 그러나 약식명령·즉결심판과 그 정식재판의 제1심은 동일 심급이므로 부정함이 타당하다(대법원 2002. 4. 12. 선고 2002도944 판결[1])).

(3) **'관여'의 의미** : '관여'란 '재판의 내부적 성립에 실질적으로 관여'하는 것이어야 한다. 상급심의 법관이 하급심 재판의 선고(외부적 성립)에만 관여한 때, 사실심리나 증거조사를 하지 않고 공판기일을 연기하는 재판에만 관여한 때, 공판에 관여한 바 있지만 판결선고 전에 교체(경질)된 때(이 경우에는 공판절차가 갱신될 것이다) 등은 여기서의 '관여'에 해당하지 않는다.

---

1) "약식절차와 피고인 또는 검사의 정식재판청구에 의하여 개시된 제1심 공판절차는 동일한 심급 내에서 서로 절차만 달리할 뿐이므로, 약식명령이 제1심 공판절차의 전심재판에 해당하는 것은 아니고, 따라서 약식명령을 발부한 법관이 정식재판절차의 제1심판결에 관여하였다고 하여 형사소송법 17조 7호에 정한 '법관이 사건에 관하여 전심재판 또는 그 기초되는 조사, 심리에 관여한 때'에 해당하여 제척의 원인이 된다고 볼 수는 없다"(대법원 2002. 4. 12. 선고 2002도944 판결).

② '기초되는 조사·심리'의 의미

'제척사유로서의 전심재판관여'에 대한 종래의 판례의 흐름과 마찬가지로 대법원은 '전심재판의 기초되는 조사·심리에 관여'의 의미를 매우 좁게 해석하여 왔다.

'관여'란 "전심재판의 실체적 내용형성에 영향을 미친 것"을 말하며 공소제기의 전인가 후인가를 묻지 않는다. 상급심의 법관이 수사단계나 하급심에서 구속영장을 발부하거나 구속적부심사에 관여하거나 또는 보석재판에 관여하는 것은 이에 해당하지 않는다. 이 재판들은 재판의 실체적 내용에 관련되는 재판들이 아니라 순절차적인 사항에 관련되는 재판들이기 때문이다.

대법원은 상급심의 법관이 수사단계나 하급심에서 증거보전절차(혹은 수사상의 증인신문절차)[2]에 관여하였다 하더라도 전심재판의 실체적 내용형성에 영향을 미친 것이 아니므로 '전심의 기초되는 조사·심리에 관여'한 것이 아니라고 하지만 납득하기 어렵다.[3] 증거보전절차(혹은 수사상의 증인신문절차)에 관여하면 그 재판의 내용에 상당한 정도의 정보를 입수할 수 있기 때문이다.

③ 재정신청절차(기소강제절차)에서 공소제기결정에 관여한 법관(고등법원판사)이 당해 사건의 제1심과 항소심 재판에 관여하면 '전심재판'의 기초가 되는 조사, 심리에 관여한 것인가?

17조 7호는 "'전심재판'의 기초가 되는 조사, 심리"라고 하였으므로 항소심에서는 제1심, 상고심에서는 제1심과 항소심이 전심이 될 것이다. 재정신청절차에서 공소제기결정이 내려진 경우 당해 사건의 항소심 법관의 입장에서 볼 때 재정신청절차는 '제1심 재판의 기초가 되는 조사, 심리의 성격'을 가진 것으로 파악될 소지가 없지 않다. 제척제도는 법관의 예단배제를 그 목적의 하나로 삼는데, 재정신청절차에서 공소

제기결정에 관여한 법관이라면 이미 사건의 실체에 대하여 예단(특히 유죄방향의 예단)을 가지고 있다고 추측할 수 있으므로 재정신청절차에서 공소제기결정에 관여한 법관이 다시 당해 사건의 제1심이나 항소심 법관이 되는 것은 최소한 적절하지 않다고 말할 수 있다. 그러나 적어도 '재정신청절차와 지방법원 제1심이나 항소심의 관계'는 전심과 상급심의 관계가 아닌 것도 부인할 수 없다. 재정신청절차(기소강제절차)에서 공소제기결정에 관여한 법관(고등법원판사)이 당해 사건의 제1심이나 항소심 재판부를 구성하는 법관이라면 회피하는 것이 순리일 것이다. 이것은 한국 형사소송법의 입법상의 불비[4]라고 생각된다.

생각건대 재정신청절차에서 공소제기결정에 관여한 법관이 다시 당해 사건의 제1심 법관이나 항소심 법관으로 관여할 때 문리해석상 제척사유는 되지 않는다 하더라도, 최소한 18조 2호의 기피사유(법관이 불공평한 재판을 할 염려가 있는 때)에 해당한다고 봄이 옳을 것이다.

2) "공소제기 전에 검사의 청구에 의하여 형사소송법 184조에 의한 증인신문을 한 법관은 형사소송법 17조 7호에 이른바 전심재판 또는 그 기초되는 조사, 심리에 관여한 법관이라고 할 수 없다"(대법원 1971. 7. 6. 선고 71도974 판결).
3) 제척사유가 된다는 견해(이재상, 신동운, 정웅석).
4) 일본 형사소송법은 준기소절차에서 부심판 결정(한국의 공소제기결정에 상당)에 관여한 법관은 심급여하를 불문하고 부심판결정이 난 형사사건에 관여하는 것을 제척사유로 하는 명문의 조항을 두고 있다(일본 형사소송법 20조 7호). 이런 조항이 없는 우리나라에서 대법원이 장차 어떤 입장을 보일지 주목된다.

1.4 기피신청의 법리

대법원 2001. 3. 21.자 2001모2 결정; 대법원 2012. 10. 11. 선고 2012도8544 판결

F D는 1999. 11. 17. 항소심의 제1회 공판기일이 개시된 이래 변호인의 신청으로 전후 6회에 걸쳐 공판기일이 변경되었거나 연기되었으며 증인도 그 사이 도합 9명이 채택되어 신문을 마쳤다. 2000. 12. 21. 제11회 공판기일에 검사는 D에게 유리한 방향의 공소장변경신청을 하였다. 항소심 법원이 검사의 공소장변경신청을 불허하고 이미 증거로 채택하지 않기로 결정한 W에 대한 변호인의 증인신청을 기각하자 변호인은 구두로 항소심 재판장에 대한 기피신청을 하였다. 항소심 법원은 위와 같은 재판진행 경과와 상황 등을 종합하여, "본 건 기피신청은 소송지연을 목적으로 한 것"이라는 이유로 기피신청인(변호인)의 소명자료 제출을 기다리지 않고 기피신청을 기각하였다. D가 대법원에 재항고하였다.

I 1. 기피사유에 관한 18조 1항 2호 소정의 '불공평한 재판을 할 염려가 있는 때'의 의미와 그 판단기준
2. 소송지연을 목적으로 함이 명백한 기피신청인지의 여부를 판단하는 자료

R A 재항고기각. 1. 기피신청이 소송의 지연을 목적으로 함이 명백한 경우에는 그 신청 자체가 부적법한 것이므로 신청을 받은 법원 또는 법관은 이를 결정으로 기각할 수 있는 것이고, 소송지연을 목적으로 함이 명백한 기피신청인지의 여부는 기피신청인이 제출한 소명방법만에 의하여 판단할 것은 아니고, 당해 법원에 현저한 사실이거나 당해 사건기록에 나타나 있는 제반 사정들을 종합하여 판단할 수 있다. (중략) 위 형사피고사건을 담당하여 진행해 오던 원심법원이 위와 같은 재판진행 경과와 상황 등을 종합하여, 이 사건 기피신청은 소송지연을 목적으로 한 것이라는 이유로 기각한 것은 수긍할 수 있고, 원심법원이 기피신청인의 소명자료 제출을 기다리지 않고 이를 기각하였다 하여 거기에 20조 1항에 관한 법리오해의 위법이 있다고 할 수 없다.

2. 기피원인에 관한 18조 1항 2호 소정의 '불공평한 재판을 할 염려가 있는 때'라고 함은 당사자가 불공평한 재판이 될지도 모른다고 추측할 만한 주관적인 사정이 있는 때를 말하는 것이 아니라, 통상인의 판단으로서 법관과 사건과의 관계상 불공평한 재판을 할 것이라는 의혹을 갖는 것이 합리적이라고 인정할 만한 객관적인 사정이 있는 때를 말하는 것이다 (대법원 1996. 2. 9.자 95모93 결정 참조).

C

1 간이기각

20조 1항은 "기피신청이 소송의 지연을 목적으로 함이 명백하거나 19조의 규정[1]에 위배된 때에는 신청을 받은 법원 또는 법관은 결정으로 이를 기각한다."고 규정하고 있고, 민사소송법 45조 1항에도 유사한 규정이 있다. 일반적으로 '기각'이란 '당사자의 상소(하급심의 재판에 불복하여 상급법원에 그 시정을 요구하는 당사자의 법률행위적 소송행위)에 대한 상급심의 부정적 가치판단'을 지칭한다. 그러나 20조 1항의 기각은 당사자의 '상소'가 아니라 당사자의 '신청'에 대한 당해 심급의 부정적 가치판단이므로 '통상의 기각'과 구분하여 '간이기각'으로 불린다. 기피신청이 소송의 지연을 목적으로 함이 명백한 때에는 신청을 받은 당해 법원이 간이기각할 수 있고 '소송지연을 목적으로 함이 명백한 기피신청인지의 여부는 기피신청인이 제출한 소명방법만에 의하여 판단할 것은 아니고, 당

---

[1] 19조(기피신청의 관할) ① 합의법원의 법관에 대한 기피는 그 법관의 소속법원에 신청하고 수명법관, 수탁판사 또는 단독판사에 대한 기피는 당해 법관에게 신청하여야 한다. ② 기피사유는 신청한 날로부터 3일 이내에 서면으로 소명하여야 한다.

해 법원에 현저한 사실[2]이거나 당해 사건기록에 나타나 있는 제반 사정들을 종합하여 판단할 수 있다.'

사안에서 D의 변호인은 항소심의 제1회 공판기일이 개시된 이래 전후 6회에 걸쳐 공판기일의 변경과 연기를 요청하였으며 9명에 달하는 증인을 신청하여 신문을 마쳤음에도 제11차 공판기일에 기피신청을 하여 '소송지연을 목적으로 함이 명백한 기피신청'으로 판단받아 간이기각결정을 받았다. 피고인이 판결선고기일을 고지받으면 기피신청하고 변경된 선고기일을 고지받으면 또 기피신청하기를 4번에 걸쳐 행한 사건(첫 번째 선고기일이 1984. 7. 10.이었는데 네 번째 선고기일은 1985. 6. 25.)도 '소송지연을 목적으로 함이 명백한 기피신청'으로 인정되었다(대법원 1985. 7. 8.자 85초29 결정).

② '불공평한 재판을 할 염려가 있는 때'의 의미(객관설)

제척, 기피, 회피의 세 가지 제도적 장치 중 '현실적으로 의미 있게 작동가능한 장치'는 기피제도이다. 대법원은 합당한 기피사유를 '당사자가 불공평한 재판이 될지도 모른다고 추측할 만한 주관적인 사정이 있는 때(주관설)를 말하는 것이 아니라, 통상인의 판단으로써 법관과 사건과의 관계상 불공평한 재판을 할 것이라는 의혹을 갖는 것이 합리적이라고 인정할 만한 객관적인 사정이 있는 때'[3]로 축소해석한다. 이리하여 법관이 피고인에게 '공판기일에 어김없이 출석하라'고 촉구하거나,[4] 법관이 재판진행 중 소송당사자에게 '이 사람아!'라고 부르고 이로 인하여 '피고인이 모욕감을 느꼈다'는 것은 기피사유가 되지 않는다고 한다.[5] 또한 대법원은 '소송지휘태도 등 소송절차 안에서 드러나는 특정법관의 구체적인 소송지휘행위와 태도'(예를 들어 재판장이 당사자의 증거신청을 채택하지 않은 것)[6]는 합당한 기피사유가 되지 않는다고

판시한다.

③ 기피신청과 소송 진행 정지(대법원 2012. 10. 11. 선고 2012도8544 판결)

기피신청을 받은 법관이 22조에 위반하여 본안의 소송절차를 정지하지 않은 채 그대로 소송을 진행하여서 한 소송행위는 그 효력이 없고, 이는 그 후 그 기피신청에 대한 기각결정이 확정되었다고 하더라도 마찬가지이다. 따라서 "제1심법원이 제6회 공판기일에 한 증거결정 및 증거조사는 기피신청을 받은 법관이 형소법 22조(기피신청이 있는 때에는 원칙적으로 소송진행을 정지하여야 한다)에 위반하여 본안의 소송절차를 정지하지 않은 채 그대로 소송을 진행하여서 한 소송행위로서 모두 그 효력이 없고, 이는 그 후 위 기피신청에 대한 기각결정이 확정되었다고 하더라도 마찬가지이다. 따라서 제1심법원은 적법한 증거조사를 거치지 않은 증거들을 이 사건 공소사실을 인정하는 증거로 삼아 유죄 판단을 하였고, 항소심은 별도로 증거조사절차를 거치는 등의 조치를 취하지 아니한 채 제1심법원이 실시한 증거조사 결과를 원용하여 이 사건 공소사실이 유죄로 인정된다는 이유로 제1심판결을 그대로 유지하였다. 결국 원심판결에는 기피신청을 받은 법관이 소송진행의 정지 중에 한 소송행위의 효력에 관한 법리를 오해하여 증거결정 및 증거조사의 유효성에 관한 판단을 그르침으로써 판결에 영향을 미친 위법이 있다. 그러므로 나머지 상고이유에 대한 판단을 생략한 채 원심판결을 파기하고, 사건을 다시 심리·판단하게 하기 위하여 원심법원에 환송[한다]."

---

2) 예를 들어 '변호인의 신청으로 전후 6회에 걸쳐 공판기일이 변경되었거나 연기되었으며 증인도 그 사이 도합 9명이 채택되어 신문을 마쳤다'는 사실은 당해 법원에 현저한 사실이다.
3) 대법원 1987. 10. 21.자 87두10 결정; 대법원 1990. 11. 2.자 90모44 결정; 대법원 1995. 4. 3.자 95모10 결정.
4) 대법원 1969. 1. 6.자 68모57 결정.
5) 대법원 1987. 10. 21.자 87두10 결정.
6) 대법원 1987. 10. 21.자 87두10 결정.

1.5 현행 형사소송법의 구조

헌재 1995. 11. 30. 선고 92헌마44 결정

F D는 1991. 8. 24. 서울형사지방법원에 국가보안법위반 혐의 등으로 구속 기소되어 1992. 1. 7. 징역 6년 및 자격정지 4년의 형을 선고받았다. D와 변호인, 검사가 모두 항소하여 같은 해 1. 9. D와 검사의 항소장이, 같은 달 13. 변호인의 항소장이 위 법원에 각 접수되었다. 위 법원은 같은 달 27. 그에 대응한 서울지방검찰청 검사에게, 서울지방검찰청 검사는 같은 해 2.24. 항소법원에 대응한 서울고등검찰청 검사에게, 서울고등검찰청 검사는 같은 달 28. 항소법원인 서울고등법원에 **소송기록과 증거물을 각 송부**하였다. D는 "검사를 경유하여 소송기록과 증거물을 항소법원에 송부하도록 규정한 구 형사소송법 361조 1항, 2항은 헌법 11조의 평등권과 헌법 27조 3항의 신속한 재판을 받을 권리를 침해하는 위헌의 법률"이고, 가사 그렇지 않다고 하더라도 "서울지방검찰청 검사가 위 법률조항 소정의 기간보다 21일 늦게 서울고등검찰청 검사에게 소송기록을 송부한 행위는 헌법 27조 3항의 신속한 재판을 받을 권리와 헌법 27조 1항의 공정한 재판을 받을 권리를 침해하는 위헌의 공권력행사"라는 이유로 헌법소원심판을 청구하였다.

I 1. 구 형사소송법 361조 1항, 2항[1]이 피고인의 평등권과 신속한 재판을 받을 권리를 직접 침해하는 위헌의 법률인가?
2. 서울지방검찰청 검사의 상급심으로서의 기록송부지연이 피고인의 신속·공정한 재판을 받을 권리를

---

1) 구 형사소송법 361조(소송기록과 증거물의 송부) ① 전조의 경우 외에는 원심법원은 항소장을 받은 날로부터 14일 이내에 소송기록과 증거물을 그 법원에 대응한 검찰청검사에게 송부하고 그 검사는 그 송부를 받은 날로부터 7일 이내에 항소법원에 대응한 검찰청검사에게 송부하여야 한다. ② 항소법원에 대응한 검찰청검사는 전항의 소송기록과 증거물을 받은 날로부터 5일 이내에 항소법원에 송부하여야 한다.

침해하였는가?

R A 위헌. 1. 형사소송의 구조를 당사자주의와 직권주의 중 어느 것으로 할 것인가의 문제는 입법정책의 문제로서 우리나라 형사소송법은 그 해석상 소송절차의 전반에 걸쳐 기본적으로 당사자주의 소송구조를 취하고 있는 것으로 이해되는바, 당사자주의에 충실하려면 제1심 법원에서 항소법원으로 소송기록을 바로 송부하는 것이 바람직하다.
2. 신속한 재판을 받을 권리는 주로 피고인의 이익을 보호하기 위하여 인정된 기본권이지만 동시에 실체적 진실발견, 소송경제, 재판에 대한 국민의 신뢰와 형벌목적의 달성과 같은 공공의 이익에도 근거가 있기 때문에 어느 면에서는 이중적인 성격을 갖고 있다고 할 수 있어 형사사법체제 자체를 위하여서도 아주 중요한 의미를 갖는 기본권이다.
3. 구 형사소송법 361조 1항, 2항은 그 입법목적을 달성하기 위하여 형사소송법의 다른 규정만으로 충분한데도 구태여 항소법원에의 기록 송부 시 검사를 거치도록 함으로써 피고인의 헌법상 기본권을 침해하고 법관의 재판상 독립에도 영향을 주는 것으로 과잉금지의 원칙에 반하여 **피고인의 신속·공정한 재판을 받을 기본권**을 침해하는 위헌의 법률조항이다.

C 증거수집의 주체가 당사자(당사자주의 The Adversarial System)냐 수소법원(직권주의 The Inquisitorial System)이냐 여부가 가장 핵심적인 지표이다. 295조는 양자를 모두 규정하고 있어 **혼합형·절충형**임을 알 수 있다.

① 공판구조

(1) 형사절차의 목표는 분쟁의 해결인가 실체적 진실발견인가? : 유죄답변(guilty plea)과 그 협상(plea bargaining) 제도를 인정하지 않는 점은 분쟁해결이

형사절차의 목표가 아닌 점을 보여준다. 또 자유 심증주의가 명시적으로 선언되고 있으며(308조), 실체진실발견이 형사소송의 최고이념으로 설정(예를 들어 대법원 2008. 10. 9. 선고 2007도1220 판결)되고 있는 점은 직권주의적 측면의 발현이다. 그러나 기소편의주의(247조)와 기소변경주의[255조(공소의 취소)]가 인정되고 있는 점은 당사자주의적 측면의 발현이다.

(2) **공판절차의 주도적 주체는 당사자** : 재판부가 당사자의 주장과 입증에 관여하지 않고 수동적으로 유죄·무죄만을 판정하는 것, 따라서 공판절차 진행(특히 증거수집)의 주도적 주체는 원칙적으로 당사자로 설정되어 있다. 당사자의 신청에 의한 증거조사(294조)가 증거조사의 원칙적 모습이며, 증인신문이 교호신문방식(161조의2)으로 진행되고, 전문법칙이 채택(310조의2)된 점은 당사자주의적 모습의 발현이다. 공소장에 공소사실을 특정하여 기재하도록 하고(254조 4항), 공소사실과 동일성이 인정되는 사실이라 할지라도 원칙적으로 공소장변경절차를 거치지 아니하면 심판의 대상이 될 수 없도록 한 점(298조) 등도 당사자주의적 모습이다.

(3) **직권주의적 발상의 광범한 현존** : 직권에 의한 증거조사(295조)의 가능성이 열려 있는 점, 법원의 공소장변경요구의 가능성(298조 2항)이 열려 있는 점, 항소심과 상고심의 직권조사(361조의4 1항)와 직권심판(364조 2항)의 가능성의 인정 등은 직권주의적 발상이 현존하고 있는 모습이다.

(4) **소결** : 이처럼 현행 형소법의 공판구조는 당사자주의적 모습과 직권주의적 모습이 혼재하여 어느 것이 압도적이고 어느 것이 부차적인지 판단하기 어려울 정도이다. 그럼에도 불구하고 1983년에 대법원이 현행 형소법은 "당사자주의를 그 기본골격으로 하면서 한편으로는 직권주의적 규정을 아울러 두고 있(다)"고 판시[2]하고, 1995년에 본 사안에서 헌법재판소가 "소송절차의 전반에 걸쳐 한국 현행 형사소송법은 직권주의를 취한 구(舊)형사소송법과는 달리 당사자주의를 대폭 도입하여 기본적으로 당사자주의 소송구조를 취하고 있는 것으로 이해되고, 또한 재판실무도 그와 같은 전제하에 운용"되고 있으며, "이와

같은 제도 아래에서는 검사가 비록 공익의 대표자적 지위에 있다고는 하나, 기본적으로 피고인과 대등한 당사자의 지위에 있는 것이므로, 검사와 피고인에게 공정한 공격·방어의 기회를 주어야 할 것이고, 검사를 지나치게 유리하게 하는 것은 당사자주의의 기본 취지에 반하게 된다."[3]고 판시한 취지를 어떻게 이해해야 할 것인지가 문제된다.

생각건대 중요한 것은 '변화의 방향'이다. 현재는 질적으로나 양적으로 여전히 직권주의적 구도가 강하게 남아 있으나, 시간이 흐를수록 당사자주의적 구도와 실천이 조금씩 강화되어 가고 있는 과도기적 상태이다.

② **수사와 공판의 관계 : 승계(직권주의)냐 절연(당사자주의)이냐**

(1) '**공판 전 절차(수사와 예심)'와 공판절차가 명백히 절연되어 있는가 여부, 수사·예심의 결과가 공판에 인계되는가 여부** : 2008년 1월 1일 이전에는 공소가 제기된 후 검사는 기소된 사건의 수사기록을 사건을 배당받은 수소법원으로 미리 송부하였다. 그러면 그 수사기록은 공판기일 직전에 담당재판부에 제출된다. 대부분의 재판부는 수사기록을 미리 읽어 보고 사안의 쟁점을 파악한 후 공판심리에 임하였다.[4] 이렇게 하지 않으면 재판부가 제1회 공판기일을 허송하게 되고 구속피고사건에서는 심리기한을 맞출 수 없기 때문이다. 1982년에 제정된 형사소송규칙은 수사단계와 공판절차를 차단하기 위해 공소장일본주의를 도입(규칙 118조 2항)하였지만, 2008년 1월 1일 이전에는 실무상 공판 전 절차와 공판절차는 철저하게 분단되지 못하고 수사기록이 공판에 인계되고 있었다(공판절차가 수사의 결과를 인계). 그러나 2008년 1월 1일 이후에는 법제상 증거의 분리제출이 철저히 행하여져야 하는 체제(수사와 공판의 절연)로 변경되었다. 그로부터 10년이 지난 2010년대 후반 현재 수사와 공판은 점차 절연되어 가는 도중에 있다.

2) 대법원 1983. 3. 8. 선고 82도3248 판결.

3) 헌재 1995. 11. 30. 선고 92헌마44 결정(위헌).

4) '실제의 재판과정에서 공소장일본주의를 그대로 지키는가?'라는 질문에 대하여 법관 426명 중 82.4%(351명)가 '적어도 최소한의 서류를 읽어 보고 공판에 임한다.'고 응답하였다(법원행정처, 설문조사로 본 형사재판의 현실과 과제, 2002. 12, 39).

1.6 적법절차와 영장주의

헌재 2012. 6. 27. 선고 2011헌가36 결정

F 1. D는 성폭력범죄의 처벌 및 피해자보호 등에 관한 법률(현재는 성폭력범죄의 처벌에 관한 특례법) 위반(특수강도강간 등) 혐의로 기소되었다. 제1심이 2011. 9. 19. D의 모친상을 이유로 2011. 9. 20.까지 D에 대한 구속의 집행을 정지한다는 결정을 하였다. 같은 날 검사가 101조 3항에 따라 위 구속집행정지결정에 불복하여 즉시항고를 제기함으로써 이 사건은 그 결정의 집행이 정지된 채 서울고등법원에 이르게 되었다. 서울고등법원은 2011. 10.26. 직권으로 101조 3항에 대하여 위헌법률심판을 제청하였다.

2. 법원이 피고인에게 하는 구속집행정지제도의 개요
구속집행정지란 구속의 집행력을 정지시켜 피고인을 임시로 지정된 기한까지 석방하는 재판 및 그 집행을 말한다. 법원은 상당한 이유가 있는 때에는 결정으로 구속된 피고인을 친족·보호단체 기타 적당한 자에게 부탁하거나 피고인의 주거를 제한하여 구속의 집행을 정지할 수 있다(101조 1항).

I 법원의 구속집행정지결정에 대하여 검사가 즉시항고할 수 있도록 한 101조 3항(이하 '3항'으로 약칭함)이 헌법상 영장주의, 적법절차 원칙, 과잉금지원칙에 위배되는지 여부

R A 1. 즉시항고는 제기기간이 3일이고(409조), 즉시항고의 제기기간 내와 즉시항고의 제기가 있는 때에 재판의 집행은 정지된다(410조). 그러므로 3항이 검사에게 구속집행정지결정에 대한 즉시항고권을 인정함으로써, 즉시항고의 제기기간 동안은 물론 즉시항고가 제기된 경우 그 항고심의 재판이 확정될 때까지 구속집행정지결정의 집행이 일률적으로 무조건 정지된다.

2. 영장주의의 위배 여부
영장주의란 '강제수사의 요부 판단권한을 수사의 당사자가 아닌 인적·물적 독립을 보장받는 제3자인 법관에게 유보하는 것으로서, 법치국가의 사법질서 확립을 위해서는 수사절차에서의 사법통제가 반드시 필요한 것임을 선언한 것'(헌재 1997. 3. 27. 선고 96헌바28 결정 등; 헌재 2004. 9. 23. 선고 2002헌가17 결정 등)이다.

또한 영장주의는 "구속개시 시점에서 신체의 자유에 대한 박탈의 허용만이 아니라 그 구속영장의 효력을 계속 유지할 것인지 아니면 정지 또는 실효시킬 것인지 여부의 결정도 오직 법관의 판단에 의하여만 결정되어야 한다는 것을 의미한다."(헌재 1992. 12. 24. 선고 92헌가8 결정)

법원이 피고인의 구속 또는 그 유지 여부의 필요성에 관하여 한 재판의 효력이 검사나 다른 기관의 이견이나 불복이 있다 하여 좌우되거나 제한받는다면 이는 영장주의에 위반된다. 3항은 검사의 불복을 그 피고인에 대한 구속집행을 정지할 필요가 있다는 법원의 판단보다 우선시킬 뿐만 아니라, 사실상 법원의 구속집행정지결정을 무의미하게 할 수 있는 권한을 검사에게 부여한 것이라는 점에서 헌법 12조 3항의 영장주의원칙에 위배된다.

3. 적법절차 원칙 위배 여부
적법절차의 원칙은 국가작용으로서 기본권 제한과 관련되든 아니든 모든 입법 작용 및 행정 작용에도 광범위하게 적용되는 것으로서(헌재 2001. 11. 29. 선고 2001헌바41 결정), 법률이 정한 형식적 절차와 실체적 내용이 모두 합리성과 정당성을 갖춘 적정한 것이어야 한다는 실질적 의미를 지니고 있으며, 형사소송절차와 관련하여서는 '형사소송절차의 전반을 기본권 보장의 측면에서 규율하여야 한다는 기본원리'(헌재 1996. 12. 26. 선고 94헌바1 결정)이다.

헌법 12조 3항의 영장주의는 헌법 12조 1항의 적법절차원칙의 특별규정이므로, 헌법상 영장주의원칙에 위배되는 3항은 헌법 12조 1항의 적법절차원칙에도 위배된다.

4. 과잉금지원칙 위배 여부

3항은 부당한 구속집행정지결정으로 피고인이 출소한 후 도망가거나 증거를 인멸함으로써 공정한 재판 진행이나 형의 집행에 차질을 가져오는 것을 예방하기 위한 것으로서 입법목적의 정당성 및 수단의 적절성이 인정된다. 그러나 피고인에 대한 신병확보의 필요성은 피고인의 출석을 보장할 만한 조건의 부가에 의하여 그 목적을 달성할 수 있으며, 법원의 구속집행정지결정에 대하여 검사가 불복할 수 있도록 하더라도, 보통항고를 하고 집행정지를 청구하거나, 즉시항고를 인정하되 즉시항고에 재판의 집행을 정지하는 효력을 인정하지 않는 방법도 있으므로, 구속집행정지결정 자체를 무력화시키는 방법보다 덜 침해적인 방법에 의해서는 그 목적을 전혀 달성할 수 없다고 보기 어렵다는 점을 고려할 때 구속집행정지결정에 대하여 즉시항고권을 인정하는 것은 피해의 최소성을 갖춘 것이라고 할 수 없다.

C

1 적법절차와 영장주의의 관계

적법절차와 영장주의의 관계는 그리 명확하지 않다. 이런 상황에서 이 결정은 적법절차(형사소송절차의 전반을 기본권 보장의 측면에서 규율하여야 한다는 기본원리)와 영장주의(강제수사의 요부 판단권한을 수사의 당사자가 아닌 인적·물적 독립을 보장받는 제3자인 법관에게 유보하는 것으로서 구속개시 시점에서 신체의 자유에 대한 박탈의 허용만이 아니라 그 구속영장의 효력을 계속 유지할 것인지 아니면 정지 또는 실효시킬 것인지 여부의 결정도 오직 법관의 판단에 의하여만 결정되어야 한다는 것)의 관계를 시도한 점에서 주목할 가치가 있다. 본 결정은 "헌법 12조 3항의 **영장주의**는 헌법 12조 1항의 **적법절차원칙의 특별규정**이므로, 헌법상 영장주의원칙에 위배되는 3항은 헌법 12조 1항의 적법절차원칙에도 위배"되는 관계로 파악하였다.

2 97조 4항의 위헌선언가능성

본 2012년 결정은 무죄 판결 등이 선고될 경우 구속영장의 실효 여부를 검사의 의견에 좌우되도록 한 구법 331조[(무죄 등 선고와 구속영장의 효력) 무죄, 면소, 형의 면제, 형의 선고유예, 형의 집행유예, 공소기각 또는 벌금이나 과료를 과하는 판결이 선고된 때에는 구속영장은 효력을 잃는다] 단서 규정(검사의 즉시항고 인정)의 위헌선언(92헌가8), 법원의 보석허가결정에 대하여 검사가 즉시항고할 수 있도록 한 구법 97조 3항의 위헌선언(헌재 1993. 12. 23. 선고 93헌가2 결정)에 이은 3번째 위헌선언이며, 그것도 재판관 전원일치의 위헌결정이다. 따라서 법원의 구속취소 결정에 대하여 검사의 즉시항고권을 인정한 97조 4항도 향후 위헌선언될 가능성이 있다.

3 참여재판배제를 가능하게 하는 국민참여재판법 9조 2항은 적법절차에 위배되지 않는다

D2는 2012. 3. 30. 성폭력범죄의 처벌 등에 관한 법률위반(주거침입강간등)죄의 혐의로 기소되어 재판을 받던 중, 법원에 국민참여재판을 원하는 의사가 기재된 서면을 제출하였다. 그러나 수소법원은 2012. 5. 15. 구 국민의 형사재판 참여에 관한 법률 9조 1항 3호에 의하여 국민참여재판을 하지 아니하기로 결정하였다. 수소법원은 2012. 6. 14. 열린 위 사건의 공판기일에서 피해자에 대한 증인신문을 실시하면서 294조의3 1항에 의하여 증인신문절차를 비공개하기로 결정한 다음, 피고인 D2를 퇴정하게 하고 화상신문 실에서 증인의 증언을 시청하도록 명하였다. D2는 국민의 형사재판 참여에 관한 법률 9조 1항 3호 등에 대하여 위헌법률심판 제청신청을 하였다가 2012. 7. 26. 위 신청이 기각되자, 2012. 8. 13. 헌법소원심판을 청구하였다. 구 국민의 형사재판 참여에 관한 법률 9조 2항은 수소법원이 국민참여 재판으로 진행하는 것이 적절하지 아니하다고 인정되는 경우 국민참여 재판 배제결정을 할 수 있도록 하였는데 D2는 이 조항이 적법절차 원칙에 위반되는 조항이라고 주장하였다. 헌재는 "피고인은 국민참여 재판 배제결정에 대하여 즉시항고할 수 있고 공소사실의 다양한 태양과 그로 인하여 쟁점이 지나치게 복잡하게 될 가능성 등 공판절차에서 나타나는 여러 사정을 고려하여 보았을 때 참여재판 배제조항과 같이 포괄적, 일반적 배제사유를 두는 것은 불가피하고, 그 실질적 기준은 법원의 재판을 통하여 합리적으로 결정될 수 있으므로, 적법절차원칙에 위배되지 않는다."고 판시하였다.

제2장

소송행위와 피의자의 방어권

2.1 착오에 의한 절차형성적 소송행위(항소포기)가 무효로 인정되기 위한 요건

대법원 1995. 8. 17.자 95모49 결정

F D는 간통죄로 기소되어 제1심에서 '징역 10월'의 유죄판결을 선고받았다. D는 항소하고 싶었다. D는 안경을 쓰지 않아 글을 알아보기가 불가능하여 담당교도관이 항소장 용지 대신에 상소권포기서 용지를 잘못 내어 주는 바람에 이를 항소장 용지로 알고 항소장에 서명무인할 의사로 이에 서명무인하였다. 그 후 D가 항소를 제기하였다. 그러자 원심(제1심)은 "항소가 항소권 소멸 후에 제기되었다."며 항소를 결정으로 기각하였다. D와 그 변호인이 이 기각결정에 대하여 즉시항고하였다. 항고법원이 항고를 기각하자 D는 "D의 진의에 의하지 않은 위 항소포기행위는 무효이므로 그 후에 제기된 변호인의 항소는 적법한 것인데도 이를 기각한 항고법원의 결정은 위법하다"고 주장하며 대법원에 재항고하였다.

I 민법상 "의사표시는 법률행위의 내용의 중요부분에 착오가 있는 때에는 취소할 수 있다"[민법 109조(착오로 인한 의사표시) 1항[1]]. 사안의 D의 항소포기도 내용의 중요부분에 착오가 있는 때에 해당하므로 그 취소 혹은 무효를 인정하여야 하는 것이 아닌가? 상고취하의 유효성이 문제된 유사한 사안(대법원 1992. 3. 13. 92모1 결정의 항소심)에서 부산고등법원(1991. 12. 30.자 91초103)은 "민법 109조 1항은 원칙으로 사법상의 법률행위에 적용되는 것이고, 소송절차의 확정성·안정성이 요구되는 사정에 비추어 소송행위에까지 적용하기는 어려우므로 상고취하가 설사 착오에 기인하는 것이라 하더라도 취소할 수 있거나 무효로 되는 것이 아니다. 가사 위 민법규정이 상고의 취하(혹은 포기)에 관하여 적용된다고 해석하더라도 이 사건에서 신청인(D)이 성급하게 상고를 취하(혹은 포기)한 것은 신청인의 중대한 과실에 기인한 것"이라는 이유로 상소절차속행신청(혹은 상소권회복신청)을 기각한

바 있다. 따라서 이 사안의 쟁점은 민법 109조의 정신을 소송행위에도 준용할 것인가 여부이다.

R 재항고 기각. 항소포기와 같은 절차형성적 소송행위가 착오로 인하여 행하여진 경우 그 행위가 무효로 되기 위하여는 그 착오가 행위자 또는 대리인이 책임질 수 없는 사유로 발생하였을 것이 요구된다(대법원 1992. 3. 13.자 92모1 결정[2] 참조).

A 변호인의 주장 자체에 의하더라도 교도관이 내어 주는 상소권 포기서를 항소장으로 잘못 믿은 나머지 이를 확인하여 보지도 않고 서명무인하였다는 점에서는 재항고인에게 과실이 없다고 보기는 어렵고, 따라서 재항고인의 항소포기는 유효하다. 기록에 비추어 살펴보면 원심의 위와 같은 판단은 옳고, 달리 원심결정에 헌법, 법률, 명령 또는 규칙의 위반이 있음을 찾아볼 수 없다.[3]

---

1) 그러나 그 착오가 표의자의 중대한 과실로 인한 때에는 취소하지 못한다(민법 109조 2항).

2) "절차형성적 소송행위가 착오로 인하여 행하여진 경우, 절차의 형식적 확실성을 강조하면서도 피고인의 이익과 정의의 희생이 커서는 안 된다는 측면에서 그 소송행위의 효력을 고려할 필요가 있으므로 착오에 의한 소송행위가 무효로 되기 위하여는 ㉮ 첫째, 통상인의 판단을 기준으로 하여 만일 착오가 없었다면 그러한 소송행위를 하지 않았으리라고 인정되는 중요한 점(동기를 포함)에 관하여 착오가 있고, ㉯ 둘째, 착오가 행위자 또는 대리인이 책임질 수 없는 사유로 인하여 발생하였으며, ㉰ 셋째, 그 행위를 유효로 하는 것이 현저히 정의에 반한다고 인정될 것 등 세 가지 요건을 필요로 한다"(대법원 1992. 3. 13.자 92모1 결정).

3) 따름 판결로 대법원 2000. 6. 15.자 2000모85 결정이 있다. "징역형의 실형이 선고되었으나 피고인이 형의 집행유예를 선고받은 것으로 잘못 전해 듣고 또한 판결주문을 제대로 알아들을 수가 없어서 항소제기기간 내에 항소하지 못한 것이라면 그 사유만으로는 형사소송법 345조가 규정한 '자기 또는 대리인이 책임질 수 없는 사유로 상소제기기간 내에 상소하지 못한 경우'에 해당된다고 볼 수 없다(대법원 1987. 4. 8.자 87모19 결정 참조).

C

1 소송행위의 흠(하자)과 그 효과

소송절차는 소송 관여자들의 소송행위들의 연쇄와 집적으로 진행된다. 따라서 소송행위에는 법적 안정성이 강하게 요청되고 중요한 소송행위는 때로 서면으로 할 필요가 있다. 이것이 **소송행위의 형식적 확실성**의 요청이다. 다른 한편 실체적 진실의 발견과 피고인 지위의 보호라는 목적 때문에 소송행위의 요건과 방식이 미리 법정되어 있는 경우도 있다. 이것이 **소송행위의 정형성**의 요구이다. 이 때문에 의사표시를 요소로 하는 소송행위의 효과에 대하여는 민법상의 의사표시이론, 특히 착오와 대리, 무효와 취소에 관한 조문들이 그대로 적용될 수 없다. 다만 피고인보호의 차원에서 피고인의 소송행위에 대하여는 일정범위에서 민법상의 착오와 대리 이론을 다소간 참작할 필요가 있다.

2 착오로 인한 소송행위의 효력

(1) **실체형성행위** : 소송행위가 실체형성행위(변론, 증언, 진술 등)인 때에는 그것이 행위자의 진의와 합치하는지 여부보다 실체에 부합하는가의 여부가 중요하므로 착오는 실체형성행위의 효력에 영향을 미칠 수 없게 하여야 한다. 또 당사자는 언제든지 실체에 부합하는 내용을 재판부에 전달할 수 있어야 한다. 그러나 절차형성적 소송행위에 착오가 있는 경우에 관하여는 다른 취급이 필요하다.

(2) **절차형성적 소송행위** : ㉮ 성질상 외부적으로 표시된 대로 판단하지 않으면 절차의 확실성과 신속한 진행을 도모할 수 없기 때문에 절차의 형식적 확실성, 기술성을 강조하여 사기, 강박 또는 착오와 같은 사유는 소송행위의 효력에 영향을 미칠 수 없다는

1설, ㉯ 소송의 형식적 확실성을 강조하여 피고인의 이익과 정의가 희생되어서는 안 된다는 이유로 착오가 본인의 귀책사유에 기인하지 않고 그 행위를 유효로 하는 것이 현저히 정의에 반하는 경우에는 무효로 해석함이 타당하지만 그런 경우가 아니 한 소송행위의 효력에 영향이 없다고 하는 **2설**, ㉰ 형식적 확실성을 요구하는 소송행위에 관하여 사법(私法)상의 의사의 흠(하자)에 관한 규정을 적용하면 곤란하므로 그 소송행위가 적법절차의 원칙에 반하여 이루어진 경우를 제외하고는 무효원인이 될 수 없다고 해석함이 타당하며, 따라서 법원 또는 검사의 사기, 강박에 의한 경우 이외에는 무효원인이 될 수 없다고 보는 3설 등이 제시되고 있다.

(3) **본 결정의 의의** : 본 결정은 착오로 인한 절차형성적 소송행위의 효력에 관하여 2설을 취한 것이다. 그러나 본 결정의 기준은 피고인에게 다소간 가혹한 기준으로 보인다.

3 관련 문제 : 상소절차 속행신청 제기기간

상소절차 속행신청에 관한 형사소송규칙 154조는 그 신청기간에 관하여 아무런 규정을 두지 아니하여 기간의 제한 없이 언제나 속행신청을 할 수 있는 것으로 해석될 여지가 있다. 그러나 소송절차는 기본적으로 안정성, 확실성이 요구되는 것이고, 상소권회복청구에 관하여 346조 1항에서 그 청구기간을 제한(사유가 종지한 날로부터 상소의 제기에 상당한 기간 내)하고 있음을 고려하여야 한다. 따라서 형사소송규칙을 개정하여 상소절차 속행신청도 그 신청기간을 '사유가 있음을 안 날로부터 일정기간' 등의 방법으로 제한하는 것이 바람직하다.[4]

이 사건에서 피고인(재항고인, 아래에서는 '피고인'이라 쓴다)은 2000. 3. 7. 수원지방법원에서 횡령죄로 징역 8월을 선고받았음에도 그 징역형의 집행유예 판결이 선고된 것으로 잘못 듣고 항소를 하지 아니하였음을 들어 항소권회복청구에 나아온 것임이 기록상 분명하다. 그러므로 피고인의 이 사건 청구가 항소권회복청구 사유에 해당하지 않는다고 보아 피고인의 항고를 기각한 원심결정은 위의 법리에 비추어 정당하[다]."

---

4) 김택수, 착오에 의한 절차형성적 형사소송행위가 무효로 인정되기 위한 요건, 대법원판례해설 17호, 896 이하 참조.

2.2　14세 10개월 된 피해자의 소송(고소)능력

대법원 2009. 11. 19. 선고 2009도6058 전원합의체 판결[1]

F [1] D는 청소년성보호법[2]의 적용을 받는 피해자 V를 성폭행(강간)[3]한 혐의로 기소되었다. V는 D의 처벌을 희망하는 의사표시를 하였다가 제1심판결선고 전에 처벌을 희망하는 의사표시를 철회하였다. 항소심은, "구 청소년성보호법 16조[4]를 적용함에 있어 의사능력 있는 피해자인 청소년의 처벌희망 의사표시의 철회에 법정대리인의 동의가 있어야 하는 것은 아니"라고 전제한 다음, "피해자가 피고인들에 대한 처벌희망 의사표시를 철회할 당시에 비록 14세 10개월 정도의 어린 나이였다고 하더라도 이 사건 범행의 의미와 본인이 피해를 당한 정황 및 자신이 하는 처벌희망 의사표시의 철회의 의미와 효과 등을 충분히 이해하고 분별할 수 있어 의사능력이 있는 상태에서 위와 같은 의사표시를 한 것이고, 따라서 그 의사표시에 법정대리인의 동의가 없었더라도 그 의사표시는 유효하다"고 판단하여 청소년성보호법 위반의 공소사실 부분을 기각하였다. 검사는 "V는 법정대리인의 동의 없이 처벌희망 의사표시를 철회하였으므로 그 철회는 효력이 없다."고 주장하며 대법원에 상고하였다.

I 반의사불벌죄에서 14세 10개월 된 피해자가 '가해자의 처벌을 희망하지 않는다.'는 의사를 표시할 수 있는 능력(소송능력의 일종)이 있는가?

R A 상고기각. 1. 청소년의 성보호에 관한 법률(현재는 아동·청소년의 성보호에 관한 법률로 개정되었으며 이하 '아청법'으로 약칭함) 16조는 (중략), 위 법 7조의 죄 등을 이른바 반의사불벌죄로 규정하고 있다. 반의사불벌죄에서 피해자가 피고인 또는 피의자에 대하여 처벌을 희망하지 않는다는 의사를 표시하거나 처벌을 희망하는 의사표시를 철회하는 것은 형사소송절차에서 **소극적 소송조건**으로서 법원 또는 수사기관에 대한 피해자의 소송행위에 해당하므로, 피해자에게 소송능력이 있어야 형사소송법상 그 효과가 인정된다.

2. 형사소송법상 소송능력이라 함은 '소송당사자가 유효하게 소송행위를 할 수 있는 능력, 즉 피고인 또는 피의자가 자기의 소송상의 지위와 이해관계를 이해하고 이에 따라 방어행위를 할 수 있는 의사능력'을 의미한다. (중략) 의사능력이 있으면 소송능력이 있다는 위 원칙은 피해자 등 제3자가 소송행위를 하는 경우에도 마찬가지라고 보아야 한다. 종래 대법원도 "고소를 함에는 소송행위능력, 즉 고소능력이 있어야 하는바, 고소능력은 피해를 받은 사실을 이해하고 고소에 따른 사회생활상의 이해관계를 알아차릴 수 있는 사실상의 의사능력으로 충분하므로, 민법상의 행위능력이 없는 자라도 위와 같은 능력을 갖춘 자에게는 고소능력이 인정된다."고 하여 이 입장을 분명히 하고 있다(대법원 1999. 2. 9. 선고 98도2074 판결; 대법원 2004. 4. 9. 선고 2004도664 판결; 대법원 2007. 10. 11. 선고 2007도4962 판결 등 참조). 따라서 반의사불벌죄에 있어서 피해자의 피고인 또는 피의자에 대한 처벌을 희망하지 않는다는 의사표시 또는 처벌을 희망하는 의사표시의 철회는, 위와 같은 형사소송절차에서

---

1) 김태업, 구 청소년의 성보호에 관한 법률 제16조에 규정된 반의사불벌죄에서 피해 청소년이 처벌불원 여부 등의 의사표시를 하는 데에 법정대리인의 동의가 필요한지 여부, 대법원판례해설 82호, 839~877.
2) 현재는 '아동·청소년의 성보호에 관한 법률'(아청법)로 개정되었으며, 아청법은 2011. 1. 1.부터 시행되고 있다.
3) 2009년 당시는 친고죄 혹은 반의사불벌죄(2010. 4.)였으나 현재는 비친고죄, 비반의사불벌죄로 변경되었다.
4) 구 청소년성보호법 16조(피해자의 의사) 「형법」 306조 및 「성폭력범죄의 처벌 및 피해자보호 등에 관한 법률」 (현재는 성폭력범죄의 처벌에 관한 특례법으로 개정) 15조에도 불구하고 청소년을 대상으로 한 다음 각 호의 죄에 대하여는 피해자의 고소가 없어도 공소를 제기할 수 있다. 다만, 피해자의 명시한 의사에 반하여 공소를 제기할 수 없다. 1. 7조의 죄(강간, 강제추행) (하략)

소송능력에 관한 일반원칙에 따라, 의사능력이 있는 피해자가 단독으로 이를 할 수 있고, 거기에 법정대리인의 동의가 있어야 한다거나 법정대리인에 의해 대리되어야만 한다고 볼 것은 아니다. (중략) 이와 달리, 만약 반의사불벌죄에 있어서 피해자에게 의사능력이 있음에도 불구하고 그 처벌을 희망하지 않는다는 의사표시 또는 처벌희망 의사표시의 철회에 법정대리인의 동의가 있어야 하는 것으로 본다면, 이는 피고인 또는 피의자에 대한 처벌희망 여부를 결정할 수 있는 권한을 명문의 근거 없이 새롭게 창설하여 법정대리인에게 부여하는 셈이 되어 부당하며, 형사소송법 또는 청소년성보호법의 해석론을 넘어서는 입론이라고 할 것이다. 뿐만 아니라, 처벌을 희망하지 않는다는 의사표시 또는 처벌희망 의사표시의 철회는 이른바 소극적 소송조건에 해당하고, 소송조건에는 죄형법정주의의 파생원칙인 유추해석금지의 원칙이 적용된다고 할 것인데, 명문의 근거 없이 그 의사표시에 법정대리인의 동의가 필요하다고 보는 것은 유추해석에 의하여 소극적 소송조건의 요건을 제한하고 피고인 또는 피의자에 대한 처벌가능성의 범위를 확대하는 결과가 되어 죄형법정주의 내지 거기에서 파생된 유추해석금지의 원칙에도 반한다. 그러므로 청소년성보호법 16조에 규정된 반의사불벌죄라고 하더라도, 피해자인 청소년에게 의사능력이 있는 이상, 단독으로 피고인 또는 피의자의 처벌을 희망하지 않는다는 의사표시 또는 처벌희망 의사표시의 철회를 할 수 있고, 거기에 법정대리인의 동의가 있어야 하는 것으로 볼 것은 아니다. 다만, 여기에서 피해자인 청소년의 의사능력은 그 '나이, 지능, 지적 수준, 발달성숙도 및 사회적응력 등에 비추어 그 범죄의 의미, 피해를 당한 정황, 처벌을 희망하지 않는다는 의사표시 또는 처벌희망 의사표시의 철회가 가지는 의미·내용·효과를 이해하고 알아차릴 수 있는 능력'을 말하고, 그 '의사표시는 흠이 없는 진실한 것'이어야 하므로, 법원으로서는 위와 같은 의미에서 피해자인 청소년에게 의사능력이 있는지 여부 및 그 의사표시가 진실한 것인지 여부를 세밀하고 신중하게 조사·판단하여야 함은 물론이다. 앞서 본 법리에 비추어 살펴보면, 원심의 판단은 정당하다.

1 피고인에게는 당사자능력이 있어야 한다

(1) '수형능력이 없는 자'에게는 당사자능력이 없어 이들에게 공소가 제기되면 법원은 공소기각의 결정을 하여야 한다.[5]

(2) (살아 있는) 자연인은 연령, 국적에 관계없이 누구나 당사자능력이 있다. 일반 추상적으로는 형사책임무능력자(만 14세 미만인 자)에게도 당사자능력이 있다.

(3) 법인에 대하여는 '처벌규정이 있는 경우에 한하여 당사자능력이 있다'는 견해도 있으나, 그것과 무관하게 자연인처럼 당사자능력을 인정하여야 한다.

본 사안에서는 당사자능력이 아니라 소송능력이 문제되고 있다.

2 소송능력(=의사능력)

소송능력은 소송행위의 의미를 이해하고 자기 권리를 수호할 수 있는 능력이다(⇨본서 2.1, 2.3 참조). 대법원은 본 판결에서 반의사불벌죄에서 14세 10개월 된 피해자가 '가해자의 처벌을 희망하지 않는다.'는 의사를 표시할 수 있는 능력(소송능력의 일종)이 있다고 보았다.

3 소송능력 없는 자의 소송행위의 효과

소송능력 없는 자의 소송행위는 무효이다. 따라서 피고인이 심신상실 상태에 도달하면 원칙적으로 법원은 심신이 회복될 때까지 공판절차를 정지[제306조(공판절차의 정지)]시켜야 한다. 그러나 법원은 법정대리인으로 하여금 피고인의 소송행위를 대리[제26조(의사무능력자와 소송행위의 대리)]하도록 하게 할 수 있다.

---

5) 이 사유는 피고인의 사망, 법인의 청산종료 등에 필적하는 사유이므로 328조(공소기각의 결정) 1항 2호를 준용할 만하다.

2.3   소송행위의 성립·불성립과 유효·무효, 무효의 치유

대법원 2003. 11. 14. 선고 2003도2735 판결

F D는 대진운수 소유의 서울 742208호 시내버스 운전업무에 종사하는 자이다. 승객 L이 "D가 2002. 8. 10. 11:30경 방배역과 이수역 사이에서 난폭운전을 하였다"고 경찰에 신고하였다. 이에 서울 성북경찰서장은 2002. 8. 26. 안전운전의무 불이행(난폭운전)을 이유로 2002. 9. 5.을 1차 납부기한으로 정하여 D에게 **범칙금 부과처분**(범칙금 50,000원)을 하였다. 그러자 D는 "신고인이 신고한 시간과 자신이 운행한 시간이 30분 정도 차이가 나고 신고된 시간에 자신은 점심식사 시간 중으로 버스를 운행하지 않았으며, 그 시간대에는 차량이 많아 지체되고 도로여건상 난폭운전을 할 수 없다."는 것 등을 이유로 **이의를 신청**하였다. 서울 성북경찰서장은 2002. 9. 4. 도로교통법 48조(안전운전의무)위반을 이유로 서울지방법원에 D에 대한 **즉결심판을 청구**하였다. 서울지방법원의 즉결담당 판사는 같은 날 위 사건이 '즉결심판절차로 심판함이 적당하지 않다'고 인정하여 **결정으로 그 즉결심판청구를 기각**(즉결심판에 관한 절차법 5조 1항)하였다. 서울 성북경찰서장은 사건기록을 서울지방검찰청 **검사장에게 송부**하였다. 이 사건을 배당받은 검사는 2002. 11. 16. 이 사건에 관하여 'D로부터 정식재판청구가 있다'고 오인하여 그대로 **사건기록을 '서울지방법원'에 송부**(이하 '검사의 제1행위'로 약칭함)하였고 이 사건은 서울지방법원의 **형사단독판사**(이하 '법원' 혹은 '제1심'으로 약칭함)**에게 배당**되었다. 법원(형사단독)은 외관상 정식재판청구로 보이므로 공소제기가 있는 것으로 보고 사건번호를 부여하고 2002. 12. 27.을 제1회 공판기일로 정한 다음 **D를 소환**하였다. 법원은 제1회 공판기일에 D를 상대로 인정신문을 한 다음 공소제기절차상의 문제점을 검토하려고 공판기일을 연기(이상의 법원의 행위를 '법원의 제1행위'로 약칭함)하였다. 검사는 2003. 1. 21. D에게 벌금 50,000원의 형을 구하는 **약식명령을 청구하는 공소장을 제출**[이하 '검사의 제2행위(약식기소)'로 약칭함]하였다. 법원

은 2003. 1. 22.에 실시된 제2회 공판기일에 D에게 인정신문을 다시 실시하고, D에게 진술거부권을 고지한 다음 피고인 신문절차를 진행하였으며, D가 공소사실을 부인하자, 검사로부터 증거를 제출받아 증거조사를 거치는 등 공판기일을 진행(이상의 법원의 행위를 '법원의 제2행위'로 약칭함)하였다. 제1심과 항소심은 검사의 제1행위에 대하여 "일단 검사가 'D의 정식재판청구가 있다'는 이유로 기록을 법원에 송부하였다면, 이는 검사가 경찰서장의 즉결심판청구를 공소제기로 간주하여 그 심판을 구하는 의사표시를 한 것으로 보아야 한다."고 판단하고, "그러나 이 사건은 즉결심판청구가 기각된 사건이어서 검사만이 공소제기할 수 있고, 이 경우 검사는 형사소송법의 규정에 따라 공소장을 작성하여 법원에 제출하여야 할 것임에도, 검사가 제출한 공소장이 아닌, 경찰서장의 즉결심판청구서로 공소제기의 소송행위가 이루어졌으므로, 이 사건은 결국 공소제기의 절차가 법률의 규정에 위반하여 무효인 때에 해당"한다고 판단하고 검사의 제2행위에 대하여는, "검사가 사후에 공소장(약식기소장)을 추송하였다 하더라도 그 흠(하자)이 치유된다고 볼 수도 없다"고 판단하여 공소를 기각(327조 2호)하였다. 검사가 상고하였다.[1]

I 검사가 '정식재판청구가 있다'고 오인하여 그대로 사건기록을 법원에 접수시키는 행위를 '처음부터 기소행위로서는 불성립하였다'고 볼 것인가 '기소행위로 성립하였으나 무효인 행위'로 볼 것인가?

R 파기환송. 【검사의 제1행위(사건기록 송부행위)에 대한 판단】 공소제기는 법원에 대하여 특정한 형

---

1) 사안구성에는 조윤신, 공소장의 제출이 없는 경우 공소제기의 성립 여부와 추후 공소장이 제출된 경우에 법원이 취하여야 할 조치, 대법원판례해설 48호(2003 하반기)(2004. 7), 681~723을 참조하였다.

사사건의 심판을 요구하는 검사의 법률행위적 소송행위로서 (중략) 형사소송법이 공소의 제기에 관하여 위와 같은 서면주의와 엄격한 요식행위를 채용한 것은 공소의 제기에 의해서 법원의 심판이 개시되므로, 심판을 구하는 대상(공소사실 및 피고인)을 명확하게 하고 피고인의 방어권을 보장하기 위한 것이다. 따라서 ㉮ 검사에 의한 공소장의 제출은 공소제기라는 소송행위가 성립하기 위한 본질적 요소라고 보아야 하므로, 이러한 공소장의 제출이 없는 경우에는 소송행위로서의 공소제기가 성립되었다고 할 수 없다.

A 즉결심판 청구기각의 결정이 있어 경찰서장이 관할 지방검찰청 또는 지청의 장에게 송치한 사건의 경우에는 검사만이 공소를 제기할 수 있고, 공소를 제기할 경우에 검사는 254조에 따른 공소장을 작성하여 법원에 제출하여야 할 것이다. 그런데도 검사가 이를 즉결심판에 대한 피고인의 정식재판청구가 있는 사건으로 오인하여 그 사건기록을 법원에 송부한 경우에는 이러한 **검사의 사건기록 송부행위**는 외관상 즉결심판에 대한 피고인의 정식재판청구가 있는 사건의 사건기록 송부행위와 차이가 없다고 할지라도, 공소 제기의 본질적 요소라고 할 수 있는 검사에 의한 공소장의 제출이 없는 이상 기록을 법원에 송부한 사실만으로 공소제기가 성립되었다고 볼 수 없다.

(검사의 제2행위와 법원의 제2행위에 대한 판단) 그러나 추후 당해 소송행위가 적법하게 이루어진 경우에는 그때부터 위 소송행위가 성립된 것으로 볼 수 있으므로 이에 따른 조치를 취하여야 할 것이다. 이 사건은 원래 공소제기가 없었음에도 피고인의 소환이 이루어지는 등 '사실상의 소송계속'이 발생(법원의 제1행위)한 상태에서 ㉯ 검사가 약식명령을 청구하는 공소장을 제1심법원에 제출(검사의 제2행위)하여 이때 비로소 적법한 공소제기가 있게 되었다고 할 수 있고, 한편 ㉰ 법원은 약식명령의 청구가 있는 경우에 그 사건이 약식명령을 할 수 없거나 약식명령으로 하는 것이 부적당하다고 인정한 때에는 공판절차에 의하여 심판하여야 하고(450조), ㉱ 법원이 약식명령 청구사건을 공판절차에 의하여 심판하기로 함에 있어서는

사실상 공판절차를 진행하면 되고, 특별한 형식상의 결정을 할 필요는 없으며, 제1심법원이 앞서 본 바와 같이 피고인에 대하여 다시 인정신문을 하고 위 공소장에 기하여 피고인 신문을 하는 등 제2회 공판기일을 진행한 것은 위 약식명령 청구에 대하여 공판절차 회부를 하여 그 공판절차를 진행한 것으로 볼 수 있고[형사소송규칙에 의하면, 공판절차회부를 한 때에는 법원사무관 등은 즉시 검사에게 그 취지를 통지하여야 하고(규칙 172조 1항), 그 통지서를 받은 검사는 5일 이내에 피고인 수에 상응하는 공소장부본을 법원에 제출하여야 하며(위 규칙 172조 2항), 법원은 공소장부본이 제출되면 제1회 공판기일 전 5일까지 이를 피고인에게 송달하여야 하도록 규정하고 있다(위 규칙 172조 3항)], ㉲ 이 사건의 경우 공소장 부본을 피고인에게 송달하였음을 인정할 자료가 없으나, **검사와 피고인이 공판기일에 출석하여 피고인을 신문하고 피고인도 이에 대하여 이의를 제기하지 않고 신문에 응하고 변론을 한 이상 이러한 하자는 모두 치유**되었다. 따라서 제1심법원으로서는 추후 제출된 공소장에 의한 적법한 공소제기에 기하여 실체심리를 진행하였으므로 이에 기하여 유·무죄의 실체판단을 하였어야 할 것임에도 불구하고, **검사의 착오에 의한 최초의 기록송부**에 공소제기의 의사가 있다고 보아 공소제기가 성립하였으나 검사의 공소장 제출이 없으므로 이는 공소제기로서 무효라는 이유로 공소기각의 판결을 선고하였고, 항소심도 같은 이유로 공소제기의 절차가 법률의 규정에 위반하여 무효인 때에 해당한다고 보고, 추후 공소장의 제출로서 이러한 하자가 치유되지 않는다는 이유로 제1심을 그대로 유지한 것은 공소제기에 관한 법리를 오해한 위법이 있고 이는 판결 결과에 영향을 미쳤다.

C 본 판결은 소송행위의 성립·불성립, 유효·무효, 무효의 치유를 언급한 드문 사례에 속하므로 큰 의미가 있는 판결이다. 이하 주요논점을 차례로 검토하여 보자.

1 '검사의 제1행위'에 대한 가치판단 : 소송행위의 성립요건과 불성립의 효과

소송행위가 성립하려면 최소한 '소송행위가 소송

법상의 정형을 충족하기 위한 본질적 개념요소'를 구비하여야 한다. 소송행위의 불성립의 효과로서 특기할 점은 '소송행위가 성립되었으나 무효인 경우'와는 달리 '흠(하자)의 치유' 문제가 발생하지 아니한다는 점이다. 다만 추후 당해 소송행위가 적법하게 이루어진 경우에는 그때부터 위 소송행위가 성립된다. 사안에서 특이한 점은 법원(제1심)이 수행한 두 개의 행위('법원의 제1행위'와 '법원의 제2행위')는 모두 '정식의 공판절차'였다는 점이다. 그런데 법원에 제기된 객관적 행위는 '경찰서장의 즉결심판청구'(이와 더불어 즉결심판 담당판사의 즉결심판청구기각결정이 부가되어 있다)였다. 검사는 즉결심판 담당판사의 즉결심판청구기각결정이 첨부된 사건기록을 정식재판청구로 오인하여 법원에 기록을 송부하였다. 대법원은 이와 같은 '검사의 과실 있는 기록송부행위'에 대한 소송법적 가치판단을 함에 있어 "검사가 '경찰서장의 즉결심판청구서'를 법원에 접수시키는 행위"를 '기소행위로 성립하였으나 무효인 행위'로 볼 것인가, 아니면 '처음부터 기소행위로서는 불성립하였다'고 볼 것인가를 검토하고 있다. 이것이 본 사안의 첫 번째 쟁점이다.

제1심과 항소심은 '검사의 제1행위(사건기록송부행위)'를 기소행위로 성립하였으나 무효인 행위'로 판단하여 무효의 치유 문제를 검토한 후, 검사의 제2행위(약식기소)로 검사의 제1행위의 무효가 치유되지 않는다고 판단하였다. 그러나 대법원은 '㉮ 검사에 의한 공소장(혹은 약식청구)의 제출은 공소제기라는 소송행위가 성립하기 위한 본질적 요소인데 사안에서는 검사 명의의 공소장(혹은 약식청구) 제출이 없는 사건기록송부행위만으로는 소송행위로서의 공소제기가 성립되었다고 할 수 없다'며 '검사의 사건기록송부행위(제1행위)'를 '소송행위 불성립' 사례로 판단하였다.

② '검사의 제2행위'에 대한 가치판단

제1심과 항소심은 '검사의 제2행위(약식기소)'에 대하여 '검사의 제1행위'의 '무효를 치유할 수 없다'고 판단하였다. 그러나 대법원은 다음과 같은 판단을 하고 있어 주목된다.

대법원은 '검사의 제1행위'를 '기소행위로서는 불성립'한다고 판단하였지만 '검사의 제2행위'와 '법원의 제2행위'를 매우 세심하게 관찰·분석하여 유효로

볼 부분이 없는가 하는 점을 검토하고 있다.

'검사의 제2행위'는 약식기소인데 '법원의 제2행위'는 정식의 공판절차이므로 '법원의 제2행위'를 정당화시키려면 모종의 논리조작이 필요하다. 대법원은 "공소제기가 없었음에도 피고인의 소환이 이루어지는 등 '사실상의 소송계속'이 발생한 상태에서 ㉯ 검사가 약식명령을 청구하는 공소장을 제1심법원에 제출하여 이때 비로소 적법한 공소제기가 있게 되었"다. 다음에 "제1심법원이 피고인에 대하여 다시 인정신문을 하고 공소장(약식기소장)에 기하여 피고인 신문을 하는 등 제2회 공판기일을 진행한 것은 위 약식명령 청구에 대하여 공판절차회부를 하여 그 공판절차를 진행한 것으로 볼 수 있다." 그러나 또 하나의 장애물이 제거되어야 한다. 그 장애물이란 "법원이 제2회 공판기일을 진행한 것"을 "약식명령 청구에 대하여 공판절차회부를 하여 그 공판절차를 진행한 것으로 볼 수 있다"고 하더라도 공판절차회부에 상응하는 적법절차(피고인에게 공소장 부본의 송달 등)가 수반되었어야 하는데 본 사안에서 그러한 적법절차가 생략되었다는 점이다.

③ 무효의 치유

대법원은 "검사와 피고인이 공판기일에 출석하여 피고인을 신문하고 피고인도 이에 대하여 이의를 제기하지 않고 신문에 응하고 변론을 한 이상 이러한 하자는 모두 치유되었다."고 판단하였다. 본 판결만 보면 '방식 위반(사안에서는 피고인에게 공소장 부본의 송달이 없었던 점)이 있는 기소라도 그 후 피고인 측이 이의 없이 변론에 응하여 공판절차가 진행되면 하자가 치유된다'고 보기 쉽다. 그러나 방식 위반이 있은 후 피고인 측이 이의 없이 변론에 응하여 공판절차가 진행되었는데도 하자의 치유가 부정된 사례가 있으므로 주의를 요한다.

④ 방식 위반이 있은 후 피고인 측이 이의 없이 변론에 응하여 공판절차가 진행되었는데도 하자의 치유가 부정된 사례(대법원 2009. 2. 26. 선고 2008도11813 판결)

이 판결의 사실관계는 다음과 같다. D는 4개의 필로폰 판매행위(이하 '판매행위') 혐의로 기소되었다. 검

사는 제1심 계속 중이던 2008. 5. 9. 주위적 공소사실 (판매행위)에 덧붙여 2007. 8. 30.자 필로폰 매매알선행위(이하 '알선행위'로 약칭함. 4개의 판매행위 중 1개는 2007. 8. 26.자이다)를 예비적으로 추가하는 내용의 공소장변경 허가신청서(이하 '변경신청서')를 제출하였다. 제1심법원은 변경신청을 허가하였다가 2008. 6. 13. 제13회 공판기일에서 '판매행위와 알선행위 사이에 동일성이 없다'는 이유로 변경신청에 대한 허가결정을 취소하였다. 그러자 검사는 그 자리에서 '변경신청서로 알선행위에 대한 공소장을 갈음한다'고 하면서 변경신청서에 의하여 기소요지 진술을 하였고, 이에 피고인과 변호인은 '이의 없다'고 진술하였다. 제1심법원은 2008. 8. 13. 판매행위에 대하여는 무죄를 선고하였고, 알선행위를 포함하여 나머지 범죄사실에 대하여는 유죄를 선고하였다. D는 유죄부분에 대하여, 검사는 무죄부분에 대하여 각각 항소하였다. 항소심에서 알선행위에 대하여 D는 사실오인 주장을 하였으나 그 주장이 받아들여지지 않아 항소가 기각되었고, 위 무죄 부분에 대한 검사의 항소도 기각되었다. 변경신청서에는 알선행위에 대한 공소사실과 '변경신청을 허가하여 달라'는 취지의 문구만이 기재되어 있을 뿐 피고인의 성명, 기타 피고인을 특정할 수 있는 사항, 적용법조 등이 기재되어 있지 않고, 변경신청서가 피고인 또는 변호인에게 송달되지 않았으며, 새로운 공소제기에 대한 사건번호의 부여 및 사건배당절차도 이루어지지 않았다. D가 상고하였다. 대법원은 "공소의 제기에 현저한 방식 위반이 있는 경우에는 공소제기의 절차가 법률의 규정에 위반하여 무효인 경우에 해당하고, 위와 같은 절차위배의 공소제기에 대하여 피고인과 변호인이 이의를 제기하지 않고 변론에 응하였다고 하여 그 하자가 치유되지는 않는다. 이 사건 알선행위에 대한 공소의 제기는 254조에 규정된 형식적 요건을 갖추지 못한 변경신청서에 기(초)하여 이루어졌을 뿐만 아니라, 공소장부본 송달 등의 절차 없이 공판기일에서 이 사건 변경신청서로 공소장을 갈음한다는 검사의 구두진술에 의한 것이라서, 그 공소제기의 절차에는 법률의 규정에 위반하여 무효라고 볼 정도의 현저한 방식위반이 있다. 피고인과 변호인이 그에 대하여 이의를 제기하지 않았다고 하여 그 하자가 치유된다고 볼 수는 없

으므로, 이 사건 알선행위 부분에 대한 공소사실에 대하여는 판결로써 공소기각의 선고를 하여야 한다." 며 파기환송을 하였다.

법률의 규정에 위반하여 무효라고 볼 정도의 현저한 방식위반이 있으면 피고인과 변호인이 그에 대하여 이의를 제기하지 않았다고 하여 그 하자가 치유되지 않음을 알 수 있다.

5 공소제기절차의 하자와 기명날인·서명의 추완

검사의 추완에 의하여 공소제기절차의 하자가 치유되는 사례도 있다. 검사의 기명날인 또는 서명이 없는 상태로 관할법원에 제출된 공소장은 57조 1항에 위반된 서류로서 그러한 공소장 제출에 의한 기소는 특별한 사정이 없는 한 그 절차가 법률의 규정에 위반하여 무효인 때(327조 2호)에 해당한다. 그러나 이 경우 공소를 제기한 검사가 공소장에 기명날인 또는 서명을 추완하면 공소의 제기가 유효하게 될 수 있다(대법원 2007. 10. 25. 선고 2007도4961 판결 참조)(대법원 2012. 9. 27. 선고 2010도17052 판결).[2]

---

2) 이에 대하여는 김승주, 검사의 기명날인·서명이 없는 공소장에 의한 공소제기의 효력, 대법원판례해설 94호 (2012 하반기)(2013), 800~821 참조.

2.4 피의자의 미란다·준미란다 고지를 받을 권리

대법원 1992. 6. 23. 선고 92도682 판결

F D는 범죄단체를 조직하고 '수괴'의 역할을 한 혐의(폭력행위 등 처벌에 관한 법률 4조 1호 위반)로 기소되었다. 제1심과 항소심은 공범으로 별도 기소된 D3에 대한 수사과정에서 담당검사가 D3와 위 사건에 관하여 대화하는 내용과 장면을 녹화한 것으로 보이는 '비디오테이프에 대한 검증조서'를 유죄인정의 증거로 사용하였다. 제1심과 항소심이 채용한 증거 중 위 검증조서를 제외하고 나머지 증거만으로도 D의 범죄사실을 인정하기에 넉넉하였다. 검증조서의 내용 중에는 D3가 D와 공모하여 범행을 하였다는 취지의 진술이 포함되어 있었다. D는 "검사가 D3의 진술을 들음에 있어 D3에게 미리 진술거부권이 있음을 고지한 사실을 인정할 자료가 없는데도 제1심과 항소심이 이를 D의 유죄인정의 증거로 사용한 것은 위법하다"고 주장하며 상고하였다.

I 공범피의자(D3)에게 진술거부권을 고지하지 않고 작성한 피의자신문조서의 대용물(영상녹화물)에 증거능력이 있는가?[1]

R 상고기각. 구 형사소송법 200조 2항(현행법 244조의3 1항)은 '검사 또는 사법경찰관이 출석한 피의자의 진술을 들을 때에는 미리 피의자에 대하여 진술을 거부할 수 있음을 알려야 한다.'고 규정하고 있는바, 이러한 ㉮ 피의자의 진술거부권은 헌법이 보장하는 형사상 자기에 불리한 진술을 강요당하지 않는 자

기부죄(自己負罪)거부의 권리(privilege against self-in-crimination)에 터 잡은 것이므로 수사기관이 피의자를 신문함에 있어서 피의자에게 미리 진술거부권을 고지하지 않은 때에는 ㉯ 그 피의자의 진술은 위법하게 수집된 증거로서 ㉰ 진술의 임의성이 인정되는 경우라도 증거능력이 부인되어야 한다. 원심이 인용한 1심판결 채용증거 중 부산지방법원 90고합 1410호 사건의 비디오검증조서(공판기록 1284 정 이하)는 이 사건 범죄단체 조직 죄에 관한 공범으로서 별도로 기소된 위 사건의 피고인 D3에 대한 수사과정에서 담당검사가 위 D3와 위 사건에 관하여 대화하는 내용과 장면을 녹화한 것으로 보이는 비디오테이프에 대한 검증조서인바, 이러한 ㉱ 비디오테이프의 녹화내용은 피의자의 진술을 기재한 피의자신문조서와 실질적으로 같다고 볼 것이므로 피의자신문조서에 준하여 그 증거능력을 가려야 할 것이다.

A 그런데 기록을 살펴보아도 검사가 위 D3의 진술을 들음에 있어 동인(同人, D3)에게 미리 진술거부권이 있음을 고지한 사실을 인정할 자료가 없으므로 위 녹화내용은 위법하게 수집된 증거로서 증거능력이 없는 것으로 볼 수밖에 없고, 따라서 이러한 녹화내용에 대한 검증조서기재는 유죄증거로 삼을 수 없는데도 원심이 위 검증조서를 유죄증거로 채용한 것은 채증법칙에 위반한 위법한 처사로서 이 점에 관한 논지는 이유 있다.

그러나 아래에서 보는 바와 같이 원심채용증거 중 위 검증조서를 제외하고 나머지 증거만으로도 피고인들의 이 사건 범죄사실을 인정하기에 넉넉하므로 위 검증조서의 증거채용에 관한 위법은 원심의 유죄결론에는 결국 영향이 없다.

---

1) 선결문제로서 ① '공범(D3)의 자백과 형소법 310조'('피고인'에 공범자가 포함되는가 : 판례부정)의 문제, ② 공범피의자 D3가 성립의 진정을 인정한 검면조서가 피의자 D의 형사피고사건에서도 증거능력이 있느냐(판례긍정)의 문제, ③ D에게 'D3의 권리침해를 주장할 자격(standing)이 있느냐(판례인정)'의 문제가 있다. 본 사안에서는 ①, ②의 문제들은 쟁점화되지 않고 대법원은 ③의 문제에 대하여 긍정하는 입장으로 처리되었다.

C

1 한국형 미란다 권리의 창설과 위법수집증거배제규칙

본 판결의 내용은 1990년에 검사가 변호인의 접견을 부당하게 제한하고 있는 동안에 작성된 것이라는 이유로 그 이후의 피의자신문조서의 증거능력을 부정한 판결(대법원 1990. 8. 24. 선고 90도1285 판결)의 내용과 합쳐서 파악하면 '한국형 미란다 판결'이라 불러도 손색이 없다. 위의 두 판결(1990년 판결과 1992년 판결)에서 대법원은 1983년 판결이 채택 여부를 유보했던 배제규칙의 일부를 소폭적으로나마 현실세계에 실현시켰다. 2008년에 시행된 개정형사소송법은 이두 판결의 취지를 확대하여 조문[244조의3(진술거부권 등의 고지)과 308조의2(위법수집증거의 배제)]화시켰다.

2 대법원의 논증방식의 특성

대법원은 1980년대에 위법수집증거배제규칙의 일부 채용을 고민하다가 1990년대에 이르러 체포·구속된 피의자의 변호인의 조력을 받을 권리와 진술거부권 분야에서 일부 채택을 실현하기에 이르렀다. 1992년 판결 논증의 특색은 수사기관의 진술거부권 불고지의 경우에 '자기부죄거부특권'과 '위법수집증거배제규칙'을 결합시켜 자백의 증거능력을 부정하고 있다는 점이다. 이것은 대법원이 이 문제에 대한 해결을 '자백의 임의성 문제의 각도'에서 풀려고 하지 않았음을 보여주고 있다. 이 입장에 서면 자백 때문에 유죄판결을 받을 위험에 노출된 피고인은 ① 자백법칙(허위배제설과 인권옹호설의 경합설의 견지에서 파악되는 자백법칙)의 적용을 시도하거나 혹은 ② 위법수집증거배제규칙의 적용을 시도할 수 있다.

3 경고를 받을 권리의 포기

244조의3 1항 3호는 피의자의 '진술을 거부할 권리의 포기'를 인정하고 있다. 피의자의 전면적인 '진술거부권 포기'를 인정할 수는 없으므로 여기서 말하는 '진술거부권 포기'는 경고를 받을 권리(rights of Miranda warning)의 '일시적·잠정적 포기'로 해석된다. 미란다 판결 이후의 미국판결의 태도가 그런 입장에 서 있

다. 다만 이를 긍정하게 되면 '유효한 포기의 요건'이 무엇인지가 검토되어야 한다. 그것은 피의자가 경고내용을 '알면서(knowingly), 임의로(freely), 또한 진지하게(seriously) 포기'할 것을 요건으로 삼아야 한다. 그 입증책임은 소추자 측에 있다. 소추자 측이 이 입증책임을 다하기 위하여 필요한 것이 미란다 경고 후에 피의자로부터 경고포기 확인서[2]를 받는 일이다.

4 사전·사후체포와 피의사실 등의 고지시기(대법원 2000. 7. 4. 선고 99도4341 판결 참조)

경고를 받을 권리와 일응 구별되지만 그 뿌리가 같은 권리가 체포와 피의사실 등의 고지를 받을 권리(준미란다 권리)이다. 이 권리는 고지시기가 중요하다. 이 문제를 언급한 99도4341 판결을 주의하여야 한다. "헌법 12조 5항 전문은 '누구든지 체포 또는 구속의 이유와 변호인의 조력을 받을 권리가 있음을 고지 받지 않고는 체포 또는 구속을 당하지 아니한다.'는 원칙을 천명하고 있고, 72조는 '피고인에 대하여 범죄사실의 요지, 구속의 이유와 변호인을 선임할 수 있음을 말하고 변명할 기회를 준 후가 아니면 구속할 수 없다.'고 규정하는 한편, 이 규정은 같은 법 213조의2에 의하여 검사 또는 사법경찰관리가 현행범인을 체포하거나 일반인이 체포한 현행범인을 인도받는 경우에 준용[3]되므로, 사법경찰리가 현행범인으로 체포하는 경우에는 반드시 범죄사실의 요지, 구속의 이유와 변호인을 선임할 수 있음을 말하고 변명할 기회를 주어야 할 것임은 명백하며, 이러한 법리는 비단 현행범인을 체포하는 경우뿐만 아니라 긴급체포의 경우에도 마찬가지로 적용되는 것이고, 이와 같은 고지는 체포를 위한 실력행사에 들어가기 이전에 미리 하여야 하는 것이 원칙이나, 달아나는 피의자를 쫓아가 붙들거나 폭력으로 대항하는 피의자를 실력으로 제압하는 경우에는 붙들거나 제압하는 과정에서 하거나, 그것이 여의치 않은 경우에는 일단 붙들거나 제압한 후에 지체 없이 행하여야 한다."[4]

---

2) 실무에서는 '확인서'로 부르고 있다.
3) 현행법은 이 부분을 200조의5에서 명시하고 213조의2 (준용조항)에서 72조를 삭제하였다.
4) 따름판결로 대법원 2007. 11. 29. 선고 2007도7961 판결이 있다.

2.5 진술거부·범행의 부인과 양형

대법원 2001. 3. 9. 선고 2001도192 판결

F D는 D2, D3, D4와 공모하여 강도살인죄를 범한 혐의로 구속 기소되어 제1, 2심에서 유죄판결을 선고받고 상고하였다. 대법원은 '강도살인죄의 살인의 고의가 인정되기 어렵다'며 사건을 항소심에 파기환송하였다. 제2차 항소심에서 검사는 강도살인죄를 강도치사죄로 공소장변경을 신청하였다. 항소심은 이 신청을 허가한 후 변경된 공소사실을 전부 유죄로 인정하고 "D가 시종 범행의 죄책을 회피하는 태도로 일관하는 등(다른 공범자들인 D2, D3, D4는 범행을 시인하였다) 반성의 빛을 찾아볼 수 없다"면서 제1심판결을 직권으로 파기하고 D에게 D2, D3, D4보다 중한 형을 선고하였다. D의 변호인은 "D의 소송에 임한 태도를 양형에 고려한 것은 D의 범행부인권 행사를 이유로 양형을 불리하게 한 것이어서 이는 결과적으로 D에게 불리한 진술을 강요한 것이 되어 헌법 12조 2항이 규정하고 있는 '형사상 자기에게 불리한 진술을 강요받지 않을 권리'를 침해한 위법이 있고 이는 판결 결과에 영향을 미쳤다"며 다시 상고하였다.[1]

I 범행을 부인하는 피고인(D)에게 범행을 시인한 공범피고인(D2, D3, D4)보다 중한 형을 선고하는 것은 진술거부권을 침해하는 양형이 아닐까?

R **A** 상고기각. ㉮ 형법 51조 4호에서 양형의 조건의 하나로 정하고 있는 '범행 후의 정황' 가운데에는 형사소송절차에서의 피고인의 태도나 행위를 들 수 있는데, 모든 국민은 형사상 자기에게 불리한 진술을 강요당하지 아니할 권리가 보장되어 있으므로(헌법 12조 2항), 형사소송절차에서 피고인은 방어권에 기하여 범죄사실에 대하여 진술을 거부하거나 거짓 진술을 할 수 있고, 이 경우 ㉯ 범죄사실을 단순히

1) 사안 구성은 김대영, 범행부인과 양형, 대법원판례해설 37호(2001 상반기)(2001. 12), 389~396을 참조하였다.

부인하고 있는 것이 죄를 반성하거나 후회하고 있지 않다는 인격적 비난요소로 보아 가중적 양형의 조건으로 삼는 것은 결과적으로 피고인에게 자백을 강요하는 것이 되어 허용될 수 없다. 그러나 ㉰ 그러한 태도나 행위가 피고인에게 보장된 방어권 행사의 범위를 넘어 객관적이고 명백한 증거가 있음에도 진실의 발견을 적극적으로 숨기거나 법원을 오도하려는 시도에 기인한 경우에는 가중적 양형의 조건으로 참작될 수 있다.

C

1 본 판결의 요약

본 판결에서 확인되고 있는 중요한 사항들은 다음과 같다. 첫째, 형법 51조 4호에서 양형 조건의 하나로 정하고 있는 '범행 후의 정황' 가운데에 '형사소송절차에서의 피고인의 태도나 행위'가 포함된다(㉮). 둘째, 피고인이 범죄사실을 단순히 부인하고 있는 점을 들어 죄를 반성하거나 후회하고 있지 않다는 인격적 비난요소로 보아 법원이 가중적 양형(불이익 양형)의 조건으로 삼는 것은 피고인에게 자백을 강요하는 것이 되어 허용될 수 없다(㉯). 셋째, ㉰ 피고인의 부인이 진실의 발견을 적극적으로 숨기거나 법원을 오도하려는 시도인 때에 그 사정은 불이익(가중적) 양형의 조건으로 참작될 수 있다(㉰). 진술거부권 행사를 이유로 '유죄를 추정'할 수 없음은 본 판결의 전제사항이다.

2 양형참작사유로서의 '범행 후의 정황'

'범행 후의 정황'이라는 참작사유는 형법 51조 3호의 참작사유인 '범행의 결과'를 제외한 '범행 후의 행위자요소'를 의미한다. 피해자와의 원만한 합의 등 피해회복이나 피해감소를 위한 행위자의 노력, 행위자의 형사소송절차에서의 태도나 행위, 행위 후 피해를 심화시키거나 새로운 범죄를 저질렀는지 여부, 범

행 후 행위자의 사회적 생활관계의 안정화 여부 등이 참작될 수 있다. 또 범행 후 장기간이 경과하였다거나 형사소송절차가 장기화되고 있는 등의 정황도 경우에 따라 특별예방적인 관점이나 형벌감수성의 정도를 판단하는 참작사유로 삼을 수 있다.[2] 본 사안에서 특히 문제된 사유는 '형사소송절차에서의 피고인의 태도나 행위'였다.

③ 형사소송절차에서의 피고인의 태도와 양형

(1) **진술거부권의 보장** : 헌법 12조 2항은 자기 부죄 거부의 권리를 천명(92도682)하고 있고, 이에 기초하여 283조의2는 피고인의 진술거부권을, 244조의3은 피의자의 진술거부권을, 148조(근친자의 형사책임과 증언거부)는 자기부죄적 증언거부권을 보장하고 있다. 따라서 피고인·피의자는 자신의 결정으로 범행을 자백하거나 부인할 수 있으며 침묵하면서 아무런 진술을 하지 않을 수도 있다.

(2) **진술거부권 행사의 효과** : 진술거부권을 행사한 사실을 들어 유죄의 정황증거로 삼을 수는 없고 더 나아가 진술거부권을 행사한 사실만을 들어 묵비하는 피고인에게 불이익한 (가중적) 양형요소로 삼을 수도 없다.

(3) **자백** : 피고인이 범죄사실을 후회하고 자신의 범죄행위에 책임을 느끼거나 양심의 가책을 받아 범죄사실을 진실하게 시인하겠다는 심정에서 자백한 때에는 범죄행위자의 책임이나 재범의 위험성이 낮아지므로 감경사유로 참작될 수 있다. 그러나 자백의 동기가 위와 다른 경우에는 감경적 양형사정으로 참작될 수 없다.

(4) **단순부인과 양형** : 본 판결은 단순부인을 일률적으로 불이익(가중적) 양형 사유로 삼을 수 없음을 명시하고 있다. 때로는 적극적 부인의 경우에도 정당한 방어권에 기초한 합리적 이유가 있는 부인, 예를 들어 범의를 부인한다든지 가해행위와 결과 사이의 인과관계를 다툰다든지, 정당행위, 정당방위 등 위법성 조각사유의 주장을 한 경우 등에는 변명이나 주장들이 종국적으로 이유 없는 것으로 밝혀진 경우라 하더라도 그와 같은 사정만을 들어 범죄행위자로서 반

성하거나 후회하고 있지 않다는 인격적 비난요소로 보아 가중적 참작사유로 삼아서는 안 된다.[3]

(5) **적극적 부인과 불이익 양형** : 피고인이 범행을 단순히 부인하는 정도를 넘어 악의적인 동기나 범죄적 에너지가 강하게 표출될 때에는 형을 가중하는 양형사정으로 참작할 수 있다. 예를 들어 범죄사실을 부인하였다가 검사의 입증으로 그 부인이 허위인 것으로 밝혀지자 또 다시 다른 내용으로 부인을 계속하는 경우, 자신의 범행을 부인함과 동시에 공동피고인이나 증인에게 허위 진술을 강요하거나 위협을 가하여 증언을 하지 못하도록 시도하는 경우, 범죄행위로 인하여 불법취득한 물건의 소재를 확인할 수 없도록 하려고 범행을 부인하면서 그 물건을 숨기거나 해외로 반출하는 경우, 향정신성 의약품 관리법 위반죄를 범한 범죄행위자가 그 향정신성 의약품의 공급처를 숨기려고 범행을 부인하는 경우를 그 예로 들 수 있다. 또한 범죄사실을 인정할 수 있는 객관적으로 명백하고 충분한 증거가 있음에도 불구하고 피고인이 자신의 범행을 부인하는 태도로 일관하면 특별예방 차원에서 불이익 양형의 자료로 삼을 수 있을 것이며 집행유예나 선고유예의 장애사유로 참작될 수도 있다.[4]

④ 부당한 방어권의 행사와 민사상 불법행위의 성부

대법원은 부당한 방어권의 행사가 민사상의 불법행위가 성립될 수 있는지 여부가 문제된 사안에서 "형사법상 인정되는 피의자 또는 피고인의 방어권은 법령상 허용된 범위 내에서 인정되는 것일 뿐 방어자가 내용허위의 문서를 작성하여 제출하거나 증인에게 자기에게 유리하도록 위증을 교사하는 등 법령상 허용되는 범위를 넘어 형사상 처벌받은 위법한 방법으로 다투고 그로 인하여 타인에게 손해를 입힌 경우에는 이는 방어권의 범위를 일탈한 방어권의 남용으로서 위법하여 불법행위가 성립될 수 있다."[5]고 판시한 바 있다.

2) 김대영, 앞의 글, 392.
3) 김대영, 앞의 글, 393.
4) 법원행정처, 양형실무(1999), 86~87.
5) 대법원 1983. 12. 13. 선고 81다카1030 판결.

2.6 접견교통권의 법적 성질과 침해의 효과

대법원 1991. 3. 28.자 91모24 결정

F 국가보안법 위반의 혐의를 받아 구속된 피의자인 D와 D2는 국가안전기획부에서 조사를 받고 있었다(D의 구속일자는 1991. 3. 12.이며, D2의 구속일자는 1991. 3. 1.이다). 변호사 C는 D, D2의 어머니들로부터 변호인으로 선임되어 D와 D2를 접견하고자 1991. 3. 14. 국가안전기획부 서울분실과 인접한 중부경찰서 산하 주자파출소에 임하여 'D와 D2의 변호인으로서 국가안전기획부에 접견신청한다.'는 취지의 접견신청서를 제출하였다. 그러나 3. 14.에 접견은 이루어지지 않았다. C는 417조에 따라 서울형사지방법원에 '국가안전기획부장의 접견불허처분의 취소'를 구하는 준항고를 제기하였고 서울형사지방법원은 '접견불허처분을 취소한다.'는 취지의 결정을 내렸다. 국가안전기획부장은 대법원에 재항고하였다. 국가안전기획부장은 "첫째, ① 변호인의 준항고는 417조 소정의 사법경찰관이 아닌 국가안전기획부장을 상대방으로 표시한 위법이 있다. 둘째, ② 변호인의 접견신청은 국가안전기획부에 제출되지 않고 중부경찰서 산하 주자파출소에 제출된 위법이 있다. 셋째, ③ 원심결정은 접견불허처분을 취소하도록 판시하고 있지만 취소의 대상이 되는 접견불허처분은 존재하지 않는다."며 재항고하였다.[1]

I 접견교통권의 법적 성질, 접견불허처분으로 볼 수 있는 요건과 근거, 접견신청이 부당하게 거부·지연되었을 경우의 피의자신문조서의 효력

R 재항고기각. 1. 이 사건에서 '국가안전기획부장이 한 D, D2에 대한 변호인접견불허처분을 취소한다.'는 원심결정의 취지는 결국 국가안전기획부직원으로서 국가안전기획부장의 지명에 의하여 사법경찰관의 직무를 행하는 자가 한 변호인접견금지처분을

1) 신동운, 수사기관의 구금처분에 대한 준항고, 법률신문, 1991. 6. 17, 15 참조.

취소한다는 취지이고, 또한 417조 소정의 준항고 절차는 당사자주의에 입각한 소송절차와는 달리 대립되는 양 당사자의 관여를 필요로 하는 것이 아니므로 논지가 주장하는 바와 같이 원심이 위 417조 소정의 사법경찰관이 아닌 국가안전기획부장을 상대방으로 표시한 잘못이 있다고 하더라도 그것이 415조(재항고)의 재항고이유로 되는 위법사유가 된다고 볼 수 없다.

2. (생략)

3. 헌법 12조 4항 전문은 "누구든지 체포 또는 구속을 당한 때에는 '즉시' 변호인의 조력을 받을 권리를 가진다."라고 규정하고 있고, 형사소송법 34조는 위와 같은 권리를 실질적으로 보장하기 위하여 변호인의 피고인 또는 피의자와의 접견교통권을 규정하면서 이에 대하여는 절차상 또는 시기상의 아무런 제약도 두지 않는 한편 89조, 90조, 91조 등의 규정은 구속된 피고인 또는 피의자에 대하여도 '즉시' 변호인과 접견교통할 수 있는 권리를 보장하고 있는바, 이와 같은 변호인의 접견교통권은 신체구속을 당한 피고인이나 피의자의 인권보장과 방어준비를 위하여 필수불가결한 권리이므로, 법령에 의한 제한이 없는 한 수사기관의 처분은 물론 법원의 결정으로도 이를 제한할 수 없는 것이다.

A 따라서 관계법령의 규정취지에 비추어 볼 때 접견신청일이 경과하도록 접견이 이루어지지 아니한 것은 실질적으로 접견불허처분이 있는 것과 동일시된다. 그러므로 같은 취지의 원심판단은 정당하고, 거기에 재항고이유가 될 만한 위법사유가 있다고 볼 수 없다.

C

1 접견교통권의 법적 성질

대법원 1990. 2. 13.자 89모37 결정(변호인접견불허에

대한 재항고)[2]에서 "변호인의 접견교통권은 신체구속을 당한 피고인이나 피의자의 '인권보장과 방어준비를 위한 필수불가결한 권리'이므로 법령에 의한 제한이 없는 한 수사기관의 처분은 물론 법원의 결정으로도 이를 제한할 수 없다"고 판시하였는데 본 대법원 결정에서도 동일한 판단을 반복하고 있다.

② 접견지연 등 수사기관의 부작위를 접견불허처분으로 볼 수 있는 요건과 근거

417조의 준항고의 대상은 '검사 또는 사법경찰관'의 '구금, 압수 또는 압수물의 환부에 관한 처분과 243조의2에 따른 변호인의 참여 등에 관한 처분'에 한정된다. 수사기관 측에서 명시적으로(즉 작위에 의해서) 접견을 거부하는 경우에 그것이 '구금에 관한 처분'으로서 준항고의 대상이 된다는 점은 어렵지 않게 인정할 수 있지만 접견을 요청했을 때 '담당자가 없으니 기다리라'고 하거나 '수사가 끝날 때까지 기다리라'고 하면서 사실상 접견을 못하도록 지연시키거나 적극적으로 접견을 주선하지 않는 부작위로 나오

---

2) 이 사건의 사실관계와 결정요지는 다음과 같다. A, B, C, D는 국가보안법위반피의사건의 피의자들로서 서울지방검찰청 검사로부터 수사를 받고 있었다. 피의자들은 서울구치소에 구속되어 있었다. X 등은 피의자들의 변호인으로 선임되었거나 선임되려는 변호사들로서 피의자들을 접견하려고 1989. 7. 31. 서울구치소장에게 접견신청하였으나 원심이 심리를 종결한 8월 9일까지도 접견이 허용되지 아니하였다. 이에 X 등은 서울형사지방법원에 변호인접견불허처분을 취소하라고 준항고(법 417조, 수사기관의 구금에 관한 처분에 대한 준항고)를 제기하였다. 서울형사지방법원은 준항고신청을 인용하였다(대법원 1989. 8. 10.자 89보4 결정). 서울지방검찰청 검사장은 이 결정에 불복하여 대법원에 재항고(법 415조의 즉시항고)하였다. 대법원은 재항고를 기각하고 원심결정을 인용하였다. 대법원은 "1. 변호인의 접견교통권은 신체구속을 당한 피고인이나 피의자의 인권보장과 방어준비를 위한 필수불가결한 권리이므로 법령에 의한 제한이 없는 한 수사기관의 처분은 물론 법원의 결정으로도 이를 제한할 수 없다. 2. 수사기관의 구금 등에 관한 처분에 대하여 불복이 있는 경우 행정소송절차와는 다른 특별절차로서 준항고절차를 마련하고 있는 형사소송법의 취지에 비추어 위 신청인들(피의자들: 필자 주)에 대한 접견이 '접견신청일로부터 상당한 기간'이 경과하도록 허용되지 않고 있는 것은 접견불허처분이 있는 것과 동일시된다고 봄이 상당하다"고 판시하였다.

는 경우에 '구금에 관한 처분'이 있었다고 볼 수 있을지가 문제된다. 국가안전기획부장의 재항고이유 제3점은 바로 이 점을 다루고 있다.

본 결정은 수사기관의 부작위에 대하여 준항고를 인정하는 근거로서, 첫째, 헌법 12조 4항이 '즉시' 변호인의 조력을 받을 권리가 있다고 규정하고, 둘째, 34조가 접견신청의 절차와 시기에 대하여 아무런 제약을 두지 아니하였으며, 셋째, 89조, 90조, 91조가 구속된 피의자·피고인에게도 '즉시' 변호인과 접견할 수 있는 권리를 보장하고 있으므로 신속한 접견실현을 생명으로 여기는 위와 같은 관계법령의 규정취지에 비추어 볼 때 신속히 접견이 이루어지지 아니한 것은 '실질적으로 접견불허처분이 있는 것과 동일시된다.'고 보고 있다.

③ 접견교통권이 침해된 상태에서 작성된 피의자신문조서(자백)의 증거능력

수사기관의 적법한 직무집행을 담보하기 위하여 가장 효과적인 방책은 위법한 직무집행의 결과 획득된 증거의 증거능력을 배제하는 것[3]이다. 대법원은 1990. 8. 24. 선고 90도1285 판결에서 변호인의 접견이 부당하게 제한되고 있는 동안에 작성된 피의자신문조서(자백)의 증거능력을 부정한 바 있고, 1990. 9. 25. 선고 90도1586 판결에서도 "변호인과의 접견교통권은 헌법상 보장된 변호인의 조력을 받을 권리의 중핵을 이루는 것으로서 변호인과의 접견교통이 위법하게 제한된 상태에서는 실질적인 변호인의 조력을 기대할 수 없으므로 위와 같은 변호인의 접견교통권 제한은 헌법이 보장한 기본권을 침해한 것으로서 그러한 위법한 상태에서 얻어진 피의자의 자백은 그 증거능력을 부인하여 유죄의 증거에서 배제하여야 하며 이러한 위법증거의 배제는 실질적이고 완전하게 증거에서 제외함을 뜻하는 것"이라고 판시하여 변호인과의 접견교통권을 침해하고 획득한 증거의 증거능력부인을 위법수집증거배제규칙의 일환으로 이해하고 있음을 분명히 하였다.

---

3) John M. Burkoff, Exclusionary Rules, in *Encyclopedia of Crime and Jusitce*, V.2(N.Y.: The Free Press, 1983), p. 720.

2.7 접견교통의 비밀보장

헌재 1992. 1. 28. 선고 91헌마111 결정

F D는 1991. 6. 13. 국가보안법위반 등 피의사건으로 국가안전기획부 수사관에게 구속되어 서울중부경찰서 유치장에 수감되어 있던 중 1991. 6. 14. 17시부터 그날 18시경까지 국가안전기획부 면회실에서 그의 변호인인 변호사 C, D의 처 K와의 접견을 동시에 하게 되었다. 그때 국가안전기획부 수사관 5인이 접견에 참여하여 가까이서 지켜보면서 그들의 대화내용을 듣고 또 이를 기록하기도 하고, 만나고 있는 장면을 사진을 찍기도 하므로 C는 이에 항의하여 "변호인과 피의자의 접견은 비밀이 보장되어야 하니 D와 변호인이 따로 만날 수 있도록 해줄 것"과 "대화내용의 기록이나 사진촬영을 하지 말 것"을 요구하였으나 수사관들은 변호인의 요구를 거절하였다. 유죄가 확정되어 교도소에 있는 수형자와 외부인의 접견에 구금시설의 장(경찰서장, 구치소장, 교도소장)은 교도관을 참여하게 할 수 있었다(구 행형법 18조 3항). 구행형법 62조는 구행형법 18조 3항을 미결수용자의 변호인접견에도 준용하였었다. D는 국가안전기획부 수사관들의 위와 같은 행위는 "헌법 12조 4항의 신체구속을 당한 사람에게 보장되고 있는 변호인의 조력을 받을 권리를 침해한 것"이라고 주장하며 헌법소원심판청구를 하였다.

I 형사소송법 34조는 변호인의 접견교통권을 아무런 제약 없이 인정하고 있고, 헌법 12조 4항은 '즉시' 변호인의 조력을 받을 권리를 체포 또는 구속당한 사람의 기본권으로 설정하고 있다. 그러나 구금시설 측에서는 시설의 안전 또는 질서유지 등을 위한 감시의 필요가 있는 것도 무시할 수 없다. 따라서 비밀접견교통권의 보장과 구금시설의 안전 또는 질서유지 등을 위한 감시 필요성 사이에 조정이 필요하다. 충돌하는 양자의 요청을 어떻게 합리적으로 조정할 것인가?

R ㉮ 헌법 12조 4항이 보장하고 있는 신체구속을 당한 사람의 변호인의 조력을 받을 권리는 무죄추정(無罪推定)을 받고 있는 피의자·피고인에 대하여 신체구속의 상황에서 생기는 여러 가지 폐해를 제거하고 구속이 그 목적의 한도를 초과하여 이용되거나 작용하지 않게끔 보장하기 위한 것으로 여기의 '변호인의 조력'은 '변호인의 충분한 조력'을 의미한다. ㉯ 변호인의 조력을 받을 권리의 필수적 내용은 신체구속을 당한 사람과 변호인과의 접견교통권이며 이러한 접견교통권의 충분한 보장은 구속된 자와 변호인의 대화내용에 대하여 비밀이 완전히 보장되고 어떠한 제한, 영향, 압력 또는 부당한 간섭 없이 자유롭게 대화할 수 있는 접견을 통하여서만 가능하고 이러한 자유로운 접견은 구속된 자와 변호인의 접견에 교도관이나 수사관 등 관계공무원의 참여가 없어야 가능하다. ㉰ 변호인과의 자유로운 접견은 신체구속을 당한 사람에게 보장된 변호인의 조력을 받을 권리의 가장 중요한 내용이어서 국가안전보장, 질서유지, 공공복리 등 어떠한 명분으로도 제한될 수 있는 성질의 것이 아니다. 그리고 ㉱ 구속된 사람을 계호함에 있어서도 1988. 12. 9. 제43차 유엔총회에서 채택된 '모든 형태의 구금 또는 수감상태에 있는 모든 사람들을 보호하기 위한 원칙' 18조 4항이 '피구금자 또는 피수감자와 그의 변호인 사이의 대담은 법집행공무원의 가시거리(可視距離) 내에서 행하여질 수는 있으나 가청거리(可聽距離) 내에서 행하여져서는 아니 된다'라고 적절하게 표현하고 있듯이 관계공무원은 구속된 자와 변호인의 대담내용을 들을 수 있거나 녹음이 가능한 거리에 있어서는 아니 되며 계호나 그 밖의 구실 아래 대화 장면의 사진을 찍는 등 불안한 분위기를 조성하여 자유로운 접견에 지장을 주어서도 아니 될 것이다.

A D가 1991. 6. 14. 17시부터 그날 18시경까지

국가안전기획부 면회실에서 변호인과 접견할 때 안기부 소속직원(수사관)이 참여하여 대화내용을 듣거나 기록한 것은 헌법 12조 4항이 규정한 변호인의 조력을 받을 권리를 침해한 것으로서 위헌임을 확인한다. 행형법(구 행형법) 62조는 그 중 행형법 18조 3항을 미결수용자의 변호인접견에도 준용하도록 한 부분은 헌법에 위반된다.

C

① 형사절차법 분야의 법원(法源)의 하나로 국제형사인권법을 활용

본 결정이 선고되기 이전에는 수형자의 접견에 교도관이 참여하도록 하는 행형법 18조가 행형법 62조에 의하여 미결수용자에게 준용되었기 때문에 변호인과 구속피의자와의 접견에 수사관이 참여하는 것을 수사 측은 적법한 것이라고 주장하여 왔었다. 1992. 1. 28.자 본 헌법재판소결정은 행형법 62조 중 "행형법 18조 3항을 미결수용자의 변호인접견에도 준용"하도록 한 부분은 헌법에 위반된다고 선언하였다. 이로써 적어도 법률상으로는 자유롭고 비밀스러운 접견교통권이 거의 완벽하게 보장되게 되었다.

본 결정은 무죄추정의 원칙의 의의를 적극적으로 자리매김하여 피의자·피고인의 구속을 바라보는 시각 측면에서 새로운 지평을 열어주었다. 본 결정은 비밀접견의 권리를 끌어내는 데 국제적으로 통용되고 있는 국제형사인권법을 원용한 선례를 보여주었다. 대한민국은 1989년에 '시민적 및 정치적 권리에 관한 국제규약'(이른바 B규약)을 비준하여 이 규약이 1990년 7월 10일부터 국내에서 효력을 갖게 되었으며 한국정부는 1991년 8월경에 최초 보고서를 제출한 바 있다. 이 국제규약에는 형사절차에 관련된 규약이 다수 포함되어 있다. 본 결정에서 원용한 것은 국제인권규약은 아니지만 국제연합의 가입당사국이라면 가급적 존중해야 할 '국제적으로 승인된 일반원칙'이다.

② 본 결정에 대한 입법적 후속조치

이 결정 이후, 행형법은 본 결정의 내용에 충실하게 개정되었다. 나아가 2008. 12. 12.부터는 행형법이 전면 개정되어 "형의 집행 및 수용자의 처우에 관한 법률"로 시행 중이다.[1]

형집행법은 미결수용자와 변호인(변호인이 되려고 하는 사람을 포함한다)과의 접견에 교도관이 참여하지 못하며, 교도관이 그 대화내용을 청취 또는 녹취하지 못함을 명시하고, 다만, 교도관리는 보이는 거리에서 미결수용자를 관찰할 수 있도록 명시(41조)하였다. 또 미결수용자와 변호인 간의 접견은 시간과 횟수를 제한하지 못한다. 주의할 사항은 수형자에게는 비밀접견교통권이 보장되지 않는다는 사실이다.

---

1) 형의 집행 및 수용자의 처우에 관한 법률 제84조(변호인과의 접견 및 서신수수) ① 제41조 제2항에도 불구하고 미결수용자와 변호인(변호인이 되려고 하는 사람을 포함한다. 이하 같다)과의 접견에는 교도관이 참여하지 못하며 그 내용을 청취 또는 녹취하지 못한다. 다만, 보이는 거리에서 미결수용자를 관찰할 수 있다. ② 미결수용자와 변호인 간의 접견은 시간과 횟수를 제한하지 아니한다. ③ 제43조 제4항 단서에도 불구하고 미결수용자와 변호인 간의 서신은 교정시설에서 상대방이 변호인임을 확인할 수 없는 경우를 제외하고는 검열할 수 없다. 제41조(접견) ② 소장은 다음 각 호의 어느 하나에 해당하는 사유가 있으면 교도관으로 하여금 수용자의 접견내용을 청취·기록·녹음 또는 녹화하게 할 수 있다. 1. 범죄의 증거를 인멸하거나 형사 법령에 저촉되는 행위를 할 우려가 있는 때 2. 수형자의 교화 또는 건전한 사회복귀를 위하여 필요한 때 3. 시설의 안전과 질서유지를 위하여 필요한 때 ③ 제2항에 따라 녹음·녹화하는 경우에는 사전에 수용자 및 그 상대방에게 그 사실을 알려주어야 한다. ④ 접견의 횟수·시간·장소·방법 및 접견내용의 청취·기록·녹음·녹화 등에 관하여 필요한 사항은 대통령령으로 정한다. 제43조(서신수수) ④ 수용자가 주고받는 서신의 내용은 검열 받지 아니한다. 다만, 다음 각 호의 어느 하나에 해당하는 사유가 있으면 그러하지 않다. 1. 서신의 상대방이 누구인지 확인할 수 없는 때 2. 「형사소송법」이나 그 밖의 법률에 따른 서신검열의 결정이 있는 때 3. 제1항 제2호 또는 제3호에 해당하는 내용이나 형사 법령에 저촉되는 내용이 기재되어 있다고 의심할 만한 상당한 이유가 있는 때 4. 대통령령으로 정하는 수용자 간의 서신인 때.

2.8 피내사자의 변호인과의 접견교통권·내사의 수사(범죄인지) 전환시기(실질설)

대법원 1996. 6. 3.자 96모18 결정; 대법원 2001. 10. 26. 선고 2000도2968 판결

F 【96모18 사안】 1996. 2. 28. 저녁 무렵 D는 정기간행물의 등록에 관한 법률위반 등의 혐의로 임의동행 형식으로 동대문경찰서에 연행되어 사법경찰관 P의 조사를 받았다. P는 D를 아직 정식으로 입건하지 않아 P는 D를 '피내사자'(=용의자)로 간주하였다. 따라서 D는 형식적으로는 내사의 대상인 피내사자이다. 1996. 2. 28. 22:40경 D의 변호인('D의 처'가 선임) 변호사 C가 위 경찰서에 찾아가 P에게 D의 접견을 요구하자, P는 '조사가 끝나지 않았다'는 이유로 접견시켜 주지 않았다. 1996. 2. 29. 12:25경 D의 변호인인 또 다른 변호사 C2(D의 처가 선임)가 다시 접견을 요구하자, P는 같은 날 12:45경 '상부의 지시'라며 접견을 거부하였다. 변호사 C, C2가 사법경찰관 P의 처분의 취소를 구하는 준항고(417조)를 제기하였다. 서울지방법원은 "34조에 규정된 변호인 또는 변호인이 되려는 자의 접견교통권은 신체구속을 당한 피고인이나 피의자의 인권보장과 방어준비 및 실체적 진실의 발견을 위하여 필수불가결한 권리이므로 행형법 등의 법률에 근거하지 않고는 수사기관이 이를 제한할 수 없으며, ㉠ 신체구속을 당한 피고인이나 피의자에 대하여 변호인 접견교통권이 인정되는 이상 그보다 더 자유로운 상태에 있는 불구속 피고인 또는 피의자나 '임의동행 형식으로 수사기관에 연행'된 피의자 및 정식으로 입건되기 전의 내사단계에 있는 자에 대하여도 변호인 또는 변호인이 되려는 자의 접견교통권은 당연히 인정된다"며 접견불허처분을 취소하였다. 동대문경찰서장은 "㉡ 변호인의 접견교통권은 34조에 의하면 체포·구속당한 피의자나 피고인에게만 인정되는 권리이고, 불구속상태(혹은 내사상태)에 있는 피의자는 자의에 의하여 얼마든지 귀가할 수 있는 상황이므로 굳이 그러한 지위에 있는 자에게 변호인 접견권을 인정해 줄 현실적 필요성이 없을 뿐더러, 이를 인정하는 것은 위 명문의 규정에도 반한다."며 대법원에 재항고하였다.

I '임의동행 형식으로 수사기관에 연행'되고 정식으로 입건되기 전의 내사단계에 있는 자 혹은 불구속피의자에게도 변호인 또는 변호인이 되려는 자와의 접견교통권이 인정되는가?

R A 재항고기각. 1. ㉮ 헌법 10조는 '모든 국민은 인간으로서의 존엄과 가치를 가지며 행복을 추구할 권리를 가진다'고 규정하고 있고, 헌법 12조 1항 후문은 '누구든지 법률에 의하지 않고는 체포·구속·압수·수색 또는 심문을 받지 않으며, 법률과 적법한 절차에 의하지 않고는 처벌·보안처분 또는 강제노역을 받지 아니 한다'고 규정하여 형사소송에 있어서 '적법절차주의'를 선언하고 있으며 이를 구체화하기 위하여 헌법 ㉯ 12조 4항은 '누구든지 체포 또는 구속을 당한 때에는 즉시 변호인의 조력을 받을 권리를 가진다.'고 규정하고 있으며, 형사소송법 30조 1항은 '피고인 또는 피의자는 변호인을 선임할 수 있다'고 규정하여 변호인의 조력을 받을 권리를 불구속 피고인 또는 피의자에게까지 확대하고 있는바 이와 같은 ㉰ 변호인의 조력을 받을 권리를 실질적으로 보장하기 위하여는 변호인과의 접견교통권의 인정이 당연한 전제가 되므로, ㉱ 임의동행의 형식으로 수사기관에 연행된 피의자에게도 변호인 또는 변호인이 되려는 자와의 접견교통권은 당연히 인정된다. 또한 ㉲ 임의동행의 형식으로 연행된 피내사자의 경우에도 이는 마찬가지이다. ㉳ 형사소송법 34조는 변호인 또는 변호인이 되려는 자에게 구속을 당한 피고인 또는 피의자에 대하여'까지' 접견교통권을 보장하는 취지의 규정이므로 위 접견교통권을 위와 달리 해석할 법령상의 근거가 될 수 없다.

2. ㉴ 접견교통권은 피고인 또는 피의자나 피내사자의 인권보장과 방어준비를 위하여 필수불가결한 권리이므로 법령에 의한 제한이 없는 한 수사기관의 처분은 물론 법원의 결정으로도 이를 제한할 수 없다

(대법원 1991. 3. 28.자 91모24 결정 참조).

C

1 동대문경찰서장과 서울지방법원의 관련법조항 해석방법의 차이

동대문경찰서장(재항고인)은 34조를 문리해석하고 또한 '불구속상태에 있는 피의자나 내사상태에 있는 피내사자는 자의(自意)로 얼마든지 귀가할 수 있는 상황이므로 굳이 그러한 지위에 있는 자에게 변호인 접견권을 인정해 줄 현실적 필요성'이 없다고 주장하는 데 반하여 D(준항고 신청인)와 서울지방법원은 "㉠ 신체구속을 당한 피고인이나 피의자에 대하여 변호인 접견교통권이 인정되는 이상 그보다 더 자유로운 상태에 있는 불구속 피고인 또는 피의자나 '임의동행' 형식으로 수사기관에 연행'된 피의자 및 정식으로 입건되기 전의 내사단계에 있는 자에 대하여도 변호인 또는 변호인이 되려는 자의 접견교통권은 당연히 인정된다"고 물론해석을 전개하였다. 대법원은 서울지방법원의 해석방법(물론해석)을 지지하였다.

2 본 결정의 판례사적 의의

본 결정은 첫째, 형사소송법상 명백히 규정된 '체포·구속된 피고인·피의자'의 변호인과의 접견교통권 외에 '불구속 피고인·피의자'에 대하여도 변호인과의 접견교통권이 인정된다(재판요지 1)의 ㉯)고 판시하고, 둘째, 임의동행의 형식으로 연행된 피내사자에게도 변호인과의 접견교통권이 인정된다(재판요지 1)의 ㉰)고 판시하여 변호인의 조력을 받을 권리를 확장시킨 데 그 의의[1]가 있다.

3 본 결정의 논거

가장 주목되는 부분은 재판요지 1항 중 '㉯ 34조는 변호인 또는 변호인이 되려는 자에게 구속을 당한 피고인 또는 피의자에 대하여까지' 접견교통권을 보장하는 취지의 규정이라는 확장(혹은 물론)해석 부분이다.

4 다른 논증의 가능성

수사기관이 피내사자에 대하여 (주관적·객관적·실질적으로) 특정범죄에 대한 상당한 혐의를 갖게 되었음에도 범죄인지서를 작성하지 않았다면 형식적으로 입건되지 않았음을 이유로 그 상대방을 '피의자가 아닌 피내사자(형식적으로 입건되지 않았으므로 아직 피의자가 아니다)'로 보아야 할 것인가? 범죄인지서 작성 여부는 수사기관의 내부적인 절차에 불과하므로 범죄인지서를 작성하는 때에 비로소 피의자로 된다고 볼 것은 아니고, '수사기관이 실질적으로 특정범죄에 대한 주관적·객관적 혐의를 인정하고 조사활동을 개시하면 그때 피내사자가 피의자로 전환'된다[2]고 보아야 한다. 수사기관이 피내사자를 소환하여 진술을 청취하거나, 임의동행 형식으로 연행하였거나, 통신제한조치허가를 신청하였거나, 체포, 긴급체포, 현행범으로 체포하였다면 특단의 사정이 없는 한 수사기관은 이미 상대방에 대하여 범죄의 혐의를 인정하고 실질적으로 수사를 개시한 것으로 보는 것(실질설)이 자연스럽다. 피내사자를 임의동행 형식으로 연행하였다면 설사 피내사자의 온전한 동의를 얻은 임의동행이라 하더라도 상대방은 이미 피의자의 지위로 전환된 것이다. 따라서 변호인의 두 번에 걸친 접견요청이 '조사가 끝나지 않았다'는 이유로, 혹은 '상부의 지시'라는 정당하지 못한 이유로 거부되고 접견지연의 시간이 14시간에 달한 때는 피의자에 대한 접견교통권이 부당하게 침해된 것으로 못 볼 바 아니다. 본 판례사안은 종래의 판례이론으로도 합리적 해결이 가능했던 사안이다.

---

1) 서명수, 불구속 피고인·피의자의 변호인 접견교통권, 대법원판례해설 25호, 1996, 562~574 참조.

2) 대법원 1995. 2. 24. 선고 94도252 판결; 대법원 2001. 10. 26. 선고 2000도2968 판결. 이 2001년 판결에 대하여는 이완규, 범죄인지서 작성 전에 행한 피의자신문조서의 증거능력, 형사판례연구 11, 306 이하; 신동운, 내사종결처분의 법적 성질, 서울대학교 법학 45권 3호(132호)(2004. 9), 309~331.

2.9 피의자신문에 변호인의 참여를 요구할 수 있는 권리의 내용과 근거

대법원 2003. 11. 11.자 2003모402 결정; 헌재 2004. 9. 23. 선고 2000헌마138 결정

F D는 독일 뮌스터 대학교 철학교수로 독일에 거주하여 오다가 2003. 9. 18. 국가보안법 위반혐의로 체포영장이 발부된 상태에서 2003. 9. 22. 대한민국으로 입국하여 2003. 9. 23.부터 국가정보원과 서울지방검찰청에서 13차례에 걸쳐 불구속상태로 수사를 받아오던 중 2003. 10. 22. 구속영장이 발부되어 서울구치소에 수감되었다. D는 국가정보원과 서울지방검찰청에서 13차례에 걸쳐 수사를 받을 때 변호인의 참여하에 신문을 받았다. 서울지방검찰청 검사가 2003. 10. 24. D에 대한 피의자신문을 시작하려고 하자 D는 변호인 참여를 요구하였으나 검사는 "이 사건 수사가 다른 피의자들에 대한 내용도 포함되어 있고, 기본적으로 국가안보에 관한 것으로 대외적으로 공표되어서는 안 될 기밀사항을 많이 포함하고 있으므로 피의자 신문시 변호인의 참여가 허용되어서는 안 된다"고 주장하면서 변호인의 참여를 불허하였다. 그러나 검사는 그것을 입증할 만한 아무런 자료도 제출하지 않았다. D는 검사의 변호인참여 불허처분에 불복하기 위하여 417조의 준항고를 제기하였다. 서울지방법원은 '변호인참여 불허처분을 취소'한다는 결정을 하였다. 검사가 대법원에 재항고하였다.

I 피의자는 수사기관의 피의자신문시 변호인을 참여시켜 달라고 요구할 권리가 있는가?

R 재항고기각. ㉮ 형사소송법이 아직은 구금된 피의자의 피의자신문에 변호인이 참여할 수 있다는 명문규정을 두고 있지 않지만,[1] ㉯ 접견교통권이 헌법과 법률에 의하여 보장되고 있을 뿐 아니라 '누구든지 체포 또는 구속을 당한 때에는 즉시 변호인의 조력을 받을 권리를 가진다.'고 선언한 헌법규정에

비추어, ㉰ 구금된 피의자는 형사소송법의 위 규정을 유추적용하여 피의자신문을 받음에 있어 변호인의 참여를 요구할 수 있고, ㉱ 그러한 경우 수사기관은 이를 거절할 수 없는 것으로 해석하여야 하고, ㉲ 이렇게 해석하는 것은 인신구속과 처벌에 관하여 '적법절차주의'를 선언한 헌법의 정신에도 부합한다. 그러나 구금된 피의자가 피의자 신문 시 변호인의 참여를 요구할 수 있는 권리가 형사소송법 209조, 89조 등의 유추적용에 의하여 보호되는 권리라 하더라도 헌법상 보장된 다른 기본권과 사이에 조화를 이루어야 하며, ㉳ 구금된 피의자에 대한 신문 시 무제한적으로 변호인의 참여를 허용하는 것 또한 헌법이 선언한 '적법절차의 정신'에 맞지 아니하므로 신문을 방해하거나 수사기밀을 누설하는 등의 염려가 있다고 의심할 만한 상당한 이유가 있는 특별한 사정이 있음이 객관적으로 명백하여 변호인의 참여를 제한하여야 할 필요가 있다고 인정되는 경우에는 변호인의 참여를 제한할 수 있음[2]은 당연하다.

A 구금된 상태에 있는 D(준항고인)가 D에 대한 피의자신문 시 변호인의 참여를 명시적으로 요구하고 있음에도 검사(재항고인)가 변호인의 참여를 불허하였고, 검사가 변호인의 참여를 불허할 필요가 인정되는 명백한 특별한 사정이 있음을 인정할 만한 아무런 자료를 제출하고 있지 않으므로, 변호인의 참여를 불허한 검사의 처분은 위법하다.

C

① 참여권인정의 헌법적 논거

대법원은 종래 신체구금상태에 있는 피의자의 변

---

1) 2008년부터 시행된 개정형소법 243조의2는 변호인의 피의자신문참여권을 명문으로 규정하였다.

2) 개정형소법도 정당한 사유가 있는 때에는 변호인의 참여가 제한될 수 있음을 예정하고 있다. 그러므로 쟁점은 '무엇이 정당한 사유인가'로 이전되었다.

호인과의 접견교통이 부당하게 불허된 사안에서 수사기관의 접견불허처분을 '구금에 관한 처분'이라고 확인[3]한 바 있지만 검사가 피의자신문 시 피의자의 변호인참여요구를 부당하게 불허한 경우에 그것을 검사의 '구금에 관한 처분'으로 볼 수 있는가 여부는 본 사안에서 처음으로 쟁점화되었다. 준항고 법원과 대법원은 이를 긍정하고 있다. 그런데 대법원이 이를 긍정한 논거가 중요하다.

대법원은 이를 헌법의 적법절차조항('피의자의 적법절차에 따른 조사·재판을 받을 권리'의 각도)에서 찾고 있다. 대법원은 "㉹ 구금된 피의자는 피의자신문을 받음에 있어 변호인의 참여를 요구할 수 있고, ㉺ 그러한 경우 수사기관은 이를 거절할 수 없"으나 "㉻ 구금된 피의자에 대한 신문 시 무제한적으로 변호인의 참여를 허용하는 것 또한 헌법이 선언한 '적법절차의 정신'에 맞지 않으므로 신문을 방해하거나 수사기밀을 누설하는 등의 염려가 있다고 의심할 만한 상당한 이유가 있는 특별한 사정이 있음이 객관적으로 명백하면 변호인의 참여를 제한할 수 있"(다)고 판시하여 '신체구금상태에 있는 피의자(D)의 입장과 검사의 입장을 절충'하고 있다.

② 무죄추정의 원칙(헌법 27조 4항)과 '인신구속과 처벌에 관한 적법절차주의'(헌법 12조 1항)

2003년 당시 대법원은 '명시적인 법 규정의 흠결'을 피의자·피고인 보호방향으로 해석·적용하고 한 걸음 더 나아가 유추적용하였다. 이와 같은 피의자·피고인 보호방향의 해석·적용과 유추적용의 근거는 무엇인가?

대법원은 그 근거로 헌법 27조 4항의 무죄추정의 원칙[4]과 '인신구속과 처벌에 관한 적법절차주의'(헌

법 12조 1항)[5]에서 찾았다. 이른바 '헌법적 형사소송론'이 전개되고 있는 것이다.

③ 참여를 제한할 수 있는 경우

본 결정은 무제한적인 변호인참여요구권을 인정한 것이 아니라 "신문을 방해하거나 수사기밀을 누설하는 등의 염려가 있다고 의심할 만한 상당한 이유가 있는 특별한 사정이 있음이 객관적으로 명백하여 변호인의 참여를 제한하여야 할 필요가 있다고 인정되는 경우에는 변호인의 참여를 제한"할 수 있다고 판시하여 수사기관의 입장도 배려하고 있다.

④ 불구속상태의 피의자신문에도 변호인에게 참여권이 있다

2004년에 헌재는 불구속상태의 피의자신문에도 변호인에게 참여권이 있음을 확인[6]하였다.

---

3) 대법원 1990. 2. 13.자 89모37 결정; 대법원 1991. 3. 28. 자 91모24 결정.
4) "헌법 27조 4항은 '형사피고인은 유죄의 판결이 확정될 때까지는 무죄로 추정된다'고 규정하여 무죄추정의 원칙을 선언하고 있는데, 이 무죄추정의 원칙은 불리한 처지에 놓인 피의자·피고인의 지위를 보호하여 형사절차에서 그들의 불이익을 필요한 최소한에 그치게 하자는 것으로서 인간의 존엄성 존중을 궁극의 목표로 하고 있는 헌법이념에서 나온 것이다. 구속은 피의자나 피고인에 대하여 특히 부득이한 사유가 있을 때에만 인정되는 제

도이나, 단순히 수사나 재판의 편의만을 위하여 수사기관이나 재판기관에 의하여 구속제도가 남용되기 쉬우며, 특히 구속된 피의자에 대하여는 고문이나 폭행 등이 자행되기 쉽고 구속된 상태에서는 헌법 12조 2항에 규정하고 있는 진술거부권도 효과적으로 보장되지 않을 수 있다. 따라서 무죄추정을 받고 있는 피의자·피고인에 대하여 신체구속의 상황에서 생기는 여러 가지 폐해를 제거하여 구속이 그 본래의 목적에서 벗어나 부당하게 이용되지 않도록 보장하기 위하여 헌법 12조 4항 본문은 위와 같이 신체구속을 당한 사람에 대하여 변호인의 조력을 받을 권리를 기본권으로 보장하고 있는 것이며, 이때 변호인의 조력이란 변호인의 충분한 조력을 의미한다."
5) "신체의 자유와 증거능력에 관한 헌법 12조의 첫머리에 법률 이외에 '적법한 절차'를 규정한 취지는 법관이 인신의 구속에 관한 헌법과 법률의 규정들을 해석·적용함에 있어 국가형벌권보다 개인의 인권옹호에 우위를 두고 헌법과 법률을 해석·적용함으로써 **개인의 인신구속에 신중을 기하여야 한다**는 것으로 풀이된다."
6) 헌재 2004. 9. 23. 선고 2000헌마138 결정(변호인의 조력을 받을 권리 등 침해 위헌확인).

2.10 피의자신문참여변호인의 동석권과 진술거부권고

대법원 2008. 9. 12.자 2008모793 결정; 대법원 2007. 1. 31.자 2006모657 결정

F 【2008모793】 인천지방검찰청 소속 사법경찰관 P는 2008. 6. 18. 09:30경 위 검찰청 11층 조사과 제2호 조사관실에서 인천지방검찰청 2008형제40272호 사건의 피의자 S를 신문하였는데, C(S의 변호인, 준항고인)는 위 신문기일에 S의 변호인으로 참여하였다. C는 2008. 6. 17.경 위 P에게 피의자신문진술의 녹취·녹화신청서를 제출한 바 있다. P는 S에 대한 위 신문을 시작하기에 앞서 S와 그의 옆에 앉아 있던 C에게 위 녹취·녹화신청의 철회를 요청하였으나, C와 S는 이에 응하지 않았다. 이에 위 P는 수사기관에 의한 녹취·녹화에 갈음하여 피의자 측에서 스스로 신문내용을 녹취하도록 한 다음, 갑자기 C에게 피의자로부터 떨어진 곳으로 옮겨 앉을 것을 요구하였고, 이어서 피의자 옆에 앉아 있을 것을 주장하는 변호인 C에게 조사관실에서의 퇴실을 명하였다. C가 그 처분의 취소를 구하는 준항고를 제기하였다. 준항고법원은 준항고를 받아들여 취소를 명하였다. 검사가 대법원에 재항고하였다.

【2006모657】 미상

I 1. 피의자신문참여변호인은 피의자와 동석할 권리가 있는가?

2. 피의자신문참여변호인은 피의자에게 진술거부를 권고할 수 있는가?

3. 피의자신문참여변호인은 수사기관의 위법수사의 중단을 요구할 수 있는가?

R A 【2008모793】 재항고기각. 243조의2 1항의 '정당한 사유'라 함은 변호인이 피의자신문을 방해하거나 수사기밀을 누설할 염려가 있음이 객관적으로 명백한 경우 등을 말하는 것이므로, 수사기관이 피의자신문을 하면서 위와 같은 정당한 사유가 없

음에도 불구하고, 변호인에 대하여 피의자로부터 떨어진 곳으로 옮겨 앉으라고 지시를 한 다음 이러한 지시에 따르지 않았음을 이유로 변호인의 피의자신문 참여권을 제한하는 것은 허용될 수 없다. 재항고인이 위와 같이 변호인에게 퇴실을 명한 행위는 변호인의 피의자신문 참여권을 침해한 처분에 해당하므로 이를 이유로 이 사건 준항고를 받아들여 재항고인의 위 처분을 취소한 원심의 조치는 옳고, 거기에 재판에 영향을 미친 헌법·법률·명령 또는 규칙의 위반이 없다.

【2006모657】 재항고기각. 변호사인 변호인에게는 변호사법이 정하는 바에 따라서 이른바 진실의무가 인정되는 것이지만, 변호인이 신체구속을 당한 사람에게 법률적 조언을 하는 것은 그 권리이자 의무이므로 변호인이 적극적으로 피고인 또는 피의자로 하여금 허위진술을 하도록 하는 것이 아니라 단순히 헌법상 권리인 진술거부권이 있음을 알려주고 그 행사를 권고하는 것을 가리켜 변호사로서의 진실의무에 위배되는 것이라고는 할 수 없다. 나아가, 신체구속을 당한 피의자 또는 피고인이 범한 것으로 의심받고 있는 범죄행위에 해당 변호인이 관련되어 있다는 등의 사유에 기(초)하여 그 변호인의 변호활동을 광범위하게 규제하는 변호인의 제척(除斥)과 같은 제도를 두고 있지 아니한 우리 법제 아래에서는, 변호인의 접견교통의 상대방인 신체구속을 당한 사람이 그 변호인을 자신의 범죄행위에 공범으로 가담시키려고 하였다는 등의 사정만으로 그 변호인의 신체구속을 당한 사람과의 접견교통을 금지하는 것이 정당화될 수는 없다. 이러한 법리는 신체구속을 당한 사람의 변호인이 1명이 아니라 여러 명이라고 하여 달라질 수 없고, 어느 변호인의 접견교통권의 행사가 그 한계를 일탈한 것인지의 여부는 해당 변호인을 기준으로 하여 개별적으로 판단하여야 할 것이다. (중략) 다른 공동변호인들이 선임되어 있더라도 준항고인은 독자적으로 이 사건 피의자들을 접견할 필요가 있고, 변호인들이

수시로 접견권을 행사함으로써 수사기관의 수사에 다소간의 어려움이 발생하였다고 하더라도 총 접견 시간 등 제반 사정에 비추어 준항고인이 접견권의 행사를 빙자하여 수사를 방해하려는 것이라고 단정할 수 없으며, 준항고인이 이 사건 피의자들로 하여금 진술거부권을 행사하도록 법률적 조언을 하는 것을 위법하다고 할 수 없고, 준항고인의 접견권 행사가 준항고인 자신을 위한 것이라고 단정할 수도 없다.

C

1 피의자신문참여변호인의 동석권

피의자신문에 참여하는 변호인이 '단순히 참여'하는 데 그치게 하면 굳이 변호인으로 하여금 피의자신문에 참여하게 할 필요가 없다. 그런 역할은 피의자의 가족이나 비변호인도 얼마든지 할 수 있다. 변호인은 피의자의 정당한 권리를 대변하고 위법수사를 저지·감시하는 역할을 하여야 한다. 변호인이 적당한 시기에 진술거부를 권고하고 수사기관의 부당한 신문방법에 대하여 적당한 시기에 이의를 제기하려면 변호인이 피의자 옆에 동석할 것이 요구된다. 따라서 변호인의 동석권은 정당한 변호권·방어권 행사로 인정되어야 한다. 2008모793 결정은 수사기관이 피의자신문을 하면서 변호인에게 '피의자로부터 떨어진 곳으로 옮겨 앉으라'고 지시한 다음 이러한 지시에 따르지 않았음을 이유로 변호인의 피의자신문 참여권을 제한하는 처분의 위법성을 확인하였다.

2 참여변호인의 진술거부권고권의 내용과 한계

적법하게 '피의자신문'(이하 '피신'으로 약칭한다)에 참여한 변호인이 피신 도중에 피의자에게 수사관의 특정질문에 대하여 진술하지 말도록 권고(이하 '일시적 진술거부권고'로 약칭함)하거나 향후 일체의 질문에 답변하지 말 것을 권고(이하 '일체의 진술거부권고'로 약칭함)하는 행위, 수사기관의 철야신문 등 오랜 기간의 피신 지속, 거듭되는 피신 행위(예를 들어 10 차례 이상의 거듭된 피신)를 중단하여 줄 것을 요구하는 행위를 부당한 신문방해로 볼 것인가? 2006모657 결정은 이 문제에 대한 해답을 제시하고 있다.

피신 도중에 피의자의 능동적인 조언·상담요청에 응하여 참여한 변호인이 장래에 향하여 '일체의 진술거부권고' 혹은 '일시적 진술거부권고'를 하는 행위는 적법한 조언·상담이다. 다음에 피의자의 조언·상담요청이 없는데 참여한 변호인이 능동적으로 나서서 피의자에게 진술거부권고를 하는 행위도 부적법하다고 할 일은 아니다. 영국의 PACE 실무규정(codes of practice, 'PACE 1984'의 부속규정이다)은 "변호인은 부적절한 질문에 이의를 제기할 수 있고 특정한 질문에 답변을 하지 말 것을 권고할 수 있다"[1]고 규정하고 있다. 영국의 실무규정이 걱정하고 있는 사안은 변호인이 '대신 답변'하거나 '피의자가 진술하는 것을 방해'하는 행위이지 변호인의 진술거부권고가 아니다.

3 수사기관의 부적법·부당한 신문 제지·중단요구

영국에서는 '경찰이 피의자를 기소할 방침을 정한 후'에는 여죄조사의 필요가 없는 한 조사는 중단되어야 하고 프랑스에서는 경찰의 '기소결정 후'(After charging) 피의자 조사가 금지되고 있는데 한국의 수사기관이 5~10차례 이상의 거듭된 피의자신문을 강행하는 관행[2]은 한국이 가입한 국제인권규약[3] 위반의 의심이 있다. 고문으로 평가될 만한 철야신문, 사안의 복잡성에 어울리지 않게 거듭되는 신문의 중단을 요구하는 변호인의 행위가 신문방해로 판단되어서는 아니 될 것이고 오히려 변호인은 부적법·부당한 신문의 제지, 중단을 적극적으로 요구하여야 한다. 고문으로 평가될 만한 철야신문, 거듭되는 신문의 중단을 요구하는 행위는 적법한 조력으로 보이기 때문이다.

---

1) Code of Practice for the Detention, Treatment and Questioning of Persons by Police Officers, 1991, notes and guidance 6D.
2) 2003년 대법원 결정의 계기가 된 사건에서 피의자는 국가정보원과 서울지방검찰청에서 13차례 이상 피의자신문을 받았다.
3) 국제인권규약 자유권 규약(B규약) 제14조(공평한 재판을 받을 권리) 3 (b) 방어를 준비하기 위해 적절한 시간과 편의가 제공되고, 또 자기가 선임한 변호인과 연락을 가지는 일. (g) 본인에게 불리한 진술을 하도록 강요당하거나 유죄를 인정하도록 강요당하지 않는 일.

2.11 충분하고 실질적인 변호인의 조력을 받을 권리

대법원 2012. 2. 16.자 2009모1044 전원합의체 결정

F D는 사문서위조·위조사문서행사 혐의로 기소되어 제1심에서 유죄판결을 선고받았다. D가 항소하였다. D는 70세 이상이므로 D의 사건은 필요적 변호사건(33조 1항 3호)이다. 항소심은 D 본인의 항소이유서 제출기간이 경과한 후 비로소 국선변호인을 선정하고 국선변호인에게 소송기록접수통지를 하였으나 위 국선변호인이 법정기간 내에 항소이유서를 제출하지 않자 항소심은, 국선변호인이 항소이유서를 제출하지 않은 데 대하여 피고인에게 책임을 돌릴 만한 사유가 있는지 여부를 확인하거나 고려하지 아니한 채, "피고인 D와 국선변호인이 모두 그 제출기간 내에 항소이유서를 제출하지 않았고 제1심판결에 직권조사사유가 없다"며 결정으로 항소를 기각(361조의4 1항)하였다. 1966년에 대법원은 "국선변호인이 선정된 경우 국선변호인이 361조의3 1항의 기간 내에 항소이유서를 제출하지 않은 때에는 피고인 본인이 적법한 항소이유서를 제출하지 않은 이상 361조의4 1항 본문에 따라 항소기각의 결정을 하는 것이 상당하다"고 판시(대법원 1966. 5. 25.자 66모31 결정)한 바 있다. 항소심의 항소기각결정은 66모31 결정을 따른 것이다. D가 대법원에 재항고하였다.

I 헌법상 변호인의 조력을 받을 권리에 대한 보장이 단순히 국선변호인의 선정에만 그치는 것인가?

R 파기환송. 1. 헌법 12조 4항 본문은 '누구든지 체포 또는 구속을 당한 때에는 즉시 변호인의 조력을 받을 권리를 가진다.'고 규정하고 있는바, 우리 헌법상의 법치국가원리, 적법절차원칙 등에 비추어 이러한 변호인의 조력을 받을 권리는 구속 피의자·피고인뿐만 아니라 불구속 피의자·피고인에게도 당연히 인정된다(헌재 2004. 9. 23. 선고 2000헌마138 전원재판부 결정 등 참조). 나아가 헌법은 같은 항 단서에서 "다만,

형사피고인이 스스로 변호인을 구할 수 없을 때에는 법률이 정하는 바에 의하여 국가가 변호인을 붙인다."고 규정함으로써 일정한 경우 형사피고인에게 국선변호인의 조력을 받을 권리가 있음을 밝히면서 이를 보장하는 것이 국가의 공적 의무임을 천명하고 있다. 그런데 위와 같이 헌법상 보장되는 '변호인의 조력을 받을 권리'는 변호인의 '충분한 조력'을 받을 권리를 의미하므로(대법원 2003. 11. 11.자 2003모402 결정 등 참조), 일정한 경우 피고인에게 국선변호인의 조력을 받을 권리를 보장하여야 할 국가의 의무에는 형사소송절차에서 단순히 국선변호인을 선정하여 주는 데 그치지 않고 한걸음 더 나아가 피고인이 국선변호인의 '실질적인 조력을 받을 수 있도록 필요한 업무감독과 절차적 조치를 취할 책무까지 포함된다.' 때문에 위와 같은 헌법의 취지와 정신을 구현하기 위하여 형사소송법은 일정한 경우 법원으로 하여금 직권 또는 피고인의 청구 등에 의하여 국선변호인을 선정하도록 하는 한편(33조), 국선변호인이 선정된 사건에 관하여 변호인 없이 개정하지 못하게 하면서 만일 변호인이 출석하지 아니한 때에는 직권으로 새로운 국선변호인을 선정하도록 하였고(282조, 283조, 370조), 형사소송규칙은, 국선변호인을 선정한 후에도 법원으로 하여금 그 선정 취소, 사임 허가, 감독 등의 업무를 담당하도록 하고 있다(규칙 18조 내지 21조).

2. 한편 361조의3 1항, 361조의2 1항, 2항, 361조의4 1항, 364조 1항 등에 의하면, 피고인이 항소한 경우 형사 항소심은 기본적으로 피고인 또는 변호인이 법정기간 내에 제출한 항소이유서에 포함된 항소이유에 관하여 심판하는 구조이고, 만일 법정기간 내에 적법한 항소이유서가 제출되지 아니하면 원칙적으로 피고인의 항소를 기각하도록 되어 있다. 그 결과 피고인은 항소법원으로부터 본안판단을 받을 기회를 잃게 된다. 항소심 소송절차에서 항소이유서의 작성과 제출이 지니는 위와 같은 의미와 중요성에 비추어 볼 때, 항소심 소송절차에서 국선변호인이 선정된 경

우 국선변호인으로부터 충분한 조력을 받을 피고인의 권리는 공판심리 단계에서뿐만 아니라 항소이유서의 작성·제출 과정에서도 당연히 보장되어야 한다. 그러므로 ⓐ 피고인을 위하여 선정된 국선변호인이 법정기간 내에 항소이유서를 제출하지 아니하면 이는 피고인을 위하여 요구되는 충분한 조력을 제공하지 아니한 것이고, ⓑ 이런 경우에 피고인에게 책임을 돌릴 만한 아무런 사유가 없음에도 불구하고, 항소법원이 361조의4 1항 본문에 따라 피고인의 항소를 기각한다면, 피고인에게 국선변호인으로부터 충분한 조력을 받을 권리를 보장하고 이를 위한 국가의 의무를 규정하고 있는 헌법의 취지에 반하는 조치이다. 따라서 ⓒ 피고인과 국선변호인이 모두 법정기간 내에 항소이유서를 제출하지 아니하였다고 하더라도, 국선변호인이 항소이유서를 제출하지 아니한 데 대하여 피고인에게 귀책사유가 있음이 특별히 밝혀지지 않는 한, ⓓ 항소법원은 종전 국선변호인의 선정을 취소하고 새로운 국선변호인을 선정하여 다시 소송기록접수통지를 함으로써 새로운 국선변호인으로 하여금 그 통지를 받은 때로부터 361조의3 1항의 기간 내에 피고인을 위하여 항소이유서를 제출하도록 하여야 한다. 이와 달리 (중략) 대법원 1966. 5. 25.자 66모31 결정 등은 이 결정의 견해에 배치되는 범위 내에서 변경하기로 한다.

A 원심으로서는 국선변호인이 그 제출기간 내에 항소이유서를 제출하지 아니한 데 대하여 재항고인에게 책임을 돌릴 만한 사유가 특별히 밝혀지지 아니한 이상, 재항고인과 국선변호인이 항소이유서를 제출하지 아니하였다고 하여 곧바로 361조의4 1항에 의하여 재항고인의 항소를 기각할 것이 아니라, 위 국선변호인의 선정을 취소하고 새로운 국선변호인을 선정하여 그에게 소송기록접수통지를 함으로써 재항고인을 위하여 새로운 국선변호인으로 하여금 항소이유서를 제출하도록 하는 조치를 취하여야 했다.

C

1 변호인의 충분하고 실질적인 조력을 받을 권리

본 결정은 '변호인의 조력을 받을 권리'의 내용을 '변호인의 충분하고 실질적인 조력을 받을 권리'임을 명시적으로 선언한 획기적인 판결이다. 사안에서는 국선변호인의 불충실한 변호가 문제되었지만 사선변호인에게도 고객에게 충분하고 실질적인 조력을 줄 의무가 있다.

2 반대의견

"헌법이 변호인의 조력을 받을 권리와 관련하여 피고인 등에게 보장하는 것은 스스로 변호인을 선임하여 그 조력을 받을 수 있는 기회를 부여하고, 피고인 등이 스스로 변호인을 구할 수 없을 때에는 법률이 정하는 바에 따라 국가가 변호인을 선정하여 주는 것으로서, 헌법은 변호인의 구체적 변호활동에 관한 결과의 실현까지 국가 또는 법원이 책임지도록 하고 있지는 않으며, 그 변호인을 국가가 선정하여 주었다거나 법원에 국선변호인의 선정, 선정 취소, 사임 허가 등 일정한 감독권한이 있다고 하여 달리 볼 수 없다."

3 1명의 변호인이 이해가 상반되는 2명의 피고인을 변호하는 것은 피고인의 권리침해

"공소사실 기재 자체로 보아 어느 피고인에 대한 유리한 변론이 다른 피고인에 대하여는 불리한 결과를 초래하는 경우 공동피고인들 사이에 그 이해가 상반된다고 할 수 있다. 이와 같이 이해가 상반된 피고인들 중 어느 피고인이 특정 법무법인을 변호인으로 선임하고, 해당 법무법인이 담당변호사를 지정하였을 때, 법원이 위 담당변호사 중 1인 또는 수인을 다른 피고인을 위한 국선변호인으로 선정한다면, 국선변호인으로 선정된 변호사는 이해가 상반된 피고인들 모두에게 유리한 변론을 하기 어렵다. 결국 이로 인하여 위 다른 피고인은 국선변호인의 실질적 조력을 받을 수 없게 되었다고 보아야 하고, 따라서 위와 같은 국선변호인 선정은 국선변호인의 조력을 받을 피고인의 권리를 침해하는 것이다"(대법원 2015. 12. 23. 선고 2015도9951 판결).

2.12 국선변호인을 선정할 만한 사안들

대법원 2013. 7. 11. 선고 2013도351 판결

F 1. D는 "2011. 1. 23. 15:45경 수원시 권선구 가구거리 '프란시아' 가구점 앞 도로에서 권선상가 방면에서 영통 방면으로 우회전 중이던 스타렉스 승합차가 수원중앙병원 방면에서 영통 방면으로 직진하던 렉스턴 차량과 충돌하면서 그 충격으로 주차 중이던 포터 화물차를 충격할 당시 포터 화물차 조수석에 타고 있지 않았음에도, 2011. 1. 31. 16:10경 스타렉스 승합차가 가입한 보험사인 O 주식회사(이하 'O 회사'라고 한다)에, 마치 사고 당시 포터 화물차에 타고 있어 상해를 입은 것처럼 말하면서 상해진단서를 제출하여 이에 속은 O 회사로부터 치료비 및 합의금 명목으로 보험금을 교부받으려고 하였으나 발각되어 미수에 그친" 사기미수죄 혐의로 기소되었다.

2. 국선변호인 선정과 관련된 사안 : 당초 D는 약식명령을 고지받았으나 '공소사실을 인정할 수 없다'는 이유로 약식명령에 대한 정식재판의 청구를 하였다. **제1심법원은 직권으로 국선변호인을 선정하여 심리를 진행**한 다음 무죄판결을 선고하였다. 이에 검사가 항소하자 D는 항소심법원에 빈곤을 이유로 국선변호인 선정청구를 하였다. 항소심은 국선변호인 선정청구서가 제출된 당일 별다른 추가 심리 없이 곧바로 그 청구를 기각하였다. 이후 항소심은 제1회 공판기일을 열어 검사가 신청한 증인을 채택하고 이후 증인신문을 실시한 다음 변론을 종결하였다. 그 과정에서 D는 변호인의 조력을 전혀 받지 못하였다. 항소심은 이후 제1심판결의 결론을 바꾸어 D에게 유죄판결을 선고하였다. D는 '변호인의 조력을 받을 권리를 침해당하였다'고 주장하며 상고하였다.

I 국선변호인 선정에 관한 33조 2항, 3항의 적절한 활용

R A 파기환송. 1. (국선변호인의 조력을 받을

권리) 33조는 (이하 생략)

2. (국선변호인 선정의 의무) 헌법상 변호인의 조력을 받을 권리와 형사소송법상 국선변호인 제도의 취지에 비추어 보면, 법원은 피고인으로부터 33조 2항에 의한 국선변호인 선정청구가 있는 경우 또는 직권으로 소송기록과 소명자료를 검토하여 피고인이 33조 2항 또는 3항에 해당한다고 인정되는 경우 즉시 국선변호인을 선정하고, 소송기록에 나타난 자료만으로 그 해당 여부가 불분명한 경우에는 제1회 공판기일의 심리에 의하여 국선변호인의 선정 여부를 결정할 것이며, 제1심에서 피고인의 청구 또는 직권으로 국선변호인이 선정되어 공판이 진행된 경우에 항소법원은 특별한 사정변경이 없는 한 국선변호인을 선정함이 바람직하다(국선변호에 관한 예규 6조 내지 8조 참조).

C

① 대법원이 항소심판결을 파기환송한 이유

33조는 1항 각 호에 해당하는 경우에 변호인이 없는 때에는 수소법원으로 하여금 의무적으로 변호인을 선정하도록 강제하고 3항에서는 피고인의 연령·지능 및 교육 정도 등을 참작하여 권리보호를 위하여 필요하다고 인정하는 때에 한하여 수소법원의 재량으로 피고인의 명시적 의사에 반하지 않는 범위 안에서 변호인을 선정하도록 규정하고 있다. 사안에서 대법원이 항소심판결을 파기환송한 이유는 "제1심에서 피고인의 청구 또는 직권으로 국선변호인이 선정되어 공판이 진행된 경우에 항소법원은 특별한 사정변경이 없는 한 국선변호인을 선정함이 바람직하다."[1]는 점

---

1) 따름 판결로 (제1심에서 국선변호인 선정청구가 인용되고 불구속 상태로 실형을 선고받은 피고인이 그 후 별건 구속된 상태에서 항소를 제기하여 다시 국선변호인 선정청구를 하였는데, 원심이 이에 대해 아무런 결정도 하지 않고 공판기일을 진행하여 실질적 변론과 심리를 모두 마치고 난 뒤에 국선변호인 선정청구를 기각하고 판결을

이었다. 특별한 사정변경의 예로 "피고인이 항소하면
서 피해자들과의 합의를 전제로 감형만을 구하는 사
안"을 들 수 있다(대법원 2013. 5. 9. 선고 2013도1886 판결).

2 관련 판례들

❶ 국선변호인이 기간 내에 항소이유서를 제출하지
아니한 경우에 법원이 취하여야 할 조치(⇨2.11 참조)
❷ 피고인이 장애인으로서 국민기초생활수급자인
경우 : "지체(척추) 4급 장애인으로서 국민기초생활수급
자는 특별한 사정이 없는 한 빈곤으로 인하여 변호인을
선임할 수 없는 경우에 해당하는 것으로 인정할 여지가
충분하다"(대법원 2011. 3. 24. 선고 2010도18103 판결).
❸ 피고인이 청각장애인인 경우 : "법원으로서는
33조 3항의 규정을 준용하여 피고인의 연령·지능·교
육 정도를 비롯한 청각장애의 정도 등을 확인한 다
음, 권리보호를 위하여 필요하다고 인정하는 때에는
청각장애인인 피고인의 명시적 의사에 반하지 않는
범위 안에서 국선변호인을 선정하여 방어권을 보장
해 줄 필요가 있다"(대법원 2010. 6. 10. 선고 2010도4629
판결).
❹ 피고인이 시각장애인인 경우 : "33조 3항의 규
정을 준용하여 피고인의 연령·지능·교육 정도를 비
롯한 시각장애의 정도 등을 확인한 다음 권리보호를
위하여 필요하다고 인정하는 때에는 시각장애인인
피고인의 명시적 의사에 반하지 않는 범위 안에서 국
선변호인을 선정하여 방어권을 보장해 줄 필요가 있

선고한 사안) "피고인은 항소이유서 제출기간 내에 서면
으로 33조 2항에서 정한 빈곤을 사유로 한 국선변호인
선정청구를 하였고, 제1심의 국선변호인 선정결정과 달
리 항소심에서 피고인의 국선변호인 선정청구를 배척할
특별한 사정변경이 있다고 볼 만한 자료를 찾아볼 수 없
을 뿐만 아니라 오히려 피고인은 빈곤 그 밖의 사유로
변호인을 선임할 수 없는 경우에 해당한다고 인정할 여
지가 충분하므로, 특별한 사정이 없는 한 지체 없이 국
선변호인 선정결정을 하여 선정된 변호인으로 하여금 공
판심리에 참여하도록 하였어야 함에도, 국선변호인 선정
청구에 대하여 아무런 결정도 하지 아니한 채 변호인 없
이 피고인만 출석한 상태에서 공판기일을 진행하여 실질
적 변론과 심리를 모두 마치고 난 뒤에야 국선변호인 선
정청구를 기각하는 결정을 고지한 원심의 조치에 국선변
호인 선정에 관한 형사소송법 규정을 위반한 잘못이 있
다"(대법원 2013. 7. 11. 선고 2012도16334 판결).

다"(대법원 2010. 4. 29. 선고 2010도881 판결; 대법원 2014.
8. 28. 선고 2014도4496 판결).

❺ "항소법원이 국선변호인 선정 이후 병합된 사건
에 관하여 국선변호인에게 소송기록 접수통지를 하
지 아니함으로써 항소이유서 제출기회를 주지 아니
한 채 판결을 선고한 것은 위법하다"(대법원 2010. 5.
27. 선고 2010도3377 판결).

❻ "33조 2항이나 3항의 규정에 의하여 선정된 국
선변호인의 경우에도 국선변호인의 항소이유서 제출
기간 만료 시까지 항소이유서를 제출하거나 수정·추
가 등을 할 수 있는 권리는 마찬가지로 보호되어야
한다"(대법원 2009. 4. 9. 선고 2008도11213 판결).

❼ "필요적 변호사건이 아니고 33조 3항에 의하여
국선변호인을 선정하여야 하는 경우도 아닌 사건에
서 피고인이 항소이유서 제출기간이 도과한 후에야
비로소 33조 2항의 규정에 따른 국선변호인 선정청
구를 하고 법원이 국선변호인 선정결정을 한 경우에
는 그 국선변호인에게 소송기록접수통지를 할 필요
가 없고, 이러한 경우 설령 국선변호인에게 같은 통지
를 하였다고 하더라도 국선변호인의 항소이유서 제출
기간은 피고인이 소송기록접수통지를 받은 날로부터
계산된다"(대법원 2013. 6. 27. 선고 2013도4114 판결).

❽ "33조 1항 1호의 '피고인이 구속된 때'라고 함
은, 원래 구속제도가 형사소송의 진행과 형벌의 집행
을 확보하기 위하여 법이 정한 요건과 절차 아래 피
고인의 신병을 확보하는 제도라는 점 등에 비추어 볼
때 피고인이 당해 형사사건에서 구속되어 재판을 받
고 있는 경우를 의미하고, 피고인이 별건으로 구속되
어 있거나 다른 형사사건에서 유죄로 확정되어 수형
중인 경우는 이에 해당하지 아니한다"(대법원 2009. 5.
28. 선고 2009도579 판결).

2.13   변호인의 변론행위의 한계

대법원 2012. 8. 30. 선고 2012도6027 판결

F   1. D(범인도피교사 피의자)는 사기 범행의 공범, D2는 D를 도피시키려고 사기범행의 진범행세(허위자백)를 하는 대가로 D로부터 돈을 받은 사람(범인도피정범), 변호사 D4는 변호인으로서 단순히 D2의 이익을 위한 적절한 변론과 그에 필요한 활동을 하는 데 그치지 않고, D2와 D 사이에 부정한 거래가 진행 중이며, D2 사건의 수임과 변론이 그 거래의 향배와 불가결한 관련이 있을 것임을 분명히 인식하고도 D로부터 D2 사건을 수임하고, D2와 D 사이의 합의가 성사되도록 도왔으며, 스스로 합의금의 일부를 예치하는 방안까지 용인하고 합의서를 작성한 혐의를 받았다.

이리하여 D2는 "D의 범인도피교사에 따라 2010. 8. 31. 경찰 (중략) '사기 범행을 내(D2)가 저질렀다'는 취지로 허위자백하여 D를 도피"하게 한 범인도피죄의 혐의로 기소되었고 D4(변호사)는 범인도피죄의 방조범 혐의로 기소되었다(이하 D4의 형사책임에 집중한다).

2. D4의 형사책임에 대하여 항소심은 "D4는, D2와 D 사이에서 양쪽의 의사를 전달하는 데 그쳤을 뿐, 그 구체적인 합의안의 결정에 직접 관여하지는 않은 점 등에 비추어, D4의 행위는 정범인 D2에게 결의를 강화하게 한 방조행위로 평가할 수 있을 뿐, 공동가공의 의사나 기능적 행위지배가 있다고 보기는 어렵다"고 판단하고, D4는 "변호인으로서 단순히 D2의 이익을 위한 적절한 변론과 그에 필요한 활동을 하는 데 그치지 않고, D2와 D 사이에 부정한 거래가 진행 중이며, D2 사건의 수임과 변론이 그 거래의 향배와 불가결한 관련이 있을 것임을 분명히 인식하고도 D로부터 D2 사건을 수임하고, 그들 사이의 합의가 성사되도록 도왔으며, 스스로 합의금의 일부를 예치하는 방안까지 용인하고 합의서를 작성하는 등으로 D와 D2 사이의 거래관계에 깊숙이 관여하였으므로, 이러한 행위를 정당한 변론권의 범위 내에 속한다고 평가할 수는 없으며, 변호인의 비밀유지의무는 변호인이 업무상 알게 된 비밀을 다른 곳에 누설하지 않을 소극적 의무를 말하는 것일 뿐, 이 사건과 같이 **진범을 은폐하는 허위자백을 적극적으로 유지하게 한 행위**가 변호인의 비밀유지의무에 의하여 정당화될 수는 없다"고 판단하여 범인도피죄의 유죄를 선고하였다.

3. D4는 "범인도피를 방조한 것이 아니라 D2의 정당한 권리를 최대한 방어해 준 데 불과하다. 예를 들어 D4는 D와 D2 사이에 위와 같은 거래가 성사되는 데 일정한 역할을 담당하기는 하였으나, D2로 하여금 허위자백을 유지하도록 적극적으로 종용하지는 않았고, D나 D2는 언제라도 D4를 해임하는 등의 방법으로 D4를 사건에서 배제시킬 수 있었고 다른 방법을 통하여 연락을 취하는 것도 가능하였다"고 변명하였다.

I   변호사의 피고인 보호자적 지위와 진실의무를 어떻게 조화시킬 것인가?

R A   상고기각. 1. 형법 30조의 공동정범이 성립하기 위하여는 주관적 요건인 공동가공의 의사와 객관적 요건으로서 그 공동의사에 기한 기능적 행위지배를 통하여 범죄를 실행하였을 것이 필요하고, 여기서 공동가공의 의사란 타인의 범행을 인식하면서도 이를 제지함이 없이 용인하는 것만으로는 부족하고 공동의 의사로 특정한 범죄행위를 하기 위하여 일체가 되어 서로 다른 사람의 행위를 이용하여 자기의 의사를 실행에 옮기는 것을 내용으로 하는 것이어야 한다(대법원 2004. 6. 24. 선고 2002도995 판결 등 참조).

D와 D2가 위와 같은 합의를 하고 허위자백을 유지하기로 한 사태의 핵심적 경과를 D4가 계획적으로 조종하거나 저지·촉진하는 등으로 지배하고 있었다고 보기는 어렵다. 따라서 원심이 같은 취지에서, D4의 판시 행위가 범인도피죄의 공동정범에 해당한다고 볼 수 없다고 판단한 것은 정당하다.

범인도피죄는 범인을 도피하게 함으로써 기수에 이르지만, 범인도피행위가 계속되는 동안에는 범죄행위도 계속되고 행위가 끝날 때 비로소 범죄행위가 종료된다. 따라서 공범자의 범인도피행위의 도중에 그 범행을 인식하면서 그와 공동의 범의를 가지고 기왕의 범인도피상태를 이용하여 스스로 범인도피행위를 계속한 경우에는 범인도피죄의 공동정범이 성립하고(대법원 1995. 9. 5. 선고 95도577 판결 참조), 이는 그 공범자의 범행을 방조한 종범의 경우도 마찬가지이다.

D2의 위 범행은 2011. 4. 8. 이전에 이미 기수에 이르렀다. 그러나 제1심이 적법하게 채택한 증거들에 의하면, D2는 2011. 5. 23. 진실을 밝히는 내용의 항소이유서를 항소심 법원에 제출하기는 하였으나, 이후 2011. 6. 14. 열린 항소심 공판기일에서는 여전히 위 허위자백을 유지하는 태도를 취하였고, 2011. 6. 28. 오후 검찰에서 조사를 받으면서 비로소 D 및 D3가 진범임을 밝혔으므로, D2의 범행이 종료된 시점은 2011. 6. 28.이다. 따라서 원심이 이러한 전제 하에, D4가 2011. 5. 2.경부터 2011. 6. 28. 오전 경까지 그 판시와 같은 행위를 통해 D2의 범인도피행위를 방조한 것으로 볼 수 있다고 판단한 것은, 위와 같은 법리에 비추어 정당하다.

2. 변호사는 공공성을 지닌 법률 전문직으로서 독립하여 자유롭게 그 직무를 수행하여야 하고(변호사법 2조), 그 직무를 수행함에 있어 진실을 은폐하거나 거짓 진술을 하여서는 아니 된다(같은 법 24조 2항). 따라서 형사변호인의 기본적인 임무가 피고인 또는 피의자를 보호하고 그의 이익을 대변하는 것이라고 하더라도, 그러한 이익은 법적으로 보호받을 가치가 있는 정당한 이익으로 제한되고, 변호인이 의뢰인의 요청에 따른 변론행위라는 명목으로 수사기관이나 법원에 대하여 적극적으로 허위의 진술을 하거나 피고인 또는 피의자로 하여금 허위진술을 하도록 하는 것은 허용되지 않는다. 원심은 (중략) 이 사건과 같이 진범을 은폐하는 허위자백을 적극적으로 유지하게 한 행위가 변호인의 비밀유지의무에 의하여 정당화될 수는 없다고 판단하였다. 앞서 본 법리와 기록에 비추어 살펴보면, 원심의 위와 같은 판단은 모두 정당한 것으로 수긍할 수 있고, 거기에 상고이유의 주장과

같은 변호사의 비밀유지의무 및 변론권에 관한 법리오해 등의 위법은 없다.

C

① 변호사의 보호자적 지위와 진실의무의 충돌과 조화

변호사법 1조 1항의 "변호사는 **기본적 인권을 옹호**하고 사회정의를 실현함을 사명으로 한다."는 규정, 변호사법 24조 2항의 "변호사는 그 직무를 수행할 때에 진실을 은폐하거나 거짓 진술을 하여서는 아니 된다"는 규정은 변호사의 보호자적 지위와 진실의무가 충돌할 때 적절한 조화가 요구됨을 암시한다. 그러나 적어도 변호인이 보호하는 피고인의 이익은 피고인의 '정당한 이익'에 한정된다.

② 본 결정의 결론

"형사변호인의 기본적인 임무가 피고인 또는 피의자를 보호하고 그의 이익을 대변하는 것이라고 하더라도, 그러한 ⓐ 이익은 **법적으로 보호받을 가치가 있는 정당한 이익**으로 제한되고, ⓑ 변호인이 의뢰인의 요청에 따른 변론행위라는 명목으로 수사기관이나 법원에 대하여 **적극적으로 허위의 진술을 하거나 피고인 또는 피의자로 하여금 허위진술을 하도록 하는 것은 허용되지 않는다.**"

③ 진술거부권 행사의 권고는 진실의무 위배가 아니다

"변호사인 변호인에게는 변호사법이 정하는 바에 따라서 이른바 진실의무가 인정되는 것(변호사법 24조 2항)이지만, 변호인이 신체구속을 당한 사람에게 법률적 조언을 하는 것은 그 권리이자 의무이므로 변호인이 적극적으로 피고인 또는 피의자로 하여금 허위진술을 하도록 하는 것이 아니라 단순히 헌법상 권리인 진술거부권이 있음을 알려주고 그 행사를 권고하는 것을 가리켜 변호사로서의 진실의무에 위배되는 것이라고는 할 수 없다"(대법원 2007. 1. 31.자 2006모656 결정).

2.14   검사의 객관의무

대법원 2002. 2. 22. 선고 2001다23447 판결

F   D는 '1996. 8. 18. 무렵부터 그해 10. 22.까지 사이에 4회에 걸쳐 야간에 여성 피해자들(이하 V)의 주거에 침입하여 피해자들을 강간한 후 돈을 강취'한 혐의로 1996. 10. 22. 구속되어 그 해 11. 18. 성폭력행위 등 처벌 및 피해자보호 등에 관한 법률위반죄 혐의로 기소되었다가 제1심에서 범죄사실의 일부가 유죄로 인정되어 징역 15년의 형을 선고받고 항소하였다. 서울 구로경찰서는 1996. 8. 무렵부터 관내에서 발생한 강도강간사건에 관한 피해 신고를 받자 V들에 대한 조사를 하였다. 그 V들은 경찰과 검찰의 조사과정에서 '범인이 범행 후 공범자가 더 있는 것처럼 행세'하였고 '수돗물을 틀어 범행에 사용한 식칼을 물에 담 그어 놓고 나갔다'고 진술함으로써 그 부분의 진술은 모두 일치하였으나, 범인의 인상착의나 범인의 얼굴을 확인할 수 있었던 상황, D를 범인으로 지목하게 된 경위 등에 대한 진술은 각자 차이를 보였고 '일부 V들의 범인의 인상착의에 대한 진술내용'은 실제 D의 인상착의와 다른 점이 있었다. 경찰은 범행 직후 V가 '범인의 정액 등이 묻은 것'이라면서 제출한 팬티에서 검출된 범인 정액 및 분비물 등에 대하여 감정의뢰를 하였다가 1996. 10. 30. 국과수로부터 '감정 결과 그 정액 등의 혈액형은 D의 혈액형(A형)과 다른 O형임이 확인되었다'는 통보를 받게 되자, 좀 더 정확한 판별을 위하여 1996. 11. 19. 국립과학수사연구소(이하 '국과수'로 약칭함)에 유전자 감정을 의뢰하였다. 경찰은 V의 팬티에서 검출된 정액 등에 대한 감정 결과를 기록에 편철하지 않고 유전자분석 감정을 의뢰한 상태에서 위의 사건을 검찰로 송치(1996. 11. 19. 무렵)하였다. 국과수는 1996. 12. 30. 'V가 제출한 팬티에서 검출된 남성의 유전자형은 D나 V의 남편의 유전자형과 일치하지 않을 뿐 아니라, V의 유전자형과도 일치하지 않다'는 회신을 하였고, 경찰은 그 무렵 그 회신을 검찰에 추송하였다. 사건을 송치 받은 검사는 1996. 10. 30. 국과수로부터 위

와 같은 감정 결과를 회신 받고도 위의 회신 내용을 수사 기록에 편철하지 않고 V, V2, V3에 대한 보강수사 및 D에 대한 피의자신문을 마친 후 1996. 11. 18. D를 기소하였으며 재판 과정에서도 그 감정 결과를 증거로 제출하지 않아 제1심법원은 그 회신 내용을 모르는 상태에서 D에게 유죄판결을 선고하였다. D가 항소하였다. 항소심에서 피고인 D는 'V가 경찰에 범인의 정액이 묻은 팬티를 제출하였고, 경찰이 이를 감정 의뢰하였으니 그 감정결과를 확인하여 달라.'고 주장하였다. 항소심 법원은 그 결과를 확인하기 위하여 국과수에 사실조회를 하였다. 항소심 법원은 국과수의 회신 내용을 비로소 알게 되어 D에게 무죄판결을 선고하고 이 판결은 확정되었다. 무죄가 확정된 D는 형사보상금을 수령한 후 국가를 상대로 국가배상법 2조에 의한 손해배상청구소송을 제기하였다. 손해배상청구소송의 1심과 항소심은 원고승소판결을 선고하였고 패소한 국가(검사가 대리)가 대법원에 상고하였다.

I   검사에게는 기소전후를 막론하고 피고인의 무죄를 입증하는 증거까지 수집하고 법원에 제출할 객관의무가 있는가?

R   검사가 D를 기소한 후 국과수로부터 'V의 팬티에서 검출된 남자의 유전자형이 D 및 V의 남편의 그것과 다르다'는 감정서를 받고도 이를 법원에 제출하지 아니한 채 이미 제기된 그 공소를 유지한 행위는 위법하다. ⊙ 검찰청법 4조 1항은 '검사는 공익의 대표자로서 범죄수사·공소제기와 그 유지에 관한 사항 및 법원에 대한 법령의 정당한 적용의 청구 등의 직무와 권한을 가진다'고 규정하고, ⓛ 형사소송법 424조는 '검사는 피고인을 위하여 재심을 청구할 수 있다'고 규정하고 있고, ⓒ '검사는 피고인의 이익을 위하여 항소할 수 있다'고 해석되므로 '검사는 공익

의 대표자로서 실체적 진실에 입각한 국가 형벌권의 실현을 위하여 공소제기와 유지를 할 의무뿐만 아니라 그 과정에서 피고인의 정당한 이익을 옹호하여야 할 의무를 진다.' 따라서 검사가 수사 및 공판과정에서 피고인에게 유리한 증거를 발견하게 되었다면 피고인의 이익을 위하여 이를 법원에 제출하여야 한다.

A V의 피해경위에 관한 진술과 V의 팬티의 압수 및 감정의뢰 경위 등을 감안할 때, V의 팬티에 묻은 얼룩에서 검출된 남자의 유전자형이 D 및 V의 남편의 그것과 다를 뿐 아니라 V의 그것과도 다르다는 감정 결과는 제3의 범인의 존재를 강력하게 시사하는 것으로서, D가 범행을 강력히 부인하고 있고 V와 V2도 범인의 얼굴을 정확하게 보지 못한 이 사건에서는 D의 무죄를 입증할 수 있는 결정적인 증거에 해당한다고 보이므로, 검사가 그 감정서를 법정에 제출하지 아니함으로써 제1심법원이 D에 대하여 일부 유죄를 인정하여 징역 15년의 형을 선고하게 하고, 항소심에서도 그 감정서를 제출하지 아니하여 항소심법원이 국과수에 직접 사실조회를 하여 비로소 위와 같은 감정 결과가 나온 사실을 알고서 D에게 무죄판결을 선고하도록 하였으니, 검사는 공판과정에서 피고인인 D에게 결정적으로 유리한 증거를 입수하고도 이를 법원에 제출하지 않고 은폐한 것으로서 그와 같은 검사의 행위는 도저히 그 합리성을 긍정할 수 없는 정도에 이르러 위법할 뿐 아니라, '평균적인 검사의 주의력을 기준으로 한다'고 하더라도 검사가 그와 같은 감정서를 법정에 제출하지 아니한 데에는 과실이 있다.

C

1 검사의 객관의무를 명시적으로 인정

본 판결은 검사가 '수사 및 공판과정에서 피고인에게 유리한 증거를 발견한 경우에 이를 자신의 귀책사유로 수소법원에 제출하지 아니하면 위법한 공소유지행위가 되어 불법행위책임을 져야 함'을 긍정하여 검찰권 행사의 객관성을 담보하려 한 획기적인 판결이다. 대법원은 본 판결에서 ㉠ 검찰청법 4조 1항, ㉡ 형사소송법 424조, ㉢ 형사소송법 338조 1항을 근거로 삼아 검사에게는 "공익의 대표자로서 실체적 진실에 입각한 국가 형벌권의 실현을 위하여 공소제기와 유지를 할 의무뿐만 아니라 그 과정에서 피고인의 정당한 이익을 옹호하여야 할 의무"가 있고 따라서 "검사가 수사 및 공판과정에서 피고인에게 유리한 증거를 발견하였다면 피고인의 이익을 위하여 이를 법원에 제출"하여야 하고 이를 검사의 귀책사유로 제출하지 아니하면 위법한 공소유지행위가 되어 불법행위책임을 져야 한다고 판시하고 있다(⇨관련판례 6.11).

2 사법경찰관이나 검사의 불법행위책임의 한계

피고인에 대하여 무죄판결이 선고된 모든 경우에 사법경찰관이나 검사에게 불법행위가 성립하는 것은 아니다. "사법경찰관이나 검사가 수집·조사된 증거를 종합하여 피의자가 유죄판결을 받을 가능성이 있는 정도의 혐의를 가지게 된 데에 합리적인 이유가 있다고 판단될 때에는 소정의 절차에 의하여 기소의견으로 검찰청에 송치하거나 법원에 공소를 제기할 수 있으므로, 객관적으로 보아 사법경찰관이나 검사가 당해 피의자에 대하여 유죄의 판결을 받을 가능성이 있다는 혐의를 가지게 된 데에 상당한 이유가 있는 때에는 후일 재판과정을 통하여 그 범죄사실의 존재를 증명함에 족한 증거가 없다는 이유로 그에 관하여 무죄의 판결이 확정되더라도, 수사기관의 판단이 경험칙이나 논리칙에 비추어 도저히 그 합리성을 긍정할 수 없는 정도에 이른 경우에만 귀책사유가 있다(대법원 1993. 8. 13. 선고 93다20924 판결 참조). 형사재판에서의 무죄판결은 공소사실에 대하여 증거능력 있는 엄격한 증거에 의하여 법관으로 하여금 합리적인 의심을 배제할 정도의 확신을 가지게 하는 입증이 없다는 의미일 뿐 공소사실의 부존재가 증명되었다는 의미가 아니기(대법원 1998. 9. 8. 선고 98다25368 판결 참조) 때문이다"(대법원 2005. 12. 23. 선고 2004다46366 판결).

제3장

수　사

3.1 반의사불벌죄에 고소의 주관적 불가분규정은 준용되지 않는다

대법원 1994. 4. 26. 선고 93도1689 판결

F 정치인 V가 사망하자, 주간지의 편집장 D는 기자인 D2(제1심 공동피고인)와 공모하여 'V와 그의 여비서였던 V2의 불륜관계를 폭로하는 기사'를 실었다. V의 유족과 V2가 D, D2를 고소하여 D와 D2는 "공연히 허위의 사실을 적시하여 사자(死者)인 망(亡) V의 명예를 훼손(친고죄)하고, 동시에 사람을 비방할 목적으로 허위사실을 적시하여 V2의 명예를 출판물에 의하여 훼손"(반의사불벌죄)한 혐의로 기소되었다. 그 후 고소인들은 제1심 공동피고인 D2에 대하여만 고소를 취소하고 처벌을 희망하는 의사표시를 철회하였다. 제1심은 "공소사실 중 망 V의 명예를 훼손한 점은 고소가 있어야 죄를 논할 수 있는 친고죄이고, V2의 명예를 훼손한 점은 피해자의 명시한 의사에 반하여 죄를 논할 수 없는 죄(반의사불벌죄)인데, 고소인들이 고소를 취소하거나 처벌을 희망하는 의사표시를 철회"하였다는 이유로 공소를 기각하였다. 검사는 "위 고소인들은 피고인 D에 대하여는 고소를 취소하거나 처벌을 희망하는 의사표시를 철회한 바 없고, 또 233조 소정의 고소불가분의 원칙은 친고죄에 대하여만 그 적용이 있고 반의사불벌죄에는 준용되지 아니함에도 불구하고 제1심이 반의사불벌죄인 출판물에 의한 명예훼손의 점에 대하여 공소기각의 판결을 한 것은 위법하다"고 주장하며 항소하였다. 항소심은 "㉠ 형법이 규정한 친고죄와 반의사불벌죄는 다 같이 피해자의 의사표시로써 소송법상의 일정한 법적 효과를 지향하고 있는 점에서 그 공통점이 있고, 비록 '고소'는 수사 또는 소송을 개시, 진행시키고자 하는 적극적 효과의사를 가진 행위인 데 반하여, '명시한 의사'는 일단 개시되고 성립한 수사 또는 소송의 진행발전을 저지하려고 하는 소극적 효과의사를 가진 행위로써 그 지향하는 법적 효과가 다소 상반된 것이기는 하나, ㉡ 반의사불벌죄의 처벌을 희망하지 않는 의사표시 또는 처벌을 희망하는 의사표시의 철회를 의미하는 '명시한 의사'가 지향하는 법적 효과는 친

고죄의 '고소취소'와 같으며, 법률의 규정을 보더라도 ㉢ 232조 3항이 '처벌을 희망하는 의사표시의 철회에 관하여는 고소취소에 관한 규정을 준용'하도록 규정함으로써 처벌을 희망하는 의사표시의 철회와 고소취소의 소송법적 성질이 동일한 것으로 규정하고 있고, 아울러 ㉣ 327조는 반의사불벌죄의 '명시한 의사'와 친고죄의 '고소의 부존재 또는 고소취소'를 소송법적 효과면에서도 공통적인 것으로 규정하고 있어, 친고죄의 '고소'와 반의사불벌죄의 '명시한 의사'는 모두 실체적 심판의 조건이 되는 소송조건으로서, 단지 전자는 고소의 존재가 소송조건이 되나 후자는 처벌을 희망하지 않는 의사표시의 부존재가 소송조건으로 되는 것으로 구별되는 이외에는 그 법적 성질 및 소송법적 효과면에서도 공통점이 있고, ㉤ 반의사불벌죄가 종래 친고죄의 운영상 결함을 보완하고자 하는 취지에서 새로운 유형의 범죄로 창설된 것으로 여겨지는 점 등에 비추어 반의사불벌죄는, 친고죄의 일종 또는 이에 준하는 범죄유형이라고 봄이 상당하고, ㉥ 고소권자가 지정한 범인만을 처벌할 경우 고소인의 자의에 의하여 국가형벌권이 행사되는 불공평한 결과가 발생할 우려가 있으므로 이를 방지하고 국가소추권 및 국가형벌권의 행사에 적정을 기하고자 하는 취지에서 같은 233조가 '고소와 고소취소 불가분의 원칙'을 규정하고 있는데, 반의사불벌죄에서 이 원칙이 배제된다면 국가형벌권의 적정한 행사라는 형사소송의 목적을 달성할 수 없고, 이는 결국 같은 법 233조의 입법취지에도 배치되므로 반의사불벌죄의 '피해자의 명시한 의사'에 관하여도 친고죄의 고소불가분의 원칙에 관한 같은 233조의 규정이 준용된다고 해석함이 상당하다"고 판단하여 항소를 기각하였다. 검사가 상고하였다.

I 친고죄의 주관적 불가분을 규정한 233조가 반의사불벌죄에 준용되는가?

R A 파기환송. 법이 친고죄를 인정하는 이유는 두 가지 유형이 있다. ㉮ 그 하나는 범죄를 소추해서 그 사실을 일반에게 알리는 것이 도리어 피해자에게 불이익을 줄 우려가 있기 때문에 이와 같은 경우에는 피해자의 처벌희망의 의사표시가 있어야 비로소 소추해서 처벌할 수 있게 하는 것이고, ㉯ 또 하나는 비교적 경미하고 주로 피해자 개인의 법익을 침해하는 범죄에 관하여 구태여 피해자의 의사나 감정을 무시하면서까지 처벌할 필요가 없기 때문에 이와 같은 경우에는 피해자로부터 아무런 말이 없으면 소추하지 않고 피해자가 적극적으로 처벌을 희망하여 올 경우에 한하여 논하게 하겠다는 것이다.

㉰ 반의사불벌죄는 1953. 9. 18. 형법 개정 시 구형법에 없던 새로운 유형의 범죄를 창설한 것으로서, 위의 이유 중 첫째의 것은 없고, 친고죄 중 두 번째 이유에 해당하는 유형의 경우 중 상대적으로 덜 경미하여 처벌의 필요성이 적지 않은데도 이를 친고죄로 하는 경우 피해자가 심리적 압박감이나 후환이 두려워 고소를 주저하여 법이 그 기능을 다하기 어려울 것에 대비한 것이며, 이와 같은 경우에는 다른 일반의 범죄와 마찬가지로 수사, 소추, 처벌을 할 것이나 피해자가 명시적으로 처벌을 희망하지 아니할 의사를 밝힌 경우에 한하여는 구태여 소추해서 처벌하지 않겠다는 것이다. (중략) ㉱ 반의사불벌죄는 피해자에 대한 배상이나 당사자 사이의 개인적 차원에서 이루어지는 분쟁해결을 촉진하고 존중하려는 취지도 포함되어 있다고 볼 수 있어서, 이 점에서는 친고죄와는 다른 의미가 있다.

친고죄는 위에서 본 첫째의 이유에서 인정하는 유형이 주로 있는 것이므로, (중략) 친고죄에 '고소나 고소취소불가분의 원칙'이 적용되어야 함은 **친고죄의 이러한 특질**에서 연유된다고 볼 수도 있다.

그러나 ㉲ 반의사불벌죄에는 위의 첫째의 이유는 없는 것이므로 그 처벌을 희망하지 않는 의사표시는 반드시 위와 같은 불가분의 원칙에 따라야 한다고 할 수는 없고, 그 의사표시는 범죄사실에 대하여 하게 할 수도 있고 범인에 대하여 하게 할 수도 있다. 경미한 범죄에 대하여 피해자의 의사에 따라 처벌여부에 차등을 둔다고 하여 형사소송의 목적에 배치된다고

하기는 어려울 것이므로, 그 어느 경우로 할 것인가는 입법정책에 속하는 것이다. 그런데 형사소송법이 고소와 고소취소에 관한 규정을 하면서 그 ㉳ 232조 1항, 2항에서 고소취소의 시한과 재고소의 금지를 규정하고 그 3항에서는 반의사불벌죄에 위 1항, 2항의 규정을 준용하는 규정을 두면서도, 그 233조에서 고소와 고소취소의 불가분에 관한 규정을 함에서는 반의사불벌죄에 이를 준용하는 규정을 두지 아니한 것은 처벌을 희망하지 않는 의사표시나 처벌을 희망하는 의사표시의 철회에 관하여는 친고죄와는 달리 그 공범자 간에 불가분의 원칙을 적용하지 않고자 함에 있다고 볼 것이지, 입법의 불비로 볼 것은 아니다.[1]

C

1 233조가 반의사불벌죄에 준용되는가?

본 사건에서는 '반의사불벌죄에 고소의 주관적불가분을 규정한 233조를 준용할 것인가' 하는 쟁점에 대하여 항소심과 대법원이 치열하게 논쟁을 벌이고 있는 모습이 잘 드러나고 있다. 항소심은 친고죄와 반의사불벌죄의 차이를 아주 미세한 것으로 보아 준용된다고 본 반면 대법원은 양자의 차이가 매우 크다고 보아 준용되지 않는다고 판단하였다.

대법원의 견해는 공범사건의 경우에 피해자에게 처벌의 상대방을 자의적으로 선택할 수 있게 하는 결과를 초래하므로 가해자들에 대한 처벌의 형평이 깨질 우려가 있다.

---

1) 대법원에 따르면 하급심은 다음과 같이 재판하여야 한다. D2의 출판물에 의한 명예훼손(반의사불벌죄) 혐의에 대한 V, V2의 처벌희망의 의사표시의 철회의 효력이 D에게는 미치지 않으므로 D의 출판물명예훼손 혐의에 대하여 법원은 실체심리를 진행하여야 한다. 그러나 D의 사자명예훼손(친고죄) 혐의에 대한 V, V2의 고소취소의 효력은 D에게도 미치므로 법원은 D의 사자명예훼손 혐의에 대하여 공소기각판결을 선고하여야 한다.

3.2 전속고발범죄와 주관적 불가분의 원칙(233조)의 준용여부(부정)

대법원 2010. 9. 30. 선고 2008도4762 판결

F 합성수지 제조·판매를 목적으로 설립된 법인인 A, B, 그 법인의 임직원인 C, D는 다른 법인들과 그 임직원들과 공모하여 일부 합성수지의 판매가격 등에 관하여 합의한 후 이를 실행함으로써 부당하게 경쟁을 제한하는 공동행위를 하여 독점규제 및 공정거래에 관한 법률(이하 '공정거래법'이라 한다) 66조 1항 9호를 위반한 혐의로 기소되었다. 이 범죄는 전속고발권자인 공정거래위원회(이하 '공정위'라 한다)의 고발이 있어야 공소를 제기할 수 있는 전속고발범죄(공정거래법 71조 1항)이다. 공정위는 이 사건 부당공동행위에 관하여 공모자인 E 등 일부 사업자만을 고발하고 자진신고자 또는 수사협조자인 A, B, C, D에 대하여는 고발하지 않았는데 검사는 A, B, C, D를 기소하였다.

I 제1심은 이 공소제기가 '소추요건을 결여한 것으로 법률의 규정에 위반되어 무효'라는 이유로 공소기각판결을 선고하였다. 그러자 검사는 "공정위의 고발에 형소법 233조 소정의 '주관적 불가분 원칙'이 적용되므로 E 등에 대한 고발의 효력이 A, B, C, D에 대하여도 미친다."고 주장하며 항소하였다. 항소심도 제1심과 같은 취지에서 검사의 항소를 기각하였다.[1] 검사는 원래의 항소사유에 "공정거래위원회의 고발권 행사가 자의적으로 이루어질 가능성이 있고, 부당공동행위에 관한 가담 정도가 무거운 자가 자진신고자 또는 조사협조자인 관계로 형사고발이 면제됨으로써 그 가담 정도가 가벼운 자와의 형평성 문제가 생길 가능성이 있다."는 사유를 추가적으로 주장하며 상고하였다.

---

1) 사안구성에는 김양섭, 독점규제 및 공정거래에 관한 법률 제71조 제1항이 소추조건으로 명시하고 있는 공정거래위원회의 '고발'에 '고소불가분의 원칙'을 규정한 형사소송법 제233조를 유추적용할 수 있는지 여부, 대법원판례해설 86호(2010 하반기), 766~795를 참조하였다.

R A 상고기각. 형벌법규의 해석에서 법 규정 문언의 가능한 의미를 벗어나는 경우에는 유추해석으로서 죄형법정주의에 위반하게 되고, 이러한 유추해석금지의 원칙은 모든 형벌법규의 구성요건과 가벌성에 관한 규정에 준용되는데, 위법성 및 책임의 조각사유나 소추조건 또는 처벌조각사유인 형 면제사유에 관하여도 그 범위를 제한적으로 유추적용하게 되면 행위자의 가벌성의 범위는 확대되어 행위자에게 불리하게 되는바, 이는 가능한 문언의 의미를 넘어 범죄구성요건을 유추적용하는 것과 같은 결과가 초래되므로 죄형법정주의의 파생원칙인 유추해석금지의 원칙에 위반하여 허용될 수 없다(대법원 1997. 3. 20. 선고 96도1167 전원합의체 판결 참조).

독점규제 및 공정거래에 관한 법률(이하 '법'이라 한다) 71조 1항은 '법 66조 1항 9호 소정의 부당한 공동행위를 한 죄는 공정거래위원회의 고발이 있어야 공소를 제기할 수 있다'고 규정함으로써 그 **소추조건**을 명시하고 있다. 반면에 법은 공정거래위원회가 법 위반행위자 중 일부에 대하여만 고발을 한 경우에 그 고발의 효력이 나머지 법 위반행위자에게도 미치는지 여부, 즉 고발의 주관적 불가분원칙의 적용 여부에 관하여는 명시적으로 규정하고 있지 않고, 형사소송법도 233조에서 친고죄에 관한 고소의 주관적 불가분원칙을 규정하고 있을 뿐 고발에 대하여 그 주관적 불가분의 원칙에 관한 규정을 두고 있지 않고 또한 형사소송법 233조를 준용하고 있지도 않다 .

이와 같이 명문의 근거규정이 없을 뿐만 아니라 소추요건이라는 성질상의 공통점 외에 그 고소·고발의 주체와 제도적 취지 등이 상이함에도 불구하고 친고죄에 관한 고소의 주관적 불가분원칙을 규정하고 있는 233조가 공정거래위원회의 고발에도 유추적용된다고 해석한다면 이는 공정거래위원회의 고발이 없는 행위자에 대해서까지 형사처벌의 범위를 확장하는 것으로서, 결국 피고인에게 불리하게 형벌법규의

문언을 유추해석한 경우에 해당하므로 죄형법정주의에 반하여 허용될 수 없다.

상고이유에서 주장하는 것처럼 공정거래위원회의 고발권 행사가 자의적으로 이루어질 가능성이나, 부당공동행위에 관한 가담 정도가 중한 자가 자진신고자 또는 조사협조자인 관계로 형사고발이 면제됨으로써 그 가담 정도가 경한 자와의 형평성 문제가 생길 가능성을 부정할 수는 없다 하더라도, 위와 같은 형사법의 대원칙인 '죄형법정주의 원칙' 및 입법자의 입법형성에 관한 재량권이 존중되어야 하는데다가 법이 검찰총장의 공정거래위원회에 대한 고발요청권을 명시하고 있는 등(71조 3항) **전속고발권**의 공정한 행사를 위한 제도적 보완책을 마련한 점 등의 사정에 비추어 보면 이와 달리 보기는 어렵다.

C 누구든지 범죄를 알게 되면 수사기관에 고발하여 수사기관으로 하여금 수사에 착수하여 처벌절차를 추진하도록 할 수 있다(234조 1항). 공무원이 직무수행 과정에서 범죄를 안 경우에는 고발하여야 할 의무가 있다(234조 2항). 그런데 어느 특정된 범죄는 특정 행정기관의 수장(국세청장 혹은 공정거래위원회 위원장)의 고발이 소송조건(혹은 소추조건)이 되는 경우가 있다. 이런 전속고발범죄 관련 쟁점은 처음에 '고발 전의 수사의 적법성'에 집중되었는데 2000년대 들어서는 '전속고발범죄에 친고죄에 관한 주관적 불가분 규정(형소법 233조)의 준용이 있는가?' 하는 쟁점으로 이동하고 있다.

[1] 2008도4762 판결

본 판결의 결론은 "233조가 공정거래위원회의 고발에도 유추적용된다고 해석한다면 이는 공정거래위원회의 고발이 없는 행위자에 대해서까지 형사 처벌의 범위를 확장하는 것으로서, 결국 피고인에게 불리하게 형벌법규의 문언을 유추해석한 경우에 해당하므로 죄형법정주의에 반하여 허용될 수 없다."는 것이다. '특정 행정기관의 수장에게 전속고발권을 부여

하는 정책의 수행이 과연 정당한가?' 하는 근본적인 논의가 필요하지만 본격적인 논의는 입법론의 영역이므로 더 이상의 논평을 삼가한다.

[2] 고발 전의 수사의 적법성

"㉮ 친고죄나 '세무공무원 등의 고발이 있어야 논할 수 있는 죄'에서 고소 또는 고발은 이른바 소추조건에 불과하고 당해 범죄의 성립 요건이나 수사의 조건은 아니므로, ㉯ 위와 같은 범죄에 관하여 고소나 고발이 있기 전에 수사를 하였다고 하더라도, 그 수사가 장차 고소나 고발이 있을 가능성이 없는 상태 하에서 행해졌다는 등의 특단의 사정이 없는 한, 고소나 고발이 있기 전에 수사를 하였다는 이유만으로 그 수사가 위법하다고 볼 수는 없다. (중략) 검사 작성의 D에 대한 피의자신문조서, D2에 대한 각 피의자신문조서등본 및 D3에 대한 각 진술조서등본은 이 사건 조세범처벌법위반죄에 대한 세무서장의 고발이 있기 전에 작성된 것으로 보여지나 (중략) 그들에 대한 신문이 고발 전에 이루어졌다는 이유만으로 위 조서나 각 조서등본의 증거능력을 부정할 수는 없다"(대법원 1995. 2. 24. 선고 94도252 판결).

[3] 일반사법경찰관리가 출입국사범에 대한 출입국관리사무소장 등의 고발이 있기 전에 한 수사가 소급하여 위법하게 되는 것은 아니다

"구 출입국관리법(2010. 5. 14. 법률 제10282호로 개정되기 전의 것) 101조는 1항에서 출입국관리사무소장 등의 전속적 고발권을 규정함과 아울러, 2항에서 일반사법경찰관리가 출입국사범을 입건한 때에는 지체없이 사무소장 등에게 인계하도록 규정하고 있다. 이는 그 규정의 취지에 비추어 1항에서 정한 사무소장 등의 전속적 고발권 행사의 편의 등을 위한 것이므로 일반사법경찰관리와의 관계에서 존중되어야 할 것이지만, 이를 출입국관리공무원의 수사 전담권에 관한 규정이라고까지 볼 수는 없는 이상 이를 위반한 일반사법경찰관리의 수사가 소급하여 위법하게 되는 것은 아니다"(대법원 2011. 3. 10. 선고 2008도7724 판결).

3.3 합의서의 제출을 고소취소로 볼 수 있는가

대법원 2009. 1. 30. 선고 2008도7462 판결

F D는 의류제조를 하청받아 생산하는 C회사의 사장이다. D3는 의류판매점을 개업하여 영업을 개시한 사람으로서 의류판매점의 영업형태는 C회사로부터 나이키 상표가 붙어 있는 제품을 공급받아 판매한 후 일정 금액을 C회사에 지급하고 나머지는 D3가 가져가는 형태이다. C회사의 사장 D와 직원 D2는 의류판매점의 매장 개장 및 인테리어에 함께 참여하였다. 이 과정에서 D, D2의 지시에 따라 나이키 표장이 실린 포스터가 의류판매점의 외부에 설치된 현수막에 사용되었다. N회사는 나이키 표장의 상표권자로부터 전용사용권을 부여받아 영업을 해 오는 회사이다. N회사는 D, D2를 저작권법위반죄[1](친고죄)의 혐의로 고소하였다. 수사단계에서 의류판매점의 운영자 D3가 D, D2의 공범으로 떠올랐다. N회사와 D3가 접촉하여 합의에 도달하였는지 N회사는 D3에게 다음과 같은 내용의 합의서를 작성해 주었다. "D3가 잘못을 깊이 반성하고 이와 동일 또는 유사한 행위를 반복하지 않을 것을 약속하는 각서를 제출하고, 그 각서의 내용을 성실히 이행할 경우 고소 사건과 관련하여 D3에게 향후 민·형사상 책임을 묻지 않기로 한다." D3는 합의서를 수사기관에 제출하였다. 합의서를 제출받은 검찰 수사관 P는 이를 확인하기 위하여 N회사의 고소대리인 A와 전화통화를 하였다. N회사의 고소대리인 A는 검찰 수사관 P와의 전화통화에서 다음과 같이 진술하였다. "고소인은 처음부터 D3를 고소할 의사가 없어 고소한 사실이 없는데, D3가 경찰에서 조사를 받으며 피의자로 입건되어 D3에 대한 합의서를 작성해준 것으로, 만약 이 건을 고소취소하

게 되면 D, D2를 고소취소하는 결과가 되기 때문에 부득이 고소취소장이 아닌 합의서를 작성해주었다."

검사는 D, D2를 저작권법위반죄(친고죄) 혐의로 기소하였다. D, D2의 피고사건은 제1심(무죄)을 경유하여 항소심에 계속되었다. 항소심법원은 저작권법위반죄에 대하여 유죄를 선고하였다. D, D2는 "D3에 대하여 고소가 취소되었으므로 공범인 D, D2에 대하여도 고소취소의 효력이 미치고 따라서 공소기각 재판이 있어야 한다."고 주장하며 상고하였다.

I 1. 공범 중 일부에 대하여만 처벌을 구하고 나머지에 대하여는 처벌을 원하지 않는 내용의 고소의 효력
2. 이른바 합의(서)를 고소취소(장)로 볼 수 있는가?

R 파기환송. 고소불가분의 원칙상 공범 중 일부에 대하여만 처벌을 구하고 나머지에 대하여는 처벌을 원하지 않는 내용의 고소는 적법한 고소라고 할 수 없고, 공범 중 1인에 대한 고소취소는 고소인의 의사와 상관없이 다른 공범에 대하여도 효력이 있다. 한편, 구 저작권법(2006. 12. 28. 법률 제8101호로 전문 개정되기 전의 것, 이하 '구저작권법'이라고 한다) 97조의5 위반죄와 같은 친고죄에서 공소제기 전에 고소의 취소가 있었다면 법원은 직권으로 이를 심리하여 공소기각의 판결을 선고하여야 한다(327조 2호).

A 고소인 회사(N회사)는 처음부터 피고인들(D, D2)에 대하여만 고소하였을 뿐 D3에 대하여는 고소할 의사가 없었던 것이거나, 피고인들에 대한 고소로 인하여 고소불가분의 원칙상 D3를 고소한 것이 되더라도 더 이상 D3에 대하여는 처벌을 원하지 아니한다는 의사를 수사기관에 표시한 것으로서, D3에 대하여 고소취소장이 아닌 합의서를 작성해준 이유는

---

1) 피고인들의 행위가 저작권법 위반임은 인정 되었다. "원심은, 피고인들이 D3와 함께 위 판매점의 외부에 설치된 현수막 등에 공소사실 기재와 같이 국내에 널리 인식된 나이키의 표장을 사용하여 영업한 것은 위 표장의 상표권자로부터 전용사용권을 부여받아 영업을 하는 N회사의 영업상의 시설 또는 활동과 혼동하게 하는 것이라고 판단하고 있는바, 앞서 본 법리에 비추어 보면, 원심의 위와 같은 판단은 정당하[다]."

(중략) D3만에 대한 처벌불원의사만을 명확히 표시하기 위해서라고 볼 여지가 있다. 만약, 사정이 그러하다면 고소인 회사의 고소는 처음부터 공범 중 일부만의 처벌을 원하는 것이므로 부적법한 것으로서 무효이거나, 위 처벌불원 의사의 표시를 통하여 D3에 대한 고소를 취소한 것으로 볼 수 있고, 위 고소취소의 효력은 고소불가분의 원칙상 고소인 회사(N회사)의 의사와 상관없이 공범인 피고인들에게도 미치므로, 원심으로서는 실체에 관한 판단에 앞서 직권으로 고소인 회사가 공범 중 일부에 대한 처벌만을 위하여 고소한 경우에 해당하는지 또는 D3에 대하여 합의서를 작성해주고 위와 같은 내용의 전화통화를 한 것이 그에 대하여 고소를 취소한 경우에 해당하는지에 관하여 심리하였어야 할 것이다. 그럼에도 불구하고 원심은 (중략) 구 저작권법 97조의5 위반의 점 부분을 유죄로 판단하고 있는바, 원심의 위와 같은 판단에는 고소취소 여부에 관한 심리를 다하지 아니하거나 채증법칙을 위배하고 고소불가분의 원칙에 관한 법리를 오해하여 판결 결과에 영향을 미친 위법이 있다.

C

1 본 판결의 요약

사안에서 N회사는 D3에게 고소취소서가 아니라 합의서를 작성하여 주고 D3가 이 합의서를 수사기관에 제출하였다. 여기서 N회사의 소송행위의 의미를 어떻게 해석할 것인가의 문제가 생겼다. 대법원은 N회사의 소송행위의 의미가 기본적으로 불명확하다고 판단하여 N회사의 소송행위의 의미를 좀 더 면밀하게 심리하라는 취지로 파기환송하였다. 다만 기록상 나타나는 정보만에 의하여 추측하더라도 'D, D2에 대하여만 고소의 의사가 있고 D3에 대하여는 고소할 의사가 없었던 것'(이것이 사실이라면 그 고소는 무효이거나 주관적 불가분으로 전원에 대한 고소취소로 공소기각 사유)이 아닌가 하는 의심을 가지고 그럴 경우의 법적 효과에 대하여 논증하고 있다.

2 합의서란 무엇인가?

합의서란 법률로 그 요건과 효과가 규정되어 있는 소송법상의 문서형식은 아니나 가해자와 피해자들이 주고받고 있는 관행이다. 실무상으로도 수사와 재판 관계자들이 합의를 권고하거나 유도하는 경우가 많다. 실제로 업무상과실치사상, 도로교통법위반 등의 교통사범, 상해·폭행·상해치사·폭력행위 등 처벌에 관한 법률위반 등의 폭력사범, 사기·횡령·배임 등의 재산범의 경우에는 합의서가 수사기관이나 법원에 제출되는 사례가 많다. 합의서는 피의자 또는 피고인의 가족이나 친지 또는 변호인이 피해자 측과 교섭한 후 받아서 제출되는 경우가 많다.[2] 합의가 이루어지는 경우는 보통 가해자 측에서 피해변상을 하는 경우이지만 때로는 금전적인 변상이 아닌 다른 이유(용서 등)로 합의가 이루어질 수도 있다. 비친고죄인 경우라도 충분한 변상이 행해진 때에는 법원이 양형 상 그 사정을 고려하여 형량을 경감해 주는 수가 있다. 친고죄·반의사불벌죄의 경우에 가해자는 피해자측으로부터 합의(서)를 받으면 곧 고소가 취소(반의사불벌죄의 경우에는 처벌불원의 의사표시를 한 것)된 것으로 간주하기 쉽지만 수소법원은 그렇게 보지 않는다.

3 합의서의 고소취소(또는 처벌불원의 의사표시)로서의 효력

합의와 고소취소(반의사불벌죄의 경우에는 처벌불원의 의사표시, 이하 같음)는 동의어가 아니다. 고소와 그 취소는 고소인의 수사기관·수소법원이라는 국가기관에 대한 소송행위이지만 합의는 가해자와 피해자 사이의 사적인 계약에 불과하기 때문이다. 그러므로 법원으로서는 합의서가 제출되었다는 사실만으로 피해자(고소인)가 고소를 취소했다고 단정하지 않는다.

본 판결은 합의서의 내용, 당사자가 합의에 이르게 된 과정을 잘 살펴 개별적으로 고소취소를 인정하여야 할 때(대법원 1981. 11. 10. 선고 81도1171 판결)와 그럴 수 없는 경우(대법원 1980. 10. 27. 선고 80도1448 판결)를 가려내야 한다고 판시한다. 사안에서 N회사의 고소대리인은 고소취소가 아니라는 점을 명시적으로 밝혔다.

2) 백형구, 형사소송법연습, 박영사, 1984, 126~127.

3.4 불법적인 강제처분과 적법한 임의동행 등의 구별 기준

대법원 2006. 7. 6. 선고 2005도6810 판결

F 화천경찰서 형사계 소속 경찰관들(이하 P로 약칭함)은 피해자(V)가 도난당한 자기앞수표를 추적한 끝에 위 수표를 사용한 D2(D의 누나)로부터 'D가 V의 집 안방에서 100만 원 권 수표 3장 등을 절취하여 D2에게 주었다'는 취지의 진술을 들었다. P는 D를 검거하기 위하여 2004. 9. 3. 20:00경부터 D의 집 주변에서 잠복근무를 하던 중 다음 날 동틀 무렵인 2004. 9. 4. 06:00경 내지 07:00경 일을 마치고 귀가하는 D를 발견하고 차에서 내려 D에게 다가가 D의 신원을 확인한 후 피의사실을 완강히 부인하는 D에게 화천경찰서 형사계 사무실로 동행할 것을 요구하였고 D는 별다른 저항 없이 순순히 경찰관들과 동행하였다. 당시 D에게 임의동행을 요구한 P는 D에게 체포의 이유와 변호인선임권 등을 고지하지 않았다. 화천경찰서 형사계 사무실로 D를 임의동행한 후 P는 D와 D2를 대질신문하였고, 2004. 9. 4. 11:42경 비로소 D에게 범죄사실의 요지, 긴급체포의 이유와 변호인선임권 등을 고지하면서 D를 긴급체포하였다. D를 긴급체포한 이후인 같은 날 12:00경 유치장 입감을 위해 대기 중이던 D는 위 경찰서 소속 순경이 입감서류 작성을 위해 잠시 감시를 소홀히 한 틈을 이용하여 경찰서를 빠져나가 도주하였으나, 얼마 지나지 않아 같은 날 12:10경 화천경찰서 근처에 있는 충열탑 주변 잔디밭에 누워 있다가 D를 찾아 나선 경찰관들에 의해 다시 체포되었다.

P가 D에게 동행을 요구할 당시 D에게 'D2가 이야기한 절도 사실'에 대하여 고지하니 D가 혐의내용을 완강히 부인하여 '경찰서에 가서 확인을 해 보고 D의 이야기가 맞으면 그냥 돌아가도 좋다'고 설득하였다. 이때 P는 D에게 '동행 요구에 응하지 않아도 된다'는 점을 고지하지 않았고 D가 경찰서에서 화장실에 갈 때 경찰관 1명이 따라와 감시하였다. D가 '긴급체포된 뒤 경찰의 허락 없이 경찰서를 빠져나간 행위'가 문제되어 도주죄 혐의로 기소되었다. 제1심과 항소심

은 "D에 대한 동행이 임의성을 결여하였고, 따라서 그 실질은 영장을 발부받지도 않은 채 이루어진 강제연행, 즉 체포에 해당하며, 이에 이은 긴급체포도 적법한 것으로 볼 수 없어 D가 형법 145조 1항 소정의 도주죄의 주체가 될 수 없다"며 D에게 무죄를 선고하였다. 검사는 "D가 화천경찰서에 도달할 때까지 P가 물리력을 행사한 바 없고, D가 명시적으로 거부의사를 표명한 적이 없어 D의 동행은 D의 자유의사에 기초한 임의동행이므로 D에게 도주죄가 성립한다."고 주장하며 상고하였다.[1]

I 대부분의 경우에 동행에 응한 피의자는 나중에 문제가 되면 물리적·심리적으로 동행에 응하지 않을 수 없었으니 실질적으로는 강제연행이라고 주장하고 수사 측은 동행할 당시에 물리력을 행사한 바가 없고 피의자가 명시적으로 거부의사를 표명한 적이 없다고 주장하면서 피의자가 '자발적으로' 응하였다고 주장한다. 여기서 임의성의 판단기준이 문제된다.

R 상고기각. 199조 1항은 (중략) 임의수사의 원칙을 명시하고 있는바, ⓐ 수사관이 수사과정에서 당사자의 동의를 받는 형식으로 피의자를 수사관서 등에 동행하는 것은, ⓑ 상대방의 신체의 자유가 현실적으로 제한되어 실질적으로 체포와 유사한 상태에 놓이게 됨에도, (중략) 아직 정식의 체포·구속단계 이전이라는 이유로 (중략) 형사소송법의 원리에 반하는 결과를 초래할 가능성이 크므로, ⓒ '수사관이 동행에 앞서 피의자에게 동행을 거부할 수 있음을 알려주었거나 동행한 피의자가 언제든지 자유로이 동행과정에서 이탈 또는 동행장소로부터 퇴거할 수 있었음이 인정되는 등 **오로지 피의자의 자발적인 의사에 의하여** 수사관서 등에의 동행이 이루어졌음이 **객관적인**

---

1) 사안구성에는 정창호, 대법원판례해설 66호(2006 하반기)(2007. 7)를 참조하였다.

사정에 의하여 명백하게 입증된 경우에 한하여, 그 적법성이 인정된다.'[2] ⓓ 수사관이 단순히 출석을 요구함에 그치지 않고 일정 장소로의 동행을 요구하여 실행한다면 위에서 본 법리가 적용되고, ⓔ 행정경찰 목적의 경찰활동으로 행하여지는 경찰관직무집행법 3조 2항 소정의 질문을 위한 동행요구도 형사소송법의 규율을 받는 수사로 이어지는 경우에는 역시 위에서 본 법리가 적용된다.

A ⓕ 사법경찰관이 D를 동행할 당시에 물리력을 행사한 바가 없고, D가 명시적으로 거부의사를 표명한 적이 없다고 하더라도, P가 D를 수사관서까지 동행한 것은 위에서 본 적법요건이 갖추어지지 아니한 채 **P의 동행 요구를 거절할 수 없는 심리적 압박** 아래 행하여진 사실상의 강제연행, 즉 불법 체포에 해당한다. ⓖ P가 그로부터 6시간 상당이 경과한 이후에 비로소 D에 대하여 긴급체포의 절차를 밟았다고 하더라도 이는 동행의 형식 아래 행해진 불법 체포에 기하여 사후적으로 취해진 것에 불과하므로, 그와 같은 긴급체포 또한 위법하다. ⓗ 따라서 D는 불법체포된 자로서 형법 145조 1항 소정의 '법률에 의하여 체포 또는 구금된 자'가 아니어서 도주죄의 주체가 될 수 없다.

C

① 임의성의 판단기준

본 판결이 제시하는 기준은 다음과 같은 두 가지이다. 첫째, 피의자의 자발적인 의사가 있었음이 객관적으로 입증되면 임의동행 기타 임의처분이다. 이 기준은 모든 동의·승낙에 기초한 강제처분(승낙유치, 승낙압수 등) 논쟁에 공통되는 기준이 된다, 여기서 자발성의 의미를 좀 더 천착할 필요가 있다. 둘째, 수사 측이 물리력을 행사하였다면 임의동행이 아님이 분명하다. 그러나 물리력의 행사가 없었다 하더라도 수사 측의 "동행(압수 등) 요구를 거절할 수 없는 심리적

2) 좀 더 소상한 내용으로 대법원 1993. 11. 23. 선고 93다 35155 판결과 U.S. v. Mendenhall (1980)이 참고된다.

압박"이 행하여졌다면 "강제연행, 즉 불법 체포(불법 압수 등)에 해당한다."

② 임의성의 입증책임

"ⓒ 수사관이 동행에 앞서 피의자에게 동행을 거부할 수 있음을 알려 주었거나 동행한 피의자가 언제든지 자유로이 동행과정에서 이탈 또는 동행 장소로부터 퇴거할 수 있었음이 인정되는 등 오로지 피의자의 자발적인 의사에 의하여 수사관서 등에의 동행이 이루어졌음이 객관적인 사정에 의하여 명백하게 입증된 경우에 한하여 그 적법성이 인정"된다.

③ 본 논증의 적용범위 : '행정경찰 목적의 동행요구'에도 적용이 있다

임의동행에는 199조 1항의 '임의수사로서의 임의동행'과 경찰관직무집행법의 '직무질문을 위한 임의동행'의 두 가지가 있다. 전자는 수사가 개시되어 입건된 범죄의 피의자를 수사기관이 상대방의 동의와 승낙을 얻어 경찰서로 데려가는 것이고 본 사안의 임의동행은 이에 해당한다. 후자는 아직 입건되지 않은 범죄의 피의자이거나 신원이 확인되지 않은 범죄혐의자를 그의 동의와 승낙을 얻어 경찰서로 데려가는 것이다. 예를 들어 불심검문(경직법 3조 1항)을 하는 것이 당해인에게 불리하거나 교통의 방해가 된다고 인정되는 때에 경찰관이 그에게 질문을 하려고 부근의 경찰서 등에 동행할 것을 요구하였는데 상대방이 이를 거절하지 않고 자발적으로 이에 응하여 경찰서 등에 동행하는 것이 이에 해당한다.

④ 불법체포 후의 긴급체포

실질적인 불법체포 후에 '요건이 구비된 적법한 긴급체포'를 하면 이 나중의 긴급체포로 말미암아 최초의 불법체포의 흠이 치유된 것으로 볼 것인가? 본 판결은 "ⓖ P가 그로부터 6시간 상당이 경과한 이후에 비로소 D에 대하여 긴급체포의 절차를 밟았다고 하더라도 이는 동행의 형식아래 행해진 불법체포에 기하여 사후적으로 취해진 것에 불과하므로, 그와 같은 긴급체포 또한 위법하다"고 판시하여 위법성의 승계를 인정하는 입장이다.

3.5 기회제공형 임의수사와 범의유발형 함정수사

대법원 2000. 10. 24. 선고 2000도3490 판결; 대법원 2004. 5. 14. 선고 2004도1066 판결; 대법원 2005. 10. 28. 선고 2005도1247 판결

F 【2000도3490】 D3는 1998. 9. 1. 향정신성의약품관리법 위반으로 징역 1년 6월을 선고받고 복역하다가 1999. 9. 24. 그 형의 집행을 종료·출감한 자이다. D3는 C와 공모하여 2000. 2. 25. 16:00경 J로부터 향정신의약품인 히로뽕 약 100g을 1,000만 원에 매수하여 다음날 04:00경 K(같은 교도소에서 같은 향정신성의약품관리법 위반죄로 D3과 함께 수감생활을 하는 과정에서 D3를 알게 된 자)에게 그 중 98.7g을 1,700만 원에 매도하려다가 수사관에게 검거되었다. 검사는 D3의 위 행위에 대해 히로뽕 매수, 매도 미수로 인한 향정신성의약품관리법 위반죄로 기소하였다. D3는 "검찰 수사관의 사주를 받아 의도적으로 접근한 김일화가 히로뽕 구입을 의뢰함으로써 D3가 저지르게 된 것으로 이른바 함정수사에 의한 것"이라고 항변하였다. 제1심과 항소심은 "D3가 본래부터 히로뽕을 매도할 범의를 가지고 있었다."고 보아 D3의 항변, 항소이유를 배척하고 그 범행을 유죄로 인정하였다. D3는 "이 사건 범행은 검찰이 구치소에 수감중이던 K를 앞세워 수차 거절하는 D3를 거듭 설득하는 한편, 현금의 매수자금까지 보여주며 유혹하였고, 그 과정에서 D3의 히로뽕 투약사실을 알면서도 보다 중한 범죄로 유도하기 위해 즉각 검거하지 않는 등 이른바 함정수사를 하여 유발된 것이니 D3에 대해 유죄로 처벌할 수 없다."고 주장하며 상고하였다.

D3는 제1심부터 항소심에 이르기까지 이 사건 범행이 함정수사로 비로소 유발된 것임을 줄기차게 주장하여 왔고, 그의 상고이유에서의 주장대로라면 이 사건 범행이 수사기관의 사술이나 계략 등에 의해 범의가 유발된 것으로 볼 수 있는 측면이 있었으며, 실제 이 사건 범행의 배후에 수사기관이 있었고 그 성립 과정에서 수사기관의 사술적 요소가 얼마간 개입된 흔적도 엿보였다. 반면에, 다음과 같은 사정들도 있었다. ① D3는 이미 2회에 걸친 동종의 실형 전과

를 가지고 있는 자로서 최종 범행으로 인한 형의 집행을 종료한 이후 불과 5개월 만에 다시 동종의 범행에 이르게 되었다. ② 이 사건 거래의 교섭과정에서 상호간 구입·판매의사를 타진하는 등의 몇 차례 전화접촉이 있은 후 D3가 먼저 믿음을 갖기 위해 현금(구입자금)을 우선 확인하고 나서 거래하자고 요구하였을 뿐만 아니라 이를 확인한 다음에도 피차 까다로운 절차를 거칠 필요 없이 히로뽕과 현금을 한 자리에서 맞교환하는 직거래를 하자고 제안하였다. ③ 이 사건 거래 당시 D3는 뚜렷한 직업이나 직장을 가지고 있었던 것이 아니어서 그 경제적 형편이 상당히 곤란하였던 것으로 보이고 한편, 이 사건 거래가 성사되었을 경우 D3는 수 백 만원 상당의 거래차액을 남겼을 것으로 보인다. ④ D3에 대한 수사가 처음부터 수사기관이 D3를 표적으로 삼아 그의 감방동료인 김일화를 앞세워 치밀하게 세운 작전에 따른 것이라기보다는(D3는 히로뽕 밀매조직의 핵심인물이라는 등 수사기관의 주목을 받을 만한 위치에 있다고 볼 아무 자료가 없다) 히로뽕 판매책 물색 등과 관련하여 D3와 접촉을 가져오던 김일화가 마약사범으로 검거당하게 되자 마약사범의 검거실적을 높이려는 수사기관의 의욕에 편승하여 자신의 법적 책임 경감 내지 완화라는 반대급부를 노리고 D3의 범행 계획을 제보한 데에서 비롯된 것으로 보인다.[1]

【2004도1066】 D, D2는 스스로 히로뽕을 매수하거나 밀수입할 의사가 전혀 없었는데, D2의 애인이었던 마약정보원 A가 "서울지검 마약1반의 정보원인 A2가 마약반에서 많은 역할을 하던 중 또 다른 정보원의 배신으로 구속되게 되었다. 마약반의 계장 A3와 계장 A4가 A2의 공적(다른 마약범죄에 대한 정보를 제공하여 수사기관의 수사를 도운 공적)을 만들어 A2를 빼내

---

1) 사안구성은 임수식, 함정수사의 의미, 대법원판례해설 통권 35호(2001)에서 참조하였다.

려 한다. 그렇게 하려면 수사기관이 수사에 사용할 히로뽕을 구해야 하니, 수사기관을 돕기 위하여 히로뽕을 좀 구해 달라. 히로뽕을 구입하여 오면 검찰에서 D, D2의 안전을 보장한다고 하였다"고 이야기할 뿐만 아니라 심지어 히로뽕을 구입할 자금까지 교부하면서 D2에게 집요하게 부탁을 하여 비로소 D2가 A 및 검찰을 돕기로 마음먹고 D에게 그와 같은 사정을 다 이야기하면서 히로뽕의 매입을 의뢰하였고, D도 그에 따라 비로소 히로뽕을 매입하여 D2에게 교부하기로 마음먹고 범행에 이르게 되었다. D, D2가 위 마약을 밀수입하는 순간 A의 제보로 인천국제공항에서 체포되었음에도 검찰계장 A3는 A2의 제보로 D, D2가 체포된 것으로 공적사항 수사보고서를 작성하여 보고하였으며, A3가 D, D2의 범행 직전인 2003. 3. 6. A에게 1,000만 원을 송금하고, A는 그 즈음 D2에게 580만 원을 송금하는 등의 방법으로 교부하였다. 항소심은 유죄를 선고하였는데 D, D2가 상고하였다. 대법원은 "이와 같은 사정 하에서라면 원래 중국까지 가서 히로뽕을 매입하여 밀수입할 의도가 없었던 D, D2가 수사기관의 사술이나 계략으로 범의를 일으켜 이 사건 범행을 결행하게 되었을 가능성을 완전히 배제할 수 없다. 원심법원으로서는 (중략) 과연 D, D2가 수사기관의 사술에 의하여 이 사건 범행을 할 범의를 일으켰는지에 관하여 판단을 하였어야 할 것임에도 이러한 점들에 대하여 심리가 미진하다"(대법원 2004. 5. 14. 선고 2004도1066 판결)며 파기환송하였다. 제2차 항소심은 "D2와 D에 대한 공소는 범의를 가지지 아니한 사람에게 수사기관이 범행을 적극 권유하여 범의를 유발케 하고 범죄를 행하도록 한 뒤 범행을 저지른 사람의 그 범죄행위를 문제삼아 공소를 제기하는 것"이므로 "적법한 소추권의 행사로 볼 수 없고 형사소송법 327조 2호에 규정된 공소제기의 절차가 법률의 규정에 위반하여 무효인 때에 해당한다"는 이유로 공소기각 판결을 선고하였다. 검사가 상고하였다.

I 어떤 함정수사가 위법한 수사방법인가? 함정수사임이 드러난 경우 법원은 어떤 조치를 취하여야 하는가?

R 【2000도3490】 함정수사라 함은 본래 범의를 가지지 아니한 자에 대하여 수사기관이 사술이나 계략 등을 써서 범의를 유발케 하여 범죄인을 검거하는 수사방법을 말하는 것이므로 범의를 가진 자에 대하여 범행의 기회를 주거나 범행을 용이하게 한 데에 불과한 경우에는 함정수사라고 말할 수 없다(대법원 1992. 10. 27. 선고 92도1377 판결 등 참조),

【2005도1247】 상고기각. ⓐ 범의를 가진 자에 대하여 단순히 범행의 기회를 제공하거나 범행을 용이하게 하는 것에 불과한 수사방법이 경우에 따라 허용될 수 있음은 별론으로 하고, ⓑ 본래 범의를 가지지 아니한 자에 대하여 수사기관이 사술이나 계략 등을 써서 범의를 유발케 하여 범죄인을 검거하는 함정수사는 위법함을 면할 수 없고, 이러한 ⓒ 함정수사에 기한 공소제기는 그 절차가 법률의 규정에 위반하여 무효인 때에 해당한다(대법원 2005. 10. 28. 선고 2005도1247 판결).

A 【2000도3490】 기록에 나타난 피고인(D3)의 전력, 피고인과 K 사이의 히로뽕 매매의 교섭과정, 피고인에 대한 수사착수의 경위 등을 감안하면 이 사건 공소사실 중 히로뽕 매수 및 매도미수로 인한 구 향정신성의약품관리법 위반 부분에 관한 피고인의 범의가 함정수사에 의하여 비로소 유발·야기된 것이라고 보기 어려우므로, 같은 취지에서 이 부분 공소사실이 함정수사에 의하여 이루어진 것이라는 피고인의 주장을 배척한 원심판단은 옳은 것으로 여겨지고, 거기에 함정수사에 의한 범행을 유죄로 인정한 위법이 있다고 할 수 없다.

【2005도1247】 생략

C

[1] 함정수사의 개념

수사관 또는 그 협력자·경찰정보원이 함정(올가미,

entrapment)을 파 놓고 함정에 빠지기 쉬운 피유인자(주로 전과자)로 하여금 범죄를 행하도록 유인하고 그 피유인자가 범행을 개시한 후에 물증을 포착하고 이어서 수사→공소제기·공소유지로 연결시키는 수사방법이 함정수사이다. 성매매·인신매매 사범이나 마약사범·도박사범·아동 포르노그라피 사범처럼 범행이 자주 행하여지고 있지만 외부적으로 흔적을 남기지 않고 은밀히 행하여지기 때문에 통상의 수사방법으로는 좀처럼 검거가 어려운 경우에 수사관이 종종 이 방법을 사용하고 있다. 함정수사는 표면적으로 강제수사라고 하기 어려우므로 영장주의 위반 등을 이유로 그 위법성을 논단하기는 어렵다. 그러나 범죄의 예방과 방지를 그 임무로 하는 국가기관이 함정을 파 놓고 취약자(피유인자)의 범죄를 유발하는 측면이 있기 때문에 다른 측면(수사의 신의칙과 국가행위의 청렴성 등 수사조건론의 문제의식)에서 그 위법성이 검토되어야 한다.

2 함정수사의 소송법적 쟁점들

함정에 빠진 자가 현행범 등의 이유로 체포·구속되었거나 기소되었을 때 ㉮ 그 체포·구속은 적법한가, ㉯ 함정수사를 수단으로 획득한 수사자료·증거를 토대로 기소한 경우에 그 기소는 적법·유효한지 여부(부적법·무효로 보는 견해는 함정수사에 기초한 기소를 공소권남용의 한 태양으로 간주한다), ㉰ 함정수사로 획득한 증거물을 증거로 사용해도 좋은가 여부, ㉱ 법원은 함정에 빠진 피고인에게 유죄판결을 해도 좋은가 여부 등이 문제되고 있다.

3 판례·학설의 변천

(1) **기회제공형**(적법) **범의유발형**(위법한 함정수사) 2분설 : 2009년 현재까지 선고된 대법원 판례는 '함정수사 사안을 ㉠ 기회제공과 범의유발형으로 나누어 기회제공형은 위법성이 없어 허용되는 임의수사이고 ㉡ 범의유발형의 함정수사만이 위법한 함정수사이며, ㉢ 기회제공형의 함정수사는 ㉮, ㉯, ㉰, ㉱의 쟁점에서 아무 문제가 없다'(대법원 1983. 4. 12. 선고 82도2433 판결; 대법원 1992. 10. 27. 선고 92도1377 판결)는 것이었다.

(2) **객관설의 등장** : 객관설(objective test)은 함정수사의 위법성을 판단하는 포인트를 대상자의 의사보다는 수사기관의 함정설정행위(유인행위)에 놓는다. 객관설은 대상자에게 사전 범의가 없는데 수사기관이 이를 유발한 경우는 물론이고 대상자에게 사전 범의가 있는 경우라 하더라도 수사기관의 활동이 지나치게 충동적이고 비신사적인 경우에는 함정에 빠진 행위자에게 사전 범의가 있었는가 여부를 불문하고 그러한 함정수사기법을 위법하다고 평가한다.[2]

(3) **종합설의 등장** : 최근의 판례는 어느 사안이 단순한 기회제공형(적법)에 불과한 것인지 아니면 범의유발형(위법)으로서 위법한 함정수사인지 여부는 "해당 범죄의 종류와 성질, 유인자의 지위와 역할, 유인의 경위와 방법, 유인에 따른 피유인자의 반응, 피유인자의 처벌 전력 및 유인행위 자체의 위법성 등을 종합하여 판단"(종합설)(대법원 2007. 11. 29. 선고 2007도7680 판결)하여야 한다는 기준을 제시하고 있다.

4 범의유발형 함정수사에 빠진 자가 기소되었을 경우 법원이 취하여야 할 조치(공소기각설)

이에 대하여는 크게 가벌설과 불가벌설로 양분될 수 있고 불가벌설은 다시 공소기각설, 면소판결설, 무죄설로 세분될 수 있다. 가벌설은 '수사의 위법으로 위법성과 책임이 조각될 수 없음'을 논거로 삼고 있다. 그러나 가벌설에는 위법한 수사행위로 함정에 빠진 자를 구제하려는 문제의식이 없어 함정수사의 상대방에게 지나치게 가혹하다. 공소기각설이나 면소판결설은 형식재판으로 소송을 종결시키려고 하므로 무죄설보다 더 두텁게 함정에 빠진 자를 보호할 수 있다. 대법원은 공소기각설을 취하였다.

생각건대 범죄의 예방과 억제에 전념하여야 할 국가가 시민을 함정에 빠트리게 하려는 행위는 수사의 상당성을 결여한 위법한 행위이다. 이런 기소행위에 대하여는 그로 인하여 획득한 증거의 증거능력을 박탈하는 수준에 머무를 것이 아니라 한걸음 더 나아가 검사의 기소행위의 정당성을 부인하는 것이 마땅하

---

2) Gideon Yaffe, "The Government Beguiled Me": The Entrapment Defense and the Problem of Private Entrapment, University of Southern California Journal of Ethics & Social Philosophy, April, 2005, pp. 2~43 참조.

다. 미국의 연방대법원은 19세기 말부터 '위법한 함
정수사의 항변'(the defence of entrapment)을 인정할 때
'무죄(acquittal)를 선고'하여 왔다. 함정에 빠진 자를
형사처벌하는 것은 한국 시민의 법감정에도 반할 것
이다.

5 사인(私人)의 유인에 빠진 자를 범의유발형의 피해자로 보아야 하는가(부정)

"원심이 인정한 사실관계에 의하더라도, 수사기관
은, D가 O(유인자)의 부탁을 받고 범행을 승낙한 이
후에야 비로소 U(유인자)를 통하여 그 사실을 알게 되
었다는 것이고, O가 D에게 '필로폰을 구해달라'는 부
탁을 할 당시에는 아직 그 사실을 알지 못하였던 것
으로 보이는바, 이러한 사정에 비추어 이 사건은 수
사기관이 U 또는 O로 하여금 D를 유인하도록 한 것
이라기보다는 U 또는 O가 포상금 획득 등 사적인 동
기에 기하여 수사기관과 관련 없이 독자적으로 D를
유인한 것이라고 보아야 할 것이다. 또한, (중략) 사정
이 이러하다면 이 사건은 수사기관이 사술이나 계략
등을 사용한 경우에 해당한다고 볼 수도 없다. 따라
서 설령 D가 O의 부탁을 받고 비로소 범의가 유발된
것이라 하더라도, 이를 위법한 함정수사라고 보기는
어렵다. 그리고 이러한 판단은 U 또는 O가 D를 유인
한 목적이 수사기관으로부터 포상금을 지급받으려는
데에 있었다거나 D가 O의 부탁을 받고 몇 차례 거절
한 사실이 있었다고 하여 달라지는 것은 아니다"(대
법원 2007. 7. 12. 선고 2006도2339 판결).

6 수사기관과 관련이 있는 유인자가 범의를 유발하면 범의유발형인가(긍정)

"수사기관과 직접 관련이 있는 유인자가 피유인자
와의 개인적인 친밀관계를 이용하여 피유인자의 동
정심이나 감정에 호소하거나, 금전적·심리적 압박이
나 위협 등을 가하거나, 거절하기 힘든 유혹을 하거
나, 또는 범행방법을 구체적으로 제시하고 범행에 사
용될 금전까지 제공하는 등으로 과도하게 개입함으

로써 피유인자로 하여금 범의를 일으키게 하는 것은
위법한 함정수사에 해당하여 허용되지 않지만, 유인
자가 수사기관과 직접적인 관련을 맺지 않은 상태에
서 피유인자를 상대로 단순히 수차례 반복적으로 범
행을 부탁하였을 뿐 수사기관이 사술이나 계략 등을
사용하였다고 볼 수 없는 경우는, 설령 그로 인하여
피유인자의 범의가 유발되었다 하더라도 위법한 함
정수사에 해당하지 않는다(대법원 2007. 7. 12. 선고 2006
도2339 판결 등 참조)"(대법원 2008. 7. 24. 선고 2008도2794
판결).

7 함정수사가 아닌 사례들

(1) **잠복수사** : "공원 옆 인도에 만취한 피해자가
누워 자고 있는 것을 보고서 '그 장소에서 사건이 계
속 발생하다 보니 잡아야겠다는 생각'으로 일부러 잠
복을 하기로 결심하고, 차량을 피해자로부터 약 10m
거리인 길 옆 모퉁이에 주차하고 머리를 숙이고 있던
중 피고인(51세)이 접근하는 것을 발견하였고, 이어
피고인이 위와 같은 범행에 이르자 즉석에서 피고인
을 현행범으로 체포하였다. (중략) 위와 같은 사유들
은 어디까지나 피해자에 대한 관계에서 문제될 뿐으
로서, 위 경찰관들의 행위는 단지 피해자 근처에 숨
어서 지켜보고 있었던 것에 불과하고, 피고인은 피해
자를 발견하고 스스로 범의를 일으켜 이 사건 범행에
나아간 것이어서, 앞서 본 법리에 의할 때 잘못된 수
사방법에 관여한 경찰관에 대한 책임은 별론으로 하
고, 스스로 범행을 결심하고 실행행위에 나아간 피고
인에 대한 이 사건 기소 자체가 위법하다고 볼 것은
아니다"(대법원 2007. 5. 31. 선고 2007도1903 판결).

(2) **추가범행을 지켜보고 있다가 추가범행이 있은
후 체포** : "수사기관이 피고인의 범죄사실을 인지하
고도 피고인을 바로 체포하지 않고 추가범행을 지켜
보고 있다가 범죄사실이 많이 늘어난 뒤에야 피고인
을 체포하였다는 사정만으로는 피고인에 대한 수사
와 공소제기가 위법하다거나 함정수사에 해당한다고
할 수 없다"(대법원 2007. 6. 29. 선고 2007도3164 판결).

3.6 적법한 사진·비디오 촬영

대법원 1999. 9. 3. 선고 99도2317 판결; 대법원 1999. 12. 7. 선고 98도3329 판결

F 【99도2317】 D가 "국가의 존립·안전이나 자유민주적 기본질서를 위태롭게 한다는 정을 알면서 반국가단체의 구성원 또는 그 지령을 받은 자와 회합·통신 기타의 방법으로 연락을 한"(국가보안법 8조 1항) 의심이 국가정보원 수사관에게 포착되었다. 국가정보원 수사관은 D 등이 W의 주거지에서 회합하는 증거를 확보하기 위하여, W의 주거지 외부에서 담장 밖 및 2층 계단을 통하여 집에 출입하는 D 등의 모습을 비디오로 촬영하였다. D 등은 국가보안법위반죄 등으로 기소되어 항소심에서도 유죄판결을 받게 되자 "유죄판결의 증거로 사용된 위 비디오테이프는 자신들의 허락을 받지 않고 몰래 촬영한 것이므로 위법하게 수집된 증거"라고 주장하며 상고하였다.

【98도3329】 D2는 자동차를 운행하던 중, 도로상에 설치된 무인 속도감시 장비에 의하여 차량 및 번호판 등이 촬영되어 도로교통법위반(과속) 혐의로 기소되었다. D2는 항소심에서도 유죄판결을 받게 되자, "항소심은 무인카메라에 의한 과속단속의 법적 근거와 그 성능에 대한 신뢰성이 결여되어 있는 무인카메라에 찍힌 사진을 증거로 채택하여 사실을 잘못 인정한 위법을 범하였다"고 주장하며 상고하였다.

I 수사기관이 수사목적을 달성하기 위하여 피촬영자의 동의 없이 사진이나 비디오촬영하는 것은 피촬영자의 초상권을 침해하는 위법행위인가?

R 상고기각. 【99도2317】 누구든지 자기의 얼굴 기타 모습을 함부로 촬영당하지 않을 자유를 가지나 이러한 자유도 국가권력의 행사로부터 무제한으로 보호되는 것은 아니고 국가의 안전보장·질서유지·공공복리를 위하여 필요한 경우에는 상당한 제한이 따르는 것이다. 수사기관이 범죄를 수사함에 있어 ⓐ

현재 범행이 행하여지고 있거나 행하여진 직후이고, ⓑ 증거보전의 필요성 및 긴급성이 있으며, ⓒ 일반적으로 허용되는 상당한 방법에 의하여 촬영을 한 경우라면 위 촬영이 영장 없이 이루어졌다 하여 이를 위법하다고 단정할 수 없다.

A 이 사건 비디오촬영은 ⓐ 피고인들에 대한 범죄의 혐의가 상당히 포착된 상태에서 그 회합의 증거를 보전하기 위한 필요에서 이루어진 것이고, ⓑ W의 주거지 외부에서 담장 밖 및 2층 계단을 통하여 그 집에 출입하는 피고인들의 모습을 촬영한 것으로 ⓒ 그 촬영방법 또한 반드시 상당성이 결여된 것이라고는 할 수 없다 할 것인바, 위와 같은 사정 아래서 원심이 이 사건 비디오촬영행위가 위법하지 않다고 판단하고 그로 인하여 취득한 비디오테이프의 증거능력을 인정한 것은 정당하다.

R 【98도3329】 수사, 즉 범죄혐의의 유무를 명백히 하여 공소를 제기·유지할 것인가의 여부를 결정하기 위하여 범인을 발견·확보하고 증거를 수집·보전하는 수사기관의 활동은 수사 목적을 달성함에 필요한 경우에 한하여 사회통념상 상당하다고 인정되는 방법 등에 의하여 수행되어야 한다.

A 무인장비에 의한 제한속도 위반차량 단속은 이러한 수사활동의 일환으로서 도로에서의 위험을 방지하고 교통의 안전과 원활한 소통을 확보하기 위하여 도로교통법령에 따라 정해진 제한속도를 위반하여 차량을 주행하는 범죄가 현재 행하여지고 있고, 그 범죄의 성질·태양으로 보아 긴급하게 증거보전을 할 필요가 있는 상태에서 일반적으로 허용되는 한도를 넘지 않는 상당한 방법에 의한 것이라고 판단되므로, 이를 통하여 피고인 운전 차량의 차량번호 등을

촬영한 이 사건 사진을 두고 위법하게 수집된 증거로서 증거능력이 없다고 말할 수도 없다.

C

1 사진(·비디오) 촬영의 법적 성격과 허용여부

과거에는 수사목적을 위한 사진(·비디오) 촬영행위의 법적 성격이나 허용여부는 수사기관의 사진(·비디오) 촬영이 임의수사인가 강제수사인가 여부를 밝히는 작업에서 시작되었다. 물리적 강제력이 행사되면 의심의 여지없이 강제처분이다. 다음에 물리적 강제력의 행사는 없어도 의무를 부과하는 처분에 대하여는 강제처분설도 있고 임의처분설도 있다.

현재 사진(·비디오) 촬영행위에 대하여는 그것이 강제처분이냐 임의처분이냐의 논의는 사라지고 허용되는 촬영이냐 허용할 수 없는 촬영이냐를 논하는 담론으로 이전되고 있다. 99도2317 판결과 98도3329 판결도 이런 맥락에서 전개되고 있다.

2 판결의 분석

99도2317의 사안은 수사기관이 피고인들이 회합을 가진 건물의 옆 건물에서 은신하다가 상대방의 승낙 없이 그리고 사전영장 없이 회합장면을 비디오테이프에 녹화한 사안이다. 대법원은 피의자의 초상권 등 프라이버시권은 "국가의 안전보장·질서유지·공공복리를 위하여 필요한 경우에는 제한될 수 있다"고 전제하고, "① 현재 범행이 행하여지고 있거나 행하여진 직후이고, ② 증거보전의 필요성 및 긴급성이 있으며, ③ 일반적으로 허용되는 상당한 방법에 의하여 촬영을 한 경우라면 위법하다고 할 수 없다"고 하면서 사안에서는 그런 요건들이 모두 구비되어 사전·사후의 영장을 필요로 하는 사안이 아니라고 판시하였다. 98도3329 사안에 대하여도 대법원은 99도2317의 논증과 비슷한 결론을 맺은 것으로 보인다.

3 사진촬영의 성격을 검증으로 파악할 경우의 문제

일부의 견해들이 취하듯이 사진촬영의 성격을 '검증'의 일종으로 보면 영장주의의 적용을 받아야 한다. 이 중 본 사안들에 가장 가까운 정황은 216조 3항

의 "범행 중 또는 범행직후의 범죄 장소에서 긴급을 요하여 법원판사의 영장을 받을 수 없는 때"이다. 그런데 이 경우에는 사후에 지체 없이 영장을 받아야 적법한 강제처분이 된다. 사안에서 수사기관이 사후에 영장을 신청한 사실이 없으므로 위 사안들에서 수집된 증거들은 모두 '영장주의에 위반하여 위법하게 수집된 증거로서 증거능력이 없다'는 논증이 가능하다. 그러나 본 판결의 논증은 이런 논증이 아니다. 본 판결은 사진촬영의 성격을 '검증'의 일종으로 파악했던 종래의 논증에 변경을 요구하는 판결이기도 하다.

4 개인정보 보호법과 사진촬영·비디오촬영·CCTV

2011년 9월 30일 시행된 개인정보 보호법은 '공공기관의 개인정보 보호에 관한 법률'을 폐지[1]하고 "일정한 공간에 지속적으로 설치되어 사람 또는 사물의 영상 등을 촬영하거나 이를 유·무선망을 통하여 전송하는 장치로서 대통령령으로 정하는 장치"를 "영상정보처리기기"로 정의한다(2조 7호). CCTV는 같은 법이 적용되는 영상정보처리기기 중 하나로 간주된다(같은 법 시행령 3조 1호). 이제 'CCTV 설치의 적법성'은 같은 법 25조 1항의 규율을 받게 되었다. 25조 1항은 원칙적으로 영상정보처리기기의 설치 운영을 금지하지만 '1. 법령에서 구체적으로 허용하고 있는 경우 등 5가지 예외사유가 인정되는 경우에 공개된 장소를 상대로 영상정보처리기기를 설치 운영할 수 있다.

이제 98도3329 사안은 개인정보 보호법 25조 1항 4호에 의하여 명시적으로 적법성을 획득하게 되었다. 개인정보보호법 25조 1항의 요건충족(허용되는 임의수사방법) 여부를 판단할 때에는 '프라이버시에 대한 합리적인 주관적·객관적 기대'를 인정할 수 있는 상황인지 여부를 구체적으로 판단하여 해결할 일이다. 예를 들어 "피의자에 대한 범죄의 혐의가 상당히 포착된 상태"에서 "증거를 보전하기 위한 필요"가 있다면 반드시 "ⓐ 현재 범행이 행하여지고 있거나 행하여진 직후"가 아니더라도 사진촬영이 허용될 수 있다.

---

1) 개인정보 보호법 부칙 제2조 (다른 법률의 폐지) 공공기관의 개인정보보호에 관한 법률은 폐지한다.

3.7 정지질문의 법적 성격 : 소폭의 체포·수색·압수

대법원 2012. 9. 13. 선고 2010도6203 판결

F 부평경찰서 역전지구대 소속 경위 P, 경사 P2, 순경 P3가 2009. 2. 15. 01:00경 인천 부평구 부평동 소재 예림원 앞길에서 경찰관 정복 차림으로 검문을 하던 중, '01:00경 자전거를 이용한 핸드백 날치기 사건발생 및 자전거에 대한 검문·검색 지령'이 01:14경 무전으로 전파되면서, 범인의 인상착의는 '성인 남자, 짧은 머리, 회색바지, 검정잠바 착용'으로 특정되었다. 위 경찰관들은 무전을 청취한 직후인 01:20경 자전거를 타고 검문 장소로 다가오는 D를 발견하였다. P 등은 같은 날 01:00경 부근에서 발생한 날치기사건과 관련한 용의자의 인상착의 등에 관한 무전지령을 받고, 목검문(길목을 통과하지 않으면 출입할 수 없는 그런 주요 길목을 차단하고 하는 검문)을 실시 중이었는데, D의 인상착의가 용의자와 유사하고, D의 진행방향이 용의자의 도주방향과 일치한다고 판단하여 검문을 실시하였다. P2가 D에게 다가가 정지를 요구하였으나, D는 자전거를 멈추지 않은 채 P2를 지나쳤다. 이에 P3가 경찰봉으로 D의 앞을 가로막고 자전거를 세워 줄 것을 요구하면서 소속과 성명을 고지하고 "인근 경찰서에서 자전거를 이용한 날치기가 있었는데 인상착의가 비슷하니 검문에 협조해 달라"는 취지로 말하였다. D는 '평상시 이곳에서 한 번도 검문을 받은 바 없다'고 하면서 검문에 불응하고 그대로 전진하였다. 이에 P3는 D를 따라가서 D가 가지 못하게 앞을 막고 검문에 응할 것을 요구하였다. 이와 같은 제지행위로 더 이상 자전거를 진행할 수 없게 된 D는 경찰관들이 자신을 범인으로 취급하여 검문하는 것에 화가 나, P3의 멱살을 잡아 밀치고 P, P2에게 욕설을 하는 등의 폭행을 가하였다. 그 결과 단속경찰 중 한 사람에게 약 3주간의 치료를 요하는 상해의 결과가 발생하였다. 이에 위 경찰관들은 D를 공무집행방해죄와 모욕죄의 현행범인으로 체포하였다. 그 후 D는 공무집행방해, 상해, 모욕죄 혐의로 기소되었다. 제1심은 유죄를 선고하였다. D가 항소하였

다. 항소심은 "정지의 목적인 질문에 대답하는 것이 상대방의 임의에 맡겨져 있는 이상, 경찰관이 질문을 거부할 의사를 밝힌 상대방에 대하여 수갑을 채우거나, 신체를 잡거나, 자동차·오토바이·자전거 등이 진행할 수 없도록 강제력을 사용하여 막거나, 소지품을 돌려주지 않는 등의 방법으로 상대방이 그 장소를 떠나지 못하도록 하는 것은 사실상 답변을 강요하는 것이 되므로 허용되지 않는다."고 전제하고, "D가 불심검문에 응하지 않으려는 의사를 분명히 하였음에도, P가 그 앞을 가로막는 등의 행위를 하여 D가 가지 못하게 하면서 계속 검문에 응할 것을 요구한 행위는 언어적 설득을 넘어선 유형력의 행사로 답변을 강요하는 것이 되어, 경찰관직무집행법상 불심검문의 방법적 한계를 일탈한 것"이므로 "P의 불심검문을 적법한 경찰관의 직무집행으로 볼 수 없고", 따라서 "D가 이를 거부하는 과정에서 폭행을 가하였다고 하여도 공무집행방해죄, 상해죄, 모욕죄는 성립하지 않는다."며 모든 공소사실에 대하여 무죄를 선고하였다. 검사가 상고하였다.

I 순찰경찰관은 정지질문할 때 일체의 유형력을 행사할 수 없는가? 항소심은 그렇다고 판단하였지만 제1심과 검사는 순찰경찰관은 사안에서 보이는 정도의 유형력을 행사할 수 있다고 보았다.

R 파기환송. 1. 경찰관직무집행법(이하 '법'이라고만 한다) 1조는 1항에서 (중략), 2항에서(중략), 한편 법 3조는 1항에서 (중략), 2항에서 (중략), 3항에서(중략), 7항에서 (중략) 규정하고 있다. 위와 같은 법의 목적, 규정 내용 및 체계 등을 종합하면, 경찰관은 법 3조 1항에 규정된 대상자에게 질문을 하기 위하여 범행의 경중, 범행과의 관련성, 상황의 긴박성, 혐의의 정도, 질문의 필요성 등에 비추어 그 목적 달성에 필요한 최소한의 범위 내에서 사회통념상 용인될 수 있는 상

당한 방법으로 그 대상자를 정지시킬 수 있고 질문에 수반하여 흉기의 소지 여부도 조사할 수 있다.[1]

A 원심이 인정한 사실관계를 앞서 본 법리에 비추어 살펴보면, 이 사건 범행 장소 인근에서 자전거를 이용한 날치기 사건이 발생한 직후 검문을 실시 중이던 경찰관들이 위 날치기 사건의 범인과 흡사한 인상착의의 D를 발견하고 앞을 가로막으며 진행을 제지한 행위는 그 범행의 경중, 범행과의 관련성, 상황의 긴박성, 혐의의 정도, 질문의 필요성 등에 비추어 그 목적 달성에 필요한 최소한의 범위 내에서 사회통념상 용인될 수 있는 상당한 방법으로 법 3조 1항에 규정된 자에 대하여 의심되는 사항에 관한 질문을 하기 위하여 정지시킨 것으로 보아야 한다. 원심의 판단에는 불심검문의 내용과 한계에 관한 법리를 오해하여 판결 결과에 영향을 미친 위법이 있다. 한편 원심이 정당방위에 해당하여 무죄라고 판단한 상해 및 모욕 부분은 위 공무집행이 적법하다는 전제에서는 더 이상 유지될 수 없으므로, 더 나아가 살펴볼 필요 없이 원심판결은 전부 파기될 수밖에 없다.

C

① **목적 달성에 필요한 최소한의 범위 내에서 사회통념상 용인될 수 있는 상당한 방법에 의한 소폭의 유형력**

경찰관직무집행법(이하 '경직법'으로 약칭한다)은 순찰경찰관에게 정지질문, 임의동행의 요구, 보호조치(4조), 위험발생의 방지조치(5조), 위험방지를 위한 출입조치(6조), 사실확인조치(8조), 경찰장비의 사용(10조), 경찰장구의 사용(10조의2) 권한을 부여하고 있다. 그런데 이들 권한의 행사는 순찰경찰관의 자유재량에 맡겨 있는 것이 아니고 그 직권발동의 요건과 방법이 법정되어 있다. 그러나 그 요건과 방법에 관한 경직법 조문은 불확정조문이 대부분이다. 2012년 선

고된 본 판결은 경직법의 해석적용에 관한 일반적 지도 원리를 "ⓐ 목적 달성에 필요한 최소한의 범위 내에서 ⓑ 사회통념상 용인될 수 있는 상당한 방법"에 의한 소폭의 유형력으로 제시하여 향후에 각론적 법리 발전의 토대를 구축하였다.

② **정지질문과 '정식 체포·수색·압수에 이르지 않는 유형력' 행사**

항소심은 순찰경찰관의 정지질문을 순수한 임의수사로 파악하여 순찰경찰관에게는 일체의 유형력 행사권한이 없다고 보았다. 사안의 순찰경찰관들의 조치는 항소심이 파악한 것처럼 임의수사의 범위를 넘은 것이지만 '정식의 체포·수색·압수'로까지 나아간 것은 아니다. "목적 달성에 필요한 최소한의 범위 내에서 사회통념상 용인될 수 있는 상당한 방법"이라는 표현은 정식 체포·수색·압수에 이르지 않는 소폭(a small scale)의 유형력 행사를 용인하는 취지[2]로 보인다.

③ **경찰관이 신분증을 제시하지 않고 하는 정지질문의 효과**

2010도6203 사안에서 검문하는 경찰관은 자신의 소속과 성명을 고지하고 정지질문에 나아갔다. 그러나 검문하는 사람이 정복을 입고 있어 "경찰관이고 검문하는 이유가 범죄행위에 관한 것임을 피고인이 충분히 알고 있었다고 보이는 경우에는 경찰관이 신분증을 제시하지 않았다고 하여 그 불심검문이 위법한 공무집행이라고 할 수 없다"(대법원 2014. 12. 11. 선고 2014도7976 판결).

---

[1] 따름판결로 대법원 2014. 2. 27. 선고 2011도13999 판결이 있다. 이 판결에서 주목되는 점은 "불심검문 대상자에게 형사소송법상 체포나 구속에 이를 정도의 혐의가 있을 것을 요한다고 할 수는 없[다]"는 판시이다.

[2] "(사안에서) 순경 P의 행위는 사회적으로 용인될 수 있는 정도이다. 경찰관이 D에게 행사한 유형력은 쫓아가면서 질문에 응해 줄 것을 요구하면서, 거의 정지상태에 이르거나 느리게 진행하는 자전거를 가로막는 정도에 불과하였던 것으로 보인다. 더욱이 인근 파출소에서 지령이 내려졌기 때문에 그것에 관하여 불심검문을 한다는 목적도 분명히 이야기하였다. 따라서 경찰관의 직무집행은 정당하다[우인성, 불심검문의 적법 요건 및 그 내용과 한계, 대법원판례해설 94호(2012 하반기)].

3.8 보호조치(경찰행정상 즉시강제)의 적법례와 위법례

대법원 2012. 2. 9. 선고 2011도4328 판결; 대법원 2012. 12. 13. 선고 2012도11162 판결

F 【보호조치 적법례 2011도4328】 D는 2009. 11. 3. 00:30경 고양시 일산서구 탄현동 439에 있는 맥도 널드 앞 도로의 편도 2차로 중 1차로에서 자신의 차량에 시동을 켠 채로 그대로 정차하여 운전석에 잠들어 있다가 신고를 받고 출동하여 자신을 깨우는 경찰관 P에게 발각되었다. P는 'D에게 술 냄새가 나고, 혈색이 붉으며, 말을 할 때 혀가 심하게 꼬이고 비틀거리며 걷는 모습'을 보고 D를 경찰관직무집행법 4조 1항에 따른 보호조치 대상자로 인정하여 순찰차 뒷자리에 태운 뒤 일산경찰서 탄현지구대로 데려갔다. D가 지구대에 도착한 직후인 2009. 11. 3. 00:47부터 같은 날 01:09까지 P는 D에게 3회에 걸쳐 음주측정을 요구하였으나 D는 이에 불응하였다. D는 도교법위반(음주측정불응죄) 혐의로 기소되었다. 항소심은 "D에 대한 보호조치가 경찰관이 D에게 음주측정을 요구할 시점에는 이미 종결된 것으로 보아야 한다."는 전제 아래, "그와 같이 보호조치가 종결된 D에 대하여 지구대에서 자유롭게 퇴거할 수 있음을 고지하거나 D에 대한 체포영장을 발부받는 방법 등으로 적법한 강제처분을 거치지 않고 이루어진 음주측정 요구는 위법한 체포 상태에서 이루어진 것으로 보아야 하므로 D에게 음주측정불응죄가 성립하지 않는다."고 판단하여 무죄를 선고하였다. 검사가 상고하였다.

【보호조치 위법례 2012도11162】 D2는 도로교통법 위반(음주측정거부), 공무집행방해 혐의로 기소되었다. 사실관계는 다음과 같다. D2는 화물차를 운전하여 가다가 음주단속을 당하게 되자 경찰관 P3가 들고 있던 경찰용 불봉을 충격하고 그대로 도주하여 그 단속 현장에서 약 3km 떨어진 지점을 진행하던 중 다른 차량에 막혀 더 이상 진행하지 못하게 되자 차량을 세운 후 운전석에서 내려 도주하려 하였는데, 그와 같이 운전하는 동안 교통사고를 내지는 않고 스스로

정차하여 차량에서 내렸다. 경찰관 P2는 음주단속 현장에서부터 D2를 추적하여 검거하였고, D2는 그와 같이 검거된 후에도 계속 도주하려 하였으며, D2의 처(원래부터 차량에 동승하고 있었고, 검거 당시에 운전석 옆 좌석에서 내렸다가 D2의 옆으로 이동하여 왔다)가 D2를 잡고 있는 경찰관 P2를 잡아서 D2의 도주를 도와주자 D2가 실제로 차도 방향으로 도주하려다가 넘어져서 경찰관 P에게 제압당하였다. 경찰관 P2는 음주측정기를 가지고 있지 아니하여 현장에서 D2에게 음주측정을 요구할 수 없었다. P2는 D2에 대하여 보호조치를 하려고, D2의 처에게 'D2를 봉담 지구대로 데려 간다'고 말한 다음 D2의 처의 의사에 반하여 D2를 봉담 지구대로 데려갔다. 경찰관 P2 등은 D2를 봉담 지구대에 데려간 후 경찰서의 주취자안정실에 상응하는 장소에 D2를 입실시키는 등의 보호조치를 취하지 않았으며, 주취자안정실 운영규칙 6조에 따른 보호조치보고서를 작성하여 보고하지 않았다. 경찰관 P2는 음주측정을 할 의도로 경찰관 P3 등에게 'D2를 가까운 봉담 지구대로 데려가라'고 말하였으며, 경찰관 P3는 경찰용 불봉(사람이나 차량 등을 안내하기 위해 사용하는 조명의 기능이 있는 긴 막대 모양의 도구)이 부서진 것을 확인시켜 주기 위하여 D2를 순찰차에 태워서 음주단속 현장에 들렀다가 봉담 지구대로 데려갔고, 봉담 지구대에 도착하여서도 계속 음주측정을 요구하였다. D2는 자해행위를 하였는데 'D2의 자해'는 D2가 음주단속 현장에서 도주하였다가 검거되자 이를 회피할 목적으로 시도한 것이다. 사건 바로 다음날 작성된 수사보고에는 'D2의 검거 및 자해를 방지하기 위해 D2를 제압하고 봉담 지구대로 동행하였다'고 기재되어 있다. 경찰관 P2 등은 경찰관직무집행법 4조 4항에 따른 가족 등에 대한 통지절차를 취하였으며 보호시간은 24시간을 초과하지 않았다.

항소심은 위와 같은 사실에 비추어 "당시 D2는 술에 취하여 자기 또는 타인의 생명·신체와 재산에 위해를 미칠 우려가 있는 자에 해당함이 명백하고 또한

응급의 구호를 요한다고 믿을 만한 상당한 이유가 있
는 자에 해당하여 이러한 D2를 봉담 지구대로 데려
간 경찰관들의 행위는 경찰관직무집행법 4조에 따른
보호조치로서 적법하고, 같은 조 4항에 따른 가족 등
에 대한 통지절차도 거쳤으며 보호시간이 24시간을
초과하지도 않았으므로, 경찰관 P3가 봉담 지구대로
적법하게 보호조치된 D2에게 입에서 술 냄새가 나는
등 술에 취한 상태에서 운전하였다고 인정할 만한 상
당한 이유가 있어 음주측정을 요구한 것은 적법하고,
그러한 음주측정요구에 불응하고 경찰관 P3에게 폭
행을 가하여 경찰관의 직무집행을 방해한 행위는 도
로교통법 위반(음주측정불응)죄, 공무집행방해죄를 구
성한다."며 공소사실을 모두 유죄로 인정하였다. D2
가 상고하였다.

I 경찰관직무집행법상의 보호조치는 어떤 요건
이 구비되면 취할 수 있는 대응조치인가?

R 파기환송. 【2011도4328】 경찰관직무집행법 4
조의 보호조치의 근거 조문의 내용 (중략), 구 도로교
통법 44조 2항의 음주측정 요구의 근거조문의 내용
(중략) 이와 같은 법리는 당해 운전자가 경찰관직무집
행법 4조에 따라 보호조치된 사람이라고 하여 달리
볼 것이 아니므로, 경찰공무원이 보호조치된 운전자
에 대하여 음주측정을 요구하였다는 이유만으로 그
음주측정 요구가 당연히 위법하다거나 그 보호조치
가 당연히 종료된 것으로 볼 수는 없다.

A 위 음주측정 요구 당시 D에 대한 보호조치가
종료된 상태였다거나 사후의 음주측정에 의하여 음
주운전 여부를 확인할 수 없음이 명백하다고 볼 만한
자료는 없다. 경찰관이 탄현지구대로 보호조치된 D
에게 음주측정을 요구한 것은 구 도로교통법 44조 2
항에 따른 것이므로, 그러한 음주측정 요구에 불응한
D의 행위는 (중략) 특별한 사정이 없는 한, 음주측정
불응죄에 해당한다. 원심의 판단에는 경찰관직무집
행법상의 보호조치와 음주측정불응죄에 관한 법리를

오해하고 보호조치의 종료 여부에 관하여 필요한 심
리를 다하지 아니하여 판결 결과에 영향을 미친 위법
이 있다.

R 파기환송. 【2012도11162】 ⓐ 경찰관직무집행
법 4조 1항 1호(이하 '이 사건 조항'이라 한다)에서 규정
하는 술에 취한 상태로 인하여 자기 또는 타인의 생
명·신체와 재산에 위해를 미칠 우려가 있는 피구호
자에 대한 보호조치는 경찰행정상 즉시강제에 해당
하므로, 그 조치가 불가피한 최소한도 내에서만 행사
되도록 그 발동·행사 요건을 신중하고 엄격하게 해
석하여야 한다(대법원 2008. 11. 13. 선고 2007도9794 판결
등 참조). ⓑ 따라서 이 사건 조항의 술에 취한 상태라
함은 피구호자가 술에 만취하여 정상적인 판단능력
이나 의사능력을 상실할 정도에 이른 것을 말하고,
이 사건 조항에 따른 ⓒ 보호조치를 필요로 하는 피
구호자에 해당하는지는 구체적인 상황을 고려하여
경찰관 평균인을 기준으로 판단하되, ⓓ 그 판단은
보호조치의 취지와 목적에 비추어 현저하게 불합리
하여서는 아니 되며, ⓔ 피구호자의 가족 등에게 피
구호자를 인계할 수 있다면 특별한 사정이 없는 한
경찰관서에서 피구호자를 보호하는 것은 허용되지
않는다. 한편 이 사건 조항의 ⓕ 보호조치 요건이 갖
추어지지 않았음에도, 경찰관이 실제로는 범죄수사
를 목적으로 피의자에 해당하는 사람을 이 사건 조항
의 피구호자로 삼아 그의 의사에 반하여 경찰관서에
데려간 행위는, 달리 현행범체포나 임의동행 등의 적
법 요건을 갖추었다고 볼 사정이 없다면, 위법한 체
포에 해당한다. ⓖ 교통안전과 위험방지를 위한 필요
가 없음에도 주취운전을 하였다고 인정할 만한 상당
한 이유가 있다는 이유만으로 이루어지는 음주측정
은 이미 행하여진 주취운전이라는 범죄행위에 대한
증거 수집을 위한 수사절차로서의 의미를 가지는 것
인데, ⓗ 도로교통법상의 규정들이 음주측정을 위한
강제처분의 근거가 될 수 없으므로 위와 같은 음주측
정을 위하여 당해 운전자를 강제로 연행하기 위해서
는 수사상의 강제처분에 관한 형사소송법상의 절차
에 따라야 하고, 이러한 절차를 무시한 채 이루어진
강제연행은 위법한 체포에 해당한다. 이와 같은 ⓘ

위법한 체포 상태에서 음주측정요구가 이루어진 경우, 음주측정요구를 위한 위법한 체포와 그에 이은 음주측정요구는 주취운전이라는 범죄행위에 대한 증거 수집을 위하여 연속하여 이루어진 것으로서 개별적으로 그 적법 여부를 평가하는 것은 적절하지 않으므로 그 일련의 과정을 전체적으로 보아 위법한 음주측정요구가 있었던 것으로 볼 수밖에 없고, ⓙ 운전자가 주취운전을 하였다고 인정할 만한 상당한 이유가 있다 하더라도 그 운전자에게 경찰공무원의 이와 같은 위법한 음주측정요구에 대해서까지 그에 응할 의무가 있다고 보아 이를 강제하는 것은 부당하므로 그에 불응하였다고 하여 음주측정거부에 관한 도로교통법 위반죄로 처벌할 수 없다(대법원 2006. 11. 9. 선고 2004도8404 판결[1] 등 참조). 또한 ⓚ 형법 136조가 규정하는 공무집행방해죄는 (중략) 적법성이 결여된 직무행위를 하는 공무원에게 대항하여 폭행이나 협박을 가하였다고 하더라도 이를 공무집행방해죄로 다스릴 수는 없다(대법원 2005. 10. 28. 선고 2004도4731 판결; 대법원 2009. 2. 12. 선고 2008도9926 판결 등 참조).

A ⓖ 당시 D2가 술에 취한 상태이기는 하였으나 차량을 운전할 정도의 의사능력과 음주단속에 따른 처벌을 회피하기 위하여 도주하려 할 정도의 판단능력은 가지고 있었다. 따라서 술에 만취하여 정상적인 판단능력이나 의사능력을 상실할 정도에 이른 것을 뜻하는 이 사건 조항의 술에 취한 상태에 있었다고 보기는 어렵다. ⓛ 경찰관 P는 음주단속 현장에서부터 D2를 추적하여 검거하였고, D2는 그와 같이 검거된 후에도 계속 도주하려 하였으며, D2의 처가 D2를 잡고 있는 경찰관 P를 잡아서 D2의 도주를 도와주자 D2가 실제로 차도 방향으로 도주하려다가 넘어져서 경찰관 P에게 제압당한 상황이라면, 평균적인

1) "피고인이 이 사건 오토바이를 운전하여 자신의 집에 도착한 상태에서 단속경찰관으로부터 주취운전에 관한 증거 수집을 위한 음주측정을 위하여 인근 파출소까지 동행하여 줄 것을 요구받고 이를 명백하게 거절하였음에도 위법하게 체포·감금된 상태에서 이 사건 음주측정요구를 받게 되었으므로, 그와 같은 음주측정요구에 응하지 않았다고 하여 피고인을 음주측정거부에 관한 도로교통법 위반죄로 처벌할 수 없다."

경찰관으로서는 D2가 이 사건 조항의 보호조치를 필요로 하는 상태에 있었다고 판단하지는 않을 것이다.

ⓒ 경찰관 P가 D2에 대하여 이 사건 조항에 따른 보호조치를 하고자 하였다면, 당시 D2의 처가 옆에 있었으므로 D2를 제압한 이후에는 가족인 D2의 처에게 D2를 인계하였어야 하는데도, D2의 처에게 '봉담 지구대로 데려간다'고 말한 다음 D2의 처의 의사에 반하여 그대로 봉담 지구대로 데려갔다. ⓔ 경찰관 P 등은 화성서부경찰서 교통관리계 소속이었으므로, D2에 대하여 이 사건 조항에 따른 보호조치를 하고자 하였다면, 자신들의 근무지로서 주취자안정실이 설치되어 있을 것으로 보이는 '화성서부경찰서'로 D2를 데려갔어야 하고(주취자안정실운영규칙, 2009. 7. 31. 경찰청 훈령 551호 1조에 의하면, 주취자안정실은 '경찰서'에 설치하도록 되어 있다), 그것이 여의치 않아서 D2를 '봉담 지구대'에 데려갔다고 하더라도 경찰서의 주취자안정실에 상응하는 장소에 D2를 입실시키는 등의 보호조치를 하였어야 할 것인데 그러한 절차를 전혀 취하지 않았으며, 주취자안정실 운영규칙 6조에 따른 보호조치보고서를 작성하여 보고하지도 않았다. ⓜ 경찰관 P는 검거 현장에서도 음주측정을 하려 하였고, 음주측정을 할 의도로 경찰관 P2 등에게 'D2를 가까운 봉담 지구대로 데려가라'고 말하였으며, 경찰관 P2는 경찰용 불봉이 부서진 것을 확인시켜 주기 위하여 D2를 순찰차에 태워서 음주단속 현장에 들렀다가 봉담 지구대로 데려갔고, 봉담 지구대에 도착하여서도 계속 음주측정을 요구하였다. ⓗ 원심(항소심)이 판시한 '자해'는 D2가 음주단속 현장에서 도주하였다가 검거되자 이를 회피할 목적으로 시도한 것으로 보인다.

위의 제반사정을 종합하여 보면, 경찰관 P 등이 D2를 봉담 지구대로 데려갈 당시 D2에 대하여는 이 사건 조항의 보호조치 요건이 갖추어지지 않았으므로, 경찰관 P 등이 위와 같이 D2 및 D2의 처의 의사에 반하여 D2를 봉담 지구대로 데려간 행위를 이 사건 조항에 의한 적법한 보호조치라고 할 수는 없다. 나아가 경찰관 P 등이 이미 행하여진 주취운전이라는 범죄행위에 대한 증거 수집을 위한 수사절차로서의 의미를 가지는 음주측정 등의 수사목적으로 D2를 봉담 지구대로 데려가면서, 달리 D2를 현행범으로 체

포하였다거나 임의동행에 관한 동의를 얻는 등의 적법 요건을 갖추었다고 볼 자료가 없는 이상, 경찰관 P 등이 D2를 봉담 지구대로 데려간 행위는 위법한 체포에 해당한다. 따라서 그와 같이 위법한 체포 상태에서 이루어진 경찰관 P2의 음주측정요구 또한 위법하다고 볼 수밖에 없고, D2에게 그와 같은 위법한 음주측정요구에 대해서까지 응할 의무가 있다고 보아 이를 강제하는 것은 부당하므로 그에 불응하였다고 하여 D2를 음주측정거부에 관한 도로교통법 위반죄로 처벌할 수는 없으며, 위법한 음주측정요구가 있었던 것으로 볼 수밖에 없다면 그 위법한 음주측정요구라는 공무집행행위 역시 위법하므로, D2가 음주측정을 요구하는 경찰관 P2를 폭행하였다고 하여 공무집행방해죄가 성립한다고 볼 수도 없다.

C

① 행정상 즉시강제로서의 보호조치

행정상 즉시강제는 그 본질상 행정 목적 달성을 위하여 불가피한 한도 내에서 예외적으로 허용되는 것이므로, 경직법 4조의 보호조치와 경직법 6조의 제지는 모두 "불가피한 최소한도 내에서만 행사되도록 그 발동·행사 요건을 신중하고 엄격하게 해석하여야 하고, 그러한 해석·적용의 범위 내에서만 우리 헌법상 신체의 자유 등 기본권 보장 조항과 그 정신 및 해석 원칙에 합치될 수 있다"(대법원 2008. 11. 13. 선고 2007도9794 판결).

② 경직법상의 보호조치와 그 상태에서의 음주측정요구가 적법한 사안(2011도4328 사안)과 위법한 사안(2012도11162 사안)

2011도4328 사안에서는 경찰관의 보호조치가 적법한 처분으로 판정되어 그 상태에서의 음주측정요구도 적법하다는 평가를 받았다. 반면에 2012도11162 사안에서는 경찰관의 보호조치가 위법한 처분으로 판정되어 그 상태에서의 음주측정요구도 위법하다는 평가를 받았다. 대법원의 결론은 일견 잘 납득되지 않는 측면이 있다. 그러나 사안을 보다 면밀하게 분석할 필요가 있다. 2011도4328 사안에서 D는 "편도 2

차로 중 1차로에서 자신의 차량에 시동을 켠 채로 그대로 정차하여 운전석에 잠들어 있던 상태"였다. 이런 상태라면 경직법 4조 1항의 "응급의 구호를 요한다고 믿을 만한 상당한 이유가 있는 자"로 볼 만하다. 반면에 2012도11162 사안의 D2는 "술에 취한 상태이기는 하였으나 차량을 운전할 정도의 의사능력과 음주단속에 따른 처벌을 회피하기 위하여 도주하려 할 정도의 판단능력은 가지고 있었다. 따라서 술에 만취하여 정상적인 판단능력이나 의사능력을 상실할 정도에 이른 것을 뜻하는" 보호조치의 대상자로 보기는 어렵다.

③ 2011도4328 사안에서 단속 경찰관들의 적절한 대응

보호조치를 취한 후 수사처분으로 진행할 것이 아니라 처음부터 D2를 음주운전죄나 음주측정불응죄의 현행범으로 체포하거나 적법하게 임의동행하는 것이었다. 그러나 경찰관 P2, P3는 그러한 대응을 하지 못하여 D2와 그 처의 부적절한 처신이 있음에도 불구하고 대법원은 경찰관 P2, P3의 행위를 '위법 체포'로 판단한 것이다.[2]

---

2) 권덕진, 경찰관직무집행법 제4조의 보호조치 요건, 피고인을 지구대로 데려간 행위가 보호조치의 요건을 갖추지 못하여 위법한 체포에 해당하는 경우 도로교통법위반(음주측정거부)죄, 공무집행방해죄가 성립하지 않는다고 판단한 사례, 대법원판례해설 94호(2012 하반기), 867 이하 참조.

3.9 경찰관이 호흡측정이 이루어진 운전자에게 다시 혈액 채취의 방법으로 측정할 수 있는 경우

대법원 2015. 7. 9. 선고 2014도16051 판결

F D는 2013. 6. 2. 00:05경 그랜저XG 승용차량을 운전하고 사고 장소인 편도 4차로 도로의 1차로를 진행하다가 전방에서 신호대기 중이던 레이 승용차량 뒷부분을 세게 들이받았다. 그 차량이 앞으로 밀리면서 다른 차량 2대를 충격하게 하였다. D는 곧바로 그 자리에서 1~2m 후진한 후 중앙선을 넘어 다시 진행하면서 왼쪽으로 원을 그리듯 회전하여 중앙선을 또다시 넘은 다음 당초 진행방향의 차로 쪽으로 돌진하였고, 그곳 2, 3, 4차로에서 신호대기 중이던 다른 차량 3대를 잇달아 들이받고 나서 보도 경계석에 부딪혀 멈춰 섰다. 이 사고로 인하여 피해차량들에 승차하고 있던 복수의 사람들 중 3명(V, V2, V3)은 각 3주간의 치료가 필요한 상해를, 7명은 각 2주간의 치료가 필요한 상해를 입었다. 인천삼산경찰서 교통조사계 소속 경사 P는 사고 직후 현장에 출동하여 사고 경위를 파악한 다음 D와 함께 경찰서로 이동하였고, 그곳에서 호흡측정기로 음주측정을 한 결과 혈중알코올농도 0.024%로 측정되었다. 당시 D는 얼굴색이 붉고 혀가 꼬부라진 발음을 하며 걸음을 제대로 걷지 못한 채 비틀거리는 등 술에 상당히 취한 모습을 보였고, P가 경찰서 내에 대기하던 V, V2에게 호흡측정 결과를 알려주자, V, V2는 '측정 결과를 믿을 수 없다'며 P에게 혈액 채취에 의한 측정을 요구하였다. 이에 P는 D에게 호흡측정 수치를 알려주고 'V, V2가 처벌수치 미달로 나온 것을 납득하지 못하니 정확한 조사를 위하여 채혈에 동의하겠느냐? 채혈 결과가 최종 음주수치가 된다'고 말하며 혈액 채취에 의한 음주측정에 응하도록 설득하였고, 이에 D가 순순히 응하여 '음주량이 어느 정도인지 확인하고자 혈액 채취를 승낙한다.'는 내용의 혈액 채취 동의서에 서명·무인한 다음 P와 인근 병원에 동행하여 그곳 의료진의 조치에 따라 혈액을 채취하였다. P는 이와 같이 채취된 혈액을 제출받아 국립과학수사연구원에

송부하여 그에 대한 감정을 의뢰하였는데, 음주운전 당시의 혈중알코올농도가 0.239%로 측정되었다. D는 특가법위반(위험운전치사상죄)과 도로교통법위반(음주운전죄) 혐의로 기소되었다. 제1심은 이를 모두 유죄로 인정하여 벌금 700만 원을 선고[1]하였다. D가 항소하였다. 항소심은 "구 도로교통법 44조 2항, 3항의 해석상 경찰관이 호흡측정이 이루어진 운전자에 대하여 다시 혈액 채취의 방법으로 측정할 수 있는 경우는 운전자가 호흡측정 결과에 불복한 경우에 한정된다."고 보고, "D가 호흡측정 결과에 불복하지 않았음에도 불구하고 경찰관의 요구로 채혈하여 획득한 혈액과 이를 기초로 한 혈중알코올 감정서, 주취운전자 적발보고서, 수사보고(혈액감정결과 등), 수사결과보고가 모두 적법한 절차에 따르지 아니한 채 수집한 위법수집증거이거나 위법수집증거의 2차적 증거로서 증거능력이 없다."고 판단하여 무죄를 선고하였다. 검사가 상고하였다.

I 경찰관이 호흡측정이 이루어진 운전자에 대하여 다시 혈액 채취의 방법으로 측정할 수 있는 경우는 운전자가 호흡측정 결과에 불복한 경우에 한정되는가? 항소심은 이를 긍정하였다.

R 파기환송. ① 음주운전에 대한 수사 과정에서 음주운전 혐의가 있는 운전자에 대하여 구 도로교통법 44조 2항에 따른 호흡측정이 이루어진 경우에는 그에 따라 과학적이고 중립적인 호흡측정 수치가 도출된 이상 다시 음주측정을 할 필요성은 사라졌으므로 운전자의 불복이 없는 한 다시 음주측정을 하는 것은 원칙적으로 허용되지 않는다. 그러나 ② 운전자

---

1) 이종환, 운전자가 호흡측정에 응하였음에도 경찰관이 다시 동의에 의한 혈액측정의 방법으로 측정할 수 있는지 및 그 허용요건과 한계, 해설 106호(2015 하반기)(2016).

의 태도와 외관, 운전 행태 등에서 드러나는 주취 정도, 운전자가 마신 술의 종류와 양, 운전자가 사고를 야기하였다면 그 경위와 피해의 정도, 목격자들의 진술 등 호흡측정 당시의 구체적 상황에 비추어 호흡측정기의 오작동 등으로 인하여 호흡측정 결과에 오류가 있다고 인정할 만한 객관적이고 합리적인 사정이 있는 경우라면 그러한 호흡측정 수치를 얻은 것만으로는 수사의 목적을 달성하였다고 할 수 없어 추가로 음주측정을 할 필요성이 있으므로, 경찰관이 음주운전 혐의를 제대로 밝히기 위하여 운전자의 자발적인 동의를 얻어 혈액 채취에 의한 측정의 방법으로 다시 음주측정을 하는 것을 위법하다고 볼 수는 없다. ③ 이 경우 운전자가 일단 호흡측정에 응한 이상 재차 음주측정에 응할 의무까지 당연히 있다고 할 수는 없으므로, 운전자의 혈액 채취에 대한 동의의 임의성을 담보하기 위하여는 경찰관이 미리 운전자에게 혈액 채취를 거부할 수 있음을 알려주었거나 운전자가 언제든지 자유로이 혈액 채취에 응하지 아니할 수 있었음이 인정되는 등 운전자의 자발적인 의사에 의하여 혈액 채취가 이루어졌다는 것이 객관적인 사정에 의하여 명백한 경우에 한하여 혈액 채취에 의한 측정의 적법성이 인정된다.

A D에 대한 호흡측정 결과 처벌기준치에 미달하는 수치로 측정되기는 하였으나, 당시 D의 태도나 외관 등에서 정상적인 보행이 어려울 정도로 술에 상당히 취한 상태임이 분명히 드러났던 점, D가 1차로 추돌 사고를 낸 후 곧바로 중앙선을 넘어 왼쪽으로 회전하다가 중앙선을 또다시 넘은 다음 다른 피해차량 여러 대를 들이받는 사고를 추가로 내고서야 멈춰서는 등 비정상적인 운전 행태를 보인 점, 이 사건 사고로 인하여 상해를 입은 피해자가 10명에 이르렀고, 그 중 경찰서에 대기하며 D의 모습을 목격한 일부 피해자들이 호흡측정 결과를 믿을 수 없다며 경찰관에게 혈액측정을 요구한 점 등 호흡측정 당시의 여러 구체적 상황으로 보아 처벌기준치에 미달한 호흡측

정 결과에 오류가 있다고 인정할 만한 객관적이고 합리적인 사정이 있었다. 나아가 D가 처벌기준치 미달로 나온 호흡측정 결과를 알면서도 경찰관의 설득에 따라 혈액 채취에 순순히 응하여 혈액 채취 동의서에 서명·무인하였고, 그 과정에서 경찰관이나 피해자들의 강요를 받았다는 정황은 없는 점 등에 비추어 보면 D에 대한 혈액 채취는 D의 자발적인 의사에 따라 이루어졌다. 그렇다면 이 사건 사고 조사를 담당한 경찰관이 D의 음주운전 혐의를 제대로 밝히기 위하여 D의 자발적인 동의를 얻어 혈액 채취에 의한 측정방법으로 다시 음주측정을 한 조치를 위법하다고 할 수 없고, 이를 통하여 획득한 혈액측정 결과 또한 위법한 절차에 따라 수집한 증거라고 할 수 없으므로 그 증거능력을 부정할 수 없다.

C

1 음주측정불응죄의 존재이유의 취약성

음주운전죄의 구성요건은 혈중알코올농도 0.05% 이상인 상태에서 운전하는 것이므로 검사의 음주운전죄 증명은 음주운전시의 혈중알코올농도를 측정·추정하여 증명하는 것이 올바른 방법이다. 그러나 한국에서는 아직 혈중알코올농도를 신속·원활하게 측정할 수 있는 여건이 마련되지 않아 임시방편으로 호흡식 음주측정기를 과도하게 활용하는 측면이 있다. 그러나 다른 한편 음주운전 피의자가 처음부터 호흡식 음주측정기 측정을 거부하고 막바로 혈액채취에 의한 혈중알코올 농도측정을 요구할 수 있게 하면 한국의 측정여건이 그런 요구를 수용할 형편이 되지 못하므로 궁여지책으로 ①, ②, ③과 같은 원칙과 예외를 인정하게 된다.

호흡식 음주측정기는 신뢰도가 매우 낮으므로 가까운 시일 내에 혈중알코올농도를 신속·원활하게 측정할 수 있는 여건을 마련한 다음 음주측정불응죄라는 비정상적인 범죄구성요건을 폐기하거나 과태료 부과대상으로 격하시킬 필요가 있다.

제4장

강제수사와 강제처분

4.1 긴급체포의 적법요건구비여부 판단의 모범사례

창원지방법원 2016. 4. 7. 선고 2016노60 판결; 대법원 2016. 10. 13. 선고 2016도5814 판결

F 진해경찰서 수사과 소속 경찰관 P는 2015. 7. 15. 12:00 무렵 제보자로부터 '상습적으로 마약을 복용한 사람이 출소한 지 얼마 되지 않았음에도 다시 자기 집에서 마약을 투약한다'는 취지의 제보를 받았다. P는 위와 같이 제보를 받은 후 제보의 정확성을 확인하기 위하여 바로 D의 주거지 인근으로 이동하여 D가 주거지에서 담배를 피우는 모습을 확인한 후 먼발치에서 사진을 찍어 제보자에게 영상을 전송하여 동일인임을 확인하였다. P는 D의 휴대전화로 전화를 하여 자신이 경찰관임을 밝히고 만나자고 이야기하였으나(처음에는 경찰관임을 밝히지 않고 접촉사고가 났으니 나오라는 취지로 말하였다), D는 '집에 있지 않고 먼 곳에 있다'는 취지로 거짓말을 하였다. 이후 P가 다시 전화하였으나 D는 전화를 받지 않았다. P는 D의 주거지로 가서 문을 두드렸으나 D는 자신의 집 안방 침대 밑에 누워 숨은 채 아무런 인기척을 내지 않으면서 문을 열어주지 않았다. P는 문의 잠금장치를 해제하여 강제로 문을 열고 D의 주거지로 들어가, D의 주거지를 수색한 끝에 침대 밑에 숨어 있던 D를 발견하였다. P가 피의자신문을 하자 D는 '필로폰을 투약하였다'고 자백하였으며 자신의 좌측 팔뚝에 있던 주사흔도 확인시켜 주었다. P는 미란다 원칙을 고지하면서 D를 긴급체포하였다. 체포된 상태에서 D는 소변 채취에 동의하였고 D의 소변에서는 필로폰 양성반응이 나왔다. D는 마약류관리에 관한 법률위반(향정) 혐의로 기소되었다. 제1심은 "① D가 자신의 주거지 내에서 마약을 투약하였다는 제보가 있었고 D가 경찰관에게 자신의 소재에 대해 거짓말을 한 것에 비추어 범죄의 소명이 있었고, ② D가 경찰관의 수사를 회피하려 하였던 점, 필로폰 투약은 중대한 범죄인바 경찰관이 자신에 대한 수사를 개시하였다는 것을 인식한 이상 D에게는 도주할 동기나 가능성이 충분히 있는 점, 시일의 경과에 따라 D의 신체에서 증거가 소멸될 위험성도 농후한 점 등에 비추어

체포영장을 받을 시간적 여유도 없었고, ③ 경찰관이 D를 긴급체포하기 위해서 D의 주거지의 잠금장치를 해제하고 주거지 내에 들어간 행위 등도 피의자 수색을 위한 부수처분으로 영장주의 원칙이나 형사소송법 관련 규정에 어긋나지 않으므로 D에 대한 긴급체포는 적법하다."고 판단하여 공소사실을 유죄로 인정하였다. D가 항소하였다.

I R 긴급체포의 요건을 갖추었는지 여부의 판단기준은 이미 대법원 2002. 6. 11. 선고 2000도5701 판결로 정립된 바 있다. 그 판단기준은 "영장주의 원칙에 대한 예외인 만큼 200조의3 1항의 요건을 모두 갖춘 경우에 한하여 예외적으로 허용되어야 하고, 요건을 갖추지 못한 긴급체포는 법적 근거에 의하지 아니한 영장 없는 체포로서 위법한 체포에 해당하는 것이고, 여기서 긴급체포의 요건을 갖추었는지 여부는 사후에 밝혀진 사정을 기초로 판단하는 것이 아니라 체포 당시의 상황을 기초로 판단하여야 하며, 이에 관한 검사나 사법경찰관 등 수사주체의 판단에는 상당한 재량의 여지가 있으나, 긴급체포 당시의 상황으로 보아서도 그 요건의 충족 여부에 관한 검사나 사법경찰관의 판단이 경험칙에 비추어 현저히 합리성을 잃은 경우에는 그 체포는 위법한 체포"이다. 이제 문제는 구체적인 사안에 이 판단기준을 적절히 적용(포섭)하는 데 있다. 제1심은 사안에서 P의 D에 대한 긴급체포는 '적법'하다는 것이었는데 항소심이 그런 판단에 동의할 것인가?

A 1. 만약 경찰관들이 영장 없이 D의 주거지의 잠금장치를 해제하고 주거지 내에 들어간 행위를 긴급체포를 위한 부수처분으로 보지 않는다면 그러한 침입행위 자체는 아무런 법적 근거가 없어 위법하고, 그에 연속하여 이루어진 긴급체포 역시 그 형식적 적법성을 불문하고 위법하게 될 것이다. 이와 달리 원

심(제1심) 판시와 같이 경찰관들이 D의 주거지의 잠금장치를 해제하고 그곳으로 들어간 행위를 긴급체포를 위한 부수처분으로 보는 이상, 이로써 일련의 과정을 이루는 신병확보절차인 긴급체포행위가 개시되었다고 할 것이므로 긴급체포의 요건을 갖추었는지 여부를 심사할 '체포 당시의 상황'이란 'D를 체포하는 특정한 순간이나 시점'이 아니라 경찰관들이 D의 주거지에 강제로 들어갈 당시의 상황에 중점을 둔 일련의 전체적인 과정으로 판단함이 상당하다(이 사건과 같이 경찰관들이 D의 주거지에 강제로 들어가 D를 추궁하여 자백을 받아낸 후 D를 체포한 상황에서, 자백을 확보한 후 체포가 이루어진 시점만을 기준으로 범죄혐의의 상당성 등을 따진다면, 이는 사형·무기 또는 장기 3년 이상의 징역이나 금고에 해당하는 죄를 범하였다는 증거를 결과적으로 얻어낼 수 있는 자이기만 하면 그에 대한 긴급체포를 위한 영장 없는 탐색적 수색이나 강제처분을 제한 없이 허용하고, 다시 그 결과에 근거한 긴급체포까지 별다른 제한 없이 허용하게 되는 것이므로, 미리 범죄혐의의 상당성 등을 소명하여 판사로부터 영장을 발부받아 체포·구속·압수·수색을 하도록 하는 사전영장주의 원칙을 형해화하는 결과를 초래한다).

2. '필로폰 전과로 구속되었다가 올해 초순경 출소한 사람이 또다시 필로폰을 투약하고 동네를 활보하고 다닌다.'는 추상적 제보 내용만으로는 D가 마약을 투약한 것으로 의심할 만한 상당한 이유가 있었다고 보기 어렵다. 또한 갑자기 D의 주거지를 찾아와 접촉사고를 가장하여 D를 유인하려다 실패하자 경찰관임을 밝히고 만나기를 요구하는 경찰관들을 만나주지 않고, 자신의 소재에 대해 거짓말을 한 D의 행동은 상식적으로 이해하지 못할 바가 아니므로, 그러한 행동이 D가 마약을 투약한 것으로 의심할 만한 근거가 되지는 못한다.

3. P는 D가 실제 제보된 거주지에 살고 있는지 등 제보의 정확성을 사전에 확인한 후 제보자를 불러 조사를 하기 위하여 D의 주거지를 방문하였던 것이므로, 경찰관들이 그곳에서 D를 발견한 것은 당초 경찰관들이 예정하였던 상황일 뿐 D를 우연히 맞닥뜨려

긴급히 체포해야 할 상황이라고 볼 수 없다. 또한 먼 발치에서 사진을 찍어 제보자로부터 D가 제보된 인물임을 확인하였고 D의 전화번호, 주거지 등을 모두 파악하고 있었던 경찰관들로서는 당초 자신들의 계획대로 제보자를 조사하는 등으로 소명자료를 준비하여 체포영장을 발부받을 수 있었을 것으로 판단되므로, 경찰관들이 영장을 발부받을 시간적 여유가 없었다고 볼 만한 특별한 사정이 인정되지 않아 긴급성도 인정하기 어렵다. D에 대한 긴급체포는 범죄혐의의 상당성과 긴급성을 인정하기 어려우므로 긴급체포의 요건을 충족하지 못하여 위법하다.

C

1 판단기준의 구체적 적용(포섭)의 곤란성

사안에서 제1심은 긴급체포의 모든 요건이 구비되었다고 판단하였지만 항소심은 거의 모든 쟁점에서 긴급체포의 요건이 구비되지 않았다고 판단하였다. 여기서 지적하고 싶은 점은 대법원 2002. 6. 11. 선고 2000도5701 판결로 '정립된 판단기준의 구체적 적용(포섭)'이 누구나 수긍할 수 있을 정도로 쉽고 명쾌하게 수행되지는 않을 것이라는 전망이다.

2 대법원의 판단

D의 상고에 대하여 대법원은 "설령 피고인이 마약에 관한 죄를 범하였다고 의심할 만한 상당한 이유가 있었다고 하더라도, 경찰관이 이미 피고인의 신원과 주거지 및 전화번호 등을 모두 파악하고 있었고, 당시 마약 투약의 범죄 증거가 급속하게 소멸될 상황도 아니었다고 보이는 점 등의 사정을 감안하면, 항소심이 피고인에 대한 긴급체포가 미리 체포영장을 받을 시간적 여유가 없었던 경우에 해당하지 아니한다고 본 것은 수긍이 된다"(대법원 2016. 10. 13. 선고 2016도5814 판결)며 상고를 기각하였다. 대법원도 본 사안에서 '범죄혐의의 상당성 판단'이 쉽지 않았는지 상당성 판단에 대하여는 본격적인 분석을 회피하였다.

4.2 긴급체포된 피의자의 체포적부심사청구에서 법원은 보증금 납입을 조건으로 석방할 수 없다

대법원 1997. 8. 27.자 97모21 결정

F D는 모종의 혐의(불명)로 수사기관에 의해 긴급체포되었다. D는 관할법원에 체포적부심사를 청구하였다. 제1심은 214조의2 4항(현재는 5항)을 근거로 보증금 납입을 조건으로 석방을 명하였다. 검사는 "첫째, 긴급체포된 자에게는 체포적부심사청구권이 없으며, 둘째, 긴급체포된 자를 214조의2 4항(현재는 5항)의 규정에 의하여 보증금 납입을 조건으로 석방할 수 없다."며 항고하였다. 항고심은 "첫째, 긴급체포된 피의자에게 적부심사청구권이 있으며, 둘째, 긴급체포되어 적부심사를 청구한 이 사건 피의자에 대하여 214조의2 4항(현재는 5항)의 규정에 의하여 보증금 납입을 조건으로 한 석방이 가능하며, 셋째, 214조의2 7항(현재는 8항), 같은 법 402조 단서에 의하여 같은 법 214조의2 4항(현재는 5항)의 규정에 의한 보증금 납입 조건부 석방결정이 항고의 대상이 되지 않는다."고 주장하며 항고를 기각하였다. 검사가 대법원에 재항고하였다.

I 1. 긴급체포된 피의자에게 체포적부심사청구권이 있는지 여부(긍정)

2. 체포적부심사절차에서 체포된 피의자를 보증금 납입을 조건으로 석방할 수 있는지 여부

3. 보증금 납입을 조건으로 한 피의자 석방결정에 대하여 항고할 수 있는지 여부

R A 파기환송. 1. 헌법 12조 6항은 '누구든지 체포 또는 구속을 당한 때에는 적부의 심사를 법원에 청구할 권리를 가진다.'고 규정하고 있고, 214조의2 1항은 '체포영장 또는 구속영장에 의하여[1] 체포 또는 구속된 피의자 등이 체포 또는 구속의 적부심사

를 청구할 수 있다'고 규정하고 있는바, ㉮ 형사소송법의 위 규정이 체포영장에 의하지 않고 체포된 피의자의 적부심사청구권을 제한한 취지라고 볼 것은 아니므로 긴급체포 등 체포영장에 의하지 않고 체포된 피의자의 경우에도 헌법과 형사소송법의 위 규정에 따라 그 적부심사를 청구할 권리를 가진다. 위와 같은 취지에서 긴급체포된 이 사건 피의자에게 적부심사청구권이 있다고 한 원심판단은 정당하다.

2. 형사소송법은 수사단계에서의 체포와 구속을 명백히 구별하고 있고, 이에 따라 체포와 구속의 적부심사를 규정한 같은 법 214조의2에서 체포와 구속을 서로 구별되는 개념으로 사용하고 있는바, ㉯ 같은 조 4항(현재는 5항)에 기소 전 보증금 납입을 조건으로 한 석방의 대상자가 '구속된 피의자[2]'라고 명시되어 있다. 그런데 체포 또는 구속의 적부심사와는 달리 ㉰ 기소 전 보증금 납입을 조건으로 한 석방은 헌법상 그에 관한 권리가 규정되어 있지 않으며, ㉱ 체포의 적부심사권이 인정되고 체포한 때부터 48시간 이내에 구속영장을 청구하지 않는 때에는 피의자를 즉시 석방하여야 하며, 구속의 사유를 판단하기 위하여 필요하다고 인정하는 때에는 피의자의 심문이 이루어지는 점 등을 고려하면 체포의 단계에서 보증금 납입을 조건으로 한 석방을 허용하지 않더라도 피의자의 신체의 자유에 대한 절차적 보장이 미흡하다고 볼 수는 없다. 한편 ㉲ 기소 전 보증금 납입을 조건으로 석방된 피의자의 재체포 및 재구속의 제한에 관하여 규정하고 있는 같은 법 214조의3 2항의 취지를 체포된 피의자에 대하여도 보증금 납입을 조건으로 한 석방이 허용되어야 한다는 근거로 보기는 어렵다.

3. 402조의 규정에 의하면, 법원의 결정에 대하여 불복이 있으면 항고를 할 수 있으나 다만 같은 법에

---

1) 현행법에는 '체포영장 또는 구속영장에 의하여'라는 구절이 삭제되어 긴급체포된 자에게 체포적부심 신청자격이 있음이 명시된 것이나 마찬가지이다.

2) 현행법에는 이 구절이 '구속된 피의자(심사청구 후 공소제기된 자를 포함한다)'로 변경되어 검사가 전격기소를 하는 경우에도 구속적부심사청구의 효력에는 영향이 없다.

특별한 규정이 있는 경우에는 예외로 하도록 되어 있
는바, 체포 또는 구속적부심사절차에서의 법원의 결
정에 대한 항고의 허용 여부에 관하여, ㉯ 같은 법
214조의2 7항(현재는 8항)은 2항과 3항의 기각결정 및
석방결정에 대하여 항고하지 못하는 것으로 규정하
고 있을 뿐이고, 4항에 의한 석방결정에 대하여 항고
하지 못한다는 규정을 두고 있지 않다. 그런데 같은
법 214조의2 3항(현재는 4항)의 석방결정은 체포 또는
구속이 불법이거나 이를 계속할 사유가 없는 등 부적
법한 경우에 피의자의 석방을 명하는 것임에 비하여,
같은 법 214조의2 4항(현재는 5항)의 석방결정은 구속
의 적법을 전제로 하면서 그 단서에서 정한 제한사유
가 없는 경우에 한하여 출석을 담보할 만한 보증금의
납입을 조건으로 하여 피의자의 석방을 명하는 것이
어서 같은 법 214조의2 3항(현재는 4항)의 석방결정과
4항(현재는 5항)의 석방결정은 원래 그 실질적인 취지
와 내용을 달리 하는 것이고, 이에 따라 ㉰ 같은 법
214조의3은 같은 법 214조의2 3항(현재는 4항)의 규정
에 의한 결정에 의하여 석방된 피의자와 4항(현재는 5
항)의 규정에 의하여 석방된 피의자의 각 재체포 및
재구속의 제한에 관하여도 달리 취급하고 있으므로,
그 각 석방결정에 대한 항고의 허용 여부에 관하여
달리 취급하는 것이 체포 또는 구속적부심사제도에
관한 법의 취지에 어긋난다고 단정할 수 없고, 또 ㉱
기소 후 보석결정에 대하여 항고가 인정되는 점[3]에
비추어 그 보석결정과 성질 및 내용이 유사한 기소
전 보증금 납입 조건부 석방결정에 대하여도 항고할
수 있도록 하는 것이 균형에 맞는 측면도 있다. 그렇
다면 ㉲ 같은 법 214조의2 4항(현재는 5항)의 석방결정
에 대하여는 피의자나 검사가 그 취소의 실익이 있는
한 같은 법 402조에 의하여 항고할 수 있다.

C

1 긴급체포된 피의자에게 체포적부심사청구권이 있는가?

대법원은 이 쟁점에 대하여 '긍정'하고 있다. 긍정
의 논거로서 ㉮ 부분에서는 일견 '214조의2 1항의 문
리(文理)'에 반하는 확장해석이 전개되고 있다. 대법
원은 그 논거로서 헌법 12조 6항이 '누구든지 체포
또는 구속을 당한 때에는(하략)'이라고 규정한 것을
들고 있다. 이른바 '헌법적 형사소송론'이 응용된 것
이다. 2008년에 이 판결에 부합하는 방향으로 조문이
변경되어 이 쟁점은 이제 입법적으로 해결되었다.

2 체포적부심사절차에서 체포된 피의자를 보증금 납입을 조건으로 석방할 수 있는가?

대법원은 '헌법적 형사소송론'을 전개하지 않고 문
리해석에 치중(부정)하고 있다(㉯, ㉰, ㉱, ㉲ 참조).

3 보증금 납입조건부 피의자 석방결정에 대하여 보통항고할 수 있는가?

대법원은 긍정하고 있는데 그 논거들(㉯, ㉰, ㉱, ㉲)
을 잘 음미하기 바란다. 2008년에 이 판결에 부합하
는 방향으로 조문이 명시(8항에서 5항이 빠졌음)되어 이
쟁점(긍정)도 이제 입법적으로 해결되었다.

4 검사가 전격기소 하여도 체포, 구속적부심절차에는 아무 영향이 없다

종래 체포, 구속된 피의자가 체포·구속적부심사청
구권을 행사한 다음 검사가 법원의 재판이 있기 전에
기소하면(이하 이를 '전격기소'로 약칭함) 적부심 청구를
받은 법원은 어떻게 하여 왔는가? 1995년에 제정된
대법원 예규는 "적부심재판부는 청구를 기각하고, 본
안재판부에게 적부심 기록을 송부하여 본안재판부가
이를 고려하여 직권으로 보석여부를 심리"(적부심청구
기각설)하도록 하였다. 2004년에 헌법재판소는 체포·
구속적부심 청구의 주체를 '피의자'로 한정한 '214조
의2 1항이 헌법에 불합치한다'고 선언(헌재 2004. 3. 25.
선고 2002헌바104 결정)하였고 이 결정에 따라 2007년
에 214조의2 4항 2문이 신설되었다. 이제 검사가 전
격기소하여도 체포·구속 적부심 절차에는 아무 영향
이 없게 되었다.

---

3) 보석허가결정에 대하여는 검사에게 보통항고가 허용된다
   (대법원 1997. 4. 28.자 97모26 결정).

4.3 범죄혐의의 상당성판단과 자진출석자에 대한 긴급체포의 가능성

대법원 2006. 9. 8. 선고 2006도148 판결

F 2002. 11. 25. 인천지방법원 부천지원에서 위증교사, 위조증거사용죄 혐의로 기소된 D(검사경력 9년, 변호사경력 11년으로서 사무실이 검찰청사 앞에 있다)에게 무죄가 선고되었다. 이 무죄판결에 불복하는 공판검사이던 P(초임의 여성 검사)는 항소한 후 위 사건에 대한 보완수사 명목으로 D의 변호사사무실 사무장이던 D2(D의 조카)에게 '참고인조사차 2003. 1. 3. 인천지방검찰청 부천지청 검사실로 출석하라'고 요구하였다. P는 2003. 1. 3. D의 위증교사 사건과 관련하여 "D2가 W에 대한 증인신문사항을 작성할 당시 W가 허위 증언할 것이라는 것을 알고 있었을 것이라고 생각한다"는 취지로 진술한 W2(이미 위 인천지방법원 부천지원 사건의 판결에서 그 진술의 신빙성이 배척되었다)와 D2를 대질조사하기 위하여 W2를 소환한 상태에서 자진출석한 D2를 상대로 참고인 조사를 하지 아니한 채 곧바로 위증 및 위증교사죄 혐의로 피의자신문조서를 받기 시작하였다. 이에 D2는 인적사항만을 진술한 후 P의 승낙 하에 D에게 전화하여 '검사가 나(D2)에 대하여 위증 및 위증교사 혐의로 피의자신문조서를 받고 있으니 여기서 데리고 나가 달라'고 요청하였다. 더 이상의 조사가 이루어지지 않는 사이 D가 위 408호 검사실로 찾아와서 P에게 "참고인 조사만을 한다고 하여 임의수사에 응한 것인데 D2를 피의자로 조사하는 데 대해서는 협조를 하지 않겠다."는 취지로 말하며 D2에게 '여기서 나가라'고 지시하였다. D2가 일어서서 검사실을 나가려 하자 P는 D2에게 "지금부터 긴급체포하겠다"고 말하면서 D2의 퇴거를 제지하려 하였다. D는 D2를 붙잡으려는 P검사를 몸으로 밀어 이를 제지하였다. 이로 인하여 P에게 상해가 발생하였다. D는 공무집행방해죄와 상해죄 혐의로 기소되었다. 제1심과 항소심은 공무집행방해죄와 상해죄 혐의 모두에 대하여 유죄를 선고하였다. D가 상고하였다.

I 1. 사안에서 긴급체포의 요건(범죄혐의의 상당성, 도망과 증거인멸의 염려, 긴급성)이 구비되었는가?
2. 자진출석한 참고인을 상대로 조사하다가 피의자로 신분을 변경하여 긴급체포할 수 있는가?

R 파기환송.

A (공무집행방해죄에 대하여) D2는 참고인 조사를 받는 줄 알고 검찰청에 자진출석하였는데 예상과는 달리 갑자기 '피의자로 조사한다'고 하므로 임의수사에 의한 협조를 거부하면서 귀가를 요구한 것이므로, P검사가 D2를 긴급체포하려고 할 당시 D2가 위증 및 위증교사의 범행을 범하였다고 의심할 만한 '상당한 이유'가 있었다고 볼 수 없고(위 W2의 진술은 이미 위 인천지방법원 부천지원 사건의 판결에서 그 신빙성이 배척되었으므로 위 W2의 진술만으로 D2가 위증 및 위증교사의 범행을 범하였다고 의심할 만한 상당한 이유가 있다고 볼 수 없다), 기록에 나타난 D2의 소환 경위, D2의 직업 및 혐의사실의 정도, D의 위증교사죄에 대한 무죄선고, D의 위증교사 사건과 관련한 D2의 종전 진술 등에 비추어 보면 D2가 임의수사에 대한 협조를 거부하고 자신의 혐의사실에 대한 조사가 이루어지기 전에 퇴거를 요구하면서 검사의 제지에도 불구하고, 퇴거하였다고 하여 도망할 우려가 있다거나 증거를 인멸할 우려가 있다고 보기도 어려우므로, 위와 같이 긴급체포를 하려고 한 것은 그 당시 상황에 비추어 보아 200조의3 1항의 요건을 갖추지 못한 것으로 쉽게 보여져 이를 실행한 검사 등의 판단이 현저히 합리성을 잃었다. 따라서 검사가 위와 같이 검찰청에 자진출석한 D2를 체포하려고 한 행위를 적법한 공무집행이라고 할 수 없다.

(상해죄에 대하여) D가 D2에 대한 체포를 제지하는 과정에서 위 검사에게 상해를 가한 것은 이러한 불법

체포로 인한 신체에 대한 현재의 부당한 침해에서 벗어나기 위한 행위로서 정당방위에 해당하여 위법성이 조각된다.

C

1 범죄혐의의 상당성(probable cause)

'범죄혐의의 상당성'은 '도망과 증거인멸의 염려'와 함께 법원의 피고인 구속(70조 1항), 수사기관의 사전영장에 의한 피의자 체포(200조의2 1항), 수사기관의 피의자 긴급체포(200조의3 1항), 수사기관의 피의자 구속(201조 1항)에 공통적으로 필요한 요건이다. 압수, 수색, 검증의 경우에는 명문의 조항이 없지만 법원의 그것이든 수사기관의 그것이든 피의자의 '범죄혐의의 상당성'의 존재는 자명한 요건이다. '범죄혐의의 상당성'을 어떤 기준으로 인정하고 부정할 것인가 여부는 매우 중요한 문제임에도 불구하고 이 문제가 대법원에서 언급된 사안은 본 사안이 최초의 사안이므로 주목을 요한다.

2 범죄혐의의 상당성의 판단기준

'합리적 시민(reasonable person)이라면 특정의 피의자가 범죄를 범하였을 것으로 의심할 만하거나(체포와 구속의 경우), 혹은 그 장소에 모종의 범죄의 증거물이나 몰수물이 발견될 가능성이 높다(수색의 경우)'고 '의심할 만한 사실이나 정황'이 존재할 때 '범죄혐의의 상당성'을 인정할 수 있다. 이 의심은 '유죄판결에 필요한 합리적 의심의 여지가 없는 심증(대략 90% 이상의 가능성)'보다는 낮은 정도의 의심으로 족하지만 수사기관의 육감(wild hunch, 대략 10% 정도의 가능성)보다는 높은 정도의 심증(대략 70% 내외의 심증)이 요구된다.

범죄혐의의 상당성 요건은 수사기관의 '불합리하고 경솔한' 강제처분으로부터 시민을 보호하기 위한 장치이므로 강제처분을 하려는 수사기관이 확보한 정보(information)의 근거(base)와 신빙성(trustworthiness)을 개별적으로 심사하여 판정할 문제이다. '죄를 범하였다고 의심할 만한 상당한 이유'란 유죄판결에 필요한 '합리적 의심의 여지를 잠재울 정도의 고도의 증명'을 요구할 수는 없지만 '무죄추정을 깨뜨릴 수

있을 정도로 충분한 범죄혐의가 있다는 고도의 개연성과 구체적 소명자료가 존재함'을 의미[1]한다.

3 본 사안의 경우

P검사가 D2를 긴급체포하려고 할 당시 확보한 정보는 W2의 진술("D2가 W에 대한 증인신문사항을 작성할 당시 W가 허위 증언할 것이라는 것을 알고 있었을 것이라고 생각한다"는 취지의 진술)로 수사기관에게 유리한 자료였다. 그런데 W2의 진술은 "이미 인천지방법원 부천지원 사건의 판결에서 그 신빙성이 배척"된 진술이므로 수사기관에게 불리한 정황이다. 대법원은 W2의 진술만으로는 "D2가 위증 및 위증교사의 범행을 범하였다고 의심할 만한 상당한 이유가 있다고 볼 수 없다"고 판시하였다.

4 도망과 증거인멸의 염려

본 사안에 대하여 대법원은 "D2의 소환 경위, D2의 직업 및 혐의사실의 정도, D의 위증교사죄에 대한 무죄선고, D의 위증교사 사건과 관련한 D2의 종전 진술 등에 비추어 보면 D2가 임의수사에 대한 협조를 거부하고 자신의 혐의사실에 대한 조사가 이루어지기 전에 퇴거를 요구하면서 검사의 제지에도 불구하고, 퇴거하였다고 하여 도망할 우려가 있다거나 증거를 인멸할 우려가 있다고 보기도 어[렵다]."고 판시하였다.

5 자진출석과 긴급체포의 가부[2]

본 사안에서 대법원은 결과적으로 검사의 긴급체포를 위법하다고 평가하였다. 위법의 논거는 범죄혐의의 상당성·도망이나 증거인멸의 우려·긴급성·필요성 요건이 결여되어 있었다는 점이었지 자진출석자에게는 언제나 긴급체포가 불가능하다는 취지는 아니다. 특단의 사정이 없는 한 자진출석자에게는 도망의 우려나 증거인멸의 우려가 크지 않을 것이 예상되나 항상 그런 것은 아니다.[3]

---

1) 법원실무제요(Ⅰ)(2014), 313.
2) 김용관, 자진 출석한 참고인에 대한 긴급체포, 대법원판례해설 66호(2006 하반기)(2007. 7), 371 이하의 해설은 이 측면에 초점을 맞춘 분석이다.
3) 수사기관이 자진출석자를 긴급체포하였는데 적법으로 판단된 사례(대법원 1998. 7. 6. 선고 98도785 판결)도 있다.

4.4 현행범 체포의 위법례와 적법례의 대비

대법원 1991. 9. 24. 선고 91도1314 판결; 대법원 2006. 2. 10. 선고 2005도7158 판결

F 【91도1314】 D2는 K 여자중학교에 근무하는 교사이다. D2는 어느 날 식칼을 들고 교장실에 들어가 교장을 협박하는 등의 소동을 피웠으나 그 자리에 있던 D2의 부모의 만류로 그 소동은 불과 5분 만에 끝났다. D2는 교장실을 나와 서무실에 앉아 있었다. 학교 측으로부터 협박신고를 받고 출동한 경찰관들 (이하 P로 약칭함)이 D2를 체포하려고 하였다. P가 D2를 체포하려고 한 시간은 소란행위가 종료된 때로부터 40여 분 정도 지난 후이고 출동한 P가 D2를 발견한 경위는 다음과 같다. P는 처음에 교감과 서무주임을 만났고 그 결과 D2가 서무실에 있다는 사실을 알게 되었다. P가 D2를 체포하려 했던 장소도 서무실이었다. D2는 P에게 영장의 제시를 요구하면서 동행을 거부하였다. P가 D2를 연행하려고 하자 동료교사였던 D는 D2를 연행하려는 김해경찰서 수사과 소속 P의 멱살을 잡아당기고 또 P가 D2를 운동장에 세워져 있는 자동차에 태워 연행하려고 하자 그 자동차의 출발을 저지하려고 자동차의 문짝을 계속하여 잡아당기는 등 위 P의 현행범체포업무를 방해하였다. D는 부산지방법원에 공무집행방해(형법 136조 1항) 혐의로 기소되었다. 제1심과 항소심은 D에게 유죄(제1심은 징역 6월에 1년간 집행유예를 선고하였고 항소심은 징역 6월에 선고유예)를 선고하였다. D는 "D2를 체포하려는 P의 체포행위는 소동이 일어났던 장소(교장실)가 아닌 다른 장소(서무실)에서 감행되었고 또한 소동이 있었던 때로부터 약 40분이 지나서 감행되어 시간적으로나 장소적으로나 '범죄의 현행범성'이 없으므로 적법한 공무집행으로 볼 수 없다"고 주장하며 상고하였다.

【2005도7158】 술에 취한 D4가 어느 날 09:10경 목욕탕 탈의실에서 V3를 구타하고 약 1분여 동안 V2의 목을 잡고 있다가 그곳에 있던 다른 사람들이 말리자 잡고 있던 V3의 목을 놓은 후 위 목욕탕 탈의실 의자에 앉아 있었다. V3가 와서 탈의실 내 평상을 뒤집었고 이에 다른 사람들이 그 평상을 원위치시켜 놓았다. 그 무렵 위 목욕탕에서 이발소를 운영하고 있는 W가 D4에게 '옷을 입고 가라'고 하여 D4가 옷을 입고 있었다. 한편 다른 사람들은 D4가 V3를 구타하는 것을 말린 후 위 목욕탕 주인이 경찰에 112 신고를 하여 경찰관 P, P4가 바로 출동하였는데, 경찰관들이 현장에 출동하였을 때 D4는 위와 같이 탈의실에서 옷을 입고 있었다. P가 피해자(V2), D4, 신고자(목욕탕 주인) 등을 상대로 신고내용을 들은 후 탈의실에 있는 D4를 '상해죄의 현행범인으로 체포한다'고 하면서 미란다 경고사항을 고지하고 D4를 강제로 연행하려고 하자, D4는 '잘못한 일이 없다'고 하면서 탈의실 바닥에 누워 한동안 체포에 불응하였다. D4가 계속 누워서 저항하자 같은 날 09:35 내지 09:40경 위 P는 V2, V3 등과 힘을 합하여 D4를 붙들고 위 목욕탕 밖으로 나와 112 순찰차량의 뒷좌석에 태웠다. 그런데 D4가 갑자기 차 밖으로 뛰쳐나와 양손으로 경찰관 P의 멱살을 붙잡은 후 양 주먹으로 얼굴 부위를 수회 때려 P에게 2주간의 치료를 요하는 안면 부 좌상이 발생하였다. D4는 공무집행방해 혐의로 기소되었다. 항소심은 "D4가 범죄의 실행행위를 종료한 직후임이 체포자인 P 등에게 명백히 인정되는 경우라고 보기 어려워 D4를 현행범인이라고 볼 수 없다."고 판단하여 무죄를 선고하였다. 검사가 상고하였다.

I '범죄실행의 즉후'(211조 1항)의 의미

R A 파기환송. 【91도1314】 본 건에서 경찰관들이 D2를 체포할 당시 그 학교의 교사로서 서무실에 앉아 있던 D2가 방금 범죄를 실행한 범인이라는 점에 관한 죄증이 체포자인 경찰관들에게 명백히 인식될 만한 상황이었다고 단정하기 어렵다. 물론 D2가 211조 2항 각호의 1에 해당하는 요건을 갖추고 있어서 그를 준(準)현행범으로 볼 수 있었던 것인지

의 여부는 별개의 문제이다.

R 파기환송. 【2005도7158】 211조가 현행범인으로 규정한 '범죄의 실행의 즉후인 자'라고 함은 '범죄의 실행행위를 종료한 직후의 범인이라는 것이 체포하는 자의 입장에서 볼 때 명백한 경우를 일컫는 것'이고, '범죄행위를 실행하여 끝마친 순간 또는 이에 아주 접착된 시간적 단계를 의미하는 것'으로 해석되므로, 시간적으로나 장소적으로 보아 체포를 당하는 자가 방금 범죄를 실행한 범인이라는 점에 관한 죄증이 명백히 존재하는 것으로 인정된다면 현행범인으로 볼 수 있다(대법원 1995. 5. 9. 선고 94도3016 판결; 2002. 5. 10. 선고 2001도300 판결 등 참조).

A 위와 같은 사실관계와 체포 전후의 정황에 비추어 본다면, 위 P가 D4를 현행범인으로 체포한 시기는 D4가 V3에 대한 상해행위를 종료한 순간과 아주 접착된 시간적 단계에 있다고 볼 수 있을 뿐만 아니라 D4를 체포한 장소도 D4가 위 상해행위을 저지른 바로 위 목욕탕 탈의실이어서, 위 P가 D4를 체포할 당시는 D4가 방금 범죄를 실행한 범인이라고 볼 죄증이 명백히 존재하는 것으로 인정할 수 있는 상황이었으므로 D4를 현행범인으로 볼 수 있다.

C

1 현행범 체포의 요건으로서 '범죄실행의 즉후'의 의미

현행범의 요건으로서의 '범죄의 실행 중'이란 범죄의 실행에 착수하여 실행을 종료하지 못한 상태를 말한다. 그러면 범죄실행의 즉후란 무엇인가? 91도1314 사안에서는 '범죄실행의 즉후'임이 부정된 반면 2005도7158 사안에서는 '범죄실행의 즉후'임이 인정되었다. 2005도7158 판결은 이를 "범죄행위를 실행하여 끝마친 순간 또는 이에 아주 접착된 시간적 단계를 의미하는 것으로 해석되므로, 시간적으로나 장소적으로 보아 체포를 당하는 자가 방금 범죄를 실행한 범인이라는 점에 관한 죄증이 명백히 존재하는 것

으로 인정된다면 현행범인으로 볼 수 있다."고 판시한다.

2 시간적 근접성과 장소적 근접성

(1) **시간적 근접성** : 대체로 3~40분 정도가 최대한이 될 것이다. 3~40분 정도라는 기준은 '신고를 받은 경찰관이 현장에 출동하는 데 통상적으로 소요되는 시간'에서 온 것이다. 현행범은 누구든지 체포할 수 있지만 개인이 체포하는 경우는 드물고 경찰관이 신고를 받고 현장으로 달려가 체포하는 경우가 많을 것이기 때문이다.

(2) **장소적 근접성** : 현행범은 본래 시간적 단계상의 개념이지만 범행 후의 시간의 경과로 범인은 범행현장으로부터 이동할 것이 예상된다. 범인이 범행현장으로부터 이탈할수록 범행과 체포의 근접성이 희박해짐은 물론 범인이 다른 사람과 뒤섞여 범인의 명백성이 상실되므로 현행범의 요건으로서의 시간적 근접성 요건 속에는 장소적 요소도 고려되어 판단되어야 한다.

91도1314 사안에서 경찰관들이 D2를 체포하려고 한 것은 D2의 범죄실행행위가 종료된 때로부터 40여분 정도가 지난 후였으며 체포하려고 한 장소도 범죄실행장소(교장실)가 아닌 다른 장소(서무실)였다.

3 범인과 범증의 명백성

현행범에 대하여 형소법이 수사기관으로 하여금 영장 없이 체포할 수 있도록 하고 수사기관이 아닌 일반인에게도 체포권을 준 이유는 범죄가 명백하고 범인이 명백하여 범인의 오인(誤認)과 체포자의 권한 남용의 우려가 없기 때문이다. 객관적으로는 현행범인이라 하더라도 그것이 외부적으로 명백하지 않으면 현행범인이라고 할 수 없다(대법원 2007. 4. 13. 선고 2007도1249 판결). 범인과 범증의 명백성은 누구라도 알 수 있을 정도로 외부적으로 명백해야 하는가? 본 판결은 "체포하는 자의 입장에서 볼 때 (중략) 체포를 당하는 자가 방금 범죄를 실행한 범인이라는 점에 관한 죄증이 명백히 존재하는 것으로 인정되는 경우" 현행범인으로 볼 수 있다고 판시하고 있다.

4.5 체포의 필요성

대법원 2011. 5. 26. 선고 2011도3682 판결

F D는 2009. 9. 6. 01:45경 서울 마포구 서교동 A빌라 주차장에서 술에 취한 상태에서 전화를 걸다가 인근 지역을 순찰하던 경찰관인 P, P2로부터 불심검문을 받게 되자 P2에게 자신의 운전면허증을 교부하였다. P가 D의 신분조회를 위하여 순찰차로 걸어간 사이에, D는 위 불심검문에 항의하면서 P에게 큰 소리로 욕설을 하였다. 이에 P는 D에게 '모욕죄의 현행범으로 체포하겠다.'고 고지한 후 D의 오른쪽 어깨를 붙잡았고, D는 이에 강하게 반항하면서 P에게 상해가 발생하였다. D는 모욕, 상해·공무집행방해 혐의로 기소되었다. 제1심과 항소심은 모욕죄에 대하여는 유죄(벌금 50만 원),[1] 상해·공무집행방해 혐의에 대

하여는 무죄를 선고하였다. 검사가 상고하였다.

I 현행범(준현행범을 포함)을 체포하는 경우에도 체포의 필요성[70조 1항의 구속사유(주거부정, 도망·증거인멸의 염려) 중 특히 도망·증거인멸의 염려]이 필요한가?

R 상고기각. 현행범인은 누구든지 영장 없이 체포할 수 있다(212조). 현행범인으로 체포하기 위하여는 행위의 가벌성, 범죄의 현행성·시간적 접착성, 범인·범죄의 명백성 이외에 체포의 필요성 즉, 도망 또는 증거인멸의 염려가 있어야 하고, 이러한 요건을 갖추지 못한 현행범인 체포는 법적 근거에 의하지 아니한 영장 없는 체포로서 위법한 체포에 해당한다(대법원 1999. 1. 26. 선고 98도3029 판결 등 참조). 여기서 현행범인 체포의 요건을 갖추었는지 여부는 체포 당시의 상황을 기초로 판단하여야 하고, 이에 관한 검사나 사법경찰관 등 수사주체의 판단에는 상당한 재량의 여지가 있으나, 체포 당시의 상황으로 보아서도 그 요건의 충족 여부에 관한 검사나 사법경찰관 등의 판단이 경험칙에 비추어 현저히 합리성을 잃은 경우에는 그 체포는 위법하다(대법원 2002. 6. 11. 선고 2000도5701 판결; 대법원 2002. 12. 10. 선고 2002도4227 판결 등 참조).

한편 형법 136조가 규정하는 공무집행방해죄는 공무원의 직무집행이 적법한 경우에 한하여 성립하고, 여기서 적법한 공무집행은 그 행위가 공무원의 추상적 권한에 속할 뿐 아니라 구체적 직무집행에 관한 법률상 요건과 방식을 갖춘 경우를 가리킨다. 경찰관이 현행범인 체포의 요건을 갖추지 못하였음에도 실

---

1) "심야에 골목길 빌라 주차장에서 휴대폰으로 타인과 통화를 시도하고 있었고, 112신고사건 처리내역서의 기재 등에 의하면, 위 빌라 일대에서는 그 무렵 수십 건의 절도와 강제추행 등의 사건이 발생하였음을 인정할 수 있으므로, 위 법률 규정에 비추어 P 등 경찰관이 D를 불심검문의 대상으로 삼은 데 어떠한 잘못이 있다고 볼 수 없다. 또한, 증인 P2, P3의 각 증언에 의하면, P2는 경찰관의 정복을 착용한 상태에서 D에게 "이 시간에 남의 주차장에 통화하러 들어갔다는 것이 이상하지 않느냐, 불심검문하겠다."라고 고지한 뒤 신분증의 제시를 요구하였고, 순찰차를 주차한 뒤 P2를 뒤따라온 동료 경찰 P3 역시 D에게 자신의 소속과 이름을 밝히면서 "주차장에서 심야에 왜 나오느냐."라고 고지한 사실을 인정할 수 있는바, 이러한 사실관계에 비추어 보면 경찰관인 P2 등이 D에 대해 불심검문의 목적과 이유를 전혀 밝히지 아니하였다고 볼 수 없고, 한편, 당시까지는 P2 등이 D에게 신분증 제시를 강요하거나 강제력을 행사한 것도 아니므로, D로서는 경찰관들에게 그 의사에 반하는 신분증 제시를 거부하면 충분한 것임에도 불구하고, 이에 머물지 않고 판시와 같이 P2에게 욕설을 한 이상, 이를 들어 부적법한 공무집행에 대한 항의의 표시에 불과하다고 볼 수 없다. 모욕죄에 있어서의 '공연성'은 불특정 또는 다수인이 인식할 수 있는 상태를 의미하므로, 불특정 다중이 인식할 수 있는 상황에서 모욕적인 언사를 하였다면, 설령 당시 이를 보고 들은 자가 없다고 하더라도 모욕죄의 성립에 아무런 지장이 없다. 증인 O3의 법정진술에 의하면, 당시 O3의 주거는 D가 욕설을 한 빌라 주차장 부근에서 30~40m 거리에 있었음에도, D의 욕설

이 너무 고성이어서 O3 자신은 무서움을 느낄 정도였고, 그 남편의 수면까지 방해되었던 사실을 인정할 수 있으므로, D의 모욕적인 언사가 '공연성'의 요건을 갖추지 못하였다고 볼 수 없다"(서울서부지방법원 2010. 6. 10. 선고 2009고단2746 판결).

력으로 현행범인을 체포하려고 하였다면 적법한 공무집행이라고 할 수 없고, 현행범인 체포행위가 적법한 공무집행을 벗어나 불법하게 체포한 것으로 볼 수밖에 없다면, 현행범이 그 체포를 면하려고 반항하는 과정에서 경찰관에게 상해를 가한 것은 불법체포로 인한 신체에 대한 현재의 부당한 침해에서 벗어나기 위한 행위로서 정당방위에 해당하여 위법성이 조각된다(대법원 2006. 9. 8. 선고 2006도148 판결; 대법원 2006. 11. 23. 선고 2006도2732 판결 등 참조).

A P가 D를 현행범인으로 체포할 당시 D가 모욕범행을 실행 중이거나 실행행위를 종료한 직후에 있었다고 하더라도, D는 P, P2의 불심검문에 응하여 이미 운전면허증을 교부한 상태이고, P뿐 아니라 인근 주민도 D의 욕설을 직접 들었으므로, D가 도망하거나 증거를 인멸할 염려가 있다고 보기는 어려울 것이다. 또한 D의 모욕 범행은 불심검문에 항의하는 과정에서 저지른 일시적, 우발적인 행위로서 사안 자체가 경미할 뿐 아니라, 고소를 통하여 검사 등 수사 주체의 객관적 판단을 받지도 아니한 채 피해자인 경찰관이 범행현장에서 즉시 범인을 체포할 급박한 사정이 있다고 보기도 어렵다. 따라서 P가 D를 체포한 행위는 현행범인 체포의 요건을 갖추지 못하여 적법한 공무집행이라고 볼 수 없으므로 공무집행방해죄의 구성요건을 충족하지 않고, D가 그 체포를 면하려고 반항하는 과정에서 P에게 상해를 가한 것은 불법체포로 인한 신체에 대한 현재의 부당한 침해에서 벗어나기 위한 행위로서 정당방위에 해당하여 위법성이 조각된다.

C

1 체포의 필요성

형사소송법은 긴급체포에 대하여는 체포의 필요성이 긴급체포(200조의3 1항 1호, 2호; 도망의 염려, 증거인멸의 염려)의 요건임을 명문으로 규정하고 있으나 현행범체포에서는 명문의 규정이 없으므로 체포의 필요성이 현행범체포의 요건이냐가 문제된다. 강제처분은 필요한 최소한도 내에서만 허용되어야 한다는 강제처분의 일반원칙을 고려하고 214조가 경미한 범죄의 현행범인에 대하여는 주거불명을 체포의 요건으로 규정하고 있는 점에 비추어 볼 때 비경미범죄의 경우 체포의 필요성이 현행범체포의 요건이라고 보아야 할 필요가 없는 것은 아니다. 다만 법조문에는 이 요건이 명시된 바 없어[2] 이 쟁점이 제기되었다.

본 판결은 현행범체포에도 체포의 필요성(도망·증거인멸의 우려)이 필수요건임을 다시 한번 명시하였고 한 걸음 더 나아가 "이 요건을 갖추지 못한 현행범인 체포는 법적 근거에 의하지 아니한 영장 없는 체포로서 위법한 체포에 해당한다."고 명시하였다. 다만 현행범의 체포에는 통상 긴급성이 내재되어 있으므로 체포의 필요성은 명백히 체포의 필요성이 없는 경우에는 체포할 수 없다는 소극적인 의미로 이해될 수도 있다.

---

2) 현행범체포에도 체포의 필요성이 요구된다는 선례가 없지는 않았다. "현행범인 체포의 요건으로서는 행위의 가벌성, 범죄의 현행성·시간적 접착성, 범인·범죄의 명백성 외에 체포의 필요성 즉, 도망 또는 증거인멸의 염려가 있을 것을 요한다고 보아야 함은 소론과 같다"(대법원 1999. 1. 26. 선고 98도3029 판결).

4.6 현행범체포와 주거부정 기타

수원지방법원 2013. 3. 28. 선고 2012노5294 판결

F I D는 경범죄처벌법위반, 공무집행방해죄 혐의로 기소되었다. 사실관계는 다음과 같다: ① D는 2011. 8. 13. 03:30경 수원시 장안구 조원동 755 앞길에서 술에 취해 소리를 질러 주위를 시끄럽게 하였다. ② 신고를 받고 출동한 경찰관 P가 D에게 신분증 제시를 요구하였으나, D는 신분증을 제시하지 않았다. ③ P가 D를 '주거가 불명한 경범죄처벌법위반 범행[1]'의 현행범으로 체포한다'고 고지한 후 '순찰차에 타라'고 말하였다. ④ 그러자 D는 주머니에서 지갑을 꺼내 그 안에 들어있던 운전면허증을 P에게 내밀었다. ⑤ P는 '이미 현행범 체포가 되었다'면서 D의 운전면허증을 제대로 확인하지 아니한 채 현장을 떠나려고 하는 D를 붙잡아 강제로 순찰차에 태웠다(위 ③, ④, ⑤ 사실은 수사기록 58면에 편철되어 있는 동영상을 주로 참조함). 이 과정에서 D가 저항하여 외형상 P에게 유형력이 행사된 것 같은 외관이 발현되었다. 검사는, '경찰관이 신분증 제시를 요구하였음에도 D가 이를 거부한 시점에 현행범 체포를 위한 '주거의 불분명' 상태가 이미 확정되었고, 위 D를 순찰차에 강제로 태우는 단계에서 체포행위는 완료된 것이므로, 그 이후 단계에서 D가 신분증을 제시하였더라도 이는 이미 이루어진 현행범 체포의 적법성에 영향을 미치지 않는다.'는 취지로 주장하였다. 제1심은 경범죄처벌법위반에 대하여는 유죄를 선고하였지만, 공무집행방해 부분에 대하여는 "D를 현행범 체포한 경찰관의 행위는 적법한 공무집행이 아니었음"을 전제

로 무죄를 선고하였다. 검사는 "D가 현행범 체포 당시 신분증 제시를 거부하여 그에 대한 현행범 체포의 요건이 충족되었고, 체포가 이루어진 후 신분증을 제시한 것은 이미 성립된 현행범 체포의 요건에 별다른 영향을 미치지 않음에도, 제1심이 D에 대한 경찰관의 체포 행위가 위법한 공무집행이라고 보아 D에 대한 공소사실 중 공무집행방해 부분에 대하여 무죄를 선고한 것은 사실을 오인하거나 법리를 오해하여 판결에 영향을 미친 위법이 있다."고 주장하며 항소하였다.

R 항소기각. 현행범인은 누구든지 영장 없이 체포할 수 있으나(212조), 다액 50만 원 이하의 벌금, 구류 또는 과료에 해당하는 죄의 현행범인에 대하여는 범인의 주거가 분명하지 아니한 때에 한하여 체포할 수 있으므로(214조), 경찰관이 경범죄처벌법위반 범행을 저지른 사람을 현행범 체포함에 있어 특별한 사정(현행범인의 도주 등으로 주거확인을 하기 어려운 경우 등) 없이 그의 주거가 분명한지 여부를 확인하지 아니한 채 현행범인으로 체포하였다면 적법한 공무집행이라고 할 수 없다.

A 경찰관이 D의 운전면허증을 통하여 그의 주거가 분명한지 여부를 확인할 수 있었음에도 이를 확인하지 않은 채 D를 순찰차에 강제로 태우는 현행범 체포행위를 하였음이 인정된다. 형법 내지 형사소송법의 해석상 '체포'란 '피의자를 그의 의사에 반하여 비교적 짧은 기간 동안 수사관서 등 일정한 장소에 인치하는 것'을 의미하므로, 순찰차 또는 경찰서 등 일정한 장소에 D를 인치하기 위한 유형력의 행사가 있었던 시점, 즉 위 ⑤ 단계에 이르러서야 체포행위의 착수 내지 완료가 있었다. 따라서 그 이전에 D가 신분증을 제시하였다면 적어도 이를 통하여 그의 주거불명 여부를 확인한 후 위 ⑤의 단계로 나아갈지

---

1) 경범죄처벌법 1조(경범죄의 종류) 다음 각 호의 1에 해당하는 사람은 10만 원 이하의 벌금, 구류 또는 과료의 형으로 벌한다. 25. (음주소란 등) 공회당·극장·음식점 등 여러 사람이 모이거나 다니는 곳 또는 여러 사람이 타는 기차·자동차·배등에서 몹시 거친 말 또는 행동으로 주위를 시끄럽게 하거나 술에 취하여 이유 없이 다른 사람에게 주정을 한 사람 26. (인근소란등) 악기·라디오·텔레비전·전축·종·확성기·전동기 등의 소리를 지나치게 크게 내거나 큰소리로 떠들거나 노래를 불러 이웃을 시끄럽게 한 사람.

여부를 결정하였어야 하므로, 검사의 위 주장은 받아들이기 어렵다. 따라서 제1심판결에는 검사가 주장하는 것과 같은 사실오인 내지 법리오해의 위법이 없고, 검사의 주장은 이유 없다.

C

① 주거부정(주거의 불분명)

현행범 체포가 적법하려면 "행위의 가벌성, 범죄의 현행성·시간적 접착성, 범인·범죄의 명백성, 체포의 필요성(도망 또는 증거인멸의 염려)" 요건이 구비되어야 한다. 대상범죄가 경범죄(법정형이 50만 원 이하의 벌금, 구류, 과료에 해당하는 죄)인 때에는 그 밖에 '주거가 불분명'한 요건이 추가적으로 필요하다(214조). 본 사안에서 검사는 공무집행방해 부분에 대하여 주거부정 요건이 구비되었다고 보았지만 제1심과 항소심은 주거부정 요건이 구비되지 않았다고 보아 D에게 무죄를 선고하였다. 당초 D가 신분증을 제시하지 않아 주거부정 요건이 구비되는 것처럼 보였지만 P가 '주거가 불명한 경범죄처벌법위반 범행의 현행범으로 체포한다'고 고지한 후 즉시 주머니에서 지갑을 꺼내 그 안에 들어있던 운전면허증을 P에게 내밀었으므로 경찰관 P는 운전면허증을 살펴 본 후 주거불명 여부를 판단하였어야 했다. 그렇게 하지 않고 체포절차를 진행하였으므로 이 현행범 체포는 위법한 체포로 평가받을 만하다.

② 사인이 체포한 현행범인의 인도시기(대법원 2011. 12.22. 선고 2011도12927 판결)

청해 부대 소속 군인들이 해상강도의 피의자들을 현행범인으로 체포한 것은 "검사 등이 아닌 이에 의한 현행범인 체포에 해당하고, 피의자들을 체포한 이후 국내로 이송하는 데에 약 9일이 소요된 것은 공간적·물리적 제약 상 불가피한 것으로 정당한 이유 없이 인도를 지연하거나 체포를 계속한 경우로 볼 수 없다." 또 "구속영장 청구기간인 48시간의 기산점은 경찰관들이 피고인들의 신병을 인수한 2011. 1. 30. 04:30경부터 진행"되고 "그로부터 48시간 이내에 청구되어 발부된 구속영장에 의하여 피고인들이 구속되었으므로, 피고인들은 적법한 체포, 즉시 인도 및 적법한 구속에 의하여 공소제기 당시 부산구치소에 구금되어 있어서 제1심법원에 토지관할이 있다."

③ 혐의가 사후적으로 무죄로 판단된다고 하더라도 객관적으로 보아 범죄가 되는 행위의 현행범이라고 인정할 만한 충분한 이유가 있으면 적법한 현행범체포(대법원 2013. 8. 23. 선고 2011도4763 판결)

"현행범 체포의 적법성은 체포 당시의 구체적 상황을 기초로 객관적으로 판단하여야 하고, 사후에 범인으로 인정되었는지에 의할 것은 아니다. 비록 D가 식당 안에서 소리를 지르거나 양은그릇을 부딪치는 등의 소란행위가 업무방해죄의 구성요건에 해당하지 않아 사후적으로 무죄로 판단된다고 하더라도, D가 '상황을 설명해 달라'거나 '밖에서 얘기하자'는 경찰관의 요구를 거부하고 경찰관 앞에서 소리를 지르고 양은그릇을 두드리면서 소란을 피운 당시 상황에서는 객관적으로 보아 D가 업무방해죄의 현행범이라고 인정할 만한 충분한 이유가 있으므로, 경찰관들이 D를 체포하려고 한 행위는 적법한 공무집행이라고 보아야 하고, 그 과정에서 D가 체포에 저항하며 V들을 폭행하거나 상해를 가한 것은 공무집행방해죄 등을 구성한다."

④ 현행범을 체포한 경찰관의 법정에서의 목격진술의 증거능력과 증명력(대법원 1995. 5. 9. 선고 95도535 판결)

"현행범을 체포한 경찰관의 진술이라 하더라도 범행을 목격한 부분에 관하여는 여느 목격자와 다름없이 증거능력이 있고, 다만 그 증거의 신빙성만 문제된다. 위와 같은 경찰관의 체포행위를 도운 자(O)가 '범인의 범행을 목격하였다'는 취지의 진술은 그 사람이 경찰정보원이라 하더라도 그 증거능력을 부인할 아무런 이유가 없다."

4.7 준현행범 체포의 요건

대법원 2000. 7. 4. 선고 99도4341 판결

F 인천중부경찰서 신흥파출소에 근무하는 P(경장), P2(순경)가 야간에 112차량을 타고 순찰 근무를 하던 중 교통사고가 발생하였다. P, P2는 사고발생 후 4분 만에 경찰서 지령실로부터 '교통사고를 일으킨 검정색 그랜저 승용차가 경찰서 방면으로 도주하였다'는 무전연락을 받고 인천 중구 신흥동 2가 54 소재 삼익아파트 쪽으로 진행하고 있었는데, 다시 도보 순찰자인 P3(순경)로부터 '검정색 그랜저 승용차가 펑크가 난 상태로 삼익아파트 뒷골목으로 도주하였다'는 무전연락을 받고 그 주변을 수색하던 중 삼익아파트 뒤편 철로 옆에 세워져 있던 검정색 그랜저 승용차에서 D가 내리는 것을 발견하였고, 그 승용차의 운전석 범퍼 및 펜더 부분이 파손된 상태임을 발견하였다. 교통사고가 발생한 지점과 D가 체포된 지점은 거리상으로 약 1km 떨어져 있고 시간상으로도 10분 정도의 차이가 있으며, P, P2는 D의 차량을 사고현장에서부터 추적하여 따라간 것이 아니고 순찰 중 경찰서로부터 무전연락을 받고 도주차량 용의자를 수색하다가 그 용의자로 보이는 D를 발견하고 검문하려다가 체포한 것이다. P, P2가 D를 체포하기 전후에 D에게 '범죄사실의 요지, 체포의 이유와 변호인을 선임할 수 있음'을 말한 바는 없다. D는 자신을 파출소로 강제로 끌고 가려는 P, P2의 강제수사로 신체의 자유가 자신의 의사에 반하여 침해되는 긴급한 상황에 놓이게 되자, 이를 벗어날 목적으로 P, P2를 폭행한다고 생각할 겨를도 없이 단지 자신을 강제로 붙잡고 놓아주지 않는 그들의 손에서 벗어나기 위하여 발버둥치는 과정에서 팔꿈치로 그들의 가슴 부분을 밀어 넘어뜨리거나 손으로 밀어냈다. 그 결과 P, P2 중 1인이 상해를 입었다. D는 '폭력행위 등 처벌에 관한 법률위반(상해)·공무집행방해' 혐의로 기소되었다. 항소심은 "211조가 현행범인으로 규정한 '범죄실행의 즉후인 자'란 체포하는 자가 볼 때 범죄의 실행행위를 종료한 직후의 범인이라는 것이 명백한

경우를 일컫는 것으로서, 시간이나 장소로 보아 체포당하는 자를 방금 범죄를 실행한 범인이라고 볼 증거가 명백히 존재하는 것으로 인정되는 경우에만 그를 현행범인으로 볼 수 있는 것"인데, 사안에서 "D를 현행범인으로 보기 어렵다"고 판단하고, 'D가 P, P2에게 상해를 가하였다'는 부분에 관하여, D에게 폭력행위의 범의가 있다고 보기 어려울 뿐만 아니라, D가 그와 같이 반항하게 된 경위와 반항의 정도, 방법 등에 비추어 볼 때, D의 위와 같은 행위는 신체의 자유에 대한 현재의 부당한 침해를 방위하기 위한 행위로서 정당방위에 해당되어 위법성이 조각 된다"고 판단하였다. 검사가 상고하였다.

I P, P2가 D를 체포할 때 현행범 체포 또는 준현행범 체포의 요건들이 구비되었는가?

R Á 상고기각. ㉮ D를 211조 1항이 규정하고 있는 현행범인에 해당한다고 보기는 어려울 것이나, ㉯ D로서는 211조 2항 2호의 '장물이나 범죄에 사용되었다고 인정함에 충분한 흉기 기타의 물건을 소지하고 있는 때'에 해당한다고 볼 수 있으므로, 준현행범인으로서 영장 없이 체포할 수 있는 경우에는 해당한다. 그럼에도 D가 211조 1항의 현행범인이 아니라는 이유에서 그를 영장 없이 체포한 순경 등의 행위가 적법한 공무집행에 해당하지 않는다고 한 원심판결에는 211조 2항 2호의 준현행범인에 관한 법리를 오해하였거나, 그 점을 간과하여 공무집행의 적법성에 관한 판단을 그르친 위법이 있다. ㉰ 그러나 헌법 12조 5항 전문은 (중략) 원칙을 천명하고 있고, 72조는 (중략) 규정하는 한편, 이 규정은 같은 법 213조의2에 의하여 검사 또는 사법경찰관리가 현행범인을 체포하거나 일반인이 체포한 현행범인을 인도받는 경우에 준용되므로, 이 사건과 같이 사법경찰리가 D를 현행범인으로 체포하는 경우에 반드시 D에게

범죄사실의 요지, 구속의 이유와 변호인을 선임할 수 있음을 말하고 변명할 기회를 주어야 할 것임은 명백하다. 이러한 법리는 비단 현행범인을 체포하는 경우뿐만 아니라 긴급체포의 경우에도 마찬가지로 적용되는 것이고(대법원 1994. 3. 11. 선고 93도958 판결; 1995. 5. 26. 선고 94다37226 판결 등 참조), ㉱ 이와 같은 고지는 체포를 위한 실력행사에 들어가기 이전에 미리 하여야 하는 것이 원칙이나, 달아나는 피의자를 쫓아가 붙들거나 폭력으로 대항하는 피의자를 실력으로 제압하는 경우에는 붙들거나 제압하는 과정에서 하거나, 그것이 여의치 않은 경우에라도 일단 붙들거나 제압한 후에는 지체 없이 행하여야 할 것이다. ㉲ 형법 136조가 규정하는 공무집행방해죄는 공무원의 직무집행이 적법한 경우에 한하여 성립하는 것이고, 적법한 공무집행이라 함은 그 행위가 공무원의 추상적 권한에 속할 뿐 아니라 구체적 직무집행에 관한 법률상 요건과 방식을 갖춘 경우를 가리키는 것이므로, 경찰관이 적법절차를 준수하지 아니한 채 실력으로 현행범인을 연행하려고 하였다면 적법한 공무집행이라고 할 수 없고, 현행범인이 그 경찰관에 대하여 이를 거부하는 방법으로써 폭행을 하였다고 하여 공무집행방해죄가 성립하는 것은 아니다(대법원 1994. 10. 25. 선고 94도2283 판결; 1995. 5. 9. 선고 94도3016 판결; 1996. 12. 23. 선고 96도2673 판결 등 참조). 원심이 같은 취지에서 위와 같은 적법절차를 준수하지 아니한 채 D를 강제로 순찰차에 태우려 한 사실을 들어 경장 등이 D를 현행범인으로 체포하려고 한 행위를 적법한 공무집행으로 볼 수 없다고 판단하였음은 정당[하다]. ㉳ 상해죄의 성립에는 상해의 원인인 폭행에 대한 인식이 있으면 충분하고 상해를 가할 의사의 존재까지는 필요하지 아니한 것인바(대법원 1983. 3. 22. 선고 83도231 판결 등 참조), D가 비록 경장(P) 등의 손에서 벗어나기 위해서이기는 하나 그들과 몸싸움을 벌인 것은 분명하고, D가 팔꿈치 또는 손으로 경찰관들을 밀어 넘어뜨렸다면 적어도 폭행에 대한 인식은 있었다고 봄이 상당하므로, D에게 폭력에 대한 범의조차 없다고 본 원심의 판단 부분은 수긍하기 어렵다. ㉴ 그러나 경장 등의 행위는 이미 적법한 공무집행을

벗어나 D를 불법하게 체포한 것으로 볼 수밖에 없으므로, D가 그 체포를 면하려고 반항하는 과정에서 경장 등에게 상해를 가한 것은 이러한 불법체포로 인한 신체에 대한 현재의 부당한 침해에서 벗어나기 위한 행위로서 정당방위에 해당하여 위법성이 조각된다고 본 원심의 판단은 정당(대법원 1999. 12. 28. 선고 98도138 판결 등 참조)[하다].

C

① 적법한 준현행범체포 정황이 인정된 최초의 사례

본 사례는 적법한 준현행범체포정황이 인정된 최초의 사례이다. 대법원은 본 사안에서 경찰관들이 D를 체포할 때 현행범체포의 요건은 구비되지 않았지만 '준현행범체포의 요건은 구비되었다'고 판단하였다.

② 준현행범체포의 정황

본 사안에서 경찰관들은 무전연락을 받고 그 주변을 수색하던 중 삼익아파트 뒤편 철로 옆에 세워져 있던 검정색 그랜져 승용차에서 D가 내리는 것을 발견하였고, 그 승용차의 운전석 범퍼 및 펜더 부분이 파손된 상태였음을 발견하고 D를 체포하였다. 대법원은 이런 정황이라면 211조 2항 2호의 '장물이나 범죄에 사용되었다고 인정함에 충분한 흉기 기타의 물건을 소지하고 있는 때'에 해당한다고 보았다. 그럼에도 불구하고 대법원은 본 사안에서 검사의 상고를 기각하여 D가 경찰관들의 체포에 저항한 행위를 상해죄와 공무집행방해죄로 형사처벌할 수 없다는 취지의 항소심판결의 결론을 유지하고 있다. 그 이유는 무엇인가?

③ 체포 시 수사기관의 피체포자에 대한 준미란다 고지의무와 고지의무 해태의 효과

본 사안에서는 준현행범 체포의 적법요건이 구비되어 있었지만 수사기관의 준현행범 체포 시 피체포자에 대한 준미란다 고지의무가 해태되었다는 점이었다.

4.8 구속된 피의자의 조사수인의무

대법원 2013. 7. 1.자 2013모160 결정

F D(준항고인)는 국가보안법 위반의 혐의사실로 서울중앙지방법원이 2011. 7. 19. 발부한 구속영장에 의하여 2011. 7. 20. 서울구치소에 구금되었다. 국가정보원 소속 수사관은 2011. 7. 20. 피의자신문을 하기 위하여 D에게 국가정보원 조사실로 이동할 것을 요구하였는데, D는 '수사기관에서 어떠한 조사도 받지 않겠다'며 이를 거부하였다. 이에 검사가 서울구치소장에게 'D가 국가정보원에서 피의자 조사를 받을 수 있도록 인치하여 달라'는 내용의 협조요청 공문을 발송하였고, 서울구치소 교도관들은 2011. 7. 21. 및 2011. 7. 22. 위 공문에 기초하여 D를 국가정보원 조사실로 구인하였다. 위와 같은 경위로 이루어진 피의자신문 과정에서 진술거부권이 고지되지 않았다거나 준항고인들의 진술을 강제하였다고 볼 만한 자료들은 찾아볼 수 없다. D는 '교도관들의 국가정보원 조사실로의 구인처분이 위법하다'고 주장하면서 그 취소를 구하는 준항고(417조)를 제기하였다. 준항고법원이 준항고를 기각하자 D는 "형사소송법의 해석상 피의자신문에 대한 조사수인의무를 인정할 수 없다. 형사소송법이 규정하고 있는 피의자신문은 어디까지나 임의수사의 일종으로서 진술거부권이 보장되어 있으므로, 피의자가 임의로 출석하는 경우에 한하여 피의자신문이 가능하다. 69조, 71조의 규정은 구속영장에 의하여 구속피의자를 구인할 수 있다는 근거 규정이 될 수 없고, 법원이 발부한 구속영장에 의하여 수사기관이 피의자를 구인할 수 있는 근거 규정은 없다."고 주장하며 대법원에 재항고하였다.

I 구금된 피의자에게 조사수인의무가 있는가(구속영장이 발부되어 적법하게 구금된 피의자가 수사기관 조사실에의 출석을 거부하면 수사기관은 그 구속영장의 효력으로 적법하게 피의자를 조사실로 구인할 수 있는가)?

R 재항고기각. 1. 199조 1항은 (중략), 200조는 (중략), 200조의2 1항은 (중략) 규정하고 있으므로, 수사기관은 그와 같은 경우 체포영장을 청구하여 피의자를 체포한 후 피의자를 상대로 200조, 241조 내지 244조의5에 규정된 피의자신문을 할 수 있다. 한편 법 201조 1항은 (중략) 70조 1항은 (중략) 규정하고 있다. 위와 같은 규정들의 취지와 내용에 비추어 보면, 수사기관이 관할 지방법원 판사가 발부한 구속영장에 의하여 피의자를 구속하는 경우, 그 ⓐ 구속영장은 기본적으로 장차 공판정에의 출석이나 형의 집행을 담보하기 위한 것이지만, ⓑ 이와 함께 법 202조, 203조에서 정하는 구속기간의 범위 내에서 수사기관이 법 200조, 241조 내지 244조의5에 규정된 피의자신문의 방식으로 구속된 피의자를 조사하는 등 적정한 방법으로 범죄를 수사하는 것도 예정하고 있다. 따라서 ⓒ 구속영장 발부에 의하여 적법하게 구금된 피의자가 피의자신문을 위한 출석요구에 응하지 아니하면서 수사기관 조사실에의 출석을 거부한다면 수사기관은 그 구속영장의 효력에 의하여 피의자를 조사실로 구인할 수 있다. 다만 ⓓ 이 경우에도 그 피의자신문 절차는 어디까지나 법 199조 1항 본문, 200조의 규정에 따른 임의수사의 한 방법으로 진행되어야 하므로 피의자는 헌법 12조 2항과 법 244조의3에 따라 일체의 진술을 하지 아니하거나 개개의 질문에 대하여 진술을 거부할 수 있고, 수사기관은 피의자를 신문하기 전에 그와 같은 권리를 알려주어야 한다.

A ⓔ D에 대하여 적법한 구속영장이 발부된 이상 수사기관으로서는 피의자신문을 위하여 D를 조사실로 구인할 수 있다. 그 피의자신문 과정에서 진술거부권이 고지되지 않았다거나 D의 진술을 강제하였다고 볼 만한 별다른 자료를 찾아볼 수 없는 이상, 피의자신문을 위하여 D를 인치 내지 구인한 수사기관의 조치에 어떠한 위법이 있다고 할 수 없다.

C

1 구속된 피의자에게 진술거부권은 있지만 조사자체를 거부할 권리는 없다

체포·구속된 피의자에게 수사기관의 조사실로의 출석의무(조사수인의무)가 있는가? 본 사안의 피의자는, 피의자조사와 피의자신문은 현행 형소법상 체포·구속의 목적이 아니므로 이를 부인하지만 본 결정은 '구속영장의 효력에 의하여 피의자를 조사실로 구인할 수 있다'는 논증을 매개로 이를 긍정하고 있다. 종래 학계에서는 체포·구속된 피의자가 수사기관의 조사실로 강제로 호송되는 사태를 적법하게 바라보는 논증을 '조사수인의무 긍정설'로 파악하여 왔다. 본 판례는 체포·구속된 피의자의 조사수인의무를 명시적으로 인정한 것이다. 체포·구속된 피의자에게 진술거부권은 보장되지만 체포·구속된 피의자가 조사 자체를 거부할 수는 없음이 확인된 것이다.

2 피의자신문은 임의수사방법이다

피의자신문에 관한 정확한 개념정의는 찾아보기 어렵지만 현재의 실무에서 행하여지는 피의자신문의 실태에 비추어 피의자신문을 정의하면 "㉮ 수사기관이 일방적으로 주도권을 가지고(일방성) ㉯ 피의사실에 관하여 피의자를 추궁(이를 특히 '訊問'이라 한다)하는 방식으로 조사(추궁성)하여 ㉰ 자백 기타의 진술증거를 취득하여 피의사실에 관한 심증을 형성하여 가는 엄격한 요식의 조사절차(정규절차성)"이다. 본 판결은 이와 같은 실태의 피의자신문의 법적 성격에 대하여 임의수사방법임을 명시하고 있어 주목된다.

수사기관(검사 또는 사법경찰관)은 '수사에 필요한 때'에는 피의자의 출석을 요구하여 진술을 청취할 수 있다(200조). 이것을 법문에 따라 편의상 '출석요구와 진술청취'로 부르기로 하자. 200조의 출석요구는 어디까지나 '상대방의 협조를 구하는 차원에서의 출석요구'(따라서 상대방은 언제든지 퇴거할 수 있다)이고, 또한 '피의자의 진술을 청취'(이런 맥락에서 일제강점기에는 '청취서'로 부르기도 하였다)하는 데 중점이 있어 '피의자신문'의 '일방성'과 '추궁성' 개념과 어울리지 않는다. 그럼에도 불구하고 종래의 통설과 법 실무는

200조의 '출석요구와 진술청취'도 넓은 의미의 피의자신문의 일종으로 간주하여 왔다. 사법경찰관리집무규칙 17조와 검찰사건사무규칙 13조도 그런 전제에 서 있으며 사법경찰관의 요구로 피의자가 작성한 자필진술서를 피의자신문조서와 동일시하는 312조 5항(이는 대법원판결[1]에 기초한 조항이다)도 마찬가지 입장이다. 그 결과 수사기관은 피의자로부터 단순한 진술서만 받아도 될 경우와 몇 가지 진술청취만 하여도 되는 경우에까지 참여자를 두고 피의자신문조서를 작성하여야 하는 번거로움을 감수하고 있다.

---

1) "㉰ 사법경찰관이 피의자를 조사하는 과정에서 244조에 의하여 피의자신문조서에 기재됨이 마땅한 피의자의 진술내용을 진술서의 형식으로 피의자로 하여금 기재하여 제출하게 한 경우에 위 진술서의 증거능력 유무는 검사 이외의 수사기관이 작성한 피의자신문조서와 마찬가지로 312조 2항에 따라 결정하여야 할 것이고 같은 법 313조 1항 본문에 따라 결정할 것은 아니다. ㉱ 그렇지 않고 이 경우에도 피의자가 작성한 진술서이므로 313조 1항 본문에 따라야 한다고 본다면 이 사건과 같이 사법경찰관이 피의자를 조사하는 과정에서 같은 날 같은 조건에서 같은 내용으로 작성된 사법경찰관의 피의자신문조서와 피의자의 진술서가 그 서류의 작성자와 명칭에 따라 전자는 형사소송법 312조 2항(현재는 5항)을, 후자는 같은 법 313조 1항 본문을 적용하게 되어 엄격하여야 할 증거능력의 부여 여부가 사법경찰관의 자의에 의하여 좌우되는 수긍하기 어려운 결과에 이를 수도 있을 것이기 때문이다. 따라서 증거능력이 없는 이 사건 진술서에 증거능력을 인정하고 같은 진술서에 의한 자백에 여타 증거를 보강증거로 하고 피고인에 대한 살인공소사실을 유죄로 인정한 원심판결에는 채증법칙 위반으로 판결에 영향을 미친 위법이 있다"(대법원 1982. 9. 14. 선고 82도1479 판결).

4.9 검사의 구속영장 청구 전 피의자 대면조사(피의자인치명령)의 적법성(예외적 긍정)

대법원 2010. 10. 28. 선고 2008도11999 판결

F 1. D는 지방경찰청 수사과 광역수사대 조직범죄 수사팀장으로 재직 중이던 사법경찰관인 경감이다. D는 2005. 12. 12. 10: 50경 O를 상습사기 혐의로 긴급체포한 다음 검사에게 긴급체포 승인 건의와 함께 구속영장을 신청하였다. 수사지휘 검사가 기록을 검토한 결과, '수사과정의 적법성 및 적정성에 의문이 있어 긴급체포 승인 여부와 구속영장의 청구 여부를 결정하기 전에 검사가 피의자를 직접 신문함이 상당하다'고 판단하고, 인권옹호직무를 수행하기 위하여 O를 대전지방검찰청 검사실로 데려올 것을 명(이하에서 이를 '인치명령'으로 약칭한다)하였다. D는 위와 같은 검사의 직무상 명령을 전해 듣고도 이를 이행하지 않아 인권옹호에 관한 검사의 명령을 준수하지 않고(형법 139조 인권옹호 직무명령 불준수죄 혐의),

2. 같은 날 21:00경 위 조직범죄 수사팀 사무실에서, (중략) 금일 21:00까지 대전지방검찰청 담당검사실로 수사기록과 함께 피의자 신병인치 요망이라는 서면으로 된 직무상 명령을 받고도 이를 이행하지 않아 인권옹호에 관한 검사의 명령을 준수하지 않은(형법 122조 직무유기죄) 혐의로 기소되었다. 검사는 인권옹호직무명령 불준수죄와 위 직무유기죄를 상상적 경합범으로 구성하여 기소하였다.

3. 제1심은 (중략) 형법 139조 인권옹호 직무명령 불준수죄 혐의에 대하여만 유죄(징역 8월의 선고유예)를 선고하고 직무유기죄 부분에 대하여는 무죄를 선고하였다. 검사가 항소하였다. 항소심은 D에게 인권옹호 직무명령 불준수죄와 직무유기죄의 공소사실을 모두 유죄로 인정하고 양 죄를 상상적 경합관계로 처리하였다. D가 상고하였다.

I 사법경찰관이 피의자를 긴급체포한 다음 구속의 필요를 인정할 때 사법경찰관은 검사에게 긴급체포의 승인 건의와 함께 구속영장 신청절차를 밟아 달라고 요구하여야 한다. 통상적으로 검사는 이 경우 중계역할을 함에 그친다. 그런데 본 사안에서는 수사지휘 검사가 기록을 검토한 결과, '수사과정의 적법성 및 적정성에 의문을 품고 긴급체포 승인 여부와 구속영장의 청구 여부를 결정하기 전에 피의자를 직접 신문함이 상당하다'고 판단하여 피의자를 대면하기 위하여 피의자의 신병을 검사실로 데려올 것을 명(이를 '인치명령'이라고 한다)하였다. 사법경찰관은 검사에게 인치명령의 법적 근거가 없다고 판단하여 그 명령을 이행하지 않았다.

R 상고기각. 1. 인권침해의 소지가 가장 많은 수사 분야에서 국민의 인권과 자유를 보호하기 위하여 우리 헌법과 법률은 검사 제도를 두어 검사에게 **준사법기관**으로서의 지위를 부여하고 철저한 신분보장과 공익의 대변자로서 객관의무를 지워 사법경찰관리의 수사에 대한 지휘와 감독을 맡게 함과 동시에 전속적 영장청구권(헌법 12조 3항), **수사주재자로서 사법경찰관리에 대한 수사지휘**(196조), **체포·구속 장소 감찰**(198조의2) 등의 권한을 부여하여 절차법적 차원에서 인권보호의 기능을 수행하게 하고 있다. 이런 측면에서 검사의 수사에 관한 지휘는 수사과정에서의 인권침해를 방지하는 '인권옹호'를 당연히 포함한다. 따라서 형법 139조의 입법 취지 및 보호법익, 그 적용대상의 특수성 등을 고려하면 여기서 말하는 '인권'은 범죄수사 과정에서 사법경찰관리에 의하여 침해되기 쉬운 인권으로서, 주로 헌법 12조에 의한 국민의 신체의 자유 등을 그 내용으로 한다. 인권의 내용을 이렇게 볼 때 형법 139조에 규정된 '인권옹호에 관한 검사의 명령'은 (중략) 헌법이 보장하는 인권 가운데 주로 그들의 신체적 인권에 대한 침해를 방지하고 이를 위해 필요하고도 밀접 불가분의 관련성 있는 검사의 명령 중 '그에 위반할 경우 사법경찰관리를 형사처벌까지 함으로써 준수되도록 해야 할 정도로 인권옹호를 위해 꼭 필요한 검사의 명령'으로 보아야

하고 나아가 법적 근거를 가진 적법한 명령이어야 한다(헌재 2007. 3. 29. 선고 2006 헌바69 전원재판부 결정 참조).

한편 사법경찰관이 검사에게 긴급체포된 피의자에 대한 긴급체포 승인 건의와 함께 구속영장을 신청한 경우, 검사는 (중략) 긴급체포의 적법성 여부를 심사하면서 수사서류뿐만 아니라 피의자를 검찰청으로 출석시켜 직접 대면조사할 수 있는 권한을 가진다. 따라서 이와 같은 목적과 절차의 일환으로 검사가 구속영장 청구 전에 피의자를 대면조사하기 위하여 사법경찰관리에게 피의자를 검찰청으로 인치할 것을 명하는 것은 적법하고 타당한 수사지휘 활동에 해당하고, 수사지휘를 전달받은 사법경찰관리는 이를 준수할 의무를 부담한다. 다만 (중략) **체포된 피의자의 신속한 법관 대면권 보장**이 지연될 우려가 있는 점 등을 고려하면, 위와 같은 **검사의 구속영장 청구 전 피의자 대면조사**는 긴급체포의 적법성을 의심할 만한 사유가 기록, 기타 객관적 자료에 나타나고 피의자의 대면조사를 통해 그 여부의 판단이 가능할 것으로 보이는 **예외적인 경우에 한하여 허용될 뿐**, 긴급체포의 합당성이나 구속영장 청구에 필요한 사유를 보강하기 위한 목적으로 실시되어서는 아니 된다. 나아가 검사의 구속영장 청구 전 피의자 대면조사는 **강제수사가 아니므로 피의자는 검사의 출석 요구에 응할 의무가 없고, 피의자가 검사의 출석 요구에 동의한 때에 한하여** 사법경찰관리는 피의자를 검찰청으로 호송하여야 한다. 그리고 (중략) 인권옹호 직무명령 불준수죄가 직무유기죄에 대하여 법조경합 중 특별관계에 있다고 보기는 어렵고 양 죄를 **상상적 경합관계**로 보아야 한다.

A 위 법리와 원심이 판시한 사정들을 종합하면, 긴급체포된 피의자에 대한 긴급체포의 승인 및 구속영장 청구 여부를 심사한 검사가 이 사건 긴급체포 등 강제처분의 적법성에 의문을 갖고 수사서류 외에 피의자를 대면 조사할 충분한 사유가 있었던 것으로 보이므로, 2회에 걸친 검사의 이 사건 명령은 적법하고 타당한 수사지휘권의 행사에 해당하고, 사법경찰

관리의 체포 등 강제수사 과정에서 야기될 수 있는 피의자의 신체적 인권에 대한 침해를 방지하기 위하여 사법경찰관리를 형사처벌까지 함으로써 준수되도록 해야 할 정도로 인권옹호를 위해 꼭 필요한 검사의 명령으로 봄이 상당하다. 또한 (중략) 사법경찰관인 피고인으로서는 이 사건 명령이 강제수사 과정에서의 인권옹호에 관한 것임을 충분히 알고 있었던 것으로 보인다. 따라서 원심이 같은 취지에서 피고인에 대한 이 사건 인권옹호 직무명령 불준수 및 직무유기의 공소사실을 모두 유죄로 인정하고 양 죄를 상상적 경합관계로 처리한 것은 그 이유 설시에 다소 미흡한 점이 있으나 결론에 있어서는 정당하다.

C

1 검사의 구속영장 청구 전 피의자 대면조사의 적법성

사안에서 사법경찰관은 '검사에게 인치명령을 할 권한이 없다'고 판단한 반면에 검사는 검사의 정당한 인치명령을 거부한 사법경찰관은 형법 139조에 규정된 인권옹호 직무명령 불준수죄와 형법 122조에 규정된 직무유기죄의 상상적 경합범에 해당한다고 판단하였다. 대법원은 검사의 구속영장 청구 전 피의자 대면조사를 "긴급체포의 적법성을 의심할 만한 사유가 기록, 기타 객관적 자료에 나타나고 피의자의 대면조사를 통해 그 여부의 판단이 가능할 것으로 보이는 예외적인 경우에 한하여 허용"될 뿐이고, "긴급체포의 합당성이나 구속영장 청구에 필요한 사유를 보강하기 위한 목적으로 실시되어서는 아니 된다."고 제한적으로만 인정하였고, 나아가 검사의 구속영장 청구 전 피의자 대면조사는 "강제수사가 아니므로 피의자는 검사의 출석 요구에 응할 의무가 없고, 피의자가 검사의 출석 요구에 동의한 때에 한하여 허용된다."고 판시하여 경찰의 입장과 검찰의 입장을 절충한 다음 본 사안은 그러한 예외적인 사안에 해당한다고 판단하였다.

4.10 적법한 강제처분집행의 범위

대법원 2008. 7. 10. 선고 2008도2245 판결

F 사법경찰관 P는 전화사기방조 혐의자 D를 긴급체포한 직후 D의 집으로 가서 D의 집을 수색하여 D가 보관하고 있던 다른 사람의 주민등록증, 운전면허증이 든 지갑 등을 압수하였다. D는 타인의 신분증들을 습득하고도 이를 피해자들에게 반환하지 않고 소지하고 있었으며 타인에게 다수의 대포통장 및 현금카드를 교부하여 양도한 적이 있다. D는 점유이탈물횡령죄 혐의로 기소되었다. 제1심과 항소심에서 위 압수물을 증거로 유죄판결을 선고하자 D는 "위 압수물 등은 217조의 영장 없이 압수할 수 있는 범위를 벗어난 위법수집증거로서 이를 증거로 점유이탈물횡령죄로 처벌한 것은 법리오해"라고 주장하며 상고하였다.

I 긴급체포 시에 217조 1항에 규정한 '영장 없이 수색·압수할 수 있는 물건'의 범위

R 상고기각. 구 형사소송법(2007. 6. 1. 법률 제8496호로 개정되기 전의 것, 이하 같다) 217조 1항 등에 의하면 검사 또는 사법경찰관은 피의자를 긴급체포한 경우 체포한 때부터 48시간[1) 이내에 한하여 영장 없이, ⓐ 긴급체포의 사유가 된 범죄사실 수사에 필요한 최소한의 범위 내에서 ⓑ 당해 범죄사실과 관련된 증거물 또는 몰수할 것으로 판단되는 피의자의 소유, 소지 또는 보관하는 물건을 압수할 수 있다. 이때, ⓒ 어떤 물건이 긴급체포의 사유가 된 범죄사실 수사에 필요한 최소한의 범위 내의 것으로서 압수의 대상이 되는 것인지는 당해 범죄사실의 구체적인 내용과 성질, 압수하고자 하는 물건의 형상, 성질, 당해 범죄사실과의 관련 정도와 증거가치, 인멸의 우려는 물론 압수로 인하여 발생하는 불이익의 정도 등 압수 당시의 여러 사정을 종합적으로 고려하여 객관적으로 판단하여야 한다.

A 위 법리와 기록에 비추어 살펴보면, 이 사건 증 제1호 내지 제4호는 D가 보관하던 다른 사람의 주민등록증, 운전면허증 및 그것이 들어있던 지갑으로서, D가 이른바 전화사기죄의 범행을 저질렀다는 범죄사실 등으로 긴급체포된 직후 압수되었는바, 그 압수 당시 위 범죄사실의 수사에 필요한 범위 내의 것으로서 '전화사기범행과 관련된다고 의심할 만한 상당한 이유가 있었다'고 보이므로 적법하게 압수되었다.

C

[1] 구 형사소송법 217조 1항

구 형사소송법 217조 1항은 "검사 또는 사법경찰관은 200조의3의 규정(긴급체포)에 의하여 체포할 수 있는 자의 소유, 소지 또는 보관하는 물건에 대하여는 200조의4에 규정한 기간(피의자를 체포한 때부터 48시간) 내에 한하여 영장 없이 압수, 수색 또는 검증을 할 수 있다."고 규정하고 있었으나, 2007년 개정 형사소송법은 "검사 또는 사법경찰관은 200조의3(긴급체포)에 따라 체포된 자가 소유·소지 또는 보관하는 물건에 대하여 긴급히 압수할 필요가 있는 경우에는 체포한 때부터 24시간 이내에 한하여 영장 없이 압수·수색 또는 검증을 할 수 있다."로 변경하였다. 개정취지는 ① 긴급 압수·수색·검증의 남용을 방지하기 위하여 구법의 '체포할 수 있는 자'를 '체포된 자'로 명확히 규정하고, ② 긴급압수·수색·검증은 실무상 긴급체포된 사실이 밝혀지면 피의자와 관련된 사람이 증거물을 은닉하는 것을 방지하기 위한 제도이므로, 법관으로부터 영장을 발부받을 시간적 여유가 없는 상태에서 긴급히 압수할 필요가 있는 경우에 할 수 있음을 명시하고, ③ 긴급압수·수색·검증이 허용되

---

1) 현재는 24시간으로 축소되었다.

는 시간을 48시간에서 24시간으로 축소하였으며, ④ 체포현장에서의 긴급압수·수색·검증과 긴급체포에 부수된 긴급압수·수색·검증의 독자성을 인정하여 압수를 계속할 필요가 있을 경우 구속영장과는 별도로 체포 시로부터 48시간 이내에 압수·수색영장을 청구하도록 한 것이다. 신법은 구법상 법문의 취지가 불명확하여 논란이 생길 소지가 있던 부분을 명백히 한 측면이 있다.

② 2008년 판결

본판결은 구법을 적용한 것이기는 하지만, 현행법의 해석론상으로도 여전히 유효한 판례이다. 현행법에서도 '소유·소지 또는 보관하는 물건'의 의미에 대하여 논란이 있을 수 있기 때문이다. 사안에서 D는 전화사기죄 혐의로 긴급체포되었다. 긴급체포 당시에는 위 주민등록증 등 압수물에 대한 점유이탈물횡령혐의는 포착되지 아니한 상태였다. P는 구 형사소송법 217조에 따라 D의 집을 수색하면서 D가 보관하고 있던 다른 사람의 주민등록증, 운전면허증이 든 지갑 등을 압수하였다. 그 후 D가 점유이탈물인 그 주민등록증 등을 횡령한 사실이 밝혀지자 P는 이 혐의범죄를 새로이 추가 입건하였다. 그러자 D는 주민등록증 등의 압수의 적법성을 다투었다. 당초 압수의 근거는 사기방조죄였는데 기소범죄사실은 점유이탈물횡령죄였으므로 사안에서의 압수물은 관련성 없는 증거물이라는 것이 피고인측의 논증이었다. 이 쟁점에 대하여 대법원은 "① ⓐ 긴급체포의 사유가 된 범죄사실 수사에 필요한 최소한의 범위 내에서 ⓑ 당해 범죄사실과 관련된 증거물 또는 몰수할 것으로 판단되는 피의자의 소유, 소지 또는 보관하는 물건을 압수할 수 있다"는 해석론을 전개하되 ② 그 판단기준으로 "당해 범죄사실의 구체적인 내용과 성질, 압수하고자 하는 물건의 형상, 성질, 당해 범죄사실과의 관련 정도와 증거가치, 인멸의 우려는 물론 압수로 인하여 발생하는 불이익의 정도 등 압수 당시의 여러 사정을 종합적으로 고려한 객관적 판단"을 제시하면서, ③ "긴급체포의 사유인 범죄와 관련된다고 의심할 만한 상당한 이유가 있으면 된다"고 판시하고 있다.[2]

---

2) 다만, 위 압수물 등은 새로 입건된 점유이탈물횡령죄의 증거가 될 뿐만 아니라 긴급체포사유가 된 전화사기죄의

그러나 본 판결이 긴급체포의 빌미가 된 범죄(본건에서는 전화사기방조죄)와는 전혀 상관없는 물건(예를 들어 수색과정에서 불법 마약류나 총포가 발견된 경우)이 압수되는 경우까지 허용하려는 취지가 아님은 분명하다. 이 판결을 계기로 향후 천착이 필요한 것은 '긴급체포의 빌미가 된 범죄(사안에서는 사기죄)와 관련된 증거'임을 어떤 기준으로 판정할 것인가 하는 점이다. 이에 대하여는 엄격한 입장(예를 들어 변호인의 입장)[3]과 관대한 입장(예를 들어 검사의 입장)이 팽팽하게 맞설 것으로 예상된다.

③ 영장범죄사실과 관련성이 없는 압수물은 위법수집증거물(대법원 2014. 10. 27. 선고 2014도2121 판결)

"통신사실확인자료의 사용제한에 관하여 통신비밀보호법 12조 1호를 준용하도록 한 같은 법 13조의5에 의하면, 통신사실확인자료 제공요청에 의하여 취득한 통신사실확인자료를 범죄의 수사·소추 또는 예방을 위하여 사용하는 경우 그 대상범죄는 통신사실확인자료 제공요청의 목적이 된 범죄나 이와 관련된 범죄에 한정된다. 원심은, 이 사건 통화내역은 O와 O2에 대한 공직선거법위반 사건의 수사과정에서 에스케이텔레콤 주식회사가 강원정선경찰서장에게 제공한 것으로서, 검사가 이를 취득하는 과정에서 통신비밀보호법 13조 2항 또는 3항에 의한 지방법원 또는 지원의 허가를 받았더라도 피고인 D에 대한 이 사건 공소사실은 O, O2의 공직선거법위반죄와는 아무 관련이 없으므로 이를 이 사건 공소사실에 대한 증거로 사용할 수 없다고 판단하였다. 원심판결에는 법원의 석명의무, 통신사실확인자료 사용제한의 범위, 위법수집증거 배제원칙의 예외에 관한 법리를 오해하는 등으로 판결 결과에 영향을 미친 위법이 없다."

증거도 되는 경우로 보인다.

3) 예를 들어 오기두, 관련성 없는 핸드폰 녹음파일 압수와 위법수집증거(법률신문, 2013년 3월 4일 제4107호)는 매우 엄격한 입장이다.

4.11 전자정보에 대한 압수·수색영장 집행의 적법요건

대법원 2011. 5. 26.자 2009모1190 결정

F 전국교직원노동조합(이하 '전교조'라 한다)은 2009년 6월께 미디어법 입법 중단과 한반도 대운하 추진 의혹해소 등을 요구하는 시국선언을 하여 교육과학기술부로부터 같은 달 서울중앙지검에 국가공무원법위반 혐의로 고발되었다. 검찰은 법원에 전교조 사무실에 대한 압수·수색영장을 청구하여 영장이 발부되자 서울 영등포구에 있는 전교조 본부사무실에서 압수·수색영장을 집행하였다. 검찰은 당시 사무실에 설치된 50여 대 중 대부분의 컴퓨터에 하드디스크가 제거되어 있고 컴퓨터와 서버의 전원공급이 차단되어 있는 등 컴퓨터 내용물을 확인할 수 없게 되자 데스크 탑 컴퓨터 3대와 서버 컴퓨터 10대를 압수하였다. 영장의 집행은 당사자 측의 합의 하에 이뤄졌고, 수사기관은 영장에 기재된 혐의사실의 일시로부터 소급해 일정 시점 이후의 파일들만 복사하였으며, 당사자 측도 조치의 적합성에 대해 묵시적으로 동의한 것으로 보인다. 전교조는 "검찰이 사무실에서 컴퓨터와 서버 등을 경찰서로 가져가 복사한 것은 영장에 적시된 압수·수색방법에서 벗어나 위법하다"며 준항고하였으나 제1심법원은 이를 기각하였다. 전교조가 대법원에 재항고하였다.

I 전자정보에 대한 압수·수색영장의 집행이 적법성을 갖추기 위하여 필요한 조치

R 재항고기각. 전자정보에 대한 압수·수색영장의 집행은 ⓓ 원칙적으로 영장 발부의 사유로 된 혐의사실과 관련된 부분만을 ⓔ 문서 출력물로 수집하거나 수사기관이 휴대한 저장매체에 해당 파일을 복사하는 방식으로 이루어져야 하고, ⓕ 집행현장의 사정상 위와 같은 방식에 의한 집행이 불가능하거나 현저히 곤란한 부득이한 사정이 존재하더라도 그와 같은 경우에 그 저장매체 자체를 직접 혹은 하드카피나

이미징 등 형태로 수사기관 사무실 등 외부로 반출하여 해당 파일을 압수·수색할 수 있도록 영장에 기재되어 있고 실제 그와 같은 사정이 발생한 때에 한하여 예외적으로 허용될 수 있을 뿐이다. 나아가 이처럼 ⓖ 저장매체 자체를 수사기관 사무실 등으로 옮긴 후 영장에 기재된 범죄 혐의 관련 전자정보를 탐색하여 해당 전자정보를 문서로 출력하거나 파일을 복사하는 과정 역시 전체적으로 압수·수색영장 집행의 일환에 포함된다. 따라서 그러한 경우의 문서출력 또는 파일복사의 대상 역시 혐의사실과 관련된 부분으로 한정되어야 함은 헌법 12조 1항,[1] 3항,[2] 형사소송법 114조,[3] 215조[4]의 적법절차 및 영장주의의 원칙상 당연하다. 그러므로 수사기관 사무실 등으로 옮긴 저장매체에서 범죄 혐의와의 관련성에 대한 구분 없이 저장된 전자정보 중 임의로 문서출력 혹은 파일복사를 하는 행위는 특별한 사정이 없는 한 영장주의 등 원칙에 반하는 위법한 집행이 된다. 한편, 검사나

---

1) 모든 국민은 신체의 자유를 가진다. 누구든지 법률에 의하지 않고는 체포·구속·압수·수색 또는 심문을 받지 않으며, 법률과 적법한 절차에 의하지 않고는 처벌·보안처분 또는 강제노역을 받지 아니한다.

2) 체포·구속·압수 또는 수색을 할 때에는 적법한 절차에 따라 검사의 신청에 의하여 법관이 발부한 영장을 제시하여야 한다. 다만, 현행범인인 경우와 장기 3년 이상의 형에 해당하는 죄를 범하고 도피 또는 증거인멸의 염려가 있을 때에는 사후에 영장을 청구할 수 있다.

3) 제114조(영장의 방식) ① 압수·수색영장에는 피고인의 성명, 죄명, 압수할 물건, 수색할 장소, 신체, 물건, 발부연월일, 유효기간과 그 기간을 경과하면 집행에 착수하지 못하며 영장을 반환하여야 한다는 취지 기타 대법원규칙으로 정한 사항을 기재하고 재판장 또는 수명법관이 서명날인하여야 한다. ② 제75조 제2항의 규정은 전항의 영장에 준용한다.

4) 제215조(압수, 수색, 검증) ① 검사는 범죄수사에 필요한 때에는 지방법원판사에게 청구하여 발부받은 영장에 의하여 압수, 수색 또는 검증을 할 수 있다. ② 사법경찰관이 범죄수사에 필요한 때에는 검사에게 신청하여 검사의 청구로 지방법원판사가 발부한 영장에 의하여 압수, 수색 또는 검증을 할 수 있다.

사법경찰관이 압수·수색영장을 집행함에 있어서는 자물쇠를 열거나 개봉 기타 필요한 처분을 할 수 있지만 그와 아울러 압수물의 상실 또는 파손 등의 방지를 위하여 상당한 조치를 하여야 하므로(219조, 120조, 131조 등), 혐의사실과 관련된 정보는 물론 그와 무관한 다양하고 방대한 내용의 사생활 정보가 들어 있는 저장매체에 대한 압수·수색영장을 집행함에 있어서 그 영장이 명시적으로 규정한 위 예외적인 사정이 인정되어 그 전자정보가 담긴 저장매체 자체를 수사기관 사무실 등으로 옮겨 이를 열람 혹은 복사하게 되는 경우에도, 그 전체과정을 통하여 ⓗ 피압수·수색 당사자나 그 변호인의 계속적인 참여권 보장, 피압수·수색 당사자가 배제된 상태에서의 저장매체에 대한 열람·복사 금지, 복사대상 전자정보 목록의 작성·교부 등 압수·수색의 대상인 저장매체 내 전자정보의 왜곡이나 훼손과 오·남용 및 임의적인 복제나 복사 등을 막기 위한 적절한 조치가 이루어져야만 그 집행절차가 적법하다.

A 앞서 본 법리와 위 인정 사실에 의하면, 수사기관이 이 사건 저장매체 내 전자정보에 대한 압수·수색영장을 집행함에 있어 저장매체 자체를 수사기관 사무실로 옮긴 것은 영장이 예외적으로 허용한 부득이한 사유의 발생에 따른 것으로 볼 수 있고, 나아가 당사자 측의 참여권 보장 등 압수·수색 대상물건의 훼손이나 임의적 열람 등을 막기 위해 법령상 요구되는 상당한 조치가 이루어진 것으로 볼 수 있으므로 이 점에 있어 절차상 위법이 있다고는 할 수 없다. 다만 수사기관 사무실에서 저장매체 내 전자정보를 파일복사할 때 당사자 측의 동의 등 특별한 사정이 없는 이상 관련 파일의 검색 등 적절한 작업을 통해 그 대상을 이 사건 범죄 혐의와 관련 있는 부분에 한정하고 나머지는 대상에서 제외하여야 할 것이므로, 영장의 명시적 근거가 없음에도 수사기관이 임의로 정한 시점 이후의 접근 파일 일체를 복사하는 방식으로 8,000여 개나 되는 파일을 복사한 이 사건 영장집행은 원칙적으로 압수·수색영장이 허용한 범위를 벗어난 것으로서 위법하다고 볼 여지가 있다. 그런데 범죄사실 관련성에 관하여 명시적인 이의

를 제기하지 아니한 이 사건의 경우, 당사자 측의 참여하에 이루어진 위 압수·수색의 전 과정에 비추어 볼 때, 수사기관이 영장에 기재된 혐의사실의 일시로부터 소급하여 일정 시점 이후의 파일들만 복사한 것은 나름대로 혐의사실과 관련 있는 부분으로 대상을 제한하려고 노력한 것으로 보이고, 당사자 측도 그 조치의 적합성에 대하여 묵시적으로 동의한 것으로 봄이 상당하므로, 결국 이 사건 범죄 혐의와 관련 있는 압수·수색의 대상을 보다 구체적으로 제한하기 위한 수사기관의 추가적인 조치가 없었다 하여 그 영장의 집행이 위법하다고 볼 수는 없다.

C

1 전자정보에 대한 압수·수색영장의 집행이 적법성을 갖추기 위하여 필요한 추가적인 조치

본 결정에서도 영장 발부의 사유로 된 혐의사실과 관련된 부분만에 대하여 집행할 수 있다는 2008년 판결의 취지는 관철되고 있다. 관련성 있는 사물에 한정된다는 2008년 판결의 취지는 모든 대물적 강제처분에 요구된다는 것이 2011. 7. 18.자 형사소송법개정에서 여러 조문으로 명시되었다.[5] 2011년 결정은 전자정보에 대한 압수·수색영장의 집행이 그 적법성을 갖추기 위하여 필요한 조치에 관하여 새로운 내용(ⓔ, ⓕ, ⓖ, ⓗ)의 판시가 행하여져 그 내용의 숙지가 필요하다.

---

5) 형소법 106조(압수), 107조(우체물의 압수), 114조(영장의 방식), 215조(압수, 수색, 검증), 219조(준용규정) 등.

4.12 기지국 수사와 휴대전화 실시간 위치추적의 적법요건

헌법재판소 2018. 6. 28. 선고 2012헌마191 결정

F D는 ◇◇ 중공업이 영도조선소 근로자를 정리해고한 것에 항의하여 크레인 점거 농성 중이던 K 등을 응원하고자 2011. 6. 11.부터 2011. 10. 9. 사이에 희망버스 집회를 개최하였다는 취지의 '집회 및 시위에 관한 법률' 위반 등 혐의로 기소되었다. 해당 수사기관은 위 사건의 수사 또는 체포영장의 집행을 위하여 법원의 허가를 얻어 전기통신사업자에게 D에 대한 통신비밀보호법 제2조 제11호 바목에 해당하는 통신사실 확인자료의 제출을 요청하여 이를 제공받았다. D는 2012. 2. 29. "통신비밀보호법 제2조 제11호 바목, 제13조 제1항, 제2항, 제13조의3이 D의 통신의 자유, 사생활의 비밀과 자유, 개인정보자기결정권 등 기본권을 침해한다."고 주장하면서 헌법소원심판을 청구하였다.

I ① 통신비밀보호법(2005. 1. 27. 법률 제7371호로 개정된 것) 2조 11호 바목, 사목(이하 위 두 조문을 합하여 '이 사건 정의조항'이라 하고, 위 두 조문에서 규정한 **통신사실 확인자료**를 '**위치정보 추적자료**'라 한다), ② 통신비밀보호법(2005. 5. 26. 법률 제7503호로 개정된 것) 13조 1항 중 '검사 또는 사법경찰관은 수사를 위하여 필요한 경우 전기통신사업법에 의한 전기통신사업자에게 2조 11호 바목, 사목의 통신사실 확인자료의 열람이나 제출을 요청할 수 있다' 부분(이하 '이 사건 요청조항'이라 한다), ③ 통신비밀보호법(2005. 5. 26. 법률 제7503호로 개정된 것) 13조 2항 본문 중 2조 11호 바목, 사목의 통신사실 확인자료에 관한 부분(이하 '이 사건 **허가조항**'이라 한다), ④ 통신비밀보호법(2005. 5. 26. 법률 제7503호로 개정된 것) 13조의3 1항 중 2조 11호 바목, 사목의 통신사실 확인자료에 관한 부분(이하 '이 사건 **통지조항**'이라 한다)이 D의 기본권을 침해하는지 여부이다.

R 통신비밀보호법(2005. 5. 26. 법률 제7503호로 개정된 것) 13조 1항 중 '검사 또는 사법경찰관은 수사를 위하여 필요한 경우 전기통신사업법에 의한 전기통신사업자에게 2조 11호 바목, 사목의 통신사실 확인자료의 열람이나 제출을 요청할 수 있다' 부분, 13조의3 1항 중 2조 11호 바목, 사목의 통신사실 확인자료에 관한 부분은 헌법에 합치되지 아니한다. 위 법률조항들은 2020. 3. 31.을 시한으로 개정될 때까지 계속 적용한다.

A

[1] [D는 '수사를 위하여 필요한 경우'의 의미가 불분명하여 명확성원칙에 위배되고, 위치정보 추적자료의 인적·시적 범위가 불분명하므로 이 사건 요청조항이 명확성원칙에 위배된다는 주장을 한다] '수사를 위하여 필요한 경우'란 '위치정보 추적자료가 범인의 발견이나 범죄사실의 입증에 기여할 개연성이 충분히 소명된다는 전제 하에, 범인을 발견·확보하며 증거를 수집·보전하는 수사기관의 활동을 위하여 그 목적을 달성할 수 있는 범위 안에서 관련 있는 자에 대한 위치정보 추적자료 제공요청이 필요한 경우'를 의미한다고 해석할 수 있다. 그렇다면 이 사건 요청조항은 건전한 상식과 통상적인 법감정을 가진 사람이라면 그 취지를 예측할 수 있을 정도의 내용으로 확정되어 있어 불명확하다고 할 수 없으므로, 명확성원칙에 위배되지 아니한다.

[2] **목적의 정당성 및 수단의 적정성**

이 사건 요청조항은 수사의 신속성과 효율성을 도모하고 이를 통하여 실체적 진실발견과 국가형벌권의 적정한 행사에 기여하고자 하는 것이므로 입법목적이 정당하다. 수사기관이 전기통신사업자에게 전기통신가입자의 위치정보 추적자료의 제공을 요청하는 것은 위와 같은 입법목적을 달성하는데 효과적인 방법이 될 수 있으므로 수단의 적절성도 인정된다.

③ 침해의 최소성

이 사건 요청조항은 수사기관이 범인의 발견이나 범죄사실의 입증에 기여할 개연성만 있다면, 모든 범죄에 대하여, 수사의 필요성만 있고 보충성이 없는 경우에도, 피의자·피내사자뿐만 아니라 관련자들에 대한 위치정보 추적자료 제공요청도 가능하도록 하고 있다. **현재와 같이 통신사실 확인자료 제공요청에 대한 요건이 완화되어 있는 상태**에서는 법원이 허가를 담당한다는 사정만으로 수사기관의 위치정보 추적자료 제공요청 남용에 대한 통제가 충분히 이루어지고 있다고 할 수 없다. 사정이 이러하다면, 이 사건 요청조항은 침해의 최소성 요건을 충족한다고 할 수 없다.

④ [D는 이 사건 허가조항이 영장주의에 위배된다고 주장하므로 이에 대하여 판단한다]

이 사건 허가조항은 (중략) 형사소송법상 **압수·수색영장의 특수한 형태**로서 수사기관의 위치정보 추적자료 제공요청 시 법원의 허가를 받도록 한 것이다. 또한 영장주의의 본질이 수사기관의 강제처분은 인적·물적 독립을 보장받는 중립적인 법관의 구체적 판단을 거쳐야만 한다는 점에 비추어 보더라도, 수사기관이 위치정보 추적자료의 제공을 요청한 경우 법원의 허가를 받도록 하고 있는 이 사건 허가조항은 영장주의에 위배된다고 할 수 없다.

⑤ 통지조항

이 사건 통지조항은 수사기관이 전기통신사업자로부터 위치정보 추적자료를 제공받은 사실에 대해, 그 제공과 관련된 사건에 대하여 수사가 계속 진행되거나 기소중지결정이 있는 경우에는 정보주체에게 통지할 의무를 규정하지 않고 있다. 이에 따라, 통신사실 확인자료를 제공받은 사건에 관하여 기소중지결정이 있거나 수사·내사가 장기간 계속되는 경우에는, 정보주체는 그 기간이 아무리 길다 하여도 자신의 위치정보가 범죄수사에 활용되었거나 활용되고 있다는 사실을 알 수 있는 방법이 없다. 또한 이 사건 통지조항은 수사기관이 정보주체에게 위치정보 추적자료의 제공을 통지하는 경우에도 그 **사유**에 대해서

는 통지하지 아니할 수 있도록 함으로써 정보주체는 수사기관으로부터 통신사실 확인자료 제공사실 등에 대해 **사후통지**를 받더라도 자신의 위치정보 추적자료가 어떠한 사유로 수사기관에게 제공되었는지 전혀 짐작할 수도 없다. 그 결과, 정보주체는 위치정보 추적자료와 관련된 수사기관의 권한남용에 대해 적절한 대응을 할 수 없게 된다. (중략) 수사기관이 정보주체에게 위치정보 추적자료 제공과 관련된 통지를 하지 아니하더라도 이를 **통제할 방법이 전혀 없고**, 실제로 **수사기관이 이러한 통지의무를 이행하지 아니한 사례도 상당수 발견**된다.

이러한 점들을 종합할 때, 이 사건 통지조항이 규정하는 사후통지는 헌법 제12조에 의한 적법절차원칙에서 요청되는 적절한 고지라고 볼 수 없으므로, 이 사건 **통지조항은 헌법상 적법절차원칙에 위배**된다.

C 본 결정은 범죄예방과 사건의 조기해결을 위해 수사기관의 위치정보 추적자료 확보 필요성을 인정하면서도 그 요건을 현재의 '수사의 필요성'이라는 추상적이고 막연한 요건보다 더 구체적인 요건을 개발할 것을 요구하고, 적법절차원칙 준수를 위한 사후통지 절차를 보완함으로써, **범죄수사라는 공익과 정보주체의 기본권 보호라는 사익**이 조화되어야 한다는 점을 선언한 것이다. 따라서 향후 국회는 위치정보 추적자료 제공 요청 요건을 좀 더 구체적으로 특정하고 정보주체인 시민에 대한 사후통지 절차를 강화하여 위치정보 추적자료 제공요청의 오·남용으로 인한 국민의 개인정보자기결정권과 통신의 자유 제한을 최소화하는 방안을 마련하여야 한다.

4.13 객관적 관련성과 인적 관련성

대법원 2017. 1. 25. 선고 2016도13489 판결

F 부산지방검찰청 검사 P2는 2014. 9. 경 "D2(교통공사 사장, 수뢰피의자)가 건설현장 식당운영권 알선 브로커인 D(뇌물공여 피의자)로부터 '교통공사가 발주하는 지하철 공사현장의 식당운영권을 수주할 수 있도록 도와 달라'는 청탁을 받고 2009. 8. 23. 부터 2010. 6. 14.까지 4회에 걸쳐 합계 2,000만원의 뇌물을 수수"한 공소사실로 D, D2를 부산지방법원에 기소하였다. 이에 앞서 서울동부지방검찰청 검사 P는 D가 건설현장 식당운영권 알선 브로커로 활동하면서 전국 여러 지역의 건설현장 식당운영권 수주와 관련하여 공무원이나 공사관계자에게 금품을 제공한 혐의를 수사하는 과정에서, 2010. 12. 16.자 및 2010. 12. 21.자 통신비밀보호법 관련 규정에 따라 서울동부지방법원 판사의 허가를 받아 통신사실 확인자료를 취득하였다. 그 중 2010. 12. 16.자 허가서(이하, '1허가서'라고 함)는 대상자가 'D'이고, 대상 범죄는 '2010. 3.경부터 2010. 10.경 사이의 D와 드림랜드 사장인 A 사이의 드림랜드 직원 채용 및 드림랜드 발주 공사 납품업체 선정 청탁 관련 금품수수(공여자는 D)'로 범죄혐의가 기재되어 있다. 또 2010. 12. 21.자 허가서(이하 '2허가서'라고 함)에는 대상자 'D, A, B(D의 운전사)'로, 대상 범죄는 '2009. 2.경부터 2010. 12.경까지 사이의 A와 D 사이의 드림랜드 직원 채용 및 드림랜드 발주 공사 납품업체 선정, 세모건설이 시공하는 인천 송도건설현장의 식당운영권을 받을 수 있도록 세모건설 사장(C)에게 영향력을 행사해 달라는 청탁과 함께 금품을 A에게 공여하였다(공여자는 D)'는 범죄혐의가 기재되어 있다. 위 1허가서, 2허가서의 통신사실 확인자료에는 D와 D2가 공소사실 기재 일시 무렵 통화한 내역이 포함되어 있고, 검사 P는 위 확인자료를 보관하고 있는 서울동부지방검찰청으로부터 이를 송부받아 D2의 수뢰의 점에 대한 유죄증거로 제출하였다. 항소심은 'D와 D2의 위 통화내역을 D2의 수뢰피의사실의 증명을 위한 증거로 사용할 수 있다'고 판단하였다. D2는 "위 1허가서·2허가서로 제공받은 위 확인자료의 통화내역은 D2에 대한 공소사실과 관련성이 없는 통신사실 확인자료의 통화 내역이므로 D2의 공소사실(수뢰)의 증명을 위한 증거로 사용할 수 없다"고 주장하였다.

I "D2가 2009. 8. 23.부터 2010. 6. 14.까지 4회에 걸쳐 합계 2,000만원의 뇌물을 수수하였다"는 수뢰피의사실(본건, X사건)을 입증하는 유죄증거로 "공범피의자 D가 2010. 3.경부터 2010. 10.경 사이의 D와 드림랜드 사장인 A 사이의 드림랜드 직원 채용 및 드림랜드 발주 공사 납품업체 선정 청탁, 세모건설이 시공하는 인천 송도건설현장의 식당운영권을 받을 수 있도록 세모건설 사장(C)에게 영향력을 행사해 달라는 청탁과 함께 금품을 A에게 공여"한 혐의(별건, Y사건) 수사를 위하여 발부받아 적법하게 확보한 통신사실확인자료를 사용할 수 있는가? 본건(X사건)과 별건(Y사건) 사이에 관련성이 인정되면 그 결론은 긍정적으로 될 것이고 관련성이 부정되면 그 결론은 부정적으로 될 것이다. 따라서 '관련성을 긍정 혹은 부정하는 기준의 설정'이 중요하다.

R 상고기각. 통신비밀보호법은 통신제한조치의 집행으로 인하여 취득된 전기통신의 내용은 통신제한조치의 목적이 된 범죄나 이와 관련되는 범죄를 수사·소추하거나 그 범죄를 예방하기 위한 경우 등에 한정하여 사용할 수 있도록 규정하고(12조 1호), 통신사실확인자료의 사용제한에 관하여 이 규정을 준용하도록 하고 있다(13조의5). 따라서 통신사실확인자료 제공요청에 의하여 취득한 통화내역 등 통신사실확인자료를 범죄의 수사·소추를 위하여 사용하는 경우 그 대상 범죄는 통신사실확인자료 제공요청의 목적이 된 범죄 및 이와 관련된 범죄에 한정되어야 한다(대법원 2014. 10. 27. 선고 2014도2121 판결 참조). 여기서

통신사실확인자료 제공요청의 목적이 된 범죄와 관련된 범죄라 함은 통신사실 확인자료제공요청 허가서에 기재한 혐의사실과 객관적 관련성이 있고 자료제공 요청대상자와 피의자 사이에 인적 관련성이 있는 범죄를 의미한다. 그 중 ① 혐의사실과의 객관적 관련성은, 통신사실 확인자료 제공요청 허가서에 기재된 혐의사실 자체 또는 그와 기본적 사실관계가 동일한 범행과 직접 관련되어 있는 경우는 물론 범행 동기와 경위, 범행 수단 및 방법, 범행 시간과 장소 등을 증명하기 위한 간접증거나 정황증거 등으로 사용될 수 있는 경우에도 인정될 수 있다. 다만 통신비밀보호법이 위와 같이 통신사실확인자료의 사용 범위를 제한하고 있는 것은 특정한 혐의사실을 전제로 제공된 통신사실확인자료가 별건의 범죄사실을 수사하거나 소추하는 데 이용되는 것을 방지함으로써 통신의 비밀과 자유에 대한 제한을 최소화하는 데 입법취지가 있다. 따라서 그 관련성은 통신사실 확인자료 제공요청 허가서에 기재된 혐의사실의 내용과 당해 수사의 대상 및 수사 경위 등을 종합하여 구체적·개별적 연관관계가 있는 경우에만 인정된다고 보아야 하고, 혐의사실과 단순히 동종 또는 유사 범행이라는 사유만으로 관련성이 있다고 할 것은 아니다. 그리고 ② 피의자와 사이의 인적 관련성은 통신사실 확인자료제공요청 허가서에 기재된 대상자의 공동정범이나 교사범 등 공범이나 간접정범은 물론 필요적 공범 등에 대한 피고사건에 대해서도 인정될 수 있다.

A 이 사건 공소사실은 건설현장 식당운영권 수주와 관련한 D의 일련의 범죄혐의와 범행 경위와 수법 등이 공통되고, 이 사건에서 증거로 제출된 통신사실확인자료는 그 범행과 관련된 뇌물수수 등 범죄에 대한 포괄적인 수사를 하는 과정에서 취득한 점 등을 종합하여 보면, 이 사건 공소사실(수뢰)과 이 사건 통신사실 확인자료제공요청 허가서에 기재된 혐의사실(뇌물제공)은 객관적 관련성이 인정된다. 또한 그 허가서에 대상자로 기재된 D는 이 사건 D2의 뇌물수수 범행의 증뢰자로서 필요적 공범에 해당하는

이상 인적 관련성도 있다. 그러므로 위 허가서에 의하여 제공받은 통화내역은 D2에 대한 이 사건 공소사실의 증명을 위한 증거로 사용할 수 있다.

그렇다면 원심이 D와 D2의 위 통화내역을 이 사건 공소사실의 증명을 위한 증거로 사용할 수 있다고 판단한 것은 이유 설시에 일부 부적절한 점이 있으나 그 결론은 수긍할 수 있고, 거기에 상고이유 주장과 같이 통신사실확인자료의 사용제한 등에 관한 법리를 오해한 잘못이 없다.

C

[1] **관련성을 인정하는 기준**

"통신사실확인자료 제공요청으로 취득한 통신사실확인자료를 범죄의 수사·소추 또는 예방을 위하여 사용하는 경우 그 대상범죄는 통신사실확인자료 제공요청의 목적이 된 범죄나 이와 관련된 범죄에 한정"된다는 점은 대법원 2014. 10. 27. 선고 2014도2121 판결에서 이미 확인된 바 있다. 대법원 2008. 7. 10. 선고 2008도2245 판결을 계기로 '관련성을 긍정 혹은 부정하는 기준' 설정이 학계의 핫이슈로 떠올랐다. 이 문제에 대하여는 가급적 이 기준을 융통성 있게 설정하려는 입장(이완규)과 수사권 남용을 걱정하여 가급적 좁게 설정하려는 입장[오기두, 정한중, 법조 2017. 4(Vol. 722)]이 대립하고 있다.

[2] **인적 관련성과 객관적 관련성**

본 판결은 인적 관련성을 다소 넓게 인정(통신사실확인자료 제공요청 허가서에 기재된 대상자의 공동정범이나 교사범 등 공범이나 간접정범은 물론 필요적 공범 등에 대한 피고사건에 대해서도 인정될 수 있음을 인정)하는 대신 객관적 관련성을 다소 좁게 인정(혐의사실과 단순히 동종 또는 유사 범행이라는 사유만으로는 부족하고 통신사실 확인자료 제공요청 허가서에 기재된 혐의사실의 내용과 당해 수사의 대상 및 수사 경위 등을 종합하여 구체적·개별적 연관관계가 있는 경우에만 인정)하여 양측의 입장을 절충하고 있다.

4.14 적법한 체포·구속에 선행하는 압수·수색은 위법

서울중앙지방법원 2006. 10. 31. 선고 2006노2113 판결

F D는 V로부터 양수한 건물이 무허가 건물로 강제철거를 당하게 되어 V에게 앙심을 품고 있던 중, 2005. 10. 28. 10:00경 서울 동대문구 (상세 주소 생략) 소재 V가 시행하는 상가신축공사현장에서 작업을 하고 있던 인부들을 툭툭 치고 시비를 걸면서 "일을 하더라도 사기꾼인 V로부터 임금을 받지 못할 것이다. 일을 그만 하고 나가라."라는 취지의 이야기를 하였다. V가 같은 날 14:30경 현장사무실로 사용하던 컨테이너 박스에서 인부들에게 줄 임금을 세고 있는데 D가 들어 왔다. V는 돈을 세는 것을 멈추고 책상 서랍에 넣은 다음 D에게 퇴거를 요구하였으나 D는 계속 시비를 걸면서 나가지 않고 있던 중 같은 날 15:00경 '현장에서 작업하던 A가 손을 다쳤다'는 연락을 받은 V가 A를 병원에 데리고 갔다가 다시 현장사무실에 돌아오자 D가 현장사무실에서 나갔다. V가 현장사무실 책상 서랍을 열어 보고 돈(76만 원)이 없어진 것을 알게 되자 D의 소행으로 의심하여 경찰에 신고하였다. 서울동대문경찰서 용남지구대 소속 P경사 등은 V로부터 도난신고를 받고 V와 함께 D의 집으로 출동하였다. D의 집 주방입구에서 지갑 옆에 흩어져 있던 19만 원을 발견하였으나 V가 분실하였다는 76만 원과는 차이가 있고 D가 절취사실을 부인하면서 수색영장과 구속영장의 제시를 요구하여 **일단 임의동행 형식으로 D를 지구대로 데리고 갔다.** 지구대에서 P2 경장은 D에게, 인근에 주차되어 있던 D 소유 트럭의 열쇠를 요구하였으나 거절당하자 D의 주거를 수색하여 D 소유의 차량열쇠를 발견하고 그 열쇠로 인근에 주차되어 있던 D의 트럭 문을 열어 보았다. P2는 조수석 아래에 있던 종이박스 밑에 40만 원이 깔려 있는 것을 보고 사진을 촬영하고 P경사에게 연락하였다. P경사는 2005. 10. 28. 18:30경 D와 함께 D의 집에 가서 위 19만 원 및 40만 원을 D로부터 압수하고(압수물 59만 원은 다음날 V에게 가환부되었다), D를 다시 지구대로 연행하여 압수조서를 작성한

후 현행범인으로 체포하였다. D는 절도혐의로 기소되었다. 검사는 D의 집에서 발견된 19만 원과 차에서 발견된 40만 원이 분실된 76만원의 일부라고 판단하여 D의 유죄를 입증할 수 있는 유력한 증거라고 생각하였다. D는 절도 범행을 극구 부인하면서도 '59만 원'을 증거로 함에 동의하였다. 제1심이 증거불충분을 이유로 무죄를 선고하자 검사는 "제1심이 증거능력 있는 증거가 있는 데도 증거를 채택하지 않았고 그로 인하여 사실을 오인하였다."고 주장하며 항소하였다.

I 'D의 차량에 있던 40만 원을 촬영한 사진의 영상'과 'D로부터 59만 원을 압수하였다'는 취지의 압수조서 기재의 증거능력, 그리고 P가 'D의 집 주방입구에서 지갑 옆에 흩어져 있던 19만 원과 D의 차량에 있던 40만 원을 압수한 행위가 체포현장에서의 적법한 압수인가?'이다. P, P2의 현행범체포가 적법한지 의심스럽지만 설사 적법한 체포로 가정하더라도 사안에서 압수는 체포행위 보다 앞서 행하여졌다.

R A 항소기각. 먼저 피고인 D의 차량에 있던 40만 원을 촬영한 사진의 영상과 피고인으로부터 59만 원을 압수하였다는 취지의 압수조서의 기재의 증거능력에 관하여 본다. 216조 1항과 217조 1항은 영장주의 자체에 대한 예외규정이므로, ⓐ 현행범 체포행위에 선행하는 압수·수색은 허용되지 않고, ⓑ 현행범으로 체포된 자가 압수·수색의 현장에 있음을 요하며, 또한 '긴급체포할 수 있는 자'란 현실적으로 '긴급체포된 자'로 해석하여야 할 것이다. 그런데 D가 이미 지구대에 임의동행되어 있었던 이상 그 후 D를 현행범인으로 체포할 당시 D가 범죄의 실행 중이거나 범죄의 실행의 즉후에 있었다고 할 수 없어 D를 현행범인이라고 볼 수 없을 뿐만 아니라 211조 2항 각호의 준현행범인에 해당하지 않고, D를 지구대

에 남겨두고 다시 D의 집으로 가서 D의 집과 차량을 수색한 것을 체포현장에서의 수색이라고 할 수 없으며, 또한 D가 긴급체포된 자에 해당한다고 볼 수도 없다. 나아가 사후에 지체 없이 영장을 받지 아니한 이 사건에서 위 압수·수색이 적법하다고 할 수 없다. 그렇다면 이 사건 사진 및 압수조서는 위와 같은 위법한 수색에 계속되고 이것을 직접 이용해서 촬영되거나 작성된 것으로서, 이러한 수색 등 절차에는 헌법 12조 3항 및 이를 이어받은 215조 등에서 기대되는 영장주의의 정신을 무시한 중대한 위법이 있고, 이들을 증거로 허용하는 것은 장래 위법한 수사의 억지의 관점에서 볼 때 상당하지 않다. 또 검사는, D가 이들을 증거로 함에 동의하였으므로 유죄의 증거로 할 수 있다고 주장하나, 위법하게 수집된 증거는 318조 1항에 의한 증거동의의 대상이 될 수 없어(대법원 1997. 9. 30. 선고 97도1230 판결 참조) 동의가 있다 하더라도 증거능력이 인정되지 않으므로, 위 주장은 받아들일 수 없다.

C

재판요지 중 중요한 부분은 "ⓐ 현행범 체포행위에 선행하는 압수·수색은 허용되지 않고, ⓑ 현행범으로 체포된 자가 압수·수색의 현장에 있음을 요하며" 부분과 "D를 지구대에 남겨두고 다시 D의 집으로 가서 D의 집과 차량을 수색한 것을 체포현장에서의 수색이라고 할 수 없[다]."는 부분이다.

1 체포현장에서의 영장 없는 수색·압수·검증(216조 1항 2호)이 허용되는 근거

㉠ '체포자의 안전과 피체포자의 증거인멸방지 (warrant requirement must be justified by concerns for Officer safety or evidence preservation.)'에 두는 긴급처분설과 ㉡ '큰 법익침해가 정당화되므로 작은 법익침해는 영장발부자의 의사에 합치'한다는 부수처분설이 있다. 긴급처분설은 수색·압수와 체포의 동시 병행성을 요하므로 체포현장의 포섭범위가 좁아 원칙적으로 체포 전이나 체포 후의 수색·압수를 부정한다. 적법절차가 강조되는 최근의 학설과 판례의 흐름은 긴급처분설이고 본 판결도 이 입장에 서 있다.

2 '적법한 체포·구속 전의 수색·압수가 허용'(1961 년의 일본최고재판소 판례)[1]되는가?

216조 1항은 '체포현장'으로 표현하고 있으므로 문리해석하면 '적법한 체포·구속 전의 수색·압수'는 허용될 수 없다(체포실현설).[2] 본 판결은 이 점을 명시적으로 확인하고 있다. 그런데 이보다 더 중요한 쟁점은 영장 없는 수색·압수의 장소적 범위이다.

3 수색·압수의 장소적 범위

'피체포자의 신체와 그의 직접적 지배하에 있는 장소[3]로 보는 것이 합리적이다. 왜냐하면 적법한 구속·체포에 나서는 수사기관의 신체의 안전을 위하여 혹시 있을지 모르는 피의자의 무기를 수사기관이 미리 압수할 수 있도록 하여야 하고, 그 범위 내에 증거물이나 몰수물이 있을 가능성이 높기 때문이다.

4 '체포현장에서의 적법한 압수'가 부정된 사안(대법원 2010. 7. 22. 선고 2009도14376 판결)

"경찰이 D의 집에서 20m 떨어진 곳에서 D를 체포하여 수갑을 채운 후 D의 집으로 가서 집안을 수색하여 칼과 합의서를 압수하였을 뿐만 아니라 적법한 시간 내에 압수·수색영장을 청구하여 발부받지도 않았음을 알 수 있는바, 위 칼과 합의서는 임의제출물이 아니라 영장 없이 위법하게 압수된 것으로서 증거능력이 없고, 따라서 이를 기초로 한 2차 증거인 임의제출동의서, 압수조서 및 목록, 압수품 사진 역시 증거능력이 없다."

---

1) '피의자 S의 자택에서 부재중이던 S의 귀가를 기다리는 동안에 수사관이 행한 압수·수색을 적법하다'고 판시.
2) 미국연방대법원의 원칙적 입장이다.
3) Chimel v. California(1969) "A search incident to a law—ful arrest[SILA] is limited to the suspect's person and the area within which he[or she] could reach a weapon or evidence." '피체포자의 신체와 그의 직접적 지배하에 있는 장소에 제한'(이재상, 2판, 307).

4.15 216조 3항의 현행범성·긴급성요건 불비사례

대법원 2012. 2. 9. 선고 2009도14884 판결

F 인천 소재 S 경찰서 소속 생활 질서 계는 불법 게임장에 대한 112신고가 접수되면 관할 지구대 소속 경찰관들로 하여금 1차로 단속을 하도록 하고, 단속에 실패한 업소에 대해서는 리스트를 작성하여 위 생활 질서 계 소속 경찰관들이 리스트에 기재된 업소 주변을 살피거나 잠복하는 등의 방법으로 수사해 왔다. M게임장에 대하여 112신고가 여러 차례 접수되었으나 그때마다 단속에 실패하자, 위 생활 질서 계 소속 P경장 등은 평소 M게임장 주위를 탐문한 결과 폐쇄회로 티브이(CCTV) 및 철문이 설치되어 있으며, 환풍기가 작동되고 있는데 문을 두드려도 열어주지 않는 등, M게임장이 112신고 내용처럼 불법 게임장이라는 의심을 하게 되었다. P 등은 2008. 9. 8. 차량을 타고 위 리스트에 기재된 업소들을 돌아보던 중 같은 날 17:00경 M게임장이 있는 건물을 지나다가, 남자들이 M게임장 안으로 들어가는 것을 보고 뒤따라 들어가, M게임장 내부를 수색하여, 등급분류를 받지 아니한 바다이야기 게임기 47대가 보관되어 있는 것을 확인[1] 후, 같은 날 18:30경 위 게임기 등을 모두 압수하였다. P 등은 사건 당일이나 그에 근접한 일시경에 M게임장에 대한 112신고 등 첩보를 접수받은 바 없고, P 등이 M게임장을 압수·수색할 당시 M게임장에서 범죄행위가 행해지고 있다는 구체적인 단서를 갖고 있지 않았으며, 단지 위 단속리스트에 기재된 게임장들 주위를 순찰하던 도중 M게임장에 남자들이 들어가는 것을 우연히 목격한 후 따라 들어가 그 내부를 수색한 것이다. P 등이 M게임장 안에 들어가 수색하며 게임기를 압수하려고 하자, M게임장 종업원 D는 P 등에 대항하여 협박을 하여 불법 사행성 게임장의 게임기 압수라는 정당한 공무집행을 방해한 혐의로 기소되었다. P 등이 M게임장에 진입하기 전에 사전 압수·수색영장을 발부받은 것은 아니고, 게임기를 압수·수색한 후에 법원에 영장을 신청하여 영장이 발부되었다. 제1심과 항소심은 "불법 게임장 영업은 그 성질상 상당한 기간 동안 계속적으로 이루어지고 불법 게임기는 상당한 부피 및 무게가 나가는 것들로서 은폐나 은닉이 쉽지 아니한 점에 비추어 보면, 위 경찰관들의 압수·수색은 216조 3항 소정의 '긴급성' 요건을 충족시키지 못한 것으로 위법"하고, 따라서 "경찰관들의 이 사건 압수·수색에 대항하여 한 피고인 D의 행위가 공무집행방해죄의 구성요건에는 해당하나 '정당행위'에 해당하여 위법성이 조각된다"고 판단하여 무죄를 선고하였다. D가 상고하였다.

I 1. 본 사안은 216조 3항의 현행범성·긴급성 요건이 불비한 수색·압수의 사례인가?

2. 한국대법원은 미국연방대법원이 인정하는 '선의의 예외(good faith exception) 이론'의 수용을 거부하는 태도를 보이는 판결로 해석될 수 있는가?

R 상고기각. 범행 중 또는 범행직후의 범죄 장소에서 긴급을 요하여 법원 판사의 영장을 받을 수 없는 때에는 영장 없이 압수·수색 또는 검증을 할 수 있으나, 사후에 지체 없이 영장을 받아야 한다(형사소송법 216조 3항). 형사소송법 216조 3항의 요건 중 어느 하나라도 갖추지 못한 경우에 그러한 압수·수색 또는 검증은 위법하며 이에 대하여 사후에 법원으로부터 영장을 발부받았다고 하여 그 위법성이 치유되지 아니한다(대법원 2012. 2. 9. 선고 2009도14884 판결 등 참조).

---

1) 게임 산업 진흥에 관한 법률 44조(벌칙)[5년 이하의 징역 또는 5천만 원 이하의 벌금] 1호: 28조 2호의 규정을 위반하여 도박 그 밖의 사행행위를 하게 하거나 이를 하도록 방치한 자; 같은 법 45조(벌칙)[2년 이하의 징역 또는 2천만 원 이하의 벌금] 2호: 25조 또는 26조 1항·2항·3항 본문의 규정을 위반하여 허가를 받지 아니하거나 등록을 하지 않고 영업을 한 자.

A 원심은 이 사건 공소사실 중 공무집행방해 부분 기재 경찰관들의 행위에 대하여, 형사소송법 216조 3항이 정한 '긴급을 요하여 법원판사의 영장을 받을 수 없는 때'의 요건을 갖추지 못하였고 또한 현행범 체포에 착수하지 아니한 상태여서 형사소송법 216조 1항 2호, 212조가 정하는 '체포현장에서의 압수·수색' 요건을 갖추지 못하였으므로, 영장 없는 압수·수색업무로서의 적법한 직무집행으로 볼 수 없다고 보아 제1심과 마찬가지로 위 행위에 대항한 피고인의 행위가 공무집행방해죄를 구성하지 아니한다고 판단하고, 이에 관한 검사의 사실오인 및 법리오해의 항소이유 주장을 받아들이지 아니하였다. 원심판결 이유를 위 법리와 적법하게 채택된 증거들을 비롯한 기록에 비추어 살펴보아도, 상고이유 주장 사유만으로는 위와 같은 원심의 판단에 논리와 경험의 법칙에 반하여 자유심증주의의 한계를 벗어나거나 영장주의 예외에 관한 법리를 오해한 위법이 있다고 보기 어렵다.

C

☐ 216조 3항

범행 중 또는 범행 직후(현행범 상황)의 범죄 장소에서 긴급을 요하여 법원판사의 영장을 받을 수 없는 때에 수사기관은 영장 없이 수색·압수 또는 검증을 할 수 있다. 이 경우에는 사후에 지체 없이 영장을 받아야 한다(216조 3항).

본 사안에서는 첫째, P 등에게 '범행 중 또는 범행 직후'라는 요건을 인정할 만한 단서가 충분하지 않았던 것이 아닌가 하는 의심이 들고, 둘째, '긴급을 요하여 법원판사의 영장을 받을 수 없는 때'에 해당하는지도 의심스러웠다. 제1심과 항소심, 상고심 모두 긴급성 요건의 불비(不備)를 근거로 본 건의 수색·압수를 위법하다고 판단하였다. 대법원은 "위 경찰관들의 이 사건 게임장 단속 및 압수 업무가 적법한 직무집행이 아닌 이상 피고인이 이들에 대항하여 협박을 하였다고 하여도 공무집행방해죄가 성립될 수 없음

에도 불구하고(=구성요건해당성을 부정), 원심이 위 경찰관들의 이 사건 압수·수색에 대항하여 한 피고인의 행위가 공무집행방해죄의 구성요건에는 해당하나 '정당행위'에 해당하여 위법성이 조각된다고 판단한 것은 위에서 본 공무집행방해죄의 구성요건에 관한 법리를 오해한 것이어서 위법하다고 하겠으나, 이 사건 공소사실에 대하여 무죄를 선고한 원심의 결론은 정당하므로, 위와 같은 위법은 판결 결과에 영향이 없다."고 판시하였다.

② 선의의 예외(good faith exception) 이론의 불인정

본 판결에서 특히 주목되는 점은 한국 대법원이 미국연방대법원이 인정하는 '선의의 예외(good faith exception) 이론'의 수용을 거부하는 태도를 보인다고 해석될 여지가 있는가 하는 점이다. 선의의 예외 이론을 수용하면 위 사안은 다음과 같은 결론으로 될 수도 있다.

본 사안에서 설사 '범행 중 또는 범행 직후'라는 요건이 구비되지 않았고, 또한 '긴급을 요하여 법원판사의 영장을 받을 수 없는 때'에 해당하지 않았다 하더라도, 어쨌거나 지방법원판사가 사후영장을 발부하였으므로 앞선 절차에서의 수사기관의 위법행위는 사후적으로 법원의 추인을 받은 셈이니 압수물(적법하게 등급분류를 받지 아니한 게임기)은 더 이상 위법수집증거가 아니다. 위와 같은 이론의 탄생을 촉발한 미국의 판례사안은 '범죄혐의의 상당성이 인정되지 않음에도 지방법원판사가 착각하여 상당성을 인정하여 영장을 발부하였고, 나중에 상급법원에서 상당성 불비로 판명된 경우에 지방법원판사의 영장발부를 신뢰하여 영장을 집행한 수사기관의 행위는 선의의 집행으로 보아야 한다.'는 사안임에 비하여 본 사안은 사후의 추인영장의 효력을 인정할 것인가가 문제된 사안으로 사실관계에서 다소의 차이는 있다. 유사한 논점을 제기하는 판례가 하나 더 있다(대법원 2011. 4. 28. 선고 2009도10412 판결). 본 판결은 "사후에 법원으로부터 영장을 발부받았다고 하여 그 위법성이 치유되지 아니한다."고 판시하여 선의의 예외(good faith exception) 이론의 불인정을 명시하고 있다.

4.16 음주운전피의자 채혈의 적법례와 위법례 대비

대법원 1999. 9. 3. 선고 98도968 판결; 대법원 2011. 4. 28. 선고 2009도2109 판결

F 【98도968】 D는 1995. 7. 19. 17:00경 공주시 우성면 상서리 소재 도로에서 혈중 알코올농도 0.09%의 주취상태로 화물차를 운전하다가 중앙선을 침범하여 반대차선에서 진행 중이던 프라이드 및 그랜져 승용차와 충돌하였다. 이 사고로 D는 의식을 잃어 공주의료원으로 후송되었고 위 승용차에 타고 있던 사람 5명은 약 2주 내지 6주간의 치료를 요하는 상해를 입었다. 피해자측 요구에 따라 경찰관 P가 공주의료원에서 호흡으로 음주측정이 어려운 D의 음주운전죄 혐의를 수사하려고 혈액을 채취하려 하였으나 당시 D는 전혀 의식이 없었고 D의 가족들도 현장에 없었다. 마침 위 의료원 간호사가 치료목적으로 D의 혈액을 채취하자 P가 간호사에게 부탁하여 채혈된 혈액 중 일부를 임의로 제출받은 후 이를 교통사고 처리 반에 인계하여 사고당시 D의 혈중 알코올농도의 감정용으로 사용하였다. D는 음주운전죄와 교통사고처리특례법(업무상 과실치상죄) 위반 혐의로 기소되었다(이하 교통사고처리특례법 위반혐의는 논외로 함). 제1심은 국립과학수사연구소의 혈액감정의뢰 회보를 증거로 채택하여 D에게 유죄를 선고하였다. D는 "P가 D의 동의를 얻거나 법관의 영장에 의하는 등 적절한 법률상의 절차를 거치지도 아니한 상태로 D의 신체에서 임의로 혈액을 채취하여 국립과학수사연구소에 감정을 의뢰하여 얻게 된 혈액감정의뢰 회보는 그 수집절차에 중대한 위법이 있어 증거능력이 없다"고 주장하며 항소하였다. 항소심은 "D나 그 가족의 동의를 얻을 수 없는 상황에서 간호사에 의하여 병원에서 치료의 필요에 따라 채취한 D의 혈액 중 소량을 사용하여 얻어진 위 감정결과는 모든 절차를 적법하게 준수하여 얻어진 증거라고 할 수는 없다고 하더라도 그 위법의 정도나 그로 인하여 D가 입은 신체의 안전과 인간의 존엄성의 각 침해 정도가 위 증거를 배제하여야 할 정도에는 이르지 아니하므로 위 채혈에 따른 감정의뢰회보는 그 증거능력이 있다"

고 판시하며 D의 항소를 기각하였다. D가 상고하였다.

【2009도2109】 D2는 2008. 6. 25. 21:00경 나주시 인근에서 음주한 채 면허도 없이 화물자동차를 운전하여 가다가 도로 우측 가드 레일을 들이받고 논으로 빠졌다. 그 후 D2는 약 7주간의 치료를 요하는 상해를 입고 의식을 잃은 채 응급실로 후송되었다. 21:14경 신고를 받고 출동한 경찰관은 "운전자가 술을 마신 것 같다"는 주변의 말을 듣고 D2의 동서로부터 채혈동의를 받고 의료인에게 의뢰하여 D2의 혈액을 채취하여 음주측정 감정위촉 절차를 밟았다. 그 결과 D2의 혈중 알코올농도는 0.255%로 운전당시 만취상태였던 것으로 추정되었다. 검찰은 D2를 음주운전과 무면허운전을 한 혐의로 기소하였다. 제1심은 공소사실을 모두 유죄로 인정하여 징역 4월을 선고하였다. D2가 항소하자 제2심은 음주운전혐의에 대하여는, "이 사건 채혈은 법관으로부터 영장을 발부받지 않은 상태에서 이루어졌고 사후영장을 발부받지도 아니하였으므로 D2의 혈중 알코올농도에 대한 국립과학수사연구소 감정서, 주취운전자적발보고서는 위법수집증거로서 증거능력이 없고, 이 사건 채혈이 D2의 동서로부터 채혈동의를 받고 이루어졌다는 사정만으로는 달리 볼 수 없다"며 무죄를 선고하고, 무면허운전 혐의만을 유죄로 인정하여 벌금 300만 원을 선고하였다(이하 무면허운전 혐의는 논외로 함). 검사가 무죄부분에 대하여 상고하였다.

I 음주운전피의자의 동의 없이 채혈된 혈액은 음주운전 피고사건에서 위법수집증거인가?

R 상고기각. 【98도968】 218조는 '검사 또는 사법경찰관은 피의자, 기타인의 유류한 물건이나 소유자, 소지자 또는 보관자가 임의로 제출한 물건을 영

장 없이 압수할 수 있다'고 규정하고 있고, 같은 법 219조에 의하여 준용되는 112조 본문은 '변호사, 변리사, 공증인, 공인회계사, 세무사, 대서업자, 의사, 한의사, 치과의사, 약사, 약종상, 조산사, 간호사, 종교의 직에 있는 자 또는 이런 직에 있던 자가 그 업무상 위탁을 받아 소지 또는 보관하는 물건으로 타인의 비밀에 관한 것은 압수를 거부할 수 있다.'고 규정하고 있을 뿐이고, 달리 형사소송법 및 기타 법령상 의료인이 진료 목적으로 채혈한 혈액을 수사기관이 수사 목적으로 압수하는 절차에 관하여 특별한 절차적 제한을 두고 있지 않으므로, 의료인이 진료 목적으로 채혈한 환자의 혈액을 수사기관에 임의로 제출하였다면 그 혈액의 증거사용에 대하여도 환자의 사생활의 비밀 기타 인격적 법익이 침해되는 등의 특별한 사정이 없는 한 반드시 그 환자의 동의를 받아야 하는 것이 아니다.

A 경찰관이 간호사로부터 진료 목적으로 이미 채혈되어 있던 D의 혈액 중 일부를 임의로 제출받아 이를 압수한 것으로 보이므로 당시 간호사가 위 혈액의 소지자 겸 보관자인 의료원 또는 담당의사를 대리하여 혈액을 경찰관에게 임의로 제출할 수 있는 권한이 없었다고 볼 특별한 사정이 없는 이상, 그 압수절차가 D 또는 D의 가족의 동의 및 영장 없이 행하여졌다고 하더라도 이에 적법절차를 위반한 위법이 있다고 할 수 없다.[1]

---

1) [따름판결] "교도관이 재소자가 맡긴 비망록을 수사기관에 임의로 제출하였다면 그 비망록의 증거사용에 대하여도 재소자의 사생활의 비밀 기타 인격적 법익이 침해되는 등의 특별한 사정이 없는 한 반드시 그 재소자의 동의를 받아야 하는 것은 아니고, 따라서 검사가 교도관으로부터 보관하고 있던 D의 비망록을 뇌물수수 등의 증거자료로 임의로 제출받아 이를 압수한 경우, 그 압수절차가 피고인의 승낙 및 영장 없이 행하여졌다고 하더라도 이에 적법절차를 위반한 위법이 있다고 할 수 없다. 또한, 이 사건 비망록에 D2의 사생활의 비밀 기타 인격적 법익이 침해되는 등의 특별한 사정이 있다고 볼만 한 자료가 없으므로, 이 점에 관한 상고이유의 주장도 받아들일 수 없다"(대법원 2008. 5. 15. 선고 2008도1097 판결).

R 상고기각. 【2009도2109】 사법경찰관이 범죄 수사에 필요한 때에는 검사에게 신청하여 검사의 청구로 지방법원판사가 발부한 영장에 의하여 압수, 수색 또는 검증을 할 수 있고(215조 2항), 범행 중 또는 범행 직후의 범죄 장소에서 긴급을 요하여 판사의 영장을 받을 수 없는 때에는 압수·수색·검증을 할 수 있으나 이 경우에는 사후에 지체 없이 영장을 받아야 하며(216조 3항), 검사 또는 사법경찰관으로부터 감정을 위촉받은 감정인은 감정에 관하여 필요한 때에는 검사의 청구에 의해 판사로부터 감정처분허가장을 발부받아 신체의 검사 등 173조 1항에 규정된 처분을 할 수 있도록 규정되어 있으므로(221조, 221조의4, 173조 1항), 위와 같은 형사소송법 규정에 위반하여 수사기관이 법원으로부터 영장 또는 감정처분허가장을 발부받지 아니한 채 피의자의 동의 없이 피의자의 신체로부터 혈액을 채취하고 더구나 사후적으로도 지체 없이 이에 대한 영장을 발부받지도 않고서 그 강제채혈한 피의자의 혈액 중 알코올농도에 관한 감정이 이루어졌다면, 이런 감정결과보고서 등은 형사소송법상 영장주의 원칙을 위반하여 수집되거나 그에 기초한 증거로서 그 절차 위반행위가 적법절차의 실질적인 내용을 침해하는 정도에 해당하고, 이런 증거는 피고인이나 변호인의 증거동의가 있다고 하더라도 유죄의 증거로 사용할 수 없다.

A 원심이 적법한 절차에 따르지 않고 수집된 피고인의 혈액을 이용한 혈중 알코올농도에 관한 감정서 및 주취운전자적발보고서의 증거능력을 부정한 것은 정당하고, 음주운전자에 대한 채혈에 관하여 영장주의를 요구할 경우 증거가치가 없게 될 위험성이 있다거나 음주운전 중 교통사고를 야기하고 의식불명상태에 빠져 병원에 후송된 자에 대하여 수사기관이 수사의 목적으로 의료진에게 요청하여 혈액을 채취한 사정이 있다 하더라도 이런 증거의 증거능력을 배제하는 것이 형사사법의 정의를 실현하려고 한 취지에 반하는 결과를 초래하는 것으로 평가되는 예외적인 경우에 해당한다고 볼 수 없다.

C

1 문제의 제기

2009도2109 사안에서 경찰관은 음주운전피의자의 동의를 얻지는 못하였지만 음주운전피의자의 동서(자신의 방계여성혈족의 배우자)의 동의를 얻어 의료인에게 채혈을 요구하여 채취한 혈액이 위법수집증거로 판단되었다.[2] 이와 대조적으로 98도968 사안에서 경찰관은 음주운전피의자 본인의 동의를 얻지는 못하였지만 다른 제3자(그 중에서도 음주운전피의자의 치료를 담당하는 의료인)의 동의를 얻어 평온하게, 이미 치료목적으로 채취한 혈액의 일부를 음주운전죄 수사에 필요한 만큼 확보하였는데, 이 경우의 혈액은 위법수집증거가 아닌 것으로 판단되었다. 이처럼 음주운전피의자의 동의 없이 채혈된 혈액은 음주운전피고사건에서 때로는 위법수집증거로, 때로는 적법수집증거로 판단됨을 알 수 있다. 양자를 어떻게 구별할 것인가, 그 구별은 타당한 것인가가 문제된다.

2 시간적 긴급성과 방법의 상당성

98도968 사안과 2009도2109 사안에서의 채혈은 모두 음주운전죄(도교법위반죄), 교특법위반죄(업무상과실치상죄), 위험운전치사상죄(특가법 5조의11 위반죄) 혐의사건의 수사를 위하여 긴급성의 요건을 구비하고 있다. 혈중 알코올성분은 단시간 내에 그 농도가 급격히 저하되기 때문에 수사 측으로서는 보통 사전영장을 구할 시간적 여유가 없는 때가 많을 것이다. 따라서 모든 경우에 사전영장 없는 채혈을 위법하다고 보면, 음주운전죄, 교특법위반죄(업무상실치상죄), 위험운전치사상죄(특가법 5조의11 위반죄)의 수사는 매우

어렵게 된다. 또 하나 고려해야 할 사항은 '방법의 상당성' 문제이다. 98도968 사안의 항소심은 혈액의 채취나 확보는 "원칙적으로는 (혈액주체의) 동의나 영장에 기초하여 행하여져야 하지만 본 사안의 수집절차상의 흠은 적법절차의 실질적인 내용을 침해하는 경우에 해당하지 않는다."고 판단[3]하였다. 그러나 98도968 사안의 대법원은 당해사건의 혈액확보를 (특별한 사정이 없는 한) '혈액의 채취'로 볼 수 없고, 의료인이 진료목적으로 채취한 혈액의 일부를 의료인의 동의를 얻어 임의제출받은 것(218조의 임의제출물의 압수)으로 파악하여 위법수집증거가 아니라고 판단하였다. 그런가 하면 2009도2109 사안(음주운전피의자의 치료를 담당하는 의료인이 치료목적으로 채취한 혈액이 아직 없는 경우)의 대법원은 음주운전피의자가 의식을 잃고 있는 경우에도 경찰관이 음주운전피의자의 동의를 얻지 않고 의료인에게 의뢰하여 채혈하면 그 혈액은 위법수집증거로 판단한다. 따라서 대법원에 따르면 2009도2109 사안에서 경찰관이 합법적으로 혈액을 확보할 수 있는 방법은 오로지 경찰관이 사전영장을 발부받아 강제로 채혈하는 방법 외에는 없게 된다. 2011. 6. 8.자로 도로교통법이 개정되어 음주측정불응죄, 음주운전죄의 법정형이 3년 이하의 징역으로 상향되어 이제는 음주운전피의자에 대한 긴급체포의 길[4]이 열렸다.

3 강제채혈·채뇨·채모 기타 신체훼손의 규율

수사기관이 혐의를 두고 있는 사건의 증거를 확보하기 위하여 '사람의 신체표면의 수색을 초과하는 신

---

2) 이 판결에 부합하는 취지의 학설들이 많다. 혈액주체의 '개인정보 자기결정권' 개념에 터잡아 담당의사나 간호사에게 환자의 동의 없이 혈액을 수사기관에게 제출할 권한이 없음을 근거로 혈액채취의 불법성을 논하는 견해가 있다. 한영수, 음주측정을 위한 '동의 없는 채혈'과 '혈액의 압수', 형사판례연구, 9권, 2001. 6, 353~376; 이상돈, 혈액압수와 정보지배권, 저스티스, 제34권 4호, 2001, 217 이하; 김형준, 진료목적으로 채취한 혈액의 압수, 형사판례의 연구 Ⅱ(이재상교수화갑기념), 2003. 1, 75 이하 참조.

3) 항소심판결의 다음 부분은 이를 말하고 있다: "그 위법의 정도나 그로 인하여 D가 입은 신체의 안전과 인간의 존엄성의 각 침해정도가 위 증거를 배제하여야 할 정도에는 이르지 아니하므로 위 채혈에 따른 감정의뢰회보는 그 증거능력이 있다(음주운전으로 체포된 사람으로부터 혈액채취가 필요하고, 또한 장소와 절차가 합리적이라면 강압에 의해서도 혈액샘플을 채취할 수 있다고 인정한 미국 연방대법원 1966년의 Schmerber v. California 판결도 같은 취지로 판단한 것으로 보이고, D의 변호인이 원심 법원의 제2회 공판기일에서 위 감정의뢰회보를 증거로 함에 동의한다는 의사표시를 한 점도 참작될 수 있을 것이다)"(대전지방법원) 1998. 3. 18. 선고 97노1560 판결).

4) 그 밖에 수사 측은 준현행범 조항을 활용할 수 있다(대법원 2012. 11. 15. 선고 2011도15258 판결).

체적 훼손'(bodily intrusion)이 필요한 경우가 있다. 음
주운전죄와 마약투약죄의 증거가 되는 혈액·오줌(尿)·
모발의 채취가 필요할 때 혈액·오줌·모발의 주체(소
유자)가 혈액·오줌·모발의 채취에 동의하지 않으면
수사기관은 혈액·오줌·모발을 강제로 채취하여야
한다.

그런데 현행법상 '대인적 긴급강제처분인 긴급체
포'와는 달리 강제채혈·채뇨·채모 등의 대물적 강제
처분의 긴급처분(먼저 강제처분하고 사후에 승인을 받는
방식의 강제처분)을 허용하는 명시적 조문은 존재하지
않는다.[5]

미국에서는 불합리한 압수·수색을 금지하는 수정
헌법 4조가 사람의 신체표면수색을 초과하는 신체적
훼손(bodily intrusion)에도 적용되는 것으로 해석되어
왔다. 이런 헌법운용의 전통은 사람의 신체에 대한
강제처분(체포·구속)과 신체 이외의 물건이나 장소에
대한 강제처분을 준별하여 별개의 절차로 규율하고
있는 한국 헌법과 형사소송법의 구조와 크게 다른 것
이다. 또한 미국에서는 사전영장을 발부받지 않고 행
하는 긴급처분에 대한 근거규정을 따로 규정하지 않
고 긴급처분의 적법성문제도 수정헌법 4조의 합리성
(reasonableness) 요건의 개별적 심사에 의하여 처리하
고 있다. 이에 반하여 한국에서는 사전영장주의를 강
화시켜 긴급한 대물적 강제처분의 적법요건을 법률
로 엄격히 규제하는 강제처분법정주의를 취하고 있
기 때문에, 사전영장 없이 긴급히 수행해야 실효를
거둘 수 있는 강제채혈·강제채뇨·강제채모를 수행
하기가 곤란한 사정 하에 있다.

[4] 강제채혈·강제채뇨·강제채모에 필요한 영장

수사기관은 어떤 사전영장을 발부받아 강제채혈·
강제채뇨·강제채모를 할 수 있는가?

이에 대하여는 검증으로서의 신체검사영장설, 신
체검사영장과 감정처분허가장(221조의4)의 양자를 겸
용해야 한다는 병용설, 압수·수색영장을 발부받아야
한다는 설, 압수·수색과 감정의 절차에 의해야 한다
는 설 등이 다양하게 주장되고 있다. 방론(傍論)이지
만 2004년에 대법원은 수사기관이 감정처분허가장

(221조의4)을 발부받아 강제채혈·강제채뇨·강제채모
를 할 수 있다[6]는 견해를 표명하였다. 2009도2109 사
안에 대한 2011년 판결에서 대법원은 '영장 또는 감
정처분허가장'이라고 판시하였다. 여기서의 영장이란
압수영장이다(대법원 2012. 11. 15. 선고 2011도15258 판결).

수사기관이 강제채혈·강제채뇨·강제채모를 위하
여 청구한 영장의 적법성을 법원이 판단할 때에는 ①
범죄의 혐의가 상당할 것, ② 영장을 구할 시간적 여
유가 없었을 것(사후영장을 청구하는 경우), ③ 신체훼
손이 증거획득을 위한 최후의 수단일 것, ④ 시료(오
줌과 피, 모발 등)의 획득은 의사 등 전문가의 입회하
에 안전한 시술방법에 따라 행해질 것, ⑤ 시술로 말
미암아 초래될지도 모르는 피처분자의 신체의 안전
성에 대한 위험과 사회(국가, 정부)의 이익을 비교형량
하여 사회의 이익이 압도적으로 우위일 것 등의 사정
이 고려되어야 할 것이다.

---

5) 216조 1항 2호와 3항의 포섭범위는 너무 좁다.

6) "우리 형사소송법에 의하더라도 음주측정을 거부한 사람
에 대하여 법원의 감정처분허가장 등을 발부받아 강제로
혈액을 채취한 다음 그 혈액을 의사로 하여금 감정하게
하는 방법으로 혈중 알코올농도를 측정하지 못할 이유는
없으며(하략)"(대법원 2004. 11. 12. 선고 2004도5257
판결).

4.17 적법한 압수·수색·검증영장집행의 절차적 요건들

대법원 1999. 12. 1.자 99모161 결정

F 국가정보원 소속 사법경찰관은 서울지방법원 판사가 1999. 8.20. 발부한 압수·수색영장에 기초하여 같은 달 24. S(재항고인)의 주거지에 대하여 압수·수색(1차 압수·수색)을 실시하여 별지목록1 기재 물건을 압수하고, 같은 달 27. 같은 영장에 기초하여 다시 같은 장소에서 압수·수색(2차 압수·수색)을 실시하여 별지목록2 기재 물건을 압수하였다. S는 2차 압수·수색의 취소를 구하는 준항고를 제기하였다. 준항고 법원(서울지방법원)은 '수사기관이 압수·수색영장을 청구할 당시부터 공소유지에 필요한 모든 물품을 예견하기 곤란한 경우가 많고 수사의 진행에 따라 같은 장소에서 다시 압수·수색을 할 필요가 있는 경우가 있으므로 압수·수색영장을 한 번 집행한 뒤라도 사건의 성질상 미리 압수대상물건을 예측하기 극히 곤란하거나 수사의 진행에 따라 새로운 사실이 나타나 다시 압수·수색할 필요성이 생긴 경우에는 동일한 영장에 기한 압수·수색의 재집행이 허용된다'며 준항고인(S)의 청구를 기각하였다. S가 대법원에 재항고하였다.[1]

I 발부 받은 압수·수색영장의 유효기간 내라면 1개의 압수·수색영장으로 거듭하여 압수·수색할 수 있는가?

R 파기자판. 215조에 의한 압수·수색영장은 수사기관의 압수·수색에 대한 **허가장**으로서 거기에 기재되는 유효기간은 집행에 착수할 수 있는 종기(終期)를 의미하는 것일 뿐이므로, 수사기관이 압수·수색영장을 제시하고 집행에 착수하여 압수·수색을 실시하고 그 집행을 종료하였다면 이미 그 영장은 목적을 달성하여 효력이 상실되는 것이고, 원심이 설시한 바

와 같은 사유가 있어 동일한 장소 또는 목적물에 대하여 다시 압수·수색할 필요가 있는 경우라면 그 필요성을 소명하여 법원으로부터 새로운 압수·수색영장을 발부받아야 하는 것이지, 앞서 **발부받은 압수·수색영장의 유효기간이 남아 있다**고 하여 이를 제시하고 다시 압수·수색을 할 수는 없다.

A 따라서 국가정보원 소속 사법경찰관이 1999. 8. 27. 재항고인(S)의 주거지에서 실시한 압수·수색은 결국 적법한 영장 없이 이루어진 것으로서 위법하다. 그 중 원상회복이 가능한 별지목록 기재 물건에 대한 압수처분은 마땅히 취소되어야 한다. 그러므로 원심결정을 파기하고, 이 사건은 자판하기에 충분하므로 대법원이 종국재판을 하기로 하는바, 국가정보원 소속 사법경찰관이 1999. 8. 27. 실시한 압수·수색은 위에서 본 바와 같이 위법하므로 별지목록 기재 물건에 대한 압수처분을 취소하기로 하여 관여 대법관의 일치된 의견으로 주문과 같이 결정한다.

C

① 압수·수색·검증 집행 1회성의 원칙

수사기관이 판사의 영장을 발부받아 적법하게 영장을 집행할 수 있는 횟수는 1회에 그친다. 만약 동일 장소, 동일인에 대하여 다시 강제처분을 할 필요가 있으면 다시 새로운 영장을 발부받아야 한다. 다만 영장을 집행하다가 부득이하게 일시적으로 중지(127조, 219조)한 다음 집행을 재개하는 것은 '집행의 일시중지와 재개'이고 재차의 강제처분집행이 아니다. 그러나 설사 영장의 유효기간 내라 하더라도 일단 영장집행을 종료한 후에 거듭 집행하는 것은 위법한 영장집행이다.

---

1) 사안구성은 이승녕, 동일 영장에 의한 재도의 압수·수색의 가부, 대법원판례해설 통권 33호(2000), 784~793 참조.

② 기타 유의하여야 할 적법한 압수·수색·검증영장 집행의 절차적 요건들

(1) **영장의 유효기간** : 영장에는 유효기간이 있다. 영장의 유효기간이 경과되면 수사기관은 집행에 착수하지 못하며 영장을 반환하여야 한다(75조, 14조, 173조, 200조의6, 209조, 219조, 221조의4 4항등).

(2) **처분을 받는 자에 대한 영장의 제시** : 압수·수색영장은 처분을 받는 자에게 반드시 제시하여야 한다(118조, 219조).[2]

(3) **피의자·피고인 또는 변호인의 참여권** : 피의자 또는 변호인은 압수·수색·검증영장의 집행에 참여할 권한이 있으므로(121조, 219조) 수사기관은 압수·수색·검증영장을 집행하기 전에 미리 집행의 일시와 장소를 이들에게 통지하여야 한다(122조, 219조).

(4) **여성의 신체수색 시 성년여성의 참여** : 여자의 신체에 대하여 수색·검증할 때에는 성년의 여자를 참여하게 하여야 한다(124조, 141조 3항, 219조).

(5) **야간집행의 제한** : 일출 전, 일몰 후에는 압수·수색영장에 야간집행을 할 수 있는 기재가 없으면 그 영장을 집행하기 위하여 타인의 주거, 간수자 있는 가옥, 건조물, 항공기 또는 선거 내에 들어가지 못한다(125조, 143조 1항, 219조).

(6) **영장의 집행과 책임자의 참여권** : 공무소, 군사용의 항공기 또는 선차 내에서 압수·수색영장을 집행할 때는 그 책임자에게 참여할 것을 통지하여야 한다(123조, 219조). '공무소, 군사용의 항공기 또는 선차' 이외의 타인의 주거, 간수자 있는 가옥, 건조물, 항공기 또는 선차 내에서 압수·수색영장을 집행함에는 주거주, 간수자 또는 이에 준하는 자를 참여하게 하여야 한다. 주거주, 간수자 또는 이에 준하는 자를 참여하게 하지 못할 때에는 인거인(隣居人) 또는 지방공공단체의 직원을 참여하게 하여야 한다.

(7) **압수자의 압수목록교부의무** : 수사기관이 압수한 경우에는 목록을 작성하여 소유자, 소지자, 보관자 기타 이에 준할 자에게 교부하여야 한다(129조, 219조).[3]

③ 사전통지 없이 집행한 압수·수색에 의하여 취득한 증거들의 증거능력(대법원 2012. 10. 11. 선고 2012 도7455 판결)

"피의자 또는 변호인은 압수·수색영장의 집행에 참여할 수 있고(219조, 121조), 압수·수색영장을 집행함에는 원칙적으로 미리 집행의 일시와 장소를 피의자 등에게 통지하여야 하나(122조 본문), '급속을 요하는 때'에는 위와 같은 통지를 생략할 수 있다(122조 단서). 여기서 '급속을 요하는 때'라고 함은 압수·수색영장 집행 사실을 미리 알려주면 증거물을 은닉할 염려 등이 있어 압수·수색의 실효를 거두기 어려울 경우라고 해석함이 옳고, 그와 같이 합리적인 해석이 가능하므로 122조 단서가 명확성의 원칙 등에 반하여 위헌이라고 볼 수 없다. 원심이 같은 취지에서 122조 단서가 위헌이라거나, 수사기관이 이 사건 이메일 압수·수색영장 집행 시 급속을 요하는 때에 해당한다고 보아 사전통지를 생략한 것이 위법하다는 피고인들의 주장을 배척한 제1심판결을 그대로 유지한 조치는 정당한 것으로 수긍이 [간다]."

---

2) "수사기관이 이 사건 압수·수색에 착수하면서 이 사건 사무실에 있던 제주도지사 비서실장 B에게 압수·수색영장을 제시하였다고 하더라도 그 뒤 그 사무실로 이 사건 압수물을 들고 온 제주도지사 비서관 C로부터 이를 압수하면서 따로 압수·수색영장을 제시하지 않은 이상, 위 압수절차는 형사소송법이 정한 바에 따르지 않은 것이라고 본 원심의 판단은 정당[하다]"(대법원 2009. 3. 12. 선고 2008도763 판결).

3) "공무원인 수사기관이 작성하여 피압수자 등에게 교부해야 하는 압수물 목록에는 작성연월일이 기재되고(형사소송법 57조 1항) 그 내용도 사실에 부합하여야 한다. 또 압수물 목록은 피압수자 등이 압수물에 대한 환부·가환부청을 하거나 압수처분에 대한 준항고를 하는 등 권리행사절차를 밟는 가장 기초적인 자료가 되므로, 이러한 권리행사에 지장이 없도록 압수 직후 현장에서 바로 작성하여 교부해야 하는 것이 원칙이다. 같은 취지에서, 작성월일을 누락한 채 일부 사실에 부합하지 않는 내용으로 작성하여 압수·수색이 종료된 지 5개월이나 지난 뒤에 이 사건 압수물 목록을 교부한 행위는 형사소송법이 정한 바에 따른 압수물 목록 작성·교부에 해당하지 않는다고 본 원심의 판단은 정당[하다]"(대법원 2009. 3. 12. 선고 2008도763 판결).

4.18 사전·사후영장 없이 행한 검증·실황조사는 위법수사

대법원 1984. 3. 13. 선고 83도3006 판결; 대법원 1989. 3. 14. 선고 88도1399 판결

F 【83도3006】 국도 상에서 같은 회사 소속의 대형버스 3대가 충돌하여 30여 명의 사상자가 발생하였다. 운전기사가 교통사고처리특례법(업무상과실치상)위반 혐의로 기소되었다. 사건 수사를 위하여 사법경찰관 사무취급 P가 범행직후의 범죄 장소에서 검증을 행한 후 작성한 검증조서의 증거능력이 문제되었다. P 작성의 검증조서에 의하면 '이 사건 발생 후 범행장소에서 긴급을 요하여 법원판사의 영장을 받을 수 없으므로 영장 없이 시행한다'고 기재되어 있는데 P는 사후영장 발부절차를 밟지 않았다. 공판절차에서 검증조서의 증거능력이 문제되었다.

【88도1399】 공로(公路)상에서 발생한 교통사고와 관련하여 수사기관이 특정범죄 가중처벌 등에 관한 법률위반 등의 혐의로 수사를 진행하다가 행한 실황조사의 결과를 기재한 실황조사서가 공판에서 증거로 제출되었다. 공판절차에서 실황조사서의 증거능력이 문제되었다.

I 사전·사후영장 없이 행한 검증·실황조사는 위법수사이므로 그 검증조서·실황조사서는 위법수집증거인가?

R 【83도3006】 수사에 관하여는 그 목적을 달성하기 위하여 필요한 조사를 할 수 있는 것이나 강제처분은 형사소송법에 특별한 규정이 없으면 하지 못한다(199조 1항). 사법경찰관이 범죄수사에 필요한 때에는 검사에게 신청하여 검사의 청구로 지방법원 판사가 발부한 영장에 의하여 압수, 수색 또는 검증을 할 수 있으며(215조 2항) 범행 중 또는 범행직후의 범행장소에서 긴급을 요하여 법원판사의 영장을 받을 수 없는 때에는 영장 없이 압수, 수색 또는 검증을 할 수 있는 것이나 이 경우에는 사후에 지체 없이 영장

을 받아야 한다(216조 3항).

A 그런데 이 사건 사법경찰관 사무취급 작성의 검증조서에 의하면 동 검증은 '이 사건 발생 후 범행장소에서 긴급을 요하여 법원판사의 영장을 받을 수 없으므로 영장 없이 시행한다'고 기재되어 있으므로(위 검증조서 중 검증연월일 1983. 1. 16.은 1983. 1. 6.의 오기로 인정된다) 이 검증은 형사소송법 216조 3항에 의한 검증임에도 불구하고 사후영장을 받은 흔적이 없으니 이 검증조서는 피고인에 대한 유죄의 증거로 할 수 없다. 원심이 위 검증조서를 유죄의 증거로 삼았음은 위법[하다].

R A 【88도1399】 사법경찰관 사무취급이 작성한 실황조서는 이 사건 사고가 발생한 1985. 10. 26. 19:30 직후인 1985. 10. 27. 10:00에 사고장소에서 긴급을 요하여 판사의 영장 없이 시행된 것이므로 이는 형사소송법 216조 3항에 의한 검증에 해당한다. 그런데 기록상 사후영장을 받은 흔적이 없으므로 이 실황조서는 유죄의 증거로 삼을 수 없다.

C

① 검증과 검증조서

검증이란 검증자가 직접 자신의 시각, 청각, 취각(臭覺), 미각, 촉각 등 오관(五官)의 작용을 통하여 물건, 인체 또는 장소의 존재, 형태, 성질과 상태 등을 강제적으로 실험·관찰하고 증거자료를 얻는 것을 말한다. 검증할 때는 신체의 검사, 사체의 해부, 분묘의 발굴, 물건의 파괴 기타 필요한 처분을 할 수 있다. 검증결과는 검증주체의 기억에 생생하게 남아 있을 때 사실인정에 유용하게 활용(예를 들어 단독판사가 범죄현장을 검증한 경우)되고 그 기억을 보존할 필요가

있을 때에는 조서에 상세하게 결과를 기록하여야 다른 사실인정자가 사실인정에 유용하게 활용할 수 있다. 이 조서가 검증조서이다. 현행법상 검증의 주체는 원칙적으로 수소법원이고 수소법원의 검증을 도와주는 간접적인 주체가 수사기관이다. 수사기관이 검증하였을 때는 검증의 결과를 기재한 검증조서가 작성되고 이것이 증거서류로 수소법원에 제출되는 수가 있다.

② 수소법원의 검증과 수사기관의 검증

현행법은 수소법원이 기소된 사건의 유·무죄의 심증을 형성하기 위하여 하는 검증을 원칙적 모습으로 설정(139조)하고 수사기관(검사와 사법경찰관)의 검증을 또 하나의 모습으로 설정(215조)하고 있다. 그리하여 총칙에서 수소법원이 행하는 검증에 관한 조문들(139~145조)을 설치하고 이 조문들을 수사단계에서 수사기관이 행하는 검증에 준용(215~217조)한다. 실무상으로는 후자의 사례가 압도적으로 많다. 사실인정의 주체가 직접 검증할 때에는 조서작성이 불필요하지만 사실인정의 주체가 다른 사실인정의 주체에게 자신의 경험을 전달할 때(수명법관·수탁판사가 작성한 검증조서) 혹은 검사와 사법경찰관이 검증할 때는 그 결과를 조서(검사·사법경찰관이 작성한 검증조서)에 담아 두어야 나중에 유용하게 활용될 수 있다.

③ 검증과 영장

검증은 원칙적으로 상대방이 동의하지 않아도 할 수 있는 법원·법관·수사기관의 강제처분이다. 강제처분이므로 영장주의가 어떤 방식으로 관철되는지를 법원 또는 법관이 행하는 경우와 수사기관이 행하는 경우를 나누어 살펴볼 필요가 있다.

기소된 사건의 실체형성을 위하여 수소법원이나 수명법관이 직접 검증할 때에는 사안의 성질상 영장을 발부할 필요가 없다. 그러나 수사기관이 행하는 검증은 남용의 위험이 있으므로 지방법원판사로부터 사전영장(215조)을 발부받아 행하는 것이 원칙이고 다만 긴급한 때에는 먼저 검증하고 사후에 즉시 영장을 발부받아 적법성을 구비하여야 한다.

④ 사전·사후영장 없이 행한 검증·실황조사는 위법수사

현행법상 수사단계에서의 적법한 검증은 사전영장을 발부받아 행하는 검증(215조)과 긴급한 사정이 있을 때 사전영장 없이 먼저 검증하고 사후승인영장을 발부받아야 하는 체포현장에서의 검증(216조 1항 2호)과 현행범검증(216조 3항)이 있을 뿐이다. 사전영장 없이 행하여지는 검증이 적법한 검증으로 평가받으려면 체포현장에서의 검증, 현행범검증의 요건이 구비된 검증이어야 한다. 검증을 행하는 수사기관의 입장에서는 이런 규제가 번거롭게 느껴질 수 있다. 여기서 수사기관의 편의상 영장주의의 제약을 받지 않는 '임의수사로서의 실황조사'의 개념이 실무상 시행되고 있다. 그러나 83도3006 판결과 88도1399 판결은 대법원이 수사기관의 그런 실무를 일방적인 발상으로 간주하고, 수사기관이 행하는 이른바 실황조사도 상황에 따라 강제처분으로서의 실질을 가지는 검증으로 파악하는 듯한 모습을 보이고 있다. 향후 대법원이 영장주의의 적용을 받지 않는 이른바 '임의수사로서의 실황조사'와 그 결과물인 실황조서를 인정할지 여부를 주의 깊게 바라볼 필요가 있다.

⑤ 검증조서의 기재사항과 전문예외요건

검증주체가 검증을 실시한 후에는 조서를 작성하여야 한다. 검증조서에는 검증목적물의 현상을 명확하게 하기 위하여 도화나 사진을 첨부할 수 있다(49조). 사실인정자의 입장에서 볼 때 검증조서에 담겨 있는 의도된 주장은 타인의 경험이므로 검증조서는 전문증거이다. 따라서 검증조서가 사실인정자에게 증거로 사용되려면 전문예외요건이 구비되어야 한다.

법원 또는 법관의 검증의 결과를 기재한 조서는 신용성이 높은 것으로 간주되므로 별도의 요건구비가 없어도 증거능력이 있다(311조). 검사 또는 사법경찰관이 검증의 결과를 기재한 검증조서는 적법한 절차와 방식에 따라 작성된 것으로서 공판준비 또는 공판기일에서의 작성자의 진술에 따라 그 성립의 진정함이 증명되어야 증거능력이 있다(312조 6항).

4.19 두 가지 패턴의 통제배달

대법원 2013. 9. 26. 선고 2013도7718 판결; 대법원 2017. 7. 18. 선고 2014도8719 판결

Ⅰ. 문제의 제기

2013년과 2017년에 통제배달(controlled delivery, 이하 'CD'로 약칭함)의 적법성'이 첨예하게 다투어진 판결이 선고되었다. 이하에서는 이 두 개의 판례사안과 쟁점, 재판요지를 간략히 요약하기로 한다. CD 기법(The technique of controlled delivery)은 실무상 대체로 다음과 같은 요소를 포함하는 수사기법이다.

금제품(contraband, 마약, 향정신성물질, 무기 등 소지·소유가 금지된 물건)이 비금제품을 가장한 탁송화물(consignment) 속에 은닉된 채, 점유자(courier) 없이, 세관(customs) 통관절차를 밟는 도중 세관당국(customs officer)에 발각되었을 때 당국이 금제품을 즉시 압수·폐기하지 않고 세관당국과 수사기관이 긴밀히 협조하여 그 금제품이 밀수출입업자·유통업자(smuggler)의 손에 유출되지 못하도록 '충분한 감시(監視)'(an enough surveillance) 체제를 가동하면서, 탁송화물이 발송계약상의 경로를 밟아 밀수출입자·그 공범에게 배송되도록 추적하다가 밀수출입자·그 공범이 확실히 드러나면 체포하여 관련자들을 일망타진하고 최대한의 금제품을 압수하려는 세관당국·수사당국의 협력수사기법이다. 이 때 보통은 배송업자(택배업자·운송업자)의 협조가 수반된다. 또 보통 탁송계약상의 형식적 수취인과 실질적인 밀수출입자가 다른 경우가 많다. 금제품의 밀수출입업자도 세관당국·수사기관이 협력하여 통제배달기법을 활용할 수 있음을 예상하고 있기 때문에 발각되지 않으려고 일부러 복잡하게 여러 단계를 경유하려고 애쓰고, 때로는 사정을 모르는 배송인이나 무고한 시민을 교묘하게 개입시키는 전략을 활용한다. 설사 밀수출입업자가 배송계약상의 수취인과 동일하다 하더라도 피의자들은 당국에 발각되는 순간부터 '나는 모르는 일'이라고 잡아떼어 '금제품은 존재하는데 증거불충분으로 어느 누구도 소추하기 곤란한 사안'이 발생하기도 한다.

약물규제당국이 금제품의 존재를 발견하면 이를 즉시 압수·폐기하여야 하는 것이 원칙이다. CD는 당국이 금제품의 존재를 발견하였지만 이를 즉시 압수·폐기하지 않고 탁송화물을 다시 원상태로 회복시킨 다음 감시체제를 가동하면서 탁송화물이 탁송자의 의도대로 발송계약상의 경로를 밟아 최종수취인(밀수출입업자·혹은 그 공범)에게 배송될 때까지 은밀히 추적하는 '라이브 CD(live controlled delivery)'(이하 'LCD'로 약칭함)와 수사기관이 금제품을 탁송인이나 수취인 모르게 무해물질로 대체한 상태에서 금제품이 발각되지 않은 것처럼 가장하면서 최종수취인에게 배송될 때까지 추적하는 '클린 CD(clean controlled delivery)'(이하 'CCD'로 약칭함)의 두 가지 패턴이 있다. 2013년 사례에서는 LCD가 가동되었고 2017년 사례에서는 CCD가 가동되었다.

LCD는 그 감시체제가 실패하면 통제물질(controlled substances)이 범인의 수중에 들어가므로 위험한 작전이다. 따라서 시민보호의 관점에서 당국은 가급적 CCD를 활용하여야 한다. 그러나 당국이 CCD를 활용하면 눈치 빠른 밀수출입업자들에게 발각되어 소기의 목적(피의자들의 일망타진)을 달성하지 못할 수도 있다. 마약류 불법거래 방지에 관한 특례법(이하 '마약특례법'으로 약칭함) 3조, 4조가 CD 활용의 조건으로 '충분한 감시체제의 구축'을 내세운 이유는 여기에 있다. 그러나 마약특례법 3조, 4조가 '충분한 감시체제의 구축'없이 수행되는 CD를 불법수사로 평가하는 취지로 해석되지는 않는다. 마약특례법 3조, 4조는 CD를 수행하는 수사당국에게 'CD의 성공률을 높이라'는 입법부의 요청을 반영한 조문으로 해석하는 것이 자연스럽다. '통제배달 이론'(the controlled delivery doctrine)의 발상지인 미국에서 CD는 '프라이버시에 대한 정당한 기대' 논증으로 그 자체 적법한(lawful) 수사기법으로 공인되고 있다.[1]

---

[1] 후술하는 바와 같이 피고인 D의 변호인은 '당국의 통제배달의 결정과 그 실천'을 '법관으로부터의 사전 혹은 사후 영장을 발부받아야 하는 강제처분'이라고 주장하지만 '프라이버시에 대한 정당한 기대 이론'(밀수출입업자

통제배달은 이미 수행 중에 있는 범죄의 진행과정을 감시하여 가장 효과적인 시기에 범인을 검거하는 전략이고, 범인에게 기회를 제공하거나 범의를 유발하는 요소를 포함하지 않는 점에서 함정수사와 구별된다.

II. 2013년의 LCD 사례(대법원 2013. 9. 26. 선고 2013도7718 판결)

F 인천공항 국제우편세관 우편검사과 직원 A는 2012. 9. 9. 18:25경 아시아나항공으로 인천공항에 도착한 국제특급우편물에 대한 X-Ray 검사를 하다가 이상 음영이 있는 우편물을 발견하였고, 같은 과 소속 B가 우편물 개장검사를 하였는데, 우편물의 수취인은 'L(010-3789……, 최종수취인이 아니라 중간수취인)', 수취지는 '경기도 남양주시 화도읍 가곡리(이하생략)로 기재되어 있었다. 당초 우편물은 우황청심환, 칼슘으로 신고가 되어 있었는데, 신고된 내용과 달리 칼슘약통 속에 향정신성의약품인 메트암페타민(일명 '필로폰'이하 '필로폰이라 함) 4.9그램(캡슐포함)이 15개의 캡슐에 분산되어 은닉된 상태였다. 이에 세관원 C는 2012. 9. 10. 우편물 속 물품 중 0.1그램의 시료를 사전·사후의 수색·압수영장(이하 '압색 영장'으로 약칭함) 없이 채취하였고, 인천공항세관 분석실에 성분분석을 의뢰하였다. 인천공항세관 분석실에서 위 0.1그램의 시료에 대한 성분분석을 한 결과 필로폰으로 확인이 되었고, 분석실에서는 2012. 9. 11. 마약조사과에 성분분석결과를 회보하였다. 세관직원과 인천지검 수사관들로 구성된 합동수사팀은 마약조직을 일망타진할 목적으로 국제특급우편물을 압색하지 않고 적발되지 않은 우편물인 것처럼 가장하여 감시체제(LCD)를 가동하고 결국 우편물의 최종수취인인 D를 수취장소에서 체포하였다. D는 2012. 9. 11. 인천지방검찰청 검사실에서 우편물 전체를 수사기관에 임의로 제

출하였고, 검사는 우편물을 사전·사후 압색 영장 없이 압수하였다. 그 후 D는 "중국에 체류 중인 U와 공모하여 중국에서 대한민국으로 필로폰 4.9그램을 밀수입"한 혐의로 기소되었다. 제1심과 항소심은 유죄판결을 선고하였다. D는 "① X-Ray 검사 결과 마약류가 감추어져 있다고 의심하여 우편물의 점유를 확보한 후 우편물을 뜯어 성분검사를 한 것은 관세법 246조가 정한 '검사'의 범주를 벗어난 대물적 강제수사로서 압색에 해당하고, 따라서 성분분석결과는 사전 또는 사후에 영장을 받지 않은 압색의 결과이므로 증거능력이 없으며, ② 수사기관이 통제배달 과정에서 필로폰에 대한 점유를 확보하고 있었던 것은 압수에 해당함에도 사전영장은 물론 사후영장도 받지 않았으므로 위법하고, 위법한 압수 이후 피고인으로부터 필로폰을 임의제출받았다 하더라도 필로폰과 필로폰을 기초로 하여 확보된 2차 증거들은 모두 증거능력이 없다."고 주장하며 상고하였다.

I 1. 세관원이 국제우편물 통관검사절차에서 압수수색영장 없이 우편물을 개봉·시료채취한 것은 관세법 246조가 정한 '검사'의 범주를 벗어난 대물적 강제수사로서 압수·수색에 해당하는 것이 아닌가?

2. 수사기관이 LCD 과정에서 필로폰에 대한 점유를 확보하고 있었던 것은 압수에 해당함에도 사전영장은 물론 사후영장도 받지 않았으므로 그것은 위법한 절차위배행위가 아닌가?

R A 상고기각. 1. (세관에서의 우편물개봉, 시료채취, 성분분석 등의 검사의 성격) 관세법 246조 1항 및 2항, 257조, 관세법 규정에 따른 국제우편물의 신고와 통관에 관하여 필요한 사항을 정하고 있는 '국제우편물 수입통관 사무처리'에 관한 관세청고시, 수출입물품 등의 분석사무 처리에 관한 시행세칙 등의 규정들과 관세법의 목적에 비추어 보면, 우편물 통관검사절차에서 이루어지는 우편물의 개봉, 시료채취, 성분분석 등의 검사는 수출입물품에 대한 적정한 통관 등을 목적으로 한 행정조사의 성격을 가지는 것으로서 수사기관의 강제처분이라고 할 수 없으므로, 압

수·수색영장 없이 우편물의 개봉, 시료채취, 성분분석 등의 검사가 진행되었다 하더라도 '특별한 사정이 없는 한' 위법하다고 볼 수 없다.

2. (218조의 임의제출) 218조는 '검사 또는 사법경찰관은 피의자, 기타인의 유류한 물건이나 소유자, 소지자 또는 보관자가 임의로 제출한 물건을 영장 없이 압수할 수 있다'고 규정하고 있고, 압수는 증거물 또는 몰수할 것으로 사료되는 물건의 점유를 취득하는 강제처분으로서, 세관공무원이 통관검사를 위하여 직무상 소지 또는 보관하는 우편물을 수사기관에게 임의로 제출한 경우에는 비록 소유자의 동의를 받지 않았다 하더라도 수사기관이 강제로 점유를 취득하지 않은 이상 해당 우편물을 압수하였다고 할 수 없다. (중략) 수사기관이 이 우편물을 수취한 D로부터 임의제출받아 영장 없이 압수한 것은 적법하고,

3. (통제배달의 적법성) 이 우편물에 대한 통제배달의 과정에서 '수사관이 사실상 해당 우편물에 대한 점유를 확보'하고 있더라도 이는 수취인(최종 수취인)을 특정하기 위한 특별한 배달방법으로 봄이 상당하고 이를 해당 우편물의 수취인이 특정되지도 아니한 상태에서 강제로 점유를 취득하고자 하는 강제처분으로서의 압수라고 할 수는 없다.

Ⅲ. 2017년의 CCD 사례(대법원 2017. 7. 18. 선고 2014도8719 판결)

F 검사는, 'D가 멕시코에서 미국을 경유하는 항공특송화물 편으로 필로폰을 수입하려고 한다'는 정보를 입수하고, 미국 수사당국과 인천공항세관의 협조를 받아 위 특송화물을 감시 하에 국내로 반입하여 배달하고[이를 '통제배달(Controlled delivery)'이라 한다], D가 이를 수령하면 범인으로 검거하려고 하였다. 인천공항세관 마약조사과 소속 세관공무원은 인천공항에 도달한 특송화물을 통상적인 통관절차를 거치지 않은 채 자신의 사무실로 가져왔다. 검찰수사관은 위 특송화물 속에서 필로폰이 발견되자 세관공무원으로부터 필로폰이 든 특송화물을 임의로 제출받는 형식으로 영장 없이 압수한 다음 대체 화물로 통제배달(CCD)을 하였다. 검찰수사관은, 위 화물이 운송장에

기재된 주소지에서 수취인불명으로 배달되지 않자, 운송업자들의 협조를 받아 화물을 보관하는 곳에서 수령자를 기다렸는데 수령자가 나타나지 않아서 배달에 실패하였다. D는 2011. 6. 27. 필로폰 수입으로 인한 마약류 관리에 관한 법률 위반(향정) 혐의로 기소되었다. 제1심과 항소심은 다음과 같은 이유로 무죄를 선고하였다. "① 위와 같은 활동은 수사기관이 처음부터 구체적인 범죄사실에 대한 증거수집을 목적으로 한 압수·수색인데도 사전 또는 사후에 영장을 발부받지 않았으므로 영장주의를 위반하였다. ② 위법한 압수·수색으로 취득한 증거인 압수물, 압수조서와 압수물에 대한 감정서 등은 모두 증거능력이 없고 나머지 증거만으로는 공소사실을 인정하기 부족하다." 검사가 상고하였다.

I 사전·사후 압색 영장 없는 CCD는 위법수사 방법인가?

R 상고기각. 1. 헌법은 (중략) 압수·수색에 관한 적법절차와 영장주의의 원칙을 선언하고 있다. 형사소송법에는 압수·수색에 관한 적법절차와 영장주의를 구체화한 규정을 두고 있다. 이에 따르면, 검사는 범죄수사에 필요한 때에 피의자가 죄를 범하였다고 의심할 만한 정황이 있고 해당 사건과 관계가 있다고 인정할 수 있는 것에 한정하여 지방법원 판사에게 청구하여 발부받은 영장에 의하여 압수·수색 또는 검증을 할 수 있다(215조 1항). 범행 중 또는 범행 직후의 범죄 장소에서 긴급을 요하여 판사의 영장을 받을 수 없는 때에는 영장 없이 압수·수색 또는 검증을 할 수 있으나, 이 경우에는 사후에 지체 없이 영장을 받아야 한다(216조 3항). 그리고 형사소송법은 강제처분 법정주의를 채택하여 범인을 발견·확보하고 증거를 수집·보전하는 수사기관의 활동에 필요한 강제처분은 형사소송법에 특별한 규정이 없으면 하지 못한다고 정하고 있다(199조 1항). 수사기관에 의한 압수·수색의 경우 헌법과 형사소송법이 정한 적법절차와 영장주의 원칙은 법률에 따라 허용된 예외사유에 해당하지 않는 한 관철되어야 한다. 세관공무원이 수출입

물품을 검사하는 과정에서 마약류가 감추어져 있다고 밝혀지거나 그러한 의심이 드는 경우, 검사는 그 마약류의 분산을 방지하기 위하여 충분한 감시체제를 확보하고 있어 수사를 위하여 이를 외국으로 반출하거나 대한민국으로 반입할 필요가 있다는 요청을 세관장에게 할 수 있고, 세관장은 그 요청에 응하기 위하여 필요한 조치를 할 수 있다(마약류 불법거래 방지에 관한 특례법 4조 1항). 그러나 이러한 조치가 수사기관에 의한 압수·수색에 해당하는 경우에는 영장주의 원칙이 적용된다. 물론 수출입물품 통관검사절차에서 이루어지는 물품의 개봉, 시료채취, 성분분석 등의 검사는 수출입물품에 대한 적정한 통관 등을 목적으로 조사를 하는 것으로서 이를 수사기관의 강제처분이라고 할 수 없으므로, 세관공무원은 압수·수색영장 없이 이러한 검사를 진행할 수 있다. 세관공무원이 통관검사를 위하여 직무상 소지하거나 보관하는 물품을 수사기관에 임의로 제출한 경우에는 비록 소유자의 동의를 받지 않았다고 하더라도 수사기관이 강제로 점유를 취득하지 않은 이상 해당 물품을 압수하였다고 할 수 없다(대법원 2013. 9. 26. 선고 2013도7718 판결 참조). 그러나 위 마약류 불법거래 방지에 관한 특례법 4조 1항에 따른 조치의 일환으로 특정한 수출입물품을 개봉하여 검사하고 그 내용물의 점유를 취득한 행위는 위에서 본 수출입물품에 대한 적정한 통관 등을 목적으로 조사를 하는 경우와는 달리, 범죄수사인 압수 또는 수색에 해당하여 사전 또는 사후에 영장을 받아야 한다고 봄이 타당하다.

A 원심판결 이유를 적법하게 채택한 증거들에 비추어 살펴보면, 원심판결 이유 중에는 세관공무원의 역할에 관하여 불충분하게 판단한 부분이 있지만, 원심의 판단은 앞에서 본 법리에 기초한 것으로서 정당하다. 원심의 판단에 압수물의 증거능력에 관한 법리를 오해한 잘못이 없다.

C

1 2013년 LCD 사례에서의 우편물 통관검사절차에서 우편물 개봉 등의 검사의 성격 : 행정조사

세관직원은 X선 검사로 금제품의 의심이 있는 비닐봉지를 발견하고 '의심스러운 국제우편물 개봉→시료채취→분석의뢰→약물확인→수사기관에의 통보' 절차(이하 '일련의 조치'로 약칭함)를 밟았다. 피고인 D의 변호인은 이 일련의 조치의 법적 성격을 관세법 246조, 257조가 규정하는 '검사(檢査)'의 범위를 초과하는 관세법 296조 1항의 '수색·압수'로 보고 세관당국이 사전·사후 압색 영장을 발부받지 아니하였으므로 나중에 압수된 압수물(마약)은 '毒樹의 果實'로서 위법수집증거라고 주장하였다. 그러나 항소심과 대법원은 검사의 주장을 받아들여 현재 대한민국의 국제우편물 통관검사절차 실무에서 수행되는 국제우편물의 개봉, 시료채취 등의 법적 성격을 "수출입물품에 대한 적정한 통관 등을 목적으로 한 '행정조사'(administrative search)로 파악하여 세관당국이 판사가 발부한 사전·사후 압색 영장 없이 일련의 조치를 수행한 것이 영장주의 위반이 아니"라는 논증을 펴면서 피고인 D의 항소·상고를 기각하였다.

2 2017년 CCD 사례에서의 세관당국과 수사당국의 조치

인천공항세관 마약조사과 소속 세관공무원이 인천공항에 도달한 특송화물을 통상적인 통관절차를 거치지 않은 채 자신의 사무실로 가져간 다음 CCD를 수행한 조치는 제1심, 항소심, 대법원에 의하여 "① 수사기관이 처음부터 구체적인 범죄사실에 대한 증거수집을 목적으로 한 압수·수색인데도 사전 또는 사후에 영장을 발부받지 않았으므로 영장주의를 위반하였다. ② 위법한 압수·수색으로 취득한 증거인 압수물, 압수조서와 압수물에 대한 감정서 등은 모두 증거능력이 없고 나머지 증거만으로는 공소사실을 인정하기 부족하다."는 평가를 받았다.

4.20 별건증거물을 현행범으로 체포하면서 압수한 후의 사후영장의 미청구

대법원 2009. 5. 14. 선고 2008도10914 판결

F 사법경찰리 P는, 2007. 10. 23. 구 정보통신망 이용촉진 및 정보보호 등에 관한 법률위반(음란물유포)의 범죄혐의를 이유로 발부받은 압수·수색영장에 기초하여 D의 주거지를 수색하는 과정에서 대마가 발견되자 D를 마약류관리에 관한 법률위반(대마소지)죄의 현행범으로 체포하면서 위 대마를 압수하였다. 현행범으로 체포된 D는 구속영장에 의하여 구속되지 않고 다음날인 2007. 10. 24. 석방되었다. 그 후 P는 위 대마에 대한 사후 압수·수색영장을 발부받지 않았다. D는 마약류관리에 관한 법률위반(대마소지)죄의 혐의로 기소되었다. 제1심은 대마, 그리고 압수조서 중 '증 제1호를 D로부터 압수하였다'는 취지의 기재, 감정의뢰회보를 증거로 유죄를 선고하였다. D가 항소하였다. 항소심은 "현행범으로 체포된 D가 구속영장에 의하여 구속되지 않고 다음날인 2007. 10. 24. 석방되었음에도 사후에 압수·수색영장을 받지 않은 사실이 인정되므로 위 대마와 압수조서 중 '증 제1호를 D로부터 압수하였다'는 취지의 기재, 감정의뢰회보는, 형사소송법상의 영장주의를 위반하여 수집한 위법수집증거이고, 그 절차위반행위가 적법절차의 실질적인 내용을 침해하여, 그 증거능력을 배제하는 것이 형사사법 정의실현의 취지에 합치되므로 증거능력이 없어 대마소지에 관한 공소사실을 인정할 증거로 사용할 수 없고, D의 위 진술을 보강할 증거로도 사용할 수 없다"며 무죄를 선고하였다. 검사가 상고하였다.

I '음란물유포 혐의'(본 건)를 이유로 발부받은 압수·수색영장에 기초하여 피의자의 주거지를 수색하는 과정에서 별건의 증거물(대마)이 발견되자 피의자를 별건범죄(마약류관리에 관한 법률위반(대마소지))의 현행범으로 체포하면서 수사 측이 사후에 압수·수색영장을 받지 않으면 그 압수물은 위법수집증거물이 되는가?

R 상고기각. 구 형사소송법(2007. 6. 1. 공포되고 2008. 1. 1.부터 시행된 법률 제8496호 이전의 것) 216조 1항 2호, 217조 2항에 의하면 '피의자를 체포하는 경우에 필요한 때에는 영장 없이 체포현장에서 압수·수색'을 할 수 있고 이때 '구속영장의 발부를 받지 못한 때에는 이를 즉시 환부'하여야 하지만, '압수한 물건을 계속 압수할 필요가 있는 경우에는 사후에 압수·수색영장을 받아야 한다.'고 규정하고, 같은 법 216조 3항에 의하면 '범행 중 또는 범행 직후의 범죄 장소에서 긴급을 요하여 법원판사의 영장을 받을 수 없는 때에는 영장 없이 압수·수색'을 하되, '사후에 영장을 받도록 규정'하고 있다.

A 이러한 형사소송법의 규정과 앞서 본 법리에 비추어 보면, 이 사건 압수물과 압수조서의 기재는 형사소송법상 영장주의 원칙에 위배하여 수집하거나 그에 기초한 증거로서 그 절차위반행위가 적법절차의 실질적인 내용을 침해하는 정도에 해당한다.

C

1 사후영장의 필요

본 사안에서는 사법경찰리 P가 2007. 10. 23. '구 정보통신망 이용촉진 및 정보보호 등에 관한 법률 위반(음란물유포)의 범죄혐의를 이유로 발부받은 압수·수색영장에 기초하여 D의 주거지를 수색하는 과정에서 대마가 발견되자 D를 마약류관리에 관한 법률 위반(대마소지)죄의 현행범으로 체포'한 것의 적법성이 문제되지 않는 것처럼 논증되고 있다. 사안에서 대마 등의 증거능력이 부정된 이유는 '수사기관이 사후에 압수영장을 발부받지 않았다'는 사실이 전면에 드러나고 있기 때문이다. 현행법상 수사관은 '범행 중 또는 범행직후의 범죄 장소에서 긴급을 요하여 법원판

사의 영장을 받을 수 없는 때에는 영장 없이 압수, 수색 또는 검증'을 할 수 있지만 사후에 지체 없이 영장을 받아야 한다(216조 3항). 또 수사관은 압수한 물건을 계속 압수할 필요가 있는 경우에는 지체 없이(적어도 체포한 때부터 48시간 이내) 압수수색영장을 청구하여야 하고(217조 2항), 청구한 압수수색영장을 발부받지 못한 때에는 압수한 물건을 즉시 원래의 소지자에게 반환하여야 한다(217조 3항).

② 사건단위설의 입장에서 본 본 사안의 특성

강제처분의 유효범위에 대하여 **사건단위설**의 입장에 서면 '음란물유포 혐의'(본건)를 이유로 발부받은 압수·수색영장에 기초하여 피의자의 주거지를 수색하는 과정에서 **별건**의 증거물(대마)이 발견되면 영장소지자는 이 별건의 증거물을 이미 발부받은 압수·수색영장에 기초하여 압수할 수는 없다. 별건의 증거물은 강제처분의 근거가 되는 혐의범죄와 관련성이 없기 때문이다. 그런데 그 별건이 매우 중대한 범죄(예를 들어 불법 총기소지, 아동이용음란물, 마약소지)인 경우에도 '영장소지자가 예외 없이 별건의 증거물을 적법하게 압수할 수 없다고 할 것인가?'가 문제된다.

③ 영장소지자가 별건의 증거물을 적법하게 압수할 수 있다는 논증의 가능성

사안에서 현행범으로 체포된 D는 구속영장에 의하여 구속되지 않고 다음날인 2007. 10. 24. 석방되었다. 특단의 사정이 없는 한 D의 최초의 혐의인 음란물유포 혐의는 구속사유로 삼기에는 경미한 혐의이다. 반면에 대마소지 혐의는 특단의 사정이 없는 한 구속영장을 발부할 만한 중대한 사유이다. 사안에서 수사 측이 이런 저런 이유로 사후 압수영장 청구를 하지 않으면 대마는 위법수집 증거로 평가될 것이고 그러면 이제 D를 대마소지 혐의로 합법적으로 처벌하는 것은 불가능하게 된다.

④ 플레인 뷰 이론의 부정

사안에서 P는 음란물유포 혐의를 이유로 발부받은 압수·수색영장에 기초하여 D의 주거지를 수색하는 과정에서 대마가 발견되자 D를 마약류관리에 관한 법률위반(대마소지)죄의 현행범으로 체포하면서 위 대마를 압수하였다. P가 사후영장을 발부받지 않아 대마가 위법수집증거가 되었다. 그러나 사안에서 P가 사후영장을 청구하는 절차를 밟으면 사후영장이 반드시 발부될 것인가? 사후영장을 청구할 때 P는 대마를 증거물로 제시하여야 할 텐데 지방법원 판사가 이 관련성 없는 증거물을 증거로 채택하여 사후영장을 발부할 것인지 여부는 예측하기 어렵다.

어쨌든 본 사안에서는 P가 사후영장을 발부받지 않아 대마가 위법수집증거가 되었지만 P가 사후영장을 발부받지 않아도 일정한 요건이 충족되면 대마를 적법한 압수물로 논증하는 이론이 '플레인 뷰 이론'(the plain view doctrine)이다.

플레인 뷰 이론이란 수사관이 A범죄 수사를 위하여 '적법하게 임의처분이나 강제처분을 집행[1]'하는 도중, 그가 적법하게 서 있는 장소에서, 별도의 인위적인 수색행위 없이 우연히(inadvertently)[2] 명백한(immediately apparent) '금제품(contraband)이나 B 범죄의 증거물'을 발견하였을 때 수사관이 '금제품이나 B 범죄의 증거물'의 수색·압수를 위한 별도의 수색·압수영장 획득절차를 생략하고, '금제품이나 B 범죄의 증거물'을 압수할 수 있게 하는 '사전영장주의의 예외 이론'이다. 이 이론은 '영장 없는 광범한 수색·압수(general search)를 허용하는 이론'이 아니고, 오직 의도적인 계획(planned) 없이 발견된 명백한 '금제품이나 B 범죄의 증거물'의 압수를 허용하는 이론이다. 본 판결은 일견 플레인 뷰 이론의 수용을 거부하는 것처럼 보인다.

---

1) 피의자를 적법하게 감시(surveillance, monitoring), 체포, 구속하거나, A 범죄혐의의 증거물을 수색하거나, A 범죄의 피의자나 증거물을 수색하려고 특정인의 주거에 진입하여 공무를 수행하는 것 등. 그러나 전형적인 사례는 'A 범죄의 증거물을 수색하는 도중 금제품(禁制品, contraband)이나 B 범죄의 증거물을 발견하여 압수하는 것'이다. 사전영장 없이 수색·압수하여도 '최초의 처분'(initial intrusion)이 적법하면 그것에 부수하는 '부수처분에까지 사전 영장주의(warrant requirement)의 요청을 엄격히 요구할 필요는 없다'는 이론이 이 이론의 골자이다.

2) 그러나 이 요건은 절대적인 것이 아니다. 중요한 것은 '미리 계획된(planned) 것이 아니어야 한다'는 점이다.

4.21 피압수자의 압수물에 대한 권리포기행위와 압수물환부청구권

대법원 1996. 8. 16.자 94모51 전원합의체 결정

F S(보석상회 영업사원, 피의자)는 '외국산 다이아 몬드'를 매도하려다가 경찰에 적발되어 관세법위반 [관세장물죄(關稅贓物罪), 관세장물이란 관세가 포탈된 물 건)] 혐의로 체포되어 조사를 받았다. 수사관은 S(나 중에 준항고인, 재항고인이 될 자이다)로부터 시가 금 65,000,000원 상당이던 다이아몬드를 압수하고 S로부 터 '앞으로 위 다이아몬드에 대한 어떠한 권리나 소 유권을 주장하지 않을 것임을 이에 서약한다'는 내용 의 '소유권포기서'를 교부받았다. 그 후 검사는 '다이 아몬드의 매매알선을 의뢰한 X를 조사하여야 하는데 그의 소재를 찾을 수 없다'는 이유로 S를 기소중지처 분하고 위 다이아몬드를 '검찰이 계속 보관하겠다'는 결정을 하였다. S는 검사의 다이아몬드 계속보관결정 의 취소를 구하는 준항고(417조)를 서울형사지방법원 에 제기하였다. S의 준항고 이유는 "다이아몬드의 수 입이 금지되어 있는 것도 아니고 위 다이아몬드가 언 제 누구에 의하여 '관세포탈된 물건'인지조차 알 수 없어 검사가 위 사건을 기소중지하였다면 위 다이아 몬드를 관세포탈물이라고 단정할 수도 없어 이를 국 고에 귀속시킬 수 없을 뿐만 아니라 이에 대한 압수 를 계속할 필요도 없으므로 검사가 위 다이아몬드를 '제출인인 S'에게 환부(還付)하지 않고 계속 보관처분 을 한 것은 위법"하므로 "그 취소를 구하는 것"이었 다. 준항고 법원(서울형사지방법원 94보3)은 "⊙ 피압수 자인 S가 위 압수물에 관하여 일체의 권리를 포기하 는 의사표시를 한 이상 ⓒ 그 의사표시가 착오나 사 기, 강박 등을 원인으로 하여 취소 또는 철회되었다 는 등의 특별한 사정이 없는 한 S는 그 압수물에 관 하여 환부 기타 어떠한 처분도 구할 수 없으므로 결 국 ⓒ S는 검사의 위 압수물을 계속보관하는 처분의 취소를 구할 아무런 법률상 또는 사실상 이익이 없 다"며 준항고를 기각하였다. S가 대법원에 재항고(419 조, 415조)하였다.

I 수사과정에서 압수된 물건에 관한 피압수자 의 소유권포기 의사가 표시되면 그로 인하여 피압수 자의 압수물에 대한 형사소송법상의 환부청구권도 소멸되는가?

R 파기환송. (다수의견) 1. ㉮ 피압수자 등 환부 를 받을 자가 압수 후에 그 소유권을 포기하는 등에 의하여 실체법상의 권리를 상실하는 일이 있다고 하 더라도, ㉯ 그로 인하여 압수를 계속할 필요가 없는 압수물을 환부하여야 하는 수사기관의 의무(절차법이 규율할 사항 : 저자주)에 어떠한 영향을 미친다고 할 수 는 없으니, 그에 대응하는 압수물의 환부를 청구할 수 있는 절차법상의 권리가 소멸하는 것은 아니다. 따라서 이와 견해를 달리 하여 피압수자가 수사과정 에서 압수된 물건에 관한 소유권포기의 의사를 표시 하면 그로 인하여 피압수자의 압수물에 대한 환부청 구권은 소멸된다는 취지의 견해를 표명한 바 있는 대 법원 1968. 2. 27.자 67모70 결정은 이를 폐기하기로 한다.

2. 219조에 의하여 수사기관의 압수물 환부에 준용 되는 같은 법 133조 1항 전문(前文)은 '압수를 계속할 필요가 없다고 인정되는 압수물은 피고 사건 종결 전 이라도 결정으로 환부하여야 한다.'고 규정하고 있고, 같은 법 219조에 의하여 수사기관의 압수물 처분에 준용되는 같은 법 486조는 압수물의 환부를 받을 자 의 소재가 불명하거나 기타 사유로 환부할 수 없는 경우에는 그 압수물은 일정한 절차를 거쳐 국고에 귀 속하는 것으로 규정하고 있는바, 위 각 규정의 취지 를 종합하여 보면, ㉰ 압수물에 대하여 더 이상 압수 를 계속할 필요가 없어진 때에는 수사기관은 환부가 불가능하여 국고에 귀속시키는 경우를 제외하고는 반드시 그 압수물을 환부하여야 하고, 환부를 받을 자로 하여금 그 환부청구권을 포기하게 하는 등의 방 법으로 압수물의 환부의무를 면할 수는 없다.

3. ㉑ 피압수자 등 압수물을 환부받을 자가 수사기관에 대하여 가지는 형사소송법상의 환부청구권은 수사기관의 필요적 환부의무에 대응하는 절차법상의 권리라 할 것인데, 개인이 국가에 대하여 가지는 공법상의 권리, 특히 절차법상의 권리를 포기하게 하는 등의 방법으로 국가로 하여금 개인에 대한 절차법상의 의무를 면하게 하는 것은 법규에 특별한 규정이 있는 경우를 제외하고는 원칙적으로 허용될 수 없다. 법률은 압수물에 대한 소유권의 박탈을 원칙적으로 몰수재판에 의하여서만 할 수 있도록 규정하는 한편, 압수물을 몰수재판에 의하지 않고 국고에 귀속시킬 수 있는 예외근거규정으로서 형사소송법 486조와 관세법 215조, 229조 및 국가보안법 15조 2항 등을 두고 있다. 이와 같이 법률이 압수물을 국고에 귀속시키는 절차와 방법에 관하여 엄격히 규정함과 아울러 압수된 범칙물이 범인에게 복귀되지 아니하도록 필요에 따른 준비를 하여 두고 있는데도, 법률이 정하고 있는 이러한 방법 이외에 피압수자 등으로 하여금 그 압수물에 대한 환부청구권을 포기하게 하는 등의 방법으로 압수물의 환부의무를 면하게 함으로써 압수를 계속할 필요가 없어진 물건을 국고에 귀속시킬 수 있는 길을 허용하는 것은 '적법절차에 의한 인권보장 및 재산권 보장의 헌법정신'에도 어긋나고, 압수물의 환부를 필요적이고 의무적인 것으로 규정한 형사소송법 133조를 사문화시키며, 나아가 몰수제도를 잠탈할 수 있는 길을 열어 놓게 되는 것이다. 따라서 피압수자 등 압수물을 환부받을 자가 수사기관에 대하여 형사소송법상의 환부청구권을 포기한다는 의사표시를 한 경우에도, 그 효력이 없어 그에 의하여 수사기관의 필요적 환부의무가 면제된다고 볼 수는 없으므로, 그 환부의무에 대응하는 압수물의 환부를 청구할 수 있는 절차법상의 권리가 소멸하는 것은 아니다.(하략)

A 외국산 물품을 관세장물의 혐의가 있다고 보아 압수하였다 하더라도 그것이 언제, 누구에 의하여 관세포탈된 물건인지 알 수 없어 기소중지처분을 한 경우에는 그 압수물은 관세장물이라고 단정할 수 없어 이를 국고에 귀속시킬 수 없을 뿐만 아니라 압수

를 더 이상 계속할 필요도 없는 것이므로(대법원 1984. 12. 21.자 84모61 결정; 대법원 1988. 12. 14.자 88모55 결정; 대법원 1991. 4. 22.자 91모10 결정 등 참조), 위와 같이 이 사건 다이아몬드가 관세장물인지 여부를 판단할 수 없어 재항고인 등을 기소중지 처분한 이상 위 다이아몬드에 대한 압수는 그 계속의 필요가 없어졌다. 재항고인(S)이 수사과정에서 위 다이아몬드에 대하여 어떠한 권리나 소유권을 주장하지 아니하기로 한 서약에 그 소유권 등 실체법상의 권리뿐만 아니라 그 환부를 청구할 수 있는 절차법상의 권리까지도 포기한다는 의사표시가 포함되어 있는 것으로 본다고 하더라도, 위에서 본 바와 같이 그러한 포기의 의사표시는 그 효력이 없어 검사의 필요적 환부의무가 면제되는 것은 아니라고 보아야 하므로 그로 인하여 위 환부의무에 대응하는 재항고인의 압수물에 대한 환부청구권이 소멸되었다고 할 수는 없다. 결국 재항고인이 이 사건 다이아몬드에 대한 환부를 구하고 있는 이상 그에게 위 다이아몬드를 환부할 필요가 없다거나 또는 이를 환부하는 것이 불가능한 것으로 볼 수 없는 이 사건에서 검사의 위 압수물에 대한 계속보관 결정은 부적법하여 마땅히 취소되어야 할 것이다. 따라서 이에 반하는 원심결정은 압수물의 환부에 관한 법리를 오해하여 결정에 영향을 미친 위법을 저질렀다 할 것이므로 이 점을 지적하는 재항고이유의 주장은 이유 있다.

C

1 **피의자의 압수물에 대한 권리포기의 실태**

1994년도에 검찰이 압수한 압수물 총수는 63,888건인데 그 중 소유권포기에 의한 압수물처분건수는 5,840건(국고귀속 1,585건, 폐기 4,255건)으로 전체의 약 9.4%를 차지하고 있으며, 그 가운데 '혐의 없음, 공소권 없음, 범죄불성립' 등의 결정과 함께 처분한 것은 543건[1]이라 한다. 사정이 이렇다면 피의자가 수사 도중에 압수물에 대한 권리를 포기하는 사례는 대단히

---

1) 김희태, 수사도중의 권리포기를 근거로 한 압수물 환부거부의 가부, 형사재판의 제문제 1(1999), 254, 각주 1) 참조.

많은 편임을 일 수 있다.

② 피의자가 수사 도중 압수물에 대한 권리를 포기하는 동기

"범죄혐의를 받고 있는 피의자는 증거물이나 유죄 확정 될 경우의 몰수(沒收, 형법 48조) 대상물에 대한 경제적 이익을 스스로 포기하고 수사기관에 이를 제공하여 수사에 협조함으로써 자신에게 유리한 정상(情狀)을 형성"하려는 데 있다.[2] 피의자의 희생감수의 대가로 검사가 피의자에 대하여 기소유예나 기소중지를 고려하는 것이 '구체적 타당성 있는 사법처분이 될 수 있는 사례'도 있다. ㉮ 피의사건 자체는 기소유예하여야 할 사안이지만 압수물이 관세장물이거나 범행에 사용된 도구인 경우, ㉯ 피의자가 범행 당시 심신상실 또는 형사미성년자이므로 처벌할 수 없지만 압수물이 범행에 사용된 도구이거나 범행으로 취득한 물건으로서 제3자의 소유에 속하지 않는 물건인 경우, ㉰ 피의자 스스로 압수물이 관세장물임을 자인하고 있으나 그 장물취득 과정이나 일시 등에 관한 입증을 하지 못하여 검사가 더 이상 기소행위로 나아가기 곤란한 경우(본 사안은 이 유형에 속할 것이다 : 저자), ㉱ 유죄판결을 받으면 압수물이 필요적 몰수의 대상이 되는데 유죄판결에서 몰수형이 누락되는 경우(법금물), ㉲ 피의자가 장물을 처분하여 소비하지 못한 현금이나 도박으로 취득한 현금이 압수물이지만 피의자를 약식기소하는 것조차 가혹한 처벌이 되는 경우 등이 그것들이다. 요컨대 종래의 검찰은 '피의자에게 귀속시켜서는 안 될 물건이 압수되었을 때(위에서 적시한 바와 같은 사안의 경우) 피의자가 압수물에 대한 권리를 포기하면 피의자의 권리포기라는 희생적 행위에 대한 보상으로 기소유예나 기소중지를 고려하는 것이 구체적인 사법적 정의에 맞는 때가 많다'고 파악해 왔다. 그런데 수사도중 피의자가 압수물에 대한 권리를 포기할 때 이 '권리포기행위의 실질'이 과연 피의자의 자의에 따른 '진정한 권리포기

의사의 표명일까' 하는 의문이 생긴다. 다수의견은 이런 의심을 갖고 본 사안을 바라보고 있다. 왜냐하면 사유재산권보장을 체제의 존재이유로 삼고 있는 자본주의 체제와 법치주의(그리고 그 연장선상에 있는 무죄추정의 원칙과 강제처분법정주의) 하에서 피의자가 형사사법적 반대급부를 기대하고 압수물에 대한 권리를 포기하는 행위를 '자발적인 진정한 권리포기행위'로 자리매김하는 것은 문제가 있기 때문이다. 이에 반하여 반대의견과 검찰은 수사도중 피의자가 압수물에 대한 권리를 포기할 때 이 권리포기행위의 실질이 피의자의 임의에 따른 '진정한 권리포기의사의 표명'으로 받아들여야 한다고 주장한다.

③ 본 결정이 몰고 올 검찰실무상의 난점

1995년 전국 검찰청에서 압수물에 대한 권리포기를 받아 국고귀속 처분한 건수는 총 7,600여 건으로 추산된다. 그중 현금이 6,100여 건으로 가장 많았다. 죄명별로는 도박죄가 6,300여 건으로 압도적으로 많았고 절도죄가 150여 건, 폭력이 120여 건이었으며, 본 사안의 대상범죄인 관세법 위반은 70여 건이었다. 판돈 또는 1회 도박 액수를 고려할 때 '일시 오락의 정도'로 치부할 수 없어 '혐의 없음' 결정을 하기가 곤란하나 약식기소조차 가혹하다고 판단될 경우 검사는 종래 기소유예를 고려해 왔다.

현행법상 검사의 처분으로 압수물을 몰수할 수는 없으므로 검사가 기소유예하면 검사는 피해자들에게 압수하였던 도박금을 환부하여야 한다.[3] 검사의 입

---

2) 피의자가 '자신에게 유리한 정상(情狀)을 형성'한다는 것의 구체적 의미는 피의자가 피압수물에 대한 권리를 포기하는 희생을 감수함으로써 검사에게 기소유예나 기소중지의 불기소처분을 검토할 수 있는 근거를 제공하는 것이다.

3) 대법원 2000. 12. 22. 선고 2000다27725 판결 : "원고들이 수사단계에서 압수물에 대한 소유권을 포기하였다고 하더라도, 압수물을 환부하여야 하는 수사기관의 의무에 어떠한 영향을 미칠 수 없어 그 환부청구권은 소멸하지 않는다. 이러한 법리는 형사재판에서 몰수의 선고가 없어 압수가 해제된 것으로 간주되어 피압수자가 민사소송으로 환부청구권을 행사하는 이 사건과 같은 경우에도 그대로 적용된다고 판단한 끝에 원고들의 이 사건 청구를 전부 또는 일부 인용하고 있다. 원심의 위와 같은 판단은 수긍이 가고, 거기에 압수물에 대한 소유권포기가 그 환부청구권에 미치는 영향에 관하여 법리를 오해하였거나 그에 관한 대법원판례를 위반한 위법이 없다. 압수물에 대한 소유권포기가 피압수자의 환부청구권에 아무런 영향을 미치지 못한다는 대법원 1996. 8. 16.자 94모51 전원합의체 결정의 법리를 형사재판에서 몰수의 선

장에서 볼 때 이것은 '구체적인 사법적 정의'에 반한다. 따라서 이 경우 검사는 피압수자의 권리포기의사를 확인하여 그가 일체의 권리를 포기하면 국고귀속 처리를 하고 포기에 대한 보상으로 기소유예하는 관행을 발전시켜 온 것이다. 그러나 본 전합결정 이후에 검사는 비슷한 사안에서 기소방향의 결정으로 나가는 수가 많을 것이다. 그렇게 하지 않으면 검사는 '범죄에 제공되었거나 범죄로 인하여 취득한 물건을 몰수'하는 형법 48조에 충실할 수 없기 때문이다. 이렇게 되면 표면적으로 볼 때 검사의 기소편의주의(247조 1항)가 위축되는 것처럼 보일 수도 있다.

4 '주관적 공권의 포기 가부'의 이론적 쟁점

'환부청구권의 포기 가부'는 '주관적 공권의 포기에 관한 문제'이기도 하다. 그런데 본 결정 이전에도 "고소권은 공권이므로 그 성질상 명문의 규정이 없는 한 자유롭게 처분할 수 없다"는 판례[4]가 유지되어 오고 있었다. 본 결정은 '주관적 공권의 포기가부'의 이론적 쟁점 측면에서는 종래의 판례와 일정한 연속성을 견지하고 있다.

5 구체적인 사법정의와 적법절차의 긴장관계

긴 안목에서 볼 때 본 판결은 형사절차상 '적법절차에 의한 인권보장과 재산권보장'을 강화시킨 1990년대 판결들 중의 하나로 자리매김할 수 있는 판결이다. 1987년 이후 대법원과 헌법재판소는 간헐적이지만 지속적으로 '적법절차'의 내용을 확장시켜 왔다. 본 결정은 그런 흐름 속에서 평가할 만한 판례이기도 하다. 반대의견이 '구체적 정의'를 키워드로 사용하고 있음에 반하여 다수의견은 '적법절차에 의한 인권보장 및 재산권 보장의 헌법정신'을 키워드로 사용하고 있는데 그런 의미에서 본 결정은 구체적인 사법적 정의와 적법절차의 중시가 긴장관계에 놓여 있음을 실증해 주는 판례이기도 하다.

6 218조의2(압수물의 환부, 가환부)의 추가

피압수자의 권리보장을 위하여 소유자, 소지자, 보관자 또는 제출인의 환부 또는 가환부청구권이 명시되었다.[5]

고가 없어 압수가 해제된 것으로 간주되어 피압수자가 민사소송으로 환부청구권을 행사하는 이 사건과 같은 경우에는 적용될 수 없다는 것이 위 전원합의체 결정의 취지라는 상고이유의 주장은 독단적인 견해에 불과하여 받아들일 수 없다."

4) 대법원 1967. 5. 23. 선고 67도471 판결.

5) 법 제218조의2(압수물의 환부, 가환부) ① 검사는 사본을 확보한 경우 등 압수를 계속할 필요가 없다고 인정되는 압수물 및 증거에 사용할 압수물에 대하여 공소제기 전이라도 소유자, 소지자, 보관자 또는 제출인의 청구가 있는 때에는 환부 또는 가환부하여야 한다. ② 제1항의 청구에 대하여 검사가 이를 거부하는 경우에 신청인은 해당 검사의 소속 검찰청에 대응한 법원에 압수물의 환부 또는 가환부 결정을 청구할 수 있다. ③ 제2항의 청구에 대하여 법원이 환부 또는 가환부를 결정하면 검사는 신청인에게 압수물을 환부 또는 가환부하여야 한다. ④ 사법경찰관의 환부 또는 가환부 처분에 관하여는 제1항부터 제3항까지의 규정을 준용한다. 이 경우 사법경찰관은 검사의 지휘를 받아야 한다<본조신설 2011. 7. 18> (시행일 : 2012. 1. 1).

4.22   통신제한조치의 집행을 통신사업자·사인에게 위탁할 수 있다

대법원 2015. 1. 22. 선고 2014도10978 전원합의체 판결(RO 사건)

F 1. D는 국가보안법 위반 혐의로 기소되었다. 검사는 국가정보원 수사관이 O(수사관도 아니고 피의자도 아닌 일반 私人)를 시켜 'D에게 접근하여 D의 발언을 몰래 녹음할 것'을 위탁하고 이를 수락한 O가 위탁받은 일을 수행하여 녹음한 파일을 유죄증거로 제출하였다. 위 각 허가서에는 통신제한조치의 집행방법으로 '전자·기계장치를 사용한 지득 또는 채록'이라고 기재되어 있을 뿐 집행과 관련하여 다른 특별한 제한을 두지 않았다. O는 집행위탁이나 협조요청과 관련한 대장을 작성하지 않았다. 항소심은 위 녹음파일을 증거로 채택한 다음 "각 허가서의 ① 혐의사실은 이적단체 내지 반국가단체 활동 등 국가보안법위반 범죄로서 은밀히 행해지는 조직범죄의 성격을 띠고 있고, O도 '지하혁명조직 RO가 보안수칙을 정하여 조직원에게 엄수시키고 있다'고 진술하고 있어 ② 당시 수사기관으로서는 해당 대화를 직접 녹음·청취하는 것이 쉽지 않았을 것으로 보이는 점, 그리고 ③ 대화 당사자인 O로 하여금 해당 대화를 녹음하도록 하는 것이 수사기관이 직접 해당 대화를 녹음하는 것보다 대화 당사자들의 법익을 더 침해할 것으로 보이지 않는 점 등의 사정을 종합"하여 볼 때, 수사기관이 O의 협조를 얻어 그로 하여금 허가서에 따라 해당 대화를 녹음하도록 한 것은 집행방법의 하나로 적법하고, 나아가 O가 집행위탁이나 협조요청과 관련한 대장을 작성하지 아니하였다고 하더라도 이를 위법하다고 볼 수 없다."며 유죄를 선고하였다.

통신비밀보호법(이하 '통비법'으로 약칭한다) 9조 1항은 '통신제한조치는 이를 청구 또는 신청한 검사·사법경찰관 또는 정보수사기관의 장이 집행한다. 이 경우 체신관서 기타 관련기관 등(이하 '통신기관 등'이라 한다)에 그 집행을 위탁하거나 집행에 관한 협조를 요청할 수 있다'고 규정하고, 같은 법 9조 3항은 '통신제한조치를 집행하는 자와 이를 위탁받거나 이에 관한 협조요청을 받은 자는 당해 통신제한조치를 청구

한 목적과 그 집행 또는 협조일시 및 대상을 기재한 대장을 대통령령이 정하는 기간 동안 비치하여야 한다'고 규정하면서, 같은 법 17조 1항 2호는 위 '대장을 비치하지 아니한 자를 처벌'하도록 규정하고 있다. '대화의 녹음·청취'에 관하여 통비법 14조 2항은 통비법 9조 1항 전문을 적용하여 '집행주체가 집행한다'고 규정하면서도, 통신기관 등에 대한 집행위탁이나 협조요청에 관한 같은 9조 1항 후문을 적용하지 않고 있다. D는 이 점에 주목하여 "수사기관이 O의 협조를 얻어 그로 하여금 허가서에 따라 해당 대화를 녹음하도록 한 것은 법적 근거가 없고, O가 집행위탁이나 협조요청과 관련한 대장을 작성하지 아니하였으므로 녹음파일들은 위법수집증거이고 이를 증거로 채택한 항소심 판결은 위법하다."고 주장하며 상고하였다.

2. D5의 국가보안법 위반 혐의사건에서 항소심이 D5의 유죄증거로 채택한 녹음파일 중 2013. 5. 10. 22:00경 광주시에 있는 B청소년수련원에서 D4, D6을 비롯한 130여 명이 참석한 회합(이하 '5. 10. 회합'이라 한다)에 대한 녹음은 수원지방법원 제2013-4114호(대상자: D2)와 제2013-4118호(대상자: D5)의 각 통신제한조치 허가서에 기초한 것이고, 2013. 5. 12. 22:00경 서울 마포구 합정동에 있는 C교육수사회에서 D, D2를 비롯하여 위 130여 명 대부분이 참석한 회합(이하 '5. 12. 회합'이라 한다)에 대한 녹음은 위 각 통신제한조치 허가서 및 수원지방법원 제2013-4115호(대상자: D)와 제2013-5119호(대상자: D3)의 각 통신제한조치 허가서에 기초한 것인데, 위 각 허가서에는 통신제한조치의 대상과 범위가 "대상자와 상대방 사이의 국가보안법위반 혐의사실을 내용으로 하는 대화에 대한 녹음 및 청취"로 기재되어 있었다. 그런데 통신제한조치허가를 받은 국가정보원 수사관으로부터 대화녹음을 위탁받은 O가 5. 10. 회합 및 5. 12. 회합에서 위 각 허가서에 기재된 대상자가 참석한 가운데 이루어진 강연과 토론·발표 등을 녹음한 때의 녹음

의 대상은 'O는 듣기만 하고 대상자들(피의자들)만 일방적으로 말한 것'으로서 일견 '대화'로 보기 어려운 실체였다. D는 이 사실을 적시한 후 '이것은 대화녹음이 아니므로 이 녹음파일은 위법수집증거'라고 주장하였다. 항소심은 "통비법에서 말하는 '대화'에는 당사자가 마주 대하여 이야기를 주고받는 경우뿐만 아니라 당사자 중 한 명이 일방적으로 말하고 상대방은 듣기만 하는 경우도 포함되므로, 위 강연과 토론·발표 등은 대상자와 상대방 사이의 대화에 해당되고, 따라서 5. 10. 회합 및 5. 12. 회합에 대한 녹음은 위 각 허가서의 대상 및 범위에 포함되는 것으로 적법하며, 별도로 사후허가를 받을 필요가 없다."고 판단하였다. D는 '이것은 대화녹음이 아니므로 이 녹음파일은 위법수집증거'라고 주장하며 상고하였다.

I 1. 우편물의 검열 또는 통신제한조치·대화의 녹음·청취는 집행주체가 제3자(통신사업자 혹은 개인)에게 집행·협조를 위탁할 수 있는가?

2. 수사기관이 일반 사인(私人)의 협조를 얻어 그 사인이 집행위탁이나 협조요청과 관련한 대장을 작성하지 않은 흠이 있더라도 그 녹음파일은 증거능력이 있는가?

3. 녹음의 대상이 '집행위탁을 받은 수탁자는 듣기만 하고 대상자들(피의자들)만 일방적으로 말한 것'인 때에도 '대화'로 볼 수 있는가?

R A 상고기각. (1) 통비법 9조 1항 후문 등에서 통신기관 등에 대한 집행위탁이나 협조요청 및 대장 비치의무 등을 규정하고 있는 것은 통신제한조치의 경우 해당 우편이나 전기통신의 역무를 담당하는 통신기관 등의 협조가 없이는 사실상 그 집행이 불가능하다는 점 등을 고려하여 검사·사법경찰관 또는 정보수사기관의 장(이하 '집행주체'라 한다)이 통신기관 등에 집행을 위탁하거나 집행에 관한 협조를 요청할 수 있음을 명확히 하는 한편 통신기관 등으로

하여금 대장을 작성하여 비치하도록 함으로써 사후통제를 할 수 있도록 한 취지이다. 한편 '대화의 녹음·청취'에 관하여 통비법 14조 2항은 통비법 9조 1항 전문을 적용하여 집행주체가 집행한다고 규정하면서도, 통신기관 등에 대한 집행위탁이나 협조요청에 관한 같은 법 9조 1항 후문을 적용하지 않고 있으나, 이는 '대화의 녹음·청취'의 경우 통신제한조치와 달리 통신기관의 업무와 관련이 적다는 점을 고려한 것일 뿐이므로, 반드시 집행주체가 '대화의 녹음·청취'를 직접 수행하여야 하는 것은 아니다. 따라서 집행주체가 제3자의 도움을 받지 않고서는 '대화의 녹음·청취'가 사실상 불가능하거나 곤란한 사정이 있는 경우에는 비례의 원칙에 위배되지 않는 한 제3자에게 집행을 위탁하거나 그로부터 협조를 받아 '대화의 녹음·청취'를 할 수 있다고 봄이 타당하고, (2) 그 경우 통신기관 등이 아닌 일반 사인에게 대장을 작성하여 비치할 의무가 있다고 볼 것은 아니다. (3) 원심은 통신비밀보호법에서 말하는 '대화'에는 당사자가 마주 대하여 이야기를 주고받는 경우뿐만 아니라 당사자 중 한 명이 일방적으로 말하고 상대방은 듣기만 하는 경우도 포함되므로, 위 강연과 토론·발표 등은 대상자와 상대방 사이의 대화에 해당되고, 따라서 5. 10. 회합 및 5. 12. 회합에 대한 녹음은 위 각 허가서의 대상 및 범위에 포함되는 것으로 적법하며, 별도로 사후허가를 받을 필요가 없다고 판단하였다. (중략) 원심의 위와 같은 사실인정과 판단은 정당한 것으로 수긍할 수 있[다.]

C

1 이 사안의 쟁점

대법원 1999. 9. 3. 선고 99도2317 판결(⇒3.6)의 쟁점은 '적법하게 발부된 통신제한조치허가의 유효범위·영장 없는 영상감시의 적법요건'이었다. 이에 반하여 본 사안의 쟁점은 I 에서 열거한 3가지이다. 항소심과 대법원은 3가지 쟁점 모두를 긍정하였다.

4.23 대화에 사물에서 발생하는 음향이 포함되는지 여부

대법원 2017. 3. 15. 선고 2016도19843 판결

F D는 2014년 2월 레스토랑 공동경영 문제로 V(33세 여)와 갈등을 겪자, "V를 협박하면서 손을 잡아 비틀고 손을 잡아끌어 벽에 부딪치게 해 상해"를 입힌 혐의로 기소되었다. 검찰측 증인 O는 공판정에서 평소 친분이 있던 상해피해자 V와 휴대전화로 통화를 마친 후 전화가 끊기지 않은 상태에서 "1~2분간 몸싸움을 연상시키는 '악' 소리와 '우당탕' 소리를 들었다"고 증언하였다. 검사는 전화를 통해 비명과 소음을 들었다는 O의 진술(법정증언 혹은 참고인진술조서의 참고인이 법정에 출석하여 참고인진술조서의 성립의 진정을 인정)을 D의 유죄를 입증하는 증거로 제출하였다. 제1심과 항소심은 유죄를 인정하고 벌금 600만원을 선고하였다. D의 변호인은 "'우당탕'하는 소리와 '악'하는 V의 비명을 들었다는 O의 진술은 통신비밀보호법(이하 '통비법'으로 약칭함)이 보호하고 있는 '공개되지 않은 타인 간 대화'의 청취에 해당하고, 이 같은 타인 간의 대화를 당사자의 동의 없이 청취한 내용은 형사재판에서 증거로 사용할 수 없으므로 증거능력이 없다."고 주장하며 상고하였다.

I 통비법은 통신의 비밀을 보호하고 통신의 자유를 신장하는 것을 입법 목적으로 하여, 통신 및 대화의 비밀과 자유를 제한함에 있어 그 대상을 한정하고 엄격한 법적 절차를 밟도록 규정하고 있다(1조). 이에 따라 누구든지 위 법과 형사소송법 또는 군사법원법의 규정에 의하지 않고는 공개되지 않은 타인 간의 대화를 녹음하거나 청취할 수 없고(3조 1항 본문), 공개되지 않은 타인 간의 대화를 녹음하거나 전자장치 또는 기계적 수단을 이용하여 청취함으로써 취득한 대화의 내용은 재판 또는 징계절차에서 증거로 사용할 수 없다(14조 2항, 1항, 4조). '우당탕'하는 소리와 '악'하는 비명 소리가 통비법이 보호하는 대화에 해당한다면 O의 진술은 증거로 쓸 수 없게 된다. 따라서 이 사안의 쟁점은 직접적으로는 '우당탕'하는 소리(sound)와 '악'하는 비명 소리(unintended voice)가 통비법이 보호하는 대화에 해당하는가 하는 점이다. D의 변호인은 '우당탕'하는 소리와 '악'하는 비명 소리가 통비법이 보호하는 대화에 해당한다고 주장한다. 이 소리가 증거로 사용되면 D에게 불리하기 때문이다.

R 상고기각. 통비법의 위 규정들의 문언, 내용, 체계와 입법 취지 등에 비추어 보면, 통비법에서 보호하는 타인 간의 '대화'는 원칙적으로 현장에 있는 당사자들이 육성으로 말을 주고받는 의사소통행위를 가리킨다. 따라서 사람의 육성이 아닌 사물에서 발생하는 음향은 타인 간의 '대화'에 해당하지 않는다. 또한 사람의 목소리라고 하더라도 상대방에게 의사를 전달하는 말이 아닌 단순한 비명소리나 탄식 등은 타인과 의사소통을 하기 위한 것이 아니라면 특별한 사정이 없는 한 타인 간의 '대화'에 해당한다고 볼 수 없다. 한편 국민의 인간으로서의 존엄과 가치를 보장하는 것은 국가기관의 기본적인 의무에 속하는 것이고 이는 형사절차에서도 구현되어야 한다. 위와 같은 소리가 비록 통비법에서 말하는 타인 간의 '대화'에는 해당하지 않더라도, 형사절차에서 그러한 증거를 사용할 수 있는지 여부는 개별적인 사안에서 효과적인 형사소추와 형사절차상 진실발견이라는 공익과 개인의 인격적 이익 등의 보호이익을 비교형량하여 결정하여야 한다(대법원 2013. 11. 28. 선고 2010도12244 판결 등 참조). 대화에 속하지 않는 사람의 목소리를 녹음하거나 청취하는 행위가 개인의 사생활의 비밀과 자유 또는 인격권을 중대하게 침해하여 사회통념상 허용되는 한도를 벗어난 것이라면, 단지 형사소추에 필요한 증거라는 사정만을 들어 곧바로 형사소송에서 진실발견이라는 공익이 개인의 인격적 이익 등 보호이익보다 우월한 것으로 섣불리 단정해서는 안 된다. 그러나 그러한 한도를 벗어난 것이 아니라면

위와 같은 목소리를 들었다는 진술을 형사절차에서 증거로 사용할 수 있다.

A 위에서 본 법리에 비추어 보면, O가 들었다는 '우당탕' 소리는 사물에서 발생하는 음향일 뿐 사람의 목소리가 아니므로 통비법에서 말하는 타인 간의 '대화'에 해당하지 않는다. '악' 소리도 사람의 목소리이기는 하나 단순한 비명소리에 지나지 않아 그것만으로 상대방에게 의사를 전달하는 말이라고 보기는 어려워 특별한 사정이 없는 한 타인 간의 '대화'에 해당한다고 볼 수 없다. 나아가 위와 같은 소리는 막연히 몸싸움이 있었다는 것 외에 사생활에 관한 다른 정보는 제공하지 않는 점, O가 소리를 들은 시간이 길지 않은 점, 소리를 듣게 된 동기와 상황, O와 V의 관계 등 기록에 나타난 여러 사정에 비추어 볼 때, 통비법에서 보호하는 타인 간의 '대화'에 준하는 것으로 보아 증거능력을 부정할 만한 특별한 사정이 있다고 보기도 어렵다. 그리고 O의 청취행위가 V 등의 사생활의 영역에 관계된 것이라 하더라도, 위와 같은 청취 내용과 시간, 경위 등에 비추어 개인의 인격적 이익 등을 형사절차상의 공익과 비교형량하여 보면, O의 위 진술을 상해 부분에 관한 증거로 사용하는 것이 V 등의 사생활의 비밀과 자유 또는 인격권을 위법하게 침해한다고 볼 수 없어 그 증거의 제출은 허용된다. 그러므로 원심이 O의 진술에 증거능력이 있다고 본 판단은 정당하고, 원심판결에 위법수집증거에 관한 법리를 오해하여 판결 결과에 영향을 미친 잘못이 없다.

C

① 통비법의 보호대상

통비법은 '공개되지 않은 타인 간의 대화를 녹음하거나 청취'하는 것을 금지한다. 금지의 범위를 넓히면 언론의 자유를 위축시키고 범죄투쟁을 어렵게 한다. 따라서 적절한 타협점을 설정할 필요가 있다. 본 판결은 두 가지 점에서 통비법의 보호대상을 좁히고 있다. 첫째, 대화의 의미를 "원칙적으로 현장에 있는 당사자들이 육성으로 말을 주고받는 **의사소통행위**"로 제한하였다. 이에 의하면 동물이 내는 소리나 사물에서 발생하는 음향은 통비법의 보호대상인 '대화'에 해당하지 않는다. 둘째, 사람의 목소리라고 하더라도 상대방에게 의사를 전달하는 말이 아닌 단순한 비명소리나 탄식 등은 타인과 의사소통을 하기 위한 것이 아니라면 특별한 사정이 없는 한 타인 간의 '대화'에 해당한다고 볼 수 없다.

② 사생활보호 관점에서의 제약

전화로 통화를 하다가 대화(의사소통)를 마친 후 전화가 끊기지 않은 상태에서 상대방의 주거에서 발생하는 소리를 녹음하거나 청취하는 행위를 방치하면 사생활보호에 소홀하게 될 수 있다. 여기서 본 판결은 "대화에 속하지 않는 사람의 목소리를 녹음하거나 청취하는 행위가 개인의 사생활의 비밀과 자유 또는 인격권을 중대하게 침해하여 사회통념상 허용되는 한도를 벗어난 것이라면, 단지 형사소추에 필요한 증거라는 사정만을 들어 곧바로 형사소송에서 진실발견이라는 공익이 개인의 인격적 이익 등 보호이익보다 우월한 것으로 섣불리 단정해서는 안 된다."는 경계를 하고 있다.

③ 본 판결의 정신은 전문법칙의 적용대상인 진술에도 유추적용될 필요가 있다.

설사 사안의 소리가 통비법이 보호하는 대화에 해당하지 않는다고 하더라도 만약 D의 변호인이 '악'하는 비명소리의 원진술자는 V이므로 이 비명소리를 증거로 삼으려면 316조 2항의 적용이 있다고 주장하면 이 소리들을 증거로 사용하는데 또 하나의 제약이 생길 수 있다. 사물이나 동물의 소리(sound)는 사람의 진술(statement of a person)이 아니므로 전문법칙의 적용이 없다. 또 '악' 하는 비명소리(voice)는 사람의 소리이지만 의도된 주장(an intended assertion)이 없으므로 역시 전문법칙의 적용이 없다.

4.24 216조 1항 1호 중 200조의2(체포장 체포)에 관한 부분의 헌법불합치성

헌재 2018. 4. 26. 선고 2015헌바370 결정

F 전국철도노동조합(이하 '철도노조'라 한다)은 위원장인 K 등 집행부의 주도로 2013. 12. 9.부터 '철도산업 발전방안 철회'를 요구하는 대정부 파업을 진행하였다. 이에 한국철도공사는 K를 비롯한 철도노조 집행부를 업무방해 혐의로 고소하였는데, K 등 집행부 10명이 경찰의 소환조사요구에 불응하자, 경찰은 2013. 12. 16. 이들에 대한 체포영장(200조의2)을 발부받았다. 철도노조 집행부가 경향신문사 건물 내에 있는 전국민주노동조합총연맹(이하 '민주노총'이라 한다) 사무실에 머무른다는 언론 보도가 있고, 체포대상자들이 위 경향신문사 건물과 근거리에 있는 기지국을 이용하여 통화한 내역이 확인되는 등 이들이 위 경향신문사 건물에 소재할 개연성이 소명되자, 경찰은 위 체포영장을 집행하기 위하여 2013. 12. 22. 09:00경부터 11:00경까지 사이에 경향신문사 건물 1층 로비 출입구와 민주노총 사무실 출입문을 부수고 수색을 시작하였다(경찰은 이들을 발견하지 못하였다). D(위헌심판청구인)는 "경찰의 위와 같은 체포영장 집행을 위한 피의자 수색 과정에서 민주노총 또는 철도노조 소속 조합원 등 수백 명과 공모공동하여 다중의 위력을 보이고 위험한 물건을 휴대한 상태로 남대문경찰서장 등 경찰관들을 폭행·협박하여 그들의 체포영장 집행에 관한 정당한 공무집행을 방해"한 혐의로 기소되어 2015. 5. 13. 서울중앙지방법원에서 징역 6월에 집행유예 2년의 유죄판결을 선고받았다. 이에 D와 검사가 항소하였다. 항소심(서울고등법원)은 2015. 9. 24. 이를 모두 기각하였다. D가 상고하여 위 사건은 현재 대법원에 계속 중이다(2015도15774).

D는 항소심 계속 중 위 체포영장 집행을 위한 피의자 수색의 근거가 된 216조 1항 1호 중 200조의2에 관한 부분에 대하여 위헌법률심판제청을 신청하였고 제청법원이 이 신청을 이유 있다고 판단하여 위헌심판을 제청하였다.

I 1. 216조는 "검사 또는 사법경찰관은 200조의2(체포장 체포)·200조의3(긴급체포)·201조(구속영장 집행) 또는 212조(현행범체포)의 규정에 의하여 피의자를 체포 또는 구속하는 경우에 **필요한 때에는** 영장 없이 다음 처분을 할 수 있다."고 규정하고 있는데 여기서 '필요성'의 의미가 불명확하고, 피의자 '**수색**'이라는 명확한 문언을 사용하지 않고 피의자 '수사'라는 보다 포괄적인 개념을 사용하고 있어 명확성원칙에 반하는 것이 아닌가 하는 의문이 제기되며,

2. 영장 없는 압수·수색·검증을 허용한 216조 1항 2호, 216조 3항, 217조 1항은 사후영장을 발부받도록 통제하고 있는 반면에, 심판대상조항은 사후에 이를 통제할 수 있는 아무런 절차가 없어 과잉금지원칙을 위반하여 주거의 자유를 침해하는 것이 아닌가 하는 의문이 제기된다.

3. 본 사안의 특성은 체포영장이 발부된 피의자가 자신의 주거가 아니라 타인의 주거에 있을 개연성이 있는 사안이라는 점이다. 이 경우 수사기관은 그 타인의 주거에 대한 수색영장 없이 피의자에 대한 체포영장의 효력으로 그 타인의 주거를 수색할 수 있게 하는 216조 1항 1호가 헌법상의 영장주의에 합치하는가 하는 점이다. 영장이 발부된 피의자가 자신의 주거에 있는 때에는 체포·구속영장에 주거수색권한이 포함되어 있다고 해석할 여지가 있다.

R 1. 심판대상조항은 피의자가 소재할 개연성이 소명되면 타인의 주거 등 내에서 수사기관이 피의자를 수색할 수 있음을 의미하는 것으로 충분히 알 수 있으므로, 명확성원칙에 위반되지 아니한다.

2. (장소에 대한 수색·압수에서) 영장주의의 예외는 ① 그 장소에 범죄혐의 등을 입증할 자료나 피의자가 존재할 개연성이 **소명**되고, ② 사전에 영장을 발부받기 어려운 긴급한 사정이 있는 경우에만 제한적으로

허용될 수 있다.

3. 현행범인이 수사기관의 추격을 피하여 타인의 주거 등에 들어가는 경우 이를 확인한 수사기관으로서는 현행범인 체포를 위해 그 장소에 바로 들어가 피의자 수색을 할 수 있어야 한다. 이 경우 현행범인이 타인의 주거 등에 소재할 개연성 및 수색에 앞서 수색영장을 발부받기 어려운 긴급한 사정이 충분히 인정된다. 따라서 현행범인 체포의 경우에는 헌법 16조의 영장주의의 예외를 인정할 수 있다.

4. 피의자가 긴급체포를 피하기 위하여 타인의 주거 등에 들어가는 경우 이를 확인한 수사기관으로서는 피의자 체포를 위하여 그 장소에 바로 들어가 피의자 수색을 할 수 있어야 한다. 이 경우에도 피의자가 타인의 주거 등에 소재할 개연성 및 수색에 앞서 수색 영장을 발부받기 어려운 긴급한 사정이 충분히 인정된다. 따라서 긴급체포의 경우 역시 헌법 16조의 영장주의의 예외를 인정할 수 있다.

5. 체포영장에 의한 체포의 경우에는 체포영장이 발부된 피의자가 타인의 주거 등에 소재할 개연성이 소명되고, 그 장소를 수색하기에 앞서 별도로 수색영장을 발부받기 어려운 긴급한 사정이 있는 경우에 한하여 영장주의의 예외를 인정할 수 있다.

A 1. 심판대상조항은 체포영장을 발부받아 피의자를 체포하는 경우에 필요한 때에는 영장 없이 타인의 주거 등 내에서 피의자를 수사할 수 있다고 규정함으로써, 별도로 영장을 발부받기 어려운 **긴급한 사정이 있는지 여부를 구별하지 아니하고 피의자가 소재할 개연성이 소명되면 영장 없이 타인의 주거 등을 수색할 수 있도록** 허용하고 있다. 이는 헌법 16조의 영장주의 예외 요건을 벗어나는 것으로서 영장주의에 위반된다.

2. 심판대상조항에 대하여 단순위헌결정을 하여 그 효력을 즉시 상실시킨다면, 수색영장 없이 타인의 주거 등을 수색하여 피의자를 체포할 긴급한 필요가 있는 경우에도 이를 허용할 법률적 근거가 사라져 법적 공백상태가 발생하게 된다.

위와 같은 이유로 심판대상조항에 대하여 단순위

헌결정을 하는 대신 헌법불합치결정을 선고하되, 2020. 3. 31.을 시한으로 입법자가 심판대상조항의 위헌성을 제거하고 합헌적인 내용으로 법률을 개정할 때까지 심판대상조항이 계속 적용되도록 할 필요가 있다. 다만 심판대상조항은 체포영장이 발부된 피의자가 타인의 주거 등에 소재할 개연성이 소명되고, 그 장소를 수색하기에 앞서 별도로 수색영장을 발부받기 어려운 긴급한 사정이 있는 경우에 한하여 적용되어야 할 것이다.

심판대상조항의 위헌성은 근본적으로 헌법 16조에서 영장주의를 규정하면서 그 예외를 명시적으로 규정하지 아니한 잘못에서 비롯된 것이다. 현행범인 체포, 긴급체포, 일정 요건 하에서의 체포영장에 의한 체포의 경우에 영장주의의 예외를 명시하는 것으로 위 헌법조항이 개정되고, 그에 따라 심판대상조항(심판대상조항과 동일한 내용의 규정이 형사소송법 137조에도 존재한다)이 개정되는 것이 바람직하며, 위 헌법조항이 개정되지 않는 경우에는 심판대상조항만이라도 이 결정의 취지에 맞게 개정되어야 한다.

C

① 본 결정의 특성

본 결정은 헌법재판소가 형사소송법 216조 1항 1호 중 200조의2(체포장 체포)에 관한 부분은 물론이고 상위법인 헌법 16조의 결함을 인정하고 그 개정의 필요성이 있음을 판시한 매우 드문 결정에 속한다.

② 영장주의의 의의

본 결정에서 판시된 **적법절차와 영장주의의 의의**는 종래의 헌법재판소의 영장주의 개념(⇨1.6)과 크게 다르지 않다. 그러나 그 이론을 응용하여 216조 1항 1호의 '헌법불합치성'을 논증한 논증의 질은 매우 높다. 향후 본 결정의 취지에 맞는 형사소송법 개정안을 마련할 필요가 있다.

3. 216조 1항 1호와 비슷한 내용의 조문(137조)이 기소 후 수소법원의 명령으로 피고인을 구속하는 경우에 존재한다. 이 조문도 개정의 필요가 있다.

제5장

수사의 종결과 공소의 제기

5.1 검사의 '부당한 기소유예처분'에 대한 재정신청

대법원 1988. 1. 29.자 86모58 결정

F '다른 사람의 주민등록증을 변조·행사한 위장취업' 혐의로 구속된 여대생 V는 사건이 검찰에 구속 송치된 후 구치소 안에서 담당형사였던 D경장을 인천지방검찰청에 고소하였다. **고소**사실의 요지는 "D가 1986년 6월 6일 새벽에 여자 피의자 V를 경찰서 수사과 조사계 사무실로 끌어내 2시간에 걸쳐 5·3 인천소요사태 관련수배자의 소재를 추궁하면서 V의 상의를 벗기고 바지의 지퍼를 끌어내린 다음 젖가슴을 여러 번 만지고 고춧가루 고문을 하겠다는 등 협박을 하였으며, 6월 7일 밤 8시 30분경 V를 같은 경찰서 조사계 사무실로 불러 내 5·3 인천 소요사태의 배후관련자의 소재를 추궁하면서 6월 7일 밤 10시 30분경까지 2시간에 걸쳐 V의 바지단추를 풀고 지퍼를 내린 후 V의 젖가슴을 여러 번 만지고 팬티 속으로 손을 넣어 음부를 수회 만지다가 V의 바지와 팬티를 무릎 밑까지 끌어내린 다음 자신의 성기를 꺼내 V의 음부에 대고 수회 비비는 등 고문과 강제추행을 하였다"는 것이다. 변호사 9명은 1986년 7월 5일 V의 고소사실과 동일한 내용으로 D를 **고발**하는 고발장을 인천지방검찰청에 제출하였다. 인천지방검찰청의 검사는 강제추행(형법 298조) 혐의에 대하여는 증거불충분을 이유로 '무혐의' 판단을 하고, 독직·가혹행위(형법 125조) 혐의는 인정하면서도 '기소유예처분'을 하였다. 기소유예처분의 이유는 "D가 직무에 집착한 나머지 **우발적**으로 저지른 범행이고 이로 인하여 이미 **'파면처분'**을 받았으며, 또한 D가 10여 년간 경찰관으로 봉직하면서 성실하게 근무하여 왔을 뿐 아니라 자신의 잘못을 깊이 반성하고 있는 등 그 **정상**(情狀)**에 참작할 사유가 많으므로 소추를 유예함이 상당**하다는 것이었다. 고소인과 고발인은 1986년 9월 1일 서울고등법원에 재정신청을 하였다. 서울고등법원은 독직·가혹행위 사실을 인정하였으나 "검사의 기소유예처분이 타당하다"고 판단하여 **재정신청을 기각**하였다. 재정신청인이 대법원에 **재항고**하였다.

I 검사의 기소유예재량에 한계가 있는가?

R 파기환송. 1. **기소편의주의**를 채택하고 있는 우리 법제 하에서 검사는 범죄의 혐의가 충분하고 소송조건이 구비되어 있는 경우에도 개개의 구체적 사안에 따라 형법 51조에 정한 사항을 참작하여 불기소처분(기소유예)을 할 수 있는 재량을 갖고 있기는 하나 그 재량에도 스스로 합리적인 한계가 있는 것으로서 이 한계를 초월하여, 기소를 하여야 할 극히 상당한 이유가 있는 사안을 불기소처분한 경우, 이는 '기소편의주의의 법리'에 어긋나는 부당한 조처라 하지 않을 수 없고, 이러한 부당한 처분을 시정하기 위한 방법의 하나로 우리 형사소송법은 재정신청제도를 두고 있다.

2. 헌법 9조는 '모든 국민은 인간으로서의 존엄과 가치를 가지며 행복을 추구할 권리를 가진다. 국가는 개인이 가지는 불가침의 기본적 인권을 확인하고 이를 보장할 의무를 진다. 국가는 개인이 가지는 불가침의 기본적 인권을 확인하고 이를 보장할 의무를 진다'고 규정하고 있고, 헌법 11조 2항은, '모든 국민은 고문을 받지 않으며 형사상 자기에게 불리한 진술을 강요당하지 아니한다'고 하여, 특히 형사절차에서의 인권보장 규정도 두고 있다.

A 이러한 헌법 정신에 비추어 볼 때에 (중략) 경찰관이 그 직무를 행함에 당하여 형사피의자에 대하여 폭행 및 가혹행위를 하고, 특히 여성으로서의 성적 수치심을 자극하는 방법으로 신체적, 정신적 고통을 가하는 것과 같은 인권침해행위는 용납할 수 없는 범죄행위로서, 원심판시와 같은 **정상을 참작한다 할지라도 그 기소를 유예할 만한 사안으로는 도저히 볼 수 없다.** 결국 원심은 재정신청제도와 기소편의주의에 관한 법리를 오해하여 재판에 영향을 미친 위법을 저질렀다.

C

1 재정신청의 제도적 의의

D의 혐의사실이 사실이라면 형법상 강제추행(298조)과 폭행·가혹행위(125조)의 구성요건을 충족시킨다. 피해자와 일반인은 D를 고소·고발할 수 있고 피해자는 민사상의 손해배상이나 국가배상을 청구할 수도 있다. 그러나 여기서는 형사상의 구제방법이 쟁점이다. 가장 실효성이 있는 구제방법이 재정신청이다.

대법원은 '수사기관이 피의자를 수사하는 과정에서 구속영장 없이 피의자를 함부로 구금하여 피의자의 신체의 자유를 박탈하였다면 직권을 남용한 불법감금(형법 124조)의 죄책을 면할 수 없고, 수사의 필요상 피의자를 임의동행한 경우에도 조사 후 귀가시키지 않고 그의 의사에 반하여 경찰서 조사실 또는 보호실 등에 계속 유치함으로써 신체의 자유를 속박하였다면 이는 구금에 해당 된다'고 판시하여 검사의 무혐의처분을 위법하다고 판단[1]하면서도 '검사의 공소를 제기하지 않는 처분에 대한 당부(當否)에 관한 재정신청에 당(當)하는 법원은 검사의 무혐의 불기소처분이 위법하다 하더라도 제반사정을 고려하여 기소유예의 불기소처분을 할 만한 사건이라고 인정되는 경우에는 재정신청을 기각할 수 있다'고 거듭 천명[2]하여 왔다. 대법원은 어떤 경우에 기소유예할 만한 사건이라고 보아 왔는가?

2 유죄가 인정되지만 기소유예 처분을 할 만한 사건으로 판단된 사안들

1980년대 이후 1990년대까지 고등법원의 재정신청 기각결정에 대한 재항고사건은 총 6건이었는데 그 중 1건을 제외하고는 모두 대법원에서 기소유예할 만한 사건이라고 판단되었다. 기소유예 할 만한 사정으로 참작된 사정들은 ㉮ 범행동기에 개인적인 감정이나 이해관계가 개입되지 아니하였다는 점,[3] ㉯ 오

랫동안 경찰에 몸담아 왔으며 표창을 받는 등 그간의 공적이 크다는 점,[4] ㉰ 초범이고 범행 후 잘못을 깊이 뉘우치고 앞으로 적법한 절차의 준수를 다짐하고 있다는 점,[5] ㉱ 석방을 곤란하게 하는 검사로부터의 지시나 재지휘명령을 받고 있었던 사정[6] 등이었다. 그러다가 본 사안(이른바 부천 성고문사건)에 관한 서울고등법원의 재정신청기각결정에 대한 재항고사건에서 대법원은 위에서 열거된 피고소인에게 참작할 만한 사정이 모두 존재하였음에도 불구하고 '경찰관이 그 직무를 집행함에 당하여 형사피의자에 대하여 폭행 및 가혹행위를 하고, 특히 여성으로서의 성적 수치심을 자극하는 방법으로 신체적, 정신적 고통을 가하는 것과 같은 인권침해행위는 용납할 수 없는 범죄행위로서, 원심판시와 같은 정상을 참작한다 할지라도 그 기소를 유예할 만한 사안으로는 도저히 볼 수 없는 것'이라고 판시하였다.

3 재정신청을 기각하는 고등법원의 결정에 대하여 재항고가 허용되는가?

구법 262조 2항은 '재정신청에 관한 결정에 대하여는 항고할 수 없다'고 규정하고 있었다. 2008년부터 시행된 개정 형사소송법은 262조 4항을 "재정신청에 대한 결정에 대하여는 불복할 수 없다"고 더욱 강한 불복불가를 명시하였다. 이 조문을 문리해석하면 공소제기결정은 물론 재정신청을 기각하는 고등법원의 결정에 대하여도 불복할 수 없는 것으로 해석할 여지가 있었다. 그러나 2011년 헌재는 재정신청을 기각하는 고등법원의 결정에 대하여 재정신청인의 형사소송법 415조의 재항고를 허용하는 취지의 결정을 선고하였다.[7]

---

1) 대법원 1985. 7. 29.자 85모16 결정.
2) 대법원 1986. 9. 16.자 85모37 결정; 대법원 1993. 8. 12.자 93모9 결정; 대법원 1994. 3. 16.자 94모2 결정; 대법원 1995. 6. 24.자 94모33 결정.
3) "국가보안법위반사건을 수사함에 있어 업무에 열성을 다하다 보니 구금에 대한 법리를 오해한 데 연유한다"(대

법원 1986. 9. 16.자 85모37 결정).
4) 대법원 1986. 9. 16.자 85모37 결정; 대법원 1994. 3. 16.자 94모2 결정.
5) 대법원 1992. 12. 3.자 92초233 결정.
6) 대법원 1995. 6. 24.자 94모33 결정.
7) 헌재 2011. 11. 24. 선고 2008헌마578 결정: "재정신청 기각결정에 대하여 형사소송법 415조의 재항고를 금지하는 것은 대법원에 명령·규칙 또는 처분의 위헌·위법 심사권한을 부여하여 법령해석의 통일성을 기하고자 하는 헌법 107조 2항의 취지에 반할 뿐 아니라, 헌법재판소법에 의하여 법원의 재판이 헌법소원의 대상에서 제외되어 있는 상황에서 재정신청인의 재판청구권을 지나치

4 2011. 7. 18.자 형사소송법 개정

피의사실공표죄(형법 126조)에 대하여는 피공표자의 명시한 의사에 반하여 재정을 신청할 수 없다.[8]

5 관련판례

❶ 고등법원이 공소제기결정을 한 관계로 그에 따른 공소가 제기되어 본안사건의 절차가 개시된 후에는, 다른 특별한 사정이 없는 한 본안사건에서 재정신청서에 재정신청을 이유 있게 하는 사유의 기재가 없는 잘못을 다툴 수 없다(대법원 2010. 11. 11. 선고 2009도224 판결).[9]

게 제약하는 것이 된다. 그리고 415조는 402조와 달리 아무런 예외를 두지 않은 채 이른바 법령위반을 이유로 즉시항고 할 수 있다고 규정하고 있고, 소액사건 심판법 3조 1호, '상고심절차에 관한 특례법' 4조 1항에서 처분이나 원심판결의 헌법위반이나 법률위반 여부가 문제되는 경우 대법원의 판단을 받도록 규정하고 있는 것과 비교할 때, 처분(불기소처분)의 헌법위반 여부나 위법·부당 여부에 관한 법원의 결정인 재정신청 기각결정에 대하여 이른바 법령위반을 이유로 한 재항고를 허용하지 않는 것은 재정신청 기각결정의 법적 성격에도 부합하지 않으며, 민사소송법은 재항고(442조)뿐만 아니라 불복할 수 없는 결정이나 명령에 대하여 이른바 법령위반을 이유로 대법원에 특별항고를 할 수 있도록 하고 있다(449조). 비교법적으로도 일본 형사소송법은 항고재판소의 결정에 대하여는 항고할 수 없지만, 항고재판소의 결정에 대하여 헌법위반이나 헌법해석의 잘못을 이유로 하여 특별항고를 할 수 있도록 규정하고 있다. 이러한 사정들을 고려할 때, 법 262조 4항의 '불복할 수 없다.'는 부분은, 재정신청 기각결정에 대한 '불복'에 415조의 '재항고'가 포함되는 것으로 해석하는 한, 재정신청인인 청구인들의 재판청구권을 침해하고, 또 법 415조의 재항고가 허용되는 고등법원의 여타 결정을 받은 사람에 비하여 합리적 이유 없이 재정신청인을 차별취급함으로써 청구인들의 평등권을 침해한다."

8) 형사소송법 260조(재정신청) ① 고소권자로서 고소를 한 자(「형법」 123조부터 126조까지의 죄에 대하여는 고발을 한 자를 포함한다. 이하 이 조에서 같다)는 검사로부터 공소를 제기하지 아니한다는 통지를 받은 때에는 그 검사 소속의 지방검찰청 소재지를 관할하는 고등법원(이하 "관할 고등법원"이라 한다)에 그 당부에 관한 재정을 신청할 수 있다. 다만, 「형법」 126조(피의사실공표)의 죄에 대하여는 피공표자의 명시한 의사에 반하여 재정을 신청할 수 없다.

9) "형사소송법(이하 '법'이라고 한다) 260조 4항은 '재정신

---

❷ 재정신청이 법률상의 방식을 준수하였음에도 불구하고 법원이 방식위배의 신청이라고 잘못 보아 그 신청이유에 대한 실체 판단 없이 형식적인 사유로 기각한 경우에는 262조 2항, 4항의 적용이 없다(대법원 2011. 2. 1.자 2009모407 결정).[10]

청서에는 재정신청의 대상이 되는 사건의 범죄사실, 증거 등 재정신청을 이유 있게 하는 사유를 기재하여야 한다.'고 정하고 있고, 법 262조 2항 1호는 재정신청이 '법률상의 방식에 위배'된 때에는 그 신청을 기각한다고 정하고 있으며, 법 262조 4항은 '2항의 결정에 대하여는 불복할 수 없다.'고 정하고 있다. 따라서 법원은 재정신청서에 재정신청을 이유 있게 하는 사유가 기재되어 있지 않은 경우에는 그 재정신청을 기각하여야 한다. 그런데 법원이 재정신청서에 재정신청을 이유 있게 하는 사유가 기재되어 있지 않음에도 이를 간과한 채 법 262조 2항 2호 소정의 공소제기결정을 한 관계로 그에 따른 공소가 제기되어 본안사건의 절차가 개시된 후에는, 다른 특별한 사정이 없는 한 이제 그 본안사건에서 위와 같은 잘못을 다툴 수 없다. 위와 같은 잘못을 본안사건에서 다툴 수 있다고 한다면 이는 재정신청에 대한 결정에 대하여 그것이 기각결정이든 인용결정이든 불복할 수 없도록 한 법 262조 4항의 규정취지에 위배하여 형사소송절차의 안정성을 해칠 우려가 있기 때문이다. 또한 위와 같은 잘못은 본안사건에서 공소사실 자체에 대하여 무죄, 면소, 공소기각 등을 할 사유에 해당하는지를 살펴 무죄 등의 판결을 함으로써 그 잘못을 바로잡을 수 있다. 뿐만 아니라 본안사건에서 심리한 결과 범죄사실이 유죄로 인정되는 때에는 이를 처벌하는 것이 오히려 형사소송의 이념인 실체적 정의를 구현하는 데 보다 충실하다는 점도 고려하여야 한다. 비록 재정신청서에 법 260조 4항에 정한 사항의 기재가 없어서 법원으로서는 그 재정신청이 법률상의 방식에 위배된 것으로서 이를 기각하여야 함에도 심판대상인 사기 부분을 포함한 고소사실 전부에 관하여 공소제기결정을 한 잘못이 있고 나아가 그 결정에 따라 공소제기가 이루어졌다 하더라도, 공소사실에 대한 실체 판단에 나아간 제1심의 판결을 유지한 원심의 조치는 정당하다."

10) "형사소송법 262조 2항, 4항은 '검사의 불기소처분에 따른 재정신청에 대한 법원의 재정신청기각 또는 공소제기의 결정에 불복할 수 없다'고 규정하고 있으나, 위 규정은 그 취지에 비추어 재정신청이 법률상의 방식을 준수하였음에도 법원이 방식위배의 신청이라고 잘못 보아 그 신청이유에 대한 실체 판단 없이 형식적인 사유로 기각한 경우에는 그 적용이 없다. 원심은 재정신청이 검찰 항고기각결정의 통지일인 2008. 12. 3.부터 재정신청기간인 10일이 지난 2008. 12. 15. 제기되었으므로 법률상의 방식에 위배되어 부적법하다는 이유로 재정신청을 기각하였다. 그런데 재정신청기간의 말일인 2008. 12. 13.

❸ 공소제기결정에 대한 재항고(대법원 2012. 10. 29. 자 2012모1090 결정) "1. 형사소송법(이하 "법"이라고만 한다) 262조 2항, 4항은 검사의 불기소처분에 따른 재정신청에 대한 법원의 재정신청기각 또는 공소제기의 결정에 불복할 수 없다고 규정하고 있다. 법 262조 2항 2호의 공소제기결정에 잘못이 있는 경우에는 그 공소제기에 따른 본안사건의 절차가 개시되어 본안사건 자체의 재판을 통하여 대법원의 최종적인 판단을 받는 길이 열려 있으므로, 이와 같은 공소제기의 결정에 대한 재항고를 허용하지 않는다고 하여 재판에 대하여 최종적으로 대법원의 심사를 받을 수 있는 권리가 침해되는 것은 아니고, 따라서 법 262조 2항 2호의 공소제기결정에 대하여는 법 415조의 재항고가 허용되지 않는다. 2. 법 415조에 규정된 재항고의 절차에 관하여는 법에 아무런 규정을 두고 있지 아니하므로 그 성질상 상고에 관한 규정을 준용하여야 할 것이고, 한편 상고에 관한 법 376조 1항에 의하면 상고의 제기가 법률상의 방식에 위반하거나 상고권 소멸 후인 것이 명백한 때에는 원심법원은 결정으로 상고를 기각하여야 하는바, 재항고의 대상이 아닌 공소제기의 결정에 대하여 재항고가 제기된 경우에는 재항고의 제기가 법률상의 방식에 위반한 것이 명백한 때에 해당하므로 원심법원은 결정으로 이를 기각하여야 한다."

은 토요일, 그 다음날은 일요일임은 공지의 사실에 해당하고, 따라서 법 66조 3항에 의하여 위 신청기간에 산입되지 않는 관계로 그 신청기간의 말일은 2008. 12. 15. 이 되므로 같은 날 제기된 재정신청은 적법한 것이다. 그럼에도 불구하고 원심은 재정신청기간의 계산에 관한 법리를 오해하여 재정신청이 법률상의 방식에 위배되었다는 형식적인 사유로 재정신청을 기각함으로써 더 나아가 그 신청이유에 대한 실체 판단을 하지 아니한 잘못을 저질렀고, 이 원심결정에는 적법한 재정신청에 대하여 법이 정하는 바에 따른 재판을 하지 아니한 위법이 있다."

5.2   기소유예처분으로 인한 기본권침해가 인정된 사례

헌재 2004. 5. 27. 선고 2004헌마27 전원재판부 결정

F   헌법소원심판청구인들(이하 '피의자'로 약칭함)과 청구외 D3은 2003. 10. 29. 피청구인(서울중앙지방검찰청 검사, 이하 '검사'로 약칭함)으로부터 특수절도 혐의로 기소유예처분을 받았는데 피의사실과 이유의 요지는 "피의자 D3은 아파트 관리원, 피의자 D는 회사원, 피의자 D2는 대학생으로서 위 D가 근무하는 회사에서 아르바이트로 일하는 자인바, 합동하여, 2003. 8. 12. 11:15경 관악 아파트 지하주차장에 세워둔 오토바이 3대 시가 150,000원 상당을 끌고 나와 이를 절취한 사실은 인정되나, 피의자들은 **초범**이고, **직업이 일정**하며, **사안이 경미**하고 피해품이 압수되어 **피해가 회복**되었으므로 각 그 소추를 유예한다." 이다.

I   피의자는 위 기소유예처분을 받자, "위 아파트의 관리인인 D3이 '주민들의 민원을 처리하기 위하여 주차장에 버려진 오토바이들을 치워야 한다.'고 해서 함께 끌고 간 것이며 절취의 고의가 없었는데도 검사가 범죄혐의를 인정한 다음 기소유예처분을 한 것은 피의자의 행복추구권 및 평등권을 침해한다."고 주장하면서 2004. 1. 9. 기소유예처분의 취소를 구하는 헌법소원심판을 청구하였다. 검사는 "피의자는 오토바이들을 고쳐서 타고 다니려는 의사로 주차장에서 끌고 나왔고, 또한 D3이 아파트 관리소 직원이기는 하나 아파트 주차장의 오토바이들에 대하여 처분권한이 있는 사람도 아니다. 그렇다면 피의자들에게는 이 사건 오토바이들을 영득하려는 의사의 합의가 있었다고 보여지므로 검사의 처분은 정당하다."고 반박하였다.

R   피청구인(검사)이 청구인(피의자)에 대하여 한 기소유예처분은 청구인의 평등권, 행복추구권을 침해한 것이므로 이를 취소한다.

A   절도죄가 성립하기 위해서는 타인이 점유하는 타인의 재물을 절취한다는 데 대한 인식과 의사(즉 절도의 고의)가 있어야 하며, 권리자를 배제하고 타인의 물건을 자기의 소유물과 같이 그 경제적 용법에 따라서 이용하고 처분할 의사, 즉 불법영득의사가 있어야 한다.

(1) 이 사건 오토바이가 '타인이 점유'하는 '타인의 재물'인지 여부 : 이 사건 오토바이들은 번호판도 없는 소형 오토바이로서 소유자가 이를 잃어버렸더라도 신고가 어려운 점을 생각할 때 일응 무주물이라고 보기 어려운 점이 있다. 그러나 한편 피의자들은 사건 당일 아파트 관리소의 직원인 D3으로부터 아파트 주차장에 1년 간 버려져 있던 이 사건 오토바이로 인하여 주민의 민원이 있으며 파출소 경관이 순찰시 그에게 문의했지만 명확한 답변을 듣지 못했다고 하는 말을 믿고 오토바이들을 끌고 나왔으며, 당시 위 오토바이들은 오랜 기간 방치되어 있어서 주요 부속도 망가져 있고 시동도 걸리지 않았으므로(검사도 기소유예처분 결정서 이유에서 '사실상 버려진 오토바이'이고, '실제로 거의 못 쓰게 된 물건'이며, '관리자가 없는 물건인 것으로 알고 가져가려고 하였던 점 참작'이라고 하고 있다), 피의자들로서는 이 사건 오토바이가 소유자가 있는 물건이라거나 소유자의 지배하에 있는 물건이라고 인식하였다고 보기 힘들다. (중략) 그렇다면 이 사건 피해 오토바이들은 타인의 점유 하에 있었다고 볼 수 없고, 소유자가 소유권을 포기하였을 가능성을 배제할 수 없어 타인의 재물인지 여부가 불명확하다.

(2) 불법영득의사가 있었는지 여부 : 불법영득의사는 재물의 타인성을 전제로 하는 범죄성립요건이므로, 먼저 재물의 타인성에 대한 인식 유무를 명확히 하여야 한다. 그러나 검사가 피의자들의 재물의 타인성에 대한 인식 유무를 명확히 하지 않은 점은 위에서 본 바와 같다. (중략) D, D2에게 불법영득의사가 있었다고 보기 어려운 정황이 있으므로, 검사는 D,

D2를 현행범 체포한 경찰관의 진술을 통하여 D, D2가 검거당할 당시의 상황, 태도 등을 살펴보고, 최초로 112에 신고를 했다고 하는 아파트 상가 태권도 운영자의 진술을 통하여 그가 신고에 이르게 된 경위 등을 따져 보아야 했음에도 불구하고 이에 대한 조사를 하지 않았다.

C

1 검사의 불기소처분에 대한 고소인·고발인 또는 피의자의 불복방법

2008년 개정 형사소송법이 재정신청의 범위를 대폭 확대하여 검사의 불기소처분에 대한 고소인·고발인 또는 피의자의 불복방법은 그 절차가 구법과 판이하게 달라졌다.

첫째, 고소인(형법 123조, 124조, 125조, 126조 위반의 범죄사건에서는 고발인 포함)은 특별한 예외사유가 없는 한 검찰청법 10조에 따른 항고를 경유하여(검찰항고전치주의) 재정신청을 하여야 하며 이 경로로만 구제를 도모할 수 있다. 고소인이 형사소송법 260조 1항, 2항의 재정신청을 경유한 경우에 고소인에게 더 이상의 구제절차는 없다.

둘째, 고발인(형법 123조, 124조, 125조, 126조 위반의 범죄사건에 대한 고발인 제외)은 검찰청법 10조에 따라 불기소처분을 한 검사가 속하는 지방검찰청 또는 지청을 경유하여 서면으로 관할 고등검찰청검사장에게 항고할 수 있다. 고등검찰청이 항고를 기각하면 검찰총장에게 검찰재항고를 할 수 있다.

2008년 개정법 시행 이후에 고소인·고발인에게는 원칙적으로 헌법소원심판청구가 허용되지 않는다. 고소인이 재정신청기각 결정을 받은 경우에는 헌법재판소법 68조 1항의 제한을 받게 되는데 고발인에게는 사건에 관하여 '자기관련성'이 없기 때문이다.

2 헌법소원이 허용되는 예외적인 경우

고소를 하지 않은 형사피해자(헌재 2004. 11. 25. 선고 2004헌마595 결정), 기소유예처분을 받은 피의자(헌재 2004. 5. 27. 선고 2004헌마27 결정), 참고인 중지결정(검사가 사건을 수사한 후 참고인·고소인·고발인 또는 상피의자(공범)의 소재불명으로 수사를 종결할 수 없는 경우에 그 사유가 해소될 때까지 행하는 중간처분)을 받은 피의자(헌재 1991. 4. 1. 선고 90헌마115 결정; 헌재 1997. 2. 20. 선고 95헌마362 결정)에게 헌법소원심판청구를 인정한 헌법재판소 결정례가 있다. 2004헌마27 사안은 기소유예처분을 받은 피의자가 '혐의 없음'을 주장하면서 검사의 기소유예처분이 자신의 '평등권, 행복추구권, 재판받을 권리 등을 침해'하였다고 헌법소원심판을 청구한 사안이다.

3 형사피해자의 헌법소원심판청구(헌재 2004. 11. 25. 선고 2004헌마595 결정)

범죄피해자인 아들을 위하여 아버지가 고발한 사건에 대하여 검사가 불기소처분하자 아들과 아버지가 공동으로 그 불기소처분의 시정을 구하려고 검찰청법이 정한 항고, 재항고를 경유하여 헌법소원심판청구에 이른 사건이다. 이 사안에서 아버지의 청구는 헌법상의 재판절차진술권의 주체인 형사피해자의 청구가 아니므로 자기관련성이 없어 부적법각하되었고 범죄피해자인 아들의 청구는 '자기관련성이 있어 고소한 바 없어도 적법하다'는 판단을 받았으나 본안판단에서 기각된 사안이다.

4 검사의 기소중지처분에 대한 고소인의 헌법소원심판청구(헌재 1991. 4. 1. 선고 90헌마115 전원재판부 결정)

"1. 기소중지처분(피의자의 소재불명 등의 사유로 인하여 수사를 종결할 수 없는 경우에 그 사유가 해소될 때까지 행하는 중간처분으로서 장래에 그 사유가 해소되면 다시 수사하여 처분할 것을 예정하고 있다. 피의자의 소재불명을 사유로 하여 기소중지결정이 있는 경우 보통 지명수배를 한다.)은 가급적 억제되어야 한다. 검사가 더 이상 수사를 할 필요가 없을 만큼 충분한 수사가 되어 있어 종국결정을 하기에 부족함이 없음에도 불구하고 피의자 중의 한사람(s)이 단순히 현재 소재불명이라는 이유로 그에 대하여서뿐만 아니라 다른 피의자(S2)에 대하여서까지도 기소중지처분을 하는 것은 형평을 잃은 처사로서 기소중지권의 남용에 해당한다."

5.3 검사의 자의적인 공소권행사

대법원 2001. 9. 7. 선고 2001도3026 판결

F 1. 선행기소의 내용과 기소경위 : V(간판업자)의 종업원으로 근무하던 D는 1999. 7. 28. V 소유의 화물차를 훔친 혐의를 받았다. V는 1999. 7. 29. 고양경찰서 주엽2파출소에 D의 '차량절취 장면이 녹화된 테이프'를 제출하며 차량 도난신고를 하였다. 고양경찰서의 사법경찰관 P는 D가 '소재불명'으로 밝혀지자 1999. 10. 18. D를 절도 혐의로 **지명수배**(용의자로 짐작되는 한 사람을 지명하여 그 사람의 검거나 신고를 구하는 일)하고 1999. 11. 18. 서울지방검찰청 의정부지청에 사건을 송치하였다. 위 지청의 검사는 1999. 11. 25. 위 사건을 기소중지하였다. D는 위 화물차를 운전하고 다니다가 1999. 12. 2.경 안산경찰서 목감 경찰초소에 설치된 차량자동판독기에 위 화물차가 도난차량으로 확인되어 그곳에 근무하던 경찰관들에게 '자동차절도 범행의 기소중지자'로 검거(체포)되었다. 안산경찰서 경찰관 P2는, D가 절도 범행뿐만이 아니라 '도로교통법위반(무면허운전)'(이하 '무면허운전'으로 약칭함)도 저지른 사실이 밝혀지자, D의 신병을 수배관서인 고양경찰서에 인계하지 아니한 채, 무면허운전 혐의로만 D를 구속하여 무면허운전혐의만을 조사한 다음 수원지방검찰청에 송치하였다. 수원지방검찰청 검사는 송치받은 D의 무면허운전 혐의를 조사하여 1999. 12. 13. 수원지방법원에 "1999. 7. 28. 22:00경부터 1999. 12. 2. 15:00까지의 무면허운전" 혐의만을 기소(이하 이를 '선행기소'로 약칭함)하였다.

2. 후행기소의 내용과 기소경위 : D는 2000. 1. 27. 수원지방법원에서 무면허운전죄로 징역 6월의 형을 선고받고 같은 날 항소포기로 그 판결이 확정되어 수원교도소에서 그 징역형을 복역하다가 2000. 5. 10. **가석방으로 출소**하던 중 수원경찰서 경찰관들에게 '차량절도범행의 기소중지자'로 긴급체포되어 고양경찰서로 인계되었다. 고양경찰서 경찰관은 같은 날 절도범행의 피의자로 조사를 받은 D로부터 무면허운전죄의 혐의 내용과 긴급체포된 경위에 관한 진술을 받

았고 그 범죄경력조회서에 무면허운전죄의 전과내용이 기재되어 있음에도 불구하고, D가 절도범행을 자백하면서 그 범행의 경위로 '평소에도 운전면허 없이 위 화물차를 운전하였다'고 진술하자, 무면허운전죄의 내용을 확인하지 않은 채, 서울지방검찰청 의정부지청에 기소중지자 소재발견보고를 하고 그 수사지휘에 따라 2000. 5. 11. D에 대하여 절도죄 혐의로 구속영장을 청구하였다. 위 영장청구를 받은 서울지방법원 의정부지원의 영장담당판사는 'D의 자동차절도 혐의에 대하여 1999. 10. 18. 지명수배조치가 취하여진 사실을 수사기관이 알고 있었음에도 불구하고 수사기관(안산경찰서 경찰관 P2)이 1999년 12월경 D를 별개의 무면허운전죄로 구속·기소하면서 절도범행에 대하여는 아무런 조치를 취하지 않다가 무면허운전죄로 징역형을 복역하고 출소하는 날 수사기관(수원경찰서 경찰관 P)이 D를 절도 범행 혐의로 긴급체포함은 'D에게 가혹하고 **수사권남용**의 여지가 있다'는 이유로 구속영장청구를 기각하였다. 그 후 서울지방검찰청 의정부지청의 검사는 2000. 7. 21. D에 대한 피의자신문에서 'V로부터 화물차를 절취한 후 6개월간 무면허로 운전하다가 1999. 12. 2. 안산시 목감 검문소에서 검거되었다'는 진술을 받았고 그 검찰서기의 수사보고를 통하여 D가 2000. 1. 27. 도로교통법위반죄(무면허운전)로 징역 6월의 형을 선고받고 그 형을 복역하다가 2000. 5. 10. 가석방된 사실을 알고 있었음에도, 종전의 무면허운전혐의의 내용을 확인하지 아니한 채, 2000. 7. 28. 절도혐의로 기소(이하 '후행기소사건'으로 약칭함)하였다.

3. 소송의 경과 : 후행기소사건의 제1심과 항소심은 공소사실을 모두 유죄로 인정한 다음, D가 2000. 1. 27. 수원지방법원에서 징역 6월의 형을 선고받아 같은 날 확정된 무면허운전죄(이하 '선행기소 사건' 혹은 '종전 사건'으로 약칭한다)와 그 판결이 확정되기 전에 범한 '절도죄'(이하 '후행기소 사건'이라 한다)는 형법 37조 후단의 경합범 관계에 있다는 이유로 형법 39조

1항에 따라 판결을 받지 아니한 후행기소 사건에 대하여 징역 6월의 형을 선고하였다. D는 "피고인(D)이 도난 신고된 차량을 운전하다가 안산의 도난차량감지기에 적발되어 조사를 받음에 있어 절도범행 등 사건 일체를 진술하였고 그 차량은 피해자 V에게 반환되었다. 그런데 위 사건을 **담당한 경찰관은 D의 법률에 관한 무지를 이용하여 수사실적을 올릴 의도**로 사건을 관할경찰서(V가 D의 차량절도를 고소한 고양경찰서)로 이송하지 않고 경합범죄라는 점도 무시한 채 도로교통법위반죄(무면허운전)만을 기소하여 처벌받게 한 다음, 다시 별개의 사건인 양 이 사건으로 기소한 것은 피고인으로 하여금 피해 차량 등을 돌려주어 죄가 가벼워진 것으로 오판케 하여 경합범임을 주장하지 못하게 하는 등 부당하게 공권력을 행사한 것"이며 "형을 선고받아 복역하고 출소한 피고인을 다시 처벌함은 일사부재리의 원칙에 반하는 이중처벌"이라고 주장하며 상고하였다.

Ⅰ 피고인이 피고인의 '관련 사건을 함께 재판받을 이익'을 박탈당하면 공소권남용이 되는 '검사의 자의적인 공소권행사'인가?

R 파기환송. ㉮ 246조와 247조에 의하여 검사는 범죄의 구성요건에 해당하여 형사적 제재를 함이 상당하다고 판단되는 경우에는 공소를 제기할 수 있고 또 형법 51조의 사항을 참작하여 공소를 제기하지 아니할 수 있는 재량권이 부여되어 있다. 그러나 ㉯ 검사가 '자의적으로 공소권을 행사'하여 ㉰ '피고인에게 실질적인 불이익'을 줌으로써 ㉱ 소추재량권을 현저히 일탈하였다고 보여지는 경우에 이를 ㉲ 공소권의 남용으로 보아 공소제기의 효력을 부인할 수 있는 것이고, 여기서 ㉳ '자의적인 공소권의 행사'라 함은 "단순히 '직무상의 과실'에 의한 것만으로는 부족하고 적어도 미필적이나마 어떤 의도가 있어야 한다.

A 위에서 인정한 사실관계에 비추어 보면, ⓐ '종전의 무면허 사건만을 송치받아 수사한 검사'로서

는 그 수사기록과 피고인에 대한 심문을 통하여 피고인이 이 사건 절도 범행으로 기소중지된 사정을 알고 있었을 것이므로 서울지방검찰청 의정부지청으로 하여금 이 사건을 재기(再起)하여 이송하도록 하거나, 무면허 사건을 위 지청에 이송하여 관련 사건인 이 사건과 무면허 사건이 함께 기소되도록 하여야 함에도 그러한 조치를 취하지 아니한 채 무면허 사건만을 기소한 것으로 보이고, ⓑ 이 사건(후행기소의 자동차절도혐의 : 저자)을 수사한 검사로서도 기소중지자 체포업무 처리지침(대검예규)상 기소중지자를 체포한 경찰관서는 수배 경찰관서를 통하여 기소중지한 검찰청에 보고하게 되어 있음에 비추어 기소중지된 피고인이 무면허 사건으로 구속되었다는 보고를 받았을 것으로 보이며, 따라서 피고인의 소재가 파악되었을 뿐만 아니라 무면허 사건이 구속 사건으로서 그 기소와 재판이 곧 이루어질 것으로 예상되므로 이 절도 사건을 신속히 재기하여 무면허 사건을 관할하는 수원 지방검찰청에 이송하는 등의 조치를 취하여야 함에도, 피고인이 무면허 사건으로 재판을 받고 그 형을 복역하고 출소하기까지 별다른 이유 없이 이 절도 사건을 재기하지도 아니한 채 내버려 둔 것이 아닌가 하는 의심이 드는데다가, [ⓒ-1] '이 절도 사건과 무면허 사건은 동일한 기회에 저질러진 경합범이고 무면허 사건은 피고인이 이 사건 절도 범행의 기소중지자로 체포되면서 비로소 입건된 범행이며 [ⓓ-1] 무면허 사건에 대한 기소 당시 피고인이 이 사건 절도 범행을 모두 자백하고 [ⓒ-2] 그 보강증거도 충분히 확보되어 이를 분리하여 기소할 필요도 이유도 없었으며, 무면허 사건의 수사과정에서 피고인이 절취한 화물차가 피해자에게 반환되고 그 수사기록 등에서 피고인이 운전한 차량이 이 사건 절도 범행으로 취득한 화물차임이 나타나 무면허 사건의 재판에서 그러한 사정이 양형의 요소로 참작되었다고 보여지고, 나아가 [ⓓ-2] 무면허 사건의 공소사실 가운데 피고인이 무면허로 운전한 화물차가 이 사건 절도 범행으로 취득한 것임이 적시되어 그 공판과정에서 심리되었다면 피고인으로서는 무면허 사건으로 처벌받음으로써 이 사건 절도 범행도 아울러 처벌받은 것으로 믿어 그에 대한 추가기소와 처벌은 없을 것으로 기대함이 상당하다. 사정이 이러하다면 ⓔ 무면허 사건의 판결이 확정되

고 나아가 피고인이 그 형을 복역하고 출소한 다음에서야 이미 처벌받은 무면허 사건의 일부 범죄사실까지 포함하는 이 절도 사건 공소를 제기하여 다시 피고인에 대한 재판과 처벌을 반복하는 것은 '관련 사건을 함께 재판받을 이익'을 박탈함으로써 현저하게 피고인의 권리나 이익을 침해하는 것이어서 공소권을 자의적으로 행사한 것이 아닌가 하는 의심이 든다. 그렇다면 원심으로서는, 안산경찰서 경찰관들이 이 사건 절도 범행의 기소중지자인 피고인을 체포하고도 그 수배관서에 인계하지 않은 채 무면허 사건으로 구속하였을 뿐만 아니라 그 체포과정에서 확보된 화물차를 압수하지 않고 피해자에게 반환한 경위, 이 사건 절도 범행을 기소중지한 검사가 무면허 사건을 수사한 안산경찰서나 수원 지방검찰청으로부터 피고인이 무면허 사건으로 구속되었다는 통지를 받았는지 여부 및 그러한 통지를 받았다면 기소중지한 피고인의 소재가 밝혀졌음에도 이 절도 사건을 재기하지 않고 있다가 무면허 사건의 형을 복역하고 출소하는 피고인이 기소중지자로 긴급체포된 다음에야 이 절도 사건을 재기한 이유와 경위 및 무면허 사건의 공소사실에 무면허운전에 이용된 화물차가 이 사건 절도 범행으로 취득한 사정이 적시되어 공판과정에서 그에 대하여 심리되었는지 여부 등을 상세히 조사하여, 검사의 이 절도 사건 공소제기가 ⓕ '형사절차의 적정성의 원칙'에 위반하는 자의적인 공소권의 행사로서 '피고인의 적정하고도 신속한 재판을 받을 권리'를 침해하는 등으로 그 소추재량권을 현저히 일탈하여 공소권을 남용한 것인지 여부를 따져 보았어야 할 것이다. 그럼에도 불구하고 만연히 이 사건 공소제기가 적법한 것으로 보아 이를 유죄로 인정한 원심판결에는 '기소편의주의와 공소권남용에 관한 법리'를 오해하였거나 이에 관한 심리를 제대로 하지 아니한 위법이 있다.

C

1 공소권남용론의 의의

공소권남용론은 법원이 보기에 '검사의 부당한 기소권 행사가 있다'고 판단되는 경우에, 이를 권리남용의 일종으로 보아 법원이 형식재판으로 사건을 종결할 수 있음을 인정하는 이론이다. 이 이론은 형사소송법에 명문의 규정이 없지만 법의 일반이론인 권리남용론을 원용하여 소추재량권의 자의적 행사를 억제하려는 이론이다.

2 공소권남용론의 주장내용

공소권남용론은 주로 학계에서 논의되고 있다. 공소권남용론을 전개하는 학자들이 공소권남용의 사례로 들고 있는 사례들은 유형적으로 ㉮ 객관적 혐의에 기초하지 아니한 기소, ㉯ 불공평하거나 차별적인 기소, ㉰ 위법수사에 기초한 기소, ㉱ 부당기소(기소유예가 마땅한 데 기소한 경우)의 4가지 경우이다. 공소권남용론자들은 이들 사유가 확인되면 법원이 형식재판(공소기각의 재판 혹은 면소판결)으로 소송을 조기에 종결시켜야 한다고 주장한다.

3 공소권남용론에 대한 논평

공소권남용론 중 ㉮의 유형을 인정함에 대하여는 비판이 많다. 그 논거는 '예단배제정신에 반한다.'는 견해와 '만약 객관적 혐의의 존재를 요구한다면 수사가 규문화·장기화되고, 법원은 소송조건의 심사와 본안심사의 절차를 이중으로 진행하여야 하므로 현행 형사소송법의 구조상 무리한 요구를 하는 것'이라는 견해, '한국처럼 정밀사법을 추구하는 풍토(유죄판결률 99.% 이상)에서 검사가 객관적 증거 없이 기소함은 좀처럼 생각될 수 없다'는 견해 등이 있다.

생각건대 ㉮ 객관적 혐의 없는 기소에 대하여는 수소법원이 무죄를 선고하면 되고, 피고인이 입을 부담과 불이익은 소송촉진으로 구제하면 되므로 ㉮의 유형을 인정함은 불필요하다. 다음에 위법수사가 행하여진 경우에는 영장청구를 기각하거나 위법수사로 수집된 증거의 증거능력을 부인하는 구제방법이 있으므로 ㉰의 유형(위법수사에 기초한 기소)을 인정함도 불필요하다. 다만, 수사의 상당성이 심각하게 훼손된 사건, 예를 들어 범의를 유발하는 위법한 함정수사에 기초한 공소제기는 위법하다고 보아야 한다.[1] 다음에 '기소유예가 적절한 사건'을 검사가 굳이 기소하면

---

1) 대법원 2008. 10. 23 선고 2008도7362 판결; 대법원 2006. 9. 28 선고 2006도3464 판결.

수소법원은 선고유예나 집행유예부 유죄판결이나 벌금형의 선고로 대처할 수 있으므로 ㉣의 유형(부당기소)을 인정함도 불필요하다. 그러나 ㉯의 유형의 공소권남용론은 경청의 가치가 있다. 최근에 하급심 판사들은 선거소송에서 ㉯의 유형의 공소권남용론을 적극적으로 전개하려는 움직임을 보이고 있어 주목된다. 그러나 1990년에 대법원은 '단순히 자신과 동일한 범죄구성요건에 해당하는 행위를 하였음에도 불구하고 불기소된 사람이 있다는 사유만으로는 평등권이 침해되었다고 주장할 수는 없다'(대법원 1990. 6. 8. 선고 90도646 판결)고 판시한 바 있다. 그런데 학계와 달리 대법원이 인정하는 공소권남용의 유형이 ㉰ 누락사건의 추가기소 유형이다.

④ '누락사건의 추가기소'가 공소권남용이 되는 경우

2001년 판결은 공소권남용의 요건을 "㉯ 검사가 '자의적으로 공소권을 행사'하여 ㉣ '피고인에게 실질적인 불이익'을 줌으로써 소추재량권을 현저히 일탈하였다고 보여지는 경우"로 설정하고 이 중 ㉯의 요건을 별도로 풀이하여 "단순히 '직무상의 과실'에 의한 것만으로는 부족하고 적어도 미필적이나마 어떤 의도가 있어야 한다."고 부연하고 있다. ㉯의 요건을 주관적 요건이라고 보면 ㉣의 요건은 객관적 요건이다. 대법원이 공소권남용의 요건을 위와 같이 설정하기까지 약간의 동요와 주저함이 있었던 것으로 보인다. 주관적 요건에 관하여 1996년 판결(대법원 1996. 2. 13. 선고 94도2658 판결)은 "검사가 위 항소심판결 선고 이후에 이 사건 공소를 제기한 것이 '검사의 태만 내지 위법한 부작위'에 의한 것으로 인정되지 아니(한다)"고 판시하여 '검사의 태만 내지 위법한 부작위'를 주관적 요건으로 설정했던 항소심의 견해를 대법원도 따르려는 것이 아닌가 하는 추정을 가능하게 하였으나, 1999년 판결과 2001년 판결은 "단순히 '직무상의 과실'에 의한 것만으로는 부족하고 적어도 미필적이나마 어떤 의도가 있어야 한다."고 두 번에 걸쳐 명시하여 대법원은 공소권남용의 주관적 요건을 엄격히 요구하는 입장임이 명백해졌다.

⑤ 본 판결의 의의

"그동안 관련 사건을 함께 기소할 수 있었음에도 그 일부만이 추가로 기소된 사건에서 피고인이 '한꺼번에 재판받을 수 있는 기회를 상실하였다'는 등의 사정을 들어 공소권남용이 주장되었고, 하급심판결 가운데에는 이를 인정한 사례도 있었다. 그러나 대법원은 공소권 남용이론을 수용하여 그 의의와 판단기준을 제시하면서도 그 주장을 받아들이지 않다가, 이 판결에서 비로소 공소권남용을 인정하기에 이르렀다."[2]

---

2) 민중기, 공소권남용의 의의와 판단기준, 대법원판례해설 39호(2001 하반기)(2002), 475~492 참조.

5.4 공소장일본주의

대법원 2009. 10. 22. 선고 2009도7436 전합판결

F　창조한국당 대표인 D는 공직선거법위반, 정치자금법위반 혐의로 기소되었다. 주위적 공소사실은 "D는 같은 당(당 직책1 생략)인 D2와 공모하여, 2008. 4. 9. 실시된 제18대 국회의원 선거에 임하여, 같은 당의 비례대표 후보자로 L을, 중앙선거관리위원회에 등록해 주고, L로부터 2008. 3. 26. 6,000만 원, 그 달 28일 5억 5,500만 원, 합계 6억 1,500만 원의 공천헌금을 예금계좌로 입금 또는 송금받아, 위 정당이 위 L을 국회의원 비례대표 후보자로 추천하는 일과 관련하여 6억 원(선거관리위원회 기탁금 1,500만 원 제외)을 제공받음과 동시에 같은 금액의 정치자금을 기부받았다."는 것이고, 항소심에서 추가된 예비적 공소사실은 "(주위적 공소사실과 같이) L을 비례대표 후보자로 등록해 주고, L로 하여금 이율 연 1%의 당채를 매입하게 하여 당채매입대금 6억 원을 제공받음으로써, 6억 원의 자금 융통 및 6억 원에 대한 시중 사채금리와 당채이율 사이의 차액 상당 재산상 이익을 수수하여 국회의원 후보자 추천과 관련하여 재산상 이익을 제공받음과 동시에 정치자금을 기부받았다."는 것이었다. 항소심은 예비적 공소사실을 추가하는 취지의 공소장변경신청을 허가하고 직권으로 제1심판결을 파기한 후 예비적 공소사실에 대하여 유죄(징역 8월 집행유예 2년)를 선고하였다. D는 '항소심이 공소장일본주의를 위반하여 유죄를 선고한 위법이 있다'고 주장하며 상고하였다. 검찰은 통상의 사건에서는, 구성요건을 이루는 사실만을 나열하여, 공소사실을 간략하고 명료하게 기재하고 있으며, 이 사건 공소사실을 그와 같이 기재하는 경우 그 분량은 불과 1쪽을 넘기기 어렵다. 그런데 이 사건에서 검사는 위 범죄사실 이전단계의 정황과 경위, 범행을 전후한 과정에서 관계자들이 주고받은 대화내용과 이 메일 내용, 수첩의 메모내용, 세세한 주변사실, 이 사건 공소사실에 포함되지 않은 것으로 보이는 L 이외의 다른 비례대표 후보 지망자들로부터 이 사건과 유사한 방법으로 금품을 제공받은 내용 등을 장황하게 기재하여 그 분량이 무려 14쪽에 이르고 있다. 그리고 그 기재의 상당부분은 대화내용, 이 메일 내용과 수첩의 기재내용을 인용부호까지 사용하면서 그대로 인용하는 형식으로 기재되어 있다.

I　이런 방식의 기소는 공소장일본주의 위반이 아닌가?

R　상고기각. 1. (공소장일본주의의 위배 여부판단의 기준과 위배에 대한 효과의 원칙) '법관 또는 배심원'에게 예단을 생기게 하여 법관 또는 배심원이 범죄사실의 실체를 파악하는 데 장애가 될 수 있는지 여부를 기준으로 당해 사건에서 구체적으로 판단하되 공소장일본주의에 위배된 공소제기라고 인정되는 때에는 그 절차가 법률의 규정에 위반하여 무효인 때에 해당하는 것으로 보아 공소기각의 판결을 선고(327조 2호)하여야 한다.

2. (흠=하자(瑕疵)의 치유) ⓐ (사실심에서) 피고인 측으로부터 아무런 이의가 제기되지 아니하였고, ⓑ 법원 역시 '범죄사실의 실체를 파악하는 데 지장이 없다'고 판단하여 그대로 '제1심 공판절차'를 진행한 결과 증거조사절차가 마무리되어 법관의 심증형성이 이루어진 단계에서는 ⓒ 소송절차의 동적 안정성 및 소송경제의 이념 등에 비추어 볼 때 이제는 더 이상 공소장일본주의 위배를 주장하여 이미 진행된 소송절차의 효력을 다툴 수는 없다(시기제한설).[1]

A　주위적 공소사실은, 정당이 후보자 추천과 관련하여 당대표 등이 금품 등을 수수하여 공직을 매수하는 범행(공직선거법위반, 정치자금법위반)에 관한 것으

---

1) 박순영, 공소장일본주의, 사법 12호(2010. 6), 295~338 참조.

로서, ⓓ 이러한 범죄는 당 내부적으로도 일부 핵심 인사만 알 수 있도록 은밀하고도 계획적으로 행하여지는 성격을 가지기 때문에 검사로서는 그 범의나 공모관계, 범행의 동기나 경위 등을 명확히 하기 위하여 구체적인 사정을 적시할 필요도 어느 정도 있다는 점, ⓔ 이와 관련하여 제1심 공판절차에서 피고인 측이 이 점에 관하여 아무런 이의를 제기하지 않은 상태에서 공판절차가 진행되어 위와 같이 공소사실에 인용된 증거들을 포함하여 검사가 제출한 증거들에 대한 증거조사가 모두 마쳐진 점 등을 종합하여, ⓕ (원심이) 피고인의 주장('이 사건 공소제기의 절차가 법률의 규정에 위반하여 무효인 경우에 해당하므로 공소기각하여야 한다.')을 받아들이지 않은 것은 정당하다.

C

① 공소장 일본주의의 개념

검사가 공소를 제기할 때에는 원칙적으로 공소장 하나만을 제출하여야 하고 그 밖에 사건에 관하여 법원에 예단을 생기게 할 우려가 있는 서류 기타 물건을 첨부하거나 그 내용을 인용하여서는 아니 된다(규칙 118조 2항, 군사법원법 296조 6항). 2006. 4. 1. 개정된 대법원 재판예규에 의하여 전국적으로 증거분리제출제도가 시행됨으로써 획기적인 변화가 시도되었다. 검사는 피고인이 자백하든 부인하든 제1회 공판기일 이후 증거조사에 들어가서야 비로소 증거서류를 법정에 제출할 수 있게 되었다.

② 무엇을 이 원칙 위배로 볼 것인가?

(1) 예단을 일으킬 우려가 있는 문서의 첨부와 기재 인용은 금지된다.[2]

(2) **전과**(前科, past convictions)(사실)**의 기재** : 첫째, 전과가 범죄구성요건에 해당하는 경우(상습누범, 상습범)나 범죄사실의 내용을 이루는 경우(전과를 수단으로 하는 공갈·협박 등)에는 공소장특정의 요청이 우선한

다. 둘째, 동종(同種) 전과의 기재는 공소장일본주의 위반이지만 이종(異種) 전과는 삭제를 명하는 것으로 족하다.

(3) '기타사실(餘事)'(피고인의 성격·경력·소행 등의 기재)은 원칙적으로 기재가 금지된다(대법원 1994. 3. 11. 선고 93도3145 판결 참조). 그러나 공소사실 특정의 요구가 더 우선하거나 혹은 '양자의 요청이 조화'되어야 한다. 그러나 종래의 판례는 이 쟁점에 관하여 대단히 관대하여 '공소장일본주의 위반으로 공소기각된 사례'는 거의 찾기 어렵다.

(4) **범행경위의 기재** : "공소장에는 법령이 요구하는 사항만 기재할 것이고 공소사실의 첫머리에 공소사실과 관계없이 법원의 예단만 생기게 할 사유를 불필요하게 나열하는 것은 옳다고 할 수 없고, 공소사실과 관련이 있는 것도 원칙적으로 범죄의 구성요건에 적어야 할 것이고, 이를 첫머리 사실로서 불필요하게 길고 장황하게 나열하는 것을 적절하다고 할 수 없다. 그러나 이 사건 공소장에 기재된 첫머리 사실이 길고 다소 장황한 점이 없지는 아니하나 이는 이 사건 상습사기 공소사실의 범의나 공모관계를 명확히 나타내기 위하여 공소범죄사실에 이르게 된 경위를 적시한 것으로 보여져 공소제기의 방식이 공소장일본주의에 위배되어 위법하다고 할 수는 없다"(대법원 1992. 9. 22. 선고 92도1751 판결).

(5) 원칙적으로 공소시효가 완성된 범죄사실은 기재할 필요가 없다(대법원 1983. 11. 8. 선고 83도1979 판결).

③ 예외

(1) 서면심리가 원칙인 약식절차와 즉결심판절차에 이 원칙은 적용이 없다.

(2) 판사의 경질로 인한 공판절차의 갱신[3]의 경우에는 직접주의만 보강하면 되므로 이 요청은 적용이 없다.

(3) 파기환송 후의 제2심(항소심)에서는 위법사항의 시정이 더 중요하므로 이 요청은 적용이 없다.

---

2) 협박죄, 명예훼손죄의 공소장에 협박문서, 명예훼손문서의 내용을 인용하는 경우에 인용의 정도가 공소장기재 공소사실의 특정에 필요한 정도를 넘어 과도한 경우에는 공소장일본주의의 위반이다.

3) 법 제301조(공판절차의 갱신) 공판개정 후 판사의 경질이 있는 때에는 공판절차를 갱신하여야 한다. 단, 판결의 선고만을 하는 경우에는 예외로 한다.

5.5 공소사실의 일부가 되는 범죄일람표를 종이문서가 아닌 CD로 제출하는 것은 부적법

대법원 2017. 2. 15. 선고 2016도19027 판결

F D는 O 주식회사와 O2 주식회사의 회장이자 실제 운영자이고, D2는 O 주식회사의 대표이사로 재직한 사람이다. D, D2는 "위 각 법인을 운영한 수익으로 회원들에게 수당을 지급할 의사나 능력이 없었고 이른바 '돌려막기' 방식으로 신규 회원의 가입비로 종전 회원에게 수당을 지급해 줄 의사만 있었다. 그런데도 D, D2는 원심 공동피고인 O3 등과 공모하여 법인을 운영한 수익으로 수당을 보장해 줄 것처럼 피해자 V를 기망하여 2015. 7. 8.부터 2015. 8. 29.까지 9차례에 걸쳐 합계 889만 원을 회원가입비 명목으로 지급받은 것을 비롯하여 2015. 3. 27.경부터 2015. 9. 30.경까지 별지 범죄일람표 기재와 같이 총 77,915회에 걸쳐 합계 71,497,860,000원을 지급받은 사기죄" 혐의로 기소되었다. 항소심은 공소제기 방식에 별다른 문제를 제기하지 않고 유죄판결을 선고하였다. D는 "공소제기방식에 위법이 있다"고 주장하며 상고하였다.

위 공소장의 본문에는 D, D2가 피해자 V로부터 금전을 지급받은 내역만이 기재되어 있고 공소장에 별지로 첨부된 범죄일람표는 총 2장인데, 순번 1번부터 43번까지, 77,924번부터 77,933번까지의 공소사실이 날짜 순서에 따라 장소, 피해자, 구좌수, 피해금액, 기망방법 등의 항목에 맞추어 기재되어 있다. 이는 D, D2가 2015. 3. 27.부터 2015. 3. 30.까지 그리고 2015. 9. 30.에 지급받은 금전의 내역에 해당한다. 그밖에 범죄일람표의 순번 44번부터 77,923번에 해당하는 중간 기간의 지급내역은 공소장에 서면으로 첨부되어 있지 않고, 검사가 공소장에 첨부한 CD에 이를 포함하여 순번 1번부터 77,933번까지 금전지급 내역 전체를 별지 범죄일람표와 동일한 방식으로 정리한 엑셀파일이 저장되어 있다.

I 본 사안 이전의 공소장 CD별지 사안 판결(대법원 2016. 12. 15. 선고 2015도3682 판결)에 따르면 검사는 최대 수 만 장에 이르는 별지를 모두 서면으로 출력하여 수소법원에 접수시켜야 하고 피고인에게 송달하여야 한다. 현대사회를 정보화 사회라고 하는데 공소장 CD별지 사안 판결은 정보화 사회의 흐름에 역행하는 판결이 아닌가 하는 비판을 받을 소지가 있다. 정보화 사회에서도 공소제기방식상의 서면주의를 엄격히 유지하여야 할 필요가 있을까? 본 사안의 항소심도 공소장 CD별지 사안에서와 마찬가지로 CD별지에 위법성을 인정하지 않았다.

R 파기환송. 직권으로 판단한다. 1. 형사소송법은 공소제기에 관하여 엄격한 방식에 의한 서면주의를 채택하고 있다. 즉, 공소를 제기하려면 공소장을 관할법원에 제출하여야 하고, 공소장에는 피고인의 성명 그 밖에 피고인을 특정할 수 있는 사항, 죄명, 공소사실, 적용법조를 기재하여야 하며(254조 1항, 3항), 공소가 제기된 때에는 지체 없이 공소장 부본을 피고인 또는 변호인에게 송달하여야 한다(266조). 또한 공무원이 작성하는 서류에는 법률에 다른 규정이 없는 때에는 작성 연월일과 소속공무소를 기재하고 기명날인 또는 서명을 하여야 하므로(57조 1항), 공소장에는 검사의 기명날인 또는 서명이 있어야 한다. 이러한 규정은 형사소송에서 법원의 심판 대상을 명확하게 하고 피고인의 방어권을 충분히 보장하기 위한 것이므로, 그 방식에 따르지 않은 공소제기는 공소제기의 절차가 법률의 규정을 위반하여 무효인 때에 해당하여 공소기각을 선고하여야 한다(327조 2호).

컴퓨터와 인터넷이 보편적으로 사용되고 정보통신기술이 급속히 발달하고 있는 상황에 대응하여, 형사소송절차에서 정보저장매체에 저장된 문자 등의 전자정보를 증거로 사용하는 법적 근거를 마련하고(형사소송법 313조 1항, 314조), 그에 관한 증거조사방법이

나 강제처분절차도 규정하는 등(형사소송법 292조의3, 106조 등)으로 전자정보의 활용을 법적으로 뒷받침하기 위한 조치가 증가하고 있다. 그러나 공소제기에 관하여 전자문서나 전자매체를 이용할 수 있도록 한 입법적 조치는 마련되어 있지 않다. 그러므로 검사가 공소사실의 일부인 범죄일람표를 컴퓨터 프로그램을 통하여 열어보거나 출력할 수 있는 전자적 형태의 문서(이하 '전자문서'라 한다)로 작성한 다음 종이문서로 출력하지 않은 채 저장매체 자체를 서면인 공소장에 첨부하여 제출한 경우에는, 서면에 기재된 부분에 한하여 적법하게 공소가 제기된 것으로 보아야 한다. 전자문서나 저장매체를 이용한 공소제기를 허용하는 법 규정이 없는 상태에서 저장매체나 전자문서를 형사소송법상 공소장의 일부인 '서면'으로 볼 수 없기 때문이다. 이는 공소사실에 포함시켜야 할 범행 내용이나 피해 목록이 방대하여 전자문서나 CD 등 저장매체를 이용한 공소제기를 허용해야 할 현실적인 필요가 있다거나 피고인과 변호인이 이의를 제기하지 않고 변론에 응하였다고 하여 달리 볼 수 없다. 또한 일반적인 거래관계에서 전자문서나 전자매체를 이용하는 것이 일상화되고 있다고 하더라도 그것만으로 전자문서나 전자매체를 이용한 공소제기가 허용된다고 보는 것은 형사소송법 규정의 문언이나 입법 취지에 맞지 않는다. 따라서 검사가 전자문서나 저장매체를 이용하여 공소를 제기한 경우, 법원은 저장매체에 저장된 전자문서 부분을 제외하고 서면인 공소장에 기재된 부분만으로 공소사실을 판단하여야 한다. 만일 그 기재 내용만으로는 공소사실이 특정되지 않은 부분이 있다면 검사에게 특정을 요구하여야 하고, 그런데도 검사가 특정하지 않는다면 그 부분에 대해서는 공소를 기각할 수밖에 없다(대법원 2016. 12. 15. 선고 2015도3682 판결 참조).

A 위와 같은 사실관계를 앞에서 본 법리에 비추어 보면, 공소장에 첨부된 CD나 그것에 저장된 엑셀파일은 공소장의 일부인 '서면'이라고 할 수 없으므로, 위 엑셀파일에 기재된 부분까지 적법하게 공소가 제기된 것으로 볼 수는 없다.

한편 사기죄에서 여러 피해자에 대한 금전 편취행위는 원칙적으로 각각 별개의 죄를 구성한다. 이 사건 공소사실 중에 범죄일람표의 순번 1번부터 43번까지, 77,924번부터 77,933번까지에 해당하는 부분은 공소사실이 구체적으로 특정되어 있지만, 나머지 순번 44번부터 77,923번에 해당하는 부분은 전체 횟수, 기간과 피해액의 합계만을 알 수 있을 뿐 피해자가 누구인지, 피해자별 피해금액이 얼마인지조차 알 수 없어 공소사실이 특정되었다고 할 수 없다. 따라서 원심으로서는 검사에게 이 사건 공소사실 중 위와 같이 특정되지 않은 부분을 특정할 것을 요구하고, 만일 검사가 이를 특정하지 않으면 이 부분에 대한 공소를 기각하였어야 한다. 그런데도 원심은 이러한 조치를 취하지 않은 채 이 부분에 대해서도 실체판단을 하였다. 이러한 원심의 조치에는 공소제기 방식과 공소사실 특정에 관한 법리를 오해하여 판결에 영향을 미친 잘못이 있다.

C

1 공소장 CD별지 사건 판결(대법원 2016. 12. 15. 선고 2015도3682 판결)

일명 공소장 CD별지 사건 판결에서 대법원은 이미 "ⓐ 이런 형태의 공소제기를 허용하는 별도의 규정이 없을 뿐만 아니라, 위 ⓑ 저장매체나 전자적 형태의 문서를 공소장의 일부로서의 '서면'으로 볼 수도 없고, 이는 위 전자적 형태의 ⓒ 문서의 양이 방대하여 그와 같은 방식의 공소제기를 허용해야 할 현실적인 필요가 있다는 이유를 달수도 없고, 나아가 ⓓ 피고인과 변호인이 이의를 제기하지 않고 변론에 응하였다고 하여 달리 볼 것도 아니며, ⓔ 형사소송규칙 142조에 따르면 검사가 공소장을 변경하고자 하는 때에는 그 취지를 기재한 서면인 공소장변경허가신청서를 법원에 제출함이 원칙이므로 공소장변경 시에도 CD별지를 활용할 수 없다(대법원 2016. 12. 29. 선고 2016도11138 판결)."며 매우 엄격한 어조로 서면주의를 강조하고 있다. 본 판결은 CD별지 사건 판결과 조금도 다르지 않다.

5.6 성명모용소송의 법리

대법원 1993. 1. 19. 선고 92도2554 판결

F 검사는 J(모용인)를 도박혐의로 약식기소하려고 의도하였지만 J가 수사단계에서 S의 성명, 생년월일, 주민등록번호, 주거, 본적 등 인적사항을 사칭(모용)하였기 때문에 검사는 J의 성명을 S의 성명으로 오인하여 약식명령청구서의 피고인 표시는 S(피모용인)로 표시되었다. 약식명령을 청구 받은 법원도 사칭사실을 알지 못하고 그대로 약식명령을 발령하고 그 재판서를 검사와 S에게 송달하였다. 약식명령을 송달받은 S(피모용인)가 놀라 정식재판을 청구하였다. 정식재판절차의 공판기일에 성명사칭사실이 드러나자 검사는 공소장의 인적사항을 S로부터 J로 변경하고자 법원에 피고인표시변경 허가신청을 하였다. 정식재판의 제1심법원은 ⓐ 모용인(J)에 대한 조치로서 이미 발령(發令)된 처음의 약식명령의 피고인 표시를 J로 경정(更正)하는 피고인표시 경정결정을 하고, 본래의 약식명령 정본과 함께 피고인표시경정결정을 J에게 송달하였다. 그 후 ⓑ 피모용인(S)에 대한 관계에서는 "이 사건 공소의 효력은 피모용인(S)에게는 미치지 않고 따라서 이 공소제기절차는 법률의 규정에 위반하여 무효"라는 취지로 "피모용인(S)에 대한 공소를 기각"하는 판결을 선고하였다. 검사가 이 판결에 불복하여 항소하였다. 항소심은 검사의 항소를 기각하였다. 검사가 상고하였다.

I 성명모용소송에서 피고인 인정(누가 피고인인가?)과 검사·법원이 취하여야 할 조치는 무엇인가?

R 상고기각. ㉮ 248조에 의하여 공소는 검사가 피고인으로 지정한 이외의 다른 사람에게 그 효력이 미치지 않는 것이므로 공소제기의 효력은 검사가 피고인으로 지정한 자에 대하여만 미치는 것이고, 따라서 피의자가 다른 사람의 성명을 모용한 탓으로 공소장에 피모용인이 피고인으로 표시되었다 하더라도

이는 당사자의 표시상의 착오일 뿐이고 검사는 모용인에 대하여 공소를 제기한 것이므로, 모용인이 피고인이 되고 피모용인에게 공소의 효력이 미친다고 할 수는 없다. 그러므로 이와 같은 경우 ㉯ 검사는 공소장의 인적사항의 기재를 정정하여 피고인의 표시를 바로 잡아야 하는 것인바, 이는 피고인의 표시상의 착오를 정정하는 것이지 공소장을 변경하는 것이 아니므로 298조에 따른 공소장변경의 절차를 밟을 필요는 없고 법원의 허가도 필요 없다. 그러나 ㉰ 검사가 이와 같은 피고인의 표시를 정정하여 그 모용관계를 바로 잡지 않으면 외형상 피모용인 명의로 공소가 제기된 것으로 되어 있고, 이는 공소제기의 방식이 254조의 규정에 위반하여 무효이므로 법원은 공소기각의 판결을 선고하여야 한다(대법원 1982. 10. 12. 선고 82도2078 판결; 대법원 1985. 6. 11. 선고 85도756 판결 각 참조). 그리고 ㉱ 검사가 공소장의 피고인 표시를 정정하여 바로잡은 경우에는 처음부터 모용인에 대한 공소의 제기가 있었고 피모용인에 대한 공소의 제기가 있었던 것은 아니므로, 법원은 모용인에 대하여 심리하고 재판을 하면 될 것이지, 원칙적으로는 피모용인에 대하여 심판을 할 것이 아니다. ㉲ 그러나 이와 같은 경우라도 피모용인이 약식명령에 대하여 정식재판의 청구를 하여 피모용인을 상대로 심리를 하는 과정에서 성명모용 사실이 발각되어 검사가 공소장을 정정하는 등 사실상의 소송계속이 발생하고 형식상 또는 외관상 피고인의 지위를 갖게 된 경우에는 법원으로서는 피모용인에게 적법한 공소의 제기가 없었음을 밝혀주는 의미에서 327조 2호를 유추 적용하여 공소기각의 판결을 함으로써 피모용인의 불안정한 지위를 명확히 해소해 주어야 한다(대법원 1981. 7. 7. 선고 81도182 판결; 대법원 1991. 9. 10. 선고 91도1689 판결 각 참조).

A 검사가 피고인(피모용인 S)을 피고인으로 표시하여 약식기소하였다고 하더라도 피고인(피모용인 S)

은 성명을 모용당한 것에 지나지 않으므로 그 공소제기의 효력은 피고인(피모용인 S)에게 미치지 않고, 모용인인 J에게 미친다. 그리고 이에 대하여 약식명령이 발하여지고 피고인(피모용인 S)이 이를 수령하여 정식재판을 청구하였다고 하여도 ⑭ 진정한 피고인인 J에게는 아직 약식명령의 송달이 없었고, 검사는 공소장에 기재된 피고인의 표시를 정정할 수 있고, 법원은 이에 따라 약식명령의 피고인 표시를 경정할 수 있으며, 본래의 약식명령 정본과 함께 이 경정결정을 모용인인 J에게 송달하면 이때에 그 약식명령은 적법한 송달이 있다. 이에 대하여 소정의 기간 내에 정식재판의 청구가 없으면 이 약식명령은 확정된다. 그러나 피고인(피모용인 S)은 본래의 약식명령에 대하여 정식재판을 청구하여 통상의 공판절차의 진행이 있었으므로 피고인(피모용인 S)은 형식상 또는 외관상 피고인의 지위를 갖고 사실상의 소송계속이 발생한 셈이 되므로 법원으로서는 공소기각의 판결을 하는 것이 옳다.

① 성명모용소송과 위장출석사안

광의의 '피고인 특정' 문제는 '순수한 특정문제'와 '피고인 인정문제'로 구분하여 파악함이 합리적이다. '순수한 피고인 특정' 문제는 공소장에 피고인의 성명, 본적, 주소, 직업, 주민등록번호 등을, 피고인이 누구인가를 식별할 수 있을 정도로 기재하였는가의 문제이다. 이에 비하여 '피고인 인정'의 문제는 '공소제기의 효력·판결의 효력은 누구에게 미치는가?' 하는 문제이다. 피고인 인정이 문제되는 상황은 성명모용사안과 위장출석사안이 있을 수 있다. A(모용인, 사안의 J)가 수사단계에서부터 B(피모용인, 사안의 S)의 성명과 인적사항을 모용(사칭)하고 이에 속은 수사기관이 B의 명의를 공소장·약식기소장에 기재('표시'와 '검사의 실질적 의사'의 불일치)하는 사안이 성명모용사안)이다. 성명모용사안의 해결방안에 관하여 '정식재

---

1) 검사가 공소장에 피고인 C로 기재하여 기소하고 공소장이 C에게 제대로 송달되었지만 D가 C로 가장하여 공판절차에 관여하는 사안이 위장출석사안(표시와 검사의 의사는 일치하나 피고인으로 행동한 자가 불일치)과는 구

판절차이든 약식절차이든 공소제기의 효력은 모용인(A, 사안의 J)에게만 미치고 피모용인(B, 사안의 S)에게는 미치지 않는다'는 것이 대법원 판례의 기조이다.

② 모용인에 대하여 취할 조치

검사는 모용관계를 바로잡기 위하여 반드시 피고인표시정정으로 착오를 시정하여야 하고 공소장변경절차를 경유할 일이 아니다. 피고인표시정정은 공소장변경이 아니므로 검사가 이에 대하여 법원의 허가를 받을 필요가 없다(대법원 1981. 7. 7. 선고 81도182 판결). 법원이 모용관계를 간과하고 유죄판결을 선고하거나 그 판결이 확정된 때에 그 판결의 효력은 피모용인에게 미치지 않는다.

③ 피모용인에 대한 법원의 조치

피모용인에 대하여는 공소제기의 효력이 미치지 아니하므로 원칙적으로 법원은 피모용인에 대한 관계에서 판단하여 줄 의무(심판의무)가 없다. 1993년 선고된 본 사안에서 대법원은 "원칙적으로는 피모용인에 대하여 심판을 할 것이 아"지만 "피모용인이 정식재판을 청구하는 등 소송절차에 관여하게 된 이후에는 사실상의 소송계속이 발생하고 피모용인(S)이 형식상 또는 외관상 피고인의 지위를 갖게 되었으므로 법원은 피모용인(S)에게 적법한 공소의 제기가 없었음을 밝혀주는 의미에서 327조 2호를 유추적용하여 공소기각의 판결을 함으로써 피모용인의 불안정한 지위를 명확히 해소해 주어야 한다"고 판시하였다.

④ 검사·법원이 모용인에 대하여 취하여야 할 조치

⑭에서 판시된 바와 같이 "진정한 피고인인 J에게는 아직 약식명령의 송달이 없었다." 따라서 검사가 공소장에 기재된 피고인 표시를 정정하여 법원에 제출하면 수소법원은 이에 따라 약식명령의 피고인 표시를 경정한 후 본래의 약식명령 정본과 함께 이 경정결정을 모용인(사안의 J)에게 송달하면 이때에 그 약식명령이 적법하게 송달된 것이다. 이에 대하여 소정의 기간 내에 진정한 피고인인 J의 정식재판의 청구가 없으면 이 약식명령은 확정된다.

별된다.

5.7 공소사실의 특정과 불특정의 효과

대법원 1997. 8. 22. 선고 97도1211 판결

F D는 미술학원을 운영하는 자로서, 1996년 초 경부터 범행이 발각된 1996. 7. 15. 사이에 학원생인 V(당시 5세)를 수십 회에 걸쳐 몸을 만지는 등 추행한 혐의를 받았다. V가 음부에 염증을 일으킨 것을 발견 한 V의 학부모의 확인으로 이 사실이 밝혀지자 V의 학부모는 D를 고소하였다. D가 범행을 부인하고, 나 이 어린 V가 정확한 피해사실을 기억하지 못하자 검 사는 V가 일부 기억하는 내용과 학원운영시간 등의 자료를 바탕으로 "D가 1996년 월일불상(일시가 정확하 지 않음) 11:30경 V를 다마스 승합차에 태워 인적이 드문 하천가로 데려가 차를 주차시킨 후, 미리 준비 한 수건으로 V의 얼굴을 가리고 하의를 완전히 벗긴 다음, V의 음부 주위를 만지는 등 문지르는 등의 방 법으로 추행하는 등 수십 회에 걸쳐 미성년자인 V를 추행하고, 이로 인하여 약 1주일간의 치료를 요하는 외음부염의 상해를 입게 하였다."는 공소사실로 D를 미성년자의제강제추행치상죄(형법 305조 301조) 혐의 로 기소하였다. 제1심은 D에게 유죄판결을 선고하였 으나 항소심은 "254조 4항에 의하면 공소사실의 기재 는 범죄의 시일, 장소와 방법을 명시하여 사실을 특 정할 수 있도록 하여야 한다고 규정하고 있으며, 이 사건 미성년자의제강제추행치상죄는 행위 시마다 1 개의 범죄가 성립하는 것이므로, 위와 같은 공소사실 의 기재로는 피고인이 방어권을 행사할 수 있을 정도 로 범죄의 일시 및 그 횟수가 특정되어 있다고 할 수 없고, 따라서 위 공소사실은 구체적인 범죄사실의 기 재가 없는 경우로서 327조 2호에 위반하여 무효인 때 에 해당한다."고 판단하여 유죄를 선고한 제1심판결 을 파기하고 공소를 기각하였다. 검사가 상고하였다.

I 공소사실의 기재는 범죄의 시일, 장소와 방법 을 명시하여 사실을 특정하여야 한다(254조 4항). 사안 과 같은 공소사실 기재에 대하여 제1심은 문제가 없 다고 판단하였지만 항소심은 "행위 시마다 1개의 범

죄가 성립하는 것이므로, 위와 같은 공소사실의 기재 로는 피고인이 방어권을 행사할 수 있을 정도로 범죄 의 일시 및 그 횟수가 특정되어 있다고 할 수 없다." 고 판단하였다. 따라서 '공소사실 등을 어느 정도 상 세히 기재하여야 특정되었다고 할 수 있는가?'가 쟁 점이다.

R 파기환송. 254조 4항의 취지는 ① 심판의 대 상을 한정함으로써 심판의 능률과 신속을 꾀함과 동 시에 방어의 범위를 특정하여 피고인의 방어권 행사 를 쉽게 해 주기 위한 것이므로, 검사로서는 그 중 ② 일시에 관하여는 이중기소나 시효에의 저촉 여부, 장 소에 관하여는 토지관할의 해당 여부, 방법에 관하여 는 범죄구성요건의 해당 여부 등의 **식별이 가능한 범 위 내**에서 ③ 위 세 가지 특정요소를 종합하여 다른 사실과의 식별이 가능하도록 **범죄 구성요건에 해당 하는 구체적 사실을 기재**하여야 하고, ④ 다만 위 특 정을 위한 요소 중 일부가 다소 불명확하게 적시되어 있다 해도 그와 함께 기재된 다른 사항에 의하여 특 정할 수 있으면 공소제기의 효력에는 영향이 없지만 그 경우에도 **공소사실 특정의 기본 취지**에 비추어 피 고인의 합리적인 방어권 행사에 중대한 지장을 초래 하는 형식이어서는 안 [된다](대법원 2002. 10. 11. 선고 2002도2939 판결 등 참조)."[1] "비록 공소장에 범죄의 시 일이 구체적으로 적시되지는 않았더라도 그 기재가 위에서 본 정도에 반하지 않고, 더구나 그 ⑤ 범죄의 성격에 비추어 그 시일에 관한 개괄적 표시가 부득이 하며 또한 그에 대한 피고인의 방어권 행사에 지장이 없다고 보이는 경우에는 그 공소내용이 특정되지 않 았다고 볼 수 없다.[2]

---

1) 이 부분은 이론에 해당하는 부분이므로 대법원 2005. 6. 24. 선고 2005도1014 판결에서 인용하였다.
2) 이 부분은 대법원 1997. 8. 22. 선고 97도1211 판결에서 본 사안에 특유한 특정문제로 첨가된 부분이다.

A 이 사건 기록에 의하면, V는 공소제기 당시 5세 9개월에 불과한 아동으로 피해를 당한 정확한 일자를 표현·진술하지 못하고 있고, D는 범행을 부인하고 있어, 검사는 V의 일부 진술과 다른 증거들을 기초로 범행의 일자는 1996년 초경부터 피해사실이 드러난 1996. 7. 15. 사이의 날로, 범행시각은 11:30경으로 가능한 한 특정하여 공소를 제기하였음을 알 수 있는 한편, 공소장에 범행의 장소와 방법 등이 구체적으로 기재되어 있는 점과 이 사건 범죄의 성격을 고려하면, 범죄의 시일을 위와 같이 기재하였다고 하더라도 그 공소사실은 특정되어 있다. 한편 원심은 D에 대하여 공소사실에 기재된 '수십 회'의 범죄가 모두 공소제기된 것으로 보고 공소사실의 특정 여부를 판단한 것으로 여겨지나, 이 사건 공소사실의 전체적인 내용으로 볼 때, 검사는 "1996년 일자불상 11:30경"으로 특정된 시각의 단일한 범죄에 대하여만 공소를 제기한 것일 뿐, '수십 회에 걸쳐' V를 추행하였다는 부분은 그 범행의 시일, 장소, 방법에 관한 아무런 기재도 없으므로, 이는 별도의 수 죄로 공소제기 한 것이라기보다는 단지 범죄의 결과인 상해와의 인과관계나 피고인의 정상에 관한 기재에 불과한 것으로 볼 여지도 있으므로, 원심으로서는 형사소송규칙 141조에 따라 석명을 구하는 등으로 이를 명확히 한 다음 공소사실의 특정 여부를 판단하였어야 할 것이다.

C

1 공소사실의 특정정도

위 판결들은 254조 4항의 요구를 대체로 위와 같이 ①, ②, ③, ④, ⑤의 5가지로 요약하고 있다. 그런데 254조 4항이 공소사실 특정의 인자(因子 factor)로 적시한 '범죄의 일시·장소·방법'은 예시적 열거에 불과하므로 그 이외의 사항도 공소사실의 특정에 필요한 경우에는 적절히 동원되어야 한다. 첫째, 재산범의 경우에는 피해품의 종류, 수량, 시가를, 결과범인 경우에는 결과를, 목적범인 경우에는 목적을, 신분범인 경우에는 신분관계를 명시하여야 한다. 둘째, 위 특정을 위한 요소 중 일부가 다소 불명확하게 적시되

어 있다 해도 그와 함께 기재된 다른 사항에 의하여 특정할 수 있으면 된다(④). 나아가 범죄의 성격에 비추어 그 시일 등을 개괄적으로 표시하는 것이 부득이한 경우에는 개괄적 기재도 허용된다(⑤). 사안의 '월일불상 11:30경'이라는 일자표시는 보통의 사건에서라면 '불특정'의 판정을 받았을 것이다. 그러나 기억력이 높지 않은 아동을 상대로 하는 범죄라는 특성을 인정하여 그 정도의 개괄적 기재는 허용될 수 있는 것이다. 셋째, 어떤 경우에도 피고인의 합리적인 방어권 행사에 중대한 지장을 초래하는 형식이면 특정되었다고 볼 수 없다(⑤). 따라서 254조 4항을 구체적 사례에 적용하기 위해서는 위와 같은 기준에 의하여 순차적으로 판단하여야 한다.

2 법원의 석명권 행사의 의무성(규칙 141조)

'재판장은 소송관계를 명료하게 하기 위하여 검사, 피고인 또는 변호인에게 사실상과 법률상의 사항에 관하여 석명을 구하거나 입증을 촉구'할 수 있으며(1항) '합의부원은 재판장에게 고하고 1항의 조치'를 할 수 있고(2항) '검사, 피고인 또는 변호인은 재판장에 대하여 1항의 석명을 위한 발문을 요구'할 수 있다(규칙 141조).

3 공소사실 불특정의 효과

공소사실이 특정되지 않으면 그 공소장은 부적법하므로 법원은 공소기각의 판결을 하여야 한다(327조 2호). 그러나 사소한 흠이 있거나 약간의 보정(補正)을 하면 흠이 시정될 수 있는 경우에도 공소기각을 하도록 하는 것은 과중한 소추업무 부담을 지고 있는 검사에게 가혹한 일이고 법원의 입장에서 보아도 소송경제에 반한다. 여기서 '사소한 흠이 있는 경우 공소사실의 사후보정을 허용할 것인가?' 하는 문제가 제기된다.

대법원 1983. 6. 14. 선고 83도293 판결은 공소사실의 기재가 '일부 특정되지 않은 경우'에 사실심 법원이 막 바로 공소기각의 판결을 할 것이 아니라 ① 우선 검사에게 석명을 구하여 공소장을 보정할 기회를 부여하고 ② 보정의 기회를 주었음에도 불구하고 검사가 이를 보정하지 않는 경우에 비로소 공소기각의 판결을 하도록 판시하였다.

5.8 마약류 투약죄와 공소사실의 특정

대법원 1994. 12. 9. 선고 94도1680 판결

F D는 1993. 8. 16. 12:10경 인천 남구 숭의4동 소재 D2(공동피고인)의 집에서 인천지방검찰청 소속 마약반에 검거되어(현장에서 대마가 압수되었음) 대마초 흡연혐의로 조사를 받았다. D는 대마초흡연사실을 자백하였고, 같은 날 소변과 모발을 채취하여 감정하는 것에 동의하였다. 인천지방검찰청은 D의 소변 및 모발을 채취하여 국립과학수사연구소에 같은 달 17. 위 모발 및 소변에서 대마성분 및 히로뽕 성분이 검출되는지 여부에 관하여 감정을 위촉하였다. D는 대마관리법위반죄로 같은 달 24. 기소되었다. 같은 해 9. 1. 국립과학수사연구소가 "D의 소변에서는 대마성분만 검출되었고 메스암페타민(이른바 히로뽕) 성분이 검출되지 않았으나, D의 모발에서는 메스암페타민 및 그 대사체인 암페타민이 검출되었다"는 감정결과를 통보함에 따라 검사는 D를 향정신성의약품관리법위반죄로 추가 입건하여 조사하였으나 D는 투약사실을 완강히 부인하였다. 그러자 검사는 그 투약의 일시 및 장소가 구체적으로 밝혀지지 않은 상태에서 그 투약의 시기를 '1993. 8. 중순경'으로 기재하고, 장소는 '인천 이하 불상지(不詳地)'로 기재하며, 방법을 '증류수에 희석하여 주사하는 방법으로 투약한 것'으로 기재하여 향정신성의약품관리법위반죄를 추가로 기소하였다(이하에서는 대마관리법 위반혐의는 논외로 하고 향정신성의약품관리법위반혐의에 대하여서만 논한다). 제1심은 유죄를 선고하였다. D가 항소하였다. 항소심은 "① D의 소변에서 D가 1993. 8. 16. 03:30경 흡연한 대마초 성분이 검출되었는데, 공소사실에 적시된 메스암페타민의 투약시기도 1993. 8. 중순경으로서 위 대마초 흡연시기와 근접함에도 소변에서는 대마성분만 검출되었다는 점이 우선 수긍이 가지 않고, ② 메스암페타민 및 그 대사체가 검출되었다는 모발의 주인공이 D라는 점에 대하여 확신을 가질만한 자료도 없다."는 등의 점을 종합하여 "D가 언제인가 히로뽕을 투약하지 않았나 하는 강한 의심이 들기는 하

나, 합리적인 의심을 할 여지가 없을 정도로 확신을 가지게 하지는 않다"고 판단하여 제1심판결을 파기하고 무죄를 선고하였다. 검사가 상고하였다.

I 마약류 투약죄의 공소사실을 검사가 기소 당시의 증거에 의하여 가능한 한 최선을 다하여 특정한 것이라면 '시일을 일정 범위의 기간 내'로 기재하고 장소를 '인천 또는 불상지'라고 기재하였다고 하더라도 범죄의 특성상 공소사실이 특정되어 있다고 보는 것이 합리적이지 않을까?

R A 파기환송. 1. 국립과학수사연구소장의 사실조회회보의 기초가 된 감정에 있어서 실험물인 모발이 바뀌었다거나, 착오나 오류가 있었다는 등의 구체적인 사정이 없는 한, D로부터 채취한 모발에서 메스암페타민 성분이 검출되었다고 인정하여야 하고, 따라서 논리와 경험의 법칙상 D는 감정의 대상이 된 모발을 채취하기 이전 언젠가에 메스암페타민을 투약한 사실이 있다고 인정하여야 한다. (중략) 위 사실조회회신에 의하여 밝혀진 바는 D가 위 모발을 채취하기 이전 언제인가에 메스암페타민을 투약하였다는 사실뿐이고, 그 시기, 장소에 대하여는 D가 메스암페타민을 투약한 사실 자체를 부인하고 있어 이를 구체적으로 밝힐 아무런 자료가 없다. 검사 작성의 D에 대한 피의자신문조서의 진술기재에 의하면, D는 인천 소재 고등학교를 중퇴하였고, 인천 소재 캬바레에서 종업원으로 근무한 적이 있다는 사실이 인정되고, 거기에 D가 대마초를 흡연한 장소가 인천이라는 점을 함께 고려할 때, D가 메스암페타민을 투약한 장소가 인천이 아닌가 추측이 되나, D의 주소지가 서울인 점을 고려하면 반드시 인천이라고 볼 수는 없다. 다만 검사 작성의 D에 대한 피의자신문조서의 진술기재에 의하면, D의 팔에 주사자국이 많이 나 있는 사실이 인정되므로, 이에 비추어 보면, D는 주사하는

방법으로 메스암페타민을 투약하였다고 인정할 수 있어 원심이 D가 주사하는 방법으로 메스암페타민을 투약하였다고 볼 증거가 없다고 판시한 것은 채증법칙을 위배한 것이다.

2. 따라서 검사로서는 이 사건 기소 당시의 증거에 따라 공소제기를 하려면, 공소사실을 기재할 때 시일은 '언제부터 1993. 8. 16. 사이(이 기간은 이 사건 D의 모발감정에서 메스암페타민이 검출될 가능성이 있는 메스암페타민 투약기간의 범위임)' 장소는 '인천 또는 불상지에서'라고 표시하였어야 한다.

3. 공소사실의 기재는 범죄의 시일, 장소와 방법을 명시하여 사실을 특정할 수 있도록 하여야 하는 것이므로(254조 4항), 공소사실을 위와 같이 기재(투약의 시기를 '1993. 8. 중순경'이라고 하고, 장소는 '인천 이하 불상지'라고 하며, 방법을 '증류수에 희석하여 주사하는 방법으로 투약한 것'으로 기재한 것 : 저자 주)한 경우 그 공소사실이 특정되어 있는 것으로 볼 수 있는지 문제로 되나, (중략) 모발에 대한 감정을 실시한 결과 모발에서 메스암페타민 성분이 검출되어 D가 메스암페타민을 투약한 사실이 판명된 경우에도 D가 그 투약사실을 부인하는 경우, 검사로서는 그 투약의 시기 및 장소를 구체적으로 밝힐 증거를 확보하기란 용이하지 않은 점을 고려할 때, 검사가 기소 당시의 증거에 의하여 가능한 한 특정한 것이라면, 위와 같이 '시일을 일정 범위의 기간 내로 기재'하고 장소를 '인천 또는 불상지'라고 기재하였다고 하더라도, 범죄의 특성상 공소사실이 특정되어 있다.

C

① 마약류 투약죄의 특수성 : 진술을 거부하거나 범행을 부인하는 피고인

메스암페타민(필로폰)과 같은 마약류 투약죄는 범행이 은밀하게 행하여지고 증거 확보가 곤란한 경우가 많다. 피고인이 자백하면 일시나 장소, 방법이 특정되고, 피고인의 자백과 감정결과에 의하여 공소사실을 구성하고 증명하는 데 별다른 어려움이 없지만, 실무상 상당수의 마약류 투약사범은 소변이나 모발 감정결과에도 불구하고 진술을 거부하거나 범행을

부인하고 있다.

② 상충하는 검사·재판부·피고인의 입장

검사는 공소사실의 일시를, 소변의 경우 7~10일, 모발의 경우 6개월(모발 분할 감정의 경우는 2개월) 정도의 마약류 성분 잔류 기간 내에서, 장소는 그 기간 내의 피고인의 활동반경을 기준으로 삼고, 방법은 일반적인 마약류의 사용방법—필로폰의 경우에는 1회 약 0.03그램을 증류수에 희석하여 주사하는 등의 방법—으로 기재하는 것이 보통이다.

죄수론상 마약류 투약죄의 죄수는 투약행위마다 1개의 죄가 성립하는 것으로 취급되고 있다. 또 마약류는 습관성 물질이어서 피의자들은 대부분 짧은 기간 내에 다수의 투약행위를 반복하는 것이 보통이다. 따라서 공소사실에 적시된 일시나 장소가 개괄적일 때에는 공소사실에 기재된 투약행위와 그 즈음의 가능성이 있는 다른 투약행위와 구별하기 어렵다.

여기서 기판력의 시간적 한계에 민감한 법원의 입장에서는 공소사실에 적시된 일시나 장소가 개괄적으로 기재되면 심판대상을 한정할 수 없게 되는 문제에 봉착하게 된다. 특히 서로 인접하는 기간의 다른 투약행위가 공소장변경의 형식으로 기소되거나 추가 기소되면 이중기소에 해당되는지 여부도 문제된다.

다른 한편 피고인의 입장에서는 공소사실이 개괄적으로 기재된 기간 내의 어느 투약행위에 대하여 방어권을 행사하여야 하는지가 막연해지고, 특히, 알리바이의 증명은 거의 불가능하게 된다.

그렇다고 공소사실의 개괄적 기재를 허용하지 않는다면 자백하지 않는 범인에 대한 마약류 투약죄에 대한 공소제기는 사실상 불가능하게 되므로 어느 정도의 공소사실의 개괄적 기재를 허용하지 않을 수 없다. 마약류 투약죄의 공소사실의 특정문제는 피고인의 방어권 보호와 국가형벌권의 실현이라는 두 가지 명제가 첨예하게 대립되는 영역이다.

③ 절충과 조화

여기서 '검사가 기소 당시의 증거에 의하여 가능한 한 특정하려고 최선을 다하였다고 볼 수 있는가?'가 공소사실특정의 기준이 되었다.

5.9 마약류 투약범죄의 공소사실 특정에 대한 세 가지 패턴의 판례들

대법원 2007. 1. 11. 선고 2005도7422 판결; 대법원 2010. 8. 26. 선고 2010도4671 판결

F 【2007년의 모발검사 사안】 D는 마약류관리에 관한 법률위반(향정투약) 혐의로 기소되었다. 수사기관이 D에게 유죄의 심증을 갖게 된 계기는 모발검사 결과이다. 공소사실은 "D는 마약류 취급자가 아님에도 2004. 9.경에서 10.경 사이 대구 달성군 등지에서, 메스암페타민 약 0.03g을 1회용 주사기에 넣고 물과 희석한 다음 피고인의 팔에 주사하는 방법으로 이를 투약하였다."는 것이다. 항소심은 "위 공소사실의 기재에 의해 공소사실이 특정되었다고 볼 수 없다."며 공소를 기각하였다. 검사가 상고하였다.

【2010년의 소변검사 사안】 D는 마약류관리에 관한 법률위반(향정투약) 혐의로 기소되었다. 수사기관이 D에게 유죄의 심증을 갖게 된 계기는 소변검사 결과이다. 검사는 향정신성의약품인 메스암페타민의 양성반응이 나온 소변의 채취일시, 메스암페타민의 투약 후 소변으로 배출되는 기간에 관한 자료와 D가 체포될 당시까지 거주 또는 왕래한 장소에 대한 D의 진술 등 기소 당시의 증거들에 기초하여 범죄일시를 '2009. 8. 10.부터 2009. 8. 19.까지 사이'로 열흘의 기간 내로 표시하고, 장소를 '서울 또는 부산 이하 불상'으로 표시하여 가능한 한 이를 구체적으로 특정하도록 노력하였다. D는 자신의 체내에 메스암페타민이 투약된 사실을 인정하면서도 '투약은 O가 위 범죄일시로 기재된 기간에 해당하는 2009. 8. 19. D 몰래 D의 음료에 메스암페타민을 넣어서 생긴 것이므로 위 투약에 관한 정을 몰랐다'는 취지로 변소하였다. 이에 대응하여 O에 대한 수사기관의 수사와 제1심의 증거조사까지 이루어졌다. 항소심은, "투약시기가 D의 소변감정 결과 만에 기초하여 소변에서 필로폰이 검출되자 소변채취일로부터 그 투약 가능한 기간을 역으로 추산한 것이고, 투약 장소도 범위가 광범위하여 구체적이라고 보기 어려우며, 투약 량이나 투약방법도 불상으로 기재하고 횟수도 기재하지 않아서 그

정도의 기재만으로는 심판대상이 한정되었다고 보기 어려워, D의 방어권 행사에 지장을 초래할 위험이 크므로 공소사실이 특정되었다고 할 수 없다."며 공소를 기각하였다. 검사가 상고하였다.

I 마약투약범행은 투약자 홀로 은밀한 장소에서 행하여지는 관계로 혐의자가 범행을 부인하면 공소사실의 특정이 곤란하다. 따라서 범죄단속의 실효성을 위해서는 공소사실 특정을 어느 정도 완화하여야 할 필요성이 있다. 그러나 다른 한편 그렇게 되면 피고인의 방어권이 심각하게 훼손될 우려가 있고 법원으로서는 기판력이 미치는 범위의 획정이 어렵게 되는 측면도 있다. 어느 지점에서 3자(검사, 피고인, 법원)의 요청을 조화시킬 것인지가 문제된다.

R 【2007년 판결】 상고기각. 1. 254조 4항이 '공소사실의 기재는 범죄의 시일, 장소와 방법을 명시하여 사실을 특정할 수 있도록 하여야 한다.'라고 규정한 취지는, 심판의 대상을 한정함으로써 심판의 능률과 신속을 꾀함과 동시에 방어의 범위를 특정하여 피고인의 방어권 행사를 쉽게 해주기 위한 것이므로, 검사로서는 위 세 가지 특정요소(범죄의 시일, 장소와 방법)를 종합하여 다른 사실과의 식별이 가능하도록 범죄 구성요건에 해당하는 구체적 사실을 기재하여야 하는바(대법원 2000. 10. 27. 선고 2000도3082 판결; 대법원 2005. 12. 9. 선고 2005도7465 판결 등 참조), 이는 마약류취급자가 아니면서도 마약류를 투약하였음을 내용으로 하는 마약류관리에 관한 법률 위반죄의 공소사실에 관한 기재에 있어서도 마찬가지이다.

A 메스암페타민 투약시기에 관한 위와 같은 기재만으로는 피고인의 방어권 행사에 지장을 초래할 위험성이 크고, 단기간 내에 반복되는 공소 범죄사실

의 특성에 비추어 볼 때 위 투약시기로 기재된 위 기간 내에 복수의 투약 가능성이 농후하여 심판대상이 한정되었다고 보기도 어렵다. 이 공소사실의 기재는 특정한 구체적 사실의 기재에 해당한다고 볼 수 없어 254조 4항에 정해진 요건을 갖추지 못한 것이므로, 이 부분 공소는 공소제기의 절차가 법률의 규정에 위반하여 무효이다.

R 【2010년 판결】 파기환송. 공소사실의 특정을 요구하는 법의 취지는 D의 방어권 행사를 쉽게 해주기 위한 데에 있으므로, 공소사실은 이러한 요소를 종합하여 구성요건 해당사실을 다른 사실과 식별할 수 있는 정도로 기재하면 족하고, 공소장에 범죄의 일시, 장소, 방법 등이 구체적으로 적시되지 않았더라도 공소사실을 특정하도록 한 법의 취지에 반하지 않고, 공소범죄의 성격에 비추어 그 개괄적 표시가 부득이하며 그에 대한 D의 방어권 행사에 지장이 없다면 그 공소내용이 특정되지 않았다고 볼 수 없다(대법원 2007. 6. 14. 선고 2007도2694 판결; 대법원 2008. 7. 24. 선고 2008도4854 판결 등 참조).

A 이 부분 공소사실 기재의 경위 및 D의 변소와 그에 대한 증거조사 내용에다가 향정신성의약품 투약 범죄의 특성 등에 비추어 볼 때 이 부분 공소사실은 D의 방어권을 침해하지 않는 범위 내에서 범죄의 특성을 고려하여 합리적인 정도로 특정된 것으로 볼 수 있다. 이와 달리 이 부분 공소사실이 특정되었다고 볼 수 없다고 판단하여 이 부분 공소를 기각한 원심에는 향정신성의약품 관련 공소사실의 특정에 관한 법리를 오해하여 판결 결과에 영향을 미친 위법이 있고 이를 지적하는 검사의 상고이유는 이유 있다.

C

1 투약 시기와 투약 장소를 개괄적으로 기재한 공소사실에 대한 세 가지 패턴의 판례들

마약류사범 단속의 필요성을 감안하여 관대한 입장을 보이는 Ⅰ그룹(대법원 1998. 2. 24. 선고 97도1376 판결, 투약기간의 폭을 최대 7개월 8일까지로 기재한 경우에도 공소사실의 특정성 인정), 엄격한 입장을 보이는 Ⅱ그룹(대법원 1999. 6. 11. 선고 98도3293 판결, 기간의 폭을 3개월까지 기재한 경우에도 공소사실의 특정성을 부정), '모발을 분획하는 등 검사가 기소 당시의 증거에 의하여 약물 투약시기를 세분하여 감정한 모발감정 결과에 기초하거나 D의 행적 등 다른 증거들에 의하여 모발감정에서 약물 성분이 검출될 수 있는 기간의 범위 내에서 약물 투약시기를 가능한 한 최단기간으로 특정하고, 장소도 토지관할의 구분이 가능할 정도로 특정할 경우 공소사실이 특정되는 것으로 보는 Ⅲ그룹(대법원 2001. 1. 30. 선고 2000도3111 판결, 3.3번 판례는 이 패턴에 속하는 판례이다)의 판례들이 공존하고 있다.[1]

2 2007년 이후의 대략적인 추세

대법원은 위와 같이 세 가지 패턴의 판결을 보여 일관되지 못한 태도를 취하다가 대법원 2007. 1. 11. 선고 2005도7422 판결을 계기로 모발감정결과에 기초한 특정은 대체로 그 특정성을 부정하는 경향을 보이고 있고, 대법원 2010. 8. 26. 선고 2010도4671 판결을 계기로 소변감정결과에 기초한 특정은 그 특정성을 긍정하는 경향을 보이고 있다. 양 감정결과의 정확성과 추정된 투약기간의 장단 등에서의 차이가 작용한 결과로 보인다.[2]

---

1) 김양섭, 양성반응이 나온 소변감정 결과에 기하여 투약 범행일시를 기재하여 공소제기한 경우 형사소송법 제254조 제4항이 요구하는 공소사실의 특정을 충족하였는지 여부, 대법원판례해설 86호(2010 하반기)(2011), 682~683.

2) 양자를 구별하는 이유는 모발감정 결과에 기초한 경우에 비하여 소변감정 결과에 기초한 경우가 정확성이 높고, 추정투약기간이 짧으며, 체내흡수가 아닌 단순외부오염의 위험 혹은 가능성을 배제할 수 있는 등의 차이에 기인하는 것으로 보인다(김양섭, 공소사실 특정, 형사소송법 핵심 판례 110선 제3판, 57 이하 참조).

5.10 일죄의 일부기소와 법원이 취해야 할 조치

대법원 1999. 11. 26. 선고 99도1904 판결; 대법원 2008. 2. 14. 선고 2005도4202 판결

F 군수사관 D는 국방부 합동조사단장으로부터, D3의 병무비리사건과 관련하여 뇌물수수 등의 혐의로 수배 중인 D2를 체포하도록 구체적인 임무를 부여받아 그 직무를 수행할 즈음에 D2와 여러 차례에 걸쳐 전화통화를 하고, 나아가 D2를 위하여 서류를 전달해주는 한편 D2의 예금통장까지 개설해 주고서도 그와 같은 사실을 감독자에게 보고조차 하지 않았다. 군검찰관은 D를 범인도피죄(법정형 3년 이하)로 기소하지 않고 직무유기죄(법정형 1년 이하) 혐의로만 기소하였다. 항소심은 D에게 유죄판결을 선고하였다. D가 '항소심판결은 죄수에 관한 법리오해의 위법이 있다'고 주장하며 상고하였다.

I 하나의 행위가 수개의 구성요건에 해당하는 법조경합·법조경합 유사패턴·상상적 경합 사안에서 검사가 무거운 법정형 해당사실·적용법조를 문제삼지 않고 가벼운 법정형 해당사실·적용법조만으로만 기소하면 법원은 가벼운 법정형 해당사실·적용법조에 대하여만 심판(이를 인정하면 검사의 기소재량권을 인정하는 셈이 된다)하여야 하는가?

R 상고기각. ㉮ 하나의 행위가 부작위범인 직무유기죄와 작위범인 범인도피죄의 구성요건을 동시에 충족하는 경우[1] ㉯ 공소제기권자는 재량에 의하여 작위범인 범인도피죄로 공소를 제기하지 않고 부작위범인 직무유기죄로만 공소를 제기할 수도 있으므로[2] (중략)

---

1) 이 경우 직무유기죄와 범인도피죄의 관계가 법조경합인지 아니면 상상적 경합도 아니고 법조경합도 아닌 제3의 패턴(예를 들어 법조경합 유사패턴)인지 확실하지 않다. 대법원 1999. 11. 26. 선고 99도1904 판결; 대법원 2006. 10. 19. 선고 2005도3909 전원합의체 판결은 법조경합 유사패턴으로 본 것 같다.
2) 같은 취지의 후속판결 : "하나의 행위가 부작위범인 직

A 이 사건에서 원심이 ㉰ '그 공소범위 내에서' 피고인(D)을 직무유기죄로 인정하여 처벌한 조치는 수긍이 가고 거기에 상고이유에서 지적하는 바와 같은 죄수에 관한 법리오해의 위법이 없다.

C

① 이 판결의 판례사적 의의

이 판결은 사실심법원(사안에서는 항소심)의 공판심리결과 검사의 기소가 결과적으로 일죄의 일부기소를 한 것이 아닌가 하는 의심이 드는 경우에 사실심법원이 취하여야 할 조치를 언급하고 있어 주목된다. 일죄의 일부기소가 문제될 만한 사안들은 검사가 ① 단순일죄의 일부(예를 들어 피해금품의 일부만을 적시)를 기소하는 경우, ② 과형상의 일죄(상상적 경합은 그 일종이다),[3] 포괄일죄의 일부를 기소하는 경우, ③ 법정

무유기죄와 작위범인 허위공문서작성·행사죄의 구성요건을 동시에 충족하는 경우 공소제기권자는 재량에 의하여 작위범인 허위공문서작성·행사죄로 공소를 제기하지 않고 부작위범인 직무유기죄로만 공소를 제기할 수도 있는 것이므로(위 대법원 1999. 11. 26. 선고 99도1904 판결 참조), 검사가 위 D의 행위를 허위공문서작성·행사죄로 기소하지 않고 직무유기죄로만 공소를 제기한 이 사건에서 원심이 그 공소범위 내에서 위 D를 직무유기죄로 인정하여 처벌한 조치 역시 정당하다"(대법원 2008. 2. 14. 선고 2005도4202 판결).
3) "공무원이 취급하는 사건 또는 사무에 관하여 청탁 또는 알선을 한다는 명목으로 금품·향응 기타 이익을 받거나 받을 것을 약속하고 또 제3자에게 이를 공여하게 하거나 공여하게 할 것을 약속한 때에는 위와 같은 금품을 받거나 받을 것을 약속하는 것으로써 변호사법 111조 위반죄가 성립되고, 위 금품을 교부받은 자가 실제로 청탁할 생각이 없었다 하더라도 금품을 받은 것이 자기의 이득을 취하기 위한 것이라면 동 죄의 성립에는 영향이 없으므로, 만약 피고인이 공무원이 취급하는 사건에 관하여 청탁 또는 알선을 할 의사와 능력이 없음에도 청탁 또는 알선을 한다고 기망하고 이에 속은 피해자로부터 이른바 청탁자금 명목으로 금품을 받았다면 이러한 피고인의 행

형이 중한 구성요건사실을 그에 포함되는 법정형이 가벼운 구성요건사실로 기소하는 경우(예를 들어 상습절도사실을 절도사실로, 강도치상사실을 강도사실로, 기수사실을 미수사실로 기소하는 경우) 등 여러 유형이 있을 수 있다. 1999년 판결(99도1904)은 일부기소사안에서 검사의 기소행위의 적법성을 명시적으로 긍정한 최초의 판결이기 때문에 주목된다.

2 2008년 판결(대법원 2008. 7. 10. 선고 2008도3747 판결)

이 판결의 사안은 피고인들이 공모하여 피해자(15세) V를 약취한 다음, V의 안전을 염려하는 V의 모친의 우려를 이용하여 재물을 취득하고자 그 모친에게 3억 원을 요구하였으나 V가 탈출하는 바람에 그 뜻을 이루지 못한 사안이다. 검사는 피고인들을 '미성년자 약취 후 재물취득 미수' 혐의(가벼운 법정형)[4]로 기소하였는데 항소심은 검사의 공소장변경신청절차의 경유 없이 '미성년자 약취 후 재물요구 기수'에 의한 특가법 위반사실(무거운 법정형)을 인정하여 처단하였다. 피고인이 상고하자 대법원은 "'미성년자 약취 후 재물취득 미수'에 의한 특가법 위반죄에 대하여는 형법 25조 2항을 적용하여 감경을 할 수 있으므로 법원의 감경 여부에 따라 처단형의 하한에 차이가 발생할 수 있고, 미수감경 및 작량감경에 의하여 집행유예를 선고받을 수 있을 것으로 기대하여(검사도 피고인3에 대하여는 미수감경과 작량감경을 한 형기범위 내에서 징역 3년을 구형하였다) 공소사실을 모두 자백하고

위는 형법 347조 1항의 사기죄와 변호사법 111조 위반죄에 각 해당하고 위 두 죄는 상상적 경합의 관계에 있는 것이지만(대법원 2006. 1. 27. 선고 2005도8704 판결 등 참조), 그렇다고 하여 그 중 어느 한 죄로만 공소가 제기된 경우에 법원이 공소장변경절차를 거치지 않고 다른 죄로 바꾸어 인정하거나 다른 죄를 추가로 인정하는 것은 불고불리의 원칙에 위배된다"(대법원 2007. 5. 10. 선고 2007도2372 판결).

4) 특가법 제5조의2(약취·유인죄의 가중처벌) ② 형법 제287조의 죄를 범한 자가 다음 각 호의 1에 해당하는 행위를 한 때에는 다음과 같이 가중처벌한다. 1. 약취 또는 유인한 미성년자의 부모 기타 그 미성년자의 안전을 염려하는 자의 우려를 이용하여 재물이나 재산상의 이익을 취득하거나 이를 요구한 때에는 무기 또는 10년 이상의 징역에 처한다. ⑥ 제1항·제2항(제2항 제4호를 제외한다) 및 제4항에 규정된 죄의 미수범은 처벌한다.

피해자 측과의 합의를 위해 노력한 결과 제1심판결 선고 이후 피해자 측과 합의까지 한 사실을 엿볼 수 있으므로, '미성년자 약취 후 재물취득 미수'에 의한 특가법 위반죄로 공소가 제기된 이 사건에서 법원이 공소장변경절차의 경유 없이 '미성년자 약취 후 재물요구 기수'에 의한 특가법 위반죄로 인정하여 미수감경을 배제하는 것은 피고인들에게 예상외의 불이익을 입게 하는 것으로서 피고인들의 방어권 행사에 실질적인 불이익을 초래할 염려가 있다."고 판시하였다. 1999년 판결(99도1904)과 동일한 방향의 판결이다.

3 예비적 공소사실은 일죄(一罪 예비적 공소사실이 부착된 주위적 공소사실)의 일부(대법원 2005. 1. 14. 선고 2002도5411 판결)

"법인세는 사업연도를 과세기간으로 하는 것이므로 그 포탈범죄는 각 사업연도마다 1개의 범죄가 성립하고(대법원 1987. 12. 22. 선고 87도84 판결 참조), 일죄의 관계에 있는 범죄사실의 일부에 대한 공소제기 및 고발의 효력은 그 일죄의 전부에 대하여 미치는 것이므로, 검사가 D와 O 일간신문사의 1999년도 법인세 포탈죄를 기소한 이상 공소장 변경을 통하여 그 범행의 태양, 포탈액수 등을 예비적으로 변경하는 것은 허용되어야 하고, 또 서울지방국세청장이 2001. 6. 29.에 이 사건 주위적 공소사실에 대하여 한 고발의 효력은 그와 일죄의 관계에 있는 이 사건 예비적 공소사실에도 미치므로, 예비적 공소사실에 대하여도 적법한 고발이 있었던 것으로 보아야 한다고 판단하였다. 관계 법령과 기록에 비추어 살펴보면, 원심의 위와 같은 인정과 판단은 정당[하다]."

5.11 공소사실의 예비적·택일적 기재
대법원 1966. 3. 24. 선고 65도114 전원합의체 판결

F 검사가 D에 대하여는 뇌물수수와 업무상횡령의 범죄사실을 택일적으로, D2에 대하여는 뇌물공여와 업무상횡령의 범죄사실을 택일적으로 각 기재하여 공소를 제기하였다. 항소심은 "254조 5항에 수개의 범죄사실과 적용법조를 예비적 또는 택일적으로 기재할 수 있다고 규정한 것은 어디까지나 범죄사실의 동일성이 인정되는 범위 내에서만 가능한 것이며 동일성 없는 수개의 범죄사실은 예비적 또는 택일적으로 기재할 수 없는 것"이라며 이 기소는 '공소제기의 절차가 법률의 규정에 위반된 것'이라는 이유로 공소를 기각하였다. 검사는 "기소당시에 수개의 범죄사실과 적용법조를 예비적 또는 택일적으로 기재하는 경우에는 그 수개의 범죄사실 사이에 동일성을 요하지 않는다"고 주장하며 상고하였다.

I 기소 후 공소장변경허가를 신청할 때에는 동일성 없는 수개의 범죄사실을 예비적 또는 택일적으로 기재할 수 없다. 그러나 기소시점에서는 위와 같은 제한이 없는가? 항소심은 기소 시점에도 동일성이 필요하다고 판단하였는데 검사는 그렇지 않다고 주장하며 상고하였다.

R A 파기환송. [다수의견] 254조 5항에 '수개의 범죄사실과 적용법조를 예비적 또는 택일적으로 기재할 수 있다'고 규정하고 있는바 이는 검사가 공소를 제기함에 있어 수개의 범죄사실과 적용법조를 예비적 또는 택일적으로 기재하여 그 중 어느 하나의 범죄사실만의 처벌을 구할 수 있다는 것이며 그들 수개의 범죄사실 간의 범죄사실의 동일성이 인정되는 범위 내에서 예비적 또는 택일적으로 기재할 수 있음은 물론이나 그들 범죄사실 상호 간에 범죄의 일시, 장소, 수단, 및 객체 등이 달라서 수개의 범죄사실로 인정되는 경우에도 이들 수개의 범죄사실을 예비적

또는 택일적으로 기재할 수 있다. 이렇게 본다 하여도 공소장에 수개의 범죄사실을 특정하여 기재하고 있느니만큼 피고인의 방어권 행사에 경합범으로 기소된 경우에 비하여 더 지장이나 불이익을 준다고 볼 수 없을 것일 뿐만 아니라 위와 같은 택일적 또는 예비적 기소는 검사의 기소편의주의의 입장에서도 법률상 용인될 것임이 명백할 것이며, 검사가 수개의 범죄사실을 택일적으로 기소한 경우에는, 법원으로서는 수개의 범죄사실 중 어느 하나 만에 대하여 심리하여 유죄로 인정하면 이에 대한 유죄판결을 할 것이고, 만일 유죄로 인정되지 않는다면 다른 공소사실을 심리하여 이에 대한 재판을 할 것이다. 다만, 검사가 수개의 범죄사실을 예비적으로 기소한 경우에는 검사의 청구에 따라 심리순서가 제한될 뿐이다. 그리고 당원이 일찍이 이 점에 관하여 '254조 5항에 수개의 범죄사실과 적용법조를 예비적 또는 택일적으로 기재할 수 있다 함은 범죄 사실 상호 간에 동일성을 인정할 수 있는 범위 내에서 가능하며 동일성의 범위를 벗어나서 전연 별개의 범죄사실을 예비적 또는 택일적으로 기재할 수 있다는 취지는 아닐 것'이라는 견해(대법원 1962. 6. 28. 선고 62도66 판결(국가보안법 위반))를 표명한 바 있으나 이와 같은 종전의 당원의 견해는 이를 폐기하는 바이다.

C

① 주위적 공소사실과 예비적 공소사실 사의의 동일성

범죄사실의 예비적 기재라 함은 검사가 먼저 선순위의 범죄사실(A : 주위적 공소사실)의 심판을 구하고 이것(A 사실)이 무죄로 인정될 경우에는 차순위의 범죄사실(B : 예비적 공소사실)의 심판을 구하는 기재방법을 말한다. 범죄사실의 택일적 기재라 함은 수개의 범죄사실을 그 심판의 순서를 정하지 않고 어느 사실이든 하나로 유죄를 인정하기만 하면 좋다는 기재방

법을 말한다. 기소 후 검사가 공소장변경허가를 신청할 때에는 동일성 없는 수개의 범죄사실을 예비적 또는 택일적으로 기재할 수 없다는 점에는 견해가 갈리지 않는다. 문제는 '검사가 기소하는 시점에도 예비적·택일적으로 기재되는 범죄사실 간에 동일성이 있어야 하는가?' 하는 점이다. 다수설은 이 경우에도 공소장변경신청 시와 마찬가지로 동일성이 인정되어야 한다고 주장한다. 본 판결에서 대법원 다수의견은 예비적·택일적으로 기재되는 범죄사실 간에 동일성이 없어도 허용된다는 입장이다. 납득하기 어려운 결론이다. 다음의 반대의견의 설득력이 더 높다.

2 대법원판사 양회경·최윤모·나항윤의 반대의견

"다수의견은 254조 5항에 수개의 범죄사실을 예비적 또는 택일적으로 기재할 수 있다는 규정을 **글자그대로 해석**하여 전연 별개의 범죄사실로 경합범이 되는 경우에도 이를 예비적 또는 택일적으로 기소할 수 있다고 단정하고 있다. 그러나 법의 해석은 법문에 충실하여야 함은 물론이나 **법체계전체와의 관련에 있어서 통일적이고 모순이 없는 것**이라야 할 것인바 다수의견이 취하는 해석은 형사법전체의 체계와 통일성이 없고 모순을 내포하고 있는 것이다. 첫째로, 298조에 검사는 법원의 허가를 얻어 공소장에 기재한 공소사실의 추가, 철회 또는 변경을 할 수 있으되 법원은 공소사실의 동일성을 해하지 않는 한도에서 허가하여야 한다고 규정되어 있어 공소제기 후에 검사는 공소사실의 동일성이 없는 한 공소사실의 추가, 변경을 할 수 없음이 명백한 바 제1심의 심판에 관한 공소제기 시와 공소제기 후를 구별하여 규정할 실질적 이유가 없는데 공소제기 후에는 불가능한 일이 공소제기 시에는 가능하다고 해석하는 다수의견은 법의 통일적 해석에 대한 고려가 부족하다. 둘째로, 일사부재리의 효력은 공소가 제기되고 심판의 대상이 된 사건 전체에 대하여 미친다. 다수의견과 같이 경범죄, 살인죄, 강도죄, 방화죄등 전연 별개의 범죄사실도 예비적 또는 택일적으로 기소할 수 있다고 하면 경범죄가 제1위적 공소사실이었거나 법원이 경범죄를 택일하여 처벌하였을 경우에는 여타의 살인죄, 강도죄, 방화죄에도 일사부재리의 효력이 미치는 것이

라 아니할 수 없어 경범죄의 처벌로 여타의 중죄에 대한 처벌을 면할 수 있게 된다는 결론이 되어 그 부당함은 명약관화하다. 셋째로, 형법 38조는 경합범을 동시에 판결할 때의 처벌례를 규정하고 있는바 검사가 경합범을 예비적 또는 택일적으로 기소함으로써 위 형법의 규정을 무의미하게 만들 수 있다. 그렇다면 과연 형사법의 통일적 해석이라 할 수 있는지 의문이다. 다수의견이 그 입론의 근거로 들고 있는 검사의 기소편의주의는 범죄의 혐의가 있는 경우라도 형법 51조 소정의 양형의 조건을 참작하여 공소를 제기하지 아니할 수 있다는 것에 불과한 것이지 처벌의 가치가 있다고 수개의 범죄사실에 관하여 공소를 제기하면서도 어느 범죄사실에 대하여 처벌하고 않고를 법원에 예비적·택일적으로 맡기는 권한을 포함하고 있는 것이라고는 할 수 없다. 넷째로, 현행 형사소송법은 **종전의 직권주의를 수정**하여 당사자주의를 가미하고 피고인의 형사책임을 추구하는 원고인 검사에게 사실면, 법률적 구성면에서 심판의 대상을 명확히 할 의무를 부하하고 있고, 법원이 심판의 대상에 대하여 직권을 발동할 여지를 줄이고 있다. 이러한 법의 정신에 비추어 보더라도 검사가 전연 별개의 범죄사실을 예비적·택일적으로 기소함으로써 심판의 범위, 기판력 즉 일사부재리의 효력이 미치는 범위를 흐리게 하고 법원이 유죄로 인정되는 수개의 범죄사실 중에서 재량으로 택일하여 처벌할 수 있다는 법해석은 형사소송법 전체의 정신과도 조화가 되지 않는 것이다. 그러므로 형사소송법 254조 5항에 수개의 범죄사실과 적용법조를 예비적 또는 택일적으로 기재할 수 있다 함은 검사가 특정한 범죄사실을 기재함에 있어 그 범죄사실과 동일성을 잃지 않는 범위 내에서 범죄의 일시, 장소, 방법, 객체등의 사실면의 어느 점에 있어 상위한 사실을 예비적 또는 택일적으로 기재하거나 또는 법률적 구성에 있어 동일사실을 이중으로 평가할 수 있을 경우에 이를 예비적 또는 택일적으로 기재할 수 있음을 규정한 것이고, 다수의견과 같이 범죄사실의 동일성의 범위를 벗어나서 전연 별개의 경합범에 해당하는 사실을 예비적 또는 택일적으로 기재하는 것을 허용하는 규정으로는 볼 수 없다. 따라서 종전의 판례는 변경의 필요가 없다."

5.12 기소 후의 수사의 적법성

대법원 1982. 6. 8. 선고 82도754 판결; 대법원 2011. 4. 28. 선고 2009도10412 판결

F 【1982년 사안】 D는 국가보안법위반 혐의로 기소되었다. 검사가 유죄의 증거로 제출한 증거 중에 검사가 기소 후에 작성한 '피고인(D)에 대한 진술조서'가 있었다. 항소심은 이것을 증거로 채택하여 유죄판결을 선고하였다. D는 "기소 후의 수사는 위법하므로 검사의 피고인에 대한 진술조서를 유죄증거로 삼은 것은 위법하다"고 주장하며 상고하였다.

【2011년 사안】 공정위 공무원 D(수뢰 혐의자)는 "2002년 3월 하순경 과천시에 있는 상호불상(商號 不詳)의 식당에서, D2(뇌물공여 혐의자)로부터 '향후 불공정거래행위 신고나 관련 업무처리 등을 할 경우 잘 봐 달라'는 취지로 건네주는 액면 금 100만 원 권 자기앞수표 1매를 교부받아 그 직무에 관하여 뇌물을 수수"한 혐의로 기소되었다. 공소사실에 부합하는 증거로 제출된 것은 검사가 이 사건 공소가 제기되고 공판절차가 진행 중이던 2007. 12. 7.경 215조에 의하여 수소법원이 아닌 지방법원 판사로부터 D2에 대한 압수·수색 영장을 발부받아 그 집행을 통하여 확보한 자립예탁금 거래내역표 1부, 해당거래청구 및 수표발행전표 사본 각 1부, 지급필 수표 조회내용 1부, 자기앞수표 사본 3부와 이를 기초로 작성된 2008. 1. 17.자 수사보고뿐이다. 항소심은, 위 증거들은 "모두 공소제기 후 검사가 적법한 절차에 따르지 않고 수집한 증거들이거나 이를 기초로 하여 획득된 2차적 증거에 불과하여 원칙적으로 유죄 인정의 증거로 삼을 수 없으며, 나아가 검사로서는 이 사건에서 수소법원에 압수·수색에 관한 직권발동을 촉구하거나 272조에 의한 사실조회를 신청하여 절차를 위반하지 않고서도 소정의 증명 목적을 달성할 수 있었던 사정들에 비추어 볼 때, 위 증거들이 유죄 인정의 증거로 사용할 수 있는 예외적인 경우에 해당하지 않는다."는 이유로 무죄를 선고하였다. 검사가 상고하였다.

I 【1982년 사안】 기소 후에 수사관에 의하여 수집된 증거(기소 후에 검사가 피고인을 조사하여 작성한 진술조서)의 증거능력

【2011년 사안】 수소법원 아닌 판사에게 피고인에 대한 강제처분신청에 대한 허가권이 있는가?

R A 【1982년 사안】 상고기각. 검사의 피고인에 대한 진술조서가 기소 후에 작성된 것이라는 이유만으로 곧 그 증거능력이 없는 것이라고는 할 수 없으므로 피고인들에 대한 검사작성의 각 피의자신문조서 또는 진술조서를 증거로 채택한 제1심이나 원심의 조치에 증거법칙을 어긴 위법이 있다고 할 수 없다.[1]

【2011년 사안】 상고기각. ⓐ 헌법 12조 1항 후문에서 규정한 적법절차의 원칙, 그리고 헌법 27조가 보장하는 기본권, 즉 법관의 면전에서 모든 증거자료가 조사·진술되고 이에 대하여 피고인(D)이 공격·방어할 수 있는 기회가 실질적으로 부여되는 재판을 받을 권리 등을 구현하기 위하여 현행 형사소송법(이하 '법'이라고만 한다)은 당사자주의·공판중심주의·직접주의를 그 기본원칙으로 하고 있다. 이에 따라 ⓑ 공소가 제기된 후에는 그 피고사건에 관한 형사절차의 모든 권한이 사건을 주재하는 수소법원의 권한에 속하게 되며, 수사의 대상이던 피의자는 검사와 대등한 당사자인 피고인으로서의 지위에서 방어권을 행사하게 되므로, 공소제기 후 구속·압수·수색 등 피고인의 기본적 인권에 직접 영향을 미치는 강제처분은 원칙적으로 수소법원의 판단에 의하여 이루어지지 않으면 안 된다. ⓒ 법 또한 강제처분에 관하여, 먼저 공판절차에서 수소법원이 행하는 강제처분을 규율하는

---

1) 같은 취지의 판결로 대법원 1983. 8. 23. 선고 83도1632 판결; 대법원 1984. 9. 25. 선고 84도1646 판결이 있다.

상세한 규정을 두고(법 68조 이하), 수사절차상 강제처분, 특히 이 사건에서 문제된 압수·수색에 대하여는 법 215조에서 '검사는 범죄수사에 필요한 때에는 지방법원 판사에게 청구하여 발부받은 영장에 의하여 압수·수색 또는 검증을 할 수 있다'고 규정한 다음 그 구체적인 요건, 대상, 절차 등은 수소법원이 행하는 압수·수색에 관한 규정들을 준용하는 형식을 취함으로써(219조), 수사절차에서의 강제처분과 공판절차에서의 그것을 준별하고 있다. ⓓ 나아가 215조에 의한 압수·수색 영장 청구의 절차를 구체적으로 규정한 형사소송규칙(이하 '규칙'이라고만 한다)은 압수·수색 영장 청구서의 기재사항으로 '피의자'의 성명 등 그 인적 사항과 그 범죄사실 즉, '피의사실'의 요지를 기재하도록 되어 있고, '피의자'에게 범죄의 혐의가 있다고 인정되는 자료와 압수·수색의 필요를 인정할 수 있는 자료를 제출하여야 한다고 되어 있을 뿐(규칙 107조 1항, 108조 1항), '피고인'의 인적 사항이나 '공소사실'의 요지를 기재할 수 있도록 규정하고 있지 않으며, 위 규정들이 공소제기 후 압수·수색 영장을 청구함에 있어서 준용된다고 볼 여지도 없다. 이처럼 우리 법 및 규칙은 공소제기 후 수사기관의 압수·수색 영장 청구에 관하여 정식의 구체적 절차를 전혀 마련하지 않고 있다. 결국 ⓔ 법은 215조에서 검사가 압수·수색 영장을 청구할 수 있는 시기를 공소제기 전으로 명시적으로 한정하고 있지는 않으나, 헌법상 보장된 적법절차의 원칙과 재판받을 권리, 공판중심주의·당사자주의·직접주의를 지향하는 현행 형사소송법의 소송구조, 관련 법규의 체계, 문언 형식, 내용 등을 종합하여 보면, 일단 공소가 제기된 후에는 그 피고사건에 관하여 검사로서는 법 215조에 의하여 압수·수색을 할 수 없다고 보아야 하며, 그럼에도 검사가 공소제기 후 법 215조에 따라 수소법원 이외의 지방법원 판사에게 청구하여 발부받은 영장에 의하여 압수·수색을 하였다면, 그와 같이 수집된 증거는 기본적 인권 보장을 위해 마련된 적법한 절차에 따르지 않은 것으로서 원칙적으로 유죄의 증거로 삼을 수 없다.

① 1983년 판결(83도1632)

1983년에 대법원은 공소제기 후의 수사를 '위법은 아니지만 바람직스럽지 않다'는 취지로 판시(대법원 1983. 8. 23. 선고 83도1632 판결)한 바 있다. 1983년에 비하여 당사자주의가 현저히 강화된 현행법 하에서는 그렇게 해석할 이유가 약화되었다. 현행 형사소송법의 구조를 원칙적으로 당사자주의로 파악하면 '수사단계는 수사기관이 공판을 준비하는 활동'에 불과할 뿐 수사절차를 검사가 주재하는 절차로 볼 필요는 없다. 또 당사자주의 하에서 검사는 피고인의 유죄를 합리적 의심의 여지없이 입증할 거증책임이 있고 법원이 직권탐지활동에 나서는 것은 자연스럽지 못한 모습이다. 수소법원은 수동적으로 양 당사자의 주장과 입증을 충실히 청취하여야 하므로 '공소의 제기로 사건이 법원의 직권적 사실탐지활동의 지배하에 놓인다.'고 보는 것은 부자연스러운 발상이다. 요약건대 형사소송법을 완전한 당사자주의 소송구조로 편제하면 '기소 후의 수사의 적법성 문제'는 소멸된다. 그러나 현행법의 해석론(입법론이 아니라!)으로서의 부정설(위법설)의 주장을 전혀 일리 없는 주장이라고 할 수도 없다. 현행법은 피의자에 대한 강제처분과 피고인에 대한 강제처분을 구분하여 규정하고 있기 때문이다.

② 1982년 판결과 2011년 판결을 모순 없이 이해하는 방법

임의수사와 강제수사를 분리하여 상대방의 동의를 얻어 행하는 임의수사를 굳이 위법으로 판단할 필요는 없다. 그러나 피고인에 대한 강제수사는 부자연스러운 일이니 피고인에 대한 강제수사의 필요가 있을 때는 수소법원의 직권발동을 촉구하는 방식으로 추진하는 것이 위법성시비를 벗어날 수 있는 방안이다.

5.13 '형사처분을 면할 목적으로 국외에 있는 경우'의 의미

대법원 2008. 12. 11. 선고 2008도4101 판결

F D는 1995. 6.부터 같은 해 11.경까지 부정수표단속법 위반죄를 범하고 1996. 6. 22.경 대한민국에 가족을 그대로 둔 채 중국으로 출국하여 그곳에서 사업을 하던 중 범한 죄로 징역 14년의 형을 선고받고 1998. 3. 13.경부터 그 약 8년 10개월 동안 중국의 수감시설에 수감되어 있다가 2007. 1. 13. 대한민국으로 추방되어 2007. 9. 19. 부정수표단속법 위반 혐의로 기소되었다. 제1심은 "D가 중국에서 수감된 기간 동안 부정수표단속법 위반죄에 대한 공소시효가 진행되어 이 사건 공소제기 당시에는 그 공소시효가 완성되었다"는 이유로 D에게 면소를 선고하였고, 항소심도 이를 유지하자, 검사가 상고하였다.

I 공소시효진행의 정지사유인 253조 3항의 '범인이 형사처분을 면할 목적으로 국외에 있는 경우'의 의미

R 상고기각. 253조 3항의 ⓐ 입법 취지는 범인이 우리나라의 사법권이 실질적으로 미치지 못하는 국외에 체류한 것이 도피의 수단으로 이용된 경우에 그 체류기간 동안은 공소시효가 진행되는 것을 저지하여 범인을 처벌할 수 있도록 하여 형벌권을 적정하게 실현하고자 하는 데 있다. 그래서 위 규정이 정한 ⓑ '형사처분을 면할 목적'이 국외 체류의 유일한 목적으로 되는 것에 한정되지 않고 범인이 가지는 여러 국외 체류 목적 중에 포함되어 있으면 족하고(대법원 2005. 12. 9. 선고 2005도7527 판결; 대법원 2007. 2. 8. 선고 2006도8277 판결 등 참조), 범인이 국외에 있는 것이 형사처분을 면하기 위한 방편이었다면 국외 체류기간 동안에는 별다른 사정이 없는 한 '형사처분을 면할 목적'이 있었다고 볼 수 있고, ⓒ 위 '형사처분을 면할 목적'과 양립할 수 없는 범인의 주관적 의사가 명백히 드러나는 객관적 사정이 존재하지 않는 한 '형사처분을 면할 목적'은 계속 유지된다. 한편, 국외에 체류 중인 범인에게 '형사처분을 면할 목적'이 계속 존재하였는지가 의심스러운 사정이 발생한 경우, 그 기간 동안 '형사처분을 면할 목적'이 있었는지 여부는 ⓓ 당해 범죄의 공소시효의 기간, 범인이 귀국할 수 없는 사정이 초래된 경위, 그러한 사정이 존속한 기간이 당해 범죄의 공소시효의 기간과 비교하여 도피 의사가 인정되지 않는다고 보기에 충분할 만큼 연속적인 장기의 기간인지, 귀국 의사가 수사기관이나 영사관에 통보되었는지, 피고인의 생활근거지가 어느 곳인지 등의 제반 사정을 참작하여 판단하여야 한다. 이러한 기준에 의하여 볼 때, 통상 범인이 외국에서 다른 범죄로 외국의 수감시설에 수감된 경우, 그 범행에 대한 법정형이 당해 범죄의 법정형보다 월등하게 높고, 실제 그 범죄로 인한 수감기간이 당해 범죄의 공소시효 기간보다도 현저하게 길어서 범인이 수감기간 중에 생활근거지가 있는 우리나라로 돌아오려고 했을 것으로 넉넉잡아 인정할 수 있는 사정이 있다면 그 수감기간에는 '형사처분을 면할 목적'이 유지되지 않았다고 볼 여지가 있고, 그럼에도 그러한 목적이 유지되고 있었다는 점은 검사가 입증하여야 할 것이다.

A 이 사건 부정수표단속법 위반죄의 법정형은 최고 징역 5년으로서 그 공소시효의 기간이 5년에 불과한 반면, 이 사건 공소제기는 범행종료일로부터 약 12년이 경과한 시점에 제기되고, 그 사이 피고인이 중국에 체류하면서 그 곳 교도소에 수감되어 있었던 기간이 무려 8년 10개월이나 되는 점에 비추어 보면 피고인이 그 수감기간 중에 가족이 있는 우리나라로 돌아오려고 하였을 것이라고 충분히 짐작되는 점을 고려하면, 피고인이 귀국하려는 의사가 수사기관 등에 통보되는 등 객관적으로 표출된 사정이 없다고 하더라도 중국의 교도소에 수감되어 있었던 기간 동안

에도 이 사건 범죄에 대한 '형사처분을 면할 목적'이 있었다고 볼 다른 자료가 없는 상태에서는 이 사건 범죄에 대한 '형사처분을 면할 목적'이 있다고 쉽게 단정할 수 없다.

C

1 본 판례의 내용 요약

대법원은 ⓐ, ⓑ 부분에서 종래의 대법원의 입장을 확인한 후, ⓒ에서 "'형사처분을 면할 목적'과 양립할 수 없는 범인의 주관적 의사가 명백히 드러나는 객관적 사정이 존재한다면, '형사처분을 면할 목적'이 유지되지 않는다."고 판시하고, ⓓ에서 그 객관적 사정에 대한 판단기준을 제시하였다. 대법원은 ⓔ에서 그 기준을 사안에 적용하여 "'비록 형사처분을 면할 목적'으로 국외로 출국하였다 하더라도 국외에 있는 기간 전부에 대하여 공소시효의 진행이 정지되는 것은 아니고, 특별한 객관적 사정이 존재하는 기간 동안은 '형사처분을 면할 목적'이 없는 것으로 보아 공소시효가 진행한다"고 판시한다.[1]

2 공소시효의 법적 성질

(1) **공소시효와 형의 시효** : 형사시효에는 확정판결 전의 시효와 확정판결 후의 시효가 있다. 전자가 공소시효이며 형사소송법에 규정(249조 이하)이 있다. 후자는 형의 시효이며 형법에 규정(77~80조)되어 있다. 공소시효는 범죄 후 공소가 제기되지 않거나 공소가 제기된 후 판결이 확정되지 아니한 채 일정기간이 경과하면 공소권을 소멸시키는 제도이다.

(2) **공소시효의 법적 성질** : 시간의 경과로 범죄의 사회적 영향이 미약해지고 미확정의 형벌권이 소멸하거나 가벌성이 감소된다고 보는 실체법설, 시간의 경과로 증거가 멸실되기 때문에 정확한 재판을 할 수 없으므로 오판을 용납하느니 차라리 면소사유로 삼은 것이라는 **소송법설**(다수설, 판례), 양자의 이유가 다 고려되었다고 보는 경합설이 경쟁하고 있다.

3 공소시효 관련 중요판례들

❶ "범죄 후 법률의 개정에 의하여 법정형이 가벼워진 경우에는 형법 1조 2항에 의하여 당해 범죄사실에 적용될 가벼운 법정형(신법의 법정형)이 공소시효 기간의 기준으로 된다"(대법원 2008. 12. 11. 선고 2008도4376 판결).

❷ "1개의 행위가 여러 개의 죄에 해당하는 경우 형법 40조는 이를 과형상 일죄로 처벌한다는 것에 지나지 않고, 공소시효를 적용함에 있어서는 각 죄마다 따로 따져야 할 것(이른바 각별설)인바, 공무원이 취급하는 사건에 관하여 청탁 또는 알선을 할 의사와 능력이 없음에도 청탁 또는 알선을 한다고 기망하여 금품을 교부받은 경우에 성립하는 사기죄와 변호사법위반죄는 상상적 경합의 관계에 있으므로 변호사법위반죄의 공소시효가 완성되었다고 하여 그 죄와 상상적 경합관계에 있는 사기죄의 공소시효까지 완성되는 것은 아니다"(대법원 2006. 12. 8. 선고 2006도6356 판결).

❸ "수개의 업무상횡령행위라 하더라도 피해법익이 단일하고, 범죄의 태양이 동일하며, 단일 범의의 발현에 기인하는 일련의 행위라고 인정될 때에는 포괄하여 1개의 범죄라고 봄이 타당하고, 포괄일죄의 공소시효는 최종의 범죄행위가 종료한 때부터 진행한다"(대법원 2006. 11. 9. 선고 2004도4234 판결).

❹ "공소시효의 기산점에 관하여 규정하는 252조 1항의 '범죄행위'는 당해 범죄행위의 결과까지도 포함하는 취지로 해석함이 상당하다"(대법원 2003. 9. 26. 선고 2002도3924 판결).

❺ "253조 2항 소정의 공범관계의 존부는 현재 시효가 문제되어 있는 사건을 심판하는 법원이 판단하는 것이고, 253조 2항 소정의 재판이라 함은 종국재판이면 그 종류를 묻지 아니하나, 공범의 1인으로 기소된 자가 구성요건에 해당하는 위법행위를 공동으로 하였다고 인정되기는 하나 책임조각을 이유로 무죄로 되는 경우와는 달리 범죄의 증명이 없다는 이유로 공범 중 1인이 무죄의 확정판결을 선고받은 경우에는 그를 공범이라고 할 수 없어 그에 대하여 제기된 공소로써는 진범에 대한 공소시효정지의 효력이 없다"(대법원 1999. 3. 9. 선고 98도4621 판결).

---

1) 따름 판결로 대법원 2012. 7. 26. 선고 2011도8462 판결이 있다.

5.14 253조 2항의 '공범'에 대향범 관계에 있는 자는 포함되지 않는다

대법원 2015. 2. 12. 선고 2012도4842 판결

F D(건축업자)는 "O(형법 133조 2항의 전달목적 뇌물공여 피의자, 부동산중개인)와 공모하여 2005. 2. 3. O2(형법 133조 2항의 전달목적 뇌물취득 피의자, 경찰관)에게, '체비지를 싸게 매입할 수 있도록 부천시청 체비지 담당공무원 O3(형법 129조 1항의 수뢰피의자 공무원)에게 전달해 달라'며 6,000만 원을 교부"한 혐의로 기소되었다. O, O2는 **2006. 1. 10.** 각각 전달목적 뇌물공여죄(행위 시에는 공소시효 5년), 제3자에게 전달목적 뇌물취득죄(행위 시에는 공소시효 5년) 혐의로 기소되어, 2007. 4. 20. 서울고등법원에서 O는 징역 1년, O2는 징역 1년 6월의 유죄판결을 선고받았다. O에 대한 유죄판결은 **2007. 4. 27.** 상고기간 경과로, O2에 대한 유죄판결은 **2007. 7. 27.** 이들의 상고가 기각됨으로써 **각각** 확정되었다. D는 O와의 공모범행이 종료된 때(2005. 2. 3.)부터 **6년 147일 만인 2011. 6. 29.** 전달목적 뇌물교부(형법 133조 2항) 혐의로 **기소되**었다. 제1심은 "253조 2항의 '공범'에 대향범 관계에 있는 자도 포함된다"고 판단(사안에서 O와 O2는 대향범 관계에 있다. O는 형법 133조 2항의 전달목적 뇌물공여, O2는 형법 133조 2항의 전달목적 뇌물취득죄이고 D는 O와 공모공동정범의 관계에 있다)하여 정지된 공소시효가 다시 진행하는 시점을 **2007. 4. 27.**자가 아닌 **2007. 7. 27.**자로 잡아 '공소시효가 아직 만료되지 않았다'고 보고 D의 행위에 형법 133조 2항, 30조(공동정범)를 적용하여 징역 8월을 선고하였다. D는 첫째, "253조 2항의 공범에 뇌물공여죄와 뇌물수수죄 사이와 같은 대향범 관계에 있는 자는 포함되지 않는다."고 주장하고, 둘째, "이 사건 범행에 대한 공소시효는 임의적 공범의 범죄가 성립되어 종결된 2005. 2. 3. 19:00부터 진행되다가 D와 임의적 공범인 O에 대해 이 사건 범행에 관하여 공소가 제기된 2006. 1. 10.부터 정지되어 유죄판결이 확정된 2007. 4. 27.부터 다시 진행되었다. 이 사건 공소는 위 범죄행위가 종료된 때로부터 임의적 공범에 대한 공소의 제기로 인한 공소시효 정지(252조 2항) 기간을 제외하고도 이미 5년이 경과(5년 1개월 7일)한 후에 제기되었음이 기록상 명백하므로 326조 3호에 의하여 면소가 선고되었어야 마땅하다."고 주장하며 항소하였다. 항소심은 D의 항소를 받아들여 면소판결을 선고하였다. 검사가 상고하였다.

I D의 혐의범죄는 O의 전달목적 뇌물공여(형법 133조 2항)의 공모공동정범으로서 그 법정형이 '5년 이하의 징역'에 처하도록 되어 있어 구 형사소송법(2007. 12. 21. 법률 제8730호로 개정되기 전의 것) 249조 1항 4호에 따라 공소시효가 5년이다(현행 형사소송법 부칙 3조에 의하면 공소시효에 관하여 현행법 시행 전에 범한 죄는 종전 규정을 적용한다). D의 범행은 2005. 2. 3. 19:00경 성립되어 종료되었고 2011. 6. 29. 기소되었으므로 언뜻보면 이 기소는 범죄행위가 종료된 날로부터 5년이 경과하여 제기된 것처럼 보인다. 그러나 공범자가 먼저 기소되고 유죄판결이 확정되었으므로 시효정지기간을 빼주어야 하기 때문에 5년이 경과하였는지 여부는 아직 미정이다. 따라서 시효정지기간을 정확히 계산하여야 하는 것이 선결문제이다. 다음에 '253조 2항의 공범에 (뇌물공여죄와 뇌물수수죄 사이와 같은) 대향범 관계에 있는 자는 포함되지 않는다.'는 주장이 타당한 것인지도 검토대상이다. D에 대한 이 사건 공소는 범죄행위가 종료된 때로부터 6년 147일 만에 제기된 것인데, **O**(D의 임의적 공범)**에 대한 유죄판결의 확정일**을 기준으로 시효정지기간을 계산하면 그 시효정지기간은 1년 107일이므로 이 사건 공소는 공소시효가 완성된 후에 제기된 것(6년 147일−1년 107일=5년 40일)이다. 그러나 O에 대한 유죄판결보다 3개월 뒤에 확정된 **O2**(O와 대향범)**에 대한 유죄판결의 확정일**을 기준으로 공소시효가 정지된다고 하면 이 사건 공소는 공소시효가 완성되기 전에 제기된 것(6년 147일−1년 197일=4년 312일)이어서 적법한 것이 된다.

R 상고기각. 형사소송법은 공범 사이의 처벌에 형평을 기하기 위하여 공범 중 1인에 대한 공소의 제기로 다른 공범자에 대하여도 공소시효가 정지되도록 규정(253조 2항)하고 있는데, 위 공범의 개념이나 유형에 관하여는 아무런 규정을 두고 있지 않다. 따라서 253조 2항의 공범을 해석할 때는 **공범 사이의 처벌의 형평**이라는 위 조항의 입법 취지, 국가형벌권의 적정한 실현이라는 형사소송법의 기본이념, 국가형벌권 행사의 대상을 규정한 형법 등 실체법과의 체계적 조화 등의 관점을 종합적으로 고려하여야 할 것이고, 특히 위 조항이 공소제기 효력의 인적 범위를 확장하는 예외를 마련하여 놓은 것이므로 원칙적으로 엄격하게 해석하여야 하고 피고인에게 불리한 방향으로 확장하여 해석해서는 안 된다(대법원 2012. 3. 29. 선고 2011도15137 판결 참조). 뇌물공여죄(D)와 뇌물수수죄(D3) 사이와 같은 이른바 대향범 관계에 있는 자는 강학상으로는 필요적 공범이라고 불리고 있으나, 서로 대향된 행위의 존재를 필요로 할 뿐 각자 자신의 구성요건을 실현하고 별도의 형벌규정에 따라 처벌되는 것이어서, 2인 이상이 가공하여 공동의 구성요건을 실현하는 (임의적) 공범관계에 있는 자와는 본질적으로 다르며, 대향범 관계에 있는 자 사이에서는 각자 상대방의 범행에 대하여 형법 총칙의 공범규정이 적용되지 않는다(대법원 2014. 1. 16. 선고 2013도6969 판결 참조). 이러한 점들에 비추어 보면 253조 2항에서 말하는 '공범'에는 뇌물공여죄와 뇌물수수죄 사이와 같은 대향범 관계에 있는 자는 포함되지 않는다.

A 이 사건 공소는 D의 범행이 종료된 때부터 6년 147일 만에 제기된 것이어서 D와 공범 관계인 O(D의 임의적 공범)에 대한 유죄판결 확정일(2007. 4. 27)을 기준으로 계산한 공소시효 정지기간인 1년 107일을 제외하더라도 이 사건 범죄의 공소시효 기간인 5년이 지나서 제기된 것이 된다. D에 대한 이 사건 공소가 D의 범행이 종료된 때부터 공범인 O에 대한 공소제기로 인하여 공소시효가 정지된 기간을 제외하고도 이미 5년이 지난 후에 제기된 것이라고 본 원심의 판단은 앞서 본 법리에 따른 것으로서 정당하다.

C O는 D의 임의적 공범이고 O2는 O(따라서 D에게도)와 대향범이다. 253조 2항의 공범에 대향범 관계에 있는 자가 포함되지 않는다고 보면 다음과 같이 된다. O(D의 임의적 공범)가 기소된 시점에서는 D의 범죄의 공소시효진행이 정지되지만 O2(D의 대향범)가 기소된 시점에서는 공소시효진행은 정지되지 않는다.

① 253조 2항의 공범의 의미

여기서의 공범에 "공동정범, 교사범, 방조범 등 형법 총칙 상 공범이 포함된다는 점에 대해서는 이견이 없다(통설·판례). 공동정범의 특수한 형태인 합동범(형법상 특수절도, 특수강도, 특수도주, 성폭법상 특수강간 등), 공동범(폭처법 2조 2항의 공동폭력행위등)도 여기서의 공범에 포함된다. 또 여기의 공범에 집합범 관계에 있는 자도 포함된다는 것이 통설·판례(대법원 1995. 1. 20. 선고 94도2752 판결 참조)"[1]이다. 그런데 본 판결은 거의 고등법원판결을 받아들여 여기서의 '공범'에는 전달목적 뇌물공여죄(형법 133조 2항)와 전달목적 뇌물수수죄(형법 133조 2항) 사이와 같은 대향범 관계에 있는 자는 포함되지 않는다고 해석한다.

② 대향범관계로 볼 수 있는 범위

"① 뇌물수수죄와 뇌물공여죄에서의 수수자와 교부자 상호간 이외에 ② 제3자뇌물취득죄와 제3자뇌물교부죄에서의 취득자와 교부자 상호간(본 판결의 사안), ③ 특경법상 알선수재죄(5조 3항)와 증재죄(6조 1항)에서의 수재자와 증재자 상호간, ④ 특경법상 제3자금품취득죄와 제3자금품교부죄(6조 2항)에서의 취득자와 교부자 상호간, ⑤ 배임수재죄와 배임증재죄에서의 수재자와 증재자 상호간 등을 들 수 있다."[2]

---

1) 이주원, 대향범과 공소시효 정지, 법조 718호(법조협회, 2016. 8).
2) 이주원, 대향범과 공소시효 정지, 법조 718호(법조협회, 2016. 8).

5.15 죄수판단의 유동성과 동일재판부에의 추가기소·변론병합·추가취지의 공소장변경 신청 간주

대법원 1996. 10. 11. 선고 96도1698 판결; 대법원 2007. 8. 23. 선고 2007도2595 판결; 대법원 2012. 6. 28. 선고 2012도2087 판결

F **【1996년 사안】** 1. D는 "① 1995. 6. 28. ② 같은 해 7.일자 미상 ③ 같은 해 9. 1. 각 특수절도죄를 범하였고, ④ 같은 해 6. 17. ⑤ 같은 해 8. 6. ⑥ 같은 달 11.에도 각 특수절도죄를 범한 혐의를 받았다. 검사는 1995. 9. 15. 먼저 밝혀진 ①, ②, ③의 특수절도죄 범행들을 각 실체적 경합범으로 기소하였는데 그 후 ④, ⑤, ⑥의 죄가 밝혀지자, D에게 상습성이 있다고 보고, 같은 해 10.27. ④, ⑤, ⑥의 죄를 특정범죄가중처벌 등에 관한 법률위반(상습절도)죄 혐의로 같은 재판부에 추가기소하면서 동시에 변론병합을 신청하여 수소법원으로부터 변론병합결정을 얻어냈다.

2. 제1심법원은 제4회 공판절차에서 검사가 구두로 ①, ②, ③ 사건의 공소장 중 죄명 '특수절도'와 적용법조 '형법 331조 2항, 1항'을 각 구두로 철회하자, "검사의 공소철회가 있으므로 공소를 기각한다."는 결정을 하고 이를 고지한 후, D의 모든 범행을 특정범죄 가중처벌 등에 관한 법률(상습절도)위반으로 유죄판결하였다. 검사가 항소하였다.

3. 항소심은 "검사는 먼저 제기된 ①, ②, ③ 사건의 특수절도 범행 이전에 이루어진 ④, ⑤, ⑥ 사건의 특수절도 범행에 관하여 그 행위가 D의 절도의 습벽의 발로로 이루어진 것으로 판단하여 이를 특정범죄 가중처벌 등에 관한 법률(절도)위반으로 기소하고 있고, 이미 기소된 ①, ②, ③ 사건의 특수절도 범행도 절도습벽에서 이루어진 것으로 보아 제1심 4회 공판절차에서 그 사건의 공소장의 죄명과 적용법조를 '특수절도'와 '형법 331조 2항, 1항'에서 '특정범죄 가중처벌 등에 관한 법률(절도)위반'과 '특정범죄 가중처벌 등에 관한 법률 5조의4 1항, 형법 331조'로 변경하려는 의도로 ①, ②, ③ 사건의 죄명과 적용법조를 각 철회하는 진술을 한 것으로 보여지나, 이러한 구두의 진술만으로는 적법한 공소장변경 허가신청이 있었다

고 볼 수 없고, 또한 ①, ②, ③ 특수절도의 점에 관하여 공소를 취소할 아무런 이유가 없는 이 사건에서 검사의 위 구두진술을 ①, ②, ③ 사건의 특수절도의 점에 대한 공소취소로 볼 수 없으며, 더욱이 제1심 판결은 위 특수절도의 공소사실을 범죄사실로 그대로 기재하고 이를 ④, ⑤, ⑥ 사건의 공소사실과 포괄일죄로 처단하고 있으므로, 결국 제1심의 '검사의 공소철회가 있으므로 공소를 기각한다.'는 결정은 검사의 공소취소 없이 이루어진 것으로서 '공소기각'이라는 용어에도 불구하고 공소기각으로서의 효력이 없다. 위와 같이 검사가 의도한 대로 공소장의 죄명과 적용법조를 변경하는 것을 허가한다는 의미밖에 없으나 이는 위에서 본 바와 같이 부적법하여 효력이 없다. 한편 공소의 효력은 그 공소사실과 동일성이 인정되는 범위 내에서는 비록 공소장에 공소사실로 적시되지 아니하였다 할지라도 그 전부에 대하여 미치므로 먼저 제기된 특수절도 범행(①, ②, ③ 사건)과 뒤에 제기된 상습특수절도 범행이 다 같이 피고인들의 절도 습벽에서 이루어졌다고 한다면, 먼저 제기된 공소사실과 뒤에 제기된 공소사실은 실체법상 일죄인 상습특수절도의 포괄일죄의 관계에 있다. 따라서 먼저 제기된 ①, ②, ③ 사건의 공소의 효과는 그와 포괄일죄의 관계에 있는 위 ④, ⑤, ⑥ 사건의 공소사실에도 미치게 되므로, ④, ⑤, ⑥ 사건의 공소제기는 327조 3호 소정의 '공소가 제기된 사건에 대하여 다시 공소가 제기된 경우'에 해당한다."는 이유로 ④, ⑤, ⑥ 사건에 대하여는 공소를 기각하고, 먼저 기소된 ①, ②, ③ 사건의 특수절도 범행만을 유죄로 인정하여 경합범으로 형을 선고하였다. 검사가 상고하였다.

【2007년 사안】 D2는 2000. 3.경 V녀가 경영하는 회사에 입사한 후 동거하여 오다가, 2004. 7. 23.경 회사 직원의 고용 문제로 V와 다투고 동거관계를 청

산하게 되자, ① 2004. 7. 25. 14:00경 V에게 전화로 "돈 100억 원을 주지 않으면 부동산 미등기전매 및 조세포탈사실을 국세청과 수사기관에 알려 구속되도록 하겠다."고 말하고, ② 같은 달 26. 11:00경 V에게 "100억 원을 주지 않으면 파장을 내겠다"라고 말하고, ③ 같은 날 오후 시간 불상 경 전화로 "오늘 중으로 36억 원을 내 놓지 않으면 불법, 탈법 자료를 국세청에 넘겨주고 구속되게 하겠다."고 말하고, ④ 같은 달 28.경 "탈세한 것을 수사기관과 국세청에 고발"하는 내용의 고발장을 팩스로 송부하여 V의 신체 또는 재산에 대하여 해악을 가할 듯한 태도를 보였다. 검사는 2005. 5. 30. 서울중앙지방법원에 D2에 대하여 ①, ②, ③ 각각의 범행을 협박죄의 실체적 경합범으로 기소하였고, 그 다음날에는 ④ 범행에 대하여 같은 법원에 추가기소하면서 변론병합을 신청하였다. 제1심은 양자의 변론을 병합한 후 위 ①, ②, ③, ④ 행위를 모두 실체적 경합범으로 의율(擬律=적용)하여 D2에게 유죄판결을 선고하였다. D2가 항소하자 항소심(서울고등법원)은 "D2가 단일하고도 계속된 범의 하에서 동일 죄명에 해당하는 수개의 협박행위를 일정기간 계속하여 행한 것으로서 그 피해법익도 모두 동일하다"는 이유로 ①, ②, ③, ④ 행위를 통틀어 "협박죄의 포괄일죄에 해당하고 따라서 검사로서는 원칙적으로 먼저 기소한 사건의 범죄사실에 추가기소의 공소장에 기재한 범죄사실을 추가하는 것으로 공소장변경신청을 하고 추가기소한 사건에 대하여는 공소취소를 하는 것이 바람직할 것이나, 위와 같은 추가기소는 공소사실을 추가하는 등의 공소장변경과는 절차상 차이만 있을 뿐 그 실질에서는 별다른 차이가 없으므로, 위 추가기소에 의하여 공소장변경이 이루어진 것으로 보고 전후에 기소된 범죄사실 전부에 대하여 실체판단을 함이 상당하다(대법원 1999. 11. 26. 선고 99도3929 판결)."며 제1심판결을 파기자판 하였다. D2가 "항소심의 판단은 이중기소와 공소장변경의 법리를 오해하였다."고 주장하며 상고하였다.

I 포괄일죄(혹은 상상적 경합)를 구성하는 일부 범죄사실(1개의 범죄사실일 수도 있고 복수의 범죄사실일 수도 있다)이 먼저 단순일죄·실체적 경합범으로 기소

된 후 그 나머지 범죄사실이 동일재판부에 추가기소되어 변론이 병합된 후 전·후의 공소사실이 합하여 포괄일죄·상상적 경합의 전체범죄임이 드러나면 추가기소의 위법(이중기소)을 문제삼지 않고 추가기소를 공소사실추가취지의 공소장변경허가신청인 것으로 간주하고 추가기소에 대하여 공소기각판결(327조 3호)을 할 필요가 없는 것이 아닌가?

R 【1996년 사안】 파기환송. 검사가 단순일죄로 판단하여 특수절도 범행을 먼저 기소하고 포괄일죄인 상습특수절도 범행을 추가기소하였으나 심리과정에서 전·후에 기소된 범죄사실이 모두 포괄하여 상습특수절도인 특정범죄 가중처벌 등에 관한 법률(절도)위반의 일죄를 구성하는 것으로 밝혀진 경우에, ⓐ 검사로서는 원칙적으로 먼저 기소한 사건의 범죄사실에 추가기소의 공소장에 기재한 범죄사실을 추가하여 전체를 상습범행으로 변경하고 그 죄명과 적용법조도 이에 맞추어 변경하는 공소장변경 신청을 하고 추가기소한 사건에 대하여는 공소취소를 하는 것이 형사소송법의 규정에 충실한 온당한 처리이다. 그러나 위와 같이 포괄일죄를 구성하는 일부 범죄사실이 먼저 단순일죄로 기소된 후 그 나머지 범죄사실이 포괄일죄로 추가기소 되고 단순일죄의 범죄사실도 추가 기소된 포괄일죄를 구성하는 행위의 일부임이 밝혀진 경우라면, 위 ⓑ 추가기소에 의하여 전후에 기소된 각 범죄사실 전부를 포괄일죄로 처벌할 것을 신청하는 취지가 포함되었다고 볼 수 있어 공소사실을 추가하는 등의 공소장변경과는 절차상 차이가 있을 뿐 그 실질에서 별 차이가 없으므로, 위의 경우에 ⓒ 검사의 석명에 의하여 추가기소의 공소장의 제출은 포괄일죄를 구성하는 행위로서 먼저 기소된 공소장에 누락된 것을 추가 보충하고 죄명과 적용법조를 포괄일죄의 죄명과 적용법조로 변경하는 취지의 것으로서 1개의 죄에 대하여 중복하여 공소를 제기한 것이 아님이 분명하여진 경우에는 위의 추가기소에 의하여 공소장변경이 이루어진 것으로 보아 전후에 기소된 범죄사실 전부에 대하여 실체 판단을 하여야 하고 추가기소에 대하여 공소기각판결을 할 필요가 없다(대법원 1993. 10. 22. 선고 93도2178 판결 참조). ⓓ

왜냐하면 (중략) 포괄일죄가 추가기소 되는 경우에도 구체적으로 추가적으로 심판대상이 되는 사실이 명확히 제시되어 피고인이 방어하여야 할 대상이 분명히 한정되므로 이를 공소장변경으로 보더라도 방어권행사에 아무런 지장이 없고 (중략) ⓔ 포괄일죄의 일부 사실이 2차례에 걸쳐 기소된 것을 공소장변경으로 보아 전부에 대하여 실체 판단을 하고 추가 기소된 사실에 대하여 공소기각판결을 하지 않더라도 **동일법원에서 병합하여 심리하는 이상** 피고인이 이중위험에 처할 수는 없고 1개의 판결이 선고될 것이기 때문에 2개의 실체 판결이 날 가능성도 배제할 수 있게 되므로 아무런 문제점이 없으며, 또한 이를 허용하는 것이 절차유지의 원칙이나 소송경제에도 부합할 것이기 때문이다.

Ⓐ 제1심에서의 검사의 추가기소는 공소장변경의 취지에서 행하여진 것으로서 이중기소의 취지가 아니므로 두 사건 전체를 포괄일죄로 하여 심판을 구한다는 취지임을 표시하는 것으로 볼 여지도 없지 아니한바, 이 사건의 경위가 위와 같다면 원심으로서는 **석명권을 행사**하여 검사로 하여금 추가기소의 진정한 취지를 밝히도록 하여 만일 그 취지가 일죄에 대한 이중기소가 아니라 위와 같은 공소장변경의 취지라고 한다면 그 범죄사실 전체에 대하여 실체 판단을 하여야 할 것임에도 불구하고, 원심이 이에 나아가지 않고 곧바로 추가기소가 이중기소라고 하여 공소기각판결을 선고한 것은 심리를 다하지 아니하여 결과적으로 포괄일죄에 대한 추가기소의 경우 공소장변경 절차 없이 심판할 수 있는 범위에 관하여 법리를 오해한 위법을 저질렀다고 할 것이므로 그 논거는 다르지만 결론적으로 이를 지적하는 상고논지는 이유 있다. 그러므로 원심판결 중 공소기각 부분은 이 부분에 관한 나머지 주장에 대하여 판단할 것도 없이 파기를 면할 수 없고, 위 공소기각 부분과 원심이 유죄로 인정한 특정범죄 가중처벌 등에 관한 법률(절도)위반의 점은 포괄일죄의 관계에 있고 원심이 위의 유죄 부분과 나머지 유죄로 인정한 각 죄를 경합범으로 하여 1개의 형을 선고하였으므로 결국 원심판결은 전부 파기할 수밖에 없다.

Ⓐ 【2007년 사안】 상고기각. 검사가 수개의 협박 범행을 먼저 기소하고 다시 별개의 협박 범행을 추가로 기소하였는데 이를 병합하여 심리하는 과정에서 전후에 기소된 각각의 범행이 모두 포괄하여 하나의 협박죄를 구성하는 것으로 밝혀진 경우, ① (생략) ② 법원은 실체적 경합범으로 기소된 범죄사실에 대하여 그 범죄사실을 그대로 인정하면서 다만 죄수에 관한 법률적인 평가만을 달리하여 포괄일죄로 처단하더라도 이는 피고인의 방어에 불이익을 미치는 것이 아니므로 공소장변경 없이도 포괄일죄로 처벌할 수 있는 점에 비추어 보면, 비록 ③ 협박죄의 포괄일죄로 공소장을 변경하는 절차가 없었다거나 추가기소의 공소장의 제출이 포괄일죄를 구성하는 행위로서 먼저 기소된 공소장에 누락된 것을 추가·보충하는 취지의 것이라는 석명절차를 거치지 아니하였다 하더라도, 법원은 전후에 기소된 범죄사실 전부에 대하여 실체 판단을 할 수 있고, ④ 추가 기소된 부분에 대하여 공소기각판결을 할 필요는 없다.

Ⓒ

① 두 개의 판결의 분석

'추가기소를 이중기소로 보지 말라'는 것이 위 두 개의 사안에서의 대법원의 일치된 결론이다. 왜 그렇게 보아야 하는가? 검사가 추가기소하는 의도는 "일죄를 구성하는 행위 중 누락된 부분을 추가 보충하는 취지"로 보는 것이 사안의 실질에 맞다는 취지로 보인다. 1996년 판결에서 대법원은 "석명권을 행사하여 검사가 추가기소를 한 취지를 밝힌 후에 공소장변경으로 해석할 수 있다"고 판시(이 견해를 석명 후 공소장변경의제설로 부르는 입장이 있다)하였다. 그런데 2007년 판결에서 대법원은 석명에 대한 언급 없이 '추가기소를 공소장변경신청의 취지'로 보았으므로(이 견해를 공소장변경의제설로 부르는 입장이 있다) 대법원의 입장이 변경된 것이 아닌가 하는 의심이 생길 수도 있다. 그러나 그렇게 볼 일이 아니다. 대법원의 진의는, 재판부는 원칙적으로 석명권을 행사하는 것이 순리이지만, 재판부가 보기에 추가기소를 공소장변경으로 해석하더라도 피고인에게 실질적인 불이익이 없고, 검사의 추가기소의 취지가 공소사실추가 취지의 공소장변경임이 명백한 경우에는 굳이 석명권을 행사할 필요가 없다는 취지로 보인다.[1]

2 추가기소와 공소사실 추가 취지의 공소장변경 신청의 차이

추가기소란 이미 기소된 공소장 기재 공소사실과 기본적 사실관계가 다른 죄, 예를 들어 실체적 경합범의 관계에 있는 별개의 죄를 기소하는 것이다. 추가기소는 통상 기존의 공소사실을 심판하는 재판부에 행하여지고 기존의 공소사실과 추가되는 공소사실은 관련사건이므로 검사는 추가기소와 함께 변론병합을 신청하여 기존의 공소사실을 심판하는 재판부가 추가 기소된 공소사실도 함께 심판하기를 원한다. 검사가 추가기소를 하려면 통상의 공소제기 방식에 따라 공소장을 관할법원에 제출하여야 한다(254조 1항). 이와 달리 공소사실 추가 취지의 공소장변경 신청은, 이미 기소된 공소장기재 공소사실과 기본적 사실관계가 동일한 범위 내에서 검사가 서면으로 재판부의 허가를 신청하는 것이다.

상상적 경합관계의 죄들 중 일부가 이미 기소되어 있을 때 나머지 일부의 행위는 추가기소의 대상이 아니라 추가취지의 공소장변경의 대상(대법원 2012. 6. 28. 선고 2012도2087 판결)일 뿐이다.

죄수판단은 때로 미묘한 일이다. 예를 들어 검사는 복수의 범죄가 실체적 경합의 관계에 있다고 생각하지만 법원은 그 복수의 범죄가 포괄적 일죄의 관계에 있다고 판단할 수도 있고 제1심과 항소심의 죄수판단이 다를 수도 있다. 법원이 보기에 포괄적 일죄에 해당하는 복수의 범죄사실을 검사가 실체적 경합의 관계에 있다고 판단하여 그 중 일부에 대하여 검사가 추가기소를 하는 경우에 그 추가기소는 원칙적으로 이중기소에 해당하여 법원은 327조 3호에 따라 공소기각의 판결을 고려하게 된다. 만약 법원이 공소기각 재판을 하면 특단의 사정이 없는 한 검사는 추가취지의 공소장변경 신청을 고려하게 될 것이다. 대법원은 이런 불필요한 절차의 반복을 소송경제의 측면에서 무용한 일로 보고, 피고인의 방어권행사에 실질적인 불이익이 없는 한 형식상으로는 추가기소지만, 사안의 실질을 파악하여 추가취지의 공소장변경신청으로 간주하는 것이 상당하다고 판시한 것으로 보인다.

---

1) "검사가 단순일죄로 판단하여 존속상해 범행을 먼저 기소하고 다시 포괄일죄인 폭처법 위반(상습존속상해) 범행을 추가로 기소하였는데 이를 병합하여 심리하는 과정에서 전후에 기소된 각각의 범행이 모두 포괄하여 하나의 폭처법 위반(상습존속상해)죄를 구성하는 것으로 밝혀진 경우, (중략) 법원은 실체적 경합범으로 기소된 범죄사실에 대하여 그 범죄사실을 그대로 인정하면서 다만 죄수에 관한 법률적인 평가만을 달리하여 포괄일죄로 처단하더라도 이는 피고인의 방어에 불이익을 미치는 것이 아니므로 공소장변경 없이도 포괄일죄로 처벌할 수 있는 점에 비추어 보면, 비록 폭처법 위반(상습존속상해)죄의 포괄일죄로 공소장을 변경하는 절차가 없었다거나 추가기소의 공소장의 제출이 포괄일죄를 구성하는 행위로서 먼저 기소된 공소장에 누락된 것을 추가·보충하는 취지의 것이라는 석명절차를 거치지 아니하였다 하더라도, 법원은 전후에 기소된 범죄사실 전부에 대하여 실체판단을 할 수 있고, 추가기소된 부분에 대하여 공소기각판결을 할 필요는 없다(대법원 2007. 8. 23. 선고 2007도2595 판결 등 참조)"(대법원 2012. 1. 26. 선고 2011도15356 판결).

제6장

공판심리의 범위와 공판준비

6.1 구속적부심절차에서 피구속자의 변호를 맡은 변호인의 고소장·피의자신문조서 열람·등사권

헌재 2003. 3. 27. 선고 2000헌마474 결정

F 사기죄로 고소되고 구속된 피의자 S의 변호인으로서 S로부터 구속적부심사청구(214조의2 1항)의 의뢰를 받은 변호사 C(청구인)는 2000. 5. 29. 인천서부경찰서장(피청구인)에게 S에 대한 수사기록 중 고소장과 피의자신문조서의 열람 및 등사를 신청하였다. 인천서부경찰서장은 "위 서류들이 47조 및 공공기관의 정보공개에 관한 법률 7조 1항 1호[1]의 비공개정보에 해당한다는 이유로 이를 공개하지 않는다."며 신청을 거부하였다. C는 '경찰서장의 정보비공개결정이 C의 기본권을 침해하여 위헌'이라는 이유로 그 위헌확인을 구하는 헌법소원을 제기하였다.

I 구속피의자의 변호인은 기소 전에 수사기록 중 고소장과 피의자신문조서 등의 열람·등사를 청구할 수 있는가?

R A (다수의견) 1. 청구인(C)은 공공기관의 정보공개에 관한 법률 18조에 의한 행정소송을 제기하여 정보비공개에 대한 구제를 청구할 수 있었음에도 불구하고 그렇게 하지 아니하였다. 그러나 비록 헌법재판소법 68조 1항 단서가 헌법소원심판청구를 함에 있어 다른 법률에 구제절차가 있는 경우에는 그 절차를 모두 거친 후가 아니면 이를 청구할 수 없다고 규정하고 있지만, 청구인이 신청한 고소장과 피의자신문조서에 대한 열람은 기소전(起訴前)의 절차인

구속적부심사에서 피구속자를 변호하기 위하여 필요한 것인데, 그 열람불허를 구제받기 위하여 행정소송을 제기하더라도 그 심판에 소요되는 통상의 기간에 비추어 볼 때 이에 의한 구제가 기소 전에 이루어질 가능성이 거의 없고 오히려 기소된 후에 이르러 권리보호이익의 흠결을 이유로 행정소송이 각하될 것이 분명한 만큼, 청구인에게 이러한 구제절차의 이천(履踐=실천)을 요구하는 것은 불필요한 우회절차를 강요하는 셈이 되어 부당하다. 그러므로 이 소원은 비록 구제절차를 거치지 않고 직접 제기한 것이긴 하지만 이를 적법한 것으로 보아 허용하기로 한다.

2. **고소로 시작된 형사피의사건의 구속적부심절차**에서 피구속자의 변호를 맡은 변호인으로서는 피구속자에 대한 고소장과 경찰의 피의자신문조서를 열람하여 그 내용을 제대로 파악하지 못한다면 ㉮ 피구속자가 무슨 혐의로 고소인의 공격을 받고 있는 것인지 그리고 이와 관련하여 ㉯ 피구속자가 수사기관에서 무엇이라고 진술하였는지 그리고 ㉰ 어느 점에서 수사기관 등이 구속사유가 있다고 보았는지 등을 제대로 파악할 수 없게 되고 그 결과 구속적부심절차에서 피구속자를 충분히 조력할 수 없음이 사리 상 명백하므로 ⓐ 위 서류들의 열람은 피구속자를 충분히 조력하기 위하여 변호인인 청구인(C)에게 그 열람이 반드시 보장되지 않으면 안 되는 핵심적 권리로서 청구인의 기본권에 속한다. 또한 변호인인 청구인은 고소장과 피의자신문조서의 내용을 알 권리가 있는 것이고 따라서 ⓑ 청구인은 정당한 이해관계를 가진 자로서 그 알 권리를 행사하여 피청구인에게 위 서류들의 공개를 청구할 권리가 있다.

3. 고소사실이 사인(私人) 사이의 금전수수와 관련된 사기에 관한 것이고 증거자료를 별첨하고 있기 때문에 특별한 사정이 없는 한 고소장이나 피의자신문조서를 변호인에게 열람시켜도 이로 인하여 국가안전보장·질서유지 또는 공공복리에 위험을 가져올 우

려라든지 또는 사생활침해를 초래할 우려가 있다고 인정할 아무런 자료가 없다. 또한 공공기관의 정보공개에 관한 법률 7조 1항 4호는 '수사, 공소의 제기 및 유지에 관한 사항으로서 공개될 경우 그 직무수행을 현저히 곤란하게 하거나 형사피고인의 공정한 재판을 받을 권리를 침해한다고 인정할 만한 상당한 이유가 있는 정보'를 공개거부의 대상으로 규정하고 있지만 이 사건에서는 고소장과 피의자신문조서를 공개한다고 하더라도 증거인멸, 증인협박, 수사의 현저한 지장, 재판의 불공정 등의 위험을 초래할 만한 사유 있음을 인정할 자료를 기록상 발견하기 어렵다. 그리고 형사소송법 47조의 입법목적은, 형사소송에 있어서 유죄의 판결이 확정될 때까지는 무죄로 추정을 받아야 할 피의자가 수사단계에서의 수사서류 공개로 말미암아 그의 기본권이 침해되는 것을 방지하고자 함에 목적이 있는 것이지 구속적부심사를 포함하는 형사소송절차에서 피의자의 방어권행사를 제한하려는 데 그 목적이 있는 것은 원래가 아니라는 점,[2] 그리고 **형사소송법이 구속적부심사를 기소 전에만 인정**하고 있기 때문에 만일 기소 전에 변호인이 미리 고소장과 피의자신문조서를 열람하지 못한다면 구속적부심 제도를 헌법에서 직접 보장함으로써 이 제도가 피구속자의 인권옹호를 위하여 충실히 기능할 것을 요청하는 헌법정신은 훼손을 면할 수 없다는 점 등에서, 이 규정은 구속적부심사단계에서 변호인이 고소장과 피의자신문조서를 열람하여 피구속자의 방어권을 조력하는 것까지를 일체 금지하는 것은 아니다. 그렇다면 고소장과 피의자신문조서에 대한 열람 및 등사를 거부한 피청구인의 정보비공개결정은 청구인의 피구속자를 조력할 권리 및 알 권리를 침해하여 헌법에 위반된다.

C

1 공소제기 이전의 수사기록열람·등사

1997년의 헌재결정은 "수사기록에 대한 열람·등사는 피고인에 대한 수사가 종결되고 공소가 제기된 이후에 허용된다."고 판시한 바 있고 현행법의 증거개

시조문(266조의3)도 공소제기 이후에만 수사기록에 대한 열람·등사를 허용한다. 그런데 2003년에 선고된 본 결정은 공소제기 이전의 "구속된 피의자의 변호인"에게도 "구속영장 발부의 기초가 된 수사기록의 열람·등사청구권"을 인정하여 주목된다. 1997년 결정은 구속 기소된 피고인의 변론준비를 위하여 변호인은 검사에게 수사기록의 열람·등사신청권이 있음을 긍정하는 논거로 ① "실질적 당사자대등을 확보하고, 신속·공정한 재판을 실현하기 위하여 필요불가결"하다는 점과 ② 피고인에게는 "변호인의 조력을 받을 권리가 있는 점", ③ "구속적부심사가 기소 전에만 인정되는 점"을 들었다. 그러나 2003년 결정에서 확인된 수사기록 중 고소장과 피의자신문조서의 열람·등사신청권은 모든 변호인에게 인정된 것이 아니라 오로지 기소 전에 구속된 피의자로부터 구속적부심사청구의 의뢰를 받은 변호인이 구속적부심사의 변론기일의 변론을 준비하기 위한 경우에 한정된다는 점에 주의하여야 한다.

2 본 결정이 1997년 헌재결정과 연속되는 측면

본 결정도 열람·등사권의 범위에 관하여 거의 1997년 결정과 비슷한 방향성을 취하고 있다. 본 결정이 변호인에게 피의자신문조서에 대한 열람·등사신청권을 확인한 것은 피의자신문조서가 1997년 결정에서 분류한 '제한 없이 허용'되어야 하는 카테고리에 속하기 때문이다. 본 결정이 변호인에게 고소장과 피의자신문조서에 대한 열람·등사신청권을 확인한 것은 고소장과 피의자신문조서가 1997년 결정에서 분류한 "증인에 대한 신분이 사전에 노출됨으로써 증거인멸, 증인협박 또는 사생활침해 등의 폐해를 초래할 우려"가 없어 '원칙적으로 허용'되어야 하는 카테고리에 속하기 때문이다. 본 결정이 구속피의자의 변호인에게 명시적으로 허용한 열람·등사권의 대상은 '고소장과 피의자신문조서'에 그치고 있지만 '고소장과 피의자신문조서'는 예시의 취지이지 열거의 취지로 볼 것은 아니다.

---

2) 헌재 1997. 11. 27. 선고 94헌마60 결정.

6.2 정당한 이유 없는 문서송부촉탁의 거절 등

대법원 2012. 5. 24. 선고 2012도1284 판결

F D, D2, D3, D4(이하 'D들'로 약칭함)는 폭력행위 등 처벌에 관한 법률 위반(단체 등의 구성·활동) 혐의로 기소되었다. 항소심 계속 중이던 2011. 10. 28. D들의 변호인은 D들이 가입하였다는 이른바 'C파'가 '폭처법 소정의 범죄단체에 해당하지 않는다'고 주장하면서, 수원 지방검찰청 평택지청이 C파의 범죄단체 여부를 수사한 후 각 '혐의 없음' 처분을 한 O 등 12명에 대한 불기소결정서 및 O2에 대한 불기소결정서의 각 '인증등본 송부촉탁'을 신청하였다. 항소심은 위 신청을 채택하여 인증등본 송부촉탁서를 위 지청에 송부하였으나, 위 지청은 2011. 12. 2. 위 각 '불기소결정서가 수사기관의 내부문서에 해당한다'는 이유로 그 송부요구 내지 변호인의 열람 지정을 거절하였다. O는 제1심에 증인으로 출석하여, 2003년경 C파와 관련하여 수사기관에서 조사받을 때, "D4가 범행을 지시한 부분에 관하여 사실대로 진술하지 않고 축소하였다, O의 선배 이름은 거론하지 않았으며 자신의 하위 조직원들만 이야기하였다, O 자신이 독자적으로 계획하고 우발적인 사건인 것처럼 진술하였다."는 취지로 증언하였고 그 진술에는 별다른 모순점이 없어 보인다. 또한 O2의 경우, 2006. 2.경부터 C파의 간부급 회의였던 이른바 사장단 회의에 지방선거에 대한 지원과 관련하여 한시적으로 참석한 것으로 보이나, 항소심이 적법하게 채택한 O3, O4의 진술에 의하면 위 '사장단 회의에서는 지방선거의 지원 이외에도 A파의 수괴인 O5를 테러할 방법을 논의하거나 평택 지역의 각종 이권 처리방안을 논의'하였고, 'C파의 중요 의사결정은 대부분 D의 지시로 사장단 회의를 거쳐 하위 조직원들에게 순차적으로 전달'되었다. 항소심은 유죄판결을 선고하였다. D들의 변호인은 "항소심은 수원 지방검찰청 평택지청이 항소심의 송부요구와 변호인의 열람·지정을 정당한 이유 없이 거절한 사실을 알면서도 D들에게 유죄를 선고하였으니 D들의 헌법상 적법절차에 따른 재판을 받

을 권리를 침해한 위법이 있다."고 주장하며 상고하였다.

I 문서송부촉탁을 받은 공무소(검찰청은 이에 속한다)·공사단체가 정당한 이유 없이 송부요구와 변호인의 열람·지정을 거절하는 것은 피고인의 적법절차에 따른 재판을 받을 권리를 침해하는 처분인가?

R 상고기각. 1. ⓐ 법원은 직권 또는 검사, 피고인이나 변호인의 신청에 의하여 공무소 또는 공사단체에 조회하여 필요한 사항의 보고 또는 그 보관서류의 송부를 요구(이른바 문서송부촉탁)할 수 있다(272조 1항). 또 (피고인이나 변호인의) 보관서류 송부요구 신청을 법원이 채택하는 경우에 그 서류를 보관하고 있는 법원, 검찰청, 기타의 공무소 또는 공사단체에 대하여 그 서류 중 신청인 또는 변호인이 지정하는 부분의 인증등본을 송부하여 줄 것을 요구할 수 있고(규칙 132조의4 2항), 위와 같은 요구를 받은 공무소 등은, 당해 서류를 보관하고 있지 않거나 기타 송부요구에 응할 수 없는 사정이 있는 경우를 제외하고, 신청인 또는 변호인에게 당해 서류를 열람하게 하여 필요한 부분을 지정할 수 있도록 하여야 하며 정당한 이유 없이 이에 대한 협력을 거절하지 못한다(규칙 132조의4 3항). 위와 같이 ⓑ 법원이 송부 요구한 서류에 대하여 변호인 등이 열람·지정할 수 있도록 한 것은 피고인의 방어권과 변호인의 변론권 행사를 위한 것으로서 실질적인 당사자 대등을 확보하고 피고인의 신속·공정한 재판을 받을 권리를 실현하기 위한 것이다. 따라서 그 서류의 열람·지정을 거절할 수 있는 '정당한 이유'는 엄격하게 제한하여 해석하여야 한다(266조의3 1항 4호, 2항 참조). 한편 ⓒ 검찰청이 보관하고 있는 불기소처분기록에 포함된 불기소결정서는 형사피의자에 대한 수사의 종결을 위한 검사의 처분 결과와 이유를 기재한 서류로서 그 작성 목적이나 성격 등에

비추어 이는 수사기관 내부의 의사결정과정 또는 검토과정에 있는 사항에 관한 문서도 아니고 그 공개로써 수사에 관한 직무의 수행을 현저하게 곤란하게 하는 것도 아니므로, 달리 특별한 사정이 없는 한 변호인의 열람·지정에 의한 공개대상이 된다. 그리고 ⓓ 법원이 272조 1항에 의하여 송부 요구한 서류가 피고인의 무죄를 뒷받침할 수 있거나 적어도 법관의 유·무죄에 대한 심증을 달리할 만한 상당한 가능성이 있는 중요증거에 해당하는데도 정당한 이유 없이 피고인 또는 변호인의 열람·지정 내지 법원의 송부요구를 거절하는 것은, 피고인의 신속·공정한 재판을 받을 권리와 변호인의 조력을 받을 권리를 중대하게 침해하는 것이다. 따라서 이러한 경우 서류의 송부요구를 한 법원으로서도 해당 서류의 내용을 가능한 범위에서 밝혀보아 그 서류가 제출되면 유·무죄의 판단에 영향을 미칠 상당한 개연성이 있다고 인정될 경우에는 공소사실이 합리적 의심의 여지없이 증명되었다고 보아서는 아니 된다.

A 위 각 불기소결정서를 보관하고 있는 수원 지방검찰청 평택지청이 수사기관의 내부문서라는 사유로 법원의 송부요구 내지 변호인의 열람·지정을 거절한 것은 규칙 132조의4 3항 소정의 '기타 송부요구에 응할 수 없는 사정'이나 '정당한 이유'에 해당하지 아니한다. 그러나 (중략) 가사 위 불기소결정서에 O2가 참석한 C파의 사장단 회의가 범죄단체가 아니라는 취지로 기재되어 있다 하더라도 그 사정만으로 위 불기소결정서가 위 D들의 폭력행위 등 처벌에 관한 법률 위반(단체 등의 구성·활동)의 점에 관한 무죄를 뒷받침할 수 있거나 적어도 유·무죄에 대한 법관의 심증을 달리할 만한 상당한 가능성이 있는 중요증거에 해당한다고 보기도 어렵다. (중략) 그러므로 위 피고인들이 주장하는 이 부분 상고이유는 383조 1호 소정의 '판결에 영향을 미친 헌법·법률 또는 규칙의 위반이 있을 때'에 해당한다고 볼 수 없다.

C 본 사안에서 피고인은 다른 이유로 유죄판결이 유지되었다. 그러나 본 판결은 다음과 같은 사항

을 명시하여 한편에서 증거개시의 범위를 확대시키고, 다른 한편 정당한 이유 없는 증거개시거부에 대한 제재를 강화시키는 계기를 마련하였다.

① 보관서류 송부요구 신청을 법원이 채택하는 경우의 법적효과(ⓐ)

법원의 문서송부촉탁 요구를 받은 공무소(검찰청은 여기에 속한다) 등은, 당해 서류를 보관하고 있지 않거나 기타 송부요구에 응할 수 없는 사정이 있는 경우를 제외하고 신청인 또는 변호인에게 당해 서류를 열람하게 하여 필요한 부분을 지정할 수 있도록 하여야 하며, 정당한 이유 없이 이에 대한 협력을 거절하지 못한다(규칙 132조의4 3항).

② 272조 1항과 규칙 132조의4의 존재이유(ⓑ)

법원이 송부 요구한 서류에 대하여 변호인 등이 열람·지정할 수 있도록 한 것은 피고인의 방어권과 변호인의 변론권 행사를 위한 것으로서 실질적인 당사자 대등을 확보하고 피고인의 신속·공정한 재판을 받을 권리를 실현하기 위한 것이다.

③ 불기소결정서는 수사기관의 내부문서가 아니다

검찰청이 보관하고 있는 불기소처분기록에 포함된 불기소결정서는 수사기관의 내부문서가 아니므로 열람·지정에 의한 공개대상이다(ⓒ).

④ 정당한 이유 없는 문서송부촉탁의 거절과 그 효과

서류의 송부요구를 한 법원은 해당 서류의 내용을 가능한 범위에서 밝혀보아 그 서류가 제출되면 유·무죄의 판단에 영향을 미칠 상당한 개연성이 있다고 인정될 경우에는 공소사실이 합리적 의심의 여지없이 증명되었다고 볼 수 없으므로 무죄판결을 할 수도 있다.[1]

---

1) 김승주, 불기소결정서에 대한 보관서류 송부요구를 거절할 수 있는 '정당한 이유'의 한계와 그 소송법적 효과, 대법원판례해설 92호(2012 상)(2012), 법원도서관, 900 이하 참조.

6.3 공소장변경의 허용한계

대법원 1982. 12. 28. 선고 82도2156 판결; 대법원 1989. 9. 26. 선고 88도1677 판결

F 【82도2156】 (범죄의 일시) 당초의 공소사실은 "D는 1981. 1. 14. 19:00경 안영리 소재 O의 집에서 평소 감정이 있음을 이유로 V의 얼굴을 1회 때려 폭행을 했다"(폭력행위 등 처벌에 관한 법률위반)는 것이었는데, 검사는 범죄의 일시만을 '1979. 12. 중순경'으로 변경하는 취지의 공소장변경을 신청하였다. 항소심은 동일성이 없다면서 공소장변경신청을 기각하였다. 검사가 상고하였다.

【88도1677】 (횡령금액) 당초의 공소사실은 "D2가 V2로부터 1976. 12. 27. 교부받은 금 1,200만 원을 횡령하였다"는 것이었는데 검사가 변경 신청한 공소사실은 "D2가 V2로부터 1977. 3. 20. 교부받은 금 1,500만 원을 횡령하였다"는 것이었다. 제1심과 항소심은 검사의 공소장변경신청을 기각하였다. 검사가 상고하였다.

I 【82도2156사안】 범죄일시가 달라지면 공소사실의 동일성이 부정되는가?

【88도1677사안】 교부받은 시점과 횡령금액이 달라지면 공소사실의 동일성이 부정되는가?

R 기본적 사실 관계 동일설을 취하는 경우에는 그 사실의 기초가 되는 사회적 사실관계가 기본적인 점에서 동일한가의 여부를 '구체적 사실에 관하여 개별적으로 판단'하여 결정하되(대법원 1982. 12. 28. 선고 82도2156 판결 참조) 일체의 법률적 관점을 배제하고 순수하게 자연적, 전 법률적 관점에서 범죄사실의 동일성을 판단하고자 하는 것이고 규범적 요소는 고려되지 아니함이 원칙이다(1994년 전합판결의 반대의견⇨ 11.1).

"양(兩) 공소사실이 그 일시만을 달리하는 경우 사안의 성질상 두 개의 공소사실이 양립할 수 있다고 볼 사정이 있는 경우에는 그 기본인 사회적 사실을 달리할 위험이 있으므로 그 기본적 사실은 동일하다고 볼 수 없지만, 일방의 범죄가 성립되는 때에는 타방의 범죄의 성립은 인정할 수 없다고 볼 정도로 양자가 밀접한 관계에 있는 경우에는 그 사이에 시간적 간격이 긴 경우라도 양자의 기본적 사실관계는 동일한 것으로 보아야 함이 상당하다"(대법원 1982. 12. 28. 선고 82도2156 판결).

A 【82도2156】 파기환송. 일반적으로 범죄의 일시는 공소사실의 특정을 위한 요인이지 범죄사실의 기본적 요소는 아니므로 그 일시가 다소 다르다 하여 공소장변경의 절차를 요하는 것이 아님은 소론(所論)과 같으며 범죄의 시일이 그 간격이 길고 범죄의 성부에 중대한 관계가 있는 경우에는 피고인의 방어에 실질적 불이익을 가져다 줄 염려가 있으므로 이러한 경우에는 공소장변경의 절차를 밟아야 [한다]. (중략) 피고인(D) 및 피해자(V)의 경찰에서의 진술과 법정에서의 진술 또는 증언에 의하면 공소사실과 같은 시비나 폭행을 1981. 1. 중순경이 아니고 1979. 12. 중순경에 있었던 일을 경찰에서 잘못 진술했다는 취지로 인정되고 양 공소사실의 내용에 의하더라도 그 폭행한 장소, 수단, 방법, 부위, 회수나 피해자가 같아서 양 사실을 별개의 다른 사실이 아니고 일개의 동일한 사실이라고 보지 않을 수 없으니 양 공소사실은 동일성의 범위 안에 있다.

A 【88도1677】 상고기각. 원심은 피고인 D2가 아리랑 관광호텔의 관광택시 사업권과 관련하여 피해자 V2로부터 1976. 12. 27. 금 1,200만 원을 교부받은 외에 별도로 1977. 3. 20. 택시구입대금으로 금 1,500만 원을 받은 사실이 있음을 인정하고 있는바 이와 같이 두 가지 사실이 양립하고 있는 것이라면

D2가 V2로부터 1976. 12. 27. 교부받은 금 1,200만 원을 횡령하였다는 당초의 공소사실과 검사가 변경 신청한 같은 D2가 V2로부터 1977. 3. 20. 교부받은 금 1,500만 원을 횡령하였다는 사실은 두 개의 공소사실이 양립할 수 있는 것일 뿐 아니라 금원의 교부일시 및 금액에 있어 차이가 있어 공소사실의 동일성이 인정된다고 할 수 없다.

C

① 공소장(주로 공소사실이 핵심이다) 변경과 그 한계

공소사실은 그 동일성을 해하지 않는 한도에서 그 변경이 허용된다(298조). 동일성이 인정되지 않는 사실은 검사가 별도의 공소제기를 통하여 심판을 청구할 수 있을 뿐이다. 그런데 공소사실의 변경을 인정하는 이론적 근거는 무엇인가?

1차적으로는 검사와 법원의 편의를 도모하는 것이다. 기소 당시 검사의 심중(心中)에 형성된 심증(心證)과 공판절차의 진행 중 법관의 심중에 형성된 심증이 다를 수 있고 그 차이가 크지 않은 경우에는 공소장변경을 허용하여 당해 절차에서 실체심리를 진행하여야 소송경제를 도모할 수 있기 때문이다. 다만 피고인의 방어 상의 이익도 고려해야 하므로 공소장변경에는 일정한 한계가 없을 수 없다. 공소사실의 동일성이 인정되는 범위 내에서 공소제기의 효력이 미치며, 그 전부에 대하여 잠재적으로 소송계속이 되어 그 전부가 잠재적으로 심판의 대상이 되며(이른바 이원설 혹은 쌍방설) 판결이 확정되면 동일한 사건 전부에 대하여 기판력(일사부재리의 효력)이 미치도록 하여야 하기 때문에(326조 1호) 공소장변경의 한계를 '양 공소사실의 상호동일성'으로 획정하는 것(통설·판례)은 자연스러운 발상이다.

② 양 공소사실(당초의 공소사실과 변경하려는 공소사실)의 동일성 판단의 기준

이에 대하여는 ① 기본적 사실동일설 ② 죄질동일설 ③ 구성요건공통설 ④ 소인공통설 ⑤ 사회적 혐의동일설 ⑥ 형벌관심동일설 ⑦ 법익침해동일설 ⑧ 지도형상동일설 ⑨ 범죄행위동일설 등 여러 가지가 있으나 재판실무(판례)는 원칙적으로 기본적 사실동일설이다.

기본적 사실동일설이란 공소사실의 동일 여부는 '비교되는 양 공소사실'을 각각 그 사실의 기초가 되는 사회적 사실로 환원시켜 이 두 가지 자연적·사회적 사실이 기본적인 점(범죄의 주체와 객체, 일시, 장소, 피해 등)에서 동일한가의 여부로 판단하여야 한다는 입장이다. 이 입장에서는 사실의 지엽적인 점이 동일하지 않더라도 기본적인 사실 혹은 중요한 사실이 동일하면 공소사실의 동일성이 인정된다고 판정한다.

③ 양립가능·양립불가능론

기본적 사실동일설의 응용만으로 동일성 판정이 용이하지 않은 경우가 생긴다. 이런 어려운 경우를 돌파하려는 보조적인 판정기준이 개발되었으니 그것이 '양립가능·비양립(밀접)관계론'이다.

대법원은 종래 기본적 사실동일설을 기초로 공소사실의 동일성 여부를 판정해 왔는데 대법원 1982. 12. 28. 선고 82도2156 판결부터 '두 개의 공소사실 사이에 비(非)양립(밀접)관계가 성립되어야 동일성을 긍정할 수 있다'는 취지의 판결도 내고 있다. 비양립관계란 '당초의 공소사실이 성립한다고 가정하면 논리적으로 변경된 공소사실은 성립할 수 없는 관계'를 말한다. 가장 대표적인 사례는 '동일재물에 대하여 동일장소·동일일시에 절도도 하고 장물도 취득한다는 사례는 양립할 수 없다'는 식의 판단이다. 82도2156 사안에서는 이 이론이 응용되어 동일성이 긍정되었고 88도1677 사안에서는 이 이론이 응용되어 동일성이 부정되었다.

1994년에는 기본적 사실의 동일성 외에 규범적 요소도 고려되어야 한다는 판결이 선고되어 동일성 판정 작업이 한층 복잡해졌다(⇨판례의 '수정된 기본적 사실동일설'에 관하여는 본서 11.1 기판력의 객관적 범위 : 수정된 기본적 사실동일설(장물취득죄와 강도상해죄) 참조).

6.4 공소사실의 단일성

대법원 1989. 3. 14. 선고 88도2428 판결

F   D는 "부천경찰서 수사과 조사계에서 근무하던 경찰관으로서 1986년 6월 7일 21시경 위 제1호 조사실과 바로 붙은 위 조사계 북서쪽 구석에 있는 D의 방인 제2호 조사실로 V(여성)를 끌고 가 그때부터 그날 22시 30분경까지의 사이에 실내등도 켜지 않고 약 12미터 떨어져 있는 무기고 앞 외등의 불빛에 의하여 겨우 사람을 식별할 수 있는 그 방 안에서 D는 북쪽 창 앞 D의 책상 옆에 앉아 위 V를 '가까이 오라'고 하여 V의 바지단추를 풀고 지퍼를 내린 후, 자기 바로 앞에 놓여있는 철제의자에 앉게 하고, V 가까이 다가앉으면서 V의 상의를 모두 올리고 양손으로 젖가슴을 만지면서 '간첩도 결국은 분다. 너같이 독한 년은 처음 본다.'고 하면서 'H(여성)'의 집을 대라고 하였으나, V가 '이ㅇ경이란 친구의 집에서 만나 H를 알게 되었을 뿐 H의 거처를 정말 모른다.'면서 신음소리를 내자 '신음을 내면 아무도 없는데 무슨 소용이 있느냐?'고 겁을 주고 욕설을 하면서 V의 허리부분과 상체를 어루만지는 등 추행을 함으로써 인신구속에 관한 직무를 보조하는 사법경찰리로서 그 직무를 행함에 당하여 형사피의자에 대하여 가혹한 행위(형법 125조)"를 한 혐의로 기소되었다. 제1심 공판절차에서 공소유지변호사는 준강제추행사실[1]을 추가하는 공소장변경을 신청(1988년 4월 19일)하였다. 추가된 공소사실은 "D는 1986년 6월 7일 21시경부터 23시경까지 사이에 부천경찰서 수사과 조사계 사무실에서 V를 조사하면서 V의 허리부분과 상체를 만지다가 팬티 속으로 손을 넣어 음부를 수회 만지고 V를 일어나게 한 후, 책상에 엎드리게 하고 바지와 팬티를 무릎 밑까지 내린 후 자신의 성기를 꺼내 V의 음부에 대고 수회 비비는 등 V의 항거불능상태를 이용하여 추행하였다"는 내용의 범죄사실이다. 제1심법원(인천지방법원)은 1988년 5월 17일의 공판기일에 공소장변경신

청을 허가한 후 D에게 유죄(징역 5년과 자격정지 3년)를 선고하였다. D가 항소하였다. 항소심에서 D는 "260조에 의하면, 재정신청의 대상이 되는 범죄가 엄격히 제한되고 있으므로, 재정신청절차에 의하여 공판에 회부된 사건을 심리하는 경우 D에게 불리하게 공소사실이 추가될 수 없다고 보는 것이 재정신청의 대상을 엄격히 제한하고 있는 형사소송법의 정신에 합치한다."고 주장하였다. 항소심은 "ⓐ '부심판(付審判 심판에 붙이는) 결정'(현재는 재정신청이 기소강제절차로 변경되었다)의 취지를 몰각하는 것과 같은 공소사실과 적용법조의 변경은 허용되지 않지만, ⓑ 부심판결정의 기초를 그대로 유지하는 범위 내에서의 공소사실과 적용법조의 변경은 허용"되고 "이 사건에서와 같이 ⓒ 심판에 부쳐진 가혹행위사건과 과형상 일죄의 관계에 있는 준강제추행의 공소사실 및 적용법조의 단순한 추가적 변경은 부심판결정의 기초를 그대로 유지하는 것이어서 이를 허용할 수 있다."며 항소를 기각하였다. D가 상고하였다.

I   가혹행위(형법 125조)와 상상적 경합 관계에 있는 준강제추행(형법 299조)의 공소사실 및 적용법조를 추가하면 최초의 가혹행위와 동일성이 있는가?

R A   상고기각. 원심이 가혹행위와 상상적 경합 관계에 있는 준강제추행의 공소사실 및 적용법조의 추가적 변경을 허가하여 이를 심판의 범위로 삼은 것은 정당하다.

C

1 공소사실의 단일성

본 사안에서는 '협의의 공소사실의 동일성'이 문제된 앞의 항목의 사안들과 달리 단일성이 문제되고 있

---

1) 형법 299조(준강간, 준강제추행) 사람의 심신상실 또는 항거불능의 상태를 이용하여 간음 또는 추행을 한 자는 전2조의 예에 의한다.

다. 그렇지만 본 사안도 넓은 의미의 공소사실의 동일성 판정 문제영역에 속한다. 왜냐하면 298조의 동일성은 '사건의 단일성과 협의의 동일성'을 모두 아우르는 개념이기 때문이다.

사건의 단일성은 '사건의 불가분성'이라고 표현할 수도 있다. 단일성 문제는 소송의 동적·발전적 과정을 문제삼지 않고 전적으로 소송물을 횡단적·정적으로 관찰할 경우에 '사건이 1개'인 것을 의미한다. 달리 표현하면 단일성이란 '사건의 객관적·공간적 자기동일성'이다. 따라서 사건의 단일성은 기본적으로 실체법상의 죄수론의 견지에서 해결될 일이다.

② 단일성과 동일성의 대비

이에 반하여 협의의 동일성은 소송절차의 발전에 착안하여 종단적·동적으로 관찰할 경우에 '사건이 시간적으로 전후 동일한 것'임을 의미한다. 동일성을 달리 표현하면 '소송사건의 시간적 자기동일성'이다.

본 사안에서 '당초의 공소사실(형법 125조)'과 '검사가 공소장변경에 의하여 추가하려는 공소사실(형법 299조)'은 동일한 사실이라기보다는 다른 사실이지만 양자('당초의 공소사실'과 '검사가 공소장변경에 의하여 추가하려는 공소사실')가 과형상 일죄(상상적 경합은 그 일종)의 관계에 있어 상호 완전히 다른 사건은 아니다.

③ 사건의 단일성의 요건

사건이 단일하려면 피고인과 공소범죄사실이 단일하여야 한다. 공범사건으로 피고인이 수인이면 사건은 수개이다. 그 수개의 사건은 상호 관련사건이 된다.

피고인 1명의 범죄사실이 수개이면 사건은 수개의 사건이 되고 이 역시 상호 관련사건이 된다. 경합범이 반드시 병합 심리되는 것은 아니며 병합 심리되는

경우에도 사건이 1개가 되는 것은 아니다. 다만 경합범에 대하여 1개의 형이 선고되는 경우에 상소관계에서 사건에 대한 취급이 불가분하게 취급(상소불가분)될 뿐이다.

본 사안에서처럼 '상호 상상적 경합범의 관계에 있는 수죄'(폭행죄와 모욕죄, 명예훼손죄와 모욕죄 등)는 물론이고 '상호 포괄일죄의 관계에 있는 부분적 범죄사실들'도 형사절차상 단일한 죄로 취급되고 있다.

④ 기소의 효력이 미치는 범위·판결의 기판력과 단일성

단일사건의 일부에 대하여만 공소가 제기되었다 하더라도 공소제기의 효력은 단일사건의 전부에 미치고 동일성이 인정되는 한 그 효력은 계속 유지된다(공소불가분의 원칙 248조 2항). 공소제기의 객관적(물적) 효력이 미치는 범위는 법원의 잠재적 심판범위와 일치하며 그것이 바로 공소장변경의 한계가 된다. 다른 한편 그것은 기판력(일사부재리의 효력)이 미치는 객관적 범위와도 일치하여야 한다. 이처럼 과형상 일죄는 소송법상 일죄로 취급되므로 법원은 공소사실의 단일성이 인정되는 범위에서만 공소사실의 추가를 허용할 수 있다. 사건이 단일하면 그 일부에 대한 판결의 효력도 그 전부에 미친다. 사건의 일부에 대하여만 판결이 있었다 하더라도 검사는 공소장변경에 의하여 전부에 대하여 심판을 청구할 가능성이 있었기 때문이다. 따라서 판결에서 빠진 부분에 대하여 판결 확정 후에 다시 심판하는 것을 허용할 수 없다. 또 법원은 일죄의 일부에 대하여 유죄를 선고하는 경우에 굳이 단일한 범위 내에 있는 다른 부분에 대하여 무죄를 선고할 필요는 없고 다만 판결이유 중에 그 취지를 명시하는 것으로 족하다.

6.5 기본적 사실이 동일하더라도 공소장변경이 필요한 사안(실질적 불이익설(Ⅰ))

대법원 1984. 9. 25. 선고 84도312 판결; 대법원 1979. 6. 26. 선고 78도1166 판결

F 【1979년 사안】 검사가 D2를 변호사법위반죄로 기소하였다가, 제1심 공판절차 진행도중 변경 신청한 공소사실은 "D2는 1976. 8. 4. 서울 중구 인현동 112의 3호 소재 동보교역 사무실에서 V2에게, D3, D4 등에게 부탁하여 '고속버스 터미널 화장실 관리권이나 노량진 수산시장 앞 공터에 점포허가를 받아 동업을 하자'고 거짓말을 하여 V2로부터 그 교제비 명목으로 금 90만 원을 교부받아 편취하였다"(형법 347조 1항 위반)는 것이었다. 제1심은 공소장변경을 허가하였다. 제1심은 "D2는, V2가 'D3, D4에게 부탁하여 관계당국으로부터 인천－태안 간의 시외버스 노선 허가를 받으려고 노력하다가 사정이 여의치 못하여 포기상태에 있는 것'을 알고 1976. 8. 4. 동보교역 사무실에서 V2에게 '자신(D2)에게 교제비를 주면 D3, D4를 통하여 같은 해 11.30.경까지 틀림없이 위 시외버스 노선허가를 관계당국으로부터 받아주겠다'라는 취지의 거짓말을 하여 V2를 기망하고 이에 속은 V2로부터 교제비 명목으로 돈 900,000원을 교부받아 편취"한 사실을 인정하고 D2에게 유죄를 선고하였다. D2가 항소하였으나 항소심은 항소를 기각하였다. D2가 "원심판결은 불고불리의 원칙에 위배된다"고 주장하며 상고하였다.

【1984년 사안】 D는 "1981. 10. 28. 11:00경 및 동년 11. 25. 14:00경 등 두 차례에 걸쳐 V의 집에서, 변제의 의사나 능력이 없음에도 불구하고 '일시 차용한 후 곧 변제하겠다'는 허언으로 V를 기망하여 이를 믿은 V로부터 도합 금 480,000원을 교부받아 편취한" 사기(형법 347조 1항 위반) 혐의로 기소되었다. 항소심에서 **D는 V의 소개와 보증 하에 K로부터 금원을 차용한 사실을 시인**하였다. 항소심은 "D가 같은 일시·장소에서 V에게 'V가 직접 돈을 빌려주거나 혹은 V의 소개로 타인으로부터 돈을 빌 수 있게 하여 주면 이를 곧 변제하겠다'는 취지의 거짓말을 하여 V를 기

망함으로써 이에 속은 V를 통하여 K로부터 도합 금 480,000원을 차용하면서 V로 하여금 D에 대한 보증채무를 부담하게 하여 재산상의 이익을 취득하였다"는 범죄사실을 인정하여 유죄를 선고하였다. D가 "원심판결은 불고불리의 원칙에 위배된다."고 주장하며 상고하였다.

I 수소법원이 공소장기재 공소사실·적용법조와 다른 사실·적용법조를 인정하여 유죄판결을 선고하는 수가 있다. 강도상해죄로 기소된 사안에 대하여 수소법원이 공소장 변경절차의 경유 없이 주거침입죄 및 상해죄로 처단한 하급심의 조처를 수긍한 사례(대법원 1996. 5. 10. 선고 96도755 판결)가 있는가 하면, "인정사실 부분의 심판대상에 관하여 공소장 변경의 절차를 거쳤어야 할 것임에도 그 절차 없이 위와 같이 범죄사실을 인정하여 판결에 영향을 미친 위법이 있다."고 판정된 사례(대법원 2014. 3. 27. 선고 2013도13567 판결)도 있다. 양자를 구분하는 기준은 공소장 변경절차의 경유가 없었다 하더라도 피고인에게 '실질적으로 불이익'하지 않은가 여부에 달려 있다. 이 입장을 '실질적 불이익설＝사실기재설'이라고 한다.

R 실질적 불이익설의 구체적 적용

A 【1979년 사안】 파기환송. ㉮ 본 건 공소사실은 "D2가 V2에게 '고속버스 터미널 화장실 관리권이나 수산시장 앞 공터에 점포허가를 받아 동업하자'고 거짓말을 하여 그 교제비 명목으로 금 900,000원을 편취하였다"는 것임에 반하여 제1심 법원의 인정사실은 "(D2가) V2에게 '시외버스 노선허가를 받아 주겠다.'고 거짓말을 하여 그 교제비 명목으로 금 90만 원을 편취하였다"는 것이니 제1심 판결의 위와 같은 조치는 공소가 제기된 사실(고속버스 터미널의 화장실

관리권이나 수산시장 앞 공터에의 점포허가를 받아 동업하자고 거짓 제의하여 교제비 명목으로 금원을 편취하였다는 점)에 관하여는 판단을 않고 청구를 받지 아니한 사실(시외버스 노선허가를 받아주겠다고 허언을 하여 교제비 명목으로 금 900,000원을 편취하였다는 점)에 대하여 심판을 한 결과로 되어 ⑭ 불고불리의 원칙에 위배되었고, ㉮ 혹은 위 양 사실, 즉 공소사실과 판시사실과의 사이에 **피해자 및 편취금원 등 동일성이 인정된다 할지라도 적법한 공소장 변경절차가 없는 한 판시사실을 단죄할 수 없다.** 이와 같은 ㉯ 절차상의 위법은 다른 죄와 경합범으로 처단한 판결 결과에 영향을 미쳤음이 분명하다. 그럼에도 불구하고 ㉰ 원심판결은 제1심 판결의 위 위법을 간과하였을 뿐 아니라 피고인이 항소이유에서 구체적으로 명시는 아니하였지마는 ㉱ 불고불리의 원칙 위반을 주장하였음에도 불구하고 이 점에 관한 명확한 판시를 않고 피고인의 항소를 기각하였음이 그 판문 상 뚜렷하므로 이 점 판단 유탈(判斷遺脫)의 위법이 있다.

【1984년 사안】 상고기각. 본 건 공소사실과 원심인정의 범죄사실과를 비교하여 보면 D가 차용한 금원의 액수가 도합 금 480,000원으로 동일하고, 기망의 태양도 '변제의 의사나 능력이 없음에도 불구하고 조속한 기간 안에 변제할 것처럼 거짓말을 하였다'는 점에서 동일하며 V가 입은 피해의 내용도 비록 적극적 재산의 감소 혹은 소극적 재산의 증가 등 형식상 차이가 있기는 하나, 실질적으로는 금 480,000원이라는 피해액수가 동일하므로 'D가 V를 기망하여 금원을 편취하였다'는 **기본적 사실에 아무런 차이도 없으므로** 원심의 인정사실이 이 사건 공소사실의 동일성을 벗어나는 것이라고는 할 수 없다. 또 원심에서 D는 V의 소개와 보증 하에 K1, K2로부터 금원을 차용한 사실을 시인하고 있음이 분명한 이상, 원심이 공소장변경절차 없이 이와 같은 사실을 인정하였다 하여 D의 방어에 하등의 불이익을 주었다고는 볼 수 없으므로 원심의 위와 같은 조치에 소론이 주장하는 불고불리의 법리를 오해한 위법이 있다 할 수 없다.

C

① 두 개 사안의 공통점과 차이점

두 개 사안의 공통점은 만약 검사가 변론에서 드러난 사실대로 공소장변경신청을 하였다면 동일성이 인정되어 허가되었을 사안이라는 점이다. 두 개 사안의 차이점은 수소법원이 공소장에 기재된 공소사실·적용법조와 다른 사실·적용법조를 인정하여 유죄판결을 선고하였는데 1979년 사안에서는 '불고불리원칙에 위배하는 위법판결'이라는 판정을 받았음에 반하여 1984년 사안은 항소심이 공소장에 기재된 공소사실·적용법조와 다른 사실·적용법조를 인정하여 유죄판결을 선고 하였어도 "피고인의 방어에 불이익을 주었다고는 볼 수 없으므로 불고불리의 법리를 오해한 위법이 없다."는 판정을 받았다는 점이다. 따라서 중요한 점은 어떻게 하면 '실질적 불이익설의 구체적 적용을 적절히 할 것인가' 하는 점이다.

② 공소장변경의 요부의 기준에 관한 학설

공소사실의 법률적 측면을 중시하는 입장과 사실적 측면을 중시하는 입장으로 대별할 수 있다.

⑴ 사실기재설 : 법률적 구성에 영향이 없는 경우에도 공소장에 기재된 사실과 다른 사실을 인정하려면 공소장변경을 요하지만 모든 미세한 사실의 변경에도 공소장변경을 요한다고 하는 것은 번잡하고 무의미하므로 피고인의 방어에 실질적인 불이익을 줄 염려가 없는 때에는 공소장변경 없이 다른 사실을 인정할 수 있다는 견해(통설·판례)이다. 공소사실의 사실적 측면을 중시하는 입장이다.

⑵ 동일벌조설·법률구성설 : 구체적 사실관계가 다르다고 할지라도 그 구성요건 혹은 법률구성(작위범인가 부작위범인가, 고의범인가 과실범인가 등)에 영향이 없는 한 공소장변경 없이 공소장에 기재된 사실과 다른 사실을 인정할 수 있다는 견해이다. 공소사실의 법률적 측면을 중시하는 입장이다.

③ 대법원 판례의 추이

형사소송법의 시행초기(1950년대)에는 공소사실의 동일성이 인정되는 한도 내에서 법원은 검사의 공소장변경허가신청이 없는 경우에도 직권으로 공소된 사실과 다른 범죄를 인정할 수 있다는 취지의 판결[1]이 수없이 나와 공소장변경제도의 존재를 무색케 할 정도이었다. 그러다가 대법원은 1960년대 말에 이르러 전원합의체판결(대법원 1968. 9. 19. 선고 68도995 판결)로 특수강도의 공소사실을 공소장변경 없이 특수공갈죄로 처단한 원심의 조치를 "심판의 대상이 되지 않은 사실을 심판한 위법이 있다"고 판시하여 현재와 같은 사실기재설(실질적 불이익설)의 입장으로 선회하기 시작했다.

④ 동일구성요건 안에서의 사실의 변경

사실기재설은 하나하나의 사건의 심리경과를 구체적으로 고찰하여 개별적으로 판정하는 방식의 해결방안이므로 사실기재설을 어떤 추상적이고 획일적인 기준을 제시하여 설명하는 것은 거의 불가능하다. 따라서 유형별로 공소장변경의 요부를 가려볼 필요가 있다.

(1) 범죄의 일시·장소는 일반적으로 공소사실의 특정을 위한 요인이지 범죄사실의 기본적 요소가 아니므로, 그 일시·장소를 다소 다르게 인정하여도 원칙적으로 공소장변경을 요하지 않는다.[2] 그러나 그 변경인정이 피고인의 방어에 실질적인 불이익을 초래할 염려가 있는 때, 예를 들어 현장부재증명과 관계있는 일시·장소 등의 변경에는 공소장변경을 요한다.[3]

(2) 범행의 수단·방법, 예를 들어 사기죄의 기망의 방법,[4] 살인죄의 살해방법(독살, 사살, 타살, 교살 등), 강도죄의 강취방법(폭행, 협박), 교사범의 교사의 내용[5] 등을 공소사실과 다르게 인정할 경우에는 공소장변경이 필요하다. 이런 경우에는 양형의 조건이 달라져 피고인에게 불이익을 줄 염려가 있고 방어방법

에도 기본적 수정을 가져오기 때문이다. 교통사범의 과실의 태양·내용을 다르게 인정하는 때[6]에도 원칙적으로 공소장 변경이 필요하다. 그러나 공소장에 예시적으로 기재된 자동차운전기사의 업무상 주의의무와 다른 주의의무를 인정하는 때[7]에는 피고인의 방어에 실질적 불이익이 없다. 작위범으로 구성된 공소사실을 부작위범으로 인정하는 때 및 그 반대의 경우에도 원칙적으로 공소장의 변경이 필요하다.

(3) 범죄의 피해액수 또는 정도, 예를 들어 절도죄의 절취품의 수량 또는 그 액수, 상해죄의 치료기간 등을 일부 탈락 또는 축소시켜 인정하는 때,[8] 그것을 약간 다르게 추가 또는 확장하여 인정하는 때에는 공소장의 변경이 필요하지 않다.[9]

(4) 범죄의 피해자 또는 상대방을 달리하는 때, 예를 들어 사기죄의 상대방의 변경, 횡령죄의 위탁자의 상위, 마약법위반죄의 마약양도상대방의 상위 등의 경우에는 원칙적으로 공소장변경이 필요하다. 그러나 그것이 피고인의 방어권행사에 중요성을 가지지 아니할 때에는 그렇지 않다.[10]

(5) 포괄적 일죄의 경우에는 조금 복잡하다. 공소장에 그 죄를 구성하는 개개의 사실로서 특정될 수 있는 정도로 명시된 범죄사실만이 심판대상이 되므로 이에 포함되지 않는 다른 범죄사실(그러나 이것이 공소장에 적시된 공소사실과 포괄적 일죄의 관계에 있을 때)을 인정하려면 공소장변경이 필요하다.[11]

⑤ 구성요건이 달라지는 경우

공소장기재 공소사실과 인정사실(판명사실)의 법적 평가 결과 구성요건을 달리하는 때는 원칙적으로 공소장변경이 필요하다. 일반적으로 볼 때 구성요건이 달라지면 피고인의 방어방법과 그 전략이 크게 달라

1) 대법원 1955. 7. 15. 선고 4288형상74 판결; 대법원 1959. 6. 9. 선고 4292형상83 판결; 대법원 1959. 12. 23. 선고 4291형상399 판결; 대법원 1961. 12. 28. 선고 4294형상477 판결.
2) 대법원 1967. 9. 29. 선고 67도946 판결.
3) 대법원 1982. 6. 22. 선고 81도1935 판결.
4) 대법원 1979. 6. 26. 선고 78도1166 판결; 대법원 2010. 4. 29. 선고 2010도2414 판결.
5) 대법원 1974. 11. 26. 선고 74도1789 판결.
6) 대법원 1968. 11. 19. 선고 68도1998 판결.
7) 대법원 1965. 1. 19. 선고 64도719 판결.
8) 대법원 1969. 12. 9. 선고 69도1761 판결.
9) 대법원 1984. 10. 23. 선고 84도1803 판결.
10) 대법원 1978. 2. 28. 선고 77도3522 판결; 대법원 1987. 12. 22. 선고 87도2168 판결.
11) "포괄일죄라도 그를 구성하는 개개의 사실이 공소장에 명시되어 있지 않은 이상 그 부분은 심판의 대상이 될 수 없다"(대법원 1971. 11. 23. 선고 71도1548 판결); 대법원 1977. 1. 25. 선고 76도3792 판결.

질 것이기 때문이다. 예를 들어 절도를 장물운반으로, 사기를 횡령으로, 절도를 강도로, 상해치사를 살인으로, 업무상과실치상을 중과실치상으로, 단순사기를 상습사기로 인정하는 때와 같이 구성요건이 달라지는 때에는 원칙적으로 공소장변경이 필요하다. 무거운 법정형의 구성요건으로 변경하는 경우뿐만 아니라, 동등하거나 가벼운 법정형의 구성요건으로 변경하는 때에도 사정이 달라지지 않는다. 대법원은 일찍부터 특단의 사정이 없는 한 공소장변경 없이는 특수절도죄를 장물운반죄로,[12] 특수절도죄를 점유이탈물횡령죄로,[13] 증뢰물전달죄를 수뢰죄로,[14] 강간치상을 강제추행치상으로,[15] 사기를 배임으로,[16] 강제집행면탈죄를 권리행사방해죄로,[17] 명예훼손을 모욕으로,[18] 야간주거침입절도미수를 주거침입죄로,[19] 살인죄를 폭행치사죄로[20] 변경 인정할 수 없다고 판시하여 왔다. 또한 대법원은 미수를 기수로, 종범을 공동정범 또는 단독정범으로 변경 인정하려면 공소장변경이 필요하다고 한다. 어느 경우이든 죄명을 기준으로 하기 보다는 구체적 사건에서 피고인의 방어권 행사에 실질적 불이익이 있는지 여부에 따라 개별적으로 판단하는 것이 대법원의 입장이다.

⑥ 공소장변경이 필요 없는 경우

법원의 인정사실이 공소장기재 공소사실과 달라도 공소장변경이 필요하지 않은 경우로 대법원은 두 가지 유형을 인정하여 왔다. 첫째는 ① 축소사실의 인정이다. 피고인이 그 부분에 대하여 이미 방어를 했거나 아니면 방어의 준비가 되어 있을 것으로 예상되어 공소장변경절차를 경료하지 않는다 하더라도 피고인에게 불의의 타격을 가할 가능성이 적기 때문이다. 둘째는 ② 법률적 평가만을 달리 하는 경우이다. 여기에서는 둘째 경우만 살펴보기로 한다(⇨축소사실

의 인정에 대하여는 본서 6.8 참조).

사실관계의 변화 없이 법률 평가만 다른 경우, 예를 들어 경합범이 포괄일죄가 되는 경우[21] 등 죄수의 변경, 횡령과 배임죄[22] 사이에는 공소장변경이 불필요하다. 그러나 사실에는 변화가 없다 하더라도 법정형이 높아지면 방어권 행사에 실질적 불이익이 있는 것[23]이므로 공소장변경이 필요하다.

---

12) 대법원 1965. 1. 26. 선고 64도681 판결.

13) 대법원 1965. 8. 24. 선고 65도537 판결.

14) 대법원 1965. 10. 26. 선고 65도785 판결.

15) 대법원 1968. 9. 29. 선고 68도776 판결.

16) 대법원 1971. 4. 20. 선고 71도396 판결.

17) 대법원 1972. 5. 31. 선고 72도1090 판결.

18) 대법원 1972. 5. 31. 선고 70도1859 판결.

19) 대법원 1976. 10. 12. 선고 76도1902 판결.

20) 대법원 1981. 7. 28. 선고 81도1489 판결.

21) 대법원 2007. 8. 23. 선고 2007도2595 판결.

22) 대법원 1999. 11. 26. 선고 99도2651 판결.

23) "'미성년자 약취 후 재물취득 미수'에 의한 특가법 위반죄로 공소가 제기된 이 사건에서 법원이 공소장변경 없이 '미성년자 약취 후 재물요구 기수'에 의한 특가법 위반죄로 인정하여 미수감경을 배제하는 것은 피고인들에게 예상외의 불이익을 입게 하는 것으로서 피고인들의 방어권 행사에 실질적인 불이익을 초래할 염려가 있다" (대법원 2008. 7. 10. 선고 2008도3747 판결); "성폭력범죄의 처벌 및 피해자보호 등에 관한 법률 5조 1항의 주거침입에 의한 강간미수죄와 주거침입에 의한 강제추행죄의 법정형은 동일하지만, 전자의 경우 형법 25조 2항에 의한 미수감경을 할 수 있어 법원의 감경 여부에 따라 처단형의 하한에 차이가 발생할 수 있다. 따라서 법원이 성폭력범죄의 처벌 및 피해자보호 등에 관한 법률상 주거침입강간미수의 공소사실을 공소장변경 없이 직권으로 같은 법의 주거침입강제추행죄로 인정하여 미수감경의 가능성을 배제하는 것은 피고인의 방어권 행사에 실질적인 불이익을 초래할 염려가 있어 위법하다"(대법원 2008. 9. 11. 선고 2008도2409 판결); 대법원 2008. 3. 14. 선고 2007도10601 판결.

6.6 실질적 불이익설(Ⅱ)

대법원 2011. 11. 24. 선고 2009도7166 판결

F D는 '금지금 폭탄업체'[1]를 정범으로 한 조세포탈범행의 공동정범으로 기소되었다. 제1심은 유죄를 선고하였다. D는 '공동가공의 의사' 및 '실행행위의 분담' 등을 다투며 항소하여 항소심에서 위 쟁점들을 중심으로 공방(攻防)이 이루어졌다. 항소심은 'D가 조세포탈의 공동정범으로 인정되지는 않지만 그 방조범으로는 인정이 된다'고 판단하여 공소장변경 절차의 경유 없이 조세포탈범행의 방조범으로 유죄판결을 선고하였다. 제1심 및 항소심 심리과정에서 D가 공동정범이 아닌 방조범으로서 유죄라고 인정될 수 있는지에 대해서는 전혀 언급되거나 공방이 이루어진 바가 없고, 공소장변경과 관련된 논의도 없었다. 항소심은 직권으로 "D가 폭탄업체(노숙자 등이 바지사장으로 등장), 과세도관업체(2차도매업자), 바닥업체(마지막 도매업자) 등의 운영자와 공모하여 금지금 폭탄영업의 방법으로 부가가치세를 포탈하였다"는 공소사실에 대하여, 공소장변경 절차를 거치지 아니한 채 "D가 폭탄업체 등 전 단계 매출업체의 운영자들이 공동하여 금지금 폭탄영업의 방법으로 부가가치세를 포탈하리라는 정을 알고도 그 범행을 완성할 수 있도록 바닥업체로부터 시세보다 싼 금액에 금지금을 매입해 줌으로써 바닥업체의 조세포탈 실행행위

---

1) 금지금 변칙거래를 활용한 국고편취수법 때문에 각 거래단계의 납세의무자들이 성실하게 부가가치세를 낼 것을 전제로 하는 부가가치세제도(납부액 = 매출세액 – 매입세액)를 악용하여, 폭탄업체(일정물량의 거래 후 폐업)가 개입한 거래과정에서 매출세액의 납부는 없고 매입세액의 환급만 발생하게 함으로써 국고유출이 지속적으로 발생하게 된다(변칙거래가 성행한 2003년~2005년 사이에 연간 약 5,000억 원의 국고가 유출). 이에 관한 대법원 2007. 2. 15. 선고 2005도9546 전원합의체 판결이 나오기 전까지는 폭탄업체가 개입한 거래과정에서 주고받은 세금계산서가 '사실과 다른 세금계산서'에 해당하여 매입세액 공제를 거부할 수 있는지 여부를 둘러싸고 논쟁이 있었다. 대법원 2007. 2. 15. 선고 2005도9546 전원합의체 판결에서 이를 조세포탈행위에 해당한다고 판시한 바 있다.

를 방조"하였다고 인정한 것이다. D가 불고불리원칙 위반을 이유로 상고하였다.

I 공동정범으로 기소된 피고인에 대하여 수소법원이 검사의 공소장변경(허가신청)절차의 경유 없이 방조범을 인정하는 것이 적법한가?

R 파기환송. 1. ⓐ 형법상 방조행위는 정범이 범행을 한다는 정을 알면서 그 실행행위를 용이하게 하는 직접·간접의 행위를 말하므로, 방조범은 정범의 실행을 방조한다는 이른바 방조의 고의와 정범의 행위가 구성요건에 해당하는 행위라는 점에 대한 인식, 즉 정범의 고의가 있어야 한다. 이러한 방조범은 공동정범과 비교할 때 형법상 다 같이 공범의 형식으로 규정되어 있다고 하더라도 그 성립요건에서 엄연한 차이가 있고 범의의 내용도 반드시 동일하지 않다. 따라서 공동정범으로 기소된 피고인이 정범으로서의 공동가공 의사나 실행행위의 분담이 없었다고 다투는 것과 범행을 주도하는 정범의 존재를 전제로 하여 그 정범의 실행행위를 인식하면서 단순히 이를 돕는 행위를 한다는 방조의 의사 및 방조행위의 내용을 다투는 것은 방어권 행사의 내용과 접근방식에서 크게 다를 수 있다.

한편 형사소송법은 공소사실의 동일성 범위 내에서 공소장을 변경할 수 있도록 하는 한편 법원에 대해서도 심리의 경과에 비추어 상당하다고 인정할 때에는 검사에게 공소장의 변경을 요구하여야 한다고 규정하고 있다(298조 2항). 비록 위 ⓑ 공소장 변경 요구가 법원의 의무는 아니라고 하더라도, ⓒ 법원이 당초의 공소사실과 다른 사실을 심판대상으로 삼아 유죄로 인정하고자 할 경우에는 공소장변경 절차를 거치는 것이 불고불리 원칙 등 형사소송의 기본원칙에 부합한다. 다만 ⓓ 공판과정에서 이미 변경하여 인정하려는 사실이 심판대상으로 드러나 공방(攻防,

공격과 방어)이 되었다거나 당초의 공소사실에 대한 심판범위에 변경하여 인정하려는 사실이 포섭되어 있다는 등 특별한 사정이 있어 D의 방어권 행사를 해치지 아니할 정도라고 인정되는 경우라면 예외적으로 공소장 변경 없이도 직권에 의하여 공소사실과 동일성이 인정되는 범위 내에서 그와 다른 사실을 인정하여 유죄로 판단하는 것이 허용된다. 이러한 취지에서 ⓔ 공소사실의 동일성이 인정되는 범위 내에서 공소가 제기된 범죄사실보다 가벼운 범죄사실이 인정되는 경우 법원이 공소장변경 없이 직권으로 그 범죄사실을 인정할 수는 있으나, 그 경우에도 심리의 경과 등에 비추어 이로 인하여 D의 방어에 실질적인 불이익을 주는 것이 아니어야 한다.

A 형법상 방조행위 및 형사소송법상 공소장변경에 관한 법리에 비추어 볼 때, ⓕ 공동정범으로 공소가 제기된 피고인(D)에 대하여 법원이 공소장 변경 없이 직권으로 방조범으로 인정하여 처벌하기 위해서는, ㉮ 정범의 범행에 대한 공동가공의 의사나 기능적 행위지배의 점에 대한 증명이 부족하지만 그 의심이 있다는 정도로는 부족하고 ㉯ 방조의 고의와 행위가 있었다는 점에 대한 적극적인 증명이 있어야 하고, 나아가 ㉰ 그 점에 대하여 D에게 방어의 기회가 제공되는 등 심리의 경과에 비추어 D의 방어에 실질적인 불이익을 주지 아니한 경우라야 가능할 것이다. [A] 법원이 최종판결에서 갑자기 직권으로 방조범의 성립을 인정하게 되면 D의 방어권행사에 실질적 불이익을 초래할 우려가 있다. 따라서 원심으로서는 ⓖ 설령 그 판시와 같은 사정을 들어 D를 조세포탈범행의 방조범으로 인정할 수 있다고 하더라도 그에 앞서 공소장변경의 절차를 거치거나 D에게 방조범의 성립 여부와 관련한 방어의 기회를 제공함으로써 그 방어권 행사에 불이익이 초래되지 않도록 필요한 조치를 하였어야 한다. 그럼에도 불구하고 원심이 공판진행 과정에서는 아무런 언급이 없다가 판결을 선고하면서, 공동정범으로는 인정되지 않지만 방조범으로는

인정이 된다고 하여 유죄로 판단한 것은 공소장변경에 관한 법리를 오해하여 판결에 영향을 미친 위법이 있는 경우에 해당한다.

C

1 실질적 불이익설

이 판결은 실질적 불이익설이 어떤 것이고 실질적 불이익 여부의 판정을 어떻게 할 것인가를 보다 구체적으로 판시한 사례 중의 하나이다.

2 사실심에서 피고인이 방조사실을 시인한 경우

사안에서 제1심 및 항소심 심리과정에서 피고인 D가 공동정범이 아닌 방조범으로서 유죄라고 인정될 수 있는지에 대해서는 전혀 언급되거나 공방이 이루어진 바가 없고, 공소장변경과 관련된 논의도 없었다. 그러나 만약 본 사안에서 D가 '방조는 했을지 몰라도 정범은 아니라'는 취지로 방어행위에 임하였다면 결과는 달라질 것이다.

3 공범관계의 변경인정과 공소장변경의 요부

사실심법원이 증거조사 후에 공소장변경절차의 경유 없이 기소된 것과 다른 공범관계를 인정하여 유죄선고를 하면 불고불리원칙 위반인가? 불고불리원칙 위반이 선언된 판례(본 판례)가 있는가 하면 불고불리원칙 위반이 아니라는 1991년 판례(대법원 1991. 5. 28. 선고 90도2977 판결)도 있다. 1991년 사안은 영등포구청 시민봉사실의 호적업무를 보조하는 자 D2가 "시민봉사실장과 의논이 되어 호적정정허가신청서를 작성하여 행사한 것이고 위 시민봉사실장은 위 신청서의 정정사유가 허위임을 알면서도 결재한 것이라고 주장하여 온 사안이므로 하급심이 공소장변경절차 없이 D2의 단독범으로 기소된 공소사실을 그 범행사실의 내용이 동일한 공동정범으로 인정하였다고 하여 피고인의 방어권 행사에 불이익을 줄 우려가 있는 경우라고 할 수 없다."고 판정된 사안이다.

6.7　일반법과 특별법이 동일한 구성요건을 가지고 있는 경우 검사의 기소재량권

대법원 2007. 12. 27. 선고 2007도4749 판결

F　군인인 D에게 "소속 군부대 내에서 현금을 19회 절취하고 야간에 취사병 생활관에 침입하여 현금을 2회 절취한 혐의"의 조사가 진행되었다. 군검찰관은 D를 형법상의 상습절도죄(형법 332조, 329조, 330조) 혐의로 기소(항소심에 이르러 공소장변경이 허가된 결과이고 법정형은 '징역 15년 이하')하였다. 특정범죄 가중처벌 등에 관한 법률(이하 '특가법'으로 약칭함) 5조의4 1항은 형법상의 상습절도와 구성요건이 동일하고 법정형만이 가중(법정형 '무기 또는 3년 이상의 징역')되어 있다. 항소심은 "특가법 5조의4 1항은 형법상의 상습절도와 구성요건이 동일하고 법정형만이 가중되어 있어서 피고인 D의 방어권 행사에 아무런 불이익을 초래하지 아니한다"는 이유로, 공소장변경절차를 경유하지 않고 D에게 특가법 5조의4 1항, 형법 329조, 330조를 적용하여 형을 선고하였다. D가 상고하였다.

I　일반법(형법)과 특별법(특가법)이 동일한 구성요건을 가지고 있고 어느 범죄사실이 그 구성요건에 해당하는데 검사가 형이 가벼운 일반법의 법조를 적용하여 기소하였을 때 법원이 공소장변경절차의 경유 없이 형이 무거운 특별법의 법조를 적용하여 유죄판결을 할 수 있는가?

R A　파기환송. 피고인의 방어권 행사에 실질적인 불이익을 초래할 염려가 없는 경우에는 법원이 공소장변경절차를 거치지 않고 일부 다른 사실을 인정하거나 적용법조를 달리한다고 할지라도 불고불리의 원칙에 위배되지 않지만, 방어권행사에 있어서 실질적인 불이익 여부는 그 공소사실의 기본적 동일성이라는 요소 외에도 '법정형의 경중' 및 그러한 경중의 차이에 따라 피고인이 자신의 방어에 들일 노력·시간·비용에 관한 판단을 달리할 가능성이 뚜렷한지 여부 등의 여러 요소를 종합하여 판단하여야 한

다. 이 사건과 같이 일반법과 특별법이 동일한 구성요건을 가지고 있고 어느 범죄사실이 그 구성요건에 해당하는데 검사가 그 중 형이 보다 가벼운 일반법의 법조를 적용하여 그 죄명으로 기소하였으며, 그 일반법을 적용한 때의 형의 범위가 '징역 15년 이하'이고, 특별법을 적용한 때의 형의 범위가 '무기 또는 3년 이상의 징역'으로서 차이가 나는 경우에는, 비록 그 공소사실에 변경이 없고 또한 그 적용법조의 구성요건이 완전히 동일하다 하더라도, 그러한 적용법조의 변경이 피고인의 방어권 행사에 실질적인 불이익을 초래한다고 보아야 하며, 따라서 법원은 공소장변경 없이는 형이 더 무거운 특별법의 법조를 적용하여 특별법 위반의 죄로 처단할 수는 없다.

C

1 형법상의 상습절도죄와 특가법상의 상습절도죄의 관계

형법상의 상습절도죄와 특가법상의 상습절도죄는 구성요건이 동일하고 법정형만이 다르다. 대법원은 양자의 관계를 '법조경합 중 일반·특별의 관계'와 구별한다. 왜냐하면 대법원은 '법조경합의 한 형태인 특별관계'를 "어느 구성요건이 다른 구성요건의 모든 요소를 포함하는 외에 다른 요소를 구비하여야 성립하는 경우로서 특별관계에서는 특별법의 구성요건을 충족하는 행위는 일반법의 구성요건을 충족하지만 반대로 일반법의 구성요건을 충족하는 행위는 특별법의 구성요건을 충족하지 못 한다.[1] 그런데 형법상

[1] "상상적 경합은 1개의 행위가 실질적으로 수개의 구성요건을 충족하는 경우를 말하고, 법조경합은 1개의 행위가 외관상 수개의 죄의 구성요건에 해당하는 것처럼 보이나 실질적으로 1죄만을 구성하는 경우를 말하며, 실질적으로 1죄인가 또는 수죄인가는 구성요건적 평가와 보호법익의 측면에서 고찰하여 판단하여야 한다"(대법원 1998. 3. 24. 선고 97도2956 판결; 2002. 7. 18. 선고 2002도669 전원합의체 판결 등 참조). 그리고 "법조경합의 한

의 상습절도죄와 특가법상의 상습절도죄는 구성요건이 완전히 동일하기 때문이다.

2 항소심의 논증

항소심은 형법상의 상습절도죄와 특가법상의 상습절도죄의 관계를 '법조경합의 한 형태인 특별관계'와 동일시하였거나, 아니면 법의 일반원칙인 '특별법 우선(특가법과 형법의 관계에서 특별법인 특가법 우선)의 원칙' 혹은 '신법 우선(특가법과 형법의 관계에서 신법인 특가법이 우선)의 원칙'을 적용하고, 또 법원의 판단이 검사의 주장과 '죄수에 대한 법률적 평가만을 달리하는 경우'에는 공소장변경절차의 경유가 필요하지 않다는 기존의 대법원판례[2]를 원용하여 특가법 위반죄를 선고한 것으로 보인다.

3 검사의 기소재량의 긍정

본 판결은 소폭이나마 검사의 기소재량을 긍정하려는 사고를 전제하지 않으면 이해하기 어렵다. 실체법의 '일반·특별관계의 법조경합' 이론은 법정형이 무거운 법조를 법정형이 가벼운 법조에 우선하여 적용할 것[3]을 요구하지만, 대법원은 'ⓐ 일반법과 특별

법이 동일한 구성요건을 가지고 있고 어느 범죄사실이 그 구성요건에 해당하는데 ⓑ 검사가 형이 가벼운 일반법의 법조를 적용하여 기소하였을 때', ⓒ '검사가 모종의 합리적인 이유로 법정형이 가벼운 법조를 적시하여 기소한 것이면 ⓓ 법원은 검사의 공소장변경허가신청을 경유하지 않고 법정형이 무거운 다른 법조를 적용하여 피고인을 처단할 수 없다'고 판시하여 일정한 범위에서 검사의 기소재량을 존중하고 있다.[4]

한편 이 판결은 공소장변경의 요부 문제에서 '실질적 불이익 여부'의 판단기준으로 추상적 방어설(소송의 구체적 경과를 고려하지 않고 추상적·유형적 기준으로 '실질적 불이익 여부'를 판단하는 기준)의 입장을 전개한 판결로 분석할 수도 있다. 왜냐하면 이 판결은 '법정형이 가중되는 방향의 법적용을 하는 경우에는 (소송의 구체적 경과를 고려할 것 없이) 피고인의 방어상의 불이익이 있다'고 간주하는 방향의 판결이기 때문이다.

형태인 특별관계란 어느 구성요건이 다른 구성요건의 모든 요소를 포함하는 외에 다른 요소를 구비하여야 성립하는 경우로서 특별관계에 있어서는 특별법의 구성요건을 충족하는 행위는 일반법의 구성요건을 충족하지만 반대로 일반법의 구성요건을 충족하는 행위는 특별법의 구성요건을 충족하지 못"한다(대법원 1993. 6. 22. 선고 93도498 판결; 대법원 1997. 6. 27. 선고 97도1085 판결; 대법원 2003. 4. 8. 선고 2002도6033 판결).

2) "법원이 동일한 범죄사실을 가지고 포괄일죄로 보지 않고 실체적 경합관계에 있는 수 죄로 인정하였다고 하여도 이는 다만 죄수에 관한 법률적 평가를 달리한 것에 불과할 뿐이지 소추대상인 공소사실과 다른 사실을 인정한 것도 아니고 또 피고인의 방어권행사에 실질적으로 불이익을 초래할 우려도 없어서 불고불리의 원칙에 위반되는 것이 아니므로(대법원 1987. 5. 26. 선고 87도527 판결 참조), 가사 원심에서 적법한 공소장변경이 없었다고 하더라도 원심이 D의 O에 대한 부당대출죄와 O2에 대한 부당대출죄를 포괄일죄로 보지 않고 실체적 경합범으로 인정한 것이 위법하다고 볼 수도 없다"(대법원 2005. 10. 28. 선고 2005도5996 판결).

3) "형법 356조의 업무상의 횡령과 배임의 죄의 구성요건과 농가대여양곡법 17조 1호의 죄의 구성요건을 대비 검토하여 보건대, 이는 일반법과 특별법의 관계에 있다고 보

아야 할 것이고 같은 사항에 대하여 일반형벌법규와 특별형벌법규가 있는 때에는, 특별형벌법규가 우선하여 적용되는 것임에도 불구하고, 원심이 앞에 적기한 바와 같이 판시하였음은 법리오해의 잘못이 있는 것이라 아니할 수 없다"(대법원 1967. 4. 18. 선고 67도113 판결).

4) "어느 범죄사실이 일반법과 특별법에 모두 해당하는 경우라 하여도 검사가 형이 보다 가벼운 일반법의 죄로 기소하면서 그 일반법의 적용을 청구하고 있는 이상 법원은 형이 더 무거운 특별법을 적용하여 특별법위반의 죄로 처단할 수는 없다(대법원 1960. 9. 9. 선고 4293형상366 판결 등 참조)"(대법원 2006. 4. 14. 선고 2005도9743 판결).

6.8 공소사실의 축소인정재량

대법원 2008. 5. 29. 선고 2007도7260 판결

F D는 국방부 홍보관리관으로 근무하던 자인바 "2006. 6. 19. 19:00경 서울 용산구 남영동에서 함께 근무하는 V(여, 48세)를 만나 다음 날 02:30경까지 진도횟집, 필립주점, 아리랑노래방, 민속주점 등지에서 4차에 걸쳐 술을 마시다가 술에 취한 V가 구토를 하면서 구토물이 옷에 묻고, 정신을 차리지 못하여 V를 여관으로 데리고 가 그곳에서 재우기로 하고 위 남영동 38에 있는 로망스 모텔 205호로 데리고 간 다음 같은 날 04:30경 위 205호에서 V가 계속하여 구토를 하고 구토물이 D와 V의 옷에 묻어 아침에 출근하기 곤란할 것이 염려되어 더 이상 구토물이 묻지 않도록 V의 옷을 모두 벗기고, 자신도 옷을 벗은 상태에서 V를 보고 순간적으로 욕정을 일으켜 술에 취하여 잠을 자느라 항거불능의 상태에 있는 V를 간음하기로 마음먹고, 손가락으로 V의 음부를 만지고 입으로 가슴을 빨던 중 잠이 깬 V가 반항하는 바람에 그 뜻을 이루지 못하고 미수에 그치고, 그 과정에서 V에게 약 1주간의 치료를 요하는 처녀막 부분 파열상 등을 가"한 준강간치상(형법 299조, 297조) 혐의로 기소되었다. 제1심은 "D가 V의 옷을 모두 벗기고 자신도 옷을 벗었다는 점에서 D에게 간음의 고의가 있었을 수도 있다는 의심은 든다. 그러나 또 한편으로는, 다음의 각 사정, ① V가 구토를 하고 구토물이 D와 V의 옷에 묻자 더 이상 구토물이 묻지 않도록 V의 옷을 모두 벗기고, D도 옷을 벗게 된 점, ② D가 V의 옷가지와 핸드백을 가지런히 정돈해 놓은 상태에서 V의 모습을 보고 순간적인 욕정을 일으켜 입으로 가슴을 빨게 된 점, ③ 그 직후 V가 깨어 나 황급히 옷을 입고 나가는 과정에서 D가 추가적인 강압 행위에까지 나아가지는 않은 점 등 이 사건 범행에 이르기까지의 경위, 범행태양, 범행 직후 D의 행위 등에 비추어 보면, D가 옷을 벗은 V의 모습을 보고 순간적으로 욕정을 일으켜 추행의 고의를 가지고 V의 가슴을 빨았다고 인정할 수는 있을지언정, D가 손가락으로 V의 음부를 만졌

다거나 나아가 간음의 고의까지 있었다는 점에 관하여, 검사 제출의 증거만으로는 합리적 의심의 여지를 배제할 만큼 증명이 되었다고 인정하기에 부족하다. 따라서 D에 대한 이 사건 공소사실인 준강간치상의 점은 범죄의 증명이 없는 경우에 해당하여 무죄를 선고하여야 할 것이나, 위 공소사실에는 준강제추행의 공소사실이 포함되어 있어 동일한 공소사실의 범위 내에 있는 위 준강제추행죄에 대하여 유죄로 인정한 이상 따로 주문에서 무죄를 선고하지 않는다."며 준강제추행죄를 인정하여 징역 8개월을 선고하였다. 양형이유는 "이 사건 범행은 피고인(D)이 부하 직원인 피해자의 항거불능 상태를 이용하여 저지른 것으로서 그 죄질이 좋지 않고, 그로 인하여 피해자에게 씻을 수 없는 상처와 수치심을 준 점, 그럼에도 피고인이 반성하지 않고 범행을 부인하고 있는 점 등을 참작하여, 피고인에게 실형을 선고하되, 항소심에서 피해자와 합의할 수 있는 기회를 주기 위하여 법정구속은 하지 않는다."이다. 검사는 사실오인과 양형과경을 이유로 D는 사실오인과 양형과중을 이유로 항소하였다. 항소심 진행 중 D는 V에게 3,000만 원을 공탁하였다. 항소심은 이 점을 참작하여 "(준)강간치상의 점은 증명이 없는 경우에 해당하나, 이와 일죄의 관계에 있는 준강제추행죄를 유죄로 인정한 이상 주문에서 따로 무죄의 선고를 하지 아니한다."며 '징역 2년 판결 확정일로부터 2년간 위 형의 집행을 유예'하는 판결을 선고하였다. D와 검사가 모두 상고하였다. D는 수사기관에서부터 항소심 법정에 이르기까지 일관하여 범행 자체를 부인하여 왔으며, "가사 피해자 V의 진술과 같은 내용의 실행행위가 있었다고 하더라도 그와 같은 정도의 행위만으로는 강간의 범의를 인정할 수 없다."고 변소하여 왔다. 항소심도 강간의 점을 인정하지 않고 공소장변경절차의 경유 없이 준강제추행죄 부분을 충분히 심리한 후 준강제추행죄의 유죄판결을 선고하였다. D가 항소심의 불고불리원칙 위반을 주장하며 상고하였다.

I 공소사실의 축소인정이 불고불리원칙 위반이 되지 않으려면 축소부분에 대하여 충분한 심리(특히 방어활동)가 선행되어야 하는가?(그렇다)

R 상고기각. 법원은 공소사실의 동일성이 인정되는 범위 내에서 공소가 제기된 범죄사실에 포함된 것보다 가벼운 범죄사실이 인정되는 경우에, 심리의 경과에 비추어 피고인의 방어권 행사에 실질적 불이익을 초래할 염려가 없다고 인정되는 때에는 공소장이 변경되지 않았더라도 직권으로 공소장에 기재된 공소사실과 다른 공소사실을 인정할 수 있다(대법원 1999. 11. 9. 선고 99도1530 판결 참조).

A 이와 같은 사정 하에서라면 피고인을 공소장변경절차 없이 준강제추행죄로 처벌하더라도 피고인의 방어권 행사에 실질적 불이익을 초래할 염려가 있다고 볼 수 없으므로 원심판결에 공소장변경 요부에 관한 법리오해의 위법 등이 없다.

C

1 축소사실의 재량적 인정에 대한 대법원의 태도

사안과 같이 기소된 공소사실 중에 인정되는 사실이 포함되어 있는 경우, 다시 말하여 인정사실이 공소사실의 축소사실인 경우에 공소장변경을 요하지 않는다는 판례가 다수 존재하고 있다. 예를 들어 강도죄를 절도죄로,[1] 특수절도죄를 절도죄로,[2] 강도상해죄를 강도죄로,[3] 강간치사죄를 강간미수죄로,[4] 강

---

1) 대법원 1961. 5. 21. 선고 4292형상430 판결.
2) "검사가 특수절도죄와 같은 미수죄로 공소제기 한 것을 법원이 검사의 공소장변경절차 없이 절도죄와 같은 미수죄로 인정하여 이에 관한 법조를 적용하더라도 공소원인 사실의 동일성에 변경이 없으므로 원판결에 소론과 같은 법률위반이 있다할 수 없[다]"(대법원 1973. 7. 24. 선고 73도1256 판결); 대법원 1976. 7. 27. 선고 75도2720 판결.
3) 대법원 1963. 9. 12. 선고 63도215 판결.
4) 대법원 1969. 2. 18. 선고 68도106 판결.

간치상죄를 강간죄로,[5] 중실화를 실화로[6] 변경인정하는 데는 공소장변경절차를 경유하지 않고 인정되는 축소사실을 인정하는 것은 불고불리원칙 위반이 아니라고 한다. 결과적 가중범으로 기소된 사안에서 기본범죄만의 유죄를 인정하는 것, 기수를 미수로, 결합범의 일부만을 인정하여 유죄판결하는 경우에 그 일부에 대하여 충분한 심리가 행하여졌다면 검사의 공소장변경 신청절차를 경유하지 않아도 불고불리원칙 위반이 아니라는 판례들이 많다. 그러나 그 경우에 수소법원이 범죄의 증명이 없다는 이유로 무죄판결을 선고하여도 위법판결은 아니다. 그런 측면에서 본 항목의 제목을 공소사실의 축소인정 '재량'으로 붙였다. 그런데 어떤 경우에는 검사의 공소장변경신청이 없더라도 반드시 인정되는 축소사실에 대하여 유죄심판을 하여야 하는 때(⇨6.9)가 있다.

2 금품수수의 공소사실에 금품대여로 인한 금융이익 제공이 포함되어 있다고 볼 수 있을까?

이를 부정하는 판례가 있다. 대법원은 "'정당의 공직후보자 추천과 관련하여 6억 원의 금품을 수수하였다'는 공소사실에는 '위 6억 원을 이자 연 1%, 만기 대여일로부터 1년으로 정하여 대여함으로써 그로 인한 재산상 이익을 수수하였다'는 점이 포함되어 있다고 보기 어렵고, 공소제기 된 금품수수 행위와 원심이 인정한 금융이익 상당의 재산상 이익의 수수행위는 그 범죄행위의 내용 내지 태양이 서로 달라서 그에 대응할 피고인들의 방어행위 역시 달라질 수밖에 없다. 피고인들이 정당의 공직후보자 추천과 관련하여 재산상 이익을 수수한 점이 심판의 대상으로 될 것을 예상하여 이를 방어의 대상으로 하여 방어권을 행사한 것으로 보기에는 부족하므로, 그 부분 관련하여 충분한 방어권 행사가 되었다고 볼 수는 없다. 따라서 공소장변경 없이 공직후보자 추천과 관련하여 재산상 이익을 수수한 것으로 인정하는 것은 피고인들의 방어권 행사에 실질적인 불이익이 초래된 것으로 볼 수 있다"(대법원 2009. 6. 11. 선고 2008도11042 판결)고 판시하였다.

---

5) 대법원 1976. 5. 11. 선고 74도1898 판결.
6) 대법원 1980. 10. 14. 선고 79도305 판결.

6.9 법원의 직권심판의 의무성

대법원 1999. 11. 9. 선고 99도3674 판결

F D에 대한 공소사실은 "D는 향정신성의약품 취급자가 아님에도 불구하고 제1심 공동피고인 D2와 공모하여, 1998. 11. 중순 일자불상 23:00경 경기 광주읍 소재 마이아미 포장마차 집에서 이미 매수한 향정신성의약품인 메스암페타민(속칭 히로뽕, 이하 '히로뽕'으로 약칭함) 약 0.7g을 맥주 컵 2개에 나누어 넣은 다음 각자 한 잔씩 마셔 히로뽕을 투약하였다"는 기수(旣遂)사실이었는데 공판심리결과 판명된 사실은 "D는 적어도 히로뽕을 투약하는 실행행위에 착수하였다"는 미수(未遂)사실이었다. 항소심은 '투약사실에 대한 증명이 없다'고 판단하여 무죄판결을 선고하였고 검사가 상고하였다.

I '공판심리의 결과 실제로 인정되는 범죄사실(판명사실)이 공소가 제기된 범죄사실(공소사실)과 다르지만 판명사실이 공소사실의 일부에 해당하는데도(판명사실을 법원이 인정하면 공소사실의 축소인정이 되는 경우) 검사의 공소장변경신청이 없을 경우'(이하 '문제사안'으로 약칭함)에 법원은 '불고불리의 원칙과 피고인의 방어권을 중시하여 무죄판결을 선고'하여야 하는가, 아니면 '실체적 진실주의를 중시하여 판명사실에 대하여 유죄판결을 선고'(이를 인정하면 '실체적 진실주의를 중시하여 법원의 직권심판의무'를 인정하는 것이다)하여야 하는가?

R 파기환송. ㉮ 법원은 공소사실의 동일성이 인정되는 범위 내에서 공소가 제기된 범죄사실에 포함된 보다 가벼운 범죄사실이 인정되는 경우"(문제사안)에 심리의 경과에 비추어 ㉯ 피고인의 방어권행사에 실질적인 불이익을 초래할 염려가 없다고 인정되는 때에는 ㉰ 공소장이 변경되지 않았더라도 직권으로 공소장에 기재된 공소사실과 다른 범죄사실을 인정할 수 있고, 이와 같은 경우 ㉱ 공소가 제기된 범죄사

실과 대비하여 볼 때 실제로 인정되는 범죄사실의 사안이 중대하여 공소장이 변경되지 않았다는 이유로 이를 처벌하지 않는다면 적정절차에 의한 신속한 실체적 진실의 발견이라는 형사소송의 목적에 비추어 현저히 정의와 형평에 반하는 것으로 인정되는 경우라면 법원으로서는 직권으로 그 범죄사실을 인정하여야 할 것이다(대법원 1990. 10. 26. 선고 90도1229 판결; 대법원 1993. 12. 28. 선고 93도3058 판결; 대법원 1997. 2. 14. 선고 96도2234 판결 등 참조).

A D는 적어도 히로뽕을 투약하는 실행행위에 착수를 하였다고 인정되고(향정신성의약품관리법 42조 3항에 의하면, 히로뽕 투약죄의 경우 그 미수범도 처벌된다), 마약류의 심각한 폐해와 마약사범의 급속한 증가현상에 비추어 볼 때, 히로뽕 투약의 경우 그 미수범도 기수범에 못지않게 그 사안이 중대하므로 공소장이 변경되지 않았다는 이유로 이를 처벌하지 않으면 현저히 정의와 형평에 반하고, 이 사건 심리의 경과에 비추어 그 미수의 범죄사실을 인정한다고 하여 D의 방어권행사에 실질적인 불이익을 초래할 염려가 있지도 않다. 따라서 원심으로서는 이 사건에서 D가 히로뽕을 투약하였다는 위 공소사실에 대한 증거가 없다고 판단하였더라도 위에서 본 사정을 참작하여 위 공소사실에 포함된 히로뽕 투약 미수의 범죄사실을 유죄로 인정하였어야 함에도 불구하고, 위 공소사실에 대하여 무죄를 선고하였으니, 원심판결에는 위에서 본 법리를 오해하였거나 법령적용을 잘못한 위법이 있고, 이러한 위법은 판결의 결과에 영향을 미쳤음이 분명하므로, 이 점을 지적하는 상고이유의 주장도 이유 있다.

C

1 문제의 제기

문제사안의 해결방안에 대하여 종래의 판결들은 일견 서로 엇갈린 모습을 보여 판례의 통일적인 이해가 어려웠다. 이 경우에 공소장변경 없이 법원이 판명사실을 인정해도 위법이 아니라는 판례가 다수 존재하고 있었던 반면 변경인정하려면 공소장변경을 요한다는 판례도 다수 존재하고 있었다. 판명사실이 공소사실의 일부에 지나지 않고 판명사실과 공소사실이 동일구성요건 내에 걸치는 경우에는 원칙적으로 공소장변경이 불필요한 것으로 보아도 문제가 없다. 이 경우에 특단의 사정이 없는 한 피고인은 그 부분에 대하여 이미 방어를 했거나 아니면 방어의 준비가 되어 있을 것으로 예상되어 공소장변경절차를 경유하도록 하지 않는다 하더라도 피고인에게 불의의 타격을 가할 가능성이 적기 때문이다. 그런데 축소사실을 인정하여 유죄판결을 가능하도록 하면 '공소사실의 축소인정'에 해당하지만 양자(공소사실과판명사실)가 상호 다른 구성요건에 포섭되고 '판명사실의 적용법조의 법정형'이 '공소사실의 적용법조의 법정형'보다 가벼운 경우[1]가 문제이다. 이 경우 공소사실의 축소인정이라는 측면에서는 공소장변경을 요구하지 않아도 될 것처럼 보이지만 양자가 구성요건(적용법조)을 달리한다는 측면에서는 공소장변경을 요구하는 요인으로 작용하기 때문이다. 그런데 '1999년 선고된 본 판결'(이하 '1999년 판결'로 약칭함)은 종래 일견 엇갈린 판례로 보였던 판례들을 통일적으로 이해할 수 있는 단서를 제공하기 때문에 중요하다.

2 현저한 정의와 형평기준

1999년 판결의 ㉓ 부분에서 언급되고 있는 논지를 편의상 '현저한 정의와 형평기준'으로 약칭하기로 하자. 여기서 '정의(justice)'란 검사의 공소장변경이 없더라도 '실체적 진실'을 밝혀 유죄판결을 하는 것이 정의에 합치한다는 뜻으로 이해된다. '형평'이란 공

---

[1] '판명사실의 적용법조의 법정형'이 '공소사실의 적용법조의 법정형보다 무거운 경우'에는 공소장변경이 필요하므로 이 문제가 생기지 않는다.

범자는 처벌되고 있는데 정범으로 판단되는 피고인 D를 검사의 공소장변경신청이 없었다는 이유로 처벌하지 않으면 형평에 맞지 않는다는 뜻으로 풀이된다.

종래의 판례들이 일견 엇갈린 것으로 보인 것은 '현저한 정의와 형평기준'이 판례상 명시되어 나타나지 않았기 때문이 아닌가 생각된다. '공소장변경의 요부 기준'에 관한 통설·판례의 입장인 사실기재설은 '법률적 구성에 변경이 없는 경우에도 공소장에 기재된 사실과 다른 사실을 인정하려면 공소장변경을 요하지만 모든 미세한 사실의 변경에도 공소장변경을 요구하는 것은 번잡하고 무의미하므로 피고인의 방어에 실질적인 불이익을 줄 염려가 없는 때에는 법원이 검사의 공소장변경신청 없이 다른 사실을 인정할 수 있다는 견해'이다. 사실기재설의 '피고인의 방어에 실질적인 불이익을 줄 염려'라는 기준은 개별 사건의 구체적인 소송 진행 상황 여하에 따라 다른 결론을 초래할 수 있는 신축적·탄력적 기준이다.

이처럼 사실기재설 자체가 '케이스 바이 케이스 해결'을 추구하고 있는데 여기에 덧붙여 '현저한 정의와 형평'이라는 또 하나의 '케이스 바이 케이스 해결기준'이 복합되어 작동하고 있으므로 문제 사안에 대한 판례가 일견 혼란된 모습인 것처럼 보이게 된 것이 아닌가 생각된다.

3 '현저한 정의와 형평기준'에 의하여 법원의 직권심판의무가 긍정된 사안들

1999년 판결 이후 대법원은 대체로 '판명사실이 비교적 가벼운 범죄가 아닌 때에는 검사의 공소장변경신청이 없더라도 '정의와 형평(衡平)'을 중시하여 판명사실에 대하여 유죄판결을 선고하여야 한다'는 판결을 거듭 선고하고 있다. 현재까지 법원의 직권심판의무가 확인된 사례들은 ❶ "강간치상죄로 기소되었는데 강간의 점은 증명이 있고 치상의 점에 관하여 증명이 없는 사안"(대법원 1988. 3. 8. 선고 87도2673 판결), ❷ "'야간에 흉기를 휴대하여 형법 319조(주거침입·퇴거불응)의 죄를 범하여 폭력행위 등 처벌에 관한 법률 3조 2항, 1항, 형법 319조 1항 위반으로 기소되었는데 형법 319조 1항의 주거침입사실만 인정되는 사안"(대법원 1990. 4. 24. 선고 90도401 판결), ❸ "마약류 복용의 기수혐의로 기소되었는데 미수만 인정되는

사안"(대법원 1999. 11. 9. 선고 99도3674 판결), ❹ "영리목적 마약류 물질의 소지 혐의로 기소되었지만 판명된 사실은 마약류 물질의 제조목적 소지인 사안"(대법원 2002. 11. 8. 선고 2002도3881 판결), ❺ "공소제기된 사실과 증거에 의하여 인정되는 범죄사실 사이에는 피해자의 재산상의 처분행위로 인한 이익이 누구에게 귀속되는가 하는 법적 평가에 차이가 있을 뿐인 사안"(대법원 2002. 11. 22. 선고 2000도4419 판결). ❻ "장물취득으로 기소되었는데 실제로 인정되는 사실은 장물보관의 범죄사실인 사안"(대법원 2003. 5. 13. 선고 2003도1366 판결),2) ❼ "사문서 위조의 공모자만이 다른 사안"(대법원 2006. 4. 13. 선고 2005도9268 판결)3)의 7개 사안이다.4)

---

2) "공소사실 중 장물취득의 점과 실제로 인정되는 장물보관의 범죄사실은 객관적 사실관계로서는 동일하고, 다만 이를 장물의 취득으로 볼 것인가 보관으로 볼 것인가 하는 법적 평가에 있어서만 차이가 있을 뿐이어서 피고인을 장물보관죄로 처단하더라도 피고인의 방어권 행사에 실질적인 불이익을 초래할 염려가 있다고는 보이지 아니하므로, 단순히 피고인이 위 신용카드들의 사실상 처분권을 취득한 것이 아니라는 이유만으로 피고인을 처벌하지 않는 것은 적정절차에 의한 신속한 실체적 진실의 발견이라는 형사소송의 목적에 비추어 현저히 정의와 형평에 반한다고 할 것이다. 따라서 원심으로서는 따로 공소사실의 변경이 없었더라도 피고인을 장물보관죄로 처단하였어야 할 것임에도 불구하고 이에 이르지 아니한 채 만연히 피고인의 행위가 장물취득죄의 구성요건에 해당하는지의 여부만을 심리한 끝에 그 부분에 관하여 무죄를 선고하고 말았으니, 이러한 원심판결에는 공소장 변경 없이 심판할 수 있는 범위에 관한 법리를 오해함으로써 판결에 영향을 미친 위법이 있다고 아니할 수 없으므로, 이 점을 지적하는 검사의 상고이유 주장은 이유 있다."

3) 피고인이 공범과 공모하여 사문서위조죄를 저지른 것으로 공소제기되었으나, 피고인이 제3자가 실제 사문서를 위조하였다고 주장함에 따라 그에 관하여 증거조사 등 심리를 진행한 결과 피고인이 공범 및 위 제3자와 함께 공모하여 사문서위조 범행을 저지른 것으로 밝혀졌다면, 원심으로서는 따로 공소장변경절차 없이도 직권으로 피고인, 공범 및 위 제3자의 공모에 의한 사문서위조죄를 인정하였어야 한다는 이유로, 이 부분 공소사실에 대하여 무죄를 선고한 원심판결을 파기한 사례이다.

4) 다음 두 개의 판례를 추가할 수 있다. "이 사건 공소사실과 (항소심이) 인정한 범죄사실 사이에는 D가 건물을 V에게 매도한 후에도 V 앞으로 소유권이전등기가 경료되지 않고 D 명의가 그대로 유지되고 있는 상태에 대한 법적 평가에 차이가 있을 뿐, 공소사실의 동일성이 인정

---

④ 법원의 직권심판의무가 부정된 사안들

❶ 공소사실은 '피고인이 피해자의 얼굴을 주먹으로 2회 때리고 계속 달려드는 피해자의 전신을 주먹 등으로 수회 때려 땅바닥에 넘어뜨려서 피해자로 하여금 심장파열상 등으로 사망하게 하였다'는 상해치사의 공소사실인데 판명사실은 '피고인이 주먹으로 얼굴을 2회 때리는 등의 정도로 피해자의 신체에 대하여 폭행을 가한 사실'인 사안5)

❷ 공소사실의 요지는 '주한미군 캠프 피엑스(PX)의 지배인으로 근무하던 피고인이 비면세권자인 내

되는 범위 내이고, D가 명의수탁자가 아닌 매도인으로서 배당금의 보관자 지위에 있다고 보아 횡령죄의 성립을 인정하더라도 D의 방어권 행사에 실질적인 불이익을 초래할 염려가 있다고는 보이지 아니하므로, 단지 D와 V 사이에 이 사건 부동산에 관한 명의신탁관계가 인정되지 않는다는 이유만으로 D를 처벌하지 않는 것은 적정 절차에 의한 신속한 실체적 진실의 발견이라는 형사소송의 목적에 비추어 현저히 정의와 형평에 반한다"(대법원 2007. 12. 27. 선고 2007도6650 판결); (살인죄로 기소되었는데 살인의 점은 인정되지 않지만 폭행이나 상해, 체포·감금사실이 인정되는 사안) "항소심은 그 채택 증거들과 제1심이 채택한 증거들에 의하여, 공소사실 중 'D가 V를 베란다로 끌고 간 후 베란다 창문을 열고 V를 난간 밖으로 밀어 12층에서 떨어지게 하였다는 점'을 제외한 나머지 공소사실은 모두 인정된다고 판단하였고, D도 'V를 때리고 양쪽 손과 발목을 테이프로 묶었다'는 등 살인의 점을 제외한 나머지 공소사실을 전부 시인하고 있어 이 부분 범죄사실을 유죄로 인정하여도 D의 방어권 행사에 실질적인 불이익을 초래할 염려가 없다. 그리고 D가 사실상 혼인관계에 있어 서로 신뢰하고 보호할 의무가 있는 V에 대하여 위와 같은 범행을 한 점, 그 구체적 행위의 태양이나 전·후의 경위, V가 발이 묶인 채로 추락하기까지 한 사정을 종합하여 보면, 원심이 인정한 위와 같은 범죄사실만으로도 살인죄에 비하여 결코 사안이 가볍다고 할 수 없으므로, 이와 같은 경우 검사의 공소장 변경이 없다는 이유만으로 위 공소사실에 포함된 나머지 범죄사실로 처벌하지 않는 것은 적정절차에 의한 실체적 진실의 발견이라는 형사소송의 목적에 비추어 현저히 정의와 형평에 반한다. 그렇다면 원심으로서는 검사의 공소장 변경이 없더라도 공소제기된 범죄사실에 포함된 그보다 가벼운 다른 범죄사실인 폭행이나 상해, 체포·감금 등의 죄에 해당하는지를 판단하여 그 죄로 처단하였어야 한다"(대법원 2009. 5. 14. 선고 2007도616 판결).

5) 대법원 1990. 10. 26. 선고 90도1229 판결.

외국인 관광객에게 등록기에 기장하지 않는 방법으로 면세품인 라디오 등을 판매하여 이에 대한 관세와 방위세를 포탈하였다'는 것인데 판명사실이 '관세포탈의 방조행위'에 해당되는 사안[6]

❸ 공소사실은 상해인데 판명사실은 손전등의 불을 켜서 피해자의 눈에 비춘 사실인 사안[7]

❹ 공소사실은 '형법 309조 2항의 허위사실적시 출판물에 의한 명예훼손'인데 판명사실은 '허위라는 점에 대한 인식이 없거나 비방목적이 없어 형법 309조 1항의 사실적시 출판물에 의한 명예훼손이거나 형법 307조 1항의 명예훼손'인 사안[8]

❺ 공소사실은 특수강도 사실인데 판명사실은 공동 폭행·협박 또는 특수강도의 종범사실인 사안[9]

---

6) "설사 (중략) '관세포탈의 방조행위'에 해당된다고 하더라도, 관세 등 포탈죄의 정범으로 공소가 제기된 사건의 심리과정에서 방조사실이 단 한 번도 언급된 바 없었다면 (중략) 법원이 공소장의 변경도 없이 그대로 유죄로 인정하는 것이 피고인의 방어권행사에 실질적인 불이익을 초래할 염려가 없다고 보기 어려울 뿐만 아니라, 공소가 제기된 관세 등 포탈의 범죄사실과 대비하여 볼 때, (중략) 관세 등 포탈의 방조사실을 유죄로 인정하지 않는 것이 현저히 정의와 형평에 반하는 것이라고도 인정되지 않는다"(대법원 1991. 5. 28. 선고 91도676 판결).

7) 대법원 1993. 12. 28. 선고 93도3058 판결.

8) "이 사건의 경우에도 위 인정사실을 공소가 제기된 범죄사실과 대비하여 보고, 특히 일죄로 기소된 이 사건 출판물에 의한 명예훼손죄의 일부의 점에 대하여는 원심이 유죄로 인정한 점 등과 이 사건의 진행경위 등에 비추어 보면 이 사건에서 위의 점에 관하여 피고인을 형법 309조 1항이나 307조 1항으로 처벌하지 아니한다고 하여 현저히 정의와 형평에 반하는 것으로 인정되지는 아니하므로 원심이 이를 직권으로 유죄로 인정하지 아니하였다고 하여 위법이라고 할 수 없다"(대법원 1997. 2. 14. 선고 96도2234 판결).

9) 대법원 2001. 12. 11. 선고 2001도4013 판결.

6.10 공소장변경과 공소시효완성 여부의 계산 기준시점

대법원 2001. 8. 24. 선고 2001도2902 판결

F 검사는 "D가 1995년 7월 하순 무렵 한 병원 지하 문서고에 들어가 병록지 22매를 절취하였다"는 내용을 공소사실로 하여 2000. 2. 20.(범죄행위 시로부터 약 4년 7월 경과) D를 절도죄(법정형이 6년 이하이므로 공소시효는 5년이다. 형법 229조, 구형사소송법 249조 1항 4호)[1]의 혐의로 기소하였다가 항소심 계속 중인 2001. 3. 21.(범죄행위 시로부터 약 5년 8월경과)에 이르러 검사는 공소사실을 종전의 절도죄에서 "D가 1995년 7월 하순 무렵 한 병원 지하 문서고에 들어가 건조물에 침입하였다"는 내용의 건조물 침입죄(법정형이 3년 이하이므로 공소시효는 3년이다. 형법 229조, 구 형사소송법 249조 1항 5호)로 변경하는 공소장변경신청을 하였다. 항소심은 2001. 3. 22.(범죄행위 시로부터 약 5년 8월 경과)에 열린 제4회 변론기일에서 검사의 공소장변경신청을 허가한 후 공소장변경을 이유로 제1심판결을 파기한 다음 변경된 공소장기재 공소사실에 대한 범죄의 증명이 있다고 판단하여 D에게 징역 6월 집행유예 1년의 형을 선고하였다. D가 상고하였다.

I 기소 시의 현실적 심판대상을 기준으로 삼으면 공소시효가 만료되지 않았으나 변경 후의 현실적 심판대상을 기준으로 삼으면 공소시효가 만료된 사안이다. 이 사안에서 기소 시의 공소사실을 기준으로 할 것인지(기소 시설) 공소장변경신청이 허가된 시점의 공소사실을 기준으로 할 것인지(변경 시설)가 문제된다.

R 파기자판. ⓐ 공소장변경이 있는 경우에 공소시효의 완성 여부는 당초의 공소제기가 있었던 시점을 기준으로 판단할 것이고 공소장변경시를 기준으로 삼을 것은 아니지만(대법원 1982. 5. 25. 선고 82도535 판결; 대법원 1992. 4. 24. 선고 91도3105 판결 등 참조), ⓑ 공소장변경절차에 의하여 공소사실이 변경됨에 따라 그 법정형에 차이가 있는 경우에는 변경된 공소사실에 대한 법정형이 공소시효기간의 기준이 된다[2]고 보아야 하므로 ⓒ 공소제기 당시의 공소사실에 대한 법정형을 기준으로 하면 공소제기 당시 아직 공소시효가 완성되지 않았으나, 변경된 공소사실에 대한 법정형을 기준으로 하면 공소제기 당시 이미 공소시효가 완성된 경우에는 공소시효의 완성을 이유로 면소판결을 선고하여야 한다.

A D에 대한 변경된 공소사실인 건조물침입죄의 법정형은 3년 이하의 징역 또는 벌금이어서 범죄행위의 종료일로부터 3년의 기간이 경과하면 그 공소시효가 완성됨이 명백한 바(구 형사소송법 249조 1항 5호), D에 대하여 건조물침입의 범죄행위가 종료된 때로부터 3년이 훨씬 지난 2000. 2. 20. 이 사건 공소가 제기되었으므로 이 사건 공소제기 당시 변경된 공소사실인 건조물침입죄에 대하여는 이미 공소시효가 완성된 것이다. (중략) 검사의 항소이유는 제1심판결에는 채증법칙 위배로 인한 사실오인의 위법이 있다

---

1) 개정된 형사소송법(일부개정 2007. 12. 21 법률 제8730호)상의 공소시효는 연장되었다.

2) 같은 취지의 후속판결들: 대법원 2002. 1. 22. 선고 2001도4014 판결; 대법원 2002. 10. 11. 선고 2002도2939 판결; 대법원 2004. 7. 22. 선고 2003도8153 판결("피고인들에 대한 변경 후 공소사실인 재하도급 금지규정 위반으로 인한 건설산업기본법 위반죄의 법정형은 1년 이하의 징역 또는 벌금이어서 범죄행위의 종료일로부터 3년의 기간이 경과하면 그 공소시효가 완성되는바, 그 범행 종료일이 O와 하도급계약을 체결한 1998. 11. 1.이므로, 범죄행위가 종료된 때로부터 3년이 경과하기 전인 2000. 10. 28. 최초로 피고인들에 대한 공소가 제기되었음이 역수상 명백한 이 사건의 경우 공소제기 당시 변경 후 공소사실인 재하도급 금지규정 위반으로 인한 건설산업기본법 위반죄에 대한 공소시효가 완성되지 않았다. 피고인들에 대한 변경 후 공소사실을 유죄로 인정한 원심판결에 공소시효가 완성되었음을 간과하여 면소의 판결을 하지 않은 위법이 있다고 할 수 없다").

는 것이나 ⓓ 검사가 원심에 이르러 D에 대한 공소장을 변경함으로써 현실적 심판의 대상이 달라져 제1심판결은 더 이상 유지할 수 없게 되었으므로 이를 파기하기로 한다.

C

① 문제의 제기

공소장변경(특히 공소사실변경을 내용으로 하는 공소장변경)으로 '공소장기재 공소사실'이 변경되면 기소의 적법·유효조건(소송조건)의 존부(예를 들어 공소시효의 완성 여부, 이중기소인가 여부, 고소의 존부 등)는 '기소 당시의 공소장기재 공소사실'을 대상으로 판단하여야 하는가 아니면 '변경된 공소장기재 공소사실'을 대상으로 판단하여야 하는가? 기소의 적법·유효조건 전부를 염두에 두고 이 문제를 논의하면 매우 복잡하게 되므로 여기서는 그 중에서 '공소시효의 미만료(未滿了)'(326조 3호)라는 조건만을 논의의 대상으로 삼기로 한다.

② 본 판결의 취지

본 판결은 'ⓐ 공소장변경이 있는 경우에 공소시효의 완성 여부는 당초의 공소제기가 있었던 시점(기소시점)을 기준으로 판단'한다고 판시하고 있는데 그 의미하는 바가 무엇인지 불분명하다. 더욱이 재판요지 ⓓ에서 언급되고 있듯이 공소사실이 변경되면 심판의 대상은 변경 후의 공소장기재 공소사실이 될 터인데 왜 '공소시효의 완성 여부'는 '새롭게 심판의 대상으로 등장한 공소장변경 시'가 아니라 '당초의 공소제기가 있었던 시점을 기준으로 판단'하여야 하는지 의문이 제기된다. 그러므로 차후의 분석을 진행하기

에 앞서 이 두 가지 의문을 좀 더 분명히 밝혀볼 필요가 있다.

'ⓒ 공소제기 당시의 공소사실에 대한 법정형을 기준으로 하면 공소제기 당시 아직 공소시효가 완성되지 않았으나 변경된 공소사실에 대한 법정형을 기준으로 하면 공소제기 당시 이미 공소시효가 완성된 경우에는 공소시효의 완성을 이유로 면소판결을 선고하여야 한다.'는 점에 주목하여 분석하면 대법원의 의도는 다음과 같은 것으로 이해된다.

1954년에 제정된 형사소송법은 피고인의 방어권강화를 도모하려고 당사자주의를 대폭 도입하고 그 일환으로 공소장변경제도를 도입하였으므로 이제 심판의 대상은 '현재의 공소장기재 공소사실'로 설정되어야 한다. 만약 공소장변경으로 공소장기재 공소사실이 변경되면 '변경된 공소장기재 공소사실'이 현실적 심판의 대상으로 부상(浮上)한다. 따라서 소송조건·기소조건의 존부는 원칙적으로 변경 후의 공소장기재 공소사실을 대상으로 판단되어야 한다. 재판요지 중 ⓑ의 부분이 이 점을 확인하고 있다. 그런데 '공소장변경이 있는 경우에 공소시효의 완성 여부는 당초의 공소제기가 있었던 시점을 기준으로 판단'하여야 한다는 ⓐ 부분의 판시는 도대체 무슨 뜻인가?

이것은 '변경 전의 공소장기재 공소사실'(당초의 공소장기재 공소사실)에 대한 공소제기의 효력, 특히 공소시효진행 정지의 효력(253조 1항)이 '변경된 공소장기재 공소사실'에 대하여도 미치므로 변경된 공소장기재 공소사실에 대한 공소시효만료 여부는 '공소시효의 기산점인 범죄행위 종료 시로부터 기소 시'까지를 계산(이른바 기소 시 기준설)하면 되고 '공소시효의 기산점인 범죄행위 종료 시로부터 공소장변경 시'까지를 계산할 것(이른바 변경 시 기준설)이 아니라는 뜻이다.

6.11 법원의 증거개시결정과 검사의 증거개시의무

대법원 2012. 11. 15. 선고 2011다48452 판결; 헌재 1997. 11. 27. 선고 94헌마60 결정; 헌재 2010. 6. 24. 선고 2009헌마257 결정

F 1. D는 "2009. 1. 19. 03:00경부터 같은 달 20 일 07:10경까지 서울 용산구(이하 생략)에 있는 Y건물에 침입하여, 건물 옥상에 망루를 짓고 점거 농성을 하면서 화염병을 사용하여 사람의 생명, 신체 또는 재산에 위험을 발생하게 하는 한편 위험한 물건을 휴대하여 시위진압에 관한 경찰관들의 정당한 공무집행을 방해하고, 이로 인하여 경찰특공대원 1명을 사망에 이르게 함과 동시에 경찰특공대원 13명으로 하여금 상해를 입게 하였다"는 공소사실로 2009. 2. 8. 특수공무집행방해치사죄 등 혐의로 기소되었다. D의 변호인들은 2009. 3. 25. 서울중앙지방검찰청 검사(이하 '검사'라 한다)에게 266조의3 1항 3호, 4호에 따라 별지 목록 서류의 열람·등사를 신청하였으나, 검사는 2009. 3. 27. 266조의3 2항, 검찰사건사무규칙 112조의3 1항 등을 들어 이를 거부하였다. 이에 변호인들은 2009. 3. 31. 서울중앙지방법원에 266조의4 1항에 따라 검사로 하여금 위 서류의 열람·등사를 허용하도록 명령해 줄 것을 신청하였다. 위 법원은 2009. 4. 14. 위 신청이 이유 있다고 인정하여 266조의4 2항에 따라 검사에게 '이 사건 또는 관련 소송의 준비에 사용할 목적이 아닌 다른 목적으로 다른 사람에게 교부 또는 제시하여서는 안 된다'는 조건을 붙여 위 서류에 대한 열람·등사를 허용할 것을 명하는 결정을 하였다(이하 '허용 결정'이라 한다). 변호인들은 2009. 4. 14. 검사에게 이 사건 허용 결정의 사본을 첨부하여 위 서류의 열람·등사를 신청하였으나 검사는 일부만을 허용하고 나머지 서류에 대하여는 거부하였다.

2. D에 대한 위 형사사건의 항소심이 진행되던 중 항소심 재판장은 관련된 재정신청사건을 함께 심리하면서 2010. 1. 14. 위 재정신청사건 기록에 편철되어 있는 이 사건 수사서류에 대한 변호인들의 열람·등사를 허용하여 변호인들은 이 사건 수사서류에 대한 열람·등사를 모두 마쳤다.

3. D가 국가를 상대로 국가배상책임을 구하는 민사소송을 제기하였다. 제1심과 항소심은 국가에게 5백만 원의 배상책임을 인정하였다. 국가가 상고하였다.

I 1. 검사가 수소법원의 증거개시결정명령에 불응하면 검사에게 국가배상법 2조 1항에서 규정하는 과실이 인정되는가?

2. 그 전제로서 검사는 어떤 범위에서 증거개시의무가 있는가?

R 상고기각. 1. 검사는 공익의 대표자로서 실체적 진실에 입각한 국가 형벌권의 실현을 위하여 공소 제기와 유지를 할 의무뿐만 아니라 그 과정에서 피고인의 정당한 이익을 옹호하여야 할 의무가 있다. (중략) 그런데도 그와 같은 상황에서 검사가 관련 법령의 해석에 관하여 대법원판례 등의 선례가 없다는 이유 등으로 법원의 결정에 어긋나는 행위를 하였다면 특별한 사정이 없는 한 당해 검사에게 그 직무상 의무를 위반한 과실이 있다.

2. 266조의4는 검사의 열람·등사 거부처분에 대하여 법원이 그 허용 여부를 결정하도록 하면서도, 법원의 열람·등사 허용 결정에 대하여 집행정지의 효력이 있는 즉시항고로 불복할 수 있는 명문의 규정을 두고 있지 않다. 따라서 **법원의 열람·등사 허용 결정은 그 결정이 고지되는 즉시 집행력이 발생**한다. 한편 266조의4 5항은 검사가 수사서류의 열람·등사에 관한 법원의 허용 결정을 지체 없이 이행하지 않는 때에는 해당 증인 및 서류 등에 대한 증거신청을 할 수 없도록 규정하고 있는데, 이는 검사가 그와 같은 불이익을 감수하기만 하면 법원의 열람·등사 결정을 따르지 않을 수도 있다는 의미가 아니라, 피고인의 열람·등사권을 보장하기 위하여 검사로 하여금 법원의 열람·등사에 관한 결정을 신속히 이행하도록 강

제하는 한편 이를 이행하지 않는 경우에는 증거신청 상의 불이익도 감수하여야 한다는 의미로 해석하여야 한다.

A (중략) 법원이 검사의 열람·등사 거부처분에 정당한 사유가 없다고 판단하여 수사서류의 열람·등사를 허용하도록 명한 이상, 법에 기속되는 검사로서는 당연히 법원의 그러한 결정에 지체 없이 따랐어야 함에도 이 사건 검사는 약 9개월 동안 법원의 결정에 반하여 이 사건 수사서류의 열람·등사를 거부하였다. 그렇다면 이 사건 열람·등사 거부 행위 당시 이 사건 검사에게 국가배상법 2조 1항에서 규정하는 과실이 있었다.

3. 손해의 발생 여부에 관하여

위법한 열람·등사 거부 행위로 인하여 D가 약 9개월이나 되는 매우 오랜 기간 동안 재판에 필요한 증거 등을 검토하는데 곤란을 겪었고, 이로써 D의 열람·등사권, 신속·공정한 재판을 받을 권리가 침해되었으며, 그 결과 D가 상당한 정신적 고통을 받았을 것임은 경험칙상 명백하다.

C

1 1997년의 헌재결정

현행 형사소송법의 증거개시조문(266조의3·4)이 없었던 시절에 헌재는 적법절차조문에서 유래하는 '실질적 당사자대등' 개념을 논거로 삼아 "수사기록에 대한 열람·등사를 ① 피고인에 대한 수사가 종결되고 ② 공소가 제기된 이후에만 허용"하였다. 현재는 증거개시조문(266조의3·4)이 명시적으로 신설되어 이 조문의 구체적 해석·적용이 문제되고 있다.

2 2010년 헌재결정(헌재 2010. 6. 24. 선고 2009헌마257 결정)

2010년에 헌재는 다음과 같이 증거개시대상에 관하여 266조의3 1호의 문언(검사가 증거로 신청할 서류 등)에 구애되지 않는 혁신적 해석을 내려 주목된다.

(1) **수사서류 열람·등사권의 실질적 보장** : 형사소송법은 피고인의 신속·공정한 재판을 받을 권리 및 변호인의 조력을 받을 권리를 실질적으로 보장하기 위하여 공소가 제기된 후의 피고인 또는 변호인의 수사서류 열람·등사권에 대하여, '증거개시의 대상을 검사가 신청할 예정인 증거에 한정하지 않고 피고인에게 유리한 증거까지를 포함한 전면적인 증거개시를 원칙으로 하며', 검사는 열람·등사의 신청이 있는 경우에는 원칙적으로 열람·등사를 허용해야 하고, 예외적으로 제한사유가 있는 경우에만 열람·등사를 제한할 수 있으며, 열람·등사를 제한할 경우에도 지체 없이 그 이유를 서면으로 통지하도록 규정하고 있고(266조의3), 피고인 측의 열람·등사신청권이 형해화되지 않도록 검사의 열람·등사 거부처분에 대하여 별도의 불복절차를 마련하고 있다(266조의4).

(2) **열람·등사 허용 결정의 효력** : 형사소송법은 검사의 열람·등사 거부처분에 대하여 법원이 그 허용 여부를 결정하도록 하면서도, 법원의 열람·등사 허용 결정에 대하여 집행정지의 효력이 있는 즉시항고 등의 불복절차를 별도로 규정하고 있지 않으므로, 이러한 법원의 열람·등사 허용 결정은 그 **결정이 고지되는 즉시 집행력이 발생**한다.

(3) **열람·등사 허용 결정 후의 검사의 거부행위와 기본권의 침해** : 법원의 열람·등사 허용 결정에도 불구하고 검사가 이를 신속하게 이행하지 않는 경우에는 해당 증인 및 서류 등을 증거로 신청할 수 없는 불이익을 받는 것에 그치는 것이 아니라, 그러한 검사의 거부행위는 피고인의 열람·등사권을 침해하고, 나아가 피고인의 신속·공정한 재판을 받을 권리 및 변호인의 조력을 받을 권리까지 침해하게 된다.

(4) **개별 수사서류에 대한 정당한 사유의 판단 필요성** : 이 사건과 같이 수사서류에 대한 법원의 열람·등사 허용 결정이 있음에도 검사가 열람·등사를 거부하는 경우 수사서류 각각에 대하여 검사가 열람·등사를 거부할 정당한 사유가 있는지를 심사할 필요 없이 그 **거부행위 자체로써 청구인들의 기본권을 침해**한다.

6.12 소송조건·기소조건 구비여부의 판단대상은 현실적 심판의 대상

대법원 1989. 2. 14. 선고 85도1435 판결

F 전소에서 제1상습절도사실이 기소되고 후소에서 제2상습절도사실이 기소되었다. 후소의 공소제기 당시에는 '제1상습절도사실'과 '제2상습절도사실'이 하나의 포괄일죄의 관계에 있어 후소의 공소제기 시를 기준으로 한다면 후소의 제2상습절도사실의 기소는 이중기소의 상태에 놓여 있었다. 그런데 후소의 공판심리 도중 제2상습절도사실이 장물알선사실로 변경신청되었다. 법원이 이를 허가하여 심리를 종결하고 제2상습절도에 대한 기소사실(후소)에 대하여 공소기각 판결을 선고하였다. 검사가 항소하였다. 항소심은 "상습죄의 공소제기의 효력은 공소가 제기된 범죄사실과 동일성이 인정되는 범죄사실 전체에 미치는 것이며, 또한 공소제기의 효력이 미치는 시적한계는 사실심리의 가능성이 있는 최후의 시점인 판결선고시를 기준으로 삼아야 하므로 검사가 일단 상습죄로 공소제기(전소)한 후 그 공소의 효력이 미치는 위 기준시까지의 범행의 일부를 별개독립의 상습죄로 기소(후소)하는 것은 비록 그 공소사실이 먼저 공소제기를 한 상습절도의 범행 이후에 이루어진 절도범행을 내용으로 한 것일지라도 공소가 제기된 동일사건에 대한 이중기소에 해당되어 허용될 수 없다. 이와 같이 ⓐ 일단 이중기소에 해당되는 이상 소송 계속 중 후에 기소된 공소사실에 관하여 공소장변경이 허가되었다고 하더라도 그 공소장변경이 그 기초되는 사회적 사실관계가 기본적인 점에서 동일함을 전제로 하는 이상 이를 별개의 공소사실로 보아 이중기소가 안 된다[1]거나 ⓑ 공소장의 변경으로 이중기소의 하자가 치유된다고 볼 수 없음은 피고인 보호의 견지에서도 당연하다."며 항소를 기각하였다. 검사가 상고하였다.

I 기소 당시에는 이중기소의 위법상태가 있었으나 그 후 공소장변경으로 후발적으로 이중기소의 위법상태가 제거되면 당초의 이중기소의 위법상태가 치유될 수 있는가?

R 파기환송. 법원은 공소장에 기재된 공소사실과 적용법조를 기초로 하여 이에 대하여 형식적 또는 실체적 심판을 행하는 것이나 반드시 ㉮ 공소제기 당시의 공소사실과 적용법조에 구속되는 것이 아니라 소송의 진행을 거쳐 **사실심리의 가능성 있는 최종 시점인 판결 선고 시를 기준으로 하여 이때 특정된 공소사실과 적용법조가 현실적인 심판의 대상[2]**이 된다.

A 이 사건의 경우 검사가 1984. 5. 22. 위 84고합103 사건(후소)의 공소사실을 장물알선 사실로 변경허가신청을 하고 제1심의 피고인(D)에 대한 당초의 심리기일의 기소요지 진술단계에서 법원이 그 변경을 허가하였으므로 위 사건의 공소사실은 상습절도 사실로부터 장물알선 사실로 적법하게 변경되어 이 사건 제1심판결 선고 시에는 장물알선 사실만이 심판의 대상이 되고 당초의 공소사실이었던 상습절도 사실은 심판의 대상에서 제외되며 법원은 변경된 장물알선 사실에 대하여서만 형식적 또는 실체적 판단을 하여야 하는 것이다. 그런데 ㉯ 변경된 장물알선 사실은 최초에 기소된 대전지법 84고합136 사건(전소)의 상습절도 사실과는 포괄일죄의 관계에 있지도 않고 또 범죄의 일시, 장소, 피해자 등이 모두 서로 달라 위 두 사건의 공소사실 사이에는 동일성이 없음이 명백하다. 위 84고합103 사건(후소)은 제1심판결 선고 시에는 이미 위 84고합136 상습절도사건(전소)과 이중기소된 관계에 있는 것이 아니며, ㉰ 기소당시에 이중기소된 위법이 있었다 하여도 그 후 공소사

---

1) 이 부분은 '상습절도'와 '장물알선'의 공소사실의 동일성에 관하여 항소심이 대법원과 견해를 달리하는 부분이다.

2) 대법원은 심판의 대상에 관하여 이른바 2원설(현실적 심판의 대상과 잠재적 심판의 대상을 모두 인정하는 견해)의 입장에 서 있다(대법원 1959. 6. 26. 선고 4292형상36 판결).

실 및 적용법조가 적법하게 변경되어 새로운 사실의 소송계속상태가 있게 된 때에까지 그 이중기소된 위법상태가 계속 존재하게 된다고 볼 것은 아니다. 제1심이나 원심은 (중략) 법원의 심판의 대상과 범위 및 327조에 규정된 이중기소에 관한 법리를 오해하여 판결결과에 영향을 미쳤음이 명백하므로 파기를 면할 수 없다(대법원 1989. 2. 14. 선고 85도1435 판결).

C

① 본 판결의 분석

이 사안에 대하여 대법원은 "공소사실이 장물알선사실로 변경된 이후에는 법원의 현실적인 심판대상이 장물알선사실이므로 후소의 변경된 공소사실을 기준으로 하면 후소는 이중기소라고 할 수 없다."고 판시하여 '공소장변경에 의한 이중기소의 흠의 후발적 치유'를 인정하는 셈이다. 이 판결은 친고죄의 고소의 추완을 완강히 거부하여 왔던 종래의 대법원 판례들의 방향과 방향성을 달리하는 판결이어서 주목된다.

② 소송조건 불비의 흠의 치유

이것 외에 '소송조건불비의 흠의 치유'가 인정된 또 다른 사안들이 있다.

③ 일부 특정되지 않은 공소사실의 보정

대법원은 공소사실의 기재가 '일부 특정되지 않은 경우'에 사실심 법원은 막 바로 공소기각의 판결을 할 것이 아니라 ① 우선 검사에게 석명을 구하여 공소장을 보정할 기회를 부여하도록 촉구하고, ② 보정의 기회를 주었음에도 불구하고 검사가 이를 보정하지 않는 경우에 비로소 법원이 공소기각의 판결을 하여야 한다고 판시(대법원 1983. 6. 14. 선고 83도293 판결)한 바 있다.

④ 피해자의 고소가 없거나 혹은 '고소취소·처벌불원의 의사표시'가 있음에도 친고죄·반의사불벌죄로 기소된 후 비친고죄·비반의사불벌죄로 공소장이 변경되면 공소제기의 흠은 치유되는가?

협박죄에 대한 피해자의 고소(혹은 처벌을 원하는 의사표시)가 취소(또는 처벌불원의 의사표시 : 공소제기의 무효사유)된 후에 협박죄(반의사불벌죄)로 기소된 사안에서 검사가 공판절차 진행 중 공갈미수죄로 공소장변경을 신청하여 허가된 경우에 관하여 대법원은 "공갈죄의 수단으로서 한 협박은 공갈죄에 흡수될 뿐 별도로 협박죄를 구성하지 않으므로, 이 사건 범죄사실에 대한 피해자의 고소는 결국 공갈죄에 대한 것이어서, 그 후 고소가 취소되었다 하여 공갈죄로 처벌하는 데에 아무런 장애가 되지 않으며, 공소를 제기할 당시에는 이 사건 범죄사실을 협박죄로 구성하여 기소하였다 하더라도 그 후 공판 중에 기본적 사실관계가 동일하여 공갈미수죄로 공소장변경이 허용된 이상 그 공소제기의 흠(하자)은 치유 된다"(대법원 1996. 9. 24. 선고 96도2151 판결)고 판시하고 있다.

⑤ 소송실체와 관련된 기소의 적법·유효조건(소송조건)의 존부판단대상

기소의 적법·유효조건 중에는 재판권의 유무처럼 '공소사실이나 적용법조'(실체)와 무관한 절차적인 것도 있으나 친고죄냐 여부, 동일사건에 대한 이중기소냐 여부 등 심판대상이 된 '공소사실·적용법조'와 무관하게 판단될 수 없는 것도 있다. 이와 같이 소송실체(심판대상)와 관련된 기소의 적법·유효조건의 존부 여부는 공소사실 또는 적용법조의 여하에 따라 달리 파악될 수 있다. 공소사실과 적용법조는 소송진행 과정에서 공소장변경절차를 매개로 추가되고 철회되거나 변경될 수 있다. 그런데 소송계속 중 변경되어 사실심리의 가능성이 있는 사실심판결선고 단계에서 특정된 공소사실과 적용법조만이 법원의 '현실적 심판대상'이 되고, 공소장변경 전의 공소사실·적용법조는 심판대상에서 제외된다.

위에서 살펴본 판결들은 기소의 적법·유효조건(= 소송조건)의 존부를 판단할 때 최초의 공소사실을 대상으로 판단하지 않고 현실적 심판대상으로 확정된 공소사실을 대상으로 판단한 판결들이다.

제7장

공판절차

7.1   제1심 공판중심주의

대법원 2006. 11. 24. 선고 2006도4994 판결

F   D는 2004. 4.경 불상의 방법으로 소지하게 된 O(고소인)의 인감도장을 찍어 약속어음 및 위임장을 위조·행사한 혐의로 기소되었다. D는 수사 초기부터 계속적으로 'O가 공소사실 기재 일시 경 D의 사무실을 방문하여 O2(O의 남편)의 채무를 연대 보증하는 취지로 백지 약속어음 및 위임장에 직접 인감도장을 날인하였다'고 주장하였다. 이에 반하여, O와 O2는 고소 이후 계속적으로, O는 '공소사실 기재 일시 경 O2의 채무에 대하여 연대 보증한 사실은 물론, D의 사무실을 방문하거나 O2에게 인감도장을 맡긴 사실조차 없다'고 주장하였고, 제1심에 증인으로 출석해서도 같은 취지로 진술하였다. O와 O2에 대한 증인신문을 마친 제1심은 문제의 '약속어음 및 위임장에 O의 인감도장이 날인되어 있는 사실 등에 비추어 O와 O2 두 사람의 진술은 믿기 어렵다'고 보아 그 신빙성을 배척하고 D에게 무죄를 선고하였다. 검사가 사실오인을 이유로 항소하였다. 항소심은 O의 연대보증 여부와 관련된 정황에 대하여 D에게 석명을 요구하여 D가 항소심에서 제출한 일부 서류들에 대하여 추가로 증거조사를 하기는 하였으나, 그 제출한 서류들이 대부분 수사기록에 첨부되어 있는 서류들이고 주로 제1심에서 증거조사를 마친 수사기록에 첨부된 대출 관련 서류들에 기초하여 'O가 연대보증을 하지 않았다'는 두 사람(O, O2)의 제1심법정 진술에 신빙성이 인정된다."고 판단하여 제1심을 파기하고 D에게 유죄를 선고하였다. D가 상고하였다.

I   증인 진술의 신빙성에 대한 제1심의 판단을 그 증인의 법정소환·증거조사 없이 항소심이 번복해도 위법이 아닌가?

R   파기환송. ⓐ 우리 형사소송법은 형사사건의 실체에 대한 유죄·무죄의 심증 형성은 법정에서의 심리에 의하여야 한다는 공판중심주의의 한 요소로서, 법관의 면전에서 직접 조사한 증거만을 재판의 기초로 삼을 수 있고(주관적 직접주의 : 저자첨가) 증명대상이 되는 사실과 가장 가까운 원본 증거를 재판의 기초로 삼아야 하며(객관적 직접주의 : 저자첨가) 원본 증거의 대체물 사용은 원칙적으로 허용되어서는 안 된다(최우량증거제출의 원칙 : 저자첨가)는 **실질적 직접심리주의**를 채택하고 있는바, 이는 법관이 법정에서 직접 원본 증거를 조사하는 방법을 통하여 사건에 대한 신선하고 정확한 심증을 형성할 수 있고 피고인에게 원본 증거에 관한 직접적인 의견진술의 기회를 부여함으로써 실체적 진실을 발견하고 공정한 재판을 실현할 수 있기 때문이다. 형사소송절차를 주재하는 법원으로서는 형사소송절차의 진행과 심리 과정에서 법정을 중심으로 특히, 당사자의 주장과 증거조사가 이루어지는 원칙적인 절차인 제1심의 법정에서 위와 같은 실질적 직접심리주의의 정신이 충분하고도 완벽하게 구현될 수 있도록 하여야 할 것이다. 원래 ⓑ 제1심이 증인신문 절차를 진행한 뒤 그 진술의 신빙성 유무를 판단함에 있어서는, 진술 내용 자체의 합리성·논리성·모순 또는 경험칙 부합 여부나 물증 또는 제3자의 진술과의 부합 여부 등은 물론, 법관의 면전에서 선서한 후 공개된 법정에서 진술에 임하고 있는 증인의 모습이나 태도, 진술의 뉘앙스 등 증인신문조서에는 기록하기 어려운 여러 사정을 직접 관찰함으로써 얻게 된 심증까지 모두 고려하여 신빙성 유무를 평가하게 된다. 이에 비하여, ⓒ 현행 형사소송법상 제1심 증인이 한 진술에 대한 항소심의 신빙성 유무 판단은 원칙적으로 증인신문조서를 포함한 기록만을 그 자료로 삼게 되므로, 진술의 신빙성 유무 판단에 있어 가장 중요한 요소 중의 하나라 할 수 있는 진술 당시 증인의 모습이나 태도, 진술의 뉘앙스 등을 신빙성 유무 평가에 반영할 수 없다는 본질적인 한계를 지니게 된다. 앞서 본 ⓓ 실질적 직접심리주의의 정신에 비추어 위와 같은 제1심과 항소심

의 신빙성 평가 방법의 차이를 고려해 보면, 제1심판결 내용과 제1심에서 적법하게 증거조사를 거친 증거들에 비추어 제1심 증인이 한 진술의 신빙성 유무에 대한 제1심의 판단이 명백하게 잘못되었다고 볼 특별한 사정이 있거나, 제1심의 증거조사 결과와 항소심 변론종결 시까지 추가로 이루어진 증거조사 결과를 종합하면 제1심 증인이 한 진술의 신빙성 유무에 대한 제1심의 판단을 그대로 유지하는 것이 현저히 부당하다고 인정되는 예외적인 경우가 아니라면, 항소심으로서는 제1심 증인이 한 진술의 신빙성 유무에 대한 제1심의 판단이 항소심의 판단과 다르다는 이유만으로 이에 대한 제1심의 판단을 함부로 뒤집어서는 아니 된다(대법원 1991. 10. 22. 선고 91도1672 판결; 대법원 1994. 11. 25. 선고 94도1545 판결; 대법원 1996. 12. 6. 선고 96도2461 판결; 대법원 2005. 5. 26. 선고 2005도130 판결 등 참조). 특히 공소사실을 뒷받침하는 증거의 경우에는, 증인신문 절차를 진행하면서 진술에 임하는 증인의 모습과 태도를 직접 관찰한 제1심이 증인의 진술에 대하여 그 신빙성을 인정할 수 없다고 판단하였음에도 불구하고, 항소심이 이를 뒤집어 그 진술의 신빙성을 인정할 수 있다고 판단할 수 있으려면, 진술의 신빙성을 배척한 제1심의 판단을 수긍할 수 없는 충분하고도 납득할 만한 현저한 사정이 나타나는 경우이어야 한다.[1]

A 원심이 지적한 사정들은 제1심에서 증거조사를 마친 수사기록에 첨부된 대출 관련 서류들에 기초하여 수사 및 제1심 과정에서 이미 지적이 되었던 사정들로서 제1심이 O, O2의 제1심법정 진술의 신빙성을 배척할 때 이미 고려했던 여러 정황들 중 일부에 불과한 것으로 보이고 제1심의 판단을 뒤집을 만한 특별한 사정으로 내세울 만한 것은 아니니, 원심이 O, O2가 제1심에서 한 진술의 신빙성에 대한 제1심의 판단을 뒤집은 조치는 수긍하기 어렵다. 결국 원심에는 제1심 증인이 한 진술의 신빙성에 대한 판단을 함에 있어 공판중심주의와 직접심리주의의 원칙

1) 같은 취지의 후속판결들 : 대법원 2007. 5. 11. 선고 2007도2020 판결; 대법원 2008. 5. 29. 선고 2007도1115 판결.

에 어긋남으로써 채증법칙을 위반한 위법이 있다.

C

1 당사자주의와 제1심 공판중심주의

당사자주의에서는 '제1심 공판절차가 전 형사절차의 핵심'이라는 관념이 발달되어 있다. 당사자주의에서 공판 전 절차(pretrial procedure)는 오로지 제1심 공판절차의 준비행위로서의 의미가 있을 뿐이고 상소(appeal) 절차에서 당사자가 다투는 이슈는 법률적 쟁점에 한정된다. '검사와 피고인의 분쟁이 제1심 공판절차 전까지 해결되지 않으면 제1심 공판절차에서 양 당사자가 치열하게 다툰 후 배심단 앞에서 한 번에 결판을 내자'(one shot)는 발상이 당사자주의의 가장 큰 특징 중의 하나이다. 당사자주의에서는 '제1심의 공판절차에서 양 당사자가 후회 없이, 그리고 공정하게 투쟁할 수 있는 환경을 만들고 양당사자가 제1심 공판에서 단번에 승패를 가늠'하는 '제1심 공판중심주의적 구상'이 크게 작용하고 있다.

2 실질적 직접심리주의

또한 본 판결은 공판중심주의의 한 요소로서 실질적 직접심리주의를 거론하고 있음이 주목된다. 이 판결은 실질적 직접심리주의의 의미를 "법관의 면전에서 직접 조사한 증거만을 재판의 기초로 삼을 수 있고 증명 대상이 되는 사실과 가장 가까운 원본 증거를 재판의 기초로 삼아야 하며 원본 증거의 대체물 사용은 원칙적으로 허용되어서는 안 된다"로 설정하고 실질적 직접심리주의 채택의 근거를 "법관이 법정에서 직접 원본 증거를 조사하는 방법을 통하여 사건에 대한 신선하고 정확한 심증을 형성할 수 있고 피고인에게 원본 증거에 관한 직접적인 의견진술의 기회를 부여함으로써 실체적 진실을 발견하고 공정한 재판을 실현할 수 있기 때문"이라고 한다.

3 증인 진술의 신빙성에 대한 제1심의 판단을 항소심이 번복하는 것은 예외적인 경우에만 허용된다.

7.2 피고인의 대면권

대법원 1992. 7. 28. 선고 92도917 판결

F [1] 'D는 D2와 공모·합동하여 특수강도죄를 범한 혐의'로 '병합기소'되었다.[2] D는 경찰, 검찰과 법정에서 [一貫하여] 범행을 부인(경찰·검찰부인과 법정부인)하였지만 D2는 법정에서 "나(D2)는 D와 공모·합동하여 V로부터 200만 원을 강취하였다."(이하 'S3'로 약칭함)고 진술하였다. D2는 경찰·검찰에서도 S3와 동일한 취지["나(D2)는 D와 공모·합동하여 V로부터 200만 원을 강취하였다."]의 진술을 하였고 그 취지의 진술은 각각 사법경찰관 작성 피의자신문조서(S1), 검사 작성 피의자신문조서(S2)에 기재되었다. 제1심 증거조사절차에서 D2는 자신(D2)에 대한 검사 및 사법경찰관 작성의 각 피의자신문조서의 성립과 임의성을 인정하였다. D2가 법정진술을 하게 된 계기는 다음과 같다:

법정에서 행하여진 피고인신문절차에서 검사의 D2에 대한 직접신문(피고인은 공소사실 기재 장소와 시각에 무슨 일을 하였나요?)에 대하여 "나(D2)는 D와 공모·합동하여 V로부터 200만원을 강취하였다."고 답변하였다. 그러자 특히 'D와 공모·합동하여'라는 부분에 동의할 수 없었던 D의 변호인은 'D2를 증언대에 세워 위증죄를 경고한 후 반대신문을 하게 해 달라'고 재판장에게 신청하였다.[3] 재판장은 D2를 증언대에 세우지 아니한 상태에서 D의 변호인에게 D2를 상대로 반대신문할 기회를 제공하였다. 이 상태에서 D의 변호인이 D2를 상대로 반대신문을 하기 시작하였다.

D2는 때로 답변을 하기도 하고 때로 진술거부권이 있음을 근거로 답변을 거부하기도 하였다. 항소심 재판부는 직접신문에 대한 D2의 답변과 반대신문에 대한 D2의 답변, 반대신문에 대한 D2의 답변거부 등을 종합하여 D에게 유죄판결을 선고하였다. D의 변호인은 "항소심이 공범인 다른 피고인(D2)의 진술을 증거로 삼은 것은 D의 대면권(혹은 반대신문권)을 침해한 위법판결"이라고 주장하며 상고하였다.

I 다음과 같은 세 가지 쟁점을 모두 염두에 두기로 한다.

1. 재판장이 D의 변호인의 신청과 달리 D2를 증언대에 세우지 않은 이유는 무엇인가?

2. D의 변호인의 신청과 달리 D2를 증언대에 세우지 않으면서도 검사의 직접신문에 대한 D2의 답변과 D의 변호인의 D2를 상대로 한 반대신문에 대한 D2의 답변, 반대신문에 대한 D2의 답변거부 태도 등의 증거를 채택한 재판부의 의중은 무엇일까?

3. 사안에서는 D의 변호인이 'D2를 상대로 반대신문을 하게 해 달라'고 재판장에게 신청하고 제한적이기는 하지만 재판장은 이 신청을 허가한 셈이다. 그런데 만약 재판장이 D의 변호인의 신청을 기각하고 검사의 직접신문에 대한 D2의 답변만을 자료로 삼아 D에게 유죄판결을 선고하였다면 이 판결은 상급심에서 교정될 가능성이 있는 '판결에 영향을 미친 위법한 판결'인가?

R A 상고기각. ⓐ 310조의 피고인(D)의 자백에는 '공범인 공동피고인'(D2)의 진술은 포함되지 않으며, 이 ⓑ 공동피고인(D2)의 진술에 대하여는 피고인(D)의 반대신문권이 보장되어 있어 독립한 증거능력이 있다는 것이 당원의 일관된 견해이므로(당원 1985. 3. 9. 선고 85도951 판결[4]; 1985. 6. 25. 선고 85도691

---

1) 정확한 사안은 미상(未詳)이나 재판요지를 훼손하지 않는 범위에서 필자가 가상적으로 덧붙였다.

2) 사안에서 사건은 D의 강도피고사건, D2의 강도피고사건 등 2개이므로 'D의 피고사건의 소송법률관계'와 'D2의 피고사건의 소송법률관계'를 따로 논하여야 한다. 여기서는 'D의 피고사건'에 집중하기로 하자. 이 경우 D2를 D의 공동피고인, 혹은 상피고인으로 부른다.

3) 대면권이 헌법적 권리로 승격된 미국에서 재판장은 D의 변호인의 신청을 거부할 수 없다. 이 신청을 거부하면 그 재판은 헌법위반의 재판이어서 파기사유가 되고 결국 D가 이를 다투면 다시 재판(retrial)이 행하여져야 한다. 그러나 한국에서는 본문과 같이 다소 다른 처리가 행하여진다.

4) "대리점사기죄의 기망행위에 공동가담 하였음을 시인하

판결[5]; 1987. 7. 7. 선고 87도973 판결[6] 각 참조), ⓒ 원심이 피고인 D의 범죄사실을 인정함에 있어서 공범인 다른 피고인(D2)의 진술을 증거로 삼았다고 하여 이를 위법이라고 탓할 수 없다.

는 원심 공동피고인(D2)의 수사기관 이래의 일관된 진술을 들어 피고인(D)에 대한 유죄의 증거로 사용한 데에는 소론이 지적하는 바와 같은 공범자의 자백에 관한 법리를 오해한 위법이 있다 할 수 없고 더욱이 이 사건에서는 그 밖에도 피고인이 증거로 함에 동의한 P, L의 진술과 같은 보강할 증거도 있다."

5) 항소심이 "경상북도 식산국 축정과 계장으로 근무하던 피고인이 축산물 유통센타 설치계획과 관련하여 원심 공동피고인으로부터 1981. 11. 초순경 500,000원, 그 해 12.말경 200,000원, 도합 700,000원을 뇌물로 교부받았다는 공소사실에 대하여, 이에 부합하는 검사작성의 피고인 및 원심공동피고인에 대한 각 피의자신문조서 및 피고인 작성의 자술서는 그 임의성을 의심할만한 상당한 이유가 있거나 신빙성이 없으므로 유죄의 증거로 삼을 수 없다는 이유로 무죄를 선고하자 검사가 상고한 사안에 대하여 대법원이 "공동피고인(D2)의 자백은 이에 대한 피고인(D)의 반대신문권이 보장되어 있어 증인으로 신문한 경우와 다를 바 없으므로 독립한 증거능력이 있다는 것이 당원이 견지해온 견해 인바(대법원 1963. 7. 25. 선고 63도185 판결; 대법원 1968. 4. 16. 선고 68도177 판결; 대법원 1968. 4. 16. 선고 68도231 판결; 대법원 1981. 2. 10. 선고 80도2722 판결 각 참조), 기록에 의하면, 원심 공동피고인은 1심법정에서 위 공소내용과 같이 피고인에게 두 차례에 걸쳐 500,000원과 200,000원, 도합700,000원을 교부하였다고 진술하고 있고 2심법정에 이르러서는 위 금원 중 500,000원은 피고인으로부터 돌려받은 것 같다고 진술하고 있다. 원심이 위와 같은 원심 공동피고인의 법정진술의 증거가치에 관하여는 전혀 언급함이 없이 공소사실을 인정할 증거가 없다고 판단하고 말았음은 증거에 관한 판단을 유탈한 위법을 범한 것이다. 원심으로서는 원심공동피고인의 위 법정진술의 신빙성 유무를 살펴보고 특히 500,000원을 반환받은 상황과 그 일시 등을 따져서 피고인의 영득의사 유무를 가려보아야 한다."고 판시한 사안이다.

6) "공동피고인(D2)의 자백은 이에 대한 피고인(D)의 반대신문권이 보장되어 있어 증인으로 심문(신문의 오기로 보인다 : 저자)한 경우와 다를 바 없으므로 독립한 증거능력이 있다고 하는 것이 당원의 견해인 즉(당원 1985. 6. 25 선고 85도691 판결 참조) 이에 반하는 논지는 채용할 수 없다."

C

1 대면권과 반대신문권

R **A** 의 ⓑ 부분에서 언급되고 있는 반대신문권을 전문법칙의 인정근거인 반대신문권(the right to cross-examine)과는 구별되는 개념으로 설정하려는 견해가 있다. 전문법칙의 인정근거인 반대신문권은 '법정외 진술'(out of court statement)의 증거능력을 제한하는 법리이지만 위 사안에서 문제되는 대면권(the right to confront)은 주로 법정진술(in-court statement)의 증거능력을 제한하는 법리이다.

D2는 법정에서 D에게 불리한 진술을 하고 있다. 이처럼 '㉮ 기소된 피고인(D)이 ㉯ 법정(사실인정자 앞)에서 ㉰ 자신에게 불리한 증언·진술을 하는 자(D2)를 상대로 ㉱ 반대신문을 할 수 있는 권리'를 반대신문권 중에서도 대면권(the right to confront)이라고 한다. 전문법칙의 인정근거인 반대신문권은 광범한 예외사유로 그 생략이 정당화될 수 있지만 대면권은 특단의 사유가 없는 한 그 생략이 정당화될 수 없는 권리로 상정되고 있다. 미국헌법과 일본헌법은 피고인의 대면권을 명시하고 있기 때문이다.

2 공범으로 병합기소된 공동피고인(D2)의 피고인(D) 사건에서의 증인적격과 사실상의 반대신문

사안에서 D의 변호인은 '법정에서 D에게 불리한 진술을 하는 D2'를 '증언대에 세워 위증의 경고 하에 정식으로 반대신문'할 기회를 달라고 신청하고 있다. 재판장은 D의 변호인의 요청을 100% 허용하지 않고 다소 변형하여 허용한다. 재판장은 D2를 증언대에 세우지 않고, D2에게 위증의 경고도 하지 않는다. 그러나 재판장은 D의 변호인이 D2를 상대로 반대신문할 기회를 부여한다. 이런 형식의 반대신문을 '사실상의 반대신문'으로 부르기로 하자.

재판장이 D의 변호인의 신청을 수용하려 하면서도 D2를 증언대에 세우지 않는 이유는 D2도 피고인이어서 증인적격이 없기 때문이다(⇨쟁점 1에 대한 답변). 다른 한편 검사의 직접신문에 대한 D2의 답변과 변호인의 사실상의 반대신문에 대한 D2의 답변, 반대신문에 대한 D2의 답변거부 태도 등을 증거자료로 인정한 재판부의 행태는 정식으로 대면권을 인정한 것은 아니지만 사실상의 대면권을 허용한 것이므로 재판부가 피고인의 대면권을 전혀 외면한 것도 아니다(⇒쟁점 2에 대한 답변). 다음에 재판장이 'D2를 증언대에 세워 위증죄를 경고한 후 반대신문을 하게 해달라'는 D의 변호인의 신청을 실현시키는 방법이 있을까?

사안에서 사건은 D의 강도피고사건, D2의 강도피고사건 등 2개이므로 변론을 분리하면 된다. 그러나 이렇게 되면 소송경제(심리시간의 절약)를 해치게 된다.

생각건대 재판장의 '사실상의 반대신문' 허용은 '공동피고인 D2의 진술거부권'과 '피고인 D의 대면권'을 조화시키기 위한 고육지책(苦肉之策, 어느 입장도 무시할 수 없는 타협의 산물)으로 보인다. 소송경제를 도모하고 아울러 '공동피고인 D2의 진술거부권'도 존중하고 '피고인 D의 대면권'도 존중하여야 하는 결과 '공동피고인(D2)이 진술거부권'을 행사하거나 그 책임을 전가하는 진술을 할 우려가 없지 않다. 그럴 경우에 재판부는 공동피고인(D2)의 진술의 신빙성판단에 신중을 기할 수밖에 없다.[7]

③ 한국헌법과 한국형소법이 대면권을 보장했다고 볼 수 있을까?

대면권을 명시하고 있는 미국헌법, 일본헌법과 달리 한국헌법에는 대면권을 명시하는 조문이 없다. 그런 헌법적 상황에서 본 판결은 피고인에게 사실상의 반대신문을 허용하고 있기 때문에 주목된다. 본 판결의 실정법적 근거를 굳이 찾아보자면 헌법의 적법절차 조문(헌법 12조 1항)과 형소법 161조의2, 184조, 312조 4항을 들 수 있다.

④ 쟁점 3에 대한 답변

판례의 취지가 명확한 것은 아니지만 D에게 '사실상의 반대신문'조차 허용하지 않는 식의 재판장의 소송지휘는 피고인의 대면권을 침해하는 위법한 소송지휘로 보아야 할 것이다.

---

7) 법원실무제요(형사Ⅱ).

⑤ 관련 판결

다음의 1999년 판결은 피고인의 대면권을 상정하지 아니하면 이해하기 곤란한 판결이다.

❶ 대법원 1999. 10. 8. 선고 99도3063 판결(국가보안법위반 사건)[8] : "직권으로 살피건대, 공범(D2)이나 제3자에 관한 검사 작성의 피의자신문조서 '등본'[9]이 증거로 제출된 경우 피고인(D)이 위 공범(D2) 등에 대한 피의자신문조서를 증거로 함에 동의하지 않는 이상, 원진술자인 공범(D2)이나 제3자가 각기 자신에 대한 공판절차나 다른 공범(D3)에 대한 형사공판의 증인신문절차에서 위 수사서류의 진정 성립을 인정해 놓은 것만으로는 증거능력을 부여할 수 없고, 반드시 공범이나 제3자가 현재의 사건에 '증인'으로 출석하여 그 서류의 성립의 진정을 인정하여야 증거능력이 인정된다. 비록 공범인 D2, D3가 각 자신에 대한 공판절차나 다른 공범에 대한 공판절차에서 피고인 본인 혹은 증인의 자격으로 출석하여 검사 작성의 자신들에 대한 각 피의자신문조서에 관하여 임의성 및 성립의 진정을 인정하고 있기는 하지만, 검찰관이 증거로 제출한 검사 작성의 위 각 피의자신문조서등본에 관하여 피고인이 이를 증거로 함에 동의하지 않

---

8) 이 판결에 대하여는 이태종, 공범이나 제3자에 대한 검사 작성의 피의자신문조서등본의 증거능력, 대법원판례해설 통권 33호(2000), 794 이하. 여기에 다음과 같은 해설이 있다 : "전문법칙의 근거가 반대신문의 결여에 있다고 보는 이상, 공범 또는 제3자가 그의 사건에서 임의성 및 진정 성립을 인정하였다 하더라도 현재의 피고인에게는 반대신문의 기회가 없었던 것이 명백하므로 공범 또는 제3자가 현재 피고사건의 증인으로 나와 진정 성립을 인정하여야만 증거능력이 있다고 보는 제한설이 타당하다(사법연수원, 형사증거법(1999), 240)."

9) "D에 대한 검사 작성의 피의자신문조서가 그 내용 중 일부를 가린 채 복사를 한 다음 '원본과 상위 없다'는 인증을 하여 초본의 형식으로 제출된 경우에, 위와 같은 ⓐ 피의자신문조서 초본은 피의자신문조서 원본 중 가려진 부분의 내용이 가려지지 않은 부분과 분리 가능하고, 당해 공소사실과 관련성이 없는 경우에만, ⓑ 그 피의자신문조서의 원본이 존재하거나 존재하였을 것, ⓒ 피의자신문조서의 원본 제출이 불능 또는 곤란한 사정이 있을 것, ⓓ 원본을 정확하게 전사하였을 것 등 3가지 요건을 전제로 D에 대한 검사 작성의 피의자신문조서 원본과 동일하게 취급할 수 있다"(대법원 2002. 10. 22. 선고 2000도5461 판결).

고 있는 이상, 반드시 위 D2, D3 등이 D에 대한 이
사건 공판기일 등에 증인으로 출석하여 위 각 서류의
성립의 진정을 인정하기 전에는 이를 증거로 쓸 수
없다."

❷ 반면에 다음 1990년 판결은 대면권 보장의 측면
에서 문제가 있는 판결이다. 공범관계에 있는 피고인
들(D, D2)이 병합기소된 경우 검사작성의 '공범자(로
기소된 자)인 공동피고인(D2)'에 대한 피의자신문조서
를 'D의 형사피고사건'에 증거로 사용할 수 있는
가?(D2가 법정에서 성립의 진정·임의성을 인정[10]하면 긍
정) : "검사 작성의 상피고인 D2에 대한 피의자신문
조서는 위 D2가 제1심에서 성립 및 임의성을 인정한
경우에는 피고인 D가 이를 증거로 함에 부동의하였
다고 하더라도 피고인 D의 범죄사실에 대한 유죄의
증거로 삼을 수 있다"(대법원 1990. 12. 26. 선고 90도2362
판결).

---

10) 법정에서 성립의 진정·임의성을 인정하여야 하므로 이
  기회에 D는 D2를 상대로 사실상의 반대신문을 할 수 있
  는 기회가 제공될 수 있다. 만약 'D가 D2를 상대로 사
  실상의 반대신문을 할 수 있는 기회의 제공'과 무관하게
  증거능력을 인정하는 취지라면 이 판례는 대면권 차원에
  서 문제가 있는 판례로 보인다.

7.3 피고인의 대면권(반대신문권)과 피해자의 재판절차 진술권의 조화

대법원 2010. 1. 14. 선고 2009도9344 판결; 대법원 2012. 2. 23. 선고 2011도15608 판결

F 【2010년 사안】 D는 '폭행과 강제추행' 혐의로 기소되었다. 제1심법원의 재판장은 제3회 공판기일에 피해자 V를 증인으로 신문할 때 위 '증인이 D의 면전에서 충분한 진술을 할 수 없다'고 인정하여 D의 퇴정을 명하고 증인신문을 진행하였다. 당시 D에게는 변호인이 선임되어 있지 않아 변호인 또는 D가 증인신문과정에 전혀 참여할 수 없었다. 제1심법원의 재판장은 증인신문에서 D의 퇴정을 명하기 전에 미리 D로부터 신문사항을 제출받아 퇴정한 D를 대신하여 증인신문을 행하였다. 재판장은 증인신문이 모두 종료한 후에 D를 입정하게 하고 법원사무관 등이 진술의 요지를 고지하여 준 다음 바로 신문절차를 종결하였고, D에게 실질적인 반대신문의 기회를 부여하지는 않았다. 제4회 공판기일에서 재판장이 증인신문 결과를 공판조서에 기초하여 고지하였는데 D는 '변경할 점과 이의할 점이 없다'고 진술하였다. 제1심은 이 증인신문결과를 증거로 채용하여 유죄판결을 선고하였다. D는 '자신에게 불리한 증언을 하는 V에게 실질적인 반대신문을 할 수 있는 기회가 박탈당하였으므로 제1심판결은 위법하다'고 주장하며 항소·상고하였다.

【2012년 사안】 D2는 아동·청소년의 성보호에 관한 법률위반(강간등) 혐의로 기소되었다. 항소심법원의 재판장은 피해자들을 증인으로 신문할 때 위 증인들이 D2의 면전에서 충분한 진술을 할 수 없다고 인정하여 D2의 퇴정을 명하고 증인신문을 진행하였다. 당시 D2에게는 변호인이 선임되어 있어 변호인이 증인신문과정에 참여하였다. 항소심법원의 재판장은 증인신문을 실시하는 과정에 D2를 입정하게 하고 법원사무관 등으로 하여금 진술의 요지를 고지하게 한 다음 변호인을 통하여 반대신문의 기회를 부여하였다. D2는 '자신에게 불리한 증언을 하는 증인들에게 실질적인 반대신문을 할 수 있는 기회가 박탈당하였

으므로 항소심판결은 위법하다'고 주장하며 상고하였다.

I 297조가 피해자를 증인으로 신문할 때 증인이 피고인의 면전에서 충분한 진술을 할 수 없다고 인정하면 재판장이 피고인의 퇴정을 명하고 증인신문을 진행할 수 있게 한 것은 피해자의 재판절차진술권을 존중하여야 하기 때문이다. 그러나 그리되면 피고인의 반대신문권, 특히 대면권이 손상된다. 따라서 대면권(반대신문권)과 피해자의 재판절차 진술권의 조화로운 운용이 문제된다. 2010년 사안에서 재판장은 D의 퇴정을 명하기 전에 미리 D로부터 신문사항을 제출받아 퇴정한 D를 대신하여 증인신문을 행하였다. 재판장은 증인신문이 모두 종료한 후에 D를 입정하게 하고 법원사무관으로 하여금 증인진술(증언)의 요지를 고지하게 하였다. 이것만으로 피고인의 반대신문권, 특히 대면권이 존중되었다고 할 수 있는가?

R A 【2010년 사안】 상고기각. 297조의 규정에 따라 재판장은 증인이 피고인의 면전에서 충분한 진술을 할 수 없다고 인정한 때에는 피고인을 퇴정하게 하고 증인신문을 진행함으로써 피고인의 직접적인 증인 대면을 제한할 수 있지만, 이러한 경우에도 피고인의 반대신문권을 배제하는 것은 허용되지 않는다. 변호인이 없는 D를 일시 퇴정하게 하고 증인신문을 한 다음 D에게 실질적인 반대신문권의 기회를 부여하지 아니한 채 이루어진 증인 V의 법정진술은 위법한 증거로서 증거능력이 없다고 볼 여지가 있다. (그러나) D가 책문권 포기 의사를 명시함으로써 실질적인 반대신문의 기회를 부여받지 못한 하자가 치유되었다고 할 수 있으므로(대법원 1974. 1. 15. 선고 73도2967 판결 등 참조), 증인 V의 법정진술이 위법한 증거라고 볼 수 없고, 결국 상고이유의 주장은 이유 없다.

【2012년 사안】 상고기각. 사실관계를 앞서 본 법리에 비추어 살펴보면, 원심의 증인신문절차 등 공판절차에 어떠한 위법이 있다고 볼 수 없다.

C 공판절차의 당사자는 피고인과 검사여서 피해자는 적극적인 역할을 할 수 없다. 그러나 피고인의 보석, 보석취소에 즈음하여 법원은 피고인의 보석이 피해자에게 해를 줄 수 있는가 여부를 고려(95조 6호, 102조 1항 4호)하여 피해자의 보호를 도모할 수 있다. 피해자가 증인이 되는 경우에 피고인 면전에서 압박을 받아 충분한 진술을 할 수 없을 때 법원은 피고인을 퇴정시키고 증언할 수 있게 하여야 한다(297조). 피해자는 재판공개의 원칙에 의하여 방청인으로서 공판심리를 방청할 수 있다. 그러나 이와 같은 조치들만으로 피해자의 열악한 지위에 큰 위안을 주기는 어렵다. '2008년 개정법'은 (1) 피해자가 증인으로 출석할 때 신뢰관계 있는 자의 동석권을 주었고, (2) 비디오 중계방식에 의한 증인신문을 가능하게 하였고, (3) 피해자의 재판절차(법정)진술권을 강화하였다. 그러나 피고인의 방어권에도 소홀할 수 없어 피고인의 대면권(반대신문권)과 피해자의 재판절차 진술권의 조화가 불가피하다.

① 변호인이 선임된 경우

변호인이 선임된 경우에는 변호인으로 하여금 피고인을 대신하여 대면권을 행사하게 하면 대면권(반대신문권)과 피해자의 재판절차 진술권의 조화를 훌륭하게 달성할 수 있다. 2012년 사안은 이 점을 잘 보여주고 있다.

② 변호인이 없는 경우

2010년 사안의 제1심법원의 재판장이 증인신문절차에서 D의 퇴정을 명하기 전에 미리 D로부터 신문사항을 제출받아 퇴정한 D를 대신하여 반대신문을 행한 것은 자연스러운 일이다. 증인신문이 모두 종료한 후에 D를 입정하게 하고 재판장이 법원사무관으로 하여금 증인진술(증언)의 요지를 고지하게 한 것도 자연스러운 일이다. 그러나 재판장은 D에게 한 번 더 기회를 주는 의미에서 '추가적으로 반대신문할 것이

있는가?'라고 묻는 등의 수고를 기울였어야 마땅하다.

③ 책문권의 포기로 인한 흠의 치유

2010년 사안에서 재판장이 예를 들어 D에게 '추가적으로 반대신문할 것이 있는가?'라고 묻지 않은 것은 D에게 실질적인 반대신문의 기회를 부여하지 않은 흠(하자)이 있는 절차진행이다. 그러나 이 흠은 한편에서 사소한 것이고 다른 한편에서 그 흠의 처리여하에 관한 법익은 피고인이 처분할 수 있는 법익이다. 이리하여 대법원은 '재판장이 D에게 실질적인 반대신문의 기회를 부여하지 않은 흠(하자)'은 피고인이 그 '흠을 다툴 수 있는 최초의 기회'에 다투지 않으면 책문권의 포기로 치유된다고 판시한다. 사안에서 '흠을 다툴 수 있는 최초의 기회'란 차회(제4회) 공판기일에 재판장이 증인신문 결과를 공판조서에 기초하여 고지한 후 D에게 '변경할 점과 이의할 점이 있는가?' 하고 물었을 때이다. 이 기회에 D는 '변경할 점과 이의할 점이 없다'고 진술하였으므로 '재판장이 D에게 실질적인 반대신문의 기회를 부여하지 않은 흠(하자)'은 치유[1]된 것으로 판단되었다.

---

1) 책문권의 포기로 인하여 흠의 치유가 인정된 선례로 다음과 같은 1974년 판결이 있다. "피고인에게 제1심이 증인신문의 시일과 장소를 미리 통지함이 없이 위 증인들의 신문을 시행하였음은 소론과 같이 위법하다 할 것이나 제1심 제5차 1973. 5. 15 공판조서에 의하면 같은 증인 등의 신문결과를 같은 증인 등 신문조서에 의하여 소송관계인에게 고지하였던 바, 피고인이나 변호인이 이의를 하지 않았음이 뚜렷하므로 위의 하자는 책문권의 포기로 치유되었다"(대법원 1974. 1. 15. 선고 73도2967 판결).

7.4   법정증언을 번복하는 내용의 검사작성의 참고인진술조서의 증거능력

대법원 2013. 8. 14. 선고 2012도13665 판결; 대법원 2000. 6. 15. 선고 99도1108 판결

F D는 피해자 V의 고소를 계기로 피의자가 되었고 결국 'V 소유의 지게차를 절취'한 혐의로 기소되었다. 제1심은 V를 증인으로 신문하였는데 V는 검찰진술과 달리 '범인은 D가 아니다'라는 취지로 증언하였다. 제1심은 증거불충분을 이유로 무죄를 선고하였다. 검사는 항소한 후 V를 검사실로 소환하여 위증혐의로 입건하면서 피의자신문조서를 받았다. 이 피의자신문조서에는 "V의 1심 증언이 위증이고, 사실은 D가 유죄라는 취지"로 기재되어 있었다. 항소심에서 검사는 이와 같은 내용의 V의 검찰 피의자신문조서 사본을 증거로 제출하였다. V가 공판정에 출석하여 위 검찰 피의자신문조서의 성립의 진정을 인정하고, 'D가 V 소유의 지게차를 절취하였다'고 증언하였다. 항소심은 V의 검찰 피의자신문조서사본과 'D가 V 소유의 지게차를 절취하였다'는 항소심 법정증언을 증거로 채택하여 D에게 유죄판결을 선고하였다. D가 상고하였다.

I 검찰 측 증인이 공판기일에 수사상 진술을 번복하는 증언을 하면 검사는 당황하게 된다. 당황한 검사가 그 증인을 검사실로 소환한 후 추궁하여 이를 일방적으로 번복시키는 방식으로 작성한 진술조서를 차회 공판기일에 증거로 제출하면 그 조서를 유죄증거로 삼을 수 있는가?

R 파기환송. 공판준비 또는 공판기일에서 이미 증언을 마친 증인을 검사가 소환한 후 피고인에게 유리한 그 증언 내용을 추궁하여 이를 일방적으로 번복시키는 방식으로 작성한 진술조서를 유죄의 증거로 삼는 것은 당사자주의·공판중심주의·직접주의를 지향하는 현행 형사소송법의 소송구조에 어긋나는 것일 뿐만 아니라, 헌법 27조가 보장하는 기본권, 즉 법관의 면전에서 모든 증거자료가 조사·진술되고 이에

대하여 피고인이 공격·방어할 수 있는 기회가 실질적으로 부여되는 재판을 받을 권리를 침해하는 것이므로, 이러한 진술조서는 피고인이 증거로 할 수 있음에 동의하지 아니하는 한 증거능력이 없다. 그 후 원진술자인 종전 증인이 다시 법정에 출석하여 증언을 하면서 그 진술조서의 성립의 진정함을 인정하고 피고인 측에 반대신문의 기회가 부여되었다고 하더라도 그 증언 자체를 유죄의 증거로 할 수 있음은 별론으로 하고 위와 같은 진술조서의 증거능력이 없다는 결론은 달리할 것이 아니다(대법원 2000. 6. 15. 선고 99도1108 전원합의체 판결; 대법원 2012. 6. 14. 선고 2012도534 판결 등 참조). 이는 검사가 공판준비 또는 공판기일에서 이미 증언을 마친 증인에게 수사기관에 출석할 것을 요구하여 그 증인을 상대로 위증의 혐의를 조사한 내용을 담은 피의자신문조서의 경우도 마찬가지이다.

A 사실관계를 앞서 본 법리에 비추어 살펴보면, 공소외2(v)에 대한 각 검찰 피의자신문조서 사본 역시 이 사건에서 증거능력이 없다.

C

① 이 판결의 사정(射程)범위

종래 번복진술조서에 대하여 경우에 따라 신빙성을 부인할 수 있다고 한 판례[1]가 있었는가 하면, 번복진술조서는 원칙적으로 증거로 할 수 없다는 전제를 깔고, 그러나 "이러한 진술조서라도 그 후에 법정에서 피고인 측에게 증인에 대한 반대신문의 기회를 부여하였다면 그 증거능력이 인정된다."는 판례[2]도

---

1) 대법원 1983. 8. 23. 선고 83도1632 판결; 대법원 1984. 11. 27. 선고 84도1376 판결; 대법원 1993. 4. 27. 선고 92도2171 판결.
2) 대법원 1992. 8. 18. 선고 92도1555 판결.

있었다. 그러나 대법원 2000. 6. 15. 선고 99도1108 판결(이하 '2000년 판결'로 약칭함)은 종래의 엇갈렸던 판례를 증거능력의 문제로 통일시키고 번복진술조서는 "그 후 원진술자인 종전 증인이 다시 법정에 출석하여 증언을 하면서 그 진술조서의 성립의 진정함을 인정하고 피고인 측에 반대신문의 기회가 부여되었다고 하더라도 증거능력이 없다"고 못 박았다. 다음에 2000년 판결은 번복진술조서의 증거능력(피고인이 증거로 할 수 있음에 동의하지 않는 한 그 증거능력이 없다)을 문제삼고 있지만 번복진술조서 중에서도 검사가 법정증인을 별도의 위증사건 피의자로 입건하여 신문하는 절차 없이 추궁하여 작성한 진술조서만을 문제 삼았다. 이 부분을 반대해석하면 검사가 법정증인 W를 별도의 위증사건 피의자로 입건하여 정식의 피의자신문절차에서 W를 추궁하여 작성한 (위증사건에 대한) 피의자신문조서는 증거로 할 수 있다는 취지로 읽힐 여지가 있었다. 그러나 대법원 2013. 8. 14. 선고 2012도13665 판결(이하 '2013년 판결'로 약칭함)은 검사가 법정증인 W를 별도의 위증사건 피의자로 입건하여 정식의 피의자신문절차에서 W를 추궁하여 작성한 (위증사건에 대한) 피의자신문조서 조차도 피고인이 증거로 할 수 있음에 동의하지 않는 한 그 증거능력이 없다고 하여 번복진술조서에 대한 경계를 강화시켰다.

2000년 판결과 2013년 판결은 공소사실에 배치되는 증인의 1차 증언 후 수사기관에 의해 작성된 법정증인의 번복(공소사실에 부합) 진술조서의 증거능력을 부인하였지만 그 증인이 2차 증언에서 '공소사실에 부합하는 번복증언'(이하 '번복증언'으로 약칭한다)을 하고 피고인 측의 반대신문을 경유하였다면 이 번복증언은 증거능력이 있다고 판시하였다. 2차 증언의 실시는 당사자주의나 공판중심주의, 직접주의의 어떤 견지에서도 문제될 것이 없으므로 이 부분의 판시에 대하여는 특별히 지적할 사항이 없다. 그런데 이 판결은 무엇을 근거로 하여 위와 같은 판결을 하였을까?

2 이 판결들의 법리적 논거

이 판결들은 검사가 일방적으로 번복진술조서를 받아내는 것은 "㉮ 당사자주의·공판중심주의·직접주의를 지향하는 현행 형사소송법의 소송구조에 어

긋나는 것일 뿐만 아니라, ㉯ 헌법 27조가 보장하는 기본권, 즉 법관의 면전에서 모든 증거자료가 조사·진술되고 이에 대하여 피고인이 공격·방어할 수 있는 기회가 '실질적으로' 부여되는 재판을 받을 권리를 침해하는 것"이기 때문에 증거로 할 수 없다고 논단하고 있다. 그런데 ㉯ 부분의 판시는 헌법재판소가 314조에 대한 위헌소원에서 헌법 12조 1항 후문 후단의 적법절차조항과 헌법 27조 1항 및 3항을 근거로 이끌어낸 형사피고인의 '공정한 재판을 받을 권리' 선언을 토대로 발전시킨 것[3]이다. 이 판결의 생성을 가능하게 했던 법리는 이렇듯 가깝게는 공판중심주의·직접주의이고 멀리는 당사자주의와 적법절차원리임을 알 수 있다. 이 판결은 당사자주의와 적법절차와 같은 '기저적(基底的)인 구조원리'가 공판중심주의·직접주의와 같은 '하위수준의 구조원리' 개념을 매개로 형사실무의 최전방말단에 자리하고 있는 각론적 쟁점의 해석 문제에 깊숙이 침투해 들어가고 있는 과정을 실증해 주는 사례의 하나이다.

---

3) "㉠ 헌법은 12조 1항에서 적법절차에 의하지 않고는 처벌을 받지 않을 권리를, 27조 1항 및 3항에서 법관의 법률에 의한 공정하고 신속한 공개재판을 받을 권리를 각 명문으로 규정하고 있고, ㉡ 이러한 기본권을 실현하기 위하여 법은 161조의2에서 피고인의 반대신문권을 포함한 교호신문제도를 규정함과 동시에, 310조의2에서 법관의 면전에서 진술되지 않고 피고인에 대한 반대신문의 기회가 부여되지 아니한 진술에 대하여는 원칙적으로 증거능력을 부여하지 아니함으로써, 결국 ㉢ 형사재판에 있어서 모든 증거는 법관의 면전에서 진술·심리되어야 한다는 직접주의와 피고인에게 불리한 증거에 대하여는 반대신문할 수 있는 권리를 원칙적으로 보장하고 있으므로, ㉣ 법 310조의2에서 정한 예외 규정인 312조와 313조가 엄격하게 해석·적용되어야 함은 당연하다"(김형선 대법관의 다수의견에 대한 보충의견).

7.5 피고인의 출석권·공시송달·특례법·상소권회복

대법원 2003. 11. 14. 선고 2003도4983 판결

F   D는 공문서위조(형법 225조, 법정형 10년 이하의 징역) 혐의로 기소되었다. 검사는 2001. 10. 24. D를 제1심법원에 기소하면서 공소장에 D의 주거지를 '포항시 북구 동빈동 1가(이하생략)'로 기재함과 아울러 D가 다른 사건으로 경주교도소에 수용 중에 있고 2001. 11. 16. 그 형기가 종료될 예정임을 표시하였다. 제1심은 공소장 부본을 D의 위 주거지에 우편으로 발송하여 그 송달불능보고서가 2001. 11. 2. 제1심에 접수되었으며, D의 출소 후 '답변서 및 정상관계진술서(양식)'가 D의 위 주거지로 발송되었으나 그 송달불능보고서가 2002. 3. 15. 제1심에 접수되었다. 2002. 5. 2. D가 2001. 12. 22. '포항시 북구 죽도동(이하생략)'으로 주민등록전입신고를 한 것으로 되어 있는 주민조회서를 검사가 제1심에 제출하는 방식으로 D의 **주소를 보정**하였다. 제1심은 2002. 5. 3. 관할 경찰서에 D의 소재탐지를 촉탁하였다. 그 결과 2002. 5. 14. "'포항시 북구 죽도동(이하생략)'은 O(D의 형)의 거주지로서 D는 O와 10년이 넘게 왕래가 없었으며 D는 소재불능"이라는 내용의 소재탐지보고서가 제1심에 접수되었다. O2(D의 동거녀)가 경찰에서 참고인으로 조사받은 바 있는데, 그 진술조서에는 O2의 주거지가 '포항시 남구 오천읍(이하생략)'으로 기재되어 있고, 휴대폰 번호(번호생략)와 집 전화번호(번호생략)가 기재되어 있었으며, 검사 작성의 D에 대한 피의자신문조서에도 자택전화번호가 '휴대폰(번호생략)(처 O2)'으로 기재되어 있었다. 제1심은 위와 같이 경찰의 소재탐지(소재불능) 보고서가 접수되자 2002. 6. 12. 위 O2(D의 동거녀)의 주거지나 휴대폰으로 연락을 취해 보지 않은 채, D에 대한 공소장 부본과 공판기일 소환장(2002. 6. 20. 10:00)의 송달을 공시송달로 할 것을 결정으로 명하였다. 제1심은 2002. 6. 20.의 공판기일에 D가 불출석하자 그 기일을 연기함과 아울러 다음 기일을 2002. 7. 11. 10:00로 지정한 후 그 소환장 역시 공시송달하였다. 제1심은 2002. 7. 11. 10:00 공판기일에 D의 출석 없이 개정하여(공판조서에 의하면 개정(開廷)의 근거법령이 365조로 되어 있으나 위 조항은 항소심의 공판기일에 관한 것이므로 이는 誤記로 보이고, 제1심의 개정의 근거는 소송촉진 등에 관한 특례법 23조이다) 증거조사를 마치고 변론을 종결한 다음 2002. 7. 25. D에게 유죄를 인정하여 징역 8월에 처하였다.

제1심판결에 대하여 검사가 '양형부당'을 주장하며 항소하였다. 항소심은 소송기록접수통지서, 항소이유서, 소환장 등의 서류를 D의 주민등록지인 '포항시 북구 죽도동(이하생략)'으로 발송하였으나 모두 송달불능 되자 검사에게 D의 주소를 보정할 것을 명하였고, 검사가 제1심에서 제출된 소재탐지보고서와 거의 같은 내용으로 된 경찰의 소재수사결과보고서를 항소심에 제출하자, 항소심은 2003. 3. 25. D에 대한 서류의 송달은 공시송달로 할 것을 명하고(63조 1항), 2003. 4. 29. 검사의 항소를 기각하는 판결을 선고하였다. 그 후 D는 형 집행을 위하여 검거되었다. D는 항소심에 상고권회복청구를 하였다. 항소심은 2003. 7. 31. D의 상고권을 회복하는 결정을 하였고, 그 결정이 확정되었다. D는 "제1심과 항소심은 공시송달의 요건이 구비되지 아니하였음에 불구하고 공시송달에 의하여 재판을 진행함으로써 D의 방어권이 침해되었다. D가 경주교도소에서 복역 중이던 당시 경주교도소로 공소장 부본을 송달하였으면 D가 수령할 수 있었음에도 불구하고 그러한 조치를 취하지 않았다."고 주장하며 상고하였다.

I   부적법한 공시송달과 이로 인한 위법한 궐석재판에 대한 구제방법

R A   상고기각. 제1심판결 및 항소심판결에는 다음과 같이 판결에 영향을 미친 위법이 있다.

1. 제1심판결의 위법

(1) 소송촉진 등에 관한 특례법(이하 '특례법'이라고

만 한다) 23조, 같은 법 시행규칙 18조 2항, 3항, 19조 1항은, D의 소재를 확인하기 위하여 필요한 조치를 취하였음에도 불구하고 D의 소재가 확인되지 아니한 때에는 그 후 D에 대한 송달은 공시송달의 방법에 의하도록 규정하고 있다. D의 동거녀의 핸드폰 번호와 주거지가 기록상 나타나 있고, D가 검사의 신문을 받으면서 자신의 자택전화번호로서 동거녀의 핸드폰 번호를 진술하고 있으므로, 제1심으로서는 공시송달결정을 함에 앞서 D의 동거녀의 주거지로 송달이 가능한지 여부를 살펴보거나 위 전화번호로 연락하여 송달받을 장소를 확인하여 보는 등의 시도를 해 보았어야 한다. 그럼에도 불구하고, 이러한 조치를 취하지 아니한 채 D의 소재가 확인되지 아니한다고 단정하여 곧바로 공시송달의 방법에 의한 송달을 하고 D의 진술 없이 판결을 한 제1심의 조치는 위 특례법 및 그 시행규칙에 위배된다.

(2) D의 소재를 확인하기 위하여 필요한 조치를 취하였음에도 불구하고 D에 대한 송달불능보고서가 접수된 때로부터 6월이 경과하도록 D의 소재가 확인되지 아니한 때에 비로소 공시송달의 방법에 의하도록 하고 있는데(특례법 23조와 같은 법 시행규칙 19조 1항), 위 6월의 기간이 D의 재판청구권 및 공격·방어권 보호를 위하여 설정된 최소한의 기간이라는 점에 비추어 보면, 그 기산점이 되는 '송달불능보고서가 접수된 때'는 엄격하게 해석하여야 한다. 한편 65조에 의하여 이 사건 공소장 부본 송달 당시 준용되던 구 민사소송법(2002. 1. 26. 법률 제6626호로 전문 개정되기 전의 것) 169조는 교도소 또는 구치소에 구속된 자에 대한 송달은 그 소장에게 하도록 하고 있는바, 이 사건 공소제기 당시 D는 경주교도소에 수용 중이었으므로, 제1심은 D에 대한 공소장 부본을 경주교도소 소장에게 송달하였어야 함에도 불구하고 공소장에 기재된 D의 주거지로 부적법하게 공소장 부본을 송달하였고, D가 아직 경주교도소에 수용되어 있던 2001. 11. 2. 그 송달불능보고서가 제1심에 접수되었다. 그렇다면 이러한 부적법한 공소장 부본의 송달에 따른 그 송달불능보고서가 접수된 시점을 기산점으로 하여 위 6월의 기간을 산정할 수는 없다. 그 후 '답변서 및 정상관계 진술서(양식)'의 송달불능보고서가 제1심에 접수된 2002. 3. 15.을 기산점으로 해서는 제1심의 공

시송달결정은 물론 그 판결선고도 6월이 경과하기 전에 이루어졌음이 명백하므로, 제1심은 특례법 23조 소정의 6월이 경과하기 전에 공시송달결정을 한 위법을 저질렀다.

(3) 또한 제1심은 2002. 6. 12. 최초로 공시송달결정을 하면서 2002. 6. 20. 10:00의 공판기일 소환장을 공시송달하였으나, 64조 4항, 2항에 의하면 최초의 공시송달은 그 사유를 법원게시장에 공시한 날로부터 2주일이 경과하면 효력이 발생한다고 하고 있으므로, 위 소환장의 송달의 효력은 위 공판기일인 2000. 6. 20.이 경과한 후에 비로소 발생한다. 따라서 위 공판기일에 관해서는 D는 소환을 받지 못하였다. 그럼에도 불구하고, 제1심은 2002. 6. 20. 10:00 공판기일에서 다음 공판기일을 2002. 7. 11. 10:00로 정하고 그 소환장 역시 공시송달한 다음 2002. 7. 11. 10:00 D가 그 기일에 불출석하자 D의 출석 없이 개정하여 증거조사를 마치고 변론을 종결하였다. 이러한 제1심의 조치는 D가 공판기일의 소환을 2회 이상 받고도 출석하지 아니한 때에 D의 진술 없이 재판할 수 있다고 한 특례법시행규칙 19조 2항을 위반한 것이다.

2. 항소심판결의 위법

(1) D의 동거녀의 핸드폰 번호와 주거지가 기록상 나타나 있고, D가 검사의 신문을 받으면서 자신의 자택전화번호로서 동거녀의 핸드폰 번호를 진술하고 있음에도 불구하고, 항소심은 공시송달결정을 함에 앞서 D의 동거녀의 주거지로 송달이 가능한지 여부를 살펴보거나 위 전화번호로 연락하여 송달받을 장소를 확인하여 보는 등의 조치를 취하지 아니한 채 D의 소재가 확인되지 아니한다고 단정하여 곧바로 공시송달의 방법에 의한 송달을 함으로써 63조 1항, 365조를 위반하였다.

(2) 또한 제1심이 위법한 공시송달결정에 터잡아 공판기일소환장을 송달하고 D가 2회 이상 출석하지 아니하였다고 보아 D의 출석 없이 심리·판단한 이상, 이는 D에게 출석의 기회를 주지 않은 것이 되어 그 소송절차는 위법하다. 항소법원은 판결에 영향을 미친 사유에 관하여는 항소이유서에 포함되지 않은 경우에도 직권으로 심판할 수 있으므로, 항소심으로서는 검사만이 양형부당을 이유로 항소하였음에 구

애되지 말고 마땅히 직권으로 제1심의 위법을 시정
하는 조치를 취했어야 한다. 제1심의 위법한 절차진
행으로 말미암아 D가 소송절차에서 배제되어 제1심
의 위법을 지적할 기회조차 박탈당하였다는 점을 감
안하면 더욱 더 항소심은 직권으로 제1심의 위법을
시정할 필요가 있었다. 따라서 이러한 조치를 취하지
않은 항소심 역시 위법하다.

　3. 이 사건 상고의 적법 여부

　항소심의 상고권회복결정이 확정되어 D의 상고권
이 회복되었다고 하더라도 이 사건 상고가 적법한지
여부에 관하여 의문이 갈 수 있다. 외관상으로만 보
면, 제1심판결에 대하여 D는 불복하지 않고 검사만
이 양형부당으로 항소하여 항소심은 검사의 항소를
기각하고 있는데, 이와 같은 경우에 대법원은 일관하
여, 제1심판결에 대하여 피고인은 항소하지 않고 검
사만 항소하여 그 항소가 기각된 경우 항소심판결은
피고인에게 불이익한 판결이 아니므로 D는 그 판결
에 대하여 상고할 수 없다고 보고 있으며, 위 법리에
따르면 D의 이 사건 상고는 부적법하다고 보이기도
하다. 그러나 위와 같은 법리는 제1심이 통상적인 절
차에 따라 진행되어 D가 공격·방어권을 제대로 행사
할 수 있었던 경우에만 적용될 수 있고, 이 사건과 같
이 제1심 및 항소심의 소송절차에서 D가 부당하게
배제되어 공격·방어권을 전혀 행사할 수 없었던 경
우에는 적용될 수 없다. 만약 그렇게 해석하지 않고
위 법리에 따라 D의 상고가 부적법하다고 해석한다
면, 제1심이나 항소심에서 D의 공격·방어권이 부당
하게 침해된 사실을 인정하면서도, 그 위법을 시정하
지 않고 오히려 D가 공격·방어권을 행사할 기회조차
영원히 박탈하는 결과에 이르고, 이는 재판을 받을
권리를 기본권으로 규정하는 한편 적법절차를 보장
하고 있는 헌법의 정신에 반하기 때문이다. 따라서 D
의 이 사건 상고는 적법하다.

　4. 항소심이 취하여야 할 조치

　현재 D의 소재가 확인된 이상, 항소심으로서는 다
시 적법한 절차에 의하여 공소장 부본을 송달하고, D
에게 공판기일에 출석하여 이익되는 사실을 진술하
고 유리한 증거를 제출할 기회를 부여하는 등 새로이
소송절차를 진행한 다음, 위법한 제1심판결을 파기하
고 항소심에서의 새로운 심리 결과에 따라 다시 판결

하여야 한다. 그리고 검사가 항소를 취하함으로써 제
1심판결을 확정시키려고 하는 것은 D의 재판청구권
을 부당하게 침해하는 것으로서 허용되지 않는다.[1]

C

1 문제의 제기

　피고인이 출석하지 않으면 개정하지 못한다(276조
본문).[2] 이 조문을 뒤집어 보면 피고인은 공판정에 출
석하여 적극적으로 방어권을 행사할 수 있는 권리를
가진다고 볼 수 있다. 피고인의 이 방어권을 '피고인
의 출석권'이라고 부르기로 하자. 당사자주의 소송구
조에서는 '피고인의 출석권'이 크게 중시되어야 한
다.[3] 피고인의 출석권은 의무가 아니므로 피고인이
출석을 거부하는 때에는 출석권이 제한된다[277조의2
(피고인의 출석거부와 공판절차)]. 그러나 후술하는 바와
같이 소송경제만을 추구하는 특례법 기타의 졸속적
인 조항들 때문에 현재 피고인의 출석 권은 현저하게
제한되고 있다. 따라서 피고인의 출석권을 제한하는
조문들은 엄격히 제한 해석될 필요가 있다.

2 형사재판에 공시송달 제도를 존치하는 현행 형소법의 후진성

　형사재판에 공시송달 제도를 존치하는 현행 형소법
은 매우 후진적인 법제이다. 본 판결은 이런 사정을
직시하여 공시송달의 요건, 궐석재판의 요건을 엄격히
적용하여 가급적 공시송달 하는 사례, 궐석재판 하는
사례를 줄이려는 대법원의 의도가 행간에 숨어 있다.

3 궐석재판이 가능한 경우[4]

　'피고인의 출석' 없이 공판을 개정하거나 공판심리

---

1) 사안 정리는 한범수, 궐석재판에 대한 구제방법, 대법원
　판례해설 통권 48호(2003), 435 이하를 참조하였다.
2) "단 피고인이 법인인 경우에는 대리인을 출석하게 할 수
　있다"(276조 단서).
3) 법원은 피고인 소환장이 송달불능 된 경우에는 공판기일
　전에 검사에게 서면으로 주소보정을 요구하고 기일을 변
　경하거나, 첫 기일에 검사에게 주소보정을 요구하여야
　한다.
4) 법원실무제요(형사Ⅱ, 2014), 50~56 참조.

를 진행하는 것을 '불출석심판' 혹은 '궐석재판'으로 부르기로 하자. '불출석심판' 혹은 '궐석재판'은 가급적 회피되어야 한다. 따라서 '불출석심판' 혹은 '궐석재판'이 가능한 경우를 확인·검토할 필요가 있다.

(1) **피고인이 법인인 경우** : 법인은 자연인이 아니므로 법인 자체가 소송행위를 할 수는 없다. 따라서 법인의 대표자가 소송행위를 대표하고[5](27조 1항), 대표자가 없을 때는 법원이 선임한 특별대리인이 대표자의 임무를 행할 수밖에 없다(28조).

(2) **피고인에게 의사능력이 없는 경우** : 형사책임능력조항이 적용되지 않는 사건에서 피고인에게 의사능력이 없으면 법정대리인(친권자·후견인)이 피고인의 소송행위를 대리하고(26조), 법정대리인이 없으면 법원이 선임한 특별대리인(제28조)이 법정대리인의 임무를 수행한다.

(3) **경미사건과 즉결심판사건** : 다액 500만 원 이하의 벌금이나 과료에 해당하는 사건은 피고인의 출석 없이 개정할 수 있다(277조 1호). 즉결심판으로 즉결피고인에게 벌금 또는 과료를 선고하는 경우에도 피고인의 출석을 요하지 않는다(즉심법 8조의2).

(4) **피고인에게 공소기각 또는 면소의 판결을 할 것이 명백한 사건**(277조 2호) : 면소의 재판사유는 326조에 나열되어 있다. 이 경우에도 피고인에게는 출석의무가 없다. 그러나 피고인은 대리인을 선임하여 대신 출석시킬 수 있다.

(5) **공판절차 정지사유가 있는 사건** : ① 피고인에게 의사능력이 없는 경우 ② 피고인이 질병으로 출정할 수 없는 경우에 법원은 직권으로 공판절차를 정지하여야 한다(306조 1항, 2항). 이 결정을 하기 전에 법원은 검사와 변호인 및 의사의 의견을 들어야 한다(같은 조 3항).

(6) **피고인이 재판장의 허가 없이 퇴정하거나 퇴정명령을 받은 경우** : 피고인이 재정의무에 위반하여 무단 퇴정하였거나 재판장으로부터 퇴정명령(281조 1항, 법원조직법 58조 2항)을 받아 퇴정당한 때에는 그 진술 없이 판결할 수 있다(330조)

(7) **구속피고인의 출정거부** : 피고인이 출석하지 않으면 개정하지 못하는 경우에 구속된 피고인이 정당한 사유 없이 출석을 거부하고 교도관리에 의한 인치가 불가능하거나 현저히 곤란하다고 인정되는 때에는 피고인의 출석 없이 공판절차를 진행할 수 있다(277조의2).

(8) **약식명령에 대한 정식재판청구가 있는 경우** : 약식명령에 대하여 정식재판을 청구한 피고인이 정식재판절차의 공판기일에 2회 출석하지 않으면 법원은 피고인의 출석 없이 심판할 수 있다(458조 2항). 피고인만이 정식재판을 청구하여 판결만을 선고하는 경우에도 피고인의 출석을 요하지 않는다(277조 4호).

(9) **상소심의 특칙** : 항소심이 사후심으로 진행되는 경우에는 새로운 변론을 하지 않으므로 피고인의 출석을 요하지 않는다. 또 상고심은 비교적 순수한 법률심이므로 피고인의 출석이 불필요하거나 부적당하다. 항소심에서 피고인이 공판기일에 출정하지 않은 때에는 다시 기일을 정하여야 하지만 피고인이 정당한 사유 없이 다시 정한 기일에 출정하지 않은 때에 항소심법원은 피고인의 진술 없이 판결할 수 있다(365조). 다만, 피고인이 불출석한 상태에서 그 진술 없이 판결할 수 있으려면 피고인이 적법한 공판기일 통지를 받고서도 2회 연속으로 정당한 이유 없이 출정하지 않은 경우에 해당하여야 한다(대법원 2012. 6. 28. 선고 2011도16166 판결).

---

5) "수인이 공동하여 법인을 대표하는 경우에도 소송행위에 관하여는 각자가 대표한다"(27조 2항).

7.6 공판조서에 대한 이의와 그 증명력

대법원 1988. 11. 8. 선고 86도1646 판결; 대법원 1995. 4. 14. 선고 95도110 판결

F 【1988년 사안】 D는 "1985. 6. 26. 19:00경 치안본부(현 경찰청) 수사2대 구내식당에서 공동피고인 D3로부터 직무에 관한 뇌물로 현금 450만 원을 교부"받아 특정범죄 가중처벌 등에 관한 법률위반 혐의로 기소되었다. 검사가 제1심 제9회 공판기일에, 제1회 공판조서 중 D의 진술(공소사실 부인)이 기재된 부분에 관하여 변경(공소사실 인정=자백)을 청구하면서 공판조서 기재의 정확성에 대한 이의를 진술하자, 변호인은 그 '공판조서의 기재가 정확한 것'이라는 취지의 의견을 진술하였다. 제1심 재판장은 검사의 청구가 이유 있다고 판단하여 참여한 법원사무관에게 검사의 청구대로 제1회 공판조서의 기재를 변경하도록 명(命 지시)하여 참여한 법원사무관이 D의 진술내용을 검사가 변경청구 한 대로 제9회 공판조서에 다시 기재하였다. D는 계속된 신문에서 제1회 공판조서에 기재(공소사실 부인)된 바와 같은 취지로 진술하였다. 제1심과 항소심은 유죄를 선고하였다. D는 "D가 제1심 제1회 공판기일에 그 공소사실을 확실하게 부인하였고, 또한 그 공판조서에 그 취지로 기재되었음에도 불구하고 제1심 제9회 공판기일에 이르러 검사가 공판조서 기재의 정확성에 대한 이의를 진술하자 제1심 재판장이 검사의 청구를 받아들여 참여 사무관으로 하여금 검사의 청구 내용대로 D의 진술내용을 변경된 것으로 제9회 공판조서에 기재하도록 한 후 제1심판결이나 항소심판결이 변경된 제1심 제9회 공판조서의 기재를 유죄증거로 삼은 것은 잘못"이라고 주장하며 상고하였다.

【1995년 사안】 D2는 부정수표단속법위반혐의로 기소되었다. 부정수표단속법(1993. 12. 10. 시행 법률 제4587호) 2조 4항에 의하면, 같은 법 2조 2항 및 3항의 죄는 제1심판결 선고 전까지 수표를 발행하거나 작성한 자가 그 수표를 회수하거나 회수하지 못하였을 경우라도 수표소지인의 명시한 의사에 반하여 각 공소를 제기할 수 없도록 규정되어 있다. 제1심은 제3회 공판기일에 D2가 발행한 부도수표의 일부가 회수되었음을 확인하였다. 이에 제1심 제3회 공판기일의 공판조서는 다음과 같이 작성되었다.

"판사, '공소장 별지 기재 8 내지 12 부도수표가 회수되었음'을 고지. 검사, '위 수표에 대한 공소를 취소한다.'고 진술. 판사, '위 수표에 대한 공소를 기각한다.'는 결정 고지"

그러나 실제 회수된 수표는 공소장 별지 기재 8, 9, 12 세 장뿐이었으며 공소장 별지 기재 10, 11 수표는 아직 미회수상태였다. 제1심은 제4회 기일에 미회수 수표부분에 대하여 판단하면서 미회수 수표(공소장 별지 기재 10, 11 수표를 포함)에 대하여 유죄판결을 선고하였다. 제1심은 이와 나머지 공소사실을 형법 37조 전단의 경합범 관계에 있는 것으로 보아 D2에게 하나의 형을 선고하였다. D2가 항소하였다. 항소심은 "D2는 공소제기 후 제1심판결 선고 전에 공소장 별지 기재 8 내지 12 부도수표를 회수하였으므로 위 수표들에 대한 각 공소사실에 대하여는 D2에게 공소기각의 판결을 선고하여야 한다."는 이유로 항소이유에 관한 판단에 앞서 직권으로 제1심판결을 전부 파기하였다. 검사는 "비록 제1심 제3회 공판기일의 공판조서에는 '공소장 별지 기재 8 내지 12 부도수표가 회수되었다'고 기재되어 있더라도 공소장 별지 기재 10, 11 수표는 실제로 미회수된 것이므로 공소장 별지 기재 10, 11 수표에 대하여 공소기각결정을 한 것은 위법"이라고 주장하며 상고하였다.

I 【1988년 사안】 공판조서 중 상호 모순되는 기재내용이 있을 때 어느 부분을 사실로 신뢰할 것인지 여부는 법관의 자유심증의 대상인가?

【1995년 사안】 공판조서의 기재내용이 소송기록상 명백한 오기인 때에도 공판조서에 기재된 대로의 사

실이 존재한다고 인정하여야 하는가?

R A 【1988년 사안】 상고기각. 동일한 사항에 관하여 두 개의 서로 다른 내용이 기재된 공판조서가 병존하는 경우 양자는 동일한 증명력을 가지는 것으로서 그 증명력에 우열이 있을 수 없으므로 그 중 어느 쪽이 진실한 것으로 볼 것인지는 공판조서의 증명력을 판단하는 문제로서 법관의 자유로운 심증에 따를 수밖에 없다. 제1심판결이나 원심(항소심) 판결이 변경된 제1심의 제9회 공판조서의 기재를 유죄의 증거로 삼았다 하여 반드시 위법한 것이라고 볼 수는 없다.

【1995년 사안】 파기환송. 56조는 '공판기일의 소송절차로서 공판조서에 기재된 것은 그 조서만으로써 증명한다.'고 규정하고 있으므로 ① 소송절차에 관한 사실은 공판조서에 기재된 대로 공판절차가 진행된 것으로 증명되고 다른 자료에 의한 반증은 허용되지 아니하나(대법원 1993. 11. 26. 선고 93도2505 판결 참조), ② 공판조서의 기재가 소송기록상 명백한 오기인 경우에 공판조서는 그 올바른 내용에 따라 증명력을 가진다.

C

1 공판조서 기재에 대한 당사자의 이의권[1]

법원은 공판기일에 전회의 공판심리에 관한 주요사항의 요지를 조서에 의하여 고지하여야 한다. 검사, 피고인 또는 변호인은 그 변경을 청구하거나 이의를 제기할 수 있다(54조 2항, 3항). 공판조서의 기재는 당해 심급과 상소심에서 중요한 자료가 되고, 더 나아가 공판기일의 소송절차에 관한 배타적 증명력이 인정되므로, 법은 공판조서 기재의 정확성에 대한 당사자의 이의권을 인정하였다. 본 항의 변경청구 또는 이의제기에 대하여 그 취지와 이에 대한 재판장의 의견을 기재한 조서를 당해 공판조서에 첨부하여야 한다(54조 4항). 이의신청의 대상은 공판조서에 기재된 모든 사항이며 당사자는 '기재의 누락'에 대해서도 이의신청할 수 있다. 이의신청의 시기에 관해서는 제한규정이 없으므로 판결 선고 전까지 가능하다. 당사자가 공판조서의 정확성 여부에 대하여 이의신청을 하면 그 사항에 관하여 공판조서 기재의 배타적 증명력은 상실된다. 이때 이의신청의 내용과 공판조서 기재의 어느 쪽을 진실한 것으로 볼 것인가? 본 판결은 '상소심의 자유로운 심증'에 맡겨져 있다고 판시한다. 따라서 당사자는 공판조서 이외의 자료를 가지고 다툴 수 있을 것이다. 당사자가 상급심에서 원심 공판절차의 적법성 또는 그 존부를 다투려면 원심의 공판절차에서 본 항에 의한 이의신청을 하는 것이 하나의 방법이다.

2 1988년 사안에 대한 논평

이 사안에서 재판장은 검사의 이의신청을 받아들여 참여한 법원사무관으로 하여금 제9회 공판조서에 기재하도록 하였고, 피고인이 계속된 신문에서 당초의 변경 전 공판조서(제1회 공판조서)에 기재된 바와 같은 취지로 진술하였다. 이렇게 되면 서로 모순되는 내용의 기재가 병존하게 된다. 이 때 두 개의 기재는 동일한 증명력을 가지는 것으로서 그 증명력에 우열이 있을 수 없다. 그 중 어느 쪽 공판조서의 기재를 진실한 것으로 볼 것인지는 그 증명력을 판단하는 문제이므로 법관의 자유로운 심증에 따를 수밖에 없다.[2]

3 공판조서 중 소송절차의 기재에 절대적 증명력을 부여하는 이유

공판기일의 소송절차로서 공판조서에 기재된 것은 그 조서만으로써 증명한다(56조). 공판조서란 공판기일의 소송절차를 기재한 조서이다. '공판조서만으로써 증명한다.' 함은 공판조서 이외의 다른 증거를 참작하거나 반증을 허용하지 않고 공판조서에 기재된 대로 인정해야 함을 의미한다. 법은 공판조서에 대하여 배타적 증명력을 인정하여 자유심증주의에 대한 예외를 설정하였다.

---

[1] 김영기, 공판조서의 기재에 대한 이의 신청이 있을 경우 그 조서의 증명력, 대법원판례해설 10호(1988), 437~442 참조.

[2] 김영기, 앞의 글 439 이하 참조.

7.7 공판절차를 주재하는 법원의 소송지휘재량

대법원 2009. 11. 12. 선고 2009도8949 판결

F D는 "허위사실임을 알면서 O가 오른쪽 팔꿈치로 자신(D)의 얼굴을 가격하여 자신(D)에게 약 6개월간의 치료를 요하는 측두하악관절질환 등의 상해를 가하였다는 취지"로 고소하여 무고죄와 출판물에 의한 명예훼손죄(무고죄와 별도로 기사화한 점) 혐의로 기소되었다. 항소심은 유죄를 선고하였다. D는 다음과 같은 이유로 "항소심이 불공정한 소송지휘를 하여 심리가 미진되었다"고 주장하며 상고하였다.

첫째, 항소심은 제1회 공판기일에서 '사건 현장에 대한 D의 검증신청'을 채택하였다가 제7회 공판기일에 이를 취소하고 대신에 서울 동작구 흑석동 10에 있는 명수대 현대아파트(이하 '아파트'라고 한다) 109동 현관 및 엘리베이터에 설치되어 있던 폐쇄회로 티브이(이하 'CCTV'라고 한다) 동영상에 대한 검증을 실시하였고, D 측과 검사 측에서 현장의 상황과 사건 당시의 상황을 재연한 동영상을 각각 제출하여 항소심이 이를 심리하였다. 둘째, 항소심은 제1회 공판기일에 '진단서 발급경위에 관한 D의 사실조회신청'을 채택하였다가 제7회 공판기일에 이를 취소하였다. 다만 진단서 발급경위에 관하여는 이미 제1심에서 O2, O3, O4 등 영동세브란스 병원의 의사들을 증인으로 채택하여 신문을 마친 바 있다. 셋째, 항소심은 '아파트 현관 CCTV 동영상 원본 검증결과에 관하여 D가 신청한 사실조회에 대하여 아파트의 보안업체인 주식회사 에이디티캡스(ADTCaps), 아파트 현관 CCTV 제조사인 주식회사 훠앤시스에 대한 사실조회만을 채택'하고, '주식회사 다우리 커뮤니케이션즈 및 카이스트 전산학과 교수 P 등에 대한 사실조회'는 받아들이지 않았다.

I 증거신청을 기각하거나 때로 채택한 증거를 조사하지 않고 취소하는 것이 재판장의 소송지휘재량에 속하는 것인가?

R A 상고기각.

1. (첫째 점과 둘째 점의 심리미진 주장에 대하여) 항소심이 따로 현장검증을 실시하지 않았거나 D의 사실조회신청을 채택하지 않았다고 하더라도 항소심의 위와 같은 조치는 사실심법원의 합리적인 심리방법의 선택에 속하는 것으로서 위법하다고 할 수 없다.

2. (셋째 점의 심리미진 주장에 대하여) 증거신청의 채택 여부는 법원의 재량으로서 법원이 필요하지 않다고 인정할 때에는 이를 조사하지 아니할 수 있으므로, 항소심의 위와 같은 조치가 위법하다고 할 수 없다.

C

1 증거신청의 채택 여부는 법원의 재량

2009년 사안에서는 증거(신청)의 채부, 증거를 채용하였을 때 어떤 방식으로 증거조사에 임할 것인가에 대하여 사실심 법원에 폭넓은 재량이 인정되었다. 반면, 대법원 2011. 11. 10. 선고 2011도11115 판결 사안에서는 CCTV 영상 자료가 녹화되어 있는 CD에 대한 증거조사를 하지 아니한 사실심 법원의 조치가 'ⓑ 법원의 증거결정권의 내재적인 재량의 한계를 넘은 것일 뿐만 아니라 피고인의 방어권을 침해'한 것이라는 부정적 판단을 받았다.

수사기관과 법원에는 처리해야 할 업무(사건부담)가 폭주하고 있으므로 일정한 범위의 재량을 인정하여야 한다는 측면에서만 검토하기로 한다.

2 공판기일의 소송지휘

공판기일의 소송지휘는 재판장의 권한에 속한다(279조). 소송지휘란 소송절차를 질서 있게 하여 그 원활한 진행을 도모하기 위한 법원의 합목적적 활동을 가리킨다. 본래는 법원(재판부)의 권한에 속하는 것이지만 공판기일에는 시기를 놓치지 않는 신속성이 요구되므로 그 행사를 포괄적으로 재판장에게 맡

긴 것이다.

소송지휘와 유사하면서도 성격이 다른 것으로 공판정의 질서 유지(법정경찰)가 있다. 이는 공판정의 질서를 유지하고 심판의 방해를 제지·배제하기 위한 권력작용으로서 소송지휘가 사건의 실체와 관련됨에 반하여 질서 유지는 사건의 실체와 관련이 없다.

소송지휘의 구체적 형태는 공판절차의 각 단계에서 다양하게 나타나므로 여기서는 불필요한 변론의 제한(299조)과 석명권(규칙 141조)에 관해서만 언급한다.

③ 불필요한 변론의 제한

재판장은 소송관계인의 진술 또는 신문이 중복된 사항이거나 그 소송에 관계없는 사항일 때는 소송관계인의 본질적 권리를 해하지 않는 한도에서 이를 제한할 수 있다(299조). 중복 여부는 형식적이 아니라 실질적으로 판단하여야 한다. 소송과 관련성이 없어 보이는 신문이라도 일단은 당사자의 의도를 물어본 후 제한 여부를 결정하여야 한다.

④ 재판장의 석명요구권

재판장은 소송관계를 명료하게 하기 위하여 검사, 피고인, 변호인에게 사실상과 법률상의 사항에 관하여 석명을 구하거나 입증을 촉구할 수 있다. 합의부원도 재판장에게 고하고 이를 할 수 있으며, 검사, 피고인 또는 변호인은 위의 석명을 위한 발문(發問)을 재판장에게 요구할 수 있다(규칙 141조).

⑤ 재판장의 소송지휘상 처분에 대한 이의신청

재판장의 소송지휘상 처분에 대하여 검사, 피고인, 변호인은 이의신청을 할 수 있다(304조 1항). 이 이의신청은 법령 위반을 이유로 하여서만 할 수 있다(규칙 136조).

⑥ 당사자의 증거신청과 재판부의 채부판단

검사, 피고인 또는 변호인은 서류나 물건을 증거로 제출할 수 있고 증인, 감정인, 통역인 또는 번역인의 신문을 신청할 수 있다(294조). 당사자의 신청에 의한 증거조사가 원칙이고, 법원의 직권에 의한 증거조사는 제2차적·보충적이다(294조, 295조). 피고인 측의 증거조사신청권은 피고인의 방어권 중에서 특히 중요한 의미가 있다. 증거조사의 신청권자는 검사·피고인·변호인이며, 피고인의 대표자·대리인도 증거조사 신청권이 있다. 증거조사를 신청할 때는 입증취지를 명시하여야 하며, 조사할 증거를 특정하여야 한다. 증거조사신청은 변론종결 전까지 허용되고, 증거조사에 착수하기 전까지는 철회할 수 있다. 증거조사의 신청은 구두 또는 서면으로 할 수 있으며, 공판정에서는 구두로 하는 것이 보통이다. 증거조사의 신청은 검사가 먼저 한 후 피고인 또는 변호인이 한다.

당사자의 증거조사신청에 대하여 법원은 증거결정을 하여야 한다(295조). 법원의 증거결정은 결정의 형식으로 하며 이를 당사자에게 고지하여야 한다. 증거결정을 하기 전에 필요하다고 인정할 때에는 그 증거에 대한 검사·피고인 또는 변호인의 의견을 들을 수 있다. 법원은 서류 또는 물건이 증거로 제출된 경우에 이에 관한 증거결정을 함에 있어서는 제출한 자로 하여금 그 서류 또는 물건을 상대방에게 제시하게 하여 상대방으로 하여금 그 서류 또는 물건의 증거능력 유무에 관한 의견을 진술하게 하여야 한다.

당사자가 신청한 증거를 채택할 것인지 여부는 법원의 재량이다. 따라서 법원이 필요하지 않다고 판단할 때에는 이를 조사하지 않을 수 있다(대법원 2003. 10. 10. 선고 2003도3282 판결[1] 등). 그러나 수소법원은 당사자의 증거신청에 대하여 필요성 유무를 잘 판단하여 채택 여부를 신중하게 결정하여야 한다. 만약 재판장이 증거채부 결정권한에 내재하는 재량의 한계를 넘어서면 상급심으로부터 위법한 판결이라는 질책을 받을 수 있다(대법원 2011. 11. 10. 선고 2011도11115 판결).

---

1) "논지는 원심이 변호인의 증거신청을 채택하지 아니한 것이 위법하다는 것이나. 증거신청의 채택 여부는 법원의 재량으로서 법원이 필요하지 아니하다고 인정할 때에는 이를 조사하지 아니할 수 있는 것이므로(당원 1977. 4. 26. 선고 77도814 판결; 1983. 7. 12. 선고 83도1419 판결 등 참조), 변호인의 증거신청을 채택하지 아니한 원심의 조치가 반드시 위법하다고 할 수는 없다."

7.8 재판장의 증언거부권 불고지와 위증죄의 성부

대법원 2010. 1. 21. 선고 2008도942 전원합의체 판결; 대법원 2010. 2. 25. 선고 2007도6273 판결 등

F 【1월 사안】 D(남)는 O(여)와 상호 '상대방으로부터 상해를 당하였다'고 주장하며 상호간에 맞고소를 하였다. D와 O는 상해 혐의[D는 O를 상해한 혐의(이하 'A사건'으로 약칭함), O는 D를 상해한 혐의(이하 'B사건'으로 약칭함)]로 병합기소 되었다. D는 법정에서 '나(D)는 O에게 폭행한 사실이 없다'고 주장하며 다투던 중 A사건(D의 상해피고사건)과 B사건(O의 상해피고사건)의 변론이 분리되었다. D는 B사건의 V로서 증인자격으로 소환되어 검사로부터 신문받게 되었다. 재판장은 실수로 D에게 증언거부권을 고지하지 않았다. 검사는 B사건에 관한 질문을 하다가 갑자기 D의 O에 대한 폭행 여부에 관하여 질문을 하였다. D는 자신(D)의 종전 주장(나는 O에게 폭행한 사실이 없다)을 그대로 되풀이하였다. 검사는 D가 '거짓 진술을 하였다'고 판단하여 D를 위증혐의로 기소(이하 'C사건'으로 약칭함)하였다. 제1심은 유죄, 항소심은 무죄를 선고하였다. 검사가 상고하였다.

【2월 사안】 D2녀(O의 전처)는 O(D2녀의 전남편)의 도로교통법 위반(음주운전) 피고사건에서, O측의 증인으로 법정에 출석하여 선서하고 다음과 같이 증언하였다 : "O는 음주운전 한 사실이 없고 내(D2녀)가 운전하던 차에 타고 있었을 뿐이었다."[공소사실의 적극적 부인 : 저자].

D2녀는 O의 전처로서 148조 1호 소정의 친족관계에 있었던 자에 해당하였지만 재판장은 D2녀에게 증언거부권을 고지함이 없이 증인신문을 하였다. 당시 D2녀는 O의 변호인의 신문에 대하여 "술에 만취한 O를 집으로 돌려보내기 위해 내(D2녀)가 O를 차에 태우고 운전하였다."며, O의 변명에 부합하는 내용을 적극적으로 진술하였다. D2녀는 제1심 제8회 공판기일에 재판장이 "증언을 하지 않을 수 있다는 사실을 알았다면 증언을 거부했을 것이냐"는 신문에 대하여 "그렇다 하더라도 증언을 하였을 것"이라는 취지로

답변하였다. D2녀는 위증죄 혐의로 기소되었다. D2녀의 위증피고사건의 제1심과 항소심은 "증언거부권의 고지는 증언거부권에 대한 절차적 보장을 의미하므로 이를 고지하지 아니한 채 선서를 하게하고 증인신문을 한 경우에 위 선서는 적정절차에 위배되므로 법률에 의한 유효한 선서가 있다고 볼 수 없다"는 이유로 D2녀에게 무죄를 선고하였다. 검사가 상고하였다.

I 증인에게 증언거부사유가 있는 경우에 재판장은 증인신문 전에 증언을 거부할 수 있음을 고지하여야 한다(160조). 그런데 재판장의 실수로 증언거부권이 고지되지 않고 진행된 증인신문절차에서 증인이 위증하였을 때 재판장의 실수를 중시하여 위증죄를 부정할 것인가 아니면 증인의 '증언거부권의 고지를 받을 지위'를 권리로 보지 아니하여 위증죄를 인정할 것인가?

R 【1월 판결】 상고기각. (대법원 2010. 1. 21. 선고 2008도942 전원합의체 판결)

1. 형법은 152조 1항에서 '법률에 의하여 선서한 증인이 허위의 진술을 한 때에는 5년 이하의 징역 또는 1천만 원 이하의 벌금에 처한다.'고 규정하여 위증죄를 두고 있다. 위증죄의 보호법익은 국가의 사법작용 및 징계작용에 있으며, 위증죄는 선서에 의하여 담보된 증인 진술의 정확성을 확보함으로써 법원 또는 심판기관의 진실 발견을 위한 심리를 해하여 정당한 판단이 위태롭게 되는 것을 방지하는 기능을 수행한다. 형사사법작용에 관한 대표적인 법률인 형사소송법은 진실 발견을 위하여 증인으로 출석하여 증언을 하는 것을 모든 국민의 의무로 규정하면서도(146조), 다른 한편으로는 소송법이 지향하고 있는 목표 내지 이념 및 이와 긴장 대립관계에 있을 수 있는 증인의 기본권 내지 이익 또는 다른 공익적 가치와의

조화를 꾀하고 있다. 형사소송법이 증인신문과 관련하여 마련한 여러 제도와 상세하고도 구체적인 절차 조항들은 모두 이런 가치, 권리, 이익의 균형 조화 속에서 적법절차를 구현하기 위한 장치들이다. 위와 같은 위증죄와 형사소송법의 취지, 정신과 기능을 고려하여 볼 때, 형법 152조 1항에서 정한 '법률에 의하여 선서한 증인'이라 함은 '법률에 근거하여 법률이 정한 절차에 따라 유효한 선서를 한 증인'이라는 의미이고, 그 증인신문은 법률이 정한 절차 조항을 준수하여 적법하게 이루어진 경우여야 한다.

2. 형사소송법은 증인신문에 관하여 진지하고도 엄숙한 절차 규정을 두어 증인에게 진실의무를 부과함과 동시에 이를 어길 때에는 위증의 벌을 받는다는 것을 명확하고 충분하게 인식할 수 있도록 하고, 재판장으로 하여금 재판진행과정에서 이런 절차 규정을 엄격하게 준수하게 함으로써 위증의 방지 및 궁극적으로는 형사소송의 이념을 실현할 것을 도모하고 있다. 즉, 재판장은 증인이 선서무능력자에 해당하지 않는 한 신문 전에 선서하게 하여야 하며(156조, 159조), 선서할 증인에 대하여 선서 전에 위증의 벌을 경고하여야 하고(158조), 증인으로 하여금 기립하여 엄숙하게 '양심에 따라 숨김과 보탬이 없이 사실 그대로 말하고 만일 거짓말이 있으면 위증의 벌을 받기로 맹서합니다.'라고 기재된 선서서를 원칙적으로 직접 낭독하고 기명날인 또는 서명하는 방식으로 선서하도록 하고 있다(157조). 한편, 형사소송법은 자신에 대한 소송절차가 아님에도 불구하고 법정에 출석하여 선서하고 경험한 사실을 진술하여야 하는 의무를 부담하는 증인을 위하여 일정한 경우에는 진술 대신 침묵할 수 있는 증언거부권 제도를 두고 있다. 즉, 자기나 자기와 친족 또는 친족관계가 있었던 자, 법정대리인 및 후견감독인 등이 형사소추 또는 공소제기를 당하거나 유죄판결을 받을 사실이 발로될 염려 있는 증언, 변호사, 의사, 종교의 직 등 일정한 직역에 있는 자 또는 이런 직에 있던 자가 그 업무상 위탁을 받은 관계로 알게 된 사실로서 타인의 비밀에 관한 증언 등에 대하여는 증언거부권을 인정하고(148조, 149조), 증언을 거부하는 자는 거부사유를 소명하도록 하는 일방(150조), 증언거부권 고지 제도를 마련하여 재판장으로 하여금 증인에게 증언거부사유가 있는

경우에는 신문 전에 증언을 거부할 수 있음을 설명하도록 하고 있다(160조). 위에서 살펴본 위증죄의 의의 및 보호법익, 형사소송법에 규정된 증인신문절차의 내용, 증언거부권의 취지 등을 종합적으로 살펴보면, 증인신문절차에서 법률에 규정된 증인 보호를 위한 규정이 지켜진 것으로 인정되지 않은 경우에는 증인이 허위의 진술을 하였다고 하더라도 위증죄의 구성요건인 '법률에 의하여 선서한 증인'에 해당하지 아니한다고 보아 이를 위증죄로 처벌할 수 없다. 다만, 법률에 규정된 증인 보호 절차라 하더라도 개별 보호 절차 규정들의 내용과 취지가 같지 않고, 당해 신문 과정에서 지키지 못한 절차 규정과 그 경위 및 위반의 정도 등 제반 사정이 개별 사건마다 각기 상이하므로, 이런 사정을 전체적·종합적으로 고려하여 볼 때, 당해 사건에서 증인 보호에 사실상 장애가 초래되었다고 볼 수 없는 경우에까지 예외 없이 위증죄의 성립을 부정할 것은 아니다. 이런 기준에서 보면, 재판장이 선서할 증인에 대하여 선서 전에 위증의 벌을 경고하지 않았다는 등의 사유는 그 증인신문절차에서 증인 자신이 위증의 벌을 경고하는 내용의 선서서를 낭독하고 기명날인 또는 서명한 이상 위증의 벌을 몰랐다고 할 수 없을 것이므로 증인 보호에 사실상 장애가 초래되었다고 볼 수 없고, 따라서 위증죄의 성립에 지장이 없다. 그리고 증언거부권 제도는 앞서 본 바와 같이 증인에게 증언의무의 이행을 거절할 수 있는 권리를 부여한 것이고, 형사소송법상 증언거부권의 고지 제도는 증인에게 그런 권리의 존재를 확인시켜 침묵할 것인지 아니면 진술할 것인지에 관하여 심사숙고할 기회를 충분히 부여함으로써 침묵할 수 있는 권리를 보장하기 위한 것임을 감안할 때, 재판장이 신문 전에 증인에게 증언거부권을 고지하지 않은 경우에도 당해 사건에서 증언 당시 증인이 처한 구체적인 상황, 증언거부사유의 내용, 증인이 증언거부사유 또는 증언거부권의 존재를 이미 알고 있었는지 여부, 증언거부권을 고지받았더라도 허위진술을 하였을 것이라고 볼 만한 정황이 있는지 등을 전체적·종합적으로 고려하여 증인이 침묵하지 않고 진술한 것이 자신의 진정한 의사에 의한 것인지 여부를 기준으로 위증죄의 성립 여부를 판단하여야 한다. 그러므로 헌법 12조 2항에 정한 불이익 진술의 강요금

지 원칙을 구체화한 자기부죄거부특권에 관한 것이거나 기타 증언거부사유가 있음에도 증인이 증언거부권을 고지받지 못함으로 인하여 그 증언거부권을 행사하는 데 사실상 장애가 초래되었다고 볼 수 있는 경우에는 위증죄의 성립을 부정하여야 할 것이다. 이와 달리, D가 증인으로 선서한 이상 진실대로 진술한다고 하면 자신의 범죄를 시인하는 진술을 하는 것이 되고 증언을 거부하는 것은 자기의 범죄를 암시하는 것이 되는 처지에 있다 하더라도 증인에게는 증언을 거부할 수 있는 권리를 인정하여 위증죄로부터의 탈출구를 마련하고 있는 만큼 적법행위의 기대가능성이 없다고 할 수 없고 선서한 증인이 허위의 진술을 한 이상 증언거부권 고지 여부를 고려하지 아니한 채 위증죄가 바로 성립한다는 취지로 대법원 1987. 7. 7. 선고 86도1724 전원합의체 판결에서 판시한 대법원의 의견은 위 견해에 저촉되는 범위 내에서 이를 변경하기로 한다. 원심(항소심)판결은 결론에 있어 정당하(다).[1]

【2월 판결】 파기환송. (대법원 2010. 2. 25. 선고 2007도6273 판결) 위증죄는 선서를 한 증인이 허위의 진술을 함으로써 성립하는 죄이며, 선서에 의하여 담보된 증인 진술의 정확성을 확보함으로써 법원 또는 심판기관의 진실 발견을 위한 심리를 해하여 정당한 판단이 위태롭게 되는 것을 방지하는 기능을 수행한다. 한편 형사소송법상 증언거부권의 고지 제도는 증인에게 그런 권리의 존재를 확인시켜 침묵할 것인지 아니면 진술할 것인지에 관하여 심사숙고할 기회를 충분히 부여함으로써 침묵할 수 있는 권리를 보장하기 위한 것임을 감안할 때, 재판장이 신문 전에 증인에게 증언거부권을 고지하지 않은 경우에도 당해 사건에서 증언 당시 증인이 처한 구체적인 상황, 증언거부사유의 내용, 증인이 증언거부사유 또는 증언거부권의 존재를 이미 알고 있었는지 여부, 증언거부권을 고지받았더라도 허위 진술을 하였을 것이라고 볼 만한 정황이 있는지 등을 전체적 종합적으로 고려하여 증인이 침묵하지 않고 진술한 것이 자신의 진정한 의사에 의한 것인지 여부를 기준으로 위증죄의 성립 여

부를 판단하여야 한다(대법원 2010. 1. 21. 선고 2008도942 전원합의체 판결 참조).

A 이 사건의 경우 D2녀가 위 형사사건의 증인으로 출석하여 증언을 한 경위와 그 증언 내용, D2녀의 이 사건 제1심 제8회 공판기일에서의 진술 내용 등을 전체적·종합적으로 고려하여 보면 D2녀가 선서 전에 재판장으로부터 증언거부권을 고지받지 아니하였다 하더라도 이로 인하여 D2녀의 증언거부권이 사실상 침해당한 것으로 평가할 수는 없다. 그럼에도 불구하고 원심은 증언거부권의 침해 여부에 관한 여러 사정을 살피지 아니한 채 재판장이 D2녀에게 증언거부권을 고지하지 아니하였다는 사유만으로 위증죄의 성립을 부정한 제1심판결을 유지하였으니, 원심의 판단은 위증죄의 성립에 관한 법리를 오해한 위법이 있고, 이는 판결 결과에 영향을 미쳤다. 이 점을 지적하는 상고이유 주장은 이유 있다.[2]

C

① 1987년 판결의 부분적 수정

"D가 증인으로 선서한 이상 진실대로 진술한다고 하면 자신의 범죄를 시인하는 진술을 하는 것이 되고 증언을 거부하는 것은 자기의 범죄를 암시하는 것이 되는 처지에 있다 하더라도 증인에게는 증언을 거부할 수 있는 권리를 인정하여 위증죄로부터의 탈출구를 마련하고 있는 만큼 적법행위의 기대가능성이 없다고 할 수 없고 선서한 증인이 허위의 진술을 한 이상 재판장의 증언거부권 고지 여부를 고려하지 아니한 채 위증죄가 바로 성립한다."는 것이 종래의 판결(대법원 1987. 7. 7. 선고 86도1724 전원합의체 판결, 이하 '1987년 판결'로 약칭함)이었다. 2008년부터 시행된 개정형소법은 피의자·피고인의 방어권을 강화시켰을 뿐만 아니라 피해자(V)나 기타 형사소송 관여자들의 권리사항을 배려하는 조항들을 다수 설치하였고 원칙적으로 적법절차에 위배하여 수집된 증거의 증거능력을 제한하는 조문(308조의2)을 신설하였으며 이

---

1) [따름판결] 대법원 2010. 2. 25. 선고 2009도13257 판결.

2) [따름판결] 대법원 2011. 7. 28. 선고 2009도14928 판결.

조문의 규범력을 강화시키는 판례가 다수 출현하고 있다.

1987년 판결은 재판장의 실수로 증언거부권이 고지되지 않고 증인이 위증하였을 때 재판장의 실수보다는 증인의 재판에 임하는 자세를 더욱 중시한 판결이었다. 그러나 이렇게 보면 헌법 12조 2항이 보장한 불이익 진술의 강요금지 원칙을 구체화한 자기부죄거부특권, 그리고 이와 맥락이 닿아 있는 증언거부권 고지 의무제도가 무시되는 결과가 된다. 이리하여 2010년 1월 판결은 증언거부권 고지 제도의 존재의의를 "증인에게 그런 권리의 존재를 확인시켜 침묵할 것인지 아니면 진술할 것인지에 관하여 심사숙고할 기회를 충분히 부여함으로써 침묵할 수 있는 권리를 보장하기 위한 것"임을 감안하여 "증인이 증언거부권을 고지 받지 못함으로 인하여 그 증언거부권을 행사하는 데 사실상 장애가 초래되었다고 볼 수 있는 경우"에는 위증죄의 성립을 부정하여야 한다는 입장으로 선회하였다. 1987년 판결의 입장을 부분적으로 수정한 것이다. 그런데 "증인이 증언거부권을 고지받지 못함으로 인하여 그 증언거부권을 행사하는 데 사실상 장애가 초래되었다고 볼 수 있는 경우"와 그렇지 않은 경우를 구분하는 것이 용이한 일이 아닐 것이다.

2010년 2월 사안에서 D2녀는 제1심 제8회 공판기일에 재판장이 "증언을 하지 않을 수 있다는 사실을 알았다면 증언을 거부했을 것이냐?"는 질문에 대하여 "그렇다 하더라도 증언 하였을 것"이라는 취지로 답변하였다. 이를 근거로 2월 판결은 "증인이 증언거부권을 고지받지 못함으로 인하여 그 증언거부권을 행사하는 데 사실상 장애가 초래되었다고 볼 수 없는 경우"로 판단하였다.

2 후속판결들

❶ 대법원 2011. 12. 8. 선고 2010도2816 판결 : "'O 주식회사(이하 'O 회사'라 한다)가 그 홈페이지에 O 회사가 협찬하는 연예인 축구단과 대검찰청과의 축구경기에 대한 글을 올린 것을 이용하여 피고인 측을 협박하였다'는 취지로 피고인이 증언한 부분에 관하여 본다. 148조에서 '형사소추'는 증인이 이미 저지른 범죄사실에 대한 것을 의미하므로, 증인의 증언에 의하여 비로소 범죄가 성립하는 경우에는 160조, 148조 소정의 증언거부권 고지대상이 된다고 할 수 없다. 위 법리와 기록에 비추어 살펴보면, 피고인이, 'O 회사의 홈페이지에 O 회사가 협찬하는 연예인 축구단이 대검찰청에서 행사를 가진 글이 게재되어 있는지 여부에 관한 사실을 묻는 질문'에 대하여, 'O 회사가 검찰과의 친분관계를 이용하여 피고인 측을 협박하였다'는 취지로 증언한 것은 피고인이 이미 저지른 범죄사실에 대한 것이 아님이 분명하므로 피고인의 위와 같은 증언은 160조, 148조 소정의 증언거부권 고지대상에 해당한다고 볼 수 없다."

❷ 대법원 2011. 11. 24. 선고 2011도11994 판결 : "원심이, 피고인의 이 사건 증언은 자신에 대한 유죄판결이 확정된 후에 이루어진 것임이 분명하여 피고인에게 공범에 대한 피고사건에서 증언을 거부할 권리가 없으므로, 그 증언에 앞서 피고인이 증언거부권을 고지받지 못하였더라도 증인신문절차상 잘못이 없다고 판단하여 위증죄를 유죄로 인정한 제1심판결을 유지한 조치는 정당하다."

7.9 1심·항소심에서의 구술(구두)주의

대법원 2015. 12. 10. 선고 2015도11696 판결

F D는 "2014. 9. 3. 피해자 V를 1회 간음"한 강간죄와 "마약류취급자가 아님에도 2012. 12.경 향정신성의약품인 에티졸람, 졸피뎀이 함유된 수면제 1봉지를 매수한 다음 소지하고, 2014. 9. 3. 위 수면제를 음료수에 섞어 넣고 강간죄의 피해자 V로 하여금 마시게 하여 향정신성의약품을 사용"한 마약류 관리에 관한 법률 위반(향정) 혐의로 기소되었다. 제1심은 강간죄에 대하여는 유죄를 인정하여 징역 2년 6월을 선고하고, 마약류 관리에 관한 법률 위반죄에 대하여는 범의가 입증되지 않았다는 이유로 무죄를 선고하였다. 제1심판결에 대하여 검사는 제1심판결 전부에 대하여 항소하면서, 항소장에서 항소이유로 "피고인 D의 강간범행에 대하여 유죄를 선고하면서도 징역 3년을 구형한 검사의 의견과 달리 원심은 징역 2년 6월을 선고하였는데, ① 피고인의 범행수법, ② 피해자 및 그 가족들의 피해정도, ③ 미합의(피해자는 피고인의 엄벌을 여전히 원하고 있음) 등을 고려하면 이는 너무 가벼워 부당함"이라고 기재하였다. 한편 법정기간 내에 제출된 항소이유서에서 검사는 제1심에서 무죄로 판단한 마약류관리에 관한 법률 위반(향정) 부분에 대한 사실오인 및 법리오해 주장만을 하였을 뿐 유죄부분에 대한 양형부당 주장을 하지는 않았다. 항소심 제1회 공판기일에서 검사는 위 항소이유서를 진술하면서 제1심 무죄 부분에 대한 사실오인 및 법리오해의 위법이 있다는 진술만 하였을 뿐 항소장에 기재된 양형부당 주장에 관하여는 아무런 진술도 하지 않았고, 이후 변론이 종결된 제2회 공판기일에 이르기까지 제1심의 양형이 너무 가벼워 부당하다는 취지의 주장을 한 바 없으며, 피고인 측도 검사의 사실오인 및 법리오해 주장에 대해서만 다투었을 뿐 검사의 양형부당 주장에는 아무런 반박도 하지 않았다. 항소심은 검사의 사실오인 및 법리오해 주장을 배척하면서도 검사의 양형부당 주장을 받아들여 피고인 D에게 징역 2년 6월을 선고한 제1심판결을 파기하고 D에게

징역 4년을 선고하였다. D의 변호인은 "검사가 구술로 주장하지 않은 양형부당을 이유로 항소심이 제1심보다 중한 형을 선고한 것은 위법하다."고 주장하며 상고하였다.

I 검사가 제출한 항소장에는 양형부당 주장이 포함되어 있으나 이후 제출한 항소이유서에는 양형부당 주장이 포함되어 있지 않고 항소심의 공판절차에서도 구술로 양형부당 주장이 주장된 사실이 없다. 그럼에도 항소심이 검사의 양형부당 항소이유 주장을 받아들여 제1심보다 중한 형을 선고한 것은 구술주의 원칙에 반하는 위법판결인가?

R 파기환송. 1. 헌법 12조 1항 후문에서 규정한 적법절차의 원칙, 그리고 헌법 27조가 보장하는 기본권, 즉 법관의 면전에서 모든 증거자료가 조사·진술되고 이에 대하여 피고인이 공격·방어할 수 있는 기회가 실질적으로 부여되는 재판을 받을 권리 등을 구현하기 위하여 현행 형사소송법은 당사자주의·공판중심주의·직접주의를 그 기본원칙으로 하고 있다(대법원 2011. 4. 28. 선고 2009도10412 판결 등 참조). 공판중심주의를 실현하고 이를 통하여 피고인의 방어권을 실질적으로 보장하기 위하여 형사소송법은, 판결은 법률에 다른 규정이 없으면 구두변론에 의하여야 하고(37조 1항), 공판정에서의 변론은 구두로 하여야 하며(275조의3), 검사는 공소장에 의하여 공소사실·죄명 및 적용법조를 낭독하여야 하고(285조), 피고인은 검사의 모두진술이 끝난 후에 공소사실의 인정 여부를 진술하여야 하며(286조 1항), 재판장은 피고인의 모두진술이 끝난 다음에 피고인 또는 변호인에게 쟁점의 정리를 위하여 필요한 질문을 할 수 있고, 검사 및 변호인으로 하여금 공소사실 등의 증명과 관련된 주장 및 입증계획 등을 진술하게 할 수 있도록 하는 등의 규정을 두고 있는데(287조), 이러한 제1심 공판절차에

관한 규정은 특별한 규정이 없으면 항소심의 심판절차에 준용된다(370조). 나아가 항소심 공판절차와 관련하여 형사소송규칙은, **항소인은 그 항소이유를 구체적으로 진술하여야** 하고(156조의3 1항), 상대방은 항소인의 항소이유 진술이 끝난 뒤에 항소이유에 대한 답변을 구체적으로 진술하여야 하며(같은 조 2항), 법원은 항소이유와 답변에 터잡아 해당 사건의 사실상·법률상 쟁점을 정리하여 밝히고 그 증명되어야 하는 사실을 명확히 하여야 하고(156조의4), 항소심의 증거조사와 피고인 신문절차가 종료한 때에는 검사는 **제1심 판결의 당부**와 항소이유에 대한 의견을 구체적으로 진술하여야 하며(156조의7 1항), 재판장은 검사의 의견을 들은 후 피고인과 변호인에게도 의견을 진술할 기회를 주어야 한다고 규정하고 있다(같은 조 2항). 공판중심주의를 실현하고 이를 통하여 피고인의 방어권을 실질적으로 보장하기 위하여 마련된 위와 같은 형사소송법과 **형사소송규칙**의 규정들에 비추어 볼 때, 검사가 공판정에서 구두변론을 통해 항소이유를 주장하지 않았고 피고인도 그에 대한 적절한 방어권을 행사하지 못하는 등 검사의 **항소이유가 실질적으로 구두변론을 거쳐 심리**되지 않았다고 평가될 경우, 항소심 법원이 이러한 검사의 항소이유 주장을 받아들여 피고인에게 불리하게 제1심판결을 변경하는 것은 허용되지 않는다(대법원 1994. 10. 21. 선고 94도2078 판결 참조)

한편 검사가 일부 유죄, 일부 무죄가 선고된 1심판결 전부에 대하여 항소하면서 유죄 부분에 대하여는 아무런 항소이유도 주장하지 않은 경우에는, 유죄 부분에 대하여 법정기간 내에 항소이유서를 제출하지 않은 것이 되고, 그 경우 설령 제1심의 양형이 가벼워 부당하다 하더라도 그와 같은 사유는 361조의4 1항 단서의 직권조사사유나 같은 법 364조 2항의 직권심판사항에 해당하지 않으므로, 항소심이 제1심판결의 형보다 중한 형을 선고하는 것은 허용되지 않는데(대법원 2008. 1. 31. 선고 2007도8117 판결, 대법원 2014. 7. 10. 선고 2014도5503 판결 등 참조), 이러한 법리는 검사가 유죄 부분에 대하여 아무런 항소이유를 주장하지 않은 경우뿐만 아니라 검사가 항소장이나 법정기간 내에 제출된 항소이유서에서 유죄 부분에 대하여 양형부당 주장을 하였으나, 그러한 항소이유 주장이 실질적으로 구두변론을 거쳐 심리되지 아니한 경우에

도 마찬가지로 적용된다.

Ⓐ 이 사건 원심(항소심)의 공판과정에서 검사의 양형부당 항소이유가 실질적으로 구두변론을 거쳐 심리되었다고 보기 어려우므로, 원심이 검사의 양형부당 항소이유를 받아들여 제1심보다 중한 형을 선고하는 것은 허용되지 않고, 나아가 그와 같은 사유가 361조의4 1항 단서의 직권조사사유나 같은 법 364조 2항의 직권심판사항에 해당하지도 않는 만큼, 원심이 피고인에게 불리하게 직권으로 제1심판결의 형보다 중한 형을 선고하는 것도 역시 허용되지 않는다. 그런데도 원심은, 검사의 양형부당 주장이 구두변론을 거쳐 적법하게 심리되었다는 잘못된 전제에서 검사의 양형부당 주장을 받아들여 피고인에게 제1심보다 중한 형을 선고하였으니, 이러한 원심의 조치에는 항소심의 공판절차와 심판범위에 관한 법리를 오해하여 판결에 영향을 미친 위법이 있다.

Ⓒ

① 2007년 개정법에서의 구두(구술)주의의 강화

판결은 법률에 다른 규정이 없으면 구두변론을 경유하여야 한다(37조 1항). 구두주의(principle of orality)는 구두변론주의의 일내용이다. 2007년 개정 형소법에서는 '공판정에서의 변론은 구두로 하여야 한다.'는 규정(275조의3)을 신설하여 구두변론주의를 한층 강화시켰다.[1] 본 판결은, 구두주의는 제1심과 항소심의 공판절차에서의 소송행위뿐만 아니라 상소이유의 주장에서도 관철되어야 한다고 판시한다. 종래 실무상 서면주의에 압도되어 상당한 정도로 무시되었던 구두주의를 실효성 있는 절차법적 원리로 생명력을 부여하는 기념비적 판결로 자리매김할 수 있다. 본 판결을 발판으로 향후에 구두주의 법리가 점차 확장되고 활성화될 조짐이 보인다.

---

[1] 민철기, 공판기일에서 구두변론 되지 않은 검사의 양형부당 항소이유를 받아들여 항소심이 제1심의 형보다 높은 형을 선고할 수 있는지 여부, 대법원판례해설 106호 (2015년 하) 참조.

7.10   국민참여재판의 전형적인 절차진행과 재판장의 배심원에 대한 설명의무

대법원 2014. 11. 13. 선고 2014도8377 판결

F 제1심은 국민참여재판을 원하는 피고인 D의 의사에 따라 "D는 2013. 5. 22. 주점에서 술을 마시다가 피해자 V 일행과 시비 끝에 V를 살해하기 위하여 과도로 V의 복부를 5㎝ 깊이로 찔렀으나 V에게 4주 이상의 상해를 가하는 것으로 미수에 그쳤다."(이하 '이 사건 주위적 공소사실'이라 한다)는 내용으로 기소된 사건에 관하여 쟁점과 증거를 정리하기 위해 공판준비기일을 진행하였다. D가 위 공판준비기일에서 자신은 'V를 칼로 찌른 적이 없다'고 주장하자 제1심 재판장은 사건의 쟁점을 'D가 당시 D의 일행인 공소외 O에게 칼을 빼앗겼는지'와 'V가 칼에 찔리게 된 경위'로 정리하였다. 검사는 공판준비기일이 종결된 이후인 2013. 11. 25. 예비적으로 'D가 과도로 V를 찔러 상해를 가하였다'는 내용의 폭력행위 등 처벌에 관한 법률 위반(집단·흉기등상해)의 공소사실(이하 '예비적 공소사실'이라 한다)을 추가하는 공소장변경허가신청을 하였다. 제1심 재판장은 제1회 공판기일인 2013. 12. 5. 11:15경 배심원들과 예비배심원들에게 배심원과 예비배심원의 권한·의무·재판절차, 그 밖에 직무수행을 원활히 하는 데 필요한 사항을 설명한 후, 검사의 위 공소장변경신청을 허가한 다음, 검사로 하여금 공소장 및 예비적 공소장변경허가신청서에 의하여 이 사건 주위적 공소사실 및 예비적 공소사실의 요지, 죄명 및 적용법조를 낭독하게 하였고, 변호인은 'D가 V를 칼로 찌른 사실이 없다'고 변론을 하면서 이 사건 '주위적 공소사실과 예비적 공소사실은 범의에서 차이가 나는 것'이라고 진술하였다. 이어서 제1심 재판장은 배심원들에게 "본격적인 심리에 들어가기에 앞서, 검사와 변호인 및 D의 진술을 토대로 이 사건의 주된 쟁점을 간단히 설명하여 드리겠습니다."고 한 뒤, 이 사건 주위적 공소사실의 요지를 말한 다음, 유·무죄 판단과 관련된 쟁점은, "D는 당시 칼을 들었던 사실은 있으나 D의 일행 O와 그곳에서 일하는 여자의 만류로 칼을 빼앗겼기 때문에 그 칼을

사용하지 않았고 V를 칼로 찌른 사실도 없다는 취지로 변소하고 있으므로 이 사건의 쟁점은 D가 V를 칼로 찌른 사실이 있는지 여부인바, 구체적으로는 D가 당시 O에게 칼을 빼앗겼는지 여부, V는 어떤 경위로 칼에 찔리게 되었는지 등입니다."라고 설명하였다.

이후 같은 날 진행된 증인신문 등 심리절차와 그 다음 날 진행된 피고인 신문, 최종 의견진술 등의 각 절차에서 'D가 V를 칼로 찌른 사실이 인정되는가'의 문제를 중심으로 공방과 심리가 이루어졌는데, 이 사건 예비적 공소사실의 내용, 양형 조건 등에 관하여는 특별히 이 사건 주위적 공소사실과 분리하여 독자적인 공방과 심리가 진행되지는 않았다. 제1심 재판장은 제1회 공판기일 오전 재판 후 점심식사를 위한 휴정을 거친 다음 오후 재판을 개정하면서 변호인에게 이제까지 진행된 공판절차의 결과에 대하여 이의가 있는지 물었으나 변호인은 '없다'고 답변하였다.

제1심 재판장은 2013. 12. 6. 10:00경에 개시된 제2회 공판기일에서 변론을 종결한 후 법정에서 배심원들에게 최종 설명을 하면서 "지금부터 그동안의 재판 내용을 간단히 요약해드리고, 이 사건에 적용되는 법원칙을 설명하겠습니다. 다만 변론종결되는 시점에서 검찰과 변호인 측의 주장과 증거관계에 관한 설명을 충분히 들으셨으므로 중복되지 않도록 설명드리겠습니다. 공소사실의 요지는 생략합니다."라고 한 뒤, 배심원설명서에 의하여 설명하였다. 다만 제1심 재판장이 배심원들에게 배부한 배심원설명서에는 공소사실과 죄명으로 이 사건 주위적 공소사실에 관한 것만이 기재되어 있었다. 그 후 제1심 재판장은 평의할 때 유의하여야 하는 증거법칙, 평의절차 등에 관하여 상세히 설명하였는데, 그 내용 중에는 "만장일치가 되지 아니할 때에는 다수결에 의한 평결을 할 수 있지만, 그에 앞서 반드시 재판부의 의견을 들어야 한다. 평의 과정에서 확인할 필요가 있는 사항이 있을 경우 질문할 수 있다."라는 등의 설명이 있었다.

배심원들은 평의를 거쳐 유죄 5명, 무죄 4명의 다

수결로 이 사건 주위적 공소사실에 관하여 유죄 평결을 내리고, 이 사건 주위적 공소사실에 대한 형으로 징역 2년 6월(배심원 4명), 징역 3년(배심원 4명), 징역 4년(배심원 1명)의 양형의견을 밝혔다. 제1심은 이 사건 주위적 공소사실을 유죄로 인정하고 징역 3년의 형을 선고하였다.

피고인(D)과 변호인은, 최종 설명 때 이 사건 예비적 공소사실의 요지를 설명하지 아니한 제1심 재판장의 조치에 대하여, 당시 제1심 재판장에게 이의를 제기하거나 최종 설명에 이 사건 예비적 공소사실의 요지의 설명을 포함시켜 달라는 요청을 하지 않았다. 제1심판결에 대하여 검사가 징역 3년이 너무 가벼워서 부당하다고 주장하며 항소하였다. 항소심은 직권으로 "제1심 법원 내지 재판장의 각 조치, 그리고 이러한 일련의 조치들에 의하여 진행된 공판 진행은, 국민참여재판을 원하는 D의 신청을 받아들여 이 사건 주위적, 예비적 공소사실 전부에 관하여 국민참여재판절차에 회부하여 놓고도 특별한 배제결정 없이 예비적 공소사실에 대해서는 국민참여재판절차를 진행하지 아니함으로써 D의 국민참여재판을 받을 권리의 실질적인 부분을 침해한 위법한 조치이고, 따라서 이러한 위법한 공판절차에서 이루어진 소송행위는 무효"라고 판단한 다음, "제1심이 다시 국민참여재판을 할 필요가 있다."는 이유로 제1심판결을 파기하고 사건을 제1심 법원에 환송하는 판결을 선고하였다. 검사가 상고하였다.

I 제1심은 예비적 공소사실을 추가하는 공소장변경신청을 허가하고서도 예비적 공소사실에 대해서는 특별한 배제결정 없이 국민참여재판절차를 진행하지 않은 것 같은 흔적이 여기저기 보인다. 이 점에 주목하여 항소심은 "D의 국민참여재판을 받을 권리의 실질적인 부분을 침해한 위법한 조치"라고 판단하였다. 그러나 위와 같은 흠은 제1심 재판장이 의도적으로 연출한 것이 아니었다. 여기서 쟁점은 ⓐ '재판장이 배심원에게 사건에 관하여 최종 설명할 때 공소사실에 관한 설명을 일부(사안에서는 예비적 공소사실) 빠뜨렸거나 미흡하게 한 잘못이 있으면 그전까지 절차상 흠이 크지 않았던 소송행위 전부를 무효로 할

정도로 판결에 영향을 미친 위법이라고 단정할 수 있는가', ⓑ 피고인(D)과 변호인은, 최종 설명 때 이 사건 예비적 공소사실의 요지를 설명하지 아니한 제1심 재판장의 조치에 대하여, 당시 제1심 재판장에게 이의를 제기하거나 최종 설명에 이 사건 예비적 공소사실의 요지의 설명을 포함시켜 달라는 요청을 하지 않았으므로 ⓐ의 흠이 치유될 수 있지 않을까 하는 점이다.

R 파기환송.

가. 국민의 형사재판 참여에 관한 법률(이하 '법률'이라 한다)은 42조 2항에서, "재판장은 배심원과 예비배심원에 대하여 배심원과 예비배심원의 권한·의무·재판절차, 그 밖에 직무수행을 원활히 하는 데 필요한 사항을 설명하여야 한다."고 하여 재판장의 공판기일에서의 최초 설명의무를 규정하고 있는데, 이러한 재판장의 최초 설명은 재판절차에 익숙하지 아니한 배심원과 예비배심원을 배려하는 차원에서 국민의 형사재판 참여에 관한 규칙(이하 '규칙'이라 한다) 35조 1항에 따라 D에게 진술거부권을 고지하기 전에 이루어지는 것으로, 원칙적으로 그 설명의 대상에 검사가 아직 공소장에 의하여 낭독하지 아니한 공소사실 등이 포함된다고 볼 수 없다.

나. 한편 법률 46조 1항은 "재판장은 변론이 종결된 후 법정에서 배심원에게 공소사실의 요지와 적용법조, 피고인과 변호인 주장의 요지, 증거능력, 그 밖에 유의할 사항에 관하여 설명하여야 한다. 이 경우 필요한 때에는 증거의 요지에 관하여 설명할 수 있다."고 규정하고 있고, 나아가 규칙 37조 1항은 '그 밖에 유의할 사항'에 관한 설명에 피고인의 무죄추정, 증거재판주의, 자유심증주의의 각 원칙 등이 포함된다고 규정하고 있는데, 이러한 재판장의 최종 설명은 배심원이 올바른 평결에 이를 수 있도록 지도하고 조력하는 기능을 담당하는 것으로서 배심원의 평결에 미치는 영향이 크므로, 재판장이 법률 46조 1항, 규칙 37조 1항에 따라 설명의무가 있는 사항을 설명하지 않는 것은 원칙적으로 위법한 조치이다.

그러나 ① 위 최종 설명의 대상이 되는 사항 대부분은 공판 진행 과정을 통해 배심원이 참여한 법정에

자연스럽게 현출되는 것임에도 법률이 재판장에게 최종 설명의무를 부과하는 것은 사건에 따라 배심원이 이해하기 어려운 사항이 있을 수 있으므로 이를 쉽고 간략하게 정리하여 재확인하도록 하는 취지인 점, ② 규칙 37조 2항은 "검사·피고인 또는 변호인은 재판장에게 당해 사건과 관련하여 설명이 필요한 법률적 사항을 특정하여 1항의 설명에 포함하여 줄 것을 서면으로 요청할 수 있다."고 규정하여 재판장의 최종 설명이 미흡할 경우 이를 보완할 방법을 마련하고 있는 점, ③ 법률 46조 2항 단서는 "배심원 과반수의 요청이 있으면 심리에 관여한 판사의 의견을 들을 수 있다."고 규정하고, 같은 조 3항은 "배심원은 유·무죄에 관하여 전원의 의견이 일치하지 아니한 때에는 평결을 하기 전에 심리에 관여한 판사의 의견을 들어야 한다."고 규정하고 있어, 재판장의 최종 설명이 미흡하다고 하더라도 평의 과정에서 재판장이 배심원들에게 의견을 제시하면서 최종 설명을 보완하거나 보충할 수 있는 점 등을 종합하여 보면, 재판장이 최종 설명 때 공소사실에 관한 설명을 일부 빠뜨렸거나 미흡하게 한 잘못이 있다고 하더라도, 이를 두고 그전까지 절차상 아무런 하자가 없던 소송행위 전부를 무효로 할 정도로 판결에 영향을 미친 위법이라고 쉽게 단정할 것은 아니고, 설명이 빠졌거나 미흡한 부분이 공판 진행과정에서 이미 드러났던 것인지, 공판 진행과정에서 이미 드러났던 것이라면 그 시점과 재판장의 최종 설명 때까지 시간적 간격은 어떠한지, 재판장의 설명 없이는 배심원이 이해할 수 없거나 이해하기 어려운 사항에 해당하는지, 재판장의 최종 설명에 대한 피고인 또는 변호인의 이의가 있었는지, 평의 과정에서 배심원들의 의견이 일치하지 않아 재판장이 법률 46조 3항에 따라 의견을 진술하면서 최종 설명을 보충할 수 있었던 사안인지 및 최종 설명에서 누락된 부분과 최종 평결과의 관련성 등을 종합적으로 고려하여, 위와 같은 잘못이 배심원의 평결에 직접적인 영향을 미쳐 피고인의 국민참여재판을 받을 권리 등을 본질적으로 침해하고 판결의 정당성마저 인정받기 어려운 정도에 이른 것인지를 신중하게 판단하여야 한다.

A 위와 같은 사실관계를 앞서 본 법리에 비추어 보면, 우선 제1심 재판장이 최초 설명 당시 이 사건 예비적 공소사실에 관하여 이를 설명하지 아니한 조치에 재판장의 최초 설명의무 위반 등으로 관계 법령을 위반한 위법이 없다. 또한, 제1심 재판장은 최초 설명 이후에 이어진 검사와 피고인(D)측의 모두 진술 다음에 배심원과 예비배심원에게 공소사실로 예비적 공소사실을 빠뜨린 채 주위적 공소사실만을 설명하고 사건의 쟁점을 D가 V를 칼로 찌른 사실이 있는지 등으로 정리하였으나, ① 제1심 재판장이 위와 같이 공소사실이나 사건의 쟁점을 정리하여 설명해 준 것은 배심원과 예비배심원의 이해를 돕기 위한 것에 불과한 것으로, 그와 같은 설명에 공소사실 일부가 누락되었다고 하더라도 법원이 그 부분을 심리에서 제외하였다고는 볼 수 없는 점, ② 이 사건에서 'D가 V를 칼로 찌른 사실이 있는지, 당시 O에게 칼을 빼앗겼는지, V가 어떤 경위로 칼에 찔리게 되었는지'는 주위적 공소사실에 한정된 쟁점이라고 볼 수 없고 기본적 사실관계가 동일한 이 사건 예비적 공소사실의 쟁점이기도 한 점 등을 종합하여 살펴보면, 제1심 재판장이 검사와 변호인의 모두진술 이후 이 사건 쟁점을 위와 같이 정리하고, 그 후 이를 중심으로 심리한 조치를 두고, 이 사건 주위적 공소사실에 대하여만 국민참여재판 절차를 진행하고 예비적 공소사실은 사실상 국민참여재판에서 배제한 것이라고 평가할 수 없고, 달리 관계 법령을 위반한 위법이 있다고 할 수도 없다.

다. 다만 위 사실관계에서 나타난 바와 같이 최종 설명에서 이 사건 예비적 공소사실의 요지에 관한 설명을 누락한 제1심 재판장의 조치에는, 법률 46조 1항이 정하는 최종 설명의무를 제대로 이행하지 아니한 잘못이 있다.

그러나 앞서 본 법리에 위 사실관계에 나타난 여러 사정, 즉, ① 이 사건 예비적 공소사실의 요지 및 주위적 공소사실과의 차이점 등은 검사와 변호인의 모두진술 등으로써 이 사건 공판 과정에서 이미 드러난 상태인 점, ② 이 사건 예비적 공소사실은 주위적 공소사실에 대한 관계에서 고의의 내용만 다르고 특별히 주위적 공소사실과는 다른 사실관계의 인정이나 법률적 쟁점이 없는 축소사실에 해당하며, 사안과 쟁점도 복잡하지 아니하여, 그에 대한 제1심 재판장의 설명이 없더라도 배심원들이 공판 과정에서 드러난 사정으로 이해할 수 있었을 것으로 보이는 점, ③ D와 변호인은 제1심 재판장에게 최종 설명에 예비적 공소사실에 관한 설명을 포함하여 달라고 요구하거나 그 설명이 누락된 것에 대하여 이의를 제기하지 아니한 점, ④ 제1심 재판장은 최종 설명 때 배심원들에게 평의 과정에서 확인할 필요가 있는 사항이 있을 경우 질문할 수 있다고 설명하였고, 특히 이 사건은 주위적 공소사실의 유·무죄에 관하여 전원의 의견이 일치하지 아니하여 법률 46조 3항에 따라 배심원들이 심리에 관여한 판사로부터 그 의견을 들어야 했던 사안으로서, 평의 과정에서 주위적 공소사실에 대한 평결이 무죄인 경우의 후속 조치, 즉 이 사건 예비적 공소사실에 대한 평의와 평결에 관하여 질문과 설명의 기회를 가질 수 있었던 경우인 점, ⑤ 결과적으로 배심원들이 주위적 공소사실에 대하여 다수결로 유죄의 평결을 함으로써 이 사건 예비적 공소사실에 대하여는 나아가 평의와 평결을 할 필요가 없었던 점 등을 종합하여 살펴보면, 제1심 재판장의 최종 설명 과정에서의 위와 같은 잘못으로 D의 국민참여재판을 받을 권리가 본질적으로 침해되었다고 보기는 어렵다.

위와 같은 원심의 판단 및 결론에는, D의 국민참여재판을 받을 권리, 국민참여재판의 절차와 심리 등에 관한 법리를 오해하여 판결에 영향을 미친 위법이 있다.

C 이 사안은 국민참여재판의 전형적인 절차진행사례를 보여줌과 동시에 재판장의 설명의무에 관한 규범(구체적 기준)을 정립하는 의미가 있는 최초의 사안이므로 중요하다.

1 재판장의 설명의무

국민참여재판에서 재판장의 배심원에 대한 설명의무는 최초설명과 최종설명의 두 가지가 중요한데 사안에서 예비적 공소사실의 추가는 최초설명 이후에 허가신청되고 허가되었으므로 사안에서는 적어도 최초설명 부분에는 위법이 없다. 문제는 최종설명에서 예비적 공소사실에 대한 설명이 누락된 점을 어떻게 평가할 것인가 하는 점이다. 대법원은 국민참여법률 46조 1항이 정하는 "최종 설명의무를 제대로 이행하지 않은 것은 위법"이라고 판시하면서도 "그 후의 사정변경으로 위법이 치유될 수 있다"는 논증을 도입하고 있다. 대법원은 흠의 치유를 인정할 수 있는 여러 가지 요인들을 구체적으로 총 5가지 나열하고 있다. 사안에서 대법원은 ① (예비적 공소사실의 요지와 주위적 공소사실과의 차이점 등이 공판 과정에서 이미 드러난 상태였다), ② (예비적 공소사실은 주위적 공소사실의 축소사실에 해당한다), ③ (D와 변호인이 그 설명이 누락된 것에 대하여 이의를 제기하지 않았으므로 책문권의 포기를 논할 수 있다), ④ (평의 과정에서 주위적 공소사실에 대한 평결이 무죄인 경우의 후속 조치에 관하여 질문과 설명의 기회를 가질 수 있었다), ⑤ (결과적으로 배심원들이 주위적 공소사실에 대하여 다수결로 유죄의 평결을 함으로써 이 사건 예비적 공소사실에 대하여는 나아가 평의와 평결을 할 필요가 없었다)의 요인들을 고려하여 사안은 위법이 치유될 수 있는 사안이라고 판단하였다.

7.11 국민의 형사재판 참여에 관한 법률 관련 중요판례

대법원 2010. 3. 25. 선고 2009도14065 판결

F D는 "O와 합동하여, 모텔에서 피해자 V를 때려 반항을 억압한 다음, V의 목에 걸려 있던 시가 290만 원 상당의 금목걸이를 강취하고, 이로 인하여 V에게 약 4주일간의 치료를 요하는 상해"를 가한 혐의로 기소되었다. 국민참여재판으로 진행된 제1심에서는 "D가 위 범행 당시 V의 금목걸이를 V로부터 넘겨받게 된 경위에 관하여 D의 주장과 V의 진술이 상반되고 그에 따라 위 금목걸이의 강취 사실 및 범의 여부가 공판의 쟁점이 되자, V, D와 함께 모텔에 들어간 일행들과 모텔 주인 등 다수의 관련자들에 대한 증인신문을 마친 다음, 배심원 9명이 만장일치로 한 평결 결과를 재판부가 받아들여, 위 공소사실에 부합하는 V 및 O 등의 진술의 신빙성을 배척하는 한편, D가 위 범행 당시 재물 강취의 고의는 물론, 불법영득의 의사로 금목걸이를 강취하였다고 볼 증거가 부족하다"는 이유로 위 강도상해의 공소사실에 관하여 무죄로 판단하였다. 검사가 항소하였다. 항소심은 V에 대하여만 증인신문을 추가로 실시한 다음, 그 진술의 신빙성이 인정된다는 이유 등을 들어, "제1심이 증거의 증명력을 판단함에 있어 경험칙과 논리법칙에 어긋나는 판단을 함으로써 자유심증주의에 관한 법리를 오해하거나 사실을 오인한 위법이 있다"고 보아 제1심판결을 파기하고 위 강도상해의 공소사실에 관하여 유죄로 판단하였다. D가 상고하였다.

R 파기환송. 사법의 민주적 정당성과 신뢰를 높이기 위해 도입된 국민참여재판의 형식으로 진행된 형사공판절차에서 엄격한 선정절차를 거쳐 양식 있는 시민으로 구성된 배심원이 사실의 인정에 관하여 재판부에 제시하는 집단적 의견은 실질적 직접심리주의 및 공판중심주의 하에서 증거의 취사와 사실의 인정에 관한 전권을 가지는 사실심 법관의 판단을 돕기 위한 권고적 효력을 가지는 것인바, 배심원이 증인신문 등 사실심리의 전 과정에 함께 참여한 후 증

인이 한 진술의 신빙성 등 증거의 취사와 사실의 인정에 관하여 만장일치의 의견으로 내린 무죄의 평결이 재판부의 심증에 부합하여 그대로 채택된 경우라면, 이러한 절차를 거쳐 이루어진 증거의 취사 및 사실의 인정에 관한 제1심의 판단은 위에서 본 실질적 직접심리주의 및 공판중심주의의 취지와 정신에 비추어 항소심에서의 새로운 증거조사를 통해 그에 명백히 반대되는 충분하고도 납득할 만한 현저한 사정이 나타나지 않는 한 한층 더 존중될 필요가 있다. 국민참여재판에서 피해자를 비롯한 다수의 증인과 D에 대한 제1심 사실심리의 전 과정을 직접 지켜본 배심원이 만장일치로 내린 평결 결과를 받아들여 공소사실을 뒷받침하는 피해자 등의 진술의 신빙성을 배척하고 이를 토대로 무죄를 선고한 제1심의 판단을 뒤집기 위해서는 원심(항소심)에서의 새로운 증거조사를 통해 그에 명백히 반대되는 충분하고도 납득할 만한 현저한 사정이 나타나는 경우라야 한다.

A 이 점과 관련하여 원심이 지적한 사정들은 V의 원심법정 진술을 제외하고는 제1심의 증거조사 과정에서 이미 현출되어 제1심이 관련 진술의 신빙성 유무를 판단함에 있어 이미 고려했던 증거나 사정들 중 일부에 불과하여 제1심의 판단을 뒤집을 만한 특별한 사정으로 내세울 것이 되지 못하고, V의 원심법정 진술 또한 D와 대립되는 이해당사자로서 수사과정에서부터 대체로 공소사실에 부합하는 내용으로 일관하여 온 같은 진술의 반복에 지나지 아니하여 역시 특별한 사정이라 보기 어렵다. 그럼에도 불구하고 V 등 진술의 신빙성 및 그에 기초한 위 강도상해의 공소사실에 대한 제1심의 판단을 뒤집어 이를 유죄라고 인정한 원심의 판단에는, 실질적 직접심리주의와 공판중심주의의 원칙 아래 국민참여재판의 형식으로 이루어진 형사공판절차를 통해 제1심이 한 증거의 취사와 사실의 인정을 합리적 근거 없이 뒤집음

으로써 공판중심주의와 실질적 직접심리주의의 원칙을 위반하고 그 결과 범죄사실의 인정은 합리적인 의심이 없는 정도의 증명에 이르러야 한다고 하는 증거재판주의에 관한 법리를 오해한 위법이 있으며, 이는 판결에 영향을 미쳤음이 명백하므로 그대로 유지될 수 없다.[1]

C

2007년 4월 '국민의 형사재판참여에 관한 법률'(이하 '참여법'으로 약칭한다)과 형사소송법개정안이 국회 본회의를 통과하여 2008년 1월 1일부터 시행되었다. 대법원 2010. 3. 25. 선고 2009도14065 판결은 참여법에 관한 매우 중요한 선례가 되었고 이후에도 주목할 만한 판결이 후속되고 있다.

1 대상사건과 관할, 피고인의 의사

참여법은 당초 연간 100건 정도의 참여사건처리를 목표로 삼아, 형사중죄사건을 국민참여재판의 대상사건으로 규정하고 있었지만(2008년 참여법 5조), 피고인의 참여재판 선택률이 낮아 2012년 개정으로 형사합의부가 제1심으로 심판하는 사건 전부가 대상사건으로 확장되었다. 위의 범주에 해당하는 사건이라고 하더라도 위헌시비를 회피하기 위하여 참여법은 피고인이 거부하는 경우 국민참여재판을 받지 않도록 규정하였다. 피고인은 서면으로 참여재판에 대한 의사를 법원에 제출하여야 한다. 참여재판을 원하는 피고인은 공소장 부본을 송달받은 날로부터 7일 이내에 참여재판 의사가 담긴 서면을 법원에 제출하여야 한다. 피고인이 서면을 제출하지 않거나 제출된 서면만으로 피고인의 의사를 확인할 수 없을 때에 법원은 기일을 정하여 피고인에게 직접 의사를 확인하여야 한다(참여법 8조).

피고인이 참여재판을 희망하였다 하더라도 법원은 ① 배심원이나 그 친족의 생명·신체·재산에 대한 침해나 그 침해의 우려가 있어 출석의 어려움이 있거나 직무를 공정하게 수행하지 못할 염려가 있다고 인정되는 경우, ② 공범관계에 있는 피고인 중 일부가 국민참여재판을 원하지 아니하여 국민참여재판의 진행에 어려움이 있다고 인정되는 경우, ③ 그 밖에 국민참여재판으로 진행하는 것이 적절하지 않다고 인정되는 경우에 국민참여재판을 하지 않기로 결정할 수 있다. 이때 법원은 검사·피고인 또는 변호인의 의견을 들어야 한다. 국민참여재판의 관할법원은 지방법원 본원 또는 지원의 합의부이다. 지방법원 지원에 관할권이 있는 대상사건에 대하여 피고인이 참여재판을 원하는 의사표시가 있으면 지원 합의부에서 국민참여재판을 배제하는 결정을 하지 않는 한 지방법원 본원 합의부로 사건을 이송하여야 한다. 국민참여재판에 관하여 변호인이 없는 때에는 법원은 직권으로 변호인을 선정하여야 한다(참여법 7조).

2 참여법 관련 중요판례들

❶ 국민참여재판대상사건의 피고인이 공소장 부본을 송달받은 날부터 7일이 경과한 후 국민참여재판 신청을 하였더라도 제1심 법원은 피고인의 의사를 확인하여 국민참여재판으로 진행할 수 있다(대법원 2009. 10. 23.자 2009모1032 결정).

❷ 피고인이 법원에 국민참여재판을 신청하였는데 법원이 이에 대한 배제결정을 하지 아니한 채 통상의 공판절차로 재판을 진행하였다면 그 공판절차에서 이루어진 소송행위는 무효이므로 상소심은 하급심의 판결을 파기환송하여야 한다(대법원 2011. 9. 8. 선고 2011도7106 판결).

❸ 피고인이 국민참여재판을 원하는지에 관한 의사의 확인절차를 거치지 아니한 채 법원이 통상의 공판절차로 재판을 진행하면 그 절차는 위법하고 그 공판절차에서 이루어진 소송행위는 무효이지만 피고인에게 충분한 안내와 그 희망 여부에 관하여 숙고할 수 있는 상당한 시간이 사전에 부여되고 피고인이 그런 절차적 위법을 문제삼지 아니할 의사를 명백히 표시하는 경우에 그 하자는 치유된다(대법원 2012. 4. 26. 선고 2012도1225 판결).

---

1) [따름판결] 대법원 2011. 3. 24. 선고 2010도4450 판결.

제8장

증거와 증명

8.1 자연적 관련성(거짓말탐지기 검사결과의 증거능력)

대법원 1983. 9. 13. 선고 83도712 판결

F D는 살인죄 혐의로 기소되었다. 제1심과 항소심은 무죄를 선고하였다. 검사는 "유죄증거로 검찰에서 피고인 D를 상대로 시행한 거짓말탐지 검사결과(일종의 감정의견이다)가 '거짓'으로 나왔는데 항소심은 이 검사결과를 증거로 채택하지 않은 위법판결"이라고 주장하며 상고하였다. 이 사안에서 검찰이 사용한 거짓말탐지기 기종은 울트라 스크라이브이고 긴장절정 시험인 피오티(POT) 검사방법에 의하여 범행 당시 피해자 V가 입고 있었던 상의 및 피해자 오빠집에 가설된 전화번호를 질문대상으로 하여 이것들을 피고인이 알고 있었는지의 여부를 검사한 결과 D가 '모른다'고 한 답변은 모두 거짓으로 판정되었다는 것이다.

I 1983년 당시 검찰 과학수사과가 시행하던 거짓말탐지기 검사기법은 '사실적(자연적) 관련성'이 있는 기법이었는가?

R 상고기각. 거짓말탐지기 검사결과에 대하여 형사소송법상 증거능력을 부여하려면 우선 그 검사결과가 '사실적 관련성', 즉 '요증사실에 대하여 필요한 최소한도의 증명력을 가지고 있음을 요하는 것'이다. (중략) 이와 같은 검사결과에 대하여 '사실적 관련성'을 가진 증거로서 증거능력을 인정할 수 있으려면 (㉮-1) '첫째로 거짓말을 하면 반드시 일정한 심리상태의 변동이 일어나고, (㉮-2) 둘째로 그 심리상태의 변동은 반드시 일정한 생리적 반응을 일으키며, (㉯) 셋째로 그 생리적 반응에 의하여 피검사자의 말이 거짓인지 아닌지가 정확히 판정될 수 있다는 세 가지 전제요건이 충족되어야 할 것'이다. 특히 마지막의 생리적 반응에 대한 거짓 여부 판정은 거짓말탐지기가 검사에 동의한 피검사자의 생리적 반응을 정확히 측정할 수 있는 장치이어야 하고, (㉰) 질문조항의 작성과 검사의 기술 및 방법이 합리적이어야 하며, (㉱) 검사자가 탐지기의 측정내용을 객관성 있고 정확하게 판독할 능력을 갖춘 경우라야만 그 정확성을 확보할 수 있다. 이상과 같은 제반요건이 충족되지 않는 한 거짓말탐지기 검사결과에 대하여 증거능력을 부여하기는 어렵다.[1]

A 거짓말탐지기에 의한 검사결과가 과연 위에서 설시한 바와 같은 제반요건을 충족하는 것으로서 그 정확성을 보장할 수 있는 것인지를 확정할 자료가 없으니 위와 같은 검사결과의 증거능력을 부인한 1심 및 원심판단은 정당하다. 뿐만 아니라 이 사건 거짓말탐지기 검사의 구체적 내용을 살펴보아도 그 질문조항과 검사의 방법이 불합리할 뿐 아니라 그 판정결과도 신빙성이 없는 것임을 쉽게 알아 볼 수 있다.

먼저 질문의 대상이 된 물건 중 피해자가 피살당시 입고 있었던 옷은 이 사건 발생 후 이미 여러 신문 등에서 그 모양과 색상 등이 자세하게 보도되어 널리 알려졌을 가능성이 있음이 기록상 명백하므로(공판기록 1971정 이하) 검사에 앞선 인식여부 확인에서 피고인이 그 옷을 본 일이 없는 것처럼 말하였다고 하여도 질문의 대상물로서 적합하지 못한 것이라고 하겠으니 그 질문조항과 검사방법이 합리성을 결여한 것이라고 보지 않을 수 없다.

다음에 피해자 오빠집의 전화번호에 대한 검사결과에서도 피고인이 모른다는 답변이 거짓말 반응을 보였다는 것이나, 기록에 의하면 피고인은 범행을 자백한 당초부터 '위 전화번호는 종이쪽지에 써두었다가 범행 후 버렸기 때문에 기억할 수 없다'고 진술하고 있고(수사기록 609정, 625정) 범행을 자백하는 마당에 전화번호만을 기억하지 못하는 것처럼 일부러 가

---

1) 대법원 1987. 7. 21. 선고 87도968 판결은 "설사 거짓말탐지기 검사감정이 증거능력심사를 통과하여도 그 결과는 '검사를 받는 사람의 진술의 신빙성을 가늠하는 정황증거로서의 기능을 하는 데 그치는 것"이라고 판시한다.

장하였다고 볼 이유가 없으므로 피고인은 위 전화번호를 기억하지 못한 것으로 인정할 수밖에 없는데, 위 전화번호를 모른다고 한 피고인의 답변이 거짓말이라는 검사반응은 위 거짓말탐지기 검사의 결과가 신뢰할만한 것이 못됨을 나타내 보이는 것이라고 하겠다.'

1 문제의 제기

거짓말탐지기 검사가 전제하는 기술적 이론은 다음과 같다. '사람이 진실에 반하는 허위의 진술을 하면 진술자의 심리에 혼란이 발생하고, 그것이 호흡, 맥박, 혈압 등의 생리현상에 변화를 가져오기 때문에 그 변화를 일정한 과학적 측정방법으로 검증하여 그 결과를 진술자의 허위진술여부 발견에 이용할 수 있다.' 거짓말탐지기 검사의 원리는 의식적으로 거짓말하는 자는 양심의 가책이나 거짓 발각에 대한 우려 등으로 심리상태의 변동이 일어나 이것이 호흡, 혈압, 맥박, 피부 등에 생리적 반응을 일으킨다는 전제 아래 그 생리적 반응을 측정하여 거짓말인 여부를 판독하는 데에 있다.

2 자연적 관련성 측면에서의 허용성 기준

(1) **사실적 관련성의 의미** : 대법원이 말하는 사실적 관련성이란 자연적 관련성을 지칭하는 것이다. 자연적 관련성이란 증거가 그 증명하려고 하는 사실(입증취지)에 대하여 필요최소한도의 증명력이 있어야 함을 말한다. 예를 들어 현대과학시대에 점성가의 예측은 자연적 관련성이 희박하다고 말할 수 있다. 1983년 당시의 거짓말탐지기 검사기술은 법원이 보기에 저급했던 것 같다. 이렇듯 증명력이 극히 낮은 증거는 법원의 자유심증을 오히려 저해하기 때문에 자연적 관련성이 낮은 증거는 증명력심사단계로 넘길 것이 아니라 아예 증거능력을 배제하자는 발상이 자연적 관련성 담론이다.

(2) **거짓말탐지기 기준의 엄격성** : 그런데 대법원의 거짓말탐지기 기준은 매우 엄격한 기준이다. ㉮는 근거하는 과학적 이론(scientific theory)이 유효(valid)하여

야 할 것을 요구하며, ㉯는 그 이론을 적용하는 기술(technique)이 유효할 것을 요구한다. ㉰와 ㉱는 자격 있는 전문가가 그 기술을 특정사건에 적절하게 사용(proper application)했음을 요구한다. 본 판결이 선고되기까지 대법원은 한국의 법과학 공동체에서 실용화된 거짓말탐지기 분석기술이 다른 과학적 증거의 분석기술에 비하여 정확성과 신빙성이 떨어지는 것으로 본 것이다. 그러나 일부의 법과학자들은 현대의 거짓말탐지기 기술은 1980년대와 비교할 수 없을 정도로 발전하였다고 항변한다. 그런데 다른 한편 대법원은 어찌된 일인지 필적감정 분야에서만큼은 거짓말탐지기 기준과는 정반대의 '지극히 느슨한 허용성 기준'을 채용해 왔다. '필적감정기준'은 너무 느슨하고 거짓말탐지기기준은 너무 엄격한 것이 문제이다.

3 검사결과회보서의 증거능력인정요건

통상적으로 법정에 제출되는 증거는 국립과학수사연구원이나 대검찰청 과학수사과가 수사기관의 촉탁에 응하여 분석한 거짓말탐지기 검사결과회보서이다. 이것은 수사기관의 촉탁·위촉에 응하여 작성된 '감정수탁자의 감정서'의 성격을 지닌다. 이것이 증거로 사용되려면 자연적 관련성의 존재나 피검자의 진지한 동의 외에 전문증거의 예외요건을 갖추어야 한다. 전문예외요건에 대하여는 313조 1항설을 주장할 수도 있으나 313조 3항을 준용함이 타당하다.[2] 감정수탁자의 감정서나 감정인의 감정서는 모두 특별한 지식, 경험을 가진 전문가의 감정의 경과와 결과를 서면에 기재한 것이어서 양자를 질적으로 구별할 근거가 희박하기 때문이다.

---

2) 대법원 1984. 2. 14. 선고 83도3146 판결 "(가) 거짓말탐지기의 검사는 (중략) 313조 2항(현행법상 3항)에 의하여 이를 증거로 할 수 있다."

8.2 과학적 증거방법의 증거능력인정요건

대법원 2009. 3. 12. 선고 2008도8486 판결

F D는 "2007. 8. 29. 22:00경 서울 서초구 방배3동 (이하 생략) O의 집에서 향정신성의약품인 메스암페타민 불상량을 주사기에 넣고 물로 희석하여 몸에 주사"한 마약류관리에관한법률위반(향정)위반 혐의로 기소되었다. 제1심은 유죄를 선고하였지만 항소심은 다음과 같은 이유로 무죄를 선고하였다. 항소심은 "이 사건 공소사실에 부합하는 취지의 O2의 제1심법정 진술은 O2가 O로부터, 'D가 O에게 이 사건 주사기를 건네주었다'는 말을 들었다는 내용이고, 경찰 압수조서 및 목록의 기재는 'O의 집에서 이 사건 주사기가 발견되었다'는 것으로서, 모두 D가 메스암페타민을 투약하였다는 점에 관한 직접적인 증거들이라고 보기 어렵고, 결국 이 사건 공소사실에 대한 직접적인 증거로는 O의 수사기관 및 제1심법정에서의 진술, 국립과학수사연구소장의 감정의뢰회보(유전자분석 감정서) 등이 있을 뿐"이라고 전제한 다음, 먼저 O의 수사기관 및 제1심법정에서의 진술에 대해서는, 이 사건 주사기 8개가 O의 집에서 발견되자, O는 수사기관 및 제1심법정에서 일관되게, "'D가 이 사건 주사기를 버려달라'고 하며 O에게 건네주었고, D가 이 사건 주사기를 이용하여 필로폰을 투약하는 것을 목격하지는 못했지만 그런 것으로 추측한다"고 진술하였는데, (중략) O의 진술은 그 신빙성을 인정할 수 없고, (중략) D에 대한 소변 및 모발검사에서 마약성분이 검출되지 않았는바, (중략) 위 증거들만으로는 이 사건 공소사실이 합리적 의심을 배제할 정도로 증명되었다고 보기 어렵다." 검사가 상고하였다.

I 과학적 증거방법 중 유죄방향의 증거(예를 들어 사안에서 주사기 8개 중 5개에서 마약성분이 검출되었고, '마약성분이 검출된 주사기 중 1개의 주사기에서 D의 유전자와 일치하는 혈흔이 발견된 점)와 무죄방향의 증거(예를 들어 사안에서 소변 및 모발검사에서 마약성분이 검출되지 않은 점)가 병존하는 경우의 사실인정방법

R 파기환송. ⓐ 유전자검사나 혈액형검사 등 과학적 증거방법은 그 전제로 하는 사실이 모두 진실임이 입증되고 ⓑ 그 추론의 방법이 과학적으로 정당하여 오류의 가능성이 전무하거나 무시할 정도로 극소한 것으로 인정[1]되는 경우에는 법관이 사실인정을 함에 있어 상당한 정도로 구속력을 가지므로, 비록 사실의 인정이 사실심의 전권이라 하더라도 아무런 합리적 근거 없이 함부로 이를 배척하는 것은 자유심증주의의 한계를 벗어나는 것으로서 허용될 수 없는 바(대법원 2007. 5. 10. 선고 2007도1950 판결 참조), ⓒ 과학적 증거방법이 당해 범죄에 관한 적극적 사실과 이에 반하는 소극적 사실 모두에 존재하는 경우에는 각 증거방법에 의한 분석 결과에 발생할 수 있는 오류가능성 및 그 정도, 그 증거방법에 의하여 증명되는 사실의 내용 등을 종합적으로 고려하여 범죄의 유무 등을 판단하여야 하고, 여러 가지 변수로 인하여 반증의 여지가 있는 소극적 사실에 관한 증거로써 과학적 증거방법에 의하여 증명되는 적극적 사실을 쉽사리 뒤집어서는 안 될 것이다.

A 원심의 위와 같은 판단은 앞서 본 법리와 다음과 같은 이유로 수긍하기 어렵다. 먼저, O의 수사기관 및 제1심법정에서의 진술은 (중략) O로부터 'D가 O에게 이 사건 주사기를 건네주었다는 말을 들었다'는 취지의 O2의 수사기관 및 제1심법정에서의 진술과 O의 집에서 이 사건 주사기가 발견되었다는 경찰 압수조서 및 목록의 기재에 의하여 뒷받침되며, **D도 이 사건 공소사실의 범행일시인 2007. 8. 29. O**

---

1) "이를 위해서는 그 증거방법이 전문적인 지식·기술·경험을 가진 감정인에 의하여 공인된 표준 검사기법으로 분석을 거쳐 법원에 제출된 것이어야 할 뿐만 아니라 그 채취·보관·분석 등 모든 과정에서 자료의 동일성이 인정되고 인위적인 조작·훼손·첨가가 없었음이 담보되어야 한다(대법원 2010. 3. 25. 선고 2009도14772 판결 참조)"(대법원 2011. 5. 26. 선고 2011도1902 판결).

의 집에 갔던 사실을 인정하고 있다. 특히, 마약성분이 검출된 주사기 5개 중 1개의 주사기에서 D의 유전자와 일치하는 혈흔이 함께 발견된 것은 유전자검사라는 과학적 증거방법에 의하여 확인된 사실로서 D가 그 주사기로 마약을 투약한 경우를 제외하고는 다른 경우를 합리적으로 상정하기 어렵다.

반면, 원심이 지적한 바와 같은 D의 범행일시에 관한 O 진술의 모순에 관하여 보건대 (중략) O는 처음부터 날짜를 확정적으로 특정하고 이후 이를 번복하여 그와 모순되는 진술을 하였다기보다는 그 무렵 일어났던 일들을 기초로 기억을 되살리는 과정에서 D의 범행일시를 바로잡아 온 것으로 보이므로, D의 범행일시에 관한 O의 진술에 원심이 지적한 바와 같은 차이들이 있다 하여 그 진술의 신빙성을 배척할 수는 없다. 그리고 D의 진술에 의하면, D는 O와 1993년부터 1996년까지 일본에서 동거하였고, 1997년 여름경 다시 만나 수차례 성관계를 가졌으며, O도 일본에 있을 때 자주 필로폰을 투약해 온 것으로 알고 있다는 것인바, 이와 같은 D의 진술에 의한 D와 O의 관계에 비추어 보더라도 D가 O에게 이 사건 주사기를 맡기고 이를 O가 보관한 것이 반드시 상식에 반하는 것이라고 할 수는 없다. (중략) 한편, 필로폰을 투약한 경우 항상 투약 후 20일부터 1년 이내에 모발에서 메스암페타민 성분이 검출된다는 점이 전제되지 않는 한 D의 모발에서 메스암페타민 성분이 검출되지 않았다고 하여 D가 메스암페타민을 투약하지 않았다고 단정할 수는 없는데, 모발이 염색약 등의 화학약품, 열, 빛 등에 의하여 손상되었거나, 투약량이 많지 않아 모발에 축적된 메스암페타민 성분이 극미량일 가능성, 또 개인의 연령, 성별, 영양상태, 개체 등에 따른 모발의 성장속도의 차이 때문에 검사 대상 모발에서 메스암페타민을 검출하지 못할 가능성도 이를 완전히 배제할 수는 없다. 더구나 이 사건에서와 같이 유전자검사라는 과학적인 증거방법에 의하여 주사기에서 마약성분과 함께 D의 혈흔이 확인됨으로써 D가 주사기로 마약을 투약한 사정이 적극적으로 증명되는 경우에는 이와 같이 여러 가지 변수로 인하여 반증의 여지가 있는 소극적 사정에 관한 증거로써 이를 쉽사리 뒤집을 수는 없다. 따라서 D에 대한 이 사건 공소사실은 입증되었다고 봄이 상당하[다].

C

① 과학적 증거방법의 증거능력 인정요건

2000년대 이전에는 거짓말탐지기검사기술이나 필적감정기술이 자연적(사실적) 관련성이 있는 기술인가가 쟁점이 되었었다. 2000년대에는 유전자감정 기타의 과학적 증거방법이 법과학의 주류로 부상하여 새로운 이론의 정립이 필요하게 되었다. 본판결은 과학적 증거방법의 증거능력 인정요건을 "ⓐ 전제로 하는 사실이 모두 진실임이 입증되고, ⓑ 그 추론의 방법이 과학적으로 정당하여 오류의 가능성이 전무하거나 무시할 정도로 극소한 것으로 인정되는 경우"로 재정립하였다. 이 판결에 영향을 준 것은 미국연방대법원의 도버트 판결[2]이다.

② 자연적 관련성이 있는 과학적 증거방법의 구속력

2000년대의 대법원은 과학적 증거방법의 증거능력 인정요건을 새로 정립함과 아울러 "여러 가지 변수로 인하여 반증의 여지가 있는 소극적 사실에 관한 증거로써 과학적 증거방법에 의하여 증명되는 적극적 사실을 쉽사리 뒤집어서는 안된다는 취지의 구속력"을 인정하는 단계로까지 나아갔다.

---

2) Daubert v. Merrell Dow Pharmaceuticals, Inc., 509 U.S. 579 (1993).

8.3 추론의 방법이 과학적으로 정당한 경험칙·논리칙 사례

대법원 2011. 5. 26. 선고 2011도1902 판결

F 피고인 D는 "2008. 11. 11. 20:00경부터 같은 날 21:40경까지 사이에 V(D의 처)를 조수석에 태우고 차량을 운전하여 양주시 장흥면(이하 생략)에 있는 편도 2차선 도로의 2차로를 구파발 방면에서 양주 방면으로 진행하던 중 그동안 V와 겪은 갈등과 차에서 대화 중 V에게 생긴 악감정으로 인해 순간적으로 V를 살해하기로 마음먹고 도로 옆에 설치된 대전차 방호벽의 안쪽 벽면을 위 차량의 우측 부분으로 들이받아 당시 안전벨트를 착용하지 않았던 V가 전신에 큰 충격을 받아 차에서 탈출하거나 D에게 저항할 수 없는 상태가 되자(이하 '1차사고'라 한다), 재차 사고를 일으켜 그 충격으로 V를 살해하되, 마치 과실에 의한 교통사고로 V가 사망한 것처럼 가장하기로 마음먹고, 같은 날 21:40경 위 차량을 운전하여 알 수 없는 경로로 위 방호벽 부근 지점으로 되돌아온 다음 위 차량의 앞 범퍼 부분으로 위 방호벽 중 진행방향의 오른쪽에 돌출된 부분의 모서리를 들이받아(이하 '2차사고'라 한다), V가 이 충격과 앞서의 충격으로 인해 전신에 다발성 손상을 입고 그 자리에서 사망하게 하여 V를 살해"(살인의 주위적 공소사실)한 혐의로 기소되었다. 제1심과 항소심은 "차량의 우측 앞 범퍼 부분으로 대전차 방호벽의 우측 입구 벽면을 정면으로 들이받는 2차사고 발생 전에 차량의 우측 앞 펜더 부분으로 위 방호벽 안쪽 벽면을 강하게 스치듯 충격하고, 그로 인하여 V로 하여금 더 이상 바른 자세로 앉아 있기 어려울 정도의 충격을 가함과 아울러 위 방호벽 안쪽 벽면에 설치된 철제구조물에 차량 우측 앞 펜더의 보강용 강판조각이 끼어들어가면서 위 철제구조물에 의하여 차량의 우측 앞 펜더 부분부터 우측 앞 문짝 부분까지 찢어지는 내용의 1차 사고가 발생한 사실이 인정되며, 이에 비추어 1차사고 당시부터 D에게 살인에 대한 미필적 고의가 있었다고 인정되고 그 고의가 2차사고까지 계속된 것"으로 판단하여 유죄를 선고하였다. D는 '1차사고의 발생사실 자체를

다투면서 현장에 남은 사고의 흔적들은 2차사고에 의한 것으로 추정된다'고 일관되게 주장하였고, "검찰이 주장하는 1차사고는 없었으며, V는 D의 단 한 번(이른바 2차사고)의 과실로 사망한 것"이라고 주장하며 상고하였다.

I 추론의 방법이 과학적으로 정당한 경험칙·논리칙을 응용한 논증의 구체적인 사례

R A [1] 파기환송. 1. (강판조각이 철제구조물에 끼어 있었는가) 검사는 "수사관이 2009. 2. 2. 강판조각이 철제구조물에 끼어 있는 것을 발견하고 감정인의 지시에 의하여 경찰관 P2가 찍었다고 하는 사진(이하 '강판 끼어있음 사진'이라 한다)을 유죄증거로 제출하였다. 대법원은 "위 사진으로 사고 발생 당시부터 강판조각이 철제구조물에 끼어 있었음이 증명된다면 위 공소사실에 대한 유죄의 증거가 될 수 있을 것"으로 보았지만 대법원은 "사고 직후에 촬영된 사진들 중 철제구조물이 나온 사진들의 컴퓨터 파일을 확대·분석한 국과수 소속 감정인 O3 작성의 2010. 11. 16.자 감정서에는 '철제구조물과는 구분되는 회색계통 물체가 식별된다'는 감정결과만 있을 뿐, 그 모양이 '강판 끼어있음 사진'상의 강판조각과 일치함을 인정할 만한 다른 객관적 자료는 없다. 그럼에도 원심이 육안에 의한 비교 관찰만을 근거로 위 '회색계통 물체'가 '강판 끼어있음 사진'상의 강판조각과 매우 유사하다고 본 것은, 증거의 분석 과정에 과학적 근거가 없어 객관적으로 수긍하기 어려운 점이 있다. 따라서 '강판 끼어있음 사진'으로 사고 발생 당시부터 강판조각이 철제구조물에 끼어있었다는 사실이 증명되었다고 할 수는 없다"고 판단하였다. 육안에 의한 비교

---

1) 대법원은 5가지 점에서 '원심의 추론이 과학적으로 정당하지 못하다'고 판단하였다. 지면관계상 여기서는 3가지에 대하여만 소개한다.

관찰만을 근거로 간접사실을 인정하는 것은 '추론의 방법이 과학적으로 정당'하지 못하여 '합리적 의심을 허용하지 않을 정도의 증명'을 충족시키지 못한다는 것이다.

2. (강판조각이 보강용 강판의 일부였는가) 검사는 '강판조각이 보강용 강판의 일부임을 증명하는 증거'로 '감정인이 작성한 감정서의 감정결과'를 제출하였는데 대법원은 "위 감정결과는 강판조각의 일부 파단면을 보강용 강판의 파단면에 비교하여 보거나 강판조각과 보강용 강판을 두들겨 펴서 상호 크기를 비교하는 육안 관찰의 방법에 따른 것일 뿐, 양자의 성분 비교 등 상고이유에서 주장하는 과학적 분석과정을 전혀 거치지 아니한 것임이 명백"하므로 "위 감정결과 역시 그 대상인 증거의 분석 과정에 수긍할 만한 과학적 근거가 부족"하다고 판단하였다. 과학적 분석과정을 전혀 거치지 않고 육안 관찰의 결론만 가지고 간접사실을 인정하는 것은 '추론의 방법이 과학적으로 정당'하지 못하여 '합리적 의심을 허용하지 않을 정도의 증명'을 충족시키지 못한다는 것이다.

3. (차량에 묻은 페인트와 철제구조물에 도색된 페인트의 적외선 스펙트럼 결과가 유사한가) 검사는 '차량 우측면의 긁힌 흔적에 묻은 적색 페인트가 철제구조물에 도색된 페인트와 같은 페인트이므로 부수적으로나마 1차 사고의 발생에 대한 근거가 될 수 있다고 본 원심판단을 뒷받침하는 증거'로 '감정인이 작성한 위 감정서의 감정결과'를 제출하였다. 이에 대하여 대법원은 "그 감정결과에 적외선 흡수 스펙트럼 실험 결과가 첨부되어 있지도 않아 어떤 근거에서 차량에 묻은 페인트와 철제구조물에 도색된 페인트의 적외선 스펙트럼 결과가 유사하다고 판단한 것인지 알 방법이 없"으며, "감정인이 작성한 국과수 서부분소장 명의의 사실조회 답변서 회보에서 페인트의 스펙트럼 양상이 '유사하다'는 것은 다른 물질이 아니라는 의미라고 설명하기는 하지만, 위 회보에 의하더라도 이 사건처럼 페인트가 쓸려 묻은 경우에는 철제구조물 페인트의 도막층이 파괴되어 차량의 페인트와 혼재되면서 철제구조물에 묻은 매연 등 이물질도 섞여 묻

는 등 페인트의 상태가 불균일하게 되고 이러한 이유로 적외선 스펙트럼이 완벽히 일치하는 것은 있을 수 없다는 것이므로, 단지 육안으로 관찰되는 색상과 적외선 흡수 스펙트럼의 양상이 유사하다는 이유만으로 동일한 페인트라고 단정할 수도 없다. 이는 상고이유의 주장처럼 차량 우측면에 적색의 긁힌 자국 외에 황색의 긁힌 자국도 있음에도 위 황색 페인트에 대하여는 방호벽에 도색된 황색 페인트와 비교분석을 하지 않은 데 대한 의문이 제기되고 있는 이상 더욱 그러하다"며 역시 '추론의 방법이 과학적으로 정당'하지 못하여 '합리적 의심을 허용하지 않을 정도의 증명'을 충족시키지 못한다고 판단하였다.

C

① 문제의 제기

형사재판에서 과학적 증거가 제시되는 정황은 ⓐ 유죄증거로 과학적 증거가 제출되는 정황, ⓑ 무죄증거로 과학적 증거가 제출되는 정황, ⓒ 과학적 추론의 가능성이 있는데도 이를 생략하고 감정인이 육안이나 상식적인 판단에 의존한 감정의견을 제출하였는데 법원이 이를 맹목적으로 따르는 정황, ⓓ 과학적 추론의 가능성이 있는데도 사실심법원이 이에 관한 감정절차를 생략하고 법관의 논리칙과 경험칙에 의존하여 사실을 추론하는 정황이 있을 수 있다. 대법원 2007. 5. 10. 선고 2007도1950 판결은 ⓑ의 정황, 대법원 2009. 3. 12. 선고 2008도8486 판결; 대법원 2010. 3. 25. 선고 2009도14772 판결은 ⓐ의 정황에서 전개되었다. 대법원은, ⓐ, ⓑ의 정황에서는 유효성과 신뢰성이 있는 과학적 증거는 "법관이 사실인정을 함에 있어 상당한 정도로 구속력"을 가진다고 판시하였다. 이에 반하여 2011년 선고된 본 판결은 ⓒ와 ⓓ를 질책하는 성격의 판결이다. 본 판결은 무엇이 '과학적으로 정당한 추론의 방법'이고 무엇이 경험칙·논리칙에 합치하는 추론인지를 실례로 보여준다는 의미에서 중요하다.

8.4 아동의 증언능력

대법원 1999. 11. 26. 선고 99도3786 판결

F D는 살인·살인미수 혐의로 기소되었다. D는 수사초기 단계로부터 공판정에 이르기까지 범행사실을 전면 부인하였다. 아동 M(사건 당시는 만 4세 6개월 남짓, 제1심에서의 증언 당시는 만 6세 11개월)은 범행현장에서 살아남아 범인을 직접 목격한 유일한 사람이므로 M의 진술은 사실인정에 결정적으로 중요하였다. M은 수사단계에서부터 지속적으로 D를 범인으로 지목하는 내용의 진술을 하였지만 법정증언에서 정황증거에 해당하는 사항에 대하여 는 상당한 정도로 기억을 상실('모른다'는 진술)하고 있었다. 사건발생 후 M이 행한 진술로서 중요한 것은 ㉮ 제3회 공판기일에 M이 행한 법정증언(이하 '법정증언'으로 약칭함), ㉯ 검사 및 사법경찰관 사무취급이 작성한 F(M의 친부)에 대한 각 참고인진술조서 중 M의 진술기재 부분의 두 가지였다. ㉰ M의 진술을 기재한 수사보고서 중 일부는 M의 서명이 없어 증거로 사용되지 못하였다.[1] 제1심과 항소심은 D에게 유죄를 선고하였다. 피고인측 은 M의 '증언능력' 결여를 이유로 "㉮ (범인과 피고인이 동일하다는 M의 법정증언)를 증거로 삼을 수 없다"고 주장하며 상고하였다.

I 아동증인 (사건 당시는 만 4세 6개월 남짓, 제1심 증언 당시는 만 6세 11개월의 아동)에게 증언능력이 있는가?

R 상고기각. 증인의 증언능력은 증인 자신이 과거에 경험한 사실을 그 기억에 따라 공술(供述=진술)할 수 있는 정신적인 능력이므로, 유아의 증언능력에 관해서도 그 유무는 단지 공술자의 연령 만에 의할 것이 아니라 그의 **지적수준에 따라 개별적이고 구체**

---

1) 아동에게 진술조서에 서명날인을 요구하고 법정에서 성립의 진정을 인정하게 하는 태도(현재의 법실무)가 과연 타당할지 의문이다.

적으로 결정되어야 함은 물론 공술의 태도 및 내용 등을 구체적으로 검토하고, 경험한 과거의 사실이 공술자의 이해력, 판단력 등에 의하여 변식될 수 있는 범위 내에 속하는가의 여부도 충분히 고려하여 판단하여야 할 것이다(대법원 1991. 5. 10. 선고 91도579 판결 참조).

A 기록에 나타난 자료들을 면밀히 검토하여 보면 원심이 위와 같은 입장에서 이 사건 당시는 만 4세 6개월 남짓, 제1심에서의 증언 당시는 만 6세 11개월 남짓 된 피해자인 M의 증언능력을 인정한 조치는 정당하[다].

C

1 증인적격과 증언능력

연소자와 유아도 각종의 형사사건의 피해자 또는 목격자가 될 수 있다. 이럴 경우 연소자와 유아가 형사절차상 유력한 참고인(수사절차에서) 또는 증인(공판절차에서)으로 등장하게 된다. 이럴 경우 피고인 측은 흔히 '연소자와 유아의 증언능력' 혹은 '연소자와 유아의 공술(供述,진술)의 증거능력과 그 신빙성'을 탄핵한다.

'법률상 증인으로 될 수 있는 자격'을 증인적격이라 한다. '법률상 증인적격은 부인할 수 없지만 특정 증인이 특정사건에서 증언을 할 수 있는 실질적인 능력'을 증언능력이라 칭할 수 있다. 증언능력이 없는 것을 '증인적격이 없는 것'으로 이론구성할 수도 있다. 그러나 대륙법계 국가의 소송법이론체계에서는 증인적격과 증언능력을 구별하고 있다. 양자를 구별하는 입장에서는, '증인적격은 법률의 규정 등에 의하여 추상적으로 정해지는 것'이고 '증언능력은 어떤 구체적 사건에서 또 어떤 특정시점에서 증인 개개인에 대하여 개별적으로 판단하여야 할 개별적이고 구

체적인 이슈'로 보게 된다.

2 M의 법정진술

M은 사건 당시로부터 2년 4개월 남짓 지난 제1심 법원 제3회 공판기일(1999. 1. 12)에서 다음과 같이 진술하였다.

(1) 검사의 신문에 대하여

① (옛날 '1996. 8.경에 M과 엄마를 때리고 불을 지른 사람이 누구인가?'라고 묻자) 애기아저씨이다.

② ('전에 할머니, 엄마와 함께 그 애기아저씨 집에 두 번 놀러갔는데 그때 애기가 있어서 애기랑 놀았는가?'라고 묻자) 놀았다.

③ ('애기아저씨가 낮에 놀러온 적도 있는가?'라고 묻자) 모르겠다.

④ ('애기아저씨의 얼굴을 잘 아는가?'라고 묻자) 잘 안다.

⑤ ('애기아저씨 이마에 점이 하나 있는가?'라고 묻자) 있다.

⑥ ('애기아저씨가 엄마와 M을 때리고 불을 질렀는가?'라고 묻자) 때렸다.

(중략)

('애기아저씨의 얼굴을 보면 지금 알 수 있는가?'라고 묻자) 안다.

(이때 퇴정하였던 D를 법정에 출정시킨 후 D를 가리키며 'D가 애기아저씨인가?'라고 묻자) D가 들어오자 무섭다면서 탁자 밑으로 몸을 숨기고 대답을 안 하는 등으로 진술을 하거나 진술태도를 보였다.

3 제1심 판결

제1심은 "유아(幼兒)의 증언능력의 유무는 진술자의 연령 만에 의할 것이 아니라 그의 지적 수준 등에 따라 법원이 개별적이고 구체적으로 판단하여야 할 것"이라며 만 3년 6월 된 여아의 증언능력을 인정한 대법원 1991. 5. 10. 선고 91도579 판결을 인용하고 "1992. 1. 31.생으로서 이 사건 당시에는 만 4세 6개월 남짓, 법정에서의 증언 당시에는 만 6세 11개월 남짓 된 여자아이인데 이 사건 이전에 이미 어린이집과 유치원에 다니고 학습지도 구독하고 개인방문 학습지도도 받는 등의 지적 수준을 가지고 있었고", 당해 아동이 경험한 사건은 "누군가가 자신의 어머니의

목을 조르고 머리를 벽 등에 찧는 방법으로 살해하고 자신도 같은 방법으로 살해하려 하였다"는 것으로서, "그 사실 자체는 비교적 단순하여 증인 연령 정도의 아이라고 하더라도 이를 알고 그 내용을 표현할 수 있는 범위 내의 것"이며, 또한 "제1심법원 제3회 공판기일(1999. 1. 12)에서 위 2처럼 행한 법정증언 요지에서 보는 바와 같이 M이 '사건의 핵심적 사항에 관한 질문의 취지'를 대체로 이해하고 이에 대하여 간단히 긍정 또는 부정하는 식으로 답변하고 있음"을 볼 때, "그 증언의 신빙성 및 증명력 여부와는 별도로, 자신이 과거에 경험한 사실을 그 기억에 따라 진술할 수 있는 증언능력이 있다"고 판정하였으며 항소심과 대법원에서도 제1심의 입장을 유지하였다.

4 해외의 입법추세

20세기 초에 이르기까지 영어권 국가들에서는 아동의 증언능력을 연령으로 제한하여 왔었다. 그러나 1970년대 이후에는 그런 연령상의 제한과 같은 획일적인 제한이 폐지되고 구체적 사안마다 아동의 증언능력을 개별적으로 심사하여 가급적 아동의 증언을 청취하려는 흐름으로 변해가는 추세에 있다.

5 대법원 판례의 경향

첫째, 대법원은 증언능력을 '증인 자신이 과거에 경험한 사실을 그 기억에 따라 진술할 수 있는 정신적인 능력'으로 정의하면서 연소자와 유아의 증언능력을 좀처럼 부정하지 않으려는 태도를 보이고 있다.

둘째, 대법원은 연소자와 유아의 증언능력을 긍정할 때 혹시 생길지 모르는 '부정의(不正義)'는 연소자와 유아의 '증언의 신빙성을 부인하는 방법'으로 시정하려는 태도를 보이고 있다.

증인의 증언능력을 "증인 자신이 과거에 경험한 사실을 그 기억에 따라 진술할 수 있는 정신적인 능력"으로 정의하고, 유아의 증언능력을 연령 등에 따라 획일적인 기준으로 판정하지 않고 그 유무를 아동의 "지적수준에 따라 개별적이고 구체적으로 결정"하려는 태도는 과학적 근거가 있고 외국의 입법추세와도 부합하는 태도이다.

8.5   고의(범의)와 공모사실의 엄격한 증명 방법

대법원 2002. 3. 12. 선고 2001도2064 판결; 대법원 2003. 12. 12. 선고 2001도606 판결

F 【2002년 사안】 D는 도지사로서, '1998. 2. 하순경부터 정부에서 금융시장의 구조개선을 위하여 재무구조의 개선이 어렵다고 판단되는 금융기관에 대하여 퇴출조치를 취할 대상을 선정하는 작업을 진행 중에 있었으며, 대상 중의 하나인 A은행장 O의 부탁을 받고, 같은 해 5.28.경 A은행 지점 주차장 등에서 A은행의 퇴출을 막기 위하여 금융감독위원회 소속 공무원 등 관련 공무원을 알선하는 데 필요한 활동비로 교부하는 1억 원을 수령'하여 '공무원의 직무에 속한 사항의 알선에 관하여 금품을 수수'한 혐의(특정범죄가중처벌 등에 관한 법률위반(알선수재)로 기소되었다. D는 법정에서 '금품 등을 수수'한 사실을 인정하면서도 범의(犯意)를 부인하였다. 알선수재의 범의에 관하여 D는 검찰에서 자백하는 진술을 한 바 있으며, 위 진술에 뚜렷하게 신빙성을 의심할 만한 사정이 없고, 이 사건 금품을 제공한 A은행에게는 당시 퇴출을 막아야 한다는 뚜렷한 현안이 있었다. 위 현안은 D가 부총리 겸 재정경제원장관으로 재직하던 때에 이루어진 1998. 2. 26.자 처분과 밀접한 관련이 있으며, 위 현안과 관련하여 중요한 시점에서 D가 관련 공무원과 전화 또는 면담하고 특히 면담 전후에 걸쳐 O와 통화까지 하였으며, D의 처에 대하여도 이 사건과 같은 내용의 청탁과 금품 교부가 이루어졌고, D는 A은행의 위 현안이 무위로 돌아간 직후에 이 사건 금품을 반환하였다. 항소심은 '범의가 없다'는 이유로 무죄를 선고하였다. 검사가 상고하였다.

【2003년 사안】 D2는 "H증권주식회사대표이사로서, 같은 회사 상무이사 D3과 공모하여, 보유 중인 H전자의 주식 시세를 올리기로 마음먹고, 1998. 5. 26.부터 같은 해 11. 12.까지 사이에 주식을 매매하는 과정에서, 유가증권 시장에서의 매매거래를 유인할 목적으로 종가결정을 위한 동시호가 시간대에 53회에 걸쳐 합계 1,425,680주의 고가 매수주문을 내어 종가를 고가에 형성시키고, 1,023회에 걸쳐 합계 3,472,180주에 대하여 직전 체결가 및 상대호가 대비 고가매수주문을 내어 장중시세를 인위적으로 상승시키는 시세변동 거래행위를 하고, 567회에 걸쳐 합계 2,103,290주에 대하여 장중접속매매시 매매체결가능성이 없는 허위의 대량매수주문을 내어 매수세가 성황을 이루고 있는 듯이 보이게 하고, 60회에 걸쳐 합계 302,070주에 대하여 시초가 형성을 위한 동시호가 시 호가잔량만 공개되는 점을 이용하여 매매체결가능성이 없는 낮은 가격에 대량의 허위 매수주문을 내 매수세가 성황을 이루고 있는 듯이 보이게 하여, 유가증권의 매매거래가 성황을 이루고 있는 듯이 잘못 알게 한 증권거래법위반 혐의로 기소되었다. D2는 그 실행행위에 직접 관여한 사실을 인정하면서도 공모의 점과 함께 범의를 부인하였다. D의 공모사실을 직접 증명하는 직접증거는 없다. 제1심과 항소심은 유죄를 선고하였다. D2가 상고하였다.

I 엄격한 증명의 대상으로서의 고의(범의)와 공모사실의 입증방법

R 【2002년 사안】 파기환송. 알선수재죄는 '공무원의 직무에 속한 사항을 알선한다는 명목'으로 '금품 등을 수수'함으로써 성립하고 '공무원의 직무에 속한 사항을 알선한다는 명목'으로 수수하였다는 ⓐ 범의는 범죄사실을 구성하는 것으로서 이를 인정하기 위해서는 엄격한 증명이 요구되지만, ⓑ 피고인이 '금품 등을 수수'한 사실을 인정하면서도 범의를 부인하는 경우에는, 이러한 주관적 요소로 되는 사실은 사물의 성질상 범의와 상당한 관련성이 있는 간접 사실을 증명하는 방법에 의하여 이를 입증할 수밖에 없고, ⓒ 무엇이 상당한 관련성이 있는 간접 사실에 해당할 것인가는 정상적인 경험칙에 바탕을 두고 치밀한 관찰력이나 분석력에 의하여 사실의 연결 상태를

합리적으로 판단하는 방법에 의하여야 한다(대법원 2000. 7. 7. 선고 2000도1899 판결 참조).

【2003년 사안】 상고기각. ⓓ 공모공동정범에 있어서 공모나 모의는 범죄사실을 구성하는 것으로서 이를 인정하려면 엄격한 증명이 요구되지만, ⓔ 피고인이 그 실행행위에 직접 관여한 사실을 인정하면서도 공모의 점과 함께 범의를 부인하는 경우에는, 이러한 주관적 요소로 되는 사실은 사물의 성질상 범의와 상당한 관련성이 있는 간접사실을 증명하는 방법에 의하여 이를 입증할 수밖에 없고, ⓕ 무엇이 상당한 관련성이 있는 간접사실에 해당할 것인가는 정상적인 경험칙에 바탕을 두고 치밀한 관찰력이나 분석력에 의하여 사실의 연결 상태를 합리적으로 판단하는 방법에 의하여야 한다(대법원 1998. 11. 24. 선고 98도2654 판결; 대법원 2000. 3. 14. 선고 99도4923 판결; 대법원 2000. 7. 7. 선고 2000도1899 판결; 대법원 2002. 7. 26. 선고 2001도4947 판결 등 참조).

A 【2002년 사안】 이 사건 범의를 입증하기 위하여 검사가 제출한 증거들을 살펴보면, 원심이 범의를 인정할 증거가 없다는 이유로 피고인에게 무죄를 선고한 데에는 채증법칙을 위반하거나 검찰 피의자신문조서의 증명력 내지 알선수재죄의 범의의 입증 방법에 관한 법리를 오해하여 판결 결과에 영향을 미친 위법이 있다고 보지 않을 수 없다.

【2003년 사안】 원심이 그 거시 증거를 종합하여, D2가 원심공동피고인 D3에게 'H전자의 주가를 높여 가면서 매수하라'고 지시한 사실을 인정하고, 위 두 사람을 공범으로 판단한 조치는 정당하고, 거기에 공모공동정범에 관한 법리오해로 인한 법령위반의 잘못이 없다.

C

① 엄격한 증명에서 주관적 요소의 입증방법

2003년 판결은 간접적·우회적으로 고의(범의)가 엄격한 증명의 대상임을 시사하고 있으나 2002년 판결은 고의(범의)가 엄격한 증명의 대상이라고 직접적으로 판시하고 있어 주목된다. 또 하나 주목할 사항은 '범의와 같은 주관적 요소는 직접증거에 의하여 인정하기 어려우므로 범의와 상당한 관련성이 있는 간접사실을 증명하는 방법, 즉 간접증거만으로도 증명이 가능하다'는 판시 부분이다.

② 엄격한 증명의 대상

형벌권의 존부와 그 범위에 관한 사실은 모두 엄격한 증명의 대상이다. ① 공소범죄사실(공소장기재 공소사실)이 엄격한 증명의 대상임에 대하여는 이론이 있을 수 없다. ② 위법성과 책임을 기초지우는 사실(위법성조각사유와 책임조각사유의 부존재도 마찬가지), 누범 전과(前科)사실 같은 형의 필요적 가중사유의 존재, 심신미약, 심신상실과 같은 형의 필요적 감면사유의 부존재, ③ 처벌조건인 사실의 존재, 경합범가중의 사유가 되는 사실들은 모두 엄격한 증명의 대상이다(통설·판례). ④ 몰수와 추징사유가 되는 사실도 형벌권의 존부와 그 범위에 관련되는 사실이므로 엄격한 증명의 대상으로 보아야 한다(다수설, 그러나 판례는 자유로운 증명으로 족하다고 한다). 위의 사실 자체뿐만 아니라 ⑤ 그 사실의 간접사실도 마찬가지(예를 들어 위드마크식 계산법의 전제사실)이다. ⑥ 상식이 아닌 특수한 경험법칙, ⑦ 외국의 법규도 처벌의 전제가 될 경우에는 엄격한 증명의 대상이다(대법원 2008. 7. 24. 선고 2008도4085 판결).

③ 증거조사의 방식

290조 이하에 적법한 방식을 규정하고 있다. 피고인은 신문(296조의2), 증거물은 제시(292조의2), 증거서류는 낭독 또는 내용의 고지(292조), 증인은 교호신문 방식(161조의2)으로 공판정에서 당사자가 이의신청이나 탄핵할 수 있는 기회를 주고(296조) 방청객에 공개되면서 진행되어야 한다.

8.6 위드마크 공식에 의한 역추산 방식을 이용한 혈중 알코올 농도의 산정

대법원 2005. 7. 28. 선고 2005도3904 판결[1]

F D는 2003. 12. 11. 새벽에 소주 2병 반 정도를 마시고 그랜저 승용차를 운전하던 중 경찰의 요구로 2003. 12. 11. 15:07경 음주측정기에 의하여 혈중 알코올 농도[2]를 측정한 결과 혈중 알코올 농도가 0.058%로 나왔다. 그 당시 D의 언행상태 및 보행상태는 정상이었으나 눈동자가 충혈되어 있었으며 눈 주변이 붉은 상태였다. D는 음주측정기에 의한 측정에 불복하며 혈액채취를 요구하였다. 같은 날 15:37 성심병원에서 혈액을 채취하여 혈중 알코올 농도를 측정한 결과 그 수치가 0.047%로 나왔다. D는 "2003. 12. 11. 15:05경 혈중 알코올 농도 0.051%의 주취상태에서, 춘천시 신북읍 소재 성산 두부촌 앞 노상에서 춘천시 동면 감정리 소재 동면 치안 센터 앞 노상까지 약 2km 가량 승용차를 운전"한 혐의로 기소되었다. 제1심은 "D가 음주운전 혐의로 적발된 지 약 30

---

1) 이상민, 위드마크 공식에 의한 역추산 방식을 이용한 혈중 알코올농도의 산정에 있어서 주의할 점(특히, 위드마크 공식에 의하여 산출한 혈중 알코올 농도가 법이 허용하는 혈중 알코올 농도를 근소하게 초과하는 경우), 대법원판례해설 통권 59호(2006), 593~604 참조.
2) 혈중 알코올 농도(BAC, Blood Alcohol Concentration)란 사람의 신체 내의 알코올함유량을 의미하고, 통상 % 또는 $mg/m\ell$로 표기된다. 혈중 알코올 농도란 몸에 있는 모든 알코올의 양을 몸에 있는 모든 수분의 양으로 나눈 것을 의미한다. 도로교통법 44조는 술에 취한 상태에서의 운전을 금지하고, 술에 취한 상태의 기준은 혈중 알코올 농도 0.05% 이상이다. 도로교통법시행규칙 91조 1항 별표 28에서는 혈중 알코올 농도 0.05% 이상부터 0.1% 미만은 운전면허 100일 정지, 0.1% 이상은 운전면허 취소 사유로 규정하고 있다. 도로교통법은 음주운전을 전면적으로 금지하는 것이 아니라 혈중 알코올 농도 0.05% 이상의 상태에서의 운전만을 규제하고 있고, 운전자 개개인의 운전능력과는 관계없이 혈중 알코올 농도의 수치만을 기준으로 하여 형사처벌 및 운전면허 취소, 정지를 규정하는 특징(스칸디나비아식 모델)이 있다. 특정범죄 가중처벌 등에 관한 법률은 음주 또는 약물의 영향으로 정상적인 운전이 곤란한 상태에서 자동차를 운전하여 사람을 사상에 이르게 한 자를 위험운전치사상죄로 처벌(5조의11)하고 있다.

분가량 경과 후에 채취된 혈액의 혈중 알코올 농도를 측정한 결과 0.047%가 나왔고, 위 수치에 위드마크 공식을 적용하면 D의 운전 당시의 혈중 알코올 농도가 0.051로 추정되기는 하나, 'D가 마신 술의 농도, D의 체중 등 위드마크 공식을 적용하기 위한 전제가 되는 여러 사정들을 검사'한 증거가 없으므로 D에게 일률적으로 위드마크 공식을 적용할 수 없고, 달리 D의 운전 당시 혈중 알코올 농도가 0.05%를 상회한다고 단정할 수 없다."며 무죄를 선고하였다. 검사가 항소하였다. 항소심은 "D의 운전 시점은 음주 후 상당 시간이 지난 후로서 혈중 알코올 농도의 하강시점이었음이 명백하므로, 일반적인 혈중 알코올 농도의 감소수치에 근거하여 운전시점부터 일정 시간 경과 후 혈액 또는 음주측정기로 측정한 혈중 알코올 농도 수치에 따라 운전 당시의 혈중 알코올 농도를 역추산하는 방식인 위드마크 공식의 적용이 가능한 시점"이었고, "D가 음주측정기에 의하여 최초로 혈중 알코올 농도를 측정할 당시부터 30분 후 혈액채취방법에 의해 혈중 알코올 농도를 측정할 때까지의 혈중 알코올 농도의 감소치 역시 위드마크 공식의 전제가 되는 일반적인 감소치의 범주에 속하는 0.022%((0.058-0.047)×2)로 나타났으므로, 이미 혈중 알코올 농도의 하강시점에 있던 D에게 가장 유리한 수치인 시간당 혈중 알코올 농도 감소치인 0.008%를 적용하면, D의 운전 당시 혈중 알코올 농도는 적어도 0.051%(0.047+(0.008×30/60))가 되므로 D에 대한 공소사실이 인정된다"며 유죄를 선고하였다. D가 상고하였다.

I 현재 음주운전의 기준은 혈중 알코올 농도 0.05% 이상인 상태에서 운전하는 것이다. 채혈한 후의 혈중 알코올 농도는 0.047%(음주운전 아님), 위드마크 공식을 적용하여 운전당시의 혈중 알코올 농도 추정치는 0.051%(음주운전임)이다. 이렇듯 수치가 어긋나는 경우 어떻게 판단하여야 하는가?

R 파기환송. ⓐ 음주운전수사에서 운전 직후에 운전자의 혈액이나 호흡 등 표본을 검사하여 혈중 알코올 농도를 측정할 수 있는 경우가 아니라면 소위 위드마크 공식을 사용하여 수학적 방법에 따른 계산 결과로 운전 당시의 혈중 알코올 농도를 추정할 수 있으나, ⓑ 범죄구성요건 사실의 존부를 알아내기 위해 과학 공식 등의 경험칙을 이용하는 경우에는 그 법칙 적용의 전제가 되는 개별적이고 구체적인 사실에 대하여는 엄격한 증명을 요한다. 한편 ⓒ 위드마크 공식에 의한 역추산 방식을 이용하여 특정 운전시점으로부터 일정한 시간이 지난 후에 측정한 혈중 알코올 농도를 기초로 하고 여기에 시간당 혈중 알코올의 분해소멸에 따른 감소치에 따라 계산된 운전시점 이후의 혈중 알코올분해량을 가산하여 운전시점의 혈중 알코올 농도를 추정할 때는, 피검사자의 평소 음주정도, 체질, 음주속도, 음주 후 신체활동의 정도 등의 다양한 요소들이 시간당 혈중 알코올의 감소치에 영향을 미칠 수 있다. ⓓ 형사재판에서 유죄의 인정은 법관으로 하여금 합리적인 의심을 할 여지가 없을 정도로 공소사실이 진실한 것이라는 확신을 가지게 할 수 있는 증명이 필요하므로, 위 영향요소들을 적용할 때 피고인은 평균인이라고 쉽게 단정하여 평균적인 감소치를 적용하여서는 안되고, 필요하다면 전문적인 학식이나 경험이 있는 자의 도움을 받아 객관적이고 합리적으로 혈중 알코올 농도에 영향을 줄 수 있는 요소들을 확정하여야 한다(대법원 2000. 10. 24. 선고 2000도3307 판결; 대법원 2000. 11. 10. 선고 99도5541 판결 등 참조).[3] ⓔ 위드마크 공식에 의하여 산출한 혈중 알코올 농도가 법이 허용하는 혈중 알코올 농도를 상당히 초과하는 것이 아니고 근소하게 초과하는 정도에 불과한 경우라면 위 공식에 의하여 산출된 수치에 따라 범죄의 구성요건 사실을 인정함에 있어서 더

---

3) '위드마크 공식'은 결함이 많은 공식이므로 그 산출결과에 절대적 증명력을 인정할 수는 없다. 그러므로 위드마크 공식을 적용하여 산출된 혈중 알코올 농도가 처벌기준치인 0.05%를 훨씬 초과하는 경우에는 유죄의 증거로 사용할 수 있지만 단지 약간 상회하는 경우에는 운전시점의 혈중 알코올 농도가 최고치를 향하여 상승하는 시점인지 최고치를 지나 하강하는 시점인지 확인할 필요가 있다.

욱 신중하게 판단하여야 한다(대법원 2001. 7. 13. 선고 2001도1929 판결 참조).

A 일반적으로 확인된 시간당 혈중 알코올 농도 감소치의 최소한이 원심이 인정한 바와 같이 0.008%라고 할 때, 이 수치는 곧 D에게 가장 유리한 수치가 된다. 이와 같이 D에게 가장 유리한 감소치를 적용하여 위드마크 공식에 따라 D의 음주운전 적발시점인 15:05경의 혈중 알코올 농도를 계산하더라도 0.051%가 되어 도로교통법상 처벌기준인 0.05%를 넘는 결과가 됨은 원심의 판단과 같다. 그러나 그 초과 정도가 0.001%에 불과하고, 혈중 알코올 농도의 시간당 감소치를 0.008%로 볼 때, 이는 약 7분 30초간의 감소치에 불과한바, 수사기관에서 사건발생시각을 특정할 때 그 이상의 정확성을 기하기는 어렵다는 점에서 대략 10분 단위로 끊어서 특정하고 있는 점을 감안하면(이 사건의 경우는 주취운전자 적발보고서상 주취운전측정 일시가 1분단위로 기재되어 있지만 사정은 마찬가지이다), 이와 같은 사건발생시각을 특정하는 과정에서 발생하는 오차가능성과 위에서 살펴본 바와 같이 개인의 특성과 그 밖의 다양한 요소가 시간당 혈중 알코올의 감소치에 영향을 미칠 수 있어 위드마크 공식에 의한 역추산 방식에도 상당 정도의 불확실성이 내재할 수밖에 없는 점 등을 종합적으로 고려할 때 D의 운전 당시 혈중 알코올 농도가 처벌기준치를 초과하였으리라고 단정할 수는 없다. 그런데도 원심이 D의 운전 당시 혈중 알코올 농도가 0.05%를 상회한다고 판단한 것은 심리를 다하지 아니하여 사실을 오인하였거나 도로교통법 41조 소정의 술에 취한 상태에 관한 법리를 오해함으로써 판결 결과에 영향을 미친 위법이 있다.

C

① 위드마크 공식에 관한 기본적인 정보

2010년대의 고도로 발전된 현대사회의 입장에서 볼 때 위드마크 공식은 대단히 많은 결함이 있는 공식이다.

(1) 사람이 술을 마신 경우 소화기관이 알코올을 흡수하면서 일정기간 동안 혈중 알코올 농도가 상승하다가 간의 분해작용이 이를 상쇄해 나가면서 혈중 알코올 농도는 감소한다. 섭취한 알코올의 양과 혈중 알코올 농도의 상관관계에 관하여 1930년대 스웨덴의 위드마크에 의하여 제안된 위드마크 공식은 'C=a/(p×R)'로 표시된다. 여기서 C는 혈중 알코올 농도, a는 섭취한 알코올의 양, p는 체중, R은 '위드마크 인수(factor)'이다. 사람 몸이 알코올을 흡수하는 혈액만으로 이루어져 있는 것이 아니고 그렇지 않은 고형물질이나 체지방으로도 이루어져 있기 때문에 R은 이러한 요소를 고려한 계수이다. 위드마크의 1932년 연구결과에 의하면 R의 값이 남자의 경우 0.52부터 0.86까지 분포되어 그 평균치가 0.68이고 여자의 경우 0.47부터 0.64까지 분포되어 그 평균치가 0.55이다.

(2) 이 공식에 시간 개념을 도입하여 음주 후 일정 시간이 지난 뒤의 혈중 알코올 농도를 산출할 경우 'Ct=a/(p×R) – Bt'라는 등식이 성립한다. 여기서 B는 '시간당 알코올 분해량', t는 '음주 후 경과된 시간'이다. B의 값 또한 개인에 따라 시간당 '0.008%부터 0.030%'까지 분포되어 있고 그 평균치는 0.015%이다.

(3) 이 공식의 전제조건 : 이 공식의 전제조건은 피실험자가 다른 음식물과 함께 술을 마시는 것이 아니라 오직 술만을 마시되 그것도 시간 간격을 두지 않고 일시에 마시는 것으로 되어 있어 이는 일반적으로 평균인이 술을 마시는 습관과 상이하고, 실제로 술을 마시는 속도나 음주 전 혹은 음주와 함께 섭취한 음식물의 종류와 양은 소화기관이 알코올을 흡수하는 데 상당한 영향을 미치고, 또한 술의 종류, 음주자의 신체적 조건, 평소 술을 마시는 빈도와 양 등도 혈중 알코올 농도를 결정하는 중요한 요소가 된다. 그러나 이 공식은 이러한 개인적 특성과 구체적 상황의 차이를 고려하지 않은 채 단지 일정 수의 성인남녀를 대상으로 실시한 실험결과를 통계적으로 분석하여 그 수치를 단순화한 자료에 불과할 뿐 아니라, 동일한 조건에서 시행한 위 실험결과에 의하더라도 개인에 따라 이 공식에서 R의 값은 50% 이상, B의 값은 4배 가까이 차이가 난다. 그러므로 이하에서는 이 공식을 적용할 때 주의하여야 할 점을 열거한다.

2 이 공식을 적용할 때 주의하여야 할 점

(1) 음주 후 최고치의 혈중 알코올 농도에 도달하는 시간은 개인별로 편차가 있어 빠른 경우에는 30분에서 길게는 6시간이나 걸리는 경우가 있으나, 평균적으로 남자의 경우 57분이다. 마신 술의 알코올 농도에 따라 체내 흡수속도에 차이가 있고, 술과 함께 섭취한 음식량에 따라서도 차이가 있어 통상 공복의 경우에는 30분, 적은 식사의 경우에는 60분, 보통 식사의 경우에는 90분, 많은 식사의 경우에는 120분이 걸린다.

(2) 시간당 알코올 분해량도 개인별로 편차가 있다. 평소 음주량이 많은 사람일수록 분해속도가 빠르다. '시간당 알코올 분해율'은 0.008%~0.03%의 편차를 보인다. 대법원은 '시간당 알코올 분해율'이 높을수록 운전자에게 유리할 때에는 0.03%를 적용(대법원 2001. 8. 21. 선고 2001도2823 판결; 대법원 2000. 11. 10. 선고 99도5541 판결; 대법원 2000. 10. 24. 선고 2000도3307 판결; 대법원 2001. 7. 13. 선고 2001도1929 판결)하고, 반대로 '시간당 알코올 분해율'이 낮을수록 운전자에게 유리할 때에는 '0.008%'를 적용한다.

(3) 이 공식 적용을 통해 존부가 인정되는 사실은 엄격한 증명을 요하는 것이므로 그 적용과정에 증명의 절차가 필요할 경우에는 감정을 통한 엄격한 증명이 요구된다. 이 공식을 적용하는 것 자체가 특별한 학식이나 경험이 요구되는 감정사항이라 할 수는 없지만 때때로 불확실한 요소의 개입 여지가 있어 전문적 학식이나 경험에 터잡은 선택의 여지가 있는 부분인 R(위드마크 공식 인수)이나 알코올의 체내흡수율(0.7 혹은 70%), B(시간당 알코올 분해량)에 전문가(생화학자, 법의학자)에 의한 감정이 필요할 때가 있다.

(4) 음주운전의 도로교통법위반의 공소사실이 유죄로 인정되려면 단지 0.05%를 초과한 상태라는 것만 증명되면 족하므로, 위와 같이 피고인에게 가장 유리한 수치를 적용하여 위 공식에 따라 산출된 혈중 알코올 농도가 0.05%를 상당히 초과하는 경우에는 공소사실에 대하여 감정을 필요로 하지 않는다. 다만, 이러한 경우에도 피고인이 유별난 특이체질이어서 이미 알려진 통계자료에서 제시된 폭을 넘을 수 있다는 점이 입증되면 위 증명이 탄핵될 수 있으므로 피고인

에게 그 입증의 필요가 있다.

③ 기타 주목할 만한 판례

❶ "이 공식에 따른 혈중 알코올 농도의 추정방식에는 알코올의 흡수분배로 인한 최고 혈중 알코올 농도에 관한 부분과 시간경과에 따른 분해소멸에 관한 부분이 있고, 그중 최고 혈중 알코올 농도에 있어서는 섭취한 알코올의 체내흡수율과 성, 비만도, 나이, 신장, 체중, 체질은 물론 인종, 지역, 풍습, 시대 등도 그 결과에 영향을 미칠 수 있으며 또 음주한 술의 종류, 음주속도, 음주시 위장에 있는 음식의 정도 등에 따라 그 최고치에 이르는 시간이 달라질 수 있고 (중략) 특별한 사정이 없는 한 당해 운전자인 D가 평균인과 마찬가지로 위와 같은 요소들을 갖추고 있다고 쉽게 단정할 것이 아니라 이 역시 증거에 의하여 명확히 밝혀져야 하는바, 위 모든 증명을 위하여 필요하다면 전문적인 학식이나 경험이 있는 사람들의 도움 등을 받아야 하고, 만일 그 공식의 적용에 있어 불확실한 점이 남아 있고 그것이 D에게 불이익하게 작용한다면 그 계산결과는 합리적인 의심을 품게 하지 않을 정도의 증명력이 있다고 할 수 없다"(대법원 2000. 10. 24. 선고 2000도3307 판결).

❷ "운전 당시의 혈중 알코올 농도를 산정함에 있어서 시간당 알코올 분해량으로 D에게 가장 유리한 0.03%를 적용하더라도 처벌기준치인 0.05%를 훨씬 초과한 0.11%가 되는 경우에는 음주운전의 공소사실에 대한 충분한 증명이 있다"(대법원 2000. 11. 10. 선고 99도5541 판결).

❸ "혈중 알코올 농도를 산정함에 있어서 시간당 알코올 분해량으로 원고에게 가장 유리한 0.008%를 적용하더라도 기준치인 0.05%를 초과한 0.057%가 되면 운전 당시 혈중 알코올 농도가 0.05%를 초과한 사실을 인정할 수 있다"(대법원 2000. 11. 10. 선고 2000두1577 판결).

❹ '음주 후 1시간 30분이 지나 사고가 발생한 관계로 음주운전시점이 혈중 알코올 농도의 상승시점인지 하강시점인지 확정할 수 없는 상황'에서 "D에게 가장 유리한 시간당 알코올 분해량 0.008%를 적용한 혈중 알코올 농도 0.054%는 처벌기준치를 약간 초과"하여 "음주운전의 공소사실에 대한 충분한 증명이 없다"(사고발생한 지 1시간 8분 만에 음주측정이 이루어진 사안)(대법원 2001. 7. 13. 선고 2001도1929 판결).

❺ "혈중 알코올 농도를 산정함에 있어서 시간당 0.008%라는 감소치는 D에게 가장 유리한 수치이므로 특별한 사정이 없는 한, 이 수치를 적용하여 산출된 0.0636%라는 결과는 증명력이 충분하고, 그 이하의 시간당 감소치를 적용하기 위해서는 이를 정당화할 만한 특별한 사정에 대한 입증이 있어야 한다"(대법원 2001. 8. 21. 선고 2001도2823 판결).[4]

---

[4] 원심판결에 의하면, D는 사건 당일 운전하기 1시간 50분 전인 01:30까지 술자리에 있었다. 이 사안은 대법원 2001. 7. 13. 선고 2001도1929 판결의 경우와는 달리 음주운전시점이 혈중 알코올 농도의 상승시점인지 하강시점인지 여부에 대하여는 언급이 없었다.

8.7 자유로운 증명의 대상

대법원 2006. 4. 7. 선고 2005도9858 전원합의체 판결; 대법원 1987. 9. 22. 선고 87도929 판결; 대법원 1961. 10. 26. 선고 4294형상590 판결

R **【1987년 사안】** 피고인이 공판정에서 그 진정 성립을 인정한 검사작성의 피고인에 대한 피의자신문조서라도 그 조서에 기재된 피고인의 진술이 임의로 되지 아니한 것이라거나 특히 신빙할 수 없는 상태에서 된 것이라고 의심할 만한 사유가 있으면 증거능력이 없고, 그 임의성 유무가 다투어지는 경우에 법원은 구체적인 사건에 따라 증거조사의 방법이나 증거능력의 제한을 받지 않고 당해 조서의 형식과 내용, 진술자의 학력, 경력, 지능정도 등 모든 사정을 참작하여 자유로운 심증으로 그 임의성 유무를 판정하면 된다(대법원 1983. 3. 8. 선고 83도3248 판결; 대법원 1986. 9. 23. 선고 86도1429 판결; 대법원 1986. 11. 25. 선고 83도1718 판결 등 참조).

【2006년 판결】 몰수대상이 되는지 여부나 추징액의 인정 등 몰수·추징의 사유는 범죄구성요건 사실에 관한 것이 아니어서 엄격한 증명은 필요 없지만 역시 증거에 의하여 인정되어야 할 것임은 당연하다.

【1961년 판결】 피고인의 범행 당시의 정신상태가 심신상실이었느냐 또는 심신미약이었느냐의 문제는 엄격히 말하여 법률적 판단이지 323조 1항에서 말하는 사실은 아니기 때문에 증거에 의한 엄격한 증명이 필요 없다.[1]

C

① 자백의 임의성 인정의 기초사실

대법원은 이를 자유로운 증명의 대상으로 본다(대법원 1984. 3. 13. 선고 82도3228 판결; 대법원 1987. 9. 22. 선고 87도929 판결). 예를 들어 수사단계에서 작성된

---

1) 대법원 1961. 10. 26. 선고 4294형상590 판결, 법원행정처 재판자료 제22집 형사증거법(상), 93면에서 재인용.

조서가 증거로 제출되었을 때 "법원은 구체적인 사건에 따라 증거조사의 방법이나 증거능력의 제한을 받지 않고 당해 조서의 형식과 내용, 진술자의 학력, 경력, 지능정도 등 모든 사정을 참작하여 자유로운 심증으로 그 임의성 유무를 판정하면 된다."고 한다. 수소법원이 '증거조사의 방법이나 증거능력의 제한을 받지 않고 (중략) 모든 사정을 참작하여 자유로운 심증으로 그 임의성 유무를 판정'하게 하는 증명이 자유로운 증명이다. 1987년 판결에서 대법원은 "피고인이 1986. 3. 11. 점심 때 쯤 대전시에 있는 피고인의 집 부근에서 수사요원 4명에 의하여 보안사령부 대전분실에 연행되어 수사가 시작된 이래 같은 해 4. 14. 구속영장에 의하여 구속되기까지 1달 3일 동안 외부와는 일체 연락이 끊긴 채 장기간의 불법구금상태에서 조사를 받았으며 그 조사과정에서 수사요원들이 피고인에 대하여 잠을 안 재우기도 하고 주먹질을 하고 뺨을 때리며 몽둥이로 때리기도 하였으며 (중략) 위와 같은 피고인이 검거된 경위와 장기간의 불법구금상태, 사법경찰관의 조사과정에서 폭행 등 가혹행위가 있었던 점 등을 종합하여 보면 피고인의 사법경찰관 앞에서의 진술은 임의성이 없는 심리상태에서 이루어진 것이라고 의심할 사정이 엿보인다."고 판시하여 비록 검사로부터 신문을 받을 때에는 가혹행위가 없었지만 사법경찰관에게 조사를 받은 과정 등까지 종합하여 검사 앞에서 행한 자백의 임의성을 부정하였다.

② 몰수와 추징의 사유

형벌권의 존부와 그 범위에 관한 사실은 모두 엄격한 증명의 대상이다. 몰수와 추징사유가 되는 사실도 형벌권의 존부와 그 범위에 관련되는 사실이므로 엄격한 증명의 대상으로 보아야 한다는 것이 다수설이다. 그러나 몰수·추징의 사유는 범죄구성요건 사실에 관한 것이 아니어서 자유로운 증명으로 가능하다

는 것이 대법원의 일관된 입장이다(대법원 2006. 4. 7. 선고 2005도9858 전원합의체 판결; 대법원 2007. 3. 15. 선고 2006도9314 판결; 대법원 1993. 6. 22. 선고 91도3346 판결 등 참조).

③ 절차적인 사실과 양형의 기초가 되는 사실(정상관계 사실)

소송법적 사실에 관하여 증명이 필요할 때에는 자유로운 증명으로 족하다. 예를 들어 312조 4항의 '특히 신빙할 수 있는 상태'(대법원 2012. 7. 26. 선고 2012도2937 판결), 친고죄에서 고소의 유무와 같은 소송조건에 관한 사실은 수사기록에 첨부된 고소장으로도 증명이 가능하다(대법원 1999. 2. 9. 선고 98도2074 판결). 그러나 자유로운 증명이 아무 증거도 없이 사실을 인정할 수 있는 증명은 아니다. 특히 적어도 재판의 전제가 되는 사실의 기초가 되는 증거는 소송기록 중의 증거목록 부분에 기재되어 상대방의 탄핵가능성이 제공되도록 배려되어야 한다. 또 양형을 판단하는 자료가 되는 사실은 극히 다양하기 때문에 자유로운 증명의 대상으로 삼는 것이 합리적일 수 있다. 경력·성격·일반 전과 등이 그 예이다. 양형을 판단하는 자료가 되는 사실에는 지극히 개인적인 사실도 포함될 수 있다. 지극히 개인적인 사실은 자유로운 증명의 대상으로 삼아야 일반방청객에게 폭로되지 않아 피고인의 명예보존에 유익한 측면이 있다.

④ 심신상실·심신미약의 인정 사유

이 사유도 법률상 형의 가중·감면 사유에 해당하므로 엄격한 증명의 대상으로 보는 것이 다수설이다. 그러나 대법원은 "심신상실이었느냐 또는 심신미약이었느냐의 문제는 엄격히 말하여 법률적 판단이지 323조 1항에서 말하는 사실은 아니기 때문에 증거에 의한 엄격한 증명이 필요 없다."고 판시한 바 있다. "형법 10조에 규정된 심신장애의 유무 및 정도의 판단은 법률적 판단으로서 반드시 전문감정인의 의견에 기속되어야 하는 것은 아니고, 정신질환의 종류와 정도, 범행의 동기, 경위, 수단과 태양, 범행 전후의 피고인의 행동, 반성의 정도 등 여러 사정을 종합하여 법원이 독자적으로 판단할 수 있다(대법원 2007. 11. 29. 선고 2007도8333·2007감도22 판결; 대법원 1999. 8. 24.

선고 99도1194 판결; 대법원 2007. 7. 12. 선고 2007도3391 판결 등 참조)"는 취지의 판시도 같은 맥락의 발상으로 보인다. 그러나 심신상실·심신미약 인정의 기초되는 사실은 범죄의 성립에 필요한 책임능력에 관한 것이므로 형의 가중사유가 아니더라도 엄격한 증명의 대상이 된다고 보아야 할 것이다.

⑤ 반의사불벌죄에서 처벌불원의 의사표시 또는 그 철회(대법원 2010. 10. 14. 선고 2010도5610 판결)[2]는 형벌권의 존부와 그 범위에 관한 사실이 아니므로 자유로운 증명의 대상이다.

---

[2] "이 사건 각 수사보고서는 검사가 참고인인 피해자 V, V2와의 전화통화 내용을 기재한 서류로서 313조 1항 본문에 정한 '피고인 아닌 자의 진술을 기재한 서류'인 전문증거에 해당하나, 그 진술자의 서명 또는 날인이 없을 뿐만 아니라 공판준비기일이나 공판기일에서 진술자의 진술에 의해 성립의 진정함이 증명되지도 않았으므로 증거능력이 없다(대법원 1999. 2. 26. 선고 98도2742 판결; 대법원 2007. 9. 20. 선고 2007도4105 판결 등 참조). 그러나 반의사불벌죄에서 '피고인 또는 피의자의 처벌을 희망하지 않는다'는 의사표시 또는 처벌희망 의사표시 철회의 유무나 그 효력 여부에 관한 사실은 엄격한 증명의 대상이 아니라 **증거능력이 없는 증거나 법률이 규정한 증거조사방법을 거치지 아니한 증거에 의한 증명, 이른바 자유로운 증명의 대상**이다(대법원 1999. 2. 9. 선고 98도2074 판결; 대법원 1999. 5. 14. 선고 99도947 판결 등 참조). 원심이 증거능력이 없는 이 사건 각 수사보고서를 피해자들의 처벌희망 의사표시 철회의 효력 여부를 판단하는 증거로 사용한 것 자체는 위와 같은 법리에 따른 것으로서 정당하[다.]"

8.8 명예훼손죄의 위법성조각사유의 거증책임과 증명방법

대법원 1996. 10. 25. 선고 95도1473 판결

F D는 강변, 강서아파트 재건축조합 조합장이다. D는 강변아파트 전 자치회장인 V와 아파트 재건축추진 문제로 다툼이 있자 대의원회를 개최하여 'V의 방해행위로 인하여 아파트지역이 소란스럽게 되고 관할구청에 대하여도 조합인가와 관련하여 조합원간에 내분이 있는 것처럼 보여질 위험이 있다'고 판단하여 '이를 주민들에게 사실대로 홍보하여 재건축사업에 적극협조를 구할 필요가 있다'고 결의하고 조합장 명의로 유인물을 배포하였다. 유인물에서 D는 V에 대하여 '강탈', '도용', '악의에 찬 행패', '협박과 공포조성에 혈안이다' 등 다소 감정적이고 과격한 표현방법을 사용하였다. V가 D를 고소하여 검사는 위 유인물 제작배포에 V를 '비방할 목적'이 있다고 보아 D를 출판물에 의한 명예훼손죄 혐의로 기소하였다. 공판절차에서 D는 강변, 강서아파트 규약, V 작성의 서신, 대의원회의록을 증거로 제시하였다. 이에 대하여 검사는 증거로 함에 동의하지 않았고 원진술자에 의한 진정성립의 인정도 없었다. 항소심은 "형법 310조의 위법성조각사유에 관한 입증에는 형소법 310조의2가 적용되지 않는다"고 하면서 위 증거를 인정하였고 "피고인의 위 행위가 형법 310조의 오로지 공공의 이익에 관한 때에 해당한다"고 판단하여 "피고인의 행위는 형법 310조에 의하여 위법성이 조각된다"고 판시하였다. 검사는 "형법 310조의 '사실의 진실성과 공익성'의 거증책임은 피고인에게 있고, 그 증명은 엄격한 증명에 의하여야 하며 따라서 이때에도 형소법 310조의2 소정의 전문법칙이 적용되어야 하며 피고인에게는 V를 비방할 목적이 인정되므로 형법 310조가 적용될 수 없다"고 주장하며 상고하였다. 강변, 강서아파트규약은 그 내용이 '진술을 기재한 것'이 아니고, 대의원회의록은 그 입증취지가, '그 기재와 같은 내용의 결의가 있었다'는 데 있는 것이고, V 작성의 서신은 그 입증취지가, 'V가 그와 같은 서신들을 작성하여 보냈다'는 데 있다.

I 명예훼손죄의 위법성조각사유에 대한 거증책임은 누구에게 있는가?

R 상고기각. 공연히 사실을 적시하여 사람의 명예를 훼손한 행위가 형법 310조의 규정에 따라서 위법성이 조각되어 처벌대상이 되지 않기 위하여는 그것이 ㉮ 진실한 사실로서 오로지 공공의 이익에 관한 때에 해당된다는 점을 행위자가 증명하여야 하는 것[1]이나, ㉯ 그 증명은 유죄의 인정에 있어 요구되는 것과 같이 법관으로 하여금 의심할 여지가 없을 정도의 확신을 가지게 하는 증명력을 가진 엄격한 증거에 의하여야 하는 것은 아니므로, ㉰ 이때에는 전문증거에 대한 증거능력의 제한을 규정한 형사소송법 310조의2는 적용될 여지가 없다. 형법 310조에서 '오로지 공공의 이익에 관한 때'라 함은 적시된 사실이 객관적으로 볼 때 공공의 이익에 관한 것으로서 행위자도 공공의 이익을 위하여 그 사실을 적시한 것이어야 하고, 이 경우에 적시된 사실이 공공의 이익에 관한 것인지 여부는 당해 적시 사실의 구체적인 내용, 당해 사실의 공표가 이루어진 상대방의 범위, 그 표현의 방법 등 그 표현 자체에 관한 제반 사정을 감안함과 동시에 그 표현에 의하여 훼손되거나 훼손될 수 있는 명예의 침해 정도 등을 비교·고려하여 결정하여야 하며, 행위자의 주요한 목적이나 동기가 공공의 이익을 위한 것이라면 부수적으로 다른 사익적 목적이나 동기가 내포되어 있더라도 형법 310조의 적용을 배제할 수 없다.

A 이 사건에서 피고인이 위와 같은 유인물을 제작·반포하게 된 주요한 동기는 위 V의 방해행위를 조합원들에게 통지하여 조합원들의 동요를 막기 위

---

1) 이 취지는 대법원 2004. 5. 28. 선고 2004도1497 판결에서 재확인되고 있다.

한 것으로 보이므로, 이는 위 조합 또는 조합원들 모두의 이익을 위한 것으로서 '오로지 공공의 이익에 관한 때'에 해당한다.

C

1 형법 310조(사실의 진실성과 적시의 공익성이 있으면 위법성이 조각된다)가 소송법적으로 거증책임전환규정인가?

견해가 갈리고 있으나 본 판례는 긍정설의 입장을 명시(㉮)하고 있다.

2 적시된 사실의 허위성에 대한 거증책임은 검사에게 있다

그러나 적시된 사실이 '주관적·객관적으로 허위'임은 검사가 입증하여야 한다.[2] 다만 막연한 의혹을 제기하여 허위사실적시 혐의로 기소된 사안(허위사실적시명예훼손, 공직선거법상 허위사실공표 등)에서 검사가 적시사실이 객관적으로 허위임을 입증하는 것은 불가능하므로 "ⓐ 후보자의 비리 등에 관한 의혹의 제기는 비록 그것이 공직적격 여부의 검증을 위한 것이라 하더라도 무제한 허용될 수는 없고 그러한 의혹이 진실인 것으로 믿을 만한 상당한 이유가 있는 경우에 한하여 허용되어야 하며, ⓑ 이때 의혹사실의 존재를 적극적으로 주장하는 자는 그러한 사실의 존재를 수긍할 만한 소명자료를 제시할 부담을 진다. ⓒ 그러한 소명자료를 제시하지 못한다면 달리 그 의혹사실

의 존재를 인정할 증거가 없는 한 허위사실의 공표로서의 책임을 겨야 한다. ⓓ 제시된 소명자료 등에 의하여 그러한 의혹이 진실인 것으로 믿을 만한 상당한 이유가 있는 경우에는 비록 사후에 그 의혹이 진실이 아닌 것으로 밝혀지더라도 표현의 자유보장을 위하여 이를 벌할 수 없다"(대법원 2003. 2. 20. 선고 2001도6138 전원합의체 판결).

3 표현의 자유확보를 위한 '약한 의미의 자유로운 증명'의 허용

대법원도 표현의 자유확보의 중요성을 인정하여 형법 310조의 위법성조각사유의 요건사실의 입증방법은 합리적 의심의 여지가 없는 증명이 요구되는 것이 아니며, 엄격한 증명도 요구되지 않고, '약한 의미의 자유로운 증명으로 족하여 전문법칙에 관한 형소법 310조의2는 적용되지 않는다'(㉯와 ㉰)고 판시하고 있다.

4 공직선거법 250조 2항 소정의 허위사실공표죄의 법리(대법원 2011. 12. 22. 선고 2008도11847 판결)

"공직선거법 250조 2항 소정의 허위사실공표죄가 성립하기 위하여는 검사가 공표된 사실이 허위라는 점을 적극적으로 증명할 것이 필요하고, 공표한 사실이 진실이라는 증명이 없다는 것만으로는 위 죄가 성립할 수 없다. 이와 관련하여 그 증명책임의 부담을 결정함에 있어 어느 사실이 적극적으로 존재한다는 것의 증명은 물론이고 어느 사실의 부존재 사실의 증명이라도 특정 기간과 장소에서의 특정 행위의 부존재 사실에 관한 것이라면 여전히 적극적 당사자인 검사가 그를 합리적 의심의 여지가 없이 증명할 의무를 부담한다(대법원 2003. 11. 28. 선고 2003도5279 판결; 대법원 2004. 2. 26. 선고 99도5190 판결; 대법원 2006. 11. 10. 선고 2005도6375 판결 등 참조). 그리고 허위사실공표죄에 있어서 의혹을 받을 일을 한 사실이 없다고 주장하는 사람에 대하여 의혹을 받을 사실이 존재한다고 적극적으로 주장하는 자는 그러한 사실의 존재를 수긍할 만한 소명자료를 제시할 부담을 지고, 검사는 제시된 그 자료의 신빙성을 탄핵하는 방법으로 허위성의 증명을 할 수 있다."

---

2) 대법원 2010. 10. 28. 선고 2009도4949 판결 : "구 정보통신망 이용촉진 및 정보보호 등에 관한 법률(2007. 12. 21. 법률 제8778호로 개정되기 전의 것, 이하 같다) 61조 2항의 정보통신망을 통한 허위사실 적시에 의한 명예훼손죄, 형법 307조 2항의 허위사실 적시에 의한 명예훼손죄가 성립하려면 그 적시하는 사실이 허위이어야 할 뿐 아니라, 피고인이 그와 같은 사실을 적시함에 있어 적시사실이 허위임을 인식하여야 하고, 이러한 허위의 점에 대한 인식, 즉 범의에 대한 입증책임은 검사에게 있다(대법원 1994. 10. 28. 선고 94도2186 판결; 대법원 2009. 1. 30. 선고 2007도5836 판결 등 참조). 위와 같은 법리는 허위사실을 적시한 행위가 형법 314조 1항의 허위사실 유포 기타 위계에 의한 업무방해죄에 해당하는지 여부를 판단함에 있어서도 마찬가지이다."

8.9　공동피고인의 증인적격

대법원 2008. 6. 26. 선고 2008도3300 판결; 대법원 2006. 1. 12. 선고 2005도7601 판결

F　1. D의 게임산업법 위반피고사건

D는 "D2와 공모하여, D는 게임장의 종업원으로, D2는 게임장 운영자로서, 관할관청으로부터 허가를 받지 않고 게임장 영업행위를 했다"는 혐의로 게임산업진흥에 관한 법률 위반죄(이하 '게임산업법 위반죄'라 한다)의 공범으로 기소되어 D2와 함께 공동피고인으로 재판을 받게 되었다. 담당판사는 D가 '제1회 공판기일에 불출석하자 변론분리결정'을 한 다음 D2에 대한 인정신문 등만을 실시하였다. 그리고 D가 출석한 제2회 공판기일에 위 '변론분리결정을 취소하고 변론을 병합한다'는 결정을 한 다음 D에 대한 인정신문과 피고인신문을 실시하였다. 판사는 먼저 D에게 '각개의 물음에 대하여 진술을 거부할 수 있음'을 고지한 후 "상피고인 D2는 게임장에 관여하지 않았나요?"라고 물었고, D는 "예"라고 대답했으며, 판사는 다시 "D는 바지사장 아닌가요?"라고 물었고 이에 D는 "아닙니다."라고 진술하였다.

제3회 공판기일에 D에 대한 변호인신문이 행해졌는데 D는 앞서 제2회 공판기일에서와 마찬가지로 '내가 실제 게임장 업주'라는 취지로 진술하였는데 당시 검사는 이에 대해 반대신문을 하지 않고 D를 공동피고인 D2에 대한 증인으로 신청하였고 판사는 D와 D2에 대한 변론을 분리하지 않은 채 검사의 위 증인신청을 채택하여 제4회 공판기일인 2007. 11. 9. D에 대한 증인신문을 행하였다(이 제4회 공판기일에서도 변론이 분리되지 않았다) 그 증인신문절차에서 검사는 D에게 'D2가 임대한 건물에서 D가 게임장을 운영하게 된 경위, D2와 D가 그 게임장 운영에 관련하여 체결한 계약 내용, D가 게임장 운영자금을 어떻게 조달하려고 하였는지' 등을 물었고 판사는 'D가 게임장을 운영하여 나오는 수익을 어떻게 관리하려고 하였는지, D가 게임장의 실제 업주가 맞는지, 그 근거는 무엇인지' 등에 관하여 신문하였다. 그러자 D는 이전의 공판기일에서와 마찬가지로 '내가 실제 업주

이고 수익은 D2가 관리하기로 했다'는 취지의 답변을 하였다.

2. D의 위증피고사건

검사는 D가 'D2의 게임산업법 위반피고사건에서 증인으로 출석하여 선서한 다음 증언함에 있어 허위진술'한 혐의로 D를 위증죄(이하 '위증피고사건'으로 약칭함)로 기소하였다.

제1심은 '변론병합상태의 공범의 증인적격'에 관한 긍정설의 입장에서 D에게 유죄를 선고하였다. D가 항소하였다. 항소심은 "동일한 공동피고인의 진술을 변론의 병합 또는 분리라는 다소 형식적인 절차에 따라 피고인의 진술 또는 증인의 진술로 달리 파악한다든지, 공동피고인의 증인적격이 공동피고인 상호간의 실질적인 관련성과 관계없이 오직 변론의 병합 또는 분리라는 기술적인 절차에 의해 좌우되는 결과가 된다면 부당한 점 등에 비춰 보면 학설 중 적어도 자기의 피고사실과 밀접한 관련이 있는 공소사실에 대해 공범인 공동피고인은 증인적격이 없다고 보는 절충설의 견해가 타당하다"면서, "공범인 D2와 공동피고인으로 기소된 D의 경우 증인적격이 인정되지 않는다. 따라서 D가 제1심 제4회 공판기일에 증인으로 선서하고 증언한 후에 허위진술을 하였다고 하더라도 위증죄가 성립하지 않는다."며 제1심판결을 파기하고 D에게 무죄(D에 대한 판결의 요지를 공시)를 선고하였다. 검사가 상고하였다.

I　변론병합상태의 공범인 공동피고인(D)에게 증인적격이 있는가?

R　상고기각. ⓐ 공범인 공동피고인은 당해 소송절차에서는 피고인의 지위에 있으므로 다른 공동피고인에 대한 공소사실에 관하여 증인이 될 수 없으나, ⓑ 소송절차가 분리되어 피고인의 지위에서 벗어나게 되면 다른 공동피고인에 대한 공소사실에 관하

여 증인이 될 수 있다(대법원 1999. 9. 17. 선고 99도2449 판결; 대법원 2007. 11. 29. 선고 2007도2661 판결 등 참조).

A 원심이 이와 달리, '공동피고인은 자신에 대한 공소사실과 밀접한 관련이 있는 공범인 다른 공동피고인에 대한 공소사실에 관하여는 변론의 분리 여부와 관계없이 증인적격이 없음'을 전제로, D가 수원지방법원 성남지원 2007고단1674 게임산업진흥에 관한 법률 위반 사건에서 공범인 D2에 대한 공소사실에 관하여 증인으로 출석하여 선서한 다음 증언함에 있어 기억에 반하는 허위의 진술을 하였다고 하더라도 위증죄가 성립하지 아니한다'고 판단한 것은 잘못이다. 그러나 D와 D2의 변론이 분리되지 아니한 이상 D는 공범인 D2에 대한 공소사실에 관하여 증인이 될 수 없고, 따라서 D가 D2에 대한 공소사실에 관하여 증인으로 출석하여 선서한 다음 증언함에 있어 기억에 반하는 허위의 진술을 하였다고 하더라도 위증죄가 성립하지 아니한다. 원심이 이 사건 위증의 공소사실을 무죄로 인정한 조치는 결과적으로 정당하다.[1]

C

① **본 판결의 의의 : 증인적격부정설(소극설)**

항소심판결과 같이 종래의 대법원판결은 '절충설이 아닌가' 하는 의심을 불러일으킬 만한 문장으로 판시되었다. 대법원판결의 취지는 아직도 명확하지 않다. 그러나 대체로 이 2008년 판결은 부정설에 기울어진 판결로 보인다. 항소심은 "공범인 다른 공동피고인에 대한 공소사실에 관하여는 변론의 분리 여부와 관계없이 증인적격이 없음"을 전제하고 있었는데 대법원은 그런 전제를 잘못된 판단이라고 지적하고 있기 때문이다. 증인적격부정설은 "공동피고인은 모두 진술거부권이 있으므로 공동피고인이 공범인지 여부를 불문하고 변론을 분리하지 않는 한 증인적격이 없지만, 변론을 분리하면 본래 공동피고인이었던 공동피고인이 공범으로 기소되었든 공범 아닌

자로 기소되었든 상관없이 증인적격이 있다"는 입장이다. 부정설은 "동일한 공동피고인의 진술을 변론의 병합 또는 분리라는 다소 형식적인 절차에 따라 피고인의 진술 또는 증인의 진술로 달리 파악한다든지, 공동피고인의 증인적격이 공동피고인 상호간의 실질적인 관련성과 관계없이 오직 변론의 병합 또는 분리라는 기술적인 절차에 의해 좌우되는 결과가 되어 부당"하다는 비판을 받을 수 있지만 공범이든 아니든 피고인으로 있는 상태에서 진술거부권을 인정하지 않을 수 없다. 만약 이런 결론을 부정하면 이해가 상반되는 피고인의 반대신문권(대면권)을 침해하게 된다.

② **대법원 2006. 1. 12. 선고 2005도7601 판결**

D3(장물피고인)는 'D4(특수절도피고인)가 절취한 수표가 장물인 점을 알면서도 현금으로 교환하도록 알선'한 혐의(장물알선죄)로, D4는 특수절도죄 혐의로 병합기소되었다. D3는 공판정에서 범행을 부인하였다. 제1심은 D3의 장물피고사건에 대하여 범죄의 증명이 없다는 이유로 무죄를 선고하였다. 검사가 항소하였으나 이 부분에 대한 항소는 기각되었다. 검사가 'D4에 대한 검사작성의 피의자신문조서에 D3에 대한 공소사실을 유죄로 인정할 진술기재가 있음에도 항소심에서 이를 증거로 채택하지 아니하였다'며 상고하였다. 이에 대하여 대법원은 "공동피고인인 절도범(D4)과 그 장물범(D3)은 서로 다른 공동피고인의 범죄사실에 관하여는 증인의 지위에 있으므로 증거로 함에 동의한 바 없는 공동피고인(D4)에 대한 피의자신문조서는 공동피고인(절도범 D4)의 증언에 의하여 그 성립의 진정이 인정되지 않는 한 피고인(장물피고인 D3)의 공소 범죄사실을 인정하는 증거로 할 수 없다."며 상고를 기각하였다. 이 판결의 취지는 '엄격한 의미의 공범이 아닌 공동피고인 사이에서는 변론을 분리하지 아니한 상태에서도 증인적격이 있으므로 증언을 청취'할 수 있다는 취지로 읽히기도 하고 실제로 그런 실무례도 있는 것 같다. 그러나 이 판결은 '엄격한 의미의 공범이 아닌 공동피고인 사이에서는 변론을 분리한 다음 증언을 청취'하라는 취지로 읽어야 2008년 판결과 모순이 생기지 아니한다.

1) 대법원 2008. 6. 26. 선고 2008도3300 판결.

8.10 악성격 증거배척 규칙

대법원 1991. 11. 12. 선고 91도2172 판결

F D는 1990. 9. 28. 충남 논산군 부적면 아호리 앞 버스정류장에서 논산읍으로 가는 번호미상의 시내버스에 승차하였다. 07:05경 위 버스가 충남 논산읍 취암리 소재 목화예식장 앞 버스정류장에 이르러 정차할 무렵 D가 탄 버스 뒤에 서있던 V는 현금과 수표를 도난당한 사실을 발견하고 '소매치기 당하였다'고 소리쳤다. 그러자 D는 버스의 출입문으로 빠져나와 도주하였다. V가 D를 범인으로 단정하고 D를 추적하여 그 옷깃을 붙잡자 D는 V를 팔로 밀쳐 넘어뜨렸다. 이로 인하여 V는 약 2주간의 치료를 요하는 두피열창상을 입었다. D는 강도상해 혐의로 기소되었다. V는 "D가 소매치기하는 것을 보지는 못했으나 자신이 '소매치기 당하였다'고 소리치자 V의 뒤에 서있던 D가 승객을 밀치고 도주하려고 한 것으로 보아 범인으로 짐작된다"고 진술하였다. 그날은 논산 장날이고 등교시간이어서 버스승객이 많아 누가 누구인지 알 수 없을 정도로 만원이었다. D는 수사단계에서부터 제1심과 항소심 법정에 이르기까지 위 범행을 부인하고 "나는 훔치지 않았다. 소매치기의 전과가 있어 누명을 쓸 것이 두려워 현장에서 도주하려고 한 것 뿐"이라고 변소(辨疏, '변명'의 뜻)하였다. 제1심과 항소심은 D에게 유죄판결을 선고하였다. D가 상고하였다.

I 공소사실과 유사한 전과사실(Other crimes or 'bad acts')을 근거로 공소사실을 인정하는 증거로 사용할 수 있는가?

R **A** 파기환송. 소매치기의 전과가 있는 D로서는 그 변소와 같이 누명을 쓸 것이 두려워 도주할 수도 있는 것이므로 D가 도주하였다는 사실만으로 범인이라고 단정할 수는 없다. (중략) 유죄로 단죄하기 위한 증거는 범행에 대한 직접 증거만이 아니라 정황증거 내지 상황증거도 될 수 있다. D의 경우에 소매치기의 전과가 있을 뿐 아니라 현장에서 도주하려고 한 소행으로 보아 범인이 아닌가 하는 의심이 가지 않는 것도 아니나, 유죄증거의 증명력은 유죄여부에 관한 합리적인 의심을 배제할 정도로 유죄의 확신을 가져올 수 있는 것이어야 하는바, 위에서 본 1심판결 거시증거들은 D를 유죄로 단죄할 만한 증명력을 갖춘 증거라고 보기 어렵다. (중략) 결국 원심판결에는 채증법칙에 위반한 증거판단으로 사실인정을 그르친 위법이 있[다].

C

1 **악성격(유사사실) 증거배척의 원칙의 의의**

동종(同種) 또는 이종(異種)의 전과(前科 convict)나 비행(非行 delinquency), '지역사회 안에서의 악평'(惡評) 등의 악성격 증거(Other crimes or 'bad acts' evidence 넓은 의미의 성격증거의 일종이다)는 원칙적으로 공소사실의 입증에 사용될 수 없게 하는 원칙이 '악성격 증거배척의 원칙' 혹은 '유사사실 증거배척의 원칙'이다. 영미 증거법에서는 이런 증거들을 성격증거(character evidence)로 지칭하고 상세한 성격증거법리를 구축하고 있다.[1]

대법원은 본판결에서 '합리적 의심의 여지가 없는 증명'의 법리를 매개로 사실상 악성격(유사사실) 증거의 채택에 신중을 기하는 방향의 방침을 선언하였다. 이 판결을 계기로 향후에 악성격(유사사실) 증거에 관한 법리를 발전시킬 필요가 있다.

---

1) FRE Rule 404. Character Evidence; Crimes or Other Acts. (a) CHARACTER EVIDENCE. (1) Prohibited Uses. Evidence of a person's character or character trait is not admissible to prove that on a particular occasion the person acted in accordance with the character or trait.

2 원칙적으로 성격증거를 배척하여야 하는 이유

성격증거를 무한정하게 허용하면 법관(혹은 배심원)에게 예단이나 편견을 줄 우려가 있고 쟁점이 애매하여져 피고인 측의 반증이 어렵게 되고 소송을 지연시킬 우려가 있기 때문이다. 피고인에게 현재 기소된 공소사실과 동종의 전과가 있으면 현재 기소된 공소사실도 사실일 것이라고 추측하기 쉽지만 냉철하게 생각하면 현재 입증의 대상이 되고 있는 공소사실에 대하여 동종전과는 어떤 증명력도 없다.[2]

3 예외[3]

이 원칙에 대하여는 다음과 같은 예외가 인정되어야 한다.

(1) **피고인 측이 먼저 피고인의 선량(善良)한 성격을 입증한 경우** : 피고인 측이 피고인의 '선량한 성격이나 평판'(good character)을 주장·입증한 경우에는 검찰 측도 반증으로 피고인의 악성격을 주장·입증함을

허용하는 것이 공정하다.

(2) **객관적 행위가 증명된 후 피고인의 주관적 범죄요소를 증명하는 경우** : 이미 다른 증거로 객관적 사실이 증명되어 피고인의 동기, 악의(혹은 知情), 고의, 계획 등 범죄의 주관적 요소의 입증만이 과제로 되는 경우에도 예외를 인정하여야 한다. 이런 경우에는 행위자가 행위의 결과를 인식하고 있었음이 '사실상 추정'되어 진실발견을 그르칠 위험성이 거의 없기 때문이다.

(3) **기소사실과 특별한 관련성이 있는 경우** : 공소사실과 악성격(유사사실) 증거 사이에 '특별한 관련성'이 있는 경우에도 예외를 인정할 수 있다. 예를 들어 특수한 범행수법(modus operandi)이 일치하는 경우, 피해자가 일정 종류의 사람들로 한정되어 나타나는 경우 등 모종의 특이한 특징이 드러나는 경우, 연쇄살인 사건에서 피살자의 자태가 특이하게 유사한 모습을 보이는 경우, 유사한 사안에서 피고인이 피해자의 사진을 지니고 있는 경우에는 특별한 관련성을 인정할 수 있다.

(4) **구성요건인 상습성·누범가중사유인 사실** : 상습성을 인정하는 자료가 되는 이전의 많은 범죄사실, 누범가중사유인 전과사실은 엄격한 증명의 대상이 되는 사실이므로 과거의 범죄사실을 토대로 상습성을 인정하거나 누범을 인정하는 것은 이 원칙의 예외가 아니다.

4 악성격 증거의 범위

과거의 확정판결(前科), 별소로 기소된 행위, 아직 기소되지 아니한 행위(餘罪), 단순한 비행(非行) 등을 생각할 수 있으나 과거의 확정판결(전과) 이외의 것들은 별도로 증명이 필요하므로 악성격 증거로 볼 실익이 없는 것들이다.

5 예외입증의 방법

공소사실이 요증사실로서 엄격한 증명의 대상이므로 악성격도 엄격한 증명의 대상으로 보아야 한다.

---

2) 1986년에 선고된 다음과 같은 하급심판결도 '악성격(유사사실) 증거배척의 원칙'의 맥락에서 참고할 만한 사안이다. "소매치기 식 절도범행에 관하여 유일한 증거인 범행목격자의 진술이 경찰 이래 항소심 법정에 이르기까지 계속하여 조금씩 번복되어 왔고, 그 진술이 당시의 주변상황과 제대로 들어맞지 않으며, 그 진술에 명백히 허위인 것이 포함되어 있고 체포당시 피고인에게서 피해품이 전혀 발견되지 아니하였다면, 목격자의 진술은 의심스럽다고 하지 아니할 수 없어, 비록 피고인이 절도전과 4범으로서 그 행적에 의심스러운 점이 있다 하여도 피고인이 이 사건 소매치기 범행의 범인이라고 단정할 수 없다"(대구고법 1986. 5. 28. 선고 86노263 판결).

3) FRE Rule 404. (2) Exceptions for a Defendant or Victim in a Criminal Case. The following exceptions apply in a criminal case : (A) a defendant may offer evidence of the defendant's pertinent trait, and if the evidence is admitted, the prosecutor may offer evidence to rebut it; (B) subject to the limitations in Rule 412, a defendant may offer evidence of an alleged victim's pertinent trait, and if the evidence is admitted, the prosecutor may: (i) offer evidence to rebut it; and (ii) offer evidence of the defendant's same trait; and (C) in a homicide case, the prosecutor may offer evidence of the alleged victim's trait of peacefulness to rebut evidence that the victim was the first aggressor.

8.11 범인식별진술의 신빙성을 높이는 방법(신흥사 강도상해 사건)

대법원 2001. 2. 9. 선고 2000도4946 판결

F 1. D는 "성명미상자와 합동하여 1999. 1. 20. 03:10경 영천시 금호읍 소재 사찰에서, 성명미상자는 밖에서 망을 보고, D는 위 사찰의 큰방으로 들어가 V(여, 72세)의 우측 팔을 걷어차면서 손으로 목을 조른 다음 다시 주지승 V2(여, 65세)의 방문을 발로 걷어차고 안으로 들어가 V2에게 고함치면서 발로 다리와 가슴을 걷어차 반항을 억압한 후 V2 소유의 현금 100만 원을 빼앗고, 이로 인하여 V, V2에게 전치 각 3주간의 흉부좌상을 가"한 강도상해 혐의로 기소되었다. 제1심은 V, V2의 경찰 이래 법정에 이르기까지의 진술 등의 증거를 들어 D가 단독으로 1999. 1. 20. 02:50경 위 범행을 저지른 것으로 인정하였다. D와 그 변호인은 "D가 이 사건 전날 낮에 중노동을 하고 저녁에 술에 만취된 채 집에서 잠을 자다가 이 사건 당일 새벽 5시경 O의 전화를 받고 그를 만나러 간 사실이 있을 뿐이지, 이 사건 당일 새벽 2시경 신흥사에 들어가 이 사건 강도상해 범행을 저지른 적이 없는데도 제1심이 D를 유죄로 인정한 것은 부정확하고 모순된 V, V2의 진술과 경찰의 허술한 짜맞추기식 수사결과를 믿은 것으로 위법하다."며 항소하였다. 항소심은 "V, V2가 불켜진 방에서 바로 곁에 있는 침입자의 얼굴을 자세히 보고 수사기관이래 제1심 법정과 항소심 법정에 이르기까지 한결같이 D가 범인임에 틀림없다고 진술하고 있고, 또한 D가 평범하게 생겨 쉽게 잊어버릴 정도의 얼굴은 아니므로 불도를 수행하고 있는 종교인들인 V, V2가 이 사건 당일 D의 얼굴을 보지 못하였다거나 보아도 기억을 하지 못하거나 혹은 착각하고서 굳이 처음 보는 D를 범인으로 몰거나 누명을 덮어씌울 동기나 이유도 찾아볼 수 없으므로, V, V2의 진술이 신빙성이 없는 것이라고 할 수 없고, 다만 V, V2가 한때 경찰에서 범인이 밖에서 망을 본 자까지 포함하여 2명이라고 진술한 적이 있으나 이는 범행을 당한 직후 당황한 나머지 착각하거나 추측하여 신고할 수도 있는 것으로서 그 후에는

그와 같은 이야기를 한 바 없으며, 또한 V, V2가 D의 개인별 주민등록표에 첨부된 D의 사진을 보고서도 범인의 얼굴이 아니라고 말한 적이 있지만, 복사된 사진을 보고 범인을 식별함에 있어서는 상당한 오류나 착각이 있을 수 있는 것이므로 V, V2가 한때 위와 같은 진술을 한 적이 있다는 점만으로는 V, V2의 진술의 신빙성에 금이 가지 않으며, 한편 D가 이 사건 당일 새벽 O와 전화통화를 한 횟수조차 제대로 모르고 경찰진술시 그 날 새벽 O를 만난 이후의 행적에 관하여 진술을 번복한 점, O의 자수경위, D의 전과내용 등 여러 사정에 비추어 보면 D의 부재증명(알리바이) 주장은 모순되거나 합리성이 없어 믿기 어렵다."며 항소를 기각하였다. D와 그 변호인이 상고하였다.

이 사건에서 V, V2가 D를 이 사건 범행의 범인으로 진술하게 된 경위를 보면, 경찰이 이 사건 범행 신고를 받고 출동하여 사찰 주위를 수색하던 중 그 부근을 지나가던 화물차량이 수상하여 이를 추적하다가 위 차량의 타이어를 향하여 권총까지 발사하였으나 그 차량의 탑승자 2명이 차에서 내려 도주한 후, 그 차량에 비계파이프가 다량 적재되어 있는데다가 부근의 고물상에서 일하는 O, O2가 고물상 주인 O2의 휴대전화기를 갖고 그동안 O가 비계파이프 절도와 이 사건 범행을 모두 저지른 것으로 단정하여 수사를 진행하여 오던 중, O가 이 사건 당일 새벽 위 휴대전화기로 통화한 상대방이 역시 위 고물상에서 일하며 위 O2의 동생인 D로 밝혀지자, D도 O와 함께 이 사건 범행과 위 비계파이프 절취 범행을 저지르고 위 차량에 탑승하고 있다가 경찰의 추적을 받고 도주한 것으로 의심하고, 이에 따라 자진 출석한 D를 V, V2에게 보인 결과 V, V2로부터 '범인이 맞다'는 확인 진술을 듣게 된 것이다.

검찰은 V, V2의 진술 등을 증거로 삼아 D에 대하여 O와 함께 이 사건 범행을 저지른 것으로 공소를 제기하였다가, 그 후 O가 경찰에 자수하여 자신은 비

계파이프 절취 범행만 저질렀을 뿐 이 사건 범행은 저지른 바 없다고 극구 부인하고 자신과 함께 위 절취 범행을 저지른 후 도주한 사람은 D가 아니라 허명미상자이며 이 사건 당일 새벽의 D와의 전화통화는 이 사건 범행과는 아무런 관련이 없는 것이라고 진술하자, D가 O 아닌 성명미상자와 함께 이 사건 범행을 저지른 것으로 공소장을 변경하였고, 제1심은 D가 성명미상자와 함께 이 사건 범행을 저질렀다고 인정할 증거가 없다면서 D의 단독 범행으로 인정하였으며, 한편 검찰은 O에 대하여는 허명미상자와 함께 위 비계파이프 절취 범행을 하였다는 범죄사실만으로 공소를 제기하였다.

2. [D를 유죄로 의심할 만한 정황] 1명도 아닌 2명의 피해자가 허위 진술을 할 만한 동기가 없음에도 불구하고 분명하고 일관되게 D를 범인으로 단정하여 진술하고 있는데다가, 이 사건 발생 직후 범행 장소 부근에서 경찰의 추적을 받다가 도주한 O가 도주 직후 짧은 시간 내에 3회에 걸쳐 소지하고 있던 휴대전화기를 사용하여 D의 휴대전화기로 전화한 점, 그런데 전날 저녁 술에 취하여 잠이 든 D가 잠을 자다가 이른 새벽에 O의 전화를 받고 영문도 모른 채 자신의 화물차량을 운전하고 O가 나오라고 하는 장소까지 나갔다는 D의 변명은 선뜻 납득하기 어려운 점, D가 그 날 새벽 O의 전화를 받고 집을 나가 O를 만나 자신과 O가 근무하는 고물상 사무실에 돌아올 때까지의 행적 및 위 고물상 사무실에 돌아온 시각과 관련하여 경찰에서 엇갈리게 진술한 점 등 D를 이 사건 범행의 범인으로 의심할 만한 사정이 있는 것도 사실이다.

3. [D를 유죄로 가정할 때 의심스러운 정황들] V는, 이 사건 당일 경찰조사 시에 '범인은 2명으로서 1명은 방에 침입하였고 다른 1명은 탑 주위에서 망을 보고 있었다'고 진술하였고, V2 역시 이 사건 당일 경찰조사 시에 V와 같은 취지의 진술을 하였고 3일 후에 있은 D와의 대질신문시에는 '자신이 잠자고 있던 방에는 1명이 들어 왔으나 V로부터 범인이 1명 더 있다는 말을 들었다'는 취지로 진술하였다가, V, V2 모두 제1심 법정에 이르러서는 '범인은 1명밖에 보지 못하였으며 범인이 2명이라고 진술한 적이 없다'면서 진술을 번복하였으며, D의 개인별 주민등록표상에 첨부

된 D의 사진(1998. 10. 31. 제출)과 이 사건 발생 후 촬영한 D의 최근 사진 사이에는 두발 모양이 약간 다른 점 외에는 D의 얼굴 모습은 거의 차이가 없어 보이는데도 불구하고, V, V2는 이 사건 범행 이틀 후에 경찰로부터 위 주민등록표상 사진의 확대복사본을 제시받으면서 범인 여부를 확인해 달라는 부탁을 받았을 때 충분히 위 사진을 살펴 본 후에 '범인과 다르다'고 답변하고서도, 이 사건 범행 3일 후 경찰서 범인식별실에 있는 D를 보고서는 D가 범인임에 틀림없다고 진술하였으며, V, V2는 모두 사건 발생 직후 방에 침입한 범인의 키가 170cm 정도이며 얼굴에 광대뼈가 조금 나왔다고 하였으나, D의 키는 164cm 정도이고 얼굴에 광대뼈가 거의 나오지 않았으며, 한편 V2는 범인의 얼굴이 검은 편이라고 하였으나 D의 얼굴은 검다기 보다는 흰 편에 가까운 점 등도, V, V2 진술의 정확성과 신빙성을 의심스럽게 하는 대목들이다. 나아가 이 사건에서 범인 여부를 가릴 수 있는 유일한 물증은 범인이 범행현장에 남긴 것으로 추정되는 족적(수사기록 27면)인데 그 족적과 D와의 관련성이 입증되지 아니하였으며, 제1심과 원심이 인정한 대로 이 사건 강도 범행이 D의 단독범행이라면 그 날 아침에 있었던 D와 O 사이의 전화통화는 그야말로 설명이 불가능해지는 점, D가 범인이라고 할 경우 V, V2에게 얼굴과 인상착의가 노출된 강도상해 범인이 자신의 근무장소인 고물상 사무실이 수사대상으로 된 것을 알 수 있는 상태에서 태연하게 근무장소로 출근하고 또 경찰의 연락을 받고 경찰서에 자진 출두하여 수사에 협조할 수 있을까 하는 점 등도 D를 이 사건 범행의 범인으로 단정함을 주저하게 하는 사정들이다.

Ⅰ D는 경찰 이래 원심법정에 이르기까지, 자신은 이 사건 전날 중노동을 하고 저녁에 술에 상당히 취한 채 집에서 잠을 자다가 이 사건 당일 새벽 5시경 O의 전화를 받고 그를 만나러 간 사실이 있을 뿐이지 신흥사에 들어가 이 사건 강도상해 범행을 저지른 적이 없다고 일관되게 부인하고 있다. 제1심과 항소심이 D에 대한 유죄의 직접적 증거로 내세운 것은 V, V2의 수사기관 및 법정에서의 진술뿐이므로 이 사

건의 핵심은 V, V2 진술의 신빙성 유무이다.

R 파기환송. 이 사건에서와 같이 야간에 짧은 시간 동안 강도의 범행을 당한 V가 어떤 용의자의 인상착의 등에 의하여 그를 범인으로 진술하는 경우에, 그 용의자가 종전에 V와 안면이 있는 사람이라든가 V의 진술 외에도 그 용의자를 범인으로 의심할 만한 다른 정황이 존재한다든가 아니면 V가 아무런 선입견이 없는 상태에서 그 용의자를 포함하여 인상착의가 비슷한 여러 사람을 동시에 대면하고 그 중에서 범인을 식별하였다든가 하는 부가적인 사정이 있다면, 직접 목격자인 V의 진술은 특별히 허위진술을 할 동기나 이유가 없는 한 그 증명력이 상당히 높은 것이라 하겠으나, V가 범행 전에 용의자를 한 번도 본 일이 없고 V의 진술 외에는 그 용의자를 범인으로 의심할 만한 객관적인 사정이 존재하지 않는 상태에서, 수사기관이 잘못된 단서에 의하여 범인으로 지목하고 신병을 확보한 용의자를 일대일로 대면하고 그가 범인임을 확인하였을 뿐이라면, 사람의 기억력의 한계 및 부정확성과 위와 같은 상황에서 V에게 주어질 수 있는 무의식적인 암시의 가능성에 비추어 그 V의 진술에 높은 정도의 신빙성을 부여하기는 곤란하다.

A 기록에 의하여 살펴보아도 D가 과연 이 사건 범행 직후 범행현장 근처에서 O와 함께 위 화물차량을 타고 가다가 도주한 사람과 동일 인물인지를 단정할 만한 객관적인 증거가 없고 따라서 D를 이 사건 범행의 범인으로 의심하게 된 단서 사실 자체를 인정하기가 어렵다. 이 사건 기록에 나타난 모든 자료에 의하더라도 이 사건 당일 새벽에 있었던 D와 O 사이의 전화 통화가 이 사건 범행과 관련된 것임을 알아볼 만한 아무런 자료가 없다. 결국 위에서 본 이 사건 V, V2가 D를 범인으로 지목한 진술은 달리 D를 범인으로 의심할 만한 아무런 단서 사실이 없음에도 경찰이 잘못된 단서에 따라 D를 용의자로 지목하여 확인을 의뢰하자 V, V2가 생면부지의 D를 보고 범인임에 틀림없다고 확인하였고 그 후 같은 진술을 반복한 것에 지나지 아니하므로, 그와 같은 V, V2의 진술만으

로 D를 이 사건 범행의 범인으로 단정하는 것은 무리라고 하지 않을 수 없다.

형사재판에서 공소된 범죄사실에 대한 입증책임은 검사에게 있고, 유죄의 인정은 법관으로 하여금 합리적인 의심을 할 여지가 없을 정도로 공소사실이 진실한 것이라는 확신을 가지게 하는 증명력을 가진 증거에 의하여야 하므로, 그와 같은 증거가 없다면 설령 D에게 유죄의 의심이 간다 하더라도 D의 이익으로 판단할 수밖에 없다(대법원 1994. 11. 25. 선고 93도2404 판결; 1996. 3. 8. 선고 95도3081 판결; 2000. 7. 28. 선고 2000도1568 판결 등 참조).

이 사건 공소사실에 대한 직접적인 증거인 V, V2의 각 진술에 신빙성이 없음은 앞서 본 바와 같고, D와 O와의 전화 통화 및 그 후의 D의 행적에 관한 D의 변명이 사실이 아니라고 볼 결정적인 증거도 찾아볼 수 없는 이상, 이 사건 공소사실은 합리적인 의심이 없을 정도로 증명되었다고 보기 어렵고, 달리 이를 인정할 만한 증거가 기록상 보이지 아니함에도 불구하고, 원심이 V, V2의 진술을 그대로 받아들여 이 사건 공소사실을 유죄로 인정한 조치는 결국 증거의 가치판단을 그르친 나머지 채증법칙을 위반하여 사실을 잘못 인정한 위법을 저지른 것으로서, 이는 판결결과에 영향을 미쳤음이 명백하므로, 이 점을 지적하는 상고이유의 주장은 이유 있다.

C

① 불공정한 범인식별방법으로서의 쇼유업

본 판결은 종래 한국의 경찰이나 검찰에서 통상적으로 사용하여 온 쇼유업(show-up 일대일대면)이나 쇼우업과 유사한 유사인물사진제시(photo spread) 방식에 의한 범인식별방법은 "사람의 기억력의 한계 및 부정확성과 구체적인 상황 하에서 용의자나 그 사진상의 인물이 수사기관으로부터 범인으로 의심받고 있다는 무의식적 암시(Administrator Bias)를 목격자에게 줄 가능성" 때문에 그 신빙성이 낮은 점을 확인하였다. 라인업(line-up 줄세우기)이 원칙이고 쇼우업은 라인업이 불가능할 때 부득이 행할 수 있는 예외적인 조치이다.

2 **범인식별 절차에 있어 목격자 진술의 신빙성을 높이는 방법**

이 방법은 이 판결에서는 제시되지 않고 대법원 2004. 2. 27. 선고 2003도7033 판결에서 다음과 같이 자세히 판시되고 있다. "범인식별 절차에 있어 목격자 진술의 신빙성을 높게 평가할 수 있게 하려면, ⓐ 범인의 인상착의 등에 관한 목격자의 진술 내지 묘사를 사전에 상세히 기록화한 다음, ⓑ 용의자를 포함하여 그와 인상착의가 비슷한 여러 사람을 동시에 목격자와 대면시켜 범인을 지목하도록 하여야 하고, ⓒ 용의자와 목격자 및 비교대상자들이 상호 사전에 접촉하지 못하도록 하여야 하며, ⓓ 사후에 증거가치를 평가할 수 있도록 대질 과정과 결과를 문자와 사진 등으로 서면화하는 등의 조치를 취하여야 할 것이고, ⓔ 사진제시에 의한 범인식별 절차에 있어서도 기본적으로 이러한 원칙에 따라야 하는 것이 최소한의 필수절차이다." 이 절차는 미국과 영국, 캐나다, 독일의 법집행실무가 시행하고 있는 라인업 절차이다. 경찰과 검찰이 이런 방향으로의 개선조치를 강구하지 아니하면 향후에 목격자 진술의 신빙성은 부인될 것[1]이다.

---

1) "범인식별절차에 있어서 신빙성을 높이기 위하여 준수하여야 할 절차를 충족하지 못하였을 뿐 아니라, 피고인의 유전자검사 결과가 범인의 것과 상이하다는 국립과학수사연구소의 감정결과가 제출되었음에도 불구하고 피고인을 유죄로 인정한 원심판결을 파기"(대법원 2007. 5. 10. 선고 2007도1950 판결); "범인식별에 관한 일부 피해자들의 진술이 그 절차상의 하자 때문에 신빙성을 쉽게 인정하기 곤란한데도, 위 피해자들이 피고인을 범인으로 지목한 경위, 위 피해자들이 기억하고 있는 범인의 인상착의와 피고인의 동일 여부 등에 대한 추가 심리 없이 위 피해자들의 진술만으로 해당 공소사실을 유죄로 인정한 원심판결을 파기"(대법원 2005. 6. 10. 선고 2005도1461 판결); "인터폰 모니터를 통하여 본 초인종을 누른 범인이 피고인이라는 취지의 피해자의 진술만으로는 피고인을 범인으로 인정하기 어렵다고 한 원심의 판단을 수긍"(대법원 2005. 6. 24. 선고 2005도734 판결); "강간 피해자가 수사기관의 범인식별 절차에서 피고인을 범인으로 지목한 사안에서, 목격자 진술의 신빙성을 높이기 위하여 준수하여야 할 절차를 지키지 못하였다고 보아 피해자 진술의 신빙성을 배척"(대법원 2008. 1. 17. 선고 2007도5201 판결); "공소사실에 대한 직접적인 증거인 피해자들의 검찰에서의 진술에 관하여 피해자들이 가해자의 인상착의에 대한 정확한 기억을 갖고 있지 못한 상태에서 피고인이 가해자인지 여부를 묻는 공소외인 등의 반복된 질문에 의한 암시를 받아 피고인을 가해자로 지목하였을 가능성을 완전히 배제할 수 없어 그 신빙성에 대한 의심을 거두기 어렵다고 판단"(대법원 2008. 7. 10. 선고 2006도2520 판결).

8.12 범인식별절차에서 쇼우업(일대일대면)이 허용되는 예외적인 사례

대법원 2004. 2. 27. 선고 2003도7033 판결

F D는 'D2로부터 4백만 원을 받고 메스암페타민(일명 히로뽕)을 판매'한 혐의로 기소되었다. D는 체포된 이래 시종일관 자신은 범인이 아니라고 변소(부인)하였다. D에게 불리한 유일한 목격증인이 D2이었다. D2는 메스암페타민을 소지하고 W2에게 판매하려다가 2000. 12. 4. 23:00경 검찰 수사관에게 체포된 후 부산지방검찰청에 인치되어 메스암페타민의 출처에 대하여 추궁을 받고 "친구인 W2가 '히로뽕 100g을 구하여 달라'고 요청하여 평소 알고 지내던 W3에게 전화하여 '히로뽕을 구해 달라'고 하니 W3가 '성불상(姓不詳, 성을 알 수 없음) 천'이라는 '동생에게 연락하라'면서 휴대폰 번호를 알려주어 그 번호로 전화하여 2000. 12. 4. 22:55경 부산 수영구 수영동 소재 유토피아 호텔 앞 노상에서 '성불상 천을 만나 4백만 원을 주고 메스암페타민 100g을 교부받았다"는 취지의 진술서를 작성하였다. 검사는 이 진술서에 나타난 위 휴대폰 가입자를 조회하여 가입자의 주소가 '부산 금정구 회동동(이하생략)'으로 되어 있음을 알아내고 회동동사무소에 비치된 주민등록등·초본을 열람하여 D의 이름 끝자가 '천'인 것이 확인되자 사진이 첨부된 D의 주민등록초본을 모사전송받아 D2에 대한 제1회 피의자신문시 그 '사진을 제시'하였고, 이에 D2는 "그 사진상의 인물이 자신에게 메스암페타민을 판매한 '성불상 천'이 맞다"(쇼우업 형태의 유사인물 사진제시에서의 긍정진술)고 진술하였다. D2는 위 사건으로 징역 1년 6월을 선고받고 복역 중 D의 소재가 밝혀진 2002. 3. 18. 이후 검찰에서 참고인으로 3회 진술하였다. 그때는 공소장 기재 일시·장소에서 '성불상 천'으로부터 이 사건 메스암페타민을 구입한 사실은 인정하면서도 "'성불상 천'은 D와는 다른 사람"이라고 하였지만, "제1회 피의자신문 시에는 '성불상 천'의 인적사항에 대하여 정확히 몰랐고 당시 상황이 너무 혼란스러워 수사관들이 휴대폰 번호를 추적하여 D의 이름을 대길래 '성불상 천'의 이름 끝자가 동일하여 자세히 확인해 보지도 않고 위와 같이 진술하였다"고 종전 진술을 번복하였다(쇼우업 형태의 유사인물 사진제시에서 긍정진술한 것을 번복하는 진술). "D는 2000년 12월 부산 수영구 수영동에서 D2로부터 4백만 원을 받고 메스암페타민(일명 히로뽕) 100g(이하 '메스암페타민'이라 한다)을 판매"하여 마약류관리에 관한 법률위반(향정) 혐의로 구속기소 되었다. 제1심은 유죄를 인정하여 징역 2년을 선고하였고 항소심도 유죄를 인정하였으나 징역 1년 2월과 추징금 4백만 원을 선고하였다. D가 상고하였다.

【주목하여야 할 정황증거들】 D2는 이 사건 메스암페타민을 구입하기 직전에 수차례에 걸쳐서 D 명의로 된 휴대폰으로 범인과 통화를 한 것으로 인정되고, D가 '선배인 K가 신용불량자이어서 휴대폰 가입이 되지 않는다고 하여 K의 부탁으로 자신(D)의 명의를 빌려주어 K가 D 명의로 휴대폰을 가입하여 사용하다가 사망하기 전에 휴대폰을 반환받아 그 후로는 자신(D)이 사용한 것'이라고 하고 있는데, K는 2000. 11. 11. 사망한 것으로 보이므로 D의 변소에 의하더라도 이 사건 당시인 2000. 12. 4.에는 D가 그 휴대폰을 사용하고 있었다고 보여진다. 그 무렵 위 휴대폰을 통하여 D가 잘 알고 지내는 W3, W4 등의 휴대폰과 통화가 이루어졌음은 물론 D의 집 전화와도 통화가 이루어졌다. D는 이 사건 범행 시 누군가가 자신의 휴대폰으로 D2와 이 사건 메스암페타민의 판매를 위한 통화를 하고 이를 판매하였을 것이라고 변소하나 그 변소의 진실성을 담보할 만한 사정은 전혀 찾아볼 수 없[다.]

I 유사인물 사진제시절차(쇼우업의 일종)에서의 목격자의 긍정진술을 신빙할 수 예외적인 정황

R 상고기각. ㉠ 용의자의 인상착의 등에 의한

범인식별 절차에 있어 용의자 한 사람을 단독으로 목격자와 대질시키거나(쇼우업 : 저자 주) 용의자의 사진 한 장만을 목격자에게 제시하여 범인 여부를 확인하게 하는 것(쇼우업에 상당하는 유사인물 사진제시 : 저자 주)은 사람의 기억력의 한계 및 부정확성과 구체적인 상황 하에서 용의자나 그 사진상의 인물이 범인으로 의심받고 있다는 무의식적 암시를 목격자에게 줄 수 있는 가능성으로 인하여, 그러한 방식에 의한 범인식별 절차에서의 목격자의 진술은, 그 용의자가 종전에 피해자와 안면이 있는 사람이라든가 피해자의 진술 외에도 그 용의자를 범인으로 의심할 만한 다른 정황이 존재한다든가 하는 등의 부가적인 사정이 없는 한 그 신빙성이 낮다(대법원 2001. 2. 9. 선고 2000도4946 판결 참조). 이와 같은 점에서 볼 때, ⓝ 범인식별 절차에 있어 목격자 진술의 신빙성을 높게 평가할 수 있게 하려면, ⓐ 범인의 인상착의 등에 관한 목격자의 진술 내지 묘사를 사전에 상세히 기록화한 다음, ⓑ 용의자를 포함하여 그와 인상착의가 비슷한 여러 사람을 동시에 목격자와 대면시켜 범인을 지목하도록 하여야 하고, ⓒ 용의자와 목격자 및 비교대상자들이 상호 사전에 접촉하지 못하도록 하여야 하며, ⓓ 사후에 증거가치를 평가할 수 있도록 대질 과정과 결과를 문자와 사진 등으로 서면화하는 등의 조치를 취하여야 할 것이고, ⓔ 사진제시에 의한 범인식별 절차에 있어서도 기본적으로 이러한 원칙에 따라야 할 것이다.

A 이와 같은 관점에서 공소사실에 부합하는 D2의 진술의 신빙성을 살펴보면, 검찰은 D2로부터 그가 이 사건 메스암페타민을 매수하면서 목격한 판매자의 연령과 키·몸무게 등 체격조건에 관한 간략한 진술만을 확보한 다음, D2가 메스암페타민을 매수하기 직전에 매수장소 등을 정하기 위하여 통화하였다는 휴대폰번호의 가입자 주소지를 조회하여 그 주소지를 관할하는 동에 주소를 둔 D의 이름 끝 자가 '천'인 것으로 확인되자 D의 사진이 첨부된 주민등록초본을 모사전송받아 그 사진을 D2에게 제시하였고, 이에 D2가 그 "사진상의 인물이 이 사건 메스암페타민을 판매한 '성불상 천'이 맞다"고 진술하였는바,

D2의 이러한 진술은 범인식별 절차에서 신빙성을 높이기 위하여 준수하여야 할 절차를 제대로 지키지 못하였을 뿐만 아니라, 그 식별절차 이전의 과정에 비추어 볼 때 제시된 사진상의 인물인 D가 위 휴대폰의 가입명의자임을 알게 된 D2에게 'D가 범인일 가능성이 있다'는 암시가 주어졌을 개연성이 있다는 점에서 높은 정도의 신빙성이 있다고 하기는 어렵다.

그러나 [X(주목하여야 할 정황증거들)를 종합하면] 이 사건 당시 위 휴대폰으로 D2와 통화를 한 사람은 D라고 보아야 할 것이고, 이러한 부가적 사정을 보태어 보면 범인식별에 관한, ⓐ D2의 검찰 진술은 그 절차상의 하자에도 불구하고 높은 정도의 신빙성을 인정할 수 있다. 여기에다가 원심이 인용한 제1심 거시의 다른 증거들을 종합하여 살펴보면 D를 범인으로 인정할 수 있다.

C

[1] **범인식별절차에서 쇼우업(일대일대면)이 허용되는 예외적인 사례**

원칙적으로 공정한 범인식별절차는 라인업이다. 그러나 쇼우업(일대일대면)이 허용되는 예외적인 사례가 있다. 쇼우업(일대일대면)이 허용되는 예외적인 정황은 본 판결에서는 적시되지 않고 오히려 대법원 2001. 2. 9. 선고 2000도4946 판결에서 "용의자가 종전에 피해자(V)와 안면이 있는 사람이라든가, V의 진술 외에도 그 용의자를 범인으로 의심할 만한 다른 정황이 존재한다든가, V가 아무런 선입견이 없는 상태에서 그 용의자를 포함하여 인상착의가 비슷한 여러 사람을 동시에 대면하고 그 중에서 범인을 식별하였다든가 하는 부가적인 사정이 있다거나 직접 목격자의 진술이 특별히 허위진술을 할 동기나 이유가 없는 한 그 증명력이 상당히 높다."[1]고 판시되고 있다. 본 판례사안은 전형적인 예외사례[2]의 하나이다.

---

1) 이 부분은 대법원 2001. 2. 9. 선고 2000도4946 판결에서 판시되었으나 오히려 본 판결에서 판시되어야 할 내용이다.
2) 또 하나의 예외사례로 대법원 2009. 6. 11. 선고 2008도12111 판결을 들 수 있다.

8.13 적법한 증거조사를 거치지 않아 엄격한 증명 위반으로 판단된 사안

대법원 2011. 11. 10. 선고 2011도11115 판결; 수원지방법원 2012. 5. 4. 선고 2011노5056 판결

F D는 "버스 운전기사인 V가 '다른 차량에게 양보하며 운행한다'는 이유로 화가 나 운전석 옆에 서서 V에게 '운전을 누구한테 배웠는지 참 개같이 배웠다', '칼로 찔러 죽인다'는 등 험한 말을 하였고, 자제를 요청하는 V에게 10여 분 넘게 심한 욕설을 계속하고, V의 어깨를 잡는 등 유형력을 행사하여, 이에 참다못한 V가 고속도로를 운행하는 도중 경찰에 신고"하여 업무방해죄 혐의로 기소되었다. V는 제1심에서 '증인(V)이 운전을 하는 동안 피고인(D)이 증인의 어깨를 잡은 사실이 있는가?'라는 신문에 대하여 '어깨를 살짝 잡은 것이지 폭행은 없었다'는 취지로 진술하였고, 경찰에서도 '나(D)는 폭행을 하지 않고 계속하여 말로만 괴롭혔다'는 취지로 진술하였다. D는 제1심 이래 줄곧 '유형력을 행사하는 등의 폭행을 한 바는 전혀 없다'며 이 부분 범죄사실을 강하게 부인하면서 다투어 왔고, '당시 버스 내에서 촬영된 CCTV 영상을 살펴보면 내(D)가 그와 같은 범행을 한 사실이 없음이 밝혀질 것'이라며 변소하기도 하였다. 제1심과 항소심은 유죄를 인정하였다. D가 상고하였다. 제1심과 항소심이 사건 범죄사실에 대한 유죄의 증거로 채용한 것은 '증인 V의 법정진술'과 'V에 대한 경찰 진술조서'뿐이고, 항소심이 인용한 'CCTV 영상'은 유죄의 증거로 채용한 바가 없다. 위 CCTV 영상과 관련하여 제1심은 경기수원중부경찰서 경찰관이 작성한 수사보고를 증거로 채택하여 조사하였는데, 위 수사보고는 증인(V)(버스운전기사)이 이 사건 당시 버스에 설치된 CCTV에 의해 녹화된 영상을 재생할 수 있는 매체인 CD(컴퓨터용 디스크)를 제출하여 첨부한다'는 내용이고 실제로 CD가 그 보고서에 첨부되어 있었다. 공판조서의 일부인 증거목록에 기재되어 있는 바와 같이 제1심은 CD가 첨부되어 있는 수사보고에 대한 증거조사를 292조에서 정한 증거서류에 대한 증거조사 방식에 따라 제시 및 내용고지의 방법에 의하여 하였고 292조의3에서 정한 컴퓨터용 디스크에 대한 증거조사 방식(재생하여 시청 또는 청취)에 따라 증거조사를 하지는 않았다. D는 "제1심과 항소심은 이 사건의 실체를 규명하는 데 가장 직접적이고 핵심적인 증거인 CD를 조사하지 않은 위법판결"이라고 주장하며 상고하였다.

I 원칙적으로 증거의 채부는 법원의 재량이다. 사건의 실체를 규명하는 데 가장 직접적이고 핵심적인 증거를 적법한 절차에 따라 조사하지 않은 수소법원의 판결은 위법판결인가?

R 파기환송. ⓐ 원칙적으로 증거의 채부는 법원의 재량에 의하여 판단할 것이지만, ⓑ 형사사건의 실체를 규명하는 데 가장 직접적이고 핵심적인 증거는 법정에서 증거조사를 하기 곤란하거나 부적절한 경우 또는 다른 증거에 비추어 굳이 추가 증거조사를 할 필요가 없다는 등 특별한 사정이 없는 한, ⓒ 공개된 법정에서 ⓓ 그 증거방법에 가장 적합한 방식으로 증거조사를 하고, ⓔ 이를 통해 형성된 유죄·무죄의 심증에 따라 사건의 실체를 규명하는 것이 형사사건을 처리하는 법원이 마땅히 취하여야 할 조치이고, 그것이 우리 형사소송법이 채택한 증거재판주의, 공판중심주의 및 그 한 요소인 실질적 직접심리주의의 정신에도 부합한다.

A 업무방해죄의 '위력'이란 사람의 자유의사를 제압·혼란케 할 만한 일체의 세력으로 유형적이든 무형적이든 묻지 아니하고, 또한 현실적으로 피해자의 자유의사가 제압될 것을 요하는 것은 아니지만, 범인의 위세, 인원수, 주위의 상황 등에 비추어 피해자의 자유의사를 제압하기 족한 정도의 실력을 의미하는 것으로서, 위력에 해당하는지는 범행의 일시와 장소, 동기와 목적, 인원수, 세력의 태양, 업무의 종

류, 피해자의 지위 등 제반 사정을 고려하여 객관적으로 판단하여야 한다(대법원 2009. 9. 10. 선고 2009도5732 판결 등 참조). 또한 업무방해죄의 성립에 있어서는 업무방해의 결과가 실제로 발생함을 요하는 것은 아니고 그 결과를 초래할 위험이 발생하면 충분하다고 할 것이나, 결과 발생의 염려가 없는 경우에는 업무방해죄가 성립하지 않는다(대법원 2005. 10. 27. 선고 2005도5432 판결 등 참조).

제1심이 유죄의 증거로 채용한 증거들만으로는 이 부분 범죄사실을 그대로 인정하기 부족하고, 오히려 피해자의 진술 내용에 의하면 피고인이 피해자의 어깨를 살짝 잡은 것은 사실이나 이로 인해 피해자의 운전업무가 방해되는 결과발생의 염려는 없었다고 볼 여지도 있다. 이 사건에서 버스를 운행 중인 V에 대해 단지 말로만 위협한 경우와 폭력 등의 유형력을 행사한 경우는 범행의 내용에 결정적 차이가 있고, 이는 유죄·무죄의 판단뿐만 아니라 양형의 요소로서도 매우 중요한 인자가 되는 것이므로 그 점을 밝혀 볼 수 있는 가장 확실하고 직접적인 증거가 있다면 다른 특별한 사정이 없는 한 그 증거방법에 대해 적합한 방식으로 증거조사를 하여 실체를 밝혀내는 것이 필요하다. 그럼에도 원심이 이 사건 범죄사실에 대하여 가장 관건이 되는 실체를 밝혀줄 수 있는 CCTV 영상 자료가 녹화되어 있는 CD에 대한 증거조사를 하지 아니한 채 V의 애매한 진술만을 토대로 폭행의 점에 대해서까지 범죄사실의 증명이 있다고 판단한 것은 ⓕ 법원의 증거결정권의 내재적인 재량의 한계를 넘은 것일 뿐만 아니라 피고인의 방어권을 침해하는 것이기도 하다.

【수원지방법원 2012. 5. 4. 선고 2011노5056 판결】 [주문] 원심판결을 파기한다. 피고인을 벌금 500,000원에 처한다. 위 벌금을 납입하지 아니하는 경우에는 50,000원을 1일로 환산한 기간 피고인을 노역장에 유치한다. 위 벌금에 상당한 금액의 가납을 명한다. [이유] 살피건대, 이 법원의 CD 검증결과(검증의 목적물인

영상파일은 2010. 8. 28. 19시 34분경부터 같은 날 20시 00분경까지 사당역에서 출발하여 수원 방면으로 운행 중이던 이 사건 버스의 운전석 부근을 녹화한 것으로서, 의왕─과천간 고속화도로상 학의 분기점 인근에서 수원시 장안구 동그래미 동 세모 타운 인근까지의 운행 과정이 녹화되어 있다)에 의하면, ① 피고인은 19시 34분 10초경 이 사건 버스의 운전기사인 피해자가 다른 광역버스가 1차로 진입할 수 있도록 양보해 주자 운전석 바로 옆으로 다가가 왜 다른 차에게 양보하냐며 따져 물었고, 이에 피해자가 '운전에 방해된다'라며 피고인에게 자리로 돌아갈 것을 요구하자 피고인은 피해자에게 '뭐가 방해되느냐'며 고함을 지르기 시작한 사실, (중략) ③ 피해자가 (경찰에 신고를 하려고) 휴대폰을 집어 들자 피고인은 '씹할 놈아', '싸가지 없는 새끼', '병신 새끼'라며 피해자에게 욕을 하였고, (중략) ⑦ 피고인은 19시 57분 15초경 피해자에게 욕을 하며 피해자의 어깨를 잡았는데, 피해자가 '잡지 말라'고 말하자 바로 피해자의 어깨에서 손을 뗀 사실을 인정할 수 있다. 한편 피고인이 (중략) 피해자에게 '칼로 찔러 죽인다'고 협박한 부분을 발견하기는 어렵다. (중략) 따라서 검사가 제출한 증거만으로는 피고인이 공소사실과 같이 '칼로 찔러 죽인다'고 협박하고 '피해자의 어깨를 잡는 등으로' 폭행하였다고 인정하기 어렵다. 이 점을 지적하는 취지의 피고인의 사실오인 주장은 이유 있다.

C

1 증거의 채부는 법원의 재량이지만 재량권에 내재적인 한계가 있다

본 판결은 원칙적으로 증거의 채부는 법원의 재량이지만 '사건의 실체를 규명하는 데 가장 직접적이고 핵심적인 증거를 적법한 절차에 따라 조사하지 않은 수소법원의 판결은 위법'임을 확인한 중요한 판결이다. CD에 대한 적절한 조사방법은 공판정에서 녹화된 영상을 재생하여 검증하는 방법이다.

8.14 문서와 최량증거 규칙

대법원 2015. 4. 23. 선고 2015도2275 판결

F D는 "D2와 공모하여 범죄일람표 순번 2, 11, 19 기재 각 당좌수표(이하 '이 사건 각 당좌수표'라 한다)를 발행하였으나 예금부족 또는 거래정지처분으로 지급되지 않게 하였다"는 부정수표단속법[1]위반 혐의로 기소되었다. 검사는 D가 발행한 **수표원본**이 아니라 **원본을 전자복사기를 사용하여 복사한 사본**을 유죄증거로 제출하였다. D의 공소사실은 "수표를 발행하거나 작성한 D가 수표를 발행한 후에 예금부족, 거래정지처분이나 수표계약의 해제 또는 해지로 인하여 제시기일에 지급되지 않게 한 행위"인데, 그 요건에 해당하는 당좌수표는 D의 공소사실의 존재를 직접 증명하는 가장 핵심적인 증거물이다. 당좌수표에 문자 등 부호로 표시된 내용이 있겠지만 그 내용의 핵심은 '장래 일정한 시기에 그 수표 소지인에게 일정 금액을 지급해 달라'는 요청에 있는 것이지, '어떤 사실을 직접 경험한 사람의 의도된 주장'은 없다.

공판에서 D는 그 수표를 증거로 함에 동의하지 않았다. 제1심과 항소심은 "검사가 증거로 제출한 이 사건 각 당좌수표 사본은 증거물이 아닌 문서의 사본으로 제시한 것이고, 따라서 D가 증거로 함에 동의하지 않은 이상 이를 증거로 사용하기 위해서는 특히 신용할 만한 정황에 의하여 이 사건 각 당좌수표가 작성되었는지 여부를 살펴야 할 것인데, 이 사건 각 당좌수표 사본의 액면금 부분 필적이 다른 당좌수표 사본들의 해당 부분 필적과 다르고 한자가 아닌 한글로 기재되어 있는 등의 사정을 고려하면 위 각 당좌수표 사본이 특히 신용할 만한 정황에 의하여 작성되었다고 단정하기 어려우므로 이를 증거로 사용할 수

없고, 각 해당 고발장 등 기재만으로는 이 부분 공소사실을 인정하기에 부족하다."며 무죄를 선고하였다. 검사가 상고하였다.

I 제1심과 항소심은 이 사안에서 당좌수표를 증거서류의 일종, 그 중에서도 피고인이 작성한 진술서(313조 1항 단서)로 보고 이 진술서의 적용법조를 313조 1항 단서라고 판단한 것이다. 그런데 그런 판단이 타당한가?

R 공소사실을 증명하기 위하여 제출되는 수표(手票)는 그 서류의 존재 또는 상태 자체가 증거가 되는 것이어서 **증거물인 서면**에 해당하고, 어떠한 '사실을 직접 경험한 사람의 진술'에 갈음하는 대체물이 아니므로, 그 증거능력은 '증거물의 예'에 의하여 판단하여야 하고, 이에 대하여는 형사소송법 310조의2에서 정한 전문법칙이 적용될 여지가 없다. 이때 수표 원본이 아니라 **전자복사기를 사용하여 복사한 사본**이 증거로 제출되었고 **D가 이를 증거로 하는 데 부동의**한 경우 위 수표 사본을 증거로 사용하기 위해서는 ㉮ 수표 원본을 법정에 제출할 수 없거나 그 제출이 곤란한 사정이 있고, ㉯ 수표 원본이 존재하거나 존재하였으며, ㉰ 증거로 제출된 수표 사본이 이(원본)를 정확하게 전사한 것이라는 사실이 증명되어야 한다(대법원 2008. 11. 13. 선고 2006도2556 판결 참조).

A 이 사건 각 당좌수표 사본은 **증거물인 서면**이어서 이에 대하여는 전문법칙이 적용되지 않으므로, 원심으로서는 이 사건 각 당좌수표 원본을 법정에 제출할 수 없거나 그 제출이 곤란한 사정이 있고 그 원본이 존재하거나 존재하였으며 증거로 제출된 이 사건 각 당좌수표 사본이 이를 정확하게 전사한 것인지 여부를 심리하여 이 점이 증명되는 경우 그 증거능력을 인정하

1) 부정수표단속법 제2조(부정수표 발행인의 형사책임) "① 다음 각 호의 어느 하나에 해당하는 부정수표를 발행하거나 작성한 자는 5년 이하의 징역 또는 수표금액의 10배 이하의 벌금에 처한다. (중략) ② 수표를 발행하거나 작성한 자가 수표를 발행한 후에 예금부족, 거래정지처분이나 수표계약의 해제 또는 해지로 인하여 제시기일에 지급되지 아니하게 한 경우에도 제1항과 같다."

여야 하고, 한편 이 사건 각 당좌수표 사본의 액면금 부분 필적이 다른 당좌수표들과 다르다는 등의 사정은 **증명력의 문제일 뿐 증거능력의 문제는 아니다.**

C

1 최량증거 규칙의 적용대상

당초 최량증거 규칙은 문서(Document)나 그 사본이 증거로 제출되던 시대에 출현한 규칙이었다. 그런데 현대사회에서 문자 등의 부호는 디지털 기기와 그 작동 메커니즘 속에서도 훌륭하게 구현되고 있고, 문자 등의 부호 외에 사람의 음성과 동작 등도 특수저장매체에 기록되는 시대가 도래 하였다. 이런 사정변경을 반영하여 미국증거규칙(이하 'FRE'로 약칭)은 이 규칙의 포섭대상인 원본(the original) 개념을 문서(writing)에 한정하지 않고, "녹음·녹화(recording), 사진(photo-graph)"에도 원본이 있을 수 있다는 식으로 확장하였다. 이하에서는 이런 각도에서 최량증거 규칙의 적용대상을 살펴보기로 한다.

(1) **문서(writing)와 녹음(recording)** : 문서 혹은 녹음이란 알파벳, 단어, 숫자 혹은 그것(알파벳, 단어, 숫자)에 필적할 만한 부호·음성으로 그 내용이 구성되는 것이면 모두 이에 포섭된다.

(2) **사진(photograph)** : 사진이란 사진적 이미지 혹은 어떤 형태로든 그것에 필적할 만한 것을 말한다. 예를 들어 사진에는 X-ray films, 필름, 영상녹화물도 포함된다.

(3) **원본** : 문서와 녹음의 원본이란 최초로 생성된 문서·녹음 자체를 말한다. 두 가지 점이 주목된다. 첫째, 계약의 당사자들이 도달된 합의를 문서화한 계약서 2통을 만들어 각자 소지하면 2통 모두 원본이다. 둘째, 전자적으로 저장된 정보(electronic infor-mation)가 있을 때 디지털 정보가 원본이지만 그 출력물(printout)이나 기타 읽기가 가능한 것 중에서 정보를 정확하게 반영하는 것이면 그것도 원본이다. 셋째, 사진의 경우 네거티브(negative)는 물론이고 그 출력물(print)도 원본이다.[2]

2 사본 기타의 2차적 증거를 증거로 삼을 수 있는 3요건

본 판결은 사본을 증거로 삼을 수 있는 요건을 거의 기계적으로, ㉮ 원본을 법정에 제출할 수 없거나 그 제출이 곤란한 사정, ㉯ 원본이 존재하거나 존재하였을 것, ㉰ 사본이 원본을 정확하게 전사한 것이라는 3요건을 제시한다. 그러나 3요건 중 ㉯는 ㉰에 포섭될 것이므로 ㉰ 외에 ㉯를 별도로 요구할 필요가 있을지 의문이다. 또 ㉰의 요건도 너무나 당연한 요건이다. 사본이 원본을 정확하게 전사한 것이 아닌데 사본을 원본대용으로 쓰는 것은 너무나 위험한 행위이기 때문이다. 따라서 3요건 중 현실적 중요성이 있는 것은 ㉮의 요건이다.

3 FRE Rule 1004

FRE Rule 1004는 이 요건의 핵심을 다음과 같이 요약하고 있다.

첫째, 다음 요건 중 어느 하나가 충족되면 족하다.

ⓐ 원본이 증거제출자 이외의 다른 사람에 의하여 망실되거나 파괴된 때

ⓑ 원본을 법정에 현출시키고 싶어도 그것이 현재 타인의 통제 하에 있고 사법절차에 따라 원본을 법정에 현출시킬 수 없을 때

ⓒ 원본을 제출하고자 하는 당사자가, 원본을 반대 당사자가 통제하고 있음을 고지하였는데도 그 자가 법정에 제출하지 않을 때

ⓓ 원본이 당해 이슈와 밀접히 관련되지 않고 부수적으로만 관련되어 있을 때

둘째, ⓐ의 요건이 구비되면 전자복사기를 사용하여 복사한 사본이 아니라 사본에 필적하는 기타의 2차적 증거일 경우에도 예외가 적용된다.

---

2) FRE Rule 1001. (a), (b), (C), (d), Arthur Best, *Evidence: Examples & Explanations*(Aspen, Publishers, 6th edition, 2007), p. 220.

8.15 합리적 의심의 여지없이 공소사실이 증명되었다고 판단된 사례

대법원 2017. 1. 25. 선고 2016도15526 판결(이태원 살인사건)

F 1997. 4. 3. 21:50경 서울 용산구 이태원동에 있는 버거킹 햄버거 가게 화장실에서 피해자 V가 칼에 찔려 살해된 사건이 발생하였다. 검사는 1997. 4. 26.경 D2를 살인혐의로, D를 "폭력행위 등 처벌에 관한 법률 위반"과 "증거인멸"혐의로 기소(이하 '선행사건')하였다. 선행사건에서 D는 유죄로 인정되었으나(서울고등법원 1998. 1. 26. 선고 97노2396 판결), D2는 무죄로 판단(대법원 1998. 4. 24. 선고 98도421 판결)되었다. 2011. 12. 22. D는 아래와 같이 "D2와 공모하여 V를 살해"한 혐의로 기소되었다. 공소사실은 "D는 1997. 4. 3. 21:30경 서울 용산구 이태원동에 있는 버거킹 햄버거 가게에서 친구인 D2와 함께 탁자에 앉아 햄버거를 먹고 있었다. D는 그 자리에서 D2로부터 '나가서 아무나 칼로 찔러봐라. 빨리 나가서 누군가 쑤셔버려라'는 이야기를 들었다. D와 D2는 1997. 4. 3. 21:50경 마침 술에 취한 V가 화장실로 들어가는 것을 보자 D가 사람을 칼로 찌를 용기가 있는지 여부를 시험해 보기로 하고, D 또는 D2가 "I'm going to show you something cool. Come in the bathroom with me"라고 말한 다음, D2가 V를 뒤따라 화장실 쪽으로 가고, D도 D2를 뒤따라 화장실 쪽으로 갔다. D2가 먼저 화장실로 들어가 세면대 앞에서 손을 씻는 척하면서 D가 실제로 V를 칼로 찌를 것인지를 지켜보고, D는 화장실에 들어가 접이식 칼로 오른쪽 소변기 앞에서 소변을 보는 V의 오른쪽 목을 찌르고, D를 향해 돌아선 V의 가슴과 왼쪽 목을 찔러, V를 살해하였다."는 것이었다. 제1심은 "D가 V를 칼로 찔러 살해한 사실이 합리적인 의심을 할 여지가 없이 인정된다."고 판단하여 공소사실을 유죄로 인정하고 D에게 징역 20년을 선고하였다. D가 항소하였다. 항소심은 "제1심이 법리오해, 사실오인 및 양형부당"이라는 주장을 모두 배척하고 D의 항소를 기각하였다. D는 "V를 칼로 찌른 사람은 D2이지 D가 아니"라고 주장하며 상고하였다.

【주요 증거관계】

1. V는 D, D2만 있던 가게 화장실에서 칼에 찔려 사망하였는데, D, D2는 서로 상대방이 V를 칼로 찔렀고 자신은 우연히 그 장면을 목격하였을 뿐이라고 주장하였다. 먼저 D는 범행 당시의 상황에 관하여 "D가 D2를 따라 화장실로 들어가 세면기 오른쪽 부분과 왼쪽 벽 사이에 기대 서 있었는데, D2가 소변을 보고 있던 V의 오른쪽 목 부위를 칼로 찔렀다. V가 왼손으로 상처 부위를 감싸며 돌아서자, D2는 V의 가슴과 왼쪽 목 부위를 찌른 후 칼을 바닥에 버리고 화장실을 나갔다. 이후 V가 D 쪽으로 다가와, D는 세면대 오른쪽 부분에 등을 기댄 채 두 손으로 V를 밀친 다음 바닥에 떨어진 칼을 들고 화장실을 나왔다."라고 주장하였다. 반면에 D2는 "화장실 세면대 앞에서 손을 씻으면서 거울을 보았는데, D가 갑자기 V의 오른쪽 목을 칼로 찔렀다. D2가 오른쪽으로 몸을 돌려 보니, V가 돌아서서 D를 때리려는 순간 D가 이를 피하면서 V의 몸과 왼쪽 목 부위를 계속 찔렀다. 이후 D가 D2를 밀치면서 화장실을 빠져나갔고, V가 구석에 쓰러질 때 D2도 화장실을 나왔다."라고 주장하였다.

2. 범행 현장에 남아 있는 혈흔 등에 비추어 보면, D2의 주장은 특별한 모순이 발견되지 않으나, D의 주장은 아래와 같이 쉽사리 해소하기 힘든 논리적 모순이 발생한다.

가. 세면대의 오른쪽 윗부분과 안쪽 부분에 묻어 있는 피의 양이나 그 흔적에 비추어 보면, V는 칼에 찔린 후 화장실 왼쪽 구석으로 쓰러지기 전에 세면대 오른쪽 부분을 짚고 있는 상태에서 피를 흘린 것으로 보이는데, D의 진술과 같이 D가 세면대 오른쪽과 벽 사이에 서서 범행을 목격하다가 D 쪽으로 다가오는 V를 세면대 오른쪽에 기대어 밀쳐 낸 것이라면, 세면대 오른쪽 윗부분과 안쪽 부분에 그와 같이 많은 양의 피가 묻기는 어려울 것으로 보인다.

나. 또한 D의 진술과 같이 범행 당시 D가 세면대

오른쪽과 벽 사이에 서 있었다면, D의 몸에 가려 피가 묻지 않는 부분이 있어야 하는데도, 실제로는 왼쪽 소변기부터 세면대까지 이르는 벽에 빈 부분이 없이 핏자국이 죽 이어져 있다.

다. D의 진술과 범행 현장의 혈흔 사이에 모순이 없으려면, D가 V를 밀치고 그 자리를 떠난 뒤 V가 다시 세면대 쪽으로 다가와 세면대를 짚었어야 했을 것이다. 당시 V는 혈중알코올농도가 0.14%에 이를 정도로 술에 취한 상태에서 급소를 9차례나 칼에 찔려 다량의 출혈이 있었는데, D가 V를 밀친 후에 V가 다시 몸을 일으켜 세면대까지 올 수 있었을 것으로는 보이지 않는다.

3. 범행 이후의 정황에 나타난 아래 사정들 역시 D가 V를 칼로 찌르는 것을 목격하였다는 D2 진술의 신빙성을 뒷받침하고 있다.

가. D는 양손과 머리, 상의, 하의 등 온몸에 V의 피가 많이 묻었던 반면, D2는 상의 이외에는 V의 피가 묻지 않았다. D는 자신 쪽으로 다가온 V를 밀치는 과정에서 피가 많이 묻게 된 것이라고 주장하고 있으나, 위에서 보았듯이 범행 현장에 남은 혈흔 등에 비추어 볼 때 D의 위와 같은 주장은 받아들이기 어렵다. (중략)

R 상고기각. 형사재판에서 유죄의 인정은 법관으로 하여금 합리적인 의심을 할 여지가 없을 정도로 공소사실이 진실한 것이라는 확신을 갖도록 할 수 있는 증명력을 가진 증거에 의하여야 한다. 여기에서 말하는 합리적 의심이란 모든 의문이나 불신을 말하는 것이 아니라 논리와 경험법칙에 기하여 증명이 필요한 사실과 양립할 수 없는 사실의 개연성에 대한 합리적인 의문을 의미한다. 따라서 단순히 관념적인 의심이나 추상적인 가능성에 기초한 의심은 합리적 의심에 포함되지 않는다(대법원 2013. 6. 27. 선고 2013도

4172 판결 등 참조). 법관은 반드시 직접증거로만 범죄사실에 대한 증명이 있는지를 판단하는 것은 아니고, 직접증거와 간접증거를 종합적으로 고찰하여 논리와 경험의 법칙에 따라 범죄사실에 대한 증명이 있는 것으로 판단할 수 있다.

A D가 V를 칼로 찔러 살해하였음이 합리적인 의심을 할 여지가 없을 정도로 충분히 증명되었다고 본 원심의 판단은 정당하다.

C

① 합리적 의심의 여지가 없는 증명(Proof by Beyond a Reasonable Doubt)**과 적법절차 정신**

엄격한 증명의 정도는 유죄라고 가정하였을 때 합리적 의심의 여지가 없는 증명이어야 한다. 합리적 의심의 여지가 없는 증명이란 일반인이라면 누구도 의심하지 않을 정도의 증명상태를 말한다. '입증취지가 진실일 것'이라는 고도의 개연성'으로 족하고 자연과학적 진실에 요구되는, '반증을 용납하지 않는 절대적 증명'까지 요구할 수는 없다. 형사재판에서 '합리적 의심의 여지가 없을 정도의 증명'을 요구하면 '진범을 기소하지 못하고 진범에게 무죄판결이 선고될 가능성'이 높아진다. 그러나 그런 증명을 요구하지 않으면 반대로 무고한 사람이 기소되고 무고한 사람에게 유죄판결이 선고될 가능성도 생긴다. '무고한 사람이 기소되고 무고한 사람에게 유죄판결이 선고될 가능성을 감소시키려는 발상의 사회적 효용성'은 '진범을 기소하지 못하고 진범에게 무죄판결이 선고될 가능성을 감소시키려는 발상의 사회적 효용성'보다 훨씬 우월한 가치라고 믿는 가치관이 '적법절차의 정신'이다.

8.16 증거연쇄 입증 실패의 효과

대법원 2018. 2. 8. 선고 2017도14222 판결

F D는 "2016. 9. 17.부터 같은 달 26일까지 사이 알 수 없는 시간에 서울, 인천 또는 천안시 동남구의 알 수 없는 장소에서 알 수 없는 양의 메트암페타민을 알 수 없는 방법으로 투약하였다."는 마약류관리에 관한 법률위반(향정) 혐의로 기소되었다. D는 수사를 받기 시작한 때부터 줄곧 공소사실을 부인하여 검사는 D가 메트암페타민을 투약한 일시, 장소, 방법 등을 명확히 밝히지 못하였다. 항소심은 공소사실을 유죄로 판단하였다. D의 유죄를 입증하는 핵심증거로 제출된 증거는 D가 임의로 제출하여 수사측이 채취한 소변과 머리카락, 그리고 그에 관한 국립과학수사연구원(이하 '국과수'로 약칭함)의 감정의견이었다. D가 상고하였다.

수사측이 D로부터 소변과 머리카락을 채취해 국과수가 감정하기까지의 증거연쇄 정황은 다음과 같다.

(1) D는 메트암페타민 투약혐의로 경찰서에 출석하여 조사받으면서 그 혐의를 부인하였다. D는 소변과 머리카락을 경찰관에게 임의로 제출하는 데 동의하였다. 경찰관 P는 조사실에서 아퀴사인(AccuSign) 시약으로 D가 받아 온 소변에 메트암페타민 성분이 있는지를 검사하였으나 그 결과는 음성이었다. (2) P는 그 직후 D의 소변을 증거물 병에 담고 봉인용 테이프를 붙이지 않은 채 조사실 밖으로 가지고 나갔다. P는 D의 머리카락도 뽑은 후 그 자리에서 봉인조처를 하지 않고 밖으로 가지고 나갔다. P는 D로부터 "직접 저의 소변(20cc)과 모발(50수)을 채취하여 봉합지에 넣어 날인하였습니다."라고 기재된 소변모발채취동의서에 무인을 받았다.

(3) D의 눈앞에서 소변과 머리카락이 봉인되지 않은 채 반출된 후 조작·훼손·첨가를 막기 위하여 어떠한 조처가 행해졌고 누구의 손을 거쳐 국과수에 전달되었는지 확인할 수 있는 기록은 증거로 제출되지 않았다.

(4) 감정물인 머리카락과 소변에 포함된 세포의 디엔에이(DNA) 분석 등 D의 것임을 과학적 검사로 확인한 자료는 증거로 제출되지 않았다.

유죄증거로 제출된 2017. 2. 22.자 통신사실자료 조회 회신으로는 메트암페타민을 투약하거나 매도한 전력이 있는 O와 D가 2016. 9.에 여러 번 통화한 사실만 알 수 있다.

I 유력한 유죄증거가 있지만 검사가 그 증거의 증거연쇄(coc, chain of custody) 입증에 실패한 경우의 증거법적 효과가 문제된다.

R 파기환송. 원심의 판단은 아래와 같은 이유로 수긍하기 어렵다.

1. D는 수사를 받기 시작한 때부터 줄곧 공소사실을 부인하였다. 공소사실 기재에서 알 수 있듯이, 검사는 D가 메트암페타민을 투약한 일시, 장소, 방법 등을 명확히 밝히지 못하였다. 이러한 경우 D를 유죄로 판단하려면, 적어도 2016. 9. 17.부터 같은 달 26일까지 사이 메트암페타민을 투약한 사실은 합리적 의심의 여지가 없을 만큼 확실히 증명되어야 한다. 그런데 거시된 유죄의 증거 중 2017. 2. 22.자 통신사실자료 조회 회신으로는, 메트암페타민을 투약하거나 매도한 전력이 있는 O와 D가 2016. 9.에 여러 번 통화한 사실만 알 수 있다. 결국 D의 투약 사실에 대한 증거로는, D의 소변과 머리카락에서 메트암페타민 성분이 검출되었다는 국과수의 감정 결과가 있을 뿐이다.

2. 이러한 과학적 증거방법이 사실인정에 있어서 상당한 정도로 구속력을 갖기 위해서는 감정인이 전문적인 지식·기술·경험을 가지고 공인된 표준 검사기법으로 분석한 후 법원에 제출하였다는 것만으로는 부족하고, 시료(試料 사안에서는 머리카락과 소변)의 채취·보관·분석 등 모든 과정에서 시료의 동일성이 인정되고 인위적인 조작·훼손·첨가가 없었음이 담

보되어야 하며 각 단계에서 시료에 대한 정확한 인수·인계 절차를 확인할 수 있는 기록이 유지되어야 한다(대법원 2010. 3. 25. 선고 2009도14772 판결 등 참조).

A D로부터 소변과 머리카락을 채취해 감정하기까지 증거에 의해 알 수 있는 사정을 종합해 보면, 국과수의 감정물이 D로부터 채취한 것과 동일하다고 단정하기 어려우므로, 그 감정 결과의 증명력은 D의 투약 사실을 인정하기에 충분하지 않다.

결국 이 사건 공소사실에 대하여는 합리적인 의심을 할 여지가 없을 정도로 진실임을 확신하게 하는 증명력을 가진 증거가 있다고 보기 어려운데도, 이를 유죄로 판단한 원심판결에는 객관적·과학적인 분석을 필요로 하는 증거의 증명력에 관한 법리를 오해하고, 논리와 경험의 법칙에 반하여 합리적인 자유심증주의의 한계를 벗어나 사실을 인정함으로써 판결에 영향을 미친 잘못이 있다.

C

1 증거물의 진정성 증명과 증거연쇄

상점절도에서 도난된 계산기, 마약류 투약죄에서 투약마약성분, 음주운전죄에서 채취된 혈액이 유죄증거로 제출되는 경우 피고인측 변호인이 그 증거들이 위조된 것이라거나 피고인의 혈액·소변·모발이 아니라 타인의 혈액·소변·모발이라고 주장한다면 그 주장은 검사제출 증거물의 진정성(authenticity)을 탄핵하는 것이다. 이런 점을 대비하여 수사측과 소추측은 증거의 진정성을 입증하는 체제를 구비하여야 한다. 이런 대비가 증거연쇄(coc, chain of custody)를 입증하는 것이다.

2 증거연쇄의 입증방법

모발감정의 진정성 입증방법으로 본 판결은 "시료(試料 사안에서는 머리카락과 소변)의 채취·보관·분석 등 모든 과정에서 시료의 동일성이 인정되고 인위적인 조작·훼손·첨가가 없었음이 담보되어야 하며 각 단계에서 시료에 대한 정확한 인수·인계 절차를 확인할 수 있는 기록이 유지"되어야 함을 명시하고 있다.

3 증거연쇄 입증실패의 효과

수사·소추측이 증거물의 증거연쇄 입증에 실패하면 검사는 합리적인 의심을 할 여지가 없을 정도로 유죄를 입증하지 못한 것으로 판단되어 무죄판결로 연결될 가능성이 높아진다.

4 증거연쇄의 입증에 충분하지 못한 것으로 판단된 '폐수 수질검사 결과 회신'

"이 사건 공소사실에 부합하는 듯한 '폐수 수질검사 결과 회신' 중의 92번 시료는 최종방류수에서 채취한 B 시료가 아니라 처리 전 원폐수로부터 채취한 C 시료로 봄이 상당하고, 그렇다고 하여 '폐수 수질검사 결과 회신' 중의 91번 시료마저 효성금속 담장 밖 맨홀에서 채취한 A 시료가 아니라 B 시료인 것으로 단정하기는 어려워, 위 회신 중 91번 시료에 대한 성분검사 결과를 이 사건 공소사실 중 수소이온농도에 관한 배출허용기준 초과배출 부분에 대한 유죄의 증거로 삼기에도 부족하다고 판단하여 이 사건 공소사실에 대하여 무죄를 선고한 제1심을 그대로 유지하였는바, 기록에 비추어 보면 원심의 판단은 위 법리를 토대로 사실심 법관의 합리적인 자유심증에 따른 것으로 수긍이 되고, 거기에 상고이유로 주장하는 법리오해 등의 위법이 없다"(대법원 2010. 3. 25. 선고 2009도14772 판결).

제9장

자백과 위법수집증거

제1절 자 백

9.1.1 임의성 없는 자백의 증거능력을 부정하는 취지

대법원 1998. 4. 10. 선고 97도3234 판결

F D(공무원)는 수뢰죄로 기소되어 제1심과 항소심에서 유죄판결을 선고받았다. 항소심이 유죄증거로 채용한 증거는 ⓐ D의 검면피신조서, ⓑ 뇌물 공여자인 D2(공무원)의 검찰에서의 진술, ⓒ D2의 제1심 법정에서의 각 진술이다. 제1심과 항소심은, D가 공판정에서 임의성을 다투는 D의 검면피신조서(ⓐ)는 "공판정에서 D가 그 진정성립을 인정하였을 뿐만 아니라 위 조서의 형식과 내용, D, D2의 학력, 경력, 직업, 사회적 지위, 지능정도 등 제반 사정을 참작하더라도 특별히 임의성을 의심할 만한 합리적이고 상당한 정도의 구체적인 사실이 엿보이지 않는다"는 이유로 그 증거능력을 인정함과 아울러 위 "D2 등의 진술(ⓑ)도 신빙성이 있다"고 판단하였다. D, D2는 "당초 검찰에 구인되어 조사받는 과정에서 D는 한결같이 'D2로부터 뇌물을 상납 받은 적이 없다'고 극구 결백을 주장하였음에도 검사가 'D2가 이미 자백하였다'면서 그와의 대질신문도 거절한 채 이틀 동안 자백을 강요하는 신문을 계속하였고 조사가 진행되는 동안 밤에는 안대(眼帶)로 D의 눈을 가린 채로 철제의자에 앉히고 잠을 재우지 않는 바람에 D는 불안한 상태가 계속된 나머지 자포자기의 심정이 되어 어쩔 수 없이 묻는 대로 고개만 끄덕이거나 범행을 시인하는 진술을 한 결과 수뢰의 각 범행을 허위로 자백하는 결과가 되었으며 그 후에도 20여 일간을 검찰에 매일 출석하는 수난을 당하다가 공판정에 이르러 그 진실을 밝히게 된 것이므로, 위 각 자백은 임의로 진술한 것이 아니었다"고 주장하며 상고하였다. 기타 참고가 되는 정황사실로 "D는 1997. 3. 29. 11:00 긴급체포되어 체포 당일에는 공무원으로서의 근무경력을 기재한 진술서(=자술서)만을 작성하였고 그 다음 날에 D는 자신의 평소 업무내용 및 포장공사와의 관

계 및 내역 등 간단한 진술서만을 작성하였을 뿐이며, 체포된 지 이틀 후인 같은 달 31.에 이르러서야 비로소 D의 뇌물수수의 범행을 자백하는 내용이 들어 있는 진술조서 또는 피신조서가 작성되기 시작하였다. 그런데 D에 대한 검면피신조서의 경우, '거기에 기재된 근무경력이 위 1997. 3. 29.자 진술이나 공무원인사기록카드에 기재된 내용과 다를 뿐만 아니라 당초에 금품수수 사실을 부인한 이유가 강화군청과 자신(D)에게 불명예를 안겨주기 싫었기 때문'이라고 진술한 반면, 금품을 교부받은 일시와 관련업체, 횟수 및 금액이 제1심과 항소심에서 유죄로 인정한 범죄사실과 상당한 차이가 있었고, 그 후에도 같은 해 4. 1. 및 같은 달 15. 제2회 및 제3회 각 피신조서가 작성되었으나 근무경력이나 뇌물수수의 일시 및 금액 등에 관한 종전의 진술이 전혀 정정되지 않았다. 특히 뇌물수수의 동기에 관하여 D는 "시공업체로서는 위 D2가 진흥계에 소속하여 있음에도 준공검사관이 되어 자리를 비우게 되면 본연의 업무가 그만큼 지연되는 데에 대한 일종의 보상차원에서 금품을 제공하고 위 D2로서는 업무지연에 대한 미안한 마음과 근무감독권을 가진 D에게 잘 봐달라는 취지에서 이를 교부하는 것"이라고 진술하였다. D는 제1회 공판기일부터 그 공소사실을 전부 부인함과 아울러 증거조사 할 때 위 각 피신조서의 임의성을 부인하였을 뿐더러 한결같이 "조사과정에서 벽을 마주한 채 철제의자에 앉히고 야간에도 전혀 잠을 자지 못하게 하는 등 계속하여 자백을 강요하는 강압적 수사를 받았다"고 진술하였다.

I ⓐ D의 검면피신조서, ⓑ 뇌물 공여자인 D2(공무원)의 검찰에서의 진술에 대하여 제1심과 항소심

은 임의성이 있다고 판단하여 유죄증거로 채택하였
는데 D는 그 진술에 임의성이 없다고 주장하면서 상
고하였다. 여기서 임의성의 판단기준이 문제되고 그
문제는 다시 임의성 없는 자백의 증거능력을 부정하
는 취지를 무엇으로 볼 것인가의 문제로 치환되어 논
의되고 있다. ⓐ, ⓑ의 진술에 신빙성이 있는 것인지
여부에 대하여 제3자로서는 위에 적시된 사실만으로
는 판단하기 어렵다는 점에 유의하여야 한다.

R 파기환송. (a-1) 임의성 없는 자백의 증거능력
을 부정하는 취지가 허위진술을 유발 또는 강요할 위
험성이 있는 상태 하에서 행하여진 자백은 그 자체로
실체적 진실에 부합하지 아니하여 오판의 소지가 있
을 뿐만 아니라 (a-2) 그 진위 여부를 떠나서 자백을
얻기 위하여 피의자의 기본적 인권을 침해하는 위
법·부당한 압박이 가하여지는 것을 사전에 막기 위
한 것이므로 그 (b-1) 임의성에 다툼이 있을 때에는
(b-2) 그 임의성을 의심할 만한 합리적이고 구체적인
사실을 피고인이 입증할 것이 아니고 검사가 그 임의
성의 의문점을 해소하는 입증을 하여야 한다.[1]

A 이 사건에 있어서 D, D2는 체포 후 줄곧 범행
을 부인하다가 금품수수의 상대방과 대질신문을 벌
였다거나 특별한 증거가 제시되지 아니하였음에도
갑자기 그동안 지켜온 명예감정을 포기하고 순순히
범행 일체를 자백하였다는 것은 지극히 이례적인 것
으로서 선뜻 납득하기 어려운데다가, 그 진술내용도
범행사실은 물론 굳이 허위진술의 필요가 없는 기본
적인 사항마저도 부정확한 내용이 포함되어 있다. D
의 경우, 준공검사의 결재과정에 관여할 여지가 없는

1) 같은 취지의 후속판결: "소환의 횟수와 빈도, 조사시간
등으로 보아 과도한 육체적 피로, 수면부족, 심리적 압
박감 속에서 진술을 한 것으로 보여지고, C와 D가 제1
심법정에서 (중략) 수사과정의 물리적·정신적 강압상태
를 진술하고 있는 사정에 비추어 보면, 검사가 작성한
'C·D에 대한 진술조서'는 모두 그 임의성을 의심할 만
한 사정이 있다고 할 것인데 검사가 그 임의성의 의문점
을 해소하는 입증을 하지 못하였으므로 증거능력이 없
다"(대법원 2002. 10. 8. 선고 2001도3931 판결; 대법원
1999. 1. 29. 선고 98도3584 판결).

데도 준공검사와 관련하여 부정한 금품이 수수된다
는 것은 경험칙상 뇌물을 수수한 동기로 인정하기 미
흡한 점, D, D2 모두 제1회 공판정에서부터 그 범행
을 전면 부인한 점 등에 비추어 볼 때, D, D2의 검찰
에서의 자백은 D, D2의 주장대로 잠을 재우지 아니
한 채 심문을 계속한 것이 사실이라면 강요와 회유를
거듭한 끝에 받아낸 것일 뿐 임의로 진술한 것이 아
니라고 의심할 만한 상당한 이유가 있어, D, D2가 검
찰에서 행한 위 각 자백은 이 사건에서 문제되는 철
야조사가 있어 그 때문인지 여부를 심리·판단하지
않고는 결국 유죄의 증거로 삼을 수 없다. 이와 달리
위 판시 이유만으로 그 임의성을 인정하여 이를 유죄
의 증거로 인정한 원심판단은 잘못이다.

C

① 문제의 제기

'임의성 없는 자백[2]의 증거능력을 부정하는 취지'

2) 임의성이 부정된 전형적인 사례: "D는 1983. 1. 31. 거
제경찰서로부터 부산지방검찰청 충무지청에 송치되어
검찰조사기간 중 충무경찰서 유치장에 수감되었는데 송
치당일 검사로부터 제1회 피의자신문을 받을 때 이 사건
범행을 극구 부인하고 경찰에서의 자백은 심한 고문에
의한 것이라고 주장하였다가 그 후 별다른 수사의 진전
이 없는데도 제2회 이후부터 범행사실을 순순히 자백하
였으며 1심 법정에 이르러서부터는 다시 범행을 부인하
고 있음이 명백한바, 1심증인 W의 증언에 보면 충무경
찰서 유치장에서 D를 면회하였을 때 '경찰에서 고문을
당했다'는 말을 들었고 고문받은 상처도 보았으며 D로
부터 '억울한 사정을 요로에 탄원해 달라'는 내용의 쪽
지를 받았다는 취지로 진술하고 있고, 또 같은 1심증인
W2의 증언에 보면 '충무경찰서 유치장에 D와 같이 수
감 중 해질 무렵에 D가 불려나갔다가 밤 9시경 돌아온
뒤 밤새 앓았으며 아침에 보니 D의 오른쪽 다리에 퍼렇
게 멍이 들어 있었고 다리를 폈다 오므렸다 하지 못해
일어나지를 못했으며 D가 고문을 당하였다고 말 하더라'
는 취지로 진술하고 있음이 인정된다. 위와 같은 자백의
경위와 증거관계에 비추어 보면 원심이 'D는 거제경찰
서에 구금되어 조사를 받을 때에 고문으로 이 사건 범행
을 자백하였다가 검찰에 송치된 후 범행사실을 부인하였
으나 수감 중인 충무경찰서에서 다시 엄문을 당한 결과
검사의 제2, 3회 신문 시에는 임의성이 없는 상태에서
다시 자백을 한 것으로 의심할 만한 이유가 있다'고 판
단하여 위 자백의 증거능력을 부인한 조치에 수긍이 가

를 어떻게 파악할 것인가 하는 문제는 난제(難題) 중의 난제에 속하는 문제이다. 그런데 그 문제에 답하기 이전에 도대체 '이 문제에 관하여 대법원은 과연 어떤 입장에 서 있다고 보아야 할 것인가?' 하는 점조차 불분명한 상태에 놓여 있었다. '자백배제법칙의 근거에 관한 대법원의 전통적 견해는 허위배제설'이라는 분석이 있었는가 하면 '자백의 임의성법칙의 이론적 근거에 관한 대법원판례는 없다'는 분석도 있었다. 본 판결은 자백의 증거능력을 부정하는 취지'를 종전판례들보다 훨씬 구체적으로 명시하였기 때문에 주목된다.

② 여러 견해들

시간상으로 '임의성이 없는 자백은 허위일 위험성이 많고 진실의 발견을 저해할 가능성이 큰 까닭에 증거능력을 배제하여야 한다'는 허위배제설, '진술의 자유 또는 진술거부권을 포함한 헌법상의 기본적 인권을 침해하기에 이른 위법·부당한 압박을 배제함으로써 인권옹호를 도모하기 위하여 임의성 없는 자백은 배척되어야 한다'는 인권옹호설, 자백획득과정에서의 적정절차(due process) 또는 적법절차를 담보하는 방법으로서 자백획득의 방법·과정의 위법을 이유로 자백을 배제한다는 위법배제설이 차례대로 제시되어 왔다. 이 외에 위의 3가지 견해가 모두 근거가 된다는 종합설도 있다.

③ 본 판결의 의미 : '인권옹호설과 허위배제설의 경합적 적용설' 채택의 명시

첫째, 본 판결은 대법원이 '임의성 없는 자백의 증거능력을 부정하는 취지'를 '허위배제설과 인권옹호설의 경합(競合)'으로 보고 있음을 명시하고 있다. '허위배제설과 인권옹호설의 경합'이란 자백내용에 허위가 개입할 의심이 있는 경우에 증거능력을 배제(a-1)하여야 할 뿐만 아니라, 자백채취과정에 인권(구체적으로 말하면 진술의 자유) 침해의 의심이 있는 경우에도 증거능력을 배제하여야 한다(a-2)는 취지이다. 종래 어느 교과서에서는 이런 입장을 '절충설'로 명명하여 왔으나 경합설로 부르는 것이 좋다고 생각한다.

'절충'이란 독자적인 별도의 학설을 의미하지만 본 판결의 취지는 그런 것이 아니가 때문이다.

둘째, 본 판결은 피고인이 자백의 임의성을 다투는 경우 그 궁극적인 거증책임이 검사에게 있음을 명시하고 있는 점에서도 주목된다. 대법원은 종래 '임의성이 추정된다'는 태도를 취하였다가(대법원 1983. 3. 8. 선고 82도3248 판결; 대법원 1984. 8. 14. 선고 84도1139 판결), 다시 '피고인이 임의성을 다투는 경우에는 법원이 자유로운 심증으로 임의성을 판단하여야 한다'(대법원 1994. 12. 22. 선고 94도2316 판결) 고 했다가, 본 판결에 이르러 정면으로 임의성의 거증책임이 검사에게 있음을 명시하였다.

그런데 대법원은 그동안 '위법배제설'의 일단을 수용한 것이 아닌가 하는 의심을 불러일으키는 판결도 가끔 생산해 왔다. 따라서 '한국의 대법원판례와 위법배제설과의 관계'를 어떻게 파악하여야 할 것인가 하는 점까지 분석되어야 한다.

④ '자기부죄거부특권', '자백법칙', '위법수집증거배제규칙'의 상호관계

대법원은 1980년대에 위법수집증거배제규칙의 일부 채용을 고민하다가 1990년대에 이르러 체포·구속된 피의자의 변호인의 조력을 받을 권리와 진술거부권 분야에서 위법배제설의 관점을 일부 채택하기에 이르렀다. 1992년 판결(대법원 1992. 6. 23. 선고 92도682 판결)의 논증의 특색은 수사기관이 진술거부권을 고지하지 않고 피의자신문을 감행한 경우에 '자기부죄거부특권'과 '위법수집증거배제규칙'을 결합시켜 자백의 증거능력을 부정하고 있다는 점이다. 이것은 대법원이 이 문제에 대한 해결을 '자백의 임의성 문제의 각도'에서 풀려고 하지 않았음을 의미한다. 그렇지만 이 문제를 자백의 임의성 문제와 무관한 문제라고 보기도 어렵다.

적법절차 보장에 봉사하는 '자기부죄거부특권', '자백법칙'(임의성 없는 자백의 증거능력을 부정하는 근거), '위법수집증거배제규칙' 등 3자(三者)의 상호관계를 어떻게 파악하여야 하는가 하는 문제가 차후에 규명되어야 할 문제이다.

고 소론과 같이 채증 법칙을 위반한 위법이 없다"(대법원 1984. 3. 13. 선고 84도36 판결).

5 **고문 등 위법사유와 자백 사이에는 인과관계가 필요하다**(대법원 1984. 11. 27. 선고 84도2252 판결; 대법원 1984. 4. 24. 선고 84도135 판결)

임의성 없는 자백으로 판단되려면 고문 등 위법사유와 자백 사이에 인과관계가 필요하다.[3]

---

3) "임의성이 없다고 의심할 만한 이유가 있는 자백은 그 인과관계의 존재가 추정되는 것이므로 이를 유죄의 증거로 하려면 적극적으로 그 인과관계가 존재하지 아니하는 것이 인정되어야 할 것임에도 불구하고 제1차 환송 후 원심이 환송판결에서 설시한 위 전제사실의 존재자체를 인정하면서 마치 임의성이 없다고 의심할만한 이유가 있는 자백이라도 그 자백이 임의성이 없는 것이라고 인정되지 아니할 때 혹은 그 자백과 임의성이 없다고 의심하게 된 사유와 사이에 인과관계가 있다고 인정할 증거가 없을 때에는 이를 유죄의 증거로 할 수 있는 것이라는 전제 아래 검사작성의 피고인들에 대한 각 피의자신문조서의 증거능력을 인정한 것은 자백의 임의성에 관한 법리를 오해하여 당원이 파기환송하면서 파기이유로 설시한 판단에 저촉되는 판단을 한 위법이 있다 하여 위 원심판결을 파기환송 하였는바 (중략) 309조의 취지는 피고인의 자백이 고문, 폭행, 협박, 신체구속의 부당한 장기화 또는 기망, 기타의 방법으로 임의로 진술한 것이 아닌지의 여부를 밝히기가 매우 어려운 점을 고려하여 자백이 동조(309조) 소정의 사유로 임의성이 없다고 의심할 만한 이유가 있는 한 그 자백과 위 사유와 사이에 인과관계가 있음이 밝혀지지 않더라도 그 자백은 증거능력을 가지지 못하는 것이나 반면 피고인의 자백이 동조 소정의 사유로 임의성이 없다고 의심할 만한 이유가 있는 경우라도 그 자백과 임의성이 없다고 의심하게 된 사유와 사이에 인과관계가 존재하지 않는 것이 명백하여 그 자백이 임의성 있는 것임이 인정되는 때에는 그 자백은 증거능력을 가진다. 그러나 이와 같이 임의성이 없다고 의심할 만한 이유가 있는 자백은 그 인과관계의 존재가 추정되는 것이므로 이를 유죄의 증거로 하려면 적극적으로 그 인과관계가 존재하지 않는 것이 인정되어야 할 것."

9.1.2 임의성에 의심이 있는 비전형적 자백(철야·30시간 동안의 불면·교대신문과 약속 후의 자백)

대법원 1997. 6. 27. 선고 95도1964 판결

F 공무원 D는 특정경제범죄 가중처벌 등에 관한 법률위반(수재등) 혐의로 기소되었다. D는 검찰에서 자백(검면자백)하였다. 검찰수사단계에서 D가 자백에 이르게 된 경위는, D가 1994. 7. 18. 08:10경 부산지방검찰청에 연행되어 같은 달 19. 14:00경까지 약 30시간 동안 잠도 자지 못한 채 검사 2명에 의하여 교대로 계속 조사를 받아 심신이 몹시 지친 상태에서, 검사가 '사안이 무겁지 않고 취업할 처지도 아니니 유죄판결을 받더라도 집행유예의 형이 선고될 것인데 범행을 부인하여 고생할 것이 아니라 속히 귀가하는 것이 좋지 않겠느냐'고 회유하는 바람에 우선 귀가하고 보자는 자포자기의 심정에서 하게 된 것이다. 그 후 제1심 법정에서부터 D는 다시 공소사실을 일관하여 부인하며 각 서류의 증거조사 시에 제2, 제3회 각 피신조서의 임의성을 부정하였다. 항소심은 D의 특정경제범죄 가중처벌 등에 관한 법률위반(수재등)의 점에 대하여 참고인(나중에 공판정 증인) W의 수사기관 이래 항소심에 이르기까지의 진술 및 압수된 경비가불장의 기재와 D의 검찰에서의 자백을 증거로 유죄를 선고하였다. D는 "항소심이 유죄의 증거로 삼은 D의 검찰에서의 자백을 유죄의 증거로 삼은 항소심판결에는 채증법칙 위배의 위법이 있다"고 주장하며 상고하였다.

I 철야·30시간 동안의 불면·교대신문 끝에 받아낸 자백은 309조의 '기타의 방법으로 임의로 진술한 것이 아니라고 의심할 만할 이유가 있는 때'에 해당하는 자백인가?

R A 상고기각. 이 사건에서와 같이 ㉮ 동일한 피의자에 대하여 하루 동안에 3회의 피신조서가 작성된 것과 ㉯ 뚜렷한 이유 없이 같은 날 중간에 검사가 교체되었다가 다시 원래의 담당검사에 의하여 수사가 진행된 것은 지극히 이례적이라 할 것인바, 이러한 이례적인 수사과정과, 비록 ㉰ 위 제2회 피신조서에는 D가 그때까지의 진술을 번복하는 이유를 "사실대로 진술을 하고 선처를 바라는 마음에서 바른대로 진술을 하는 것"이라고 기재되어 있지만, 그러한 사정만으로 그동안 공소사실을 부인하여 오던 D가 진술을 갑자기 번복하게 된다는 것은 선뜻 수긍이 되지 않는 점, 또한 D가 위 제2회 피신조서 작성 시에 "마음이 괴로워서 조사를 빨리 끝내고 싶다"는 심경을 밝히고 있고, 위 제3회 피신조서 작성 시에도 "전회의 진술이 사실인가"라는 검사의 신문에 대하여 처음에는 묵묵부답을 한 다음, 그 이유를 "진술조서와 제1회 피신조서 작성 시에는 극구 부인을 하였다가 나중에 순순히 자백을 하고 보니 오히려 마음이 허전하고 자책감에서 아무런 말도 못하고 침묵을 지켰다"라고 ㉱ 자백을 후회하는 듯 하는 진술을 하였으며, ㉲ 그 이후 제1심 법정에서부터는 다시 위 공소사실을 일관하여 부인하고 있는 점 등에 비추어 보고, 특히 피의자에게는 진술거부권이 있는 점을 감안하면, 위 ㉳ D의 검찰에서의 자백은 D의 자유로운 의사에 의하여 임의로 되었다기보다는 위 상고이유의 주장과 같이 검사 2명이 D를 잠을 재우지 아니한 채 교대로 신문을 하면서 회유한 끝에 받아낸 것이 아닌가 하는 강한 의심을 가지게 한다. 그렇다면, 검사 작성의 D에 대한 제2, 3회 피신조서에 기재된 D의 자백은 잠을 재우지 아니한 상태에서 이루어진 것으로 임의로 진술한 것이 아니라고 의심할 만한 이유가 있는 때에 해당하므로 309조의 규정에 의하여 위 각 피신조서는 증거능력이 없다. 따라서 이를 유죄의 증거로 삼은 원심판결은 잘못이다. 다만 항소심이 D에 대한 유죄의 증거로서 들고 있는 W의 수사기관 이래 원심에 이르기까지의 진술 및 압수된 경비가불장의 기재 등에 의하더라도 D에 대한 판시 범죄사실

을 유죄로 인정할 수 있다고 보이므로, 결국 원심의 위와 같은 잘못은 판결결과에 영향이 없다.

C

① 철야·30시간 동안의 불면·교대신문의 적법성

철야·30시간 동안의 불면·교대신문 후의 피의자의 자백은 비전형적 자백의 대표적 사례이다. 피고인에게는 신속한 재판을 받을 권리가 있으므로 수사기관은 신속하게 수사를 종결하여야 한다. 특히 수사기관은 구속기간의 제한을 받는다. 따라서 수사기관이 피의자에 대하여 장시간에 걸쳐 집중적 신문을 하게 되는 부득이한 경우가 있을 수 있다. 예를 들어 ① 피의자가 야간에 현행범으로 체포되거나 긴급체포된 경우, ② 적법하게 체포된 피체포자에 대하여 48시간 이내에 구속영장이 청구되어야 할 경우, ③ 다른 사람의 신체나 생명에 급박한 위험을 가져올 수 있는 인물이 피의자인 경우, ④ 피의자가 야간근무자이거나 개인적인 사정으로 자진하여 철야조사를 원하는 경우, ⑤ 피의자가 대형 경제사건이나 부정부패 사건 등 시민들의 이목이 집중되고 사회에 미치는 영향이 큰 사건의 피의자인 경우, ⑥ 공소시효의 완성이 임박하였을 때(인권보호수사준칙 40조 2항) 등이다. 따라서 야간신문과 철야신문, 밤샘조사가 있었다는 사실 그 자체만을 가지고 곧바로 위법수사로 평가할 수는 없고, 심야에 작성되었다는 이유만으로 그 피신조서와 자백의 임의성을 부정할 수는 없다.

② 인권보호수사준칙

첫째, 수사기관은 피의자의 자백이 경험법칙에 위배되는 등 합리성이 의심되는 경우에는 자백하게 된 경위를 따져 그 신빙성 유무를 검토하여야 하고, 공범의 진술이 피의자의 혐의를 인정할 유일한 증거인 경우에는 그 증명력 판단에 더욱 신중해야 한다(인권보호수사준칙 43조(자백 편중 수사의 지양)).

둘째, 수사기관은 원칙적으로 자정 이전에 조사를 마쳐야 한다. 예외적으로 조사받는 사람이나 그 변호인의 동의가 있거나, 공소시효의 완성이 임박하거나, 체포기간 내에 구속 여부를 판단하기 위해 신속한 조

사의 필요성이 있는 등 합리적인 이유가 있는 경우에는 인권보호관의 허가를 받아 자정 이후에도 조사할 수 있다(인권보호수사준칙 40조(심야조사 금지)).

셋째, 수사기관은 참여주사나 사법경찰리 등의 참여 하에 조사를 진행하여야 한다(인권보호수사준칙 41조(참여직원 등의 단독조사 금지)). 조사를 마친 경우에는 조사를 받은 사건관계인에게 조서에 기재된 내용이 정확한지 확인하여야 한다.

넷째, 수사기관은 조사에 장시간이 소요되는 경우 조사 도중에 상대방(피의자, 피내사자, 피해자, 참고인 등 다른 사건관계인)에게 적절한 휴식시간을 주어 피의자 등이 피로를 회복할 수 있도록 하여야 한다. 피의자가 조사 도중에 휴식시간을 달라고 요청하는 때에는 그때까지 조사에 소요된 시간, 피의자의 건강상태 등을 고려하여 적정하다고 판단될 경우 이를 허락하여야 한다. 또 조사 중인 피의자의 건강상태에 이상이 발견되면 의사의 진료를 받게 하거나 휴식을 취하게 하는 등 필요한 조치를 취하여야 한다(인권보호수사준칙 42조(휴식시간 부여 등)).

③ 임의성에 의심이 있는 약속자백

수사기관의 불기소처분의 제안 혹은 가벼운 죄를 명목으로 하는 소추를 하겠다는 약속과 교환조건으로 행하여진 자백은 허위의 의심이 있어 자백의 임의성에 의심을 초래한다(대법원 1983. 9. 13. 선고 83도712 판결). 그러나 처음부터 이행의 의도가 없는 수사기관의 약속 후에 행하여진 자백은 약속자백이라기보다 기망자백에 가깝다(대법원 1984. 5. 9. 선고 83도2782 판결).[1]

---

1) "피고인2가 범죄사실을 자백한 것으로 기재되어 있는 검사작성의 피의자신문조서(3회)는 당시 신문에 참여한 검찰 주사가 '모든 피의사실을 자백하면 원심판사 범죄사실을 불문에 붙이고 공동피고인(피의자1)과 합동하여 소매치기하였다는 피의사실부분은 가볍게 처리할 것이며 피고인2에 대하여 보호감호의 청구를 하지 않겠다'는 각서를 작성하여 주면서 피고인2의 자백을 유도한 사실이 인정되므로 위 자백은 기망에 의하여 임의로 진술한 것이 아니라고 의심할 만한 이유가 있는 때에 해당하여 형사소송법 309조 및 312조 1항의 각 규정에 따라 피의자신문조서의 기재를 증거로 할 수 없다"(대법원 1985. 12. 10. 선고 85도2182, 85감도313 판결, 김명길, 자백의 임의성, 대법원판례해설 제5호에서 재인용)(대법원 1984. 5. 9. 선고 83도2782 판결).

9.1.3 실질설의 응용사례들

대법원 1986. 2. 25. 선고 85도2656 판결

F D는 D2와 함께 지나가는 행인의 손가방 1개를 낚아챈 합동절도 혐의로 기소되었다. 항소심은 D의 제1심 및 항소심 법정에서의 공소사실에 부합하는 진술(자백)과 사법경찰관 사무취급작성의 W(참고인)에 대한 진술조서의 기재를 종합하여 "D가 D2와 합동하여 충주시 불상(不詳) 길가를 지나는 성명불상인이 들고 가는 현금 18,000원이 들어 있는 손가방 1개를 낚아채어 절취"한 사실을 인정하여 유죄판결을 선고하였다. 사법경찰관 사무취급 작성의 W에 대한 (차량도난사실의) 진술조서의 기재내용은 "W가 1985. 4. 30. 22:00경 성남시 태평동 자기 집 앞에 세워 둔 경기 파란색 봉고화물차 1대를 도난당하였다"는 내용뿐이고 D는 법정에서 위 봉고차의 절취사실을 시인하고 있다. D가 "항소심판결은 보강법칙에 위반되는 위법판결"이라고 주장하며 상고하였다.

I 차량도난사실을 내용으로 하는 참고인·증인 진술은 '손가방 1개의 합동절도혐의'의 자백을 보강하는 증거가 될 수 있는가?

R 파기환송. 자백에 대한 보강증거는 피고인의 임의적인 자백사실이 가공적(架空的)인 것이 아니고 진실한 것이라고 인정할 정도면 직접 증거이거나 자백한 범죄사실과, 직접, 간접으로 관련이 있는 정황증거라도 족하다.

A W에 대한 진술조서의 기재는 D의 위 봉고차의 절도사실의 자백에 대한 보강증거는 될 수 있으나 D가 위 차를 타고 충주까지 가서 이건 범행을 하였다는 자백은 그 차량을 범행의 수단, 방법으로 사용하였다는 취지가 아니고 D가 범행장소인 충주시에 가기 위한 교통수단으로 이용하였다는 취지에 불과

하여 이 사건 (합동)절도사실과는 직접적으로나 간접적으로 아무런 관계가 없다. W의 차량의 도난사실의 진술조서의 기재는 이 사건(손가방 1개의 합동절도) D의 자백에 대한 보강증거는 될 수 없다. 그렇다면 이 사건에 대한 D의 자백은 D에게 불이익한 유일한 증거이고 달리 이를 보강할 증거가 없다. 그럼에도 이를 보강증거로 보아 유죄로 인정한 원심조치는 보강증거에 대한 법리를 오해하고 채증법칙을 위배하여 판결에 영향을 미친 위법이 있어 파기를 면치 못한다.[1]

C

1 보강법칙과 그 근거

사실인정자는 증거능력 있는 자백에 터잡아 범죄사실의 존재에 대하여 충분한 심증을 얻었다 하더라도 추가적으로 다른 증거(이를 보강증거라 한다)가 없으면 범죄사실을 인정할 수 없다(310조). 이를 자백의 보강법칙이라 부른다. 보강법칙을 인정하여 자유심증주의(308조)의 중대한 예외를 인정한 이유는 무엇인가? 이 법칙은 자백편중과 자백강요의 실무관행과 실무경향을 제한하여 만에 하나라도 있을지 모르는 오판(誤判)사고를 안정적으로 막기 안전장치이다.

2 보강증거가 필요한 범위

(1) **죄체설과 실질설**(판례) : '죄체(corpus delicti, 범죄구성사실의 객관적 측면)의 전부 또는 적어도 중요 부분에 대하여 보강증거가 필요하다'는 **죄체설**과 범위를 한정하지 않고 '자백과 합하여 공소사실의 진실성을 담보하기에 족한 증거가 있으면 족하다'는 **실질설**(진실성담보설)[2]이 경쟁하고 있다. 본판결은 실질설이 응용된 모습을 잘 보여주고 있다.

본 사안에서 대법원은, W의 진술조서의 기재는 'D

---

1) 유사한 판결로 대법원 1990. 12. 7. 선고 90도2010 판결이 있다.

2) 대법원 2006. 1. 27. 선고 2005도8704 판결 등.

의 봉고차의 절도사실의 자백에 대한 보강증거는 될 수 있으나 D가 위 차를 타고 충주까지 가서 (손가방 1개를 합동으로) 절취하였다는 자백은 그 차량을 범행의 수단, 방법으로 사용하였다는 취지가 아니고 D가 범행장소인 충주시에 가기 위한 교통수단으로 이용하였다는 취지에 불과하여 공소가 제기된 (손가방 1개의 합동) 절도사실과는 직접적으로나 간접적으로 아무런 관계가 없어 D의 자백에 대한 보강증거가 될 수 없다'고 판시하였다.

(2) **구체적 고찰** : 범죄의 주관적 측면인 고의와 과실, 목적범의 목적 등에 대하여는 그 성질상 보강증거를 요구함이 곤란하고 또한 그것은 객관적 사실의 입증으로 추인시킬 수 있으므로 그것에 대한 보강증거까지 요구할 필요는 없다. 경합범은 수개의 범죄사실이 있는 경우이므로 하나하나의 단일범죄마다 보강증거가 필요하다. 상상적 경합범은 가장 중한 범죄에 대하여 보강증거가 있으면 족하고 포괄일죄는 상습성이나 직업성, 단일한 의사의 존재를 인정할 수 있는 범위에 대하여 보강증거가 필요하다.

③ **보강증거적격**

보강증거적격이란 '어떤 증거가 자백에 대한 보강증거가 될 수 있는 적격'을 말한다.

첫째, 보강증거는 피고인의 자백과는 별개의 독립된 증거이어야 한다. 둘째, 보강증거는 반드시 직접증거에 한하지 않고 간접증거나 정황증거로도 족하다.

④ **보강증거의 증거능력**

보강증거는 엄격한 증명의 대상이 되는 범죄사실 인정에 사용되는 증거이기 때문에 증거능력이 있는 증거이어야 한다. 따라서 보강증거에도 전문법칙 등 다른 증거법칙이 적용된다.

⑤ **보강을 요하는 자백**

(1) **공판정 자백과 공판정외의 자백** : 자백편중으로 인한 오판의 방지라는 310조의 취지에 비추어 볼 때 공판정자백을 공판정외의 자백과 구별할 이유는 없으므로 피고인이 공판정에서 자백한 때라 하더라도 310조의 적용이 있다고 보아야 한다.

(2) **공범자의 자백** : 이 문제는 '공소사실을 부인하

는 피고인(D)의 형사피고사건에서 법원이 그 신빙성을 인정하는 공범자(D2, 그가 D와 병합기소 되었는가 아니면 분리기소되었는가 하는 점은 문제되지 않는다)의 자백(예를 들어 '나(D2)는 D와 함께 범행을 수행하였다'는 진술)만으로 피고인(D)에게 유죄판결을 선고할 수 있는가?'의 문제이다. 예를 들어 피고인 D는 범행사실을 부인하고 있는데 D와 공범으로 병합기소된 D2가 D와의 공동범행을 자백하는 경우에 D의 자백만으로 D2를 유죄로 인정할 수 있는가, 아니면 D의 자백을 뒷받침할 다른 보강증거가 있어야 하는가?

대법원은 "㉮ 310조에서 말하는 피고인의 자백이라 함은 문리해석상으로도 다른 공동피고인(공범인 경우이건 아니건 가리지 않는다)의 자백을 포함한다는 취지로 되어 있지 않을 뿐 아니라 ㉯ 실지 문제로서도 이 공동피고인의 자백에 대하여는 반대신문권도 충분히 보장되어 있는 것이므로 마치 이 공동피고인을 증인으로 신문한 경우나 다를 바가 없다"고 판시[3]하여 **소극설**의 입장이다. **적극설**은 "공동피고인이든 아니든 간에 공범의 자백을 피고인의 자백에 포함시켜 보강증거를 필요로 한다."는 견해이다. 그 근거는 "공범의 자백을 피고인의 자백에 포함시키지 않는다면 공동피고인의 한 사람은 자백하고 또 한 사람은 부인하였을 때 그 외의 보강증거가 없으면, 극단적으로 자백한 사람은 무죄가 되고 부인한 사람은 유죄가 되는 불합리한(비상식적인) 결과가 생길 수 있는 점"에 있다.

⑥ **보강법칙이 적용되는 범위**

즉결심판사건(즉심법 10조)과 소년보호사건에는 적용이 없으나[4] 간이공판절차와 약식절차에는 적용이 있다.

---

3) 대법원 1963. 7. 25. 선고 63도185 판결; 대법원 1981. 2. 10. 선고 80도2722 판결; 대법원 1990. 10. 30. 선고 90도1939 판결.

4) "원심이 소론과 같이 보호소년의 비행을 강도로 인정하고 있는 것으로는 보여지지 않고, 가사 소론과 같이 비행사실의 일부에 자백 이외의 다른 증거가 없다 하여 형사소송절차가 아닌 이 사건 보호사건절차에 있어서 법령의 적용의 착오나 소송절차의 법령위반이 있다고 할 수 없[다]"(대법원 1982. 10. 15.자 82모36 결정).

9.1.4 개인수첩의 자백성 여부

대법원 1996. 10. 17. 선고 94도2865 판결

F 건설업자 D는 가중뇌물공여죄(형법 133조(뇌물
공여 등)) 혐의로 기소되었다. 제1심과 항소심은 "공
소사실에 관한 증거로는 ㉠ 검사 작성의 D에 대한
진술조서 및 ㉡ 피신조서의 각 기재와 ㉢ D가 기소
전에 작성한 수첩의 기재만 있을 뿐이고, 달리 이를
보강할 아무런 증거가 없다"며 무죄를 선고하였다.
검사는 "D는 자백하고 있고 그에 대한 보강증거로서
D로부터 압수한 수첩이 있음에도 원심이 이를 D가
작성하였다는 이유만으로 D의 자백과 동일시하여 그
보강증거능력을 부인하여 무죄를 선고한 것은 채증
법칙을 위반한 잘못을 저지른 것"이라 주장하며 상고
하였다. 검사가 유죄증거로 제출한 수첩(㉢)은 D가
그 범죄혐의를 받기 전에 수사와 관계없이 1989년경
부터, K가 추진하고 있던 어로(漁撈)확보를 위한 준설
공사에 필요한 각종 인·허가 등의 업무를 K로부터
위임받아 이를 추진하는 과정에서 그 업무수행에 필
요한 자금을 지출하면서 스스로 그 지출한 자금내역
을 자료로 남겨두기 위하여 뇌물자금과 기타 자금을
구별하지 않고 그 지출 일시, 금액, 상대방 등 내역을
그때그때 계속적, 기계적으로 기입한 것이었다.

I 유죄증거로 제출된 ㉠, ㉡은 피고인의 자백이
다. 그런데 피고인에게 유죄를 인정하려면 자백이 아
닌 다른 보강증거가 더 필요하다(310조). 검사는 ㉢이
자백이 아니라고 생각하여 ㉢을 보강증거로 제출하
였지만 1심과 항소심은 ㉢도 자백이라고 판단하여
피고인에게 무죄를 선고하였다. 또 ㉢은 공판정 밖에
서 작성된 서면이므로 피고인측의 증거동의가 없는
한 이것이 증거로 사용되려면 315조 2호의 업무상 필
요로 작성한 통상문서에 해당하여야 한다. 따라서 쟁
점은 다음과 같은 두 가지이다. 1. ㉢은 자백인가? 2.
㉢은 315조 2호의 업무상 필요로 작성한 통상문서
인가?

R 파기환송. ㉮ '자기의 범죄사실의 전부 또는
일부를 인정하는 내용의 진술인 이상 그 진술이 (㉮-
2) 어떠한 법적 지위에서 행하여진 것이냐 와는 관계
없이 자기의 범죄사실을 시인하는 경우에는 이를 자
백으로 보아야 한다'는 점에서 제1심이 들고 있는 검
사 작성의 피고인 D에 대한 각 진술조서 및 피신조
서의 각 기재가 'D의 검찰에서의 자백에 해당함'에는
의문의 여지가 없다. 그러나 ㉯ 상업장부나 항해일
지, 진료일지 또는 이와 유사한 금전출납부 등과 같
이 범죄사실의 인정 여부와는 관계없이 자기에게 맡
겨진 사무를 처리한 사무내역을 그때그때 계속적, 기
계적으로 기재한 문서 등의 경우는 등의 경우는 사무
처리 내역을 증명하기 위하여 존재하는 문서로서 그
존재 자체 및 기재가 사무처리 내역을 증명하기 위하
여 존재하는 문서로서 그 존재 자체 및 기재가 그러
한 내용의 사무가 처리되었음의 여부를 판단할 수 있
는 별개의 독립된 증거자료이고, ㉰ 설사 그 문서가
우연히 D가 작성하였고, 그 문서의 내용 중 D의 범
죄사실의 존재를 추론해 낼 수 있는, 즉 공소사실에
일부 부합되는 사실의 기재가 있다고 하더라도 이를
일컬어 D가 범죄사실을 자백하는 문서라고 볼 수는
없다.

A 위 수첩은 D가 이 사건 공소사실에 관하여
그 범죄혐의를 받기 전에 이와는 관계없이 1989년경
부터 공소외(公訴外) K로부터, K가 추진하고 있던 어
로확보를 위한 준설공사에 필요한 각종 인·허가 등
의 업무를 위임받아 이를 추진하는 과정에서 그 업무
수행에 필요한 자금을 지출하면서 스스로 그 지출한
자금내역을 자료로 남겨두기 위하여 이 사건 뇌물자
금과 기타 자금을 구별하지 않고, 그 지출 일시, 금
액, 상대방 등 내역을 그때그때 계속적, 기계적으로
기입한 것으로 보이고, 그 기재 내용은 D가 자신의
범죄사실을 시인하는 자백이라고 볼 수 없으므로 증

거능력이 있는 한 D의 금전출납을 증명할 수 있는 별개의 증거라고 할 것인즉 D의 검찰에서의 자백에 대한 보강증거가 될 수 있다.

C

1 종래의 자백개념과 그 예외의 설정

종래 자백은 "범죄사실의 전부 또는 일부를 인정하는 진술을 말하는 것이고 그러한 진술이라면 피고인의 지위에서 행한 것이건, 기소 전의 피의자의 지위에서 행한 것이건, 또 범행 혐의를 받기 전에 행한 것이건, 범행 발각 후에 행한 것이건 모두 자백임에는 다름이 없다. 그리고 그러한 진술은 구술의 형식으로 이루어질 수도 있고 서면에 기재하는 방식으로 이루어질 수도 있다. 또, 그 진술이 어디에서 누구에 대하여 행하여졌는지도 자백인지 아닌지의 문제와는 관계없는 것이고, 상대방이 없이 행하여진 경우에도 자백인 점에는 마찬가지"로 이해되어 왔다. 다수의견도 원칙적으로 ㉮ 부분에서 이 개념을 수용하고 있다. 이 입장을 본 사안에 적용하면 D가 범죄의 혐의를 받기 전에 타인에게 보이는 것을 예상하지 않고 자기의 기억보존을 위하여 기재하여 둔 것이라 하더라도 이 수첩을 자백으로 보아 자백의 보강법칙(310조)을 적용할 수밖에 없다. 그러나 다수의견은 ㉯와 ㉰ 부분에서 이 원칙에 대한 예외를 창설하였다.[1]

2 예외의 요건

본 판결이 판시하는 예외가 인정되려면 (㉯-1) 상업장부나 항해일지, 진료일지 또는 이와 유사한 금전출납부 등과 같이 (㉯-2) 범죄사실의 인정 여부와는 관계없이 (㉯-3) 자기에게 맡겨진 사무를 처리한 사무내역을 (㉯-4) 그때그때 계속적, 기계적으로 기재한 문서이어야 한다. 따라서 본 사안에서의 수첩이 아니더라도 향후에 이런 4가지 요건이 갖추어진 문서가 증거로 제출되면 설사 그 문서가 우연히 D가 작성하였고, 그 문서의 내용 중 D의 범죄사실의 존재를 추론해 낼 수 있는(공소사실에 일부 부합되는) 사실의 기재

가 있다고 하더라도 이 문서에는 310조의 보강법칙의 적용이 없게 된다. 왜냐하면 이 문서는 사무처리내역을 증명하기 위하여 존재하는 문서로서 그 존재 자체 및 기재가 그러한 내용의 사무가 처리되었음의 여부를 판단할 수 있는 '별개의 독립된 증거자료'가 되기 때문이다. 다수의견은 이런 문서라면 D의 자백에 대한 보강증거적격이 있음은 말할 것도 없고, 자백과는 '별개의 독립된 증거자료'가 된다(㉰).

3 다수의견의 논거

다수의견은 아주 이상한 궤변이 아니다. 지배적인 미국 연방판례들은 자백을 '범죄 이전의 자백'(admissions prior to crime)과 '범죄 후의 자백'(admissions subsequent to crime)을 구별하여 보강이 필요한 자백을 '범죄 후의 자백'에 한정한다. '범죄 이전의 자백'에는 '범죄 후의 자백'에 수반되는 위험성(자백강요로 인한 오판의 위험)이 없다고 보기 때문이다.[2]

4 다수의견의 배후에 있는 형사정책

본 판결의 다수의견의 배후에 "뇌물사건에서 수뢰자는 부인하고 증뢰자는 자백하는 때에 증뢰자가 그 업무를 처리하는 과정에서 작성한 것으로서 그 신용성이 매우 높아 증거에 대한 동의 여부에 불구하고 그 증거능력이 인정되는 상업장부 등에 뇌물을 공여한 일시, 액수, 상대방 등을 소상히 기재한 문서가 있음에도 그 보강증거능력을 인정하지 않고 부인하는 수뢰자에 대하여는 유죄를 선고하면서도 자백하는 증뢰자에 대하여는 무죄를 선고한다면 이는 정의와 형평의 관념에 맞지 아니한 때문인 것으로 보인다."는 평석[3]이 주목된다.

---

1) 대부분의 학설과 반대의견은 본 판결의 다수의견에 대하여 비판적이고 종래의 견해를 지지한다.

2) U.S. v. Nichols, C.A. 8th, 1970, 421 F.2d 570; Charles Alan Wright, *Federal Practice and Procedure*, V.2. 1982, p. 516(§414).

3) 서기석, 사무내역 기재문서의 증명력(국민과 사법 : 윤관 대법원장 퇴임기념), 1999, 박영사.

9.1.5 공동피고인의 공판정 진술(자백)의 증거능력

대법원 1985. 6. 25. 선고 85도691 판결

F 경상북도 식산국 축산정책과 수의계장으로 근무하던 D(수뢰혐의자)는 축산물 유통센타 설치계획과 관련하여 D2(증뢰혐의자)로부터 1981. 11. 초순경 500,000원, 그 해 12.말경 200,000원, 도합 700,000원을 뇌물로 교부받은 수뢰죄 혐의로 D2와 함께 병합기소되었다. 공동피고인이었던 D2는 제1심 법정에서 공소내용과 같이 임의로 'D에게 두 차례에 걸쳐 500,000원과 200,000원, 도합 700,000원을 교부하였다'고 진술하였고 항소심법정에서도 임의로 '위 금원 중 500,000원은 D로부터 돌려받은 것 같다'고 진술하였다. 항소심은 D2의 법정진술에 관하여 언급하지 않고 "공소사실에 부합하는 취지의 검사작성의 D, D2에 대한 각 피신조서, D 작성의 자술서의 임의성을 의심할 만한 상당한 이유가 있거나 신빙성이 없으므로 유죄의 증거로 삼을 수 없다"며 무죄를 선고하였다. 검사는 "항소심판결은 임의성 있는 D2의 공판정진술을 증거로 채택하지 않은 위법판결"이라고 주장하며 상고하였다.

I 항소심은 임의성 있는 공동피고인(D2)의 공판정진술(자백)을 증거로 명시하지 않았는데 검사는 바로 그 점이 위법이라고 주장하며 상고하였다. 임의성 있는 공동피고인(D2)의 공판정진술(자백)은 피고인(D)의 형사피고사건에서 증거능력이 있는가?

R 파기환송. '⑧ 공동피고인(D2)의 자백(사안에서는 공판정진술이다 : 저자)은 이에 대한 피고인(D)의 반대신문권이 보장되어 있어 증인으로 신문한 경우와 다를 바 없으므로 독립한 증거능력이 있다'는 것이 대법원이 견지해온 견해(대법원 1963. 7. 25. 선고 63도 185 판결; 대법원 1968. 4. 16. 선고 68도177 판결; 대법원 1968. 4. 16. 선고 68도231 판결; 대법원 1981. 2. 10. 선고 80 도2722 판결 각 참조)이다.

A 원심이 위와 같은 '공동피고인 D2의 법정진술의 증거가치에 관하여는 전혀 언급함이 없이 공소사실을 인정할 증거가 없다'고 판단하고 말았음은 증거에 관한 판단을 유탈한 위법을 범한 것이라고 하지 않을 수 없다. 원심으로서는 D2의 위 법정진술의 신빙성 유무를 살펴보고 특히 500,000원을 반환받은 상황과 그 일시 등을 따져서 D의 영득의사유무를 가려보아야 할 것이다. 결국 이 점에서 원심판결은 유지하기 어렵고 논지는 이유 있으므로 원심판결을 파기한다.

C

1 판례의 주류

'공동피고인(예를 들어 사안의 D2)이 피고인(D)과 공범(정범과 공범의 임의적 공범과 수뢰죄와 증뢰죄의 필요적 공범)관계에 있는 경우에는 공동피고인(D2)에게 증인적격이 없다고 해석되고 있으므로 공동피고인의 공판정에서의 '선서 없는 진술'을 피고인(D) 사건에서 유죄증거로 사용할 수 있다'는 것이 종래 주류적 판례의 입장이다. 대법원은 그 논거로 '공동피고인(D2)의 진술 중 피고인(D)에게 불이익한 진술에 대하여는 피고인(D)에게 (사실상의) 반대신문권이 충분히 보장되어 있어 증인으로 신문한 경우와 다를 바가 없다'[1]거나 '공동피고인(D2)의 진술은 피고인(D) 자신의 진술과 다른 것으로서 독립된 증거가치가 있다'[2]거나,

---

1) 대법원 1981. 2. 10. 선고 80도2722 판결; 대법원 1985. 6. 25. 선고 85도691 판결; 대법원 1987. 7. 7. 선고 87 도973 판결; 대법원 1987. 12. 22. 선고 87도1020 판결 등.

2) 대법원 1964. 4. 21. 선고 64도98 판결; 대법원 1968. 4. 16. 선고 68도177 판결; 대법원 1968. 4. 16. 선고 68도 231 판결; 대법원 1969. 12. 26. 선고 69도1988 판결; 대법원 1971. 2. 9. 선고 70도2525 판결; "공동피고인의 자백은 이에 대한 피고인의 반대신문권이 보장되어 있어

'공동피고인(D)의 진술의 증거능력을 제한하는 근거는, 현재로서는 존재하지 않는다'[3]는 점을 들고 있다.

2 대법원과 다른 견해

이 문제에 대하여는 종래 '공범자(D2)가 피고인(D)과 병합기소된 경우, 즉 공범자인 공동피고인의 자백'을 염두에 두고 논의가 진행되어 왔다. '공범자(D2)가 분리기소된 경우 그 공범자의 법정진술을 피고인(D)의 형사피고사건에서 유죄의 증거로 사용할 수 있는가' 하는 문제는 논의되고 있지 않다. 그러므로 우선 전자의 경우(병합기소의 경우)에 대하여 검토해 보자. 이 문제에 대하여는 적극설(본 판결) 외에 '공판정에서 (피고인 D에게) 불이익한 진술을 한 공범자에 대하여 피고인이 실제로 충분히 반대신문하였거나 반대신문의 기회가 부여된 경우에 한하여 증거능력을 인정하자'는 견해(백형구 변호사)가 제시된 바 있다. 그러나 이 문제에 대하여 저자는 미국의 브러튼 루울을 주목할 필요가 있다고 생각한다. 브러튼 루울이란 '변론을 분리하여 공범자를 공판정에서 신문하지 않는 한 공범자(D2)의 (피고인 D에게) 불이익한 법정진술을 피고인(D)의 공소사실에 관한 증거로 사용할 수 없다'는 소극설[4]이다. 피고인(D)의 반대신문

권을 중시하면 소극설(브러튼 루울)이 타당하기 때문이다.

3 소극설(브러튼 루울) : 법률적 반대신문경유론

대법원은 1979년의 판결에서 별개의 범죄사실로 기소된 공동피고인(D2)의 공판정 진술에 대하여 피고인(D)의 형사피고사건에서의 증거능력을 부정한 바 있다. 그 근거는, 그 공동피고인(D2)은 '병합심리로 상피고인(D2)이 되었을 뿐 피고인(D)에 대한 관계에서는 증인에 불과한데 선서 없이 한 것이 분명한 그의 공판정에서의 진술을 증거로 쓸 수 없기 때문'[5]이었다. 이 판결의 문제의식(법률적 반대신문을 경유하지 아니하면 증거로 쓸 수 없다)은 공동피고인이 공범자로 병합기소된 경우에도 관철되어야 공평하지 않을까?

증인으로 신문한 경우와 다를 바 없으므로 독립한 증거능력이 있고(대법원 1985. 6. 25. 선고 85도691 판결; 대법원 1992. 7. 28. 선고 92도917 판결 등 참조), 이는 피고인들간에 이해관계가 상반된다고 하여도 마찬가지"(대법원 2006. 5. 11. 선고 2006도1944 판결)이다.

3) 대법원 1966. 10. 18. 선고 66도567 판결.

4) Bruton v. United States, 391 U.S. 123(1968) 참조. 브러튼(D)과 에반즈(D2)는 우체국강도의 공범혐의로 병합기소되었다. 브러튼의 형사피고사건에서 우체국직원이 증언대에 섰고 에반즈는 증언대에 서지 않았다. 공판정에서 우체국직원은 "에반즈가 '나와 브러튼이 공동하여 강도했다'고 말하는 것을 들었다"고 증언하였다. 사실심판사는 배심원에게 "에반즈의 진술은 브러튼 사건에서 전문증거로서 증거능력이 없으므로 무시하라"고 설시(instruct)하였다. 그럼에도 브러튼은 유죄평결을 받고 항소하였는데 여의치 않자 궁극적으로 연방대법원에 상고하였다. '공판정외에서의 공범자백'의 증거능력(The admissibility of out-of-court accomplice confessions)이 쟁점이 되었다. 미국연방대법원은 비록 판사가 배심원에게 "에반즈의 진술은 브러튼 사건에서 전문증거로서 증거능력이 없으므로 무시하라"고 설시하였다고 하지만 배심원으로 하여금, '브러튼을 유죄로 하는 방향의 에반

즈'의 '공판정외의 진술'(the incriminating extrajudicial statements)을 청취하게 한 것은 '헌법수정 6조의 대면권 조문에 의하여 보장되는 브러튼의 반대신문권'(petitioner's right of cross-examination secured by the Confrontation Clause of the Sixth Amendment)을 침해하는 것"이라고 판시하였다. 이 판결 이후 '변론을 분리하여 공범자를 증인으로 신문하지 않는 한 공범자(D2)의 (피고인 D에게) 불이익한 법정진술을 피고인(D)의 공소사실에 관한 증거로 사용할 수 없다'는 루울을 '브러튼 루울'이라고 부르게 되었다.

5) 대법원 1979. 3. 27. 선고 78도1031 판결; 대법원 1982. 6. 22. 선고 82도898 판결; 대법원 1982. 9. 14. 선고 82도1000 판결.

제2절 위법수집증거

9.2.1 위법수집증거와 2차적 증거의 증거능력

대법원 2007. 11. 15. 선고 2007도3061 전원합의체 판결; 광주고등법원 2008. 1. 15. 선고 2007노370 판결; 대법원 2009. 3. 12. 선고 2008도763 판결

F 제주도 지사 D가 2006. 5. 31 지방선거를 앞두고 공직선거법을 위반하여 불법선거운동의 기획에 참여하거나 그 실시에 관여하는 행위를 한 혐의가 포착되었다. 선관위의 수사의뢰로 검사는 2006. 4. 25. 제주지사 D의 정책특별보좌관 A(피내사자)가 사용하던 사무실에 대한 압수수색영장을 발부받고 다음 날 A의 사무실을 수색하였다. 당시 A는 부재중이었고 제주지사 비서실장 B가 A와 같은 사무실을 사용하고 있었으므로 검사와 검찰수사관은 B의 참관 하에 A의 사무실을 수색하고 있었는데 마침 제주지사 비서관(C)이 그곳을 방문하였다. C는 당시 D의 업무일지 등이 포함된 서류뭉치를 들고 있었다. 이를 본 검찰수사관이 C에게 그 서류뭉치를 '한번 보자'고 말하였으나 C는 "지사님 집무실에서 보던 것이므로 내줄 수 없다"며 거절하였다. 이를 본 검사는 자신이 검사임을 밝히고 그 서류를 '압수하겠다.'고 말하자 C는 이를 거절하였다. 검사는 C에게 "검찰에 가서 조사를 받아야 서류를 주겠느냐?"고 말하였다. 그러자 C는 서류를 그곳에 있던 소형 캐비넷 위에 놓고 나가 검사와 검찰수사관은 이를 압수하였다.[1] 2006. 10. 18. B와 C는 검찰청으로부터 압수목록을 교부받았다. 압수목록에는 교부일자가 2006. . . 로 월, 일이 공란으로 기재되어 있었고 압수경위는 B와 C로부터 각 임의제출받은 것으로 기재되어 있으나 검사가 작성한 압수조서에는 영장에 의하여 압수된 것으로 기재되어 있었다. 검사는 위와 같이 B와 C로부터 획득한 문서를 기초로 삼아 D의 혐의를 보강하는 2차적 증거

물들과 진술을 수집할 수 있었다. D는 '자신을 위한 선거운동의 기회에 다른 공무원을 활용하여 공직선거법 86조를 위반한 혐의'[2]로 기소되었다. 공판절차에서 위와 같이 획득된 문서와 2차적 증거물들과 진술이 D의 공소사실을 입증하는 중요한 증거로 제출되었다. D와 그 변호인들은 공소제기 직후부터 일관하여 "검사가 실시한 압수·수색은 압수·수색영장의 효력이 미치는 범위, 영장의 제시 및 집행에 관한 사전통지와 참여, 압수목록 작성·교부 등에 관하여 법이 정한 여러 절차 조항을 따르지 않은 위법한 것이어서 이를 통하여 수집된 이 사건 압수물은 물론 이를 기초로 획득한 2차적 증거물들과 진술·증언들도 모두 공소사실을 입증하는 증거로 삼아서는 안 된다"고 주장하였다. 항소심은 "압수·수색 절차가 위법하다는 이유만으로는 압수물의 증거능력을 부정할 수 없다"는 기존의 판례에 기초하여, 이 사건의 압수·수색 절차에서 구체적으로 어떤 위법사유가 존재하는지에 관하여 판단하지 않고 이 압수물을 유죄 인정의 증거로 사용하였다. D가 상고하였다.

I 수집 과정에서 수사기관이 헌법·형사소송법이 정한 절차 조항을 위반한 압수물과 그것을 기초로

---

1) 이 대목에서 검사의 이 서류 점유가 '임의제출물압수'인가, 강제처분으로서의 압수인가가 문제된다. 법원은 압수로 판단하였다.

2) 공직선거법 86조(공무원 등의 선거에 영향을 미치는 행위금지) ① 공무원(국회의원과 그 보좌관·비서관·비서 및 지방의회의원을 제외한다), 제53조(공무원 등의 입후보) 제1항 제4호 및 제6호에 규정된 기관 등의 상근 임·직원, (중략) 1. 소속직원 또는 선거구민에게 교육 기타 명목여하를 불문하고 특정 정당이나 후보자(후보자가 되고자 하는 자를 포함한다. 이하 이 항에서 같다)의 업적을 홍보하는 행위 2. 선거운동의 기획에 참여하거나 그 기획의 실시에 관여하는 행위 3. (이하 생략).

하여 획득한 2차적 증거(증거물과 진술증거)를 유죄 인정의 증거로 삼을 수 있는가?

R 파기환송. 1. ㉠ 헌법과 형사소송법이 정한 절차에 따르지 않고 수집한 증거는 기본적 인권 보장을 위해 마련된 적법한 절차에 따르지 않은 것으로서 원칙적으로 유죄 인정의 증거로 삼을 수 없다. 수사기관의 위법한 압수·수색을 억제하고 재발을 방지하는 가장 효과적이고 확실한 대응책은 이를 통하여 수집한 증거는 물론 이를 기초로 하여 획득한 2차적 증거를 유죄 인정의 증거로 삼을 수 없도록 하는 것이다. 그러나 ㉡ 수사기관의 증거 수집 과정에서 이루어진 절차 위반행위와 관련된 모든 사정 즉, 절차 조항의 취지와 그 위반의 내용 및 정도, 구체적인 위반 경위와 회피가능성, 절차 조항이 보호하고자 하는 권리 또는 법익의 성질과 침해 정도 및 피고인과의 관련성, 절차 위반행위와 증거수집 사이의 인과관계 등 관련성의 정도, 수사기관의 인식과 의도 등을 전체적·종합적으로 살펴볼 때, 수사기관의 절차 위반행위가 적법절차의 실질적인 내용을 침해하는 경우에 해당하지 않는 예외적인 경우라면, 법원은 그 증거를 유죄 인정의 증거로 사용할 수 있다. ㉢ 이는 적법한 절차에 따르지 않고 수집한 증거를 기초로 하여 획득한 2차적 증거의 경우에도 마찬가지여서, 절차에 따르지 아니한 증거 수집과 2차적 증거 수집 사이 인과관계의 희석 또는 단절 여부[3]를 중심으로 2차적 증거 수집과 관련된 모든 사정을 전체적·종합적으로 고려하여 예외적인 경우에는 유죄 인정의 증거로 사용할 수 있다(이상은 대법원 2007. 11. 15. 선고 2007도3061 전원합의체 판결).

A 2. 원래 도지사 집무실에 보관 중이던 서류를 도지사를 보좌하는 공무원(C)이 압수·수색절차가 진행 중이던 압수장소에 일시적으로 가져온 경우에는 이를 영장에 기재된 압수대상물인 '보관 중인 물건'

에 포함된다고 볼 수 없고, '보관 중인 물건'에 영장 집행 당시 영장기재 장소에 '현존'하는 물건까지 포함된다고 해석할 수는 없으며, 압수물에 대한 압수목록이 압수 후 무려 5개월이나 지난 뒤에 작성 교부된 점, 압수목록의 작성자가 압수물을 제대로 확인하고 압수목록을 작성한 것이 아니라 제3자가 작성한 것을 옮겨 적은 데 불과한 점, 압수경위가 임의제출로 잘못 기재되어 있을 뿐만 아니라 작성월일을 공란으로 한 다음 그 사본을 2006. 4. 27.자 다른 압수목록 교부서 사본들 사이에 편철함으로써 마치 이 사건 압수물에 대한 압수목록이 2006. 4. 27.경 교부된 것처럼 보이게 하려는 것으로 보여 수사기관에서 이 사건 압수물에 대한 압수절차에서의 위법을 알면서도 은폐하려고 시도한 것이 아닌가 하는 의심이 드는 점 등에 비추어 볼 때 이 사건 압수물에 대한 압수는 위법하다. 또한 이런 위법행위가 없었다면 이 사건 압수물의 수집이 가능하지 않았을 것으로 보이는 점 등의 모든 사정을 전체적·종합적으로 살펴보면, 이 사건 압수물의 압수는 그 압수절차에서 수사기관의 절차위반행위로 인하여 압수에 관한 적법절차의 실질적인 내용을 침해하는 경우에 해당한다. 나머지 증거들은 기본적으로 이 사건 압수물을 기초로 한 것으로서 이 사건 압수물의 증거능력이 부인된다면 나머지 증거들만으로는 공소사실을 인정하기 어려우므로, 이 사건 압수물의 증거능력에 관한 법리오해는 판결 결과에 중대한 영향을 미쳤으므로 피고인들의 항소이유는 이유 있다. 또한, 이 점에서 원심판결 중 피고인들에 대한 유죄부분은 더 이상 유지될 수 없으므로, 이 사건 압수물의 증거능력이 인정되거나 이 사건 압수물의 증거능력이 인정된다 하더라도 이것만으로는 원심의 판결 결과에 영향을 미치지 않음을 전제로 하는 피고인들의 나머지 사실오인, 불고불리원칙위배, 정당행위에 관한 법리오해, 양형부당 등에 대한 항소이유 및 검사의 양형부당에 대한 항소이유는 더 나아가 살펴볼 필요가 없다(이상은 파기환송심인 광주고법 2008. 1. 15. 선고 2007노370 판결).

3. (1) 헌법과 형사소송법이 구현하고자 하는 적법절차와 영장주의의 정신에 비추어 볼 때, 법관이 압수·수색영장을 발부하면서 '압수할 물건'을 특정하기 위하여 기재한 문언은 이를 엄격하게 해석하여야

---

3) 미국연방대법원이 인정하는 '오염순화의 예외, 불가피한 발견의 예외, 독립된 증거원의 예외' 법리를 모두 포섭할 수 법리로 개발된 표현으로 보인다.

하고, 함부로 피압수자 등에게 불리한 내용으로 확장 또는 유추해석하는 것은 허용될 수 없다. 같은 취지에서, 이 사건 압수·수색영장에서 압수할 물건을 '압수장소에 보관 중인 물건'이라고 기재하고 있는 것을 '압수장소에 현존하는 물건'으로 해석할 수 없다고 한 원심의 판단은 옳고, 압수·수색영장의 효력에 관한 법리오해 등의 위법은 없다. 이 부분 검사의 주장은 모두 받아들이지 않는다.

(2) 압수·수색영장은 처분을 받는 자에게 반드시 제시하여야 하는바(219조, 118조), 현장에서 압수·수색을 당하는 사람이 여러 명일 경우에는 그 사람들 모두에게 개별적으로 영장을 제시해야 하는 것이 원칙이다. 수사기관이 압수·수색에 착수하면서 그 장소의 관리책임자에게 영장을 제시하였다고 하더라도, 물건을 소지하고 있는 다른 사람으로부터 이를 압수하고자 하는 때에는 그 사람에게 따로 영장을 제시하여야 한다.

(3) 같은 취지에서, 수사기관이 이 사건 압수·수색에 착수하면서 이 사건 사무실에 있던 제주도지사 비서실장 B에게 압수·수색영장을 제시하였다고 하더라도 그 뒤 그 사무실로 이 사건 압수물을 들고 온 제주도지사 비서관 C로부터 이를 압수하면서 따로 압수·수색영장을 제시하지 않은 이상, 위 압수절차는 형사소송법이 정한 바에 따르지 않은 것이라고 본 원심의 판단은 정당하[다].

(4) 공무원인 수사기관이 작성하여 피압수자 등에게 교부해야 하는 압수물 목록에는 작성연월일이 기재되고(57조 1항) 그 내용도 사실에 부합하여야 한다. 또한 압수물 목록은 피압수자 등이 압수물에 대한 환부·가환부신청을 하거나 압수처분에 대한 준항고를 하는 등 권리행사절차를 밟는 가장 기초적인 자료가 되므로, 이러한 권리행사에 지장이 없도록 압수 직후 현장에서 바로 작성하여 교부해야 하는 것이 원칙이다. 같은 취지에서, 작성월일을 누락한 채 일부 사실에 부합하지 않는 내용으로 작성하여 압수·수색이 종료된 지 5개월이나 지난 뒤에 이 사건 압수물 목록을 교부한 행위는 형사소송법이 정한 바에 따른 압수물 목록 작성·교부에 해당하지 않는다고 본 원심의 판단은 정당하[다].

(5) 헌법과 형사소송법이 정한 절차에 따르지 않고 수집된 증거라고 할지라도 수사기관의 증거 수집 과정에서 이루어진 절차 위반행위와 관련된 모든 사정을 전체적·종합적으로 살펴볼 때, 수사기관의 절차 위반행위가 적법절차의 실질적인 내용을 침해하는 경우에 해당하지 않고, 오히려 그 증거의 증거능력을 배제하는 것이 헌법과 형사소송법이 형사소송에 관한 절차 조항을 마련하여 적법절차의 원칙과 실체적 진실 규명의 조화를 도모하고 이를 통하여 형사사법 정의를 실현하려 한 취지에 반하는 결과를 초래하는 것으로 평가되는 예외적인 경우라면, 법원은 그 증거를 유죄 인정의 증거로 사용할 수 있다(대법원 2007. 11. 15. 선고 2007도3061 전원합의체 판결 참조). 그러나 이러한 예외적인 경우를 함부로 인정하게 되면 결과적으로 헌법과 형사소송법이 정한 절차에 따르지 않고 수집된 증거는 기본적 인권 보장을 위해 마련된 적법한 절차에 따르지 않은 것으로서 유죄 인정의 증거로 삼을 수 없다는 원칙을 훼손하는 결과를 초래할 위험이 있으므로, 법원은 구체적인 사안이 위와 같은 예외적인 경우에 해당하는지를 판단하는 과정에서 위와 같은 결과가 초래되지 않도록 유념하여야 한다. 나아가, 법원이 수사기관의 절차 위반행위에도 불구하고, 그 수집된 증거를 유죄 인정의 증거로 사용할 수 있는 예외적인 경우에 해당한다고 볼 수 있으려면, 그러한 예외적인 경우에 해당한다고 볼 만한 구체적이고 특별한 사정이 존재한다는 것을 검사가 입증하여야 한다(이상은 대법원 2009. 3. 12. 선고 2008도763 판결).

C

1 적법절차의 실질적인 내용을 침해하는지 여부를 판단하는 기준

대법원은 위법수집증거와 2차적 증거의 증거능력 부인의 판단기준으로 수사기관(본 사안에서는 검사)이 실시한 압수·수색이 헌법 및 형사소송법이 정한 적법절차의 실질적인 내용을 침해한 점이 있는지 여부로 설정하였다. 이 이론에 따르면 압수절차에 수사기관의 위법행위가 있더라도 적법절차의 실질적인 내용의 침해가 없으면 증거능력이 부정되지 아니한다.

그런데 무엇이 '적법절차의 실질적인 내용의 침해'인 가가 문제된다. 이 문제에 관하여 광주고등법원은 파 기환송 후의 제2차 항소심에서 수사기관이 실시한 압수·수색이 ㉮ 압수·수색영장의 효력이 미치는 범 위 내에서 집행되었는지 여부(예를 들어 영장에 압수할 물건으로 기재되지 않은 물건의 압수 여부 등), ㉯ 영장 제 시 절차의 누락여부(압수·수색을 집행할 때 영장의 제시 및 집행에 관한 사전통지와 참여가 있었는지 여부), ㉰ 압 수·수색을 집행할 때 압수목록이 작성·교부되었는 지, 압수목록 작성·교부 절차의 현저한 지연 여부 등 에 관하여 법이 정한 여러 절차 조항이 준수되었는가 하는 점을 예시하고 이 요소들을 종합하여 본 사안에 서 '적법절차의 실질적인 내용을 침해'하였다고 판단 하였다. 현재 중요조문 위반이 하나라도 있으면 특단 의 사정이 없는 한 '적법절차의 실질적인 내용이 침 해'되었다고 판단되고 있다.

2 위법수사 억지를 위한 증거배제

대법원은 수사기관의 위법수사를 억지하는 가장 효과적인 수단이 "위법수집증거의 증거능력배제"에 있음을 명시하고 있음이 주목된다. 구법에는 현행법 308조의2(위법수집증거의 배제)와 같은 명시적인 조항 이 없어 대법원은 과거에 "영장주의에 위반하여 압수 한 증거물은 비록 압수절차가 위법이라 하더라도 물 건 자체의 성질이나 형상에 변경을 가져오는 것이 아 니므로 그 형상 등에 관한 증거가치에는 변함이 없으 므로, 증거능력이 있다."고 판시(이른바 성질·형상 불변 론)하여 왔다. 그런데 현행법은 위법수집증거의 증거 능력배제를 선언하는 원칙적 조문을 명시하였다. 이 조문의 구체적 해석은 판례와 학설에 위임되어 있지 만 적어도 이 조문의 존재로 말미암아 향후에 위법수 집증거라는 이유로 증거능력이 배제되는 사례는 구 법시대보다 늘어날 수 있는 발판이 마련된 셈이다. 이 조문의 존재는 개정형소법이 당사자주의를 강화 시키고 실체적 진실주의보다 적법절차를 한 단계 우 위에 두려는 발상에 터잡아 추진되었음을 알게 하여 주는 징표이다.

3 독수독과론의 채택과 그 예외의 인정

세 가지를 주목하여야 한다.

첫째, 대법원은 파기환송판결에서 "적법한 절차에 따르지 않고 수집한 증거를 기초로 하여 획득한 2차 적 증거의 경우에도 마찬가지"라고 판시하여 이른바 독수독과(毒樹毒果)의 이론(the doctrine of the fruit of the poisonous tree)도 인정하고 있다. 그러나 그 예외의 가 능성도 인정하고 있음에 주의하여야 한다. 어떤 경우 에 독수독과론의 예외를 인정할 것인지 여부는 장래 의 탐구과제이다.

둘째, 독수독과론은 2차적 증거가 증거물인 경우에 한정되지 않고 2차적 증거가 진술증거(예를 들어 증언 이나 자백)인 경우에도 적용된다.

셋째, 적법절차의 실질적인 내용을 침해하지 않는 예외적인 경우에 해당한다고 볼 만한 구체적이고 특 별한 사정이 존재한다는 점은 검사가 입증하여야 한다.

4 절차 위반행위가 적법절차의 실질적인 내용을 침 해하는 경우에 해당하지 않는 예외적인 경우로 판단된 사안은 비교적 사소한 흠이 있는 경우들[4] 이다.

---

4) "압수 후 압수조서의 작성 및 압수목록의 작성·교부 절 차가 제대로 이행되지 아니한 잘못이 있다 하더라도, 그 것이 적법절차의 실질적인 내용을 침해하는 경우에 해당 한다거나 위법수집증거의 배제법칙에 비추어 그 증거능 력의 배제가 요구되는 경우에 해당한다고 볼 수는 없 다"(대법원 2011. 5. 26. 선고 2011도1902 판결)였다. 2014년(단지 사후에 석방통지가 법에 따라 이루어지지 않았다는 사정, 대법원 2014. 8. 26. 선고 2011도6035 판결)과 2015년(일부 압수·수색과정에 D와 관련된 참 여인들의 참여가 미흡했던 사안, 대법원 2015. 1. 22. 선 고 2014도10978 전원합의체 판결)에도 같은 취지의 판 결들이 선고되었다.

9.2.2   적법한 진술거부권의 고지는 없으나 임의성 있는 자백의 2차 증거의 증거능력

대법원 2009. 3. 12. 선고 2008도11437 판결

F   D는 '강도범행2'의 혐의로 기소되었다. D는 2008. 3. 12. 03:00경 은평경찰서 연신내지구대 소속 경장 P2, P3에 의하여 V에 대한 강도의 현행범(강도범행1)으로 체포되었다. 은평경찰서 형사과 소속 경장 P는 같은 날 05:00경 위 경찰서에서 D를 인계받아 '진술거부권을 고지하지 않은 채 같은 날 06:00경까지 조사를 하면서 강도범행1에 대한 자백'을 받았다. P는 D의 또 다른 범행(강도범행2)을 의심하여 같은 날 06:00경 D의 주거지로 향하는 차 안에서 진술거부권을 고지하지 않은 채 D에게 "이 사건 전의 범행이 있으면 우리가 알아내기 전에 먼저 이야기하라, 그렇게 해야 너(D)에게 도움이 된다."는 취지로 이야기하여 D로부터 '같은 해 2월 초·중순경 새벽에 응암 시장 부근에서 어떤 아주머니(W) 가방을 날치기한 적이 있고, 그 가방을 D의 집에 보관하고 있다'는 진술(1차 증거, 이하 ① '자백①(경찰차 안에서의 경고 없는 임의의 수사상 진술)'로 약칭함)을 듣게 되었다. P는 같은 날 09:00경 D의 집에서 가방 등을 발견하여 임의 제출받아 압수하였고(수사측은 그 후 사후영장을 발부받았다),[1] 그 직후인 10:20경 D에게 최초로 진술거부권을 고지한 후 D로부터 'W의 가방을 빼앗았다'는 자백을 받았다. 그 후 이루어진 경찰 및 검찰의 D에 대한 신문 전에 모두 진술거부권 고지가 이루어졌고, D는 일관하여 임의로 자백(이하 ② '적법한 진술거부권고지 이후의 수사상 자백'='경고 있는 임의의 수사상자백(자백2)'으로 약칭함)하였다. 한편 ③ 압수된 가방 내용물을 기초로 그 피해자가 W인 점이 확인된 후 W를 상대로 피해사실에 관한 진술(④ W의 수사상 진술)을 받는 등 W에 대한 조사가 이루어졌다. 그 후 2008. 4. 23. 열린 제1심 제1회 공판기일에서 D는 변호인과 함께 출석하여 인정신문에 앞서 '진술을 하지 않거나 각개의 물음에

대하여 진술을 거부할 수 있고 이익 되는 사실을 진술할 수 있음'을 고지 받은 후, 검사가 공소장에 의하여 공소사실, 죄명, 적용법조를 낭독하자 '공소사실을 인정한다'[2](⑤ 경고 있는 임의의 공판정 자백)고 진술하였다. 제1심은 ① 경고 없는 임의의 수사상 자백(1차 증거)은 위법수집증거이므로 증거능력을 부정하고, 2차 증거들인 ②, ③, ④, ⑤[3])에 대하여는, 2007년 전원합의체 판결(이하 '2007년 판결'로 약칭함)을 철저하게 문리해석(독수독과론의 예외 없는 적용)하여 증거능력을 부정하여 무죄판결을 선고하였다. 검사가 항소(이 경우에는 불이익금지가 작동하지 않는다)하였다. 항소심에서 검찰은 W를 증인으로 신청하였고, 2008. 10. 16. 열린 항소심 제3회 공판기일에 출석한 W는 공소사실(강도범행2)에 부합하는 증언(⑥ 증인 W의 임의의 공판정 증언)을 하였고, D는 항소심에서 W에 대한 범행을 시인(이하 ⑦ 경고 있는 임의의 공판정자백'으로 약칭함)하였다. 항소심은 2007년 대법원판결을 문리해석 하되 '인과관계 희석·단절의 가능성을 제기'하여 본 사안에서 '경고 있는 임의의 공판정 자백'(⑤, ⑦)과 '증인 W의 임의의 공판정 증언'(⑥, 보강증거)의 증거능력만을 인정하여 유죄판결을 선고하였다. 검사는 상고하지 않았고, 변호인만 제1심 판결의 논지(독수독과론의 예외 없는 적용)를 주장하며 상고(이 경우에는 불이익금지가 작동함)하였다.

I   독수독과론의 예외인정요건(인과관계의 희석·단절)을 어떻게 인정·부정할 것인가?

---

1) 검사는 P가 한 D의 집 수색을 '동의에 의한 수색'이라고 주장하나 항소심은 이를 부정하였다. 또 검사는 가방에 대하여 '불가피한 발견의 예외, 선의의 예외'를 주장하나 항소심은 '긴급한 사유'가 없음을 이유로 부정하였다.

2) '공소사실을 인정하나 피해자들에게 강압적이고 의도적으로 심하게 하면서 가방을 빼앗은 것은 아니다'라고 진술하였지만 이하에서는 자백한 것으로 간주함.

3) ② 경고 있는 임의의 수사상 자백, ③ 물적 증거(압수된 가방내용물), ④ W의 수사상 진술, ⑤ 경고 있는 임의의 공판정자백.

R　상고기각. ⓐ '수사기관이 진술거부권을 고지하지 않은 상태에서 임의로 이루어진 피의자의 자백(①)'을 기초로 수집한 2차적 증거들, 예컨대 반복된 자백,[4] 물적 증거[5]나 증인의 증언[6] 등이 유죄 인정의 증거로 사용될 수 있는지 역시 '위와 같은 법리'[7]에 따라 판단되어야 할 것이다. 구체적인 사안에서 위와 같은 2차적 증거들의 증거능력 인정 여부는 제반 사정을 전체적·종합적으로 고려하여 판단하여야 할 것인데, 예컨대 ㉮ 진술거부권을 고지하지 않은 것이 단지 수사기관의 실수일 뿐 '피의자의 자백을 이끌어내기 위한 의도적이고 기술적인 증거확보의 방법'으로 이용되지 않았고, ㉯ 그 이후 이루어진 신문에서는 진술거부권을 고지하여 잘못이 시정되는 등 수사 절차가 적법하게 진행되었다는 사정, 최초 자백 이후 구금되었던 D가 석방되었다거나 변호인으로부터 충분한 조력을 받은 가운데 상당한 시간이 경과하였음에도 다시 자발적으로 계속하여 동일한 내용의 자백을 하였다는 사정, ㉰ 최초 자백 외에도 다른 독립된 제3자의 행위나 자료 등도 물적 증거나 증인의 증언 등 2차적 증거 수집의 기초가 되었다는 사정, ㉱ 증인이 그의 독립적인 판단에 의해 형사소송법이 정한 절차에 따라 소환을 받고 임의로 출석하여 증언하였다는 사정 등은 통상 2차적 증거의 증거능력을 인정할 만한 정황에 속한다.

A　앞서 본 법리에 비추어 살펴보면, 비록 ⓑ D의 제1심 법정에서의 자백(⑤)은 진술거부권을 고지받지 않은 상태에서 이루어진 D의 최초 자백과 같은 내용이기는 하나, D의 제1심 법정에서의 자백에 이르게 되기까지의 모든 사정들, 특히 최초 자백이 이루어진 이후 몇 시간 뒤 바로 수사기관의 진술거부권

고지가 이루어졌을 뿐 아니라 그 후 신문시마다 진술거부권 고지가 모두 적법하게 이루어졌고, 제1심 법정 자백은 최초 자백 이후 약 40여 일이 지난 후 공개된 법정에서 변호인의 충분한 조력을 받으면서 진술거부권을 고지받는 등 적법한 절차를 통해 임의로 이루어진 사정 등을 전체적·종합적으로 고려해 볼 때, 이를 유죄 인정의 증거로 사용할 수 있는 경우에 해당한다.

나아가 ⓒ W의 항소심 법정에서의 진술(⑥) 또한 그 진술에 이르게 되기까지의 앞서 본 바와 같은 모든 사정들, 특히 W가 피해자로서 범행일로부터 무려 7개월 이상 지난 시점에서 법원의 적법한 소환에 따라 자발적으로 공개된 법정에 출석하여 위증의 벌을 경고 받고 선서한 후 **자신이 직접 경험한 사실을 임의로 진술**한 사정 등을 고려해 볼 때, 이 역시 유죄 인정의 증거로 사용할 수 있는 경우에 해당한다.

C　본 사안은 '독수독과론'이 전개되는 초기의 사안이어서 주목된다. 본 사안에서 문제되는 공소사실은 '강도범행1'이 아니라 '강도범행2'이고 증거로서의 허용성이 문제되는 2차 증거들은 ② 경고 있는 피의자(D)의 임의의 수사상 자백, ③ 물적 증거(압수된 가방내용물), ④ W의 수사상 진술, ⑤ 경고 있는 피의자(D)의 임의의 제1심 자백(최초 자백 이후 약 40여 일 경과), ⑥ W의 항소심 법정에서의 증언(범행일로부터 무려 7개월 이상 지난 시점), ⑦ 경고 있는 피의자(D)의 임의의 항소심 자백의 6가지이다. 본 사안의 핵심쟁점을 좀 더 구체적으로 특정하면 '수사기관이 진술거부권을 고지하지 않은 상태에서 임의로 이루어진 피의자의 자백(①)을 기초로 수집한 2차적 증거들(②, ③, ④, ⑤, ⑥, ⑦)이 유죄 인정의 증거로 사용될 수 있는지 여부'[이하 '경고 없는 임의자백의 2차 증거의 증거능력(The admissibility of the derivative evidences of the unwarned voluntary confession)'으로 약칭함]이다. 이하에서 위 6가지 증거들의 증거능력에 대하여 차례로 검토한다.

---

4) ②, ⑤, ⑦.

5) ③.

6) ⑥.

7) "법원이 2차적 증거의 증거능력 인정 여부를 최종적으로 판단할 때에는 (중략) 구체적인 사안에 따라 주로 인과관계 희석 또는 단절 여부를 중심으로 전체적·종합적으로 고려하여야 한다(대법원 2007. 11. 15. 선고 2007도3061 전원합의체 판결 참조)."

1 '자백①'(① 경고 없는 임의자백, unwarned voluntary confession)의 증거능력

자백①은 '피의자 D의 미란다 경고를 받을 권리'를 침해하여 획득된 것이므로 1차적인 위법수집증거이다. '피의자의 미란다 경고를 받을 권리'는 헌법적 권리[8]이고 '수사기관이 질문 전에 미란다 경고를 고지할 의무의 불이행'은 적법절차위배의 정도가 현저하므로 자백①은 증거로 쓸 수 없다. 문제는 이를 기초로 수집된 2차적 증거들(②, ③, ④, ⑤, ⑥, ⑦)이 유죄인정의 증거로 사용될 수 있는지 여부', 즉 2차 증거들이 독수(毒樹, the poisonous tree)인 자백①을 기초로 획득된 과실(毒果, fruits)인가 하는 점이다.

2 '수사관(경찰)의 흠이 오로지 미란다 경고를 발하지 못하였을 뿐'인 경우 그 흠의 효과가 2차 증거(②, ⑤, ⑦)에까지 파급된다고 볼 것인가?

자백①이 피의자의 진술의 임의성을 침해하여 고문 등으로 강제로 획득되거나 피의자의 헌법적 권리를 침해(예를 들어 위법한 수색·압수·체포·구속)한 후에 획득된 것이면 자백①은 독수가 될 수 있고 그 후에 획득된 자백은 독수의 과실이다. 그러나 본 사안에서 문제되는 것은 '수사관(경찰)의 흠이 오로지 미란다 경고를 발하지 못하였을 뿐'인데도 그 흠의 효과가 2차 증거(②, ③, ④, ⑤, ⑥, ⑦)에까지 파급된다고 볼 것인가 하는 점이다. "자백①이라면 몰라도 그 후의 온전한 자백들(②, ⑤, ⑦)은, 적법하게 진술거부권이 고지된 이후에 평온하게 (피의자의 임의진술로) 획득된 것이므로 '자백①'과 무관한 독립적인 증거"로 보는 견해가 있을 수 있다. 그런데 본 사안의 그 후의 자백들(②, ⑤, ⑦)을 2차 증거(secondary evidence, derivative evidence)로서 위법수집증거로 몰고 가는 논증이 있다. 미국에서는 그 논증을 '바구니를 떠난 고양이론'(cat out of the bag theory)이라고 한다. 이 논증은 "불법환경에서 일단 자백한 피의자는 '더 이상 부인

해도 아무 소용이 없을 것'이라는 자포자기에 빠져 이후 계속적으로 자백하는 것이 보통이므로 1차 자백 이후의 자백은 모두 위법한 2차 증거"라고 주장한다. 본 판결의 ⑭와 ⓑ 부분의 판시는 인과관계의 희석·단절을 논할 수 있다는 것이므로 구체적 사정에 따라 인과관계의 희석·단절을 논할 수도 있고 그것을 부정할 수도 있다는 취지이다.

3 '경고 있는 피의자(D)의 임의의 수사상 자백'(②)의 증거능력

제1심, 항소심, 대법원은 모두 "D의 차 안 진술과 체포 당일의 제1회 경찰 자백, 구금 3일째의 제2회 경찰 자백, 구금 10일째의 검찰 자백과 사이에 그 인과관계가 희석 또는 단절되었다고 인정할 만한 사정이 없으므로, D가 경찰, 검찰에서 한 V2에 관한 자백진술이 오염순화의 예외를 적용하여 유죄 인정의 증거로 사용할 수 있는 경우에 해당한다고 보기 어렵다(이는 D가 각 신문 전에 진술거부권을 고지 받았다거나 원심 변호인이 위 각 피의자신문조서의 진정성립과 임의성을 인정하였다는 사정까지 고려하더라도 마찬가지다)"고 판단하였다.[9]

4 'W의 공판정 진술'(⑥)과 Wong Sun v. United States(1963)

본 판결의 ⑭는, 'W의 공판정 진술은 2차 증거이기는 하지만 증거능력이 있다'는 취지이다. 이 부분에서는 미국 연방대법원이 Wong Sun v. United States(1963)에서 전개한 법리가 연상된다.[10] D의 최초자백

---

8) 대법원 1992. 6. 23. 선고 92도682 판결; DICKERSON V. UNITED STATES(99-5525) 530 U.S. 428(2000); 그러나 진술거부권을 고지 받을 피의자의 권리는 헌법상의 권리가 아니라는 대법원 2014. 1. 16. 선고 2013도5441 판결도 있다.

9) 항소심은 판결문에 '구금 10일째의 검찰 자백' 부분에 주석으로 "기록상 경찰 및 검찰 신문 당시에 변호인이 참여하여 D를 조력한 흔적은 찾을 수 없다"고 기재하여 '변호인이 참여하여 D를 조력한 흔적'이 있어야 '인과관계의 희석 또는 단절'을 인정할 수 있음을 암시하고 있다.

10) '제임스 토이'(James Toy, 이하 '토이')는 마약거래 혐의로 불법체포 된 직후 '쟈니 예'(Johny Yee, 이하 '예')를 공범으로 끌어들이는 진술을 하였다. 경찰은 이 진술을 토대로 예를 체포하고 예의 자택을 수색하였다. 예의 침실에서 마약이 발견된 직후 예는 다시 왕산(Wong Sun)을 공범으로 끌어 들이는 진술을 하여 왕산이 체포되었다. 왕산은 보석으로 풀려났다. 며칠 후 왕산은 자발적으로 경찰에 출석하여 '자신이 마약거래에 관여하였

과 W의 공판정 진술 사이에 조건관계가 있음을 부정할 수 없지만 W의 공판정 진술은 D의 최초자백 시로부터 오랜 시간이 지난 후에 행하여졌고 W가 임의로 출석하여 진술한 것이었으므로 D의 최초자백과의 조건관계는 희석·단절되었다는 것이다.

⑤ '차 안에서의 여죄 진술 권유'

본 판결의 ㉓부분에서 대법원은 수사관이 '차 안에서의 여죄(餘罪) 진술 권유'를 할 때 "진술거부권을 고지하지 않은 것이 '피의자의 자백을 이끌어내기 위한 의도적이고 기술적인 증거확보의 방법'[11]으로 이용되지 않았음"에 주목하고 있다. 이를 반대해석하면, 만약 "진술거부권을 고지하지 않은 것이 '피의자의 자백을 이끌어내기 위한 의도적이고 기술적인 증거확보의 방법'으로 이용된 것이라면 2차 자백도 증거로 쓸 수 없다."는 취지로 읽을 수 있다.

⑥ 물적 증거(압수된 가방내용물, ③)와 United States v. Patane(2004)[12]

본 판결의 제1심은 "차안에서의 진술은 진술거부권을 불고지한 상태에서의 진술이므로, 이에 기한 2차적 증거는 모두 증거능력이 없다"고 판시하였다. 제1심 판결에 대하여 검사는 "차 안에서의 진술에 기초한 2차 증거들[13]"에 대하여는 "독수독과원리의 예외 법리(오염순화의 예외, 불가피한 발견의 예외, 선의의 예외)가 적용되므로 증거능력이 있다"며 항소하였다. 항소심은 "인과관계가 희석 또는 단절되었다고 인정

할 뚜렷한 사정을 찾을 수 없다"는 등의 취지로 검사의 항소를 배척하였다. 그런데 "차 안에서의 진술에 기초하여 경찰이 획득한 압수물"에 대하여 대법원은 애매한 태도를 보이고 있다. 대법원은 본 판결의 ⓐ 부분에서 '경고 없는 임의자백의 2차 증거'의 예로 '반복된 자백, 물적 증거나 증인의 증언'을 언급하고 있다. 그러나 정작 그에 대한 답변이 예측되는 ㉯부분에서는 "최초 자백 외에도 다른 독립된 제3자의 행위나 자료 등도 물적 증거나 증인의 증언 등 2차적 증거 수집의 기초가 되었다는 사정"이라고만 언급하여 이 문제에 대한 즉답을 회피하였다.

다'는 진술을 하였다. '왕산의 진술이 토이의 형사사건에서 독수의 과실인가'가 문제되었다. 연방대법원은 불법체포로 인한 위법수집증거인 토이의 진술과 왕산의 진술 사이에 조건관계는 인정되지만 중간에 왕산의 자발적인 경찰출석 사실이 개입(intervene)되었으므로 왕산의 진술을 독과로 볼 수 없다고 판단하였다.

11) 이것은 아마도 '먼저 질문하고 원하는 진술을 얻은 다음 비로소 미란다 고지를 하는 책략적인 조사방법(question-first strategy as a interrogation tactic)'을 지칭하는 것으로 보인다.

12) United States v. Patane, 542 U.S. 630(2000): '미란다 경고의무위반의 과실과 비진술증거(증거물)의 증거능력'이 문제된 사안인데 비진술증거(증거물)의 증거능력을 인정한 판결이다.

13) 여기서는 오직 압수물에 대하여만 주목하기로 하자.

9.2.3 인과관계 희석·단절 긍정례(Ⅰ)

대법원 2009. 4. 23. 선고 2009도526 판결

F 경찰공무원 D는 2008. 6. 25. 08:38경 뇌물수수혐의로 발부된 체포영장에 의하여 체포되어 같은 날 11:00경 수원지방검찰청 검사실에 인치된 후 2008. 6. 26. 00:40경 수원구치소에 구금되었다. D에 대한 구속영장이 2008. 6. 27. 발부되었다. 위 구속영장은 같은 날 23:10경 수원구치소에서 교도관리에 의하여 집행되었지만 그 집행은 D에게 구속영장의 제시 없이 집행된 흠이 있었다. 2008. 7. 1. D에 대한 검사 작성의 제3회 피의자신문조서가 작성되었고, 그 이후인 2008. 7. 7. D에 대한 검사 작성의 제4회 피의자신문조서가, 2008. 7. 11. D에 대한 검사 작성의 제6회 피의자신문조서가 작성되었다. D는 2008. 7. 2. 변호인을 선임하였고, 2008. 7. 3. 변호인을 통하여 '구속영장을 제시받지 못한 채 불법적으로 구금되어 있다'는 등의 사유를 주장하면서 구속적부심사청구를 하였다. D는 이에 따라 열린 구속적부심사 사건의 심문절차에서 판사로부터 구속영장을 제시받았다. D는 검사 작성의 제4회, 제6회 피의자신문조서에서 이 사건 공소사실 중 일부만을 시인하였다. D는 제1심 소송이 계속 중이던 2008. 8. 18. 변호인을 통하여 '구속영장을 제시받지 못한 채 구속되어 있다'는 등의 사유를 주장하면서 보석허가청구를 하였다. 한편 D와 그 변호인은 모두 제1심의 제1회 공판기일에서 범의를 일부 부인하였을 뿐 이 사건 공소사실의 객관적인 사실관계는 모두 인정하였고, 제2회 공판기일 이후 항소심의 각 공판기일에 이르기까지 이 사건 공소사실을 모두 자백하였다. 제1심과 항소심은 "D에 대한 검사 작성의 제4회, 제6회의 각 피의자신문조서와 D의 법정진술의 각 증거능력을 인정하고 이를 유죄 인정의 증거로 채택하여 이 사건 공소사실에 대하여 유죄의 죄책을 인정"하였다. D는 "D에 대한 검사 작성의 제4회, 제6회의 각 피의자신문조서와 D의 법정진술은 모두 D에게 구속영장의 사전 제시 없이 집행된 구속의 2차 증거들이므로 그 이후 채집된 D의 자백진술을 유죄인정의 자료로 삼은 항소심판결은 위법"이라고 주장하며 상고하였다.

I 구속영장의 사전제시 없는 구속 중 수집한 피고인의 진술증거들을 유죄인정의 자료로 채택한 제1심과 항소심판결은 위법재판인가?

R 상고기각. 구속영장의 사전제시 없는 구속 중 수집한 피고인의 진술증거에 대하여 (중략) 수사기관이 헌법 12조 3항,[1] 형사소송법 85조 1항, 209조에 반하여 사전에 영장을 제시하지 않은 채 구속영장을 집행한 경우, 그 구속 중 수집한 2차적 증거들인 구속 피고인의 진술증거가 유죄 인정의 증거로 사용될 수 있는지 역시 위와 같은 법리[2]에 의하여 판단되어야 하고, 이는 81조 3항, 209조에 따라 검사의 지휘에 의하여 교도관리가 구속영장을 집행하는 경우에도 마찬가지이다. ⓔ D의 주장과 같이 D에 대한 구속영장의 집행 당시 구속영장이 사전에 제시된 바 없다면, 이는 헌법 및 형사소송법이 정한 절차를 위반한 구속 집행이고, 그와 같은 구속 중에 수집한 D의 진술증거인 'D에 대한 검사 작성의 제3회 내지 제6회의 피의자신문조서'와 'D의 법정진술'은 예외적인 경우가 아닌 한 유죄인정의 증거로 삼을 수 없는 것이 원칙이다. 더욱이 구속 직후 D가 위와 같은 구속영장이 사전에 제시됨이 없이 구속된 불법구금임을 주장하면서 법원에 구속적부심사를 청구하고 제1심 법원에 보석을 청구하는 등 구속집행절차상의 위법을 다투고 있는 상황이라면, 원심으로서는 D에 대한 구속영장을 집행하는 과정에서 실제로 위 D가 주장하는 바

---

1) "체포·구속·압수 또는 수색을 할 때에는 적법한 절차에 따라 검사의 신청에 의하여 법관이 발부한 영장을 제시하여야 한다."

2) '대법원 2007. 11. 15. 선고 2007도3061 전원합의체 판결'에서 전개된 '인과관계 희석·단절론'을 가리킨다.

와 같은 위법이 있는지를 살펴보고 나아가 위 각 증거를 유죄 인정의 증거로 삼을 수 있는지에 대하여 심리해 보았어야 한다. 그런데도 제1심이 이 점에 관하여 전혀 심리를 하지 않은 채 D에 대한 검사 작성의 제4회, 제6회의 각 피의자신문조서와 D의 법정진술의 각 증거능력을 인정하고 이를 유죄 인정의 증거로 채택하여 이 사건 공소사실에 대하여 유죄의 죄책을 인정하였으며, 원심은 (중략) 이 점에 대한 심리에 이르지 않은 채 제1심판결을 그대로 유지하였는바, 이러한 조치는 잘못된 것이다. ⑤ 그러나 D의 제1심 법정진술은, 앞서든 법리나 위 인정 사실에 나타난 다음에서 드는 각 사정을 전체적·종합적으로 고려해 볼 때, 이를 유죄 인정의 증거로 사용할 수 있는 경우에 해당한다. 즉, D는 구속적부심사의 심문 당시 구속영장을 제시받은 바 있어 그 이후에는 구속영장에 기재된 범죄사실에 대하여 숙지하고 있었던 것으로 보이고, 구속 이후 원심에 이르기까지 구속적부심사와 보석의 청구를 통하여 사전에 구속영장을 제시받지 못한 구속집행절차의 위법성만을 다투었을 뿐 그 구속 중 이루어진 D의 진술증거인 D에 대한 검사 작성의 피의자신문조서와 법정에서의 D 진술의 임의성이나 신빙성에 대하여는 전혀 다투지 않았으며, 구속 이후 D에 대한 검사 작성의 제4회, 제6회 피의자신문조서의 작성 시에는 이 사건 공소사실 중 일부만을 시인하는 태도를 보이다가, 오히려 변호인과 충분히 상의를 한 제1심 법정 이후에는 이 사건 공소사실 전부에 대하여 자백하는 것으로 태도를 바꾼 후 원심에 이르기까지 그 자백을 번복하지 않았다. 이와 같이 증거능력이 인정되는 D의 제1심 법정진술 등 나머지 제1심의 적법한 채택 증거들에 의하더라도 이 사건 범죄사실 모두를 인정하기에 충분한바, 제1심이 이 사건 공소사실을 모두 유죄로 인정하고, 원심이 이러한 제1심판결을 그대로 유지한 조치는 결국 정당하므로, 원심의 위에서 본 잘못은 판결 결과에 영향을 미쳤다고 볼 수 없다."

C 본 사안에서 문제되는 2차 증거들은 '구속영장의 사전제시 없는 구속 중 수집한 피고인의 진술증거들'이므로 독수독과론의 적용이 있다. 남는 문제는 추후의 사정으로 인과관계의 희석·단절이 있는가를 검증하는 문제이다.

① '검사의 제4, 5, 6회 피의자신문에서의 자백'의 증거능력

제1심과 항소심은 이를 증거로 채택하여 유죄판결의 자료로 삼았다. D는 구속적부심사청구절차가 개시될 때까지는 적법하게 구속영장을 제시받지 못하였다. 그러나 D는 2008. 7. 2. 변호인을 선임하였고, 2008. 7. 3. 변호인을 통하여, '구속영장을 제시받지 못한 채 불법적으로 구금되어 있다'는 등의 사유를 주장하면서 구속적부심사청구를 하였다. D는 이에 따라 열린 구속적부심사 사건의 심문절차에서 판사로부터 구속영장을 제시받았다. 대법원은 '검사의 제4, 5, 6회 피의자신문에 이르기까지 위법한 구속의 위법성을 희석·단절할 만한 개입사정이 없으므로 '검사의 제4, 5, 6회 피의자신문 시의 자백은 증거로 삼을 수 없다며 제1심과 항소심을 나무라고 있다. 검사의 제4, 5, 6회 피의자신문 시의 자백을 독수의 과실로 본 것이다.

② D의 제1심 법정진술

그러나 D의 제1심 법정진술이 행하여진 사정은 '검사의 제4, 5, 6회 피신자백'이 획득되는 사정과 판이하게 달랐다. D는 ⓐ 구속적부심사의 심문 당시 구속영장을 제시받은 바 있어 그 이후에는 구속영장에 기재된 범죄사실에 대하여 숙지하고 있었고, ⓑ 구속 이후 항소심에 이르기까지 구속적부심사와 보석의 청구를 통하여 사전에 구속영장을 제시받지 못한 구속집행절차의 위법성만을 다투었을 뿐 그 구속 중 이루어진 D의 진술증거인 D에 대한 검사 작성의 피의자신문조서와 법정에서의 D 진술의 임의성이나 신빙성에 대하여는 전혀 다투지 않았으며, ⓒ 변호인과 충분히 상의를 한 제1심 법정 이후에는 이 사건 공소사실 전부에 대하여 자백하는 것으로 태도를 바꾼 후 항소심에 이르기까지 그 자백을 번복하지 않았다. 이리하여 대법원은 '법정진술(전부자백)'에 대하여는 최초의 위법(구속영장의 제시 없는 구속집행)과 인과관계가 희석·단절되었다고 판단하였다. 본 사안은 인과관계의 희석·단절이 인정된 최초의 사안이다.

9.2.4 인과관계 희석·단절 부정례(Ⅰ)

대법원 2013. 3. 14. 선고 2010도2094 판결

F D는 음식점 주차장에서 나와 2012. 12. 12. 22:00경 자신의 승용차를 운전하고 20미터 가량 진행하였는데 골목길에 주차되어 있던 V 소유 차량의 사이드 미러에 손상이 발생하였다. 그 후 D가 'V 차량의 후사경을 손상시켰다'는 이유로 V 차량의 운전자, 동승자들과 D 사이에 시비가 벌어졌고 V 차량 측의 신고로 경찰관들이 현장에 출동하였다. 경찰관들이 D의 음주운전을 의심하여 음주측정을 위해서 지구대로 동행할 것을 요구하자 D가 동행을 거부하였다. 그러자 4명의 경찰관이 D의 팔다리를 잡아 강제로 순찰차에 태워 지구대로 데려 갔으며, 그 과정에서 경찰관들은 D에게 형사소송법 200조의5에 정한 사항을 고지[1]하는 등의 절차를 밟지 않았다. D는 지구대로 연행된 후에도 음주측정을 거부하다가 '계속 음주측정에 불응할 경우 구속된다'는 말을 듣고 호흡측정에 응하였고 그 결과 음주운전으로 처벌받는 수치(0.130%)가 나왔다. 그러자 D는 '위 호흡측정 결과를 받아들일 수 없다'는 취지로 항의하면서 혈액측정을 요구하였고 이에 경찰관이 D와 인근 병원에 동행하여 채혈을 하게 되었다. 채혈된 혈액이 국과수에 송부되었고 국과수는 혈중알코올농도 감정회보서를 경찰에 송부하였다. 혈중알코올농도 감정회보서에도 음주운전으로 처벌받는 수치(0.142%)가 나왔다. D는 도로교통법 위반(음주운전) 혐의로 기소되었다. 위의 '국과수의 혈중 알코올농도 감정회보서'가 유죄증거로 제출되었다. 이 회보서에 의하면 D는 운전시에 음주운전으로 처벌받는 수치(0.142%) 하에 있었다. D와 그 변호인이 이를 증거로 함에 동의하였다. 제1심은 무죄를 선고하였다. 검사가 항소하였다. 항소심은, "비록 D를 현장에서 지구대로 데리고 간 경찰관들의 행위가 임의동행이 아닌 강제력에 의한 체포에 해당

하고, 그 체포 당시 형사소송법 200조의5에 정한 절차가 이행되지 않았다고 하더라도, D의 자발적인 의사에 기초하여 이루어진 채혈을 바탕으로 이루어진 혈중 알코올농도 감정서와 주취운전자 적발보고서는 증거능력이 있다"고 보아 D를 유죄[2]로 판단하였다. D가 상고하였다.

I 사안에서 경찰관들은 임의동행을 거부하는 D를 위법하게 강제연행하였고 또 그 과정에서 경찰관들은 D에게 형사소송법 200조의5에 정한 사항을 고지하는 등의 절차를 밟지 않았으므로 그 후 행하여진 '호흡조사 방법에 의한 음주측정 결과'는 독수의 과실로 보인다. 그러나 '피고인(D)의 자발적인 의사에 기초하여 채혈'이 행하여졌으므로 그 후에 획득된 '국과수의 혈중 알코올농도 감정서'는 최초의 위법수사와의 인과관계가 단절·희석된 것으로 볼 수 있지 않을까?

R 파기환송. 체포의 이유와 변호인 선임권의 고지 등 적법한 절차를 무시한 채 이루어진 강제연행은 전형적인 위법한 체포에 해당하고, 위법한 체포 상태에서 이루어진 음주측정요구는 주취운전의 범죄행위에 대한 증거수집을 목적으로 한 일련의 과정에서 이루어진 것이므로, 그 측정 결과는 형사소송법 308조의2에 규정된 '적법한 절차에 따르지 아니하고 수집한 증거'에 해당하여 증거능력을 인정할 수 없다(대법원 2007. 11. 15. 선고 2007도3061 전원합의체 판결 등 참조). 또한 위법한 강제연행 상태에서 호흡측정의 방법에 의한 음주측정을 한 다음 그 강제연행 상태로부터 시간적·장소적으로 단절되었다고 볼 수도 없고 피의자

---

1) 사전청문절차(준미란다 고지) : 수사기관이 피의자를 체포할 때 고지하여야 하는 "피의사실의 요지, 체포의 이유와 변호인을 선임할 수 있음을 말하고 변명할 기회"를 주어야 하는 것을 말한다.

2) "원심판결을 파기한다. 피고인을 벌금 2,000,000원에 처한다. 피고인이 위 벌금을 납입하지 아니하는 경우 금 50,000원을 1일로 환산한 기간 피고인을 노역장에 유치한다. 위 벌금에 상당한 금액의 가납을 명한다."

의 심적 상태 또한 강제연행 상태로부터 완전히 벗어 났다고 볼 수 없는 상황에서 피의자가 호흡측정 결과 에 대한 탄핵을 하기 위하여 스스로 혈액채취 방법에 의한 측정을 할 것을 요구하여 혈액채취가 이루어졌 다고 하더라도 그 사이에 위법한 체포 상태에 의한 영향이 완전하게 배제되고 피의자의 의사결정의 자 유가 확실하게 보장되었다고 볼 만한 다른 사정이 개 입되지 않은 이상 불법체포와 증거수집 사이의 인과 관계가 단절된 것으로 볼 수는 없다. 따라서 그러한 혈액채취에 의한 측정 결과 역시 유죄 인정의 증거로 쓸 수 없다. 그리고 이는 수사기관이 위법한 체포 상 태를 이용하여 증거를 수집하는 등의 행위를 효과적 으로 억지하기 위한 것이므로, 피고인이나 변호인이 이를 증거로 함에 동의하였다고 하여도 달리 볼 것은 아니다.

 경찰관들이 D를 지구대로 강제연행한 행위는 위법한 체포에 해당하므로 그 상태에서 한 음주측정 요구는 위법한 수사라고 볼 수밖에 없고, 그러한 요 구에 따른 음주측정 결과 또한 적법한 절차에 따르지 아니하고 수집한 증거로서 그 증거능력을 인정할 수 없다. 나아가 D가 위와 같이 적법한 절차에 따르지 아니하고 수집한 증거인 호흡조사 방법에 의한 음주 측정 결과에 이의를 제기하고 채혈을 하기에 이른 과 정 등 제반 사정에 비추어 보면, 혈액채취 방법에 의 한 혈중 알코올농도 감정서 및 주취운전자 적발보고 서 역시 불법체포의 연장선상에서 수집된 증거 내지 이를 기초로 한 2차적 증거로서 형사소송법 308조의2 에 규정된 '적법한 절차에 따르지 아니하고 수집된 증거'에 해당하므로 이는 원칙적으로 유죄 인정의 증 거로 삼을 수 없다. 당시 불법적인 호흡측정을 마친 경찰관이 D에게 귀가를 권유하였음에도 불구하고 D 스스로 채혈을 요구하였다는 등 원심이 든 사정만으 로는 그 채혈이 위법한 체포 상태에 의한 영향이 완 전하게 배제되고 피의자(D)의 자유로운 의사결정이 확실하게 보장된 상태에서 이루어진 것으로서 불법 체포와 증거수집 사이의 인과관계가 단절되었다고 평가할 만한 객관적 사유가 개입되어 위법수집증거 배제의 원칙이 적용되지 않는다고 할 예외적 사유에

해당한다고 보기는 어렵다."

C

1 자발적인 채혈요구

수사기관의 절차위배행위(강제연행)가 선행되었다 하더라도 '피고인(D)의 자발적인 의사에 기초하여 채 혈'이 행하여졌으므로 그 후에 획득된 '국과수의 혈 중알코올농도 감정서'는 최초의 위법수사와의 인과 관계가 단절·희석된 것으로 볼 수 있는 것 아닌가(항 소심의 논지)가 문제된다. 그러나 대법원은 "피의자의 심적 상태 또한 강제연행 상태로부터 완전히 벗어났 다고 볼 수 없는 상황에서 피의자가 호흡측정 결과에 대한 탄핵을 하기 위하여 스스로 혈액채취 방법에 의 한 측정을 할 것을 요구"하였으므로 "그 사이에 위법 한 체포 상태에 의한 영향이 완전하게 배제되고 피의 자의 의사결정의 자유가 확실하게 보장되었다고 볼 만한 다른 사정이 개입되지 않은 이상 불법체포와 증 거수집 사이의 인과관계가 단절된 것으로 볼 수는 없"고, 위법수집증거배제규칙은 "수사기관이 위법한 체포 상태를 이용하여 증거를 수집하는 등의 행위를 효과적으로 억지하기 위한 것이므로, 피고인(D)이나 변호인이 이를 증거로 함에 동의하였다고 하여도 달 리 볼 것은 아니"라고 판시하였다.

2 피고인(D)·변호인이 위법수집증거와 그 파생증거 를 증거로 함에 동의하여도 증거능력을 부정하여 야 하는 이유

"헌법적 요청에서 유래하는 증거능력 제한을 전문 법칙과 직접주의의 관점에서 도출되는 증거법리로 우회할 수 없다"(신동운, 2014)거나 "수사기관은 위법 수집증거를 획득한 후 피의자에게 증거동의를 설득 할 것"이므로 이를 막기 위한 것(조국, 위법수집증거배 제법칙, 2006, 482면)으로 해석되고 있다. '동의'가 문제 될 때는 '강요된 동의'인지 '진정한 동의'인지 여부를 신중히 검토하여야 한다.

9.2.5 인과관계 희석·단절 긍정례(Ⅱ)

대법원 2013. 3. 28. 선고 2012도13607 판결

F 2012. 2. 1.경 대구백화점 내 A매장 지배인이 여성복을 절취당했다(이하 '1범행')고 경찰에 신고하였다. 신고를 받은 경찰관(이하 'P'로 약칭함)이 범행 현장인 A매장에서 범인이 벗어 놓고 간 점퍼와 그 안에 있는 O 주식회사 (금융실명법 4조에 정한 '금융회사 등'에 해당하는 신용카드회사로서, 이하 '카드회사'라 한다) 발행의 매출전표를 발견하였다. P는 카드회사에 공문을 발송하는 방법으로 카드회사로부터 위 매출전표의 거래명의자가 누구인지 그 인적 사항을 알아냈고 이를 기초로 삼아 D를 범행의 용의자로 특정하였다. P는 2012. 3. 2. D의 주거에서 위와 같은 절도 혐의로 D를 긴급체포하였다. 긴급체포 당시 D의 집안에서 피해신고된 여성복 외에 새것으로 보이는 프라다 구두가 발견되었다. 그 후 구금 상태에서 이루어진 2차례의 경찰 피의자신문에서 D는 제1범행(점퍼절취) 이외에 프라다 구두는 2012. 1. 초 대구백화점 구두 매장에서 절취한 것(이하 '제2범행'이라 한다)이라는 취지로 자백하였다(구금상태에서 행하여진 피의자신문에서의 1·2범행에 대한 D의 경찰자백). 수사기관은 D에 대하여 구속영장을 청구하였으나 2012. 3. 4. 대구지방법원이 D에 대한 구속영장을 기각하여 같은 날 D는 석방되었다. 2012. 3. 9. D는 위 경찰서에 다시 출석하여 제3회 피의자신문에서 2011. 4.경 대구 중구에 있는 동아쇼핑 지하 1층 구두매장에서 샤넬 구두를 절취하였다(이하 '제3범행'이라 한다)고 자백(제3범행에 대한 D의 임의성 있는 경찰자백)하였고, 위 샤넬 구두를 경찰에 임의로 제출하였다. 위와 같은 샤넬 구두와 자백 등을 기초로 2, 3범행의 피해자(이하 'V2·V3')가 확인된 후 2012. 3. 18.경 V2·V3가 피해 사실에 관한 각 진술서(V2·V3의 진술서)를 작성·경찰에 제출(V2가 작성한 진술서는 범행일로부터 약 3개월 이상 지난 시점에서 기존의 수사절차로부터 독립하여 자발적으로 자신들의 피해 사실을 임의로 진술한 것이고, V3가 진술한 진술서는 D가 석방된 후 D가 그 내용을 자백하면서 피해품을 수사기관에 임의로 제출한 이후에 입수된 것이다)하였다. 검사는 1·2·3 범행을 묶어 D를 상습절도 혐의로 기소하였다. 그 후 2012. 6. 20. 열린 제1심 제2회 공판기일에서 D는 1·2·3 범행에 대하여 전부 자백(D의 1·2·3 범행에 대한 제1심 법정에서의 자백)하였다. 제1심과 항소심은 'D의 1·2·3 범행에 대한 제1심 법정에서의 자백'과 '2·3 범행에 관한 V2·V3의 진술서'를 증거로 채택하여 공소사실(1개의 상습절도)을 유죄(실형 징역 2년)로 인정하였다. D의 변호인은 제1심과 항소심이 "위법하게 수집한 2차 증거들을 증거로 채택한 위법이 있다"고 주장하면서 상고하였다.

I 'D의 1·2·3 범행에 대한 제1심 법정에서의 자백'과 '2·3 범행에 관한 V2·V3의 진술서'는, 매출전표의 거래명의자가 누구인지 그 인적 사항을 알아낸 이후에 수집된 자료이므로 2차 증거이다. 그러나 그 후의 개입사정으로 인과관계가 희석·단절되었다고 볼 수 있는지가 쟁점이다. 제1심과 항소심은 긍정하고 피고인 측은 부정하였다.

R 상고기각. 1. 금융실명거래 및 비밀보장에 관한 법률(이하 '금융실명법'이라 한다) 4조 1항은 "금융회사 등에 종사하는 자는 (중략) 제공을 요구하여서는 아니 된다"고 규정하면서, "법원의 제출명령 또는 법관이 발부한 영장에 따른 거래정보 등의 제공"(1호) 등을 열거하고 있고, 수사기관이 거래정보 등을 요구하는 경우 그 예외를 인정하고 있지 않다. (중략) 그럼에도 수사기관이 영장에 의하지 않고 매출전표의 거래명의자에 관한 정보를 획득하였다면, 그와 같이 수집된 증거는 원칙적으로 308조의2에서 정하는 '적법한 절차에 따르지 아니하고 수집한 증거'에 해당하여 유죄의 증거로 삼을 수 없다.

2. ① 수사기관이 의도적으로 영장주의의 정신을 회피하는 방법으로 증거를 확보한 것이 아니라고 볼 만한 사정, ② 위와 같은 정보에 기초하여 범인으로

특정되어 체포되었던 피의자가 석방된 후 상당한 시간이 경과하였음에도 다시 동일한 내용의 자백을 하였다거나 그 범행의 피해품을 수사기관에 임의로 제출하였다는 사정, ③ 2차적 증거 수집이 체포 상태에서 이루어진 자백 등으로부터 독립된 제3자의 진술에 의하여 이루어진 사정 등은 통상 2차적 증거의 증거능력을 인정할 만한 정황에 속한다.

A ⓐ 이 사건 범행 전부에 대한 제1심 법정 자백은 최초 자백 이후 약 3개월이 지난 시점에 공개된 법정에서 적법한 절차를 통하여 임의로 이루어진 것이라는 점 등을 전체적·종합적으로 고려하여 볼 때 이는 유죄 인정의 증거로 사용할 수 있는 경우에 해당한다. 나아가 ⓑ 또한 수사기관이 매출전표의 거래명의자에 관한 정보를 획득하기 위하여 이 사건 카드회사에 공문까지 발송하였던 사정 등에 비추어 볼 때 의도적·기술적으로 금융실명법이 정하는 영장주의의 정신을 회피하려고 시도한 것은 아니라고 보이는 점, ⓒ 2, 3범행에 관한 V2, V3 작성의 진술서는 제3자인 V2, V3가 범행일로부터 약 3개월, 11개월 이상 지난 시점에서 기존의 수사절차로부터 독립하여 자발적으로 자신들의 피해 사실을 임의로 진술한 것으로 보이고, 특히 ⓓ 3범행에 관한 진술서의 경우 D가 이미 석방되었음에도 불구하고 이 부분 범행 내용을 자백하면서 피해품을 수사기관에 임의로 제출한 이후에 비로소 수집된 증거인 점 등을 고려하여 볼 때, 위 증거들 역시 유죄 인정의 증거로 사용할 수 있는 경우에 해당한다.

C

1 이 사안의 쟁점

사안에서 명시적으로 문제된 것은 'D의 1·2·3 범행에 대한 제1심 법정에서의 자백'과 '제2·3 범행에 관한 V2·V3의 진술서'이다. 이들은 수사 측의 최초의 절차위배행위(영장 없이 매출전표의 거래명의자의 인

적사항 획득)가 없었다면 수사측이 확보할 수 없었던 2차 증거들이므로 일단 '독수의 과실'이 아닌가 하는 의문을 제기해야 할 대상들이다. 그러나 최초의 위법과 수집된 2차 증거 사이에 인과관계가 단절·희석되는 경우가 있다. 문제는 '어떤 경우에 인과관계의 단절·희석을 인정할 수 있을 것인가' 하는 점이다.

2 2차 증거가 최초의 절차위법을 '직접 이용'하거나 혹은 '그 연장선상'에서 획득된 것인가?

이 기준은 본 판례보다 2주 앞서 판시된 판결에서 "2차적 증거 수집이 위법한 체포·구금절차에 의하여 형성된 상태를 **직접 이용**하여 행하여진 것"(대법원 2013. 3. 14. 선고 2012도13611 판결)인지, 혹은 "혈액채취방법에 의한 혈중알코올농도 감정서 및 주취운전자적발보고서 역시 불법체포의 연장선상에서 수집된 증거'에 해당(대법원 2013. 3. 14. 선고 2010도2094 판결)하는 것인지 등으로 표현되고 있다. 뒤집어 말하면 문제의 2차 증거가 최초의 절차위법을 **'직접 이용'하거나 혹은 '그 연장선상'에서 획득된 것**이 아님을 입증하면 검사는 문제의 2차 증거를 증거로 사용할 수 있게 된다. 하급심과 대법원은 'D의 1·2·3 범행에 대한 제1심 법정에서의 자백'과 '2·3 범행에 관한 V2·V3의 진술서'는 최초의 절차위법을 '직접 이용'하거나 혹은 '그 연장선상'에서 획득된 것이 아니라고 판단하였다. 그러나 대법원은 '구금 상태에서 행하여진 피의자신문에서의 1·2범행에 대한 D의 경찰자백', '3범행에 대한 D의 임의성 있는 경찰자백'에 대하여는 언급하지 않아 이들 증거들은 위법한 2차 증거로 본 것이 아닌가 하는 생각이 든다. 물증은 어떤가?

3 물증의 증거능력

점퍼는 유류물이고 프라다 구두는 임의제출물이므로 위법수집물이 아님이 분명하지만 샤넬 구두는 사안이 분명하지 아니하여 판단을 유보한다. 어쨌든 본 판례는 '절차위법과 2차 증거 사이의 인과관계의 단절·희석' 판단의 전형적인 긍정례를 보여주는 모범적 사안이다.

9.2.6   인과관계 희석·단절 부정례(Ⅱ)

대법원 2014. 1. 16. 선고 2013도7101 판결

F 부산지방검찰청 검사가 2012. 8. 3. 부산지방법원으로부터 압수·수색영장(이하 '압색 영장'이라 한다)을 발부받았는데, 이 사건 영장에 피의자는 'D2(비례대표 국회의원)', 압수할 물건은 'D(전 J당 부산시당 후보위원장)가 소지하고 있는 휴대전화(스마트폰) 등', 압수·수색할 장소는 'D의 주거지 등', 혐의 범죄사실은 "피의자(D2, 비례대표 국회의원)가 공천과 관련하여, 2012. 3. 15. 및 3. 28. O에게 지시하여 J당 공천심사위원인 O3 등에게 거액이 든 돈 봉투를 각 제공하였다 등', 피의범죄사실은 '공직선거법위반'으로 각 기재되어 있었다. 이에 따라 부산지방검찰청 수사관이 D의 주거지에서 D의 휴대전화를 압수하고 이를 부산지방검찰청으로 가져온 후 그 휴대전화에서 추출한 전자정보를 분석하던 중 D와 D7(지역구 국회의원) 사이의 대화가 녹음된 녹음파일을 통하여 위 D, D7에 대한 공직선거법 위반의 혐의점을 발견하고 수사를 개시하였으나, 위 D, D7으로부터 이 사건 녹음파일을 임의로 제출받거나 새로운 압색 영장을 발부받지 않았다. D, D7은 공직선거법(정당후보자 추천 관련 내지 선거운동 관련 금품 요구·약속의 범행에 관련된 부분) 위반 혐의로 기소되었는데 위 녹음파일이 유죄증거로 제출되었다. 부산지검 검사는 수회에 걸쳐 이 사건 녹음파일의 내용을 들려주면서 D, D7을 참고인 또는 피의자로 조사하고 D, D7은 공소사실을 자백하는 진술(검찰자백과 법정자백 등)을 하였다. 제1심은 관련성의 범위를 넓게 설정하여 위 녹음파일의 증거능력을 인정[1]하여 유죄를 선고하였다. 항소심은 '이 사

건 녹음파일의 증거능력이 부정되는 이상, 이에 터잡아 수집한 2차적 증거인 D, D7의 검찰 진술 또한 그 증거능력이 배제되어야 하는 것으로서 증거로 쓸 수 없다'고 판단하였지만 'D, D7의 법정진술과 참고인 O4 등의 수사기관 및 법정 진술에 대해서는, 공개된 법정에서 진술거부권을 고지받고 변호인의 충분한 조력을 받은 상태에서 자발적으로 이루어진 것이고 수사기관이 의도적으로 그 영장주의의 취지를 회피하려고 시도한 것은 아니라는 사정 등을 종합하여 그 증거능력이 인정된다.'고 판단하여 증거로 채택하였다. D, D7은 "D, D7의 법정진술과 참고인 O4 등의 수사기관 및 법정진술을 증거로 채택한 것은 위법"이라고 주장하며 상고하였다.

I 1. 압색의 관련성의 범위
2. D, D7의 법정진술 등의 증거능력

R A 상고기각. 1. 이 사건 녹음파일에 의하여 그 범행이 의심되었던 혐의사실은 공직선거법상 정당후보자 추천 관련 내지 선거운동 관련 금품 요구·약속의 범행에 관한 것으로서, 일응 범행의 객관적 내용만 볼 때에는 이 사건 영장에 기재된 범죄사실과 동종·유사의 범행에 해당한다고 볼 여지가 있다. 그러나 이 사건 영장에서 당해 혐의사실을 범하였다고 의심된 '피의자'는 D2에 한정되어 있는데, 수사기관이 압수한 이 사건 녹음파일은 D와 D7 사이의 범행

---

[1] "압수의 대상을 '압수·수색영장의 범죄사실 자체와 직접적으로 연관된 물건에 한정할 것은 아니고, 압수·수색영장의 범죄사실과 기본적 사실관계가 동일한 범행 또는 동종·유사의 범행과 관련된다고 의심할 만한 상당한 이유가 있는 범위 내에서는 압수할 수 있다'고 설시하면서, (가) 이 사건 녹음파일의 대화내용 중에는 D2가 O 등 J당 공천심사위원을 언급하면서 그들과 '접촉을 한번 시도해보겠다'는 등의 말이 포함되어 있고, (나) 이를 이 사건 영장 범죄사실에 기재된 D, D7 사이의 공천 관련

금품수수 혐의를 입증하기 위한 유력한 간접증거로도 사용할 수 있으며, (다) 영장 기재 범죄사실과 D, D7에 대한 이 사건 공소사실은 모두 국회의원 선거에서의 공천과 관련한 금품 수수 또는 약속에 관한 것이고, 그 청탁의 대상이 되는 공천위원으로 B가 공통적으로 있으며, 각 범행이 이루어진 시간적 간격 또한 3주 남짓으로 상당히 근접해 있어, 이 부분 공소사실과 이 사건 영장 기재 범죄사실은 전혀 별개의 범행이 아니라 적어도 동종·유사의 범행으로 볼 수 있다."

에 관한 것으로서 D2가 그 범행에 가담 내지 관련되어 있다고 볼 만한 아무런 자료가 없다. 결국 이 사건 영장에 기재된 '피의자'인 D2가 이 사건 녹음파일에 의하여 의심되는 혐의사실(D와 D7 사이의 범행에 관한 것)과 무관한 이상, 수사기관이 별도의 압색 영장을 발부받지 않은 채 압수된 이 사건 녹음파일은 219조에 의하여 수사기관의 압수에 준용되는 106조 1항이 규정하는 '피고사건' 내지 같은 법 215조 1항이 규정하는 '해당 사건'과 '관계가 있다고 인정할 수 있는 것'에 해당한다고 할 수 없으며, 이와 같은 압수에는 헌법 12조 1항 후문, 3항 본문이 규정하는 헌법상 영장주의에 위반한 절차적 위법이 있다. 따라서 이 사건 녹음파일은 308조의2에서 정한 '적법한 절차에 따르지 않고 수집한 증거'로서 이를 증거로 쓸 수 없고, 그와 같은 절차적 위법은 헌법상 규정된 영장주의 내지 적법절차의 실질적 내용을 침해하는 중대한 위법에 해당하는 이상 예외적으로 그 증거능력을 인정할 수 있는 경우로 볼 수도 없다.

2. 그렇다면 '수사기관의 이 사건 녹음파일 압색 과정에서 피압색 당사자인 D에게 참여권이 보장되었는지, 복사대상 전자정보의 목록이 교부되었는지 여부 등은 별론으로 하더라도, 원심이 (중략) 그 증거능력을 부정한 조치는 결론에 있어 정당한 것으로 수긍할 수 있[다].

3. (이른바 '2차적 증거'의 증거능력에 관하여) 법원이 2차적 증거의 증거능력 인정 여부를 최종적으로 판단할 때에는 먼저 절차에 따르지 않은 1차적 증거 수집과 관련된 모든 사정들 (중략) 구체적인 사안에 따라 주로 인과관계 희석 또는 단절 여부를 중심으로 전체적·종합적으로 고려하여야 한다(대법원 2009. 3. 12. 선고 2008도11437 판결; 대법원 2013. 3. 28. 선고 2012도13607 판결 등 참조).

위 D, D7의 제1심 법정진술의 경우에는 그 증거능력이 부정되어야 할 이 사건 녹음파일을 제시받거나 그 대화 내용을 전제로 한 신문에 답변한 내용이 일부 포함되어 있으므로, 그와 같은 진술과 이 사건 녹음파일 수집 과정에서의 절차적 위법과의 사이에는 여전히 직접적 인과관계가 있다고 볼 여지가 있어, 원심이 이 부분 진술까지 그 증거능력이 있다고 단정한 데에는 부적절한 점이 없지 않다. 그러나 이를 제

외한 나머지 증거들의 증거능력에 대한 원심의 위와 같은 판단은 정당한 것으로 수긍할 수 있고 거기에 D의 상고이유 주장과 같은 법리오해의 위법이 없으며, 뒤에서 보는 바와 같이 위 D, D7의 제1심 법정진술을 제외하더라도 D, D7에 대한 이 부분 공소사실에 대한 원심의 결론은 정당하므로, 결국 원심의 위와 같은 잘못은 판결 결과에 영향을 미치지 않았다.

C 여기서는 '2. D, D7의 법정진술 등의 증거능력' 쟁점에 한정하여 설명한다.

1 '직접적 인과관계' 논증

수사기관의 절차위반행위(사안에서는 관련성 없는 녹음파일의 채집) 후의 2차 증거(果實, 사안에서는 검찰자백, 법정자백, 증인의 증언)의 증거능력을 논할 때, 예를 들어 2차 증거가 수사상 진술이면 인과관계 희석을 논할 수 없지만 그것이 법정진술이면 인과관계 희석을 논할 수 있다는 식의 논증이 종전 판례(예를 들어⇨ 9.2.3)에서 행해진 바 있다. 그러나 보다 중요한 것은 2차 증거가 수사기관의 절차위반행위의 직접적 결과인가 여부(직접적 결과이면 희석을 논할 수 없다[2])에 달려 있다. 본 판결에서 포착하여야 할 포인트는 바로 이 점에 있다.

---

[2] 부산지검 검사가 수회에 걸쳐 이 사건 녹음파일의 내용을 들려주면서 D, D7을 참고인 또는 피의자로 조사하고 D, D7이 공소사실을 자백하였다면 이 자백은 절차위반행위의 결과물을 직접 이용한 것이다.

9.2.7 사인이 위법하게 채집한 후 수사기관의 수중에 들어 온 증거의 증거능력

대법원 2013. 11. 28. 선고 2010도12244 판결

F 동그래미 시 세모동장 직무대리의 지위에 있던 D는 동그래미 시청 전자문서시스템을 통하여 네모 통장인 O2 등에게 '시장 O를 도와 달라'는 등의 내용을 담고 있는 전자우편을 보내 공직선거법위반 혐의로 기소되었다. 유죄증거로 제출된 위 전자우편은 동그래미 시청 소속 공무원인 T가 권한 없이 전자우편에 대한 비밀 보호조치를 해제하는 방법을 통하여 채집한 후 수사기관에 제출한 것이었다. D는 제1심에서 위 전자우편을 공소사실에 대한 증거로 함에 동의한 바 있다. 공판절차에서 D는 '위 전자우편은 위법수집증거이므로 증거능력이 없다.'고 주장하였다.

I 사안의 D는 공무원이지만 D의 공직선거법위반 피고사건에서는 어디까지나 사인(私人)이다. 사인(T)이 위법하게 채집한 후 수사기관의 수중에 들어 온 증거에 대하여도 통상의 위법수집증거배제법칙이 적용·준용될 수 있는가?

R 국민의 인간으로서의 존엄과 가치를 보장하는 것은 국가기관의 기본적인 의무에 속하는 것이고 이는 형사절차에서도 당연히 구현되어야 하는 것이지만, 국민의 사생활 영역에 관계된 모든 증거의 제출이 곧바로 금지되는 것으로 볼 수는 없으므로 법원으로서는 효과적인 형사소추 및 형사소송에서의 진실발견이라는 공익과 개인의 인격적 이익 등의 보호이익을 비교형량 하여 그 허용 여부를 결정하여야 한다(대법원 2010. 9. 9. 선고 2008도3990 판결 등 참조). 이때 법원이 그 비교형량을 함에 있어서는 증거수집 절차와 관련된 모든 사정 즉, 사생활 내지 인격적 이익을 보호하여야 할 필요성 여부 및 그 정도, 증거수집 과정에서 사생활 기타 인격적 이익을 침해하게 된 경위와 그 침해의 내용 및 정도, 형사소추의 대상이 되

는 범죄의 경중 및 성격, D의 증거동의 여부 등을 전체적·종합적으로 고려하여야 하고, 단지 형사소추에 필요한 증거라는 사정만을 들어 곧바로 형사소송에서의 진실발견이라는 공익이 개인의 인격적 이익 등의 보호이익보다 우월한 것으로 섣불리 단정하여서는 아니 된다.

A 앞서 본 법리에 비추어 볼 때, 제3자(T)가 위와 같은 방법으로 이 사건 전자우편을 수집한 행위는 정보통신망 이용촉진 및 정보보호 등에 관한 법률 71조 11호, 49조 소정의 '정보통신망에 의하여 처리·보관 또는 전송되는 타인의 비밀을 침해 또는 누설하는 행위'로서 형사처벌되는 범죄행위에 해당할 수 있을 뿐만 아니라, 이 사건 전자우편을 발송한 D의 사생활의 비밀 내지 통신의 자유 등의 기본권을 침해하는 행위에 해당한다는 점에서 일응 그 증거능력을 부인하여야 할 측면도 있어 보인다. 그러나 이 사건 전자우편은 동그래미 시청의 업무상 필요에 의하여 설치된 전자관리시스템에 의하여 전송·보관되는 것으로서 그 공공적 성격을 완전히 배제할 수는 없다. 또한 이 사건 형사소추의 대상이 된 행위는 구 공직선거법(2010. 1. 25. 법률 제9974호로 개정되기 전의 것, 이하 '구 공직선거법'이라 한다) 255조 3항, 85조 1항에 의하여 처벌되는, 공무원의 지위를 이용한 선거운동행위로서 공무원의 정치적 중립의무를 정면으로 위반하고 이른바 관권선거를 조장할 우려가 있는 중대한 범죄에 해당한다. 여기에 D가 제1심에서 이 사건 전자우편을 이 사건 공소사실에 대한 증거로 함에 동의한 점 등을 종합하면, 이 사건 전자우편을 이 사건 공소사실에 대한 증거로 제출하는 것은 허용되어야 할 것이고, 이로 말미암아 D의 사생활의 비밀이나 통신의 자유가 일정 정도 침해되는 결과를 초래한다 하더라도 이는 D가 수인하여야 할 기본권의 제한에 해당한다.

C

1 대법원의 종합적 이익형량설

대법원은 "모든 국민의 인간으로서의 존엄과 가치를 보장하는 것은 국가기관의 기본적인 의무에 속하는 것이고, 이는 형사절차에서도 당연히 구현되어야 하는 것"이기는 하나 그렇다고 하여 "㉮ 국민의 사생활 영역에 관계된 모든 증거의 제출이 곧바로 금지되는 것으로 볼 수는 없고, ㉯ 법원으로서는 효과적인 형사소추 및 형사소송에서의 진실발견이라는 공익과 개인의 사생활의 보호이익을 비교형량 하여 그 허용여부를 결정하고, 적절한 증거조사의 방법을 선택함으로써 국민의 인간으로서의 존엄성에 대한 침해를 피할 수 있다"는 '종합적 이익형량설'이고, 이후 이 입장은 거의 확고하게 굳어지고 있다.

2 태전사 사건(대법원 2010. 9. 9. 선고 2008도3990 판결)

"이 사건 업무일지 그 자체는 D(피고인) 경영의 주식회사 S건설이 그날그날 현장 및 사무실에서 수행한 업무내용 등을 담당직원이 기재한 것이고, 그 뒷면은 1996. 2. 25.자 태전사 신축 공사계약서, 1998. 2. 25.자 태전사 신축추가 공사계약서 및 1999. 11. 27.자 약정서 등 이 사건 각 문서의 위조를 위해 미리 연습한 흔적이 남아 있는 것에 불과하여, 이를 D의 사생활 영역과 관계된 자유로운 인격권의 발현물이라고 볼 수는 없고, 사문서위조·위조사문서행사 및 소송사기로 이어지는 일련의 범행에 대하여 D를 형사소추하기 위해서는 이 사건 업무일지가 반드시 필요한 증거로 보이므로, 설령 그것이 제3자에 의하여 절취된 것으로서 위 소송사기 등의 피해자측이 이를 수사기관에 증거자료로 제출하기 위하여 대가를 지급하였다 하더라도, 공익의 실현을 위하여는 이 사건 업무일지를 범죄의 증거로 제출하는 것이 허용되어야 하고, 이로 말미암아 D의 사생활 영역을 침해하는 결과가 초래된다 하더라도 이는 D가 수인하여야 할 기본권의 제한에 해당된다"(대법원 2008. 6. 26. 선고 2008도1584 판결). 간통자의 남편이 거주를 종료한 부인의 주거에 침입하여 간통증거물을 확보한 사건: "국민의

인간으로서의 존엄과 가치를 보장하는 것은 국가기관의 기본적인 의무에 속하는 것이고 이는 형사절차에서도 당연히 구현되어야 하는 것이지만, 국민의 사생활 영역에 관계된 모든 증거의 제출이 곧바로 금지되는 것으로 볼 수는 없으므로 법원으로서는 효과적인 형사소추 및 형사소송에서의 진실발견이라는 공익과 개인의 인격적 이익 등의 보호이익을 비교형량하여 그 허용 여부를 결정하여야 한다(대법원 1997. 9. 30. 선고 97도1230 판결; 대법원 2008. 6. 26. 선고 2008도1584 판결 참조). 원심은, D, D2 사이의 간통 범행을 고소한 D의 남편인 O가 D의 주거에 침입하여 수집한 후 수사기관에 제출한 혈흔이 묻은 휴지들 및 침대시트를 목적물로 하여 이루어진 감정의뢰회보에 대하여, 다음과 같은 이유로 위 감정의뢰회보의 증거능력을 인정하고, 공소사실을 유죄로 인정하였다. 즉, O가 D의 주거에 침입한 시점은 D가 그 주거에서의 실제상 거주를 종료한 이후이고, 위 감정의뢰회보는 D, D2에 대한 형사소추를 위하여 반드시 필요한 증거이므로 공익의 실현을 위해서 위 감정의뢰회보를 증거로 제출하는 것이 허용되어야 한다. 이로 말미암아 D의 주거의 자유나 사생활의 비밀이 일정 정도 침해되는 결과를 초래한다 하더라도 이는 D가 수인하여야 할 기본권의 제한에 해당된다는 것이다. 앞서 본 법리를 원심판결 이유에 비추어 보면 위와 같은 원심판단은 정당(후략)"[1]

---

[1] 이 판결에 대한 판례해설[이승철, 사인이 주거에 침입하여 수집한 증거에 기초한 감정의뢰회보의 증거능력, 대법원판례해설 86호(2010 하반기)] 참조.

9.2.8 스탠딩 법리의 부정

대법원 2011. 6. 30. 선고 2009도6717 판결

F D(S유흥주점의 영업실장), D2(S유흥주점의 업주)는 식품위생법위반혐의로 기소되었다. D는 2008. 1. 30. 22:25경 위 S유흥주점 4호실에서 위 업소 종업원인 O2로 하여금 손님으로 온 O와 함께 일명 티켓 영업을 나가도록 한 후 그 대가(20만 원으로 추정)를 받은 혐의로, D2는 종업원인 D가 위와 같은 위반행위를 하지 않도록 주의·감독의무를 다하지 못한 혐의[1]로 기소되었다. 괴산경찰서 생활안전계는 'S유흥주점'에서 성매매가 이루어지고 있다는 첩보를 입수하고, 소속 경사 2명이 2008. 1. 30. 21:30경부터 같은 날 22:25경까지 위 유흥주점 앞에서 잠복근무를 하던 중, 같은 날 22:24경 위 유흥주점 입구에서 O(남, 손님)와 O2(여, S유흥주점의 종업원)가 같이 나오는 것을 발견하고 미행하여 위 남녀(O, O2)가 위 주점에서 100미터 정도 거리에 있는 M여관으로 들어가는 것을 확인하였다. 경사로부터 위와 같은 연락을 받고 출동한 경위 P는 여관 카운터에 있던 업주를 상대로 위 남녀가 몇 호실로 들어갔는지를 문의하며 협조를 요청하였다. 여관 업주는 예비열쇠를 이용하여 O, O2가 들어간 여관방의 문을 열어 주었다. 당시 O와 O2는 침대에 옷을 벗은 채로 약간 떨어져서 이불 속에 누워 있었다. 당시 O와 O2가 실제 성행위를 하고 있는 상태는 아니었고, 방 내부 및 화장실 등에서 성관계를 가졌음을 증명할 수 있는 화장지나 콘돔 등도 발견되지 않았다. 경찰관들은 위 둘을 성매매의 현행범으로 체포하지 못하고 괴산경찰서 증평지구대로 임의동행해 줄 것을 요구하면서 '동행을 거부할 수도 있으나, 거부하더라도 강제로 연행할 수 있다'고 말하였다. O와 O2는 증평지구대로 가서 각 자술서를 작성한 후 참고인 조사를 받았다. O는, 자술서에서 '양주 1병을 같이 먹고 여관에 들어가 누워서 서로 이야기하던 중이었고, 대금은 45만 원을 결제하였다.'고 진술하였다. 검사는 O 작성의 자술서와 경찰이 O를 상대로 작성한 참고인진술조서를 주된 증거로 삼아 기소하였다. 'O 작성의 자술서와 경찰이 O를 상대로 작성한 참고인진술조서의 증거능력 여부'가 주요쟁점이 되었다. 제1심과 항소심은 "이 사건 당시 경찰관들이 O와 O2를 임의동행 함에 앞서 '동행을 거부할 수도 있다'고 고지한 사실은 있으나, 그에 부가하여 '동행을 거부하더라도 강제로 연행할 수 있다'고 하였으며, 그 과정에서 O2가 화장실에 가자 여자 경찰관이 O2를 따라가 감시하기도 하였으므로, 사법경찰관이 O, O2를 수사관서까지 동행한 것은 적법요건이 갖추어지지 아니한 채 사법경찰관의 동행요구를 거절할 수 없는 심리적 압박 아래 행하여진 사실상의 강제연행에 해당"하여 "위 각 증거들은 위법수집증거로서 증거능력이 없다"며 무죄를 선고하였다. 검사가 상고하였다.

I 위법수집증거가 배제되는 경우는 통상 수사기관이 수사권남용으로 특정 피고인의 절차적 기본권을 침해하는 정황(사안의 O, O2)에서이다. 그런데 사안에서처럼 절차적 기본권을 침해당하지 않은 자(D, D2)도 위법수집증거의 배제를 주장할 수 있을까?

---

1) 식품위생법 44조(영업자 등의 준수사항) ① 식품접객영업자 등 대통령령으로 정하는 영업자와 그 종업원은 영업의 위생관리와 질서유지, 국민의 보건위생 증진을 위하여 보건복지부령으로 정하는 사항을 지켜야 한다. 97조(벌칙) 다음 각 호의 어느 하나에 해당하는 자는 3년 이하의 징역 또는 3000만 원 이하의 벌금에 처한다. 6. 42조 1항 또는 44조 1항에 따라 영업자가 지켜야 할 사항을 지키지 아니한 자. 다만, 보건복지부령으로 정하는 경미한 사항을 위반한 자는 제외한다. 시행규칙 57조(식품접객영업자 등의 준수사항 등) 법 44조 1항에 따라 식품접객영업자 등이 지켜야 할 준수사항은 별표 17과 같다. 별표 17 타. 허가를 받거나 신고한 영업 외의 다른 영업시설을 설치하거나 다음에 해당하는 영업행위를 하여서는 아니 된다. 5호 식품접객업소의 영업자 또는 종업원이 영업장을 벗어나 시간적 소요의 대가로 금품을 수수하거나, 영업자가 종업원의 이러한 행위를 조장하거나 묵인하는 행위.

R 　상고기각. 199조 1항은 '수사에 관하여 그 목적을 달성하기 위하여 필요한 조사를 할 수 있다. 다만, 강제처분은 이 법률에 특별한 규정이 있는 경우에 한하며, 필요한 최소한도의 범위 안에서만 하여야 한다.'고 규정하여 임의수사의 원칙을 명시하고 있다. 수사관이 수사과정에서 당사자의 동의를 받는 형식으로 피의자를 수사관서 등에 동행하는 것은, 상대방의 신체의 자유가 현실적으로 제한되어 실질적으로 체포와 유사한 상태에 놓이게 됨에도, 영장에 의하지 않고 그 밖에 강제성을 띤 동행을 억제할 방법도 없어서 제도적으로는 물론 현실적으로도 임의성이 보장되지 않을 뿐만 아니라, 아직 정식의 체포·구속단계 이전이라는 이유로 상대방에게 헌법 및 형사소송법이 체포·구속된 피의자에게 부여하는 각종의 권리보장 장치가 제공되지 않는 등 형사소송법의 원리에 반하는 결과를 초래할 가능성이 크므로, 수사관이 동행에 앞서 피의자에게 동행을 거부할 수 있음을 알려주었거나 동행한 피의자가 언제든지 자유로이 동행과정에서 이탈 또는 동행 장소로부터 퇴거할 수 있었음이 인정되는 등 오로지 피의자의 자발적인 의사에 의하여 수사관서 등에의 동행이 이루어졌음이 객관적인 사정에 의하여 명백하게 입증된 경우에 한하여, 그 적법성이 인정되는 것으로 봄이 상당하다(대법원 2006. 7. 6. 선고 2005도6810 판결 참조).

A 　비록 사법경찰관이 O와 O2를 동행할 당시에 물리력을 행사한 바가 없고, 이들이 명시적으로 거부의사를 표명한 적이 없다고 하더라도, 사법경찰관이 이들을 수사관서까지 동행한 것은 위에서 본 적법요건이 갖추어지지 아니한 채 사법경찰관의 동행 요구를 거절할 수 없는 심리적 압박 아래 행하여진 사실상의 강제연행, 즉 불법 체포에 해당한다. 따라서 위와 같은 불법 체포에 의한 유치 중에 O와 O2가 작성한 위 각 자술서와 사법경찰리가 작성한 O, O2에 대한 각 제1회 진술조서는 헌법 12조 1항, 3항과 200조

의2, 201조 등이 규정한 체포·구속에 관한 영장주의 원칙에 위배하여 수집된 증거로서 수사기관이 피고인(D, D2)이 아닌 자(O, O2)를 상대로 적법한 절차에 따르지 않고 수집한 증거도 308조의2에 의하여 그 증거능력이 부정되므로 피고인들에 대한 유죄 인정의 증거로 삼을 수 없다. 원심이 (중략) 위 각 자술서와 위 각 진술조서가 증거능력이 없어 피고인들에 대한 공소사실의 증거로 사용할 수 없다고 판단한 조치는 결론에 있어 정당하다.

C

[1] 스탠딩(standing) 법리를 명시적으로 거부하는 대법원

　위법수집증거가 배제되는 경우는 통상 수사기관이 수사권남용으로 특정 피고인의 절차적 기본권을 침해하는 정황(사안의 O, O2)에서이다. 그런데 사안에서처럼 절차적 기본권을 침해당하지 않은 자(D, D2)는 위법수집증거의 배제를 주장할 수 없다는 법리를 미국에서 스탠딩(standing) 법리라고 한다. 사안에서 경찰의 O에 대한 임의동행이 실질적으로 강제연행이라면 이 강제연행으로 기본권침해를 받은 사람은 O이지 D가 아니다. 따라서 경찰이 O를 조사하여 채집한 진술증거는 O의 형사피고사건에서는 위법수집증거가 될 수 있지만, 스탠딩(standing) 법리를 인정하면 O의 형사피고사건과 무관한 D의 형사피고사건에서 O를 조사하여 위법하게 채집한 진술증거는 위법수집증거가 아니다. 다른 말로 표현하여 D는 자신의 절차적 기본권을 침해당하지 아니하였으므로 경찰의 O에 대한 강제연행과 그 이후의 채증활동을 탄핵할 지위(standing)에 있지 않고 따라서 경찰이 O를 조사하여 채집한 증거는 D의 형사피고사건에서 위법수집증거가 아니라는 것이 스탠딩(standing) 법리이다. 그러나 본 사안에서 대법원은 1992. 6. 23. 선고 92도682 판결과 마찬가지로 스탠딩 법리를 거부하였다.

9.2.9   통화·대화의 당사자녹음·청취와 제3자 녹음·청취의 적법성

대법원 1999. 3. 9. 선고 98도3169 판결; 대법원 2002. 10. 8. 선고 2002도123 판결

F 【1999년 사안】 D는 공직선거 및 선거부정방지법 위반혐의로 기소되었다. 제1심과 항소심은 유죄를 선고하였다. 제1심과 항소심이 유죄 증거로 사용한 증거 중에 사인(私人) A가 D 아닌 다른 사람(B)과의 대화내용을 대화 상대방(B)의 동의 없이 녹음한 것이 포함되어 있었다. D가 상고하였다.

【2002년 사안】 D2(이용업자)는 W를 시켜 W가 P(경쟁관계에 있는 이용원 업주)와 통화하게 한 다음 그 내용을 녹음[1])하였다. 검사는 D2가 '공개되지 않은 타인간의 대화를 녹음'하였으므로 통신비밀보호법 16조(벌칙) 1호[2])를 위반한 것으로 판단하여 기소하였다. 제1심과 항소심은 D2의 행위를 대화도청으로 파악하고 "통신비밀보호법 3조에서 공개되지 아니한 타인간의 대화를 녹음하는 행위를 금지하는 이유는 대화 당사자 사이에 대화의 비밀성을 보장하는 것이고, ⓐ 대화의 일방(예를 들어 사안의 W)이 상대방(예를 들어 사안의 P)과의 대화를 상대방의 승낙 없이 녹음하는 경우에는 위 조문의 구성요건에 해당하지 않는 점 등을 고려해 보면 ⓑ 피고인(D2)이 일방 당사자(W)의 동의를 받아 녹음한 이 사건 행위는 대화자 일방의 상대방 승낙 없는 녹음행위와 동일하다"는 이유로 무죄를 선고하였다. 검사가 상고하였다.

I 통화·대화의 당사자녹음(1999년 사안)·청취와 제3자 녹음(2002년 사안)·청취는 적법한가?

---

1) D2는 경쟁업체를 공중위생법 위반죄로 고발하는 데 사용할 목적으로 W로 하여금 같은 상가 내 모 미용실 P에게 전화를 걸어 "귓불을 뚫어 주느냐?"는 용건으로 통화하게 한 다음 그 내용을 녹음하였다.
2) 통신비밀보호법 제16조(벌칙) "① 다음 각 호의 1에 해당하는 자는 10년 이하의 징역과 5년 이하의 자격정지에 처한다. 1. 제3조의 규정에 위반하여 우편물의 검열 또는 전기통신의 감청을 하거나 '공개되지 아니한 타인간의 대화'를 녹음 또는 청취한 자.

R 【1999년 사안】 상고기각. 수사기관이 아닌 사인(私人, A)이 '피고인 아닌 사람(B)[3)]과의 대화내용을 녹음한 녹음테이프가 위법하게 수집된 증거로서 증거능력이 없다고 할 수 없[다].

【2002년 사안】 파기환송. 통신비밀보호법에서는 그 규율의 대상을 통신과 대화로 분류하고 그 중 통신을 다시 우편물과 전기통신으로 나눈 다음, 법 2조 3호로 '전기통신'이라 함은 '유선·무선·광선 및 기타의 전자적 방식에 의하여 모든 종류의 음향·문언·부호 또는 영상을 송신하거나 수신'하는 것을 말한다고 규정하고 있는바, ㉮ 전화통화가 위 법에서 규정하고 있는 전기통신에 해당함은 전화통화의 성질 및 위 규정 내용에 비추어 명백하므로 이를 법 3조 1항 소정의 '타인간의 대화'에 포함시킬 수는 없고, 나아가, ㉯ 법 2조 7호가 규정한 '전기통신의 감청'은 그 전호(6호 : 저자)의 '우편물의 검열' 규정과 아울러 고찰할 때 '제3자가 전기통신의 당사자인 송신인과 수신인(쌍방 : 저자 첨가)의 동의를 받지 않고 같은 호 소정의 각 행위를 하는 것만을 말한다.'고 풀이함이 상당하므로, ㉰ 전기통신에 해당하는 전화통화 당사자의 일방이 상대방 모르게 통화내용을 녹음(법에는 '채록'이라고 규정한다)하는 것은 여기의 감청에 해당하지 않지만(따라서 전화통화 당사자의 일방이 상대방 몰래 통화내용을 녹음하더라도, 대화 당사자 일방이 상대방 모르게 그 대화내용을 녹음한 경우와 마찬가지로 법 3조 1항 위반이 되지 않는다), ㉱ 제3자의 경우는 설령 전화통화 당사자 일방의 동의를 받고 그 통화내용을 녹음하였다 하더라도 그 상대방의 동의가 없었던 이상, 사생활 및 통신의 불가침을 국민의 기본권의 하나로 선언하고 있는 헌법규정과 통신비밀의 보호와 통신의 자유신장(自由伸張)을 목적으로 제정된 통신비밀보호법의 취지에 비추어 이는 법 3조 1항 위반이 된다(㉲). 이 점은

---

3) 상대방이 피고인이어도 내용이 달라질 바 없을 것이다.

제3자가 공개되지 않은 타인간의 대화를 녹음한 경우에도 마찬가지이다.

A 【2002년 사안】 이 사건에 관하여 보건대, 검사는 D2에 대한 이 사건 공소사실을 적시함에 있어 D2가 W를 시켜 P와 통화하게 한 다음 그 내용을 녹음하였다고 하여 전화통화의 감청사실을 기재한 후 이를 '공개되지 아니한 타인간의 대화'를 녹음한 것이라고 하고 있기는 하나, 위 공소사실은 전체적으로 보아 D2가 제3자로서 W와 P 사이의 전기통신에 해당하는 전화통화를 감청한 사실을 기소하고 있다고 보는 것이 타당할 것인바, 이러한 전화통화의 감청이 법 3조 1항 위반으로 되지 않기 위하여는 앞서 본 바와 같이 원칙적으로 양 당사자 모두의 동의가 있어야 할 것이고, 단지 일방 당사자의 동의를 받은 것만으로는 불법감청이다.

C

1 문제의 제기

본 판결들에서는 대화녹음이든 전화통화녹음이든 '대화·통화당사자일방'(이하 '당사자'로 약칭함)의 동의는 있지만 그 '대화·통화'(이하 '통화'로 약칭함)의 상대방의 동의가 없는 대화·통화의 '녹음·청취'(이하 '녹음'으로 약칭함)의 적법성이 문제되었다.

2 '당사자의 동의'의 의미에 관한 종래의 판례

통신제한조치에 대하여 '당사자의 동의'가 있으면 통비법의 규제대상(불법감청·불법대화도청)에서 제외된다(통신비밀보호법 2조 7호). 여기서 '당사자의 동의'란 '당사자 쌍방의 동의'를 말하는가 아니면 '당사자 일방의 동의'로 족한 것으로 볼 것인가?

1999년 사안과 비슷한 사안을 취급한 1997년 판례[4]와 1999년 판례는 '당사자 일방이 상대방의 동의를 얻지 않고 녹음'한 이른바 당사자녹음의 경우에 그 녹음테이프의 증거능력을 인정하여 일방동의설을 취한 듯한 외관을 보이고 있었다. 그런데 2002년 사안은 '제3자가 당사자 일방만의 동의를 얻어 녹음한 제3자 녹음사안'이므로 이 경우에도 당사자녹음사안에 관한 종래의 판례를 관철시킬 수 있는가 하는 문제가 새롭게 제기되었다.

3 2002년 판례의 판례사적 의미

2002년 사안의 제1심·항소심은 종래의 판례를 일방동의설로 해석하고 그 입장을 '제3자가 당사자 일방만의 동의를 얻어 녹음한 제3자녹음 사안'에도 관철시킬 수 있다고 보고 무죄판결을 선고한 것으로 보인다. 그러나 2002년 판례는 '당사자의 동의'의 의미를 당사자녹음과 제3자 녹음으로 구분하여 당사자녹음의 경우에는 종래의 일방동의설을 견지(㉮ 부분참조)하되 제3자 녹음의 경우에는 쌍방동의설의 입장을 표명(㉯ 부분참조)하고 이 논법을 대화녹음·청취의 경우에도 동일하게 관철(㉰ 부분참조)시키고 있다.

4 관련판례

❶ 대법원 2003. 11. 13. 선고 2001도6213 판결 : "한국도로공사가 마련한 위 '고속도로 구난(견인)차량 고정배치 운영지침' 및 '고속도로 구난(견인)차량 등록업체 준수사항'의 내용은 등록업체의 비용으로 등록업체의 렉카나 등록차량에 단말기(무선기) 또는 무선설비를 설치하여 한국도로공사와 등록업체 간의 통신에 이용하도록 하는 것에 불과하고, 한국도로공사 울산지사의 상황실과 순찰차량 간의 무선전화통화에 제공하기 위한 한국도로공사 소유의 이 사건 무전기와 같은 무전설비를 등록업체에 설치하는 것을 뜻하는 것이 아님은 명백하며, 한편 한국도로공사 울산지사 통신장인 D2의 검찰에서의 진술에 의하면, D3로부터 무전기 설치 협조요청을 받고는 별다른 문

---

[4] "변호인은 '이 사건 비밀녹음에 의한 녹음테이프는 위법수집증거배제법칙에 의하여 증거능력이 없다'고 주장하나, D가 범행 후 V에게 전화를 걸어오자 V가 증거를 수집하려고 그 전화내용을 녹음한 이 사건에서는 그것이 D 모르게 녹음된 것이라 하여 이를 위법하게 수집된 증

거라고 할 수 없고 나아가서 그 녹음테이프에 대한 검증조서가 증거능력이 없다고 할 수 없으므로(뿐만 아니라 D는 V가 녹음한 이 사건 녹음테이프에 대하여 제1심 법정에서 이를 증거로 함에 동의하였다) 변호인의 이 점에 관한 주장도 이유 없다"(대법원 1997. 3. 28. 선고 97도240 판결).

제가 없을 것으로 생각하고 임의로 이 사건 무전기를 건네주었으며 이 사건 무전기의 교부가 상부의 방침은 아니었다는 것이고, 원심이 배척하지 아니한 한국도로공사 울산지사 교통안전과장인 제1심증인 W의 증언에 의하면, 한국도로공사 순찰대원들과 D4 주식회사관계자들로부터 무전기 설치를 건의받고 정식절차를 밟으면 가능할 수 있다는 정도의 대답만을 하였을 뿐이고 이 사건 무전기를 설치하는 것에 대하여 사전보고받은 바 없고 다만 설치된 이후 D2로부터 그 사실을 들었으나 이 사건 무전기에서 마이크를 제거했다고 하여 대수롭지 않게 생각하고 이를 상사에게 보고하지 않았다는 것인바, 이와 같이 이 사건 무전기를 위 D4 주식회사 기사대기용 컨테이너박스 안에 설치함에 있어 한국도로공사 울산지사의 정당한 계통을 밟은 결재가 있었던 것이 아닌 이상 전기통신의 당사자인 한국도로공사 울산지사의 동의가 있었다고는 볼 수 없으므로 위 피고인들이 이 사건 무전기를 이용하여 한국도로공사 울산지사의 상황실과 순찰차 간의 무선전화통화를 청취한 것은 통신비밀보호법상의 감청에 해당한다."

❷ 대법원 2006. 10. 12. 선고 2006도4981 판결 : "검사의 상고이유를 본다. 통신비밀보호법 3조 1항이 '공개되지 아니한 타인 간의 대화를 녹음 또는 청취하지 못한다.'라고 정한 것은, 대화에 원래부터 참여하지 않는 제3자가 그 대화를 하는 타인들 간의 발언을 녹음해서는 아니 된다는 취지이다. 3인 간의 대화에서 그 중 한 사람이 그 대화를 녹음하는 경우에 다른 두 사람의 발언은 그 녹음자에 대한 관계에서 '타인 간의 대화'라고 할 수 없으므로, 이와 같은 녹음행위가 통신비밀보호법 3조 1항에 위배된다고 볼 수는 없다. 원심은, 'D는 2005. 7. 9. 12:30경 '(업체명 생략)' 사무실에서 O, O2가 함께 한 자리에서 소형녹음기를 이용하여 O, O2 사이의 공개되지 아니한 타인 간의 대화를 녹음하였다.'는 공소사실에 대하여, 'D는 대화의 일방 당사자로서 위 3인이 상호 대화하는 내용을 녹음한 것일 뿐 D가 제3자로서 O, O2 사이의 대화를 녹음한 것이 아니어서 대화 당사자 일방이 상대방 모르게 대화내용을 녹음한 경우에 해당하여 통신비밀보호법 3조 1항에 위반되지 않는다'며 같은 취지의 제1심판결을 유지하였다. 원심이 피고인에 대한

이 부분 공소사실에 대하여 그것이 죄가 되지 않음을 이유로 무죄를 선고한 것은 수긍이 간다."

❸ 대법원 2008. 10. 23. 선고 2008도1237 판결 : "통신비밀보호법 3조 1항이 금지하고 있는 '전기통신의 감청'이란 전기통신에 대하여 그 당사자인 송신인과 수신인이 아닌 제3자가 당사자의 동의를 받지 않고 전자장치 등을 이용하여 통신의 음향·문언·부호·영상을 청취·공독하여 그 내용을 지득 또는 채록하는 등의 행위를 하는 것을 의미하므로(대법원 2008. 1. 18. 선고 2006도1513 판결 참조), 전기통신에 해당하는 전화통화의 당사자 일방이 상대방과의 통화내용을 녹음하는 것은 위 법조에 정한 '감청' 자체에 해당하지 않는다."

❹ 수사기관의 요청을 받은 자가 상대방의 동의 없이 통화 내용을 녹음한 것은 적법한 당사자녹음이 아니라, 동의를 받지 아니한 제3자의 불법감청(대법원 2010. 10. 14. 선고 2010도9016 판결)이다 : D는 "O에게 2008. 1.경 필로폰 0.7g을 100만 원에 매도하고, 같은 해 3월경 필로폰 0.7g을 50만 원에 매도"한 마약류관리에 관한 법률위반(향정) 혐의로 기소되었다. 제1심과 항소심은 "O의 검찰 진술과 수사보고(D 녹취 첨부 보고) 등을 증거로 삼아 유죄를 선고하였다. O는 2009. 9. 21.경 검찰에서 D의 공소사실 범행을 진술하는 등 다른 마약사범에 대한 수사에 협조해 오던 중, 같은 달 29일경 필로폰을 투약한 혐의 등으로 구속되었는데, 구치소에 수감되어 있던 같은 해 11. 3. 경 D의 공소사실에 관한 증거를 확보할 목적으로 검찰로부터 자신의 압수된 휴대전화를 제공받아 구속수감 상황 등을 숨긴 채 D와 통화하고 그 내용을 녹음한 다음 그 휴대전화를 검찰에 제출하였다. 이에 따라 작성된 수사보고는 "O가 2009. 11. 3. 오전 10:00경 D로부터 걸려오는 전화를 자신이 직접 녹음한 후 이를 수사기관에 임의 제출하였고, 이에 필로폰 관련 대화 내용을 붙임과 같이 녹취하였으며, 휴대전화에 내장된 녹음파일을 mp3파일로 변환시켜 붙임과 같이 첨부하였음을 보고한다'는 내용으로, 첨부된 녹취록에는 'D가 이전에 O에게 준 필로폰의 품질에는 아무런 문제가 없다'는 D의 통화 내용이 포함되어 있다. D와 변호인은 이를 증거로 함에 동의하였다. D가 상고하였다. "통신비밀보호법 2조 7호는 '감

청'이라 함은 '전기통신에 대하여 당사자의 동의 없이 전자장치·기계장치 등을 사용하여 통신의 음향·문언·부호·영상을 청취·공독하여 그 내용을 지득 또는 채록하거나 전기통신의 송·수신을 방해하는 것을 말한다'고 규정하고, 3조 1항은 '누구든지 이 법과 형사소송법 또는 군사법원법의 규정에 의하지 않고는 전기통신의 감청을 하지 못한다.'고 규정하며, 나아가 4조는 '3조의 규정에 위반하여, 불법감청에 의하여 지득 또는 채록된 전기통신의 내용은 재판 또는 징계절차에서 증거로 사용할 수 없다'고 규정하고 있다. 이에 따르면 전기통신의 감청은 '제3자가 전기통신의 당사자인 송신인과 수신인의 동의를 받지 않고 전기통신 내용을 녹음하는 등의 행위를 하는 것'만을 말한다. 전기통신에 해당하는 전화통화 당사자의 일방이 상대방 모르게 통화 내용을 녹음하는 것은 여기의 감청에 해당하지 아니하지만, 제3자의 경우는 설령 전화통화 당사자 일방의 동의를 받고 그 통화 내용을 녹음하였다 하더라도 그 상대방의 동의가 없었던 이상, 이는 여기의 감청에 해당하여 법 3조 1항 위반이 되고(대법원 2002. 10. 8. 선고 2002도123 판결 참조), 이와 같이 법 3조 1항에 위반한 불법감청에 의하여 녹음된 전화통화의 내용은 법 4조에 의하여 증거능력이 없다(대법원 2001. 10. 9. 선고 2001도3106 판결 등 참조). 그리고 사생활 및 통신의 불가침을 국민의 기본

권의 하나로 선언하고 있는 헌법규정과 통신비밀의 보호와 통신의 자유 신장을 목적으로 제정된 통신비밀보호법의 취지에 비추어 볼 때 D나 변호인이 이를 증거로 함에 동의하였다고 하더라도 달리 볼 것은 아니다(대법원 2009. 12. 24. 선고 2009도11401 판결 참조). 위와 같은 녹음행위는 수사기관이 O로부터 D의 이 사건 공소사실 범행에 대한 진술을 들은 다음 추가적인 증거를 확보할 목적으로 구속 수감되어 있던 O에게 그의 압수된 휴대전화를 제공하여 그로 하여금 D와 통화하고 D의 이 사건 공소사실 범행에 관한 통화 내용을 녹음하게 한 것이고, 이와 같이 수사기관이 구속 수감된 자로 하여금 D의 범행에 관한 통화 내용을 녹음하게 한 행위는 수사기관 스스로가 주체가 되어 구속 수감된 자의 동의만을 받고 상대방인 D의 동의가 없는 상태에서 그들의 통화 내용을 녹음한 것으로서 범죄수사를 위한 통신제한조치의 허가 등을 받지 아니한 불법감청에 해당하므로, 그 녹음 자체는 물론이고 이를 근거로 작성된 이 사건 수사보고의 기재 내용과 첨부 녹취록 및 첨부 mp3파일도 모두 D와 변호인의 증거동의에 상관없이 증거능력이 없다. 그럼에도 불구하고 D와 변호인이 이 사건 수사보고를 증거로 함에 동의하였다는 이유만으로 이를 증거능력이 있는 것으로 인정하여 이 사건 공소사실에 대한 유죄의 증거로 삼은 원심의 조치는 잘못이다."

9.2.10　전자정보의 수색·압수의 집행처분에 특유한 법리(적법한 집행처분의 요건과 흠의 효과)

대법원 2015. 7. 16.자 2011모1839 결정(종근당 사건); 대법원 2018. 2. 8. 선고 2017도13263 판결(유흥 주점 사건)

F 1. J 주식회사 대표이사 L의 배임혐의를 본건으로 하는 수색·압수영장(4. 25.자 제1영장)이 적법하게 발부되어 일련의 복수의 집행처분[1(전자증거의 복제)→2(전자증거의 재복제)→3(전자증거의 출력)]이 행하여졌는데 우연히 별건의 혐의가 발견되어 별건수사를 위한 수색·압수를 허가하는 또 하나의 수색·압수 영장(5. 26.자 제2영장)이 발부되어 집행[4처분(별건 정보의 탐색·출력)]되었다. 좀 더 상세한 사실관계는 다음과 같다:

【2011. 4. 25.자 제1영장 관련 사실(본건)】 수원지방검찰청 강력부 검사 P는 L(준항고인1)의 배임 혐의와 관련된 압수·수색영장(제1영장)을 수원지방법원판사로부터 발부받아 2011. 4. 25. 압수·수색을 진행하였다. 제1영장에는 압수의 방법으로 "컴퓨터 전자장치에 저장된 정보 중 범죄사실과 직접 관련된 전자정보와 직접 관련되지 않은 전자정보가 혼재된 전자정보장치는 피의자나 그 소유자, 소지자 또는 간수자가 동의하지 않는 한 그 전부를 사본하거나 이미징하여 압수할 수 없고, 이 경우 범죄사실과 관련된 전자정보는 피압수자 또는 형사소송법 123조에 정한 참여인의 확인을 받아 수사기관이 휴대한 저장장치에 하드카피·이미징하거나, 문서로 출력할 수 있는 경우 그 출력물을 수집하는 방법으로 압수함. 다만, 해당 컴퓨터 저장장치가 몰수 대상물이거나 하드카피·이미징 또는 문서의 출력을 할 수 없거나 상당히 곤란한 경우에는 컴퓨터 저장장치 자체를 압수할 수 있고, 이 경우에는 수사에 필요한 상당한 기간이 경과한 후 지체 없이 반환하여야 함."(이상의 내용은 대법원 2011. 5. 26.자 2009모1190 결정과 이를 계기로 개정된 형사소송법과 형사소송규칙에 법제화 되었다)이라고 기재되어 있었다. P는 제1영장을 발부받은 당일 J 주식회사(준항고인2) 소유 빌딩 내 S의 사무실에 임하여 압수·수색을 개시하였는데, 그 곳에서의 압수 당시 저장매체에 혐의사실과 관련된 정보와 관련되지 않은 전자정보가 혼재된 것으로 판단하여 J 주식회사의 동의를 받아 저장매체 자체를 봉인하여 영장 기재 집행 장소에서 자신의 사무실로 반출(반출처분)하였다. P는 2011. 4. 26.경 저장매체를 대검찰청 디지털포렌식센터(이하 DFC)에 인계하여 그곳에서 저장매체에 저장되어 있는 전자정보파일 전부를 '이미징'의 방법으로 다른 저장매체로 복제(1처분)하도록 하였는데, 'L과 J'(이하 L로 통일함) 주식회사측은 검사의 통보에 따라 2011. 4. 27. 위 저장매체의 봉인이 해제되고 위 전자정보파일이 DFC의 원격디지털공조시스템에 복제되는 과정을 **참관하다가 임의로 그곳에서 퇴거**하였다. P는 1처분이 완료된 후 저장매체를 J 회사에게 반환한 다음, 위와 같이 이미징한 복제본을 2011. 5. 3.부터 같은 달 6.까지 자신이 소지한 외장 하드디스크에 **재복제**(2처분)하고, 같은 달 9.부터 같은 달 20.까지 외장 하드디스크를 통하여 제1영장 기재 범죄혐의와 관련된 전자정보를 탐색하였는데, 그 과정에서 J 회사의 약사법위반·조세범처벌법 위반 혐의와 관련된 정보들도 함께 **출력**(이하 '3처분'이라 한다)하였다. 2·3 처분 당시에 L측은 그 절차에 참여할 기회를 부여받지 못하였고, 실제로 참여하지도 않았다.

2. 배임관련 전자정보를 탐색하는 과정에서 법인인 J 회사의 약사법위반·조세범처벌법 위반 혐의를 발견한 P는 이 사실을 수원지방검찰청 특별수사부에 통보하여 특별수사부 검사 P2는 2011. 5. 26.경 별건 정보를 **소명자료로** 제출하면서 다시 압수·수색영장을 청구하여 수원지방법원으로부터 별도의 압수·수색영장(이하 '제2 영장'이라 한다)을 발부받아 외장 하드디스크에서 **별건 정보를 탐색·출력**하는 방식으로 압수·수색(4처분)을 하였고, 이때 P2는 L측에 압수·수색 과정에 참여할 수 있는 기회를 부여하지 않았고

압수한 전자정보 목록을 교부하지 않았다.

3. L의 변호인은 일련의 복수의 압수·수색 과정을 단계적·개별적으로 구분한 다음 "적어도 검사의 2, 3, 4 처분 당시에 피압수자가 집행처분에 참여할 기회가 주어지지 않았으므로 1, 2, 3, 4 처분의 취소"를 구하는 준항고를 제기했다. 수원지방법원은 L의 변호인의 청구를 인용(認容)하여 1, 2, 3, 4의 집행처분을 **단계적으로** 모두 취소하였다. 검사가 준항고법원의 결정의 취소를 구하는 재항고(특별항고)를 대법원에 제기하였다.

I 이 사안에서는 (1) 전자정보에 대한 수색·압수를 집행할 때 피압수자의 참여권이 보장되는 범위, (2) 하나의 수색·압수 영장에 터잡은 집행처분이 복수로 차례로 행해질 때 후행 집행처분의 흠이 일견 적법하게 행하여진 선행집행처분, 더 나아가서는 일련의 집행처분전체를 무효로 하는가[따라서 피압수자(준항고인)가 일련의 수색·압수 과정을 단계적·개별적으로 구분하여 각 단계의 개별 처분의 취소를 구하더라도 준항고법원으로서는 당해 압수·수색 과정 전체를 하나의 절차로 파악하여 그 과정에서 나타난 위법이 일련의 압수·수색 절차 전체를 위법하게 할 정도로 중대한지 여부에 따라 전체적으로 그 압수·수색 처분을 취소할 것인지를 가려야 하는가], (3) 유관정보를 탐색하는 과정에서 우연히 별건의 무관정보가 발견된 때 수사기관이 무관정보를 적법하게 압수할 수 있는 적법한 방법은 무엇인가이다.

R A 재항고기각. 이하 쟁점별로 다수의견을 요약하고 쟁점별로 해설한다.

C

[1] 참여기회의 불부여는 중대한 흠

검사의 1집행처분에는 피압수자측에서 참여하였지만 검사의 2, 3, 4 집행처분 당시에는 검사의 통지등 피압수자측에게 참여기회의 부여가 없어 피압수자측에서 참여할 수 없었다. 이 흠은 사소한 흠인지 중대한 흠인지 문제된다. 다수의견은 **"전자정보의 복제가**

용이"하고 **복제·탐색·출력**(대법원은 이를 '압수종료 후의 적법한 임의처분'으로 보는 견해를 부정하고 아직 압수가 진행 중인 '집행처분'으로 파악한다)**을 막는 절차적 조치가 중요성을 가지게 된다"**면서 **피압수자의 참여를 "가장 중요한 절차"**로 보고 **"**비록 수사기관이 저장매체 또는 복제본에서 혐의사실과 관련된 전자정보만을 복제·출력하였다 하더라도 달리 볼 것은 아니"라고 한다. 다수의견은 **피압수자의 참여결여**라는 흠을 **중대한 흠으로 판단**한 것이다.

[2] 후행 집행처분(사안에서는 2, 3, 4 집행처분)의 흠이 크면 선행집행처분(1집행처분)이나 '일련의 집행처분 전체'까지 무효로 되는가(긍정)

(1) **다수의견의 논증** : 이 질문에 대한 논증이 본 결정에서 가장 특이한 논증이다. 다수의견은 **"**P가 저장매체에 저장되어 있는 전자정보를 압수·수색함에 있어 저장매체 자체를 자신의 사무실로 **반출한 조치**는 제1영장이 예외적으로 허용한 부득이한 사유의 발생에 따른 것이고, **1처분** 또한 준항고인들에게 저장매체 원본을 가능한 한 조속히 반환하기 위한 목적에서 이루어진 조치로서 준항고인들이 묵시적으로나마 이에 동의하였다고 볼 수 있을 뿐만 아니라 (피압수자측이) 그 복제 과정에도 참여하였다고 평가할 수 있으므로 1처분은 위법하다고 볼 수 없다."고 본 후 **"**2, 3 처분은 1처분 후 피압수자에게 **계속적인 참여권을 보장**하는 등의 조치가 이루어지지 아니한 채 제1영장 기재 혐의사실과 관련된 정보는 물론 그와 무관한 정보까지 재복제·출력한 것으로서 영장이 허용한 범위를 벗어나고 적법절차를 위반한 위법한 처분"이라고 논증하였다. 다수의견은 이렇게 판단해야 하는 근거를 **"일련의 행위가 모두 진행되어 압수·수색이 종료된 이후에는 특정단계의 처분만을 취소하더라도 그 이후의 압수·수색을 저지한다는 것을 상정할 수 없고,** 수사기관으로 하여금 압수·수색의 결과물을 보유하도록 할 것인지가 문제될 뿐"이므로 이 경우에는 "L측이 **전체 압수·수색 과정을 단계적·개별적으로 구분하여 각 단계의 개별 처분의 취소를 구하더라도** 준항고법원으로서는 특별한 사정이 없는 한 그 구분된 개별 처분의 위법이나 취소 여부를 판단할 것이 아니라 당해 압수·수색 과정 전체를 하나

의 절차로 파악하여 그 과정에서 나타난 위법이 압수·수색 절차 전체를 위법하게 할 정도로 중대한지 여부에 따라 전체적으로 그 압수·수색 처분을 취소할 것인지를 가려야" 하고, "여기서 위법의 중대성은 위반한 절차조항의 취지, 전체과정 중에서 위반행위가 발생한 과정의 중요도, 그 위반사항에 의한 법익침해 가능성의 경중 등을 종합하여 판단하여야 한다."고 판시하였다.

(2) 압수한 전자증거를 '복제·탐색·출력'할 때마다 피압수자측에 참여기회를 주어야 하는가 : 수사기관은 압수한 전자증거의 내용을 탐색할 때 수시로 '복제·탐색·출력'을 반복하여야 하는데 그 때마다 피압수자측의 참여를 요구하는 것은 수사측에 지나친 부담을 주는 것이 아닌가 하는 문제제기가 가능하다. 2018년에 대법원은 유흥주점 사건에서 수사기관이 저장매체를 통째로 반출·이미징하지 않고 "정보저장매체에 기억된 정보 중에서 키워드 또는 확장자 검색 등을 통해 범죄 혐의사실과 관련 있는 정보를 선별한 다음 정보저장매체와 동일하게 비트열 방식으로 복제하여 생성한 파일(이하 '이미지 파일'이라 한다)을 제출받아 압수하였다면 이로써 압수의 목적물에 대한 압수·수색 절차는 종료된 것이므로, 수사기관이 수사기관 사무실에서 위와 같이 압수된 이미지 파일을 탐색·복제·출력하는 과정에서도 피의자 등에게 참여의 기회를 보장하여야 하는 것은 아니"라고 판시(대법원 2018. 2. 8. 선고 2017도13263 판결)하였다.

(3) 압수물 목록의 교부방법 : 압수물 목록은 피압수자 등이 압수처분에 대한 준항고를 하는 등 권리행사절차를 밟는 가장 기초적인 자료가 되므로, 수사기관은 이러한 권리행사에 지장이 없도록 압수 직후 현장에서 압수물 목록을 바로 작성하여 교부해야 하는 것이 원칙이다(대법원 2009. 3. 12. 선고 2008도763 판결 참조). 그러나 "압수물 목록 교부 취지에 비추어 볼 때, 압수된 정보의 상세목록에는 정보의 파일 명세가 특정되어 있어야 하고, 수사기관은 이를 출력한 서면을 교부하거나 전자파일 형태로 복사해 주거나 이메일을 전송하는 등의 방식으로도 할 수 있다"(대법원 2018. 2. 8. 선고 2017도13263 판결).

③ 유관정보를 탐색하는 과정에서 우연히 별건의 무관정보가 발견된 때 수사기관이 무관정보를 적법하게 압수할 수 있는 적법한 방법

"수사기관으로서는 **더 이상의 추가 탐색을 중단하고 법원으로부터 별도의 범죄혐의에 대한 압수·수색영장을 발부**받은 경우에 한하여 그러한 정보에 대하여도 적법하게 압수·수색을 할 수 있다. 나아가 이러한 경우에도 **별도의 압수·수색 절차는 최초의 압수·수색 절차와 구별되는 별개의 절차**이고, 별도 범죄혐의와 관련된 전자정보는 최초의 압수·수색영장에 의한 압수·수색의 대상이 아니어서 저장매체의 원래 소재지에서 별도의 압수·수색영장에 기해 압수·수색을 진행하는 경우와 마찬가지로 피압수자는 최초의 압수·수색 이전부터 해당 전자정보를 관리하고 있던 자이므로, 특별한 사정이 없는 한 그 피압수자에게 형사소송법 219조, 121조, 129조에 따라 **참여권을 보장하고 압수한 전자정보 목록을 교부하는 등** 피압수자의 이익을 보호하기 위한 적절한 조치가 이루어져야 한다. 제1영장에서 예외적으로나마 저장매체 자체의 반출이나 그 전자정보 전부의 복제가 허용되어 있으나, **제2영장 청구 당시 압수할 물건으로 삼은 정보는 제1영장의 피압수자에게 참여의 기회를 부여하지 않은 상태에서 임의로 재복제한 외장하드디스크에 저장된 정보로서 그 자체가 위법한 압수물**이어서 앞서 본 별건 정보에 대한 영장청구 요건을 충족하지 못한 것이므로, **비록 제2영장이 발부되었다고 하더라도 그 압수·수색은 영장주의의 원칙에 반하는 것으로서 위법**하다. 나아가 제2영장에 기한 압수·수색 당시 S 등에게 압수·수색 과정에 참여할 기회를 전혀 보장하지 않았으므로 이 점에 비추어 보더라도 제2영장에 기한 압수·수색은 전체적으로 위법하다. 원심의 이유설시 중 제2영장에 기한 압수·수색이 종료되었음에도 불구하고 일련의 과정을 구성하는 개별적인 행위를 단계별로 구분하여 그 적법 여부를 판단한 부분은 앞서 본 법리에 비추어 적절하다고 할 수 없으나, 준항고인들이 구하는 제2영장에 기한 처분을 모두 취소한 원심의 판단은 결국 제2영장에 기한 압수·수색 처분 전체를 취소한 것과 동일한 결과이어서 정당하[다.]"

4 검사가 개진할 만한 반론

사안에서 검사 P는 "J 주식회사의 동의를 받아 저장매체 자체를 봉인하여 영장 기재 집행 장소에서 자신의 사무실로 반출(반출처분)"하였고, "2011. 4. 26.경 저장매체를 대검찰청 디지털포렌식센터(이하 DFC)에 인계하여 그곳에서 저장매체에 저장되어 있는 전자정보파일 전부를 '이미징'의 방법으로 다른 저장매체로 복제(제1처분)하도록 하였는데, S측은 검사의 통보에 따라 2011. 4. 27. 위 저장매체의 봉인이 해제되고 위 전자정보파일이 DFC의 원격디지털공조시스템에 복제되는 과정을 참관하다가 임의로 그곳에서 퇴거"하였으므로 반출처분과 제1집행처분은 일단 적법하게 집행되었다. 따라서 '그 이후의 제2, 3, 4 집행처분은 적법한 압수가 종료된 이후의 임의수사로 보아야 하는 것 아닌가?' 하는 반론을 해 봄직하고 실제로 그렇게 반론하였다. 그러나 대법원은 이런 류의 논증을 거부하고 제1집행처분이 종료하여도 압수는 아직 종료된 것이 아니고, 2, 3, 4 집행처분에도 피압수자측의 참여기회의 부여가 필요하다고 논증하고 있다. 다수의견은 그 근거를 **전자정보는 복제가 용이**하여 전자정보가 수록된 저장매체 또는 복제본이 압수·수색 과정에서 외부로 반출되면 압수·수색이 종료한 후에도 복제본이 남아있을 가능성을 배제할 수 없고, 그 경우 혐의사실과 무관한 전자정보가 수사기관에 의해 다른 범죄의 수사의 단서 내지 증거로 위법하게 사용되는 등 새로운 법익침해를 초래할 가능성"이 있다는 점을 들고 있다. 즉 압수의 대상이 전자증거가 아니라 유체물(예를 들어 혈흔이나 혈액)이라면 1집행처분이 종료되면 압수가 종료된 것으로 볼 여지가 없지 않지만(예를 들어 유전자검사를 위하여 혈흔이나 혈액을 증폭하거나 복제하는 것은 별도의 영장이 필요한 새로운 강제처분이 아니다), '전자증거는 통상의 유체물과 다른 매우 위험한 실체이므로 피압수자측의 프라이버시 보호를 위하여 정책적으로 유체물과는 다른 법리의 적용이 필요하다'는 논증을 전개한 것이다.

5 플레인 뷰 이론과 선의의 예외이론의 부정

(1) 플레인 뷰 이론의 부정 : 수사기관이 적법한 수색영장을 적법하게 집행하는 도중에 우연히 별건 범죄의 증거를 발견한 경우에 일정한 조건 하에서 별도의 영장 없이 별건범죄의 증거를 압수할 수 있다는 이론이 플레인 뷰 이론(a plain view doctrine)인데 이 사안에 대한 논증에서 대법원은 이를 부정하는 것으로 보인다.

(2) 선의의 예외이론의 부정 : 사후에 판정하면 객관적으로 위법한 처분이라 하더라도 수사기관이 적법한 처분으로 믿고 집행하면 적법한 처분으로 보아야 할 때가 있음을 인정하는 이론을 선의의 예외이론(a good faith exception doctrine)이라고 하는데 이 판결은 은근히 그것도 부정하는 듯이 보인다. 제2영장은 제1영장을 발부한 판사가 아닌 다른 지방법원 판사가 적법하게 발부한 영장이고 따라서 제2영장을 집행한 검사는 선의이다. 그럼에도 불구하고 대법원은 제2영장 발부의 기초가 된 별건증거 자체가 위법수집증거이므로 제2영장발부는 물론이고 그 영장에 기초한 압수물도 위법수집증거로 보았으므로 간접적으로 선의의 예외이론도 부정한 것이다.

9.2.11 팩스전송 영장사본 제시 후 획득한 압수물은 위법수집증거인가

대법원 2017. 9. 7. 선고 2015도10648 판결

F D(84세 전 경북대 교수)는 국가보안법 위반(이적 표현물 반포) 혐의로 기소되었다. 수사기관은 2010. 1. 11. 네이버 주식회사에서 압수·수색영장을 집행하여 D가 KU에게 발송한 이 메일(D가 발송한 것으로서 이적 표현물 반포 수단으로 이용됨)을 압수하였는데 이것이 주된 유죄증거로 제출되었다. 그런데 수사기관이 위 압수·수색영장을 집행할 당시 네이버 주식회사에 팩스로 영장 사본을 송신한 사실은 있으나 사후에 영장 원본이 제시되지 않았고 수사측은 또한 압수조서와 압수물 목록을 작성하여 이를 피압수·수색 당사자에게 교부하지도 않았다. 이 이 메일 외에는 달리 유죄의 증거가 없었다. 제1심과 항소심은 "위와 같은 방법으로 압수된 위 각 이 메일은 헌법과 형사소송법 219조, 118조, 129조가 정한 절차를 위반하여 수집한 위법수집증거로 원칙적으로 유죄의 증거로 삼을 수 없고, 이러한 절차 위반은 헌법과 형사소송법이 보장하는 적법절차 원칙의 실질적인 내용을 침해하는 경우에 해당하고 위법수집증거의 증거능력을 인정할 수 있는 예외적인 경우에 해당한다고 볼 수도 없어 증거능력이 없다."는 이유로 무죄를 선고하였다. 검사가 상고하였다.

I D는 2006년 북한 대남공작조직에 조직명을 구하고, 통일연대와 조국통일 범민족 연합 남측 본부 등의 동향과 주요 인물 정보를 수집하는 한편 이적 표현물 30여건을 인터넷 등에 올려 국가보안법 위반 혐의로 기소되었다. 검찰이 포털 사 네이버에서 압수한 D의 이 메일을 적법한 증거로 볼 수 있는지가 쟁점이 되었다. 검찰은 수사과정에서 D의 이 메일을 확보하기 위해 여러 곳의 포털 사에 압수·수색영장 사본을 팩스로 보낸 다음 이후 직원을 보내 영장 원본을 제시하고 이 메일이 저장된 CD나 USB 등을 건네받았다. 그런데 검찰은 이 가운데 한 포털업체(네이버)에 대해서는 영장 사본 팩스만 보냈을 뿐, 영장 원

본과 압수수색목록을 제시했다는 사실을 입증하지 못했다.

R 상고기각. 수사기관의 압수·수색은 법관이 발부한 압수·수색영장에 의하여야 하는 것이 원칙이고, 그 영장에는 피의자의 성명, 압수할 물건, 수색할 장소·신체·물건과 압수·수색의 사유 등이 특정되어야 하며(형사소송법 215조, 219조, 114조 1항, 형사소송규칙 58조), 영장은 처분을 받는 자에게 반드시 제시되어야 하고(형사소송법 219조, 118조), 압수물을 압수한 경우에는 목록을 작성하여 소유자, 소지자 등에게 교부하여야 한다(같은 법 219조, 129조). 이러한 형사소송법과 형사소송규칙의 절차 조항은 헌법에서 선언하고 있는 적법절차와 영장주의를 구현하기 위한 것으로서 그 규범력은 확고히 유지되어야 한다. 그러므로 형사소송법 등에서 정한 절차에 따르지 않고 수집된 증거는 기본적 인권 보장을 위해 마련된 적법한 절차에 따르지 않은 것으로서 원칙적으로 유죄 인정의 증거로 삼을 수 없다(대법원 2007. 11. 15. 선고 2007도3061 전원합의체 판결 등 참조).

A 원심판결 이유를 기록에 비추어 살펴보면, 원심의 판단은 앞에서 본 법리에 기초한 것으로서 정당하고, 거기에 압수 절차나 압수물의 증거능력에 관한 법리를 오해하는 등의 잘못이 없다.

C

1 제3자 보관 정보에 대한 압수·수색의 집행실태

본 판결이 선고되기 전에는 실무상 제3자(수사기관과 피의자 이외의 사람으로서 주로 인터넷 포털 업체) 보관 정보에 대한 압수·수색이 자주 모사전송(이른바 팩스영장)의 형태로 집행되었다(김혁, 제3자 보관 정보에 대

한 압수·수색 영장의 집행과 적정절차, 형사정책연구 제29권 제1호, 2018년 봄호). 예를 들어 담당 수사관이 정보를 보관하고 있는 포털 업체 등에게 압수·수색 영장 및 수사관의 신분증 사본, 회신받을 이 메일 또는 팩스번호가 기재된 서면을 팩스로 전송하면, 해당 업체는 영장에 기재된 정보에 관한 자료를 직접 확인하여 해당 정보가 담긴 파일 또는 서면을 담당 수사관에게 이 메일이나 팩스로 송부하였다는 것이다. 통상의 압수·수색 절차와 달리 압수·수색에 앞서 영장의 원본이 아닌 사본을 제시하여 집행이 이루어져 왔고, 포털 업체는 압수목록을 피압수자에게 교부하지도 않았다는 것이다.

② 수소법원에 원본이 아닌 사본이 제출된 경우 그 사본의 증거능력

원본과 사본이 있을 때 증거로 제출되어야 하는 것은 원칙적으로 원본이어야 한다. 이를 **최우량증거제출 규칙**(best evidence rule)이라고 한다(⇨상세한 것은 8.14). 성문법이 있는 것은 아니지만 확고한 대법원 판례가 있다고 말할 수 있다. 이 문제에 시사점을 줄 수 있는 다른 케이스도 있다.

③ 변호인이 법원에 제출하여야 할 변호인선임신고서를 사본으로 제출한 사안

2005년에 다음과 같은 케이스와 판례가 생성되었다. D는 음주운전 초범의 혐의로 20◇◇. 7. 23. 약식명령을 송달받았다. D의 변호인은 20◇◇. 7. 30. 변호인선임신고서 사본을 첨부하여 정식재판청구서를 제1심법원에 제출하였으나 접수담당공무원이 변호인선임신고서가 사본임을 이유로 정식재판청구서의 접수를 거절하자, 20◇◇. 7. 31. 변호인선임신고서 원본을 첨부하여 다시 정식재판청구서를 접수시켰다. '정식재판청구서가 기한 내에 적법하게 접수되었는가'가 쟁점이 되었다. 제1심은, "접수담당공무원이 정식재판청구서의 접수를 거절할 권한이 없는 이상 D의 변호인 명의의 정식재판청구서는 20◇◇. 7. 30. 제1심법원에 제출된 것으로 보아야 할 것이나, 위 정식재판청구서에 첨부된 변호인선임신고서는 원본이 아닌 사본이어서 적법한 변호인선임신고서가 아니고, 20◇◇. 7. 31. 접수된 변호인선임신고서는 정식재판

청구기간 이후에 제출된 것이어서, 이 사건 정식재판청구서는 정식재판청구기간 내의 정식재판청구로서의 효력이 없다."고 판단하여 정식재판청구를 기각[1]하였다. 변호인이 항고·재항고하였지만 대법원은 "(적법한) 변호인선임신고서를 제출하지 않은 변호인이 변호인 명의로 정식재판청구서만 제출하고, 453조 1항이 정하는 정식재판청구기간 경과 후에 비로소 변호인선임신고서를 제출한 경우, 변호인 명의로 제출한 위 정식재판청구서는 적법·유효한 정식재판청구로서의 효력이 없다(대법원 1969. 10. 4.자 69모68 결정; 2001. 11. 1.자 2001도4839 결정 참조). 32조 1항은 '변호인의 선임은 심급마다 변호인과 연명날인한 서면으로 제출하여야 한다.'고 규정하고 있다. 위 규정에서 말하는 변호인선임신고서는 특별한 사정이 없는 한 **원본을 의미**하고, 사본은 이에 해당하지 않는다."(대법원 2005. 1. 20.자 2003모429 결정)고 판시하였다.

④ 사후의 즉시 보정

최우량 증거 제출 규칙에도 예외가 있고, 급속을 요할 때에는 미란다 경고도 생략할 수 있다. 그러나 급속한 사유가 종료한 때에 즉시 미비점이 보정(미란다 경고의 제공, 원본의 제시)되어야 할 것이다. 본 사안에서도 사후에 합리적인 기한 내에 영장원본이 제출되었다면 결론이 달라졌을 것이다.

---

1) 형소법 452조(약식명령의 고지) 약식명령의 고지는 검사와 피고인에 대한 재판서의 **송달**에 의하여 한다.
453조(정식재판의 청구) ① 검사 또는 피고인은 **약식명령의 고지를 받은 날**로부터 7일 이내에 정식재판의 청구를 할 수 있다. 단, 피고인은 정식재판의 **청구를 포기**할 수 없다. ② 정식재판의 청구는 약식명령을 한 법원에 **서면**으로 제출하여야 한다. ③ 정식재판의 청구가 있는 때에는 법원은 지체 없이 검사 또는 피고인에게 그 **사유를 통지**하여야 한다.
454조(정식재판청구의 취하) 정식재판의 청구는 제1심판결선고전까지 **취하**할 수 있다.
455조(기각의 결정) ① 정식재판의 청구가 법령상의 방식에 위반하거나 청구권의 소멸후인 것이 명백한 때에는 **결정으로 기각**하여야 한다. ② 전항의 결정에 **즉시항고**를 할 수 있다. ③ 정식재판의 청구가 적법한 때에는 **공판절차**에 의하여 심판하여야 한다.

9.2.12 당초에는 고의 없는 녹음행위도 통비법 위반의 불법녹음이 될 수 있다

대법원 2016. 5. 12. 선고 2013도15616 판결(정수장학회 사건)

F D는 한겨레 신문사 빌딩에서, 휴대폰의 녹음 기능을 작동시킨 상태로, 재단법인 정수장학회(이하 '장학회'라고 한다)의 이사장실에서 집무 중이던 이사장인 O2의 휴대폰으로 전화를 걸어, O2와 약 8분간의 전화통화를 마친 후 상대방에 대한 예우 차원에서 바로 전화통화를 끊지 않고 O2가 전화를 먼저 끊기를 기다리던 중, 평소 친분이 있는 문화방송 기획홍보본부장 O3이 O2와 인사를 나누면서 문화방송 전략기획부장 O4를 소개하는 목소리가 D의 휴대폰을 통해 들려오고, 때마침 O2가 실수로 휴대폰의 통화 종료 버튼을 누르지 아니한 채 이를 이사장실 내의 탁자 위에 놓아두자, O2의 휴대폰과 통화연결상태에 있는 자신의 휴대폰 수신 및 녹음기능을 이용하여 이 사건 대화를 몰래 청취하면서 녹음하였다. D는 위와 같이 청취하거나 녹음한 내용을 바탕으로 같은 해 10. 13. 한겨레신문에 "O2의 비밀회동"이라는 제목으로 이 사건 대화 내용을 실명으로 보도하고, 같은 달 15. 같은 신문에 "O2−MBC 비밀회동 파장, 10월 8일 정수장학회 비밀회동 대화록"이라는 제목으로 대화 내용을 상세한 녹취록 형태로 보도하였다. D는 공개되지 아니한 타인간의 대화를 녹음 또는 청취한 통비법위반행위 혐의로 기소되었다. 제1심은 "청취 부분은 유죄, 녹음과 그 공개 부분은 무죄"라고 판단하였다. 항소심은 "대화의 청취 녹음행위는 통비법 3조 1항, 16조 1항의 구성요건을 충족하고, 피고인이 이 사건 대화에 원래부터 참여하지 아니한 제3자인 이상, 이 사건 대화는 통비법 3조 1항에 정한 '공개되지 아니한 타인간의 대화'에 해당하고, 피고인이 이를 청취 녹음한 행위는 16조 1항에 의해 처벌되는 행위이고, 이 사건 청취 녹음은 통비법의 관련 금지규범을 위반한 작위행위로 평가되어야 하며, 이 사건 청취 녹음 및 공개행위는 정당행위에 해당하지 아니하고, 적법행위의 기대가능성이 없다고 보기도 어렵다."면서 유죄를 선고하였다. D는 상고하였다. D는

"(1) 이 사건 대화는 통비법상 '공개되지 아니한' 타인 간의 대화가 아니고, 우연한 계기로 듣게 된 것이므로, 통비법이 금지하는 '청취' 행위에 해당하지 아니하고, (2) 이 사건 대화의 청취 녹음은 부작위에 의한 것이고, 피고인에게 통화 녹음 상태를 종료해야 할 작위의무가 없으며, (3) 피고인의 행위는 중대한 공적 관심사를 취재 전달하기 위한 것이므로 정당행위로서 위법성이 조각되며, (4) 피고인에게 통화종료 버튼을 누르는 등의 적법행위에 대한 기대가능성이 없다."고 주장하며 상고하였다.

I [통신비밀보호법의 입법취지] 구 통신비밀보호법(2014. 1. 14. 법률 제12229호로 개정되기 전의 것. 이하 같다)은 3조 1항에서 누구든지 이 법과 형사소송법 또는 군사법원법의 규정에 의하지 아니하고는 공개되지 아니한 타인간의 대화를 녹음 또는 청취하지 못하도록 규정하고, 14조 1항에서 위와 같이 금지하는 청취행위를 전자장치 또는 기계적 수단을 이용한 경우로 제한하는 한편, 16조 1항에서 위 3조의 규정에 위반하여 공개되지 아니한 타인간의 대화를 녹음 또는 청취한 자(1호)와 1호에 의하여 지득한 대화의 내용을 공개하거나 누설한 자(2호)를 처벌하고 있다. 그런데 사안에서 D에게는 처음에 공개되지 아니한 타인간의 대화를 녹음 또는 청취할 고의가 없었고 중간에 우연히 O2, O3, O4 사이의 대화를 녹음하게 된 것이다. 이런 경우에도 D에게 통비법위반행위의 유죄를 인정할 수 있는가?

R 상고기각. 1. 구 통신비밀보호법의 내용 및 형식, 구 통신비밀보호법이 공개되지 아니한 타인간의 대화에 관한 녹음 또는 청취에 대하여 3조 1항에서 일반적으로 이를 금지하고 있음에도 14조 1항에서 구체화하여 금지되는 행위를 제한하고 있는 입법취지와 체계 등에 비추어 보면, 구 통신비밀보호법

14조 1항의 금지를 위반하는 행위는, 구 통신비밀보호법과 형사소송법 또는 군사법원법의 규정에 의한 것이라는 등의 특별한 사정이 없는 한, 같은 법 3조 1항 위반행위에 해당하여 같은 법 16조 1항 1호의 처벌대상이 된다고 해석하여야 한다.

2. 어떠한 범죄가 적극적 작위에 의하여 이루어질 수 있음은 물론 결과의 발생을 방지하지 아니하는 소극적 부작위에 의하여도 실현될 수 있는 경우에, 행위자가 자신의 신체적 활동이나 물리적·화학적 작용을 통하여 적극적으로 타인의 법익 상황을 악화시킴으로써 결국 그 타인의 법익을 침해하기에 이르렀다면, 이는 작위에 의한 범죄로 봄이 원칙이다(대법원 2004. 6. 24. 선고 2002도995 판결 참조).

A 1. 구 통신비밀보호법 3조 1항이 공개되지 아니한 타인간의 대화를 녹음 또는 청취하지 못하도록 한 것은, 대화에 원래부터 참여하지 않는 제3자가 그 대화를 하는 타인간의 발언을 녹음 또는 청취해서는 아니 된다는 취지이다(대법원 2006. 10. 12. 선고 2006도4981 판결; 대법원 2014. 5. 16. 선고 2013도16404 판결 등 참조).

2. 따라서 대화에 원래부터 참여하지 않는 제3자가 일반 공중이 알 수 있도록 공개되지 아니한 타인간의 발언을 녹음하거나 전자장치 또는 기계적 수단을 이용하여 청취하는 것은 특별한 사정이 없는 한 같은 법 3조 1항에 위반된다.

원심판결 이유를 앞서 본 법리와 적법하게 채택된 증거들에 비추어 살펴보면, 원심의 위와 같은 판단은 정당하고, 거기에 상고이유 주장과 같이 구 통신비밀보호법 3조 1항에 정한 '공개되지 아니한 타인간의 대화'의 의미와 같은 법 16조 1항 1호의 처벌대상 및 형법상 작위와 부작위의 구별에 관한 법리를 오해하는 등의 잘못이 없다.

3. 형법 20조에 정한 '사회상규에 위배되지 아니하는 행위'라 함은 법질서 전체의 정신이나 그 배후에 놓여 있는 사회윤리 내지 사회통념에 비추어 용인될 수 있는 행위를 말하고, 어떠한 행위가 사회상규에 위배되지 아니하는 정당한 행위로서 위법성이 조각되는 것인지는 구체적인 사정 아래서 합목적적, 합리적으로 고찰하여 개별적으로 판단되어야 하므로, 이와 같은 정당행위를 인정하려면 첫째 그 행위의 동기나 목적의 정당성, 둘째 행위의 수단이나 방법의 상당성, 셋째 보호이익과 침해이익과의 법익균형성, 넷째 긴급성, 다섯째 그 행위 외에 다른 수단이나 방법이 없다는 보충성 등의 요건을 갖추어야 한다(대법원 2003. 9. 26. 선고 2003도3000 판결 참조). 원심이 피고인의 이 사건 피고인의 이 사건 대화를 '청취' 및 '녹음'한 행위가 정당행위에 해당할 수 없고, 그 '공개' 행위 역시 정당행위에 해당하지 않는다고 판단한 것은 정당하다.

4. 피고인에게 적법행위를 기대할 가능성이 있는지 여부를 판단하기 위해서는 행위 당시의 구체적인 상황 하에 행위자 대신 사회적 평균인을 두고 이 평균인의 관점에서 그 기대가능성 유무를 판단하여야 한다(대법원 2008. 10. 23. 선고 2005도10101 판결 참조). 이러한 법리에 비추어 보면, 원심이 피고인에게 적법행위에 대한 기대가능성이 있었다고 판단한 것은 정당하고 법리오해의 위법이 없다.

C

1 대화에 원래부터 참여하지 않은 제3자가 일반 공중이 알 수 있도록 공개되지 아니한 타인간의 발언을 녹음하거나 전자장치 또는 기계적 수단을 이용하여 청취하는 것은 특별한 사정이 없는 한 같은 법 3조 1항에 위반되는데 D의 행위는 당초 고의가 없는 행위인 것처럼 보이지만 자신의 휴대폰에 'O2, O3, O4 사이의 대화'가 전송되어 오는 것을 알게 된 순간 휴대폰을 꺼야 할 의무가 생긴다. 따라서 이렇게 하지 않은 D의 행위는 작위에 의한 통비법위반행위이다.

제10장

전문법칙과 그 예외

10.1 진술증거와 비진술증거

대법원 2008. 11. 13. 선고 2006도2556 판결[1]

F [1] D는 공포심·불안감을 유발하는 문자정보를 반복적으로 V의 휴대전화에 도달하게 하는 행위[2]를 하여 구 정보통신망 이용촉진 및 정보보호 등에 관한 법률 65조 1항 3호(현재는 74조 1항 3호)('정보통신망을 통하여 공포심이나 불안감을 유발하는 말, 음향, 글, 화상 또는 영상을 반복적으로 상대방에게 도달하게 한 자'를 1년 이하의 징역 또는 1천만 원 이하의 벌금에 처함) 위반 혐의로 기소되었다. D의 유죄증거로 중요한 것은 (1) V의 법정진술과 (2) 문자정보가 구현된 휴대전화기의 화면을 V가 촬영한 사진이었다. D가 기소된 시점에서는 기술적으로 문자정보를 재현할 수 없게 되었다. D는 법정에서 문자메시지로 전송된 문자정보에 대하여 그 성립과 내용의 진정을 부인하였다. 제1심은 유죄를 선고(벌금 200만 원)하였으나 항소심은 "문자메시지의 형태로 전송된 문자정보를 휴대전화기의 화면에 표시하여 이를 촬영한 이 사건 사진들에 대하여 피고인이 그 성립 및 내용의 진정을 부인"하여 "이를 증거로 사용할 수 없다"고 하면서 제1심판결을 파기하고 무죄를 선고하였다. 검사가 상고하였다.

I 문자정보가 저장되어 있는 V의 휴대전화기의 화면을 촬영한 사진에 전문법칙의 적용이 있는가?

R 파기환송. 형사소송법 310조의2는 (중략) 규정하고 있는바, 이는 '사실을 직접 경험한 사람의 진술이 법정에 직접 제출되어야 하고 이에 갈음하는 대체물인 진술 또는 서류가 제출되어서는 안 된다'는 이

---

1) 이 판결에 대하여는 김태업, 휴대전화기에 보관된 문자정보 및 이를 휴대전화기 화면에 띄워 촬영한 사진의 증거능력, 대법원판례해설 78호(2008 하반기)(2009. 7)에 상세한 해설이 있다.

2) 2003. 12. 18. 11:42경 '땅에 떨어진 당신의 악함을 지켜보고 있으리라, D'라는 내용의 문자메시지를 보내는 등 비슷한 메시지를 총 7차례 전송하였다.

른바 전문법칙을 선언한 것이다.

A 정보통신망을 통하여 공포심이나 불안감을 유발하는 글을 반복적으로 상대방에게 도달하게 하는 행위를 하였다는 공소사실에 대하여 휴대전화기에 저장된 문자정보가 그 증거가 되는 경우와 같이, 그 문자정보가 범행의 직접적인 수단이 될 뿐 경험자의 진술에 갈음하는 대체물에 해당하지 않는 경우에는 형사소송법 310조의2에서 정한 전문법칙이 적용될 여지가 없다. 이와 달리, 문자메시지의 형태로 전송된 문자정보를 휴대전화기의 화면에 표시하여 이를 촬영한 이 사건 사진들에 대하여 피고인이 그 성립 및 내용의 진정을 부인한다는 이유로 이를 증거로 사용할 수 없다고 한 원심판결에는, 위 문자정보의 증거로서의 성격 및 위 사진들의 증거능력에 관한 법리를 오해하여 판결 결과에 영향을 미친 위법이 있다.

C

1 형사증거법상 진술의 의미

공소사실의 존부(유죄, 무죄)를 판단하는 데 가장 중요한 정보는 **사람의 경험**에서 나온다. 범죄에 관한 사람의 경험은 허위의 위험성이 없다고 할 수 없지만 이보다 더 유용한 정보는 아직까지 발견되지 않았다. 재판에 도움이 되는 정보를 직접 경험한 사람의 경험진술이 공판정에 현출되는 것 중 중요한 것이 **피고인의 공판정진술과 증인의 증언**이다. 당사자주의·직접주의·공판중심주의는 사실인정자가 이것들을 공판정에서 직접 청취한 후에 유죄, 무죄를 판단하도록 하는 발상을 제도화시켰다.

'사람의 경험진술'은 그것이 법정에 도달하기까지 지각(perception)→기억(memory)→서술(narrate)하는 과정에서 인간적 오류(human error)가 개입되거나 '인위

적 조작(부정직성, insincerity)이 개입'될 위험이 있다. 따라서 사람의 진술이 증거로 제출될 때는 반드시 그 진술의 법정제출로 말미암아 위험에 놓이게 될 반대당사자가 그 진술의 위험성과 부정직성을 탄핵(반대신문)할 기회가 부여되어야 한다. 이런 요청이 형소법상 제도화된 것이 당사자의 반대신문권(161조의2, 312조 4항)이다. 피고인의 공판정진술과 증인의 법정증언이 있을 때 사실인정자는 반대당사자의 반대신문까지 함께 청취하고, 여기에 더하여 법정진술인(피고인과 증인)의 태도증거를 보고, 증인에게는 사전에 위증벌의 경고를 가하게 하여야, 완전하지는 않지만 어느 정도 사실인정의 공정성과 정확성을 담보할 수 있다.

피고인의 공판정진술은 '진술'로 불리고 있고 증언(testimony)도 진술의 일종이므로 여기서 진술(statement)의 의미를 밝혀 보기로 한다. 증거자료로 사용될 진술은 '사실(fact)에 관하여 모종의 정보(information, knowledge)를 전달하는 것'이어야 한다. '사실에 관한 정보'가 아닌 다른 발언들, 예를 들어 질문(question), 요청(request), 지시나 명령(derective or order), 계약의 청약이나 승낙, 話者(speaker)의 의지(will)나 의견(opinion) 등에는 '경험적 사실에 관한 정보'가 없으므로 증거법상 진술로 보기에 적절하지 않다. 피고인과 증인은 원칙적으로 '자신이 직접 경험한 사실'만을 진술하여야 하고 의견은 경험에 기초하여 추리되는 최소한의 사항에 그쳐야 한다. 이런 맥락에서 진술의 의미를 좀 더 분석하여 정의하여 보자.

형사증거법상 진술이란 "ⓐ 사람의 구술에 의한 주장(a person's oral assertion), ⓑ 사람의 서면에 의한 주장(a person's written assertion), ⓒ 행동한 사람이 주장을 의도(intend)하였을 경우 그 사람의 비언어적 행동(nonverbal conduct, if the person intended it as an assertion)을 의미한다."[3] 이외의 것은 발언(utterances)일지언정 형사증거법상 진술로 보기에 적절하지 않다.

② 전문증거와 전문법칙

'피고인의 법정진술과 증인의 법정증언'[4]이 위와 같이 위험할 진대 '피고인의 법정외 진술과 참고인의

법정외 진술'[5]의 위험성은 더 말할 나위가 없다. 피고인의 법정외 진술과 참고인의 법정외 진술이 증거로 제출될 때 이를 전문증거라고 한다. '전문증거는 예외조건을 구비하지 못하는 한 원칙적으로 증거로 쓸 수 없는 증거법칙'이 전문법칙(310조의2)이다. 물적 증거(physical evidence, real evidence)에는 진술에 고유한 위험이 없으므로 전문법칙의 적용이 없다.

③ 진술과 비진술의 구별

진술은 사람의 기억에 남아 있는 범죄현상을 재현하는 통로로서 언어나 그에 대신하는 동작으로 표현된다. 증인의 증언, 피의자신문조서, 참고인진술조서, 검증조서에 기재되어 있는 사람의 경험 등이 진술에 속한다. 이에 반하여 비진술은 물(物)의 존재나 상태를 증명하기 위한 증거로서 진술 이외의 증거를 말한다. 범행에 사용된 흉기, 범행현장에 남아 있는 지문이나 범인의 옷에 남아 있는 혈흔은 비진술이다.

④ 사안에의 적용

사안에서는 'D가 공포심이나 불안감을 유발하는 문자정보를 반복적으로 V의 휴대전화에 도달하게 한 행위' 자체가 공소사실이자 요증사실이다. 객관적으로 사람의 공포심이나 불안감을 유발하는 문자정보가 반복적으로 V의 휴대전화에 도달하기만 하면 특정한 형벌구성요건이 충족되는 것이다. 'D가 공포심이나 불안감을 유발하는 문자정보를 반복적으로 V의 휴대전화에 도달하게 한 행위'는 진술처럼 보이지만 '언어적 행위'(verbal act)이지 진술이 아니다. 대법원은 D의 행위가 '범행의 직접적인 수단이 될 뿐'이라고 표현하였지만 영미증거법의 강학상 용어를 구사하여 다시 표현하면, D의 행위는 법률요건(범죄나 계약, 여기서는 범죄구성요건)을 구성하는 법적 사실(an operative legal fact)이므로 전문법칙의 적용대상인 진술(statement)이 아니다. 그리고 이 사안에서 문제되는 적용법조는 313조 1항이 아니라 316조 1항인데 사안에서 문제되는 행위는 피고인 D의 법정 밖에서의 '언어적 행위'(verbal act)이므로 그 적용이 없는 것이다.

---

3) FRE(2015년판) Rule 801.
4) 기록상 이것들은 공판조서, 혹은 증인신문조서에 담겨 있다.

5) 기록상 이것들은 진술서(자술서) 혹은 고소장과 각종 조서(피의자신문조서, 참고인진술조서)에 담겨 있다.

10.2 전문법칙의 적용이 없는 기타의 비진술증거들

대법원 1999. 9. 3. 선고 99도2317 판결 등

---

1 언어적 행동(범죄구성사실 operative legal fact; verbal acts; Words that have Independent Legal Significance)

다음에 열거하는 3개의 대법원판결[1]은 '원진술의 존재 자체'를 '주장이 없는 언어적 행동'으로 보아 전문법칙의 적용이 없다는 방식의 논변으로 이해하여야 자연스럽다.

(1) "이적표현물을 컴퓨터 디스켓에 저장, 보관하는 방법으로 이적표현물을 소지하는 경우에는 컴퓨터 디스켓에 담긴 문건의 내용의 진실성이 아닌 그러한 내용의 문건의 존재 그 자체가 직접 증거로 되는 경우이므로 적법한 검증 절차를 거친 이상 이적표현물 소지의 점에 관하여는 컴퓨터 디스켓의 증거능력이 인정된다"(대법원 1999. 9. 3. 선고 99도2317 판결).

(2) "D는 1997. 9. 22. 15:00경 V와 D2(D의 누나)와의 사이에 재산분쟁이 있음을 알고 D3에게 조직의 세력을 이용하여 V를 협박하여 재산포기 등의 각서를 받아오게 교사하고, '납치하여 감금을 할 수도 있고, 금액에 상응하는 할 수 있는 일은 다 할 수 있다.'고 발언하면서 자신의 요구를 들어주지 않으면 신체에 위해를 가할 것 같은 말을 하였다. 이 경우에 D의 진술 내용의 진실성이 아니라 D가 '그러한 말을 하였다'는 자체(발언)는 공갈죄를 요증사실로 하는 본래증거(범죄구성사실)에 해당한다"(대법원 2000. 2. 25. 선고 99도1252 판결).

(3) "어떤 증거가 전문증거인지 여부는 요증사실과의 관계에서 정하여지는바, 원진술의 내용인 사실이 요증사실인 경우에는 전문증거이나, 원진술의 존재 자체(범죄구성사실)가 요증사실인 경우, 예컨대 명예훼손사건에 있어서 명예훼손적 발언을 들은 자의 증언과 같은 경우는 본래증거이지 전문증거가 아니다. D가 명예훼손죄로 기소된 이 사건에서 시디(CD)에 녹음된 'D의 명예훼손적 발언을 들었다'는 W의 법정진술 부분은 재전문증거라고 볼 수 없다"(대법원 2008. 9. 25. 선고 2008도5347 판결).[2]

위의 3개 판례에서 문제된 증거에는 '의도된 주장'이 담겨 있지 않으므로 비전문(non hearsay)이고 따라서 전문법칙의 적용이 없다.

2 주장적·비언어적 행동(Assertive Nonverbal Conduct)

전문법칙이 적용되는 진술의 중점을 주장(assertion)에 두면 외관상 행동처럼 보이지만 전문법칙을 적용하여야 할 경우가 생긴다. 다음 대법원판결에서 '피의자의 범행을 재연하는 사진이나 비디오테이프'에 주목해 보자.

"사법경찰관 작성의 검증조서를 살펴보면 위 검증조서 중에는 (중략) 범행을 재연하는 사진이 첨부되어 있으나 이들에 관하여는 원진술자이며 행위자인 피고인에 의하여 범행재연의 진정함이 인정되지 아니하므로 위 검증조서 중 피고인의 범행재연의 사진영상에 관한 부분은 증거능력이 없다"(대법원 1988. 3. 8. 선고 87도2692 판결).[3]

위 판결의 취지는 피의자의 '범행재연행동'은 진술(statement)이 아닌 것처럼 보이지만 자신의 범행을 시인하는 자백주장(assertion)이고 그것이 공판정 밖에서 주장된 것이기 때문에 전문법칙의 적용이 있다는 것이다.

3 화자(話者, speaker)의 정신상태를 보여주기 위하여 화자의 발언을 정황증거로 사용하는 경우(Circumstantial Use of Utterances to Show State of Mind)

언어를 수단으로 발언되는 화자의 발언이 있는데 그 발언이 발언 당시 화자의 정신상태를 보여주기 한 목적으로 제출되는 것이라면 이 증거(향후 이를 '상태증거'로 부르기로 한다)에는 주장이 없으므로 이 증거는 비전문이다(대법원 2008. 7. 10. 선고 2007도10755 판결).

상태증거도 언어적 발언으로 외계에 표출되고 있

---

1) 이하 본문에서 판례를 인용할 때 O는 '공소외', D는 '피고인', V는 '피해자'를 지칭한다.

2) 대법원 2012. 7. 26. 선고 2012도2937 판결도 같은 취지.

3) 대법원 2007. 4. 26. 선고 2007도1794 판결도 같은 취지.

어 외관상 진술증거처럼 보이지만 주장이 없으므로 비진술, 비전문증거이다. 언어적 발언으로 외계에 표출되고 있어 외관상 진술처럼 보이지만 주장이 없으므로 비진술=비전문증거로 파악되는 증거들은 직접증거로 활용될 수는 없고 언제나 정황증거로 활용될 뿐이다.

④ 사람의 비구술(非口述, non oral)의 서면적 진술 (written statement)

다음은 피고인 D의 공갈죄의 성부가 문제된 사안에 대한 2010년 판결의 재판요지이다. 이 판결의 결론과 논거는 미국연방증거규칙(FRE)의 견지에서도 설명가능한 논변이다.

"O2, O3의 제1심 법정진술 중 증거로 할 수 없는 전문진술 부분을 제외하더라도, V의 진술을 내용으로 하지 않는 다른 법정진술 부분과 당시 V로부터 '진술 내용'을 들었다는 사실 자체에 관한 법정진술 부분은 본래증거로서 증거로 삼을 수 있다[.] (중략) 이 사건 문자메시지는 V가 D로부터 풀려난 당일에 남동생(O3)에게 도움을 요청하면서 D가 협박한 말을 포함하여 공갈 등 D로부터 피해를 입은 내용을 문자메시지로 보낸 것이므로, 이 사건 문자메시지의 내용을 촬영한 사진은 증거서류 중 V의 진술서에 준하는 것으로 취급함이 상당할 것인바, 진술서에 관한 형사소송법 313조에 따라 이 사건 **문자메시지의 작성자인 V**가 제1심 법정에 출석하여 자신이 이 사건 문자메시지를 작성하여 동생에게 보낸 것과 같음을 확인하고, 동생인 O3도 제1심 법정에 출석하여 V가 보낸 이 사건 문자메시지를 촬영한 사진이 맞다고 확인한 이상, 이 사건 문자메시지를 촬영한 사진은 그 성립의 진정함이 증명되었다고 볼 수 있으므로 이를 증거로 할 수 있다"(대법원 2010. 11. 25. 선고 2010도8735 판결).

이 문제는 결국 'O(V의 남동생)가 수신한 문자메시지에 공소사실(공갈죄)의 존부에 관련된 주장(긍정되면 전문증거)이 담겨 있는가'의 문제이다. 위의 사안에서 'V가 D로부터 피해를 입은 내용'을 문자메시지로 전송한 행위는 '주장이 있는, 비구술의 서면적 진술'이다.

⑤ 피사체가 비진술증거일 경우의 사진영상의 성질(비진술증거)

대법원 2008. 11. 13. 선고 2006도2556 판결에서 문제된 사진영상은 피사체의 성질에 좌우되는 사진영상이다. 피사체가 비진술증거이면 그 사진도 비진술증거이고 피사체가 진술증거이면 이를 사진으로 담는 것이 원천적으로 불가능할 것이다. 사진영상의 증거채택에서 주로 문제되는 것은 사진영상의 진정성(authentication) 문제이다.

⑥ 진술의 진실성과 관계없는 간접사실에 대한 정황증거로 사용할 경우

"어떤 진술이 범죄사실에 대한 직접증거로 사용함에 있어서는 전문증거가 된다고 하더라도 그와 같은 진술을 하였다는 것 자체 또는 그 진술의 진실성과 관계없는 간접사실에 대한 정황증거로 사용함에 있어서는 반드시 전문증거가 되는 것은 아니다."[4]

---

4) 대법원 2000. 2. 25. 선고 99도1252 판결; 대법원 2013. 6. 13. 선고 2012도16001 판결.

10.3 검면조서 등의 '성립의 진정'의 의미

대법원 2004. 12. 16. 선고 2002도537 판결

F D는 D2(병원장)와 공모하여 "1999년 4월경 D가 D2에게 '기존 질병인 허리디스크를 교통사고로 인한 장애'인 것처럼 허위의 후유장해진단서 발급을 부탁하여 D2로부터 허위의 후유장해진단서를 발급받은 후 보험회사를 기망하여 1,700만 원 상당의 교통사고 보험금을 편취"한 보험사기죄 혐의로 기소되었다. D는 수사절차와 공판절차에서 일관되게 공소사실을 부인("D2에게 허위의 후유장해진단서 발급을 부탁한 사실이 없다")하였는데 검사가 D의 유죄증거로 제출한 결정적인 증거는 '공소사실과 부합하는 내용(자백)이 기재'되어 있는 'D2의 검사면전 피의자신문조서·진술조서'와 'W(보험회사 직원, 참고인(피의자 아닌 자))의 검사면전 진술서·진술조서'였다. 무죄를 주장하는 D는 'D2의 검사면전 피의자신문조서·진술조서'와 'W의 검사면전 진술서·진술조서'를 증거로 함에 부동의 하였다. 'D2의 검사면전 피의자신문조서·진술조서'와 'W의 검사면전 진술서·진술조서'가 증거로 사용될 수 있으려면 전문법칙의 예외를 규정한 구법 312조 1항의 요건('공판준비 또는 공판기일에서의 원진술자의 진술에 의하여 그 성립의 진정함이 인정')이 구비되어야 한다. D2와 W는 제1심 법정에서 각각 'D2의 검사면전 피의자신문조서·진술조서'와 W의 '검사면전 진술서·진술조서'의 '형식적 성립의 진정'은 인정하였지만 '실질적 성립의 진정'을 부인(D2와 W는 제1심 법정에서 검사가 자신들에 대하여 작성한 조서들의 間印·署名은 인정하면서도 'D에 대한 공소사실에 부합하는 부분의 기재들은 자신들의 진술과 달리 기재되었다'고 진술)하였다. D2와 W의 공판정 진술·증언은 D에게 적대적인 진술·증언이 아니므로 D가 D2와 W에게 반대신문이나 탄핵을 할 이유가 없는 정황이다. D는 이제 'D2의 검사면전 피의자신문조서·진술조서'와 'W의 검사면전 진술서·진술조서'를 증거로 사용할 수 없도록 주장하여야 하는 입장에 놓여 있다. 제1심과 항소심은 종래의 대법원 판례(원진술자가 실질적 진정성립을 다투더라도 형식적 진정성립을 인정하면 실질적 진정성립이 추

정된다)를 근거로 'D2의 검사면전 피의자신문조서·진술조서'와 'W의 검사면전 진술서·진술조서'의 증거능력과 신빙성을 인정하여 유죄(징역 8월과 벌금 3백만 원)를 선고하였다. D는 "구법 312조 1항의 '성립의 진정'이란 원진술자(사안에서는 D2와 W)가 공판정에서 구술로 형식적 성립의 진정과 실질적 성립의 진정을 모두 인정하여야 하는 것"이라고 주장하면서 상고하였다.

I 구법 312조 1항의 '성립의 진정'[1]의 의미와 그 인정방법

R A 파기환송. (구법 312조 1항 본문의) ㉮ '성립의 진정'이라 함은 간인·서명·날인 등 조서의 형식적 진정성립과 그 조서의 내용이 원진술자가 진술한 대로 기재된 것이라는 실질적인 진정성립을 모두 의미하는 것이다(대법원 2002. 8. 23. 선고 2002도2112 판결; 대법원 1990. 10. 16. 선고 90도1474 판결 등 다수). ㉯ 그리고 위 법문의 문언상 성립의 진정은 '원진술자의 진술에 의하여' 인정되는 방법 외에 다른 방법을 규정하고 있지 아니하므로, 실질적 진정성립도 원진술자의 진술에 의하여서만 인정될 수 있는 것이며, 이는 검사 작성의 피고인이 된 피의자신문조서의 경우에도 다르지 않다. 형사소송법 244조 2항, 3항은 피의자신문조서에 대한 피의자의 조서열람권, 증감변경청구권 등을 규정하고 있기는 하나, 위와 같은 형사소송법의 규정만으로 피고인이 공판정에서 검사의 피의자신문조서에 대하여 그 형식적 진정성립을 인

---

1) 구법(2008년 이전)의 '실질적 성립의 진정'은 신법(2008년 이후)의 '진술한 내용과 동일하게 기재되어 있음이 공판준비 또는 공판기일에서의 피고인의 진술에 의하여 인정'(신법 312조 1항), '그 조서가 검사 또는 사법경찰관 앞에서 진술한 내용과 동일하게 기재되어 있음이 원진술자의 공판준비 또는 공판기일에서의 진술(중략)에 의하여 증명'(신법 312조 4항)의 의미와 동일하다.

정하였다고 하여 곧바로 그 조서의 실질적 진정성립까지 추정된다고 보기는 어렵다. (중략) 검사가 피의자나 피의자 아닌 자의 진술을 기재한 조서는 공판준비 또는 공판기일에서 원진술자의 진술에 의하여 형식적 진정성립뿐만 아니라 실질적 진정성립까지 인정된 때에 한하여 비로소 그 성립의 진정함이 인정되어 증거로 사용할 수 있다고 보아야 하며, ㉰ 그와 같이 해석하는 것이 우리 형사소송법이 취하고 있는 직접심리주의 및 구두변론주의를 내용으로 하는 공판중심주의의 이념에 부합한다.

C

① 본 판결의 내용분석

본 판결의 ㉮ 부분은 종래의 판결을 재확인한 것이고 ㉯, ㉰ 부분이 새로운 것이다. 본 판결은 피고인의 상고를 인용(認容)하여 "원진술자가 실질적 진정성립을 다투더라도 형식적 진정성립을 인정하면 실질적 진정성립이 추정된다"는 종래의 판례(특히 대법원 1984. 6. 26. 선고 84도748 판결, 이하 '1984년 판결'로 약칭함)를 폐기하고 구법 312조 1항의 '성립의 진정'이란 "원진술자가 공판정에서 구술로 형식적 성립의 진정과 실질적 성립의 진정을 모두 인정"하여야 하는 것이라고 판시하였다. 본 판결로서 2단계 혹은 3단계 추정설을 제창한 1984년 판결은 종언(終焉)을 고하게 되었다. 본 판결의 내용 분석에서 주의할 점이 두 가지 있다.

첫째, 종래 구법 312조 1항의 '성립의 진정'의 의미 해석 문제는 '검면피신조서'를 중심으로 논의되어 왔었다. 그런데 본 판결은 이 문제를 '검사 면전에서 작성된 조서 일반(예를 들어 참고인 진술조서＝검사가 피의자 아닌 자의 진술을 기재한 진술조서)'에 대하여까지 확장시키고 있다. 이것은 312조 1항의 문리에 합치되는 해석이다. 둘째, '성립의 진정'의 의미에 관한 본 판결의 새로운 해석은 '성립의 진정'이 문제되는 다른

문맥(예를 들어 사법경찰관이 검증의 결과를 기재한 조서, 313조 1항의 진술서 등, 313조 2항의 감정의 경과와 결과를 기재한 서류)에서도 통용되지 않을 수 없다.

② 직접심리주의·구두변론주의와 공판중심주의

본 판결은 '성립의 진정'의 의미에 관한 새로운 해석이 "우리 형사소송법이 취하고 있는 직접심리주의 및 구두변론주의를 내용으로 하는 공판중심주의의 이념에 부합"하는 것이라고 판시(㉰)하고 있다. 이하에서 이 판시의 의미를 조금 깊게 천착하여 볼 필요가 있다.

종래의 법실무에서는 각종 조서의 증거능력이 넓게 인정되고 왔었고, 조서의 증명력 또한 높게 평가되어 왔다. 사실인정자(법원과 배심단)가 '자유심증주의'를 근거로 삼아 '소송관계인의 공판정에서의 진술' 이외에 '각종의 조서에 지나치게 의존하는 재판현실'을 개탄하는 취지의 용어가 '조서재판'(調書裁判)이다. '조서재판'이 활발히 작동하면 그만큼 직접심리주의·구두변론주의와 공판중심주의는 위축되기 마련이다.

③ 2008년 형소법상의 실질적 진정성립의 의미

2004년 판결의 정신을 이어받아 2008년 형소법의 조문이 다소간 변경되었다. '적법한 절차와 방식'이라는 강화된 요건 아래 종래의 이른바 '형식적 진정성립'의 의미를 포섭하고 아울러 '원진술자가 진술한 내용과 동일하게 조서에 기재되었다'는 사실, 즉 실질적 진정성립을 원진술자의 진술이나 영상녹화물 등의 객관적 방법에 의하여 증명할 수 있도록 명시하였다(대법원 2013. 3. 14. 선고 2011도8325 판결).

④ 특신상태의 존재는 완화요건이 아니라 가중요건

"검사 작성의 피고인이 된 피의자신문조서에 대하여 실질적 진정성립이 인정되지 않는 이상 그 조서에 기재된 피고인의 진술이 특히 신빙할 수 있는 상태하에서 행하여진 경우라고 하여도 이를 증거로 사용할 수 없다"(대법원 2007. 1. 25. 선고 2006도7342 판결).

10.4 실질적으로 검찰주사(보)가 주도한 검찰조사단계에서 작성된 피의자신문조서·자필진술서의 적용법조

대법원 1990. 9. 28. 선고 90도1483 판결

F D는 허위공문서작성 등 혐의로 기소되었다. 검사가 유죄 증거로 제출한 것은 ㉠ 검사작성의 피의자신문조서(공소사실을 시인하는 자백이 포함되어 있다. 이하 '피신조서'로 약칭함), ㉡ 검사작성의 참고인에 대한 진술조서(이하 '참고인진술조서'로 약칭함), ㉢ 증인(D를 조사한 검찰주사보)의 진술 등이었다. 피신조서는 담당검사의 지시로 검찰주사가 검사 없는 상태에서 D를 신문하여 작성한 것이고 담당검사는 검찰주사가 D를 신문하는 도중에 약 1분가량 조사실에 들어왔다 나갔고 검찰주사가 D에 대한 조사를 마친 직후 조사실에 들어와 D에게 범죄사실을 개괄적으로 신문하였을 뿐이었다. 진술조서는 검찰주사가 다른 검찰청 직원 1명과 함께 참고인의 주거지로 찾아가 그곳에서 참고인의 진술을 받아 작성한 것이었다. 항소심은 "㉮ 피신조서는 243조에 따라 검사가 검찰청 수사관 또는 서기관이나 서기를 참여하게 하고 피고인을 신문한 내용의 조서라고 볼 수 없어 증거능력이 없고, ㉯ 검사작성의 참고인에 대한 진술조서는 담당검사가 참고인을 상대로 받아 낸 조서가 아니므로 위 검사작성 명의의 진술조서도 검사가 작성한 것이라고 볼 수 없어 증거능력이 없다"며 무죄판결을 선고하였다. 검사는 항소심의 ㉮의 판지(判旨)에 대하여는 "검사의 지시에 따라 검찰주사가 D를 신문한 것이고, 검찰주사의 조사 직후 검사가 D에게 개괄적으로 질문하였을 뿐 아니라 조서작성 후에는 검사가 이를 확인하고 서명·날인하였으므로 이를 검사작성의 피신조서가 아니라고 할 수 없다"며 다투고, 항소심의 ㉯의 판지에 대하여는 "설사 본 사안의 피신조서와 참고인진술조서가 312조 1항 소정의 '검사가 피의자나 피의자 아닌 자의 진술을 기재한 조서'에는 해당하지 않는다고 하더라도, 313조 1항 소정의 '피고인 또는 피고인이 아닌 자의 진술을 기재한 서류'에는 해당하므로 313조 1항과 314조에 의하여 증거능력을 인정하

여야 한다"고 다투며 상고하였다.

I 현행법상 검찰수사단계에서 피신조서의 작성주체는 검사로 설정되어 있지만 검사의 업무가 과다하므로 검사는 종종 피의자신문과 피신조서의 작성을 검찰주사·주사보에게 분담시키고 있다. 여기서 검찰주사·주사보의 사실상의 피의자신문절차의 진행과 그 결과 작성된 피신조서를 '검사가 진행한 피의자신문', '검사가 작성한 피신조서'라고 할 수 있는가가 문제된다.

R A 상고기각. ⓐ 위 피신조서와 진술조서에 검사의 서명날인이 되어 있다고 하더라도 이 조서들은 검사가 작성한 것이라고는 볼 수 없으므로, 312조 1항 소정의 '검사가 피의자나 피의자 아닌 자의 진술을 기재한 조서'에 해당하지 않는 것임이 명백하다. 소론이 인용하는 대법원의 판례(대법원 1984. 7. 10. 선고 84도846 판결)는 검사가 피의사실에 관하여 전반적이고 핵심적인 사항에 대하여 신문을 하고 이를 토대로 그 신문에 참여한 검찰주사보가 피신조서를 작성함에 있어서 다소 불분명한 사항이나 보조적인 사항에 대하여 피의자에게 직접 질문을 하여 이를 조서에 기재하였지만, 참여주사보가 그와 같은 질문을 할 때 검사가 그 자리에 있으면서 이를 지켜보았고, 또 문제점이 있을 때에는 검사가 다시 직접 묻고 참여주사보가 조서에 기재하였으며, 조서의 작성이 다 끝난 다음에는 검사가 이를 검토하여 자신의 신문결과와 일치함을 확인하고 서명·날인하였기 때문에, 검사가 작성한 피신조서로서 인정되는 사안에 관한 것이어서, 이 사건에 원용하기에는 적절하지 않다. ⓑ 검사가 피고인이 된 피의자나 피의자 아닌 자의 진술을 기재하여 작성한 피신조서나 진술조서의 증거능력에 관하여는 312조 1항이 규정하고 있는 만큼, 조서의

형식이 검사가 작성한 것으로 되어 있는 위와 같은 피신조서와 진술조서는 313조 1항 소정의 '전 2조의 규정 이외에 피고인의 진술을 기재한 서류'에는 해당하지 않는다.

C

1 '조서의 적법한 작성주체'와 조서작성의 보조자

피신조서의 적법한 작성주체는 검사 또는 사법경찰관이다. 검찰조사단계의 피의자신문에 참여하는 검찰청수사관·서기관·서기[1]나 경찰조사단계의 피의자신문에 참여하는 사법경찰리(243조)는 조서작성의 실무를 담당하고 있기는 하지만 '적법한 조서작성의 주체'는 아니고 조서작성의 보조자일 뿐이다. 참고인 진술조서의 작성주체도 검사 또는 사법경찰관이다(221조, 312조 4항). 어느 피신조서의 작성명의가 검사·사법경찰관으로 기재되어 있지만 검사·사법경찰관이 '실질적으로 관여'하지 않고 사실상 '조서작성의 보조자'가 주도적으로 관여하여 작성한 피신조서를 검사·사법경찰관이 작성한 피신조서로 볼 수는 없다. '조서작성의 보조자'도 피의자신문절차나 피신조서작성에 관여하고 있기 때문에 검사·사법경찰관이 어느 정도 관여하여야 적법한 피의자신문절차의 진행·적법한 피신조서로 인정할 수 있을 것인지 문제된다.

2 '실질적 관여'의 의미

대법원 1984. 7. 10. 선고 84도846 판결은 "검사가 피의사실에 관하여 전반적이고 핵심적인 사항에 대하여 신문하고 이를 토대로 그 신문에 참여한 검찰주사보가 직접 문답하여 피신조서를 작성함에 있어 검사가 신문한 사항 중에 다소 불분명한 사항이나 또는 보조적인 사항(행위의 일시, 장소 등)에 대하여 피의자에게 직접 질문을 하여 이를 조서에 기재"한 사안에서 검사가 적법한 피의자신문절차를 진행하였고 적

법한 피신조서가 작성되었음을 인정하였다. 그러나 대법원은 1990년 사안에 대하여 검사의 적법한 피의자신문절차의 진행·적법한 피신조서로 인정하지 않았다. 여기서 주체의 측면에서 적법한 피의자신문절차의 진행·적법한 피신조서가 되기 위한 요건이 무엇인지 문제된다. 1990년 판결은 그 기준을 검사 또는 사법경찰관이 "피의사실에 관하여 피의자를 직접 개별적으로 신문하고 그 신문내용에 따라 작성"(결국 '작성권자의 주도적·실질적 관여'가 기준이 된다)하였는지 여부로 설정하였고 대법원 2003. 10. 9. 선고 2002도4372 판결도 그 입장을 반복하여 판시하고 있다.

3 검사 또는 사법경찰관이 '실질적으로 관여'하지 않았으면서도 '외관상 검사 명의로 작성된 피신조서'의 적용법조

1990년 판결은 단지 소극적으로 '조서작성의 적법한 주체 요건'이 결여된 검사명의의 피신조서가 312조 1항이나 "313조 1항 소정의 '전 2조의 규정 이외에 피고인의 진술을 기재한 서류'에는 해당하지 않는다"(ⓐ, ⓑ)고 판시하였을 뿐이고 '312조 2항(현행법 312조 3항)의 준용가능성'에 대하여는 언급하지 않았다. 대법원 2003. 10. 9. 선고 2002도4372 판결은 "그 증거능력 유무 역시 검사 이외의 수사기관이 작성한 피신조서와 마찬가지 기준에 의하여 결정되어야 할 것"이라고 판시하였다.

4 보조자의 요청에 따라 피의자가 작성한 자술서

대법원 2003. 10. 9. 선고 2002도4372 판결은 보조자(2003년 사안에서는 검찰주사·주사보)의 요청으로 피의자가 작성한 자술서에 대하여 "244조에 의하여 피신조서에 기재됨이 마땅한 피의자의 진술내용을 진술서의 형식으로 피의자로 하여금 작성하여 제출케 한 서류이므로 그 증거능력 유무 역시 검사 이외의 수사기관이 작성한 피신조서와 마찬가지 기준에 의하여 결정되어야 할 것"이라고 판시하여 '조서작성의 적법한 주체요건'이 결여된 '외관상의 검사 명의의 피신조서'와 동일한 취급을 하고 있다.

---

1) 243조는 참여자를 '검찰청수사관·서기관·서기'로 언급하고 있으나 검찰실무상으로는 주사·주사보가 참여하고 있으므로 이하에서는 참여자를 주사·주사보로 언급하기로 한다.

10.5   공범인 공동피고인에 대한 검사작성 피의자신문조서를 증거로 사용할 때의 적용법조

대법원 1990. 12. 26. 선고 90도2362 판결

F   D는 D2와 공모·합동하여 특수강도죄를 범한 혐의로 병합기소되었다. D는 검찰과 법정에서 범행을 부인(D의 검찰부인과 법정부인)하였지만 D2는 법정에서 공소사실을 인정하였다(D2의 법정자백). D2는 법정에서 검사작성의 자신(D2)에 대한 피신조서(공소사실을 인정하는 자백진술이 담겨 있다. 이하 '검사작성 피신조서'로 약칭함)의 진정성립과 임의성을 인정하였다. 그러나 D는 검사작성의 D2에 대한 피신조서를 증거로 함에 부동의하였다. 제1심은 D2의 법정진술과 검사작성의 D2에 대한 피신조서를 증거로 채택하여 D에게 유죄를 선고하였고 항소심은 제1심판결을 유지하였다. D는 "자신(D)이 증거로 함에 부동의한 검사작성의 상피고인 D2에 대한 피신조서를 증거로 채택한 것은 채증법칙 위반"이라고 주장하며 상고하였다.

I   복수의 피고인들(D, D2)이 공범으로 설정되어 병합기소된 경우 사건은 복수이다. 여기서는 D의 피고사건에 집중해 보자. 검사작성의 '공범으로 기소된 공동피고인(D2)'에 대한 피신조서를 D의 형사피고사건에 증거로 사용할 수 있는가?(임의성과 진정성립이 인정된 '공범인 공동피고인(D2)'을 상대로 검사가 작성한 피신조서는 다른 공동피고인(D)이 증거로 함에 부동의 하더라도 공동피고인 D의 형사피고사건에서 유죄증거로 삼을 수 있는가?)

R A   상고기각. 검사작성의 상피고인 D2에 대한 피신조서는 위 D2가 제1심에서 성립 및 임의성을 인정한 것으로 되어 있으므로 피고인 D가 이를 증거로 함에 부동의 하였다고 하더라도 피고인 D의 범죄사실에 대한 유죄의 증거로 삼을 수 있다.[1]

---

1) 이 판결은 대법원 1991. 4. 23. 선고 91도314 판결; 대법원 1991. 11. 8. 선고 91도1984 판결; 대법원 1995. 5.

C

1 공범인 공동피고인에 대한 검사작성 피의자신문조서의 적용법조

개정 형사소송법 시행 이후에 피고인(D)에 대한 유죄증거로 검사작성의 공범인 공동피고인(D2)에 대한 (D2가 피의자로 있을 때 작성된) 피의자신문조서가 제출된 경우의 적용법조에 대하여는 312조 1항 적용설과 312조 4항 적용설이 경쟁하고 있다. 1항설은 개정 형사소송법 이전의 판례인 본판결의 정신이 개정 이후에도 존중되어야 한다고 주장한다. 그러나 1항 설도 '공범(D)의 반대신문권은 보장되어야 한다'고 주장한다. 4항설은 '공범(D2)은 피고인(D)이 아니라는 점'을 논거로 삼는다.

2 312조 4항의 '공판준비 또는 공판기일에서의 진술'의 의미(피고인자격인가 아니면 증인자격인가)

종래의 판례에 따르면, 원진술자인 공범인 공동피고인(D2)이 자신(D2)에 대한 검사작성 피의자신문조서의 임의성과 진정성립을 인정하는 진술의 절차가, 공동피고인이 공범관계로 기소되었는지(위 사안), 비공범관계로 기소된 경우인지에 따라 달라진다.

(1) **공동피고인이 비공범관계로 기소된 경우**

공동피고인(D2)의 피의자신문조서를 피고인(D)에 대한 증거로 사용하려면 D2는 증인(변론을 분리하여야 할 것이다[2])으로 선서하고 자신(D2)의 피의자신문조서의 진정성립에 대하여 진술하여야 한다.[3]

---

12. 선고 95도484 판결; 대법원 1998. 12. 22. 선고 98도2890 판결에서 원용되어 구법시대의 확고한 판례로 사리 잡았었다.

2) 변론을 분리하지 아니한 상태에서 증언하게 하는 실무례도 있다.

3) "공동피고인인 절도범과 그 장물범은 서로 다른 공동피고인의 범죄사실에 관하여는 증인의 지위에 있으므로, 피고인(D)이 증거로 함에 동의한 바 없는 공동피고인

(2) 공동피고인이 공범관계로 병합기소된 경우

공동피고인(D2)은 피고인(D) 사건에서 증인적격이 없으므로(⇨상세한 내용은 본서 8.9 '공동피고인의 증인적격' 참조), 증인으로 진술하지 못하고 피고인으로서 자신에 대한 증거의견 진술 시 또는 피고인 신문 시 진정성립에 관한 진술을 하게 될 것이다.

(3) 검사가 공범으로 판단하는 자(D2)가 병합기소되지 않고 피고인(D)의 형사피고사건에서 증인으로 소환되는 경우(예를 들어 D2가 분리기소되거나 불기소처분된 경우 등)에 D2는 항상 증인자격에서 진술하여야 한다.[4]

(D2)에 대한 피의자신문조서는 공동피고인의 증언에 의하여 그 성립의 진정이 인정되지 않는 한, 피고인(D)의 공소 범죄사실을 인정하는 증거로 할 수 없다(대법원 1982. 6. 22. 선고 82도898 판결; 대법원 1982. 9. 14. 선고 82도1000 판결 등 참조)"(대법원 2006. 1. 12. 선고 2005도7601 판결).

4) 1999년에 대법원은 "공범(D2)이나 제3자에 관한 검사작성의 피의자신문조서등본이 증거로 제출된 경우 피고인(D)이 위 공범 등에 대한 피의자신문조서를 증거로 함에 동의하지 않는 이상, 원진술자인 공범(D2)이나 제3자가 각기 자신에 대한 공판절차나 다른 공범(D3)에 대한 형사공판의 증인신문절차에서 위 수사서류의 진정성립을 인정해 놓은 것만으로는 증거능력을 부여할 수 없고, 반드시 공범이나 제3자가 현재의 사건에 '증인'으로 출석하여 그 서류의 성립의 진정을 인정하여야 증거능력이 인정된다"(대법원 1999. 10. 8. 선고 99도3063 판결)고 판시한 바 있다. 공범자(D2)가 피고인(D)의 형사피고사건에 증인으로 출석하여 선서하고 자신에 대하여 작성된 검면피신조서의 성립의 진정을 인정하였는데, 이 검면피신조서에 피고인(D)에게 불리한 내용[예를 들어 끌어들이는 진술(implicating statement)]이 기재되어 있으면 공판정에 출석한 피고인과 그 변호인은 공범자(D2)를 상대로 정식의 반대신문을 할 수 있을 것이다. '공범(D2)이나 제3자를 상대로 작성된 검사면전 피의자신문조서'가 D의 형사피고사건에 유죄증거로 제출된 경우 피고인(D)의 형사피고사건에 증인으로 출석한 '공범자(D2)에 의하여 성립의 진정이 인정된 공범자의 검면피신조서는 정식의 온전한 반대신문을 경유한 이후에야 증거로 쓸 수 있다'는 것이 1999년 판결의 취지로 보인다. 이 판례는 피고인(D)에게 공범자(D2)에 대한 '온전한 정식의 반대신문'의 기회를 제공하므로 타당한 측면을 보유하고 있다.

---

③ 2014년 선고된 2011도6035 판결

본 문제와 관련하여 2014년 선고된 대법원 2014. 8. 26. 선고 2011도6035 판결이 주목된다. 이 판결의 사안과 재판요지는 다음과 같다. 동그래미 시 시장 D(수뢰피의자)는 "2006년 9월경부터 같은 해 12월경까지 사이에 동그래미 시에서 아파트 건설사업을 추진하던 O 주식회사(이하 'O 회사'라고 한다)의 전무 O2(뇌물공여피의자)로부터 도시계획심의 등 행정절차를 원활하게 진행시켜 달라는 청탁을 받게 되자 편의를 봐주고 뇌물을 수수"한 혐의로 기소되었다. 제1심과 항소심은 O2의 진술이 기재된 검사 작성 피의자신문조서를 증거로 채택하여 유죄를 선고하였다. 제1심과 항소심은 O2의 진술이 기재된 검사 작성 피의자신문조서를 증거로 채택하여 유죄를 선고하였다. D(수뢰피의자)가 상고하였다. 대법원은 항소심 판결을 파기환송하였는데 이 파기환송판결에서 대법원은 '검사가 작성한 O2(D의 입장에서 볼 때 공범피의자였지만 기소되지 않았다)에 대한 제3회 이후 피의자신문조서의 증거능력'이라는 제목으로 그 증거능력을 부정하였다. 대법원의 파기환송 이유는 다른 데 있지만 중요한 사실은 이 사안에서 제1심, 항소심, 대법원 모두 '공범피의자에 대한 검사작성 피의자신문조서를 증거로 사용할 때의 적용법조'를 312조 4항으로 전제하고 있다는 점이다. 이 점에 기초하여 이 판결이 4항설의 입장을 취한 것으로 볼 수 있다는 주장이 있을 수 있다. 그런데 이 사안에서 O2는 공범(수뢰죄의 필요적 공범인 뇌물공여범) 피의자였고 기소되지도 않았다. 그러나 종래 1항설과 4항설이 대립되었던 사안은 공범피의자(D2)가 본인(D)과 병합기소되어 공동피고인이 되었던 사안이었다. 따라서 이 판례가 대법원이 4항설을 취했다고 볼 수 있는 결정적인 판례로 보기는 어렵다.

10.6　사법경찰관 수사 단계 작성 피의자신문조서·자술서의 적용법조

대법원 1982. 9. 14. 선고 82도1479 판결

F　1981년 6월에 전주에서 변사체가 발견됐다. 경찰은 범행시각을 1981년 6월 24일 23시경으로 추정하였다. D는 살인사건의 유력한 용의자로 지목되었다. 경찰이 D를 유력한 용의자로 지목한 이유는 두 가지였다. 하나는 '범인이 피살된 V의 얼굴을 덮어씌워 묶었던 티셔츠가 D가 소지하고 있던 티셔츠와 같은 종류의 것이었다'는 점이었고 또 하나는 '6월 24일을 전후하여 D가 입고 있던 바지에서 피살된 V의 혈액형과 같은 형인 AB형의 혈흔이 검출되었다'는 점이었다. D는 살인 혐의로 기소되었다. 유력한 유죄 증거로 제출된 증거는 수사절차에서 D 스스로 작성한 자술서(自述書)에 기재되어 있는 내용이었다. D는 수사 초기에는 범행을 부인하였으나 구류형의 집행 중 살인범행을 자백하는 내용을 자술서에 담아 수사기관에 제출하였다가 공판절차에서는 다시 위 진술을 부인하기 시작했다. 제1심(전주지방법원)은 종래의 대법원 판례(313조설)를 따르지 않고 "이 사건 진술서는 사법경찰관 작성의 피의자신문조서와 마찬가지로 피고인이 공판기일에 그 내용을 인정하지 아니하므로 증거로 할 수 없고 달리 살인의 증거가 없다"며 무죄를 선고하였다. 검사가 항소하였다. 항소심은 위 진술서의 자백에 여타 증거를 보강증거로 삼아 유죄를 선고(광주고등법원 1982. 5. 20. 선고 82노150 판결)하였다. D가 상고하였다.

I　사법경찰관 조사단계에서 피의자가 작성한 자필진술서의 적용법조

R　파기환송. [다수의견] ㉮ '검사 작성의 피의자신문조서'(이하 '검면피신조서'로 약칭함)보다 '검사 이외의 수사기관 작성의 피의자신문조서'(이하 '사경피신조서'로 약칭함)에 엄격한 요건을 요구한 취지는 사경피신에 있어 있을지도 모르는 개인의 기본적 인권보장의 결여를 방지하려는 입법정책적 고려이다. 또한 ㉯ '피의자가 작성한 진술서에 대하여는 그 성립만 인정되면 증거로 할 수 있고 사경피신조서에서 요구되는 성립의 진정 이외에 내용의 인정을 요구하거나, 진술기재 서류에서 요구되는 특히 신빙할 수 있는 상태 하에 작성된 것이라는 요건을 요구하지 않는 취지는 피고인의 자백이나 불이익한 사실의 승인은 재현 불가능이 많고 또 진술거부권이 있음에도 불구하고 자기에게 불이익한 사실을 진술하는 것은 진실성이 강하다는 데에 입법적 근거를 둔 것'이다. 이와 같은 위의 형사소송법의 각 규정 및 그 입법정책적 고려나 입법적 근거와 그리고 공익의 유지와 개인의 기본적 인권의 보장이라는 형사소송법의 해석 및 운영의 기본이념들을 종합 고찰하여 볼 때 이 사건과 같이 ㉰ 사법경찰관이 피의자를 조사하는 과정에서 244조에 의하여 피의자신문조서에 기재됨이 마땅한 피의자의 진술내용을 진술서의 형식으로 피의자로 하여금 기재하여 제출하게 한 경우에 위 진술서의 증거능력 유무는 사경피신조서와 마찬가지로 312조 2항(현행법 312조 3항, 5항)에 따라 결정하여야 할 것이고 같은 법 313조 1항 본문에 따라 결정할 것은 아니다. ㉱ 그러하지 않고 이러한 경우에도 피의자가 작성한 진술서이므로 313조 1항 본문에 따라야 한다고 본다면 이 사건과 같이 사법경찰관이 피의자를 조사하는 과정에서 같은 날 같은 조건에서 같은 내용으로 작성된 사경피신조서와 피의자의 진술서가 그 서류의 작성자와 명칭에 따라 전자는 312조 2항을, 후자는 313조 1항 본문을 적용하게 되어 엄격하여야 할 증거능력의 부여 여부가 사법경찰관의 자의에 의하여 좌우되는 수긍하기 어려운 결과에 이를 수도 있을 것이기 때문이다.[1]

---

[1] 별개의견 "소송절차는 실제적 진실의 발견이라는 목표에 도달하는 과정이다. 이 실체적 진실의 발견은 법관의 자유로운 증거판단에 맡겨진 것이며 그렇다면 이를 제약하는 제한은 그 필요한 최소한에 그치는 것이 이상적임은 이론의 여지가 있을 수 없다. 그 최소한의 제한 규정에

A 따라서 증거능력이 없는 이 사건 진술서에 증거능력을 인정하고 동 진술서에 의한 자백에 여타 증거를 보강증거로 하고 피고인에 대한 살인공소사실을 유죄로 인정한 원심판결에는 채증법칙 위반으로 판결에 영향을 미친 위법이 있다.

C

1 평범한 문리해석을 거부하고 목적론적 해석을 선택한 다수의견

대법원 전원합의체는 위 '자술서의 신빙성을 부인하여야 한다'는 점에서는 견해가 일치하였지만 증거능력에 관한 증거법이론에 대하여는 견해가 갈렸다. 다수의견은 종래의 판례를 수정하여 제1심의 견해에 손을 들어 주었지만 별개의견은 항소심의 견해(종래의 판례이기도 했다)를 지지했다. 다수의견은 '경찰수사의 현실'에 대한 경험적 통찰을 바탕으로 D의 무죄를 추정하였는지 이 사건에서 '평범한 문리해석'을 거부하고 법조항의 '목적론적 해석'을 시도하였다. 이 판결은 '피의자의 인권보장과 한국 형사증거법의 발전에 획기적인 기여를 한 판결'로 평가받고 있다.

2 사법경찰관 작성의 피의자신문조서의 적용법조

검사 이외의 수사기관(대부분 사법경찰관이다)이 작성한 피의자에 대한 신문조서는 현행법 312조 3항(구법 312조 2항)에 따라 "적법한 절차와 방식에 따라 작성된 것으로서 공판준비 또는 공판기일에 그 피의자였던 피고인 또는 변호인이 그 내용을 인정할 때에 한하여 증거로 할 수 있다." 이 경우 "내용을 인정"한다는 것의 의미는 조서의 진정 성립뿐만 아니라 조서의 기재 내용이 객관적 진실에 부합함(조서 내용의 진

의하여 부여된 증거능력을 다시 해석에 의하여 부정한다면 궁극적으로는 자유심증주의로부터 법정증거주의로 돌아가는 것이며 실체적 진실의 발견이라는 외롭고 고뇌에 찬 책무를 우리 스스로가 포기하고 형식적 진실에 만족하고 안주하는 격이 될 것이다. (중략) 원심에서 증거로 한 위 진술서의 기재내용은 그 작성경위에 비추어 이를 믿지 않음으로서 결국 이 사건결론에는 찬성하면서 다만 313조 1항의 해석에 관하여 감히 반대하는 뜻을 밝히는 것이다."

실성)을 의미한다(대법원 2008. 9. 25. 선고 2008도5189 판결).

본 판례는 사법경찰관이 피의자를 조사하는 과정에서 244조에 의하여 피의자신문조서에 기재됨이 마땅한 피의자의 진술내용을 진술서의 형식으로 피의자로 하여금 기재하게 하여 제출하도록 한 경우에 위 진술서의 증거능력 유무는 사경피신조서와 마찬가지로 판단하여야 한다고 선언하여 종래의 313조 1항 적용설을 변경하였다. 현행법은 이 판례의 취지를 받아들여 312조 5항에서 "1항부터 4항까지의 규정은 피고인 또는 피고인이 아닌 자가 수사과정에서 작성한 진술서에 관하여 준용한다."고 규정함으로써 이 문제를 입법적으로 해결하였다.

3 검증조서에 기재된 피의자의 진술과 검증조서에 첨부된 범행을 재연하는 사진·영상

대법원은 이들에 대하여도 312조 3항을 적용한다.

4 피고인이 아닌 피의자에 대한 신문조서

대법원은, 검사가 사법경찰관 작성의 공범자에 대한 피의자신문조서를 다른 공범자 사건에서의 증거로 사용하는 경우에도 같은 논법을 적용한다(⇨본서 10.7 참조). 그러나 피고인과 공범관계로 의심받지 않는 다른 피의자(S2)를 상대로 사법경찰관이 작성한 피의자신문조서를 검사가 형사피고인(S) 사건의 유죄 증거로 사용할 때는 312조 4항의 요건이 구비되어야 한다.

5 탄핵증거로의 사용가능성

피고인이 내용을 부인하는 사경작성의 피의자신문조서나 이에 대신하는 진술서는 당해 피고사건에서 증거능력이 없다. 그러나 그런 증거라 하더라도 그것이 임의로 작성된 것이 아니라고 의심할 만한 사정이 없는 한 피고인의 법정에서의 진술을 탄핵하기 위한 반대(탄핵)증거로는 사용할 수 있다(대법원 1998. 2. 27. 선고 97도1770 판결).

10.7 공범피의자를 상대로 사경이 작성한 피신조서를 증거로 사용할 때 필요한 요건

대법원 1986. 11. 11. 선고 86도1783 판결

F 【전소(D2, D3의 피고사건)의 소송관계】 D, D2, D3 3인은 '공모하여 특정범죄 가중처벌 등에 관한 법률 6조 2항 1호(관세법 180조 1항(현재는 269조 2항))를 위반한 혐의'를 받고 있었다. 그 중 D2, D3는 '사법경찰관의 피의자신문'(이하 '사경피신'으로 약칭함)에서, 'D, D2, D3 3인이 공모하여 혐의범죄를 행하였다'고 진술하여 그 진술대로의 피의자신문조서(이하 '사경피신조서'로 약칭함)가 작성되었다. 경찰수사단계에서 D는 소재불명이었다. D2, D3만 먼저 구속되어 검찰에 송치되었다. 기소 후 D2, D3는 공판기일에 범행을 전부 부인하는 한편, 검면피신조서에 대하여는 성립 및 임의성을 인정하였지만, 사경피신조서에 대하여는 성립은 인정하나 임의성과 내용은 인정하지 않았다. 제1심과 항소심은 D2, D3에게 유죄를 선고하고 그 판결이 확정되었는데 D2, D3가 내용을 인정하지 않았던 경찰조서는 제1심과 항소심에서 증거로 거시(擧示)되지 아니하였다.

【후소(D의 피고사건)의 소송관계】 그 후 검거된 D는 경찰과 검찰에서 범행 일체를 부인하였다. 검사는 D를 기소하고 D2, D3를 상대로 경찰과 검사가 작성하였던 각 피신조서, 공판조서, 기타 D2, D3에 대한 재판에 사용되었던 증거들을 D의 유죄증거로 제출하였다. 공판절차에서 D는 범행을 부인하면서 D2, D3를 상대로 경찰과 검찰이 작성한 각 피신조서를 증거로 함에 부동의하였다. 증인으로 출석한 D2, D3는 "D는 물론이고 우리들(D2, D3)조차도 범행한 사실이 없다. 경찰이나 검찰에서 범행을 시인하는 진술을 하기는 하였지만 이는 고문으로 강요된 허위진술이었다"고 증언하였다.[1] 제1심은 유죄를 선고하였는데 유죄인정증거의 하나로 D2, D3에 대하여 작성한 경찰과 검찰의 각 피신조서를 들었고 이들 증거가 중심적 증거였다. 항소심은 양형부당을 이유로 제1심 판결을 파기하였으나 사실인정은 제1심과 동일하게 하였다. D는 "항소심 판결이 D2, D3에 대한 사경피신조서를 유죄 증거로 채용한 것은 위법"이라고 주장하며 상고하였다.

I 312조 3항(구법은 312조 2항)은 공범관계로 의심받고 있는 다른 공범(D)의 형사피고사건에서도 적용되는가?

R 상고기각. 구법 312조 2항(신법은 312조 3항)은 (중략) D(당해 피고인)에 대한 사경피신조서를 유죄의 증거로 하는 경우뿐만 아니라 D와 공범관계에 있는 '다른 피고인 또는 피의자(본 사안에서는 D2, D3이다 : 저자 첨가)'에 대한 사경피신조서를 D에 대한 유죄 증거로 채택할 경우에도 다 같이 적용된다(대법원 1979. 4. 10. 선고 79도287 판결; 대법원 1984. 10. 23. 선고 84도505 판결 참조). (왜냐하면 : 저자 첨가) 그 내용이 D에 대한 피신조서의 내용과 다름없기 때문이다. 따라서 그 증거능력은 (D2, D3의 법정진술에 의하여 : 저자 첨가) 진정성립이 인정되는 외에 당해 피고인(D) 또는 변호인이 그 내용을 인정하여야만 부여할 수 있는 것이며, 원진술자인 피의자(증인으로 출석한 D2, D3이다 : 저자 첨가) 또는 그의 변호인이 내용을 인정하였다 하여 증거능력을 부여할 수는 없다. 이와 같이 보지 않고 원진술자인 D2, D3(공범피의자)가 D(피고인)에 대한 형사피고사건의 법정에 나와 그 내용을 인정하면 증거능력이 부여된다고 보게 되면 '형사재판이 각각 별도로 이루어진 경우' 자기에 대한 형사피고사건에서는 법정에서 그 내용을 부인하여 유죄의 증거가 되지 아니한 피신조서도 공범관계에 있는 다른 피고인에 대한 관계에서는 유죄의 증거가 될 수 있는 불합리하고 불공평한 결과가 생길 수 있고, 또 그 피의자(D2, D3 : 저자 첨가)에 대한 형사피고사건에서 피고인이 되었던 그 피의자 또는 변호인이 내용을 인정한 바 있다 하

---

1) 이것은 사경피신조서의 '성립은 인정하나 내용을 부인'하는 취지의 증언이다.

여 이를 다른 피고인(D)에 대한 형사피고사건의 증거로 할 수 있다고 본다면 D의 '반대신문 기회도 없었던 진술만으로 증거능력을 인정하는 것'이 될 뿐 아니라, '만일 그 피의자(D2, D3 : 저자 첨가)에 대한 형사사건에서 유죄의 증거로 되었던 이유가 그의 변호인이 피신조서의 내용을 인정하였기 때문인 경우라면 당해 피고인 D로서는 자기의 변호인도 아닌 사람의 소송행위로 불이익을 받는 결과'가 되어 부당하기 때문이다.

A 원심이 D에 대한 범죄사실을 인정할 때 인용(引用)한 증거 중 사법경찰관 작성의 D2, D3에 대한 각 피신조서는 피고인(D)이나 그 변호인이 증거로 함에 동의하지 아니한 서류인 것이 분명한바, ㉔ 이는 그 내용을 인정하지 않는다는 취지와 같은 것이고, 그 피신조서는 D와 공범관계에 있는 자들(D2, D3)에 대한 것이므로 원심이 이를 유죄의 증거로 채택한 것은 상고논지가 지적하고 있는 바와 같이 위법하다. 그러나 위 D2, D3에 대한 사경피신조서를 제외하고 검면피신조서를 비롯한 기타 원심인용의 증거만으로도 D에 대한 판시 범죄사실을 넉넉히 인정할 수 있으므로 상고논지가 지적하는 위법은 원심판결의 결과에 영향이 없다.

C

1 사경피신조서의 증거능력을 제한한 취지

사경피신조서[2]는 공판준비 또는 공판기일에 그 피의자였던 피고인이나 변호인이 그 성립과 내용을 인정한 때에 한하여 증거로 할 수 있다(312조 3항). 이렇게 보면 검면피신조서가 원진술자의 진정성립의 인정(과 특신상태의 증명)만으로 증거능력이 부여되는 점(312조 1항)과 비교할 때 사경피신조서의 증거능력 인정요건은 매우 엄격한 편이다. 그 이유는 무엇인가? 검사 이외의 수사기관의 피의자신문에 개입될지도

모르는 개인의 기본적 인권보장의 침해를 방지하려는 입법정책적 고려(⇨ 본서 10.6 참조)에 있다.

2 공범자(D2, D3)에 대한 피신조서의 법적 성질

현재 문제가 되고 있는 피고인(D, 이하 '피고인'으로 약칭한다)과 공범관계에 있는 것으로 수사기관이 지목하고 있는 공범피의자(D2, D3, 이하 '공범피의자'로 약칭한다)의 불이익진술은 그 내용상 ① 자기(D2, D3, 공범자)의 혐의사실에 대한 불이익한 진술(공범피의자인 D2, D3 자신의 혐의사실에 대하여는 자백일 수 있다)임과 동시에, ② 공범관계에 있는 것으로 지목되고 있는 다른 공범피의자(D, 피고인)의 혐의사실에 대하여는 증언적 성격의 진술이다. 그러나 공범피의자(D2, D3)의 진술은 피고인(D)의 진술이 아니므로 피고인에게는 자백이 아니고, 또한 공범피의자에게는 항상 그 책임을 전가할 위험이 있음을 염두에 두어야 한다.

3 공범피의자가 공동피고인인 경우

본 사안에서 공범피의자(D2, D3)는 피고인 D의 공동피고인이 아니었다. 그러나 공범피의자가 공동피고인으로서 병합심리 되는 상황에서 '피고인(D)에게 불이익한 공범피의자(D2, D3)의 사경면전진술'이 피고인(D)의 유죄증거로 제출되는 경우에도 결론은 달라질 것이 없다(대법원 2009. 10. 15. 선고 2009도1889 판결; 대법원 2009. 11. 26. 선고 2009도6602 판결; 대법원 2010. 1. 28. 선고 2009도10139 판결 참조).

4 314조의 적용불가

"당해 피고인(D)과 공범관계에 있는 다른 피의자(D2, D3)에 대한 검사 이외의 수사기관 작성의 피의자신문조서는 그 피의자(D2, D3)의 법정진술에 의하여 그 성립의 진정이 인정되더라도 당해 피고인(D)이 공판기일에서 그 조서의 내용을 부인하면 증거능력이 부정되므로 그 당연한 결과로 그 피의자신문조서에 대하여는 사망 등 사유로 인하여 법정에서 진술할 수 없는 때에 예외적으로 증거능력을 인정하는 규정인 314조가 적용되지 않는다"(대법원 2004. 7. 15. 선고 2003도7185 전원합의체 판결).

---

2) '사법경찰관 작성 피신조서'로 특정하였지만, 더 정확하게 말하면 '검사 이외의 모든 수사기관'(예를 들어 검찰 수사관, 국정원 수사관 포함) 일반을 지칭한다.

10.8 312조의 적법한 절차와 방식의 의미

대법원 2013. 3. 28. 선고 2010도3359 판결; 대법원 2015. 4. 23. 선고 2013도3790 판결; 대법원 2012. 5. 24. 선고 2011도7757 판결

F 리무진 공항버스 기사 D, D2는 승차권의 부정제출에 의한 업무상횡령 혐의로 병합기소되었다. 항소심은 아래 2개의 유죄증거를 배척하고 무죄를 선고하였고 검사가 이에 불복하여 상고하였다.

1. 검사 또는 사법경찰관이 피의자신문을 할 때 검사 또는 사법경찰관은 '피의자가 진술을 거부할 권리를 행사할 것인지의 여부를 질문하고, 이에 대한 피의자의 답변을 조서에 기재하여야 하고 또 이 경우 피의자의 답변은 피의자로 하여금 자필로 기재하게 하거나 검사 또는 사법경찰관이 피의자의 답변을 기재한 부분에 기명날인 또는 서명하게 하여야 한다'(244조의3 2항). D의 피고사건에서 유죄증거로 제출된 D의 피의자신문조서에는 '피의자는 진술거부권을 행사할 것인가요?'라는 질문에 '아니요, 진술할 것입니다'라는 답변이 기재되어 있다. 그 답변은 D의 자필로 기재된 것이 아니고 답변 란에 D의 기명날인 또는 서명이 되어 있지 않았다. 제1심과 항소심은 이 조서가 "312조 3항에서 정한 '적법한 절차와 방식에 따라 작성'된 조서라 할 수 없으므로 그 증거능력을 인정할 수 없다."고 판단하였다.

2. D2의 피고사건에서 유죄증거로 제출된 D2의 피의자신문조서에는 '피의자(D2)는 변호인의 조력을 받을 권리를 행사할 것인가요?'라는 사법경찰관의 물음에 D2가 '예'라고 답변하였다고 기재되어 있다. 그런데 그 후 사법경찰관은 변호인이 참여하지 않은 상태에서 계속하여 피의자(D2)를 상대로 혐의사실에 대한 신문을 행하였다. 항소심은 이 조서가 '경찰 조사 당시 변호인의 참여를 원하는 의사를 명확히 표시하였음에도 사법경찰관이 변호인의 참여를 제한하여야 할 정당한 사유 없이 변호인의 참여에 관한 조치를 취하지 않은 채 계속하여 피의자신문을 행한 조치는 위법'하고, 그 신문 결과에 터 잡아 작성된 피의자신문조서는 '적법한 절차와 방식'에 위반된 조서일 뿐

만 아니라 적법한 절차에 따르지 않고 수집한 증거에 해당하여 이를 증거로 할 수 없다'며 증거능력을 부인하였다. 검사가 불복하여 상고하였다.

I 위법수집증거라 하더라도 위법(흠)의 내용이 적법절차의 실질적인 내용을 침해하지 않으면 증거능력이 있다(308조의2). 312조의 '적법한 절차와 방식'에 위반하여 채집된 증거는 적법절차의 실질적인 내용을 침해하는 것인가?

R 파기환송.[1]

1. [진술거부권 불행사의 취지가 피의자의 자필 등으로 피신조서에 기재되지 않은 피신조서의 증거능력] 312조 3항 등의 (중략) '적법한 절차와 방식'이라 함은 피의자에 대한 조서 작성 과정에서 지켜야 할 진술거부권의 고지 등 형사소송법이 정한 제반 절차를 준수하고 조서의 작성 방식에도 어긋남이 없어야 한다는 것을 의미한다(대법원 2012. 5. 24. 선고 2011도7757 판결 참조). 비록 사법경찰관이 피의자에게 진술거부권을 행사할 수 있음을 알려 주고 그 행사 여부를 질문하였다 하더라도, 244조의3 2항에 규정한 방식에 위반하여 진술거부권 행사 여부에 대한 피의자의 답변이 자필로 기재되어 있지 아니하거나 그 답변 부분에 피의자의 기명날인 또는 서명이 되어 있지 않은 사법경찰관 작성의 피의자신문조서는 312조 3항에서 정하는 '적법한 절차와 방식'에 따라 작성된 조서로 볼 수 없으므로 이를 증거로 쓸 수 없다.

2. [변호인의 참여를 원한다는 피의자의 의사가 명백하게 표시된 경우 수사기관이 취하여야 할 조치] 누구든지 법률과 적법한 절차에 의하지 않고는 처벌·보안처분 또

---

1) 대법원은 두 개의 유죄증거의 증거능력을 배척한 항소심의 판단을 지지하였으나 다른 이유로 무죄를 선고한 항소심판결을 파기환송하였다.

는 강제노역을 받지 않고(헌법 12조 1항), 같은 조 4항 본문에 의하면 누구든지 체포 또는 구속을 당한 때에는 즉시 변호인의 조력을 받을 권리를 가진다(헌법 12조 4항). 한편 검사 또는 사법경찰관은 피의자 또는 그 변호인·법정대리인·배우자·직계친족·형제자매의 신청에 따라 변호인을 피의자와 접견하게 하거나 정당한 사유가 없는 한 피의자에 대한 신문에 참여하게 하여야 한다(형사소송법 243조의2 1항). 243조의2 1항은 피의자신문에 있어 수사기관과 피의자 사이의 당사자 대등을 확보함으로써 헌법상 적법절차의 원칙과 변호인의 조력을 받을 권리를 실질적으로 보장하기 위한 것이므로 그 절차는 엄격히 준수되어야 한다. 위와 같은 헌법, 형사소송법의 규정 및 그 입법목적 등에 비추어 보면 피의자(D2)가 변호인의 참여를 원한다는 의사를 명백하게 표시하였음에도 수사기관이 정당한 사유 없이 변호인을 참여하게 하지 아니한 채 피의자를 신문하여 작성한 피의자신문조서는 형사소송법 312조에 정한 '적법한 절차와 방식'에 위반된 증거일 뿐만 아니라, 형사소송법 308조의2에서 정한 '적법한 절차에 따르지 않고 수집한 증거'에 해당하므로 이를 증거로 할 수 없다.

A 1. 사법경찰관 작성의 피의자신문조서가 '적법한 절차와 방식'에 위반된 조서라는 전제에서 그 증거능력을 부인한 이 부분 원심의 판단은 정당하다.
2. D2의 피의자신문조서를 위법하게 수집된 증거라는 전제에서 그 증거능력을 부인한 이 부분 원심의 판단은 정당하다(이상은 대법원 2013. 3. 28. 선고 2010도3359 판결).

C

1 312조의 '적법한 절차와 방식'과 308조의2의 관계

본 판결은 "피의자(D2)가 변호인의 참여를 원한다는 의사를 명백하게 표시하였음에도 수사기관이 정당한 사유 없이 변호인을 참여하게 하지 아니한 채 피의자를 신문하여 작성한 피의자신문조서는 312조에 정한 '적법한 절차와 방식'에 위반된 증거일 뿐만

아니라, 308조의2에서 정한 '적법한 절차에 따르지 않고 수집한 증거'에 해당하므로 이를 증거로 할 수 없다."고 하여 일단 양자를 별개의 법원리로 파악하고 있다.

2 적법한 절차와 방식을 준수하려면 어느 수준까지 충족하여야 하는가?

예를 들어 사소한 절차적 위법이 있는 경우에도 원칙적으로 증거능력이 부정되는가? 종래의 판례 중 사소한 절차상의 잘못으로 조서의 증거능력이 부인되지는 않는다고 판시한 판례[2]가 있었다. 그러나 2008년 법개정으로 보다 엄격한 기준이 적용될 가능성이 생겼다. 수사기관이 정당한 사유 없이 변호인을 참여하게 하지 아니한 채 피의자를 신문하여 피의자신문조서를 작성하는 행위, 진술거부권 불행사의 취지가 피신조서에 피의자의 자필 등으로 기재되지 않게 하는 수사기관의 행위는 적법절차의 실질적인 내용을 침해하는 것으로서 그 결과물인 피신조서는 증거능력이 없다.

3 312조의 '적법한 절차와 방식'의 의미

법원 측에서는 '적법한 절차와 방식'을 조서 작성의 절차와 방식에 한정하지 않고, 보다 넓게 개정법에서 규정한 피의자신문조서의 작성방법(244조), 수사기관의 피의자에 대한 진술거부권의 고지(244조의3), 수사과정의 기록(244조의4), 신문자와 참여자에 대한 규정(243조)의 준수, 변호인 참여 요청시 변호인 참여(243조의2), 수사과정의 기록(244조의4) 등 개정법이 정한 신문절차를 준수하고 이에 따라 조서가 작성되어야 함을 의미한다.[3]

---

2) "244조의 규정에 비추어 수사기관이 피의자신문조서를 작성함에 있어서는 그것을 열람하게 하거나 읽어 들려야 하는 것이나 그 절차가 비록 행해지지 안했다 하더라도 그것만으로 그 피의자신문조서가 증거능력이 없게 된다고는 할 수 없고 같은 법 312조 소정의 요건을 갖추게 되면 그것을 증거로 할 수 있다"(대법원 1988. 5. 10. 선고 87도2716 판결).
3) 법원행정처, 형사소송법 개정법률 해설(2007), 131; 법무부, 개정 형사소송법(2007), 236.

④ 참고인조사시 수사과정기록의 누락은 적법한 절차와 방식을 갖추지 못한 것이다(대법원 2015. 4. 23. 선고 2013도3790 판결)

"312조 4항은, 검사 또는 사법경찰관이 피고인이 아닌 자의 진술을 기재한 조서의 증거능력이 인정되려면 '적법한 절차와 방식에 따라 작성된 것'이어야 한다고 규정하고 있다. 여기서 적법한 절차와 방식에 따라 작성한다는 것은 피고인이 아닌 자의 진술에 대한 조서 작성 과정에서 지켜야 할 형사소송법이 정한 여러 절차를 준수하고 조서의 작성 방식에도 어긋남이 없어야 한다는 것을 의미한다(대법원 2012. 5. 24. 선고 2011도7757 판결; 대법원 2013. 3. 28. 선고 2010도3359 판결 등 참조). 그리고 312조 5항은 피고인 또는 피고인이 아닌 자가 수사과정에서 작성한 진술서의 증거능력에 관하여는 312조 1항부터 4항까지 준용하도록 규정하고 있으므로, 위와 같은 법리는 피고인이 아닌 자가 수사과정에서 작성한 진술서의 증거능력에 관하여도 그대로 적용된다.

한편 221조 1항에서 '검사 또는 사법경찰관은 수사에 필요한 때에는 피의자가 아닌 자의 출석을 요구하여 진술을 들을 수 있다'고 규정하고, 244조의4 3항, 1항에서 '검사 또는 사법경찰관이 피의자가 아닌 자를 조사하는 경우에는 피의자를 조사하는 경우와 마찬가지로 조사장소에 도착한 시각, 조사를 시작하고 마친 시각, 그 밖에 조사과정의 진행경과를 확인하기 위하여 필요한 사항을 조서에 기록하거나 별도의 서면에 기록한 후 수사기록에 편철하여야 한다'고 규정하고 있다. 이와 같이 수사기관으로 하여금 피의자가 아닌 자를 조사할 수 있도록 하면서도 그 조사과정을 기록하도록 한 취지는 수사기관이 조사과정에서 피조사자로부터 진술증거를 취득하는 과정을 투명하게 함으로써 그 과정에서의 절차적 적법성을 제도적으로 보장하려는 데 있다. 따라서 수사기관이 수사에 필요하여 피의자가 아닌 자를 조사하는 과정에서 그 진술을 청취하여 증거로 남기는 방법으로 진술조서가 아닌 진술서를 작성·제출받는 경우에도 그 절차는 준수되어야 할 것이다. (중략) 피고인이 아닌 자가 수사과정에서 진술서를 작성하였지만 수사기관이 그에 대한 조사과정을 기록하지 아니하여 244조의4 3

항, 1항에서 정한 절차를 위반한 경우에는, 특별한 사정이 없는 한 '적법한 절차와 방식'에 따라 수사과정에서 진술서가 작성되었다 할 수 없으므로 그 증거능력을 인정할 수 없다. 이 사건 진술서는 O가 검찰청에 소환된 상태에서 검사의 요구에 의하여 작성된 것으로서 비록 검사가 이 사건 진술서의 구체적인 내용에 관여하지 아니하였다고 하더라도 그 작성 과정에서 O2와의 대화 기회를 제공하는 등 O의 피고인에 대한 금품 교부 관련 사실에 대한 수사과정의 일부로서 이 사건 진술서가 작성되었다고 보이므로, 형사소송법 312조 5항에서 정한 '피고인이 아닌 자가 수사과정에서 작성한 진술서'에 해당한다. 따라서 이 사건 진술서 작성을 비롯하여 그날 이루어진 O에 대한 조사에 관하여는 형사소송법 244조의4 3항, 1항에 따라 O가 조사장소에 도착한 시각, 조사를 시작하고 마친 시각, 그 밖에 조사과정의 진행경과를 확인하기 위하여 필요한 사항을 진술서에 기록하거나 별도의 서면에 기록한 후 수사기록에 편철하였어야 하는데, 이러한 조사과정을 기록한 자료가 없는 이상, 이 사건 진술서는 적법한 절차와 방식에 따라 작성되었다 할 수 없으므로 앞서 본 법리에 따라 그 증거능력이 인정될 수 없다."

⑤ 합리적인 이유가 있어 부득이 진술자의 성명을 가명으로 기재한 참고인진술조서는 적법한 절차와 방식을 갖추지 못한 것이 아니다(대법원 2012. 5. 24. 선고 2011도7757 판결)

D는 공갈 혐의로 기소되었다. 제1심과 항소심은, "검사 또는 사법경찰관이 피고인 아닌 자에 대한 진술조서를 작성하면서 그 진술자의 성명을 가명으로 기재한 것은 312조 4항이 정한 적법한 절차와 방식을 갖추지 못한 것"이라 판단한 다음, "가명(참고인) 진술조서에 대해 그 진술인들이 공판기일에 증인으로 출석하여 성립 및 내용의 진정을 인정하였다거나, 피고인이나 변호인이 그 기재 내용에 관하여 반대신문을 할 수 있었다는 사정과 관계없이 그 증거능력이 없다"고 판단하여 무죄를 선고하였다. 특정범죄신고자 등 보호법은 특정한 5개 범죄군[4]에 한하여 진술자의

---

4) 특정범죄신고자 등 보호법 2조 1호는 특정강력범죄의 처

인적 사항 전부 또는 일부를 기재하지 아니할 수 있는 특례를 정하고 있는데 공갈죄는 이 범죄군에 포함되지 않기 때문이다. 검사가 상고하였다. 대법원은 "적법한 절차와 방식이라 함은 '피의자 또는 제3자에 대한 조서 작성 과정에서 지켜야 할 진술거부권의 고지 등 형사소송법이 정한 제반 절차를 준수하고 조서의 작성방식에도 어긋남이 없어야 한다는 것을 의미'한다. 형사소송법은 조서에 진술자의 실명 등 인적 사항을 확인하여 이를 그대로 밝혀 기재할 것을 요구하는 규정을 따로 두고 있지는 않다. 따라서 '특정범죄신고자 등 보호법' 등에서처럼 명시적으로 진술자의 인적 사항의 전부 또는 일부의 기재를 생략할 수 있도록 한 경우가 아니라 하더라도, 진술자와 피고인의 관계, 범죄의 종류, 진술자 보호의 필요성 등 여러 사정으로 볼 때 상당한 이유가 있는 경우에는 수사기관이 진술자의 성명을 가명으로 기재하여 조서를 작성하였다고 해서 그 이유만으로 그 조서가 '적법한 절차와 방식'에 따라 작성되지 않았다고 할 것은 아니다. 그러한 조서라도 공판기일 등에 원진술자가 출석하여 자신의 진술을 기재한 조서임을 확인함과 아울러 그 조서의 실질적 진정성립을 인정하고 나아가 그에 대한 반대신문이 이루어지는 등 형사소송법 312조 4항에서 규정한 조서의 증거능력 인정에 관한 다른 요건이 모두 갖추어진 이상 그 증거능력을 부정할 것은 아니다."라고 판시하였다.

벌에 관한 특례법 2조의 범죄[(가)목], 마약류불법거래 방지에 관한 특례법 2조 2항의 범죄[(나)목], 폭력행위 등 처벌에 관한 법률 4조 및 특정범죄 가중처벌 등에 관한 법률 5조의8의 단체의 구성원의 동 단체의 활동과 관련된 범죄[(다)목], 국제형사재판소 관할 범죄의 처벌 등에 관한 법률 8조부터 16조까지의 죄[(라)목], 특정범죄 가중처벌 등에 관한 법률 5조의9의 죄[(마)목] 등 5개 범죄군을 '특정범죄'로 정하고, 같은 조 2호, 3호는 특정범죄에 관한 신고·진정·고소·고발 등 수사단서의 제공, 진술 또는 증언 기타 자료제출행위 및 범인 검거를 위한 제보 또는 검거활동을 한 자를 '범죄신고자등'으로 정하고 있으며, 같은 법 7조 1항은 검사 또는 사법경찰관은 범죄신고등과 관련하여 조서 기타 서류(이하 '조서등'이라 한다)를 작성함에 있어서 범죄신고자등이나 그 친족 등이 보복을 당할 우려가 있는 경우에는 그 취지를 조서 등에 기재하고 범죄신고자들의 성명·연령·주소·직업 등 신원을 알 수 있는 사항(이하 '인적 사항'이라 한다)의 전부 또는 일부를 기재하지 아니할 수 있다고 규정하여, '특정범죄'의 범죄신고자 등에 대한 조서작성 과정에서의 특례를 마련하여 두고 있다.

10.9 사경 작성의 검증조서에 포함되어 있는 피고인의 진술 또는 범행재연사진의 적용법조

대법원 1998. 3. 13. 선고 98도159 판결

F D는 존속폭행치사의 혐의로 입건되었다. D는 피해자 V(D의 아버지)가 사망한 당일부터 그 폭행사실을 시인하기 시작하여 검찰수사단계에 이르기까지 동일한 내용의 자백을 계속하였다. 그 자백의 취지는 '평소부터 아버지(V)의 술주정에 반감을 품어 오던 중 때마침 실직한 상태에서 계속 술을 마시고 있다가 V로부터 심한 욕설을 듣고 격분한 나머지 극히 우발적으로 주먹으로 V의 얼굴을 1회 때렸다'는 것이다. D는 존속폭행치사의 혐의로 기소되었다. '사법경찰관 P가 작성한 검증조서'에는 공소사실에 부합되는 '피의자이었던 피고인의 진술기재 부분'이 포함되어 있고 또한 '범행을 재연하는 사진'이 첨부되어 있다. 공판절차에서 D는 검증조서에 대하여 증거로 함에 동의만 하였을 뿐 검증조서에 기재된 진술내용 및 범행을 재연한 부분에 대하여 그 성립의 진정 및 내용을 인정한 흔적을 찾아 볼 수 없고 오히려 이를 부인하였다. D는 '3일간 계속하여 술을 마셨다'고는 하지만 그 음주량이 평소 주량에 비하여 과다한 것으로 보이지 않고 범행 당시의 정황도 소상히 기억하고 있으며 범행 후 상당한 시간이 경과한 시점에서 D의 혈중 알코올 농도를 측정한 결과 0.25%로 나타났으나 범행 당시에도 같은 정도 내지 그 이상의 주취(酒醉) 상태에 있었다고 단정하기는 어려웠다. 이런 사정에 비추어 볼 때 D는 범행 당시 다소 술에 취한 사실은 인정되나 그로 인하여 사물을 변별하거나 의사를 결정할 능력이 없었다든가 또는 그러한 능력이 미약한 상태에 있었던 것은 아니다. 제1심과 항소심은 위 검증조서 중 공소사실에 부합되는 D의 진술을 기재한 부분과 범행을 재연한 부분을 유죄의 증거로 인용하여 D에게 유죄를 선고하였다. D가 상고하였다. D에 대한 공소사실은 제1심과 항소심이 들고 있는 여러 증거들 중 위 검증조서 부분을 제외한 나머지 증거들에 의하여도 이를 인정하기에 충분하다. D가

상고하였다.

I 사법경찰관 작성의 검증조서에 포함되어 있는 피고인의 진술 또는 범행재연사진의 적용법조

R A 상고기각. 피고인이 위 검증조서에 대하여 증거로 함에 동의만 하였을 뿐 공판정에서 검증조서에 기재된 진술내용 및 범행을 재연한 부분에 대하여 그 성립의 진정 및 내용을 인정한 흔적을 찾아 볼 수 없고 오히려 이를 부인하고 있으므로 그 증거능력을 인정할 수 없는바, 원심으로서는 위 검증조서 중 이 사건 범행에 부합되는 피고인의 진술을 기재한 부분과 범행을 재연한 부분을 제외한 나머지 부분만을 증거로 채용하여야 함에도 이를 구분하지 아니한 채 그 전부를 유죄의 증거로 인용한 조치는 위법하다 (대법원 1990. 7. 24. 선고 90도1303 판결; 대법원 1988. 3. 8. 선고 87도2692 판결; 대법원 1982. 9. 14. 선고 82도1479 전원합의체 판결 등 참조). 이 점을 지적한 논지는 이유 있다.

C

① 검증조서에 대한 '피고인의 동의'의 의미

사법경찰관 작성의 검증조서에 피고인의 진술 또는 범행재연사진이 포함되어 있는 경우에 피고인이 공판절차에서 사법경찰관 작성의 검증조서를 증거로 함에 동의한다는 소송행위의 의미를 어떻게 해석할 것인지 문제된다. 이 동의가 ㉮ 전문증거인 검증조서를 증거로 해도 좋다는 취지에 불과한 것인가, 한걸음 더 나아가 ㉯ 검증조서에 포함되어 있는 피고인의 진술 또는 범행재연사진을 증거로 해도 좋다는 취지까지 포함하는 것으로 볼 것인가가 문제된다. 통상의

경우에는 후자로 보아도 무방할 것이다. 그런데 본 사안에서 피고인은 검증조서를 증거로 해도 좋다고 하였으면서도 다른 한편 공판정에서 검증조서에 기재된 진술내용 및 범행을 재연한 부분에 대하여 이를 부인하고 있으므로 D는 앞 뒤 모순된 소송행위를 하고 있는 셈이다. 이렇듯 피고인이 내용적으로 모순된 소송행위를 하고 있는 경우에는 피고인의 의사를 전체적으로 관찰하여 실질적으로 판단하여야 한다. 따라서 본 사안에서 대법원이 검증조서를 증거로 해도 좋다는 D의 의사표시를 전문증거인 검증조서를 증거로 해도 좋다는 취지로만 해석하고 검증조서에 포함되어 있는 D의 진술 또는 범행재연사진까지 증거로 해도 좋다는 취지로 인정하지 아니한 것은 타당한 해석이다.

② 증거능력 인정의 요건

본 판결은 '원진술자이며 행위자인 피고인에 의하여 그 "성립의 진정 및 내용"이 인정되어야 한다'고 판시하여 "사법경찰관 작성의 검증조서 중 피고인의 진술기재부분은 검증의 결과를 기재한 것이 아니고 피고인의 진술내용을 기재한 것으로서 이는 검증현장에서 행하여졌기 때문에 검증조서에 기재된 것일 뿐이고 본질적으로는 사법경찰관이 작성한 피고인에 대한 피신조서의 기재와 다를 바 없으므로 312조 2항(현행법 312조 3항)에 따라서 피고인이 '성립의 진정뿐만 아니라 그 내용까지 인정할 때에만' 증거능력이 있는 것으로 보아야"한다는 취지로 해석된다. 만약 문제되는 검증조서가 검사가 작성한 검증조서였다면 검사작성 피신조서와 마찬가지로 원진술자인 피의자의 성립의 진정 인정과 특신상태의 증명이 필요할 것이다.

③ 검증조서에 포함된 참고인의 진술

수사기관의 검증조서에 참고인의 진술이 포함되어 있는 경우에 피고인이 그 참고인의 진술에 대하여 명시적 또는 묵시적으로 동의하지 아니하면 그 부분을 증거로 사용할 때 필요한 요건은 무엇인가?
그것은 실질적으로 참고인진술조서에 해당하므로 312조 4항의 요건을 구비하여야 한다.

④ '범행을 재연'하는 피의자의 행동

실무상 피의자가 '범행을 재연하는 사진(혹은 비디오테이프 등 영상자료)'이 유죄증거로 제출되는 경우가 있다. '범행을 재연'하는 (피고인이 된) 피의자의 행동(act, conduct)에는 의도된 주장(intended assertion)이 있는가? 이것이 인정되면 '법정외의 그 행동'에 대하여는 전문법칙이 적용된다. '범행을 재연'하는 피의자의 행동에는 통상 의도된 주장이 있으므로 '범행을 재연'하는 D의 행동은 '법정외 진술'(따라서 전문법칙이 작동)이기도 하고 자백(따라서 전문법칙이 작동)이기도 하다.

⑤ 대법원 1988. 3. 8. 선고 87도2692 판결

외국인 신분인 피고인 D가 상해치사 혐의로 기소되었는데, 검사가 제출한 증거들 중에는(D의 범행인정 진술과 범행재연 사진이 기재·첨부된) 사법경찰관 작성의 검증조서가 있었다. 항소심법원은 위 검증조서의 증거가치를 인정하여 D에게 유죄를 인정했다. 이에 D는 위 검증조서에 기재·첨부된 진술 및 사진의 진정성립을 인정할 수 없다고 주장하며 상고하였다. 대법원은 여타 증거들의 가치를 인정하여 결론적으로 상고를 기각하였지만 문제된 검증조서의 증거능력은 부인하였다. 그 이유는 원진술자인 D가 진술 및 범행재연의 진정성립을 인정하지 않았기 때문이다.

10.10   312조·성폭력특례법 등의 영상녹화물과 성립의 진정 인정주체

대법원 2014. 7. 10. 선고 2012도5041 판결

F D는 존속(D의 아버지 F) 살해 방조와 (D의 어머니의) 자살방조, 그리고 폭력행위등 처벌에 관한 법률위반(공동존속감금) 혐의로 기소되었다. 여기서는 존속살해 방조 혐의에 집중하기로 한다. D의 부모는 1976년 2월 혼인했지만, 평소 부부관계와 재산문제로 다툼이 잦았다. D의 아버지는 부부싸움 끝에 2011년 회사를 사직하고 자신의 예금통장과 인감도장을 챙겨 가출한 바 있지만 수시로 집에 돌아와 행패를 일삼았다. 부부 사이의 감정의 골이 깊어지자 D의 어머니는 2011년 4월 남편을 경기도 평택의 한 빌라로 끌고 가 손발을 테이프로 결박하고 골프채와 삽으로 여러 차례 내리쳐 살해한 뒤 그 자리에서 자살했다. D는 "이 과정에서 골프채, 그리고 자신의 아버지(F)를 납치·감금할 때 도움을 준 사람들에게 건넬 수고비 500만 원을 준비"하고, 또 "어머니가 아버지를 살해할 것을 알고 있으면서도 이를 방조"한 혐의(존속살해방조)와 "어머니가 자살하는 현장에 나타나지 않고 방치"한 혐의(자살방조)로 기소되었다. 유죄증거로 제출된 증거는 범행 이전 시점에 점집에서 D의 어머니가 '남편(F)을 죽이고 나도 죽겠다'고 D에게 말한 사실을 들은 역술인 W를 참고인으로 조사한 영상녹화물과 그 녹취록이었다. 검사는 "참고인에 대한 영상녹화조사는 법에 명문으로 규정된 적법한 수사절차일 뿐만 아니라, 피의자 신문과 달리 반드시 조서작성을 병행할 것을 요구하고 있지 않다"며 "W에 대한 영상녹화조사 녹취록은 사건의 핵심 증거"라고 주장했다. 제1심은 검사가 제출한 W에 대한 영상녹화조사 CD와 녹취록의 진정 성립을 모두 인정하면서도, '검사가 사인(私人, 역술인 W)을 상대로 영상녹화조사를 하고 조사를 녹취한 내용은 증거로 사용할 수 없다'며 증거능력을 배척했다. 검사가 항소하였다. 항소심은 "참고인의 영상녹화조사는 원칙적으로 참고인 진술조서가 증거로 제출돼야 하는 것이고 그 영상녹화물의 용도는 오로지 참고인 진술조서의 진정성립을 위한 것에 한정된다"며 "D의 동의가 없는 이상 참고인 W에 대한 진술조서의 작성이 없는 상태에서 W에 대한 영상녹화조사 CD와 녹취록은 그것만으로 독자적인 본증으로 쓸 수 없다"고 판단하여 검사의 항소를 기각하였다. 검사가 상고하였다.

I 영상녹화물이나 그 녹취록을 공소사실을 입증하는 본증으로 쓸 수 있는가?

R 상고기각. 2007. 6. 1. 법률 제8496호로 개정된 형사소송법은 221조 1항에서 수사기관은 피의자 아닌 자(이하 '참고인'이라 한다)의 동의를 얻어 그의 진술을 영상녹화할 수 있는 절차를 신설하면서도, 312조 4항에서 위 영상녹화물과 별도로 검사 또는 사법경찰관이 참고인의 진술을 기재한 조서가 작성됨을 전제로 하여 영상녹화물로 그 진술조서의 실질적 진정성립을 증명할 수 있도록 규정하는 한편, 증거로 할 수 없는 서류나 진술이라도 공판준비 또는 공판기일에서 피고인 또는 참고인 진술의 증명력을 다투기 위한 증거로 사용될 수 있도록 정한 318조의2 1항과 별도로 318조의2 2항을 두어 참고인의 진술을 내용으로 하는 영상녹화물은 공판준비 또는 공판기일에 참고인이 진술함에 있어서 기억이 명백하지 아니한 사항에 관하여 기억을 환기시켜야 할 필요가 있다고 인정되는 때에 한하여 참고인에게 재생하여 시청하게 할 수 있다고 규정함으로써, 참고인의 진술에 대한 영상녹화물이 증거로 사용될 수 있는 경우를 제한하고 있다. 그리고 이러한 형사소송법의 규정은, 성폭력범죄의 처벌 등에 관한 특례법(이하 '성폭법'이라 한다) 30조 1항 및 아동·청소년의 성보호에 관한 법률(이하 '아청법'이라 한다) 26조 1항이 성폭력범죄의 피해자가 19세 미만이거나 신체적인 또는 정신적인 장애로 사물을 변별하거나 의사를 결정할 능력이 미약한 경우 및 아동·청소년대상 성범죄 피해자의 경

우에 피해자의 진술 내용과 조사 과정을 비디오녹화기 등 영상물 녹화장치로 촬영·보존하여야 한다고 규정하고, 나아가 성폭법 30조 6항 및 아청법 26조 6항에서 위 절차에 따라 촬영한 영상물에 수록된 피해자의 진술은 공판준비기일 또는 공판기일에 피해자나 조사과정에 동석하였던 신뢰관계에 있는 사람 또는 진술조력인의 진술에 의하여 그 성립의 진정함이 인정된 경우에 증거로 할 수 있도록 규정함으로써, 일정한 성범죄의 피해자를 조사할 경우에 피해자 또는 법정대리인이 영상물 녹화를 원하지 아니하는 의사를 표시하는 등의 사정이 없는 한 피해자의 진술을 영상물로 녹화할 의무를 수사기관에 부여하고 일정한 요건 아래에서 그 영상물에 수록된 피해자 진술에 대하여 독립적인 증거능력을 명시적으로 인정한 것과 다르다. 이와 같이 2007. 6. 1. 법률 제8496호로 개정되기 전의 형사소송법에는 없던 수사기관에 의한 참고인 진술의 영상화를 새로 정하면서 그 용도를 참고인에 대한 진술조서의 실질적 진정성립을 증명하거나 참고인의 기억을 환기시키기 위한 것으로 한정하고 있는 현행 형사소송법의 규정 내용을 영상물에 수록된 성범죄 피해자의 진술에 대하여 독립적인 증거능력을 인정하고 있는 성폭법 30조 6항 또는 아청법 26조 6항의 규정과 대비하여 보면, 수사기관이 참고인을 조사하는 과정에서 형사소송법 221조 1항에 따라 작성한 영상녹화물은, 다른 법률에서 달리 규정하고 있는 등의 특별한 사정이 없는 한, 공소사실을 직접 증명할 수 있는 독립적인 증거로 사용될 수는 없다고 해석함이 타당하다.

A 원심은, 피고인의 동의가 없는 이상 참고인 W에 대한 진술조서의 작성이 없는 상태에서 수사기관이 그의 진술을 영상녹화한 영상녹화물만을 독자적인 증거로 쓸 수 없고 그 녹취록 또한 증거로 사용할 수 없는 위 영상녹화물의 내용을 그대로 녹취한 것이므로 역시 증거로 사용할 수 없다는 등의 판시와 같은 이유를 들어, 위 영상녹화물 및 녹취록을 증거로 채택하지 아니한 제1심의 증거결정이 위법하다는 검사의 항소이유 주장을 받아들이지 아니하였다. 원심판결 이유를 기록에 비추어 살펴보면, 위와 같은

원심의 판단은 위 법리에 기초한 것으로 보이고, 거기에 상고이유 주장과 같이 참고인의 진술에 대한 영상녹화물의 증거능력에 관한 법리를 오해하는 등의 위법이 없다.

C

1 2014년의 본 판결과 2007년의 서울남부지법 판결과의 관계

2007년 서울남부지법은 "피의자신문조서의 작성이나 제출 없이 검사가 피의자신문 과정을 영상녹화한 영상녹화물만을 공소사실을 입증하는 본증으로 제출하는 행위는 형사소송법의 취지를 잠탈하는 부적법한 행위"라고 판시[1]한 바 있다. 이 판결은 2008. 1. 1.부터 시행된 개정 형사소송법의 해석상 '피의자신문조서의 작성 없이 단지 그 과정을 녹화한 영상녹화물이 본증으로 제출되면 그런 조건 하에서 제출된 영상녹화물은 독자적인 증거능력이 없다'는 판시로 파악된다. 이 판결은 상고되지 않아 이 문제에 대한 대법원의 명시적인 판단은 없는 상황이었다. 2014년에 선고된 본 판결의 쟁점은 '수사기관의 피의자신문과정을 녹화한 영상녹화물'이 아니라 '참고인조사과정을 녹화한 영상녹화물'이지만 그 증거법적 논증은 동일하다. 본 사안에서 드러난 법원(제1심, 항소심, 대법원)의 판단은 다음과 같은 것이다.

2 영상녹화물의 보조적 기능

법원측의 해석론은 ⓐ '영상녹화물은 (피의자신문·참고인진술) 조서의 원진술자가 법정에서 부당하게 (형식적·실질적) 성립의 진정을 부인할 때 그것을 극복하는 수단으로서의 역할과 그것에 부수하는 기능(예를 들어 후술하는 특신정황의 존재를 입증하는 보조증거 등)만 수행할 뿐'이라는 것이다. ⓑ 따라서 검사가 영상녹화물을 활용하려고 할 때는 반드시 (피의자신문·참고인진술) 조서와 함께 영상녹화물을 제출하여야 하는데, ⓒ 만약 검사가 (피의자신문·참고인진술) 조서 없이 영상녹화물만을 공소사실을 입증하는 증거(즉, 본

1) 서울남부지방법원 2007. 6. 20. 선고 2006고단3255 판결.

증)로 제출하면 설사 영상녹화물의 성립의 진정이 입증되어도 그 영상녹화물은 증거능력이 없다. 이리하여 현재 법원실무에서는 수사기관 작성 조서와 함께 영상녹화물이 증거로 신청되고 있다. 조서 없이 영상녹화물(녹취록이나 진술요약서가 첨부되는 경우 포함)만이 증거로 신청되면 그 증거신청은 기각되고 있다.

③ 법원측의 해석론에 대한 반론

위와 같은 법원측의 해석론에 대하여는 "형사소송법은 피의자신문 혹은 참고인조사절차의 투명성을 확보하고 법원의 진술의 임의성판단을 용이하게 하기 위하여 수사기관으로 하여금 조서를 작성하도록 한 것이다. 따라서 피의자신문조서를 작성하지 아니한 사실을 독수(독나무)로 보아 2차적으로 수집된 증거나 피의자신문조서에 대신하여 작성된 영상녹화물 기타 진술서 등의 증거능력을 부정하는 것은 지나친 해석"이라는 반론이 제기되고 있다.[2]

④ 영상녹화물의 탄핵증거로서의 사용 가능성

독자적 증거능력을 부인하는 견해는 대체로 탄핵증거로서의 사용 가능성에 대해서도 부정하고 있다. 수사기관이 작성한 영상녹화물이 무분별하게 법정에 제출됨으로써 공판중심주의가 퇴색되어 영상녹화물에 의한 재판이 이루어지지 않도록 하기 위해 이와 같이 "기억 환기를 위하여 필요하다고 인정되는 경우에 한하여"라는 엄격한 요건을 규정한 것이라고 주장한다. 독자적 증거능력을 인정하는 견해는 탄핵증거로서의 증거능력을 인정한다. 이 견해는 "제1항에도 불구하고"를 "탄핵증거로 사용할 수 없음에도 불구하고"의 의미로 새기고, "한하여"는 신문수단으로 영상녹화물을 사용할 때에는 추궁용이 아닌 기억환기용으로만 사용하라는 취지로 새긴다.

⑤ 녹음테이프의 경우

수사기관은 진술을 영상녹화하지 아니하고 녹음만할 수도 있다. 녹음에 대하여는 영상녹화물과는 달리 명문의 규정이 없다. 수사기관에서 아무런 의도 없이 진술을 녹음하는 경우도 있겠지만, 영상녹화물에 대

한 문제 제기를 회피하기 위한 의도로 녹음물만을 작성하는 경우도 있을 수 있고, 그런 의도는 없을지라도 이미 작성된 영상녹화물의 음성부분만을 편집한 녹음물을 증거로 제출하거나, 영상녹화물의 영상부분을 제거한 채 제출하는 경우가 발생할 수 있다. 영상녹화물의 독자적 증거능력을 인정하는 견해는 이 녹음물의 증거능력도 인정할 것이고 영상녹화물의 독자적 증거능력을 부정하는 견해들은 이 녹음물의 증거능력도 부인할 것이다. 영상녹화물의 증거능력을 부인하는 형사소송법의 취지를 잠탈할 염려가 있다는 이유에서이다.

⑥ 비디오테이프에 대한 검증조서의 증거능력

"비디오검증조서는 이 사건 범죄단체조직죄에 관한 공범으로서 별도로 공소제기된 위 사건의 피고인에 대한 수사과정에서 담당검사가 위 사건의 피고인2와 위 사건에 관하여 대화하는 내용과 장면을 녹화한 것으로 보이는 비디오테이프에 대한 검증조서인바, 이러한 비디오테이프의 녹화내용은 피의자의 진술을 기재한 피의자신문조서와 실질적으로 같으므로 피의자신문조서에 준하여 그 증거능력을 가려야 할 것이다"(대법원 1992. 6. 23. 선고 92도682 판결).

⑦ 성폭력범죄의 처벌 등에 관한 특례법·아청법상의 예외(피해자의 진술을 수록한 진술채취 영상녹화물)

(1) 대법원 2010. 1. 28. 선고 2009도12048 판결[3] : "'성폭력범죄의 처벌 및 피해자 보호 등에 관한 법률' 21조의3 3항에 의해 촬영된 영상물에 수록된 피해자의 진술은 같은 조 4항[4]에 의해 공판준비 또는 공판

---

2) 상세한 것은 양동철, 개정 형사소송법상의 참고인진술의 증거능력, 법조(2009. 2), 82~90.

3) 이 판결의 사안은 다음과 같다. D는 "사촌동생인 V(여, 7세)를 2009. 4. 11. 강간"한 혐의로 기소되었다. D는 제1심에서 범죄사실을 부인하였다. 제1심과 항소심은, "성폭력범죄 처벌법 21조의3 4항에 의해 같은 조 3항의 규정에 따라 촬영된 영상물에 수록된 피해자(V)의 진술이 V에 대한 경찰 진술조서의 내용과 일치함을 조사과정에 동석하였던 V의 어머니의 진술을 통하여 확인"하였으면서도, 그 V의 진술을 증거로 쓰지 아니한 채, V의 경찰에서의 진술, V의 어머니의 공판기일에서의 진술만을 증거로 삼아 범죄사실에 대한 증명이 충분하다고 보아 유죄로 판단하였다. D가 상고하였다.

4) 현행 성폭력범죄의 처벌 등에 관한 특례법(법률 제11556호) 30조 6항 참조.

기일에서 피해자 또는 조사과정에 동석하였던 신뢰관계에 있는 자 (혹은 진술조력인 혹은 피해자 변호사)의 진술에 의하여 그 성립의 진정함이 인정된 때에는 증거로 할 수 있다"(대법원 2010. 1. 28. 선고 2009도12048 판결). 이 경우에는 영상녹화물이 본증으로 사용될 수 있음에 주의하여야 한다.

(2) 대법원 2009. 12. 24. 선고 2009도11575 판결 : "제1심은 제4회 공판기일에서 피해자에 대한 조사과정에 동석하였던 외할머니의 진술에 의하여 영상물에 수록된 피해자(이하 'V')의 진술에 대하여 그 성립의 진정함을 인정한 다음 이를 증거로 조사한 사실을 알 수 있으므로, 증거능력 없는 V의 진술을 증거로 채택하였다는 취지의 상고이유는 받아들일 수 없다. 촬영한 영상에는 V가 피해상황을 진술하면서 보충적으로 작성한 메모도 함께 촬영되어 있는바, 이는 영상물에 수록된 V 진술의 일부와 다름없으므로 위 법률에 따라 조사과정에 동석하였던 신뢰관계 있는 자의 진술에 의하여 성립의 진정함이 인정된 때에는 증거로 할 수 있다. 그리고 원심이 인용한 제1심이 'Y 작성의 V 메모의 기재'를 별도의 증거로 채택한 것은 잘못이나, 이를 제외하고 위 영상물에 수록된 V의 진술을 비롯하여 제1심이 적시한 증거에 의하더라도 이 사건 공소사실을 인정하기에 충분하므로, 결국 위와 같은 잘못은 판결 결과에 아무런 영향이 없다."

8 영상녹화물을 피의자신문조서·참고인진술조서의 특신상태를 증명하는 용도로 사용할 수 있다(대법원 2011. 11. 10. 선고 2011도8125 판결)

"원심은 아무런 객관적 자료 없이 O3가 피고인들의 필로폰 수입 또는 매수 범행의 공범으로서 피의자의 지위에 있다고 단정한 후 진술거부권 불고지로 인하여 O3에 대한 진술조서의 증거능력이 없다고 판단하고 그 진술조서의 특신상태를 입증하기 위한 검사의 영상녹화 CD 검증신청을 받아들이지 아니하고 말았으니, 이 원심의 판단에는 진술거부권을 고지하지 않은 상태에서 행해진 피의자 진술의 증거능력에 관한 법리를 오해한 위법이 있고, 이 위법은 이 부분 주위적 공소사실을 무죄로 판단한 원심의 판결 결과에 영향을 미쳤음이 분명하다. 이 점을 지적하는 검사의 상고이유 주장은 이유 있다."

9 특정범죄신고자 등 보호법[5] 10조의 증인신문 영상물촬영의 본증사용

특정범죄신고자 등 보호법 10조[6]에 근거하여 행한 증거보전으로서의 증인신문 영상물촬영결과는 본증으로 사용할 수 있다.

---

5) 이 법 16조에 영미식 플리바기닝을 염두에 둔 조항이 있어 주목된다: 제16조(범죄신고자등에 대한 형의 감면) 범죄신고등을 함으로써 그와 관련된 자신의 범죄가 발견된 경우 그 범죄신고자등에 대하여 형을 감경하거나 면제할 수 있다.

6) 제10조(영상물 촬영) ① 범죄신고자등에 대하여 「형사소송법」 제184조(증거보전의 청구와 그 절차) 또는 제221조의2(증인신문의 청구)에 따른 증인신문을 하는 경우 판사는 직권으로 또는 검사의 신청에 의하여 그 과정을 비디오테이프 등 영상물로 촬영할 것을 명할 수 있다.

10.11 사법경찰관 작성 수사보고서의 증거능력과 적용법조

대법원 2001. 5. 29. 선고 2000도2933 판결; 대법원 2011. 7. 14. 선고 2011도3809 판결

F D는 폭력행위등 처벌에 관한 법률위반(야간폭행) 혐의로 기소되었다. 제1심과 항소심은 유죄를 선고하였다. 제1심과 항소심이 유죄증거로 인용한 증거 중 사법경찰관 P가 작성한 수사보고서가 있었다. D는 '항소심이 이 수사보고서를 증거로 채용한 것이 위법'이라고 주장하며 상고하였다. 이 수사보고서는 "수신을 경찰서장, 참조를 형사과장, 제목을 '수사보고'로 하였고, 보고내용은 "1998. 2. 23. 02:00경 안양시 동안구 관양2동 소재 백운나이트 앞 노상에서 발생한 폭력행위등 처벌에 관한 법률위반 피의사건에 대하여 다음과 같이 수사하였기에 보고합니다. 1. 견적서 미첨부에 대하여, D는 '날이 밝으면 견적서를 제출한다'고 하고, 2. 진단서 미제출에 대하여, 'D, D2(상호 맞고소인이다)는 서로 왼쪽 눈부위에 타박상이 있고, D는 무릎에도 찰과상이 있는데 현재 심야인 관계로 날이 밝으면 치료 후 진단서 제출한다' 하기에 이상과 같이 수사보고합니다."라는 것이고, 그 밑에 작성경찰관인 경장 P가 자신의 소속 및 계급과 이름을 타자한 후 날인한 것이다. 공판정에서 D, D2는 위 수사보고서에 대하여 증거로 함에 동의하지 않았고 제1심 법정에서 증인으로 출석한 P는 '위 수사보고서를 진정하게 작성하였다'고 진술하였다.

I 1. 'D, D2는 서로 왼쪽 눈 부위에 타박상이 있고, D는 무릎에도 찰과상이 있음'을 직접 경험한 사람은 P이다. 이 경험적 사실의 체험자인 P가 법정에 증인으로 출석하여 이 수사보고서의 성립의 진정을 인정하였으므로 수사보고서의 이 부분을 312조 3항, 4항이나 313조 1항의 진술기재서로 인정할 수 있을 것인가?
2. 피해자의 지위에서 행한 진술을 기재한 부분을 증거로 할 수 있는지 여부(긍정)와 긍정할 경우의 적용법조(실질주의)

R A 상고기각.

1. 【쟁점1 : 검증의 결과에 해당하는 기재는 원칙적 부정】 위 수사보고서는 전문증거이므로 310조의2에 의하여 같은 법 311조 내지 316조의 각 규정에 해당하지 아니하는 한 이를 증거로 할 수 없다. 나아가 위 수사보고서 중 "D, D2는 서로 왼쪽 눈부위에 타박상이 있고, D는 무릎에도 찰과상이 있다."라는 기재 부분은 검찰사건사무규칙 17조에 의하여 검사가 범죄의 현장 기타 장소에서 실황조사를 한 후 작성하는 실황조서 또는 사법경찰관리집무규칙 49조 1항, 2항에 의하여 사법경찰관이 수사상 필요하다고 인정하여 범죄현장 또는 기타 장소에 임하여 실황을 조사할 때 작성하는 실황조사서에 해당하지 않으며, 단지 수사의 경위 및 결과를 내부적으로 보고하기 위하여 작성된 서류에 불과하므로 그 안에 '검증의 결과에 해당하는 기재'가 있다고 하여 이를 312조 1항(현재는 6항)의 '검사 또는 사법경찰관이 검증의 결과를 기재한 조서'라고 할 수 없을 뿐만 아니라 이를 같은 법 313조 1항의 '피고인 또는 피고인이 아닌 자가 작성한 진술서나 그 진술을 기재한 서류'라고 할 수도 없고, 같은 법 311조, 315조, 316조의 적용대상이 되지 아니함이 분명하므로 그 기재 부분은 증거로 할 수 없다.

2. 【쟁점2 : 피해자의 지위에서 행한 진술을 기재한 부분은 독립증거이므로 실질주의】 위 수사보고서 중 "'날이 밝으면 치료 후 진단서 제출한다'고 한다."라는 기재 부분은 진술자인 D, D2가 각 상대방에 대한 피해자의 지위에서 진술한 것으로서 진술자들의 자필이 아닐 뿐만 아니라 그 서명 또는 날인도 없으며, 공판준비 또는 공판기일에서 진술자들의 진술에 의하여 그 성립의 진정함이 증명되지도 않았으므로 313조 1항의 요건을 갖추지 못하여 그 기재부분 역시 증거로 할 수 없다. 그러함에도 원심이 위 수사보고서를 증거로 인용한 조치는 위법하다. 그러나 위 수사보고서 외에 원심이 인용한 제1심의 나머지 채용증거들은 상

고이유의 주장과 같이 증거능력이 부인되는 것이 아니라 모두 그 증거능력을 인정할 수 있는 것들이고, 이들 증거들만으로도 D, D2에 대한 이 사건 범죄사실을 인정하기에 충분하므로 원심에 채증법칙 위반으로 인한 사실오인의 위법이 있다고 할 수 없다.

C

1 수사보고서의 의의

수사보고서란 '보고'라는 어의(語義, meaning)가 핵심인 서면으로서 하급의 사법경찰관이나 검사가 상급의 사법경찰관이나 검사에게 '수사의 경위 및 결과를 내부적으로 보고하기 위하여 작성된 서류'이다. '보고서(report)'라는 문서형식에서 보듯이 수사보고서는 피의자신문'조서'나 참고인진술'조서'와 대비되는 문서형식이다. 그러나 2001년 사안에서 보듯이 현실의 수사보고서에는 사실인정자의 사건에 대한 유죄·무죄 판단의 자료가 되는 내용이 다수 포함되는 수가 있고 그렇기 때문에 공판관여검사는 때로 수사보고서를 증거자료로 제출하고 하급심 재판부도 적절한 적용법조가 무엇인지를 치밀하게 검토하지 못하고 이를 증거로 삼는 경우가 있다.

2001년 사안의 요증사실은 'D, D2에게 상호 야간폭행등의 범죄행위가 있었다'는 사실인데 이 수사보고서에는 위 요증사실의 존재를 추단할 수 있는 사실(D, D2는 서로 왼쪽 눈부위에 타박상이 있고, D는 무릎에도 찰과상이 있다)의 기재가 있다. 이 사실을 경험한 주체는 P인데 사안에서 P가 법정에 증인으로 출석하여 선서한 후 이 수사보고서의 성립의 진정을 인정하였으므로 이 수사보고서가 312조 1항(현행법은 6항)의 검증조서로 인정되면 이 수사보고서는 증거능력이 있는 것처럼 해석될 여지가 있다. 그러나 대법원은 이 수사보고서의 증거능력을 부인하였다. 궁금한 것은 대법원이 그 증거능력을 부정한 논거이다.

2 실질적으로 검증의 결과에 해당하는 기재 부분(ⓐ)의 증거능력 부인과 그 논거

이 수사보고서에는 서로 다른 두 가지 진술이 섞여

있다. 하나는 'ⓐ 실질적으로 수사기관의 검증의 결과에 해당하는 기재'이고, 또 하나는 'D가 피해자의 입장에서 행한 진술'(ⓑ D가 '날이 밝으면 견적서를 제출한다'고 하고, 진단서 미제출에 대하여, 무릎에도 찰과상이 있는데 '현재 심야인 관계로 날이 밝으면 치료 후 진단서 제출한다')이다. ⓐ 부분은 본래 312조 1항(현재는 312조 6항)의 '검사 또는 사법경찰관이 검증의 결과를 기재한 조서'로 작성되어야 할 내용인데 사안에서는 수사보고서라는 형식의 문서에 담겨 있어 문제이다. 문서의 형식(수사보고서)에 주안점을 두지 않고 '문서에 담겨있는 정보의 실질적인 내용'에 주안점을 둔다면 ⓐ 부분을 312조 1항(현행법은 312조 6항)의 '검사 또는 사법경찰관이 검증의 결과를 기재한 조서'로 취급할 가능성이 없지 않다. 그러나 대법원은 '강제처분으로서의 검증의 중요성'을 감안하여 312조 1항(현행법은 6항)의 검증조서로 인정받을 수 있는 검증을 오로지 수사기관이 사전 혹은 사후에 강제처분으로서의 검증영장을 발부받아 검증을 집행한 후에 작성한 검증조서에 한정하는 정책을 수행(⇒ 본서 4.18 참조)하고 있기 때문에 검증조서라는 형식을 취하지 않은 점을 문제 삼아 '실질적으로 검증의 결과에 해당하는 기재' 부분(ⓐ)의 증거능력을 부인하였다.

3 수사기관의 경험이 아닌 타인(사안에서는 피해자)의 경험을 기재한 부분의 적용법조

'D가 피해자의 입장에서 행한 진술'(ⓑ) 부분에 대하여 대법원은 ⓐ 부분에 대한 논증과 달리 실질적 내용에 주안점을 두어 판단하고 있다. 즉 대법원의 논증은 'D가 피해자의 입장에서 행한 진술기재'(ⓑ) 부분은 실질적으로 313조 1항의 진술기재서이므로 이를 증거로 사용하려면 313조 1항이 규정하는 예외요건(원진술자 D의 자필이거나 그 서명날인이 있는 것으로서 원진술자인 D가 공판기일에 그 성립의 진정을 인정하여야 한다)을 구비하여야 한다는 논증이다. 사안에서는 이 요건이 구비되지 않아 결국 증거능력이 부인되었다. 이 논증은 수사보고서에 실질적으로 참고인(혹은 고소인)의 진술이 포함되어 있는 경우에도 동일하게 관철되고 있다(대법원 1999. 2. 26. 선고 98도2742 판결).

10.12 사인(私人)작성 진술서의 증거능력

대법원 2001. 9. 4. 선고 2000도1743 판결

F D는 "부산시에 있는 유치원에서 경리업무를 담당하여 오면서 원생들로부터 받은 현장학습비 등을 유치원 은행통장에 입급하여야 함에도 입금하지 않고 개인용도로 임의소비하는 등 합계금 20,973,000원을 횡령"한 혐의로 기소되었다. D는 원장 경영의 유치원에서 근무하기 전에 고등학교를 졸업한 후 5년 정도 경리업무에 종사한 적이 있다. 유죄증거로 D가 작성한 자필 각서(피고인의 자필로 작성된 진술서)가 제출되었다. 그 각서는 1998. 2. 4. 유치원 원장실에서 원장(V)과 D, 유치원 교사 4명이 함께 자리한 가운데 D가 작성한 장부들과 학부모들의 교육비 등 납입내용을 일일이 D에게 확인시킨 다음 D가 자필로 작성한 것이다. 그 각서의 내용은 D에게 불이익한 내용의 진술이 자연스럽게 기재되어 있다. 항소심은 "D 작성의 각서는 D를 서재에 붙들어 둔 상태에서 '횡령사실을 시인하지 않으면 집에도 보내주지 않고 학교에도 가지 못하게 하겠다'는 원장 등의 강요에 의하여 어쩔 수 없이 작성된 것으로 그 증거능력이 없고", "그 밖에 유죄를 인정할만한 다른 증거가 없다"며 무죄를 선고하였다. 검사가 상고하였다.

I 피고인이 수사과정 밖에서 작성한 자필진술서의 적용법조

R A 파기환송. 1. (313조 1항의 요건) 피고인의 자필로 작성된 진술서의 경우에는 서류의 작성자가 동시에 진술자이므로 진정하게 성립된 것으로 인정되어 313조 단서에 의하여 그 진술이 특히 신빙할 수 있는 상태 하에서 행하여진 때에는 증거능력이 있고, 이러한 특신상태는 증거능력의 요건에 해당하므로 검사가 그 존재에 대하여 구체적으로 주장·입증하여야 하는 것이지만, 이는 소송상의 사실에 관한 것이므로, 엄격한 증명을 요하지 않고 자유로운 증명

으로 족하다. (중략) 불법영득의사를 실현하는 행위로서의 횡령행위가 있다는 점은 검사가 입증하여야 하는 것으로서, 그 입증은 법관으로 하여금 합리적인 의심을 할 여지가 없을 정도의 확신을 생기게 하는 증명력을 가진 엄격한 증거에 의하여야 하는 것이고 이와 같은 증거가 없다면 설령 피고인에게 유죄의 의심이 간다고 하더라도 피고인의 이익으로 판단할 수밖에 없지만, 피고인이 자신이 위탁받아 보관하고 있던 돈이 없어졌는데도 그 행방이나 사용처를 제대로 설명하지 못한다면 일단 피고인이 이를 임의소비하여 횡령한 것이라고 추단할 수 있다.

2. (진술의 임의성) "피고인(D)의 연령과 그 동안의 사회경험, 각서를 작성한 후에 피고인 측에서 피해자(원장, V)와 횡령금액에 관하여 합의를 시도하려고 하였던 사정에 비추어 볼 때 피고인이 자필로 위 각서를 작성할 당시에 현장에 함께 있었던 목격자 등을 불러 그 작성경위를 알아보기 전에는 위 각서가 피고인의 주장처럼 K 등의 강압에 의하여 작성된 것이라고 단정하기는 어려운 것으로 보인다. 그럼에도 불구하고 원심이 위 각서의 작성경위에 관하여 심리하지도 아니한 채 위 각서가 K 등의 강압에 의하여 작성된 것이라는 이유로 증거능력이 없다고 판단한 것은 각서의 증거능력에 관하여 심리를 다하지 아니한 위법을 저지른 것이다. 이 점을 지적하는 상고이유는 이유 있다.

C

1 진술서의 의의

진술서란 피고인·피의자 또는 참고인이 스스로 자기의 의사·사상·관념 및 사실관계 등을 기재한 서면을 말하며, 범행의 경위를 기재하여 놓은 일기장, 메모, 의사의 진단서 등을 포함한다. 피고인·피의자 또는 참고인이 작성주체라는 점에서 수사기관이 작성

하는 조서와 구별된다. 수사기관이 진술자에게 진술서를 작성하도록 요청하여 진술서를 제출받기도 한다.

진술서에서는 원진술자와 작성자가 일치한다. 진술녹취서(진술기재서)는 진술서와는 달리 타인이 진술자의 진술을 듣고 서면에 그 타인이 청취한 내용을 기재하는 서면이다. 진술녹취서(진술기재서)에서는 원진술자와 녹취자(기재자)가 일치하지 않는다. 진술서나 진술녹취서의 적용법조는 313조이다.

② 313조 1항 본문의 '진정성립의 증명' 요건

① 그 작성자 또는 진술자의 자필이거나 그 서명 또는 날인이 있고 ② 공판준비나 공판기일에서의 그 작성자 또는 진술자의 진술에 의하여 그 성립의 진정함이 증명되어야 한다. ①②의 의미는 다음과 같은 것이다.

진술서는 작성자의 자필이거나 서명 또는 그 날인이 있고 그 작성자의 진술에 의하여 성립의 진정이 증명되어야 한다. 그러나 진술녹취서는 원진술자의 서명 또는 날인이 있고, 원진술자의 진술에 의하여 성립의 진정이 증명되어야 한다(법원실무제요(형사편) Ⅱ, 2014).

③ 피고인 작성의 진술서와 313조 1항 단서

313조 1항 단서의 해석이 문제이다.

본 판결은 피고인이 작성한 진술서는 313조 1항 단서의 적용을 받아 '특히 신빙할 수 있는 상태'라는 추가적인 요건을 요한다는 입장(가중요건설)이다.

④ 관련 문제(녹음테이프의 음성정보의 적용법조)

(1) **사인**(피해자, V)**이 피고인**(D 가해자)**과의 대화내용을 녹취한 녹음테이프의 준용법조** : "D와 V 사이의 대화내용에 관한 녹취서가 공소사실의 증거로 제출되어 그 녹취서의 기재내용과 녹음테이프의 녹음내용이 동일한지 여부에 관하여 법원이 검증을 실시한 경우에 증거자료가 되는 것은 녹음테이프에 녹음된 대화내용 그 자체이고, 그 중 D의 진술내용은 실질적으로 311조, 312조의 규정 이외에 D의 진술을 기재한 서류와 다름없어, D가 그 녹음테이프를 증거로 할 수 있음에 동의하지 않은 이상 그 녹음테이프 검증조서의 기재 중 D의 진술내용을 증거로 사용하기 위해서는 313조 1항 단서에 따라 공판준비 또는 공판기일에서 그 작성자인 V의 진술에 의하여 녹음테이프에 녹음된 D의 진술내용이 D가 진술한 대로 녹음된 것임이 증명되고 나아가 그 진술이 특히 신빙할 수 있는 상태 하에서 행하여진 것임이 인정되어야 한다(후략)"(대법원 2005. 12. 23. 선고 2005도2945 판결: 같은 취지의 대법원 2001. 10. 9. 선고 2001도3106 판결; 대법원 2012. 9. 13. 선고 2012도7461 판결).

(2) **사인이 피고인 아닌 사람의 진술을 녹음한 녹음테이프의 음성정보의 적용법조** : "수사기관이 아닌 사인(私人)이 D 아닌 사람과의 대화내용을 녹음한 녹음테이프는 311조, 312조 규정 이외의 D 아닌 자의 진술을 기재한 서류와 다를 바 없으므로, D가 그 녹음테이프를 증거로 할 수 있음에 동의하지 않는 이상 그 증거능력을 부여하기 위하여는 첫째, 녹음테이프가 원본이거나 원본으로부터 복사한 사본일 경우(녹음디스크에 복사할 경우에도 동일하다)에는 복사과정에서 편집되는 등의 인위적 개작 없이 원본의 내용 그대로 복사된 사본일 것, 둘째, 313조 1항에 따라 공판준비나 공판기일에서 원진술자의 진술에 의하여 그 녹음테이프에 녹음된 각자의 진술내용이 자신이 진술한 대로 녹음된 것이라는 점이 인정되어야 할 것이고, 사인이 D 아닌 사람과의 대화내용을 대화 상대방 몰래 녹음하였다고 하더라도 위와 같은 조건이 갖추어진 이상 그것만으로는 그 녹음테이프가 위법하게 수집된 증거로서 증거능력이 없다고 할 수 없으며, 사인이 D 아닌 사람과의 대화내용을 상대방 몰래 비디오로 촬영·녹음한 경우에도 그 비디오테이프의 진술부분에 대하여도 위와 마찬가지로 취급하여야 할 것이다"(대법원 1999. 3. 9. 선고 98도3169 판결: 대법원 1997. 3. 28. 96도2417 판결, 2005. 2. 18. 2004도6323 판결도 같은 취지).

10.13 314조의 진술불능요건의 의미

대법원 2002. 3. 26. 선고 2001도5666 판결

F D는 특정범죄가중처벌 등에 관한 법률위반(알선수재) 혐의로 기소되었다. O는 경부고속철도 차량공급업체 선정에 대한 로비와 관련하여 특정범죄가중처벌 등에 관한 법률위반(알선수재) 혐의로 1999. 9. 28. 출국금지조치를 받고 같은 해 10. 2. 여권을 압수당한 후 같은 해 10. 29. 검찰에 출석하여 위 차량공급업체 선정과 관련하여 D가 관계공무원에게 영향력을 행사해 줄 것을 부탁하고 그 대가로 3회에 걸쳐 D에게 4억 원을 교부하였다는 취지의 피의자신문조서와 진술조서를 작성한 후 행방불명이 되었고, 그 후 검찰이 O의 소재에 대하여 수사한 결과 O는 불상(不詳)의 방법으로 미국으로 도피하여 현재 그 곳에 거주하고 있다. 검사는 유죄증거로 검찰수사단계에서 작성된 O의 피의자신문조서와 진술조서를 제출하였고 항소심은 이를 증거로 채택하여 유죄를 선고하였다. O의 검찰에서의 각 진술은 특히 신빙할 수 있는 상태 하에서 행하여진 것으로 인정된다. D의 변호인은 "검찰수사단계에서 작성된 O의 피의자신문조서와 진술조서는 원진술자인 O가 법정에서 성립의 진정을 인정하여야 하는데 항소심은 그 요건이 구비되지 않았는데도 검찰수사단계에서 작성된 O의 피의자신문조서와 진술조서를 증거로 채택하였으므로 위법재판"이라고 주장하며 상고하였다.

I 검찰수사단계에서 작성된 참고인 O의 피의자신문조서와 진술조서는 원진술자인 O가 법정에서 성립의 진정을 인정하여야 하지만 314조의 요건, 즉 진술불능요건과 특신상태 요건이 모두 구비되었음이 증명되면 증거로 삼을 수 있다. O의 검찰에서의 각 진술은 특히 신빙할 수 있는 상태 하에서 행하여진 것으로 인정되므로 사안에서의 쟁점은 '검찰에서 진술한 자가 행방불명이 되었고 그 후 검찰이 그 진술자(O)의 소재에 대하여 수사한 결과 O는 불상(不詳)의 방법으로 미국으로 도피하여 현재 그 곳에 거주하고 있음이 확인된 정황이 외국거주라는 진술불능요건이 구비되었음을 증명한 것으로 볼 수 있는가?' 하는 점이다.

R 상고기각. 314조에 의하여 같은 법 312조의 조서나 같은 법 313조의 진술서, 서류 등을 증거로 하기 위하여는 진술을 요할 자가 사망, 질병, 외국거주 기타 사유로 인하여 공판정에 출석하여 진술을 할 수 없는 경우이어야 하고, 그 진술 또는 서류의 작성이 특히 신빙할 수 있는 상태하에서 행하여진 것이라야 한다는 두 가지 요건이 갖추어져야 할 것인바, 첫째 요건과 관련하여 '외국거주'라고 함은 진술을 요할 자가 외국에 있다는 것만으로는 부족하고, 가능하고 상당한 수단을 다하더라도 그 진술을 요할 자를 법정에 출석하게 할 수 없는 사정이 있어야 예외적으로 그 적용이 있다. 통상적으로 그 요건의 충족 여부는 소재의 확인, 소환장의 발송과 같은 절차를 거쳐 확정되는 것이기는 하지만 항상 그와 같은 절차를 거쳐야만 위 요건이 충족될 수 있는 것은 아니고, 경우에 따라서는 비록 그와 같은 절차를 거치지 않더라도 법원이 그 진술을 요할 자를 법정에서 신문할 것을 기대하기 어려운 사정이 있다고 인정할 수 있다면, 이로써 그 요건은 충족된다.

A 이 사건에 관하여 보건대, O는 차량공급업체 선정과 관련한 특정범죄가중처벌 등에 관한 법률위반(알선수재) 혐의로 수사를 받던 중 미국으로 불법도피하여 그 곳에 거주하고 있고, 이러한 O에 대하여 그 소재를 확인하여 소환장을 발송한다고 하더라도 O가 법정에 증인으로 출석할 것을 기대하기는 어렵다고 할 것이므로, O가 미국에 거주하고 있는 사실이 확인된 후 검찰이 O의 미국 내 소재를 확인하여 증인소환장을 발송하는 등의 조치를 다하지 않았다고 하더라도 위 첫 번째 요건은 충족이 되었다고 할 것

이고, 또 기록을 살펴보면 O의 검찰에서의 각 진술은 특히 신빙할 수 있는 상태 하에서 행하여진 것으로 인정되어 그 두 번째 요건도 충족이 되었다고 할 것이므로, 원심이 314조에 의하여 검사가 작성한 O에 대한 피의자신문조서 및 진술조서의 각 증거능력을 인정하여 이들 조서를 유죄의 증거로 채택하였음에 아무런 위법이 없다.

C

① 예외의 예외를 인정하는 314조의 엄격화 경향

전문법칙은 반대당사자의 반대신문을 경유하지 않은 경험적 진술을 경계하는 증거원리이다. 그런데 314조는 312조와 313조의 요건을 구비하지 못한 전문서류에 다시 증거능력을 부여할 수 있는 예외를 규정하는 조문이므로 기본적으로 소추측의 유죄입증을 용이하게 하는 조문이다. 최근에 대법원이 314조의 요건포섭가능성을 점차 어렵게 하는 방향의 해석론을 펼치는 추세는 기본적으로 건강한 추세이다.

② 외국거주

외국거주로 인한 예외인정 요건은 2008년에 다음과 같이 다소 강화되었다. "구 형사소송법(2007. 6. 1. 법률 제8461호로 개정되기 전의 것, 이하 같다) 314조에 따라, 같은 법 312조의 조서나 같은 법 313조의 진술서, 서류 등을 증거로 하기 위하여는 '진술을 요할 자가 사망·질병·외국거주 기타 사유로 인하여 공판정에 출석하여 진술을 할 수 없는 경우'이어야 하고, '그 진술 또는 서류의 작성이 특히 신빙할 수 있는 상태 하에서 행하여진 것'이라야 한다는 두 가지 요건이 갖추어져야 할 것인바, 첫째 요건과 관련하여 '외국거주'라 함은 진술을 요할 자가 외국에 있다는 것만으로는 부족하고, 수사 과정에서 수사기관이 그 진술을 청취하면서 그 진술자의 외국거주 여부와 장래 출국 가능성을 확인하고, 만일 그 진술자의 거주지가 외국이거나 그가 가까운 장래에 출국하여 장기간 외국에 체류하는 등의 사정으로 향후 공판정에 출석하여 진술을 할 수 없는 경우가 발생할 개연성이 있다면 그 진술자의 외국 연락처를, 일시 귀국할 예정이

있다면 그 귀국 시기와 귀국시 체류 장소와 연락 방법 등을 사전에 미리 확인하고, 그 진술자에게 공판정 진술을 하기 전에는 출국을 미루거나, 출국한 후라도 공판 진행 상황에 따라 일시 귀국하여 공판정에 출석하여 진술하게끔 하는 방안을 확보하여 그 진술자로 하여금 공판정에 출석하여 진술할 기회를 충분히 제공하며, 그 밖에 그를 공판정에 출석시켜 진술하게 할 모든 수단을 강구하는 등 가능하고 상당한 수단을 다하더라도 그 진술을 요할 자를 법정에 출석하게 할 수 없는 사정이 있어야 예외적으로 그 적용이 있다"(대법원 2008. 2. 28. 선고 2007도10004 판결).

③ 소재불명

단순히 주소불명 등으로 소환장이 송달불능된 것만으로는 부족하고, '경찰에 소재탐지촉탁까지 하였으나 그 소재를 알지 못하게 되어 법정에서의 신문이 불가능한 상태'이어야 한다.[1] 증인의 주소지가 아닌 곳으로 소환장을 보내 송달불능이 되자 그곳을 중심으로 소재탐지를 한 끝에 소재탐지불능 회보를 받은 경우에는 이에 해당한다고 볼 수 없다.[2] 또 소재탐지불능보고서를 받았다 하더라도 "수사기록 중 진술자 O에 대한 경찰 진술조서에는 집 전화번호도 기재되어 있으며, 그 이후 작성된 검찰 진술조서에는 위 휴대전화번호와 다른 휴대전화번호가 기재되어 있는데도, 검사가 직접 또는 경찰을 통하여 위 각 전화번호로 O에게 연락하여 법정 출석의사가 있는지 확인하는 등의 방법으로 O의 법정 출석을 위하여 상당한 노력을 기울였다는 자료가 보이지 않는 경우"에도 마찬가지이다(대법원 2013. 4. 11. 선고 2013도1435 판결).

④ 증인의 증언거부권 행사와 314조의 진술불능요건의 충족여부

(1) 법정에 출석한 증인이 정당한 사유 없이 증언거부권을 행사하여 증언을 거절한 때는 이 요건을 충족한다(대법원 1992. 8. 14. 선고 92도1211 판결). "314조의 기타 사유로 진술할 수 없는 때에는 법정에 출석한 증인이 증언거부권을 행사하여 증언을 거절한 때도

---

1) 대법원 2006. 10. 26. 선고 2006도5165 판결; 대법원 2007. 7. 26. 선고 2006도9294 판결 등.
2) 대법원 2006. 12. 22. 선고 2006도7479 판결.

포함된다. 원심이 같은 취지에서 소론이 주장하는 검사작성의 S에 대한 각 피의자신문조서 사본의 진술기재는 원진술자인 위 S가 제1심법정에 출석하여 정당한 사유도 없이 그 선서 및 증언을 거부하였으나, 그의 검찰에서의 진술은 특히 신빙할 수 있는 상태 하에서 이루어졌다 하여 위 각 피의자신문조서를 증거로 채택한 제1심판결을 유지한 것은 정당하다."

(2) 법정에 출석한 증인이 정당한 사유로 증언거부권을 행사하여 증언을 거절한 때는 이 요건을 충족하지 못한다(정당한 증언거부권행사를 보장하는 의미가 있다)(대법원 2012. 5. 17. 선고 2009도6788 판결). "이 사건 법률의견서는 압수된 디지털 저장매체로부터 출력한 문건으로서 그 실질에서 313조 1항에 규정된 'D 아닌 자가 작성한 진술서나 그 진술을 기재한 서류'에 해당한다. 공판준비 또는 공판기일에서 그 작성자 또는 진술자인 위 변호사의 진술에 의하여 그 성립의 진정함이 증명되지 아니하였으므로[3] 위 규정에 의하여 이 사건 법률의견서의 증거능력을 인정할 수는 없다. 나아가 원심 공판기일에 출석한 위 변호사가 이 사건 법률의견서의 진정성립 등에 관하여 진술하지 아니한 것은 149조에서 정한 바에 따라 정당하게 증언거부권을 행사한 경우에 해당하므로, 314조에 의하여 이 사건 법률의견서의 증거능력을 인정할 수도 없다."

5 구인장의 집행불능

"진술을 요할 자가 일정한 주거를 가지고 있더라도 법원의 소환에 계속 불응하고 구인하여도 구인장이 집행되지 않는 등 법정에서의 신문이 불가능한 상태의 경우에는 314조 소정의 '공판정에 출정하여 진술을 할 수 없는 때'에 해당한다"(대법원 2005. 9. 30. 선고 2005도2654 판결).

6 기타

(1) 노인성 치매로 인한 기억력 장애, 분별력 상실 : "노인성 치매로 인한 기억력 장애, 분별력 상실 등으로 인하여 진술할 수 없는 상태하"에 있는 경우도 314조의 요건을 충족한다(대법원 1992. 3. 13. 선고 91도2281 판결).

(2) 피고인이 증거서류의 진정성립을 묻는 검사의 질문에 대하여 정당하게 진술거부권을 행사하여 진술을 거부한 경우

"현행 형사소송법은 그 예외사유의 범위를 더욱 엄격하게 제한하고 있는데, 이는 직접심리주의와 공판중심주의의 요소를 강화하려는 취지가 반영된 것이다. 헌법은 모든 국민은 형사상 자기에게 불리한 진술을 강요당하지 아니한다고 선언하고(12조 2항), 형사소송법은 피고인은 진술하지 아니하거나 개개의 질문에 대하여 진술을 거부할 수 있다고 규정하여(283조의2 1항), 진술거부권을 피고인의 권리로서 보장하고 있다. 위와 같은 현행 형사소송법 314조의 문언과 개정 취지, 진술거부권 관련 규정의 내용 등에 비추어 보면, 피고인이 증거서류의 진정성립을 묻는 검사의 질문에 대하여 진술거부권을 행사하여 진술을 거부한 경우는 314조의 '그 밖에 이에 준하는 사유로 인하여 진술할 수 없는 때'에 해당하지 아니한다."[4]

(3) 312조 4항의 적용을 받는 조서나 진술서, 312조 6항의 적용을 받는 검증조서, 313조 1항의 진술서나 진술기재서류, 313조 3항의 감정서 등에는 314조가 적용된다.

7 요건해당성이 없는 사례

"증인으로 소환받고도 출산을 앞두고 있다는 이유로 출석하지 아니한" 경우는 특별한 사정이 없는 한 사망, 질병, 외국거주 기타 사유로 인하여 진술을 할 수 없는 때에 해당한다고 할 수 없다"(대법원 1999. 4. 23. 선고 99도915 판결).

---

3) 입증취지에 대한 증언을 거부하려는 자는 '성립의 진정 인정' 여부에 대한 증언부터 거부할 것이다. '성립의 진정을 인정'하면 검사가 314조의 적용을 주장할 필요도 없이 피고인에게 불리한 전문증거가 증거로 사용되기 때문이다.

4) 대법원 2013. 6. 13. 선고 2012도16001 판결. 이 판결에 대하여는 민철기, 피고인이 증거서류의 진정성립을 묻는 검사의 질문에 대하여 진술을 거부한 경우가 형사소송법 제314조의 '그 밖에 이에 준하는 사유로 인하여 진술할 수 없는 때'에 해당하는지 여부, 대법원판례해설 96호(2013 상반기)(2013)가 있다.

8 314조의 적용이 있는 경우와 없는 경우

(1) 검사 이외의 수사기관이 작성한 당해 피고인과 공범관계에 있는 다른 피고인·피의자에 대한 피의자신문조서

312조 3항은 검사 이외의 수사기관이 작성한 어느 피고인(D)에 대한 피의자신문조서를 그 피고인(D)의 유죄증거로 하는 경우뿐만 아니라 검사 이외의 수사기관이 작성한 당해 피고인(D)과 공범관계에 있는 다른 피고인·피의자(D2)에 대한 피의자신문조서를 당해 피고인(D)사건에 대한 유죄증거로 채택할 경우에도 적용된다. 대법원은 "당해 피고인(D)과 공범관계가 있는 다른 피의자(D2)에 대한 검사 이외의 수사기관 작성의 피의자신문조서는 그 피의자(D2)의 법정진술에 의하여 그 성립의 진정이 인정되더라도 당해 피고인(D)이 공판기일에서 그 조서의 내용을 부인하면 증거능력이 부정"될 뿐만 아니라, "그 당연한 결과로 그 피의자(D2)신문조서에 대하여는 사망 등 사유로 인하여 그 피의자(D2)가 법정에서 진술할 수 없는 때에 예외적으로 증거능력을 인정하는 규정인 314조도 적용되지 아니한다"(대법원 2004. 7. 15. 선고 2003도7185 전원합의체 판결)고 한다.

(2) 검사가 작성한 당해 피고인과 공범관계에 있는 다른 피고인·피의자에 대한 피의자신문조서

이 피의자신문조서에는 314조의 적용이 있다.[5]

---

5) 대법원 1984. 1. 24. 선고 83도2945 판결. "검사작성의 O에 대한 피의자신문조서는 제1심에서 O에 대한 증인 소환장이 소재불명으로 송달불능이 되고 소재탐지촉탁에 의하여도 거주지를 확인할 방도가 없어 그 진술을 들을 수 없는 사정이 있고 그 조서의 내용에 의하면 특히 신빙할 수 있는 상태 하에서 작성된 것으로 보여지므로 원심이 314조에 의하여 증거능력을 인정한 조치는 정당하다."

10.14　기억상실과 아동진술의 신빙성

대법원 1999. 11. 26. 선고 99도3786 판결

F　D는 살인·살인미수·현주건조물방화혐의로 기소되었다. D는 수사초기 단계로부터 공판정에 이르기까지 범행사실을 전면 부인하였다. 아동 M(사건 당시는 만 4세 6개월 남짓, 제1심에서의 증언 당시는 만 6세 11개월의 아동)은 범행현장에서 살아남아 범인을 직접 목격한 유일한 사람이므로 M의 진술은 사실인정에 결정적으로 중요하다. M은 수사단계에서는, 지속적으로 D를 범인으로 지목하는 내용의 진술을 하고 있었지만 법정증언에서 정황증거에 해당하는 사항에 대하여는 상당한 정도로 기억을 상실('모른다, 기억이 없다'는 진술)하고 있었다. 사건발생 후 M이 행한 진술로서 중요한 것에 ㉮ 제3회 공판기일에 M이 행한 법정증언(이하 '법정증언'으로 약칭함), ㉯ 검사 및 사법경찰관 사무취급이 작성한 M2(M의 친부로서 일본인)의 각 진술조서 중 M의 진술 부분(원진술자 M의 법정외 경험진술이 M2의 통역으로 한국어로 기재)이 있었다. ㉯에는 D의 유죄를 인정하는 데 필요한 비교적 상세한 정보가 담겨 있고 법정증언(㉮)에는 그 중의 일부(D가 범인이라는 동일성식별진술과 범행현장상황에 관한 진술)만이 담겨 있다. 제1심과 항소심은 피고인 D에게 유죄를 선고하였다. 피고인측은 ㉯에 대하여 '전문증거의 예외조건을 충족시키지 못하므로 증거로 삼을 수 없다'고 주장하면서 상고하였다.

I　'원진술자의 기억상실'은 314조의 '원진술자가 진술할 수 없는 때'에 해당하는가?[1]

R A　상고기각. 원심은 '검사와 사법경찰관 사무취급이 작성한 M2(M의 친부)에 대한 각 진술조서

중 M의 진술기재 부분'에 관하여 원진술자인 M이 법정에서 그 진정성립을 인정한 바는 없으나, (중략) M이 공판정에서 진술을 한 경우라도 증인신문 당시 일정한 사항에 관하여 '기억이 나지 않는다'는 취지로 진술하여 그 진술의 일부가 재현 불가능하게 된 경우도 위 조항이 규정하는 '원진술자가 진술을 할 수 없는 때'에 해당(중략) 한다고 판단하였는바, 그와 같은 원심의 판단은 정당하[다].

C

1 M의 원진술 기재 부분

1. ('누가 엄마와 자신을 그렇게 하였느냐'고 묻자) 애기 아저씨(D)가 그랬어. (옆에 있던 아버지 M2의 목 조이는 흉내를 내며) 이렇게 하였어. 엄마 머리에서 피가 났어. 나도 머리 피났어. 우리가 본 아저씨야. 두 번 할머니랑 엄마랑 나랑 갔어(1996. 9. 7.자 경찰진술).

2. ('엄마와 자신을 때린 사건을 기억하느냐'고 묻자 울먹거리며 겁에 질린 표정을 하며) 기억한다. (D의 사진을 보여 주며 '이 아저씨가 엄마와 M을 때린 아저씨냐'고 묻자) 맞다. 그날 문은 띵동 소리가 나서 내가 열어 주었다(1998. 9. 20.자 경찰진술).

2 제1심 판결과 대법원 판결

M의 원진술이 포함되어 있는 수사기관의 진술조서가 증거로 사용되려면 ㉠ 공판정에서 원진술자인 M이 성립의 진정을 인정하거나 ㉡ 314조의 예외조건이 충족되어야 한다. 본 사안에서는 ㉠이 충족되지 못하였으므로[2] ㉡의 충족여부가 쟁점화되었다.

---

[1] 원진술자(M)가 법정에서 증언할 때 원진술자는 기억불능이었다. 검사 및 사법경찰관 사무취급이 작성한 M2(M의 친부)의 참고인진술조서 중에 포함되어 있는 M의 진술 부분(원진술자 M의 법정외 경험진술이 M2의 통역으로 기재)이 증거로 사용되려면 M이 진술불능이어야 한다.

[2] 제1심이 "검사 및 사법경찰관 사무취급 작성의 M2에 대한 각 진술조서 중 M의 각 진술기재 부분에 관하여 살펴건대, 원진술자인 M이 법정에서 증언하면서 '경찰관이나 검사에게 엄마와 증인을 때린 사람에 대해 이야기한 것이 기억나는가?'라는 취지의 질문에 '모르겠다.'고 대답하였을 뿐 위 각 진술조서의 진정성립을 인정한 바는 없으나"라고 판시한 것은 원진술자인 M에 의하여 '성립

제1심은 "① 여기서 '사망, 질병 기타 사유로 인하여 진술을 할 수 없는 때'라 함은 출석불능의 경우에 한하지 않고 출석한 경우라도 진술을 할 수 없는 경우, 예를 들어 기억상실을 이유로 증언을 거절한 경우와, 나아가 공판정에서 진술을 한 경우라도 증인신문시에 일정한 사항에 관하여 기억이 나지 않는다는 취지로 진술하여 그 진술의 일부가 재현불가능하게 된 경우 등도 포함한다. 이 사건의 경우는 원진술자인 M이 진술을 할 수 없는 때에 해당한다"고 판시하고 이 판시는 항소심과 대법원에서도 유지되었다. 이 결론은 국내학설이나 외국의 판례·입법례에 비추어 보아도 타당한 결론이다.

③ 특히 신용할 만한 상태의 충족 여부

제1심은 "여러 사정에 비추어 볼 때 M의 진술내용이나 그에 대한 조서의 작성에 허위개입의 여지가 거의 없고 그 진술내용의 신빙성이나 임의성을 담보할 구체적이고 외부적인 정황이 있어 그 진술이 특히 신빙할 수 있는 상태 하에서 행하여진 때에 해당한다"고 보아 M에 대한 수사기관 작성의 진술조서의 특신상태의 충족도 인정하였다. 이 점에 대하여는 항소심과 대법원도 제1심의 판단을 지지하였다.

④ 아동진술의 신빙성

'아동의 진술을 믿을 수 있는가'가 문제될 때 쟁점이 되는 것은 아동의 기억능력이 아니라 그 기억이 왜곡·유도되었는가 여부이므로 시간이 경과할수록 아동의 증언능력이 쟁점화되기 보다는 아동진술의 신빙성 문제가 공격·방어의 쟁점으로 떠오르고 있다. 이 점을 반영하여 본 사안의 제1심과 항소심 판결은 M의 진술이 외부(친족, 수사기관, 의사 등)의 영향으로 왜곡되었을 가능성을 집중적으로 따지고 있다.

흥미롭고 긍정적인 점은 제1심과 항소심이 'M 진술의 증명력에 관한 판단'에 가장 많은 지면을 할애하여 판결문을 작성하고 있는데 특히 제1심 판결에서는 '아동의 심리에 관한 국내외의 심리학적 연구성과'(국내의 연구성과가 미흡하므로 주로 영어권 국가의 연구성과)가 대폭으로 인용되고 있다는 점이다.

M은 수사단계에서부터 법정에 이르기까지 지속적으로 D를 범인으로 지목하는 내용의 진술을 하고 있었는데 이 점에 주목하여 제1심은 우선 범인식별진술의 일반적 특성과 위험성을 지적하고 그 위험성을 피하기 위하여 "① 피해자 등과 범인과의 관계(특히 범인으로 지목된 사람이 피해자 등이 이미 알고 있던 사람인지 여부), ② 범행 당시의 명암, 거리, 위치관계, 관찰시간 등 관찰의 객관적 조건, ③ 피해자의 연령, 성격, 신체상태(시력 등), 심리상태(공포, 긴장 등)와 같은 진술자의 주관적 요소, ④ 범행의 목격과 범인의 식별 사이의 시간적 간격과 그 사이의 외부영향에 의한 진술의 왜곡가능성 등의 기준들을 충분히 고려하여 그 진술의 증명력을 판단"하여야 한다고 중심을 잡은 다음 "범행을 목격한 피해자인 M이 D를 사건 이전부터 알고 있었다는 사실 및 M이 사건 당시 범인의 얼굴을 정확히 볼 수 있었다는 사실 등은 모두 명백하므로 이러한 점들은 위 ①, ②의 기준과 관련하여 M의 진술의 증명력을 뒷받침"하는 사유로 판단하였다. 다음에 제1심은 "위 ③, ④의 기준을 중심으로 M 진술의 신빙성 내지 증명력"에 관하여 보더라도 "㉮ 수사기관에 의한 왜곡가능성, ㉯ 주위 사람들에 의한 왜곡가능성이 없고", "㉰ 이 사건 목격상황의 특수성에 비추어 왜곡가능성이 더욱 희박하다"고 결론짓고 있다. 제1심은, M의 진술은 "'자신이 목격한 범인은 애기아저씨인 D'라는 것이 주된 취지로서 진술의 핵심적 부분에 있어 일관성이 있으므로 범죄사실을 증명할 충분한 증명력이 있다"고 판단하여 유죄를 선고하였다.

의 진정'이 인정되지 아니한 것으로 본 것이다.

10.15 진술 또는 작성이 특히 신빙할 수 있는 상태

대법원 2011. 11. 10. 선고 2010도12 판결

F D는 2008. 11. 13. 및 같은 해 11.28. 등 2회에 걸쳐 O로부터 필로폰을 매수하거나 O와 O2 사이의 필로폰 매매를 알선한 마약류관리에 관한 법률위반(향정) 혐의로 기소되었다. D는 혐의를 부인하였지만 제1심과 항소심은 O와 O2가 수사기관에서 한 진술(주된 증거)이 전문증거이지만 314조에 의하여 증거능력이 인정된다고 판단하여 공소사실을 모두 유죄로 인정하였다. D는 "O와 O2가 수사기관에서 한 진술은 특히 신빙할 수 있는 상태 하에서 행하여졌음이 증명되지 않았는데 항소심이 O와 O2의 수사기관 진술을 증거로 채택하였으므로 항소심판결은 위법판결"이라고 주장하며 상고하였다. O와 O2의 진술이 녹취된 정황은 다음과 같다:

① 위 각 진술 당시 O와 O2는 D를 비롯한 마약사범 혐의자들에 대한 수사기관 제보를 통해 자신들에 대한 형사처벌을 감면받고자 노력하고 있었고, 특히 O는 D 때문에 억울하게 마약사범으로 구속되었다고 생각하는 등 D와 반대되는 이해관계인에 해당한다고 볼 여지가 많았다(대향범의 관계 등으로 인하여 통상적으로 D와 같이 처벌되어야 할 위 O와 O2에 대하여는 공소도 제기되지 않았다).

② D가 이 사건 수사 초반부터 일관되게 혐의사실을 부인하고 제보자(O와 O2)와의 대질신문을 요청하기까지 하였지만 수사기관이 그 요청을 받아들이지 않는 바람에 D로서는 제보자의 일방적 주장에 대하여 적절한 반박의 기회를 갖지 못하였다.

③ O는 공소사실 중 D의 필로폰 매수에 관하여 최초 검찰 진술 당시에는 전혀 언급하지 않다가 그로부터 약 1주일 후에야 비로소 이를 언급하기 시작하였는데 이와 같은 언급은 자신의 구속이 D 때문이라고 생각하고 있던 상태에서 바로 그 전 날에 D로부터 서로 '죽이는 관계이니 한번 해보자'는 취지의 서신을 받은 직후에 행하여졌다.

I O와 O2의 수사기관 진술을 314조를 근거조문으로 하여 증거로 채택하려면 진술불능요건과 특신상태 요건이 구비되어야 한다. 항소심은 사안에서 O와 O2가 수사기관에서 한 진술이 특히 신빙할 수 있는 상태 하에서 행하여졌음과 진술불능요건이 구비되었음이 증명되었다고 본 것이다. 그러나 D측은 O와 O2가 수사기관에서 한 진술이 특히 신빙할 수 있는 상태 하에서 행하여진 것임이 증명되지 않았다고 반박하면서 상고하였다. 따라서 본 사안의 쟁점은 314조의 '진술 또는 작성이 특히 신빙할 수 있는 상태'란 무엇인가 하는 점이다.

R 파기환송. 1. 형사소송법은 헌법이 요구하는 적법 절차를 구현하기 위하여 '사건의 실체에 대한 심증 형성은 법관의 면전에서, 본래증거에 대한 반대신문이 보장된 증거조사를 통하여 이루어져야 한다'는 **실질적 직접심리주의**와 **전문법칙**을 채택하고 있다. 따라서 법원은 이러한 실질적 직접심리주의와 전문법칙이 형사소송절차 진행 및 심리 과정에서 원칙적이고 실질적인 지배원리로서 충실히 기능할 수 있도록 하여야 하고, 그 예외는 직접주의와 공판중심주의에 의한 공정한 공개재판을 받을 권리와 무죄추정을 받을 권리를 본질적으로 침해하거나 형해화하는 결과가 초래되지 않도록 형사소송법이 정한 필요한 최소한도에 그쳐야 한다(대법원 2004. 11. 12. 선고 2004도4044 판결; 헌재 2005. 12. 22. 선고 2004헌바45 전원재판부 결정 등 참조). 이에 전문법칙의 예외를 규정한 형사소송법 314조는 공판준비 또는 공판기일 외에서의 진술은 그것이 비록 적법절차에 따라 이루어진 것으로 그 임의성이 의심스러운 때에 해당하지 않더라도 사망, 질병, 외국거주, 소재불명 또는 이에 준하는 부득이한 사유로 원진술자나 작성자가 공판준비 또는 공판기일에 진술할 수 없는 경우로서, '특히 신빙할 수 있는 상태 하에서 행하여졌음이 증명된 때'에 한

하여 증거로 할 수 있다고 명시함으로써 그 증거능력의 인정 범위를 필요한 최소한도로 엄격히 제한하고 있다. 그러므로 ⓐ 검사가 공판준비 또는 공판기일 외에서의 진술을 유죄증거로 제출하는 경우 법원은 먼저 검사로 하여금 그 진술이 '특히 신빙할 수 있는 상태 하에서 행하여진' 사정을 증명하도록 하여야 하고, ⓑ 이를 **엄격히 심사**하여 그 요건을 충족한 것으로 인정될 때에 비로소 증거조사의 대상으로 삼을 수 있다. ⓒ 이때 요구되는 증명의 정도는, 그 진술이 이루어진 구체적인 경위와 상황에 비추어 보아 단순히 적법하고 진술의 임의성이 담보되는 정도를 넘어, 법정에서의 반대신문 등을 통한 검증을 굳이 거치지 않더라도 진술의 신빙성을 충분히 담보할 수 있어 실질적 직접심리주의와 전문법칙에 대한 예외로 평가할 수 있는 정도에 이르러야 한다.

Ⓐ D의 다툼에도 불구하고 이 점에 관한 검사의 증명이 없을 뿐만 아니라 기록상 달리 위와 같은 상태로 평가할 만한 정황도 보이지 않는다. O와 O2가 수사기관에서 한 각 진술은 법정에서의 반대신문을 통하여 그 신빙성을 엄격하게 검증하여야 할 필요가 있는 것으로 보인다. (중략) 제1심판결 및 이를 유지한 원심판결에는 위 조항의 적용범위에 관한 법리를 오해한 위법이 있어 그대로 유지될 수 없다.

Ⓒ

1 종래의 판례이론

진술 또는 작성이 특히 신빙할 수 있는 상태를 "ⓐ 그 진술내용이나 ⓑ 조서 또는 서류의 작성에 허위개입의 여지가 거의 없고 ⓒ 그 진술내용의 신용성이나 임의성을 담보할 구체적이고 외부적인 정황이 있는 경우"로 정의하였다.

2 본 판결의 혁신성

본 판결은 특신상태의 개념에 대한 종래의 판례이론이 특신상태를 '진술의 임의성'과 동일시한 것이 아니라는 점을 밝히고(ⓕ), 특신상태는 증거제출자(사

안에서는 검사)가 미리 증명하여야 하며(ⓓ), 법원은 이를 엄격히 심사하여야 한다는 점을 분명히 한 점에서 '특신상태 담론'을 한층 발전시키는 계기를 마련한 판결이다(대법원 2014. 4. 30. 선고 2012도725 판결).[1]

3 특신상태 긍정례(대법원 1995. 6. 13. 선고 95도523 판결)

"D가 이 사건 목격자 W에 대한 경찰 진술조서를 증거로 함에 동의를 하지 아니하여 제1심 및 원심법원이 W를 증인으로 채택하여 수차에 걸쳐 소환을 하였으나 W는 'D의 보복이 두렵다'는 이유로 주거를 옮기고 또 소환에도 응하지 아니하여 결국 구인장을 발부하였지만 그 집행조차 되지 아니한 사실을 알 수 있으므로, 첫 번째 요건은 충족되었다. 또한 W는 시내버스에 승차하여 가던 중 D의 이 사건 범행을 목격하고 버스안의 승객들에게 주의를 준 다음, 버스를 파출소 앞에 정차시켜 D를 범인으로 지목하였고, 그 직후 경찰에서 D와의 대질신문을 통해 D의 범행내용을 구체적으로 명확하게 진술한 사실을 알 수 있으므로, 두 번째 요건 또한 충족되었다. 다만 W가 '경찰에서 자신의 인적사항을 사실과 다르게 진술'한 점은 인정되지만, 그 뒤 검찰 수사과정 및 공판과정에서 W의 정확한 신원이 밝혀졌고, D의 '보복을 두려워하고 있었다'는 점을 감안하면, W가 위와 같이 인적사항을 허위진술한 것은 D의 추적을 피할 목적에서 비롯된 것이라고 쉽게 짐작되므로, 그와 같은 사정만으로 위 진술조서의 증거능력을 부정할 사유는 되지 아니한다. 따라서 같은 취지에서 W에 대한 경찰 진술조서의 증거능력을 인정한 원심의 조치는 정당하다."

---

1) 대법원 2014. 4. 30. 선고 2012도725 판결. "참고인의 진술 또는 작성이 '특히 신빙할 수 있는 상태 하에서 행하여졌음에 대한 증명'은 단지 그러할 개연성이 있다는 정도로는 부족하고 합리적인 의심의 여지를 배제할 정도에 이르러야 한다. (중략) 314조의 '특신상태'와 관련된 법리는 마찬가지로 원진술자의 소재불명 등을 전제로 하고 있는 316조 2항의 '특신상태'에 관한 해석에도 그대로 적용된다."

10.16 314조의 특히 신빙할 수 있는 상태의 입증방법(적극적 증명)

대법원 2014. 8. 26. 선고 2011도6035 판결

F D는 오산 시장으로 재직 중이던 "2006년 9월경부터 같은 해 12월경까지 사이에 오산시에서 아파트 건설사업을 추진하던 O주식회사(이하 'O회사'라고 한다)의 전무 O2로부터 '도시계획심의 등 행정절차를 원활하게 진행시켜 달라'는 청탁을 받게 되자, (중략) 뇌물 20억 원을 받기로 약속하고 그 중 2억 원을 수령"한 특정범죄가중처벌등에 관한 법률위반(수뢰) 혐의로 기소[1]되었다. O2는 검찰에서 수사가 진행되던 2009. 11. 13. D와의 대질신문 도중 쓰러져 사망하여 공판정에 출석할 수 없었다. 검찰은 '전체 피의자신문 중 O2가 D에게 뇌물을 제공한 사실 등을 시인하기 시작한 제3회 피의자신문 당시에만 영상녹화를 실시하였다'면서 그 '영상녹화물과 그 결과를 담은 피의자신문조서'를 제출하였다. 그 피의자신문조서에는 자신(O2)의 뇌물공여사실과 D의 공소사실(수뢰)을 시인하는 내용의 진술이 담겨 있다. D와 변호인은 '영상녹화물과 그 결과를 담은 피의자신문조서'를 증거로 함에 부동의하였다. 제1심과 항소심은 O2의 진술이 기재된 검사작성 피의자신문조서를 주된 증거로 삼아 위 공소사실을 유죄로 인정하였다. 그런데 O2는 방광암 말기의 질환을 가진 환자로서 구속된 상태에서 그 자신에 대한 업무상횡령 등과 D에 대한 뇌물공여 혐의와 관련하여 2009. 10. 13.부터 2009. 11. 12.까지 약 1개월 동안 19차례 소환되어 11차례의 야간조사를 포함한 총 15차례에 걸친 피의자신문을 받고 결국 그 수사과정에서 사망하였다. D는 이 점을 지적하면서 상고하였다.

I 원진술자 O2가 사망하여 진술불능이므로 법원이 이 피의자신문조서를 증거로 채택할 수 있으려면 그 조서가 '특히 신빙할 수 있는 상태'에서 작성되었음이 입증되어야 한다. 따라서 314조의 '특히 신빙할 수 있는 상태'의 의미와 그 입증방법이 쟁점인데

의미에 대하여는 앞(⇨10.15)에서 자세히 다루었으므로 여기서는 그 입증방법에 집중하기로 하자.

R A 파기환송. 원심이 전제하는 바와 같이 ⓒ 조서라는 것이 진술자의 진술내용을 빠짐없이 모두 기재하는 것은 아니라고 하더라도 적어도 그 진술의 내용이 조사자의 의도에 맞추어 임의로 삭제·가감됨으로써 진술의 취지가 변경·왜곡되어서는 아니 될 것이다. (중략) ⓔ 피의자신문조서와 영상녹화물 사이에 이 부분 구성요건적 사실이나 핵심적 정황에 관하여 위와 같은 정도의 차이가 있음에도 불구하고, 그 피의자신문조서는 마치 O2가 처음부터 이 부분 공소사실에 완전히 부합하는 진술을 한 것처럼 작성되어 있으므로, 이러한 사정에 비추어 보더라도 그 진술의 내용이나 조서의 작성이 '특히 신빙할 수 있는 상태 하에서' 이루어졌다고 보기는 어렵다.

그리고 O2는 제3회 피의자신문에서 이루어진 진술을 토대로 진행된 이후의 피의자신문 과정에서 그 진술 내용을 대체로 유지하였는데, 위에서 본 바와 같이 유일하게 영상녹화물이 존재하는 제3회 피의자신문조서에 기재된 진술 및 그 조서의 작성조차 '특히 신빙할 수 있는 상태 하에서' 행하여졌다는 점에 관한 증명이 있다고 보기 어려운 상황에서, O2의 진술 중 이 사건 공소사실의 기초를 이루는 범행계획에 관한 부분인 2006년 9월경부터 같은 해 12월경까지 사이에 D와 O2 사이에 뇌물 20억 원을 공소사실과 같은 방법으로 수수하기로 의사의 합치가 이루어졌다는 점은 원심의 판단에 의하더라도 그 판시에서 지적하는 바와 같이 객관적 정황과 맞지 아니하여 신빙성이 없다는 것이며, 여기에 ⓕ O2가 방광암 말기의 질환을 가진 환자로서 구속된 상태에서 그 자신에 대한 업무상횡령 등과 D에 대한 뇌물공여 등의 혐의와 관련하여 2009. 10. 13.부터 2009. 11. 12.까지 약 1개월 동안 19차례 소환되어 11차례의 야간조사를 포함한 총 15차례

---

1) 공소사실은 매우 복잡하지만 독자의 편의를 위하여 특신 정황에 초점을 맞추어 단순화시켰다.

에 걸친 피의자신문을 받고 결국 그 수사과정에서 사망에 이른 점 등 기록에 나타난 여러 사정까지 보태어 보면, O2에 대한 제3회 피의자신문 후에 이루어진 같은 취지의 제4회 이후의 피의자신문조서들에 대하여 법정에서의 반대신문 등을 통한 검증을 거치지 않더라도 진술의 신빙성과 임의성을 충분히 담보할 수 있는 구체적이고 외부적인 정황이 존재하여 그에 기초하여 법원이 유죄의 심증을 형성하더라도 증거재판주의의 원칙에 어긋나지 않는다고 평가하기는 어렵다.

따라서 검사가 작성한 O2에 대한 제3회 피의자신문조서와 그 후의 피의자신문조서들은 그 진술이 특히 신빙할 수 있는 상태 하에서 행하여졌음이 증명되었다고 보기 어려워 이를 증거로 삼을 수 없으므로, 그 증거능력을 인정한 원심판단에는 법 314조에 관한 법리를 오해한 잘못이 있다.

C

1 진술 또는 작성이 '특히 신빙할 수 있는 상태(312조 4항 등)'와 '특히 신용할 만한 정황(315조 3호)'

양자는 동일한 사물을 약간 달리 표현하였을 뿐이다(이설 있음). 이하에서는 전자를 특신상태, 후자를 특신정황으로 지칭하기로 한다.

대법원은 특신상태를 "ⓐ 그 **진술의 내용**이나 조서 또는 서류의 작성에 **허위 개입의 여지**가 거의 없고 그 **진술 내용의 신빙성이나 임의성**을 담보할 **구체적**이고 **외부적**인 정황"으로 정의한다. 그러나 이 정의가 구체적으로 무엇을 지칭하는지, 또 어떻게 활용되는지에 대하여는 향후 지속적인 관심을 기울여야 한다. 315조 1호와 2호는 특신정황의 성문법적 사례를 명시한 것이다. 따라서 특신정황(혹은 특신상태)이 인정되려면 공무원(외국공무원 포함)이 직무상 증명할 수 있는 사항을 문서로 작성하는 정황이나 업무상 필요로 문서가 작성되는 정황에 필적하는 정황 혹은 상태이어야 한다.

2 본 판례에서 명시되고 있는 중요한 메시지

"특신상태 존재의 증명은 증거제출자(사안에서는 검사)가 그 존재를 적극적으로 증명(적극적 증명방식)하

여야 하는 것이지 '특신상태의 부존재를 의심할 만한 사유가 발견되지 않는다'는 식으로 증명(소극적 검토방식)"하는 것으로는 부족하다는 점이다. 대법원은 이 점을 들어 제1심과 항소심의 논증방식의 불비를 질책하고 있다.

3 영미 증거법상의 사례들

원진술자의 임종시의 진술(dying declarations), 원진술자에게 불이익한 사실의 승인(Declaration against interest), 사건발생 직후의 자연발생적인 진술(spontaneous statements), 성폭행·성추행을 당한 아동이 피해 직후 피해상황을 모친에게 말하고, 그 피해아동의 진술을 내용으로 하는 모친의 증언 등의 사안에서는 특신상태를 인정할 만하다.

4 긍정징표와 부정징표

많은 사례가 집적되어야 일반적·추상적 징표를 형상화할 수 있지만 적어도 ⓔ, ⓕ는 특신상태의 존재를 부정하게 하는 방향의 징표들로 활용할 수 있다. 최종적인 판정은 이들 징표들을 질적으로 감안한 가중치를 종합하여 행하여져야 할 것[2]이다.

5 변호인의 조사절차 참여는 특신상태를 인정할 만한 징표의 하나일 뿐이고 그것만으로 특신상태를 반드시 인정해야 할 징표로 볼 수는 없다.

6 314조의 특신상태는 315조의 특신정황·316조의 특신상태와 구별되는 개념인가?

이를 긍정하는 견해[3]가 있고 일리 있는 주장이다. 더 나아가 312조 1항의 특신상태와 313조 1항의 특신상태까지 그 의미를 달리 새겨야 한다는 주장도 있지만 향후의 연구과제이다.

---

2) 김태업, 형사소송법 제314조에 따라 증거능력을 인정하기 위한 요건, 한국형사소송법학회·한국형사판례연구회·형사법제 전문검사 커뮤니티 공동학술대회(2015. 5. 9) 발표문 참조.

3) 김민기, 형사소송법상 특신상태의 의미와 인정방법, 법원행정처, 형사재판의 쟁점과 과제(2008).

10.17 피고인에게 적대적인 참고인진술조서의 증명력 제한

대법원 2006. 12. 8. 선고 2005도9730 판결

F 유흥주점 업주인 D, D2는 '2002년 7월 하순부터 8월 초순까지 사이에 그들이 운영하는 유흥주점을 방문한 Y 보도방 소속 접객원인 B, C로 하여금 부근 숙박업소에서 각 윤락(현재는 성매매)행위를 하도록 직접 알선'한 혐의(윤락행위방지법위반, 현재는 성매매방지법)로 기소되었다. D, D2는 수사 초기부터 일관하여 '평소 Y 보도방 소속 접객원들을 불러 접객행위를 하도록 한 사실은 있지만 윤락행위를 알선한 사실은 없다. 특히 공소사실 일시경 B, C를 D, D2가 운영하는 유흥주점에 접객원으로 부른 사실이 있는지조차 분명하지 않다'고 주장하였다. 검사가 제출한 증거들 중 B, C가 공소사실 일시경 D, D2 운영 유흥주점에 접객원으로 불려 간 사실을 뒷받침할 만한 증거는 B, C가 수사기관에서 한 진술이 사실상 유일한 증거이다. D, D2는 재판 과정에서 줄곧 B, C가 수사기관에서 한 진술[1]의 모호성을 지적하며 B, C의 법정출석과 D, D2에 의한 반대신문 기회 보장을 강력히 요구하였지만 소재불명 등의 이유로 B, C의 법정출석과 D, D2에 의한 반대신문은 성사되지 못하였다. D, D2는 재판의 장기화에 따라 9회, 10회 공판기일에 부득이 수사기관이 작성한 조서를 증거로 함에 동의하였다. 제1심은 B, C가 수사기관에서 한 진술의 신빙성을 부정하여 D, D2에게 무죄를 선고하였지만 항소심은 B, C가 수사기관에서 한 진술의 신빙성을 인정하여 유죄를 선고하였다. D, D2가 상고하였다.

I 피고인에게 적대적인 참고인진술조서의 증명력을 어떻게 평가할 것인가?

R 파기환송. 우리 형사소송법이 채택하고 있는

---

1) "B(여)가 갑(보도방 업주)을 통하여 피고인 D가 운영하는 주점에 가서 접객행위를 하였고 근처 상호불상의 여관에서 윤락(성매매)행위를 하였다"는 취지이다

공판중심주의는 '형사사건의 실체에 대한 유죄·무죄의 심증형성은 법정에서의 심리에 의하여야 한다'는 원칙으로, '법관의 면전에서 직접 조사한 증거만을 재판의 기초로 삼을 수 있고 증명대상이 되는 사실과 가장 가까운 원본증거를 재판의 기초로 삼아야 하며 원본증거의 대체물(전문증거) 사용은 원칙적으로 허용되어서는 안 된다'는 실질적 직접심리주의를 주요원리로 삼고 있다. 수사기관이 원진술자(사안에서는 참고인)의 진술을 기재한 조서는 원본증거인 원진술자의 진술을 대체하는 증거방법으로, 원진술자의 진술을 처음부터 끝까지 그대로 기재한 것이 아니라 그 중 공소사실과 관련된 주요부분의 취지를 요약하여 정리한 것이어서 본질적으로 원진술자의 진술을 있는 그대로 전달하지 못한다는 한계를 가지고 있고, 경우에 따라 조서작성자의 선입관이나 오해로 인하여 원진술자의 진술 취지와 다른 내용으로 작성될 가능성도 배제하기 어렵다. 또 조서에 기재된 원진술자의 진술 내용의 신빙성을 판단하는 데 불가결한 요소가 되는 진술 당시 원진술자의 모습이나 태도, 진술의 뉘앙스 등을 법관이 직접 관찰할 수 없다는 점에서 조서에 기재된 원진술자의 진술 내용은 그 신빙성 평가에 있어 근본적인 한계가 있을 수밖에 없다.

A 따라서 D가 공소사실 및 이를 뒷받침하는, 수사기관이 원진술자의 진술을 기재한 조서 내용을 부인하였음에도 불구하고 ⓐ 원진술자의 법정출석 및 D에 의한 반대신문이 이루어지지 못하였다면 ⓑ 그 조서에 기재된 진술이 **직접 경험한 사실**을 구체적인 경위와 정황의 세세한 부분까지 정확하고 상세하게 묘사되어 있어 구태여 반대신문을 거치지 않더라도 진술의 정확한 취지를 명확히 인식할 수 있고 그 내용이 경험칙에 부합하는 등 신빙성에 의문이 없어 조서의 형식과 내용에 비추어 강한 증명력을 인정할 만한 특별한 사정이 있거나, ⓒ 그 조서에 기재된 진술

의 신빙성과 증명력을 뒷받침할 만한 다른 유력한 증거가 따로 존재하는 등의 예외적인 경우가 아닌 이상, ⓓ 그 조서는 진정한 증거가치를 가진 것으로 인정받을 수 없는 것이어서 이를 주된 증거로 하여 공소사실을 인정하는 것은 원칙적으로 허용될 수 없다. ⓔ 이는 원진술자의 사망이나 질병 등으로 인하여 원진술자의 법정출석 및 반대신문이 이루어지지 못한 경우는 물론 수사기관의 조서를 증거로 함에 피고인이 동의한 경우에도 마찬가지이다. 수사기관이 B, C의 진술을 기재한 조서는 법관의 올바른 심증 형성의 기초가 될 만한 증거가치를 가진 것으로 인정받을 수 없는 것이어서 이를 사실상 유일한 증거로 하여 이 사건 공소사실을 인정하는 것은 허용될 수 없다.

C

1 유니크한 '한국형 실질적 직접주의'의 선언

이 판결은 종래 다소 그 내용이 애매한(elusive) 상태에 머물러 있던 공판중심주의의 중심내용을 '실질적 직접심리주의'로 명시한 점에서 한국형 공판중심주의론의 실체를 한층 구체화시킨 의미가 있다. 본 판결은 한국형 공판중심주의론의 실체를 '사실인정자가 증인의 태도증거를 직접 확인할 수 있게 하는 것'과 '반대당사자가 자신에게 불리한 진술을 하는 증인에게 반대신문권을 행사 하도록 보장하는 것'으로 설정하고 있다.

2 한국형 실질적 직접주의

본 판결이 선언한 '실질적 직접심리주의'는 외관상 '독일식의 실질적 직접주의'와 유사하나 '독일식의 실질적 직접주의'에는 '반대당사자의 반대신문권 보장'이 약하므로 내용적으로는 '독일식의 실질적 직접주의'와도 차별되는 매우 유니크한 '한국형 실질적 직접주의'이다.[2]

3 대법원 2001. 9. 14. 선고 2001도1550 판결과의 연속성

이 판결은 원진술자가 공판기일에서 진술조서의 내용과 다른 진술을 하거나 변호인 또는 피고인의 반대신문에 대하여 아무런 답변을 하지 않은 경우의 검사작성 참고인 진술조서의 증명력을 제한한 판결(대법원 2001. 9. 14. 선고 2001도1550 판결)[3]에 이어 반대신문을 경유하지 않은 적대적 참고인진술조서의 증명력을 제한하여 반대신문권과 대면권을 강화·확인한 의미가 있다.

---

2) 본 판결의 논지에 비판적인 논문으로 이완규, 반대신문권과 수사기관 조서의 증거능력 및 증명력, 형사판례연구 18호(2010. 6)이 있다.

3) "원진술자가 공판기일에서 그 조서의 내용과 다른 진술을 하거나 변호인 또는 피고인의 반대신문에 대하여 아무런 답변을 하지 아니하였다 하여 곧 증거능력 자체를 부정할 사유가 되지는 아니한다. (중략) 반대신문권의 보장은 형식적·절차적인 것이 아니라 실질적·효과적인 것이어야 하므로, '증인이 반대신문에 대하여 답변을 하지 아니함으로써 진술내용의 모순이나 불합리를 드러내는 것이 사실상 불가능하였다면, 그 사유가 피고인이나 변호인에게 책임 있는 것이 아닌 한 그 진술증거는 법관의 올바른 심증형성의 기초가 될 만한 진정한 증거가치를 가진다고 보기 어렵다. 따라서 이 증거를 채용하여 공소사실을 인정함에 있어서는 신중을 기하여야 할 것이다. 이 사건에 관하여 보건대, 기록상 W가 제1심에서 반대신문에 대하여 아무런 답변을 하지 아니한 것이 피고인 또는 변호인에게 책임 있는 사유에 기인한 것이라는 점을 인정할 자료를 찾아볼 수 없는 상황에서, 이 사건 공소사실에 대한 주된 증거라 할 수 있는 위 진술기재는 반대신문에 의한 증명력의 탄핵이 제대로 이루어지지 아니한 것으로서 그 신빙성을 선뜻 인정하기 어려울 뿐 아니라, 다음과 같은 점에서 그 진실성이 의심스럽다. (중략) W가 피고인에게 건넸다는 위 수표 500만 원의 구체적인 출처, 위 130만 원이 부산교도소에 영치되고 W가 현금소지를 이유로 징벌을 받지 아니한 것이 피고인에게 100만 원을 제공한 것과 대가관계에 있는지, 그리고 W가 제1심 법정에서 변호인의 반대신문에 대하여 답변을 하지 못한 것이 피고인측의 회유나 압력에 의한 것인지를 나아가 밝혀보거나 다른 객관적인 자료에 의하여 신빙성이 보장되지 않는 한 W의 검찰에서의 진술을 그대로 믿기는 어렵다."

10.18 315조(당연히 증거능력이 있는 서류)

대법원 2007. 7. 26. 선고 2007도3219 판결

F D는 "2005. 7. 중순 20:00경 서울 강남구 역삼동 소재 역삼역 부근 상호불상의 여관에서, W2(포주)가 운영하는 인터넷 채팅사이트(사이트명 생략)를 통하여 알게 된 성명을 알 수 없는(不詳) 여성에게 성매수 대가로 23만 원을 지급하고 1회 성교하여 성매수"(성매매알선 등 행위의 처벌에 관한 법률위반)한 혐의로 기소되었다. 검사는 성매매 여성들이 작성한 메모리카드와 그 출력물을 유죄증거로 제출하였다. 메모리카드 출력물의 D관련 기재사항은 "23-1, 보통"이라는 기재이다. 검사는 이 기재의 의미를 '1회 성교하고 23만 원을 받았다'는 취지라고 주장하였다. 이에 대하여 D는 ⓐ "메모리카드 출력물을 증거로 함에 부동의"하였고, ⓑ 메모리카드 출력물의 성립의 진정함이 작성자에 의하여 증명되지 아니하였고, ⓒ 그 외 "W 등 38명에 관한 메모리카드 출력물 역시 증거능력이 없고," ⓓ "성매매 여성들이 남성들과 채팅으로 성매매조건만 흥정한 채 실제 성매매까지 나아가지 않은 경우에도 그 남성의 인상 및 성매매조건 등을 입력하였다."고 주장하였다. 제1심은 무죄를 선고하였지만 항소심은 유죄(벌금 1백만 원)를 선고하였다. D가 상고하였다.

증인 W3(포주가 고용한 여종업원)의 진술과 메모리카드 출력물의 각 기재에 의하면, 남성들이 채팅 또는 전화만 하고 실제 성매매까지 나가지 않은 경우에는 메모리카드 출력물에 실제 성매매 행위는 없었음을 추단케 하는 표현이 기재되어 있는 반면, 실제 성매매가 이루어진 경우에는 실제 성매매가 있었음을 추단케 하는 표현이 기재되어 있을 뿐만 아니라, W8의 메모리카드 출력물의 방법란에는 '12-1이라고만 기재되어 있는데, W8은 경찰 조사에서 '성매매 여성에게 12만 원을 주고 1회 성매매 행위를 하였다'고 진술하였다(서울중앙지방법원 2007. 4. 18. 선고 2006노3572 판결).

I 성매매 여성들이 성매매를 업으로 하면서 영업에 참고하기 위하여 성매매를 전후하여 상대 남성의 아이디와 전화번호 및 성매매방법 등을 메모지에 적어두었다가 직접 또는 W2(포주)가 고용한 또 다른 여직원이 입력하여 작성된 메모리카드의 출력물의 증거능력

R A 상고기각. 위 메모리카드에 기재된 내용은, W2가 고용한 성매매 여성들이 성매매를 업으로 하면서 영업에 참고하기 위하여 성매매를 전후하여 상대 남성의 아이디와 전화번호 및 성매매방법 등을 메모지에 적어두었다가 직접 또는 W2가 고용한 또 다른 여직원이 입력하여 작성된 것이다. 이는 실질적으로 315조 2호 소정의 영업상 필요로 작성된 통상문서로서 그 자체가 당연히 증거능력 있는 문서에 해당하고 그 내용에 관한 W2, W3의 각 증언 및 피의자신문조서상의 진술기재 역시 증거능력이 없다고 할 수 없다. 또한, W 등 38명에 관한 메모리카드 출력물의 경우 D가 이를 증거로 함에 동의하였음이 기록상 명백하여 증거능력이 있다.

C

315조(당연히 증거능력이 있는 서류)는 전문법칙의 예외에 관한 일반조항이다.

1 공무원 또는 외국공무원이 그 직무상 증명할 수 있는 사항에 관하여 작성한 문서(1호)

가족관계기록사항에 관한 증명서(종전의 호적등·초본), 공정증서등본 기타 공무원(주민등록등·초본, 인감증명, 전과조회회보서, 신원증명서, 세관공무원의 범칙물자에 대한 시가감정서(대법원 1985. 4. 9. 선고 85도225 판결) 또는 외국공무원의 직무상 증명할 수 있는 사항에 관하여 작성한 문서(일본국 세관원 작성의 히로뽕에 대한 범칙물건감정서 등본과 분석의뢰서와 회답서)(대법원 1984. 2. 28. 선고 83도3145 판결)가 이에 해당한다.

② 상업장부, 항해일지 기타 사인(私人)이 업무상 필요로 작성한 통상문서(2호)

금전출납부(대법원 1996. 10. 17. 선고 94도2865 판결),[1] 전표, 통계자료, 진료부 등은 여기에 해당하나 '공무원 아닌 사설의사'의 진단서는 여기에 해당하지 않는다. 상업장부인가 여부는 형식에 구애될 것이 아니라 실질을 관찰하여야 한다. 따라서 정규의 장부가 아닌 노트나 수첩에 기재된 것이어도 좋다. 본 사안의 메모리카드와 그 출력물은 이에 해당한다. 피고인이 업무추진 과정에서 지출한 자금 내역을 기록한 수첩의 기재내용도 이에 해당한다. 탈세를 위하여 이중장부를 작성하였을 때 가짜(표면장부)는 여기에 해당시킬 수 없지만(신동운) 진짜는 여기에 해당한다(이재상). 그러나 수사기관이 수사과정에서 작성하는 문서(긴급체포서, 수사보고서 등)는 여기의 업무상 필요로 작성한 통상문서로 볼 수 없다.

③ 기타 특히 신용할 수 있는 정황에 의하여 작성된 문서

공공기록, 역서(曆書), 정기간행물의 시장가격표, 스포츠기록, 공무소작성의 각종통계와 연감, 다른 사건에서 공범의 피고인으로서의 진술을 기재한 공판조서(대법원 1965. 6. 22. 선고 65도372 판결), 다른 피고인에 대한 형사사건의 공판조서 중 일부인 증인신문조서(대법원 2005. 4. 28. 선고 2004도4428 판결), 군사법원의 판결문사본(대법원 1981. 11. 24. 선고 81도2591 판결), 구속적부심사절차에서 피의자를 심문하고 그 진술을 기재한 구속적부심문조서(대법원 2004. 1. 16. 선고 2003도5693 판결)[2]가 이에 해당한다.

---

1) "상업장부나 항해일지, 진료일지 또는 이와 유사한 금전출납부 등과 같이 범죄사실의 인정 여부와는 관계없이 자기에게 맡겨진 사무를 처리한 사무내역을 그때그때 계속적, 기계적으로 기재한 문서 등의 경우는 사무처리 내역을 증명하기 위하여 존재하는 문서로서 그 존재 자체 및 기재가 그러한 내용의 사무가 처리되었음의 여부를 판단할 수 있는 별개의 독립된 증거자료이고, 설사 그 문서가 우연히 D가 작성하였고, 그 문서의 내용 중 D의 범죄사실의 존재를 추론해 낼 수 있는, 즉 공소사실에 일부 부합되는 사실의 기재가 있다고 하더라도 이를 일컬어 D가 범죄사실을 자백하는 문서라고 볼 수는 없다."

2) "1. 구속적부심은 구속된 피의자 또는 그 변호인 등의

④ 체포·구속인접견부

"체포·구속인접견부는 유치된 피의자가 죄증을 인멸하거나 도주를 기도하는 등 유치장의 안전과 질서를 위태롭게 하는 것을 방지하기 위한 목적으로 작성되는 서류로 보일 뿐이어서 형사소송법 315조 2, 3호에 규정된 당연히 증거능력이 있는 서류로 볼 수는 없다. 원심이 검사가 증거로 신청한 체포·구속인접견부 사본이 형사소송법 315조 2, 3호에 해당하는 서류가 아니라는 이유로 이를 기각한 결정은 정당한 것으로 수긍이 가고, 거기에 상고이유에서 주장하는 바와 같은 체포·구속인접견부에 관한 증거능력을 오해한 위법이 없다"(대법원 2012. 10. 25. 선고 2011도5459 판결).

청구로 수사기관과는 별개 독립의 기관인 법원에 의하여 행하여지는 것으로서 구속된 피의자에 대하여 피의사실과 구속사유 등을 알려 그에 대한 자유로운 변명의 기회를 주어 구속의 적부를 심사함으로써 피의자의 권리보호에 이바지하는 제도이다. 법원 또는 합의부원, 검사, 변호인, 청구인이 구속된 피의자를 심문하고 그에 대한 피의자의 진술 등을 기재한 구속적부심문조서는 311조가 규정한 문서에는 해당하지 않으나, 특히 신용할 만한 정황에 의하여 작성된 문서이므로 특별한 사정이 없는 한, 피고인이 증거로 함에 부동의하더라도 315조 3호에 의하여 당연히 그 증거능력이 인정된다. 2. 구속적부심문조서의 증명력은 다른 증거와 마찬가지로 법관의 자유판단에 맡겨져 있으나, 피의자는 구속적부심에서의 자백의 의미나 자백이 수사절차나 공판절차에서 가지는 중요성을 제대로 헤아리지 못한 나머지 허위자백을 하고라도 자유를 얻으려는 유혹을 받을 수가 있으므로, 법관은 구속적부심문조서의 자백의 기재에 관한 증명력을 평가함에 있어 이러한 점에 각별히 유의를 하여야 한다."

10.19 조사자 증언

대구고등법원 2008. 11. 27. 선고 2008노293 판결

F D, D2는 공직선거법 위반 혐의로 기소되었다. D, D2를 조사했던 경찰관들이 1심법정에서, 'D, D2가 수사과정에서 선거운동과 관련하여 금품을 수수한 사실을 자백하였다'고 증언하였는데 제1심은 이 증언을 증거로 채택하여 유죄를 선고하였다. D, D2는 "경찰에서 금품을 수수하였다고 인정한 것은 나이 어린 경찰관들이 모욕적인 언사로 추궁을 하며 윽박지르는 바람에 검찰에서 진술하게 대답하기 위하여 허위로 진술한 것이므로 위 경찰관들의 증언은 312조 2항의 입법취지에 따라 아무런 증거능력이 없다."고 주장하며 항소하였다.

I 종래 대법원 판례는 'D가 경찰에서의 진술을 부인하는 경우 조사경찰관이 경찰 조사시 D가 범행을 자백하였고 그에 따라 범행사실을 확인하였다고 법정에서 증언하였다고 하더라도 D가 경찰에서의 진술을 부인하는 이상 구법 312조 2항(현행법 312조 3항)의 취지에 비추어 증거능력이 없다'고 판시하여 왔다. 그러나 2007. 6. 1. 법률 제8496호로 개정되어 2008. 1. 1.부터 시행된 현행 형사소송법은 조사경찰관 등이 증인으로 나와 위증죄의 부담을 안고 D측의 반대신문을 받으면서 한 증언에 증거능력을 부여할 의도적인 목적으로, 316조 1항에서 피고인이 아닌 자에 '공소제기 전에 D를 피의자로 조사하였거나 그 조사에 참여하였던 자를 포함한다.'는 규정을 신설하였다. 개정형소법 시행 이후에도 조사자 증언이 316조 1항에 해당하지 않는다고 해석하여야 하는가?

R 파기자판. D의 진술을 내용으로 하는 조사경찰관의 증인은 그 진술이 특히 신빙할 수 있는 상태하에서 행하여졌다면 증거능력이 있다.

A 살피건대, D, D2를 조사한 경찰관인 P와 P2는 D, D2에게 ⓐ 진술거부권과 변호인선임권이 있음을 고지하고 조사 도중에 적절하게 휴식 시간을 주면서 조사하였고, D, D2는 2008. 4. 2. 긴급체포된 후 그날 오후부터 다음날 새벽 1시경까지 1회 경찰 피의자신문을 받았으나 그 후 ⓑ 충분히 수면을 취하고 그 다음 피의자신문부터는 주간에 조사를 받았으며, D, D2가 영양경찰서에서 1회 경찰 피의자신문을 마치고 영덕경찰서 유치장에 입감되기 직전 담당 검사와의 면담을 원하여 ⓒ 조사 경찰관들이 배제된 상태에서 대구지방검찰청 영덕지청의 담당 검사와 면담하였는데 당시 '불편한 점이 없었느냐'는 담당 검사의 질문에 D, D2는 '경찰의 회유나 협박이 있었다, 불편한 점이 있다'는 등의 이야기를 한 적이 없었고, D, D2는 ⓓ 처음부터 범행을 자백한 것이 아니라 D의 집에 대한 압수수색 결과 장롱 위에 띠지로 묶인 100만 원 묶음 15다발이 발견되자 그때부터 자신들의 범행을 자백하기 시작하였으며, D는 영양군 입암면 출신으로 경상북도 도의회 의원까지 지낸 인물이고, 위 D를 주로 조사하여 금품 수수 사실을 자백하는 진술을 받은 ⓔ 경찰관 P도 입암면이 고향으로 위 D의 아들의 중학교 후배인 점 등에 비추어 볼 때, 경찰에서 D, D2가 금품 수수 사실을 자백하는 내용의 진술을 한 것은 그 진술에 허위개입의 여지가 거의 없고 그 진술내용의 신빙성이나 임의성을 담보할 만한 상태에서 행하여졌다고 보인다. 따라서 경찰수사 단계에서 범행을 자백하는 D, D2의 진술을 내용으로 하는 증인 P, P2의 원심(1심) 및 당심 법정진술은 그 증거능력이 있고, D, D2의 신분이나 지위에 비추어 볼 때 자백의 의미나 중요성을 제대로 헤아리지 못한 채 허위자백을 하였다고 볼 수 없는 만큼 그 신빙성도 충분하다.

C

1 조사자의 증언은 316조 1항에 해당하여 특신상태가 인정되면 증거능력이 있다

2007. 6. 1. 법률 제8496호로 개정되어 2008. 1. 1.부터 시행된 현행 형사소송법은 조사자의 증언을 인정하지 않은 종래의 대법원 판례의 태도와는 달리, 조사경찰관 등이 증인으로 나와 위증죄의 부담을 안고 D측의 반대신문을 받으면서 한 증언에 증거능력을 부여함으로써 실체적 진실발견과 D의 방어권 보장 사이에 조화를 도모할 목적으로 316조 1항에서 피고인이 아닌 자에 '공소제기 전에 D를 피의자로 조사하였거나 그 조사에 참여하였던 자를 포함한다'는 규정을 신설하였다. 따라서 D의 진술을 내용으로 하는 조사경찰관의 증언은 그 진술이 특히 신빙할 수 있는 상태 하에서 행하여졌다면 증거능력이 있다.

2 원진술이 특히 신빙할 수 있는 상태 하에서 행하여졌음이 인정된 사례

본 사안은 '원진술이 특히 신빙할 수 있는 상태 하에서 행하여졌음이 인정된 사안'이라는 점에서도 주목된다.

3 조사자의 증언이 316조 2항에도 해당될 수 있을까?(긍정)

대법원 2008. 9. 25. 선고 2008도6985 판결은 이런 전제에 서 있다. "316조 2항은 '피고인 아닌 자의 공판준비 또는 공판기일에서의 진술이 피고인 아닌 타인의 진술을 그 내용으로 하는 것인 때에는 원진술자가 사망, 질병, 외국거주, 소재불명, 그 밖에 이에 준하는 사유로 인하여 진술할 수 없고, 그 진술이 특히 신빙할 수 있는 상태 하에서 행하여졌음이 증명된 때에 한하여 이를 증거로 할 수 있다'고 규정하고 있고, 같은 조 1항에 따르면 위 '피고인 아닌 자'에는 공소제기 전에 피고인 아닌 타인을 조사하였거나 그 조사에 참여하였던 자(이하 '조사자'라고 한다)도 포함된다. 따라서 조사자의 증언에 증거능력이 인정되기 위해서는 원진술자가 사망, 질병, 외국거주, 소재불명, 그 밖에 이에 준하는 사유로 인하여 진술할 수 없어야

하는 것이라서, 원진술자가 법정에 출석하여 수사기관에서 한 진술을 부인하는 취지로 증언한 이상 원진술자의 진술을 내용으로 하는 조사자의 증언은 증거능력이 없다."

4 원진술이 특히 신빙할 수 있는 상태 하에서 행하여졌음이 부정된 사례

"원심은, 피고인을 조사하였던 경찰관 O의 원심 법정진술은 '피고인이 이 사건 공소사실 기재와 같은 범행을 저질렀다'는 피고인의 진술을 그 내용으로 하고 있는바, 이를 증거로 사용할 수 있기 위해서는 피고인의 위와 같은 진술이 특히 신빙할 수 있는 상태 하에서 행하여졌음이 증명되어야 하는데, 피고인이 그 진술 경위나 과정에 관하여 치열하게 다투고 있는 점, 위와 같은 진술이 체포된 상태에서 변호인의 동석 없이 이루어진 점 등을 고려해 보면, 피고인의 위와 같은 진술이 특히 신빙할 수 있는 상태 하에서 행하여졌다는 점이 증명되었다고 보기 어려우므로, 피고인의 위와 같은 진술을 내용으로 한 O의 당심 법정에서의 진술은 증거능력이 없다고 판단하였다. 원심판결 이유를 기록에 비추어 살펴보면, 원심의 이러한 판단은 정당한 것으로 수긍이 가고, 거기에 상고이유에서 주장하는 바와 같은 조사자 증언에 대한 법리오해, 채증법칙 위반 등의 잘못이 없다"(대법원 2012. 10. 25. 선고 2011도5459 판결).

5 피고인이 피의자신문조서의 실질적 진정성립을 부인하는 경우에 그 조서의 실질적 진정성립을 증명시키는 '영상녹화물 또는 그 밖의 객관적 방법(312조 2항, 4항)'에 조사자증언을 포함시킬 수 있는가?

부산지방법원은 이 쟁점에 대하여 "피해자에 대한 경찰진술조서에 대하여 피고인의 증거동의가 없고, 피해자 또한 자신의 진술과 다르게 기재되어 있다고 증언하였는데, 조사자가 위 조서는 피해자가 경찰에서 진술한 대로 기재되어 있고 위 조서 중의 서명·날인 또한 피해자의 것이 맞다고 증언하더라도 위 조사자의 증언만으로 위 경찰진술조서의 진정성립을 인정할 수는 없다(부산지방법원 2008. 4. 15. 선고 2008노131 판결)"고 판시한 바 있다.

10.20 공동피고인의 공판정 외의 진술을 내용으로 하는 증인의 전문진술의 증거능력

대법원 1984. 11. 27. 선고 84도2279 판결

F D(남)와 D2(여)는 간통혐의로 병합기소되었다. 이하에서 D를 '피고인' D2를 '공동피고인'으로 지칭하겠다. D와 D2는 필요적 공범 중에서도 '대향적(對向的) 공범(共犯)'의 관계에 있다. D와 D2는 모두 검사의 피의자신문시나 제1심 법정에서 "서로 성교할 목적으로 공소사실에 적시된 일시에 공소사실에 기재된 여관의 방실에 들어간 것은 인정하나 피고인 D가 그 방에 딸린 목욕탕에서 머리를 감고 있는 사이에 공동피고인 D2가 그 방에서 나와 집으로 돌아갔기 때문에 성교를 하지 못하였다"고 간통사실을 부인하였다. 제1심법원은 ① 피고인(D)과 공동피고인(D2)이 성교할 목적으로 여관에 들어갔다는 내용의 검찰 및 법정에서의 진술, ② 공동피고인 D2가 간통죄로 구속되기 전에 D2로부터 '여관의 방실에서 D와 성교하였다'는 말(자백에 해당한다)을 들었다는 내용의 '전문증인 W와 W2의 법정증언' 등을 증거로 채택하여 D, D2에 대하여 각 유죄판결을 선고하였다. 공동피고인 D2는 항소를 하지 아니하여 유죄판결이 확정되었고 피고인 D는 제1심판결에 대하여 항소하였다. 항소심법원이 항소를 기각하자 피고인 D는 상고를 제기한 후 상고이유서에서 'W, W2의 증언 및 검찰진술은 전문증거이므로 316조 2항에 의하여 증거능력이 없다'고 주장하였다.

I 공동피고인(D2)의 공판정 외의 진술을 내용으로 하는 증인(W, W2)의 전문진술을 피고인(D)에 대한 피고사건에 증거로 사용할 수 있기 위한 요건

R 파기환송. 316조 2항에 의하면 피고인 아닌 자의 공판준비 또는 공판기일에서의 진술이 피고인 아닌 타인의 진술을 그 내용으로 하는 것인 때에는 원진술자가 사망·질병 기타 사유로 인하여 진술할 수 없고 그 진술이 특히 신빙할 수 있는 상태 하에서

행하여진 때에 한하여 이를 증거로 할 수 있다고 규정하고 있는데 ㉮ 여기서 말하는 '피고인 아닌 타인'이라 함은 제3자는 말할 것도 없고 공동피고인이나 공범자를 모두 포함한다.

A 피고인 D 아닌 제1심 공동피고인 D2도 '피고인 아닌 자'에 해당하니 위 ㉯ D2(제1심 공동피고인이다 : 저자)가 제1심법정에서 간통사실을 부인하는 이 사건에서는 원진술자인 D2가 사망·질병 기타 사유로 인하여 진술할 수 없는 때에 해당하지 아니하므로 D2의 진술을 그 내용으로 하는 W 및 W2의 증언 및 진술은 전문증거로서 증거능력이 없다.

C 1)

① 316조 1항과 2항

316조는 선서한 증인의 공판정에서의 전문진술(hearsay)이 예외적으로 증거능력을 인정받을 수 있는 요건을 규정하고 있다. 모두 피고인 아닌 자의 전문진술에 대한 규정인데, 1항은 "피고인이 아닌 자(공소제기 전에 피고인을 피의자로 조사하였거나 그 조사에 참여하였던 자를 포함한다. 이하 이 조에서 같다)의 공판준비 또는 공판기일에서의 진술이 피고인의 진술을 그 내용으로 하는 것인 때에는 그 진술이 특히 신빙할 수 있는 상태 하에서 행하여졌음이 증명된 때에 한하여 이를 증거로 할 수 있다."고 규정하여2) 전문진술이

---

1) 이하의 설명은 저자의 共同被告人의 公判廷外의 陳述을 내용으로 하는 證人의 傳聞陳述(형사법연구 제18호, 2002. 12, 333~360)을 요약한 것이다.

2) (공소제기 전에 피고인을 피의자로 조사하였거나 그 조사에 참여하였던 자를 포함한다. 이하 이 조에서 같다)는 부분은 2008년 개정에서 추가된 부분이다. 따라서 구법에서와는 달리 피고인을 조사하거나 조사에 참여한 자의 진술에 대하여도 특신상태를 요건으로 증거능력이 인정된다. "사경 또는 수사단계에서 피고인의 자백을 들었

'피고인의 진술'을 내용으로 하는 경우에는 특신상태를 요건으로 증거능력을 인정하고, 2항은 "피고인 아닌 자의 공판준비 또는 공판기일에서의 진술이 피고인 아닌 타인의 진술을 그 내용으로 하는 것인 때에는 원진술자가 사망, 질병, 외국거주, 소재불명 그 밖에 이에 준하는 사유로 인하여 진술할 수 없고, 그 진술이 특히 신빙할 수 있는 상태 하에서 행하여졌음이 증명된 때에 한하여 이를 증거로 할 수 있다."고 규정하여 전문진술이 '피고인 아닌 타인의 진술'일 경우에는 '사망 등 진술불능'과 '특신상태'의 두 가지 요건을 충족하여야만 증거능력을 인정한다.

② 316조 2항의 '피고인 아닌 타인'에 '공동피고인'이 포함된다고 볼 것인가?

이 질문을 부정한다면 위 사안의 항소심 판결처럼 W, W2의 전문증언은 316조 1항의 적용을 받게 되고,[3] 긍정(본 판결의 입장)한다면 316조 2항의 적용을

받게 될 것이다. 본 판결은 대법원이 316조 2항 적용설을 취하고 있음을 확인한 판결이다. 같은 취지의 대법원 판결로는 대법원 2000. 12. 27. 선고 99도5679 판결; 대법원 2007. 2. 23. 선고 2004도8654 판결[4]이 있다.

다는 제3자의 증언은 312조 2항에 비추어 피고인이 내용을 부인하면 증거능력이 없다"는 판례(대법원 1968. 11. 19. 선고 68도1366 판결)나 "피고인이 법정에서 범행을 부인하고 경찰에서의 진술도 부인하여 피고인의 경찰에서의 자백이 312조 2항에 의하여 증거로 할 수 없는 경우에 피고인이 경찰에서 본건 범행을 자백하였다는 조사경찰관의 증언을 범죄사실을 인정하는 증거로 할 수 없다"(대법원 1975. 5. 27. 선고 75도1089 판결)는 판례는 현행법 하에서는 더 이상 인용할 수 없다.

3) 김대휘, 공범자인 공동피고인의 진술을 내용으로 하는 전문증거, 형사판례연구 11(2003), 343~345 : "제1, 2심은, 증인의 진술이 공동피고인의 진술을 내용으로 하는 전문진술이지만 그 진술이 특히 신빙할 수 있는 상태 하에서 행하여진 것으로 인정되므로 그 전문진술은 공동피고인뿐만 아니라 피고인에 대하여도 316조 1항에 의하여 증거능력이 있고, 이를 포함하여 다른 증거들을 종합하면 피고인들 모두에 대하여 선거법 위반의 공소사실이 유죄로 된다고 판단하였다. (중략) 전문법칙은 원칙적으로 배심재판에 적용되는 원리이므로 가능한 한 제한해석되어야 한다. (중략) 본 사건에서 공동피고인의 법정 외에서의 자백을 내용으로 하는 증인의 전문증언과 검찰진술은 공동피고인의 공소사실에 대하여는 증거능력이 있으나 공동피고인과 필요적 공범관계에 있는 피고인의 공소사실에 대하여는 증거능력이 없어 무죄가 된다는 것으로서 상식에 어긋난 결론에 이르게 된다. (중략) 그러므로 공범인 공동피고인은 피고인이 아닌 타인으로 볼 것이 아니고, 따라서 공범인 공동피고인의 진술을 내용으로 하는 전문진술은 316조 1항에 의하여 증거능력이 부

여될 수 있다고 해석함이 상당하다. (중략) 또 공범자가 아닌 공동피고인인 경우에는 범죄사실에 동일성이나 관련성이 없으므로 제3자로 보아야 하고 따라서 316조 2항이 적용되어야 한다."

4) 임의적 공범인 교사범에 대한 판결이므로 판례는 임의적 공범이나 필요적 공범을 구분하지 않고 있음을 알 수 있다. "316조 2항에 의하면 피고인 아닌 자의 공판준비 또는 공판기일에서의 진술이 피고인 아닌 타인의 진술을 그 내용으로 하는 것인 때에는 원진술자가 사망, 질병 기타 사유로 인하여 진술할 수 없고 그 진술이 특히 신빙할 수 있는 상태 하에서 행하여진 때에 한하여 이를 증거로 할 수 있다고 규정하고 있는데, 여기서 말하는 피고인 아닌 자라고 함은 제3자는 말할 것도 없고 공동피고인이나 공범자를 모두 포함한다고 해석된다."

10.21 탄핵증거의 적격과 탄핵대상

대법원 1998. 2. 27. 선고 97도1770 판결

F D는 "K가 '반국가단체인 북한공산집단의 구성원으로서 북한의 지령을 받고 북한에서 남파되어 대남적화통일사업을 위한 공작활동을 하는 간첩으로 자신을 포섭하려 한다'는 점을 알면서도 이를 수사기관 또는 정보기관에 고지하지 아니한" 국가보안법위반(불고지죄) 혐의로 구속기소되었다. 항소심은 유죄를 선고하였다. 그런데 항소심은 ㉠ D가 내용을 부인한 사법경찰리작성의 D에 대한 피의자신문조서(이하 '피신조서'라고 약칭함)와 D가 스스로 작성한 자술서, ㉡ 법정에서 증거로 제출된 바 없어 전혀 증거조사가 이루어지지 아니한 채 수사기록에만 편철되어 있던 1995년 9월분 소득세 징수액 집계표를 D의 진술을 탄핵하는 증거로 채택하였다. D는 항소심이 "탄핵증거의 범위와 탄핵증거의 조사방법에 관한 법리를 오해한 위법이 있다"고 주장하며 상고하였다. 피신조서나 자술서 작성에 임의성을 의심할 만한 증거는 발견되지 않았다.

I 1. 요증사실과의 관계에서 탄핵증거에는 전문법칙의 적용이 없다. 전문법칙의 차원에서 증거능력 없는 증거를 탄핵증거로는 쓸 수 있는가?
2. 법정에서 증거조사를 한 바 없는 증거는 엄격한 증명의 증거로 사용할 수 없다. 이런 증거를 탄핵증거로는 쓸 수 있는가?

R 상고기각. 1. D가 지적하는 사법경찰리 작성의 D에 대한 3·4·5회 각 피신조서와 D가 작성한 자술서(3회)는 모두 검사가 유죄의 자료로 제출한 증거들로서 D가 (공판정에서 : 저자 첨가) 각 그 내용을 부인하는 이상 증거능력이 없으나 그러한 증거라 하더라도 그것이 ㉮ 임의로 작성된 것이 아니라고 의심할 만한 사정이 없는 한 ㉯ D의 법정에서의 진술을 탄핵하기 위한 반대증거로 사용할 수 있다.

2. 탄핵증거는 범죄사실을 인정하는 증거가 아니므로 엄격한 증거조사를 거쳐야 할 필요가 없음은 318조의2의 규정에 따라 명백하나(대법원 1978. 10. 31. 선고 78도2292 판결; 대법원 1996. 1. 26. 선고 95도1333 판결 등 참조), 법정에서 이에 대한 탄핵증거로서의 증거조사는 필요하다.

A 1. D는 사법경찰리로부터 이 사건 범죄사실에 관하여 조사를 받으면서 이 사건 범행을 완강히 부인하여 그대로 조사되었고, 기록상 D의 그 진술이 임의로 된 것이 아니라고 의심할 만한 자료가 없으므로 이와 다른 견지에서 원심판결을 비난하는 상고이유의 주장은 받아들일 수 없다.

2. 원심은 법정에서 증거로 제출된 바가 없어 전혀 증거조사가 이루어지지 아니한 채 수사기록에만 편철되어 있는 1995. 9월분 소득세징수액집계표(수사기록 678면)를 D 및 그 사무실 직원 D2 등의 진술을 탄핵하는 증거로 사용하였는바, 이러한 원심의 조치에는 탄핵증거의 조사방법에 관한 법리오해의 위법이 있다.

3. 그러나 원심이 내세운 위 증거를 제외한 나머지 탄핵증거만으로도 K의 진술을 부인하는 D 및 D2 등의 진술의 증명력이 감쇄되었고, 따라서 위와 같은 잘못은 판결 결과에 영향이 없어 판결의 파기사유가 되는 위법이라고 볼 수 없으므로 이 점을 지적하는 상고이유의 주장은 이유 없다.

C

① 임의성이 없는 진술 또는 진술조서는 탄핵증거로도 사용할 수 없다

탄핵증거로 사용될 수 있는 것은 312조~316조의 규정에 의하여 증거능력이 인정되지 않는 전문증거이다(318조의2 1항). 그러나 자백배제법칙에 위반하여

증거능력이 없는 자백이나 진술의 임의성이 인정되지 않아 증거능력이 부인된 진술이나 서류(309조, 317조)는 탄핵증거로도 사용할 수 없다. 왜냐하면 309조가 임의성 없는 자백의 증거능력을 부정하는 이유는 임의성 없는 자백을 증거의 세계에서 완전히 배제하려는 헌법적 근거(헌법 12조 7항)에서 나온 것이고 또 318조의2는 진술의 임의성을 규정한 317조를 규율대상으로 명시하고 있지 않기 때문이다.

② 증거서류가 탄핵증거로 제출된 경우에 그 서류는 원진술자에 의하여 312조나 313조에 의한 성립의 진정 또는 내용이 인정되어야 하는가?

본 판결은 사법경찰관이 작성한 피신조서에 대하여 이를 '요하지 않는다'고 판시하고 있다. 이 판결은 일단 피고인 측에 불리한 판결로 보인다. 그 대신 "유죄의 자료가 되는 것으로 제출된 증거의 반대증거 서류에 대하여는 그것이 유죄사실을 인정하는 증거가 되는 것이 아닌 이상 반드시 그 진정성립이 증명되지 아니하거나 이를 증거로 함에 상대방의 동의가 없다고 하더라도 증거판단의 자료로 할 수 있다"[1]는 판례도 있음에 주의하여야 한다.

③ 탄핵증거의 조사방법

엄격한 증명의 자료로 될 수 없는 전문증거를 탄핵증거로 사용하는 것이므로 탄핵증거에 대하여 정규의 증거조사절차와 방식을 요하도록 할 수는 없다. 그러나 최소한 '공판정에서의 조사는 필요'하다(대법원 2005. 8. 19. 선고 2005도2617 판결 참조).

④ 피고인의 공판정진술도 탄핵의 대상이 되는가?

피고인이 공판정에서 공소사실을 부인하면 검사는 피고인의 이 공판정 부인진술을 그 피고인의 공판정 외에서의 자기모순의 진술(주로 '사경면전의 자백조서'와 '검사면전의 자백조서'일 것이다)로 탄핵하고 싶을 것이다. 318조의2는 탄핵의 대상으로 '증인의 진술뿐만 아니라 피고인의 진술도 포함'시키고 있어 318조의2

를 문리해석하면 법적으로 문제가 없어 보이고 본 판결도 이 입장에 서 있다. 그러나 이에 대하여는 이론적, 입법론적으로 비판이 있을 수 있다.

⑤ 탄핵증거의 범위

당사자(주로 검사)가 증명력을 다투려고 하는 진술자의 진술과 모순(상반)되는 과거의 진술(이른바 '자기모순의 진술' prior inconsistent statement)에 한정되는 것으로 볼 것인지 여부가 문제된다. 이를 긍정하는 입장이 한정설, 부정하는 입장이 비한정설이다.

(1) **한정설** : 이 견해에 의하면 현재 증명력을 다투려고 하는 공판정 진술을 한 자가 이전에 현재의 진술과 다른 진술을 한 경우에 현재의 진술과 상반된 진술 또는 그 진술을 기재한 서면에 한하여 318조의2에 의한 탄핵을 할 수 있게 된다.

(2) **비한정설** : 318조의2에 한정하는 취지가 없음을 논거로 한다.

(3) **판례** : 대법원이 어떤 입장인지는 명백하지 않다.

⑥ 피고인의 부인진술을 탄핵하는 명목의 증거는 탄핵증거로 볼 수 없다(대법원 2012. 10. 25. 선고 2011도5459 판결)

"범죄사실의 인정은 합리적인 의심이 없는 정도의 증명에 이르러야 하나(307조 2항), 사실인정의 전제로 행하여지는 증거의 취사선택 및 증명력에 대한 판단은 자유심증주의의 한계를 벗어나지 않는 한 사실심 법원의 재량에 속한다(308조). 그리고 탄핵증거는 진술의 증명력을 감쇄하기 위하여 인정되는 것이고 범죄사실 또는 그 간접사실의 인정의 증거로서는 허용되지 않는다(대법원 1996. 9. 6. 선고 95도2945 판결 참조). 원심은 검사가 탄핵증거로 신청한 체포·구속인접견부 사본은 피고인의 부인진술을 탄핵한다는 것이므로 결국 검사에게 입증책임이 있는 공소사실 자체를 입증하기 위한 것에 불과하므로 318조의2 1항 소정의 피고인의 진술의 증명력을 다투기 위한 탄핵증거로 볼 수 없다는 이유로 그 증거신청을 기각하였다. 관련 법리와 기록에 비추어 살펴보면 원심의 이 부분 판단은 정당한 것으로 수긍이 가고, 거기에 탄핵증거에 관한 법리를 오해하거나 채증법칙을 위반한 위법이 없다."

---

1) 대법원 1972. 1. 31. 선고 71도2060 판결; 대법원 1974. 8. 30. 선고 74도1687 판결; 대법원 1981. 12. 22. 선고 80도1547 판결; 대법원 1994. 11. 11. 선고 94도1159 판결.

10.22 재전문증거의 의의와 증거능력

대법원 2000. 3. 10. 선고 2000도159 판결; 대법원 2012. 5. 24. 선고 2010도5948 판결

F 자신의 딸인 '생후 30개월가량 된 아동(V)이 성인남성으로부터 강제추행당했다'고 주장하는 모(母), M은 자신의 딸 V가 사건이 발생한 후 7개월가량이 지난 후에 성행위를 연상시키는 이상한 행동을 하다가 M으로부터 질문을 받고서야 '성룡이 아저씨'(피의자·피고인, D)로부터 추행당한 사실을 이야기하였다고 진술하였다. V가 전하는 추행의 내용은 M이 딸 V와 대화하는 상황을 녹음한 녹음테이프(사인 작성 녹음테이프)에 녹음되어 있다. M은 녹취 당시 V에게 "성룡이 아저씨(D)가 '쉬 닦아 준다'고 고추로 잠지에다가 대고 흔들었다"는 내용으로 이야기할 것을 구체적으로 유도하여 V가 "'성룡이 아저씨가 쉬 닦아 준다'고 고추로 잠지에 대고 흔들었다"는 취지의 대답을 하였다(이상은 압수된 녹음테이프에 대한 제1심의 검증결과). M 이외에 V로부터 그와 같은 내용의 이야기를 들었다는 사람은 아무도 없다. 1998. 4. 12. M은 남편인 F와 상의하거나 D에게 추궁이나 항의도 하지 아니한 채 바로 D의 처인 R에게 연락하여 V의 피해사실을 알리고 '각자 남편에게는 알리지 말고 해결하자'고 하면서 액수를 말하지는 않았으나 '교외에서 살 수 있도록 도와 달라'고 하여 금전적인 보상을 요구하였으며, 그 다음날에도 다시 R에게 전화하여 금 200만 원 내지 300만 원의 보상을 요구하였다. R이 이에 응하지 않자 M은 같은 달 14일 인천 여성의 전화 부설 성폭력상담소를 찾아가 상담을 하고 형사고소에 관한 안내를 받은 다음, 같은 달 24일에 이르러서야 형사고소를 제기하였다. D는 경찰, 검찰에서 피의사실을 부인하였다. 검사는 D를 미성년자의제강제추행혐의[1]로 기소하였다. D는 제1심과 항소심에 이르기까지 일관하여 공소사실을 부인하였다. 제1심과 항소심은 유죄를 인정하였다. 항소심이 유죄의 증거로 채용한 증거들은 ⓐ 항소심 증인 F의 진술(공판정 진술로서 재전문진술), ⓑ 항소심 증인 V의 진술(V의 공판정 진술로서 요증사실인 공소사실과 관련성이 없음), ⓒ 항소심 증인 M의 진술(공판정 진술로서 전문진술), ⓓ 제1심 제3회 공판조서 중 증인 M의 진술기재(공판정 진술로서 전문진술), ⓔ 압수된 녹음테이프(증제1호 313조 1항의 진술서에 필적함)에 대한 제1심의 검증결과 중 V의 진술 부분(원진술이지만 V의 공판정외의 진술), ⓕ 수사기관 작성의 M에 대한 참고인진술조서의 진술기재(조사한 수사기관 작성의 전문진술이 기재된 조서), ⓖ 수사기관(검사) 작성의 Y(인천 여성의 전화 부설 성폭력상담소의 상담원)에 대한 참고인진술조서의 진술기재(성폭력상담소의 상담원을 조사한 수사기관 작성의 재전문진술이 기재된 조서) 등이다.

I 재전문증거의 의의, 유일하게 허용되는 전문진술이 기재된 조서의 적용법조, 재전문진술이나 재전문진술을 기재한 조서의 증거능력

R 파기환송. 1. (재전문증거의 의의) 원심이 들고 있는 유죄의 증거들 중 M의 수사기관에서부터 원심 법정에 이르기까지의 진술(ⓒ, ⓓ, ⓕ)은 모두 1998. 4. 12. V로부터, 'V가 D로부터 공소사실 기재와 같은 내용의 추행을 당하였다'는 이야기를 들었다는 것인바, 이러한 M의 공판기일에서의 진술(ⓒ, ⓓ)은 이른바 전문진술(316조 2항)이고, ㉮ M의 수사기관에서의 진술을 기재한 조서(ⓕ)는 그와 같은 전문진술이 기재된 조서로서 이른바 재전문증거이다.

2. (전문진술이 기재된 조서의 적용법조) 전문진술은 316조 2항의 규정에 따라 원진술자가 사망, 질병, 외국거주 기타 사유로 인하여 진술할 수 없고 그 진술이 특히 신빙할 수 있는 상태 하에서 행하여진 때에 한하여 예외적으로 증거능력이 있고, ㉯ 전문진술이 기재된 조서는 312조 또는 314조의 규정에 의하여 각 그 증거능력이 인정될 수 있는 경우에 해당하여야 함

---

1) "D는 1997년 8월 일자불상 경 D의 집에서 피해자 V(당시 생후 30개월가량)의 하의를 벗기고 D의 성기를 V의 음부 등에 비벼대는 등 강제로 추행하였다"(형법 305조).

은 물론 나아가 316조 2항의 규정에 따른 위와 같은 요건을 갖추어야 예외적으로 증거능력이 있다. 여기서 ㉰ 그 진술이 특히 신빙할 수 있는 상태 하에서 행하여진 때라 함은 그 진술을 하였다는 것에 허위개입의 여지가 거의 없고, 그 진술내용의 신빙성이나 임의성을 담보할 구체적이고 외부적인 정황이 있는 경우를 가리킨다(대법원 1995. 6. 13. 선고 95도523 판결; 대법원 1997. 4. 11. 선고 96도2865 판결; 대법원 1999. 2. 26. 선고 98도2742 판결; 대법원 1999. 11. 26. 선고 99도3786 판결 등 참조).

A 압수된 녹음테이프에 대한 제1심의 검증결과에 의하면, 그 녹취 당시 M이 V에게 "성룡이 아저씨가 쉬 닦아준다고 고추로 잠지에다가 대고 흔들었다"는 내용으로 이야기할 것을 구체적으로 유도하였는데, V는 이에 대하여 처음에는 '얘기하기 싫다'거나 '엄마는 몰라도 된다'는 식으로 대답을 회피하다가, M이 '대답을 잘해야 색연필을 사러 가고 다음에 학교 가자'는 등으로 회유하면서 같은 내용의 질문을 반복하자 결국 M이 유도하는 바에 따라 공소사실과 같은 취지의 대답을 하였음을 알 수 있다. 그러나 V는 1995. 3. 8.생으로 위 녹취 당시 만 3세 1개월 남짓한 유아이었고, 그 후 원심법정에서 진술함에 있어서도 그의 의사를 언어로써 제대로 표현하지 못한 점에 비추어, 과거 자신이 경험한 사실을 기억하여 그 기억에 따라 진술할 수 있는 능력이 성인이나 보다 나이가 든 아동에 비하여 미약하다고 보여지는데, M이 위와 같이 V와의 대화를 녹취한 것은 이 사건이 발생하였다는 때로부터 7개월 가량이 지난 1998. 4. 20.일 뿐만 아니라, M이 D의 처에게 D의 V에 대한 추행사실을 들어 금전보상을 요구한 후에 그 증거자료를 확보하기 위한 것이었으며, 더욱이 그 녹취 과정에서 'M이 V에게 편향되고 유도적인 질문을 반복하여 V로부터 그 유도에 따라 대답을 하게 하였음'을 알 수 있고, 그 녹취 당시를 제외하고는 V가 같은 내용의 이야기를 하였음을 알 수 있는 자료가 없는 점 등에 비추어 보면, V로서는 그 녹취에 이르기까지 M의 영향을 받아 진술이 왜곡되었을 가능성을 배제할 수 없다. 그렇다면 V의 증언능력 유무와는 상관없이 사건

이 있은 때로부터 7개월가량이 경과된 후에 M의 편향되고 유도적인 반복 질문에 따라 비로소 이루어진 단 1회의 V의 진술만으로 D에 대한 이 사건 공소사실을 인정하는 데 합리적인 의심을 배제한 정도의 증명에 이르렀다고 볼 수는 없다.

R A 3. (재전문진술이나 '재전문진술을 기재한 조서'의 증거능력) V의 아버지인 F의 원심법정에서의 진술(ⓐ)과 인천 성폭력상담소 상담원인 Y의 검찰에서의 진술을 기재한 조서(ⓖ)는, F나 Y가, M이 V로부터 들었다는 V의 피해사실을, M으로부터 다시 전해 들어서 알게 되었다는 것을 그 내용으로 하고 있는 바, 이러한 F의 원심법정에서의 진술은 '요증사실을 체험한 자'(V)의 진술(원진술)을 들은 자(전문자 M)의, 공판준비 또는 공판기일 외에서의 V의 진술을 그 내용으로 하(여 법정에 전달하 : 저자첨가)는 이른바 재전문진술(ⓐ)이고, Y의 검찰에서의 진술조서(ⓖ)는 그와 같은 재전문진술을 기재한 조서이다. 그런데 ㉱ '형사소송법은 전문진술에 대하여 316조에서 실질상 단순한 전문의 형태를 취하는 경우에 한하여 예외적으로 그 증거능력을 인정하는 규정을 두고 있을 뿐, 재전문진술이나 재전문진술을 기재한 조서에 대하여는 달리 그 증거능력을 인정하는 규정을 두고 있지 않으므로, 피고인이 증거로 하는 데 동의하지 않는 한 310조의2의 규정에 의하여 이를 증거로 할 수 없다.' F의 원심법정에서의 진술(재전문진술)과 Y의 검찰에서의 진술을 기재한 조서(재전문진술을 기재한 조서)는 재전문진술이거나 재전문진술을 기재한 조서이므로 이를 증거로 할 수 없다.[2]

C

① 문제의 제기

본 판례에 의하면 제1심과 항소심이 채택한 증거 중 ⓐ와 ⓖ는 원천적으로 증거능력이 없고(재판요지3), ⓑ는 이른바 '증거의 관련성'이 없어서 증거로 할 수

---

[2] 대법원 2004. 3. 11. 선고 2003도171 판결도 같은 취지이다.

없고, ⓒ, ⓓ, ⓕ는 특신정황의 존재가 증명되지 않아 증거능력이 없으며(재판요지1·2), ⓔ는 공판정에서 원진술자인 V에 의하여 성립의 진정(현행법상으로는 313조 1항)이 인정될 수 없거나 그렇지 않다 하더라도 모(母) M의 편향되고 유도적인 반복 질문에 응하여 행하여진 진술이므로 공소사실을 인정하기에 합리적인 의심을 배제할 정도의 증명력이 없다. 그러나 본 사안은 재전문증거(double hearsay 혹은 hearsay within hearsay)나 그 이상의 누적적 전문증거(multiple hearsay)의 증거능력이 정면으로 쟁점화된 최초의 판례사안이다.

② 재전문증거의 의의

대법원은 본 판결에서 '전문진술이 기재된 조서'(ⓕ)만을 암묵적으로 '(허용되는) 재전문증거'라고 명명하고 있다(재판요지1). 사실인정의 주체(trier of the fact)인 법원의 입장에서 볼 때 본건에서 문제가 되고 있는 참고인진술조서의 진술기재내용은 원진술자(original declarant, V)의 경험을 전해들은 M(最初 傳聞人)의 진술이라는 점에서 '1차의 전문성(hearsay)'을 띠고 있고 또한 그 진술이 법원면전(法院面前)에서 행하여진 것(공판정 진술)이 아니라 수사기관(검사) 앞에서 행하여진 것(공판정외의 진술)이라는 점에서 '재차(再次)의 전문성'(hearsay within hearsay)을 띠고 있다. 대법원은 이런 맥락에서 수사기관 작성의 M에 대한 참고인진술조서를 '재'(전문성의 2번 누적)전문증거로 파악한 것이다.

③ '전문진술이 기재된 조서'의 적용법조

대법원은 (ⓐ-1) "312조 또는 314조의 규정에 의하여 각 그 증거능력이 인정될 수 있는 경우에 해당하여야 함은 물론", (ⓐ-2) "316조 2항의 규정에 따른 위와 같은 요건을 갖추어야 예외적으로 증거능력이 있다"고 판시하고 있다. 대법원은 왜 이런 결론을 도출하였을까?

전문증거를 증거로 할 수 없는 이유는 여러 가지가 있지만 가장 중요한 것은 그것이 반대당사자의 반대신문을 경유하지 않아 신용성이 결여되기 때문이다. 그러나 전문증거라도 증거로 사용하여야 할 절박한 필요성이 있고 반대신문의 경유를 대신할 만한 다른

보장책이 구비되면 증거로 쓸 수 있도록 하려는 것이 형사증거법의 기조이다. 본 판례가 (ⓐ-2)의 요건을 요구한 것은 '전문진술이 기재된 조서'의 '1차의 전문성결함'을 극복하기 위한 것이고 (ⓐ-1)의 요건을 요구한 것은 '전문진술이 기재된 조서'의 '재차의 전문성결함'을 극복하기 위한 것임을 어렵지 않게 추론해낼 수 있다.

④ 검면조서의 전문성결함을 극복하기 위한 요건의 충족여부

본 사안의 경우 최초전문인 M은 법정에서 '전문진술이 기재된 검사작성 참고인진술조서'(이하 '검면조서(檢面調書)'로 약칭함)의 '성립의 진정'을 인정하였을 것이므로(312조 4항) '재차의 전문성결함'은 극복되었을 것이다. 문제는 본 검면조서가 '1차의 전문성결함'을 극복할 수 있겠는가 하는 점이다.

본 검면조서가 '1차의 전문성결함'을 극복할 수 있으려면 필요성(진술불능) 요건과 특신정황 요건을 모두 갖추어야 한다. 먼저 V의 1998. 4. 12. 원진술을 증거로 사용할 필요성 요건의 충족여부를 살펴보자. "V는 원심법정에 증인으로 출석하여 이름과 나이 등을 묻는 재판장의 질문에만 대답하였을 뿐, 'D나 D의 가족을 알고 있느냐'는 질문에 대하여는 '모른다'고 하거나 '대답하기 싫다'고 하였다." 그렇다면 원진술자인 V는 원심법정에서의 진술 당시 자신이 과거에 경험한 사실을 그 기억에 따라 진술할 수 있는 증언능력을 결여하였다고 볼 수 있거나 적어도 원진술자가 요증사실에 관하여 실질적으로 증언을 거부한 것과 마찬가지로 볼 수 있으므로, ⓐ 원진술자가 진술할 수 없는 사유가 있는 경우에 해당한다(필요성 요건의 구비). 그러나 대법원은 특신정황 요건을 갖추지 못하였다고 판단하였다. 그러므로 "M의 수사기관에서의 진술을 기재한 조서는 316조 2항의 요건을 갖추지 못하여 310조의2의 규정에 의하여 증거로 할 수 없다"는 것이 대법원의 결론이다. 다음에 문제되는 것은 재전문진술과 재전문진술을 기재한 조서의 증거능력문제이다.

⑤ 재전문진술과 재전문진술을 기재한 조서의 증거능력

대법원은 "㉯ 형사소송법은 전문진술에 대하여 316조에서 실질상 단순한 전문의 형태를 취하는 경우에 한하여 예외적으로 그 증거능력을 인정하는 규정을 두고 있을 뿐, 재전문진술이나 재전문진술을 기재한 조서에 대하여는 달리 그 증거능력을 인정하는 규정을 두고 있지 않고 있으므로, 피고인이 증거로 하는 데 동의하지 않는 한 310조의2의 규정에 의하여 이를 증거로 할 수 없다"(재판요지3)는 형식논리를 전개하고 있다. 형사소송법은 '전문진술이 기재된 조서'에 대하여도 규정하고 있지 않으므로 이 논증에는 약점이 있다.

재전문증거와 재재전문증거를 통틀어 '누적적 전문증거'(multiple hearsay)로 명명한다면, 누적적 전문증거는 전문성이 부가되는 길목마다 그것을 증거로 사용할 때 예상되는 위험성을 극복할 수 있는 전문법칙의 예외조건(필요성 요건과 특신정황 요건)이 누적적으로 구비되면 증거로 할 수 있도록 하는 것이 타당하다는 견해(이재상)가 주목된다. 미국연방증거법과 대부분의 주의 증거법[3]이 이런 입장을 취하여 아동학대와 아동추행사안에 대처하고 있다.

⑥ 수사기관이 피고인의 전문진술을 기재한 조서의 적용법조(대법원 2000. 9. 8. 선고 99도4814 판결[4])

"전문진술이나 전문진술을 기재한 조서는 310조의2의 규정에 의하여 원칙적으로 증거능력이 없으나, 다만 피고인 아닌 자의 공판준비 또는 공판기일에서의 진술이 피고인의 진술을 그 내용으로 하는 것인 때에는 316조 1항의 규정에 따라 그 진술이 특히 신빙할 수 있는 상태 하에서 행하여진 때에 한하여 이를 증거로 할 수 있고, 그 전문진술이 기재된 조서는 형사소송법 312조 내지 314조의 규정에 의하여 그 증거능력이 인정될 수 있는 경우에 해당하여야 함은 물론 나아가 316조 1항의 규정에 따른 위와 같은 조건을 갖춘 때에 예외적으로 증거능력을 인정하여야 할 것이다(대법원 2000. 3. 10. 선고 2000도159 판결 참조)."

---

3) John William Strong et al ed., McCormic On Evidence, 4th ed., West Publishing Co.(St. Paul, Minn., 1992), pp. 540~541 이하 참조.
4) 따름판결로 대법원 2012. 5. 24. 선고 2010도5948 판결이 있다.

10.23 증거동의와 그 취소·철회의 주체와 시기

대법원 1988. 11. 8. 선고 88도1628 판결

F D(전 국가대표 역도선수로 키가 크다)는 'V2에 대한 상해치사' 혐의로 기소되었다. D는 당초 경찰에서 참고인으로서 진술하였다. 그러다가 어느 순간에 피의자로 신분이 변경되어 피의자신문을 받게 되었다. D는 참고인으로서 진술할 당시나 제1회 피의자신문을 받을 당시에는 일부 범행을 부인하다가 제2차 피의자신문(1987. 10. 10.자)에서는 범행사실을 자백하였다. D는 그 이후의 경찰이나 검찰에서 피의자신문을 받으면서 종전의 태도로 돌아가 구타사실 및 V2의 사망 현장에 간 사실을 부인하였다. D는 검사가 제출한 참고인진술조서, 피신조서 중, ① 경찰작성의 참고인 W에 대한 진술조서(공소장에 기재된 사고발생 무렵은 깜깜한 밤중이었기 때문에 왕래자들의 인상을 파악할 수 있는 정도는 아니었으나 구령과 함께 구타하는 소리가 들려 W가 장독대 위로 올라가보니 '키가 큰 사람이 키 작은 사람을 심하게 때리고 있었다'는 내용의 진술이다. D는 전 국가대표 역도선수로 키가 크고 V2는 키가 작다), ② 검사 및 경찰 작성의 W2에 대한 참고인진술조서(W2는 D와 같은 감방에 있었던 별개사건의 피의자로서 'D가 자신(W2)에게 범행사실을 시인하였다'는 내용의 진술)에 대하여는 '증거로 함에 부동의'하였지만 ③ 나머지 참고인에 대한 검사 및 경찰 작성의 참고인진술조서에 대하여는 증거로 함에 동의하였고, ④ 검면피신조서에 대하여는 성립 및 임의성을 인정하고, ⑤ 경찰 작성의 피신조서에 대하여는 성립, 임의성 및 내용을 인정하였다(이상은 공판조서의 일부를 이루는 증거목록의 기재). 다만 위와 같은 증거에 대한 의사표시를 D와 변호인 중 누가 한 것인지, 쌍방의 일치된 진술인지는 증거목록에 기재되어 있지 않았다. ⓐ D와 변호인은 공판정에서 범행사실을 부인하고 있을 뿐만 아니라 범행사실에 대한 간접사실(피고인이 피의자로서 신문받을 당시 시인하였던 구령사실, 기합사실)까지도 '기억이 없다'는 식으로 부인하고 있고 ⓑ 변호인은 제1심 공판의 결심(結審) 당시 D에 대하여 무죄의 변론을 하였다. 제1심과 항소심은 ③, ④, ⑤의 증거를 채택하여 D

의 유죄를 인정하고 징역 3년의 실형을 선고하였다. D는 "제1심 제3차 공판기일에 D가 '증거목록상에 증거로 함에 동의한 것으로 기재된 부분은 변호인이 D의 의사를 무시하고 일방적으로 증거동의한 진술을 기재한 것이므로 이들 참고인진술조서(③)나 피신조서(④,⑤)를 유죄의 증거로 삼은 1심판결과 항소심판결은 위법하다"고 주장하며 상고하였다.

I 증거동의의 취소 또는 철회와 그 시간적 한계·증거동의의 주체

R 상고기각. 1. 318조에 규정된 증거동의의 의사표시는 증거조사가 완료되기 전까지 취소 또는 철회할 수 있으나 일단 증거조사가 완료된 뒤에는 취소 또는 철회가 인정되지 않으므로 취소 또는 철회 이전에 이미 취득한 증거능력이 상실되지 않는다(대법원 1983. 4. 26. 선고 83도267 판결).

2. '증거로 함에 대한 동의의 주체는 소송주체인 당사자이지만, 변호인은 피고인의 명시한 의사에 반하지 않는 한 피고인을 대리하여 이를 할 수 있으므로, 피고인이 증거로 함에 동의하지 아니한다고 명시적인 의사표시를 한 경우 이외에는 변호인은 서류나 물건에 대하여 증거로 함에 동의할 수 있다. 이 경우 변호인의 동의에 대하여 피고인이 즉시 이의하지 않는 경우에는 변호인의 동의로 증거능력이 인정되고, 증거조사 완료 전까지 앞서의 동의가 취소 또는 철회하지 아니한 이상 일단 부여된 증거능력은 그대로 존속한다.'[1]

---

1) 이 부분은 여러 문장을 한 문장으로 합쳤기 때문에 명확한 이해가 어렵다. 그 취지를 5개의 문장으로 분리하면 다음과 같다; ⓐ 증거로 함에 대한 동의의 주체는 소송주체인 당사자(피고인)이다. ⓑ 변호인은 피고인의 명시한 의사에 반하지 않는 한 피고인을 대리하여 증거동의를 할 수 있다. ⓒ 변호인의 동의를 무효화시키려면 피고인이 즉시 이의하여야 하고 피고인이 즉시 이의하지

A 3. 제1심 공판조서상의 기재만으로는 제1심판결에서 증거로 거시(擧示 인용)한 위 진술조서들에 대하여 이를 증거로 함에 동의한 것이 변호인의 일방적인 의사표시의 결과라고 단정하기 어렵고 피고인이 그러한 증거에 대한 의사표시가 변호인의 일방적 의사표시에 불과하다는 이유로 이를 취소 또는 철회한 바도 없[다].

4. 검사가 제출한 증거들 가운데 '범행현장을 목격하였다'는 취지의 진술기재가 있는 W에 대한 검사 및 사법경찰리 작성의 각 진술조서와, 'D가 경찰신문 후 구치감에 돌아와서 범행을 자백하였다'고 말하는 사실을 들었다는 취지의 진술기재가 있는 W2에 대한 검사 및 사법경찰리 작성의 각 진술조서(이는 항소심 및 제1심이 유죄의 증거로 삼지 않고 있다)에 대하여는 부동의 하는 등 검사가 제출한 증거들에 대하여 선별하여 동의여부를 결정한 점에 비추어 볼 때, D가 제1심 법정에서 공소사실의 중요부분을 포함한 대부분에 대해 이를 부인하고 있다는 한 가지 사실만 가지고 위와 같이 동의한 것이 D의 의사와는 관계없이 변호인의 일방적인 의사에 의하여 이루어졌다거나 그와 같은 동의가 D에게 효력을 미칠 수 없는 것이라고 인정할 수는 없다.

5. 참고인들(W, W2)에 대한 진술조서들과 검사작성의 D에 대한 피의자신문조서들을 D에 대한 유죄의 증거로 삼은 데에 아무런 잘못이 없다.

6. 다만 사법경찰리 작성의 1987. 10. 11.자 피의자신문조서에는 D의 범행자백 내용이 기재되어 있는 바, D가 제1심 법정에서 시종 범행을 부인하고 있는 상태 하에서 그 조서의 내용을 인정한 데에 의문이 생길 수 있기는 하나 위와 같이 그 내용을 인정한 것이 잘못된 것이라 하더라도 원심 및 제1심이 들고 있는 증거들 가운데 위 사법경찰리 작성의 피의자신문조서를 제외한 나머지 증거들만으로도 D가 피해자 V2를 주먹과 발로 폭행하여 상처를 입히고 그로 인하여 사망의 결과에 이르게 된 원심판시 상해치사 범행을 모두 인정하기에 충분하다.

C

1 증거동의권의 행사주체

증거동의의 행위주체는 검사와 피고인 쌍방이다. 당사자 일방이 신청한 전문증거는 상대방의 동의만으로 족하다. 본 사안에서는 '검사가 신청한 전문증거에 대하여 피고인의 동의가 있었는가'가 문제되고 있다. 그런데 변호인도 이 동의를 할 수 있는가?

변호인은 피고인의 의사에 반하지 않는 한 포괄적 대리권을 가지므로 변호인이 이 동의권을 행사할 수 없다고 할 수는 없다. 그런데 318조 1항은 동의권자를 '피고인 및 검사'라고 명시하고 있다. 이에 비추어 볼 때 적어도 피고인의 명시한 의사(부동의)에 반하여 변호인이 일방적으로 증거동의 할 수는 없다. 대법원은 '변호인의 동의도 일단 유효한 것으로 설정해 놓되 피고인이 취소할 수 있는 것'으로 하면서 '다만 취소 가능한 시한(증거조사 완료 전까지)을 설정'한 것이다. 따라서 변호인의 동의에 대하여 피고인이 즉시 이의를 표시하거나 증거조사 완료 전까지 증거동의를 취소하면 증거동의는 없는 것으로 간주된다.

2 증거동의의 철회와 취소

소송행위는 선행행위와 후행행위가 서로 연쇄를 이루며 발전하여 가므로 이미 행하여진 절차형성행위를 그 뒤에 함부로 철회·취소가능 하도록 하는 것은 바람직하지 않다. 이 법리를 인정하는 이론을 **절차유지의 원칙**이라고 한다. 따라서 증거로 함에 대한 동의의 철회·취소가 허용된다 하더라도 무한정 허용될 수는 없다. 본 사안은 공판조서에 "ⓓ 법원이 증거조사결과에 대하여 의견을 묻는 데 대하여 피고인 및 변호인이 모두 '별 의견이 없다'고 진술한 것으로 기재"되어 있으며 또한 공판조서에는 "ⓔ 증거조사 완료 전까지 그러한 증거에 대한 의사표시가 취소 또는 철회되었다고 볼 흔적"을 찾아볼 수 없다. 따라서 D는 변호인의 증거동의가 적법하게 취소되었음을 주장할 수 없다.

않는 경우에는 변호인의 동의로 증거능력이 인정된다. ⓓ 증거조사 완료 전까지 피고인·변호인은 앞서의 동의를 취소 또는 철회할 수 있다.

10.24 전자증거의 무결성·동일성·신뢰성 개념과 그 입증방법

대법원 2013. 7. 26. 선고 2013도2511 판결(왕재산 판결); 대법원 2018. 2. 8. 선고 2017도13263 판결 (유흥 주점 판결)

F D는 국가보안법위반혐의(반국가단체의 구성·간첩·자진지원·금품수수·특수잠입·탈출·찬양·고무등·회합·통신등·편의제공)로 기소되었다. 유죄증거로 제출된 것은 전자정보저장매체('저장매체'로 약칭)에 입력하여 기억된 문자정보(이하 '전자 문건'이라 한다) 또는 그 출력물(이하 '출력 문건'이라 한다)이다. 제1심과 항소심은 유죄를 선고하였다. D는 '저장매체 등이 수사기관에 의하여 조작되었다'고 주장하며 상고하였다.

국가정보원 수사관들은 D 혹은 그의 가족, 직원이 참여한 상태에서 각 저장매체를 압수한 다음 참여자의 서명을 받아 봉인하였고, 국가정보원에서 일부 저장매체에 저장된 자료를 '이미징' 방식으로 복제할 때 D 또는 전문가들로부터 서명을 받아 봉인상태를 확인→ 봉인을 해제→ 재봉인하였다. 제1심법원은 D, 검사, 변호인이 모두 참여한 가운데 검증을 실시하여 그 검증과정에서 산출한 해쉬 값과 압수·수색 당시 쓰기방지장치를 부착하여 '이미징' 작업을 하면서 산출한 해쉬 값을 대조하여 그 해쉬 값이 동일함을 확인하거나, '이미징' 작업을 통해 생성된 파일의 문자정보와 그 출력 문건이 동일함을 확인하였다. 이를 토대로 제1심과 항소심은 증거로 제출된 출력 문건들이 '압수된 저장매체 원본에 저장되었던 내용과 동일한 것이고 저장매체 원본이 문건 출력시까지 변경되지 않았다고 인정하여 출력 문건들을 증거로 사용할 수 있다'고 판단하였다. D는 '압수·수색 과정을 촬영한 영상녹화물 재생 등의 방법이 아니면 저장매체의 진정성을 인정할 수 없다'고 주장하며 상고하였다.

I '증거의 진정성(authenticity)'이나 '최우량증거 제출 규칙'(the best evidence rule)의 문제들은 어느 증거가 '전문증거인가 아닌가'의 문제와는 차원을 달리하는 별도의 문제들이다.[1] 현행법 312조, 313조의 '성

립의 진정'은 '증거의 진정성' 개념의 극히 일부분만을 포섭하거나, 때로는 미국 증거법의 '증거의 진정성' 개념을 전혀 포섭하지 못하는 협애한 개념이다. 본 사안에서 피고인 D는 검사가 증거로 제출한 '저장매체 등이 수사기관에 의하여 조작되었다'고 주장하였는데 이 주장은 이런 의미의 진정성 문제를 제기하는 것이다. 피고인 측의 이런 문제제기에 대하여 만약 검사측이 전문예외요건의 구비, 혹은 전문법칙의 적용배제 논증으로 대응한다면 그것은 동문서답(東問西答)하는 것이다.

한국법의 성립규정에는 없지만 312조의 조서·진술서, 313조 1항의 진술서·진술기재서, 313조 3항의 감정서의 '성립의 진정' 개념과 구별되는 '증거의 진정성' 개념을 설정하면 318조 1항의 '진정' 개념이 대단히 유용하게 활용될 수 있다.

R 상고기각. 압수물인 컴퓨터용 디스크 그 밖에 이와 비슷한 저장매체(이하 '저장매체'라고만 한다)에 입력하여 기억된 문자정보 또는 그 출력물(이하 '출력 문건'이라 한다)을 증거로 사용하기 위해서는 ⓐ 저장매체 원본에 저장된 내용과 출력 문건의 동일성이 인정되어야 하고, 이를 위해서는 '저장매체 원본이 압수시부터 문건 출력시까지 변경되지 않았다'는 사정, 즉 **무결성**이 담보되어야 한다. 특히 ⓑ 저장매체 원본을 대신하여 저장매체에 저장된 자료를 '하드카피' 또는 '이미징'한 매체로부터 출력한 문건의 경우에는 저장매체 원본과 '하드카피' 또는 '이미징'한 매체 사이에 자료의 **동일성**도 인정되어야 할 뿐만 아니라, ⓒ 이를 확인하는 과정에서 이용한 컴퓨터의 기계적

---

1) 미국 증거법의 고전으로 통하는 John William Strong et

al., *McCormick on Evidence*(4th Ed. 1992)에서 전문법칙 부분은 Title 10(424~547면)에서 기술되고 있고, 진정성 부분은 Title 9의 chapter 22(402~410면), 최량증거제출 규칙은 chapter 23(411~423면)에서 별도로 기술되고 있다. 다른 증거법 문헌에서도 마찬가지이다.

정확성, 프로그램의 신뢰성, 입력·처리·출력의 각 단계에서 **조작자의 전문적인 기술능력과 정확성**이 담보되어야 한다(대법원 2007. 12. 13. 선고 2007도7257 판결 등 참조). 이 경우 출력 문건과 저장매체에 저장된 자료가 동일하고 저장매체 원본이 문건 출력시까지 변경되지 않았다는 점은, ㉮ 피압수·수색 당사자가 저장매체 원본과 '하드카피' 또는 '이미징'한 매체의 해쉬(Hash) 값이 동일하다는 취지로 서명한 확인서면을 교부받아 법원에 제출하는 방법에 의하여 증명하는 것이 원칙이나, ㉯ 그와 같은 방법에 의한 증명이 불가능하거나 현저히 곤란한 경우에는, 저장매체 원본에 대한 압수, 봉인, 봉인해제, '하드카피' 또는 '이미징' 등 일련의 절차에 참여한 수사관이나 전문가 등의 증언에 의해 저장매체 원본과 '하드카피' 또는 '이미징'한 매체 사이의 해쉬 값이 동일하다거나 저장매체 원본이 최초 압수시부터 밀봉되어 증거제출시까지 전혀 변경되지 않았다는 등의 사정을 증명하는 방법 또는 ㉰ 법원이 그 원본에 저장된 자료와 증거로 제출된 출력 문건을 대조하는 방법 등으로도 그와 같은 무결성·동일성을 인정할 수 있고, 반드시 압수·수색 과정을 촬영한 영상녹화물 재생 등의 방법으로만 증명하여야 한다고 볼 것은 아니다.

A 원심의 판단은 정당한 것으로 수긍할 수 있고, 거기에 전자증거의 무결성·동일성 그리고 신뢰성에 대한 입증 방법이나 그 입증의 정도 등에 관한 법리를 오해한 위법이 없으며, 나아가 위와 같은 정보저장매체 등이 수사기관에 의하여 조작되었다거나 피고인들이 그 정보저장매체를 소유 내지 소지한 것이 아니라는 취지의 주장을 배척한 원심의 조치에도 상고이유에서 주장하는 바와 같은 위법이 있다고 할 수 없다.

C

1 전문예외요건으로서의 진정성립 개념과 구별되는 증거의 진정성 개념의 설정필요성

312조~313조의 전문예외요건으로서의 '성립의 진정'이란 "간인·서명·날인 등 조서의 '형식적 진정성

립'과 그 조서의 내용이 원진술자가 진술한 대로 기재된 것이라는 실질적인 진정성립을 모두 의미하는 것(대법원 2002. 8. 23. 선고 2002도2112 판결; 대법원 1990. 10. 16. 선고 90도1474 판결 등 다수)이고, '실질적 진정성립'은 원진술자의 진술에 의하여서만 인정될 수 있는 것"(대법원 2004. 12. 16. 선고 2002도537 판결)이다. 그런데 재판요지 ⓐ, ⓑ부분에서 언급되는 무결성·동일성(저장매체 원본이 압수시부터 문건 출력시까지 변경되지 않았다는 사정)은 수사기관 작성의 조서(312조)와 사인이 작성한 진술서·진술기재서·감정서(313조)의 전문예외 요건인 '성립의 진정'과 별개의 개념이다.

'전자증거의 무결성·동일성'이란 영미 증거법 총론에서 논의되는 기초개념인 증거의 진정성(authenticity) 개념이 전자증거의 영역에서 다소 특이하게 발현되는 속성일 뿐이다. 이미 실무에서 발생한 몇몇 케이스와 향후 발생할 가능성이 있는 수많은 미지(未知)의 케이스를 염두에 둘 때 현행법에 명시되지 않았지만 사안 해결에 필요한 개념으로 312조~313조의 전문예외요건으로서의 '성립의 진정' 개념과 구별되는 '증거의 진정성(authenticity)' 개념을 설정[2]하지 않을 수 없다.

2 FRE의 증거의 진정성 개념

예를 들어 미국연방증거규칙(FRE)이 설정하는 '증거의 진정성' 개념은 "모든 증거는 조사하기 전에 먼저 그 증거가 제출자가 주장하는 바로 그 증거인가 하는 점, 즉 진정(to be 'genuine')성이 증명되어야 한다."는 발상에 기초해 있다. 커먼 로 국가의 증거법상 법정에 증거로 제출되는 서류·증거물 등은 위조, 변조, 조작된 것이 아니고, 보관 잘못 등으로 오염되지 않고 본래의 상태로 동일성이 유지된 것임이 증명되어야 법정에서 온전히 증거로 사용될 수 있다. 이런 의미의 "진정성을 입증하는 것은 모든 증거가 증거로 사용될 수 있기 위한 전제조건"이다. 전문증거 조차도 전문예외 요건의 구비 혹은 전문법칙의 적용배제를 따지기 전에 '진정성' 요건이 구비되었는지의 판

---

2) 이완규(2012), 진술증거의 전문증거성과 진정성 문제의 구별, 형사판례연구 20호(2012. 6) 527~559; 이완규(2013), 협박 진술 녹음의 전문증거 문제와 진정성 문제의 구별, 저스티스 통권 139호(2013. 12), 383 참조.

단이 선행되어야 한다. 따라서 증거의 진정성은 증거능력의 문제이고 형벌권의 존부와 그 범위와는 상관없는 영역이므로 자유로운 증명의 대상이지만[3] 그 증명의 정도는 합리적 의심의 여지가 없는 증명이어야 할 것이다.

③ 전자증거에 특유한 진정성 개념

전자증거의 진정성이 담보되려면 '원본과 사본 혹은 출력문건 사이'에 '동일성(identity)＋무결성(無缺性, integrity)＋신뢰성(reliability)'이 인정되어야 한다는 설명이 여러 연구자들 사이에 제시[4]되어 왔다. 주석가와 논평가들 사이에 이런 방향의 논증이 나타나는 계기가 된 선판례가 있었으니 2007년에 선고된 일명 **일심회** 사건 판결(대법원 2007. 12. 13. 선고 2007도7257 판결, 이하 '일심회 판결'로 약칭함)이 그것이다. 일심회 판결(2007)과 **왕재산** 판결(2013년의 본 판결)의 다른 점은 다음과 같은 두 가지이다.

첫째, 일심회 판결은 '디지털 저장매체 원본이 압수된 이후 문건 출력에 이르기까지 변경되지 않았음이 담보되어야 한다'고 천명하였을 뿐인 것을 왕재산 판결은 이를 '무결성'(integrity)이란 용어로 명시하였다. 둘째, 왕재산 판결은 일심회 판결에 존재하지 않았던 '무결성의 입증방법'을 다양하게 명시하였다.

이렇게 보아오면 일심회 판결과 왕재산 판결이 판시하는 진정성 개념과 미국 증거법 총론에서 논의되는 진정성(authenticity) 개념과의 이동(異同)이 궁금해진다.

ⓐ 부분이 이 의문을 해소하고 있다. 전자증거의 '동일성＋무결성＋신뢰성'이란 미국 증거법 총론에서 논의되는 증거의 진정성 개념이 전자증거의 영역에서 다소 특이하게 발현되는 속성일 뿐이다. 그 중에서 핵심이 되는 개념은 무결성, 즉 **저장매체 원본이 압수시부터 문건 출력시까지 변경되지 않았다**는 **협의의 무결성**이다. 협의의 무결성은 ⓐ 부분을 의미하지만 **광의의 무결성**은 ⓐ, ⓑ, ⓒ를 모두 아우르는 개념이다.

위와 같은 내용의 무결성 개념은 전통적으로 증거물의 영역에서 중시된 '**보관연쇄**'(COC, chain of cus-tody) 개념, 문서에서 중시된 최우량증거(＝원본)제출 규칙 등이 전자증거의 영역에서 전자증거에 고유한 특성 때문에 특이하게 응용된 개념이다. 이런 논증방식은 FRE의 논증방식을 빼닮은 것이다. 이렇게 보아오면 2007년의 일심회 판결과 2013년의 왕재산 판결의 논증방식은 FRE의 논증방식과 대단히 친화성이 있는 것임을 확인할 수 있다.

④ 전자증거의 진정성 입증방법의 다양성

2013년의 왕재산 판결은 '전자증거의 진정성 입증방법은 단일하지 않고 ㉮, ㉯, ㉰, ㉱와 같이 다양'할 수 있음을 판시하고 있다. 이것은 전자증거에 특유한 속성이 아니고 '증거일반의 진정성 입증방법'에 공통되는 사항이다. 현행 형사소송법에 커먼 로 국가의 진정성 개념을 정면으로 수용한 규정은 존재하지 않지만 전자증거에 관한 일심회 판결(2007)과 왕재산 판결(2013)을 매개로 진정성·무결성 개념이 조금씩 그 모습을 드러내고 있는 도중에 있다고 말할 수 있다.

⑤ 전자증거의 진정성(무결성)이 부정된 2018년 판결 (대법원 2018. 2. 8. 선고 2017도13263 판결)의 개요

(1) **사안** : 유흥주점 운영자들인 D, D2는 공모하여 2012.부터 2014.까지 사기 기타 부정한 방법으로 조세를 포탈한 특정범죄 가중처벌 등에 관한 법률 위반(조세) 혐의로 기소되었다. 제1심과 항소심은 유죄를 선고하였다. 유죄의 핵심증거는 D, D2가 사용한 USB에 내장되어 있던 이른바 '판매심사파일'이었다. 쟁점은 원본파일과 검사가 법정에 증거로 제출한 CD와 그 출력물 사이에 동일성을 인정할 수 있는가 하는 점이었다. 제1심과 항소심은 동일성을 긍정하였으나 대법원은 다음과 같은 논증으로 동일성을 인정하기 어렵다며 파기환송하였다.

(2) **재판요지** : "쟁점은 검사가 증거로 제출한 이 사건 CD에 저장되어 있는 파일 중 원심이 유죄의 증거로 삼은 '판매심사－14.xlsx' 파일, '판매심사－15.xlsx' 파일, '산결.xlsx' 파일(이하 통칭하여 '이 사건

---

3) 이완규, 협박 진술 녹음의 전문증거 문제와 진정성 문제의 구별, 저스티스 통권 139호(2013. 12), 383.

4) 이숙연, 디지털증거 및 그 증거능력과 증거조사방안 - 형사절차를 중심으로 한 연구 -, 사법논집 53집(2011); 오기두, 전문증거의 증거능력, 법률신문 4059호, 2012. 8. 13.자.

판매심사 파일'이라고 한다)과 그 출력물이 이 사건 USB 내 원본 파일과 동일성이 인정되는지 여부이다.

원본 동일성은 증거능력의 요건에 해당하므로 검사가 그 존재에 대하여 구체적으로 주장·증명해야 한다(대법원 2001. 9. 4. 선고 2000도1743 판결 등 참조).

(중략) 원심판결 이유를 살펴본다.

① 이 사건 CD에는 이 사건 판매심사 파일을 포함하여 O가 작성한 것으로 보이는 4,458개의 파일(이하 '이 사건 개별 파일들'이라고 한다)과 DirList[20160407-213826].html 파일(이하 '이 사건 목록 파일')이 저장되어 있다. 원심 감정 결과에 의하면, 이 사건 개별 파일들은 포렌식 이미징 작업을 거친 이미지 파일이 아니어서 이 사건 USB 이미지 파일과 동일한 형태의 파일이 아닌데, 이 사건 USB 이미지 파일이 어떠한 형태의 변환 및 복제 등 과정을 거쳐 이 사건 CD에 일반 파일 형태로 저장된 것인지를 확인할 자료가 전혀 제출된 바 없다. 더욱이 이 사건 목록 파일에는 이 사건 개별 파일들 숫자보다 많은 4,508개의 파일 관련 이름, 생성·수정·접근 시각, 파일 크기, MD5 해시값, 경로 정보가 저장되어 있고, 원심 감정 결과에 의하면, 이 사건 개별 파일들의 해시값과 이 사건 목록 파일상 해당 파일별 해시값을 비교해 보았을 때 20개 파일의 해시값이 동일하지 않다는 것이다.

따라서 (중략) 이 사건 목록 파일이 이 사건 압수집행 당시가 아닌 그 이후에 생성되었을 가능성을 배제할 수 없다.

② 이 사건 **사실확인서**에는 이 사건 USB 이미지 파일의 전체 해시값만이 기재되어 있을 뿐 이미징을 한 이 사건 USB 내 개별 파일에 대한 해시값은 기재되어 있지 않으므로, 이 사건 사실확인서를 가지고 이 사건 판매심사 파일과 이 사건 USB 내 원본 파일과의 개별 해시값을 상호 비교할 수도 없다.

③ O(피고인 중의 1인)는 제1심에서, 검찰 조사 당시 엑셀 파일로 된 이 사건 판매심사 파일을 보았고 자신이 작성한 것이 맞다는 생각이 들었다고 진술하였다. 그러나 O가 위 조사 당시 이 사건 판매심사 파일 전부를 제시받아 그 판매금액을 확인하였다고 볼 아무런 자료가 없다. (중략) O의 제1심 진술만으로는 이 사건 판매심사 파일이나 그 출력물이 이 사건 USB 내 원본 파일과 동일하다는 내용을 증명한다고 보기에 충분하지 않다.

④ 이 사건 판매심사 파일이 이 사건 USB 내 원본 파일을 내용의 변개 없이 복제한 것이 확인되지 않은 이상, 이 사건 판매심사 파일과 대조한 결과 그 출력물에서 과세표준의 기초가 되는 부분의 변조내용을 찾아볼 수 없었다는 사정이 이 사건 USB 내 원본 파일의 인위적 개작 없이 그 출력물이 복제·출력되었음을 뒷받침한다고 볼 수도 없다.

그럼에도 원심은 이 사건 판매심사 파일과 그 출력물이 이 사건 USB 내 원본 파일 내용과 동일성을 인정할 수 있어 증거능력이 인정된다고 판단하여, 이를 전제로 특정범죄 가중처벌 등에 관한 법률 위반(조세) 부분을 유죄로 인정한 제1심을 그대로 유지하였다. 따라서 이러한 원심판결에는 필요한 심리를 다하지 않은 채 디지털 증거의 증거능력에 관한 법리를 오해한 잘못이 있다. 이를 지적하는 취지의 상고이유 주장은 이유 있다."

10.25 전자증거와 전문법칙의 준용방법

대법원 2013. 7. 26. 선고 2013도2511 판결

F D 등은 국가보안법 위반(반국가단체로부터 지령을 받고 국가기밀을 탐지·수집하고 북한 공작원과 회합)한 혐의로 기소되었다. 유죄증거로 제출된 것은 전자정보저장매체('저장매체'로 약칭)에 입력하여 기억된 문자정보(이하 '전자 문건'이라 한다) 또는 그 출력물(이하 '출력 문건'이라 한다)이다. '전자 문건'의 작성자(원진술자)는 법정에서 출력 문건의 성립의 진정(313조 1항)을 인정하지 않았다. 제1심과 항소심은 유죄를 선고하였다. 항소심은 "반국가단체로부터 지령을 받고 국가기밀을 탐지·수집하였다는 공소사실과 관련하여 수령한 지령 및 탐지·수집하여 취득한 국가기밀이 문건의 형태로 존재하는 경우 문건 내용의 진실성이 문제되는 것이 아니라 그러한 내용의 문건이 존재하는 것 자체가 증거가 되는 것으로서, 위와 같은 공소사실에 대하여는 전문법칙이 적용되지 않는다"고 보아 해당 부분의 공소사실에 관한 증거로 제출된 출력 문건들의 증거능력이 인정된다고 판단하였다. D는 '출력 문건의 성립의 진정(313조 1항)이 인정되지 않았는데 출력 문건을 증거로 채택한 것은 위법판결'이라고 주장하면서 상고하였다.

I 전자문건에 전문법칙이 준용되는가 여부

R 상고기각. "사람이 정보저장매체에 입력하여 기억된 문자정보 또는 그 출력물을 증거로 사용하는 경우, 이는 실질에 있어서 사람이 작성한 진술서나 그 진술을 기재한 서류와 크게 다를 바 없고, 압수 후의 보관 및 출력과정에 조작의 가능성이 있으며, 기본적으로 반대신문의 기회가 보장되지 않는 점 등에 비추어 그 내용의 진실성에 관하여는 전문법칙이 적용되고, 따라서 원칙적으로 313조 1항에 의하여 그 작성자 또는 진술자의 진술에 의하여 성립의 진정함이 증명된 때에 한하여 이를 증거로 사용할 수 있다.

다만 ⓓ 정보저장매체에 기억된 문자정보의 내용의 진실성이 아닌 그와 같은 내용의 문자정보가 존재하는 것 자체가 증거로 되는 경우에는 전문법칙이 적용되지 아니한다(대법원 1999. 9. 3. 선고 99도2317 판결; 대법원 2013. 2. 15. 선고 2010도3504 판결 등 참조). 나아가 ⓔ 어떤 진술을 범죄사실에 대한 직접증거로 사용할 때에는 그 진술이 전문증거가 된다고 하더라도 그와 같은 진술을 하였다는 것 자체 또는 그 진술의 진실성과 관계없는 간접사실에 대한 정황증거로 사용할 때에는 반드시 전문증거가 되는 것은 아니다(대법원 2000. 2. 25. 선고 99도1252 판결 등 참조).

A 원심판결 이유를 앞서 본 법리와 기록에 비추어 살펴보면, 이 부분 공소사실에 대한 증거로 제출된 출력 문건들의 내용 대부분은 그 요증사실과의 관계에서 문건 기재 내용이 진실한지가 문제 되는 것이 아니라 그러한 내용의 문자정보가 존재하는 것 자체가 증거가 되는 경우에 해당하는 것이므로, 원심의 위와 같은 판단은 그 범위 내에서 정당한 것으로 수긍할 수 있다.

한편 원심은 피고인1, 피고인2, 피고인5의 회합의 점에 관하여, '공소외9 선생앞 : 2011년 면담은 1월 30일~2월 1일까지 공소외9와 함께 북경에서 하였으면 하는 의견입니다'라는 등의 내용이 담겨져 있는 파일들이 피고인1의 컴퓨터에 '저장'되어 있었던 사실을 유죄 인정의 근거가 되는 간접사실 중 하나로 들고 있다. 이를 앞서 본 법리에 비추어 살펴보면, 그 내용과 같이 피고인1, 피고인5가 북한 공작원들과 그 일시경 실제로 회합하였음을 증명하려고 하는 경우에는 문건 내용이 진실한지가 문제되므로 전문법칙이 적용된다고 할 것이지만, 그와 **같은 내용이 담긴 파일이 피고인1의 컴퓨터에 저장되어 있다는 사실 자체**는 그 기재 내용의 진실성과 관계없는 것으로서 이 부분 공소사실을 입증하기 위한 간접사실에 해당하

므로, 이러한 경우까지 전문법칙이 적용된다고 할 수 없다. 같은 취지의 원심판단은 정당하[다].

C

① 내용의 진실성을 입증하려는 경우와 그와 같은 내용의 문자정보가 존재하는 것 자체가 증거가 되는 경우의 구분

'출력 문건'의 작성자(원진술자)인 D 등은 법정에서 출력 문건의 성립의 진정(313조 1항)을 인정하지 않았다. 출력 문건이 傳聞증거이면 법원은 이를 증거로 사용할 수 없고, 만약 그것이 非傳聞증거이면 D 등이 법정에서 출력 문건의 성립의 진정(313조 1항)을 인정하지 않은 소송행위는 의미 없는 소송행위가 된다. 본 판결은 ① 전자 문건의 내용의 진실성을 입증하려고 하는 경우에는 전문법칙이 적용되지만 ② 그와 같은 내용의 문자정보가 존재하는 것 자체가 증거가 되는 경우이거나 혹은, 보통은 증거서류로 인정될 만한 증거라도 ③ 증거의 진술내용의 진실성과 관계없이 간접사실에 대한 정황증거로 사용할 때에 그 증거는 증거물인 서면이 되어 전문법칙의 준용이 없다고 한다.

본 사안은 요증사실과의 관계에서 문자정보가 존재하는 것 자체가 증거가 되는 사례이다. 현재까지 전자문건이 문제된 사례들은 대부분 이 카테고리에 속하는 사례들이었다. 요증사실과의 관계에서 전자문건의 기재 내용이 진실한지가 문제되는 전형적인 사례는 다음의 판례사안이다.

② 요증사실과의 관계에서 문건의 기재 내용이 진실한지가 문제 되는 사례

건설산업기본법에는 건설업체가 주택조합에 홍보비용을 지원하면 처벌하는 구성요건이 있다. D는 건설산업기본법 위반혐의로 기소되었다. D(S주식회사)의 유죄증거로 제출된 유력한 증거는 법률의견서이다. 이 법률의견서는 법무법인 소속 A변호사가 작성한 후 전자우편으로 D측에 전송한 전자문서를 검사가 컴퓨터 등 디지털 저장매체의 압수를 통하여 취득한 다음 이를 출력하여 증거로 신청한 서류이다. D측은 이 법률의견서를 증거로 함에 동의하지 않았다. 검사의 요청으로 원진술자인 A변호사가 항소심 제6회 공판기일에 증인으로 소환받아 출석하였으나 증언하여야 할 내용이 'D로부터 업무상 위탁을 받은 관계로 알게 된 타인의 비밀에 관한 것'임을 소명한 후 재판장으로부터 '증언을 거부할 수 있다'는 설명을 듣고 증언을 거부하였다. 법률의견서의 내용은 다음과 같다: "귀사는 위 창립총회에서 실시된 조합선거와 관련하여, J의 선거운동을 위해 I라는 업체를 통해 우회적으로 홍보비용을 지원하였습니다 (중략) 그러나 귀사가 J의 조합장 당선을 위해 간접적, 우회적 방법으로 홍보비용을 지원한 사실이 밝혀진다면(하략)" (이 사안에 대한 자세한 설명은 대법원 2012. 5. 17. 선고 2009도6788 전원합의체 판결에 대한 항목에 있다).

A변호사의 증언거부로 위 전자문건은 증거로 채택되지 않았지만 만약 A변호사가 법정에서 위 위 전자문건의 성립의 진정을 인정하였다면 이 전자문건이 요증사실과의 관계에서 문건의 기재 내용의 진실성을 입증하는 증거로 제출된 사례가 된다.

③ 요증사실과의 관계에서 문자정보가 존재하는 것 자체가 증거가 되는 사례

"컴퓨터 디스켓에 수록된 문건들(컴퓨터 디스켓에 대하여 실시한 검증 결과는 단지 디스켓에 수록된 문건의 내용이 출력물에 기재된 것과 같다는 것에 불과하여 증거자료가 되는 것은 여전히 컴퓨터 디스켓에 보관된 문건의 내용이다)에 대하여는 그 작성자 또는 진술자에 의하여 성립의 진정함이 증명된 바 없다. 그럼에도 불구하고 원심이 위 컴퓨터 디스켓에 수록된 문건들의 증거능력을 인정하여 이를 피고인들에 대한 유죄의 증거로 쓴 것은 위법하다(다만, 이적표현물을 컴퓨터 디스켓에 저장, 보관하는 방법으로 이적표현물을 소지하는 경우에는 컴퓨터 디스켓에 담긴 문건의 내용의 진실성이 아닌 그러한 내용의 문건의 존재 그 자체가 직접 증거가 되는 경우이므로 적법한 검증 절차를 거친 이상 이적표현물 소지의 점에 관하여는 컴퓨터 디스켓의 증거능력이 인정된다"(대법원 1999. 9. 3. 선고 99도2317 판결).

10.26 녹음테이프에 내장된 음성정보의 적용법조

대법원 2005. 12. 23. 선고 2005도2945 판결; 대법원 1999. 3. 9. 선고 98도3169 판결

F 【2005년 사안】 D는 "2003. 5. 30. 및 같은 해 6. 9. 등 두 차례에 걸쳐 V를 상대로 비리 혐의를 문제삼지 않겠다는 등의 조건으로 3억 원 가량의 합의금을 요구, 갈취하려고 하였으나 V가 이에 불응하는 바람에 미수에 그친" 공갈미수혐의로 기소되었다. 검사는 D의 유죄증거로 V가 D와의 대화내용을 몰래 녹음[1]한 녹음테이프를 녹취서와 함께 법원에 제출하였다. 제1심과 항소심은 그 녹취서의 기재내용과 녹음테이프의 녹음내용이 동일한지 여부에 관하여 검증을 실시하고, 검증조서에 기재된 D의 진술내용을 증거로 채택하여 D에게 유죄를 선고하였다. D가 상고하였다.

【1999년 사안】 D2는 공직선거 및 선거부정방지법 위반혐의로 기소되었다. 검사가 D의 유죄증거로 제출한 것은 고발인이 W와의 대화내용을 W 몰래 녹음한 녹음테이프였다. 제1심과 항소심은 녹음테이프에 녹음된 W의 진술내용을 증거로 채택하여 D2에게 유죄를 선고하였다. D2가 상고하였다.

I 사인(私人)과 피고인(2005년 사안) 또는 피고인이 아닌 자(1999년 사안)와의 대화내용이 녹음된 녹음물(녹음테이프, CD, 컴퓨터파일 등)에 내장된 음성정보의 준용법조

R A 【2005년 사안】 상고기각. ⓐ 피고인 D와 피해자 V 사이의 대화내용에 관한 녹취서가 공소사실의 증거로 제출되어 그 녹취서의 기재내용과 녹

음테이프의 녹음내용이 동일한지 여부에 관하여 법원이 검증을 실시한 경우에 증거자료가 되는 것은 녹음테이프에 녹음된 대화내용 그 자체이고, 그 중 피고인의 진술내용은 실질적으로 311조, 312조의 규정 이외에 피고인의 **진술을 기재한 서류**와 다름없어, ⓑ 피고인이 그 녹음테이프를 증거로 할 수 있음에 동의하지 않은 이상 그 녹음테이프 검증조서의 기재 중 피고인의 진술내용을 증거로 사용하기 위해서는 313조 1항 단서에 따라 공판준비 또는 공판기일에서 그 **작성자인 피해자(V)의 진술**에 의하여 녹음테이프에 녹음된 피고인의 진술내용이 피고인이 진술한 대로 녹음된 것임이 증명되고 나아가 그 진술이 특히 신빙할 수 있는 상태 하에서 행하여진 것임이 인정되어야 한다(대법원 2001. 10. 9. 선고 2001도3106 판결; 대법원 2004. 5. 27. 선고 2004도1449 판결 등 참조). ⓒ 그리고 녹음테이프는 그 성질상 작성자나 진술자의 서명 혹은 날인이 없을 뿐만 아니라, 녹음자의 의도나 특정한 기술에 의하여 그 내용이 편집, 조작될 위험성이 있음을 고려하여, ⓓ 그 대화내용을 녹음한 원본이거나, 혹은 원본으로부터 복사한 사본일 경우에는 복사과정에서 편집되는 등의 인위적 개작 없이 원본의 내용 그대로 복사된 사본임이 입증되어야만 하고, 그러한 입증이 없는 경우에는 쉽게 그 증거능력을 인정할 수 없다(대법원 2002. 6. 28. 선고 2001도6355 판결; 대법원 2005. 2. 18. 선고 2004도6323 판결 등 참조).

【1999년 사안】 상고기각. ⓐ 수사기관이 아닌 사인(私人)이 피고인 아닌 사람과의 대화내용을 녹음한 녹음테이프는 311조, 312조 규정 이외의 피고인 아닌 자의 **진술을 기재한 서류**와 다를 바 없으므로, 피고인이 그 녹음테이프를 증거로 할 수 있음에 동의하지 않는 이상 그 증거능력을 부여하기 위하여는 첫째, ⓓ 녹음테이프가 원본이거나 원본으로부터 복사한 사본일 경우(녹음디스크에 복사할 경우에도 동일하다)에는 복사과정에서 편집되는 등의 인위적 개작 없이 원

---

1) 그 내용은 "D는, 'V에게 부당하게 징수되었다'고 주장하는 조합원 추가분담금 약 7억 3천만 원에 자신의 비상대책위원회 활동에 대한 수고비를 합하여 10억 원을 줄 것을 요구하였고, 이런 요구에 응한다면 기왕의 고소도 모두 취소하고 앞으로는 더 이상 고소를 하지 않겠지만, 응하지 않는다면 계속하여 고소를 하겠다."는 취지였다.

본의 내용 그대로 복사된 사본일 것, 둘째 ⓑ 313조 1항에 따라 공판준비나 공판기일에서 **원진술자의 진술**에 의하여 그 녹음테이프에 녹음된 각자의 진술내용이 자신이 진술한 대로 녹음된 것이라는 점이 인정되어야 할 것이고(대법원 1997. 3. 28. 선고 96도2417 판결 참조), ⓔ 사인이 피고인 아닌 사람과의 대화내용을 대화 상대방 몰래 녹음하였다고 하더라도 위 판시와 같은 조건이 갖추어진 이상 그것만으로는 그 녹음테이프가 위법하게 수집된 증거로서 증거능력이 없다고 할 수 없으며, ⓕ 사인이 피고인 아닌 사람과의 대화내용을 상대방 몰래 비디오로 촬영·녹음한 경우에도 그 비디오테이프의 진술 부분에 대하여도 위와 마찬가지로 취급하여야 할 것이다.

C

1 판례의 분석

대법원은 사인이 녹음한 녹음테이프에 내장된 음성정보(진술 혹은 발언)의 준용법조를 313조 1항으로 지목한다. '녹음테이프에 녹음된 대화는 그 진술내용이 증거가 되는 것이므로 피고인 또는 피고인 아닌 자의 진술을 기재한 서류와 다름이 없다'는 이유에서이다. 다만 진술의 주체가 피고인인지 피고인 아닌 자인지 여부에 따라 준용의 방식을 달리한다.

(1) 그 진술(혹은 발언, 이하 같다)이 피고인의 진술인 경우에는 녹음자(작성자)의 진술에 의하여 진정성립이 증명되고, 아울러 특신상태가 인정되어야 하고(대법원 2005. 12. 23. 선고 2005도2945 판결; 대법원 2001. 10. 9. 선고2001도3106 판결; 대법원 2008. 3.13. 선고 2007도10804 판결),

(2) 그 진술이 피고인 아닌 자의 진술인 경우에는 원진술자의 진술에 의하여 진정성립이 증명되어야 한다(대법원 1999. 3. 9. 선고 98도3169 판결; 대법원 1997. 3. 28. 선고 96도2417 판결; 대법원 2005. 2. 18. 선고 2004도6323 판결).

(3) 법원이 녹음테이프나 녹취서에 대하여 검증을 실시한 경우에도 증거자료가 되는 것은 녹음테이프에 녹음된 대화내용 그 자체이므로 피고인이 그 녹음테이프를 증거로 할 수 있음에 동의하지 않은 이상

그 녹음테이프 검증조서의 기재 중의 진술내용을 증거로 사용하려면 313조 1항의 요건이 구비되어야 한다.

2 진술조서 대용물로서의 녹음물의 준용법조

수사기관이 피신조서나 참고인진술조서에 담길 내용을 신문하고 상대방의 답변을 녹음한 진술조서 대용물로서의 녹음물에는 진술서면에 준하여 전문법칙을 준용하여야 할 것이다. 판례설(311조~313조 준용설)[2]은 진술녹음의 주체와 원진술자의 성격에 따라 311조~313조를 준용하면 된다는 입장이다.

3 313조 1항을 준용할 때 진정성립을 인정할 주체

진정성립을 인정할 주체는 원칙적으로 원진술자이다. 다만 유일한 예외가 있음에 주의하여야 한다. 판례에 따르면 사인이 피고인의 진술을 녹음한 테이프일 때는 예외적으로 그 음성정보의 진정성립을 인정할 주체는 (원진술자인 피고인이 아니라) 녹음자이다.

4 녹음테이프의 진정성 문제(authenticity)

지금까지 언급한 것은 전문예외요건이다. 녹음테이프는 그 밖에 '진정성'(여기서의 '진정성'이란 312조, 313조의 '진정성립'과 구별되는 별개의 개념이다) 요건도 구비되어야 한다. 이 요건은 전문예외요건의 구비여부확인문제에 앞서서 검토되어야 한다.

① 녹음테이프는 그 성질상 작성자나 진술자의 서명 혹은 날인이 필요 없으나, ② 녹음자의 의도나 특정한 기술에 의하여 그 내용이 편집, 조작될 위험성이 있으므로 녹음테이프가 증거로 사용되려면 원칙적으로 녹음테이프는 대화내용을 녹음한 원본이어야 한다(최우량증거규칙의 준용). ③ 원본으로부터 복사한 사본일 경우에 증거제출자는 복사과정에서 편집되는 등의 인위적 개작 없이 원본의 내용 그대로 복사된 사본(이른바 무결성)임을 증명하여야 한다.

---

2) 대법원 1992. 6. 23. 선고 92도682 판결; 대법원 1997. 3. 28. 선고 96도2417 판결; 대법원 2004. 5. 27. 선고 2004도1449 판결.

10.27 디지털 저장매체로부터 출력된 문서와 313조 1항, 315조 2·3호의 적용방법
(국정원 댓글사건 1차판결)

대법원 2015. 7. 16. 선고 2015도2625 전원합의체 판결

F 전직 국가정보원장인 D는 재임 중 "국가정보원 지휘계통을 거쳐 심리전단 소속 4개 사이버 팀 70명 직원과 외부 조력자로 하여금 대선과 관련된 특정 정당 또는 정치인을 지지하거나 반대하는 의견을 표시하게 하여 공직선거법을 위반"한 혐의로 기소되었다. 위 지시를 받은 심리전단 소속 직원들은 "① 2012. 8. 22.부터 2012. 12. 17.까지 인터넷 사이트에 게시된 특정 정당과 정치인을 지지하거나 반대하는 글에 찬성 혹은 반대 클릭을 했고, ② 2009. 2. 14.부터 2012. 12. 13.까지 인터넷 사이트에 특정 정당 또는 정치인을 지지하거나 반대하는 글을 게시했으며, ③ 2011. 1. 12.부터 2012. 12. 19.까지 특정 정당이나 정치인을 지지 혹은 반대하는 글을 트윗 또는 리트윗"한 혐의를 받았다.

검사는 국정원 심리전단 직원 W의 이메일 계정에서 이메일에 첨부된 파일을 수집하여 법정에 그 출력물을 유죄증거로 제출했다. 가장 중요한 파일이 425지논 파일과 시큐리티 파일이었다. W는 검찰에서 '자신이 그 파일들을 작성했다'고 진술했으나 법정에서는 '검찰진술은 착오였고 자신이 파일들을 작성하지 않았다.'고 진술하였다. 제1심은 이 파일들은 "313조 1항 규정에 따라 작성자인 심리전단 직원의 진술로 성립의 진정함이 증명되지 않아 증거능력이 없게 되었다."며 증거로 채택하지 않아 결국 공직선거법 위반 혐의에 대하여는 무죄를 선고하였다. 검사가 항소하였다. 항소심은 디지털 저장매체로부터 출력된 문서를 313조 1항 규정에 따라 사용할 수는 없지만 "위 파일들은 315조 2호 및 3호에 의하여 증거능력이 있다"고 판단하여 D에게 유죄(징역 3년)를 선고하였다. D가 상고하였다.

I 성립의 진정에 관한 종래의 판례를 변경하려는 의도로 검사는 답변서에서 "1954. 9. 23. 제정되고 1961. 9. 1. 개정된 형사소송법 313조 1항의 규정은 21세기 정보화시대를 맞이하여 그에 걸맞게 해석하여야 하므로, 디지털 저장매체로부터 출력된 문서에 관하여는 저장매체의 사용자 및 소유자, 로그기록 등 저장매체에 남은 흔적, 초안 문서의 존재, 작성자만의 암호 사용 여부, 전자서명의 유무 등 여러 사정에 의하여 동일인이 작성하였다고 볼 수 있고 그 진정성을 탄핵할 다른 증거가 없는 한 그 작성자의 공판준비나 공판기일에서의 진술과 상관없이 성립의 진정을 인정하여야 한다."고 주장하였다.

R 파기환송. 어떠한 문서가 형사소송법 315조 2호가 정하는 업무상 통상문서에 해당하는지를 구체적으로 판단함에 있어서는, 위와 같은 형사소송법 315조 2호 및 3호의 입법 취지를 참작하여 ① 당해 문서가 정규적·규칙적으로 이루어지는 업무활동으로부터 나온 것인지 여부, ② 당해 문서를 작성하는 것이 일상적인 업무 관행 또는 직무상 강제되는 것인지 여부, ③ 당해 문서에 기재된 정보가 그 취득된 즉시 또는 그 직후에 이루어져 정확성이 보장될 수 있는 것인지 여부, ④ 당해 문서의 기록이 비교적 기계적으로 행하여지는 것이어서 그 기록 과정에 기록자의 주관적 개입의 여지가 거의 없다고 볼 수 있는지 여부, ⑤ 당해 문서가 공시성이 있는 등으로 사후적으로 내용의 정확성을 확인·검증할 기회가 있어 신용성이 담보되어 있는지 여부 등을 종합적으로 고려하여야 한다.

A 원심의 위와 같은 판단은 다음과 같은 이유로 수긍할 수 없다.

(가) 425지논 파일의 내용 중 상당 부분은 그 출처를 명확히 알기도 어려운 매우 단편적이고 조악한 형태의 언론 기사 일부분과 트윗글 등으로 이루어져 있

으며, 시큐리티 파일의 내용 중 심리전단 직원들이 사용한 것으로 추정된다는 트위터 계정은 그 정보의 근원, 기재 경위와 정황이 불분명하고 그 내용의 정확성·진실성을 확인할 마땅한 방법이 없을 뿐만 아니라, 위 두 파일에 포함되어 있는 이슈와 논지 및 트위터 계정에 관한 기재가 그 정보 취득 당시 또는 그 직후에 기계적으로 반복하여 작성된 것인지도 알 수 없다.

(나) 위 두 파일이 그 작성자의 업무수행 과정에서 작성된 문서라고 하더라도, 위 두 파일에 포함되어 있는 업무 관련 내용이 실제로 업무수행 과정에서 어떻게 활용된 것인지를 알기도 어려울 뿐만 아니라 다른 심리전단 직원들의 이메일 계정에서는 위 두 파일과 같은 형태의 문서가 발견되지 않는다는 사정은 위 두 파일이 심리전단의 업무 활동을 위하여 관행적 또는 통상적으로 작성되는 문서가 아님을 보여 준다.

(다) 나아가 업무수행을 위하여 작성되었다는 위 두 파일에는 업무와 무관하게 작성자의 개인적 필요로 수집하여 기재해 놓은 것으로 보이는 여행·상품·건강·경제·영어 공부·취업 관련 다양한 정보, 격언, 직원들로 보이는 사람들의 경조사 일정 등 신변잡기의 정보도 포함되어 있으며 그 기재가 극히 일부에 불과하다고 볼 수도 없어, 위 두 파일이 업무를 위한 목적으로만 작성된 것이라고 보기도 어렵다.

(라) 425지논 파일에 기재된 업무 관련 내용도 아무런 설명이나 규칙 없이 나열되어 있는 경우가 대부분이어서 그 중 어디까지가 이슈와 논지이고 어디부터가 작성자 자신이 심리전단 활동을 위하여 인터넷 등에서 모아 놓은 기사 등인지 애매하고, 시큐리티 파일도 그 기재 내용이 'lillyamerica – hyesuk888, 아리록dkflfhr – ahahfldh', 'okm237 as1234' 등과 같이 영문자 또는 숫자의 조합이 아무런 설명 없이 나열되어 있을 뿐이어서, 그 기재 자체만으로는 그것이 트위터 계정 또는 그 비밀번호라는 사실조차도 알기 어려운 트위터 계정을 모아 놓은 것이 업무상 필요했던 이유 및 그 작성자의 심리전 활동 내용에 관하여 '굳이 반

대신문의 기회를 부여하지 않아도 될 정도'로 고도의 신용성의 정황적 보장이 있다고 보기 어렵다.

(마) 결국 위와 같은 여러 사정을 앞서 본 법리에 비추어 볼 때, 원심이 들고 있는 사유만으로는 위 두 파일이 형사소송법 315조 2호 또는 3호에 정한 문서에 해당하여 당연히 증거능력이 인정된다고 할 수 없다. (중략) 원심판결에는 형사소송법 315조가 정한 당연히 증거능력 있는 서류에 관한 법리를 오해하여 판결 결과에 영향을 미친 잘못이 있다. 따라서 상고이유로 이 점을 지적하는 피고인1, 피고인3의 주장은 정당하고, 원심판결의 이러한 잘못은 피고인2에 관한 부분에도 공통된다.

C

① 315조 2·3호의 의미와 적용방법

본 판결은 315조 2·3호의 의미와 적용방법을 가장 상세하게 논증한 판결이다. ①, ②, ③, ④, ⑤를 숙지할 필요가 있다.

② 과학적 분석결과에 기초한 성립의 진정의 증명 (313조 2항 신설)

이 사안은 성립의 진정을 인정하는 방법에 관한 종래의 판례이론의 경직성을 성찰하는 계기로 작용하였다. 이 사안을 계기로 313조 2항이 신설되었다. 313조는 "제1항 본문에도 불구하고 진술서의 작성자가 공판준비나 공판기일에서 그 성립의 진정을 부인하는 경우에는 과학적 분석결과에 기초한 디지털포렌식 자료, 감정 등 객관적 방법으로 성립의 진정함이 증명되는 때에는 증거로 할 수 있다. 다만, 피고인 아닌 자가 작성한 진술서는 피고인 또는 변호인이 공판준비 또는 공판기일에 그 기재 내용에 관하여 작성자를 신문할 수 있었을 것을 요한다. <개정 2016. 5. 29.>"고 규정하여 작성자가 부당하게 성립의 진정을 부인하면 감정 등 객관적 방법으로 성립의 진정함을 증명할 수 있는 길을 마련하였다.

10.28 금품제공자의 검찰진술만으로 법정에서 부인하는 피고인의 금품수수 사실을 인정할 수 있는가

대법원 2015. 8. 20. 선고 2013도11650 전원합의체 판결

F 국회의원이던 D는 "H건영의 대표이사인 O로부터 ① 2007. 3. 31.부터 2007년 4월 초순경 사이 D의 아파트 단지 부근의 구 도로에서 여행용 가방에 담긴 현금 1억 5,000만 원, 액면금 1억 원의 자기앞수표 1장 및 5만 달러(이하 '1차 정치자금'이라 한다)를 정치자금으로 받는 등 세 차례에 걸쳐 총 9억여 원을 적법한 처리 절차 없이 정치자금으로 기부"받은 정치자금법 위반 혐의로 기소되었다. 핵심 증인(금품제공자로 지목된 참고인) O가 검찰의 소환 조사에서는 '자금을 조성하여 D에게 정치자금으로 제공하였다'고 진술하였다가, 제1심 법정에서는 이를 번복하여 자금 조성 사실은 시인하면서도 D에게 정치자금으로 제공한 사실을 부인하고 자금의 사용처를 달리 진술하였다.

제1심은 증거불충분을 이유로 무죄를 선고하였다(무죄판결문은 200자 원고지 844매 분량). 검사가 항소하였다. 검찰이 제시하는 정황증거는 여러 가지가 있다. 항소심은 "자금 사용처에 관한 O의 검찰진술의 신빙성이 인정되므로, O의 검찰진술 등을 종합하여 공소사실을 모두 유죄"로 인정(유죄판결문은 200자 원고지 376매 분량)하였다. D가 상고하였다. 대법원 전원합의체의 다수 의견(8명)은 상고기각 의견, 반대 의견(5명)은 파기환송 의견으로 분리되었다. 대법원판결문은 200자 원고지 118매 분량이다. 저자가 판결문의 분량을 거론하는 이유는 상급법원 판결문이라는 이유만으로 양질의 판결이라고 속단할 수 없다는 취지이다.

I 동일한 사람(본 사안에서는 O)의 검찰진술(본 사안에서는 검찰 수사과정에서 O가 작성한 진술서의 기재내용)과 법정진술이 정반대의 내용(O가 검찰진술에서는 유죄방향의 진술을 하였지만 법정에서는 그 진술을 부인함)인 경우 검찰진술을 신빙하여 유죄판결을 선고할 수 있는가? 종래의 판례이론은 위와 같은 사정만으로 일률적으로 긍정 혹은 부정할 수 있는 문제가 아니고 진술의 신빙성을 구체적·개별적으로 검토하여 긍정할 수도 있고 부정할 수도 있다는 취지의 이론이었다. 그런데 본 사안에서는 검찰 수사과정에서 O가 작성한 진술서에 수사기관이 그에 대한 조사과정을 기록하지 아니하여 형사소송법 244조의4 3항, 1항에서 정한 절차를 위반한 흠이 존재하였다. 피고인·참고인의 검찰진술에 이런 종류의 흠이 있을 때 종래 대법원은 "적법한 절차와 방식에 따라 작성되었다 할 수 없으므로 그 증거능력이 인정될 수 없다"(대법원 2015. 4. 23. 선고 2013도3790 판결⇨본서 10.8)고 여러 차례 판시한 바 있다.[1]

R A O의 검찰진술을 보강하는 증거로서 검찰이 제시하는 정황증거가 여럿 있다. 지면관계상 정황증거들의 증명력을 세밀하게 대비할 수는 없다. 여기서는 사태를 바라보는 정책적인 관점에 주목하여 다수 의견과 반대 의견을 대비시켜 보겠다. 다수 의견은 이 사건의 핵심을 "조성 자금의 사용처에 관한 O의 검찰진술과 법정진술 중 어느 쪽을 믿을 것인지가 아니라 조성 자금을 D에게 정치자금으로 공여하였다는 O의 검찰진술의 신빙성을 인정할 수 있는지 여부"라는 관점을 취한 반면에 반대 의견은 "전문증거와 본래증거 중 어느 쪽에 우월한 증명력을 인정할 것인가? 이것이 이 사건의 핵심쟁점"이며 "한 사람의

---

1) O는 2010. 3. 31. 서울구치소로 이감되어 2010. 4. 1.부터 서울 중앙 지방 검찰청에서 조사가 이루어진 이래 제1심 증인신문기일인 2010. 12. 20.까지 70회 이상 출석하여 조사를 받았다. 그럼에도 2010. 4. 4.부터 2010. 5. 11.까지 D에 대한 공소사실에 부합하는 1회의 진술서와 5회의 진술조서만이 작성되었을 뿐 그 밖에 60회가 넘게 검찰청에 출석하였음에도 그 동안 O가 어떠한 조사를 받고 어떠한 진술을 하였는지 알 수 있는 자료는 아무것도 없다.

검찰진술과 법정진술이 정반대의 내용인 경우, 검찰청의 어느 조사실에서 검사와 진술인 사이에 이루어진 문답 내용을 그것도 그대로 기재한 것이 아니라 작성자가 요약·정리하여 기재한 조서의 진술기재, 즉 검찰진술을 믿을 것인지, 아니면 형사재판을 담당하는 법관이 주재하는 공개된 법정에서 거짓말하면 위증죄로 처벌받겠다고 선서한 다음 검사와 D측의 교호신문, 나아가 법관의 보충신문을 통한 검증과정 속에서 이루어지는 증인의 법정진술을 믿을 것인지가 핵심쟁점"이라는 관점에 섰다.

【다수 의견】

"공판중심주의와 실질적 직접심리주의 등 형사소송의 기본원칙상 검찰진술보다 법정진술에 더 무게를 두어야 한다는 점을 감안(반대 의견의 관점이다 : 저자 주)한다 하더라도, O의 법정진술을 믿을 수 없는 사정 아래에서 단지 O가 법정에서 검찰진술을 번복하였다는 이유만으로 조성 자금을 D에게 정치자금으로 공여하였다는 검찰진술의 신빙성이 부정될 수는 없다. 또한, O의 진술을 직접 들은 제1심조차도 O의 법정진술 중 조성 자금의 사용처에 관한 핵심적인 부분의 신빙성을 인정하지 아니한 이 사건에서 원심이 O를 다시 증인으로 신문하지 않았다고 하여 공판중심주의·직접심리주의 원칙을 위반한 것이라고 볼 수도 없다. 결국 O의 검찰진술의 신빙성은 진술 내용 자체의 합리성, 객관적 상당성, 전후의 일관성, 이해관계 유무 등과 함께 다른 객관적인 증거나 정황사실에 의하여 진술의 신빙성이 보강될 수 있는지, 반대로 공소사실과 배치되는 사정이 존재하는지를 두루 살펴 판단하여야 한다. 이러한 전제하에 원심판결 이유와 원심 및 제1심이 적법하게 채택하여 조사한 증거들에 의하여 알 수 있는 아래와 같은 사정들을 종합하여 보면, 위와 같은 조성 자금의 사용처에 관한 O의 검찰진술의 신빙성은 넉넉히 인정된다(하략)."

【반대 의견】

"어떤 수사(修辭)를 동원하였든 다수의견은 법정진술보다 검찰진술에 우월한 증명력을 인정하겠다는 것에 다름 아니어서 이에 동의할 수 없다. 증명력 비교를 위하여는 전문증거, 즉 검찰진술이 증거능력이 있어야 함은 당연한 전제로서, 증거능력이 인정되지 않는 상황이라면 논의 자체가 성립되지 않는다. 우선 이 사건 검찰 수사과정에서 O가 작성한 진술서는 증거능력이 없다. 수사기관이 그에 대한 조사과정을 기록하지 아니하여 형사소송법 244조의4 3항, 1항에서 정한 절차를 위반하였기 때문이다(대법원 2015. 4. 23. 선고 2013도3790 판결 참조). 이런 진술서에 터 잡아 문답이 이루어지고 그에 따라 작성된 O에 대한 검찰진술조서는 O의 법정진술(검찰진술의 진정성립과 임의성을 긍정)에 의하여 어렵게나마 증거능력은 취득하였다고 보아줄 수 있을 것이지만, 여기서 그 진술조서의 진술기재의 신빙성은 벌써 크게 훼손된 상태임을 먼저 지적해 둔다. 이제 구체적으로 살펴본다(하략)."

C

1 정치적 판결인가 법리적 판결인가

본 판결의 다수 의견에 대하여는 시민 사회에서 '법리적 판결'이라는 설과 '정치적 판결'이라는 설이 첨예하게 대립하고 있다. 그 판단은 독자의 몫이다.

2 논리칙·경험칙과 자유심증주의의 모호성

O의 검찰진술을 보강하는 증거로서 검찰이 제시하는 정황증거들의 신빙성에 관하여 다수 의견은 그것들을 인정하는 것이 논리칙·경험칙에 맞고 자유심증주의에 합치한다고 주장한다. 그러나 반대 의견은 그것들의 신빙성을 인정하는 것이 논리칙·경험칙에 맞지 않고 자유심증주의에도 배치된다고 주장한다. 논리칙·경험칙, 자유심증주의라는 키 워드는 이런 정도의 모호성을 내포하고 있는 개념임을 알 수 있다.

제11장

재 판

11.1 기판력의 객관적 범위: 수정된 기본적 사실동일설

대법원 1994. 3. 22. 선고 93도2080 전원합의체 판결; 대법원 2002. 11. 22. 선고 2001도849 판결;
대법원 2007. 4. 12. 선고 2006도4322 판결

F D는 1992. 11. 30. 서울형사지방법원에서 장물(V 소유의 국민카드 1매)취득, 신용카드업법위반, 사기죄 혐의로 '징역 장기 1년, 단기 10월'의 형을 선고받고(공동피고인 D2, D3도 함께 같은 죄로 같은 형을 선고받았다) 항소하였다가 같은 해 3.18. 항소를 취하하여 그 판결이 확정(이하 '전소'로 약칭함)되었다. 유죄가 확정된 장물취득죄의 범죄사실은 "피고인 D는 공동피고인 D2, D3(이 사건의 원심공동피고인으로서 이들의 원심판결은 확정되었다)와 공모하여 1992. 9. 24. 02:00경 서울 서초구 방배동에 있는 공중전화 박스 옆에서 L 등이 전날인 같은 달 23. 23:40경 서울 구로구 구로동 노상에서 피해자 V로부터 강취한 V 소유의 국민카드 1매를 장물인 정을 알면서도 교부받아 취득하였다"는 것이었다. 그 후 1993. 2. 3. D에 대하여 다시 (V 소유의 국민카드 1매의) 강도상해죄의 공소가 제기(이하 '후소'로 약칭함)되고 같은 해 3. 11. 제1회 공판기일이 열렸다. 후소의 항소심은 "D는 D2 등과 합동하여 1992. 9. 23. 23:40경 서울 구로구 구로동 번지불상 앞길에서 D와 D3 등은 망을 보고 D2 등은 술에 취하여 졸고 있던 V에게 다가가 주먹과 발로 V의 얼굴 및 몸통부위를 수회 때리고 차 V의 반항을 억압한 후 V의 상·하의 호주머니에서 V 소유의 국민카드 2매, 비씨카드 2매, 현금 60,000원, 주민등록증이 들어 있는 지갑 2개를 꺼내어 가 이를 강취하고, 그로 인하여 V에게 치료일수 미상의 안면부 타박상 등을 입혔다"는 공소사실을 인정하여 유죄를 선고하였다. D는 "전소의 장물취득죄의 목적물과 후소의 강도상해죄의 목적물(V 소유의 국민카드 2매이지만 그중 V 소유의 국민카드 1매는 동일목적물이다)이 동일하여 양 공소사실의 동일성이 인정되므로 강도상해죄에 관하여는 면소판결을 선고하여야 하며 이를 처벌하는 것은 일사부재리의 원칙에 위반된다."고 주장하며 상고하였다.

I 두 죄(전소의 범죄와 후소의 범죄)의 기본적 사실관계가 동일한가의 여부는 순수하게 사회적, 전법률적인 관점에서만 파악하여 왔는데 그것 외에 규범적 요소도 고려하여야 하는가?

R 상고기각. [다수의견] 위 장물취득죄와 이 사건 강도상해죄가 동일한 범죄 또는 동일한 사건인지, 위 장물취득죄의 확정판결의 기판력이 이 사건 강도상해죄에 미치는 것인지 여부는 그 기본적 사실관계가 동일한 것인가의 여부에 따라 판단하여야 할 것이다. 그러나 ⓐ 공소사실이나 범죄사실의 동일성은 형사소송법상의 개념이므로 이것이 형사소송절차에서 가지는 의의나 소송법적 기능을 고려하여야 할 것이고, 따라서 두 죄의 기본적 사실관계가 동일한가의 여부는 그 규범적 요소를 전적으로 배제한 채 순수하게 사회적, 전 법률적(前法律的)인 관점에서만 파악할 수는 없고, 그 자연적, 사회적 사실관계나 피고인의 행위가 동일한 것인가 외에 그 규범적 요소도 기본적 사실관계 동일성의 실질적 내용의 일부를 이루는 것이라고 보는 것이 상당하다.[1] 그러므로 ⓑ 피고인이 받은 장물취득죄의 확정판결의 기판력이 이 사건 강도상해죄의 공소사실에 미치는지 여부는, 사실의 동일성이 갖는 법률적 기능을 염두에 두고, 피고인의 행위와 그 사회적인 사실관계를 기본으로 하되 그 규범적 요소도 고려에 넣어 판단하여야 할 것이고, 피

---

1) 1994년 판결의 반대의견 : 기본적 사실 관계 동일설을 취하는 경우에는 그 사실의 기초가 되는 사회적 사실관계가 기본적인 점에서 동일한가의 여부를 '구체적 사실에 관하여 개별적으로 판단'하여 결정하여야 하는 것으로서(대법원 1982. 12. 28. 선고 82도2156 판결 참조) 기본적 사실관계의 동일성 여부를 판단함에 있어서는 일체의 법률적 관점을 배제하고 순수하게 자연적, 전 법률적 관점에서 범죄사실의 동일성을 판단하고자 하는 것이고 규범적 요소는 고려되지 아니함이 원칙인 것이다.

고인에 대한 법적 안정성의 보호와 국가의 적정(適正)한 형벌권행사가 조화가 이루어질 수 있도록 하여야[한다].

A (전소에서) 유죄로 확정된 장물취득죄와 원심이 유죄로 인정한 이 사건(후소) 강도상해죄는 범행일시가 근접하고 위 장물취득죄의 장물이 이 사건 강도상해죄의 목적물 중 일부이기는 하나, 그 범행의 일시, 장소가 서로 다르고, 강도상해죄는 피해자를 폭행하여 상해를 입히고 재물을 강취하였다는 것인 데 반하여 위 장물취득죄는 위와 같은 강도상해의 범행이 완료된 이후에 강도상해죄의 범인이 아닌 피고인이 다른 장소에서 그 장물을 교부받았음을 내용으로 하는 것으로서 그 수단, 방법, 상대방 등 범죄 사실의 내용이나 행위가 별개이고, 행위의 태양이나 피해법익도 다르고 죄질에도 현저한 차이가 있어, 위 장물취득죄와 이 사건 강도상해죄 사이에는 동일성이 있다고 보기 어렵고, 따라서 피고인이 위 장물취득죄로 받은 판결이 위와 같은 경위로 확정되었다고 하여 이 사건 강도상해죄의 공소사실에 대하여 면소를 선고하여야 한다거나 피고인을 강도상해죄로 처벌하는 것이 일사부재리의 원칙에 어긋난다고는 할 수 없으니, 이와 같은 취지의 원심판단은 정당하다.[2] 그렇게

---

2) 1994년 판결의 반대의견 : 당원은 일찍이 장물양여죄와 절도죄 사이에는 공소사실의 동일성이 있는 것으로 판시한 바가 있으며(대법원 1964. 12. 19. 선고 64도664 판결), 이 사건 강도상해죄 및 장물취득죄의 범행일시, 장소나 범행경위에 비추어 강도상해죄가 절도죄로 문제된 경우였다면 그 동일성이 인정되었을 것으로 보이는바, 강도상해죄는 강도죄와 상해죄의 결합범이고 강도죄는 절도죄와 폭행 또는 협박죄의 결합범의 형태를 갖추고 있는 것으로서 실체적으로는 수개의 행위를 법률적 관점에서 하나의 행위로 파악하고 있는 데 지나지 아니하므로, 강도상해죄가 절도죄의 경우와는 달리 장물죄와의 사이에 피해법익이 다르고 죄질에 현저한 차이가 있다는 것만으로 이 사건 범죄사실의 동일성을 부인할 이유는 되지 않는다고 본다. 금품을 강취한 후 그 장물을 분배하는 일련의 범죄행위는 이를 생활의 한 단면으로 보아야 할 것이고, 한편 공소사실의 동일성이 인정되는 한 공소장의 변경을 허용할 수 있어 기판력이 미치는 범위와 공소장변경이 허용되는 범위는 일치한다고 보아야 하는바, 생활의 한 단면 내의 어느 한 행위(장물 죄)에 대

본다면 위 장물취득죄의 범죄사실과 이 사건 강도상해죄의 공소사실은 그 기본적인 점에서 같다고 할 수 없고, 위 장물취득죄의 확정판결의 기판력은 이 사건 강도상해죄의 공소사실에는 미치지 않는다.

C

1 문제의 제기

사안에서 전소의 목적물(V 소유의 국민카드 1매)과 후소의 목적물의 일부가 완전히 일치하기 때문에 순수한 기본적 사실 동일설을 적용하면 후소를 접한 법원은 면소판결(326조 1호)을 선고하여야 한다. 그럼에도 불구하고 1994년에 대법원은 '전소의 장물취득죄에 대한 확정판결의 기판력이 후소의 강도상해죄 공소사실에 미치지 않는다'고 판시(이하 이 판결은 '1994년 판결'로 약칭함)하여 많은 반대를 불러일으켰다. 반대견해는 이 전합판결의 반대의견과 방향성을 같이 한다.

2 '순수한 기본적 사실동일설'과 '수정된 기본적 사실동일설'

1994년 판결 이전에 대법원은 "두 죄의 기본적 사실관계가 동일한가의 여부는 그 규범적 요소를 전적으로 배제한 채 순수하게 사회적, 전법률적인 관점에서 파악해야 한다"는 입장에 서 있었다. 1994년 판결은 이전의 판결과 달리 "두 죄의 기본적 사실관계가 동일한가의 여부는 그 규범적 요소를 전적으로 배제한 채 순수하게 사회적, 전법률적인 관점에서만 파악할 수는 없다"고 선언(ⓐ)했다. 논의의 편의상 1994년 판결 이전의 대법원의 입장을 '순수한 기본적 사실동

하여 재판절차를 마친 이상 피고인에게는 그 단면 내의 모든 행위에 대하여 소추 재판의 위험이 따랐다고 하여야 할 것인데 실제로 소추 재판된 행위(장물죄)가 같은 단면 내의 다른 행위(강도죄)와 비교하여 피해법익에 있어서 완전히 겹쳐지지 않는 부분이 있다는 이유만으로 그 다른 행위(강도죄)에 대해 다시 논할 수 있다는 것은 방대한 조직과 법률지식을 갖춘 국가기관이 형사소추를 거듭 행함으로써 무용의 절차를 되풀이하면서 국민에 대해 정신적, 물질적 고통을 주게 하는 것이며, 한편으로는 수사기관으로 하여금 사건을 1회에 완전히 해결하려 하지 않게 함과 아울러 이를 악용하게 할 소지마저 있다.

일설'로 지칭하고 이 입장에서 벗어난 듯이 보이는 1994년 판결의 입장을 '수정된 기본적 사실동일설'로 지칭하기로 하자.

1994년 판결은 수정된 기본적 사실동일설의 '정당화 논거'(rationale)로서 "피고인에 대한 법적 안정성의 보호와 국가의 적정(適正)한 형벌권행사가 조화가 이루어질 수 있도록 하여야" 함을 들었다. 그러나 규범적 요소를 고려하여야 한다는 취지가 정확히 무엇을 의미하는지는 향후의 판례의 취지를 정밀하게 추적하여야 구체적 모습이 드러날 것이다.

첫째, 전소에서 유죄로 확정된 공소사실과 적용법조가 '장물취득과 장물취득죄'로 구성되어 있고 후소에서 문제로 된 공소사실과 적용법조가 '절취행위와 절도죄'로 구성되어 있을 경우에도 1994년 판결은 전소의 기판력이 후소에 미치지 아니한다는 취지인가 하는 점이 문제된다. 이 의문은 다음과 같은 의문이다. 대법원 1964. 12. 19. 선고 64도664 판결(이하 '1964년 판결'로 지칭한다)은 "처음에 어느 물건을 장물인줄 알면서 남에게 양여하였다 하여 장물양여죄로 공소를 제기하였다가 나중에 그 물건을 절취한 사실을 이유로 야간주거침입절도나 절도로서 공소장에 기재한 공소사실을 변경하는 것은 그 공소사실에 있어서 동일성을 해하는 것이라고는 볼 수 없다"고 판시하였는데 1994년 판결은 이 1964년 판결의 변경을 요구하는 것인가? 1994년 판결은 1964년 판결을 명시적으로 지적하여 폐기한 바 없으므로 1964년 판결의 변경을 요구하는 것은 아닌 것으로 보인다.

둘째, 1994년 판결이 판시하는 바와 같이 '규범적 요소도 기본적 사실관계 동일설의 실질적 내용의 일부를 이루는 것'이라면 1994년 판결은 종래 대법원이 견지하여 왔던 '순수한 기본적 사실관계 동일설'을 완전히 포기한 것인가? 1994년 판결 이후 선고된 7개 대법원판례만을 분석대상으로 삼았을 때[3] 1994년 판결은 종래의 '순수한 기본적 사실관계동일설'의 입장으로부터 크게 벗어난 것은 아니다. 1994년 판결은 일정한 범위에서 종래의 '순수한 기본적 사실관계 동

일설'을 수정하는 것에 불과한 것으로 보인다.

③ '수정된 기본적 사실동일설'이 응용된 사례들

1994년 판결 이후에 규범적 요소를 고려하여 종래의 순수한 기본적 사실동일설을 변경·적용한 사례는 그 후 거의 발견되지 아니하였다.[4] 그런데 2002년과 2007년에 1994년 판결의 취지를 이어받은 판결인 듯한 판결들이 선고되어 주목을 요한다.

2002년 판결[5]은 '범칙금납부의 원인이 된 범칙행위'와 기소의 원인사실 사이의 동일성을 부정하여 '수정된 기본적 사실동일설'을 응용한 사례처럼 보인다. 범칙금납부의 원인이 된 범칙행위는 "누비라 승용차를 운전하여 1999. 9. 4. 17:00.경 서울 서초구 방배동 824 앞 도로를 진행함에 있어 안전운전의무[6]의 불이행"인데 새로 기소된 공소사실은 "서울 누비라 승용차를 운전하여 1999. 9. 4. 17:00.경 서울 서초구 방배동 824 앞 도로를 진행함에 있어 중앙선을 침범하여 운전한 과실로 V가 운전하는 서울 라노스 승용차를 충격하여 V로 하여금 2주간의 치료를 요하는

---

3) 상세는 심희기, 대법원 1994. 3. 22. 선고 93도2080 전원합의체 판결 이후의 공소사실의 동일성 여하 판정에 관한 대법원판례의 동향, 고시계 1999년 5월호, 153~168 참조.

4) 굳이 논란의 여지가 있는 사례를 들면, 사전분양으로 인한 주택건설촉진법위반죄의 공소사실과 아파트를 건축하여 분양할 의사와 능력 없이 분양계약자들로부터 분양대금을 상습적으로 편취하였다는 내용의 특정경제범죄가중처벌 등에 관한 법률위반(사기)죄의 공소사실 사이에 동일성이 없다고 본 사례(대법원 1998. 8. 21. 선고 97도2487 판결; 대법원 2011. 6. 30. 선고 2011도1651 판결), 유사수신행위의 규제에 관한 법률 3조 위반으로 인한 유죄의 확정판결의 효력이 사기 공소사실에 미치지 아니한다고 한 사례(대법원 2006. 3. 23. 선고 2005도9678 판결) 등이 있다. 그 밖에 상해의 공소사실에 폭력행위 등 처벌에 관한 법률위반(집단·흉기 등 협박) 등의 공소사실을 추가하여 공소장변경신청을 한 사안에서, 범행 장소와 피해자가 동일하고 시간적으로 밀접 되어 있으나 수단·방법 등 범죄사실의 내용이나 행위태양이 다를 뿐만 아니라 죄질에도 현저한 차이가 있어 기본적인 사실관계가 동일하지 않으므로 공소사실의 동일성을 인정할 수 없다고 한 사례(대법원 2008. 12. 11. 선고 2008도3656 판결)가 있다.

5) 대법원 2002. 11. 22. 선고 2001도849 판결.

6) 도로교통법 제4조(안전운전의 의무) 모든 차의 운전자는 그 차의 조향장치·제동장치 그 밖의 장치를 정확히 조작하여야 하며 도로의 교통상황과 그 차의 구조 및 성능에 따라 다른 사람에게 위험과 장해를 주는 속도나 방법으로 운전하여서는 아니 된다.

경추 및 요추부 염좌상 등을 입게 하였다"는 교통사고처리특례법위반사실(업무상과실치상)이었다. 2002년 판결은 '양 사실의 동일성을 인정하고 면소판결을 선고한 하급심판결'을 파기환송하여 '수정된 기본적 사실동일설'을 응용한 판결로 보인다. 2007년 판결[7]도 2002년 판결과 대략 비슷한 취지의 판결이다.

④ 1996년 판결과 2002·2007년 판결의 비교

2002·2007년 판결은 1996년 판결[8]과 대조된다. 1996년 판결의 전소에 해당하는 즉결심판유죄사실은 "피고인이 1994. 7. 30. 21:00경 경북 봉화군 소천면 서천리 P 경영의 담배집 마당에서 음주소란을 피웠다"는 것이고, 후소에 해당하는 폭력행위 등 처벌에 관한 법률위반죄의 공소사실은 "피고인이 같은 일시경 같은 장소에서 V와 말다툼을 하다가 피고인 차에 실려 있던 위험한 물건인 전체길이 약 64cm, 도끼날 약 7cm 가량의 도끼를 가지고 와 V를 향해 내리치며 도끼머리 부분으로 V의 뒷머리를 스치게 하여 V에게 약 2주간의 치료를 요하는 두부타박상 등을 가하였다"는 것이었다. 이 사안에서 대법원은 양자의 동일성을 긍정하여 전소의 기판력이 후소에 미침을 긍정하였었다.

⑤ 소결

현재까지의 판례의 추이를 종합하면 다음과 같은 결론을 내릴 수 있다.

첫째, '규범적 요소'를 고려하여야 한다는 취지는 '전소에서 평가된 불법과 책임'을 '후소에서 평가할 불법과 책임'과 비교하여 전소의 그것이 후소의 그것과 견주어 현저히 적을 때에는 동일성과 기판력을 부정할 수 있다는 발상으로 보인다. 예를 들어 대법원은 1994년 사안에서는, 전소에서 평가된 장물취득죄의 불법과 책임이 후소에서 평가되어야 할 강도상해죄의 그것에 비하여 현저히 적으므로 동일성과 기판력을 부정하여야 오히려 정의에 합치한다고 본 것이다.

둘째, 같은 맥락에서 대법원은 '즉결심판'과 '교통범칙금통고처분'을 구분하여 확정된 즉결심판에 대하여는 그것도 재판의 일종이므로 '전소'로서의 자격을 인정하여 기판력을 인정[9]하지만 '통고처분에 따른 교통범칙금 납부'에 대하여는 '전소'로서의 자격을 인정하는 데 주저함을 보이고 있다.

셋째, 대법원은 '경범죄처벌법상의 범칙금납부'에 대하여는 기판력에 준하는 법효과(일사부재리의 효력 긍정)를 인정하지만 '통고처분에 따른 교통범칙금 납부'에 대하여는 범칙행위의 동일성을 벗어난 형사범죄와의 관계에서 그런 법효과를 부정한다.[10] 최근에 대법원은 '경범죄처벌법상의 범칙금납부'에 대하여도 기판력에 준하는 법효과(일사부재리의 효력 긍정)를 부정하기 시작하여 주목된다.

7) 대법원 2007. 4. 12. 선고 2006도4322 판결.
8) 대법원 1996. 6. 28. 선고 95도1270 판결.
9) 대법원 1984. 10. 10. 선고 83도1790 판결; 대법원 1990. 3. 9. 선고 89도1046 판결.
10) 대법원 2002. 11. 22. 선고 2001도849 판결.

11.2 기판력이 미치는 시간적 한계

대법원 1993. 5. 25. 선고 93도836 판결

F D는 상습사기죄(1989. 2. 23.자 이전에 D가 범한 사기행위들이다. 이하 '별건'으로 약칭함)의 혐의로 1989. 2. 23. 제1심에서 징역 3년에 5년간 집행유예의 형을 선고받고 항소를 제기하였으나 법정기간 내에 항소이유서를 제출하지 아니하였다. 1989. 6. 26.자로 항소법원은 항소기각 결정을 하였으며, 그 결정은 1989. 7. 2.자로 확정되었다. 그 후 D의 1989. 6. 15.자의 사기행위(이하 '본건'으로 약칭함)가 수사기관에 포착되어 D는 사기죄 혐의로 기소되었다. 본건의 제1심은 본건을 심리하다 '별건에 대한 확정판결'이 있음을 인지하고 본건에 대하여 면소판결을 선고하였다. 검사가 "위 상습사기죄에 관한 확정판결의 기판력은 제1심판결선고 시(1989. 2. 23.)까지에만 미치는 것이므로, 그 이후에 행하여진 이 사건 공소사실(1989. 6. 15.)에 대하여는 그 기판력이 미친다 할 수 없다."고 주장하며 항소하였다. 항소심은 "현행 항소심의 구조와 운용실태에 비추어 볼 때 제1심판결에 대하여 항소가 제기된 경우에 판결의 기판력이 미치는 시간적 한계는 항소심 판결선고 시라고 보는 것이 상당하다. 별건의 경우와 같이 D가 항소하였으나 항소이유서를 제출하지 아니하여 결정으로 항소가 기각된 경우에도 판결에 영향을 미친 사실의 오인이 있는 등 '직권조사사유가 있으면 항소법원이 직권으로 심판하여 제1심판결을 파기하고 다시 판결[1]할 수도 있는 것'이므로, 이 경우 사실심리의 가능성이 있는 최후의 시점은 항소기각결정시(1989. 6. 26.)라고 봄이 옳고, 따라서 상습사기죄에 관한 위 별건 판결의 기판력은 위 1989. 6. 26.자 항소기각결정이 있기 전에 D가 범한 위 상습사기죄와 포괄일죄의 관계에 있는 다른 범죄에 대하여도 미치는 것"이라며 검사의 항소를 기각하였다. 검사가 상고하였다. 검사는 "위 상습사기죄에 관한 확정판결의 기판력은 제1심판결 선고시(1989.

2. 23.)까지에만 미치는 것이므로, 그 이후(1989. 6. 15.)에 행하여진 이 사건 공소사실(본건)에 대하여는 기판력이 미치지 아니한다"고 주장하며 상고하였다.

I 상습범에 대하여 유죄를 선고한 제1심판결에 대한 피고인의 항소가 피고인의 항소이유서 미제출로 인하여 결정으로 항소기각되고 확정된 사안에서 기판력이 미치는 시적 한계는 제1심판결 선고 시인가 아니면 항소기각 시점인가?

R 상고기각. 판결의 확정력은 사실심리의 가능성이 있는 최후의 시점인 판결선고 시를 기준으로 하여 그때까지 행하여진 행위에 대하여만 미치는 것으로서, (별건에 대한 : 저자 첨가) 제1심판결에 대하여 항소가 제기된 경우 판결의 확정력이 미치는 시간적 한계는 형사항소심 판결선고 시라고 보는 것이 상당하다.

A (피고인이 : 저자 첨가) 항소이유서를 제출하지 아니하여 결정으로 항소가 기각된 경우에도 361조의4[2] 1항에 의하면, 피고인이 항소한 때에는 법정기간 내에 항소이유서를 제출하지 아니하였다 하더라도 판결에 영향을 미친 사실오인이 있는 등 직권조사사유가 있으면 항소법원이 직권으로 심판하여 제1심판결을 파기하고 다시 판결할 수도 있으므로 사실심리의 가능성이 있는 최후시점은 항소기각결정 시라고 보는 것이 옳다.

---

1) 364조(항소법원의 심판) ② 항소법원은 판결에 영향을 미친 사유에 관하여는 항소이유서에 포함되지 아니한 경우에도 직권으로 심판할 수 있다.

2) 361조의4(항소기각의 결정) ① 항소인이나 변호인이 전조 제1항의 기간 내에 항소이유서를 제출하지 아니한 때에는 결정으로 항소를 기각하여야 한다. 단, 직권조사사유가 있거나 항소장에 항소이유의 기재가 있는 때에는 예외로 한다. ② 전항의 결정에 대하여는 즉시항고를 할 수 있다.

C 3)

1 기판력이 미치는 시간적 한계

본 사안은 포괄적 일죄(특히 일정기간에 걸쳐 다수의 동종의 행위가 동일한 의사에 의하여 반복되는 집합범(영업범, 상습범, 직업범)의 사안4)이자 제1심판결이 항소된 사안이다. 이 사안에서는 '기판력'(확정력=일사부재리의 효력)의 시간적 한계가 쟁점이 되고 있다. 확정판결의 기판력은 그 '재판 전의 범죄사실'에 대하여만 미친다(통설). 그런데 이 경우 '재판 전'이라 함은 구체적으로 언제를 가리키는 것인지 문제된다.

2 '사실심리의 가능성이 있는 최후의 시점'

이에 관하여는 ① 변론종결 시설, ② 판결선고 시설, ③ 판결확정 시설이 경쟁하고 있다. 대법원(대법원 1973. 8. 31. 선고 73도1366 판결; 대법원 1982. 1. 28. 선고 82도2500 판결 등)은 기판력이 미치는 기준시점을 '사실심리의 가능성이 있는 최후의 시점'인 판결선고 시로 보고 있다. 특히 대법원 1983. 4. 26. 선고 82도2829 판결5)은 "제1심판결에 대하여 항소가 제기된 경우에 판결의 기판력의 기준시점은 항소기각이든 파기자판이든 불문하고 항소심 판결선고 시가 된다"고 판시하여 위 ②의 판결선고 시설 중에서도 "제2심 판결선고 시설"을 취하였다. 그런데 본 사안은 제1심 판결에 대한 항소가 항소이유서 미제출을 이유로 결정으로 기각된 사안이다. 이런 경우에 그 기판력이 미치는 시간적 한계는 언제로 삼을 것인지 문제된다.

3 현행 항소심의 구조

대법원은 현행 항소심의 구조를 '기본적으로는 속심이지만 소송경제적 측면에서 사후심적 요소를 가미한 것', 혹은 '속심 겸 사후심'으로 보고 있다. 그러나 대법원은 항소심의 구조를 파악할 때 '복심·속심적

요소'에 더 많은 무게중심을 두고 있다. 그 결과 대법원은 "형사판결의 기판력의 시간적 범위를 정하는 사실심리의 가능성이 있는 최후의 시점"을 항소심판결 선고 시로 설정하고 그 기준시점은 "항소심이 항소를 받아들여 파기자판한 경우이든 항소를 기각한 경우든 달라질 수 없다"6)고 판시한다.7) 판결의 기판력이 미치는 기준시점을 항소기각이든 파기자판이든 묻지 않고 항소심 판결선고 시로 파악하는 종래의 판례는 이와 같은 항소심의 구조나 운용실태에 기초하고 있다.

4 항소이유서 미제출로 인하여 항소기각결정이 있는 경우의 기판력이 미치는 시적 한계

본 사안에서는 아주 미묘한 상황이 전개되고 있다. 항소인이 법정기간 내에 항소이유서를 제출하지 않으면 항소법원은 공판절차를 열지 않고 항소기각결정을 할 수 있다. 그런데 항소인의 항소이유서 미제출의 경우에도 제1심재판에 직권조사사유인 위법이 있으면 항소법원은 제1심을 파기하고 자판하여야 하므로(법 364조 2항) 이 경우에 항소법원이 공판을 여는 것 자체가 금지되는 것은 아니다. 또한 대법원은 '제1심에 파기사유가 없어도 항소심에서 공소장변경이 가능하다'고 보고 있다. 그렇다면 항소인이 항소이유서를 제출하지 아니한 경우에도 법원은 직권으로 공판을 열 수 있고 이 경우에 검사의 신청에 의한 공소장의 변경도 가능하게 된다.

5 결 어

항소인이 항소이유서를 제출하지 아니한 경우에도 공소장변경이 가능하고, 항소인의 항소이유서 미제출의 경우에도 사실심리의 가능성은 있다. 그러므로 항소인의 항소이유서 미제출을 이유로 한 항소심의 항소기각결정이 확정된 경우의 판결의 기판력이 미치는 시간적 한계는 항소기각결정시이다.

---

3) 윤용섭, 형사확정판결의 기판력이 미치는 시간적 범위, 대법원판례해설 19-2호(1993), 482~490 참조.

4) 상세는 본서 10.3 상습범과 기판력의 객관적·시간적 범위 참조.

5) 이 판결에 대하여는 박용상, 형사항소심의 구조와 형사판결의 기판력의 시적 범위, 대법원판례해설 2호, 269 이하 참조.

6) 대법원 1983. 4. 26. 선고 82도2829, 82감도612 판결.

7) 대법원 1981. 8. 20. 선고 81도698 판결은 "제1심의 무죄판결에 대하여 검사가 항소하고 검사가 항소심에서 예비적 공소사실을 추가한 경우 항소심이 파기자판하면서 예비적 공소사실을 유죄로 인정한 조치는 정당하다"고 판시하고 있다.

11.3 상습범과 기판력의 객관적·시간적 범위

대법원 2004. 9. 16. 선고 2001도3206 전원합의체 판결

F D(49세)는 "1996. 3.경 V2에게 '차량을 싸게 구입해 주겠다'고 거짓말하여 차량구입대금 명목으로 8,300만 원을 교부받아 편취하였다"는 단순사기죄의 공소사실로 기소되어 1998. 3. 6. 제1심에서 벌금 500만 원을 선고받고 그 판결이 확정(이하 '전소(前訴)'로 약칭함)되었다. 그런데 D는 이미 확정된 단순사기죄 사건의 제1심판결 선고(1998. 3. 6.) 전(前)인 1996. 12. 30.부터 1998. 1. 17.까지 사이에 V 등으로부터 신공항구조물공사 동업자금, 공사현장 식당경비와 운영권 명목, 또는 토지분양대금 명목 등으로 합계 1억 원 남짓의 금원을 편취한 상습사기혐의로 다시 기소(이하 '후소(後訴)'로 약칭함)되었다. 제1심(인천지방법원 부천지원)과 항소심(서울중앙지방법원 항소부)은 전소의 범죄사실(단순사기)과 후소의 공소사실(상습사기) 부분은 "그 범행의 동기, 수단 및 방법이 유사하고 2년 여 기간 동안에 반복하여 행하여진 점 등에 비추어 각 사기 범행은 모두 D의 사기습벽의 발현에 의하여 저질러진 범행"이므로 "다 같이 포괄일죄인 상습사기죄에 해당"하고 따라서 "전소의 확정판결의 기판력(일사부재리의 효력)이 그와 포괄일죄의 관계에 있는 후소의 공소사실 부분에 대하여도 미친다"고 판단하여 후소에 대하여 면소판결을 선고하였다.[1] 검사가 상고하였다.

I 상습범으로서 포괄적 일죄의 관계에 있는 여러 개의 범죄사실 중 일부(특히 1개의 단순범죄)에 대하여 유죄판결이 확정된 경우에, 그 확정판결의 사실심판결 선고 전에 저질러진 나머지 범죄에 대하여 새로이 공소가 제기되었다면 그 새로운 공소(특히 상습범일 경우라도)는 이미 확정판결이 있었던 사건과 동일한 사건에 대하여 다시 제기된 데 해당하므로 이에 대하여는 판결로써 면소의 선고를 하여야 하는가?

종래의 판례는 이를 긍정하였다. 그러나 그렇게 되면 기판력 제도를 남용하는 사례[2]가 생기는 것을 막을 수 없다.

R 파기환송. [다수의견] 상습범이라 함은 어느 기본적 구성요건에 해당하는 행위를 한 자가 그 범죄행위를 반복하여 저지르는 습벽, 즉 상습성이라는 행위자적 속성을 갖추었다고 인정되는 경우에 이를 가중처벌 사유로 삼고 있는 범죄유형을 가리킨다. 그리고 이러한 상습성을 갖춘 자가 여러 개의 죄를 반복하여 저지른 경우에는 각 죄를 별죄로 보아 경합범으로 처단할 것이 아니라 그 모두를 포괄하여 상습범이라고 하는 하나의 죄로 처단하는 것이 상습범의 본질 또는 상습범 가중처벌규정의 입법취지에 부합한다(대법원 1978. 2. 14. 선고 77도3564 전원합의체 판결 등 다수)는 점은 일찍부터 대법원이 견지하여 온 견해이다.

㉮ 상습범으로서 포괄적 일죄의 관계에 있는 여러 개의 범죄사실 중 일부에 대하여 유죄판결이 확정된 경우에, 그 확정판결의 사실심판결 선고 전에 저질러진 나머지 범죄에 대하여 새로이 공소가 제기되었다면 그 새로운 공소는 확정판결이 있었던 사건과 동일한 사건에 대하여 다시 제기된 데 해당하므로 이에 대하여는 판결로써 면소의 선고를 하여야 하는 것(326조 1호)인바, ㉯ 다만 이러한 법리가 적용되기 위해서는 '전의 확정판결'에서 당해 피고인이 상습범으로 기소되어 처단되었을 것을 필요로 하는 것이고, 상습범 아닌 기본 구성요건의 범죄로 처단되는 데 그친 경우에는, 가사 '뒤에 기소된 사건'에서 비로소 드

---

1) 제1심과 항소심 판결은 종래의 판례(면소판결설)에 충실한 판결이었다.

2) 극단적인 예를 들어보자. 100개의 범죄를 상습적으로 범한 범인이 최후의 범죄를 가볍게 범하고 자수하였다. 수사기관은 범인이 자수한 점을 높이 사 가벼운 형벌이 선고되도록 배려하여 가벼운 형벌이 선고된 후 그 판결이 확정되었다. 나중에 범인이 상습범임이 밝혀졌다. 기소되지 않은 99개의 범죄는 상습범의 일환인데 종래의 판례에 따르면 설사 99개 범죄가 나중에 기소되더라도 면소판결을 받게 된다.

러났거나 '새로 저질러진 범죄사실'과 '전의 판결에서 이미 유죄로 확정된 범죄사실' 등을 종합하여 비로소 그 모두가 상습범으로서의 포괄적 일죄에 해당하는 것으로 판단된다 하더라도 뒤늦게 앞서의 확정판결을 상습범의 일부에 대한 확정판결이라고 보아 그 기판력이 그 사실심판결 선고 전의 나머지 범죄에 미친다고 보아서는 안된다.[3]

㉓ 확정판결의 기판력이 미치는 범위를 정함에 있어서는 그 '확정된 사건 자체의 범죄사실과 죄명을 기준으로 하는 것이 원칙'이고 비상습범으로 기소되어 판결이 확정된 이상, 그 사건의 범죄사실이 상습범 아닌 기본 구성요건의 범죄라는 점에 관하여 이미 기판력이 발생하였다고 보아야 할 것이며, 뒤에 드러난 다른 범죄사실이나 그 밖의 사정을 부가하여 전의 확정판결의 효력을 검사의 기소내용보다 무거운 범죄유형인 상습범에 대한 판결로 바꾸어 적용하는 것은 '형사소송의 기본원칙'에 비추어 적절하지 않기 때문이다. 그러므로 과거에 이와 다르게, 상습범으로서 포괄일죄 관계에 있는 죄 중 일부에 대하여 유죄의 확정판결이 있고, 그 나머지 부분, 즉 확정판결의 사실심 선고 전에 저질러진 범행이 나중에 기소된 경우에, 그 (전소의 : 저자 주) 확정판결의 죄명이 상습범이었는지 여부를 고려하지 않고, 단지 확정판결이 있었던 죄와 새로 기소된 죄 사이에 상습범인 관계가 인정된다는 이유만으로 확정판결의 기판력이 새로 기소된 죄에 미친다고 판시하였던 대법원의 판결들(대법원 1978. 2. 14. 선고 77도3564 전원합의체 판결; 대법원 2002. 10. 25. 선고 2002도1736 판결 등 다수)은 이 판결의 견해와 어긋나는 범위 내에서 이를 모두 변경하기로 한다.

A 따라서 원심판결 중 제1심판결의 면소부분에 대한 검사의 항소를 기각한 부분은 파기되어야 [한다].

C

2004년 판결(다수의견)은 검찰의 과감한 판례변경시도가 성공한 사례이므로 검찰이 판례변경을 시도한 이유를 검토하여 볼 필요가 있다.

① 검찰의 문제제기

검찰이 판례변경을 시도한 이유는 '1978년의 면소판결설'이 수사기관의 부주의 혹은 피고인의 귀책사유(범죄사실의 묵비) 등으로 전소에서 가볍게 처벌된 피고인에게 과도하게 면죄부를 주어 극단적인 경우 '상습범을 비상습범(단순범)보다 가볍게 처벌하는 결과'를 빚고 있는 실정이기 때문이다.[4] 2004년 판결이 실체판결설로 회귀한 근본적인 이유는 '단순한 이론의 수정'이 아니라 위와 같은 사법실태를 직시하였기 때문이다. 이제 문제는 이론구성에 있다. 어떤 논거로 실체판결설의 입장을 정당화시킬 것인가?

② 비상습범(단순범죄)의 구성요건

'2004년의 실체판결설'의 논거는 ㉓ 부분에서 설시되고 있다. 확정판결의 기판력이 미치는 범위를 정할 때는 "확정된 사건 자체의 범죄사실과 죄명을 기준으로 하는 것이 원칙"이어서 전소에서 "비상습범으로 기소되어 판결이 확정"된 때에는 "상습범 아닌 기본 구성요건의 범죄라는 점에 관하여만 기판력이 발생"하며, "뒤에 드러난 다른 범죄사실이나 그 밖의 사정을 부가하여 전의 확정판결의 효력을 검사의 기소내용보다 무거운 범죄유형인 상습범에 대한 판결로 바꾸어 적용하는 것은 '형사소송의 기본원칙'에 반한다"는 것이다. 여기서 언급되고 있는 '형사소송의 기본원칙'이란 '불고불리의 원칙'·'검사의 기소재량권'이다. 이 논증은 내용상 '공소불가분의 원칙'(248조 2항)을 크게 제한하는 논증이어서 극히 주목을 요하는 사항이다. 최근의 대법원 판례(대법원 2010. 2. 11. 선고 2009도12627 판결; 대법원 2010. 5. 27. 선고 2010도2182 판결)도 실체판결설의 입장을 재확인하고 있다.

---

3) 같은 취지의 후속판례들: 대법원 2004. 9. 24. 선고 2004도3532 판결; 대법원 2005. 10. 28. 선고 2005도3963 판결; 대법원 2007. 6. 29. 선고 2006도7864 판결; 대법원 2007. 12. 14. 선고 2006도4662 판결.

4) 성시웅, 상습범은 일죄인가, 법률신문 2004년 8월 23일자. 이 사정을 성시웅 부장검사는 '살인면허, 폭력면허, 도박면허의 부여'로 표현하고 있다.

11.4 면소판결의 성질

대법원 1964. 3. 31. 선고 64도64 판결; 대법원 1986. 12. 9. 선고 86도1976 판결

F 무고혐의로 기소된 D에게 제1심이 무죄를 선고하였다. 검사가 항소하였다. 항소심은 사면령을 적용하여 면소판결을 선고하였다. D가 '무죄를 주장'하며 상고하였다. 상고이유는 "상급심은 하급심의 판결에 대하여 그 정당 여부를 심판할 것인바 제1심의 결심당시를 기준으로 하여 판결하여야 하고, 항소심의 면소판결은 소급적용의 원칙에 위배되고, 사면권도 포기할 수 있다고 보아야 한다."는 것이었다.

I 1. 면소판결을 선고받은 피고인이 무죄를 주장하며 상소할 이익이 있는가?
2. 면소판결은 공소장에 기재되어 있는 범죄사실에 관하여 326조 각호의 사유가 있으면 실체적 심리를 할 필요가 없이 면소판결을 하여야 하는 형식재판인가?

R A 상고기각. 1. 무죄판결은 '실체적 공소권이 없다'는 이유로서 하는 실체적 재판임에 반하여 면소판결은 공소권의 소멸을 이유로 하여 소송을 종국(적으로 종결 : 저자 첨가)시키는 형식적 재판으로서 공소사실의 유무에 관하여 실체적 심리를 하여 그 사실이 인정되는 경우에 한하여 면소판결을 하는 것이 아니고, 공소장에 기재되어 있는 범죄사실에 관하여 같은 법 326조 각호의 사유가 있으면 실체적 심리를 할 필요가 없이 면소판결을 하여야 한다고 해석된다. 그러므로 원심이 피고인에 대한 무고죄에 대하여 '사면되었다'는 이유로서 면소의 판결을 선고한 것은 정당하다.
2. 사면법 5조 1항 1호의 규정에 의하면 일반사면은 형의 선고를 받지 않은 자에 대하여 공소권을 상실시키는 것이므로 326조 2호에 의하여 면소판결을 하여야 한다.
3. 직권으로 살펴건대 '(면소판결을 받은 : 저자 첨가)

피고인에게는 실체판결청구권이 없는 것'[1]이므로 원심의 면소판결에 대하여 실체판결을 구하여 상소할 수 없다."[2]

C

1 문제의 제기

면소판결은 공소가 제기된 당해 사건에 대하여 이미 확정판결이 있은 때(1호), 사면이 있은 때(2호), 공소시효가 완성되었을 때(3호), 범죄 후의 법령개폐로 형이 폐지되었을 때(4호) 선고되는 판결이다(326조). 이 재판유형이 유죄·무죄와 같은 실체재판인가 아니면 관할위반(319조)이나 공소기각 재판(327, 328조)과 같은 형식재판인가, 아니면 이도 저도 아닌 독자의 재판유형인가가 문제된다. 면소판결의 성질과 관련되는 구체적 쟁점은 첫째, 관할위반이나 공소기각 재판과 어떤 성질상의 차이가 있는가, 둘째, 일사부재리효가 인정되는가, 셋째, 면소판결에 대하여 피고인이 무죄판결을 구하며 상소할 이익이 있는가 등이다. 면소판결의 법적 성질론은 위와 같은 3가지 쟁점을 모두 일의적으로 만족스럽게 해결할 수 있는 것이어야 한다.

2 면소판결의 법적 성질

(1) **가정적 사안** : 은행의 경리직원이었던 D2는 횡령죄 피고사건('전소'로 약칭함)에서 무죄판결을 선고받고 그 판결이 확정되었다. 무죄판결에 승복하지 못하는 검사가 공소사실을 다소 달리하여 D2를 횡령혐의로 재차 기소('후소'로 약칭함)하였다. 전소의 공소장

---

1) '(면소판결을 받은 : 자자첨가) 피고인에게 실체판결청구권이 없다'는 논변은 '면소판결을 받은 피고인에게는 무죄판결(실체판결)을 주장하여 상소할 상소의 이익이 없다'는 뜻이다. 이 판결의 내용은 대법원 1986. 12. 9. 선고 86도1976 판결 등에서 확고한 판례로 정립되고 있다.
2) 이 부분은 대법원 1964. 4. 7. 선고 64도57 판결에서 인용하였다.

기재 공소사실과 후소의 공소장기재 공소사실 사이
에는 '기본적 사실이 동일한 관계'에 있다고 하자. 현
재의 확립된 판례에 따르면 이 경우 후소에 임하는
법원은 면소판결을 선고하여야 한다.

(2) **일제강점기의 법상황**(실체재판설) : 일제강점기
의 통설은 면소판결을 다음과 같이 실체재판으로 파
악하였다. '㉮ 법원은 면소사유가 있어도 실체심리를
진행하여 ㉯ 범죄사실이 증명되지 않으면 무죄판결
을 하고 ㉰ 범죄사실이 인정되면 공소권의 소멸을 이
유로 면소판결을 하여야 한다.' 이처럼 실체재판설은
면소판결을 '㉱ (확정적인) 공소권의 소멸을 이유로
선고하는 ㉲ 실체재판'으로 파악하고 ㉳ 실체재판이
므로 어느 정도 실체심리가 진행되고 따라서 아주 자
연스럽게 면소판결에 기판력(일사부재리의 효력)이 있
음을 인정하였다. 그러나 궁극적으로 유죄판결이 불
가능(무죄판결 아니면 면소판결)한 것을 알면서도 법원
이 실체심리를 진행함은 ① '피고인에게 불필요하게
응소(應訴)를 강요'하는 것이므로 피고인의 자유 확보
를 해치고 소송조건의 당사자주의적 파악을 어렵게
한다. 또한 ② 위와 같은 관점을 밀고 나가면 '동일사
건에 관하여 이미 전소에서 무죄판결이 확정된 경우
에도 '실체심리를 경유'하여 면소를 선고하여야 한다'
고 추리하게 되는데 이런 논리는 '이중위험금지의 정
신'에 배치되어 너무나 불합리하다.

(3) **형식재판설** : 본 판례와 다수설은 면소판결의
성격을 다음과 같이 형식재판으로 파악한다. '면소판
결은 관할위반의 판결(319조), 공소기각의 판결(327조),
결정(328조)과 마찬가지로 사건의 실체에 관하여 판단
하지 않고 소송을 형식적으로 종결시키는 형식재판
이다. 왜냐하면 면소사유가 존재하는데도 실체심리
를 계속함은 '아무런 이익과 필요성'이 없을 뿐만 아
니라 '불필요하게 피고인을 소송에 연루시키는(얽매
이게 하는) 결과'가 되기 때문이다.

**③ 면소판결에 기판력을 인정한다면 그 이론적 근거
를 어디에서 찾을 것인가?**

기판력(일사부재리효)을 '㉮ 피고인의 법적 지위의
안전을 보장하기 위한 ㉯ 헌법정책적 요청으로 파악
하면 일사부재리효가 항상 실체재판으로부터만 발생
한다고 보아야 할 필연적인 이유는 없다. 관할위반이
나 공소기각의 사유와는 달리 면소사유가 있어 면소
판결이 한 번 확정되면 동일한 사유로 다시 재소나
별소가 제기될 가능성은 거의 존재하지 않으며 또 그
런 일이 일어나서도 곤란하다. 이와 같은 두 가지 논
거(면소사유의 특이성과 피고인의 법적 지위의 보장)를 근
거로 면소판결에 일사부재리효를 긍정함이 최근 학
계(판례도 크게 보아 이 계열에 서 있는 것으로 보아 무방하
다)의 유력한 경향이다. 이 관점(형식재판설)을 달리
표현하면 326조 1호 사유(다음 경우에는 판결로써 면소
의 선고를 하여야 한다. 1. 확정판결이 있은 때)의 '확정판
결'에 면소판결도 포함된다고 보는 관점이다.

**④ 면소판결의 일사부재리효가 미치는 객관적 범위와
그 부수적 효과**

(1) **공소사실의 동일성이 인정되는 전 범위** : 유죄·
무죄의 실체판결과 마찬가지로 확정된 면소판결의
기초가 된 공소사실과 동일성이 인정되는 전 범위에
미친다.

(2) **일사부재리효를 부인하는 견해** : 형식재판설을
철저히 관철시켜 면소판결에 부재리효를 인정하지
않고 다만 '공소장기재 공소사실에 관하여 면소사유
가 존재한다는 점에 대하여만 기판력(혹은 내용적 구속
력, 일사부재리효가 아님을 주의)이 발생할 뿐'이라는 견
해도 있을 수 있다. 이 설을 취하면 가정적 사안에서
법원은 제2차 기소(횡령피고사건)에 대하여 실체재판
을 하여야 한다. 이 결론은 도저히 수용할 수 없는 결
론이다.

(3) **무죄판결을 구하는 상소에서 상소의 이익** : 형
식재판설을 취하면 자연스럽게 면소판결을 받은 피
고인이 무죄판결을 구하는 상소에 상소의 이익이 없
다는 결론에 이르게 된다.

11.5 범칙금통고처분 납부와 기판력

대법원 2002. 11. 22. 선고 2001도849 판결; 대법원 1986. 2. 25. 선고 85도2664 판결

F D는 서울 43누1438호 누비라 승용차를 운전하여 1999. 9. 4. 17:00.경 서울 서초구 방배동 824 앞 도로를 진행함에 있어 안전운전의무를 불이행한 범칙행위를 하였음을 이유로 그날 관할 경찰서장으로부터 도로교통법 118조, 44조에 따라 범칙금 40,000원의 납부 통고를 받고, 그 달 17일 그 범칙금을 납부하였다. 그 후 D는 다시 "서울 43누1438호 누비라 승용차를 운전하여 1999. 9. 4. 17:00.경 서울 서초구 방배동 824 앞 도로를 진행함에 있어 중앙선을 침범하여 운전한 과실로 V가 운전하는 서울 51마5786호 라노스 승용차를 충격하여 V에게 2주간의 치료를 요하는 경추 및 요추부 염좌상 등을 입힌 교통사고처리특례법위반(업무상 과실치상)" 혐의로 기소되었다. 제1심은 유죄를 선고하였지만 항소심은 "안전운전의무를 불이행한 범칙행위는 교통사고처리특례법위반(업무상 과실치상)의 공소사실과 그 기초되는 사회적 사실관계가 그 기본적인 점에서 동일하다"고 판단하여 제1심 판결을 파기한 후 D에 대하여 면소판결을 선고하였다. 검사는 "항소심판결은 도로교통법 43조 소정의 안전운전의 의무를 위반하는 행위와 차량운전 중 과실로 사람을 충격하여 인체에 상해를 입히는 소위 업무상 과실치상행위를 별개의 행위로 인정한 대법원판결(대법원 1983. 7. 12. 선고 83도1296 판결)에 위반한 위법판결"이라고 주장하며 상고하였다.

I 본 사안의 항소심처럼 교통범칙행위로 인한 범칙금의 통고를 받아 이를 납부하는 경우에 범칙금의 납부로 인하여 다시 벌받지 아니하게 되는 범죄의 범위를 확정판결에서 기판력이 미치는 범위와 동일하게 보아야 하는가?

R 파기환송. 범칙금의 통고 및 납부 등에 관한 그 규정들의 내용과 취지에 비추어 볼 때, 교통범칙금제도는 도로교통법에 위반된 행위에 대하여 벌칙을 정하면서 특정된 비교적 경미한 위반행위에 대하여는 형사절차에 앞서 행정적 처분에 의하여 일정액의 범칙금을 납부하는 기회를 부여하여 그 범칙금을 납부한 자에 대하여는 기소를 하지 않고 사건을 신속, 간이하게 처리하는 절차로서 법원이 공판절차를 통하여 기소된 범죄사실의 유무를 심리, 판단하는 재판절차와는 제도적 취지 및 법적 성질면에서 크나큰 차이가 있다. 또한 원래 확정판결의 기판력이 확정판결에서 인정된 범죄사실과 공소사실의 동일성이 인정되는 범죄사실에까지 미치게 된다고 보는 것은 공소가 제기된 범죄사실과 공소사실의 동일성이 인정되는 범죄사실은 언제든지 공소장 변경을 통하여 법원의 심판의 대상이 되어 유죄판결을 받을 위험성이 있다는 점을 근거로 한 것인데, 범칙자가 범칙행위로 인하여 범칙금의 통고를 받아 이를 납부하는 경우에는 법원의 공판절차가 개시되는 바가 없으므로 범칙금의 납부로 인하여 다시 벌받지 아니하게 되는 범죄의 범위를 확정판결에서 기판력이 미치는 범위와 동일하게 보아야 할 근거가 없게 된다. (중략) 범칙행위와 같은 때, 곳에서 이루어진 행위라 하더라도 범칙행위의 동일성을 벗어난 형사범죄행위에 대하여는 범칙금의 납부에 따라 확정판결의 효력에 준하는 효력이 미치지 아니한다.

A 그런데 D가 범칙금의 통고처분을 받게 된 '범칙행위는 D가 공소사실 기재의 일시, 장소에서 승용차를 운전하여 진행함에 있어 단지 안전운전의 의무를 불이행하였다'는 것임에 반하여, D에 대한 이 사건 교통사고처리특례법위반죄의 '범죄행위사실은 D가 공소사실 기재의 일시, 장소에서 승용차를 운전하다 중앙선을 침범한 과실로 사고를 일으켜 피해자에게 부상을 입게 하였다'는 것인바, 위의 범칙행위와 공소가 제기된 이 사건 범죄행위사실은 시간, 장소에

있어서는 근접하여 있는 것으로 볼 수 있으나 범죄의 내용이나 행위의 태양, 피해법익 및 **죄질에 있어 현격한 차이**가 있어 동일성이 인정되지 않고 별개의 행위이어서 D가 안전운전의 의무를 불이행하였음을 이유로 통고처분에 따른 범칙금을 납부하였다고 하더라도 D를 교통사고처리특례법 3조 위반죄로 처벌한다고 하여 도로교통법 119조 3항에서 말하는 이중처벌에 해당한다고 볼 수 없다(대법원 1983. 7. 12. 선고 83도1296 판결 참조).

C

① 형사범죄행위와 범칙행위의 구별

도로교통법(법률 제10790호) 165조 3항은 "범칙금을 납부한 사람은 그 범칙행위에 대하여 다시 벌받지 아니한다."고 규정하여 일사부재리의 효력을 인정하고 있다. 이는 범칙금의 납부에 확정판결에 준하는 효력을 인정하는 취지처럼 보인다. 그러나 대법원은 교통범칙행위와 형사범죄행위를 질적으로 구별하여 '교통범칙금통고처분의 대상사실'(안전의무위반)과 '교통사고처리특례법위반(업무상 과실치상)의 공소사실'이 그 기초되는 사회적 사실관계가 다르다고 판단하면서, 그 이유로 '교통범칙금통고처분의 대상사실에 대하여는 공판절차가 개시되지 않았다'는 점과 '도로교통법 119조 3항이 이중처벌이 금지되는 대상을 당해 범칙행위로 한정'하고 있는 점의 두 가지 논거를 들고 있다.

② 같은 취지의 후속판결 : 신호준수의무 불이행으로 교통범칙금을 납부한 자를 신호위반으로 인한 업무상과실치상죄로 다시 처벌할 수 있는지 여부(적극)(대법원 2007. 4. 16. 선고 2006도4322 판결)

"도로교통법(2005. 5. 31. 법률 제7545호로 전문개정되기 전의 것) 119조 3항에 의하면 '범칙금 납부 통고를 받고 범칙금을 납부한 사람은 그 범칙행위에 대하여 다시 벌 받지 아니한다'고 규정하고 있는바, 범칙금의 통고 및 납부 등에 관한 같은 법의 규정들의 내용과 취지에 비추어 볼 때 범칙자가 경찰서장으로부터 범칙행위를 하였음을 이유로 범칙금의 통고를 받고 그

범칙금을 납부한 경우 다시 벌 받지 아니하게 되는 행위는 범칙금 통고의 이유에 기재된 당해 범칙행위 자체 및 그 범칙행위와 동일성이 인정되는 범칙행위에 한정된다고 해석함이 상당하다. 범칙행위와 같은 때, 같은 곳에서 이루어진 행위라 하더라도 범칙행위와 별개의 형사범죄행위에 대하여는 범칙금의 납부로 인한 불처벌의 효력이 미치지 아니한다(대법원 1983. 7. 12. 선고 83도1296 판결; 대법원 2002. 11. 22. 선고 2001도849 판결 등 참조). 교통사고처리특례법 3조 2항 단서 각 호의 예외사유에 해당하는 신호위반 등의 범칙행위로 교통사고를 일으킨 사람이 통고처분을 받아 범칙금을 납부하였다고 하더라도 그 사람의 업무상과실치상죄 또는 중과실치상죄에 대하여 같은 법 3조 1항 위반죄로 처벌하는 것이 도로교통법 119조 3항에서 금지하는 이중처벌에 해당하지 않는다."[1]

③ 소년법 53조[2]의 '다시 공소를 제기하거나 소년부에 송치할 수 없다'의 의미

대법원은 이 조문의 의미를 "'확정판결과 동일한 효력'을 부여한 것이거나 '확정재판의 효력에 준하는 효력'을 인정한 것이 아니라 단순히 공소를 제기하지 못하도록 한 것에 그친다고 해석하여 보호처분을 받은 사건과 동일한 사건이 기소된 경우에 법원은 면소판결(326조 2호)을 할 것이 아니라 공소기각판결(327조 2호)을 하여야 한다"(대법원 1996. 2. 23. 선고 96도47 판결)고 판시한 바 있다.

---

1) 상세한 내용은 박길성, 신호준수를 불이행한 사실로 범칙금을 납부한 자에 대하여 신호위반으로 인한 업무상 과실치상을 범죄사실로 공소를 제기한 경우, 대법원판례해설 70호 참조.
2) 소년법 53조(보호처분의 효력) 제32조의 보호처분을 받은 소년에 대하여는 그 심리가 결정된 사건은 다시 공소를 제기하거나 소년부에 송치할 수 없다. 다만, 제38조 제1항 제1호의 경우에는 공소를 제기할 수 있다.

11.6 경범죄처벌법법상 범칙금통고처분을 받고 범칙금을 납부한 행위에 기판력이 발생 하는가

대법원 1986. 2. 25. 선고 85도2664 판결; 대법원 2011. 4. 28. 선고 2009도12249 판결; 대법원 2012. 9. 13. 선고 2012도6612 판결

1 문제의 제기

기초질서단속경찰관으로부터 범칙금통고처분을 받고 범칙금을 납부한 기초질서위반자가 그 후 형사사건으로 기소되었다고 하자. 단속당시에는 가벼운 기초질서위반행위로 판단되어 단속경찰관이 범칙금통고처분을 하였지만 시간이 지나면서 정식기소 조치가 필요한 중대범죄(형사범죄)임이 드러나면 검사는 위반자를 정식기소하는 수가 있다. 이 경우 범칙금 납부자는 경범죄 처벌법과 도로교통법의 '범칙금납부 통고를 받고 범칙금을 납부한 사람은 그 범칙행위에 대하여 다시 처벌받지 아니한다'(경범죄처벌법 7조 3항(2012. 3. 21.공포, 2013. 3. 22 시행 경범죄처벌법 8조 3항), 도로교통법 119조 제항)는 조항을 근거로 면소판결(형소법 326조 1항)을 기대한다. 정식기소를 접수한 수소법원이 면소판결을 선고하여야 하는지(이하 '면소판결설'로 약칭함) 아니면 실체심리를 진행하여 유·무죄 판결을 하여야 하는지(이하 '실체판결설'로 약칭함)가 문제된다. 결국 문제는 범칙금 납부에 '기판력 혹은 기판력에 준하는 효력'을 인정할 것인가 여부에 달려 있다.

이 문제에 대하여 하급법원과 대법원은 1980년대부터 지금에 이르기까지 고민을 거듭하고 있다. 면소판결설을 취한 판결과 함께, 실체판결설을 취한 판결이 공존하다가 1994년 전원합의체 판결(⇨동일성 판정에 순수한 사실 외에 규범적 요소도 고려하여야 한다는 본서 10.1번 판결 참조)을 계기로 조금씩 실체판결설로 이동하고 있다. 저자는 2011년 판결(대법원 2011. 4. 28. 선고 2009도12249 판결)이 대법원의 확정적인 입장인지 확신할 수 없었는데, 비슷한 취지의 2012년 판결을 목격하고 이제 대법원의 입장은 실체판결설의 입장으로 굳어진 것(기판력이 미치는 객관적 범위의 '신축적 조절'이라는 글로벌 트렌드)이라고 단언할 수 있게 되었다. 이

하에서는 이런 입장에서 1986년 판결, 2011년 판결·2012년 판결을 분석하여 보자.

2 1986년 판결(대법원 1986. 2. 25. 선고 85도2664 판결)의 사안과 판지

1986년 판결은 "경범죄처벌법 7조 2항에 '범칙자가 통고처분을 받고 범칙금을 납부한 경우에는 그 범칙행위에 대하여 다시 벌받지 아니한다'고 규정하고 있음은 위 범칙금의 납부에 확정재판의 효력에 준하는 효력을 인정하는 취지이므로 이에 위반하여 공소가 제기된 경우에는 면소판결을 하여야 할 것"이라고 판시하여 도로교통법상의 교통범칙행위로 인한 범칙금 납부사안에 기판력을 인정하지 않는 것[1](⇨본서 11.1)과 대조를 보였다.

3 2011년 판결의 사안과 판지

그런데 대법원 2011. 4. 28. 선고 2009도12249 판결은 "범칙행위와 '이 사건 공소사실'(후소)은 서로 별개의 행위로서 양립할 수 있는 관계에 있다. 따라서 그 사회적인 사실관계와 함께 위와 같은 규범적 요소를 아울러 고려하여 보면, 위 범칙행위와 이 사건 공소사실은 기본적 사실관계가 동일한 것으로 평가할 수 없다."고 판시하여 1986년 판결과 사뭇 다른 모습을 보이고 있다. 대법원은 명시적으로 기존 판례를 변경하거나 법리를 변경한 것은 아니지만 경범죄처벌법 위반으로 범칙금을 납부하고, 사후에 형사범죄로 공소제기된 경우 양자 간의 동일성을 부정하기 시작한 것이다. 이런 상황에서 2012년 판결이 선고되었다.

4 2012년 판결의 사안과 판지

D는 "2010. 9. 26. 18:00경 광주 남구 봉선동 소재

---

1) 대법원 1983. 7. 12. 선고 83도1296 판결; 대법원 2002. 11. 22. 선고 2001도849 판결; 대법원 2007. 4. 16. 선고 2006도4322 판결.

쌍용 사거리 노상에서 '음주소란 등'의 범칙행위를 하였음"을 이유로 같은 날 관할경찰서장으로부터 경범죄처벌법 1조 25호를 위반한 혐의로 범칙금 5만 원을 납부할 것을 통고받고 다음 날 이를 납부하였다. 그 후 D는 "2010. 9. 26. 18:00경 광주 남구 봉선동 484-8 소재 할리스 커피숍 주차장에서, D와 다투던 V가 바닥에 넘어져 '사람 살려라'고 고함을 치자, 이에 격분하여 O(D의처)가 운영하는 인근의 같은 동(이하생략)에서 위험한 물건인 과도(칼날길이 10㎝, 너비 2㎝)를 손에 들고 나와 V를 쫓아가며 '죽여 버린다'고 소리쳐 V의 신체에 어떤 위해를 가할 듯한 태도를 보여 협박"한 혐의로 기소되었다. 검사는 위 D의 행위를 폭력행위 등 처벌에 관한 법률 위반(흉기휴대협박위) 혐의로 기소하였다. 항소심은 실체심리를 진행하여 유죄판결을 선고하였다. D는 항소심판결이 '일사부재리의 원칙'에 어긋나는 위법한 판결이라고 주장하며 상고하였다.

대법원은 "공소사실이나 범죄사실의 동일성 여부는 ⓐ 사실의 동일성이 갖는 법률적 기능을 염두에 두고, ⓑ D의 행위와 그 사회적인 사실관계를 기본으로 하면서, ⓒ 규범적 요소 또한 아울러 고려하여 판단하여야 한다(대법원 1994. 3. 22. 선고 93도2080 전원합의체판결; 대법원 2011. 4. 28. 선고 2009도12249 판결 등 참조). 경범죄처벌법상 범칙금제도는 형사절차에 앞서 경찰서장 등의 통고처분에 의하여 일정액의 범칙금을 납부하는 기회를 부여하여 그 범칙금을 납부하는 사람에 대하여는 기소를 하지 않고 사건을 간이하고 신속, 적정하게 처리하기 위하여 처벌의 특례를 마련해 둔 것이라는 점에서 법원의 재판절차와는 제도적 취지 및 법적 성질에서 차이가 있다. 그리고 범칙금의 납부에 따라 확정판결에 준하는 효력이 인정되는 범위는 범칙금 통고의 이유에 기재된 당해 범칙행위 자체 및 그 범칙행위와 동일성이 인정되는 범칙행위에 한정된다. 따라서 범칙행위와 같은 시간과 장소에서 이루어진 행위라 하더라도 범칙행위의 동일성을 벗어난 형사범죄행위에 대하여는 범칙금의 납부에 따라 확정판결에 준하는 일사부재리의 효력이 미치지 아니한다(대법원 2002. 11. 22. 선고 2001도849 판결; 대

법원 2011. 4. 28. 선고 2009도12249 판결 등 참조).

위 '사실관계'를 위 '법리'에 비추어 살펴보면, D가 범칙금의 통고처분을 받게 된 범칙행위인 음주소란과 이 사건 폭력행위 등 처벌에 관한 법률 위반죄의 공소사실인 흉기휴대협박행위는 범행 장소와 일시가 근접하고 모두 D와 V의 시비에서 발단이 된 것으로 보이는 점에서 일부 중복되는 면이 있으나, D에게 적용된 경범죄처벌법 1조 25호(음주소란 등)의 범칙행위는 '공회당·극장·음식점 등 여러 사람이 모이거나 다니는 곳 또는 여러 사람이 타는 기차·자동차·배 등에서 몹시 거친 말 또는 행동으로 주위를 시끄럽게 하거나 술에 취하여 이유 없이 다른 사람에게 주정을 한 행위'인 데 반하여, 이 사건 공소사실인 흉기휴대협박은 위험한 물건인 과도를 들고 V를 쫓아가며 '죽여 버린다'고 소리쳐 협박하였다는 것이므로 범죄사실의 내용이나 그 행위의 수단 및 태양이 매우 다르고, 또한 음주소란 등은 불특정인의 평온 내지 사회의 안녕질서를 보호법익으로 하는 데 비하여 흉기휴대협박은 특정인의 의사결정의 자유를 보호법익으로 하므로 각 행위에 따른 피해법익이 전혀 다르며, 그 죄질에도 현저한 차이가 있고, 나아가 위 범칙행위의 내용이나 수단 및 태양 등에 비추어 그 행위과정에서나 이로 인한 결과에 통상적으로 이 사건 공소사실인 흉기휴대협박행위까지 포함된다거나 이를 예상할 수 있다고는 볼 수 없으므로 위 범칙행위와 이 사건 공소사실은 서로 별개의 행위로서 양립할 수 있는 관계에 있고, 따라서 그 사회적인 사실관계와 함께 위와 같은 규범적 요소를 아울러 고려하여 보면, 위 범칙행위와 이 사건 공소사실은 기본적 사실관계가 동일한 것으로 평가할 수 없다. 원심이 같은 취지로 판단한 것은 정당하(다)."며 상고를 기각하였다.

5 소결

2011년 판결·2012년 판결을 계기로 향후 '교통범칙행위로 인한 범칙금납부사안'과 '경범죄처벌법 위반으로 인한 범칙금납부사안' 사이의 질적인 차이를 인정하는 발상은 점차 소멸할 것처럼 보인다.

11.7 유죄판결을 선고하지 않는 때에 선고된 몰수의 적법성이 긍정된 사안

대법원 2003. 5. 30. 선고 2003도705 판결

F D의 농업협동조합법위반 혐의에 대하여 적법하게 관련성 있는 증거의 압수·수색 영장이 발부되었다. 검사 P는 2002. 3. 23.자 압수·수색영장에 기초하여 2002. 3. 25. 피고인 D의 주거에 대한 압수·수색(이하 '1차 압수·수색'으로 약칭함)을 실시하여 그 집행을 종료하였다. P는 2002. 3. 28. 위 압수·수색영장에 기초하여 다시 D의 주거에 대한 압수·수색(이하 '2차 압수·수색'으로 약칭함)을 실시하여 현금 6,000만 원(증 제1호)을 압수하였다. 그 후 D는 농업협동조합법위반혐의로 기소되었다. 공판심리결과 2차 압수·수색이 위법하여 현금 6,000만 원은 위법압수물로 판명되었다. 그러나 항소심은 현금 6,000만 원을 몰수하였다. D가 '압수가 위법한데 위법압수물인 현금 6,000만 원을 몰수한 판결은 위법하다'고 주장하며 상고하였다.

I 압수·수색이 위법하면 그 결과 수집된 위법압수물을 몰수·추징할 수 없는 것이 아닐까?

R 상고기각. 범죄행위에 제공하려고 한 물건은 범인 이외의 자의 소유에 속하지 아니하거나 범죄 후 범인 이외의 자가 정을 알면서 취득한 경우 이를 몰수할 수 있다(형법 48조 1항). 한편 법원이나 수사기관은 필요한 때에는 증거물 또는 몰수할 것으로 사료하는 물건을 압수할 수 있으나(형사소송법 106조 1항, 219조), 몰수는 반드시 압수되어 있는 물건에 대하여서만 하는 것이 아니므로(대법원 1977. 5. 24. 선고 76도4001 판결 참조), 몰수대상물건이 압수되어 있는가 하는 점 및 적법한 절차에 의하여 압수되었는가 하는 점은 몰수의 요건이 아니다.

A 원심이, 검찰이 2002. 3. 23.자 압수·수색영장에 의하여 2002. 3. 25. 피고인 D의 주거에 대한 압수·수색을 실시하여 그 집행을 종료함으로써 위 압수·수색영장이 효력을 상실하였음에도 2002. 3. 28. 위 압수·수색영장에 기하여 다시 피고인의 주거에 대한 압수·수색을 실시하여 현금 6,000만 원(증 제1호)을 압수하였다고 하더라도 압수 자체가 위법하게 됨은 별론으로 하고, 그것이 현금 6,000만 원(증 제1호)의 몰수의 효력에 영향을 미칠 수 없다고 판단한 것은 앞서 본 법리에 따른 것으로서 정당하고, 거기에 몰수의 요건에 관한 법리오해의 위법이 없다.

C

1 몰수·추징의 요건사실과 공소사실과의 관련성

본 판결에서 주의할 점은 수소법원이 '유죄판결을 하지 않는 때에도 ⓐ 몰수나 추징의 요건이 구비되고, ⓑ 몰수나 추징의 요건사실이 공소가 제기된 공소사실과 관련성이 있으면 수소법원은 몰수·추징을 선고할 수 있다'는 점이다. 이리하여 대법원은, 수사기관의 압수절차에 위법이 있으면 "압수 자체가 위법하게 됨은 별론"이고 몰수·추징의 요건사실(범죄행위에 제공하려고 한 물건 등)과 공소사실과의 관련성이 인정되면 선행하는 수사기관의 절차위배행위는 현금 6,000만 원의 몰수행위의 효력에 영향을 미칠 수 없다고 판시하였다.

2 선행판례(대법원 1992. 7. 28. 선고 92도700 판결)

"형법 49조 단서는 '행위자에게 유죄의 재판을 하지 아니할 때에도 몰수의 요건이 있는 때에는 몰수만을 선고할 수 있다'고 규정하고 있으므로, ⓐ 몰수뿐만 아니라 몰수에 갈음하는 추징도 위 규정에 근거하여 선고할 수 있다. ⓑ 그러나 우리 법제상 공소의 제기 없이 별도로 몰수나 추징만을 선고할 수 있는 제도가 마련되어 있지 아니하므로 위 규정에 근거하여 몰수나 추징을 선고하려면 어디까지나 그 몰수나 추

징의 요건이 공소가 제기된 공소사실과 관련되어 있어야 하고, 공소사실이 인정되지 않는 경우에 이와 별개의 공소가 제기되지 아니한 범죄사실을 법원이 인정하여 그에 관하여 몰수나 추징을 선고하는 것은 **불고불리의 원칙**에 위반되어 불가능하다. ⓒ 뿐만 아니라 가사 몰수나 추징이 공소사실과 관련이 있다 하더라도 그 공소사실에 관하여 이미 공소시효가 완성되어 유죄의 선고를 할 수 없는 경우에는 몰수나 추징도 할 수 없다. 만일 그와 같이 보지 않는다면 현행법상 형의 일종으로 규정되어 있는 몰수나 추징에 대하여만은 공소시효의 제도가 적용되지 않는다는 부당한 결과가 되기 때문이다. ⓓ 이 사건의 경우에는 위 바이올린이 언제 밀반입되었는가 하는 점은 D의 방어권 행사에 중대한 영향을 미치므로 비록 동일한 바이올린이라 할지라도 위 1987. 3. 25.자 바이올린 밀반입의 점에 대한 공소제기의 효력은 원심이 인정한 위 1983. 1. 30.자 바이올린 밀반입의 점에 대하여는 미치지 아니한다(뒤에서 보는 바와 같이 이 점에 대하여는 이 사건 공소제기 당시 이미 공소시효도 완성된 바 있어 더욱 그러하다). 원심이 공소가 제기된 바 없는 위 1983. 1. 30.자 바이올린 밀반입의 사실을 인정하여 위 바이올린의 시가를 추징한 것은 불고불리의 원칙에 위반된다. 또한 다른 한편으로는 위 1983. 1. 30.자 바이올린 밀반입의 점에 대한 관세법 180조 소정의 죄의 공소시효는 형사소송법 249조 1항 3호에 의하여 7년이므로 이에 대한 공소시효는 이 사건 공소가 제기된 1991. 7. 15.에는 이미 완성되었으므로 이 점에서도 원심의 위 추징은 잘못된 것이다. 이에 형

사소송법 391조, 396조 1항에 의하여 원심판결의 유죄부분 중 D로부터 금 273,181,127원을 추징한 부분을 파기하고 D로부터 금 164,356,385원을 추징하며, D의 나머지 상고는 이유 없어 형사소송법 399조, 364조 4항에 의하여 이를 기각[한다].”

③ **따름판례**

“형법 134조의 몰수나 추징을 선고하기 위하여는 몰수나 추징의 요건이 공소가 제기된 범죄사실과 관련되어 있어야 하므로, 법원으로서는 범죄사실에서 인정되지 아니한 사실에 관하여는 몰수나 추징을 선고할 수 없다고 보아야 한다”(대법원 2009. 8. 20. 선고 2009도4391 판결); “이 법리는 형법 48조의 몰수·추징 규정에 대한 특별규정인 변호사법 116조의 규정에 의한 몰수 또는 추징의 경우에도 마찬가지로 적용된다”(대법원 2010. 5. 13. 선고 2009도11732 판결); “몰수는 반드시 압수되어 있는 물건에 대하여만 하는 것이 아니므로 몰수대상물건이 압수되어 있는가 하는 점 및 적법한 절차에 의하여 압수되었는가 하는 점은 몰수의 요건이 아닌바(대법원 2003. 5. 30. 선고 2003도705 판결 참조), 원심 판시 이 사건 1차 압수물이 이 사건 범죄행위에 제공된 물건임이 인정되는 이상 원심 판시와 같이 이 사건 1차 압수물에 대한 압수 자체가 위법하게 되었다 하더라도 그것이 그에 대한 몰수의 효력에 영향을 미칠 수는 없으므로 상고이유로 이 점을 다투는 것은 이유 없[다]”(대법원 2014. 9. 4. 선고 2014도3263 판결).

11.8 체포·구속영장청구를 기각·발부하는 재판에 대한 불복방법

대법원 2006. 12. 18.자 2006모646 결정

F D는 외국계 사모펀드 론스타의 임직원이다. 론스타에 대한 국내 기업의 헐값 매각이 불법적이라는 여론이 고조되었다. 검찰은 론스타의 주가조작 혐의에 대해 수사에 착수하였다. 2006. 5. 8. 검사는 D에 대해 서울중앙지방법원에서 체포영장을 발부받았다. 2006. 5. 9. 검사는 D를 체포하였다. 2006. 5. 10. 검사는 ⓐ 특정법위반죄(배임)의 피의사실로 서울중앙지방법원에 구속영장을 청구하였다. 2006. 5. 11. 서울중앙지방법원의 영장전담판사는 영장실질심사에서 D를 심문한 다음 검사의 구속영장청구를 기각(1차 기각)하였다. 2006. 10. 31. 검사는 D를 ⓑ 증권거래법위반죄의 피의사실로 서울중앙지방법원에 구속영장을 청구하였다. 2006. 11. 2. 서울중앙지방법원 영장전담판사는 D를 심문한 후 검사의 구속영장청구를 기각(2차 기각)하였다. 2006. 11. 3. 검사는 2차 구속영장청구서에 기재된 ⓑ 피의사실에 대하여 다시 구속영장을 청구하였다. 2006. 11. 7. 서울중앙지방법원 영장전담판사는 D를 심문한 다음, 검사의 구속영장청구를 기각(3차 기각)하였다. 2006. 11. 15. 검사는 2차 구속영장청구서에 기재된 ⓑ 피의사실에, 1차 구속영장청구서에 기재된 ⓐ 피의사실을 일부 변경하고, ⓒ 국회에서의 증언·감정 등에 관한 법률위반죄의 피의사실을 추가하여 구속영장을 청구하였다. 2006. 11. 16. 서울중앙지방법원 영장전담판사는 피의자심문 절차 없이 구속영장청구를 기각(4차 기각)하였다.

2006. 11. 16. 서울중앙지방법원 영장전담판사의 구속영장청구 기각 재판에 불복하여 검사는 서울중앙지방법원에 준항고를 제기하였다. 서울중앙지방법원은 "피의자에 대한 구속영장 기각의 재판에 대하여는 항고나 준항고가 허용되지 아니한다."는 이유로 제4차 영장기각재판의 변경을 구하는 검사의 신청(준항고)을 배척하였다. 검사는 서울중앙지방법원의 준항고 기각결정에 불복하여 "지방법원판사의 영장기각 재판도 재판의 일종이고, 대법원은 최고법원으로

서 하급법원의 잘못된 재판을 바로잡을 권한이 있으며, 영장기각 재판에 대해 대법원의 판단을 받지 못하는 것은 재판청구권을 침해하는 것으로서 헌법위반"이라고 주장하며 대법원에 재항고하였다.

I 체포·구속영장청구를 기각·발부하는 재판에 대하여 검사나 피의자는 불복할 수 있는 방법이 없는가?

R 재항고기각. 1. [심급제도의 의미 : 저자] 헌법과 법률이 정한 법관에 의하여 법률에 의한 신속한 재판을 받을 권리를 국민의 기본권의 하나로 보장하고 있는 헌법 27조의 규정과 대법원을 최고법원으로 규정한 헌법 101조 2항, 명령·규칙 또는 처분에 대한 대법원의 최종심사권을 규정한 헌법 107조 2항의 규정 등에 비추어, 대법원 이외의 각급법원에서 잘못된 재판을 하였을 경우에는 상급심으로 하여금 이를 바로 잡게 하는 것이 국민의 재판청구권을 실질적으로 보장하는 방법이 된다는 의미에서 심급제도는 재판청구권을 보장하기 위한 하나의 수단이 되는 것이지만, 심급제도는 사법에 의한 권리보호에 관하여 한정된 법 발견자원의 합리적인 분배의 문제인 동시에 재판의 적정과 신속이라는 서로 상반되는 두 가지 요청을 어떻게 조화시키느냐의 문제에 귀착되므로 어느 재판에 대하여 심급제도를 통한 불복을 허용할 것인지의 여부 또는 어떤 불복방법을 허용할 것인지 등은 원칙적으로 입법자의 형성의 자유에 속하는 사항이다(헌재 1995. 1. 20. 선고 90헌바1 결정 등 참조). 특히 형사사법절차에서 수사 또는 공소제기 및 유지를 담당하는 주체로서 피의자 또는 피고인과 대립적 지위에 있는 검사에게 어떤 재판에 대하여 어떤 절차를 통하여 어느 범위 내에서 불복방법을 허용할 것인가 하는 점은 더욱 더 입법정책에 달린 문제이다.

2. [헌법적 근거] 헌법 12조는 1항, 3항 본문에서

영장주의의 대원칙을 천명하고, 6항에서 체포 또는 구속의 적부심사를 적법하게 발부된 영장에 의하여 구속된 사람의 구제 내지 불복방법의 하나로 보장하면서도, 검사가 신청한 체포 또는 구속영장 등의 발부가 법관에 의하여 거부된 때의 불복방법에 관하여는 아무런 규정도 두지 않은 채 침묵하고 있다.

3. [형사소송법적 근거] 이를 받은 형사소송법은 200조의2 및 201조에서 (중략) 지방법원판사가 체포영장 또는 구속영장을 발부하지 아니한 데 대하여 따로 불복할 수 있다는 규정은 두고 있지 아니한 반면에, 214조의2에서는 체포영장 또는 구속영장에 의하여 체포 또는 구속된 피의자 등이 관할법원에 체포 또는 구속의 적부심사를 청구할 수 있다고 규정하는 한편, 체포 또는 구속적부심사의 청구를 인용하거나 기각하는 재판에 대하여는 항고하지 못한다고 규정하고 있다.

(중략) 이들 규정을 종합하여 볼 때, 검사의 체포영장 또는 구속영장 청구에 대한 지방법원판사의 재판은 402조의 규정에 의하여 항고의 대상이 되는 '법원의 결정'에 해당되지 아니하고, 416조 1항의 규정에 의하여 준항고의 대상이 되는 '재판장 또는 수명법관의 구금 등에 관한 재판'에도 해당되지 아니함이 분명하다(대법원 1958. 3. 14.자 4290형재항9 결정; 대법원 2005. 3. 31.자 2004모517 결정 등 참조).

4. 헌법과 형사소송법의 이러한 규정들은, (중략) 체포영장 또는 구속영장이 발부된 경우에는 피의자에게 체포 또는 구속의 적부심사를 청구할 수 있도록 하고 그 영장청구가 기각된 경우에는 검사로 하여금 그 영장의 발부를 재청구할 수 있도록 허용함으로써, 간접적인 방법으로 불복할 수 있는 길을 열어 놓고 있는 데에 그 취지가 있다.

A   이러한 법리와 기록에 의하여 살펴보면, 원심이 그 판시와 같은 사실을 인정한 다음, 피의자에 대한 구속영장 기각의 재판에 대하여는 항고나 준항고가 허용되지 아니한다는 이유로 검사의 이 사건 영장기각재판의 변경을 구하는 신청(준항고)을 배척한 것은 정당하[다].

C

① 법원의 구속영장발부·기각의 기준이 투명하지 못하고 결과에 대한 예측이 불가능하다는 의혹이 제기되는 사안들

"국정원 댓글관련 외곽팀장에 대한 검찰의 영장청구가 법원에서 기각되었다. 한국항공우주산업(KAI) 일부 임원의 영장청구도 기각되었다. 그것도 대한민국에서 수사를 제일 잘한다는 서울중앙지검에서 청구한 영장이 기각된 것이다. 이에 대해 여당과 검찰이 해당 판사를 비난하는 성명을 발표하고, 법원은 '검찰이 부적절한 의견 표명을 하고 있는 것은 향후 다른 사건에 영향을 미치려는 저의가 포함된 것'이라고 반발했다." 어느 변호사가 신문에 기고한 칼럼의 일절이다. 이와 유사한 사태는 심심치 않게 반복되고 있다.

② 뿌리 깊은 법원과 검찰의 갈등

검찰은 법원의 구속영장발부 혹은 기각의 기준이 투명하지 못하고 결과에 대한 예측이 불가능하다는 점과 미국, 일본, 독일에서는 영장기각재판에 대하여 검사가 불복할 수 있는 길이 열려있다는 점을 들어 영장재판에 대한 불복수단이 마련되어야 한다고 주장한다. 그러나 법원 측은, 검사에게는 영장재청구가 가능하고 피의자에게는 구속적부심사제도가 있다고 하면서 체포·구속영장을 발부·기각하는 재판에 대하여 검사·피의자는 불복할 수 없다고 대응한다. 본 판결은 체포·구속영장을 발부·기각하는 재판에 대하여 검사·피의자가 불복할 수 없는 헌법적·형사소송법적 근거를 상세히 제시하고 있다.

그러나 만약 국회가 체포·구속영장을 발부·기각하는 재판에 대하여 검사·피의자의 불복을 허용하는 입법적 조치를 취하려고 하면 법원 측은 반발할 것이고 그런 입법이 성공한다고 하더라도 대법원과 헌법재판소는 그 법률에 대하여 위헌선언을 할 것으로 예측된다. 따라서 이 갈등의 근원은 보다 깊은 곳에 있음을 알 수 있다. 이 문제를 해결할 수 있는 주체는 법원이나 검찰, 국회가 아니라 시민임을 알 수 있다.

11.9 상습범행의 중간에 동종행위에 대한 확정판결이 존재하는 경우 상습1죄의 형을 선고할 수 있는가(긍정)

대법원 2010. 7. 8. 선고 2010도1939 판결

F D는 2003. 8. 8. 춘천지방법원에서 단순사기죄로 징역 2년에 집행유예 3년을 선고받고, 그 판결은 같은 달 17. 확정되었다. 검사는 위 확정판결 전의 범행으로서 D가 V로부터 투자금 명목으로 6억 9,000만 원을 편취한 행위를 포착하고 이에 대하여 특정경제범죄 가중처벌 등에 관한 법률위반(사기) 혐의로 기소하였다. 그 후 검사는 위 확정판결 후의 사기범행으로서 D가 V2로부터 4,300만원을 편취한 사실, V3로부터 투자금 명목으로 1,774회에 걸쳐 39억 5,122만 원을 편취한 사실, V4로부터 투자금 명목으로 2,459회에 걸쳐 90억 1400만 원을 편취한 사실 등 9건을 포착하고 제1심 심리 중 D의 위 각 범행을 상습범으로 보아 특정경제범죄 가중처벌 등에 관한 법률위반(사기)죄의 일죄로 공소장변경을 신청하였고 이 신청이 허가되었다.[1] 항소심은, "이 사건 공소사실 중 상습사기 범행과 확정판결을 받은 단순사기 범행은 피고인 D의 사기 습벽으로 인한 것이고 위 각 사기범행은 실체법상 상습사기의 일죄로 포괄될 수 있는 관계에 있었다고 할 것이나, D가 위 확정판결에서 단순사기죄로 처단되는 데 그친 이상 그 기판력이 사실심판결 선고 전의 나머지 사기범죄에 미치지는 않고, 상습사기 범행의 중간에 단순사기죄에 관한 확정판결이 있으므로 원래 일죄로 포괄될 수 있었던 일련의 범행은 그 확정판결의 전후로 분리되고 이와 같이 분리된 각 사건은 서로 동일성이 있다고 할 수 없다."는 이유로 주문에서 각각의 형을 선고하였다. D가 상고하였다.

I 포괄적 일죄의 중간에 별종의 범죄에 대한 확정판결이 끼어 있는 경우 포괄적 범죄는 둘로 분리되는가?

이 문제에 대하여 종래의 판례는 중간에 낀 확정판결의 대상이 '동종의 죄인가 별종의 죄인가'를 따져 상이한 결론을 내렸다. 예를 들어 "중간에 별종의 범죄에 대한 확정판결이 끼어 있어도 그 때문에 포괄적 범죄가 둘로 나뉘는 것은 아니고, 또 이 경우에는 그 확정판결후의 범죄로서 다루어야 한다."(대법원 1986. 2. 25. 선고 85도2767 판결; 대법원 2002. 7. 12. 선고 2002도2029 판결; 대법원 2001. 8. 21. 선고 2001도3312 판결)는 판결이 있었고, "원래 실체법상 상습사기의 일죄로 포괄될 수 있는 관계에 있는 일련의 사기 범행의 중간에 동종의 죄에 관한 확정판결이 있는 경우에는 그 확정판결에 의하여 원래 일죄로 포괄될 수 있었던 일련의 범행은 그 확정판결의 전후로 분리되고, 이와 같이 분리된 각 사건은 서로 동일성이 있다고 할 수 없어 이중으로 기소되더라도 각 사건에 대하여 각각의 주문을 선고하여야 한다"(대법원 2000. 2. 11. 선고 99도4797 판결)는 판결이 있었다. 따라서 이런 법적 상태 하에서 수범자는 중간에 낀 확정판결의 대상이 현재 기소된 포괄일죄와 '동종의 죄인가 별종의 죄인가'를 따져 문제를 해결할 수밖에 없었다.

R 파기환송. 상습사기의 범행이 단순사기죄의 확정판결의 전후에 걸쳐서 행하여진 경우에는 그 죄는 두 죄로 분리되지 않고 확정판결 후인 최종의 범죄행위 시에 완성되는 것이므로, D의 이 사건 상습사기의 범죄는 2003. 8. 17. 확정된 단순사기죄와의 관계에서 그 후에 이루어진 포괄일죄의 범행으로 봄이 상당하다.

A 따라서 D의 판시 제2.가.의 죄(6억 9,000만 원을 편취한 행위)에 대하여 위 확정판결 이전의 범행이라

---

1) 사안구성에는 박동률, 상습범행의 일부에 대한 단순범죄의 확정판결과 절차법상의 문제점 — 기판력과 상습범의 분리 여부를 중심으로 — (경북대학교 법학연구원 법학논고 제36집(2011. 6), 361~386)을 참고하였다.

는 이유로 형법 37조 후단, 39조 1항을 적용하여 D를 두 개의 형으로 처단한 원심판결에는, 죄수 및 경합범에 관한 법리를 오해함으로써 법령의 적용을 그르친 잘못이 있고 이는 판결 결과에 영향을 미쳤음이 분명하다. 상고이유로서 이 점을 지적하는 주장은 이유 있다.

C

① 2010년 선고된 본판결의 의미

2010년 선고된 본판결은 포괄적 일죄의 중간에 확정판결이 끼어 있는 경우 중간에 끼어 있는 범죄가 포괄일죄와 '동종의 죄인가 별종의 죄인가'를 가릴 것 없이 모두 1개의 포괄적 범죄로 처단하여야 한다고 하여 위의 대법원 2000. 2. 11. 선고 99도4797 판결과 모순되는 모습을 보이고 있다. 그러나 본 판결에서는 본 판결의 판시와 모순되는 대법원 2000. 2. 11. 선고 99도4797 판결을 폐기하지 않았다. 대법원 2000. 2. 11. 선고 99도4797 판결도 소부(小部)의 판결이고 2010년 선고된 본판결도 소부의 판결이므로 현재의 법 상태는 애매한 상태가 아닌가 하는 의문이 제기된다. 이런 상태에서 2018년의 제7회 변호사시험에서 이 문제를 묻는 문제가 출제되었다.[2]

② 대법원 2004. 9. 16. 선고 2001도3206 전원합의체 판결(⇨11. 3) 당시의 논의상황

2004년 전합판결을 할 당시에도 이 문제가 논의되었다. 당시의 논의상황을 이우재 재판연구관은 다음과 같이 전하고 있다. "중간의 단순사기죄로 재판이 확정된 재판의 기판력을 제한할 경우 그 전후의 상습사기는 여전히 분리되는가의 문제가 있다. 이에 대하여는 분리되어 그 전후의 범죄가 경합범관계가 된다는 견해도 있으나(분리설), 이종의 확정재판이 있는 것과 동일하게 취급하여 두 개의 죄로 분리되지 않는

다는 견해(비분리설)가 다수이다. 분리설에 의할 경우 확정재판의 기판력이 미치는 범위를 어떻게 보느냐에 따라 확정재판 전에 저질러진 범죄를 단순사기죄로 볼 것인가, 아니면 별도의 상습사기로 볼 것인가의 새로운 문제가 야기될 수 있다. 비분리설의 논거는 두 개의 죄로 분리되어 경합범으로 취급하게 되면, 면소의 부당성을 시정하는 정도를 넘어 피고인에게 너무 불리하게 되고, 또한 상습범의 포괄일죄성을 유지하는 이상 가능하면 일죄로 취급하는 것이 논리적으로 일관된다는 것이다. 이 문제는 추가적인 검토가 필요하다"(이우재, 상습사기죄 중 일부에 대하여 확정재판이 있는 경우 그 재판의 기판력의 기준시 전에 범해진 상습범행에 확정재판의 기판력이 미치는지 여부, 형사재판의 제문제: 이용우 대법관 퇴임기념 논문집 제5권, 박영사, 2005. 10).

---

2) "甲의 **도박죄에 대하여 유죄판결이 확정되었**는데, 검사가 위 도박죄 법행 이전의 내기골프 도박 범행 10회와 위 도박죄 확정판결 이후의 내기골프 도박 범행 3회를 추가 수사한 후 상습도박죄로 기소하고, 공판심리 결과 甲에게 상습성이 인정된 경우 법원이 취할 수 있는 조치는?(10점)."

제12장

상   소

12.1 상소의 이익

대법원 1964. 4. 7. 선고 64도57 판결; 대법원 1983. 5. 10. 선고 83도632 판결

F

① D는 무고교사(誣告敎唆) 혐의로 기소되었는데 사면령이 내리자 제1심이 면소판결을 선고하였다. D는 무죄판결을 주장하며 항소하였으나 항소가 기각되자 "본인에게는 당연히 무죄판결을 선고하여 흑백을 가려주어야 할 것임에도 불구하고 막연히 사면령에 의하여 면소판결 함은 부당하다"고 주장하며 상고하였다.

② D2는 교통사고처리특례법위반, 도로교통법위반 혐의로 기소되어 공소기각판결을 받았는데 '무죄판결을 받고 싶다'고 주장하며 항소하였다. 항소심이 항소를 기각하자 D2가 상고하였다.

I

형식재판(면소판결, 공소기각판결·결정, 관할위반의 판결)을 받은 피고인이 무죄를 주장하는 상소에 상소의 이익이 있는가?

R A

① 상고기각. 직권으로 살피건대 D에게는 실체판결 청구권이 없는 것이므로 원심의 면소판결에 대하여 실체판결을 구하여 상소할 수 없다. 따라서 본건 상고는 부적법하[다.]

② 상고기각. 직권으로 살피건대 피고인을 위한 상소는 피고인에게 불이익한 재판을 시정하여 이익된 재판을 청구함을 그 본질로 하는 것이므로 피고인은 재판이 자기에게 불이익하지 아니하면 이에 대한 상소권을 가질 수 없다. 공소기각의 판결이 있으면 피고인은 공소의 제기가 없었던 상태로 복귀되어 유죄판결의 위험으로부터 해방되는 것이므로 그 판결은 피고인에게 불이익한 재판이라고 할 수 없다. 그러므로 공소기각의 재판에 대하여 피고인은 상소권이 없고 따라서 원심의 공소기각의 판결에 대한 피고인의 이 건 상고는 부적법하[다.]

C

1 상소제도의 존재이유와 상소이익

상소 등의 구제수단은 당사자에게 불복의 기회를 주기 위한 제도이므로 상소제도를 이용하는 자는 '새로운 재판을 구할 객관적인 필요성'이 있어야 하고, 이를 '상소의 이익'이라 한다. 상소의 이익은 상소의 적법요건이며, 원판결에 잘못이 있는가를 의미하는 상소의 이유와는 구별된다. 상소제도의 존재이유는 크게 ① 위법·부당한 재판의 시정(是正)을 목적으로 하는 객관적인 국가제도로 보는 입장, ② 당사자, 특히 불이익한 재판을 받은(더 정확하게 말하면 불이익한 재판을 받았다고 주장하는) 피고인을 구제(救濟)하거나 혹은 구제하지 못한다 하더라도 최소한 피고인을 설득하려는 데 있다고 보는 입장으로 대별할 수 있다. 상소의 이익에 관한 개별 쟁점들 중에는 양자의 이해가 대립하는 경우가 많다.

2 유죄판결에 대한 피고인의 상소와 상소의 이익

유죄판결에 대한 상소취지가 피고인에게 불이익한 경우, 즉 인정된 죄보다 중한 죄에 해당함을 주장한다든지, 벌금의 실형 판결에 대하여 징역형의 집행유예를 주장한다든지 하는 경우를 제외하면 보통 상소의 이익이 있다. 예를 들어 형의 면제판결이나 선고유예 판결에 대하여 무죄를 주장하는 상소에는 상소의 이익이 있다. 소유자 아닌 피고인이 제3자 소유물에 대한 몰수재판에 대하여는 상소할 이익 있다. 항소기각판결에 대한 상고도 보통은 상소의 이익이 있다. 그러나 제1심 유죄판결에 대하여 피고인은 항소를 포기하고 검사만이 양형이 부당하게 가볍다는 이유로 항소하였다가 검사의 항소 이유 없음을 이유로 기각된 항소심판결에 대하여 피고인은 상소의 이익이 없다.

③ 형식재판을 선고받은 피고인의 무죄를 구하는 상소와 상소이익

관할위반의 판결, 공소기각의 판결과 결정, 면소판결 등 형식재판이 선고된 경우에 피고인이 무죄를 구하는 상소를 할 수 있는가? 유죄도 무죄도 아닌 형식재판보다는 무죄의 실체재판을 받는 것이 일사부재리의 효력의 확보라는 점에서 피고인에게 유리하며, 형사보상이 주어진다는 점에서(형사보상 및 명예회복에 관한 법률 2조 1항) 상소의 이익을 인정할 여지가 없는 것은 아니다. 그러나 형식재판에 의하여 피고인은 형사절차로부터 해방되며, 형식재판에 의하여서도 피고인에게 무죄추정의 이익이 주어지기 때문에 판례는 상소를 허용하지 않는 것 같다. 대법원은 공소기각판결에 대하여는 '상소의 이익'이 없음을 이유로(② 사안에 대한 대법원 판결[1]), 면소판결에 대하여는 피고인에게 실체판결청구권이 없음을 이유로(① 사안에 대한 대법원 판결) 무죄를 구하는 상소를 인정하지 않는다. 무죄·면소·공소기각·관할위반의 재판에 대한 상소와 같이 상소의 이유 없음이 상소장의 기재로 명백한 때에는 결정으로 상소를 기각한다(원심법원은 360조, 376조, 407조, 상소법원은 362조, 381조, 413조).

④ 심신상실을 이유로 하는 무죄판결에 대하여 공소사실의 부존재를 이유로 하는 무죄판결을 구할 때와 상소의 이익

무죄판결은 피고인에게 가장 유리한 재판이므로 일반적으로 원심의 무죄판결에 대하여 피고인이 상소를 제기할 이익은 없다. 그러나 심신상실을 이유로 하는 무죄판결에 대하여 공소사실의 부존재를 이유로 하는 무죄판결을 구하는 때에는 예외적으로 상소의 이익을 인정하여야 하지 않는가 하는 의문이 제기되고 있다. 심신상실을 이유로 하는 무죄판결이 선고되는 경우에 피고인에게 치료감호가 선고될 여지가 있기 때문이다(치료감호법 4조). 이 문제에 대하여는 소극설과 적극설이 갈리고 있다. 소극설은 그 논거로서, 상소는 원심재판의 주문(主文)을 상대로 하는 것이어서 재판의 이유만을 상소의 목적으로 삼을 수 없다는 점,[2] 무죄판결은 법률적·객관적으로 피고인에게 가장 유리한 재판으로서 피고인의 이익·불이익을 좌우하는 법익의 박탈이 없다는 점을 든다. 이에 반하여 적극설은 '심신상실을 이유로 무죄판결이 선고되면서 동시에 치료감호가 선고된 경우에는 피고인에게 상소의 이익을 인정하여야 하며 치료감호의 선고 없이 단순히 무죄판결만 선고된 경우에는 상소의 이익을 부정하여야 한다'고 주장한다.

피고인의 상소의 이익은 자기에게 불이익한 재판의 시정을 구하는 이익이다. 그러나 형사사법제도는 시민의 세금으로 충당되는 막대한 비용을 들여 운영되고 있는 만큼 이익·불이익은 피고인의 주관을 떠나 추상적·법률적·객관적으로 판단되어야 한다. 따라서 무죄판결의 이유 여하는 피고인의 법률적 이익을 좌우할 수 없다고 보아야 한다. 다만 적극설이 주장하는 바와 같이 '심신상실을 이유로 무죄판결이 선고되면서 동시에 치료감호가 선고된 경우'에는 추상적·법률적·객관적으로도 피고인에게 불이익한 경우이므로 상소의 이익을 긍정함이 타당하다.

⑤ 치료감호법 14조 2항의 상소간주규정과 상소의 이익

치료감호법 14조 2항은 "피고사건의 판결에 대하여 상소 및 상소의 포기·취하가 있을 때에는 치료감호청구사건의 판결에 대하여도 상소 및 상소의 포기·취하가 있는 것으로 본다."고 규정하고 있는데, 위와 같은 치료감호청구사건에 관한 상소의제 규정은 치료감호청구사건에 관하여 상소의 이익이 있는 때에 적용된다.[3]

---

1) 대법원 1986. 12. 9. 선고 86도1976 판결; 대법원 1997. 8. 22. 선고 97도1211 판결; 대법원 2004. 9. 24. 선고 2004도3532 판결도 같은 취지이다.

2) "검사는 공익의 대표자로서 법령의 정당한 적용을 청구할 임무를 가지므로 이의신청을 기각하는 등 반대당사자에게 불이익한 재판에 대하여도 그것이 위법일 때에는 위법을 시정하기 위하여 상소로써 불복할 수 있지만 불복은 재판의 주문에 관한 것이어야 하고 재판의 이유만을 다투기 위하여 상소하는 것은 허용되지 않는다"(대법원 1993. 3. 4.자 92모21 결정).

3) 대법원 2011. 8. 25. 선고 2011도6705, 2011감도20 판결.

12.2 파기환송판결의 기속력

대법원 1984. 9. 11. 선고 84도1379 판결

F D는 국가보안법을 위반한 혐의로 기소되어 제1심에서 유죄판결을 선고받았다. D는 '자백 이외에 아무런 보강증거도 없이 공소사실 전부에 대하여 유죄를 인정하였으므로 제1심판결에는 사실을 그릇 인정하고 국가보안법의 법리를 오해하여 판결에 영향을 미친 위법이 있다'는 이유로 항소하였다. 항소심(제1차항소심)이 D의 항소를 기각하였고 D가 상고하였다. 대법원(제1차 상고심)은 "'D의 검찰에서의 자백내용'과 'W, W2 작성의 각 신원보증서나 W3 작성의 진술서의 각 기재내용'이 서로 상치(相馳=모순)되므로 위 신원보증서나 진술서 기재내용의 진실여부를 확인하는 과정에서 D의 검찰에서의 자백내용이 보강되는지 여부를 심리판단하여야 함에도 불구하고 이에 이르지 아니한 것은 심리를 다하지 아니한 잘못(심리미진)"이 있음을 이유로 파기환송하였다. 파기환송판결을 받은 환송 후 원심('제2차 항소심')은 '새로운 증거에 대하여 적법한 증거조사'를 한 후 제1심 판결이 증거로 삼은[擧示] 증거에 이를 보태어 유죄를 선고하였다. D가 "유죄판결을 파기환송 받은 원심이 또다시 유죄판결을 선고한 것은 환송판결의 하급심 기속에 관한 법원조직법 7조의2(현재는 8조)에 위반한 위법이 있다"고 주장하며 상고하였다.

I 하급심은 상급심이 파기이유로 한 사실상 및 법률상의 판단에 구속을 받는데 유죄판결을 파기환송 받은 원심이 또다시 유죄판결을 선고하는 것은 파기환송판결의 구속력에 반하는 것 아닌가?

R 상고기각. 상고법원으로부터 사건을 환송받은 법원은 그 사건처리에 있어 ㉠ '상고법원이 파기이유로 한 사실상 및 법률상의 판단에 구속(拘束)을 받는다' 함은 소론과 같으나, ㉡ 환송판결의 하급심에 대한 구속력은 파기의 이유가 된 원심판결의 사실

상 및 법률상의 판단이 정당하지 않다는 '소극적인 면에서만 발생'하는 것이므로 ㉢ 환송 후의 심리과정에서 새로운 증거가 제시되어 기속(羈束)적 판단의 기초가 된 증거관계에 변동이 있었다면 구속력은 이에 미치치 않고 따라서 파기이유가 된 잘못된 판단을 피하면 '새로운 증거에 따라 다른 가능한 견해에 의하여 환송 전의 판결과 동일한 결론을 낸다'고 하여도 환송판결의 하급심 기속에 관한 법원조직법 7조의2에 위반한 위법이 있다고 할 수 없다(대법원 1983. 2. 8. 선고 82도2672 판결 참조).

A 이 사건 환송판결을 받은 환송 후 원심은 환송판결의 파기이유에 따라 환송 후 원심판결 기재의 증거에 대하여 적법한 증거조사를 한 후 제1심 판결 거시의 증거에 이를 보태어 피고인에 대한 이 사건 범죄사실을 인정하고 있는바, 그렇다면 환송 후 원심판결은 환송 후의 새로운 증거를 채택하여 환송 전의 증거와 종합하여 그 판시사실을 인정하였음이 명백하므로 환송 후 원심판결에는 환송판결의 구속력을 무시한 위법이 있다고 할 수 없다.

C

① 파기판결의 기속력의 실정법적 근거

법원조직법 8조(상급심재판의 기속력)는 "상급법원의 재판에 있어서의 판단은 당해 사건에 관하여 하급심을 기속한다"라고 규정하여 '상급심판결의 하급심법원에 대한 기속력'을 모든 재판제도에 통용되는 '재판일반의 효력으로 확장'시켰다. 따라서 형사재판에서도 '상급심판결의 하급심법원에 대한 기속력'이 긍정되어야 한다.[1] 기속력을 인정하는 이유는 심급(審

---

[1] "법원조직법 8조는 '상급법원의 재판에 있어서의 판단은 당해 사건에 관하여 하급심을 기속한다'고 규정하고, 민사소송법 436조 2항 후문도 상고법원이 파기의 이유로

級)제도의 합리적 유지와 효율적 운영을 도모하려는 데 있다. 기속력은 하급심뿐만 아니라 파기판결을 한 법원 자신에게도 미치고 상급심이 파기이유로 한 법률상 및 사실상의 판단이 객관적으로 잘못된 것이라고 하더라도 재상소 후의 상급법원은 앞서 파기이유로 한 판단을 변경할 수 없다.

② 파기판결의 기속력의 법적 성질

① 확정판결의 기판력이라고 하는 기판력설, ② 중간판결로서의 기속력이라는 중간판결설, ③ 심급제도의 유지를 위하여 실정법이나 소송법이론상 특히 인정되어야 할 특수한 효력이라는 특수효력설[2] 등이 제시되어 왔다. 어느 설에 의하든 이 기속력은 상급심과 하급심 사이에 사건이 거듭 왕복되는 불안정한 상태를 회피하여 소송의 지연을 방지하려는 제도적 필요에서 인정되는 것임에는 이론(異論)이 없다.

③ 기속력이 미치는 판단의 범위

법률판단과 사실판단 모두에 미친다. 대법원은 '파기의 직접적 이유', 즉 원판결에 사실오인이 있다는 '소극적인 결론부분'에 대하여만 기속력이 미치고(재판요지 ㉯ 참조), 파기판결의 정당성을 뒷받침하는 적극적·긍정적 판단부분에까지 미치지 않는다고 한다.[3] 그러나 직접적인 파기이유(사실오인, 심리미진, 의

율착오 등)와 일체불가분의 관계에 있는 판단, 혹은 그 '필연적인 논리적 전제인 판단'은 적극적·긍정적 판단부분이라도 기속력이 미친다는 견해도 있다.

④ 기속력이 미치는 법원

상급심의 파기판결은 하급심뿐 아니라 그 후의 재차의 상급심도 기속한다. 이런 견지에서 보면 사안에서 제1차 상고심 재판과 제2차 상고심 재판의 결론이 다른 것은 파기판결의 기속력 개념에 배치되는 것처럼 보인다. 그러나 재판요지 ㉯와 ㉰에 주목할 필요가 있다. 제1차 상고심판결의 기속력은 '제1차 항소심변론종결시까지 드러난 증거상태'에 터잡아 판단했을 때 도출되는 결론부분에 대하여만 미친다. 따라서 사안에서처럼 '제2차 항소심이 다시 심리를 진행하고 신증거를 발굴·조사하였다면 이 단계에서 제1차 상고심 재판의 기속력은 소멸된다. 제1차 상고심 재판과 제2차 상고심 재판이 표면상 상이한 방향성(하나는 무죄를, 또 하나는 유죄를 지향)을 보인다는 사실만 보고 판단할 일이 아니다. 그러나 파기판결의 기속력은 직접적인 파기이유(사실오인, 심리미진, 의율착오 등)와 일체불가분의 관계에 있는 판단 혹은 그 필연적인 논리적 전제인 판단은 적극적·긍정적 판단부분이라도 기속력이 미친다는 견해를 취한다면 결론이 달라질 수도 있다.

삼은 사실상 및 법률상의 판단은 하급심을 기속한다는 취지를 규정하고 있으며, 형사소송법에서는 이에 상응하는 명문의 규정은 없지만 법률심을 원칙으로 하는 상고심은 형사소송법 383조 또는 384조에 의하여 사실인정에 관한 원심판결의 당부에 관하여 제한적으로 개입할 수 있는 것이므로 **조리상** 상고심판결의 파기이유가 된 사실상의 판단도 기속력을 가진다. 따라서 상고심으로부터 사건을 환송받은 법원은 그 사건을 재판함에 있어서 상고법원이 파기이유로 한 사실상 및 법률상의 판단에 대하여 환송 후의 심리과정에서 새로운 증거가 제시되어 기속적 판단의 기초가 된 증거관계에 변동이 생기지 않는 한 이에 기속된다"(대법원 2009. 4. 9. 선고 2008도10572 판결). 대법원 2004. 9. 24. 선고 2003도4781 판결; 대법원 2009. 4. 9. 선고 2008도10572 판결도 같은 취지이다.

2) 특수효력설은 "파기판결의 기속력을 판결의 통상의 효력과는 별개로 법률에 의하여 인정된 특수한 효력"으로 보는 견해로서 현재의 통설이다.

3) "출판물에 의한 명예훼손의 공소사실을 유죄로 인정한

환송 전 원심판결에 위법이 있다고 한 파기환송판결의 사실판단의 기속력은 파기의 직접 이유가 된 환송 전 원심에 이르기까지 조사한 증거들만에 의하여서는 출판물에 의한 명예훼손의 공소사실이 인정되지 아니한다는 소극적인 부정 판단에만 미치는 것이므로, 환송 후 원심에서 이 부분 공소사실이 형법 307조 2항의 명예훼손죄의 공소사실로 변경되었다면 환송 후 원심은 이에 대하여 새롭게 사실인정을 할 재량권을 가지게 되는 것이고 더 이상 파기환송판결이 한 사실판단에 기속될 필요는 없다"(대법원 2004. 4. 9. 선고 2004도340 판결). 이 판결에 대하여는 이균용, 파기판결의 기속력의 근거와 그 범위, 대법원판례해설 50호(2004 상반기), 726~735 참조.

12.3 항소심의 구조

대법원 1983. 4. 26. 선고 82도2829 판결

F　D는 단순절도(제1공소사실) 혐의로 기소되어 1981. 12. 15. 부산지방법원 마산지원에서 벌금 200,000원을 선고받고 항소하여 항소심계속 중에 있었다. D는 다른 공소사실(1982. 2. 9.자 등 절도)인 '상습절도(제2공소사실)'의 혐의로 재차 기소되었다. 그후 단순절도에 대한 형사사건은 1982. 4. 22. 부산지방법원에서 항소가 기각되고 그 판결은 1982. 4. 30. 확정되었다. 제2공소사실에 대한 형사사건의 제1심(마산지원 합의부)은 D에게 '징역 1년 6월'을 선고하였다. D가 항소하였다. 항소심은 "이 사건 범죄사실은 위 별건(단순절도)의 판결확정 이전에 이루어진 것이고, 양자는 모두 피고인의 절도습벽에서 이루어진 것으로서 포괄일죄인 상습절도죄의 관계에 있으므로 위 별건 확정판결의 일사부재리의 효력은 이 사건 공소사실(상습절도)에 대하여도 미친다[1]"고 판단하면서 직권으로 제1심판결을 파기하고 D에게 '면소'를 선고하였다. 검사는 "위 별건 확정판결의 일사부재리의 효력은 제1심판결 선고시(1981. 12. 15.)까지만 미치는 것이므로 그 이후에 범해진 이 사건 공소사실에는 그 일사부재리의 효력이 미치지 아니한다"고 주장하며 상고하였다.

R　상고기각. '㉮ 공소의 효력과 판결의 확정력은 사실심리의 가능성이 있는 최후의 시점인 판결 선고시를 기준으로 하여 가리게 되고 그때까지 행하여진 행위에 대하여만 공소의 효력과 판결의 확정력이 미친다'고 함이 대법원의 판례로 하는 입장이지만 ㉯ 제1심판결에 대하여 항소가 제기된 경우 사실심리의 가능성이 있는 최후의 시점이 제1심판결 선고시인가 항소심 판결선고시인가를 결정하기 위해서는 현행 형사항소심의 구조와 관련하여 형사소송의 이념은

물론 형소법의 규정, 종전 대법원의 판례 및 소송실무상의 요청 등 여러 사정을 고려하지 않을 수 없다. ㉰ ㉠ 현행 형소법은 종전의 복심적 항소심 구조를 대폭 개편하여 항소이유를 법정하고(법 361조의5, 이하 같다), ㉡ 항소이유서의 제출을 의무화하고 있으며(법 361조의3), ㉢ 항소법원의 심판대상은 우선 항소이유서에 포함된 사항으로서(법 364조 1항), 항소이유 없다고 인정한 때에는 판결로서 항소를 기각하고(법 364조 4항), ㉣ 항소이유가 있다고 인정한 때에는 원심판결을 파기하고 다시 판결을 하여야 한다고 규정하여(법 364조 6항) 이른바 **사후심적인 요소를 대폭 도입**하고 있음은 부인할 수 없다. 그러나 한편 형소법은 ㉤ ⓐ 항소이유로서 사실오인과 양형부당의 사유를 포함시켜(법 361조의5 14호 및 15호) 항소심에 사실심으로서의 기능을 부여하고 있고, ⓑ 제1심 판결 후에 발생한 사유라고 할지라도 판결 후에 형의 폐지나 변경 또는 사면이 있는 때(법 361조의5 2호)와 재심청구의 사유가 있는 때(동조 13호)에는 이를 항소심 판결선고 시를 기준으로 하여 판단자료로 삼아야 하고(대법원 1966. 3. 3. 선고 65도1229 판결 참조) ⓒ 항소이유가 있는 경우에는 물론(법 364조 6항) 항소이유서가 제출되지 아니한 경우에도 판결에 영향을 미친 위법이 있는 경우에는 제1심 판결을 파기하고 스스로 피고 사건에 관하여 다시 판결하여야 하며(법 364조 2항, 대법원 1968. 9. 2. 선고 68도1028 판결 및 1973. 11. 6.자 73도70 결정 참조), ⓓ 항소법원은 판결에 영향을 미친 사유에 관하여는 항소이유에 포함되지 아니한 경우에도 직권으로 심판할 수 있고(법 364조 2항), (중략) 실체적 진실을 추구하는 면에 있어서는 **사실심의 종심으로서 항소법원의 속심적 기능이 강조되고 있음**을 알 수 있다. ㉱ 대법원도 이미 현행 형사항소심은 **단순한 사후심이 아님**을 누차 천명한 바 있고, 현재의 형사소송실무의 현장에서 보더라도 사무량의 폭주와 구속기간의 제약 때문에 **제1심의 공판중심주의나 직접주의에 의한 심리가** 충분히 이루어지지 못하여 실체적 진실발견에

---

[1] 대법원 2004. 9. 16. 선고 2001도3206 전원합의체 판결 이후에는 이런 주장을 할 수 없게 되었음을 주의하여야 한다.

부족함이 있고, **양형에 영향을 줄 사유**(예를 들어 피해배상이나 합의 등)**가 제1심 판결 이후에 발생하는 경우가 허다**하여 피고인의 이익을 위한다는 점에서도 **항소심의 속심으로서의 역할은 등한시될 수 없다**고 할 것인바, 앞서 본 사후심적 요소를 도입한 형소법의 관계조문들은 다만 남상소의 폐단을 억제하고 항소법원의 업무부담을 줄여 준다는 소송경제적인 필요에서 항소심의 속심적 성격에 제한을 가하고 있음에 불과하다(대법원 1968. 9. 5. 선고 68도1010 판결 참조). 이상과 같은 여러 가지 점을 종합하여 본다면 형사판결의 '기판력의 시적 범위를 정하는 사실심리의 가능성이 있는 최후의 시점'이란 항소심 판결선고 시라고 봄이 타당하고, 이 기준시점은 항소심이 항소를 받아들여 파기자판한 경우든 항소를 기각한 경우든 달라질 수 없다. 그렇다면 위 기준시점 내에 행하여진 모든 범죄행위는 그 단일성과 동일성이 인정되는 한 설사 그 일부만이 기소되었다 하더라도 그 모두에 공소의 효력과 판결의 확정력이 미친다.

C

1 항소심의 구조

(1) **학설** : 1961. 9. 1. 개정 전 형소법상 항소심의 구조는 '복심'이었으나 1961년의 형소법개정으로 인한 형사항소심의 구조개혁결과를 어떻게 파악할 것인가가 문제된다. 1961. 9. 1. 개정 직후에는 항소심을 '원칙상 사후심으로 보고 예외적으로 파기자판하는 경우에 속심의 성격을 갖게 된다'는 것이 다수설이었다.

(2) **판례의 변화** : 대법원은 이 문제에 관하여 대단히 동요하는 모습을 보였다. 항소심은 순수한 사후심이 아니라는 판결(대법원 1966. 6. 17. 선고 66도125 판결)도 있었고 '반드시 속심의 성격을 가진 것이라고만 단정할 수 없다'(대법원 1972. 10. 10. 선고 72도1832 판결)는 판결도 있었다. 그런데 대법원 1966. 3. 3. 선고 65도1229 전원합의체판결은 "제1심 선고 당시 소년이던 피고인이 항소심 계속 중 성년이 된 경우 부정기형을 선고한 원심판결을 파기하여야 한다"고 판시한 바 있다. 이 판례는 항소심을 속심으로 간주하는 판

결이었다. 그러나 이 판결에서 항소심을 속심으로 보아야 하는 근거는 제시되지 않았다. 그러다가 대법원은 본판결에서 항소심을 속심으로 보아야 하는 근거를 가장 정밀하게 제시하게 된다.

(3) **판례의 기본적 태도** : 이 판결은 ㉮ 부분에서 열거하는 사유를 근거로 항소심의 구조를 '원칙적 속심'으로 보고 있다. 그러나 대법원은 동시에 ㉯ 부분에서 열거하는 사유를 근거로 현행 형소법이 "사후심적인 요소도 대폭 도입"하고 있음을 인정하고 있다. 이 판결은 "ⓐ 사무량의 폭주와 ⓑ 구속기간의 제약 때문에 제1심의 공판중심주의나 직접주의에 의한 심리가 충분히 이루어지지 못하여 실체적 진실발견에 부족함"이 있는 현재의 형사소송실무의 실태를 직시하고, "ⓒ 양형에 영향을 줄 사유(예를 들어 피해배상이나 합의 등)가 제1심 판결 이후에 발생하는 경우가 허다하여 피고인의 이익을 위한다"는 점에서 항소심의 속심으로서의 역할을 등한시할 수 없다면서 속심적 성격을 강조하면서 사후심적 요소를 도입한 형소법의 관계조문들은 "ⓓ 남상소의 폐단을 억제하고 ⓔ 항소법원의 업무부담을 줄여 준다는 소송경제적인 필요에서 항소심의 속심적 성격에 제한을 가하고 있음에 불과하다"고 보고 있다.[2]

2 기판력이 미치는 시적 한계

항소심을 '순수한 사후심'으로 보는 경우에는 논리적으로 제1심판결선고시설로 보게 되지만 항소심을 '원칙적 속심'으로 보는 경우에는 항소심 판결선고시설로 보지 않을 수 없다. 사건이 항소된 경우 판결의 기판력의 시적 한계는 파기자판된 경우나 항소기각된 경우를 막론하고 모두 항소심 종국재판시로 보아야 한다.

---

2) 2014년 판결에서 대법원은 항소심을 '사후심적 성격이 가미된 속심'(대법원 2014. 1. 16. 선고 2013도7101 판결)으로 표현하고 있다.

12.4 경합범의 일부상소와 상소심의 심판범위

대법원 1992. 1. 21. 선고 91도1402 판결

F 1988. 9. 5. 24:00경 V(당시 18세)는 서울에서 봉제공장의 공원으로 일하던 중 서울 미아삼거리 소재 디스코 클럽에서 P 등 일행 4명에 의하여 "스키장에 놀러가자"고 유인되어 당일 밤 자동차로 군산까지 감금·약취된 뒤 강간당하고 나서 군산시 대명동 소재 윤락가 포주인 J에게 금 80만 원에 팔려 J의 점포에서 성매매생활을 하게 되었다. D(여, 50세)는 J의 점포 인근에서 성매매업소를 운영하던 자로서 같은 해 10.14. 14:00경 J에게 금 80만 원을 지급하고 V의 인신을 넘겨받아 V로 하여금 1989. 11. 24경까지 약 13개월 동안 매일 5~10회씩 돈을 받고 성매매행위를 하게 하던 중 검거되었다. D는 형법 288조 2항(부녀매매죄)과 구윤락행위등방지법(현재의 성매매방지법) 16조 1항 위반 혐의로 구속기소되었다. 제1심은 공소사실 모두를 유죄로 인정하여 D에게 징역 1년의 실형을 선고하였다. **D만이 항소**하였다. 항소심은 윤락행위등방지법위반죄에 대하여는 유죄를 인정하였지만 부녀매매죄는 무죄로 판단하여 제1심판결을 파기하고 징역 1년에 집행유예 3년을 선고(파기자판)하였다. 검사는 무죄가 선고된 부녀매매죄에 대하여만 상고(일부상고)하였으며 D는 상고하지 않았다.

I 경합범 중 일부(부녀매매죄)에 대하여 무죄, 일부(성매매에 종사하게 한 죄)에 대하여 유죄를 선고한 하급심 판결에 대하여 검사만이 무죄(부녀매매죄)부분에 대하여 상소한 경우, 상급심에서 상소를 인용(상소에 이유 있음)하여 원심을 파기할 때 피고인과 검사가 모두 상소하지 않은 부분(다툼이 없는 부분)은 파기범위에서 제외되는가? 이를 긍정하는 입장이 일부파기설, 이를 부정하는 입장이 전부파기설(형법 37조 전단의 적용을 인정)이다.

R A 파기환송. ① 형법 37조 전단의 경합범 중 일부 공소사실에 대하여 유죄의 선고를 하고, 일부 공소사실에 대하여는 무죄를 선고한 항소심판결[1]에 대하여, 피고인은 상고하지 않고 **검사만이 무죄부분에 대하여 상고한 사건**에서 검사의 상고가 이유 있는 경우(무죄를 유죄로 변경하여야 하는 경우 : 필자)에 ㉮ 피고인과 검사가 모두 상고하지 아니한 윤락행위방지법위반죄에 대한 유죄판결은 상소기간이 지남으로써 확정되고, 대법원에 계속된 사건(상고심의 심판대상 : 필자)은 부녀매매죄에 대한 공소뿐이므로 그 부분만을 파기할 수밖에 없다.

② (①과 같이 해석하여야 하는 이유 : 필자) 이 사건과 같이 제2심이 형법 37조 전단의 경합범 중 일부 공소사실에 대하여 유죄의 선고를 하고 일부 공소사실에 대하여 무죄선고를 한 경우로서 검사만 무죄부분에 대하여 상고한 사건에서 원심이 유죄로 인정한 범죄와 상고된 무죄부분 공소사실이 경합범으로서 과형상 하나의 형으로 처단하여야 하는 관계에 있기 때문에 2심판결 전부를 파기하여야 한다고 한 대법원 판례(대법원 1989. 9. 12. 선고 87도506 판결; 대법원 1991. 5. 28. 선고 91도739 판결 등)가 있으나 형법 37조 전단(판결이 확정되지 아니한 수개의 죄)의 경합범으로 동법 38조 1항 2호에 해당하는 경우 하나의 형으로 처벌하여야 함은 물론이지만 위 규정은 위 37조 전단의 경합범을 동시에 심판하게 되는 경우에 관한 규정인 것이고 경합범으로 동시에 기소된 사건이라 하더라도 ㉯ ⓐ 일부유죄·일부무죄의 선고를 하거나 ⓑ 일부의 죄에 대하여 징역형을, 다른 죄에 대하여 벌금형을 선고하는 등 **판결주문이 수개일 때**에는 그 1개의 주문에 포함된 부분을 다른 부분과 분리하여 일부상소를 할 수 있고, 그러한 경우 '당사자 쌍방이 상소하지 아니한 부분은 분리 확정된다'고 볼 수밖에 없는 것[2]

---

1) 제1심판결일 수도 있다. 이 경우에는 검사만이 무죄부분에 대하여 항소하는 사안이다.

2) 이 부분(판결주문이 수개일 때에는 그 1개의 주문에 포함된 부분을 다른 부분과 분리하여 일부상소를 할 수 있고, 그러한 경우 '당사자 쌍방이 상소하지 아니한 부분

이어서 이미 확정된 유죄부분에 대하여 상고심이 파기(전부파기 : 필자)환송판결을 하는 것은 상소이론에 들어맞지 않으므로 그 판례들을 폐기할 수밖에 없다.

③ (①, ②처럼 해석하는 경우 발생하는 문제점과 그 대책 : 필자) ㉯ '이렇게 될 경우 형사소송법 368조가 규정한 불이익변경의 금지원칙과 관련하여 환송을 받은 법원이 파기이유가 된 사실상과 법률상의 판단에 기속되어 유죄를 인정하고서도 조금이라도 형을 선고하면 불이익변경금지에 위반되어 형을 선고할 수 없는 부당한 결과가 된다'는 이론(異論)이 있으나 원래 불이익변경의 금지라고 하는 것은 피고인이 상소권행사를 주저하는 일이 없도록 상소권행사를 보장하기 위한 것으로 그 원칙을 지키기 위하여 필요한 경우에는 법률이 규정한 형기에 구애받지 않는 것이므로 이미 선고된 형 이외에 다시 형을 선고하는 것이 피고인에게 불리한 결과가 된다면 그러한 이유로 형을 선고하지 아니한다는 주문을 선고할 수 있고 ㉰ 환송받은 법원이 실형을 선고하는 경우 앞서 선고한 집행유예가 취소되어 피고인에게 불리하게 된다는 이론(異論)도 있으나, 환송받은 법원이 다시 집행유예를 선고할 수도 있고, 실형을 선고하여야 하기 때문에 앞서 선고한 집행유예가 취소될 수밖에 없게 된다면, 불이익변경금지에 저촉되는 여부를 정함에 있어서는 그 형과 집행유예가 취소되어 복형(服刑)하게 될 형을 합산하여 결정하여야 할 것이고 그러한 사정을 고려하고서도 실형을 선고하는 것이 불이익변경금지에 위배되지 아니한다면 수용할 수밖에 없을 것이다.

1 일부상소의 요건과 그 효과

상소는 재판의 일부에 대하여 할 수 있으며(법 342조 1항), 일부에 대한 상소는 그 일부와 불가분의 관계에 있는 전부에 대하여도 효력이 미친다(법 342조 2항). 여기서 재판의 일부라 함은 우선 '수죄 중 일부'를 의미한다.[3] 예를 들어 ⓐ 하급심에서 경합범관계

에 있는 수개의 공소사실의 일부에 대하여 유죄, 다른 일부에 대하여 무죄·면소·공소기각·관할위반 또는 형의 면제가 각 선고된 경우이거나, ⓑ 일부에 대하여 징역형, 다른 일부에 대하여 벌금형이 선고된 경우(대법원 1961. 10. 5. 선고 4293형상403 판결), 또는 ⓒ 전부 무죄판결이 선고된 경우에 재판에 불복하는 당사자는 그 중 일부 공소사실에 대하여 상소를 할 수 있다. ㉠ 복수의 공소사실에 대하여 유죄가 인정되었다 하더라도 형법의 경합범조항에 의하여 1개의 형이 선고된 경우에는 '재판의 내용이 불가분'이므로 일부상소를 할 수 없고, 일부에 대한 상소가 있더라도 그 상소의 효력은 전부에 대하여 미친다.[4] 그 밖에도 ㉡ 일죄(과형상의 일죄, 포괄일죄 포함)의 일부,[5] ㉢ 소송비용재판에 대한 독립상소,[6] ㉣ 몰수나 추징에 대한 독립상소[7]는 허용되지 않는다.

원칙을 선언하고 있다. 따라서 불가분의 관계에 있는 재판의 일부만을 불복대상으로 삼은 경우 그 상소의 효력은 상소불가분의 원칙상 피고사건 전부에 미쳐 그 전부가 상소심에 이심되는 것이고, 이러한 경우로는 일부 상소가 피고사건의 주위적 주문과 불가분적 관계에 있는 주문에 대한 것, 일죄의 일부에 대한 것, 경합범에 대하여 1개의 형이 선고된 경우 경합범의 일부 죄에 대한 것 등에 해당하는 경우를 들 수 있다"(대법원 2008. 11. 20. 선고 2008도5596 전원합의체 판결).

4) 대법원 1955. 11. 29. 선고 4288형상276 판결; 대법원 1969. 2. 25. 선고 68도1787 판결; 대법원 1969. 3. 15. 선고 69도169 판결; 대법원 1976. 1. 27. 선고 74도3458 판결 참조.

5) 대법원 1991. 3. 12. 선고 90도2820 판결; 대법원 2008. 9. 25. 선고 2008도4740 판결. "일부에 대한 상소가 있더라도 그 상소의 효력은 전부에 대하여 미친다."

6) 대법원 2008. 7. 24. 선고 2008도4759 판결. "부적법하므로 상고를 기각한다."

7) 대법원 2008. 11. 20. 선고 2008도5596 전원합의체 판결: "마약류관리에 관한 법률 67조는 '이 법에 규정된 죄에 제공한 마약류 및 시설·장비·자금 또는 운반수단과 그로 인한 수익금은 몰수한다. 다만, 이를 몰수할 수 없는 때에는 그 가액을 추징한다.'고 정하고 있는바, 이는 이른바 필수적 몰수 또는 추징 조항으로서 그 요건에 해당하는 한 법원은 반드시 몰수를 선고하거나 추징을 명하여야 하고, 위와 같은 몰수 또는 추징은 범죄행위로 인한 이득의 박탈을 목적으로 하는 것이 아니라 **징벌적인 성질을 가지는 처분으로 부가형으로서의 성격을 띠고 있어**, 이는 피고사건 본안에 관한 판단에 따른 주형 등에 부가하여 한 번에 선고되고 이와 일체를 이루어 동시

은 분리 확정된다')이 중요한 부분이다.

3) 일부의 의미를 대법원은 이보다 넓은 개념으로 이해하는 것으로 보인다. "342조는 (중략) 이른바 상소불가분의

2 일부상소와 상급심의 심판대상

그런데 문제는 본 사안과 같은 일부상소가 있는 경우 상소의 대상이 되지 아니한 (다툼이 없는) 부분도 상급심에 이심(移審)되어 상급심의 심판의 대상이 되는가 아니면 상소되지 아니한 부분은 상소된 부분과 독립하여 확정(부분적 확정)되는가가 문제된다. 이에 대하여는 일부파기설[8]과 전부파기설이 대립한다. 일부파기설은 '불복이 없는 유죄부분은 독립하여 확정되고, 무죄부분만이 상소심에 이심(移審)되고 상소심의 심판대상이 된다'는 견해이다. 이 입장에 서면 유죄부분은 독립하여 먼저 확정되므로 상급심법원이 검사의 상소를 받아들여 무죄부분만을 파기하여 유죄로 인정하는 경우에는 양형상 피고인에게 불이익하게 되지 않도록 먼저 확정된 유죄부분에 대한 양형을 고려하여야 한다. 검사의 상소가 인용되는 경우 일부파기설처럼 처리하면 피고인에게 불리한 결과(경합범에 대하여 두 개의 형이 선고되므로 피고인에게 불리하다)가 초래되므로 형소법 342조 2항을 확대해석하여 상소가 되지 아니한 유죄부분도 무죄부분과 불가분의 관계에 있는 것으로 보아 전부파기하여 경합범으로서 1개의 형을 선고하도록 하자는 입장이다.[9]

에 확정되어야 하고 본안에 관한 주형 등과 분리되어 이심되어서는 아니 되는 것이 원칙이므로, **피고사건의 주위적 주문과 몰수 또는 추징에 관한 주문은 상호 불가분적 관계에 있어 상소불가분의 원칙이 적용되는 경우에 해당한다.** 따라서 피고사건의 재판 가운데 몰수 또는 추징에 관한 부분만을 불복대상으로 삼아 상소가 제기되었다 하더라도, 상소심으로서는 이를 적법한 상소제기로 다루어야 하는 것이지 몰수 또는 추징에 관한 부분만을 불복대상으로 삼았다는 이유로 그 상소의 제기가 부적법하다고 보아서는 아니 되고, 그 부분에 대한 상소의 효력은 그 부분과 불가분의 관계에 있는 본안에 관한 판단 부분에까지 미쳐 그 전부가 상소심으로 이심되는 것이다. 이와 달리, 피고사건의 본안에 관한 판단 부분에 대하여는 상소하지 아니한 채 몰수 또는 추징 부분에 한하여 상소하는 것은 허용되지 않으므로 이러한 상소는 기각하여야 한다는 취지의 대법원 1984. 12. 11. 선고 84도1502 판결; 대법원 2007. 11. 15. 선고 2007도6775 판결 등의 견해는 이 판결의 견해에 배치되는 범위 내에서 이를 변경하기로 한다."

8) 본 사안의 판례(이재상, 신동운).
9) 이상범, 형사소송절차에 있어서의 일부상소 및 상소심의 심판, 사법논집 4, 614 이하.

3 쌍방상소되어 검사의 상소만 이유 있는 사안

동시적 경합범 관계에 있는 수개의 공소사실에 대하여 하급심에서 일부 공소사실에 대하여는 유죄, 일부 공소사실에 대하여는 무죄판결을 하고, 피고인은 유죄부분에 대하여, 검사는 무죄부분에 대하여 각각 상소(쌍방상소)하였다. 유죄 부분에 대한 피고인의 상소는 이유 없고 무죄 부분에 대한 **검사의 상소만 이유 있는 경우** 상급심은 하급심 판결의 일부만을 파기할 것인가(예를 들어 '원심판결의 무죄부분을 파기한다'는 주문) 아니면 하급심판결 전부(예를 들어 '원심판결을 파기한다'는 주문)를 파기할 것인가? 이 경우에는 "ⓐ 원심판결 전부의 확정이 차단되어 상소심에 이심되는 것이고, ⓑ 유죄부분에 대한 피고인의 상소가 이유 없더라도 무죄부분에 대한 검사의 상소가 이유 있는 때에는 **피고인에게 하나의 형이 선고되어야 하는 관계로** ⓒ 무죄부분뿐 아니라 유죄부분도 함께 파기되어야 한다"(대법원 1997. 6. 13. 선고 96도2606 판결; 대법원 2000. 6. 13. 선고 2000도778 판결; 대법원 2002. 6. 20. 선고 2002도807 전원합의체 판결; 대법원 2007. 6. 28. 선고 2005도7473 판결[10]; 대법원 2008. 5. 29. 선고 2008도2099 판결).

4 대법원 1983. 7. 26. 선고 82도314 판결의 사안과 본 판례사안의 차이점

본 사안의 쟁점과 대법원 1983. 7. 26. 선고 82도314 판결[11] 사안의 쟁점(경합범으로 기소된 사안에 대하

10) 이 판결에 대하여는 전원열의 판례해설이 있다[전원열, 피고인과 검사 쌍방이 상고한 결과 검사의 상고만 받아들여졌으나 하나의 형의 선고를 위하여 전부가 파기환송된 경우에, 환송 후 원심에서 피고인 상고 부분에 고유한 형벌에 대하여 불이익변경금지 원칙이 적용되는지 여부, 대법원판례해설 70호(2008 상반기)(2008. 1).

11) P는 구 열관리법위반죄와 중과실치상죄 혐의로 기소되었다. 구 열관리법위반죄와 중과실치상죄는 경합범의 관계에 있다. 제1심은 중과실치상죄에 대하여 유죄(금고 8월에 2년간 집행유예)를, 구 열관리법위반죄에 대하여 무죄를 선고하였다. 검사만이 무죄부분에 대하여 항소(불이익변경금지 불작동 : 필자)하였다. 항소심은 항소를 기각하고 검사만이 상고(불이익변경금지 불작동 : 필자)하였다. 대법원은 검사의 상고를 인용하여 '무죄를 선고한 제1심판결을 유지한 원심판결에는 심리미진으로 인한 구 열관리법상의 연료사용기기에 관한 법리를 오해

여 하급심에서 일부무죄, 일부유죄가 선고되었는데 검사만
이 무죄부분에 대하여 상소한 사안에서 이심의 효력이 미치
는 범위와 상소심의 심판 범위)은 거의 비슷하다. 그러나
본 사안에서는 대법원 1983. 7. 26. 선고 82도314 판
결 사안에서 현재화되지 않은 쟁점이 하나 더 추가되
어 있다. 새로 추가된 쟁점은 일부파기설의 입장에
따르더라도 불이익변경금지원칙의 제약을 받을 수
있다는 점이다. 대법원 1983. 7. 26. 선고 82도314 판
결 사안에서는 검사만이 무죄부분에 대하여 항소하
고 상고하였으므로 불이익변경금지원칙이 작동하지
않는다. 그러나 본 사안에서는 제1심판결에 대하여
피고인만이 항소하였으므로 항소심재판부터는 제1심
판결의 형량과 관련하여 불이익변경금지원칙이 작동
한다. 따라서 그 이후의 소송법적 효과나 법원이 취
하여야 할 조치를 논할 때에는 피고인에게 불이익을
주지 않는 방향의 논의가 불가피해진다. 재판요지 3
(ⓓ, ⓔ)에서 본 바와 같은 논리가 전개되는 이유는 바
로 이 점 때문이다.

한 위법이 있다'고 하면서 원심판결 중 무죄부분만을 파
기환송하였다. 대법원은 이 판결에서 중과실치상의 유죄
부분이 제1심판결 선고로 확정되었다고 보고 구열관리
법위반부분에 대하여만 파기한 이른바 '일부파기설'을
취한 것이다(대법원 1983. 7. 26. 선고 82도314 판결).

12.5 포괄일죄·상상적 경합범의 일부상소와 편면적 공방대상론

대법원 1991. 3. 12. 선고 90도2820 판결

F D는 특정범죄 가중처벌 등에 관한 법률위반 (상습절도) 혐의로 기소되었다. 검사는 D의 공소장 1. 2. 3 기재 각 절도범행(이하 '제1공소사실', '제2공소사실' 등으로 약칭한다)을 특가법(상습절도)의 포괄일죄로 기 소하였다. 항소심은 이 중 제3공소사실에 대하여만 유죄판결을 선고하면서 제1, 제2공소사실에 대하여는 판결이유에서 무죄로 판단하였다. D만이 유죄로 인정 된 제3공소사실에 대하여 상고하였다. 상고심은 유죄 부분(제3공소사실)을 인정할 만한 증거가 없다는 이유 로 항소심판결을 파기환송하였다. 파기환송받은 제2 차 항소심은 제2, 제3공소사실을 무죄로 판단하면서 환송 전의 제1차 항소심판결이 무죄로 판단하였던 제 1공소사실을 유죄로 인정하여 제1공소사실의 유죄판 결을 선고하였다. D가 다시 대법원에 상고하였다.

I 수개의 범죄행위를 검사가 포괄일죄로 판단 하여 기소하고 하급심이 일부에 대하여는 유죄, 일부 에 대하여는 무죄(이유 부분에서 명시함)를 선고하자 **피 고인만이** 유죄 부분을 다투어 상소한 경우 ① 이심 (移審)의 효력이 미치는 범위와 ② 상급심의 공방대상 (사실상 심판의 대상)의 범위는 당사자가 다툰 부분에 한정되는가 아니면 포괄일죄 전체인가가 쟁점이다.

R A 직권에 의한 파기환송. 환송전 원심(제1 차 항소심 : 저자 해설)에서 포괄일죄의 일부(제3공소사 실 : 저자 해설)만이 유죄로 인정된 경우 그 유죄부분에 대하여 피고인만이 상고하였을 뿐 무죄부분에 대하여 검사가 상고를 하지 않았다면 ㉮ 상고불가분의 원칙 에 의하여 무죄부분도 상고심에 이심되기는 하나, ㉯ 그 부분은 이미 '당사자 간의 **공격방어의 대상**'으로부 터 벗어나 사실상 **심판대상**에서부터도 벗어나게 되어 상고심으로서도 그 무죄부분에까지 나아가 판단할 수 없다. 따라서 ㉰ 상고심으로부터 위 유죄부분에 대한

원심판결이 잘못되었다는 이유로 사건을 파기환송받 은 원심(제2차 항소심 : 저자 해설)은 그 무죄부분에 대 하여 다시 심리 판단하여 유죄를 선고할 수는 없다.

C

1 포괄일죄에 대한 일부상소와 이심의 효력이 미치 는 범위

포괄일죄의 일부에 대하여 검사·피고인이 상소하 면 포괄일죄 전체에 대하여 이심(移審)의 효력이 발생 한다는 점에 대하여는 별 이견이 없다. 그러나 여기 서 한걸음 더 나아가 상급심의 심판범위가 당사자가 다투고 있는 유죄부분에 한정되는지 여부에 관하여 는 견해가 갈릴 수 있다. 1991년의 본 사안은 피고인 만이 유죄로 판단된 부분을 다투어 상소한 사안이지 만 이 판결 이전에 **검사만이** 무죄 부분을 다투어 상 소한 사안에서 대법원은 상급심이 그 전체에 대하여 (따라서 당사자가 다투지 아니한 부분에 대하여 상급심은 직 권으로) 심판할 수 있다고 판시(1985년 판결과 1989년 판 결 참조)하여 왔었다.

2 1991년의 본 판결의 입장(전부 이심되지만 무죄·공 소기각 부분은 공방대상에서 제외된다)

1991년 판결의 사안은 1985년 판결, 1989년 판결의 사안(검사만이 상소한 사안)과 달리 **피고인만이 상소한 사안**이다. 그렇게 보아야 하는 근거로 본 판결은 '무 죄로 된 부분은 이미 당사자 간의 공격방어의 대상으 로부터 벗어났다'는 이른바 공방대상론(攻防對象論)을 논거로 삼고 있다. 대법원은 1991년 판결에서 1985년 판결, 1989년 판결과 마찬가지로 '상고(상소)불가분의 원칙에 의하여 무죄부분도 상고심에 이심'된다[1]고 하 면서도 1985년 판결, 1989년 판결과는 달리 '무죄부 분은 당사자 간의 공격방어의 대상으로부터 벗어나

---

1) 이 입장은 일본최고재판소의 입장이기도 하다.

사실상 심판대상에서부터도 벗어났다'고 하는 편면적인 이론구성을 하고 있다. 이렇게 보면 1991년에 선고된 본 판결의 논지는 1985년 판결, 1989년 판결의 논지와 일견 모순되는 것처럼 보인다. 검사만이 상소한 때에는 공소(상소)불가분의 원칙을 관철시키지만 피고인만 상소한 때에는 공방대상론을 관철시키는 이유는 '피고인의 방어권·이익보호'에 있는 것이 아닌가 하는 추측을 가능하게 한다.

③ 공방대상론의 확장과 배제

(1) **상상적 경합범의 일부상소** : 대법원은 '포괄적 일죄에 관한 편면적 공방대상론'(1991년 판결)을 '하급심에서 포괄일죄의 일부만이 유죄로 인정되고 그 유죄 부분에 대하여 피고인만이 상소하였을 뿐 공소기각으로 판단된 부분에 대하여 검사가 상소를 하지 아니한 사안', '하급심에서 상상적 경합관계에 있는 수죄에 대하여 모두 무죄가 선고되었고, 검사가 무죄 부분 전부에 대하여 상소하였으나 그 중 일부 무죄 부분에 대하여 이를 상소이유로 삼지 않은 사안'(대법원 2008. 12. 11. 선고 2008도8922 판결)에도 같은 견해를 취하고 있다. 상상적 경합범의 일부상소에 공방대상론을 확대적용한 것이다.

(2) **대소관계(혹은 이에 준하는 관계)에 있는 일부에 대한 상소**(대법원 2008. 9. 25. 선고 2008도4740 판결) : '정보통신망을 통하여 공연히 허위사실을 적시하여 타인의 명예를 훼손한 혐의'(행위당시 정보통신망법 61조 2항, 현재는 정보통신망법 70조 2항, 7년 이하의 징역)로 기소되었으나 제1심이 정보통신망을 통하여 공연히 사실을 적시하여 타인의 명예를 훼손한 사실을 인정하여 같은 법(행위당시 정보통신망법 61조 1항, 현재는 정보통신망법 70조 2항, 7년 이하의 징역) 위반의 점만을 유죄로 인정한 사안에서 **피고인만**이 유죄부분(사실적시부분)에 대하여 항소한 사안이 발생하였다. 이 사안에서 대법원은 "비록 그 죄 전부가 피고인의 항소와 상소불가분의 원칙으로 인하여 항소심에 이심되었다고 하더라도 무죄 부분(허위사실적시부분)은 심판대상이 되지 아니하여, 그 부분에 관한 제1심판결의 위법은 형사소송법 361조의4 1항 단서의 '직권조사사유' 또는 같은 법 364조 2항에 정한 '항소법원은 판결에 영향을 미친 사유에 관하여는 항소이유서에 포함되지

아니한 경우에도 직권으로 심판할 수 있다'는 경우에 해당되지 아니하므로, 항소심법원이 직권으로 심판대상이 아닌 무죄 부분까지 심리한 후 이를 유죄로 인정하여 **법정형이 보다 무거운 법조**를 적용하여 처벌하는 것은 피고인의 방어권 행사에 불이익을 초래하는 것으로서 허용되지 않는다(대법원 2006. 6. 15. 선고 2004도7260 판결 참조). 이는 제1심판결에 무죄로 판단된 부분에 대한 이유를 누락한 잘못이 있다고 하여 달라지는 것이 아니다. (중략) 피고인만이 유죄 부분에 대하여 항소하고 검사는 위 무죄 부분에 대하여 항소하지 아니하였으므로 결국, 무죄로 판단된 법 61조 2항 위반죄 부분은 항소심의 심판대상에서 벗어났다."고 판시하였다. 큰 범죄(허위사실적시 명예훼손죄)로 기소하였는데 축소사실(사실적시 명예훼손죄)에 대하여 유죄가 선고되고 피고인만이 상소한 사안에서 대법원 1991. 3. 12. 선고 90도2820 판결의 논증방식(허위사실적시 명예훼손죄 부분도 상소심에 이심되지만 상소심의 공방대상에서는 배제된다)이 관철되고 있음을 알 수 있다.

(3) **주위적·예비적 공소사실의 일부에 대한 상소의 경우의 공방대상론의 적용배제**(대법원 2006. 5. 25. 선고 2006도1146 판결) : 검사가 주위적으로 뇌물공여죄, 예비적으로 배임증재죄로 기소하자 사실심이 뇌물공여죄 부분은 무죄로 판단하고 배임증재죄 부분을 유죄로 인정하여, 피고인만 예비적 공소사실(배임증재죄) 부분에 대하여 상소한 사안이 발생하였다. 대법원은 법리오해가 있는 주위적 공소사실 부분을 직권 파기하면서, "원래 주위적·예비적 공소사실의 일부에 대한 상소제기의 효력은 나머지 공소사실 부분에 대하여도 미치는 것이고, 동일한 사실관계에 대하여 서로 양립할 수 없는 적용법조의 적용을 주위적·예비적으로 구하는 경우에는 예비적 공소사실만 유죄로 인정되고 그 부분에 대하여 피고인만 상소하였다고 하더라도 주위적 공소사실까지 함께 상소심의 심판대상에 포함된다."고 판시하고 있다. 주위적·예비적 공소사실의 일부에 대한 상소의 경우에는 상소불가분의 원칙이 관철되고 공방대상론은 적용될 수 없음을 확인한 것이다. 주위적 공소사실과 예비적 공소사실은 불가분의 관계에 있기 때문이다.

12.6 불이익변경금지의 원칙

대법원 1998. 3. 26. 선고 97도1716 전원합의체 판결

F D는 "당국의 허가를 받지 않고, 1988. 3.경 미국 일리노이 주 A은행에 D 및 D의 처 W 명의로 예금구좌를 개설한 후 같은 달 8. 서울 중구 태평로 소재 M 은행에서 위 구좌로 미화 7,500달러를 송금한 것을 비롯하여 1994. 3. 10.경까지 사이에 모두 101회에 걸쳐 D 및 N 등 이웃 주민과 친지 14명 명의로 송금명의를 분산시켜 D가 국내에서 조달한 합계 금 350,657,977원을 모 은행 각 지점에서 미화 합계 467,597달러로 환전하여 위 구좌로 송금하는 방법으로 위 금액을 국내로부터 외국에 지급"한 외국환관리법위반 혐의로 기소되었다. 제1심은 '징역 1년 6월, 형의 3년간 집행유예'를 선고하였고 D만이 항소하였다. 항소심은 제1심판결을 파기하고 자판('징역 1년, 형의 선고유예')하였다. D만이 상고하였다. 대법원은 항소심 판결을 파기환송하였다. 환송 후 제2차 항소심은 '벌금 40,000,000원의 형과 금 16,485,250원의 추징을 선고유예'하였다. D는 항소심 재판이 "불이익변경금지에 위배되어 위법하다"고 주장하며 상고하였다.

I 피고인만이 항소, 상고한 사안이다. 따라서 불이익변경금지가 작동한다. 제1심이 '징역 1년 6월, 형의 3년간 집행유예'를, 제1차 항소심이 '징역 1년, 형의 선고유예'를 각 선고하였는데 제2차 항소심에서 '벌금 40,000,000원의 형과 금 16,485,250원의 추징의 선고를 모두 유예'한 것이 불이익변경인가가 문제된다. 하급심에서 없었던 형(주형인 벌금과 부가형인 추징)이 추가된 측면은 불이익변경이지만 주형인 징역형의 선고가 없어진 측면은 이익변경이다.

R 상고기각. ㉮ 불이익변경금지의 원칙을 적용할 때는 **주문을 개별적·형식적으로 고찰**할 것이 아니라 **전체적·실질적으로 고찰**하여 그 형의 경중을 판단하여야 할 것이다(대법원 1977. 3. 22. 선고 77도67

판결; 대법원 1990. 4. 10. 선고 90도16 판결; 대법원 1994. 1. 11. 선고 93도2894 판결 등 참조). ㉯ 위 견해와 달리 주문을 개별적·형식적으로 고찰하여 그 형의 경중을 판단하여야 하고, 새로 새로운 형이나 부가적 처분이 추가된 경우에는 피고인에게 불이익하게 변경되었다고 보아야 한다는 취지의 견해를 표명한 바가 있는 대법원 1967. 11. 21. 선고 67도1185 판결과 대법원 1993. 12. 10. 선고 93도2711 판결 등은 이를 폐기하기로 한다.

A 환송 후 원심(제2차 항소심)이 제1심이나 환송 전 원심(제1차 항소심)보다 가볍게 그 주형을 징역 1년 6월, 형의 집행유예 또는 징역 1년 형의 선고유예에서 벌금 40,000,000원 형의 선고유예로 감경한 점에 비추어, 그 선고를 유예한 금 16,485,250원의 추징을 새로이 추가하였다고 하더라도, 전체적·실질적으로 볼 때 피고인에 대한 형이 제1심판결이나 환송 전 원심판결보다 불이익하게 변경되었다고 볼 수는 없으므로 이와 배치되는 주장을 하는 소론은 채용할 수 없다.

C

① 불이익변경금지원칙의 의의와 존재근거

'피고인이 상소한 사건과 피고인을 위하여 검사가 상소한 사건에는 원심판결의 형보다 중한 형을 선고하지 못하게 하는 규범'이 불이익변경금지의 원칙이다. 피고인에게 불이익한 일체의 변경을 말하는 것이 아니라, 중한 형으로 변경을 금지하는 것이므로 **중형변경금지의 원칙**이라고도 한다. 피고인의 이익을 위하여 상소한 경우 상급심에서 원심판결보다 중한 형을 선고하지 못하게 하는 근거는 피고인의 **정당한 상소권행사를 보장**하려는 정책적 이유에서 찾을 수 있다. 이 원칙의 적용 결과 상소가 남발되고 재판의 확정이 지연되는 결과를 초래하므로 이를 폐지하여야 한다는 주장이 있을 수 있다. 그러나 상소권보장이라

는 기본권 보호의 견지에서 이 원칙의 제한·폐지에는 찬성하기 어렵다.

② 불이익변경금지원칙이 적용되는 상황

(1) 피고인이 항소한 사건과 피고인을 위하여 항소한 사건에 대하여 항소심법원은 원심판결의 형보다 중한 형을 선고하지 못한다(368조). (2) 이 조문은 상고심에서도 준용된다(399조). 파기자판은 물론 파기환송이나 파기이송의 경우에도 적용된다(대법원 1964. 9. 17. 선고 64도298 전원합의체 판결). (3) 재심절차에서는 별도의 독자적인 조항이 있다(439조). (4) 약식명령에 대하여 정식재판을 청구하는 경우(457의2)에도 이 원칙이 적용된다. (5) 즉결심판에 대한 정식재판절차에서도 이 원칙이 관철된다(대법원 1999. 1. 15. 선고 98도2550 판결). (6) 항고사건에서의 적용 여부에 대하여는 견해가 대립한다.

③ 불이익 여부를 판단하는 기준

(1) **금지의 대상은 선고형** : 불이익변경이 금지되는 것은 선고형에 국한된다. 따라서 원판결보다 불이익한 모든 변경이 금지되는 것은 아니다. 상급심에서 하급심보다 중한 사실을 인정하였다 하더라도 상급심의 형이 하급심의 형보다 가벼우면 이 원칙위반이 아니다. 하급심에서 인정한 수죄 중의 일부를 상급심에서 인정하지 않고 하급심과 동일한 형을 선고하는 것도 이 원칙위반이 아니다. 여기서 '형'이란 형법 41조 소정의 형에만 국한되지 않는다. 실질적으로 피고인에게 불이익을 줄 수 있는 부수처분, 예를 들어 추징, 집행유예나 선고유예, 미결구금일수의 산입, 노역장유치기간도 불이익변경금지의 대상이다. 보안처분에도 적용된다.[1]

(2) **형의 경중을 판단하는 기준** : 형의 경중을 판단하는 기준이 가장 문제이다. 형소법에는 아무 규정이 없지만 형의 경중은 형법 41조와 50조를 기본으로 하여 구체적인 선고형을 비교하는 수밖에 없다.

형식설은 주형이 무거워지거나 혹은 주형이 가벼워졌다고 하더라도 부가형이 새로이 추가 또는 가중되는 경우에는 무조건 불이익변경이 된다고 본다. 그러나 실질설(통설·판례)은 주형이 무거워지거나 부가형이 새로이 추가 또는 가중되더라도 전체적으로 보아 실질적으로 피고인에게 불이익하지 아니하면 불이익변경이 되지 아니한다고 본다.

주형과 부가형의 관계에서 주형은 그대로 두면서 새로이 부가형인 몰수 또는 추징을 추가하거나 원심보다 무거운 추징을 병과하는 것이 불이익 변경이 된다는 점에는 이론(異論)이 없다. 문제는 본 사안과 같이 **주형은 가볍게 하면서 부가형을 추가하거나 증가시키는 경우**에도 불이익변경이 되는지 여부이다. 종래의 대법원 판례는 긍정설을 취한 것도 있었으나, 주류적인 판례는 실질설을 취하고 있었다. 그런데 본 전원합의체판결은 실질설을 취하는 한편, 이에 반하는 판례를 모두 폐기함으로써 판례의 통일을 기하였다.

④ 기타 불이익변경금지가 작동하는 경우

검사가 피고인의 이익을 위하여 상소한 경우[2]와 검사와 피고인 쌍방이 상소했지만 검사상소가 기각된 경우 등에 불이익변경금지의 원칙이 작동하는가?

이 경우 불이익변경을 허용하여도 상소를 주저하게 하는 결과를 초래하지 않으므로 검사가 피고인의 이익을 위하여 상소한 경우에 불이익변경이 가능하다는 견해가 있다. 그러나 그렇게 보면 결과적으로 피고인에게 응소를 강제하는 것이 되어 문제이다. 따라서 검사와 피고인 쌍방이 상소했지만 검사상소만이 기각된 경우에도 이 원칙의 적용이 있다고 보아야 한다. 그렇게 보지 않으면 불이익변경금지를 막으려는 의도만을 가진 검사의 남상소를 방지할 수 없기 때문이다. 제1심 유죄판결에 대하여 검사의 항소가 없고 피고인만의 항소가 있는 제2심 유죄판결에 대하여 검사상고가 있는 경우에 상고심은 검사의 불복 없는 제1심판결의 형보다 중한 형을 과할 수 없다(대법원 1957. 10. 4. 선고 4290형비상1 판결)(⇨ 12.11 429면에서 계속).

---

1) 치료감호는 그 특성상 예외이다. 그러나 치료감호만 선고된 제1심판결의 항소심에서 공판절차이행에 따라 징역형을 선고하는 것은 불이익변경금지의 원칙에 어긋난다(대법원 1983. 6. 14. 선고 83도765 판결).

2) "검사의 항소가 특히 피고인의 이익을 위하여 한 취지라고 볼 수 없다면 항소심에서 1심판결의 형보다 중한 형을 선고할 수 있다"(대법원 1971. 5. 24. 선고 71도574 판결).

12.7 전체적·실질적 고찰방법이 응용된 사례들

대법원 1965. 12. 10. 선고 65도826 전원합의체 판결

F 징역 1년에 3년간 집행유예가 선고된 제1심 판결에 대하여 피고인 D가 무죄를 주장하여 항소하고 검사는 '형의 양정이 부당하게 가볍다(양형과경)'고 주장하여 각 항소하였다. 항소심은 D의 무죄 주장은 '이유 없다'며 기각하고 검사의 '형이 가볍다'는 주장은 오히려 '형이 부당하게 무겁다(양형과중)'는 이유로 기각하고 나서 직권으로 제1심 판결을 파기하고 D에게 징역 10월의 실형을 선고하였다. D가 상고하였다.

I 쌍방항소이므로 불이익금지가 작동하지 않을 것처럼 보이는 사안이다. 그러나 검사의 항소가 기각되었으므로 결과적으로 불이익금지가 작동하는 사안이 되었다. 문제는 '징역 1년에 3년간 집행유예'를 '징역 10월의 실형'으로 변경하는 것이 불이익변경인가 하는 점이다. 집행유예가 실형으로 변경된 점에서는 불이익변경처럼 보이지만 자유형의 기간 1년이 10월로 줄어들었으니 이익으로 볼 만한 측면도 있다. 전체적·실질적 고찰방법의 다양하고 구체적인 모습을 포착하는 것이 초점이다.

R A 파기환송. 판결에 있어서 집행유예의 선고는 중요한 요소로서 집행유예의 경우는 현실로 형의 집행을 받을 필요는 없고 선고가 취소되지 않고 유예기간을 경과한 때에는 형의 선고 그 자체가 효력을 상실하게 되는 것이므로 (중략) 제1심의 형과 항소심의 형을 **총체적으로 고찰**하여 보면 항소심의 형(징역 10월의 실형)은 제1심의 형(징역 1년에 3년간 집행유예)보다 중하다. 항소심이 '제1심의 형이 부당하게 가볍다는 검사의 항소가 이유 없다'고 하면서 기각하면서 **직권으로** '제1심판결은 형이 부당하게 무겁다'는 이유로 파기하고 오히려 피고인에게 중한 형을 선고하였음은 그 이유에 전후 모순이 있고 불이익 변경의 금지 규정에 위배한 위법이 있어 판결에 영향을 미쳤다."

C 전체적·실질적 고찰방법의 다양한 모습

[1] 하급심이 자유형의 집행유예를 선고하였는데 상급심이 비록 징역형의 형기를 감축하였더라도 실형을 선고하는 것은 중형변경이라는 판단이 본 판결의 핵심논지이다. 그런가 하면 제1심에서 실형을 선고받은 피고인에게 제2심이 집행유예 판결을 했더라도, 자유형의 기간이 늘어났다면 불이익 변경금지 원칙을 위반"한 것(2011도11700, 법률신문 2012. 4. 23.자)이라는 판결도 있다. 이하에서는 언뜻 보기에 불이익변경인지 여부를 판단하기 어려운 사안들을 유형별로 열거한다.

[2] 벌금형과 환형유치

❶ 상급심에서 추징액을 감액하였다 하더라도 벌금형의 환형유치기간을 늘리면 중형변경이다. 제1심이 징역 2년에 3년간 집행유예, 벌금 50만 원, 1일 2,500원 환형유치, 25,764,000원을 추징하였는데 항소심은 징역과 벌금은 동일하게 하고 1일 1,000원으로 환형유치, 추징액을 감액(3,067,500원)한 사안이다(대법원 1976. 11. 23. 선고 76도3161 판결).

❷ 상급심이 징역형과 벌금형을 줄였다면 벌금에 관한 환형유치기간이 늘어났더라도 전체적으로 보아 피고인에게 불이익하다고 할 수 없다(대법원 1977. 2. 22. 선고 76도4353 판결; 대법원 1980. 11. 25. 선고 80도2224 판결; 대법원 1981. 10. 24. 선고 80도2325 판결).[1]

❸ 상급심의 벌금형이 하급심보다 감경되고 벌금형에 대한 노역장유치기간도 줄어든 경우라면 노역장유치 환산의 기준 금액이 제1심의 그것보다 낮아졌다 하여도 형이 불이익하게 변경되었다고 할 수 없다(대법원 2000. 11. 24. 선고 2000도3945 판결).

---

1) 같은 취지의 판결들로 대법원 1977. 9. 13. 선고 77도 2114 전원합의체 판결; 대법원 1994. 1. 11. 선고 93도 2894 판결(대법원판례해설 20호, 491~497)을 들 수 있다.

③ 벌금형과 집행유예·선고유예

❶ 벌금형을 상급심에서 집행유예와 사회봉사명령으로 변경하는 것은 중형변경(대법원 2006. 5. 26. 선고 2005도8607 판결)이다.

❷ 징역형의 선고유예를 상급심이 벌금형으로 변경하는 것은 중형변경(대법원 1999. 11. 26. 선고 99도3776 판결)이다.

❸ 제1심이 선고하지 않은 벌금을 항소심에서 추가하면 중형변경(대법원 2013. 12. 12. 선고 2012도7198 판결)이다.

④ 미결구금일수의 본형통산일수

"제1심에서 미결구금일수 중 통산할 수 있는 기간보다 많은 일수를 통산하였다 하더라도 피고인만이 항소하였다면 이를 피고인에게 불이익하게 줄일 수 없다"(대법원 1966. 12. 27. 선고 66도1500 판결).

⑤ 부정기형과 정기형의 비교방법 : 부정기형 중 최단기형과 정기형을 비교

"불이익변경금지 규정을 적용함에 있어 부정기형과 정기형 사이에 그 경중을 가리는 경우에는 부정기형 중 최단기형과 정기형을 비교하여야 한다"(대법원 2006. 4. 14. 선고 2006도734 판결).

⑥ 소송비용의 부담은 형이 아니므로 불이익변경금지 원칙의 적용이 없음(대법원 2008. 3. 14. 선고 2008도488 판결)

⑦ 몰수·추징과 불이익변경금지[2]

❶ 상급심이 주형을 감형하고 추징액을 증액(제1심이 징역 2년에 집행유예 3년 및 금 5억여 원을 추징하였는데 항소심에서 징역 1년에 집행유예 2년 및 금 6억여 원 추징으로 변경)한 사안이면 불이익변경금지원칙에 반하지 않는다"(대법원 1998. 5. 12. 선고 96도2850 판결).

❷ 상급심이 추징을 몰수형으로 변경(제1심판결이 추징을 선고하였는데 항소심이 동액상당의 몰수로 변경)한

것은 "추징은 몰수할 물건의 전부 또는 일부를 몰수하지 못할 때 몰수에 갈음하여 그 가액의 납부를 명하는 처분으로서, 실질적으로 볼 때 몰수와 표리관계에 있어 차이가 없고, 형법 134조나 공무원범죄에 관한 몰수특례법 소정의 필요적 몰수와 추징은 어느 것이나 공무원이 뇌물수수 등 직무관련범죄로 취득한 부정한 이익을 계속 보유하지 못하게 하는 데 그 목적이 있으므로, 항소심이 몰수의 가능성에 관하여 제1심과 견해를 달리하여 추징을 몰수로 변경하더라도, 그것만으로 피고인의 이해관계에 실질적 변동이 생겼다고 볼 수는 없으며, 따라서 이를 두고 형이 불이익하게 변경되는 것이라고 보아서는 안 된다"(대법원 2005. 10. 28. 선고 2005도5822 판결).

⑧ 병합과 불이익변경금지[3]

❶ 부동산강제집행효용침해죄의 혐의에 대하여 벌금 200만 원의 약식명령을 고지받자 피고인이 정식재판을 청구하고, 제1심이 위 사건에 별건으로 기소된 공무상표시무효죄의 사건을 병합심리한 후 D에게 전부 무죄를 선고하였다. 검사가 항소하였다. 항소심이 제1심판결을 파기하고 위 각 죄를 모두 유죄로 인정한 다음 경합범으로 처단하면서 벌금 300만 원을 선고한 것은 불이익변경금지의 원칙에 어긋나지 않는다(대법원 2003. 5. 13. 선고 2001도3212 판결).[4]

❷ "제1심에서 별개의 사건으로 징역 1년에 집행유예 2년과 추징금 1천만 원 및 징역 1년 6월과 추징금 1백만 원의 형을 선고받고 항소한 피고인에 대하여 항소심이 사건을 병합심리한 후 경합범으로 처단하면서 제1심의 각 형량보다 중한 형인 징역 2년과 추징금 1,100만 원을 선고한 것이 불이익변경금지의 원

---

2) 심준보, 몰수·추징과 불이익변경금지의 원칙(대법원 2005. 10. 28. 선고 2005도5822 판결), 대법원판례해설 통권 59호, 462 이하 참조.

3) 임동규, 사건의 병합과 불이익변경금지의 원칙, 형사판례의 연구 Ⅱ(이재상교수화갑기념논문집), 432 이하; 맹현무, 병합과 불이익변경금지, 광주지방법원 재판실무연구(2005), 57 이하 참조.

4) 신용석, 부동산강제집행효용침해죄의 객체에 퇴거집행된 부동산을 포함하는지 여부 및 피고인이 약식명령에 대하여 정식재판을 청구한 사건에서 다른 사건을 병합심리한 후 경합범으로 처단하면서 약식명령의 형량보다 중한 형을 선고한 것이 불이익변경금지의 원칙에 어긋나는지 여부, 대법원판례해설 45호(2004), 622 이하; 대법원 2001. 9. 18. 선고 2001도3448 판결; 대법원 2004. 8. 20. 선고 2003도4732 판결도 같은 취지이다.

칙에 어긋나지 아니한다"(대법원 2001. 9. 18. 선고 2001도3448 판결).

❸ "피고인이 약식명령에 대하여 정식재판을 청구한 사건과 기소된 다른 사건을 병합하여 심리한 결과 형법 37조 전단의 경합범 관계에 있어 하나의 벌금형으로 처단하는 경우에는 약식명령에서 정한 벌금형보다 중한 벌금형을 선고하더라도 형사소송법 457조의2에 정하여진 불이익변경금지의 원칙에 어긋나는 것이 아니다"(대법원 2004. 8. 20. 선고 2003도4732 판결).

9 하나의 판결에서 여러 개의 주문으로 형을 선고한 경우에 불이익한지 여부의 판단기준이 되는 '형'은 '주형'이므로 "주문이 3개로 나뉘어 선고된 사실만으로 피고인에게 불이익하게 되었다고 할 수 없다"(대법원 1988. 7. 26. 선고 88도936 판결).

10 성폭력범죄의 처벌 등에 관한 특례법 16조 2항에 의한 이수명령(대법원 2015. 9. 15. 선고 2015도11362 판결)

"성폭력범죄의 처벌 등에 관한 특례법 16조 2항에 의한 이수명령은 이른바 범죄인에 대한 사회내 처우의 한 유형으로서 형벌 그 자체가 아니라 보안처분의 성격을 가지는 것이지만, 성폭력 치료프로그램의 의무적 이수를 받도록 함으로써 실질적으로는 신체적 자유를 제한하는 것이 된다(대법원 2012. 9. 27. 선고 2012도8736 판결; 대법원 2014. 8. 20. 선고 2014도3390 판결 등 참조). (중략) 벌금 3,000,000원의 약식명령에 대하여 피고인만이 정식재판을 청구한 이 사건에서 제1심이 약식명령에서 정한 벌금형과 동일한 벌금형을 선고하면서 새로 이수명령을 병과한 것은 전체적·실질적으로 볼 때 피고인에게 불이익하게 변경한 것이므로 허용되지 않는다."

11 위치추적 전자장치 부착명령의 추가와 기간연장

❶ 징역형을 6년 감축하고 부착명령기간을 1년 연장한 것은 불이익변경이 아니다(대법원 2011. 4. 14. 선고 2010도16939, 2010전도159 판결).
❷ 부착명령기간만을 제1심판결보다 장기의 기간으로 부과하는 것은 불이익변경이다(대법원 2014. 3. 27. 선고 2013도9666, 2013전도199 판결).

12 제1심에서 1죄로 인정한 것을 항소심에서 검사의 공소장변경신청을 받아들여 경합범으로 선고한 경우

"피고인들에 대한 공소사실이 강도살인죄에서 강도치사죄로 공소장변경이 이루어진 후 변경된 범죄사실을 유죄로 인정하면서 환송 전 원심과 동일한 형을 선고한 원심의 조치에 상고이유에서 주장하는 바와 같은 위법이 있다고 할 수 없다"(대법원 2001. 3. 9. 선고 2001도192 판결).

13 약식명령과 정식재판의 선고형

"피고인이 상소 또는 정식재판을 청구한 사건과 다른 사건이 병합·심리된 후 경합범으로 처단되는 경우에는 당해 사건에 대하여 선고 또는 고지받은 형과 병합·심리되어 선고받은 형을 단순 비교할 것이 아니라, 병합된 다른 사건에 대한 법정형, 선고형 등 피고인의 법률상 지위를 결정하는 객관적 사정을 전체적·실질적으로 고찰하여 병합심판된 선고형이 불이익한 변경에 해당하는지를 판단하여야 한다(대법원 2004. 11. 11. 선고 2004도6784 판결 등 참조). 피고인은 원심판시 각 죄 중 공전자기록등불실기재 및 불실기재공전자기록등행사죄에 대하여 벌금 300만 원의 약식명령을 고지받고 정식재판청구를 하였는데, 제1심에서 이를 사문서위조 및 위조사문서행사죄 사건과 병합하여 심리한 후 위 각 죄가 형법 37조 전단의 경합범 관계에 있다는 이유로 하나의 형인 벌금 400만 원을 선고하였고, 이에 대해 피고인이 항소하여 원심은 제1심에서 징역 4년이 선고된 부산지방법원 동부지원 2014고합139 등 사건(원심판시 '제1 원심판결' 사건)을 제1심에서 벌금 400만 원이 선고된 위 사건과 병합하여 징역 3년을 선고하였다. 제1심이 위와 같이 정식재판청구 사건과 공소 제기된 사건을 병합 심리한 후 경합범으로 처단하면서 벌금 400만 원을 선고한 것이나, 원심이 제1심에서 징역 4년과 벌금 400만 원이 선고되었던 부분의 각 죄에 대하여 징역 3년을 선고한 것을 두고 상고이유 주장과 같이 약식명령의 벌금형을 징역형으로 변경하여 선고한 것으로서 불이익변경금지 원칙에 위반된다고 할 것은 아니다"(대법원 2016. 5. 12. 선고 2016도2136 판결).

⑭ 금고 5월의 실형을 금고 5월, 집행유예 2년, 보호관찰 및 40시간의 수강명령을 선고하는 것은 불이익변경이 아니다

"대법원 1976. 1. 27. 선고 75도1543 판결은, 제1심이 피고인에게 금고 6월을 선고한 데 대하여 피고인만이 항소하였음에도 불구하고 원심이 제1심판결을 파기하고 피고인에 대하여 징역 6월에 집행유예 1년을 선고한 것은 피고인에게 불이익하게 변경되었다고 보아야 한다고 판시한 바 있으나, 이는 형기의 변경 없이 집행유예가 선고된 사정을 전체적·실질적으로 고찰하지 않았다는 점에서 대법원 1998. 3. 26. 선고 97도1716 전원합의체 판결의 취지에 반하는 것임이 분명하므로, 이미 위 전원합의체 판결에 의해서 대법원 1967. 11. 21. 선고 67도1185 판결과 대법원 1993. 12. 10. 선고 93도2711 판결 등이 폐기될 때 함께 폐기된 것으로 봄이 상당하다. (중략) 이 사건 공소사실 중 제1심에서 공소기각된 부분을 제외한 나머지 공소사실에 대하여 제1심은 이를 전부 유죄로 인정하여 피고인에게 금고 5월의 실형을 선고하였고, 이에 대하여 피고인만이 항소하였는데, 원심은 제1심과 마찬가지로 위 나머지 공소사실을 모두 유죄로 인정하여 판시 교통사고처리 특례법 위반죄에 대하여는 금고형을, 판시 자동차손해배상 보장법 위반죄와 도로교통법 위반(무면허운전)죄에 대하여는 각 징역형을 각 선택한 후 위 각 죄를 형법 37조 전단의 경합범으로 처벌하면서 형법 38조 1항 2호, 50조를 적용하여 피고인에게 금고 5월, 집행유예 2년, 보호관찰 및 40시간의 수강명령을 선고하였다. 우선 금고형과 징역형을 선택하여 경합범 가중을 하는 경우에는 형법 38조 2항에 따라 금고형과 징역형을 동종의 형으로 간주하여 징역형으로 처벌하여야 하는데 제1심은 이를 간과한 채 피고인에 대하여 금고 5월의 실형을 선고한 위법이 있고, 이에 대해 피고인만이 항소한 이 사건에서 원심이 피고인에 대하여 형기의 변경 없이 위 금고형을 징역형으로 바꾸어 집행유예를 선고하는 것은 불이익변경금지의 원칙에 위반되지 아니[한다]"(대법원 2013. 12. 12. 선고 2013도6608 판결).

12.8 제1심판결에 대하여 양형부당만을 항소이유로 내세운 피고인은 사실오인·법령
위반사유를 들어 상고이유로 삼을 수 없다

대법원 1987. 12. 8. 선고 87도1561 판결

F D는 관할관청의 허가 없이 그가 경영하던 공장건물을 헐고 새 건물을 지어 건축법위반죄 혐의로 300만 원의 벌금형을 선고받았다. D는 제1심 판결에 불복하면서, "D가 경영하던 공장건물이 낡아서 붕괴될 위험마저 있었으므로 이를 헐고 새 건물을 지은 것이고 철공업계의 불경기로 D 가족의 생계는 물론 공원들의 노임조차 지급하기 어려운 실정에 있음에 비추어 원심의 **양형이 너무 무거워**서 부당하다"는 이유로 항소하였다. 항소심은 '제1심의 양형이 적당하다'는 이유로 D의 항소를 기각하였다.[1] D는 "이 건물은 일제강점기에 건축된 낡은 목조 건물로서 보수를 하지 않으면 언제 붕괴될지 모르는 위험한 상태에 있었는데 당국에서는 이 사건 건물이 소재한 일대의 지역을 재개발사업 예정지구로 묶어놓고 그 지역내의 건물에 대한 증개축을 일체 불허하였던 관계로 D로서는 불의의 붕괴사고를 예방하기 위한 응급조치로서 부득이 당국의 허가없이 철주보를 사용하여 위 건물의 지붕을 개축한 것이므로 D의 이 사건 개축행위가 위와 같은 급박한 붕괴의 위험을 제거하기 위한 부득이한 조치인 이상 비록 그 개축에 당국의 허가가 없었다 하더라도 이를 탓하여 D를 벌할 수는 없음에도 불구하고 원심이 이를 간과하여 D에 대한 제1심 유죄판결을 그대로 유지한 것은 위법하다."며 상고하였다.

R A 상고기각. D가 제1심 판결에 대하여 양형부당만을 항소이유로 내세워 항소하였으나 이 주장이 이유 없다 하여 D의 항소를 기각한 항소심판결

에 대하여서는 사실오인 내지 법령위반사유를 들어 상고이유로 삼을 수는 없다.

C 대법원은 본판결에서 "제1심판결에 대하여 양형부당만을 항소이유로 내세운 피고인이 사실오인·법령위반사유를 들어 상고이유로 삼을 수 없(다)"는 취지의 판결을 하였는데 그 이후에도 동일한 취지의 판결은 수없이 반복되고 있어 1987년에 선고된 본판결은 대법원의 확고한 입장임이 분명하다. 문제는 그 근거를 어디에서 찾을 것인가 하는 점이다.

① 383조의 상고이유

383조는 상고이유를 4가지로 한정(1. 판결에 영향을 미친 헌법·법률·명령 또는 규칙의 위반이 있을 때 2. 판결 후 형의 폐지나 변경 또는 사면이 있는 때 3. 재심청구의 사유가 있는 때 4. 사형, 무기 또는 10년 이상의 징역이나 금고가 선고된 사건에 있어서 중대한 사실의 오인이 있어 판결에 영향을 미친 때 또는 형의 양정이 심히 부당하다고 인정할 현저한 사유가 있는 때)하고 있다. 이에 의하면 '형의 양정'을 사유로 상고하려면 '사형, 무기 또는 10년 이상의 징역이나 금고가 선고된 사건에서 형의 양정이 심히 부당하다고 인정할 현저한 사유'가 있어야 한다. 그러나 383조의 문리(文理)에서 "D가 제1심 판결에 대하여 양형부당만을 항소이유로 내세워 항소하였으나 이 주장이 이유 없다 하여 D의 항소를 기각한 항소심판결에 대하여서는 사실오인 내지 법령위반사유를 들어 상고이유로 삼을 수는 없다"는 결론이 당연히 도출되는 것은 아니다.

② 1963년 개정시의 항소이유와 상고이유

형사소송법 제정 당시(1954)에는 항소이유에 제한이 없었고, 상고이유에 대하여는 16개의 사유를 인정하고 있었다. 매우 넓은 범위에서 항소와 상고를 허용한 것이다. 이와 반대로 1961. 6. 1. 제1차 개정 때

---

[1] 이상은 함석천, 부적법한 상고이유서 제출과 상고기각결정 (2) - 양형부당에 대한 항소기각 이후 사실오인, 법령위반을 위반으로 상고이유서를 제출한 경우(한국형사소송법학회, 형사소송법 핵심판례 110선, 박영사, 2014)를 참조하였다.

에는 단독사건의 상고심을 고등법원으로 정하고, 항소이유를 15개로 제한하여 항소심을 사후심처럼 개편하면서 상고이유 역시 대폭 축소하였다. 제정 형사소송법과는 180도 달리 항소·상고이유를 지나치게 축소한 것이다. 1963. 12. 12. 제2차 개정 때에 비로소 현재와 같은 항소이유와 상고이유에 관한 규정이 설치되었다. 결국 현재의 항소이유와 상고이유는 항소·상고이유를 지나치게 넓힌 것도 아니고 지나치게 축소한 것도 아닌 타협의 산물임을 알 수 있다.

③ 절대적 항소·상고이유와 상대적 항소·상고이유를 수단으로 설명하는 견해

항소·상고이유 가운데 판결에 대한 영향을 묻지 않고 바로 항소·상고이유가 되는 사유와 판결에 영향을 미친 때에 한하여 항소·상고이유가 되는 사유가 있다. 전자를 절대적 항소·상고이유, 후자를 상대적 항소·상고이유라고 부른다. 361조의5는 11가지의 항소이유를 열거하는데 15호의 '형의 양정이 부당하다고 인정할 사유가 있는 때'는 절대적 항소이유이다. 11가지의 항소이유 중 법령위반사유(제1호)와 사실오인(제14호)은 '판결에 영향을 미친 때에 한하여 항소이유가 되는 것'이므로 이 두 가지 사유는 상대적 항소이유에 해당한다. 383조의 상고이유 중 1호와 4호는 상대적 상고이유, 2호, 3호는 절대적 상고이유이다.

함석천 판사는 "제1심 판결에 대하여 피고인이 양형부당만을 항소이유로 내세운 경우 피고인의 항소가 기각된 후 피고인이 애초 항소이유로 삼지 않았던 사실오인이나 법령위반사유를 상고이유로 삼게 되면 대법원은 상대적 항소이유에 대하여 항소심 법원의 판단을 거치지 않고 바로 판단하는 결과를 낳게 된다. 상대적 상고이유는 그 사유가 판결에 영향을 미친 때에 한정되므로 제1심 판결에 대해 문제를 삼지 않았던 상대적 항소이유를 상고 단계에서 문제삼는 것은 적절하지 않다."고 설명한다. 함판사는 나아가 "3심제를 택하고 있는 우리 사법제도에서 항소심에서 충분히 다툴 수 있었던 사유를 누락하고서 나중에 상고심에 와서 새롭게 주장해서 판단받고자 하는 것은 상고심의 기능을 심히 저해하는 결과를 낳을 수 있고", "상고이유서라는 제목의 문서가 접수되었으나

그 안에 383조가 정하는 상고이유가 담겨 있지 않은 때에는 상고이유서를 제출하지 아니한 때에 해당하는 것으로 보아 380조에 따라 결정으로 상고를 기각할 수 있다"고 한 대법원 전원합의체 결정(대법원 2010. 4. 20.자 2010도759 전원합의체 결정)도 이런 유형의 사건과 같은 맥락에서 파악할 수 있다고 설명한다. 이 판결에는 대법원의 과중한 부담을 경감하여 대법원으로 하여금 정책법원으로 기능할 수 있도록 하려는 정책적인 배려가 작용하는 것 같다. 조금 다른 이유설명은 다음 판결에서 전개되고 있다.

④ 심판대상론으로 설명하는 견해(대법원 2011. 11. 10. 선고 2011도9919 판결)

"상고심은 항소법원 판결에 대한 사후심[2]이므로 항소심에서 심판대상이 되지 아니한 사항은 상고심의 심판범위에 들지 않는 것이어서 피고인이 항소심에서 항소이유로 주장하지 아니하거나 항소심이 직권으로 심판대상으로 삼은 사항 이외의 사유에 대하여는 이를 상고이유로 삼을 수 없다." 이 판결을 글자 그대로 해석하면 예를 들어 제1심 판결에 대하여 사실오인만을 항소이유로 내세운 피고인은 법령위반사유를 들어 상고이유로 삼을 수 없다는 취지로도 읽힌다.

---

2) 대법원 1998. 2. 27. 선고 97도3421 판결. "상고심에서의 심판대상은 항소심 판결 당시를 기준으로 하여 그 당부를 심사하는 데에 있는 것이므로 원심판결 선고 당시 미성년이었던 D가 상고 이후에 성년이 되었다고 하여 원심의 부정기형의 선고가 위법이 되는 것이 아니므로 (대법원 1983. 12. 27. 선고 83도2557 판결; 1985. 7. 9. 선고 85도1053 판결 등 참조) D가 1998. 2. 16.에 성년에 달하므로 정기형을 선고받기 위하여 상고에 이르게 되었다는 상고이유 주장도 적법한 상고이유가 될 수 없다." 항소심의 심판대상도 'ⓐ 항소심판결(제1심 판결이 아니다!) 당시를 기준으로 한 ⓑ 제1심 판결의 당부'이다.

12.9 상고이유가 383조 각호에 해당하지 않으면 상고기각결정사유인가

대법원 2010. 4. 20.자 2010도759 전원합의체 결정; 대법원 2012. 1. 27. 선고 2011도15914 판결; 대법원 2012. 4. 27.자 2012모576 결정

F 제1심과 항소심은 피고인 D에게 유죄를 인정하고 벌금을 선고하였다. D가 상고하였다. 그런데 피고인 D가 제출한 상고장에는 상고이유의 기재가 없고, 상고이유서에는 '피고인에게 선고한 벌금 300만 원을 감액하여 달라'는 뜻이 기재되어 있을 뿐이었다.

I 표면적으로만 보면 상고이유가 적혀 있으므로 상고이유서에 결격사유가 없는 것처럼 보인다. 상고법원은 상고이유서에 포함된 사유에 관하여 심판하여야 하는데(384조 본문), 383조는 원심판결에 대한 상고이유로 할 수 있는 사유를 '1. 판결에 영향을 미친 헌법·법률·명령 또는 규칙의 위반이 있을 때, 2. 판결 후 형의 폐지나 변경 또는 사면이 있는 때, 3. 재심청구의 사유가 있는 때, 4. 사형, 무기 또는 10년 이상의 징역이나 금고가 선고된 사건에서 중대한 사실의 오인이 있어 판결에 영향을 미친 때 또는 형의 양정이 심히 부당하다고 인정할 현저한 사유가 있는 때'의 네 가지로 제한하고 있다. 비록 상고이유서에는 '피고인에게 선고한 벌금 300만 원을 감액하여 달라'는 뜻이 기재되어 있지만 그런 이유는 383조 각호가 규정하는 4가지 사유의 어디에도 해당되지 않는다. 이런 경우에 대법원은 실질적으로 합당한 상고이유가 결여되어 있음을 이유로 '상고기각결정'을 할 수 있는가가 문제된다.

R 상고인이나 변호인이 상고법원의 기록접수통지를 받은 날부터 20일 이내에 상고이유서를 제출하지 않고, 상고장에도 상고이유의 기재가 없는 때에는 결정으로 상고를 기각하여야 한다(380조). 이들 규정을 종합하면, 380조에서 말하는 상고이유서라 함은 383조 각호가 규정하는 상고이유를 포함하고 있는 서면을 의미하는 것이다. 따라서 상고인이나 변호인이 상고이유서라는 제목의 서면을 제출하였다고 하더라도 위 법조에서 상고이유로 들고 있는 어느 하나에라도 해당하는 사유를 포함하고 있지 않은 때에는 적법한 상고이유서를 제출한 것이라고 할 수 없고, 이 경우 상고법원은 380조에 의하여 결정으로 상고를 기각할 수 있다. 다만, 상고법원은 383조 1호 내지 3호의 사유에 관하여는 상고이유서에 포함되지 아니한 때에도 직권으로 이를 심판할 수 있으므로(384조 단서), 원심판결에 이에 해당하는 사유가 있는 때에 상고법원은 판결로 그 사유에 관하여 심판할 수 있다.

A 피고인이 제출한 상고장에는 상고이유의 기재가 없고, 상고이유서에는, 원심이 유지한 제1심판결에서, '피고인에게 선고한 벌금 300만 원을 감액하여 달라'는 뜻이 기재되어 있을 뿐임을 알 수 있는데, 이는 383조 각호에 규정된 사유의 어느 것에도 해당하지 아니함이 명백하다. 그렇다면 위에서 본 법리에 따라 이 사건 상고는 380조에 의하여 결정으로 상고를 기각할 수 있는 경우에 해당한다(대법원 2010. 4. 20. 자 2010도759 전원합의체 결정).

C

1 상고이유가 383조 각호에 해당하지 않으면 상고기각결정사유인가?

본 결정은 이를 긍정하는 결정이다. 이 결정 이후 2014년에 383조 2항이 삽입되어 이제는 본 결정의 내용이 명시적으로 조문화되었다.

2 관련판례(1) : 형법 37조 후단(이시적 경합범)과 대
법원의 상고기각결정(대법원 2012. 1. 27. 선고
2011도15914 판결)

　D는 2010. 8. 27. 부산지방법원에서 '석유 및 석유
대체연료 사업법' 위반 혐의로 벌금 8백만 원의 형을,
2010. 12. 21. 같은 법원에서 직업안정법 위반 혐의로
'징역 4월에 집행유예 2년의 형'을 각 선고받고 양자
모두에 대하여 항소하였다. 항소심은 위 두 사건을
병합하여 2010노3009호·2011노15(병합) 사건으로 심
리(이하 '전소'로 칭한다)한 결과 2011. 2. 11. D의 항소
를 판결로서 모두 기각하였다. 이 항소심판결에 대하
여 D가 상고하였다. 대법원은 2011. 4. 19.자로 380조
본문에 따라 결정으로 상고를 기각하였다. 상고기각
결정은 다른 특별한 사정이 없는 한 42조에 따라 그
등본이 피고인(D)에게 송달되는 등의 방법으로 고지
된다. 그 결정이 고지된 일자는 2011. 4. 21. 이후였
다. 그런데 D는 다시 "2011. 4. 11.부터 같은 달 20일
까지 유사석유제품을 판매하고, 같은 달 20일 17:30
경 일정량의 유사석유제품을 자동차 안에 보관"한 혐
의로 기소(후소)되었다. 법원이 후소에 대하여 유죄판
결을 선고할 때 형법 37조 후단, 39조 1항을 적용하
여야 하는지가 문제되었다. 제1심은 형법 37조 후단,
39조 1항을 적용함이 없이 D에게 징역 6월의 형을
선고하였고 항소심은 이를 유지하였다. D가 상고하
였다.

　대법원은 "위 상고기각결정의 등본이 D에게 송달
되는 등으로 그 결정이 D에게 고지된 시기가 2011.
4. 21. 이후이어서 그 때 위의 각 유죄판결이 확정되
었다면, 이 사건 범죄(후소)는 '금고 이상의 형에 처한
판결이 확정된 죄'와 '그 판결 확정 전에 범한 죄'의
관계에 있게 되어 형법 37조 후단에서 정하는 경합범
관계에 해당한다. 그리고 그 경우에는 이 사건 죄에
대한 형을 정함에 있어 같은 법 39조 1항에 좇아 판
결이 확정된 죄를 동시에 판결할 경우와 형평을 고려
하여야 한다. 따라서 원심으로서는 위 상고기각결정
의 등본이 송달된 시기 등에 관하여 심리하였어야 했
다. 그럼에도 제1심이 그에 나아가지 아니한 채 형법
37조 후단, 39조 1항을 적용함이 없이 D에게 징역 6

월의 형을 선고한 것에 대하여 D가 항소하였음에도
그 항소를 그대로 기각한 원심에는 필요한 심리를 다
하지 아니하였거나 형법 37조 후단, 39조 1항에 관한
법리를 오해하여 판결에 영향을 미친 위법이 있다."
고 판시하며 항소심판결을 파기환송하였다.

3 관련판례(2) : 대법원이 결정으로 상고를 기각한
경우 형이 확정되는 시기(피고인에게 상고기각 결정문
이 도달(공시송달포함)된 때)(대법원 2012. 4. 27.자
2012모576 결정(재판의 집행에 관한 이의 인용결정에
대한 재항고)

　D는 공갈미수죄 혐의로 제1판결(징역 10월에 집행유
예 2년)을 선고받고 2010. 1. 29. 그 판결이 확정되었
다. D는 제1판결의 집행유예 기간 중에 절도죄를 저
질렀다는 이유로 2011. 8. 10. 제2판결(징역 8월)을 선
고받고, 그 상고심에서 '적법한 상고이유서가 제출되
지 않았다'는 이유로 2012. 1. 17. 상고기각결정이 내
부적으로 성립되었다. 이 상고기각결정은 2012. 2.
17. D에게 송달되었고, 검사는 제2판결이 2012. 1.
17. 확정되었음을 전제로, '제1판결의 집행유예가 실
효되었다'고 보아 D에게 유예된 형을 집행하도록 하
는 내용의 '형집행유예 실효' 지휘처분을 하였다. D
가 "상고기각 결정은 집행유예기간 중에 있었지만 실
제 그 결과를 고지(송달)받은 시점은 집행유예기간 만
료 후"라고 주장하며 '검사의 집행유예 실효 처분'에
이의를 신청(준항고의 일종)하였다. 제1심은 이 신청을
인용하였다. 검사가 대법원에 재항고하였다.

　대법원은 "피고인의 상고에 대하여 380조 본문에
따라 상고기각결정을 한 경우에는, 법률에 다른 규정
이 있지 않은 한, 42조 본문의 규정에 의하여 그 등본
을 피고인에게 송달하거나 다른 적당한 방법으로 고
지하였을 때 그 효력이 생긴다(대법원 2012. 1. 27. 선고
2011도15914 판결 등 참조). 원심은, '제2판결은 상고기
각결정이 신청인에게 송달되어 신청인이 그 결정내
용을 알 수 있게 된 2012. 2. 17.확정되었다'고 보아
'이와 다른 전제에 선 검사의 형집행유예 실효지휘
처분이 위법하다'고 판단하였다. 원심의 위와 같은
판단은 정당하다."고 판시하며 재항고를 기각하였다.

12.10 법정기간계산방법에 관한 재소자특칙 344조 1항의 준용가능성

대법원 2006. 3. 16. 선고 2005도9729 전원합의체 판결

F '변제할 의사나 능력이 없이 V(피해자)로부터 총 13회에 걸쳐 차용금 등 명목으로 합계 5천 5백여만 원을 교부받아 편취'한 사기혐의로 수원구치소에 미결수용 중이던 D[1]는 2005. 12. 28. 대법원의 소송기록접수통지서를 송달받은 뒤 그 상고이유서를 2006. 1. 16. 수원구치소 교도관에게 제출하였다. 수원구치소장에 의하여 우편으로 대법원으로 발송된 위 상고이유서는 적법한 상고이유서 제출기간 만료일(2006. 1. 17.[2])이 지난 후인 2006. 1. 20. 15:00경 대법원에 도착하였다. 형사소송절차에서 법원에 제출하는 서류는 법원에 도달하여야 제출의 효과가 발생하는 것이 기본원칙인데 이 상고이유서가 적법하게 도착한 것으로 볼 것인지가 문제되었다.

I 344조 1항은 예외적으로 재소자에 대한 특칙, 즉 '교도소 또는 구치소에 있는 피고인이 상소의 제기기간 내에 상소장을 교도소장 또는 구치소장 또는 그 직무를 대리하는 자에게 제출한 때에는 상소의 제기기간 내에 상소한 것으로 간주'하는 특칙을 두고 이 특칙을 상소권회복 청구와 상소 취하, 포기(같은 법 355조), 재심 청구와 그 취하(같은 법 430조), 소송비용 집행면제 신청과 그 취하(같은 법 490조 2항)의 경우에 명문으로 준용하였지만 2006년 당시에는 상소이유서 제출의 경우에 그 준용 규정을 두지 않았다. 여기서 상소이유서 제출의 경우에 '재소자에 대한 특칙'을 준용하여야 하는가 하는 의문이 제기되었다.[3]

1) D는 2004년 10월 경기도 시흥시에서 알미늄 회사를 운영하던 중 자금압박을 받자 조모씨로부터 13차례에 걸쳐 5,550여만 원을 빌린 혐의 등으로 기소되어 제1, 2심에서 징역 10월을 선고 받았다.
2) 상고이유서는 상고인 또는 변호인이 소송기록접수통지를 받은 날로부터 20일 이내에 상고법원에 제출하여야 한다(법 379조 1항).
3) 본판결 이후 2007. 12. 21.에 항소이유서와 상고이유서 제출에 344조를 준용한다는 명시적인 법문이 삽입(361

'상소이유서 제출'이라는 소송행위는 '상소', '상소권회복청구와 상소 취하', '상소포기' 등의 '절차형성적 소송행위'와 더불어 '상소와 관련된 절차형성적 소송행위'라는 점에서 크게 다르지 않다. 여기서 상소이유서 제출의 경우에 '재소자에 대한 특칙'을 준용하지 않는 형소법의 태도를 '법의 흠결'로 보아 유추적용할 것인가, 아니면 '권력분립'을 중시하여 '문리해석'할 것인가가 문제된다.

R 상고기각

[다수의견] 원래 형사소송법이 재소자에 대한 특칙을 두어 '상소장 법원 도달주의'의 예외를 인정한 취지는, 재소자로서 교도소나 구치소에 구금되어 행동의 자유가 박탈되어 있는 자가 상소심 재판을 받기 위한 상소장 제출을 위하여 할 수 있는 행위는 구금당하고 있는 교도소 등의 책임자나 그 직무대리자에게 상소장을 제출하여 그들로 하여금 직무상 해당 법원에 전달케 하는 것이 통상적인 방법이라는 점을 고려하여 재소자에게 상소 제기에 관한 편의를 제공하자는 데 있다. 그런데 재소자 D로서는 적법한 상소이유서 제출에 의하여 비로소 자신이 주장하는 상고이유에 대하여 심판받을 수 있으므로 상소이유서는 상소장과 함께 상소심 심판을 받기 위하여 반드시 제출이 요구되는 것이고, 그 기간의 장단(長短)에 차이가 있을 뿐 상소이유서 제출의 방법에 있어서는 상소장과 그 사정이 전혀 다를 바 없다. 한편, 제출기간 내에 교도소장 등에게 상소이유서를 제출하였음에도 불구하고 기간 도과 후에 법원에 전달되었다는 이유만으로 상소가 기각된다면 이는 실체적 진실발견을 위하여 자기가 할 수 있는 최선을 다한 자에게조차 상소심의 심판을 받을 기회를 박탈하는 것이고, 결과적으로 실체적 진실발견을 통하여 형벌권을 행사한다는 형사소송의 이념을 훼손하며 인권유린의 결과

조의3, 379조)되었다.

를 초래할 수도 있다. 형사소송법이 자기 또는 대리인이 책임질 수 없는 사유로 인하여 상소의 제기기간 내에 상소를 하지 못한 자에게 상소권회복의 청구를 인정하며(법 345조), 그 상소권회복청구의 제기기간에 대하여 재소자에 대한 특칙 규정을 준용하는 것도 D가 책임질 수 없는 사유로 상소권이 박탈되어서는 안 된다는 형사소송의 이념을 표현한 것이다. 그렇다면 형사소송법 355조에서 재소자에 대한 특칙규정이 준용되는 경우 중에 상소이유서 제출의 경우를 빠뜨리고 있다고 하더라도 위에서 본 바와 같은 344조 1항의 재소자에 대한 특칙 규정의 취지와 그 준용을 규정한 355조의 법리(상소권회복의 청구)에 비추어 상소이유서 제출에 관하여도 위 재소자에 대한 특칙 규정이 준용되는 것으로 해석함이 상당하다(대법원 1959. 7. 20. 선고 4292형상261 판결 참조). 이와 달리, 상소이유서 제출에 대하여는 형사소송법 344조 1항의 재소자에 대한 특칙 규정이 준용되지 않는다고 판시한 대법원 1963. 5. 2.자 63로5 결정 (중략) 대법원 2000. 6. 20. 자 2000모69 결정 등은 이를 모두 폐기하기로 한다.

A 앞서 본 법리와 사실 관계에 의하면, D가 상고이유서 제출기간 내에 미결수용 중이던 수원구치소의 교도관에게 제출한 이 사건 상고이유서는 기간 내에 제출된 적법한 것이다.

C

1 유추적용과 법창조

2006년 판결에서는 법이론상 '유추적용과 법창조'가 정면으로 문제되었다. 다수의견은 상소이유서 제출의 경우에 '재소자에 대한 특칙'을 준용하지 않는 형소법의 태도를 '법의 흠결'로 보아 유추적용하였지만 반대의견은 다수의견의 그런 태도를 '법창조'로 보면서 사법소극주의를 지향하고 있다. 반대의견도 ① "법관은 심판 대상이 되는 사건에 적용할 법률이 없는 경우에는 유사한 경우에 적용될 다른 법조를 유추하거나 관습법, 조리 등의 법원(法源)을 찾아내어 적절한 법리에 의하여 심판할 의무가 있고, 법률 해

석에 있어서도 합리적인 해석에 의해 내용의 모호함이나 모순이 제거되는 것이므로, 재판 과정에서 법원이 부분적이나마 법 창조적 기능을 수행"할 수 있음을 인정하지만 ② "심판을 함에 있어 적용할 법률 조항의 의미와 내용이 명확하여 해석상 의문의 여지가 없는 경우에 그 내용 중 허점 또는 불합리한 점이 있다는 이유로 명문과 달리 해석함으로써 결국, 법 조항에 일부 내용을 추가, 제거 또는 변경하는 것과 동일한 효과를 가져오거나, 적용할 법률이 엄연히 있는데도 다른 법조를 적용하는 것이 더 합리적이라는 이유로 그 다른 법조를 적용하는 등의 행위는 명백히 입법 작용에 해당하는 것으로서, 헌법이 부여한 사법권의 한계를 넘어서는 것이므로 권력분립이라는 최고의 헌법적 지도 원리에 위배되어 허용되지 아니한다"고 한다. ③ 또한 "상소이유서 제출의 경우에도 위 특칙규정을 준용할 필요가 있고 그것이 형사소송법의 이념에 부합한다 하여, 그런 이유로 위 특칙 규정이 상소이유서 제출의 경우까지 준용되는 것으로 해석한다면, (중략) 이러한 해석은 법률 해석이라기보다는 입법행위에 해당"하는 것이고 "가사 현행 법률의 내용에 다수의견이 지적하는 바와 같은 입법 불비 또는 허점이 있다손 치더라도 이를 시정하는 것은 어디까지나 국회의 몫이지 법원이 그 역할을 대신할 수 없고, 대신 하여서도 아니되는 것이 우리의 헌법 질서"이며 따라서 "작은 사건 하나에서 원칙의 일각이 무너짐으로써 장차 커다란 혼란의 단초를 제공할 위험을 간과할 수 없다"고 한다.

2 과도한 사법소극적 태도

상소이유서 제출의 경우에 '재소자에 대한 특칙'을 준용하지 않는 형소법의 태도를 '법의 흠결'로 보아 유추적용한 다수의견을 법창조로 보아 비난하는 것은 과도한 사법소극적 태도이다. 현대 한국에서는 법의 급격한 근대화, 현대화 수요로 인하여 입법상의 흠결이 적지 않다. 상소장제출에 '재소자에 대한 특칙'을 규정하면서 상소이유서 제출에서 '재소자에 대한 특칙'을 준용하지 않은 것은 입법자가 의도한 바가 아니라, 단순한 실수임이 분명하다. 비단 형사법의 영역뿐만이 아니라 다른 법영역에서도 유사한 사례는 적지 않다. 그런데 입법부인 국회는 이런 저런

이유로 '입법의 불비를 신속하게 시정'하지 못하고
있다. 이런 상황에서 사법부가 '법의 흠결'을 '유추적
용(준용)'으로 극복하는 모습을 보이는 것은 자연스러
운 해석태도로 보인다. 본판결 이후 2007. 12. 21.에
항소이유서와 상고이유서 제출에 344조를 준용한다
는 명시적인 법문이 삽입(361조의3, 379조)되었다.

③ 2006년 판결 이후 344조 1항의 준용이 긍정된
사례와 부정된 사례

(1) 구속된 피고인에게 송달된 약식명령에 대한 정
식재판청구에는 344조 1항이 준용된다(대법원 2006. 10.
13.자 2005모552 결정) : 변호사인 D는 2005. 7. 25. 서
울동부지방법원의 변호사법위반 사건의 약식명령 등
본을 송달받은 후 정식재판청구기간 내인 같은 달
29. D가 수감 중인 성동구치소에 정식재판청구서를
제출하였으나, 위 구치소 직원의 착오로 2005. 8. 3.
에서야 위 정식재판청구서가 법원에 접수되었다. 제1
심은 "재소자에 대한 특칙으로서 '교도소 또는 구치
소에 있는 피고인이 상소의 제기기간 내에 상소장을
교도소장 또는 구치소장 또는 그 직무를 대리하는 자
에게 제출한 때에는 상소의 제기기간 내에 상소한 것
으로 간주한다'고 규정하고 있는데 형사소송법 458조
는 상소에 관한 형사소송법 조항 중 일부를 정식재판
의 청구에 준용하면서도 형사소송법 344조 1항은 준
용하지 않으므로 이 정식재판청구는 위법하다"며 정
식재판청구를 기각하였다. D가 즉시항고하였으나 항
고법원도 즉시항고를 기각하였다. D는 "정식재판청
구서를 정식재판청구기간 내에 법원에 접수시키지
못한 것은 피고인의 책임이 아니므로, 정식재판청구
를 기각한 원심의 결정은 취소되어야 한다"고 주장하
며 대법원에 재항고하였다. 대법원은 "344조 1항의
재소자에 대한 특칙 규정의 취지와 상소권회복청구
에 관하여 그 준용을 규정한 같은 법 355조의 법리에
비추어 정식재판청구서의 제출에 관하여도 위 재소
자에 대한 특칙 규정이 준용되는 것으로 해석함이 상
당하다(대법원 2006. 3. 16. 선고 2005도9729 전원합의체 판
결 참조)"고 판시하였다.

(2) 구금된 자의 재정신청기각결정에 대한 항고·재
항고·즉시항고에는 재소자특칙이 준용되지 않는다
(대법원 2015. 7. 16.자 2013모2347 전원합의체 결정) : 전주

교도소 재소자인 D가 어느 형사사건의 고소인 자격
으로 적법하게 재정신청을 하였다. A법원의 재정신
청 기각결정이 2013. 9. 30. 재정신청인 D에게 송달
되었고, D가 그 기각결정에 대한 재항고장을 같은 날
전주교도소장에게 제출하여 전주교도소장이 재항고
장을 일반우편으로 A법원으로 발송하였으며, 위 재
항고장이 2013. 10. 14. A법원에 도달하자 A법원은
2013. 10. 15. '재항고권 소멸 후에 위 재항고를 제기
하였다'고 인정하여 재항고 기각결정을 하였다. 이에
대하여 D는 2013. 10. 18. 위 재항고 기각결정을 송달
받은 후 2013. 10. 21. 전주교도소장에게 그 기각결정
에 대한 즉시항고장을 제출하여 전주교도소장이 A법
원에 일반우편으로 즉시항고장을 발송하였다. 이 즉
시항고장이 2013. 10. 29. A법원에 도달하였다. D가
즉시항고의 제기기간을 준수하였는지 여부가 쟁점이
되었는데 이 문제에 관한 종전의 판례는, "D의 재정
신청 기각결정에 대한 재항고장 제출에 재소자 피고
인 특칙이 준용된다"(대법원 2011. 12. 20.자 2011모1925
결정; 대법원 2012. 3. 15.자 2011모1899 결정 등)는 것이었
다. 이 판례에 따르면 즉시항고인 D의 항고는 적법하
게 제기된 것이다. A법원이 즉시항고를 기각하자 D
가 이에 불복하여 대법원에 재항고하였다. 대법원은
"재정신청절차는 고소·고발인이 검찰의 불기소처분
에 불복하여 법원에 그 당부에 관한 판단을 구하는
절차로서 검사가 공소를 제기하여 공판절차가 진행
되는 형사재판절차와는 다르며, 또한 **고소·고발인인
D는 검사에 의하여 공소가 제기되어 형사재판을 받
는 피고인과는 그 지위가 본질적으로 다르다.** 재정신
청 기각결정에 대하여 재항고가 허용된다고 해석되
기는 하지만, 형사소송법 262조 4항이 '재정신청에
관한 법원의 결정에 대하여는 불복할 수 없다'는 규
정을 별도로 두고 있는 것도 재정신청절차가 위와 같
이 형사재판절차와는 다른 제도적 목적에 기반을 두
고 있기 때문이다. 따라서 형사소송법이 피고인을 위
하여 상소 등에 관하여 재소자 피고인 특칙을 두면서
도 재정신청절차에서는 그 준용 규정을 두지 아니한
것은, 재정신청절차와 피고사건에 대한 형사재판절
차의 목적이 서로 다르며 D와 피고인의 지위에 본질
적인 차이가 있음을 고려한 것으로 해석된다. 그동안
대법원은 교도소 또는 구치소에 있는 D가 구 형사소

송법(2007. 6. 1. 법률 제8496호로 개정되기 전의 것)에 의한 재정신청을 하는 경우에 그 재정신청서의 제출에 대하여 재소자 피고인 특칙의 준용 규정을 두고 있지 아니하므로 그 신청기간의 준수 여부는 도달주의 원칙에 따라 판단하여야 한다고 판시하였는데(대법원 1998. 12. 14.자 98모127 결정; 대법원 2003. 3. 6.자 2003모13 결정 등 참조), 이 역시 이와 같은 차이를 반영한 것이다. 또한 D는 교도소 또는 구치소에 있는 경우에도 제3자에게 제출권한을 위임하여 재정신청 기각결정에 대한 재항고장을 제출할 수 있고, 게다가 특급우편제도를 이용할 경우에는 발송 다음 날까지 재항고장이 도달할 수도 있다. 또한 형사소송법 67조 및 형사소송규칙 44조에 의하여 D가 있는 교도소 등의 소재지와 법원과의 거리, 교통통신의 불편 정도에 따라 일정한 기간이 재항고 제기기간에 부가되며 나아가 법원에 의하여 그 기간이 더 연장될 수 있다. 그뿐 아니라 D가 자기 또는 그 대리인이 책임질 수 없는 사유로 인하여 재정신청 기각결정에 대한 재항고 제기기간을 준수하지 못한 경우에는 형사소송법 345조에 따라 재항고권 회복을 청구할 수도 있다. 위와 같이 법정기간 준수에 대하여 도달주의 원칙을 정하고 재

소자 피고인 특칙의 예외를 개별적으로 인정한 형사소송법의 규정 내용과 입법 취지, 재정신청절차가 형사재판절차와 구별되는 특수성, 법정기간 내의 도달주의를 보완할 수 있는 여러 형사소송법상의 제도 및 신속한 특급우편제도의 이용 가능성 등을 종합하여 보면, 재정신청 기각결정에 대한 재항고나 그 재항고 기각결정에 대한 즉시항고로서의 재항고에 대한 법정기간의 준수 여부는 도달주의 원칙에 따라 재항고장이나 즉시항고장이 법원에 도달한 시점을 기준으로 판단하여야 하고, 거기에 재소자 피고인 특칙은 준용되지 아니한다고 해석함이 타당하다. 이와 달리 D의 재정신청 기각결정에 대한 재항고장 제출에 대하여 재소자 피고인 특칙이 준용된다는 취지의 대법원 2011. 12. 20.자 2011모1925 결정; 대법원 2012. 3. 15.자 2011모1899 결정 등은 이 결정에 배치되는 범위 내에서 변경하기로 한다."고 판시하였다.

④ 대법원 2006. 3. 16. 선고 2005도9729 전원합의체 판결과 대법원 2006. 10. 13.자 2005모552 결정에 비추어 볼 때 대법원 2015. 7. 16.자 2013모2347 전원합의체 결정은 쉽게 납득하기 곤란한 결정이다.

12.11 죄수판단의 변경과 심판의 범위

대법원 1980. 12. 9. 선고 80도384 전원합의체 판결

F D는 고양주유소의 판매주임인 제1심 공동피고인 D2가 휘발유에 벤젠 및 솔벤트 등을 섞어 이를 정상 휘발유인 것으로 기망하여 판매(석유사업법 24조, 22조 1호 위반죄 및 형법 347조 1항의 사기죄)하는 것을 방조하였다. 검사는 석유사업법위반죄와 사기죄를 실체적 경합범으로 판단하고 D를 위 범죄의 각 방조죄 혐의로 기소하였다. 항소심은 사기방조죄와 석유사업법 위반 방조죄가 형법 37조 전단의 경합범 관계에 있다는 전제 하에 D에게 사기방조의 점은 유죄로 인정하고, 석유사업법 위반죄의 방조의 점은 무죄로 판단하였다. 검사만이 무죄부분인 석유사업법위반죄 부분에 대하여 상고하였다. 그런데 상급심은 사기방조죄와 석유사업법 위반 방조죄의 관계를 상상적 경합의 관계로 판단하고 있다.

I 하급심과 상급심 사이에 죄수평가가 상이한 사안에서의 이심의 효력이 미치는 범위와 상급심의 심판 범위

R A 파기환송. 판매의 목적으로 휘발유에 솔벤트, 벤젠 등을 혼합하여 그 품질을 저하시켜 판매한 행위와 형법 347조 1항의 사기죄와는 1개의 행위가 수개의 죄에 해당하는 동법 40조 소정의 이른바 상상적 경합관계가 있고, (중략) 본건에 있어서와 같이 원심이 위 두 죄를 경합범으로 보고, 일부는 유죄, 일부는 무죄를 각 선고하였고 또 검사만이 원심판결 중 무죄로 판단된 부분만을 불복 상고하였다 하더라도 위 두 죄가 상상적 경합관계에 있는 것인 이상 공소불가분의 원칙이 적용되어, 원심에서 유죄로 판단된 사기방조죄의 점도 상고심에 이심되고 따라서 심판의 대상이 된다.

C

1 죄수관계의 판단주체

대법원 판결에서 '복수의 공소사실의 죄수론적 상호관계'가 '상상적 경합관계'라고 표현되었을 때 그것이 '상상적 경합관계'에 있음을 판단하는 주체는 하급심이 아니라 현재 하급심재판을 심판하는 '상급심'으로 전제되어 있다. 하급심은 경합범으로 판단하였지만 상급심이 '복수의 공소사실의 죄수론적 상호관계'를 과형상 일죄로 판단하면 하급심에서 다툼의 대상이 되지 않은 부분(상소된 부분과 과형상 일죄 혹은 단순일죄의 관계에 있는 부분)도 상고심에 이심되고 따라서 상급심의 심판대상이 된다는 것이 대법원의 판단[1]이다. 이 견해를 지지하는 학자(신동운)도 있다. 상급심의 법령해석통일기능을 중시하는 견해이다.

2 학설

하급심에서 다툼의 대상이 되지 않은 부분은 사실상 부분적으로 확정된 것으로 보되 상급심이 보기에 그 부분과 상소된 부분이 과형상 일죄의 관계에 있으므로 상급심은 면소판결을 하여야 한다는 견해가 있을 수 있다. 이 견해는 당사자의 신뢰이익을 중시하는 나머지 상급심의 법령해석통일기능을 무시하는 난점이 있다. 다음에 다툼의 대상이 되지 않은 부분은 사실상 부분적으로 확정된 것으로 보되 다툼이 있어 상소된 부분은 여전히 상급심의 심판범위 안에 있으므로 상급심은 다툼이 있는 부분만을 심판하면 된다는 견해가 있다.[2] 피고인만 상소한 경우에는 무죄부분이 확정되고, 다툼이 있는 부분만 이심되는 것으로 보되, 검사가 상소한 경우에는 피고인의 이익을

---

1) 대법원 1995. 6. 13. 선고 94도3250 판결도 같은 취지이다(검사만이 상고한 사건이다).

2) 일부이심설(이재상)은 피고인만이 상소한 경우를 논한다. 백형구는 피고인만이 상소하거나 검사만이 상소한 경우 모두에 대하여 이 견해를 취한다.

위하여 전부 이심되는 것으로 보자는 견해(정웅석)도 있다.

3 **중요판례들**(⇨ 12.6에서 추가)

❶ "제1심판결과 항소심판결을 비교하여 볼 때 항소심판결이 피고인에 대한 주형에서 징역 1년 및 집행유예기간 1년을 감축하고 있는 점에 비추어 추징액이 위와 같은 정도로 증액되었다는 사실만으로 제1심판결보다 피고인에게 불이익하게 변경되었다고 할 수는 없다"(대법원 1998. 5. 12. 선고 96도2850 판결).

❷ "제1심의 징역형의 선고유예의 판결에 대하여 피고인만이 항소한 경우에 제2심이 벌금형을 선고한 것은 제1심판결의 형보다 중한 형을 선고한 것에 해당된다(대법원 1984. 10. 10. 선고 84도1489 판결 참조). 따라서, 징역 6월의 선고가 유예된 제1심판결을 파기하고, 벌금 2,000,000원을 선고한 원심판결에는 군사법원법 437조가 규정한 불이익변경금지의 원칙에 관한 법리를 오해하고 대법원의 판례에 상반하는 판단을 한 잘못이 있다"(대법원 1999. 11. 26. 선고 99도3776 판결).

❸ "제1심이 피고인에 대한 도로교통법위반(음주운전) 등 사건에, 피고인이 교통사고처리특례법위반죄에 대하여 벌금 350만 원의 약식명령을 고지받아 정식재판을 청구한 사건을 병합하여 심리한 후 교통사고처리특례법위반죄에 대하여는 금고형을, 나머지 각 죄에 대하여는 각 징역형을 선택한 다음 각 죄를 경합범으로 처단하면서 피고인에게 징역 6월을 선고하였고, 원심은 이러한 제1심의 조치를 유지하였는바, 정식재판청구된 약식명령의 벌금형을 징역형으로 변경하여 선고하는 것은 불이익한 변경임이 분명하고, 약식명령으로 고지받은 벌금형과 병합·심리된 판시 도로교통법위반 등 사건의 법정형 등 피고인의 법률상 지위를 결정할 객관적 사정을 전체적·실질적으로 고찰하여도 병합심판되어 선고된 징역형이 피고인에게 불이익한 변경에 해당하지 않는다고 볼 근거는 없다"(대법원 2004. 11. 11. 선고 2004도6784 판결).

❹ 제1심이 피고인에게 징역 1년 6월 및 추징 26,150,000원을 선고하였고, 이에 대하여 피고인만이 항소하였는데, 항소심은 제1심과 마찬가지로 공소사실을 모두 유죄로 인정하는 한편 제1심이 누락한 수뢰액 관련 필요적 벌금형 병과규정인 특정범죄 가중처벌 등에 관한 법률(2008. 12. 26. 법률 제9169호로 개정된 것) 2조 2항을 적용하여 피고인에게 징역 1년 6월에 집행유예 3년, 벌금 50,000,000원(1일 50,000원으로 환산한 기간 노역장 유치) 및 추징 26,150,000원을 선고하였다. 이 사안에 대하여 대법원은 "제1심이 선고한 형과 항소심이 선고한 형의 경중을 비교해 볼 때 제1심이 선고한 '징역 1년 6월'의 형과 항소심이 선고한 '징역 1년 6월에 집행유예 3년'의 형만을 놓고 본다면 제1심판결보다 항소심판결이 가볍다 할 수 있으나, 항소심은 제1심이 선고하지 않은 벌금 50,000,000원(1일 50,000원으로 환산한 기간 노역장 유치)을 병과하였는바, 집행유예의 실효나 취소가능성, 벌금 미납 시의 노역장 유치 가능성 및 그 기간 등을 전체적·실질적으로 고찰하면 항소심이 선고한 형은 제1심이 선고한 형보다 무거워 피고인에게 불이익하다"(대법원 2013. 12. 12. 선고 2012도7198 판결)고 판시하였다.

제13장

비상구제절차와 특별절차

13.1 420조 5호의 신규성과 명백성의 의미

대법원 2009. 7. 16.자 2005모472 전원합의체 결정

F D는 주거에 침입하여 V(성폭행 피해자)를 강간하고 그 과정에서 상해를 가하고[현재는 성폭력특례법 위반(강간등상해)] 위 V의 남편(V2)을 폭행(폭력행위 등 처벌에 관한 법률 위반)한 혐의로 기소되어 제1심에서 징역 10년을 선고받았다. D는 심신장애와 양형부당을, 검사는 양형부당을 이유로 각 항소하였다. 항소심은 D의 심신장애주장을 배척한 후 다른 사유(누범규정 적용상의 오류)로 제1심판결을 직권으로 파기하고 제1심과 동일한 형을 선고하였다. D는 상고를 포기하고 검사는 상고기간 안에 상고하지 않아 항소심판결이 확정되었다. 그 후 D는 항소심판결에 대하여 재심개시를 청구하였다. 이 재심청구가 기각되자 D가 대법원에 재항고하였다.

I 420조 5호는 '새로운 명백한 증거가 발견된 때'를 재심(개시청구)이유의 하나로 규정하고 있다. D는 항소심판결이 확정된 후, 2004. 11.경 행하여진 자신의 정액에 대한 검사결과(이하 'X증거'로 약칭함)를 '새로운 명백한 증거'로 지목하였다. 위 정액검사 결과는 'D는 정상으로서 무정자증이 아니라'는 내용이다. D는 "재심대상판결이 '범인이 무정자증'임을 전제로 판단한 것인데 자신이 무정자증이 아니라는 증거가 새로 나타났으므로 420조 5호의 재심이유가 있다"는 취지로 재심청구를 한 것이다. 따라서 이 사안의 핵심쟁점은 위 정액검사 결과가 420조 5호가 규정하는 '새로운 명백한 증거'에 해당하는가 하는 점이다.

재심대상판결인 항소심판결의 기록에 편철된 증거 중에는 국립과학수사연구소의 감정의뢰회보(A증거)와 검찰주사의 수사보고서(B증거)가 있다. 위 감정의뢰회보(A증거)는 'V의 체내(질)에서 채취한 가검물에서 정액양성반응이 나타났을 뿐 정자는 검출되지 않았다'는 내용이고, 위 수사보고서는 위 '감정의뢰회보에 비추어 볼 때 범인이 무정자증으로 추정된다'는 내용이다.

D의 재심개시청구를 받은 항소심은 위 "정액검사 결과는 재심대상판결인 항소심의 소송절차에서 제출할 수 없었던 증거도 아니고(신규성 불인정) 다른 유죄의 증거들에 비하여 객관적인 우위성이 인정되지도 않는다(명백성 불인정)고 판단하여 재심개시청구를 기각하였다. D가 이 기각결정에 불복하여 대법원에 재항고하였다.[1] 한편 X증거와 모순되는 구증거로 '범인의 침입 경로인 V의 주택 난간과 배관에서 채취된 지문이 D의 지문과 일치되고, D의 주거에서 범행에 사용된 것과 같은 종류의 도구가 발견된 사실'(이하 'Y증거'로 약칭함)이 있다.

R 재항고기각. 형사소송법 420조 5호(이하 '5호'라고 약칭함)는 재심사유 가운데에서도 판결확정 후 새로운 증거의 출현을 내용으로 하는 이른바 신규형 재심사유로서, 첫째로 '새로운 증거가 발견되었을 것'(증거의 신규성)과 둘째로 새로 발견된 증거가 '무죄 등을 인정할 명백한 증거에 해당할 것'(증거의 명백성) 등을 그 요건으로 한다. ⓐ 5호에서 무죄 등을 인정할 '증거가 새로 발견된 때'라 함은 '재심대상이 되는 확정판결의 소송절차에서 발견되지 못하였거나 또는 발견되었다 하더라도 제출할 수 없었던 증거로서 이를 새로 발견하였거나 비로소 제출할 수 있게 된 때'를 말한다. ⓑ 증거의 신규성을 누구를 기준으로 판단할 것인지에 대하여 5호가 그 범위를 제한하고 있지 않으므로 그 대상을 법원으로 한정할 것은 아니다. ⓒ 그러나 재심은 당해 심급에서 또는 상소를 통한 신중한 사실심리를 거쳐 확정된 사실관계를 재심사하는 예외적인 비상구제절차이므로, D가 판결확정 전 소송절차에서 제출할 수 있었던 증거까지 거기에 포함된다고 보게 되면, 판결의 확정력이 D가 선택한 증거제출시기에 따라 손쉽게 부인될 수 있게 되

1) 이상의 사실관계 정리는 이상원, 재심이유의 확장 – 대법원 2009. 7. 16.자 2005모472 전원합의체 결정 – (정의로운 사법 : 이용훈대법원장재임기념, 2011)을 참고하였다.

어 형사재판의 법적 안정성을 해치고, 헌법이 대법원을 최종심으로 규정한 취지에 반하여 제4심으로서의 재심을 허용하는 결과를 초래할 수 있다. 따라서 D가 재심을 청구한 경우 재심대상이 되는 확정판결의 소송절차 중에 그러한 증거를 제출하지 못한 데에 과실이 있는 경우에는 그 증거는 5호에서의 '증거가 새로 발견된 때'에서 제외된다(절충설). ⓓ 또한, '무죄 등을 인정할 명백한 증거'에 해당하는지 여부를 판단할 때에는 법원으로서는 새로 발견된 증거만을 독립적·고립적으로 고찰하여 그 증거가치만으로 재심의 개시 여부를 판단할 것이 아니라, 재심대상이 되는 확정판결을 선고한 법원이 사실인정의 기초로 삼은 증거들 가운데 새로 발견된 증거와 **유기적으로 밀접하게 관련**되고 모순되는 것들은 함께 고려하여 평가하여야 하고, ⓔ 그 결과 단순히 재심대상이 되는 유죄의 확정판결에 대하여 그 정당성이 의심되는 수준을 넘어 그 판결을 그대로 유지할 수 없을 정도로 **고도의 개연성**이 인정되는 경우라면 그 새로운 증거는 5호에서의 '명백한 증거'에 해당한다.[2] (중략) 이와 달리 새로 발견된 증거의 증거가치만을 기준으로 하여 '무죄를 인정할 명백한 증거'인지 여부를 판단한 대법원 1990. 11. 5.자 90모50 결정; 대법원 1991. 9. 10.자 91모45 결정; 대법원 1999. 8. 11.자 99모93 결정 등은 위 법리와 저촉되는 범위 내에서 이를 변경하기로 한다.

A 위 정액검사결과가 그 소송절차에서 발견되지 못한 것이었는지를 살펴보지도 아니한 채 만연히 제출할 수 없었던 증거에 해당하지 않는다고 판단한 원심결정에는 5호에서 정한 증거의 신규성 요건에 관한 법리를 오해한 나머지 그 **발견 여부 및 제출하지 못한 데 대한 D의 고의·과실 여부 등에 관한 심리를 다하지 아니한 잘못**이 있다. 둘째, '무죄 등을 인정할 명백한 증거'에 해당하는지는 재심대상판결을 선고한 법원이 사실인정의 기초로 삼은 증거들 중에서 위 정액검사결과와 유기적으로 밀접하게 관련되고 모순되는 증거들은 함께 고려하여 평가하여야 할 것임에도, 이와 달리 원심이 그러한 증거들을 제

2) ⓓ와 ⓔ 부분이 종래의 판례를 변경하는 부분이다.

쳐 두고 위 정액검사결과의 증거가치만을 기준으로 증거의 명백성 여부를 판단한 것은 잘못이다. D가 재심사유로 내세우고 있는 증거(자신이 무정자증이 아니라는 위 정액검사결과)와 유기적으로 밀접하게 관련되는 증거로는 재심대상인 확정판결의 사실인정에 기초가 된 증거들 가운데 '국립과학수사연구소장의 감정의뢰회보'(A증거)와 '검찰주사의 수사보고'(B증거) 등이 있는바, 위 감정의뢰회보의 내용은 'V의 체내에서 채취한 가검물(可檢物)에서 정액 양성반응이 나났을 뿐 정자는 검출되지 않았다'는 것이고, 위 수사보고는 이러한 '감정의뢰회보에 비추어 범인은 무정자증으로 추정된다'는 것인데, 위 감정의뢰회보의 내용과 같이 정액 양성반응이 있으나 정자가 검출되지 않은 이유에는 무정자증 이외에도 채취한 가검물의 상태나 그 보존 과정 등에서의 여러 가지 요인에 의하여 정자가 소실되는 등의 다른 원인이 있을 수 있으므로, 위 감정의뢰회보만으로 범인이 반드시 무정자증이라고 단정할 수는 없고, 여러 가지 가능성 중의 하나로서 단순히 추측하는 내용에 불과한 위 수사보고 역시 별다른 증거가치를 인정할 수 없다. D가 무정자증이 아니라는 사실을 인정할 수 있는 자료에 불과한 위 정액검사결과는 위 증거들을 함께 고려하더라도 이 사건 재심대상판결을 그대로 유지할 수 없을 정도로 고도의 개연성이 인정되는 증거가치를 가지지 못하므로, 결국 이 사건에서 무죄를 인정할 명백한 증거에는 해당하지 않는다.

C

1 문제의 제기

재심은 유죄의 확정판결에 대하여 주로 사실인정의 부당성을 구제하려고 마련된 비상구제절차(이 점에서 비상상고와 구별된다)이고, 확정재판에 대한 비상구제절차라는 점에서 상소와 구별된다. 재심절차는 재심청구의 이유 유무를 심사하여 그것이 이유 있다고 판단될 때 재심개시결정을 하는 단계(재심개시절차)와 재심개시결정이 확정된 사건에 대하여 재심의 심판을 하는 단계(재심심판절차)로 구성된다(2단계구조). 일제강점기에는 피고인에게 불이익한 재심도 허

용되었지만 현행법은 이중처벌을 금지하는 헌법정신을 이어받아 피고인에게 이익되는 방향(이익재심)의 재심만 허용한다. 재심이유(재심청구의 이유, 재심개시 결정의 이유)가 되는 사유는 420조와 421조에 열거되어 있다. 그 중에서 특히 문제가 되는 것이 법 420조 5호의 재심사유이다. '새로 발견된 때'라 함은 어떤 경우를 의미하는가 하는 문제가 증거의 신규성 문제이고 '명백한 증거'란 어느 정도로 명백해야 하는가, 그리고 이를 어떻게 판단할 것인가 하는 문제가 증거의 명백성 문제이다.

② 신규성의 문제

원판결 후에 발견된 증거가 새로운 증거임에는 의문의 여지가 없다. 원판결 당시 존재하였으나 원판결 후에 발견된 증거도 새로운 증거로 인정될 수 있다. 다음에 '누구에게' 새로운 증거이어야 하는가[3] 하는 점도 신규성에 포함되는 논점이다. 법원에 새로우면 충분한가 아니면 당사자에게도 새로운 증거이어야 하는가의 문제이다. 종래의 판례는 피고인에 대한 신규성을 엄격히 요구하여 '피고인이 고의 또는 과실로 제출하지 않은 증거에 대하여는 신규성을 부정'하는 입장(절충설)이었다. 본판결도 종래의 판례의 입장을 그대로 견지한 것이다. 피고인이 증거신청을 하였는데 법원이 기각한 경우에도 증거의 신규성을 인정하여야 할 것이다(이재상). 또 형벌에 관한 법령이 당초부터 헌법에 위배되어 법원에서 위헌·무효라고 선언된 때에는 신규성이 인정된다(대법원 2013. 4. 18.자 2010모363 결정).

③ 명백성의 문제

(1) **명백성의 판단자료와 판단기준** : 종래 ㉠ 신증거만으로도 원래의 확정판결을 뒤집을 수 있는 증거임을 요하고(고립평가설), 또한 그 판단을 함에는 '의심스러울 때는 피고인의 이익으로'의 원칙이 적용되

지 아니한다고 보는 보수적인 견해가 통용되어 왔다. 그러나 ㉡ 신증거와 기존의 구증거 전체를 합체시켜 평가하여 판단하여야 하며(종합평가설, 재평가설), 또한 ㉢ 그 판단을 함에는 '의심스러울 때는 피고인의 이익으로'의 원칙이 적용되어야 한다는 자유주의적인 견해가 새롭게 대두하고 있다.

(2) **본판결의 입장** : 종래의 판결보다는 진일보한 것이지만 여전히 보수적인 입장이다. 본 판결은 명백성 여부의 판단자료에 대하여 ⓐ 종래의 독립평가설을 변경하여 ㉡의 입장(종합평가설, 재평가설, 본결정의 별개의견)을 취하였다. 그러나 본 판결은 ⓑ 종합평가의 판단자료를 "재심대상이 되는 확정판결을 선고한 법원이 사실인정의 기초로 삼은 증거들 가운데 새로 발견된 증거와 유기적으로 밀접하게 관련되고 모순되는 것들"(사안에서 Y증거는 모순되는 증거)에 한정하고, 명백성의 정도에 대하여는 ⓒ 단순히 재심대상이 되는 유죄의 확정판결에 대하여 그 정당성이 의심되는 수준을 넘어 그 판결을 그대로 유지할 수 없을 정도로 고도의 개연성이 인정될 것을 요구(이른바 엄격설[4])하여, 명백성 판단에 있어 '의심스러울 때는 피고인의 이익으로'의 원칙의 적용(이른바 완화설)을 부정하고 있다.

④ 기타 재심관련 판례들

❶ 공범자에 대한 무죄판결의 확정만으로 신규성을 인정할 수 없다(대법원 1984. 4. 13.자 84모14 결정).

❷ 형의 면제란 형의 필요적 면제의 경우만을 말한다(대법원 1984. 5. 30.자 84모32 결정).

❸ 420조 7호의 재심사유 해당 여부를 판단할 때 "사법경찰관 등이 범한 직무에 관한 죄가 사건의 실체관계에 관계된 것인지 여부나 당해 사법경찰관이 직접 피의자에 대한 조사를 담당하였는지 여부는 고려할 사정이 아니다(대법원 2006. 5. 11.자 2004모16 결정 참조)"(대법원 2008. 4. 24.자 2008모77 결정).

❹ 경합범의 일부의 범죄사실에 대하여만 재심청구의 이유가 있는 경우의 처리 : "경합범 관계에 있는 수개의 범죄사실을 유죄로 인정하여 한 개의 형을

---

3) 예를 들어 진범의 몸받이가 되어 유죄판결을 받은 자가 재판확정 후 '자신은 몸받이'라고 주장하면서 재심을 신청하는 경우 신증거를 '법원에 새로우면 충분'하다고 해석하면 재심개시를 허용하여야 하고 신증거를 '당사자에게도 새로워야 한다'고 해석하면 재심개시를 허용할 수 없게 된다.

4) 김태업, 형사소송법 제420조 제5호의 재심사유에서 증거의 신규성과 명백성, 사법 11호(2010. 3), 331.

선고한 불가분의 확정판결에서 그 중 일부의 범죄사실에 대하여만 재심청구의 이유가 있는 것으로 인정된 경우에 (중략) 재심법원은 그 부분에 대하여는 이를 다시 심리하여 유죄인정을 파기할 수 없고 다만 그 부분에 관하여 새로이 양형을 하여야 하므로 양형을 위하여 필요한 범위에 한하여만 심리를 할 수 있을 뿐이다"(대법원 1996. 6. 14. 선고 96도477 판결).

❺ 재심이 개시된 사건에 적용할 법률 : "구 사회보호법 폐지법률(2005. 8. 4. 법률 제7656호) 시행 당시 재판 계속 중에 있는 보호감호 청구사건에 관하여는 청구기각 판결을 하도록 규정한 위 폐지법률 부칙 3조에 따라 위 보호감호 청구가 기각되어야 한다"(대법원 2011. 6. 9. 선고 2010도13590 판결).

❻ 확정판결의 증거가 되었던 진술을 번복하는 진술은 명백한 증거가 아니다(대법원 1993. 5. 17.자 93모33 결정).

❼ 420조 2호의 '원판결의 증거된 증언, 감정, 통역 또는 번역이 확정판결에 의하여 허위인 것이 증명된 때'에는 "그 허위증언 부분을 제외하고서도 다른 증거에 의하여 그 '죄로 되는 사실'이 유죄로 인정될 것인지 여부에 관계없이 형사소송법 420조 2호 소정의 재심사유가 있다"(대법원 2013. 6. 27. 선고 2011도7931 판결; 대법원 2013. 4. 11. 선고 2011도10626 판결).

❽ 효력이 상실된 유죄판결에 대하여 재심개시결정이 확정된 때의 재심절차(대법원 2013. 6. 27. 선고 2011도7931 판결) : "항소심의 유죄판결에 대하여 상고가 제기되어 상고심 재판이 계속되던 중 피고인이 사망하여 형사소송법 382조, 328조 1항 2호에 따라 공소기각결정이 확정되었다면 항소심의 유죄판결은 이로써 **당연히 그 효력을 상실**하게 되므로, 이 경우에는 형사소송법상 재심절차의 전제가 되는 '유죄의 확정판결'이 존재하는 경우에 해당한다고 할 수 없다.

(중략) 이 경우 그 재심개시결정은 재심을 개시할 수 없는 항소심의 유죄판결을 대상으로 한 것이므로, 그 재심개시결정에 따라 재심절차를 진행하는 법원으로서는 심판의 대상이 없어 아무런 재판을 할 수 없다"(대법원 2013. 4. 11. 선고 2011도10626 판결 등 참조).

❾ 재심이 개시된 사건에서 형벌에 관한 법령이 당초부터 헌법에 위배되어 효력이 없는 법령에 대한 것인 때에는 면소사유에 해당하지 않으므로 무죄를 선고하여야 한다(대법원 2013. 5. 16. 선고 2011도2631 전원합의체 판결; 대법원 2013. 4. 18.자 2011초기689 전원합의체 결정).

❿ 재심청구인이 재심 청구를 한 후 청구에 대한 결정이 확정되기 전에 사망하면 원칙적으로 재심청구절차는 당연히 종료한다(대법원 2014. 5. 30.자 2014모739 결정).

⓫ 대통령긴급조치 9호가 당초부터 위헌·무효라고 판단된 이상 420조 5호의 요건해당성이 있다(대법원 2013. 4. 18.자 2010모363 결정).

⓬ 확정된 행정판결이 조세범혐의에 대한 유죄판결에 미치는 효과(대법원 2015. 10. 29. 선고 2013도14716 판결) : "조세의 부과처분을 취소하는 행정판결이 확정된 경우 그 부과처분의 효력은 처분 시에 소급하여 효력을 잃게 되어 그에 따른 납세의무가 없으므로 확정된 행정판결은 조세포탈에 대한 무죄 내지 원심판결이 인정한 죄보다 경한 죄를 인정할 명백한 증거에 해당한다(대법원 1985. 10. 22. 선고 83도2933 판결 등 참조). 조세심판원이 재조사결정을 하고 그에 따라 과세관청이 후속처분으로 당초 부과처분을 취소하였다면 그 부과처분은 처분 시에 소급하여 효력을 잃게 되어 원칙적으로 그에 따른 납세의무도 없어지므로, 이 역시 420조 5호에 정한 재심사유에 해당한다."

13.2 비상상고사유로서의 심판의 법령위반

대법원 2011. 2. 24. 선고 2010오1, 2010전오1 판결

F D는 구 성폭력범죄의 처벌 및 피해자보호 등에 관한 법률 위반(13세 미만 미성년자강간 등)의 피고사건과 전자장치 부착명령사건으로 기소되었다. 제1심은 유죄를 인정하여 징역 3년에 집행유예 4년을 선고하고 피부착명령청구자 D에게 보호관찰을 명하지 않고 3년간 위치추적 전자장치의 부착을 명하고 D에게 준수사항을 부과하였다. 검사가 양형과경을 이유로 항소하였다. 항소심은 제1심판결 중 피고사건 부분에 대한 검사의 항소를 기각(징역 3년에 집행유예 4년은 적정하다)하되 다만 부착명령사건 부분이 가볍다고 판단하여 제1심판결을 파기하고, D에게 6년간 위치추적 전자장치의 부착을 명하고 일정한 준수사항을 부과하였다. 항소심판결이 확정되었다. 그 후 심판의 법령위반을 발견하여 검찰총장이 비상상고하였다.

I 수소법원이 유죄를 선고하면서 D에 대하여 보호관찰을 받을 것을 명할 때에는 보호관찰기간의 범위 내에서 기간을 정하여 준수사항의 이행 여부 확인 등을 위하여 전자장치를 부착할 것을 명할 수 있다. 다시 말하여 보호관찰명령의 존재는 전자장치의 부착명령의 전제조건이다. 그런데 사안에서는 보호관찰명령 없이 전자장치의 부착명령이 내려졌으므로 검찰총장이 비상상고를 제기한 것이다.

R [주문] 원판결 및 제1심판결 중 부착명령사건 부분을 파기한다. 이 사건 부착명령 청구를 기각한다. [이유] "특정 범죄자에 대한 위치추적 전자장치 부착 등에 관한 법률(중략)에 의하면 법원이 특정범죄를 범한 자에 대하여 형의 집행을 유예하면서 보호관찰을 받을 것을 명하는 때에만 전자장치를 부착할 것을 명할 수 있다.

A 원판결 및 제1심판결이 D에 대하여 형의 집행을 유예하면서 보호관찰을 받을 것을 명하지 않은 채 전자장치를 부착할 것을 명한 것은 법령에 위반한 것으로서 피부착명령청구자에게 불이익한 때에 해당하므로, 형사소송법 446조 1호 단서에 의하여 원판결 및 제1심판결 중 부착명령사건 부분을 파기하고, 이 부분에 관하여 다시 판결하기로 한다. 이 사건 부착명령 청구 원인사실의 요지는, '피부착명령청구자는 13세 미만인 피해자를 2회에 걸쳐 강제추행하고, 수회에 걸쳐 피해자를 뒤쫓아가 쳐다본 자로서, 여자 미성년자를 뒤따라가 지켜보거나 신체부위를 만지는 방법으로 자신의 성적욕구를 해소하는 등 성폭력범죄의 습벽이 인정되고, 재범의 위험성이 있다'는 것인바, 부착명령 청구를 기각하여야 하므로, 원판결 및 제1심판결 중 부착명령사건 부분을 파기하고, 이 사건 부착명령 청구를 기각하기로 하여, 관여 대법관의 일치된 의견으로 주문과 같이 판결한다."

C

① 비상상고 사유로서의 순수한 법령위반

비상상고의 사유는 어떤 사건의 '심판이 법령에 위반된 것'이다(441조). 이 법령위반은 심리와 판결의 법령위반을 말하고 실체법과 절차법의 위반을 모두 포함한다. '실체법에 위반함'이란 예를 들어 확정판결이 법정형을 초과하는 형을 선고한 경우이고, '절차법에 위반함'이란 예를 들어 확정판결의 수소법원이 피고사건에 대하여 관할권이 없음에도 실체재판을 한 경우이다. 2011년 선고된 본 사안은 비상상고의 사유로서의 순수한 법령위반의 전형적인 사례를 보여주고 있다. 이와 달리 수소법원이 사실을 오인(예를 들어 범죄사실, 위법성조각사유, 책임조각사유의 존부에 대한 오인)하고 그 오인에 기초하여 자연스럽게 법령을 잘못 적용한 경우에는 비상상고의 사유가 되지 못한

다. 이런 유형의 오류는 재심으로 시정될 수 있을 뿐이다.

② 수소법원의 재판이 법령적용의 전제가 되는 전제사실을 오인한 결과 법령위반에 빠진 경우

그런데 '어떤 재판이 법령적용의 전제가 되는 전제사실을 오인한 결과 법령위반에 빠진 경우(예를 들어 D에게 누범전과가 있다고 오인하여 수소법원이 누범가중을 하였다든가, 소년을 성인으로 오인하여 소년법을 적용하지 않은 경우)에 이를 사실오인으로 간주하여 비상상고의 사유가 되지 않는다고 볼 것인가 아니면 그것도 법령위반으로 보아 비상상고의 사유가 된다고 볼 것인가'가 문제된다. 이 점에 관하여 판례는 두 가지 방향성을 보여주고 있다. 하나는 소극설이고 또 하나는 적극설이다.

③ 소극설 방향의 판례들

비상상고는 사실오인의 시정을 목표로 하는 재심과 달리 법령의 해석·적용의 통일을 목표로 하는 제도이므로 사실오인의 결과 법령적용이 잘못된 경우는 사실오인이고 법령적용의 잘못은 아니다. 이점을 강조하는 입장에서는 소송법적 사실이든 실체법적 사실이든 구분하지 않고 사실오인으로 인한 법령적용의 오인이 비상상고의 사유임을 부정한다.

D에게 누범전과가 없는데 있다고 오인하여 수소법원이 누범가중을 한 경우(대법원 1962. 9. 27. 선고 62오1 판결)[1]나 D이 이미 사망한 사실을 알지 못하여 수소법원이 공소기각의 결정을 하지 않고 실체판결에 나아간 경우(대법원 2005. 3. 11. 선고 2004오2 판결)[2]에 비

상상고의 대상이 되지 아니한다는 판례들은 이 카테고리에 속하는 판례이다.

④ 적극설 방향의 판례들

그러나 비상상고에도 부차적으로나마 '당사자의 구체적 구제'의 기능이 부여되어 있으므로 **대법원이 새로운 사실조사를 하지 않고 오로지 기록조사만으로 실체법적 사실의 오인에 기인하는 법령위반임을 알 수 있는 경우에는 비상상고의 사유가 됨을 인정하자**는 견해(적극설, 이재상)가 있다. 수소법원이 소년의 나이를 성인의 나이로 오인하여 정기형을 선고(대법원 1963. 4. 4. 선고 63오1 판결)[3]하거나 성인인 사람에게 부정기형을 선고한 때(대법원 1963. 4. 11. 선고 63오2 판결)[4] 또는 반의사불벌죄에서 피해자의 처벌불원의사

---

1) "비상상고의 목적을 규정한 441조에 이른바 '사건의 심판이 법령에 위반하였다'고 함은 확정판결에서 인정한 사실을 변경하지 않고 이를 전제로 한 실체법의 적용에 관한 부당 및 그 사건에서의 절차법상의 위배 있음을 말하는 것이므로 본건 확정판결이 전과의 사실이 없음에도 불구하고 누범의 원유(原由, 사유의 뜻 : 필자 주)가 되는 전과사실이 있는 것으로 인정한 결과 이에 대하여 형법 35조를 적용 처단하였다 할지라도 이에는 앞서 말한 이른바 법령의 위반이 있는 것이 아니다. 따라서 사실의 인정에 그릇이 있다 하여 일정한 사유가 있다면 그 재심을 청구하는 것은 몰라도 사건의 심판이 법령에 위반하였다는 이유로써 비상상고를 할 수는 없다."

2) "441조는 '검찰총장은 판결이 확정한 후 그 사건의 심판

이 법령에 위반한 것을 발견한 때에는 대법원에 비상상고를 할 수 있다.'고 규정하고 있는바, 이러한 비상상고 제도는 법령 적용의 오류를 시정함으로써 법령의 해석·적용의 통일을 도모하려는 데에 주된 목적이 있는 것이므로, '그 사건의 심판이 법령에 위반한 것'이라고 함은 확정판결에서 인정한 사실을 변경하지 않고 이를 전제로 한 실체법의 적용에 관한 위법 또는 그 사건에서의 절차법상의 위배가 있음을 뜻하는 것이므로, 단순히 그 법령 적용의 전제사실을 오인함에 따라 법령위반의 결과를 초래한 것과 같은 경우는 법령의 해석적용을 통일한다는 목적에 유용하지 않으므로 '그 사건의 심판이 법령에 위반한 것'에 해당하지 않는다고 해석함이 상당하다. 법원이 원판결의 선고 전에 D이 이미 사망한 사실을 알지 못하여 공소기각의 결정을 하지 않고 실체판결에 나아감으로써 법령위반의 결과를 초래하였다고 하더라도, 이는 형사소송법 441조에 정한 '그 심판이 법령에 위반한 것'에 해당한다고 볼 수 없다."

3) "서울지방법원은 1962. 12. 27. D에 대한 절도사건에 관하여 D를 징역 8월에 처한다는 판결을 선고하고 같은 날 이 판결이 확정되었다. D는 1944. 5. 15.생으로서 판결선고 당시 20세 미만인 소년이다. 소년에 대하여 법정형 장기 2년 이상의 유기형에 해당하는 죄를 범한 때에는 형의 집행유예 또는 형의 선고유예를 선고하지 않는 한 그 법정형기의 범위 내에서 장기와 단기를 정하여 선고하여야 할 것임은 소년법 54조의 규정에 의하여 명백하다. 원심 지방법원은 D에게 형법 329조 등을 적용하고 형의 집행유예나 형의 선고유예를 선고할 것이 아님에도 소년법 54조의 적용을 유탈하여 징역 8월의 정기형을 선고한 판결을 한 것은 법령에 위반한 것으로서 비상상고는 이유 있다."

4) "비록 형법에는 성년범에 대하여 반드시 정기형을 선고하라는 명백한 규정은 보이지 않는다 할지라도 형법에

가 있는 것을 없다고 오인하고 실체판결을 한 경우(대법원 2010. 1. 28. 선고 2009오1 판결)[5]에 비상상고를 허용한 판례들은 이 카테고리에 속하는 판례들이다.

5 사견(절충설)

형소법은 441조~447조에서 비상상고를 규율하는 있는데 그 중 444조 2항은 '법원의 관할, 공소의 수리와 소송절차에 관하여는 사실조사를 할 수 있다'고 규정하고 있으므로 형소법은 **소송절차의 법령위반을 비상상고의 사유가 됨을 명시**하고 있다고 볼 수 있다. 따라서 소송법적 사실과 실체법적 사실을 구분하여 소송법적 사실의 오인으로 인한 법령위반의 경우에는 비상상고의 사유임을 인정하되 실체법적 사실의 오인으로 인한 법령위반의 경우에는 비상상고의 사유임을 부정하는 것이 형소법의 취지에 맞다. 그러나 대법원 2005. 3. 11. 선고 2004오2 판결은 이 발상을 명시적으로 부정하고 있다.

대한 특별법이라고 볼 수 있는 소년법 54조는 특히 소년에 대하여는 원칙적으로 부정기형을 선고한다는 취지로 규정하고 있음에 비추어 일반법인 형법의 적용만을 받는 성년범에 대하여는 정기형을 선고하려는 것이 형법의 취지라고 새기는 것이 상당하다."

5) 대법원 2010. 1. 28. 선고 2009오1 판결 : "정보통신망 이용촉진 및 정보보호에 관한 법률 위반(음란물유포 등)의 점의 공소사실의 요지는 'D이 2007. 3. 19.부터 같은 달 20. 사이에 10회에 걸쳐 불안감을 유발하는 글을 반복적으로 피해자에게 도달하게 하였다'는 것이고, 이는 구 정보통신망 이용촉진 및 정보보호에 관한 법률(2007. 12. 21. 법률 제8778호로 개정되기 전의 것. 이하 '구 정보통신망법'이라고 한다) 65조 1항 3호, 44조의7 1항 제3호에 해당한다는 것인바, 같은 법 65조 2항에 의하면, 위 죄는 피해자의 명시한 의사에 반하여 공소를 제기할 수 없다. 기록에 의하면 D은 원판결 선고 전인 2008. 3. 14. 원판결법원에 피해자가 작성한 고소취소장을 제출하였는데, 거기에 찍힌 피해자 인영(印影)이 고소장의 그것과 동일함을 알 수 있으므로, 위 공소사실에 대하여는 원판결 선고 전에 D에 대한 처벌을 희망하지 않는 피해자의 의사표시가 있었다. 그렇다면 위 공소사실에 대하여는 형사소송법 327조 6호에 의하여 공소기각의 판결을 선고하였어야 할 것이다. 그런데도 원판결은 이와 달리 위 공소사실을 유죄로 판단한 다음 이를 나머지 상해의 점과 형법 37조 전단의 경합범으로 의율하여 하나의 형을 선고하였으니, 원판결에는 형사소송법 441조에서 정한 법령위반의 사유가 있다. 이를 지적하는 비상상고의 주장은 이유 있다."

6 기타 비상상고가 허용된 사례들

❶ 친고죄에서 고소권자의 고소가 없는데도 선고된 유죄판결이 확정된 사안(대법원 2000. 10. 13. 선고 99오1 판결) D는 특경법위반(사기) 등의 혐의로 기소되었다. 특경법위반(사기) 및 사기미수의 각 죄의 피해자들은 모두 호주인 D와 동일 호적 내에 있는 가족들로서 피해자 V는 D의 종조모이고, V2, V3, V4, V5는 D의 종고모들이며, V6, V7은 D의 종숙부들인데, V6은 1984. 4. 17. 일본에서 O와 혼인하고 1988. 11. 8. 호적정리신청을 하였고, 나머지 V2, V3, V4, V5, V7은 아직 혼인하지 아니하였음. 사실관계가 이와 같다면, D의 종숙부인 V6이 현재 호주인 D와 동일한 호적에 가족으로 등재되어 있다고 하더라도, 민법상의 법정분가규정이 시행된 이후에 혼인한 이상 법률상 당연히 D의 家에서 분가되는 것이므로, V6은 D와 사이에 형법 328조 1항에 정한 호주와 가족인 관계에 있다고 볼 수 없고, 같은 조 2항에 정한 친족에 해당할 뿐이다. 나머지 피해자들인 V1, V2, V3, V4, V5, V7은 모두 호주인 D의 호적에 등재되어 있는 가족들이어서 같은 조 1항에 정한 호주와 가족인 관계에 있음이 분명하다. 따라서 원판결 법원으로서는 이 사건 공소사실 중 V6를 제외한 나머지 피해자들에 대한 특경법위반(사기) 및 사기미수의 각 점에 대하여는 형법 354조, 328조 1항의 규정을 적용하여 형을 면제하여야 하고, V6에 대하여는 같은 조 2항의 규정에 따라 V6의 고소가 있어야 할 것인데, 그 고소가 있음을 기록상 인정할 자료가 없으니만큼 형사소송법 327조 2호에 의하여 공소를 기각하여야 함에도 불구하고, 이들의 점과 사문서위조 및 위조사문서행사의 각 점에 대하여 모두 유죄로 인정한 다음 형법 37조 전단의 경합범으로 처리하여 하나의 형을 선고하였으므로, 원판결에는 형사소송법 441조에 정한 법령위반의 사유가 있고, 이 점을 지적하는 비상상고는 이유 있다."

❷ "조세범처벌법 17조는 9조 1항 소정의 조세포탈죄의 공소시효를 5년으로 규정하고 있고, 이 사건과 같이 과세표준이나 세액을 허위로 과소신고하여 조세를 포탈한 경우에는 그 신고·납부기한이 경과함으로써 조세포탈죄는 기수에 이르는 것이므로(조세범처벌법 9조의3 2호 참조), 각 신고·납부기한으로서 이 사

건 법인세의 경우에는 2000. 3. 31.이 경과함으로써 (법인세법 60조 1항 및 64조 1항 참조), 증권거래세의 경우에는 늦어도 1999. 12. 10.이 경과함으로써(증권거래세법 10조 1항, 2항 참조), 각 조세포탈죄는 기수에 이르렀다. 이 사건 약식명령은 그로부터 5년의 공소시효기간이 경과한 이후인 2005. 9. 7.에 청구되었으므로, 결국 이 사건 공소사실은 모두 공소시효가 완성된 때에 해당한다. 그럼에도 불구하고, 공소시효가 완성된 사실을 간과한 채 피고인에 대하여 약식명령을 발령한 원판결은 법령을 위반한 잘못이 있고(대법원 1957. 5. 3. 선고 4289형비상1 판결; 1963. 1. 10. 선고 62오4 판결 등 참조), 또한 피고인에게 불이익하다. 이 점을 지적하는 이 사건 비상상고는 이유가 있다. 그러므로 446조 1호 단서에 의하여 원판결을 파기하고, 다음과 같이 피고사건에 대하여 다시 판결을 하기로 한다. (중

략) 앞서 본 바와 같이 이는 공소시효가 완성된 때에 해당하므로, 326조 3호에 의하여 피고인에 대해 면소를 선고(중략) 한다."

❸ 소송절차만을 파기한 사례 "본건에 관하여 광주지방법원 형사공소부가 피고인들에 대하여 선고한 판결의 소송절차를 파기한다. 【이유】 광주지방법원 형사 공소부는 그 법원 62노479 병역법위반 피고사건에 있어 검사가 공소제기와 동시에 대법원에 관할 재정신청을 한 것이므로 군법회의 재판권에 관한 법률 2조 3항에 의하여 당해사건의 소송절차가 정지되는 것임에도 불구하고 1962. 10. 26. 사건에 대한 판결을 하고 있음이 명백하므로 그 소송절차는 위법하다 아니할 수 없고 본건 비상상고는 이유 있다. 이에 형사소송법 446조 2호에 의하여 관여법관 전원의 일치된 의견으로 주문과 같이 판결한다."

13.3 약식명령에 대한 피고인만의 정식재판청구와 불이익변경금지

헌재 2005. 3. 31. 선고 2004헌가27 결정

F 피고인 D는 '2004. 3. 16. 23:50경 혈중알콜농도 0.1585%의 주취상태로 승용차를 업무상 운전하던 중 서울 송파구 방이동 89 올림픽공원 앞 노상에서 V가 운전하는 차량을 추돌하고 계속하여 같은 동 180 엠마누엘 교회 앞길에서 V3의 운전 차량을 들이받아, 그 충격으로 V에게 전치 3주간의 경부염좌 등, 동승자인 V2에게 전치 2주간의 경부염좌 등의 상해를 가함과 동시에 (중략) 재물을 손괴하고도, 구호조치 없이 도주'한 피의사실로 기소되어 서울동부지방법원에서 **벌금 1천만 원**의 약식명령을 고지받았다. D는 2004. 6. 10. 위 벌금형은 '감당하기 힘든 형벌'이라며 '징역형에 대한 집행유예'를 선고하여 줄 것을 희망하면서 정식재판을 청구하였다. 당해사건 법원은 2004. 9. 9. 위 사건 심리 중 형사소송법 457조의2가 피고인의 법관에 의한 공정한 재판을 받을 권리 및 법관의 양형결정권 등을 침해한다는 이유로 직권으로 위 법률조항에 대하여 위헌 여부의 심판을 제청하였다.[1]

I

1. 약식명령에 대하여 피고인만이 정식재판을 청구하였을 때 약식명령보다 더 중한 형을 선고할 수 없도록 한 457조의2가 피고인의 공정한 재판을 받을 권리를 침해하는가?(부정)

---

[1] 2005헌바8 사건은 다음과 같다. D2는 관세법 및 외국환거래법을 위반한 피의사실로 소추되어 부산지방법원에서 **벌금 4,000만 원**의 약식명령을 고지받았다. D2도 2004. 9. 22. 벌금형보다 징역형 및 그에 대한 집행유예를 선고하여 줄 것을 바라면서 부산지방법원에 정식재판을 청구하였다. 그 소송 계속 중 D2는 약식명령에 대하여 정식재판을 청구할 경우 불이익변경 금지를 규정하고 있는 형사소송법 457조의2에 대하여 위헌제청신청을 하였으나 같은 법원은 2005. 1. 11. 이를 기각하는 결정을 하였다. 이에 D2는 같은 해 2. 3. 이 사건 헌법소원심판을 청구하였다.

2. 457조의2가 법관의 양형결정권을 침해하는가? (부정)

R A

1. 공정한 재판을 받을 권리의 침해 여부

(1) 이 사건 법률조항의 입법과정을 살펴보면 이 사건 법률조항이 신설되기 이전에는 약식절차에서 피고인이 정식재판을 청구하는 경우 불이익변경금지에 대한 규정이 존재하지 않았고 대법원도 이를 인정하지 않는 입장을 취해왔다. 이후 1995. 11. 1. 국회 법제사법위원회 '형사소송법 중 개정법률안'에 대한 공청회에서 피고인들에 대한 약식명령의 정식재판과정에서 도리어 더욱 과중한 판결을 받음으로써 정식재판청구를 꺼리는 불합리한 점이 지적됨에 따라 국회에서 수정된 법률안에 이 사건 법률조항이 마련되어 본회의를 통과하기에 이르렀다. 따라서 이 사건 법률조항은 약식명령을 고지 받은 피고인이 더 중한 형을 선고받을 우려로 인해 위축된 나머지 정식재판청구를 기피하는 것을 방지하는 것이 그 입법취지라고 할 수 있다.

(2) 약식절차에서는 피고인에게 자신에게 유리한 각종 자료를 제출하고 주장할 기회가 전혀 주어지지 않는 반면, 정식재판절차는 약식절차와 동일심급의 소송절차로서 당사자인 피고인에게 제1심절차에서 인정되는 모든 공격·방어기회가 주어지며 자신에게 유리한 양형자료를 제출할 충분한 기회가 보장된다. 따라서 이 사건 법률조항은 오히려 피고인의 공정한 재판을 받을 권리를 실질적으로 보장하는 기능을 하며 그 입법목적이나 효과의 면에서 피고인의 권리를 제한하는 것으로 볼 수 없다. 나아가 법원은 약식명령으로 하는 것이 적당하지 않다고 판단하는 경우 통상의 공판절차에 회부하여 심판할 수 있고 피고인의 청구에 의하여 정식재판절차가 진행되는 경우에도 여전히 최종형을 결정하는 것은 법관이므로 이 사건

법률조항에 의하여 피고인의 법관에 의한 재판을 받을 권리가 침해된다고 볼 수도 없다.

(3) 불이익변경금지원칙은 피고인이 상소결과 불이익한 결과를 받게 될 위험 때문에 상소제기를 주저하는 것을 방지함으로써 상소권을 보장한다는 정책적인 이유에서 보장된 형사절차상의 원칙이고 대법원 역시 이와 같은 입장을 취하고 있다(대법원 1964. 9. 17. 선고 64도298 판결 참조).

이 사건 법률조항에 의한 불이익변경금지원칙 역시 정식재판청구권의 실질적 보장을 위한 정책적 고려에 의하여 명문화한 것이므로 불이익변경금지원칙이 인정되는 양자의 논리적·이론적 근거가 크게 다르지 않다. 따라서 불이익변경금지원칙을 약식절차에 확대하는 것이 불합리한 것으로 볼 수 없다.[2]

(4) 또한 자유형의 집행이 유예된다 하더라도 형의 본질이 변한다고 볼 수 없고 여기에 집행유예기간 중 금고이상의 형의 선고를 받아 그 판결이 확정되는 경우 집행유예가 실효되므로 유예기간 중에는 언제든지 자유형의 집행이 이루어질 가능성이 있는 점을 보태어 살펴보면 징역형 및 그에 대한 집행유예의 형이 벌금형에 비하여 반드시 경한 처벌이라고 할 수 없다. 이와 같은 맥락에서 대법원도 자유형에 대한 집행유예판결을 벌금형으로 변경하는 것은 불이익변경이 되지 않는다(대법원 1990. 9. 25. 선고 90도1534 판결)고 하고 있다. 따라서 당해사건과 같이 피고인이 벌금형의 약식명령에 불복하여 자유형 및 그에 대한 집행유예를 희망하는 정식재판에서 법원이 피고인의 요청을 수용하는 판결을 선고하지 못한다고 하여도 이는 형의 경중을 규정한 형법 50조 1항 본문 및 41조에 의한 것이므로 이 사건 법률조항에 의하여 공정한 재판을 받을 권리가 침해된다고 볼 수 없다.

2. 법관의 양형결정권 침해 여부

(1) 제청법원과 D2는 이 사건 법률조항에 의하면 피고인이 정식재판을 청구하는 경우 법관은 벌금형을 선택하여 처벌할 수밖에 없어 법관에게 부여된 형종에 대한 선택권이 **검사의 일방적인 약식명령 청구**에 의하여 심각하게 제한되므로 법관의 양형결정권이 침해된다고 주장한다. 그러나 형사재판에서 법관

의 양형결정이 법률에 기속되는 것은 법률에 따라 심판한다는 헌법 103조에 의한 것으로 법치국가원리의 당연한 귀결이다. 또한 검사의 약식명령청구사안이 적당하지 않다고 판단될 경우 법원은 직권으로 통상의 재판절차로 사건을 넘겨 재판절차를 진행시킬 수 있고 이 재판절차에서 법관이 자유롭게 형량을 결정할 수 있으므로 이러한 점들을 종합해보면 이 사건 법률조항에 의하여 법관의 양형결정권이 침해된다고 볼 수 없다.

C

① 약식명령·즉결심판에 대한 정식재판청구의 일방성

현행법질서는 '약식명령·즉결심판'의 피의자에게 '약식절차·즉결심판' 회부의 선택권을 주지 않고 소추측이 일방적으로 '약식절차·즉결심판' 절차를 진행한 다음 약식명령·즉결심판이 고지·선고된 이후에야 비로소 '약식명령·즉결심판'의 상대방에게 정식재판청구권을 주고 있다. 이런 법정책은 적법절차의 측면에서 약점이 있다. 가령 '약식절차·즉결심판' 절차의 공정성을 신뢰하지 못하는 피의자가 처음부터 정식재판을 청구하고자 하는 의사가 있다고 가정해 보자. 미국이나 일본에서는 신속절차의 공정성을 신뢰하지 못하는 피의자는 처음부터 정식재판을 청구할 수 있고, 따라서 '약식절차·즉결심판' 절차의 경유를 거부할 수 있다. 그러나 한국에서는 이런 피의자도 일단 '약식절차·즉결심판' 절차를 경유하여야 한다. 이런 절차적 문제가 있기 때문에 한국의 입법자는 그 미안함을 달래려고 피고인만이 약식명령·즉결심판에 불복하여 정식재판을 청구하면 불이익변경금지를 작동시킨다.

② 형종상향금지(刑種上向禁止) 방향의 법개정

2018년부터는 약식명령사건에 불이익변경금지원칙이 '형종상향금지(刑種上向禁止)'로 대체된다.

---

2) 2018년부터는 약식명령사건에 불이익변경금지원칙이 '형종상향금지(刑種上向禁止)'로 대체된다.

13.4 피고인의 합의서 제출과 배상명령의 적절성

대법원 2013. 10. 11. 선고 2013도9616 판결

F D는 "20◇◇. 2. 25.경 대금을 지급할 의사나 능력이 없었음에도 피해자 V로부터 치약선물세트 812개 시가 합계 10,556,000원 상당을 교부받아 편취" 한 사기죄 혐의로 기소되었다. V가 형사재판절차에 부대(附帶)하여 배상명령을 신청하였다(이 경우 사건은 사기 사건과 배상 명령 신청사건의 2개이다). 제1심은 유죄(징역 4월)를 선고하고 배상명령신청을 인용(10,556,000원)하였다. D가 항소하였다. 항소심은 피고사건 부분에 관하여 제1심판결을 파기하고 징역 3월을 선고하였지만 배상명령 부분은 파기하지 않았다. D는 항소심에서 '형기를 감축해 달라'고 요청하였고, 배상명령 부분을 다투면서 배상신청인 V가 작성한 "고소인(V)은 피고인(D)과 민·형사적으로 쌍방이 원만하게 합의하였으므로 고소를 전부 취하합니다. 아울러 피고인(D)의 처벌을 원치 아니하오니 재판장님의 사려 깊은 선처를 부탁드립니다."라는 내용의 '합의 및 고소취하서'를 항소심에 제출하였다. D는 "항소심 진행 중 V와 민·형사적으로 쌍방이 원만하게 합의하여 V가 작성한 '합의 및 고소취하서'를 제출하였으므로 V에 대한 배상 명령 신청 부분은 권리보호의 이익이 없어 각하되어야 한다."고 주장하며 상고하였다(이 경우 상고대상은 사기사건에 대한 상고와 배상명령 신청 사건의 2개이다).

I 피해 금액이 특정되지 아니하면 법원은 배상명령을 할 수 없다(소촉법 25조 3항 2호). 피고인과 피해자 사이에 합의가 성립되었다 하더라도 피해 금액이 특정되지 않았을 수 있다. 이 경우를 '배상명령을 하는 것이 타당하지 아니하다고 인정되는 경우'(소촉법 32조 1항 3호)로 보아 배상신청을 각하(却下)(대법원 2012. 8. 30. 선고 2012도7144 판결)하여야 하는가?

R [원심판결 중 피고사건에 대한 상고를 기각하고, 원심판결 중 배상명령 부분은 소송촉진 등에 관한 특례법 33조 4항에 의하여 취소하고, 이 부분 사건을 다시 심리·판단하게 하기 위하여 원심법원에 환송]. 소송촉진 등에 관한 특례법 25조 1항의 규정에 의한 배상명령은 피고인의 범죄행위로 피해자가 입은 직접적인 재산상 손해에 대하여 그 피해금액이 특정되고 피고인의 배상책임의 범위가 명백한 경우에 한하여 피고인에게 그 배상을 명함으로써 간편하고 신속하게 피해자의 피해 회복을 도모하고자 하는 제도로서, 위 특례법 25조 3항 3호의 규정에 의하면 피고인의 배상책임의 유무 또는 그 범위가 명백하지 아니한 경우에는 배상명령을 하여서는 아니 되고, 그와 같은 경우에는 위 특례법 32조 1항에 따라 배상명령신청을 각하하여야 한다(대법원 1996. 6. 11. 선고 96도945 판결; 대법원 2011. 6. 10. 선고 2011도4194 판결 등 참조). 이러한 취지에 비추어 볼 때, 피고인이 재판과정에서 배상신청인과 민사적으로 합의하였다는 내용의 합의서를 제출하였고, 그 합의서 기재 내용만으로는 배상신청인이 변제를 받았는지 여부 등 피고인의 민사책임에 관한 구체적인 합의 내용을 알 수 없다면, 사실심법원으로서는 배상신청인이 처음 신청한 금액을 바로 인용할 것이 아니라 구체적인 합의 내용에 관하여 심리하여 피고인의 배상책임의 유무 또는 그 범위에 관하여 살펴보는 것이 합당하다.

A 이러한 사실관계를 위 법리에 비추어 보면, 이러한 경우 원심으로서는 피고인의 민사책임에 관한 구체적인 합의 내용에 관하여 심리하여 피고인의 배상책임의 유무 또는 그 범위에 관하여 살펴보았어야 한다. 따라서 원심이 이에 이르지 않은 채 배상신청인이 처음 신청한 금액 그대로를 배상액으로 인정한 것은 배상명령에 관한 법리를 오해하여 심리를 다하지 않음으로써 판단을 그르친 것이다. 그러므로 원심판결 중 피고사건에 대한 상고를 기각하고, 원심판

결 중 배상명령 부분은 소송촉진 등에 관한 특례법 33조 4항에 의하여 취소하고, 이 부분 사건을 다시 심리·판단하게 하기 위하여 원심법원에 환송한다.

1 배상명령제도의 의의

배상명령제도는 1981년에 소송촉진 등에 관한 특례법(이하 '소촉법'이라고 한다)에 의하여 신설된 제도로서 형사사건의 대상이 된 일정한 범죄행위의 피해자가 그 민사상의 손해배상청구권을 당해 형사재판절차에 부대(附帶)하여 행사할 수 있게 하는 제도로서 형사소송에 부수하는 특수한 소송형태이다. 현재 소촉법 외에 '소송촉진 등에 관한 특례규칙'과 '배상신청에 관한 예규'에서 배상명령사건의 처리절차 등에 관하여 규정하고 있다. 민사소송에 의하지 않고도 범죄로 인한 피해를 배상받을 수 있도록 함으로써 피해자로 하여금 이중의 절차를 거치는 부담을 덜게 하는 한편, 피고인에 대하여도 신속하게 배상의무를 확정하여 줌으로써 궁극적으로는 피고인과 피해자 사이의 실질적인 관계회복에 기여할 수 있게 되므로 회복적 사법의 이념에 부합하는 제도이다.

2 이용현황

배상명령제도는 제도적 설계목표에 비하여 이용도는 그리 높지 않다. 2011년 현재 전국법원에 접수된 5,877건의 배상명령사건 중 처리건수는 5,212건이고 그 중 인용건수는 1,610건으로 인용률은 30.9%이다. 이 비율은 민사상 손해배상청구사건의 원고 승소율(58.2%) 및 형사사건의 무죄율(2009년 기준 제1심 형사사건 무죄율은 2.2%)과 비교할 때 현저히 낮은 비율이어서 배상명령제도가 무익하다는 비판론의 빌미가 되고 있다(이상은 이현석, 배상명령제도의 실무상 문제점과 그 개선 방안, 형사소송 이론과 실무 제5권 제1호, 2013. 6).

3 본 사안의 합의서의 내용

본 사안의 합의서의 내용은 "민·형사상으로 원만히 합의하였으므로 처벌을 원하지 않는다."는 것에 불과하여 이 합의서는 양형상 유리한 자료로 사용하기 위하여 피해자 측이 작성해 준 문서에 불과하고 피해금액의 얼마가 변제되었는지를 알 수 있는 사정의 기재가 없다. 피해금액의 얼마가 변제되었는지를 알아야 피해자가 이중으로 배상받는 사태를 막을 수 있다. 이런 상태에서는 수소법원이 적정한 배상액을 산정하기가 어렵다. 결국 이 사건은 배상명령 신청인에 대한 피고인의 배상책임의 유무 및 범위가 명백하지 아니하여 배상명령을 할 수 없는 경우에 해당하는 것이 아닌가 하는 의문이 생긴다. 배상명령은 피고인의 배상책임의 범위가 명백한 경우에 한하여 인정되는 제도이기 때문이다. 그러나 대법원은 배상신청을 각하(却下)하지 않고 "원심판결 중 배상명령 부분은 소송촉진 등에 관한 특례법 33조 4항에 의하여 취소하고 그 부분 사건을 다시 심리·판단하게 하기 위하여 원심법원에 환송"하였다(변성환, 배상명령에 있어 피고인의 배상책임 유무 또는 그 범위에 관한 심리 범위, 대법원판례해설 2013년, 98호 하). 피고인과 피해자가 합의한 때에는 심리를 깊이 하면 최소한 일부인용의 가능성이 있기 때문이다.

4 유사한 선례

"공판기록 122정에 편철되어 있는 공정증서에 의하면 D가 이 사건 피해자 V에게 액면 금 766만 원, 발행일 1981. 4. 24, 지급기일 1981. 6. 30.로 되어 있는 약속어음 1매를 발행하고 이에 관하여 강제집행 수탁 약관부 공정증서가 작성되어 있음이 분명하고, 기록에 의하면 D의 처 O가 구속되어 있을 당시 위 V는 위 공정증서를 받은 직후인 1981. 4. 27.자로 고소를 취소한 사실에 비추어 보면 위 공정증서는 이 사건 사기범죄의 피해회복과 관련하여 작성된 것으로 짐작된다. 그렇다면 원심으로서는 위 공정증서의 작성 경위에 관하여 심리, 판단한 다음 배상명령의 여부 및 그 범위를 결정하였어야 할 것인데도 이에 이르지 아니하고 이 사건 사기피해금액 금 850만 원 전부에 대하여 배상명령을 한 조처에는 배상명령에 관한 법리를 오해하거나 심리를 다하지 아니한 잘못이 있다"(대법원 1982. 7. 27. 선고 82도1217 판결).

[1] 2018. 6. 21. 검 · 경 수사권 조정 합의문

Ⅰ. 국회에 전하는 요청문과 요약

이 합의안은 문재인 대통령 대선 공약과 정부출범 후 국정기획자문위원회가 도출한 국정과제의 방침을 기준으로 하여 법무부 장관·행정안전부 장관의 협의에 따라 만들어진 것이다. 이 합의의 실현은 궁극적으로 입법에 의하여 가능한 것이다. 국회의 적극적인 협조를 부탁드린다.

요약 :
- 검찰과 경찰의 상호관계
  - 수사와 공소제기, 공소유지의 원활한 수행을 위하여 양 기관을 상호 협력 관계로 설정
  - 경찰은 1차 수사에서 보다 많은 자율권을 가져야 하며, 검찰은 사법통제 역할을 더욱 충실히 해야 한다는 원칙을 견지하여 양 기관이 **지휘 · 감독의 수직적 관계**를 벗어나, 국민의 안전과 인권수호를 위하여 **협력하게 하면서 각자의 책임성을 고양**하게 함
  - 경찰의 '**1차적 수사권**' 및 검찰의 **통제**권한
  - 이 기조 아래 경찰에 모든 사건에 관하여 '1차적 수사권' 및 '1차적 수사 종결권'을 부여하여 **경찰의 자율성과 책임성**을 높이고자 함
  - 검찰은 기소권과 함께 일부 특정 사건에 관한 직접 수사권·송치 후 수사권·경찰수사에 대한 보완수사 요구권, 정당한 이유 없는 보완수사요구 불응시 직무배제 및 징계 요구권·경찰의 수사권 남용시 시정조치 요구권·시정조치 불응시 송치 후 수사권 등 통제권을 갖도록 함
  - 검사 또는 검찰청 직원의 범죄혐의에 대하여 경찰이 적법한 압수·수색·체포·구속 영장을 신청한 경우 검찰은 지체 없이 법원에 영장을 청구하도록 관련제도를 운영하여 검경간 견제와 균형을 도모하도록 함
  - 동일사건을 검사와 사법경찰관이 중복수사하게 된 경우에 검사에게 우선적 수사권을 부여하되, 다만 경찰이 영장에 의한 강제처분에 착수한 경우 영장기재범죄사실에 대하여는 경찰의 우선권 인정
  - 그 외에 자치경찰제와 행정경찰·사법경찰분리방안, 경찰대 개혁방안 등에 대하여 합의사항을 담았음

Ⅱ. 구체적 내용

1. 총칙

가. 검사와 사법경찰관은 수사와 공소제기, 공소유지의 원활한 수행을 위하여 서로 협력하여야 한다.

나. 법무부 장관은 검찰총장·경찰청장과 협의하여 수사에 관한 일반적 준칙을 정할 수 있다. 단, 이 합의안의 범위를 넘는 준칙제정은 할 수 없다.

2. 사법경찰관의 수사권, 검사의 보완수사 및 징계 요구권 등

가. 사법경찰관은 모든 사건에 대하여 '1차적 수사권'을 가진다.

나. 사법경찰관이 수사하는 사건에 관하여 검사의 송치 전 수사지휘는 폐지한다.

다. 검사는 송치 후 공소제기 여부 결정과 공소유지 또는 경찰이 신청한 영장의 청구에 필요한 경우 사법경찰관에게 보완수사를 요구할 수 있다. 사법경찰관은 정당한 이유가 없는 한 검사의 보완수사요구에 따라야 한다.

라. 사법경찰관이 정당한 이유 없이 검사의 보완수사요구에 따르지 않은 경우 검찰총장 또는 각급 검찰청검사장은 경찰청장을 비롯한 징계권자에게 직무배제 또는 징계를 요구할 수 있고, 징계에 관한 구체적 처리는 '공무원 징계령'(대통령령) 등에서 정한 절차에 따른다.

마.

① 검사는 경찰수사과정에서 법령위반, 인권침해, 현저한 수사권 남용이 의심되는 사실의 신고가 있거나 그러한 사실을 인지하게 된 경우 경찰에 사건기록 등본 송부와 시정조치를 요구할 수 있다. 이 경우 경찰은 정당한 이유가 없는 한 시정조치하여 그 결과를 통보하여야 하며, 시정되지 않는 경우 사건을 검찰에 송치하여야 한다.

② 사법경찰관은 피의자 조사 시에 ①항에서 정한 사항을 고지하여야 한다.

③ 검사가 경찰수사과정에서 법령위반, 인권침해, 현저한 수사권 남용이 있었음을 확인한 경우 검사는 라항의 절차에 따라 당해 경찰관에 대한 징계를 요구할 수 있다.

바. 검사가 정당한 이유 없이 영장을 청구하지 않는 경우 경찰은 관할 고등검찰청에 설치된 영장심의위원회(가칭)에 이의를 제기할 수 있다. 영장심의위원회는 중립적 외부인사로 구성하되, 경찰은 심의과정에서 의견을 개진할 수 있다.

사. 다항에도 불구하고 검사 또는 검찰청 직원의 범죄혐의에 관하여 사법경찰관이 적법한 절차와 방식에 의하여 압수·수색·체포·구속 영장을 신청한 경우 검찰은 검사로 하여금 지체 없이 법원에 영장을 청구하도록 관련 제도를 운영하여야 한다.

3. 사법경찰관의 '1차적 수사종결권' 및 통지·고지 의무, 고소인 등의 이의권 등

가. 사법경찰관은 '1차적 수사종결권'을 가진다.(종전에는 사경에게 수사종결권이 없었다)

나.

① 사법경찰관은 불기소 의견으로 사건을 불송치하는 경우 불송치결정문, 사건기록등본과 함께 이를 관할지방검찰청 검사에게 통지하여야 한다.

② 검사가 불송치 결정이 위법·부당하다고 판단한 경우, 검사는 경찰에 불송치결정이 위법·부당한 이유(제2의 마①항의 사유를 포함)를 명기한 의견서를 첨부하여 재수사를 요청할 수 있다.

다.

① 사법경찰관은 고소인, 고발인, 피해자 또는 그 법정대리인(피해자가 사망한 경우에는 그 배우자·직계친족·형제자매를 포함함. 이하 같음)에게 사건처리 결과를 지체 없이 통지하여야 한다.

② 고소인, 고발인, 피해자 또는 그 법정대리인이 사법경찰관으로부터 불송치 통지를 받은 때에는 그 사법경찰관이 소속된 경찰관서의 장에게 이의신청을 할 수 있다.

③ 이의신청을 받은 경찰관서의 장은 지체 없이 관할 지방검찰청에 수사기록과 함께 사건을 송치하여야 하고, 처리결과와 그 이유를 신청인에게 통지하여야 한다.

라. 경찰은 국가수사본부(가칭) 직속 수사심의위원회를 설치하여 반기별로 모든 불송치 결정(검사가 재수사를 요청한 사건을 포함한다)의 적법·타당 여부를 심의하여야 한다. 심의결과 불송치 결정이 위법·부당하다고 판단한 경우 경찰은 사건을 재수사하여야 한다.

4. 검사의 수사권 및 사법경찰관과의 수사경합시 해결기준

가. 검사의 1차적 직접 수사는 반드시 필요한 분야로 한정하고, 검찰수사력을 일반송치사건 수사 및 공소유지에 집중하도록 한다.

나.

① 검사는 경찰, 공수처 검사 및 그 직원의 비리사건, 부패범죄, 경제·금융범죄, 공직자범죄, 선거범죄 등 특수사건(구체적 내용은 별지와 같다) 및 이들 사건과 관련된 인지사건(위증·무고 등)에 대하여는 경찰과 마찬가지로 직접적 수사권을 가진다.

② ①항 기재 사건 이외의 사건에 관하여 검찰에 접수된 고소·고발·진정 사건은 사건번호를 부여하여 경찰에 이송한다.

다. 검사는 송치된 사건의 공소제기 여부 결정과 공소유지를 위하여 필요한 경우 피의자 및 피의자 이외의 자의 출석을 요구하여 조사하는 등의 수사권을 가진다.

라. 검사가 직접수사를 행사하는 분야에서 동일사건을 검사와 사법경찰관이 중복 수사하게 된 경우에 검사는 송치요구를 할 수 있다. 단, 경찰이 영장에 의한 강제처분에 착수한 경우 영장기재범죄사실에 대하여는 계속 수사할 수 있다.

5. 자치경찰제에 관하여

가. 수사권 조정은 자치경찰제와 함께 추진하기로 한다.

나. 대통령 직속 '자치분권위원회'(위원장 정순관)가 중심이 되어 현행 제주 자치경찰제의 틀을 넘어서는 자치경찰제 실현을 위한 계획을 조속히 수립하고, 경찰은 2019년 내 서울, 세종, 제주 등에서 시범실시, 대통령 임기 내 전국 실시를 위하여 적극 협력한다.

다. 자치경찰의 사무·권한·인력 및 조직 등에 관하여는 대통령 소속 자치분권위원회의 결정에 따르되, 경찰은 다음 각항에 관한 구체적 이행계획을 자치분권위원회에 제출한다.

① 자치경찰의 정치적 중립을 확보하기 위한 광역 시도에 관련 기구 설치 및 심의·의결기구인 '자치경찰위원회' 설치계획

② 비수사 분야(지역 생활안전·여성청소년·경비·교통 등) 및 수사 분야의 사무 권한 및 인력과 조직의 이관계획

라. 수사 분야 이관의 시기, 이관될 수사의 종류와 범위는 정부 관련 부처와 협의하여 결정한다.

마. **국가경찰**은 자치경찰제 시행 이전이라도 법령의 범위 안에서 국가경찰사무 중 일부를 자치단체에 이관한다.

6. 수사권 조정과 동시에 경찰이 실천해야 할 점

가. 경찰은 수사과정에서의 인권옹호를 위한 제도와 방안을 강구하여 시행한다.

나. 경찰은 사법경찰직무에 종사하지 아니하는 경찰이 사법경찰직무에 개입·관여하지 못하도록 절차와 인사제도 등을 마련하여야 한다.

다. 경찰은 경찰대의 전면적인 개혁방안을 마련하여 시행하여야 한다.

7. 기타

가. 검찰의 영장청구권 등 헌법개정이 필요한 사안은 이번 합의 대상에서 제외됨을 확인한다.

나. 이 합의는 공수처에 관한 정부안에 영향을 미치지 않는다.

다. 법무부는 검찰·경찰 등 수사기관의 의견을 들어 내사절차 관련 법규 제·개정안을 2018년 중에 마

련한다. 다만, 다음 각 호의 내용이 포함되어야 한다.(*수사의 전단계에 내사를 법제화한 나라는 한국이 유일)

① 내사가 부당하게 장기화되지 않을 것

② 내사가 부당하게 종결되지 않을 것

③ 내사착수 및 과정에서 피내사자의 인권이 침해되지 않도록 할 것

라. 검찰·경찰은 이 합의에 관한 입법이 완료되기 전이라도 법령이 허용하는 범위 안에서 이 합의의 취지를 이행하도록 노력한다.

Ⅲ. 분석과 논평

1. '총칙 1. 가'항에 대하여

'총칙 1. 가'항은 검사와 사법경찰관의 관계를 협력관계로 자리매김하였다. 시민의 입장에서 이런 자리매김은 자연스러운 것이다. 검사와 사법경찰관이 협력하지 않고 범죄수사가 원활히 행하여질 리가 없기 때문이다. 그런데 현행법에는 이런 조문은 없고 사법경찰관이 검사의 지휘에 따라야 한다는 조문(196조 1항, 3항)만 있고 수사편의 가장 첫머리에 해당하는 195조에 수사의 주체를 검사로만 명시하고 사법경찰관이 빠져 있으며, 196조 5항은 사법경찰관을 수사의 보조자로 자리매김하고 있다. 2011. 7. 19. 개정 이전에는 검사와 사법경찰관의 관계를 지휘복종관계로 자리매김하였다. 실제의 범죄수사의 90% 이상을 사법경찰이 담당하고 있음에도 형사소송법에서 **사법경찰의 수사 주체성**을 명시하는 조문이 없으며, 일본의 사법경찰관에게 주어진 압수·수색·검증 영장청구권도 주어지지 않은 점을 사법경찰관들은 문제로 지적하고 있다. 그러므로 검사와 사법경찰관의 관계를 협력관계로 자리매김하는 이 합의안은 향후 국회에 **사법경찰의 수사 주체성**을 명시하는 조문을 만들어 달라는 요청을 담고 있는 셈이다.

2. '총칙 3'항에 대하여

'총칙 3'항에 사법경찰관의 '1차적 수사 종결권'을 명시한 이유는 무엇일까?

현행법상 사법경찰에게는 수사종결권이 없다. 사법경찰은 더 이상 수사할 것이 없으면 일건 기록을 모두 검찰청에 송치하여야 한다. 이를 **전건송치주의**

라 한다. 2011년에 사법경찰관에게 **검사의 지휘 없이 수사를 개시·진행할 권한**이 주어졌지만(196조 2항 2011년 이전에는 이조차 없었다) 독자적인 수사 종결권은 여전히 검사에게 일임되었다. 그 이유는 행정 권력의 일종인 경찰지휘부의 지휘를 받아 수사 종결권이 남용될 우려가 있다는 데 있었다. 경찰 측의 이의는 '지금까지 검찰의 수사 종결권은 남용되지 않았나?' 하는 점이다. 어쨌든 경찰에 수사 종결권을 주면 그 남용의 우려가 있다는 검찰의 문제 제기를 수용하여 '3. 나'항의 '통지·고지의무', '고소인 등의 이의권 등'의 조치가 수반된 것이다.

3. '7 다'항에 대하여

수사의 전단계로 '내사' 개념을 인정할 것인가는 다투어지는 문제이다. 내사도 수사의 일종이므로 내사의 상대방을 피내사자 혹은 용의자로 자리매김하면서 피의자가 누리는 방어권(예를 들어 변호인의 조력을 받을 권리, 진술거부권이 있음을 고지받을 권리)을 인정하지 않으려는 한국의 수사관(이 점에서는 경찰이나 검찰의 견해가 다르지 않다)의 정서는 연구대상이다.

합의문에 '7 다'항이 있는 배경은 한국의 수사관들이 내사 개념의 필요성을 강변하면서 적법 절차적 규제를 벗어나려는 경향을 견제하려는 데 있다.

4. 수사 인력

2016년 경찰공무원 전체 정원은 114,658명이며 그 중 수사 인력은 20,427명이다. 수사 경찰 가운데 수사 지휘를 하고 영장신청을 담당할 팀장(경감급) 수사관은 1,873명이다. 2017년 현재 검사의 정원은 2,112명이며 수사업무를 담당하는 일반직 공무원의 정원은 5,590명이다. 대한민국의 치안 수요와 수사 수요 전체를 고려하면 경찰이든 검찰이든 수사 인력은 더 늘어나야 할 정도로 1인당 처리해야 할 업무는 대단히 많다.

5. 검사는 준사법기관·실체적 진실 발견기관 (factfinder)인가?

수사의 종결을 의미하는 검사의 기소처분이나 불기소처분은 행정심판이나 행정소송의 대상이 아니라 항고, 재항고, 재정신청 등 특이한 불복신청절차가 형사소송법과 검찰청법에 규정되어 있다. 또 대한민국의 검사는 구속의 필요성이 후발적으로 소멸하였을 때 법원의 동의 없이도 독자적으로 구속을 취소할 수 있으며, 압수물의 환부, 가환부 여부를 재량적으로 결정하고 있다. 이 점에서 임용상 행정관인 검사에게는 통상의 행정관에게는 허용되지 않는 특성이 부여되어 있다. 이런 점들에 착안하여 검사를 준사법기관으로 자리매김하는 것이 독일, 프랑스의 전통이다.

그런데 한국의 검사는 자신들을 '사법관·fact finder'로 자리매김하는 경향이 있다. 이런 자리매김의 뿌리는 아마도 독일에서 예심을 폐지한 데 기인하는 것 같다. 대한민국의 창설 이후에 독일과 마찬가지로 예심이 폐지되었다. 한국의 검사는 '예심이 폐지되었으니 과거에 예심판사가 하던 일이 검사에게 이관되었다'고 생각하기 때문에 검사를 '사법관·factfinder'로 자리매김하는 것 같다. 따라서 검사의 '사법관·factfinder론'을 부정하는 논자들은 '예심이 폐지되었으니 과거에 예심판사가 하던 일이 검사에게 이관되었다'는 사고방식에 대하여 논쟁하여야 한다.

6. '수사권'이라는 용어에 대한 유감

수사는 유죄의 합리적 의심이 있는 자에 대하여 사실을 규명하고 증거를 확보하여야 할 책임이고 유죄의 합리적 의심이 없는 자를 가급적 이른 시기에 수사대상에서 제외하여야 할 책임이자 서비스이다. 그것은 '권한'이라기보다는 '고통스런 부담이자 책임'에 가까운 개념이다. 검찰과 경찰이 서로 '우리가 더 많은 부담과 책임을 감당하겠다'고 주장하고, 우리의 수사 시스템과 능력이 월등하여 수사를 더 잘할 수 있고, 장래에 어떤 방향으로 수사를 하겠다는 청사진을 제시하면서 수사권을 달라고 호소한다면 수사권 논의는 건강한 논의가 될 것이다. 그러나 경찰과 검찰이 그렇게 하지 않고 자신들에게 유리한 외국의 법제(경찰은 미국과 영국, 검찰은 독일과 프랑스)만을 거론하면서 **수사의 본질**상 '수사권'은 우리에게 있는 것이라는 주장만을 거듭한다면 정말 실망스러운 일이다.

[2] 최근의 구속영장 기각·구속적부심 석방 사례

일반 시민들은 영장전담 판사의 구속영장 기각·발부 기준, 구속적부심 석방·기각 기준을 알고 싶어 하지만 법원은 그 기준을 공개하지 않는다. 재판예규 제1663호 인신구속사무의 처리에 관한 예규(재형 2003-4)가 있지만 일반시민이 구체적인 규범을 알 수 있는 조문은 존재하지 않는다. 이하에서는 최근의 구속영장 기각·구속적부심 석방 사례를 제시하여 시민이 대강의 모습이라도 짐작하는데 도움을 주고자 한다. 이 사례들은 신문기사를 종합하여 정리한 것이다.

1. A 전 충남지사의 구속영장이 다시 기각됐다. 법원이 검찰의 혐의 입증에 대해 두 번이나 고개를 가로저은 것이다. 서울서부지법 박승혜 영장전담판사는 2018년 "범죄 혐의에 대해 다퉈볼 여지가 있고, 피의자가 도망할 우려가 있다거나 방어권 행사의 범위를 넘어 증거를 인멸하고 있다는 점의 소명이 부족하다"며 검찰이 재청구한 A 전 지사의 구속영장을 기각했다. 지난 23일에 이어 재차 검찰의 혐의 입증이 미흡하다고 판단한 셈이다. 특히 법원이 직접 '혐의에 대해 다퉈볼 여지가 있다'고 직접 언급해, 성관계 과정에 업무상 위력이 실제 있었는지 등 법적 쟁점을 두고 향후 검찰과 변호인단 사이에 치열한 법정 다툼이 전개될 것으로 예상된다.

검찰은 앞서 지난 28일 A 전 지사의 첫 번째 구속영장이 기각된 뒤 A 전 지사를 고소한 전 정무비서 고소인과 더 좋은 민주주의연구소 직원 ㄱ씨를 다시 불러 조사하고, 휴대전화를 비롯한 압수물을 분석하는 등 보강수사를 벌였다. 검찰은 구속영장을 재청구하면서 "A 전 지사의 혐의가 소명되고 고소인의 육체적·정신적 피해가 심대한데다 온라인을 중심으로 2차 피해가 지속적으로 발생하는 등 사안이 중하고 증거인멸의 정황 또한 인정할 수 있다"고 사유를 밝혔으나 법원은 이를 받아들이지 않았다. 앞서 고소인은 지난 6일 업무상 위력에 의한 추행과 간음 혐의로, 이어 14일엔 ㄱ씨가 같은 혐의 등으로 A 전 지사를 고소했다. 검찰은 지난 23일 A 전 지사의 구속영장을 처음 청구했으나 법원은 "증거를 인멸할 우려가 있다거나 도망할 염려가 있다고 보기 어렵고, 지금 단계에서는 구속하는 것이 피의자의 방어권을 지나치게 제한하는 것으로 판단된다"며 기각한 바 있다.

2. 유명 유튜버의 노출 사진을 인터넷에 유포한 혐의로 긴급체포됐던 20대 남성이 법원 결정으로 풀려났다. 서울서부지법 강희경 판사는 유튜버 Y씨의 노출 사진을 내려 받아 재유포한 혐의(성폭력범죄의 처벌 등에 관한 특례법 위반)로 긴급체포된 강아무개(28)씨에 대한 구속영장을 기각했다고 26일 밝혔다. 이날 오후부터 강씨에 대한 영장실질심사(구속 전 피의자 심문)를 진행한 법원은 "긴급체포가 위법해 이에 기초한 구속영장청구를 기각한다"고 설명했다. 통상 긴급체포가 위법하면 이에 기초한 구속영장청구도 기각하는데, 법원이 강씨에 대한 긴급체포가 형사소송법상 요건을 갖추지 못했다고 판단한 것이다. 서울 마포경찰서는 법원 결정에 따라 강씨를 바로 석방했다. 경찰은 "증거인멸 우려 등이 있다고 봐서 긴급하다고 봤는데 법원은 그렇게 보지 않은 것"이라며 "기각 사유를 검토해 향후 처리 방향을 결정하겠다"고 말했다.

3. 박영수 특검팀은 지난 16일 횡령한 회사 돈 433억 원을 박근혜 대통령과 비선측근 최순실씨에게 건네거나 약속하고 삼성그룹 지배구조 강화에 특혜를 받은 뇌물공여 혐의와 국회 국정조사에서의 위증 혐의를 받고 있는 L 삼성전자 부회장에 대해 사전구속영장을 신청했다. 하지만 서울중앙지방법원은 이날 오전 4시 53분 구속영장신청을 기각했다.

19일 오전 서울중앙지방법원은 영장전담부장판사인 조의연 판사의 영장 기각 사유를 ▲ 대가관계 등 뇌물죄 성립에 대한 소명 부족 ▲ 삼성의 지원 경위에 대한 사실관계 및 법리 다툼의 여지 ▲ 현재까지 이뤄진 수사 내용 및 진행 부족 등 세 가지로 요약해 공지했다. 조 판사가 제시한 기각 사유에는 이 세 가지 사유 외에도 '피의자의 주거 및 생활환경 고려', '뇌물 수수자에 대한 조사 미비' 두 가지가 더 있었다.

4. 한진그룹 회장의 아내 이○○(69) 일우재단 이사장에 대한 구속영장이 4일 기각됐다. 이 이사장은 직원 등에 대한 폭행·폭언 혐의로 조사를 받아 왔다. 서울중앙지법 박범석 영장 전담 판사는 "범죄 혐의 일부의 사실관계 및 법리에 관하여 다툼의 여지가 있고 피해자들과 합의한 시점, 경위 등을 종합할 때 구속 사유와 필요성을 인정하기 어렵다"고 기각 사유를 밝혔다. 법원은 또 이 이사장이 증거 인멸의 염려나 도주의 우려도 없다고 봤다. 이 이사장은 이날 오전 10시 30분부터 2시간 가까이 진행된 영장 실질 심사에서 대부분의 혐의를 부인한 것으로 전해졌다. 이 이사장은 2011년부터 최근까지 그룹 직원과 경비원 등 11명을 상대로 상습적으로 폭행을 일삼고 폭언한 혐의를 받고 있다. 이 이사장은 2013년 여름 서울 평창동 자택에서 출입문 관리를 제대로 하지 않았다는 이유로 경비원에게 가위 등을 던진 것으로 조사됐다. 또 인천 하얏트 호텔 공사 현장에서는 조경 설계업자를 폭행하고 공사 자재를 발로 차 업무를 방해한 혐의도 받는다. 서울지방경찰청 광역수사대는 지난달 31일 이 이사장에 대해 특수폭행·상습폭행·상해·특수상해 등 7가지 혐의로 구속영장을 신청했다. 같은 날 검찰도 "경찰의 구속영장 신청이 타당하다"며 곧바로 법원에 영장을 청구했다. 이 이사장에 대해선 지난달 8일 출국 금지 조치가 내려졌다.

5. 구속적부심에서의 석방사례

2017년 12월 이대 목동병원에서 발생한 신생아 연쇄 사망사건과 관련해 업무상 과실치사 혐의로 구속됐던 신생아중환자실 주치의 조수진 교수가 구속적부심으로 석방됐다.

14일 서울남부지법에 따르면 조 교수는 전날 형사합의11부(부장판사 심규홍) 심리로 열린 구속적부심에서 보증금 1억 원을 내는 조건으로 풀려났다. 앞서 남부지법 이환승 영장전담 부장판사는 이달 4일 조 교수와 박모 교수, 수간호사 A씨에 대한 구속 전 피의자 심문(영장실질심사)을 한 뒤 "증거인멸 우려가 있다"며 구속영장을 발부했다.

6. 이명박 정부 시절 국군 사이버사령부의 여론조작 활동에 개입한 혐의 등(군 형법상 정치관여와 직권남용)으로 구속된 김관진 전 국방부 장관(68)이 22일 법원의 구속적부심사를 거쳐 구속된 지 11일 만에 석방됐다. 재판부는 "피의자의 위법한 지시 및 공모 여부에 대한 소명의 정도, 피의자의 변소 내용 등에 비추어볼 때 범죄 성립 여부에 대해 다툼의 여지가 있어 방어권을 보장할 필요가 있다"고 석방 이유를 설명했다. 재판부는 또 "피의자의 주거가 일정하고 도망하거나 증거를 인멸할 염려가 있다고 보기 어렵다"고 밝혔다. 앞서 지난 11일 서울중앙지법 강부영 영장전담판사는 구속 전 피의자심문(영장실질심사)을 거쳐 "주요 혐의인 정치관여가 소명되고 증거인멸의 염려가 있다"며 검찰이 청구한 김 전 장관의 구속영장을 발부했다. 영장심사를 거쳐 구속된 김 전 장관을 같은 법원에서 석방하자 검찰은 "법원의 결정을 상식적으로 납득하기 어렵다"고 밝혔다.

판례색인

저자 약력

심 희 기

서울대학교 법학과 (학사)
서울대학교 대학원 법학과 (석사)
서울대학교 대학원 법학과 (박사)
1984. 3~1998. 2 영남대학교 법과대학 교수
Stanford Law School 방문연구(1994-1995)
1998. 3~2001. 2 동국대학교 법과대학 교수
사법시험·행정고시·입법고시위원 역임
(현) 연세대학교 법학전문대학원 교수

[주요저서]
한국법사연구(영남대학교 출판부, 1992)
한국법제사강의(삼영사, 1997)
쟁점강의 형사소송법(삼영사, 2012, 공저)
형사소송법판례150선(홍문사, 2015, 공저)
현대 한국의 범죄와 형벌(박영사, 2017, 공저)
형사소송법강의(박영사, 2018, 공저)

CASE NOTE 형사소송법

초판발행	2018년 8월 30일
지은이	심희기
펴낸이	안종만
편 집	김선민
기획/마케팅	조성호
표지디자인	김연서
제 작	우인도·고철민
펴낸곳	(주)**박영사**
	서울특별시 종로구 새문안로3길 36, 1601
	등록 1959. 3. 11. 제300-1959-1호(倫)
전 화	02)733-6771
f a x	02)736-4818
e-mail	pys@pybook.co.kr
homepage	www.pybook.co.kr
ISBN	979-11-303-3249-9 93360

정 가   25,000원